Analecta Gregoriana 323

IGOR SALMIČ

AL DI LÀ DI OGNI PREGIUDIZIO

Le trattative per il concordato tra la Santa Sede
e il Regno dei Serbi, Croati e Sloveni/Jugoslavia
e la mancata ratifica (1922-1938)

*Prefazione di Maja Marija Lovrenčič Svetek,
Ambasciatore della Repubblica di Slovenia presso la Santa Sede*

Premio Bellarmino 2014

G&BP
GREGORIAN & BIBLICAL PRESS

Vidimus et approbamus ad normam Statutorum Universitatis
Roma, Pontificia Università Gregoriana
28/01/2013
Prof. Silvano Giordano
Prof. Roberto Regoli

Progetto grafico di copertina: Serena Aureli

Impaginazione: Lisanti Srl - Roma

ISBN 978-88-7839-**300**-4

PREFAZIONE

Il lavoro di Igor Salmič rivela il retroscena molto interessante delle trattative faticose e lunghe tra il Regno di Jugoslavia e la Santa Sede, che alla fine portarono sì alla firma, ma non alla ratifica del concordato. L'autore ha eseguito una ricerca approfondita della documentazione vaticana, corrispondente al periodo di Pio XI, e accessibile ai ricercatori solo a partire dal 2006. Inoltre, ha consultato una documentazione corposa di altre numerose fonti.

Il presente studio, essendo il primo ad illustrare la posizione della Santa Sede nei negoziati bilaterali, ha il merito di offrire un quadro davvero completo di un certo periodo storico, delle circostanze, dei diversi interessi, delle resistenze e degli sforzi per il superamento delle divergenze di pareri. Per tale motivo, il saggio non potrà che rimanere un punto di riferimento per gli ulteriori studi sul tema in questione. Sono pertanto lieta di presentare questo volume.

Mi riempie di orgoglio il fatto che tale dissertazione di dottorato abbia conseguito il Premio Bellarmino come migliore tesi dell'anno 2013, presso la prestigiosa Pontificia Università Gregoriana.

Il dott. Salmič ha affrontato il tema, importante, tra l'altro, anche per la storia degli Sloveni, in modo accurato, chiaro ed esaustivo.

In tale studio sono evidenziate, sotto vari punti di vista, le circostanze in cui si sono svolte le trattative per la stipulazione del concordato. Vengono, inoltre, mostrati gli sforzi di coloro che sono stati consapevoli della sua importanza e gli interessi di chi si è opposto alla sua ratifica. È, poi, presentata la genesi del testo firmato – e ciò costituisce una novità assoluta –, cioè degli articoli fondamentali del concordato, che ci offre la possibilità di scoprire quali sono state le posizioni iniziali di ambedue le parti, le loro resistenze e, finalmente, le loro rinunce. Sono anche illustrate le vicende del Regno jugoslavo, nel periodo precedente alla sua disfatta, che hanno condotto, soltanto grazie ai negoziati segreti, alla firma del concordato, non però alla stessa ratifica. Ancora più difficile sarebbe stata la sua implementazione.

Sono di grande interesse le testimonianze e le riflessioni personali del nunzio Ermenegildo Pellegrinetti. In qualità di diplomatico, sento molto vicino questo aspetto dello studio. Per tutto il periodo della sua permanenza a Belgrado, quindici anni, dal 1922 al 1937, si è prodigato per la stipulazione del concordato. Con nessun altro Paese la Santa Sede ha trattato così a lungo, come egli diceva più volte. Nei documenti si rispecchia chiaramente la pazienza del nunzio, la sua perseveranza, ma anche la frustrazione e una certa amarezza nel momento della sua partenza da Belgrado. Il saggio, in modo singolare, presenta il *reale* ruolo del nunzio nelle trattative. Quando infatti i negoziati, ad un certo punto sono passati alla fase "segreta", egli ne è stato escluso, su istanza del re Aleksandar Karađorđević; tuttavia, ne è rimasto il vero protagonista, operando "dietro le quinte".

Mi piace il titolo del libro: *Al di là di ogni pregiudizio,* tratto dalle parole del nunzio Pellegrinetti nella sua lettera di congedo, indirizzata al presidente del governo del Regno di Jugoslavia Stojadinović, in quanto esprime il concetto di storia come *magistra vitae.* Se superiamo i pregiudizi, con più facilità riusciamo a vedere il punto essenziale e l'interesse comune, che sta alla base di qualunque trattativa. Un dialogo pacifico e paziente, insieme al rispetto reciproco e senza pregiudizi, può portare ad un risultato positivo, al bene comune, in grado di rispondere all'interesse delle parti negozianti. È necessario avere una tale consapevolezza quando ci si accinge a trattare gli accordi, affinché si avvii il cammino verso rapporti sempre più armoniosi ed equi, di cui il mondo odierno così complesso ha davvero bisogno.

Il libro offre una lettura stimolante agli esperti e a tutti coloro che si interessano di storia e diplomazia. Esso attira l'attenzione con il racconto di fatti che fanno pensare. Lo consiglio vivamente per la lettura e/o per lo studio e mi complimento con il dr. Salmič per il suo lavoro.

Maja Marija Lovrenčič Svetek
Ambasciatore della Repubblica di Slovenia presso la Santa Sede

INTRODUZIONE

Prima[1] di entrare nel vivo del presente contributo sulle trattative diplomatiche che condussero alla firma del concordato[2] fra la Santa Sede e il Regno di Jugoslavia nel 1935 e alla successiva mancata ratifica, alla luce della documentazione vaticana, si impone un lavoro preliminare, al quale è dedicata la presente introduzione[3].

1. Impostazione della ricerca

Per evidenziare la portata dello studio, è necessario precisare in anticipo le motivazioni che stanno all'origine della scelta del soggetto e i suoi obiettivi, le modalità della ricerca e i metodi usati per condurla, nonché i limiti del lavoro stesso.

---

[1] Il titolo del libro riporta le parole del nunzio apostolico Ermenegildo Pellegrinetti, riferite al presidente del consiglio Milan Stojadinović: «*Le S. Siège a traité avec tous les Gouvernements Yougoslaves toujours en dehors de tout préjugé politique*» (Pellegrinetti a Stojadinović, Belgrado, 25 novembre 1937, nota n. 20330 (copia), in S.RR.SS., AA.EE.SS., *Jugoslavia*, pos. 96, fasc. 66, f. 82). Questa fu l'ultima lettera del diplomatico vaticano, indirizzata al governo jugoslavo, prima di lasciare definitivamente Belgrado, cioè nel novembre/dicembre 1937.

[2] Il concordato viene normalmente definito come la convenzione solenne di diritto internazionale tra la Santa Sede e uno Stato per regolare questioni religiose di comune interesse. Oggi non è più considerato come l'unico strumento possibile per attuare la *concordia* fra la Chiesa e lo Stato. Si è abbandonata in tal modo l'impostazione tradizionale, ricorrente fino al concilio vaticano II, che prendeva in considerazione esclusivamente i rapporti sul piano giuridico-formale tra le due istituzioni. Attualmente si concepiscono i rapporti in primo luogo come azione informale, nel senso di spirito di collaborazione, nel rispetto dell'autonomia temporale e delle competenze proprie della Chiesa. Anche sul piano formale-giuridico assistiamo ad un cambiamento d'impostazione. Se prima tali rapporti, concretizzatisi nei numerosi concordati, rientravano sotto l'esclusiva competenza della Santa Sede, dopo il concilio vaticano II – che rivalutò il ruolo della Chiesa particolare – anche le Chiese locali e le conferenze episcopali possono instaurare rapporti giuridico-formali con l'autorità politica. E quest'ultima non si esaurisce più nell'interlocutore tradizionale, lo Stato, ma abbraccia anche realtà minori, enti locali e maggiori (organizzazioni internazionali). Circa la natura e lo sviluppo storico dei concordati si veda G. Dalla Torre, *La città sul monte*, 128-130, 147-149; J. T. Martin De Agar, *Raccolta di concordati*, vol I, 9-36.

[3] L'uso delle maiuscole è stato limitato ai casi indispensabili, per non appesantire la lettura del testo.

1.1 *Le motivazioni iniziali e gli obiettivi della ricerca*

La scelta del tema risponde innanzitutto ad un particolare interesse per la regione studiata, e cioè l'antica Jugoslavia, e per i rapporti Chiesa – Stato. Il caso del concordato jugoslavo costituisce un soggetto paradigmatico, trattandosi di una vicenda nota alla storiografia contemporanea e al diritto concordatario, soprattutto a causa delle lunghe trattative che lo precedettero e della sua mancata ratifica.

Si è pertanto voluto, in primo luogo, individuare i motivi che provocarono tale rinvio e nel contempo operare un confronto con i temi sensibili che sarebbero potuti stare alla base dell'insabbiamento delle trattative, per poi tentare di stabilire le vere cause della non ratifica del concordato. Conoscendo la versione che dei fatti hanno offerto alcuni storici, sulla base soprattutto delle carte di Belgrado e dei giornali del tempo, è parsa una splendida occasione quella offerta dall'apertura nel 2006 degli archivi vaticani per il periodo del pontificato di Pio XI, in primo luogo l'Archivio della nunziatura di Belgrado, ora depositato nell'Archivio Segreto Vaticano (ASV), e l'Archivio della Congregazione degli Affari Ecclesiastici Straordinari (AA.EE.SS.), ubicato nell'Archivio storico della Segreteria di Stato, nella Sezione per i Rapporti con gli Stati (S.RR.SS). Si è cercato di constatare se anche le fonti vaticane confermassero o meno le asserzioni correnti, orientate principalmente a ritenere l'episcopato jugoslavo, e i cattolici in generale, quali primi responsabili dell'insuccesso diplomatico[4].

Un obiettivo non secondario dello studio è stato determinare il ruolo nelle trattative della nunziatura apostolica a Belgrado, e più precisamente quello di mons. Ermenegildo

---

[4] Riassumendo i risultati delle trattative romane del 1925 gli studiosi Dimić e Žutić, appoggiandosi sull'asserzione del negoziatore Janjić, affermano che esse furono sospese per la posizione intransigente dell'episcopato cattolico nelle questioni della lingua liturgica e dell'istituto di San Girolamo (L. DIMIĆ – N. ŽUTIĆ, *Rimokatolički klerikalizam*, 234; N. ŽUTIĆ, *Kraljevina Jugoslavija*, 217). D'altra parte Mužić ribadisce la passività e la freddezza dell'episcopato cattolico verso il concordato nella fase finale (I. MUŽIĆ, *Katolička Crkva*, 71, 76-77, 196, 202), perché più coinvolto nel risolvere la «questione croata», sotto la guida del capo politico dei croati Maček (*ibidem*, 80-81). Partendo dalla stessa constatazione il presidente del governo Stojadinović, vista l'impossibilità della ratifica del concordato, ne riversò la responsabilità principale sui partiti d'opposizione, ma soprattutto sull'atteggiamento passivo dei politici croati e anche dell'episcopato cattolico (Stojadinović a Mirošević-Sorgo, Belgrado, 25 dicembre 1937, dispaccio n. 2871, in AJ, *Poslanstvo Kraljevine Jugoslavije pri Svetoj Stolici (372)*, fasc. 14, ff. n.n.). Anche in Italia qualcuno sosteneva che i primi colpevoli per la caduta dell'accordo bilaterale fossero stati i croati "indifferenti". Così affermava l'articolo su *L'Avvenire d'Italia* del 10 febbraio 1938, poi rettificato il 26 dello stesso mese.

Pellegrinetti[5], rappresentante pontificio nella suddetta sede dal 1922 al 1937. È noto che le nunziature rivestono sempre un ruolo fondamentale nelle trattative concordatarie: per questo appare sorprendente che, secondo quanto sinora pubblicato, nel caso jugoslavo sia avvenuto diversamente. Si è pertanto voluto indagare se l'affermazione che la nunziatura sia stata esclusa dalle trattative abbia fondamento o se piuttosto si tratti di un caso in cui la storiografia sia pervenuta a conclusioni inesatte[6].

Infatti, si proverà proprio il ruolo fondamentale svolto dalla nunziatura nelle trattative, messo in luce dalle fonti vaticane, le quali oltre alla corrispondenza ufficiale fra la nunziatura e la Segreteria di Stato, dispongono del diario del nunzio Pellegrinetti, in cui egli consegna notizie e riflessioni di particolare valore su tutto il processo concordatario[7]. In pari modo, si è dimostrata la partecipazione

---

[5] Ermenegildo Pellegrinetti (1876-1943), cardinale italiano e diplomatico della Santa Sede. Durante la prima guerra mondiale servì come cappellano militare, dopo fu nominato segretario e uditore della nunziatura in Polonia (1918-1922). Nel 1922 invece fu creato nunzio a Belgrado e rimase nella capitale jugoslava fino al 1937, anno della sua elevazione a cardinale. Si prodigò soprattutto per la stipulazione del concordato tra la Santa Sede e il regno jugoslavo, firmato poi nel 1935. Circa la sua biografia si veda *L'Osservatore Romano*, 13-14 dicembre 1937, Anno LXXVII – n. 290 (23.570), p. 3.

[6] Esiste, tra diversi autori, un'unanimità nella convinzione che il nunzio Pellegrinetti, per desiderio del re, fu escluso, dal 1933, dalle trattative concordatarie, motivando la sua rimozione con il suo atteggiamento ostile al regime politico del regno. Gli studiosi concordano che la volontà del monarca Karađorđević fu eseguita fedelmente da ambedue le parti contraenti (S. SIMIĆ, *Jugoslavija i Vatikan*, 136; I. MUŽIĆ, *Katolička crkva*, 80 (nota 169), 198). Di tale scenario fu persuaso addirittura il negoziatore "segreto" della parte jugoslava, Moscatello, il quale, dopo la firma, rese numerose visite alla nunziatura apostolica per cercare appoggio nella difesa del concordato. Tutti i dettagli della sua versione dei fatti si leggono nelle sue «Memorie» (APHZSJ, ostavština Moscatello, busta 2: *Bilješke [Memorie]*, pp. 67-69, 72, 107-108, 110), appena pubblicate nella versione integrale: *Nikola Moscatello*, F. Veraja – S. Kljaić, ed., 106-108, 112-113, 152-153, 156.

[7] Oltre i rapporti ufficiali di grande valore che Pellegrinetti regolarmente mandava a Roma, risulta nondimeno prezioso il suo diario che iniziò a scrivere nel 1916, ancora prima di avviare la carriera diplomatica. Il diario, che si protrae fino alla sua morte, cioè fino al 1943, contiene preziosi dati circa la sua attività quotidiana nell'ambito diplomatico, pastorale e personale. Soprattutto per i periodi della sua assenza dall'ufficio della nunziatura, troviamo informazioni importanti che altrimenti sfuggirebbero all'approfondimento del suo lungo operato in Jugoslavia. I ventuno volumi del diario si trovano nell'Archivio della Prefettura dell'Archivio Segreto Vaticano. Attualmente è pubblicata solo la parte che va dal 1916 al 1922, cioè i primi otto volumi, includendo in tal modo i primi sei mesi della sua missione diplomatica nel Regno SHS: T. NATALINI, *I diari del cardinale*.

dell'episcopato cattolico della Jugoslavia alle trattative e alla determinazione dei contenuti da negoziare, sia collettivamente, sia a titolo individuale.

Si è cercato inoltre di mettere a confronto le principali originalità del concordato in questione rispetto ad alcuni di quelli ad esso contemporanei e alle leggi jugoslave riguardanti gli altri gruppi religiosi riconosciuti nel regno. Anche in questo caso si sono rivelati preziosi i documenti vaticani, specie per la fase centrale, cioè quella "segreta", delle trattative concordatarie (1933-1935), quasi completamente ignorata dalla storiografia. La possibilità di seguire i negoziati passo dopo passo ha reso possibile comprendere tutta la portata dei colloqui bilaterali, che sono sfociati, in ultima analisi, nel testo firmato: in questo modo è stato possibile offrire alcune chiavi di lettura per l'interpretazione della movimentata storia del concordato jugoslavo.

1.2 *I metodi di ricerca adoperati*

Per realizzare il lavoro è stato necessario avvicinarsi al panorama bibliografico che ha trattato sino ad oggi la questione, studiando in particolare le opere più rilevanti. Di pari passo si è cercato di esaminare con attenzione tutte le fonti a disposizione, prima di tutto quelle meno consultate, specialmente quelle vaticane, alle quali si farà riferimento in particolare più avanti, senza trascurarne altre, sia di carattere privato sia giornalistico.

Il lavoro di ricerca in Vaticano risale all'autunno 2008. Successivamente è stato consultato l'Archivio di Stato a Belgrado («Arhiv Jugoslavije» AJ)[8]. Invece, non è stato possibile accedere all'Archivio della conferenza episcopale a Zagabria, a motivo della penuria di personale e della mancata catalogazione della documentazione richiesta. Sono stati consultati anche l'Archivio dell'arcidiocesi di Lubiana (NŠAL – Slovenia) e la collezione privata di Nikola Moscatello nel collegio di San Girolamo a Roma[9] (APHZSJ), di Engelbert Besednjak a

---

[8] Per la consultazione dei fondi presso l'«Arhiv Jugoslavije» sul periodo monarchico si veda l'inventario di K. Pijevac, M. Milošević, V. Boričić, *Vodič kroz fondove*; per le collezioni, conservate presso lo stesso Archivio, si veda D. Jončić, G. Malović, S. Ilić, N. Petrović, *Vodič kroz zbirke*.

[9] Nikola Moscatello (1885-1961), sacerdote cattolico dalmata, era, per quasi tutti gli anni dell'esistenza del Regno SHS/Jugoslavia, consigliere ecclesiastico alla legazione jugoslava presso la Santa Sede (dal 1922) e negoziatore "segreto" per la parte jugoslava nelle trattative concordatarie nell'ultima fase dei colloqui bilaterali (1933-1935). Unitarista di vedute, venne più volte accusato dai vescovi cattolici di essere troppo serbofilo. Circa la sua biografia e

Trieste/Nova Gorica[10] (BA) e altri fondi, sui quali si dà compiuta notizia nella seconda parte di quest'introduzione e nella bibliografia.

Per la redazione dello studio si sono adoperati, combinandoli, due metodi distinti.

Il primo è il metodo cronologico, seguito senza discontinuità nella narrazione dei fatti riferiti dalle fonti e dagli studiosi. Ciò ha comportato un notevole lavoro di selezione e di sintesi di tutto il materiale disponibile.

In secondo luogo, in alcuni casi, si è ricorsi anche al metodo comparativo, utilizzato soprattutto nell'analisi dei testi concordatari: bozze, note, promemoria, ecc. Ciò ha portato a inevitabili ripetizioni, cui non si è voluto però ovviare, poiché in tal caso si sarebbero perse importanti sfumature che, in fondo, costituirono la ragione del procrastinarsi delle trattative e del mancato coronamento dell'impresa.

Tutto ciò ci ha permesso di determinare i principali soggetti delle trattative concordatarie, così come appaiono nelle fonti, per poi seguirli a più riprese lungo l'*iter* concordatario. Si sono, inoltre, individuati i diversi approcci e le motivazioni che mossero sia la Santa Sede sia il Regno di Jugoslavia ad adoperarsi per la conclusione di un concordato. La prima era certamente particolarmente interessata a garantire il libero esercizio della confessione cattolica nel nuovo Stato, mentre quest'ultimo perseguiva sostanzialmente due finalità: il riconoscimento internazionale, che sperava di ricevere attraverso la conclusione di un tale accordo, e la pace religiosa nel regno: l'aspettativa purtroppo si rivelò vana, anzi si ottenne il risultato opposto, ragione per cui, in definitiva, l'accordo alla fine non venne ratificato.

1.3 *Limiti del lavoro*

Nonostante tutte le conclusioni a cui si è arrivati, bisogna riconoscere che il nostro lavoro è segnato da alcuni limiti e lascia in tal modo aperte altre questio-

---

azione diplomatica si veda *Papinski hrvatski zavod*, 183-187. Per l'approfondimento della sua attività sono molto preziose le menzionate sue memorie [«Bilješke»] ubicate nell'Archivio del collegio di San Girolamo a Roma (APHZSJ, ostavština Moscatello, busta 2; *Nikola Moscatello*, F. Veraja – S. Kljaić, ed., 19-215). Informazioni riguardanti l'Archivio si vedano nell'articolo di A. LUKINOVIĆ, «Arhiv Papinskoga hrvatskog zavoda», 637-647.

[10] Engelbert Besednjak (1894-1968) politico, pubblicista e avvocato sloveno, eletto alla camera dei deputati a Roma (1924-1929) in rappresentanza della minoranza slava. In seguito emigrò nel Regno di Jugoslavia, a Belgrado, ove trattenne strette relazioni con il re Aleksandar e i politici jugoslavi. Circa la sua biografia e l'attività politica si veda: *Engelbert Besednjak*, E. Pelikan, ed.; E. PELIKAN, *Tajno delovanje*; ID., «Slovenci v Julijski krajini », 41-56.

ni ermeneutiche sul concordato jugoslavo. Essi sono dovuti principalmente:

1. all'inaccessibilità di certi archivi, particolarmente quelli della conferenza episcopale jugoslava a Zagabria e del patriarcato serbo a Belgrado. Nel primo caso si potrebbero, in futuro, analizzare più facilmente i residui dubbi sulla vera posizione dell'episcopato cattolico circa la ratifica del concordato. Per quanto riguarda invece il secondo archivio, esso offrirebbe forse qualche indizio in più circa il brusco rovesciamento dell'atteggiamento del primo ministro Stojadinović nei confronti del concordato, quando cedette praticamente a tutte le richieste della gerarchia ortodossa, in vista del ritiro dell'accordo firmato a Roma.

2. Vi è inoltre un altro limite di natura comparativa: è stato solo abbozzato il confronto tra il concordato jugoslavo, gli altri siglati in quel tempo e la legislazione di altre denominazioni religiose presenti in Jugoslavia; non si può perciò parlare di una comparazione vera e propria, che avrebbe potuto aiutare a contestualizzare ancora meglio la portata delle trattative tra Belgrado e la Santa Sede in un quadro più ampio.

3. Un ulteriore possibile approfondimento sarebbe stata l'analisi dei singoli articoli del concordato da un punto di vista strettamente giuridico, sia in rapporto al diritto canonico, sia a quello statale. Tuttavia, ai fini di questo studio, si è optato esplicitamente per limitare la ricerca e l'approfondimento alla trattazione di carattere storico.

2. Il concordato jugoslavo nella storiografia

Fino al giorno d'oggi, le relazioni diplomatiche e le trattative concordatarie tra la Santa Sede e il Regno di Jugoslavia della seconda e terza decade del XX secolo sono state oggetto di non poche pubblicazioni. Prima di dare conto del risultato della presente ricerca, è doveroso presentare una breve sintesi della storiografia esistente sul fallito concordato jugoslavo.

2.1 *I principali studi sul concordato*

L'interesse per l'argomento si fece vivo sin dall'inizio della nascita del nuovo regno. Così già nel 1923, un anno dopo i primi passi concreti del governo nella questione concordataria, uscì l'opera dello studioso Lujo Vojnović[11], il quale esaminava l'op-

---

[11] L. VOJNOVIĆ, *Konkordat sa Svetom Stolicom i naše nacionalno pitanje [Il concordato con la Santa Sede e la nostra questione nazionale]*.

portunità di stipulare con la Santa Sede un accordo bilaterale, per regolare la situazione giuridica della Chiesa cattolica nel Regno dei Serbi, Croati e Sloveni.

Due anni dopo, poco prima delle trattative bilaterali a Roma, fu pubblicato lo studio di Mihajlo Lanović, allora capo sezione per gli affari cattolici al ministero dei culti a Belgrado[12]. L'opera non fu concepita quale descrizione delle trattative concordatarie con la Santa Sede, bensì come presentazione del concordato in generale, insieme alle materie miste, che avrebbero dovuto essere incluse in un trattato internazionale.

I primi lavori sul concordato jugoslavo, firmato nel 1935, uscirono nell'anno della cosiddetta «crisi concordataria», quando l'opinione pubblica fu informata del contenuto del concordato, cioè dalla fine del 1936 e lungo tutto l'anno 1937. La maggioranza di queste opere non porta il nome dell'autore. A provocare tutta una serie di pubblicazioni fu l'opera anonima contro la ratifica del concordato, uscita dalle file della gerarchia ortodossa, attribuita al vescovo Platon, ossia M. Jovanović, scritta nel novembre - dicembre 1936[13].

La risposta governativa non si fece attendere: nel giugno 1937 fu pubblicata, anch'essa anonima, l'opera, indubbiamente scritta dal sacerdote cattolico Nikola Moscatello[14], negoziatore "segreto" del governo jugoslavo per il concordato nei colloqui con la Segreteria di Stato negli anni 1933-1935.

Altri opuscoli anonimi dell'epoca, concepiti in modo assai apologetico, sono raccolti in una nota (n. 7) dell'ultimo capitolo del presente lavoro. Tra gli autori più significativi vi è senza dubbio Sima Simić, che, poco prima della votazione sulla legge del concordato nel parlamento di Belgrado, scrisse un'opera, subito sequestrata dalle autorità governative[15]. Nonostante il tono molto polemico, finalizzato a convincere l'opinione pubblica della pericolosità dell'eventuale ratifica concordataria, il lavoro offre una ricca documentazione di fonti di primaria importanza. Dello stesso autore, uscì, negli anni cinquanta, un altro lavoro dalla tematica simile e con alcuni aggiornamenti[16]. In quest'ultima opera si parlò, per la prima volta, del periodo segreto delle trattative (1933-1935), insinuando che la

---

[12] M. LANOVIĆ, *Konkordat Jugoslavije i Vatikana [Il concordato della Jugoslavia e il Vaticano]*.

[13] [M. JOVANOVIĆ (episkop Platon)], *Primedbe i prigovori na projekat Konkordata između naše države i Vatikana, parafiranog 25. VII. 1935 god. [Annotazioni e obiezioni circa il progetto di concordato tra il nostro Stato e il Vaticano, firmato il 25 VII 1935]*.

[14] [N. MOSCATELLO], *Konkordat i kritika konkordata [Il concordato e la critica del concordato]*.

[15] S. SIMIĆ, *Jugoslavija i Vatikan [La Jugoslavia e il Vaticano]*.

[16] ID., *Vatikan protiv Jugoslavije [Il Vaticano contro la Jugoslavia]*.

scelta del negoziatore jugoslavo provenisse dal segretario di Stato Pacelli, ciò che fu negato decisamente dallo stesso Moscatello[17]. Quest'ultimo riconobbe, tuttavia, che l'autore dell'opera aveva avuto a disposizione fonti governative ufficiali[18]. Tornando al periodo prebellico, si possono menzionare ancora gli studi di Ante Crnica[19] e Roko Rogošić[20]. Ambedue presentarono le trattative che avevano condotto alla firma, attribuendo, in primo luogo, alla Chiesa ortodossa la responsabilità del fallimento del concordato.

Durante la seconda guerra mondiale non apparvero, nel territorio jugoslavo, studi su questo tema; va segnalato, però, un articolo dello scrittore italiano Amedeo Giannini[21].

In seguito, molto scalpore suscitò la monumentale opera di Viktor Novak[22]. L'idea di fondo da lui sostenuta è che il Vaticano praticasse una politica antislava, resasi manifesta soprattutto nella discussione intorno alla lingua liturgica, la cui risoluzione nelle trattative sarebbe stata una netta sconfitta per il governo di Belgrado. Si affrontano la fase iniziale delle trattative (1922) e la parte finale (1937), quasi niente, invece, è dedicato alle fasi intermedie del concordato. Il volume di circa mille pagine contiene molti documenti preziosi circa l'andamento delle trattative; manca, tuttavia, la documentazione delle istituzioni ecclesiastiche. Il suo limite è dovuto, in ogni caso, non solo all'impossibilità di accesso a certi archivi, ma anche alla finalità dell'opera, fortemente caratterizzata dalla propaganda anticattolica e antivaticana, utile al sistema comunista postbellico, appena stabilitosi in Jugoslavia[23]. Moscatello rimproverò all'autore la poca serietà nella stesura dell'opera, considerata uno dei libri più voluminosi dell'industria tipografica, il cui valore, però, non avrebbe raggiunto nemmeno quello degli elenchi telefonici, ad esso simili per spessore[24]. Nonostante numerose lacune, l'opera di

---

[17] APHZSJ, ostavština Moscatello, busta 2: *Bilješke [Memorie]*, p. 107; *Nikola Moscatello*, F. Veraja – S. Kljaić, ed., 152.

[18] APHZSJ, ostavština Moscatello, busta 2: *Bilješke [Memorie]*, p. 108; *Nikola Moscatello*, F. Veraja – S. Kljaić, ed., 153.

[19] A. Crnica, *Važnost Konkordata između Kraljevine Jugoslavije i Svete Stolice [L'importanza del concordato tra il Regno di Jugoslavia e la Santa Sede]*.

[20] R. Rogošić, *Stanje Kat[oličke] Crkve u Jugoslaviji do sporazuma [La situazione della Chiesa cattolica in Jugoslavia fino allo "Sporazum" del 1939]*.

[21] A. Giannini, «Un concordato mancato», 245-269.

[22] V. Novak, *Magnum Crimen*.

[23] N. Žutić, *Kraljevina Jugoslavija*, VI.

[24] APHZSJ, ostavština Moscatello, busta 2: *Bilješke [Memorie]*, pp. 104-105; *Nikola Moscatello*, F. Veraja – S. Kljaić, ed., 148-150.

Novak ebbe molta risonanza, tanto che alcune pubblicazioni più recenti l'hanno utilizzata quale base per ulteriori approfondimenti[25].

Tra gli anni '60 e '70 uscirono alcune opere, scritte presso le comunità croata e slovena immigrate in Argentina, tra le quali sono degne di nota quelle di Franjo Matić[26] e Joško Krošelj[27]. Quest'ultimo fu per lunghi anni segretario personale del politico sloveno Anton Korošec[28] e nel suo articolo cercò di giustificare l'attività del proprio superiore, specialmente la sua dichiarazione circa il ritiro definitivo del concordato, biasimata dalle autorità vaticane. L'autore presentò, inoltre, sinteticamente, tutte le fasi delle trattative, senza certo aver avuto accesso alla documentazione archivistica.

Nello stesso periodo cominciarono ad apparire le memorie di alcuni protagonisti del concordato. Tra queste occorre annoverare l'autobiografia del presidente del governo in carica durante la crisi concordataria, Milan M. Stojadinović[29].

---

[25] D. ŽIVOJINOVIĆ – D. LUČIĆ, *Varvarstvo u ime Hristovo. Prilozi za Magnum Crimen* [*Le barbarie nel nome di Cristo. Gli allegati per il Magnum Crimen*], Beograd 1988[1] (la seconda edizione fu realizzata in due volumi: vol I: *Vatikanska kandža* [*Le grinfie vaticane*], Zrenjanin 2000; vol II: *Vatikan – giljotina za Srbe* [*Vaticano – Ghigliottina per i serbi*], Zrenjanin 2001.

[26] F. MATIĆ, «Borba oko konkordata» [La lotta intorno al concordato], 3-27.

[27] J. KROŠELJ, «Borba za konkordat in dr. Korošec» [La lotta per il concordato e il dott. Korošec], 181-201.

[28] Anton Korošec (1872-1940), sacerdote cattolico, fu una delle figure centrali durante la vita politica del Regno SHS/Jugoslavia, dal 1917 fu capo del partito popolare sloveno, contraddistintosi per abilità politica e pragmatismo. Fece parte di diversi governi come ministro, nel 1928, per sei mesi, ottenne anche il ruolo di presidente del governo. Durante la dittatura regia fu inviato al confino dalle autorità (1933-1934), dopo ritornò a Belgrado, di nuovo con una carica nell'esecutivo (ministro degli interni), e più tardi come presidente del senato. Circa la sua vita e attività si vedano alcune pubblicazioni, inclusi gli atti di diversi convegni: F. J. BISTER, *Anton Korošec*; *Prispevki za novejšo zgodovino* 31 (1991); *Časopis za zgodovino in narodopisje* 77 (2006), n. II-III.

[29] M. M. STOJADINOVIĆ, *Ni rat ni pakt: Jugoslavija između dva rata*, Rijeka 1970 (trad. it.: *La Jugoslavia fra le due guerre*, Bologna 1970). Milan M. Stojadinović (1888-1961), uomo politico e economista serbo. In diversi governi del regno jugoslavo ricoprì la carica di ministro delle finanze e nel 1935 divenne presidente del governo, rimanendovi fino al 1939. Cercò di promuovere una politica di distensione verso i croati, ma sotto la sua presidenza non si arrivò mai ad un'intesa. Il suo governo venne qualificato dall'opposizione come «sanguinario e fascista», anche per il suo avvicinamento alla Germania e all'Italia, mettendo in crisi le relazioni con l'antica alleata occidentale, la Francia (Istruzioni per Felici, 17 giugno 1938 [minuta], in S.RR.SS., AA.EE.SS., *Jugoslavia*, pos. 125, fasc. 83, f. 17r). Con G. Ciano sti-

Una parte[30] dell'opera citata è dedicata alla questione concordataria, specie nella sua fase conclusiva, ove l'autore espose il proprio impegno per la ratifica e le forze contrarie che l'ostacolavano. È interessante confrontare i suoi ricordi con le memorie del patriarca Gavrilo Dožić, direttamente coinvolto nella faccenda, in quanto uno dei metropoliti serbo-ortodossi[31]. Quest'ultimo presentò il punto di vista della Chiesa serbo-ortodossa, che si oppose al concordato, per – così l'autore – difendere gli interessi nazionali e l'eguaglianza religiosa in Jugoslavia.

Il pioniere del metodo storico-critico sul concordato jugoslavo è stato il croato Ivan Mužić con la sua opera fondamentale, preparata agli inizi degli anni '70, ma pubblicata solo nel 1978[32]. L'autore, infatti, per le affermazioni ivi presenti, fu citato in tribunale e solo dopo il processo potè stampare il suo lavoro, che può considerarsi uno strumento indispensabile per qualsiasi approfondimento sul concordato jugoslavo. Egli espose le fasi principali delle trattative, ma riservò una grande porzione dell'opera alla minuziosa descrizione della crisi concordataria (1937-1938). Alla fase centrale delle trattative (1933-1935) dedicò poche considerazioni, che tuttavia, rispetto ad altri studiosi, offrivano più informazioni. Nel lavoro si intrecciano le analisi storiche e giuridiche circa l'accordo bilaterale. La chiave di lettura della mancata ratifica dovrebbe ricercarsi, a suo avviso, nella forte opposizione dei vertici della Chiesa ortodossa, davanti alla quale si sarebbe inginocchiato anche il governo di Stojadinović. Nel contempo, però, neanche la gerarchia cattolica avrebbe mostrato troppo interesse per il concordato, dando maggiore rilievo alla «questione croata». Tenendo conto dell'inaccessibilità di molti archivi civili e di quelli ecclesiastici, la portata del suo lavoro può ritenersi immensa. L'originalità del suo apporto sta nella raccolta di numerosissime testimonianze dei protagonisti, con i quali l'autore intrattenne un'intensa corrispondenza epistolare.

---

pulò il patto di amicizia di Belgrado (25 marzo 1937), ma nel febbraio 1939 fu allontanato dal potere dalle opposizioni sostenute dalla corona e nel 1941 fu arrestato e deportato nelle Mauritius, ove rimase sino al termine della seconda guerra mondiale. Nel 1946 si recò in esilio volontario in Brasile e più tardi in Argentina, ove morì nel 1961.

[30] M. M. STOJADINOVIĆ, *Ni rat ni pakt*, 519-543.

[31] *Memoari patrijarha srpskog Gavrila* [*Le memorie del patriarca serbo Gabriele*], M. Mladenović, ed.; Gavrilo Dožić (1881-1950) venne creato, nel 1938, patriarca della Chiesa serbo-ortodossa, dopo essere stato metropolita e arciepiscopo di Peć (dal 1913) e in seguito di Montenegro e Primorje (Crna Gora i Primorje – dal 1920).

[32] I. MUŽIĆ, *Katolička Crkva u Kraljevini Jugoslaviji: politički i pravni aspekti konkordata između Svete Stolice i Kraljevine Jugoslavije* [*La Chiesa cattolica nel Regno di Jugoslavia: aspetti politici e giuridici del concordato tra la Santa Sede e il Regno di Jugoslavia*].

Fra le opere pubblicate sull'argomento, quella di Mužić, per l'ampia e dettagliata descrizione di tutte le fasi principali, rimane tuttora insuperata. Lo conferma già il fatto che tra gli studiosi croati fino ad oggi non ci sono stati ulteriori sviluppi sull'argomento, a parte qualche approfondimento di natura molto limitata[33].

Egli stesso tornò, più tardi, sull'argomento nella sua monografia sulla massoneria[34], avvalendosi delle fonti dell'associazione segreta. Ne evidenziò le mosse e dimostrò come avesse influito in modo decisivo sul ritiro della ratifica del concordato. Arrivò addirittura alla conclusione che il governo avesse capitolato «*formalmente*» davanti alla Chiesa serbo-ortodossa, ma «*di fatto*» nei confronti della massoneria. Questa costatazione ha fatto sì che in questo nostro lavoro sia stata riservata una particolare attenzione all'attività delle logge massoniche jugoslave nella questione concordataria, riscontrata anche nei rapporti del nunzio apostolico Pellegrinetti.

Con l'accessibilità della documentazione archivistica della legazione di Jugoslavia presso la Santa Sede e di altri fondi presso l'«Archivio di Jugoslavia» a Belgrado, a partire dal 1990, si è avuta finalmente la possibilità di approfondire alcune fasi delle trattative concordatarie.

Alcuni studiosi serbi cominciarono a pubblicare opere, basate esclusivamente su queste fonti statali. Tra essi il primo fu Nikola Žutić, che nella sua opera principale[35] dedicò un capitolo alla questione concordataria[36]. L'autore utilizzò la ricchissima documentazione circa la prima fase delle trattative, cioè dal 1922 al 1925, presentando, inoltre, i risultati dei negoziati tra la delegazione governativa e la Segreteria di Stato a Roma nel maggio – giugno 1925. Per altre tappe l'«Archivio di Jugoslavia» appare lacunoso, perciò nell'opera non si trovano molte informazioni sulla continuazione e sul risultato dei colloqui tra Belgrado e la Santa Sede. L'idea principale dello scrittore fu di presentare la posizione del governo jugoslavo sia nelle trattative concordatarie, sia nei rapporti diplomatici con la Santa Sede. Più volte venne ribadita l'avversione della diplomazia pontifi-

---

[33] Ad esempio, lo studio di Hrvoje Matković sul politico Stjepan Radić e il suo ruolo nelle trattative concordatarie: H. MATKOVIĆ, «Stjepan Radić i konkordat», 290-298.

[34] I. MUŽIĆ, *Masonstvo u Hrvata [La massoneria presso i croati]*.

[35] N. ŽUTIĆ, *Kraljevina Jugoslavija i Vatikan: odnos jugoslovenske države i Rimske Crkve 1918-1935 [Il Regno di Jugoslavia e il Vaticano: il rapporto tra lo Stato jugoslavo e la Chiesa Romana 1918-1935]*.

[36] *Ibidem*, 165-220.

cia verso l'unità jugoslava, che avrebbe addirittura cercato alleanza con il regime fascista contro il comune nemico nei Balcani. A suo avviso, anche il concordato appariva piuttosto come effetto di alleanze politiche della Santa Sede – inclusa la teoria dell'espansionismo vaticano verso l'Oriente – motivo in più per cui esso avrebbe dovuto essere respinto. Pochi anni fa Žutić ha arricchito il libro con l'inserzione del periodo pre-jugoslavo, cioè del Regno di Serbia e delle sue relazioni con la Santa Sede[37].

Sulla scia di Žutić s'inserì la monografia[38] di Mirko Petrović. Partendo dagli stessi fondi archivistici, l'autore fece una minuziosa analisi, con un approccio giuridico, del progetto di concordato del 1925, confrontandolo con il testo firmato del 1935 e con altri concordati del periodo. Dall'esame circa i temi principali, trattati durante i negoziati, risulta che le proposte vaticane sarebbero state quasi tutte contrarie alla costituzione, alle leggi e alla prassi statale. In alcuni casi neanche la delegazione jugoslava, nel 1925, avrebbe rispettato la legislazione civile jugoslava, tanto meno nel 1935. La comparazione tra diversi schemi e progetti avrebbe dimostrato, infatti, come in dieci anni il governo jugoslavo avrebbe ceduto sempre di più alle richieste vaticane, per cui il testo del 1935 sarebbe stato una netta vittoria della Santa Sede nei confronti della Jugoslavia. Anche mediante il confronto con gli altri concordati, Petrović concluse che il concordato jugoslavo, tra tutti quelli contemporanei, sarebbe stato concepito come il più favorevole alla Chiesa cattolica. Il suo studio rimane, comunque, molto utile per qualsiasi analisi storico-giuridica del progetto di concordato del 1925 e per il confronto con il risultato finale del 1935. Negli anni seguenti (1999-2001) lo studioso ha pubblicato diversi articoli, in cui ha approfondito alcuni temi fondamentali del concordato, ad esempio l'istruzione religiosa e gli ordini religiosi[39].

Né Žutić né Petrović si sono soffermati sulle vicende dell'anno 1937, quando il concordato rovinò sotto le forti opposizioni. Invece, se n'era occupato in precedenza Miloš Mišović,[40] che aveva completato la dettagliata descrizione di Mužić con interessanti testimonianze di prima mano, insieme alla documenta-

---

[37] ID., *Vatikan, Srbija i Jugoslavija: 1853-1935* [*Il Vaticano, la Serbia e la Jugoslavia: 1853-1935*].

[38] M. PETROVIĆ, *Konkordatsko pitanje Kraljevine Srba, Hrvata i Slovenaca* [*La questione concordataria del Regno dei Serbi, Croati e Sloveni*].

[39] ID.,«Versko obrazovanje », 95-112; ID., «Projekat konkordata», 485-502; ID., «Redovi i kongregacije»,125-136; ID., «Konkordat kao osnov», 433-448.

[40] M. MIŠOVIĆ, *Srpska Crkva i konkordatska kriza* [*La Chiesa serba e la crisi concordataria*].

zione ufficiale. Dello stesso autore è uscito un altro lavoro[41], ove la questione del concordato è stata inserita nel quadro della morte del sovrano Karađorđević, nell'ottobre 1934, e del patriarca Varnava (Barnaba), scomparso la notte dopo la votazione del progetto di concordato in parlamento, tra il 23 e il 24 luglio 1937. Sono state pubblicate negli ultimi anni alcune nuove considerazioni circa l'esito finale del concordato e tra esse merita di essere menzionato l'articolo di Olga Manojlović Pintar[42], in cui l'autrice analizza la campagna anticoncordataria a partire dal materiale propagandistico anonimo.

A questo punto è opportuna un'osservazione riguardante il rapporto tra i differenti indirizzi storiografici: quello serbo da una parte, e quello croato dall'altra. Pur non negando l'autonomia di pensiero e il carattere particolare di ogni singolo studioso, non si può non scorgere, presso i diversi autori, la presenza di alcune tendenze, legate alla loro appartenenza nazionale. Non sembra quindi una mera generalizzazione senza fondamento il ritenere, ad esempio, che tra gli scrittori serbi persista tuttora la propensione a valutare positivamente l'operato dei diversi governi nelle trattative e il sospetto verso la sincerità della politica vaticana, "troppo" alleata con il regime fascista. L'opposizione della Chiesa ortodossa al concordato viene da loro spesso giustificata con l'ineguaglianza che si sarebbe verificata nell'ordine legislativo jugoslavo tramite il concordato. Gli storici croati, d'altro canto, tendenzialmente difendono la posizione della Chiesa cattolica, che avrebbe semplicemente cercato la sistemazione dei rapporti giuridici nei confronti dello Stato. Costoro dedicano alla cosiddetta «questione croata» uno spazio tutto peculiare, poiché stimata di gran lunga più importante della stessa azione diplomatica della curia romana nei confronti delle autorità jugoslave.

Tra gli storici dell'ex territorio jugoslavo si trovano anche alcuni autori sloveni, che non hanno però offerto studi monografici sul concordato. Quasi tutti hanno preso come punto di partenza le considerazioni dell'emigrato Krošelj, di Mužić e di Žutić. Per primo si può citare il canonista Borut Košir, che nel 1986 ha presentato la sua dissertazione per la licenza in *Utroque Iure* presso la

---

[41] ID., *Zatamnjena istorija: Tajna testamenta kralja Aleksandra i smrt patrijarha Varnave* [*La storia oscurata: Il segreto del testamento del Re Alessandro e la morte del patriarca Varnava*].

[42] O. MANOJLOVIĆ PINTAR, «Još jednom o konkordatskoj krizi» [*Ancora una volta sulla crisi concordataria*], 157-171.

Pontificia Università Lateranense[43]. Nella prima parte l'autore inserisce i concordati nel contesto del diritto internazionale, nella seconda invece si sofferma sulla legislazione della Chiesa cattolica nel periodo del regno jugoslavo e sulle tappe principali del concordato. Alcune delle sue considerazioni sintetiche sullo stesso tema sono state più tardi pubblicate in alcuni articoli scientifici[44].

Un quadro generale del concordato jugoslavo è stato concisamente presentato da Karl Bonutti[45].

Altri studiosi sloveni si sono concentrati, invece, su aspetti più specifici e, grazie alla consultazione archivistica, i risultati delle loro ricerche appaiono più originali. Tra questi vale la pena ricordare France M. Dolinar, che in uno dei suoi articoli[46] ha presentato il ruolo del vescovo di Lubiana nella delicata questione, fornendo come fonte primaria i documenti dell'Archivio arcidiocesano di Lubiana (NŠAL). Jeglič era uno dei vescovi di spicco nel Regno di Jugoslavia e godeva di grande autorevolezza nella conferenza episcopale. Utilizzando la documentazione dell'omonimo archivio, Bogdan Kolar, più tardi, ha approfondito l'atteggiamento del vescovo Rožman, successore di Jeglič a Lubiana, nella questione trattata[47]. Lo stesso autore è tornato sulla figura di Anton Korošec, partendo dalle considerazioni del già menzionato Krošelj[48], sottolineando l'atteggiamento molto pragmatico del ministro nella fase finale del concordato, che avrebbe contribuito non poco al ritiro del progetto di ratifica. Anche sugli effetti postconcordatari lo studioso ha pubblicato un articolo[49], dimostrando che in alcuni ambiti il contenuto del concordato entrò in vigore tramite le leggi dello Stato.

La storiografia slovena ha offerto preziosi contributi negli ultimi anni. Alcuni documenti importanti si trovano nel libro di Egon Pelikan, che non ha trattato, se

---

[43] B. KOŠIR, *Il concordato*.

[44] ID., «Konkordat zwischen dem Königtum», 39-77; ID., «Das jugoslawische Konkordat», 53-77; ID., «Cerkev in njen odnos», 255-270.

[45] K. BONUTTI, «"Neratificirani" konkordat med Kraljevino Jugoslavijo in Svetim sedežem leta 1935» [Il concordato "non-ratificato" tra il Regno di Jugoslavia e la Santa Sede del 1935], 131-147.

[46] F. M. DOLINAR, «Jeglič in cerkvenopolitična vprašanja po letu 1918» [Jeglič e le questioni ecclesiastico-politiche dopo il 1918], 303-331.

[47] B. KOLAR, «Škof Rožman – član jugoslovanske škofovske konference» [Il vescovo Rožman – membro della conferenza episcopale jugoslava], 117-133.

[48] ID., «Korošec in osrednja cerkveno-politična vprašanja» [Korošec e le principali questioni di natura ecclesiastico-politica], 92-103.

[49] ID., «Delna izvedba konkordata (1935) glede na verske sklade [La realizzazione parziale del concordato (1935) circa i fondi di religione]», 149-161, 481-494.

non marginalmente, il tema del concordato jugoslavo[50]. Nel suo lavoro sono state trascritte alcune lettere, riguardanti la trattazione interna della parte jugoslava, durante la fase segreta delle trattative con la Santa Sede (1933-1934)[51]. La suddetta documentazione viene custodita nell'archivio privato di Besednjak a Trieste/Nova Gorica ed è servita come uno spunto fondamentale per approfondire alcuni aspetti dei negoziati, specialmente il ruolo del negoziatore segreto del governo jugoslavo Moscatello. Recentemente, infatti, è uscito un articolo di Gašper Mithans[52], la cui originalità consiste nel presentare, in base a documenti autentici, la fase segreta delle trattative (1933-1934), finora sconosciuta al pubblico. L'autore si è servito proprio dell'archivio di Besednjak. Forse può sorprendere che la documentazione riguardante un argomento così delicato si trovi in un archivio privato e non nell'«Archivio di Jugoslavia» a Belgrado. Bisogna sapere, però, che tra Besednjak, a suo tempo deputato a Roma quale rappresentante della minoranza slava in Italia, e Moscatello esisteva un forte legame di amicizia. Sarebbe stato lo stesso Besednjak a proporre al re Aleksandar di incaricare Moscatello quale negoziatore per la parte jugoslava. Il materiale degli archivi vaticani non viene utilizzato nel detto articolo, bensì in un altro dello stesso autore. In esso lo studioso presenta, in modo molto sintetico e conciso, il percorso delle trattative concordatarie e della «crisi concordataria», i principali protagonisti del concordato, la storiografia e l'apporto delle nuove fonti accessibili, lasciando aperte alcune questioni per future ricerche[53].

Infine occorre menzionare la storiografia straniera, che finora – con poche eccezioni – non si è occupata del concordato jugoslavo. Benché si tratti più di fonti che di studi, si menzionano qui i rapporti diplomatici degli ambasciatori di diverse potenze europee, che in quegli anni certamente seguirono da vicino le trattative e il risultato finale del concordato. Poiché la Francia era ritenuta la principale alleata del regno jugoslavo, è opportuno richiamare le memorie del-

---

[50] E. PELIKAN, *Tajno delovanje primorske duhovščine pod fašizmom: primorski krščanski socialci med Vatikanom, fašistično Italijo in slovensko katoliško desnico – zgodovinsko ozadje romana Kaplan Martin Čedermac* [*L'attività segreta del clero del Litorale sotto il fascismo: i social-cristiani del Litorale tra il Vaticano, l'Italia fascista e la destra cattolica slovena – il contesto storico del romanzo "Kaplan Martin Čedermac"*].

[51] *Ibidem*, 609-626.

[52] G. MITHANS, «Sklepanje jugoslovanskega konkordata in konkordatska kriza leta 1937» [La stipulazione del concordato jugoslavo e la crisi concordataria del 1937], 120-151.

[53] ID., «Ključni akterji jugoslovanskega konkordata in problematika virov» [Gli attori principali del concordato jugoslavo e la problematica delle fonti], 427-443. Cf. anche ID., «Vloga tajnega pogajalca pri sklepanju jugoslovanskega konkordata» [Il ruolo del negoziatore segreto nella stipulazione del concordato jugoslavo], 809-824.

l'ambasciatore francese presso la Santa Sede François Charles-Roux, nelle quali egli mise in risalto il proprio coinvolgimento nelle trattative[54]. Moscatello, per evitare possibili equivoci, precisò che una volta finita la stesura del testo concordatario, egli stesso portò all'ambasciatore francese il testo per assicurarsi della correttezza linguistica di una frase, e niente di più[55].

Della storiografia francese ricordiamo anche un'analisi corposa sui rapporti tra la Santa Sede e gli Stati europei tra le due guerre, di Annie Lacroix-Riz[56]. In un'opera curata da G. B. Varnier, Francesco Margiotta Broglio valuta il libro, contenente poche informazioni sul concordato jugoslavo, come «*discutibile ma ricchissimo di dati e di elementi nuovi*»[57].

Fra gli studiosi italiani che si sono occupati del rapporto tra Chiesa e Stato nel Regno SHS/Jugoslavia è doveroso accennare, per primo, a Paolo Blasina[58]. L'autore ha descritto dettagliatamente il passaggio dai vecchi assetti statali alla formazione del nuovo regno e le basi per una sistemazione giuridica della Chiesa cattolica. Nello studio appare molto interessante il punto di vista del benedettino belga Pierre Bastien[59], inviato dalla Santa Sede in queste zone per ottenere utili informazioni su quello che vi stava accadendo. L'apporto di Blasina fu poco tempo fa approfondito da un altro storico italiano, Massimiliano Valente, che ha utilizzato i fondi degli archivi vaticani per il periodo di Benedetto XV e Pio XI[60] per la sua ricerca sul rapporto tra Chiesa e Stato nel Regno SHS/Jugoslavia, inserendovi il tema centrale, cioè quello del concordato. Finora sono usciti quattro

---

[54] F. Charles-Roux, *Huit ans*, 131-133.

[55] APHZSJ, ostavština Moscatello, busta 2: *Bilješke [Memorie]*, p. 109; *Nikola Moscatello*, F. Veraja – S. Kljaić, ed., 155.

[56] A. Lacroix-Riz, *Le Vatican, l'Europe*.

[57] *La Santa Sede nell'assetto*, p. IX.

[58] P. Blasina, «Santa Sede e Regno», 773-809.

[59] Pierre Bastien (1866-1940), benedettino belga proveniente dall'abbazia di Maredsous. Fu membro, dal 1905, della commissione per la codificazione del diritto apostolico, consultore di diverse congregazioni e visitatore apostolico in Bosnia-Erzegovina (1910-1914). Nel novembre 1918 fu inviato speciale da parte della Santa Sede nelle zone jugoslave, da dove, fino all'estate del 1919, regolarmente mandava rapporti a Roma. Curatore degli *Acta Apostolicae Sedis*, tornò a Maredsous nel 1939, ove morì l'anno seguente. Circa i suoi dati biografici si veda M. Valente, *Diplomazia pontificia*, 18, nota 12; P. Vrankić, *Religion und Politik*, 501, nota 8; P. Blasina, «Santa Sede e Regno», 774, nota 3.

[60] Valente preparò l'inventario dell'Archivio della Nunziatura di Jugoslavia nell'ASV: M. Valente, *Archivio della Nunziatura*.

suoi articoli[61] e una monografia[62]. L'importanza dei suoi contributi risiede nel fatto che è il primo autore ad aver consultato e citato i documenti vaticani sulla Jugoslavia per il periodo di Pio XI (1922-1939), se se ne esclude il brevissimo accenno ad opera di Jože Pirjevec[63]. Vale la pena evidenziare soprattutto il suo articolo del 2011, appena ricordato, che offre una panoramica dei rapporti tra la Santa Sede e Belgrado, tramite i fondi delle Sessioni della Congregazione degli Affari Ecclesiastici Straordinari, dai quali si evince che detta congregazione si riunì molte volte per discutere i temi scottanti, legati alla Jugoslavia.

Sulla bibliografia si tornerà più dettagliatamente all'inizio di ogni capitolo, mettendo a confronto quello che è già stato pubblicato su un singolo periodo o tema e le acquisizioni emerse dal materiale dei diversi archivi. Grazie, infatti, all'apertura degli archivi vaticani e alla consultazione di alcuni archivi privati, sono state introdotte nella ricerca sul concordato jugoslavo importanti novità. Mithans e Valente sono i pionieri in quest'ultimo periodo. Ed è proprio in questa linea che s'inserisce il presente lavoro.

La consultazione dei fondi dell'Archivio della nunziatura di Belgrado, degli Affari Ecclesiastici Straordinari, del fondo della Segreteria di Stato, del diario di Pellegrinetti e di altri, specie le «memorie» di Moscatello, ha offerto la possibilità di capire direttamente il percorso storico, le diverse tappe delle trattative concordatarie (analisi dei diversi schemi) e le ragioni che hanno guidato la diplomazia vaticana nella questione del concordato e, nondimeno, hanno permesso di apportare allo studio alcuni elementi nuovi, sia dal punto di vista contenutistico, quanto da quello della comprensione storica.

2.2 *La nuova tesi di Gašper Mithans*[64]

Contemporaneamente a questo lavoro, Gašper Mithans ha eseguito un'altra ricerca di dottorato sul concordato jugoslavo, discussa presso la Facoltà di Studi umanistici («Fakulteta za humanistične študije») di Capodistria, in Slovenia, nel luglio 2012. Per diversi motivi i due contributi non risultano, comunque, sovrapponibili o equivalenti.

Riguardo all'utilizzo delle fonti, anch'egli certo si è servito abbondantemente

---

[61] ID., «Pio XI e le conseguenze », 396-413; ID., «Santa Sede e Jugoslavia», 189-240; ID., «I cattolici e la politica», 475-500; ID., «Pio XI, la diplomazia», 709-726.

[62] ID., *Diplomazia pontificia.*

[63] J. PIRJEVEC, «Vatikanski arhivi», 305-316.

[64] G. MITHANS, *Urejanje odnosov.*

di quelle statali (soprattutto l'Archivio di Stato a Belgrado – «Arhiv Jugoslavije»), degli archivi privati (specie l'Archivio di Besednjak) e delle fonti ecclesiastiche, in primo luogo quelle vaticane. L'autore cita spesso il fondo *Jugoslavia* dell'Archivio della Congregazione degli Affari Ecclesiastici Straordinari (AA.EE.SS.), molto ricco di riferimenti circa il concordato.

Da parte nostra abbiamo preferito fare riferimento anche ad altri fondi dello stesso archivio, che sono in modo particolare:

- I *Rapporti delle Sessioni della Congregazione degli Affari Ecclesiastici Straordinari*, nelle quali i cardinali discussero, più volte, sul destino del concordato jugoslavo e su altri temi annessi (collegio di San Girolamo, lingua liturgica). Uno studio sulle sessioni, riguardanti il rapporto tra la Santa Sede e il Regno SHS/Jugoslavia, è stato realizzato, come già menzionato, da Massimiliano Valente[65].

- Gli *Stati Ecclesiastici* con i cosiddetti «Fogli di Udienza» del cardinale Pacelli (pos. 430A, fascc. 340-355; pos. 430B, fascc. 356-364). Per gli anni 1930 e 1931 sono pubblicati i primi due volumi[66].

Quanto all'Archivio Segreto Vaticano (ASV), l'autore ha utilizzato i dati provenienti dall'Indice dell'Archivio della nunziatura di Jugoslavia[67], e non la documentazione del medesimo fondo (*Arch. Nunz. Jugoslavia*), ove si trovano, oltre alle bozze che Pellegrinetti preparava per i suoi rapporti ufficiali destinati a Roma, numerosi carteggi del rappresentante pontificio con le autorità civili e con l'episcopato cattolico jugoslavo.

L'ultima considerazione circa le fonti riguarda quelle di natura privata. Rispetto al lavoro di Mithans, vengono consultati qui, come già ricordato, alcuni scritti personali, tra i quali le memorie del nunzio Pellegrinetti[68] e del consulente della legazione jugoslava presso la Santa Sede, Nikola Moscatello[69].

---

[65] M. VALENTE, «Santa Sede e Jugoslavia», 189-240.

[66] I «*Fogli di Udienza*», voll. I-II.

[67] M. VALENTE, *Archivio della Nunziatura*.

[68] I *Diari del card. Pellegrinetti*, conservati presso l'Archivio della Prefettura (nell'ASV). È stata pubblicata la menzionata prima parte, per il periodo dal 1916 al 1922.

[69] *Bilješke [Memorie]* di Nikola Moscatello, ubicate nell'Archivio del Collegio di San Girolamo a Roma («Arhiv Papinskog hrvatskog zavoda sv. Jeronima» – APHZSJ, ostavština Moscatello, busta 2; cf. *Nikola Moscatello*, F. Veraja – S. Kljaić, ed., 19-215.

La tesi di Mihans è suddivisa in tre parti. Dopo il capitolo introduttivo, ove viene descritta la storia delle relazioni tra la Chiesa e le autorità civili in Europa e in Slovenia tra la seconda metà del XIX secolo fino alla seconda guerra mondiale[70], lo studioso dedica il secondo capitolo alle trattative concordatarie (1922-1935)[71] e il terzo alla crisi concordataria (1935-1938)[72].

Alcune delle sue considerazioni concordano con quanto si sosterrà nelle pagine che seguono: i motivi per la conclusione del concordato, le "conquiste" del governo e della Santa Sede nelle trattative, i fattori che rallentarono il processo dei negoziati, certe cause della non-ratifica e caduta del concordato.

Ci sono, d'altra parte, ancora alcune divergenze, sia nell'impostazione del lavoro, sia nelle conclusioni.

Forse la differenza più grande consiste nella prospettiva con cui è stato studiato lo stesso concordato: nel lavoro di Mithans esso è inserito nelle relazioni più ampie tra la Chiesa cattolica e l'autorità civile, mentre noi abbiamo preferito dare maggiore rilevanza alla genesi e allo studio del documento stesso.

Mithans considera non poco lo sviluppo delle trattative concordatarie alla luce della politica internazionale, ivi incluso il ruolo delle grandi potenze (Francia, Italia), che avrebbero influito sull'opportunità o meno della ratifica del concordato[73]. D'altro canto, nel nostro studio, pur rilevando al riguardo l'apporto della diplomazia francese, non abbiamo cosiderato decisivo tale aspetto geo-strategico.

Da parte nostra si è dedicato, invece, più spazio all'analisi dei singoli progetti di concordato (sin dal 1922), ribadendo in modo particolare l'importanza del biennio 1933-1935, che da una parte portò alla firma dell'accordo e dall'altra segnò un chiaro spartiacque rispetto alle trattative precedenti. Dal lavoro di Mithans si evince, invece, una sostanziale continuità in tutto il processo di elaborazione dell'accordo, almeno per quanto riguarda lo sviluppo contenutistico dei singoli articoli[74].

Nella stessa analisi del concordato, Mithans realizza la genesi di tutti gli articoli, in base alle bozze, sin dal 1923, comparandoli inoltre con altri concordati del tempo e con la legislazione della Chiesa serbo-ortodossa e con quella riguardan-

---

[70] G. MITHANS, *Urejanje odnosov*, 1-148.
[71] *Ibidem*, 149-274.
[72] *Ibidem*, 275-360.
[73] *Ibidem*, 180-184, 192, 198, 201-203, 285, 348, 364.
[74] *Ibidem*, 234-252.

te la Chiesa cattolica nel territorio sloveno[75]. Nel presente studio, invece, si è optato per seguire solo l'*iter* di alcuni articoli, ritenuti fondamentali, con speciale attenzione alle trattative tra Moscatello e la Segreteria di Stato, dedicando così quasi tutto il quinto capitolo alla genesi degli articoli principali tra il 1933 e il 1935. Il confronto con altre legislazioni non viene effettuato se non raramente; si dà invece più peso al Codice di diritto canonico del 1917, considerato utile per comprendere i presupposti giuridici della diplomazia vaticana e le susseguenti deroghe, in seguito alle trattative con le autorità jugoslave.

Per quanto riguarda il punto di vista dell'autore nei confronti dell'intera vicenda, la nostra scelta è stata quella di seguire la prospettiva della diplomazia vaticana, specie del nunzio apostolico Pellegrinetti, mentre Mithans pare abbia affrontato spesso l'argomento a partire dalla situazione politica slovena (diversi indirizzi partitici, Azione Cattolica, attività di Korošec).

Egli, tra l'altro, non dedica molto spazio al cosiddetto periodo "silenzioso" (1925-1930), in cui si erano arrestate ufficialmente le trattative concordatarie ed erano venuti alla ribalta temi collaterali: il contenzioso circa l'istituto di San Girolamo a Roma, il dibattito circa la lingua liturgica, la riforma agraria, le leggi scolastiche.

L'ultimo cenno riguarda il ruolo dell'episcopato cattolico jugoslavo e del nunzio a Belgrado. La quasi totalità degli studiosi ritiene, d'accordo con l'impostazione storiografica tradizionale, che i vescovi cattolici, a causa della loro diffidenza nei confronti del governo centrale, fossero poco sensibili alla causa concordataria e che il nunzio apostolico, non soltanto non avrebbe collaborato ai negoziati e alla stesura del testo, ma che sarebbe stato perfino estromesso da tutto ciò sino all'ultimo momento. Ora, Mithans pare accolga, fino ad un certo punto, la posizione relativa all'episcopato, soprattutto nella fase finale della vicenda[76], mentre d'altra parte assegna un ruolo non secondario al nunzio Pellegrinetti[77].

3. Strutturazione cronologica del concordato jugoslavo

Prima di intraprendere lo studio dettagliato della questione, è bene segnalare che il lavoro si dispiegherà in sei capitoli e che, fatta eccezione del primo, di carattere introduttorio, e del quinto, di carattere analitico, negli altri quattro ver-

---

[75] *Ibidem*, 239-268.

[76] *Ibidem*, 285, 323-331, 348-349.

[77] *Ibidem*, 173.

ranno presentati gli eventi corrispondenti, a partire dalla nostra ricerca, ad ognuna delle quattro tappe, concepite in senso stretto, in cui si può suddividere l'*iter* concordatario:

a) prima tappa (1922-1925): alla commissione governativa per il concordato partecipano alcuni vescovi cattolici con l'autorizzazione della Santa Sede. Il risultato dei diversi incontri sono alcune proposte di concordato (schemi del 1922 e 1923), incluse in un secondo momento nel progetto governativo ufficiale (1925).

b) seconda tappa (1925-1930): la delegazione jugoslava presenta a Roma, nel 1925, il suo progetto di concordato, attraverso uno scambio di idee con i rappresentanti della Segreteria di Stato. Le trattative romane, durate più d'un mese, non portano alla sottoscrizione dell'accordo e vengono dichiarate "sospese". Negli anni successivi, fino al 1930, il concordato passa in secondo piano, dal momento che, nel frattempo, altre questioni politico-religiose, nei rapporti diplomatici tra Roma e Belgrado, hanno preso il sopravvento.

c) terza tappa (1931-1935): il re Aleksandar decide di riprendere le trattative e il governo presenta nuovi progetti alle autorità vaticane (1931 e 1933). La via ufficiale, tramite i carteggi, non porta ad alcun risultato, perciò il monarca adotta la via delle trattative segrete, affidando la missione al consigliere della legazione jugoslava presso la Santa Sede, Nikola Moscatello (1933-1935).

d) quarta tappa (1935-1937/38): il concordato viene solennemente firmato a Roma nel luglio 1935. Due anni dopo viene presentato al parlamento per la ratifica che però, a causa delle forti proteste da parte degli oppositori, non viene compiuta.

RINGRAZIAMENTI

Il presente volume è frutto della tesi di dottorato, discussa alla Facoltà di Storia e Beni culturali della Chiesa, presso la Pontificia Università Gregoriana di Roma, il 21 gennaio 2013.

In tale sede, vorrei esprimere i miei ringraziamenti a tutte le persone che hanno offerto il loro contributo, aiutandomi ed accompagnandomi nelle ricerche archivistiche e nella stesura del lavoro.

Innanzitutto al moderatore della tesi, Prof. P. Silvano Giordano, che con grande disponibilità e attenzione ha seguito fin dall'inizio la mia ricerca offrendomi preziosi consigli.

Al censore, Prof. Don Roberto Regoli, per le sue osservazioni risultate molto utili ai fini della presente pubblicazione, come anche per gli incoraggiamenti riguardo a ricerche future.

Un grazie del tutto particolare intendo rivolgerlo a Sua Eccellenza Maja Marija Lovrenčič Svetek, Ambasciatore della Repubblica di Slovenia presso la Santa Sede, per aver mostrato interesse al tema da me trattato e per la prefazione al libro.

Tutta la mia riconoscenza va a Sua Eminenza, il Cardinale Franc Rodé, che da subito mi ha vivamente consigliato di approfondire la figura del nunzio Ermenegildo Pellegrinetti e che ha attentamente seguito gli sviluppi del lavoro; come anche a Sua Eccellenza Mons. Miguel Maury Buendía, per tutti i suoi suggerimenti, specialmente nell'ultima fase della stesura del testo.

In tutte le biblioteche e gli archivi consultati ho trovato sempre grande disponibilità da parte di dirigenti e dipendenti. Ringrazio perciò il Prefetto Sua Eccellenza Mons. Sergio Pagano, per la possibilità di accedere alla documentazione dell'Archivio Segreto Vaticano; Sua Eminenza Mons. Dominique Mamberti (già Segretario per i Rapporti con gli Stati) e il Sig. Johan Ickx (Responsabile dell'Archivio Storico della Sezione per i Rapporti con gli Stati, Segreteria di Stato), per l'accesso alle fonti del medesimo archivio. Vorrei, inoltre, ringraziare: il rettore del Pontificio Collegio Croato di San Girolamo, Mons. Jure Bogdan, per il permesso di consultare le memorie di mons. Moscatello; i responsabili dell'Archivio privato di Besednjak, specialmente il compianto Sig. Dragomir Legiša e il Sig. Marko Tavčar; e tutti i responsabili degli altri archivi e biblioteche (Archivio di Stato a Belgrado, Archivio dell'Arcidiocesi di Lubiana, Biblioteca scientifica di Zara, Biblioteca di Storia Moderna e Contemporanea – Emeroteca di Roma).

Un particolare ringraziamento va al Sig. Ivan Mužić e al Prof. Massimiliano Valente che, con grande competenza riguardo ai temi da me trattati, mi hanno offerto preziosi consigli e suggerimenti.

Per la correzione del testo dal punto di vista linguistico, sono grato a Fra Raffaele Di Muro, alla Prof.ssa Maria Cristina Girardi, e in particolar modo a Fra Giulio Cesareo. Per alcuni ritocchi rilevanti ho trovato molta disponibilità anche presso Fra Enzo Galli, Fra Emanuele Rimoli ed altri, che ringrazio per l'aiuto.

Vorrei dire un grazie speciale ai confratelli dell'Ordine dei frati minori conventuali: al già ministro provinciale Fra Slavko Stermšek per avermi proposto di intraprendere gli studi in Storia della Chiesa a Roma, all'attuale ministro provinciale Fra Milan Kos che mi ha sempre appoggiato e spinto nei miei studi, e tutti gli altri frati della Provincia slovena per il sostegno e l'incoraggiamento. Ringrazio anche tutti i confratelli della comunità del *Seraphicum*, ove attualmente vivo, per il loro supporto e l'amore fraterno, così come il governo dell'Ordine, per la continua fiducia concessami e per il sostegno economico.

Non posso dimenticare i compagni di ricerca, per le utili e proficue condivisioni riguardo ai propri lavori. Con alcuni di loro è stata l'occasione per tessere veri rapporti di amicizia. In tal senso vorrei innanzittutto ringraziare Johannes Schwaiger, Benedetta Albani, Audrey Virot, Paolo Valvo, Federica Guth, Francesco Russo, Francesco Vitali e tanti altri. Un grazie particolare va a Ana Živković per avermi procurato alcune pubblicazioni e giornali del periodo trattato e ai Padri lazzaristi per avermi ospitato durante la mia ricerca a Belgrado.

Di tutto cuore, poi, esprimo la mia gratitudine ai dirigenti della casa editrice *Gregorian & Biblical Press*, soprattutto alla Sig.ra Katia Paoletti, Direttore esecutivo, per avermi offerto la disponibilità per la pubblicazione del presente volume.

Infine non vorrei dimenticare la mia famiglia che mi ha sempre mostrato sostegno, in questo lavoro come sempre, e alla quale, con grande affetto e gratitudine, dedico questo libro.

SIGLE E ABBREVIAZIONI

AA.EE.SS. – Archivio della Congregazione degli Affari Ecclesiastici Straordinari

AAS – Acta Apostolicae Sedis

AHP – Archivum Historiae Pontificiae

AJ – Arhiv Jugoslavije [Archivio di Jugoslavia]

APHZSJ – Arhiv Papinskog hrvatskog zavoda sv. Jeronima [Archivio del Pontificio Istituto Croato di San Girolamo]

ASV – Archivio Segreto Vaticano

BA – Besednjakov arhiv [Archivio di Besednjak]

CAV – Collectanea Archivi Vaticani

CEJ – Conferenza episcopale jugoslava

CIC 17 – Codex Iuris Canonici, Benedicti Papae XV auctoritate promulgatus, 1917

Glasnik SPP – Glasnik Srpske pravoslavne patrijaršije [Bollettino del Patriarcato serbo-ortodosso]

NŠAL – Nadškofijski arhiv Ljubljana [Archivio arcidiocesano Lubiana]

Regno SHS – Regno dei Serbi, Croati e Sloveni

RHM – Römische Historische Mitteilungen

SP – Spisi [Atti]

S.RR.SS. – Segreteria di Stato, Sezione per i Rapporti con gli Stati, Archivio Storico

ZKZ – Znanstvena knjižnica Zadar [Biblioteca scientifica Zara]

an. – annesso

Arch. – Archivio

art. – articolo

br. – broj [numero]

can. – canone

card. – cardinale

cit. – citato, citazione

cf. – confronta

dr. – doktor (= dottore)

ed. – *edidit, ediderunt* (= a cura di)

es. – esempio

et al. – *et alii* (= e altri)

f./ff. – foglio/fogli

fasc./fascc. – fascicolo, fascicoli

ID. – idem

mons. – monsignore

n./nn. – numero, numeri

n.n. – non numerati

Nunz. – Nunziatura

orig. – originale

p./pp. – pagina, pagine

P./PP. – padre, padri

par. – paragrafo

pos. – posizione

prot. – protocollo

r – *recto*

Rev.do/Rev.di – Reverendo, Reverendi

rubr. – rubrica

s.d. – senza data

S.E. – Sua Eccellenza

Sig. – signore

Sig.ra – signora

s.l. – senza luogo

slov. – sloveno

s.m. – santa memoria

s.n. – senza nome

S. Sede – Santa Sede

Segr. Stato – Segreteria di Stato

trad. it. – traduzione italiana

trad. ted. – traduzione tedesca

v – *verso*

vol. /voll. – volume, volumi

Capitolo I

La Chiesa cattolica
nel territorio della Jugoslavia
dalla seconda metà del XIX
alla prima metà del XX secolo

Non si può parlare in modo univoco della realtà propriamente jugoslava, almeno fino alla conclusione della prima guerra mondiale, in seguito alla quale si formò lo «Stato degli Sloveni, Croati e Serbi» (29 ottobre 1918) e, un mese più tardi, il «Regno dei Serbi, Croati e Sloveni» (1° dicembre 1918), il quale successivamente prese il nome di «Regno di Jugoslavia» (3 ottobre 1929). Tuttavia, anche per il periodo antecedente al 1918 useremo il termine "jugoslavo" per indicare gli slavi meridionali (serbi, croati, sloveni, montenegrini, macedoni, bosgnacchi[1]) e il territorio da loro abitato.

1. La Chiesa cattolica prima della creazione del Regno dei Serbi, Croati e Sloveni (Regno di Jugoslavia)

Prima del 1918 gli jugoslavi erano divisi in diversi assetti statali: il popolo sloveno e quello croato appartenevano all'Impero austro-ungarico, compresa una piccola parte della popolazione serba che viveva in Croazia; gli abitanti della Bosnia-Erzegovina (croati, serbi, bosgnacchi) erano stati sudditi dell'Impero ottomano fino al 1908, anno in cui furono annessi ufficialmente dall'Austria-Ungheria, benché quest'ultima occupasse e amministrasse il suddetto territorio fin dal congresso di Berlino (1878). Il territorio serbo ottenne una certa autonomia dai turchi già nel 1817 divenendo principato autonomo. Con la formazione di un principato indipendente dopo la «Pace di Santo Stefano» e il congresso di Berlino (1878) la Serbia ottenne maggiori autonomie, fino a divenire, poco dopo, un regno indipendente (1882). Similmente il Montenegro si proclamò principa-

---

[1] Per evitare equivoci con il termine «bosniaco», che nel senso generale abbraccia tutte le etnie presenti sul territorio della Bosnia, optiamo, per descrivere l'etnia musulmana, il termine «bosgnacco».

to autonomo nel 1852 e divenne regno indipendente nel 1910. La Macedonia non ebbe la stessa sorte e rimase sotto l'Impero ottomano fino all'inizio delle guerre balcaniche (1912-1913), dopo le quali fu quasi completamente annessa al Regno di Serbia. Nel territorio jugoslavo, infine, non possiamo non tener conto anche dell'esistenza di altre minoranze nazionali, tra cui quelle albanesi, ungheresi, tedesche e italiane.

1.1 *La Santa Sede e gli slavi meridionali prima dell'inizio della Grande guerra*

I frequenti cambiamenti degli assetti politici dei popoli jugoslavi prima del 1918 non furono certamente avvenimenti isolati: anzi, fecero parte del forte fermento internazionale che scosse i Balcani. Le rivolte degli slavi erano scoppiate ancora all'interno dell'Impero ottomano, a partire dall'Erzegovina nel luglio del 1875, seguita a ruota anche dalla Serbia, dal Montenegro e dalla Bulgaria. La Russia, forte alleata ortodossa degli slavi meridionali sotto il giogo turco, dichiarò guerra all'Impero ottomano il 24 aprile 1877. La potenza zarista, in seguito alla vittoria, ebbe un grande ruolo nel fissare le condizioni della cosiddetta «Pace di Santo Stefano», che nel marzo 1878 poneva fine alla guerra russo-turca e sanciva l'indipendenza della Romania, della Serbia e del Montenegro, dando inizio all'immenso principato di Bulgaria. Le potenze occidentali, soprattutto l'Austria-Ungheria e la Gran Bretagna, non videro di buon occhio l'aumento dell'influenza russa nei Balcani. Quando vennero meno anche gli accordi di Reichstadt (1876) e la convenzione di Budapest (1877), secondo i quali la Bosnia-Erzegovina sarebbe stata assegnata all'Austria-Ungheria in caso di sconfitta ottomana e in cambio della neutralità austro-ungarica nella guerra russo-turca, s'innescò una gran tensione internazionale che preannunciava lo scoppio di un nuovo scontro armato. Fu il cancelliere Bismarck ad evitare una nuova catastrofe con la convocazione del congresso di Berlino. In questa sede furono ridimensionate notevolmente le decisioni prese tre mesi prima a Santo Stefano riguardo il destino dei Balcani, e ciò significò così una notevole perdita territoriale alla Bulgaria e sancì una vera e propria sconfitta diplomatica della Russia[2].

Proprio in quei turbolenti mesi, veniva eletto a Roma il nuovo papa Leone XIII, salito al soglio petrino il 20 febbraio 1878, e molto attento alle vicende dei Balcani, soprattutto per la sua politica di avvicinamento verso gli ortodossi. Allo stesso tempo la Santa Sede temeva il favoritismo che offriva la «Pace di Santo

---

[2] R. TOLOMEO, «Le relazioni serbo-vaticane», 342.

Stefano» nei confronti dei popoli ortodossi nei Balcani, ovviamente per ragioni diverse da quelle della Gran Bretagna e dell'Austria-Ungheria. Per questo motivo, dal momento che la Santa Sede non era stata invitata al congresso di Berlino, alla vigilia della sua inaugurazione si rivolse ai governi di Francia e Austria-Ungheria affinché sostenessero la difficile posizione dei cattolici residenti in quelle zone e si arginasse il pericolo di un panslavismo ortodosso. Questi due stati, infatti, da alcuni secoli, esercitavano nell'Impero ottomano, quindi anche nei Balcani, il cosiddetto «protettorato di culto»[3].

Una delle zone più accese, e nello stesso tempo crocevia dei diversi interessi politici e religiosi, era proprio la Bosnia-Erzegovina, dove era nata l'insurrezione contro l'Impero ottomano. Quando, poco dopo, i serbi ortodossi stavano per annettere i territori della Bosnia-Erzegovina, gli abitanti di quest'ultima preferirono piuttosto unirsi all'Austria-Ungheria cattolica[4]. La rettifica della «Pace di Santo Stefano», avvenuta con il Trattato di Berlino, non poteva non soddisfare la Santa Sede che, nell'amministrazione della Bosnia-Erzegovina e nell'occupazione militare del Sangiaccato da parte dell'Austria-Ungheria, vedeva una situazione più favorevole per i cattolici.

In tale nuovo assetto balcanico papa Pecci scorgeva un'opportunità storica per la Chiesa cattolica, specie come punto di partenza per la sua desiderata unione con la Chiesa ortodossa[5]. Per realizzare questo gran progetto il pontefice si trovò dinanzi ad una scelta non facile: o mantenere lo *status quo*, cercando in questo caso di convincere gli stati "protettori" a promuovere ancora di più la causa cattolica nei territori dove regnava l'ortodossia, o avvicinarsi direttamente ai rispettivi Stati cercando accordi bilaterali in forma di concordato o convenzione. La prima soluzione non fu molto gradita al papa, persuaso che spesso gli interessi religiosi

---

[3] Il «protettorato di culto» aveva la sua base nei contratti internazionali delle potenze occidentali cattoliche con l'Impero ottomano ed è da distinguersi dai «diritti di patronato», concessi alle potenze cattoliche dalla stessa Chiesa cattolica. La Francia ottenne i diritti di protettorato già nel 1535, in seguito alle capitolazioni che Solimano il Magnifico concesse al re francese Francesco I, l'Austria vantava invece simili diritti sulla base dei trattati di pace di Carlowitz (1699), Passarowitz (1718), Belgrado (1739) e Sistova (1791). Più dettagliatamente si veda R. Tolomeo, «Le relazioni serbo-vaticane», 341; Id., *La Santa Sede e il mondo*, 9-10; A. Gottsmann, «Konkordat oder Kultusprotektorat?», 409.

[4] R. Tolomeo, *La Santa Sede e il mondo*, 6, dove è citato il documento vaticano: ASV, *Arch. Nunz. Vienna*, vol. 484, f. 243r, Antonelli a Jacobini, Vaticano, 13 luglio 1876.

[5] A. Gottsmann, «Konkordat oder Kultusprotektorat?», 410.

fossero sottomessi al principio della *raison d'Etat* delle grandi potenze. Riguardo alla seconda opzione, poi, egli si rendeva conto che le stesse potenze occidentali avrebbero condizionato l'andamento delle trattative bilaterali, che sarebbero così diventate – di fatto – trilaterali, con il pericolo di rallentare o addirittura di impedire qualsiasi intesa. In questa situazione complessa egli optò per la collaborazione con tutti i protagonisti, ridimensionando spesso anche i suoi progetti iniziali. Non sempre riuscì nei suoi intenti, per l'area jugoslava, tuttavia, concluse le convenzioni con la Bosnia-Erzegovina (1881) e con il Montenegro (1886); il suo successore Pio X, invece, stipulò il concordato con la Serbia (1914)[6], mentre i territori sloveno, croato e dalmata si trovavano sottoposti alla legislazione ecclesiastica in vigore nell'Impero austro-ungarico[7].

1.1.1 Il concordato tra la Santa Sede e l'Impero austriaco[8]

Il desiderio del segretario di Stato, il cardinale Ercole Consalvi (in carica dal 1800 al 1806 e dal 1814 al 1823), di concludere un concordato con l'Austria divenne fattibile soltanto con la salita al trono di Francesco Giuseppe nel 1848, in concomitanza con l'anno rivoluzionario. Con l'annullamento dello *Staatskirchentum* giuseppinista (1848-1850) e l'abrogazione della costituzione (1851), l'imperatore preparò il terreno fertile per un'intesa con la Santa Sede, materializzata nel concordato del 1855, che concedeva alla Chiesa cattolica larghi diritti nella sua attività pastorale e amministrativa. Alla Chiesa fu riconosciuta la propria libertà nei confronti dello Stato e la giurisdizione sulla vita ecclesiale e nei campi riguardanti il matrimonio e l'istruzione. Uno dei pochi privilegi ecclesiastici che rimase all'imperatore fu la nomina dei vescovi.

Il contenuto del concordato si ispirò a quello che la Santa Sede aveva stipulato con il Regno di Baviera (1817)[9], altra potenza europea cattolica. I circoli libe-

---

[6] Per diverse ragioni non si conclusero i progettati concordati o convenzioni con Romania, Bulgaria e con l'Impero ottomano per l'Albania (A. GOTTSMANN, «Konkordat oder Kultusprotektorat?», 417-434; R. TOLOMEO, *La Santa Sede e il mondo*, 24-70).

[7] Gli approfondimenti circa la visione politica di Leone XIII e Pio XI verso l'Europa centro-orientale si possono trovare nello studio monografico, arricchito con la trascrizione di alcuni documenti archivistici, di A. GOTTSMANN, *Rom und die nationalen Katholizismen*.

[8] Il testo del concordato si veda in *Raccolta di concordati*, vol. I, 821-844; *Enchiridion dei concordati*, 229-247.

[9] Per il concordato fra Pio VII e Massimiliano Giuseppe re di Baviera (5 giugno 1817) si veda in *Enchiridion dei concordati*, 28-43.

rali videro nel concordato un ampliamento sproporzionato dei diritti della Chiesa cattolica, perciò reclamarono una netta distinzione tra Stato e Chiesa. Arrivando al potere, proprio all'esordio del *Kulturkampf* tedesco, i liberali riuscirono a far passare diverse leggi ostili al concordato (diploma dell'ottobre 1860, patente del febbraio 1861, leggi fondamentali del 1867, legislazione sulla scuola, sul matrimonio civile e sulle relazioni interreligiose del 1868, leggi religiose del 1874), togliendo alla Chiesa molti privilegi. Il governo austriaco sfruttò il dogma dell'infallibilità del papa come pretesto per dichiarare il concordato nullo, perché cambiata la natura giuridica dell'altra parte contraente (1874). Ufficialmente il concordato non fu abolito, quantunque fosse reso totalmente privo di valore[10]. Il governo di Taaffe cercò di "rimediare" alla legislazione ecclesiastica attraverso nuove norme, benché essa rimanesse ancora fondamentalmente basata sulle leggi interconfessionali del 1868 e del 1874[11].

Tutto quello che veniva deciso a Vienna era valido quindi per le zone jugoslave della parte austriaca dell'Impero, cioè per la Slovenia e per la Dalmazia. Diversa era la situazione per le altre regioni sud-slave dell'Impero che appartenevano alla corona ungherese. Per l'Ungheria, infatti, il concordato del 1855 perse di validità subito dopo l'introduzione della nuova costituzione nel 1861. Ciononostante, le autorità del «Regno di Croazia e di Slavonia» non recepirono le risoluzioni del parlamento ungherese, riconoscendo per i propri territori la validità del concordato del 1855 come legge di Stato finché non fosse stato esplicitamente annullato[12].

Il 21 novembre 1921 papa Benedetto XV nell'allocuzione concistoriale *In hac quidem*[13] dichiarò che le nuove entità politiche, sorte in seguito alla Guerra mondiale, non potevano appellarsi ai concordati conclusi con gli Stati che, per effetto della medesima guerra, avevano cessato di esistere o erano essenzialmente cambiati, come nemmeno si poteva avere tale pretesa per i territori concordatari che era-

---

[10] Nell'ambito del diritto concordatario si usa il termine «denuncia» del concordato austriaco (G. Dalla Torre, *La città sul monte*, 153).

[11] Circa il rapporto tra Chiesa e Stato nell'Impero austriaco e, dopo il 1867, nella Duplice monarchia, si veda A. Wandruszka, P. Urbanitsch, *Die Habsburgermonarchie*, vol. IV.

[12] N. Žutić, *Kraljevina Jugoslavija*, 165-167; I. Mužić, *Katolička crkva*, 15-16; H. Jedin, *Handbuch der Kirchengeschichte*, vol. VI/1, 538-539, 727-729; vol. VI/2, 48-56; A. Gottsmann, «Austria-Ungheria e Santa Sede», 199-201.

[13] L'allocuzione papale si trova in AAS 13 (1921) 521-524.

no entrati a far parte dei nuovi stati[14]. Per decisione del papa, questo significava che il concordato del 1855 non vigeva più *de jure* nei territori della già Austria-Ungheria, passati a far parte del regno jugoslavo. Ciò nonostante, una certa confusione sulla situazione giuridica della Chiesa cattolica e sulla valenza del concordato austriaco non cessava di tormentare alcuni diplomatici jugoslavi nelle trattative per un nuovo concordato (1922-1935), soprattutto per quella parte che riguardava i privilegi del sovrano, come dimostra la *Relazione sui vari Stati presentata al nuovo pontefice Pio XI*[15] e alcuni commenti del nunzio di Belgrado, Pellegrinetti[16].

1.1.2 La convenzione tra la Santa Sede e l'Impero austro-ungarico per la Bosnia-Erzegovina[17]

Sulla base dei trattati di pace di Carlowitz[18] l'Austria esercitava il «protettorato di culto» sulla Bosnia-Erzegovina dal 1699 e su altri territori ottomani limitrofi all'Impero. La cura pastorale era affidata ai vicari apostolici e ai francescani, che da secoli assistevano i fedeli e che – grazie all'arduo lavoro e all'aiuto svolto durante l'occupazione ottomana – avevano acquistato grande stima fra i cattolici. Nel

---

[14] L'allocuzione papale fu "preparata" dalla «congregazione particolare» dei cardinali dell'8 novembre 1921: «*Dal fin qui detto sembra che si possa sicuramente dichiarare che il Concordato austriaco non ha più valore, non solo per la denunzia avvenutane nel 1870, ma anche per l'estinzione dell'impero con cui venne stipulato*»: S.RR.SS., AA.EE.SS., *Rapporti delle Sessioni*, anno 1921, Sessione 1243, stampa 1085, «Stati succeduti all'Impero Austro-Ungarico – Circa il Concordato austriaco e il Regio Patronato ungherese», 8 novembre 1921, Relazione, p. 9.

[15] «*Ad evitanda mala maiora la Santa Sede si accomodò a quelle disposizioni delle leggi del 1874, che erano conformi al Concordato, mentre quelle che erano del tutto intollerabili non furono mandate in effetto*»: *La Santa Sede nell'assetto*, 5.

[16] «*È vero che in Austria-Ungheria, abolito unilateralmente il Concordato, lo Stato si arrogò ciononostante tutti i diritti e privilegi risultanti dal Concordato abolito; è vero che si creò tutta una legislazione sulle "cause interconfessionali" che fu dal Clero subita; è vero anche che ad evitare peggiori conflitti in pratica la Santa Sede e i Nunzi di Vienna lasciavano correre fino ad un certo punto tale stato irregolare di cose, senza mai espressamente sanzionarlo; ma con tutto ciò nella nuova situazione in cui siamo in questo Regno, non conviene affatto supporre che sia già stato concesso al potere civile, ciò che dovrebbe ancor formare oggetto delle future trattazioni per un nuovo Concordato*»: Pellegrinetti a Sbarretti, 29 novembre 1929, rapporto n. 9999, in S.RR.SS., AA.EE.SS., *Jugoslavia*, pos. 4, fasc. 6, f. 68rv.

[17] Il testo del concordato si veda in *Raccolta di concordati*, vol. I, 1014-1015; *Enchiridion dei concordati*, 452-453.

[18] P. VRANKIĆ, *Religion und Politik*, 474.

1848 l'unico vicariato apostolico venne diviso in due, uno per la Bosnia (125.000 cattolici), l'altro per la Erzegovina (35.000 cattolici)[19]. Tra i vicari apostolici e tra gli stessi francescani non mancarono tensioni a causa del presunto nazionalismo slavo di questi ultimi contro l'influsso austriaco nella regione. In seguito all'occupazione austro-ungarica del 1878, il neoeletto papa volle stabilire, d'accordo con la corte di Vienna, la gerarchia ecclesiastica ordinaria in Bosnia-Erzegovina. Tale provvedimento mirava innanzitutto a migliorare la situazione dei cattolici, sottoposti alla legislazione discriminatoria dell'Impero ottomano, ma anche a sostenere un avvicinamento agli ortodossi. La zona era più che "favorevole" al dialogo, essendo essa religiosamente molto diversificata: nel 1879 i serbi ortodossi rappresentavano il 43% della popolazione, i musulmani il 39%, i cattolici il 18%[20]. Poco dopo l'occupazione da parte della Duplice monarchia, la Santa Sede indisse delle visite apostoliche per sondare il terreno e per prepararsi alle eventuali trattative con Vienna. La situazione giuridica non chiara della Bosnia-Erzegovina comportò alcune situazioni imbarazzanti, come l'esclusione dell'Impero ottomano dalle trattative[21]. Tutto ciò, insieme al non risolto problema del concordato austriaco, sconsigliava alle parti di stipulare solennemente un concordato, per cui si optò per una formula più semplice[22].

I negoziati durarono due anni, conclusisi con la firma di una convenzione tra la Santa Sede e l'Austria-Ungheria l'8 giugno 1881. Venne così creata l'arcidiocesi metropolitana di Sarajevo, alla quale sarebbero state sottomesse tutte le altre diocesi in Bosnia e in Erzegovina da erigersi in avvenire. Furono create le diocesi di Banjaluka, suffraganea di Sarajevo, e quella di Mostar, mentre l'amministrazione dell'antica diocesi di Trebinje rimase in mano al vescovo di Dubrovnik. A Sarajevo si aprì il seminario provinciale per la formazione del clero diocesano, fino a quel momento molto scarso a causa della forte prevalenza del clero francescano. All'imperatore fu concesso il diritto di nominare l'arcivescovo e i vescovi[23]. La convenzione fu per Leone XIII uno dei successi più grandi nella sua politica con l'Oriente[24]. Con l'annessione formale della Bosnia-Erzegovina nel 1908 all'Impero austro-ungarico nulla cambiò in campo ecclesiale, benché le tensioni

---

[19] H. Jedin, *Handbuch der Kirchengeschichte*, vol. VI/1, 608.

[20] P. Vrankić, *Religion und Politik*, 2.

[21] *Ibidem*, 421. Per l'intero corso delle trattative si vedano le pagine 411-474.

[22] *Ibidem*, 472.

[23] I. Mužić, *Katolička crkva*, 19.

[24] P. Vrankić, *Religion und Politik*, 470-473.

internazionali presenti su tale territorio contribuirono innegabilmente a quelle politiche che condussero alle note vicende all'origine della Grande guerra[25].

1.1.3 La convenzione tra la Santa Sede e il Principato di Montenegro[26]

In seguito ai trattati di pace di Santo Stefano e di Berlino, la parte settentrionale dell'Albania con la città Antivari passò sotto il Montenegro e così il numero dei cattolici aumentò notevolmente nel Paese. Fino a quel momento il vescovo di Scutari, dipendente direttamente dalla congregazione di *Propaganda Fide*, esercitava la giurisdizione sui cattolici, tuttavia con il passaggio dell'antica sede vescovile di Antivari al Montenegro si pensò di ristabilirla e di affrancarla dalla competenza della congregazione romana. Il Principato di Montenegro, come primo Stato ortodosso, con il quale la Santa Sede si accingeva a concludere un accordo bilaterale nella regione, divenne così modello e prototipo della cooperazione tra i sovrani ortodossi e la Chiesa cattolica e acquistò in questo modo un ruolo fondamentale nella politica orientale di papa Leone XIII[27].

Nelle trattative per la convenzione montenegrina fu esclusa la monarchia danubiana poiché il Montenegro non faceva parte di essa come la già menzionata Bosnia- Erzegovina. L'Impero austro-ungarico, ciononostante, non si accontentò del ruolo di spettatore, tanto più che Vienna esercitava il «protettorato di culto» sui cattolici della zona compresi quelli albanesi passati al Montenegro, e giunse a condizionare profondamente le trattative "post-convenzionali".

L'accordo tra la Santa Sede e il Montenegro, merito delle trattative del vescovo di Đakovo, Josip Juraj Strossmayer[28], fu firmato il 18 agosto 1886 e ciò diede una

---

[25] H. Jedin, *Handbuch der Kirchengeschichte*, vol. VI/2, 191.

[26] Il testo del concordato si veda in *Raccolta di concordati*, vol. I, 1048-1050; *Enchiridion dei concordati*, 492-495.

[27] A. Gottsmann, «Papst Leo XIII.», 457-459.

[28] Josip Juraj Strossmayer (1815-1905) fu eletto vescovo di Đakovo-Bosnia e Sirmio (1849) e amministratore apostolico di Serbia (1851). Era uno dei più tenaci fautori dell'unione politica degli slavi-meridionali e del dialogo tra le Chiese nel XIX secolo. Con tale atteggiamento suscitava molto interesse presso il pontefice Leone XIII, nello stesso tempo causava anche perplessità, specie nella monarchia danubiana, che temeva l'opposizione panslava contro l'Impero. Strossmayer è conosciuto inoltre per la promozione della cultura croata, dando vita alle più importanti istituzioni culturali croate: l'Accademia jugoslava (1867), l'Università di Zagabria (1874), la Galleria delle belle arti (1884). Nel 2005, in occasione del centenario della sua morte, fu preparato un grande convegno, dal quale uscì la pubblicazione: *Medunarodni znanstveni skup*. Circa il suo contributo al concilio vaticano I si veda T. Crnjak, «Biskup Josip Juraj Strossmayer», 233-256.

svolta notevole all'organizzazione della Chiesa cattolica. Con esso si garantiva il libero esercizio della confessione cattolica e i fedeli cattolici venivano sottoposti all'arcivescovo di Antivari, dipendente direttamente dalla Santa Sede. Per lui era richiesto il *placet* governativo ed era tenuto a prestare il giuramento di fedeltà davanti al principe. A lui spettava la creazione delle nuove parrocchie e la direzione dell'istruzione religiosa della gioventù cattolica in tutte le scuole. Il governo si mostrò molto accondiscendente con il riconoscimento dei matrimoni misti contratti alla presenza del sacerdote cattolico. La ragione di un'apertura così favorevole nascondeva un particolare non emerso nel testo della convenzione, senza il quale però non si sarebbe giunti ad alcun accordo, cioè l'uso della lingua paleoslava nella liturgia. Questa fu la condizione posta dalle autorità montenegrine prima di avviare le trattative.

La Santa Sede "sacrificò" la linea dura, mostrata normalmente davanti alle richieste simili, nell'euforia di essere riuscita a stabilire un tale accordo con uno Stato ortodosso e così la congregazione dei riti il 29 marzo 1887 pubblicò il decreto *Antibaren* con il quale veniva introdotta nella liturgia la lingua paleoslava con caratteri cirillici in tutta l'arcidiocesi di Antivari[29]. Più tardi, per ragioni tecniche, si decise di scegliere i caratteri glagolitici, con i quali furono stampati i primi messali nel 1893[30]. Due erano i motivi che spingevano le autorità montenegrine, dietro proposta di Strossmayer, in favore della liturgia paleoslava: il dialogo con gli ortodossi e il richiamo al privilegio che la diocesi di Antivari aveva già nel '700[31]. L'uso del paleoslavo fece infuriare però la monarchia austro-ungarica che vedeva in questa concessione molti pericoli: il dialogo con i pan-slavisti, attraverso il quale l'ortodossia e gli interessi russi si sarebbero potuti espandere vicino e all'interno della stessa monarchia provocando in tal modo il passaggio di tanti slavi all'ortodossia; la slavizzazione forzata dei cattolici dimoranti in Montenegro, la cui stragrande maggioranza era albanese (circa 4000 albanesi e 1500 slavi[32]). Tra di loro vi erano pochissimi sacerdoti slavi che conoscevano la lingua antica; gli stessi slavi-meridionali della monarchia, incoraggiati dal modello montenegrino, avrebbero potuto chiedere lo stesso privilegio al papa. La monarchia contestava anche il richiamo storico dell'uso del paleoslavo

---

[29] A. Gottsmann, «Papst Leo XIII.», 460.

[30] *Ibidem*, 473-476.

[31] *Ibidem*, 461, 464.

[32] *Ibidem*, 470. Il numero dei cattolici sarebbe salito fino a 13000 nel 1914 (H. Jedin, *Handbuch der Kirchengeschichte*, vol. VI/2, 193).

in Montenegro[33] e chiese alla Santa Sede di rivalutare la propria politica verso i popoli slavi[34].

Nella curia romana non tutti i porporati delle diverse congregazioni erano favorevoli all'introduzione del paleoslavo nella diocesi di Antivari, anzi, alcuni appoggiavano in pieno le idee del governo austro-ungarico. Essi influirono in modo decisivo sulla politica leoniana al punto che, già al momento della pubblicazione dell'*Antibaren*, nelle istruzioni per il nunzio Galimberti si dichiarava espressamente che simili privilegi non si potevano concedere né ai croati né agli sloveni della Duplice monarchia, deludendo così le speranze di Strossmayer riguardo al dialogo con i "fratelli separati"[35]. Il caso della lingua liturgica dimostrò una certa ambiguità nell'atteggiamento della Santa Sede, che passò dall'ottimismo per la causa unionistica alla prudenza o in alcuni casi addirittura alla paura di fronte alla propaganda ortodossa[36].

1.1.4 Il concordato tra la Santa Sede e il Regno di Serbia[37]

Nonostante l'imposta libertà religiosa al congresso di Berlino come condizione per il riconoscimento internazionale dell'indipendenza serba[38], la situazione dei 15.000 cattolici in Serbia non era molto favorevole e rimase fondamentalmente come prima del congresso[39]. La gerarchia ordinaria non esisteva più dal 1737 (trattati di Belgrado), lasciando alla diocesi il rango di pura sede titolare, amministrata prima dall'arcivescovo di Scopia e in seguito dal vescovo Strossmayer di Đakovo (1851-1896). A Belgrado non esisteva alcuna chiesa cattolica, pertanto le funzioni

---

[33] L'Impero non contestava invece la tradizione paleoslava in alcune parrocchie dalmate e istriane (A. GOTTSMANN, «Papst Leo XIII.», 470; ID., «Konkordat oder Kultusprotektorat», 463).

[34] A. GOTTSMANN, «Papst Leo XIII.», 466, 470-471.

[35] *Ibidem*, 463.

[36] I. MUŽIĆ, *Katolička crkva*, 17. Circa le trattative tra la Santa Sede e il Montenegro si veda anche F. CACCAMO, «La politica orientale», 55-83.

[37] Il testo del concordato si veda in *Raccolta di concordati*, vol. I, 1100-1103; *Enchiridion dei concordati*, 578-581.

[38] Gli art. 34 e 35 del Trattato di Berlino (R. TOLOMEO, «Le relazioni serbo-vaticane», 355, nota 30).

[39] H. JEDIN, *Handbuch der Kirchengeschichte*, vol. VI/2, 192; A. GOTTSMANN, «Konkordat oder Kultusprotektorat?», 434; I. MUŽIĆ, *Katolička crkva*, 21. Con la legge del Principato di Serbia del 9 settembre 1853 fu proibito di passare dall'ortodossia ad un'altra confessione, i matrimoni misti erano validi soltanto se contratti davanti al sacerdote ortodosso, i figli di questi matrimoni dovevano essere battezzati nella Chiesa ortodossa, tutti i sovrani dovevano

religiose venivano celebrate nella cappella del palazzo della legazione austro-ungarica. Lo stesso Strossmayer, malvisto dal governo di Belgrado, di fatto non poteva esercitare la sua missione di amministratore apostolico e cercava di convincere gli stessi serbi dei vantaggi di un possibile concordato[40].

Il ministro degli esteri Mijatović, desideroso di raggiungere delle buone relazioni con la Santa Sede, acconsentì al consiglio di Strossmayer. Anche il nuovo nunzio a Vienna, Vannutelli, era ottimista perché vedeva nel desiderio serbo un segno del loro sincero dialogo con il mondo occidentale-cattolico[41]. Il vescovo croato, ostacolato nella sua missione in Serbia, nel 1882 chiamò a sé il barnabita italiano Cesare Tondini affinché potesse cominciare i colloqui con il governo serbo per un accordo con la Santa Sede. Proprio nello stesso periodo andava aumentando il numero dei cattolici in Serbia grazie all'arrivo di operai tedeschi, francesi e italiani, che stavano costruendo la ferrovia Belgrado – Niš – Vranje. La missione di Tondini si estese perciò anche alla cura pastorale dei cattolici a Kragujevac[42]. La sua azione diplomatica non fu molto felice. Prima cadde in disgrazia presso l'Austria-Ungheria per aver cercato l'aiuto di italiani e francesi nella cura pastorale, dopo rimase isolato nei colloqui ufficiali con i serbi, poiché questi volevano escludere dalle trattative ogni collaborazione di Strossmayer e del governo austro-ungarico. Poco dopo (1885) il barnabita, in un promemoria indirizzato al re serbo Milan, accusò la monarchia danubiana di ostacolare la crescita del cattolicesimo in Serbia tramite il protettorato, considerato dal *Ballhausplatz* più un mezzo politico che religioso. Il promemoria fu intercettato dai diplomatici austro-ungarici e Tondini dovette lasciare la Serbia[43].

---

essere ortodossi. Le costituzioni serbe riconobbero la confessione ortodossa come statale, dandole una posizione privilegiata rispetto ad altre.

Ulteriore bibliografia sul concordato serbo: L. Durković-Jakšić, *Srbija i Vatikan*; D. Živojinović, *Vatikan, Srbija*; N. Žutić, *Vatikan, Srbija*; A. Rigoni, «Il concordato serbo-vaticano», 159-178; R. Tolomeo, «Le relazioni serbo-vaticane», 341-380; Id., *La Santa Sede e il mondo*, 15-21; V. Wagner, «Povijest Katoličke crkve», in *Bogoslovna smotra* 21 (1933) 1-16, 140-153, 225-235, 297-307; 22 (1934) 20-46, 124-140.

[40] A. Gottsmann, «Konkordat oder Kultusprotektorat?», 435.

[41] *Ibidem*, 436; R. Tolomeo, «Le relazioni serbo-vaticane», 346.

[42] Negli anni ottanta dell'800 esistevano tre parrocchie in tutto il regno serbo: a Belgrado, a Niš e a Kragujevac (http://www.kc.org.rs/nadbiskupija.php?recordID=1, accesso: 20 agosto 2010). Si veda anche V. Wagner, «Povijest Katoličke crkve», in *Bogoslovna smotra* 21 (1933) 140-153.

[43] A. Gottsmann, «Konkordat oder Kultusprotektorat?», 439-441; R. Tolomeo, «Le relazioni serbo-vaticane», 349, 353-355.

Dopo la convenzione, conclusa tra il Montenegro e la Santa Sede (1886), Strossmayer consigliò ai serbi di seguire nelle trattative il modello montenegrino che garantiva, tra l'altro, l'introduzione della lingua paleoslava nella liturgia. La curia romana inizialmente non accettò tale proposta, poiché nel frattempo era diventata più scettica al riguardo, avendo alle spalle anche la cattiva esperienza con la diplomazia austro-ungarica. Malgrado la posizione negativa della Santa Sede, il governo serbo consegnò nel 1887 al nunzio viennese Galimberti l'abbozzo del concordato secondo il modello montenegrino. In seguito all'abdicazione di re Milan e all'istituzione della reggenza (1889-1893), durante la quale ci fu un avvicinamento tra il regno e l'Impero asburgico, le trattative non continuarono nello spirito dell'abbozzo del 1887. Ad inasprire le relazioni servì un rapporto del prefetto di *Propaganda Fide* Ledóchowski nel 1892, nel quale vennero riportate le difficoltà dei cattolici, soprattutto la mancata istruzione confessionale e l'impossibilità di far valere il matrimonio misto contratto davanti al sacerdote cattolico.

Le acque si calmarono e il nuovo re Aleksandar, assicurando la libertà religiosa ai cattolici, espresse la volontà di concludere un concordato secondo quello montenegrino. I serbi chiesero, tra le condizioni per la continuazione delle trattative, l'esclusione dei diplomatici austro-ungarici dai colloqui e l'eliminazione del protettorato imperiale sulla Serbia. Secondo Vannutelli quest'ultima richiesta sarebbe stata l'unica vera ragione dei serbi per stipulare il concordato[44]. Alle pressioni vaticane riguardo al matrimonio misto i serbi finalmente cedettero e così l'ostacolo più grande nelle trattative sembrò superato. La caduta del governo di Simić (1897), favorevole al concordato, l'incidente intorno al nuovo amministratore apostolico Vujičić[45], e il cambio di dinastia[46] ne

---

[44] A. GOTTSMANN, «Konkordat oder Kultusprotektorat?», 447.

[45] Nel novembre del 1896 Strossmayer si dimise dall'ufficio di amministratore della Serbia e al suo posto fu nominato dalla Santa Sede, senza intesa però con i governi serbo e austro-ungarico, un frate minore della Bosnia, il P. Ivan Vujičić, OFM. Il nuovo amministratore arrivò a Belgrado ma non fu riconosciuto dalle autorità, fu, anzi, espulso dalla Serbia. Così la missione della Serbia rimase affidata, sotto la diretta giurisdizione della congregazione di *Propaganda*, a due missionari, uno a Belgrado e uno a Kragujevac (R. TOLOMEO, «Le relazioni serbo-vaticane», 361).

[46] Nel 1903 alla dinastia degli Obrenović, attraverso un complotto militare che culminò nell'attentato contro il re Aleksandar e sua moglie, subentrò la dinastia Karađorđević, con la quale i contatti con Vienna diminuirono, si intensificarono, invece, quelli con la Russia (R. TOLOMEO, «Le relazioni serbo-vaticane», 362).

rimandarono però la conclusione[47]. Insieme all'ascesa al trono dei Karađorđević, non è da sottovalutare la figura politica di Nikola Pašić, che segnerà fortemente il destino del Regno di Serbia e del Regno jugoslavo[48]. Occupato con le riforme interne del Paese ed entrato in aperto conflitto con le autorità asburgiche, Pašić si trovò in relazioni meno favorevoli anche con la Santa Sede, insabbiando così le trattative concordatarie.

Una nuova fase dei negoziati iniziò dopo le guerre balcaniche (1912-1913), dalle quali la Serbia uscì vincitrice e che la portarono a raddoppiare il proprio territorio con l'annessione della Macedonia centrale e del Kosovo. Anche il numero dei cattolici aumentò notevolmente, raggiungendo il numero di 25.000 fedeli, dei quali la stragrande maggioranza era composta da albanesi (16.000). Il governo serbo questa volta volle sbrigare velocemente la questione del concordato, temendo che – col protrarsi delle trattative – Roma o Vienna avrebbero potuto avanzare richieste non accettabili. D'altra parte il governo non voleva confrontarsi con la gerarchia ortodossa che aveva già mostrato disaccordo per una tale soluzione. La motivazione per il concordato non era cambiata molto, rimaneva sempre attuale il problema del protettorato austriaco, risolvibile soltanto tramite un concordato. La questione della lingua liturgica si rafforzò ancora di più con l'aumento dei cattolici albanesi e gli stessi austriaci temevano che i serbi avrebbero seguito in tale politica i montenegrini[49]. Bastien, visitatore apostolico della Bosnia-Erzegovina (1910-1914), avvertiva la Santa Sede di un altro motivo serbo a favore della conclusione del concordato, cioè che essi avrebbero potuto usare il concordato per convincere altri slavi del sud, rimasti nella monarchia, della loro tolleranza religiosa e così attirarli nella formazione di un grande Stato capeggiato dai serbi stessi[50].

---

[47] Tra il 1895 e il 1901 vennero redatti alcuni progetti di concordato, tutti ispirati alla convenzione montenegrina, senza però essere portati a conclusione.

[48] Nikola Pašić (1845-1926) fu più volte primo ministro del Regno di Serbia e anche del Regno SHS. Si legò molto alla politica russa, durante la prima guerra mondiale trovò rifugio sull'isola di Corfù da dove guidò la politica serba dando il suo importante contributo per la stesura della «Dichiarazione di Corfù» (1917), base giuridica per la nascita del Regno SHS in seguito al conflitto mondiale. Circa la sua biografia e attività si veda V. Kazimirović, *Nikola Pašić: 1845-1926*; *Nikola Pašić – život i delo*; Đ. Radenković, *Pašić i Jugoslavija*; Đ. Stanković, *Nikola Pašić : prilozi*; D. Djokić, *Nikola Pašić and Ante Trumbić*.

[49] A. Gottsmann, «Konkordat oder Kultusprotektorat?», 456.

[50] *Ibidem*, 459; N. Žutić, *Vatikan, Srbija*, 29.

Pio X era più riservato del suo predecessore nei confronti della "causa slava" e delle trattative concordatarie[51], il segretario di Stato Merry del Val era invece più aperto e disposto a sacrificare i diritti del protettorato austriaco in cambio della protezione dei cattolici attraverso un accordo con la Serbia. Il cardinale Vannutelli era dell'avviso che il concordato avrebbe migliorato la situazione dei cattolici in Serbia e che non si poteva respingere l'offerta dei serbi, seppure poco affidabili, dovendosi in caso contrario cercare un nuovo compenso per il protettorato poco promettente[52]. Il *Ballhausplatz* protestò con un promemoria e al massimo si mostrò disposto ad adeguare il protettorato sotto forma di diritti onorari e di protezione delle minoranze sul territorio serbo, specie di quella albanese minacciata dall'assimilazione serba. Per l'Impero austro-ungarico l'Albania, infatti, fin dal congresso di Berlino, aveva acquistato un ruolo importantissimo nella sua politica balcanica, messo già in pericolo dai tentativi italiani di penetrarvi e di affermarvisi con il proprio potere politico[53].

Da parte romana le trattative furono affidate al sacerdote ligure Dionigi Cardon, con la speranza di avere più successo di Tondini. Tra l'aprile e il settembre del 1913 Cardon scambiò tantissime lettere con l'agente serbo Lujo Bakotić sui punti controversi, ma solo dopo la «Pace di Bucarest», con la quale si delimitarono definitivamente i confini del Regno di Serbia, fu possibile iniziare le trattative ufficiali. I punti problematici rimanevano gli stessi: la lingua liturgica, le scuole cattoliche, la lingua d'insegnamento, i diritti di protettorato e di patronato austriaco.

---

[51] Sulla posizione riservata di Pio X nei confronti del concordato serbo, ne diede testimonianza p. Bastien: «*Pio X, come egli me lo disse nel marzo 1914, aveva poca fiducia di veder il concordato fedelmente osservato*»: P. BLASINA, «Santa Sede e Regno», 774, nota 4.

[52] A. GOTTSMANN, «Konkordat oder Kultusprotektorat?», 460.

[53] R. TOLOMEO, «Le relazioni serbo-vaticane», 365; ID., *La Santa Sede e il mondo*, 55-70. Intorno alla politica di assimilazione degli albanesi da parte del governo serbo danno testimonianza anche le istruzioni date al nunzio Pellegrinetti quando nel 1922 arrivò a Roma. Per la diocesi di Scopia si dice infatti: «*La maggior parte dei fedeli di questa diocesi sono albanesi, uniti alla Serbia dopo la guerra balcanica. Non è a dire a quante vessazioni i Cattolici delle regioni albanesi annesse dopo tal guerra, siano stati assoggettati sia durante la guerra balcanica, sia anche in tempo più recente*»: «Istruzioni per Monsignor Ermenegildo Pellegrinetti, Arcivescovo tit. di Adana, nunzio apostolico di Belgrado», giugno 1922, in ASV, *Arch. Nunz. Jugoslavia*, busta 2, ff. 86v-87r.

Per quanto riguarda la lingua liturgica paleoslava, venne escluso un privilegio generale per la Serbia come quello attribuito al Montenegro e si giunse ad una soluzione di compromesso: si concesse l'uso del paleoslavo con caratteri glagolitici su un territorio limitato lasciando alla prudenza dei vescovi il compito di stabilire – d'accordo con la Santa Sede – i luoghi nei quali poteva essere effettivamente introdotto. Con tale decisione si provocò di nuovo la suscettibilità degli austriaci[54]. Tuttavia, la soluzione adottata circa la lingua liturgica non apparve nel testo del concordato bensì in una nota separata, seguendo così l'esempio montenegrino.

Il problema dell'insegnamento religioso era legato all'esercizio del protettorato e patronato austriaco. L'Austria-Ungheria, pur dovendo rinunciare al protettorato di culto, non voleva perdere il suo influsso sui territori serbi, cercando così di mantenere alcuni diritti onorifici[55]. La disputa intorno a tali diritti per poco non provocò la rottura delle trattative, poiché inizialmente la Santa Sede si accingeva a regolare la questione delle scuole cattoliche, della lingua d'insegnamento e del protettorato – patronato[56] in forma di note addizionali al concordato, il che fu bruscamente respinto dai serbi. Grazie all'abilità diplomatica di Eugenio Pacelli, allora segretario della congregazione degli affari ecclesiastici straordinari, si trovò una soluzione di compromesso che fu accettata sia dagli austriaci che dai serbi: le note addizionali non furono aggiunte, la Serbia affermava, tuttavia, che gli articoli del concordato di per sé fossero garanzia sufficiente per i voti espressi[57].

---

[54] Vienna deplorava il fatto che si volesse concedere ai serbi quello che la stessa Santa Sede aveva vietato ai sudditi sud-slavi della monarchia con i decreti del 1898 e del 1906 (R. Tolomeo, «Le relazioni serbo-vaticane», 370). Nella bibliografia austriaca recente si rinfaccia alla Santa Sede l'infedeltà alle promesse, fatte alla monarchia, e ai propri princìpi, sacrificati per le cause unionistiche che alla fine non portarono alcun frutto (A. Gottsmann, «Konkordat oder Kultusprotektorat?», 463).

[55] La proposta austriaca sui diritti onorifici consisteva nella celebrazione della messa festiva in occasione del compleanno dell'imperatore e nell'esposizione del suo ritratto nelle parrocchie.

[56] Proposta della nota sul patronato e protettorato austriaco: «*La Santa Sede tiene ad esprimere la sua gratitudine per i grandi benefici del "protettorato" esercitato per secoli dall'Austria-Ungheria nei territori recentemente annessi alla Serbia, e le autorità ecclesiastiche riconosceranno, conformemente al diritto canonico, tutti i diritti onorifici inerenti al "giuspatronato regio" nelle medesime regioni*»: R. Tolomeo, «Le relazioni serbo-vaticane», 374-375.

[57] *Ibidem*, 377-378; A. Gottsmann, «Konkordat oder Kultusprotektorat?», 461.

L'accordo venne firmato in Vaticano il 24 giugno 1914, quattro giorni prima dell'attentato di Sarajevo, dal segretario di Stato Merry del Val e dal ministro plenipotenziario Milenko Vesnić, anche ministro di Serbia a Parigi. Nel concordato venne assicurata alla religione cattolica il libero e pubblico esercizio[58]; si eresse una provincia ecclesiastica, composta dall'arcidiocesi di Belgrado e dalla diocesi di Scopia, che sancì il passaggio dalla giurisdizione di *Propaganda Fide* al diritto comune; si riconobbe al governo il diritto di notifica prima della nomina dei due vescovi, per conoscere se vi fossero ragioni di ordine politico o civile in contrario; si tutelò la libertà dei vescovi nell'erigere nuove parrocchie, nel campo dell'istruzione religiosa, dell'istituzione di un seminario nella capitale; lo Stato, infine, riconobbe i matrimoni cattolici e misti, contratti davanti al sacerdote cattolico, la personalità giuridica della Chiesa cattolica e il diritto di essa ad amministrare liberamente i beni mobili e immobili[59].

Tenendo ben presenti i motivi che avevano condotto i serbi alla conclusione del concordato, non meraviglia la fretta con la quale essi ratificarono l'accordo: appena due mesi dopo la firma (25 agosto 1914), quando la Grande guerra era già avviata da alcune settimane. L'attentato di Sarajevo, la cui colpa veniva attribuita agli stessi serbi, e l'esordio del conflitto mondiale ritardarono la ratifica da parte della Santa Sede, avvenuta solo nella primavera del 1915[60]. Nel luglio dello stesso

---

[58] Sui greco-cattolici la Serbia non voleva pronunciarsi per non voler cadere in disgrazia davanti all'alleata Russia, dove gli uniati non venivano ritenuti come cattolici, e inoltre suscitare opposizione all'interno del Paese, dove quel rito era ritenuto più politico che religioso.

[59] Sulle trattative concordatarie tra il Regno di Serbia e la Santa Sede c'è una vasta documentazione archivistica nelle carte vaticane (S.RR.SS., AA.EE.SS., *Austria-Ungheria*, pos. 1056, fascc. 448-457).

[60] Circa la firma del concordato Mercati annottò alla fine del testo: «*Dall'esemplare a firme autografe e sigilli dei plenipotenziarii in Busta 89 nell'Archivio della Segreteria di Stato. Ibid. l'esemplare a firma autografa e sigillo di Alessandro, Principe ereditario di Serbia, con cui, in nome di Re Pietro I e in data di Valievo 25 agosto 1914, ratifica il concordato. Ibid. inoltre una comunicazione a firma autografa del Vesnitch in data di Roma 12 marzo 1915, con cui al Card. Gasparri, Segretario di Stato di Sua Santità, si dichiara "que le titre et le préambule de l'instrument de la ratification du Concordat ... portent les deux Contractants en ordre inverse par la faute du copiste ... et ne doit aucunement porter préjudice à l'ordre consacré pour cette catégorie de documents, et reservant la préséance au Saint-Siège*»: *Raccolta di concordati*, vol. I, 1103. Si veda anche S.RR.SS., AA.EE.SS., *Austria-Ungheria*, pos. 1056, fasc. 455, f. 13.

anno, nonostante la bufera della guerra, le due parti procedettero allo scambio dei rappresentanti diplomatici. Il concordato, ciononostante, non poté mai entrare in vigore poiché il governo serbo fu costretto ad abbandonare il proprio territorio.

L'interpretazione storiografica di alcuni autori (Rigoni, Žutić, Živojinović, Petrović) scorge nelle trattative concordatarie un'alleanza stretta tra la Santa Sede e Vienna, diretta contro i serbi[61]. Si parla in questo caso di uno scontro ideologico tra la mentalità feudale, rappresentata da Roma e Vienna, e quella liberale e anticlericale, promossa dalla Serbia[62]. Più volte viene riportato il ruolo positivo rivestito dall'Italia che appoggiò le richieste serbe contro l'Impero austriaco[63]. La conclusione delle trattative, secondo questi studiosi, è vista come una grande vittoria della Serbia e una netta sconfitta dell'Austria-Ungheria[64]. Il concordato, dimostrando il carattere democratico serbo[65], avrebbe costituito l'impegno della nazione serba verso altri popoli sud-slavi ancora "non redenti" e il primo passo per convincere la Santa Sede dell'idea dell'unione jugoslava[66]. La diplomazia vaticana, d'altra parte, avrebbe visto nel concordato l'opportunità del proselitismo cattolico tra gli ortodossi[67], che si videro relegati nel concordato ad una posizione inferiore rispetto ai cattolici[68]. Nella loro ricerca scientifica questi storici si sono basati esclusivamente sui documenti della diplomazia serba, ammettendo essi stessi che già tra i documenti "domestici" mancasse molto materiale relativo alle trattative concordatarie[69].

Dopo la Grande guerra il discorso sul concordato serbo ritornò e, nelle lettere del nunzio Pellegrinetti, apparve chiaro come i serbi, anche nella nuova realtà statale fossero rimasti legati al vecchio accordo, ispirandosi tante volte ad esso nella

---

[61] A. Rigoni, «Il concordato serbo-vaticano», 160.

[62] N. Žutić, *Vatikan, Srbija*, 15.

[63] *Ibidem*, 21, 26.

[64] *Ibidem*, 28; M. Petrović, *Konkordatsko pitanje*, 82.

[65] D. Živojinović, *Vatikan, Srbija*, 16, 41.

[66] *Ibidem*, 19.

[67] *Ibidem*, 34.

[68] N. Žutić, *Vatikan, Srbija*, 27. Il discorso sull'inferiorità degli ortodossi ritornerà in modo ancora più incisivo nella discussione intorno al concordato jugoslavo negli anni 1935-1937.

[69] D. Živojinović, *Vatikan, Srbija*, 33; A. Rigoni, «Il concordato serbo-vaticano», 166. Sulle relazioni vaticano-jugoslave fu pubblicata anche una collezione delle fonti: *Le Vatican et la Yougoslavie*, vol. I.

prassi, anche se la sua validità era stata messa in discussione[70]. Inoltre, durante le trattative che si avviarono in vista di un nuovo concordato con il nascente Stato jugoslavo fu sempre presente il richiamo al concordato serbo. Alcuni volevano prenderlo come base per la stesura del nuovo testo, altri estenderlo a tutto il territorio del regno jugoslavo, altri invece pretendevano di ottenere ancora più di quello concesso nell'accordo precedente[71].

Ripassando il contenuto dei quattro accordi redatti dalla Santa Sede e dall'altra parte contraente (Austria-Ungheria, Montenegro e Serbia) si nota l'ovvio interesse della Santa Sede per le regioni "jugoslave", non soltanto per stabilire la gerarchia ordinaria in vista del miglioramento della situazione dei cattolici, ma anche come passo in avanti nella prospettiva di un dialogo con il mondo ortodosso. Questo divenne palese quando la diplomazia vaticana cedette molti diritti nell'ambito della lingua liturgica, condizione *sine qua non* posta dalle autorità montenegrine e serbe per le trattative, provocando nello stesso tempo la sensibilità dell'interlocutore stabile sul destino nei Balcani, l'Austria-Ungheria. La curia romana seguiva da vicino gli avvenimenti politici che riguardavano la zona balcanica e, subito dopo l'occupazione della Bosnia-Erzegovina (1878), preparò tutto il necessario per l'introduzione della gerarchia ordinaria. Questo primo gesto

---

[70] «*Anche il Governo ha esplicitamente riconosciuto, mediante una nota del Ministro Rakatić al Card[inale] Segretario, che il Concordato austriaco, anzi tutti i concordati anteriori all'origine dello Stato SHS hanno perduto ogni vigore. Solo rimane incerta la sorte del Concordato del 1914; ma trovandosi esso in condizione diversa dagli altri, praticamente, per tacito consenso, viene applicato, senza discuterne la validità, che rimanga assorbito dal Concordato futuro abbracciante tutto quanto il Regno SHS. [...] È da rispondere [...] che in attesa del nuovo concordato, per il quale il Regio Governo da tempo si prepara, gli ecclesiastici non possono far nulla che ne prevenga o pregiudichi le decisioni*»: Pellegrinetti a Srebrnič, Belgrado, 13 gennaio 1925, dispaccio n. 4021 (minuta), in ASV, *Arch. Nunz. Jugoslavia*, busta 3, f. 284r.

[71] «*Il secondo capo accetta il punto di vista della Santa Sede, espresso nell'allocuzione del S. Padre Benedetto XV, di s.m. del 21 Novembre 1921, circa la decadenza dei Concordati conclusi con Stati scomparsi o interamente trasformati; riconosce validi i Concordati conclusi con la Serbia nel 1914 e col Montenegro nel 1886, ma esprime l'idea non essere desiderabile di estendere a tutto lo Stato SHS il Concordato serbo, il quale, dicono, fu molto largo, perché in primo luogo voleva eliminare il gravoso Protettorato austriaco, in secondo luogo dimostrare agli Slavi cattolici di Croazia e Slovenia la grande tolleranza religiosa dei Serbi. Ma ora la situazione è diversa e si deve domandare a Roma assai di più*»: Pellegrinetti a Gasparri, Belgrado, 28 novembre 1922, rapporto n. 523, in S.RR.SS., AA.EE.SS., *Jugoslavia*, pos. 9, fasc. 12, ff. 60v.

fatto nei confronti degli slavi meridionali servì come trampolino nei rapporti con gli altri popoli vicini. Nel progetto "unionistico" di Leone XIII non erano considerati con lo stesso peso i croati e gli sloveni, già cattolici e appartenenti alla monarchia e tenuti al rispetto della legislazione asburgica (concordato del 1855, leggi interconfessionali del 1868 e del 1874). Non meraviglia perciò che nella documentazione vaticana del periodo primeggino soprattutto gli "affari" bosniaci, montenegrini e serbi, e meno quelli sloveni e croati[72].

1.1.5 La vertenza intorno all'Istituto «San Girolamo»

Uno dei problemi aperti più rilevanti che coinvolgeva pressoché tutti gli slavi meridionali in questo periodo prebellico fu la «questione del San Girolamo». Si trattava di un edificio ecclesiastico situato a Roma, fondato presumibilmente da un certo dalmata Girolamo come ospizio, già nel XV secolo[73]. Il papa Sisto V vi aggiunse nel 1589 un capitolo di canonici. Due secoli più tardi vi nacque anche un collegio per sacerdoti. Nel XIX secolo, a causa delle scarse risorse si chiedeva una ristrutturazione, avvenuta dopo il breve apostolico *Slavorum gentem*[74] di Leone XIII del 1° agosto 1901, con il quale si ripristinava il collegio per i sacerdoti. La collegiata e l'ospizio, invece, furono aboliti.

Il primo scandalo scoppiò intorno alla denominazione del collegio, legata ai diritti di chi poteva abitarvi, passando così da un problema interno ad uno scandalo diplomatico. La *Slavorum gentem* dava al collegio il titolo di «Collegium

---

[72] L'interesse della Santa Sede per le zone slovene e croate dell'Impero era concentrato soprattutto sull'azione dei vescovi, messi al centro nel dibattito sul destino dei compatrioti: o rimanere fedeli all'imperatore o cercare l'unione con gli altri slavi meridionali. La figura ecclesiastica centrale slovena al riguardo fu Anton Bonaventura Jeglič, vescovo di Lubiana (1898-1930). Sui rapporti vaticano-austriaco-sloveni intorno alla figura di Jeglič si veda A. Gottsmann, «Parteipolitik», 317-336; Id., «Die Wiener Nuntiatur», 111. Sul rapporto tra il *Ballhausplatz* e il vescovo "problematico" si veda W. Lukan, «Ljubljanski knezoškof», 227-279; Id., «Die slowenische Politik», 159-186. Per le relazioni tra la monarchia e la Santa Sede in generale si veda F. Engel-Jánosi, *Österreich und der Vatikan*. Per la realtà della Chiesa cattolica in Croazia si veda *Hrvatski katolički pokret*; Z. Matijević, «Politička orientacija», 141-163; J. Krišto, *Hrvatski katolički pokret*; Id., *Prešućena povijest*.

[73] Sul dibattito intorno alla provenienza del fondatore e sulla fondazione dell'ospizio e i relativi diritti dei croati e sloveni si veda A. Slamič, «Zavod sv. Hieronima», 20-35. Un'ampia bibliografia sull'ospizio/collegio si trova in *Papinski hrvatski zavod*, 1047-1168.

[74] Il testo del breve si trova in ASV, *Arch. Nunz. Jugoslavia*, busta 9, ff. 334-337; AJ, *Ministarstvo inostranih poslova – političko odeljenje (334)*, pos. 66, fasc. 27, ff. 318-321.

Hieronymianum pro chroatica gente», evitando i termini tradizionali «Illyricorum» o «Sclavorum»[75], considerati poco adatti e anacronistici. Tuttavia ciò provocò la protesta da parte di coloro che nell'aggiunta «pro chroatica gente» vedevano il diritto esclusivo dei croati al collegio e la propria esclusione. Alla protesta iniziale della diplomazia austro-ungarica si aggiunsero i serbi, i montenegrini e anche gli italiani dalmati. Questi ultimi, poche settimane dopo la pubblicazione del documento pontificio, occuparono il collegio e rimossero il rettore poiché temevano il passaggio dell'istituto sotto il controllo degli slavi. Successivamente alle proteste della monarchia austro-ungarica, l'amministrazione provvisoria del collegio finì nelle sue mani come protettrice dei sudditi slavi destinati ad usufruire del palazzo, mantenendo alcuni diritti di nomina e d'amministrazione del collegio[76]. Dopo la guerra, il collegio "austriaco" venne di nuovo sequestrato dagli italiani[77] che, in seguito alle insistenze della diplomazia jugoslava, dovettero cederlo al governo jugoslavo[78], il che complicò ancora di più i travagliati rapporti tra Chiesa e Stato nel nuovo Regno SHS[79].

Contro la denominazione esclusiva «pro chroatica gente» levarono la voce le autorità montenegrine e serbe. Il ministro montenegrino residente a Roma e il vescovo di Antivari, Milinović, pretesero il cambiamento di nome in modo da non escludere gli altri slavi meridionali, proponendo l'aggiunta «pro chroatica et serbica gente»[80]. Dopo lunghe trattative, papa Leone trovò una soluzione salomonica, dando all'istituto nel marzo del 1902 il suo antico nome di «Collegium Sancti Hieronymi Illyricorum»[81].

---

[75] Sul dibattito storico intorno ai termini «Illyricae» e «Sclavoniae» e il loro uso si veda [P. GASPARRI], «San Girolamo», 513-540; A. SLAMIČ, «Zavod sv. Hieronima», 22-35.

[76] A. GOTTSMANN, «Papst Leo XIII.», 483.

[77] *Ibidem*, 496.

[78] L'Accordo italo-jugoslavo per l'istituto di San Girolamo degli Schiavoni fu firmato a Roma il 27 gennaio 1924. Il testo si veda in *Documenti per la storia*, 160-161; ASV, *Arch. Nunz. Jugoslavia*, busta 9, f. 332r.

[79] La vertenza tra la Santa Sede e il governo jugoslavo sul collegio di San Girolamo fu uno dei problemi più scottanti nelle relazioni diplomatiche tra le due parti, influendo tantissimo anche sulle trattative per il concordato jugoslavo. Il procedimento della vertenza intorno al collegio di San Girolamo sarà affrontato nei prossimi capitoli.

[80] A. GOTTSMANN, «Papst Leo XIII.», 486-487.

[81] *Ibidem*, 490.

1.2 *La Santa Sede e la Chiesa cattolica "jugoslava" durante la Grande guerra (1914-1918)*

Le pluridecennali tensioni tra le potenze europee, che minacciavano il loro già precario equilibrio politico, prendevano sempre più il sopravvento e l'attentato di Sarajevo del 28 giugno 1914 fu l'ultima goccia che fece traboccare il vaso. La dinastia – che vide uccisi nella capitale bosniaca, sotto colpi di rivoltella, il proprio principe ereditario, l'arciduca Francesco Ferdinando d'Asburgo, e sua moglie – , riteneva la Serbia, pur non avendone le prove, direttamente responsabile dell'attentato. La casa d'Asburgo le inviava il 23 luglio un ultimatum molto duro: la Serbia doveva accettare il dispiegamento delle forze di polizia austro-ungarica nel proprio territorio e assicurare ad esse la libertà di indagare contro i terroristi[82]. Declinato fermamente tale ultimatum l'esercito austro-ungarico il 28 luglio invase la Serbia provocando con quest'atto l'entrata di altri Paesi nel conflitto, che divenne presto mondiale.

Nemmeno un mese dopo lo scoppio della bufera moriva papa Giuseppe Sarto e le redini del governo della Chiesa furono consegnate all'arcivescovo di Bologna, Giacomo della Chiesa, che prese il nome di Benedetto XV. La curia romana, ritenendosi poco libera nell'esercizio della proprio missione, a causa della "questione romana", durante la guerra si impegnò con appelli di pace rivolti ai belligeranti. Fino all'agosto del 1917 ne furono lanciati ventiquattro, mantenendo sempre una posizione di totale imparzialità[83]. Nella famosa «Nota di pace»[84], datata il 1° agosto 1917, dove la guerra veniva definita quale «inutile strage», per la prima volta apparvero proposte concrete, lanciate dal pontefice, che – per quanto riguardava le questioni territoriali – invitava a seguire uno spirito conciliante e giusto nella misura del possibile verso le aspirazioni dei popoli, citando espressamente gli Stati balcanici[85]. L'iniziativa papale fu respinta da Wilson e da altri alleati i quali già nell'aprile del

---

[82] A. Tornielli, *Pio XII*, 64. Il testo dell'ultimatum, in trad. serba, si veda in *Jugoslavija 1918-1988*, 27-29.

[83] A. Tornielli, *Pio XII*, 65. Benedetto XV era molto chiaro nei suoi messaggi sulla guerra, sin dal primo dell'8 settembre 1914. La condanna della guerra come tale costituisce un *Leitmotiv* del magistero del pontefice negli anni 1914-1918. Per l'approfondimento dell'atteggiamento di Benedetto XV verso la guerra si veda G. Martina, *Storia della Chiesa*, vol. IV, 136-146; G. Paolini, *Offensive di pace*; A. Scottà, *Papa Benedetto XV*; G. B. Varnier, «La Santa Sede», 69-91.

[84] La nota si veda in AAS 9/I (1917) 417-420; nella versione it., *ibidem*, 421-423.

[85] A. Tornielli, *Pio XII*, 88.

1915 avevano stipulato un trattato segreto («Patto di Londra») con il quale si escludeva la Santa Sede da qualsiasi partecipazione alle future trattative di pace (art. 15)[86].

La curia romana non si alleò con nessuna forza e mantenne una posizione critica verso la guerra, limitandosi, come già rilevato, a numerosi appelli di pace[87].

Secondo lo storico Živojinović la Santa Sede, invece, avrebbe appoggiato la politica austro-ungarica contro la Francia atea e avrebbe "benedetto" l'invasione austro-ungarica nel territorio serbo con la speranza di scongiurare l'influsso della Russia ortodossa nei Balcani[88]. In tal senso, l'appoggio vaticano all'attacco austriaco verrebbe visto anche alla luce dello "sbaglio" vaticano commesso con la firma del concordato serbo, volendosi sbarazzare subito di tale accordo, troppo favorevole alla Serbia[89]. Ciononostante il nuovo papa Benedetto XV – sempre a detta di Živojinović – sarebbe stato più diplomatico e paziente del suo predecessore e meno benevolo verso la politica asburgica, vistosi obbligato però all'alleanza con le forze centrali per paura della Russia e per impedire l'entrata dell'Italia in guerra[90].

Le potenze dell'Intesa appoggiarono la Serbia contro l'Austria-Ungheria e la Germania e si fecero paladine dello "jugoslavismo", al quale però non tutti gli alleati erano favorevoli. I circoli di Pietroburgo avrebbero addirittura temuto che

---

[86] *Ibidem*, 90. Il testo dell'«accordo» si veda in *Documenti per la storia*, 7-12; *Jugoslavija 1918-1988*, 54-56.

[87] H. JEDIN, *Handburch der Kirchengeschichte*, vol. VI/2, 541-544.

[88] D. ŽIVOJINOVIĆ, *Vatikan, Srbija*, 49-50, 67-70. Un'opinione simile sul "vergognoso" agire della Santa Sede si presentò anche qualche decennio dopo, quando le folle serbe protestarono contro la ratifica del concordato jugoslavo. Il nunzio Pellegrinetti commentava un corteo dove si distribuivano manifestini di protesta: «*Si citano in tal fogliaccio i noti testi del Barone Ritter e del Conte Pállfy che affermarono nel luglio – agosto 1914 essere il Card. Merry del Val e Pio X per la guerra alla Serbia, vedendo nell'Austria il puntello del Cattolicesimo e negli Slavi il pericolo per la Chiesa, e si aggiunge che niente dimostra avere oggi la Santa Sede mutato opinioni e scopi*»: Pellegrinetti a Pacelli, Belgrado, 17 luglio 1937, rapporto n. 19864, in S.RR.SS., AA.EE.SS., *Jugoslavia*, pos. 96, fasc. 66, f. 6r.

[89] D. ŽIVOJINOVIĆ, *Vatikan, Srbija*, 65.

[90] *Ibidem*, 75. L'imperatore Carlo a volte si lamentava della poca considerazione della Santa Sede verso le sue iniziative. Così accadde in occasione dell'iniziativa di pace delle forze centrali del 12 dicembre 1916 sulla quale il papa non si pronunciò pubblicamente. Solo dopo l'intervento del nunzio Valfrè di Bonzo l'ira dell'imperatore si calmò (A. GOTTSMANN, «Die Wiener Nuntiatur», 106-107).

una grande Jugoslavia, abbracciando troppi cattolici, cessasse d'essere un satellite della Russia[91].

1.2.1 La Santa Sede e la gerarchia cattolica nella parte sud-slava della monarchia

Le vicende belliche nel territorio sloveno, croato e bosniaco furono seguite dalla Santa Sede tramite la nunziatura di Vienna con i rispettivi nunzi, Raffaele Scapinelli (1912-1916) e Teodoro Valfrè di Bonzo (1916-1919). Essi si occupavano soprattutto dell'azione di mediazione tra la Santa Sede, l'Italia e l'Austria-Ungheria[92], non trascurando però la situazione nelle parti sud-slave. Nelle istruzioni per il nunzio Valfrè di Bonzo, formulate forse da Pacelli, in venti punti[93], infatti, venne posta all'attenzione del nunzio la situazione ecclesiastico-politica nella Bosnia-Erzegovina, il concordato serbo e il "problematico" vescovo di Spalato, Antun Gjivoje, accusato di essere filoitaliano[94].

Sino alla fine del 1916 la Santa Sede era dell'opinione che il destino futuro della Chiesa cattolica dell'Europa centrale sarebbe stato strettamente legato alla monarchia asburgica, la cui sopravvivenza avrebbe garantito alla Chiesa interessi vitali[95]. Nonostante il desiderio di mantenere buone relazioni con la Casa d'Asburgo, il papa si rese subito conto che per favorire gli interessi dei cattolici bisognava appoggiare anche le rivendicazioni delle nazioni che aspiravano ad una maggior indipendenza, e con atteggiamento realistico egli non indugiò a riconoscere i nuovi Stati sorti sulle ceneri della monarchia[96].

Gli sloveni e i croati, coscienti della propria piccolezza di fronte ad altre nazioni appartenenti alla monarchia, cercavano un dialogo che favorisse una maggior

---

[91] Pellegrinetti a Gasparri, Belgrado, 7 ottobre 1929, rapporto n. 9790, in S.RR.SS., AA.EE.SS., *Jugoslavia*, pos. 4, fasc. 6, f. 54r.

[92] Il nunzio Scapinelli fu ricevuto dall'imperatore Francesco Giuseppe in udienza il 15 gennaio 1915 per convincerlo a cedere il Trentino in cambio della neutralità italiana. Allo stesso scopo venne a Vienna anche il segretario della congregazione degli affari ecclesiastici straordinari, Eugenio Pacelli, senza ottenere risposta positiva (A. Gottsmann, «Die Wiener Nuntiatur», 104-105; D. Squicciarini, *Die apostolischen Nuntien*, 294).

[93] Le istruzioni si vedano in S.RR.SS., AA.EE.SS., *Austria-Ungheria*, pos. 1118, fasc. 473, ff. 7-78 (minuta): cit. da A. Gottsmann, «Die Wiener Nuntiatur», 98.

[94] A. Gottsmann, «Die Wiener Nuntiatur», 97.

[95] *Ibidem*, 109-110.

[96] *Ibidem*, 110; Id., «Parteipolitik», 328.

unione tra loro. Già dagli anni '80 del XIX secolo i deputati sloveni e croati nel *Reichsrat* viennese avevano espresso più volte il desiderio di un'unificazione politica dei territori sud-slavi dell'Impero. Nel 1911 i deputati del partito popolare sloveno, costituitosi poco prima, si unirono con i deputati croati nel «Club croato-sloveno» decidendo di camminare insieme con programmi politici che promovessero l'unione[97]. Tale collaborazione politica si ispirò anche al movimento cattolico, sviluppatosi rapidamente in Slovenia e organizzatosi in seguito, sotto la guida del vescovo di Veglia Anton Mahnič (1896-1920), anche in Croazia[98].

Non meraviglia che la politica e il movimento cattolico fossero così strettamente legati. In assenza di un potere civile indipendente nel caso sloveno la popolazione si identificava fortemente con la Chiesa cattolica[99]. Tanti politici uscivano dalle file degli ecclesiastici. La guida del partito più influente nel territorio sloveno, il partito popolare[100], fu affidata, nel 1917, ad un sacerdote, don Anton Korošec. Anche il vescovo di Lubiana, Anton Bonaventura Jeglič[101] (1898-1930), seguiva da vicino le vicende politico-sociali e sosteneva la politica "nazionale". Più volte fu accusato presso la Santa Sede per la sua politica antiaustriaca. I nunzi viennesi, pur guardando con certo sospetto l'attività del prelato sloveno, lo difendevano dalle accuse recategli dalle autorità imperiali[102] e lo stesso vescovo mandò al papa un *memorandum* nel maggio 1918 spiegando le vicende politiche in Slovenia e il suo ruolo nella scissione del partito popolare, appoggiato da lui stesso[103]. Dopo la guer-

---

[97] F. J. BISTER, «Hrvaško-slovensko sodelovanje», 103-110.

[98] J. KRIŠTO, «Od slavenstva», 111-122. Si veda più sopra la bibliografia sul movimento cattolico in Croazia.

[99] I. MONTANAR, *Il vescovo lavantino*, 75.

[100] Un'analisi dettagliata e complessa del partito popolare sloveno venne redatta dal nunzio belgradese (Pellegrinetti a Gasparri, Belgrado, 27 gennaio 1925, rapporto n. 4103 (minuta), in ASV, *Arch. Nunz. Jugoslavia*, busta 3, ff. 294r-301v).

[101] Sulla vita e l'attività di Jeglič si veda *Jegličev simpozij*.

[102] A. GOTTSMANN, «Parteipolitik», 323. Interessante anche il commento di Pellegrinetti alcuni anni dopo riguardo all'attività politica di Jeglič: «*Un uomo di governo. È gran patriota sloveno, ciò che gli procurò noie durante la guerra, quando la Corte di Vienna, poco contenta di lui, tentò, ma senza effetto, d'indurre la Nunziatura a dargli lezioni di diversa politica*»: Pellegrinetti a Gasparri, Belgrado, 27 gennaio 1925, rapporto n. 4103 (minuta) in ASV, *Arch. Nunz. Jugoslavia*, busta 3, f. 300r.

[103] Il «Memorandum» di Jeglič indirizzato a Benedetto XV si veda in S.RR.SS., AA.EE.SS., *Austria-Ungheria*, pos. 1263, fasc. 509, ff. 67-73; pubblicato da A. GOTTSMANN, «Parteipolitik», 329-335.

ra, un altro vescovo, Ivan Šarić, ausiliare di Sarajevo, sarà invece accusato dai serbi d'aver appoggiato troppo la monarchia asburgica a scapito del programma unionistico degli jugoslavi[104].

Uno dei risultati concreti della collaborazione tra i cattolici croati e sloveni nel tempo della guerra fu un memorandum detto «Riječka spomenica» («Memorandum di Fiume»), redatto nell'aprile 1915 e recentemente scoperto da Tomislav Mrkonjić[105]. Sul memorandum si è scritto parecchio in passato senza conoscerne il contenuto[106]. Una parte del clero croato e sloveno, insieme ad alcuni esperti laici, decise di intraprendere una via segreta per assicurare alla Croazia e alla Slovenia una posizione più favorevole dopo le future trattative di pace. P. Josip Milošević, OFMConv (1869-1926), fu il primo sacerdote croato dopo l'inizio della guerra che avvertì il pontefice sulla situazione della nazione croata. Il religioso fu ricevuto dal papa alla fine del 1914 e preparò per quest'occasione un promemoria. In seguito a varie visite al pontefice egli si unì ad un gruppo di sacerdoti croati e sloveni, con a capo il vescovo Mahnič, e il risultato di questa collaborazione fu il menzionato «Memorandum».

Il documento iniziava ricordando la storia del popolo croato e la testimonianza della profonda adesione croata alla Chiesa cattolica, costata spesso il sacrifico di numerose vite umane nella difesa dell'Occidente dalle invasioni turche. Vi si affermava che la Croazia non aveva mai accettato l'eresia protestante, che si era sempre opposta al liberalismo e che il pericolo più grande in quel momento proveniva dai serbi i quali, sostenuti da austriaci e ungheresi, con il loro espansionismo e con la loro propaganda ortodossa, minavano la fede cattolica sui territori croati. La Santa Sede sarebbe stata l'unico *refugium* per la "causa croata" e si chiedeva perciò l'intervento del papa per promuovere l'unione croato-slovena. In che

---

[104] *«Leggo nei giornali cattolici croati, che il governo Serbo mi è avverso pel motivo, che durante la guerra tenni discorso e preghiere pell'imperatore austriaco, e che adesso sono disposto contro l'unificazione nazionale e contro lo stato»*: Šarić a Cherubini, Sarajevo, 25 marzo 1921, dispaccio n. 6349, in ASV, *Arch. Nunz. Jugoslavia*, busta 1, f. 272r.

[105] Il documento si trova nell'archivio privato di P. Bazilije Pandžić OFM, a Zagabria.

[106] Sulla storiografia e il contenuto intorno al «Memorandum di Fiume» si veda Z. MATIJEVIĆ, «Tajna diplomatska aktivnost», 363-379. La prima pubblicazione del «Memorandum» (in latino) si trova in: T. MRKONJIĆ, «Hrvatski katolički pokret», 444-456. Per la pubblicazione in versione bilingue (latino-croata) con il commento si veda *Pilar* 4 (2009), n. VII(I)-VIII(II), 214-244.

modo? Essendo stato il «Memorandum» redatto nella primavera del 1915 le possibilità erano ancora ampie. Nel documento ne furono riportate tre: 1. Nel caso della vittoria dell'Austria si sarebbe chiesta la ristrutturazione della monarchia: l'unione di tutti i territori croati in una realtà politica, con l'annessione dei territori sloveni alle terre croate, e la creazione di un regno sotto lo scettro dell'imperatore austriaco. 2. Nel caso della sconfitta austriaca: l'unione dei croati con gli sloveni in un regno croato totalmente indipendente. 3. Nel caso dell'impossibilità dell'unione croato-slovena in un regno, l'unione dei croati e sloveni in qualsiasi altra realtà, per conservare così meglio la fede cattolica, con la possibilità di incorporare i greco-cattolici.

Al momento della consegna del «Memorandum» il papa promise di difendere i *desiderata* ivi espressi, nel caso che egli fosse invitato alle future conferenze di pace[107].

Anche se il contenuto del «Memorandum» non fu fatto conoscere a nessuno, le idee ivi presenti riaffiorarono a più riprese. Così, nel maggio del 1917, durante la prima seduta del parlamento viennese dopo tre anni, venne solennemente letta la «Majska deklaracija» (Dichiarazione di Maggio)[108], nella quale si chiedeva l'unione di tutti gli slavi del sud della monarchia, con ampia autonomia, sotto la guida dell'Impero. Dopo le ulteriori sconfitte austro-ungariche le richieste slave aumentarono e pian piano si pensò ad un'unione sudslava anche al di fuori della monarchia. Le posizioni sloveno-croate si avvicinarono in questo modo a quelle serbe, sostenute nella «Krfska deklaracija» (Dichiarazione di Corfù)[109] del 20 luglio 1917, fondamento per la formazione del futuro Regno SHS.

---

[107] Z. MATIJEVIĆ, «Tajna diplomatska aktivnost», 376.

[108] Il testo della dichiarazione si trova in J. GOLEC, «Spomini», 273; *Jugoslavija 1918-1988*, 83-84.

[109] Il testo orig. si veda in *Jugoslavija 1918-1988*, 66-68; la trad. it. si veda in O. RANDI, *La Jugoslavia*, 535-538.

1.2.2 La Santa Sede e il Regno di Serbia

Le relazioni serbo-vaticane, dopo la firma del concordato (1914) e soprattutto dopo l'attentato di Sarajevo, erano a rischio, a causa dell'invasione austriaca del territorio serbo. La curia romana, secondo Živojinović, si sarebbe associata senza indugio alle potenze che accusarono la Serbia dell'attentato[110], perpetrato da un membro del gruppo «Mlada Bosna» (Bosnia giovane) che mirava all'unificazione di tutti gli slavi del sud, e con ciò avrebbe contribuito non poco a dar ragione ai pregiudizi serbi sulla presunta parzialità vaticana a favore della politica austro-ungarica.

I rapporti tra Belgrado e la Santa Sede durante la guerra si circoscrissero alle iniziative umanitarie e ai problemi di carattere religioso, oltre alla procedura per la ratifica del concordato, firmato il 24 giugno 1914. Come è stato già accennato, i serbi si affrettarono a ratificarlo il 25 agosto dello stesso anno, mentre la Santa Sede tentò di spostarne la ratifica alla conclusione del conflitto. In questo "temporeggiamento" da parte vaticana i serbi vedevano la congiura dell'Austria che voleva convincere la Santa Sede a mandare all'aria l'accordo bilaterale[111]. Soltanto in seguito alle minacce del governo inglese, della diplomazia russa e al pericolo dell'entrata dell'Italia in guerra, sembra che la Santa Sede abbia ceduto alla ratifica del concordato il 20 marzo 1915[112], anche se – a dire il vero – perfino la designazione dei rappresentanti serbi si trascinò per qualche mese e solo il 15 luglio 1915 arrivava a Roma Mihajlo Gavrilović, con il titolo personale di ministro plenipotenziario, e ricevuto come agente ufficioso per l'esecuzione del concordato. Malgrado la difficile situazione economica, imposta dalla guerra, il governo serbo donò alla Segreteria di Stato 3.500 franchi come gratificazione d'uso del suo personale subalterno in seguito alla conclusione del concordato[113].

Pur avendo poca possibilità di attuare il concordato sul proprio territorio, sono note le testimonianze che affermano la volontà del governo serbo di mantenere gli impegni previsti dall'accordo secondo le proprie possibilità in ambiti riguardanti, ad esempio, la nomina dei parroci e il contributo materiale da parte dello Stato[114]. Tuttavia in tale situazione bellica non fu possibile stabilire la gerarchia

---

[110] D. Živojinović, *Vatikan, Srbija*, 57.
[111] *Ibidem*, 77-78.
[112] *Ibidem*, 81.
[113] R. Tolomeo, «Le relazioni serbo-vaticane», 380.
[114] D. Živojinović, *Vatikan, Srbija*, 83-84.

ordinaria o mandare un diplomatico vaticano, per cui le facoltà di nunzio vennero conferite, provvisoriamente, al vescovo di Scopia[115].

La gerarchia ortodossa non accettò facilmente le risoluzioni del concordato; il punto più spinoso era anzitutto l'art. XII: «*Il Regio Governo riconosce la validità dei matrimoni fra cattolici, e dei matrimoni misti contratti alla presenza del parroco cattolico secondo le leggi della Chiesa*». Il metropolita Demetrio protestò più volte presso il governo considerando l'articolo un attacco frontale all'ortodossia, religione di Stato[116]. L'applicazione del concordato era un tema che preoccupava anche la curia romana e perciò non sorprende che la questione apparisse nelle istruzioni al nuovo nunzio viennese, Valfrè di Bonzo, redatte tra l'estate e l'autunno del 1916[117].

Il governo serbo cercava alleati per l'idea jugoslava fra gli slavi della monarchia. Il presidente del governo Pašić riuscì a convincere alcuni politici croati e serbi della monarchia, emigrati a Londra, a diffondere l'idea di un'unione con il regno serbo. A tale scopo si formò nell'aprile 1915 a Parigi il cosiddetto «Jugoslovenski odbor» (Comitato jugoslavo) che avrà dopo un concorrente nel meno serbofilo «Jugoslovanski klub» (Club jugoslavo), promotore della famosa «Dichiarazione di Maggio», del 30 maggio 1917. Il risultato della collaborazione del governo serbo e del Comitato jugoslavo fu la «Dichiarazione di Corfù» del 20 luglio 1917. In essa i rappresentanti autorizzati di serbi, croati e sloveni, esprimevano la volontà di formare un'unica nazione, libera da ogni giogo straniero, costituita in uno Stato libero, nazionale e indipendente, in forma di regno sotto la dinastia Karađorđević, comprendente tutto il territorio sul quale la nazione dai tre nomi viveva in masse compatte e senza discontinuità[118]. Nello stesso documento si dichiarava che «*tutte le religioni conosciute potranno essere esercitate liberamente e pubblicamente*» allo scopo di salvare la pace religiosa[119].

Ante Trumbić, capo del Comitato jugoslavo, avvertiva in quell'occasione dell'inimicizia della Chiesa cattolica verso l'unione degli slavi del sud, riconoscendo allo stesso tempo la sua grande capacità di adattamento a situazioni nuove. Per tale ragione egli sconsigliò qualsiasi provvedimento che potesse indurre la Santa

---

[115] R. TOLOMEO, «Le relazioni serbo-vaticane», 380.

[116] D. ŽIVOJINOVIĆ, *Vatikan, Srbija*, 85-86.

[117] A. GOTTSMANN, «Die Wiener Nuntiatur», 98.

[118] O. RANDI, *La Jugoslavia*, 535-537.

[119] *Ibidem*, 537.

Sede a diventare un grande e stabile nemico dell'unione "jugoslava". Il principio di parità delle confessioni (religioni)[120], scelta nella conferenza di Corfù, può essere letta anche in quest'ottica pragmatica[121].

Nella summenzionata «Nota di pace» del 1° agosto 1917 il papa, pur parlando dei diritti degli Stati balcanici, preferì non nominare la Serbia o il modo in cui risolvere la questione sud slava, consigliando alle parti belligeranti di attenersi allo spirito di equità e di giustizia, contro ogni tipo di nazionalismo esasperato. Il governo serbo si unì a quelle potenze che non accolsero benevolmente l'offerta papale, sostenendo che nella nota si privilegiavano troppo le forze centrali. Anzi, secondo alcuni, la mancata menzione della «Dichiarazione di Corfù» nella «Nota di pace» significava che il papa non accettava il principio della nazionalità per risolvere il conflitto. Ma fu lo stesso ministro serbo Gavrilović ad avvertire i colleghi di governo che il papa non voleva pregiudicare una questione tanto complicata come quella riguardante la zona balcanica[122], molto più complessa di quella belga, polacca o armena, che avevano trovato un posto eminente nella «Nota».

La soluzione "jugoslava" non risultava chiara e nemmeno i membri dell'Intesa erano unanimi nell'appoggiare le pretese serbe. Tutti si rendevano conto del confine culturale e religioso tra l'Oriente e l'Occidente che attraversava proprio i paesi della penisola balcanica[123]. Pur non essendo presente la "questione nazionale"

---

[120] Stando al materiale consultato, il termine *confessione* veniva usato per indicare qualsiasi appartenenza religiosa, senza ulteriori distinzioni tra gruppi cristiani e non. Per questo, nella documentazione a cui ci si è rifatti si parla, ad esempio, tanto di *confessione* ortodossa quanto di *confessione* musulmana. Questo uso non corrisponde più, tuttavia, alla sensibilità ecclesiale e teologica contemporanea che, in seguito anche al grande sviluppo dell'ecumenismo a partire dal concilio vaticano II, riserva il termine *confessione* solo al mondo cristiano, in particolare proprio alle Chiese e alle comunità ecclesiali (per cui si può dire: *confessione* cattolica, ortodossa, luterana, ecc.). In questo modo, per tutti gli altri gruppi religiosi non cristiani e per il cristianesimo *tout-court* si preferisce parlare di *fedi* (cristiana, islamica, buddista, induista, ecc.) o più semplicemente di religioni. Nel lavoro si è conservata la terminologia originale per i testi citati, mentre nei nostri commenti e analisi si è preferito esprimersi in maniera più corrispondente agli sviluppi ecclesiologici contemporanei.

[121] I. Mužić, *Katolička crkva*, 45.

[122] D. Živojinović, *Vatikan, Srbija*, 238.

[123] A questo proposito pare molto interessante il commento del nunzio di Belgrado Pellegrinetti sulla diversità culturale e religiosa in Jugoslavia: «*Bisanzio e Roma, l'oriente e l'occidente si toccano ancora, ma non si confondono*»: Pellegrinetti a Gasparri, Belgrado, 28 marzo 1923, rapporto n. 1092 (minuta), in ASV, *Arch. Nunz. Jugoslavia*, busta 3, f. 66rv.

nelle istruzioni al nunzio Valfrè, la Santa Sede continuava a cercare le soluzioni più appropriate. Non era facile per la curia e per il papa remare tra diverse proposte, promemoria e dichiarazioni («Memorandum di Fiume», «Dichiarazione di Maggio», «Dichiarazione di Corfù») e promettere il proprio appoggio ai desideri nazionali trovatisi spesso in contrasto l'uno con l'altro. Certo, la causa cattolica era considerata come una priorità rispetto alle ispirazioni nazionali, che facilmente potevano sfociare in ogni forma di estremismo e provocare nuovi conflitti[124]. Non meraviglia pertanto l'accusa rivolta alla Santa Sede di aver sostenuto fino all'ultimo l'Austria-Ungheria, "carcere delle nazioni".

Il papa non si arrese nonostante i numerosi rifiuti alle sue proposte di pace. Ancora nell'ottobre 1918 appoggiò l'offerta di pace dell'imperatore Carlo. Dopo che il presidente statunitense Wilson ebbe respinto la pace separata con la monarchia asburgica, anche la Santa Sede prese atto della nuova situazione europea segnata da tante nuove realtà statali e s'impegnò ad assicurare ai cattolici ivi presenti il miglior modo possibile di vivere la propria fede. Per i cattolici croati e sloveni la formazione del Regno SHS significava uscire dal circolo culturale centroeuropeo ed entrare nello spazio politico balcanico[125].

2. La Chiesa cattolica e la nascita del Regno SHS/Jugoslavia[126]

Ancora prima dell'armistizio, firmato l'11 novembre 1918, si costituì nei territori sloveni e croati un Comitato nazionale («Narodno vijeće») che proclamò lo Stato autonomo degli Sloveni, dei Croati e dei Serbi («Stato SHS») il 29 ottobre[127] e interruppe definitivamente i rapporti costituzionali con l'Austria-Ungheria. Tuttavia tale Stato si trovava esposto a grandi pericoli di sopravviven-

---

[124] Nelle sue «Memorie» Trumbić annotò l'interessante colloquio avuto in Vaticano il 19 agosto 1917 con il cardinale segretario di Stato Gasparri dopo la conferenza di Corfù, il quale non avrebbe nascosto la propria insoddisfazione di fronte alla soluzione "jugoslava", accettata alla conferenza di Corfù. Il testo del colloquio si veda in D. ŽIVOJINOVIĆ – D. LUČIĆ, *Varvarstvo*, vol I, 195-197.

[125] Z. MATIJEVIĆ, «Tajna diplomatska aktivnost», 378.

[126] Il termine «Regno dei Serbi, Croati e Sloveni» si adopera per il periodo tra il 1° dicembre 1918 e il 3 ottobre 1929, quando si optò per «Regno di Jugoslavia». Il termine «Regno dei Serbi, Croati e Sloveni», inoltre, non è da confondersi con lo «Stato degli Sloveni, dei Croati e dei Serbi», in vita solo un mese (29 ottobre – 1 dicembre 1918), data in cui si unì al Regno di Serbia, divenendo appunto il «Regno dei Serbi, Croati e Sloveni» (Regno SHS).

[127] Il testo della proclamazione si veda in *Jugoslavija 1918-1988*, 103-104.

za, sia per la sua piccolezza sia per il relativo apprezzamento internazionale, giacché riconosciuto soltanto da alcune potenze europee e, in modo implicito, anche dalla Santa Sede[128]. Su pressione delle forze alleate esso fu costretto ad unirsi con il Regno di Serbia. C'erano anche altri motivi per tale unione: la solidarietà jugoslava, presente da molti decenni tra gli sloveni e croati; la mancanza di frontiere riconosciute; il timore di fronte alle ambizioni territoriali italiane e ai moti sociali affermatisi in alcune zone della Croazia; il caos provocato dal crollo della vecchia amministrazione e dal ritorno di migliaia di reduci dal fronte[129].

L'unione con la Serbia e il Montenegro, prevista già con il «Patto di Ginevra» del 9 novembre 1918[130], firmato, tra gli altri, da Korošec, Trumbić e Pašić, stabiliva un'entità bipolare di tipo federale, o confederale. Pašić, guidato dalla politica del re Aleksandar Karađorđević, pochi giorni dopo rifiutò tale soluzione e così il 1° dicembre[131] con la proclamazione del Regno dei Serbi, Croati e Sloveni («Regno SHS»), gli ex appartenenti allo Stato SHS potevano solo sperare nella soluzione promessa dai serbi e dallo stesso reggente Aleksandar, con un'ampia autonomia per i croati e per gli sloveni, fino all'assemblea costituente che avrebbe portato a una nuova costituzione. Tali aspettative si spensero ben presto, poiché già al momento della formazione del primo governo jugoslavo, il 20 dicembre 1918, emersero tendenze centralistiche serbe. Le conflittualità del futuro regno saranno molto legate alla rinuncia, sin dall'inizio, all'auspicato sistema (con)federale[132].

I confini del nuovo regno, in seguito alla conferenza di pace di Parigi (1919-1920), furono definiti grazie alla conclusione dei trattati tra gli alleati e le potenze

---

[128] I. Montanar, *Il vescovo lavantino*, 58. Perovšek parla di un riconoscimento *de facto* da parte di alcuni soggetti internazionali (J. Perovšek, *"V zaželjeni deželi"*, 20-24). Come testimonianza del presunto riconoscimento della Santa Sede si cita un rapporto del vescovo Jeglič sui lavori della prima riunione della conferenza episcopale a Zagabria tra il 27 e il 29 novembre 1918, nel quale si affermava che la Santa Sede avesse riconosciuto il nuovo Stato di Sloveni, Croati e Serbi con indirizzo repubblicano, già il 6 novembre 1918 (F. M. Dolinar, «Katoliška cerkev», 405). Come vedremo in seguito, non si trattava di un riconoscimento formale.

[129] I. Montanar, *Il vescovo lavantino*, 58-59 citando l'autore J. Pirjevec, *Il giorno*.

[130] Il testo si veda in *Jugoslavija 1918-1988*, 119-120.

[131] L'indirizzo della delegazione del Comitato nazionale («Narodno vijeće») al principe ereditario Aleksandar Karađorđević e la sua risposta si vedano in *Jugoslavija 1918-1988*, 135-138; *Građa o stvaranju*, vol. II, 673-676.

[132] J. Perovšek, *"V zaželjeni deželi"*, 42-43; A. Rahten, *Slovenska ljudska stranka*, 11-32.

centrali: i trattati di Saint-Germain-en-Laye (con l'Austria il 10 settembre 1919)[133], del Trianon (con l'Ungheria il 4 giugno 1920) e di Neully (con la Bulgaria il 27 novembre 1919). Successivamente il «Trattato di Rapallo[134]», firmato il 12 novembre 1920, e il «Patto di Roma[135]» (27 gennaio 1924) avrebbero risolto le questioni territoriali, rimaste pendenti a Parigi, tra il governo italiano e quello jugoslavo[136].

Alla Santa Sede non sfuggirono le sfumature dell'unione jugoslava. In una delle analisi dell'accaduto, si nota una netta differenza tra quei politici sloveni e croati che volevano l'unione con i serbi e coloro che non ne volevano sapere nulla e desideravano mantenere lo *status* del 29 ottobre 1918. Tra questi ultimi ci sarebbero stati soprattutto i rappresentanti di Croazia, Slavonia e Bosnia-Erzegovina; gli sloveni, con a capo Korošec, e i dalmati, dove l'ortodossia aveva una presenza molto rilevante, optavano, invece, per l'unione con la Serbia. I croati poi, per salvare la Bosnia-Erzegovina, che per la sua posizione tra la Serbia e la Dalmazia sarebbe stata incorporata nel Regno di Serbia, diedero il loro assenso a tale unione, sperando però d'ottenere ampi diritti di autonomia regionale.

---

[133] Il 10 ottobre 1920, un plebiscito decise con 22.000 voti contro 16.000 che la Carinzia "superiore" con Klagenfurt sarebbe rimasta austriaca e non sarebbe stata ceduta alla Jugoslavia (J.-B. Duroselle, *Storia diplomatica*, 41: cit. da M. Valente, *Archivio della Nunziatura*, 1-2, nota 2).

[134] Il testo del trattato si veda in *Documenti per la storia*, 36-41; *Jugoslavija 1918-1988*, 169-172.

[135] *Jugoslavija 1918-1988*, 124-161.

[136] Le rivendicazioni italiane erano basate principalmente sul «Trattato di Londra» del 26 aprile 1915, che prometteva all'Italia una regione comprendente l'Istria, la Carniola occidentale con Gorizia, una parte della Carinzia, e gran parte della provincia della Dalmazia. Le richieste italiane non furono accolte a Parigi per la nota opposizione degli jugoslavi appoggiati dal presidente statunitense Wilson, che proponeva una diversa definizione dei confini orientali italiani, entro la cosiddetta «linea Wilson», sino a che, il 6 marzo 1920, si decise di affidare la soluzione del problema agli italiani e agli jugoslavi. La questione, complicata dall'"impresa di Fiume" di Gabriele D'Annunzio, fu risolta dal Trattato di Rapallo, del 12 novembre 1920, fra l'Italia e la Jugoslavia, che fissò la frontiera decisamente ad oriente di detta «linea Wilson». L'Italia rinunciava solamente alla Dalmazia, eccetto Zara e le isole di Cherso, Lussino, Lagosta e Pelagosa. L'indipendenza completa dello «Stato di Fiume» veniva riconosciuta dalle due parti. La questione di Fiume avrebbe trovato soluzione soltanto solo dopo varie vicissitudini, a cui seguirono nel maggio 1922 la conferenza italo-jugoslava che si riunì a Santa Margherita Ligure, l'accordo italo-jugoslavo firmato a Roma il 23 ottobre successivo e, infine, il 27 gennaio 1924, il Patto di Roma firmato da Nikola Pašić e Benito Mussolini, che riconobbe la sovranità italiana su Fiume e della Jugoslavia su Porto Baros (J.-B. Duroselle, *Storia diplomatica*, 39-41, 87-88; I. J. Lederer, *La Jugoslavia*: cit. da M. Valente, *Archivio della Nunziatura*, 2, nota 5).

Anche l'occupazione italiana avrebbe influito non poco su tale contegno dei croati e degli sloveni[137].

2.1 *Accettazione della nuova realtà statale da parte della gerarchia cattolica jugoslava*

Il 4 agosto 1918 i vescovi austriaci pubblicarono una lettera pastorale patriottica, con la quale sollecitavano i fedeli della monarchia asburgica a rimanere legati sino alla fine all'Austria "cattolica". Mentre il vescovo lavantino Mihael Napotnik[138] (1889-1922) ordinava la lettura di questa lettera nelle chiese della sua diocesi, Jeglič, vescovo di Lubiana, la fece solo pubblicare nel bollettino diocesano ma proibì ai suoi sacerdoti di leggerla durante le funzioni[139]. Se il primo si vedeva ancora legato a Salisburgo, sede metropolitana della sua diocesi, il secondo si era reso conto che la monarchia non poteva più resistere e perciò si rivolgeva verso il "meridione" dove stava nascendo un nuovo assetto statale sudslavo. Non è superfluo rilevare che, per capire la posizione dei vescovi cattolici al momento della disfatta della monarchia asburgica e della formazione del nuovo riassetto jugoslavo, bisogna distinguere il periodo prima del 1° dicembre 1918, da quello che segue questa data "spartiacque".

Dopo la proclamazione dello «Stato degli Sloveni, dei Croati e dei Serbi» (29 ottobre 1918) i vescovi jugoslavi si riunirono in conferenza a Zagabria (27–29 novembre). Napotnik era uno dei pochi che non vi partecipò a causa della situazione politica poco chiara, anche riguardo al confine austriaco-jugoslavo, e si astenne da qualsiasi azione in tale ambito prima delle conferenze di pace[140]. Nella relazione di Jeglič sui lavori della conferenza di Zagabria emergono due fatti rilevanti: la Santa Sede riconosceva lo Stato SHS e i vescovi si sentivano corresponsabili nella formazione del nuovo Stato: «*Così la Provvidenza divina, che guida tutte le nazioni, ha stabilito, che la nazione jugoslava degli Sloveni, Croati e Serbi, dopo le sofferenze di tanti secoli, raggiungesse la propria libertà*»[141]. Nelle risoluzioni della conferenza, i vescovi salutarono l'unione degli sloveni, dei croati e dei serbi in uno

---

[137] Istruzioni per Pellegrinetti, giugno 1922, in ASV, *Arch. Nunz. Jugoslavia*, busta 2, ff. 79r-80v.

[138] Sulla figura del vescovo Napotnik si veda *Napotnikov simpozij*.

[139] F. M. Dolinar, «Katoliška cerkev», 403.

[140] *Ibidem*, 404-405.

[141] *Ibidem*, 405. Orig. slov.: «*Tako je božja previdnost, ki vodi vse narode, določila, da pride tudi jugoslovanski narod Slovencev, Hrvatov in Srbov po trpljenju tolikih stoletij do svoje svobode*».

Stato indipendente e riconobbero il Comitato nazionale («Narodno vijeće») come governo provvisorio, con la speranza che la nuova autorità riconoscesse i diritti della Chiesa cattolica e regolasse le relazioni con la Santa Sede. Nell'ultima risoluzione i vescovi espressero la buona volontà di vivere l'amore cristiano con tutte le religioni riconosciute in Jugoslavia, al primo posto con la Chiesa ortodossa[142].

Dalle discussioni della conferenza episcopale si scorgono non solo ottimismo e gioia per il nuovo Stato, ma anche insicurezza e prudenza su come le cose sarebbero potute andare nel futuro. Il senso di realismo indusse la gerarchia ecclesiastica a non aggrapparsi ciecamente a dichiarazioni simili a quelle contenute nel «Memorandum di Fiume», dove si voleva la formazione di uno Stato sud-slavo "cattolico". Dopo l'unione dello Stato SHS con il Regno di Serbia (1° dicembre 1918), però, i vescovi poterono soltanto sperare che la nuova situazione portasse i diritti promessi precedentemente dai serbi e contenuti in modo generale nella «Dichiarazione di Corfù» e nel «Patto di Ginevra». Tuttavia, i primi passi del governo serbo facevano intuire che nel nuovo regno la parte "occidentale-cattolica" sarebbe rimasta in una posizione di inferiorità. La conferma arrivò tre anni dopo con la costituzione di San Vito (28 giugno 1921), concepita in modo centralista-unionista che suscitò tante proteste da parte dei croati, degli sloveni e addirittura di alcuni serbi [143].

Il primo tra i prelati cattolici a recarsi dal papa per cercare sostegno per la causa "jugoslava" fu il vescovo di Spalato, Juraj Carić, alla fine di gennaio 1919, prima di continuare il suo viaggio verso Parigi, dove iniziava la conferenza di pace[144]. Fra tutti i vescovi Jeglič era forse il più ottimista verso il nuovo regime jugoslavo perché confidava anche nella benevolenza della dinastia "serbo-orto-

---

[142] *Ibidem*, 405. Il testo delle risoluzioni si veda in *Jugoslavija 1918-1988*, 113-114; *Građa o stvaranju*, vol. II, 663-664.

[143] I. Montanar, *Il vescovo lavantino*, 61.

[144] Bakotić a Trumbić, Roma, 2 febbraio 1919, telegramma n. 17 (minuta), in AJ, *Ministarstvo inostranih poslova – političko odeljenje (334)*, pos. 66, fasc. 27, ff. 272r-273r; Trumbić a Bakotić, Parigi, 5 febbraio 1919, telegramma s.n., *ibidem*, f. 274r. Juraj Carić (vescovo di Spalato dal 1918 al 1921) s'adoperò per risolvere la vertenza territoriale con gli italiani sull'Adriatico, servendosi anche delle vie diplomatiche. In occasione della sua visita in Vaticano egli consegnò al papa una breve relazione sul nuovo stato jugoslavo (S.RR.SS., AA.EE.SS., *Austria-Ungheria*, pos. 1277, fasc. 511, ff. 80-85). Sulla sua azione si veda D. Živojinović, *Vatikan, Srbija*, 325-370; P. Blasina, «Santa Sede e Regno», 788-789, nota 46.

dossa" dei Karađorđević[145]. In occasione della visita da Benedetto XV nell'agosto 1919, il prelato sloveno gli avrebbe assicurato che i cattolici non avevano alcuna paura di annegare nel serbismo[146]. Poco prima Jeglič, insieme ad altri delegati jugoslavi, aveva incontrato il presidente statunitense Wilson, cercando di scongiurare il plebiscito carinziano previsto dalla conferenza di pace[147].

Il vescovo Mahnič, in seguito all'occupazione italiana dell'Istria e di alcune isole dalmate, il 31 dicembre 1918 scrisse un promemoria diretto alla conferenza di pace a Parigi, nel quale si lamentava della politica di snazionalizzazione realizzata dagli italiani; egli vedeva così nella Jugoslavia l'unico baluardo contro tali pretese e persecuzioni: «*Gli jugoslavi, dopo una lunga schiavitù sotto il giogo germanico, ungherese e turco, meritano finalmente di cominciare con una vita, degna del popolo che lungo i secoli sparse il sangue per la cultura cristiana e per la libertà dell'Europa*»[148]. Durante il suo confino tra l'aprile 1919 e il marzo 1920 scrisse da Roma un altro promemoria, con il quale sosteneva fortemente l'unione dei serbi, croati e sloveni[149]. Tra gli ecclesiastici che secondavano attivamente le idee jugoslave spiccavano Svetozar Ritig[150], parroco di Zagabria, e Nikola Moscatello. L'atteggiamento tenuto dai vescovi venne criticato da Bastien: «*Pare che i Vescovi*

---

[145] J. Prunk, «Jeglič in slovenska politika», 290. Un altro sacerdote, Lambert Ehrlich, si adoperò alla conferenza di Parigi per i diritti degli sloveni di Carinzia. Si veda J. Perovšek, «Ehrlich in Pariška», 59-85.

[146] D. Nećak – B. Repe, *Kriza*, 122. Sulla visita di Jeglič a Roma si veda anche N. Žutić, *Kraljevina Jugoslavija*, 19-21; D. Živojinović, *Vatikan, Srbija*, 388-392, il quale riporta anche il diario del vescovo di Lubiana datato al 28 agosto 1919. Sull'importanza e sul destino del diario si veda B. Kolar, «Dnevnik škofa Jegliča», 73-76.

[147] J. Prunk, «Jeglič in slovenska politika», 291.

[148] M. Benedik, «Mahničevi pogledi», 132. Orig. croato: «*Jugoslaveni hoće, da iza dugotrajnog ropstva pod njemačkom, madžarskom i turskom vlasti napokon počnu živjeti životom dostojnim naroda, koji je kroz stoljeća krvavio za kršćansku kulturu i slobodu Evrope*».

[149] D. Klemenčič, «Kratek pregled», 15.

[150] Svetozar Ritig (1873-1961) era uno storico e politico croato. Per lunghi anni fu il segretario di Strossmayer, vescovo di Đakovo, presso il quale abbracciò sempre di più il progetto panslavista e jugoslavo. Nel 1918 divenne membro del Comitato nazionale («Narodno vijeće»), che realizzò l'unione con il Regno di Serbia. Fu l'interlocutore tra i vescovi jugoslavi, il re e la Santa Sede. Nel giugno-luglio 1919 fu mandato dal papa con lo scopo di consegnargli un promemoria contenente i dati relativi alla situazione della Chiesa cattolica. Nell'anno "critico" (1929) dei rapporti Stato-Chiesa Ritig svolse il ruolo di mediatore tra il re e la gerarchia cattolica. Alcuni dati biografici si vedano in *Hrvatski katolički pokret*, 833-834.

sono come inebriati dall'unione con la Serbia, e servitori umili del governo presente come erano nel passato[151]. Gasparri dovette ammonire severamente l'arcivescovo di Zagabria Antun Bauer, che discuteva con gli altri vescovi uno schema di nuovo concordato d'intesa col governo senza l'autorizzazione della Santa Sede, alla quale spettava unicamente la trattazione dell'affare con le autorità jugoslave[152].

Nel corso degli anni la fiducia degli sloveni e dei croati nella nuova composizione politica diminuì progressivamente. Se la parte orientale del regno si ingrandì notevolmente dopo la guerra, i territori croati e sloveni, invece, subirono molte perdite territoriali in seguito ai trattati di pace. Anche l'entusiasmo del popolo nei confronti della Santa Sede pareva ora indebolirsi. Si credeva che la diplomazia vaticana fosse diventata schiava delle prerogative territoriali italiane nell'Istria, nel Goriziano e nella Dalmazia[153].

2.2 *La posizione della Santa Sede di fronte alla formazione del Regno SHS*

Nell'ottobre 1918, quando ancora erano in corso le trattative di pace, la Segreteria di Stato si rivolse a Bastien, buon conoscitore della zona "jugoslava". La curia voleva infatti sapere se il nuovo regno jugoslavo, ideato dai paesi belligeranti dell'Intesa, sarebbe stato di vantaggio per la Chiesa cattolica[154]. Il benedettino nella sua risposta ipotizzava due possibili sviluppi per i sud-slavi cattolici: un nuovo regno guidato dalla Serbia o un regno jugoslavo autonomo sotto la corona austro-ungarica[155]. Ciò fa supporre che egli abbia scritto questa risposta dopo il

---

[151] Bastien a Gasparri, 14 marzo 1919 (cifrato), in S.RR.SS., AA.EE.SS., *Austria 690*, ff. n.n.: cit. da P. BLASINA, «Santa Sede e Regno», 792. Il contributo di Blasina viene ulteriormente arricchito con altri documenti, non disponibili all'epoca della sua stesura, per mezzo della recente monografia di Valente (M. VALENTE, *Diplomazia pontificia*, 17-73).

[152] Non tutti i vescovi erano d'accordo con la condotta di Bauer. Soprattutto i vescovi della Bosnia e dell'Erzegovina preferivano l'astensione da una collaborazione stretta con il governo senza la Santa Sede (P. BLASINA, «Santa Sede e Regno», 792-793).

[153] F. M. DOLINAR, «Katoliška cerkev», 405-406. I vescovi Jeglič e Bauer indirizzarono al pontefice una lettera spiegando la situazione di croati e sloveni in Istria e Goriziano (Bauer e Jeglič a Benedetto XV, lettera n. 7499 (copia), Zagabria, 19 dicembre 1920, in ASV, *Arch. Nunz. Jugoslavia*, busta 1, f. 224rv).

[154] P. BLASINA, «Santa Sede e Regno», 773. Per la documentazione relativa a P. Bastien, cioè i suoi voti e le corrispondenze riguardanti il nascente regno SHS si veda S.RR.SS., AA.EE.SS., *Austria-Ungheria*, pos. 1448, fascc. 581-585: cit. da M. VALENTE, «Pio XI e le conseguenze», 400, nota 12.

[155] P. BLASINA, «Santa Sede e Regno», 774; M. VALENTE, *Diplomazia pontificia*, 18-19.

manifesto federalista di Carlo I del 16 ottobre e prima della proclamazione dello Stato SHS del 29 ottobre. Secondo lui, con la prima ipotesi la Chiesa cattolica non aveva niente da guadagnare ma piuttosto da perdere, visto che la Serbia si lasciava molto influenzare dalla Russia "scismatica" e dalla massoneria occidentale, vera "causa" della disfatta dell'Impero austro-ungarico e della formazione della Cecoslovacchia anticlericale e fortemente presente nei circoli liberali anche in Serbia, Dalmazia e Slovenia[156]. Per quanto concerne la seconda ipotesi Bastien non vedeva nessun pericolo per la Chiesa cattolica, trattandosi in tal caso di una gran maggioranza di cattolici (4.600.000) rispetto alla minoranza ortodossa (1.500.000)[157].

Dopo il 29 ottobre 1918 la Santa Sede mostrò un atteggiamento pragmatico, vista l'impossibilità di formare uno Stato sud-slavo sotto la corona asburgica. Già il 6 novembre il segretario di Stato Gasparri scriveva al nunzio di Vienna Valfrè di Bonzo, che la Santa Sede desiderava «*entrare in rapporto amichevole coi nuovi Stati riconosciuti dall'Imperatore e dall'Intesa*» e di intraprendere contatti con i vescovi, in particolare con quelli dell'Ungheria[158]. Queste lettere dimostrano una certa apertura, sebbene prudente, nei confronti delle diverse nazioni dell'ex Austria-Ungheria. Bisogna tener presente il fatto che, nel novembre del 1918, prevaleva ancora una grande incertezza sull'assetto statale dell'Europa centrale e del futuro regno jugoslavo. A Ginevra i politici sloveni, croati e serbi discutevano sull'unione a partire da diversi scenari; quelli che rimasero "a casa" avevano, infatti, altre idee. Per questo motivo nelle lettere vaticane del 6 e dell'8 novembre non appare il nome di «Jugoslavia» o di «Serbia». Il riconoscimento dello Stato SHS, costituito il 29 ottobre, da parte della Santa Sede, va inteso quindi in un modo molto largo e non formale. Si trattava, infatti, di una procedura abituale della diplomazia vaticana: prendere atto di un cambiamento politico.

---

[156] P. Blasina, «Santa Sede e Regno», 775. Sull'azione della massoneria in Cecoslovacchia si veda R. De Mattei, «Significato e valore», 439-440; Id., «L'Europa centro-orientale», 13-30. Sulla "responsabilità" massonica della disfatta austro-ungarica insieme ad altri elementi si veda anche I. Montanar, *Il vescovo lavantino*, 31-49.

[157] P. Blasina, «Santa Sede e Regno», 776; M. Valente, *Diplomazia pontificia*, 20-21.

[158] Gasparri a Valfrè, 6 novembre 1918, in S.RR.SS., AA.EE.SS., *Austria 668*, n. 225; Benedetto XV, «Lettera del Santo Padre», 343. La lettera di Benedetto XV dell'8 novembre ripeté il senso delle parole del cifrato di due giorni prima. Tutte le fonti cit. da P. Blasina, «Santa Sede e Regno», 777.

La missione di Bastien aveva inizialmente due scopi principali: intervenire presso il vescovo di Trieste Andrej Karlin, affinché cambiasse il suo atteggiamento verso le truppe italiane, e comunicare ad alcuni vescovi delle direttive della Santa Sede[159]. La missione, che durò poco più di cinque mesi (fine novembre 1918 – metà maggio 1919), cominciò a Trieste da dove, in concomitanza alla proclamazione del nuovo regno, egli scrisse: «*Da notizie ricevute i paesi jugoslavi hanno deciso in massima l'unione federale colla Serbia trovandosi costretti a ciò per avere una rappresentanza al Congresso e per ragioni militari*»[160]. Benedetto XV lasciò al «*prudente giudizio*» di Bastien di trattenersi in zona se lo riteneva «*opportuno ed utile*»[161].

Siccome il nunzio viennese Valfrè, pur avendo ancora la giurisdizione sui territori dell'ex Impero austro-ungarico, non poteva seguire da vicino gli avvenimenti nelle zone "jugoslave", il 10 dicembre 1918 Bastien andò a Lubiana per incontrare il vescovo Jeglič che aveva preparato – su richiesta del nunzio – una lunga relazione sulla situazione politica e religiosa. In essa venivano raccolte, tra l'altro, le risoluzioni della prima conferenza dei vescovi appena celebrata a Zagabria (27–29 novembre). Per quanto riguarda i rapporti con la Santa Sede i vescovi emisero una dichiarazione di obbedienza, con l'auspicio che il governo stabilisse quanto prima rapporti ufficiali con la Santa Sede e regolasse le questioni di mutuo interesse tramite trattative. Si prese, inoltre, la risoluzione di

---

[159] P. BLASINA, «Santa Sede e Regno», 780. Al riguardo si veda anche ID.,«Santa Sede, clero», 29-50. Živojinović, ispirandosi forse al barone Monti, vede invece nella missione di Bastien un duplice motivo: 1. operare per impedire l'unificazione dei croati e dei serbi; 2. consigliare ai vescovi e al clero una posizione moderata, pacifica, dignitosa e neutrale verso l'Italia (D. ŽIVOJINOVIĆ, *Vatikan, Srbija*, 385; «*La conciliazione ufficiosa*», vol. II, 432). A Blasina il secondo motivo sembra una costante della politica vaticana, realizzabile dappertutto, il primo invece gli pare esagerato, viste le facoltà limitate del benedettino. Anche se in curia si guardava con certa avversione una Jugoslavia guidata dall'egemonia serba, la missione di Bastien, più che impedire l'unificazione, avrebbe avuto la finalità di sconsigliare alla gerarchia cattolica di coinvolgersi troppo esplicitamente in favore del nuovo Regno (P. BLASINA, «Santa Sede e Regno», 780).

[160] Bastien a Gasparri, cifrato del 1° dicembre 1918, in S.RR.SS., AA.EE.SS., *Austria-Ungheria*, pos. 1448, fasc. 581: cit. da M. VALENTE, *Diplomazia pontificia*, 27-28. Si veda anche S.RR.SS., AA.EE.SS., *Austria-Ungheria*, pos. 1271, fasc. 511, ff. 2r-3r.

[161] Gasparri a Bastien, 14 dicembre 1918 (minuta), in S.RR.SS., AA.EE.SS., *Austria 690*: cit. da P. BLASINA, «Santa Sede e Regno», 781.

sollecitare dalla Santa Sede l'uso della lingua paleoslava nella liturgia, estendendolo a tutte le chiese del nuovo Stato; si menzionava, infine, pure la possibile riforma agraria[162].

I serbi volevano guadagnarsi subito le simpatie della Santa Sede, perciò, già l'8 gennaio 1919, il ministro Bakotić comunicava ufficialmente a Gasparri il percorso che aveva condotto alla proclamazione ufficiale del Regno SHS[163]. Di fronte a questa situazione il segretario di Stato rimase molto riservato e si limitò a rispondere solamente «*d'accuser à Votre Excellence réception de l'intéressante Note*»[164]. La prudenza della Santa Sede di fronte alla notifica della nascita del nuovo Regno SHS si spiega a motivo delle questioni che dovevano ancora essere risolte alla conferenza di pace di Parigi. Alcune espressioni del segretario di Stato al riguardo facevano capire che egli non era molto favorevole alla decisione del 1° dicembre 1918. Ancora prima della sua risposta a Bakotić dell'8 gennaio 1919 e, quindi, prima dell'apertura della conferenza di Parigi, egli avrebbe confidato al barone Carlo Monti, incaricato d'affari del governo italiano presso la Santa Sede, che non si sarebbe dovuta riconoscere la Jugoslavia e che sloveni, croati e serbi sarebbero dovuti rimanere separati[165]. Nell'intervista che egli diede al *Petit Parisien* nella primavera del 1919, il segretario di Stato fece riferimento alla possibilità di dare una certa autonomia «*de forme par exemple républicaine*» a croati e sloveni nel nuovo Stato, mostrando così in modo evidente, le per-

---

[162] P. Blasina, «Santa Sede e Regno», 782-784; F. M. Dolinar, «Jeglič in cerkvenopolitična vprašanja», 305; M. Valente, *Diplomazia pontificia*, 34-36.

[163] Bakotić a Gasparri, Roma, 8 gennaio 1919, dispaccio n. 729 (minuta), in AJ, *Poslanstvo Kraljevine Jugoslavije pri Svetoj Stolici (372)*, fasc. 1, [mappa 5], ff. n.n.; il testo viene integralmente riportato in M. Valente, *Diplomazia pontificia*, 32, nota 57. Fino a questa data ci fu un ricco carteggio al riguardo tra il ministro Bakotić e il ministero degli esteri. Già prima dell'unione del Regno di Serbia con lo Stato SHS il giornalista francese Loiseau chiese al governo serbo di sistemare i rapporti con la Santa Sede in modo da avere un proprio ambasciatore e non soltanto un delegato come fino a quel momento (lettera del 4 novembre 1918). Anche Bakotić chiese al governo di procedere in tal modo, Belgrado, invece, voleva che prima venisse riconosciuto il nuovo Stato e che solo in seguito si chiedesse l'*agrément* per il nuovo ambasciatore (D. Živojinović, *Vatikan, Srbija*, 381-383; N. Žutić, *Kraljevina Jugoslavija*, 23).

[164] Gasparri a Bakotić, Vaticano, 18 gennaio 1919, dispaccio n. 86243, in AJ, *Poslanstvo Kraljevine Jugoslavije pri Svetoj Stolici (372)*, fasc. 1, [mappa 5], ff. n.n.

[165] «*La conciliazione ufficiosa*», vol. II, 42; M. Valente, «Pio XI e le conseguenze», 399; Id., *Diplomazia pontificia*, 33.

plessità della Santa Sede che vedeva i cattolici jugoslavi in una posizione inferiore rispetto agli ortodossi[166]. Ma in modo ancora più esplicito Gasparri dimostrò le sue antipatie verso la Serbia nelle sue memorie, scritte intorno al 1930, nelle quali deplorava il favoreggiamento di cui aveva goduto alla conferenza di Parigi nonostante le sua responsabilità per il crimine di Sarajevo che aveva dato il via alla guerra mondiale. Inoltre, a suo avviso, croati, montenegrini e sloveni non volevano essere sottoposti al governo serbo, perciò la Jugoslavia non poteva dirsi che un agglomerato di popolazioni poco amiche del governo serbo[167].

In una comunicazione riservata diretta a Roma Bastien aveva riferito che: «*Cattolici e popolo non sono opposti alla Santa Sede ma tristi e scoraggiati, credendosi abbandonati*»[168]. Anche la situazione giuridica della Chiesa cattolica – che da un giorno all'altro era diventata solo una delle sei religioni formalmente riconosciute nel Regno SHS – lasciava molto a desiderare, mettendo alla prova la sincerità serba nel voler mantenere buoni rapporti con la gerarchia cattolica[169].

I politici cattolici si rendevano sempre più conto della centralizzazione dell'organizzazione statale, che sembrava richiamarsi al sogno della "grande Serbia" e non lesinava persecuzioni nei confronti di cattolici e musulmani della Bosnia. Tale atteggiamento veniva anche segnalato in un rapporto di Bastien già a fine febbraio 1919. Per questo molti politici, che prima appoggiavano l'unione con il Regno di Serbia, cambiarono opinione, cosicché «*i cattolici di Jugoslavia in maggioranza sono opposti alla dinastia di Serbia*». Inoltre, il clero, soprattutto in Dalmazia, sempre secondo il Bastien, era troppo fervente nelle questioni politi che, dal momento che le aspirazioni nazionali avevano ancora il sopravvento sugli «*interessi cattolici*»[170].

L'atteggiamento diffidente della Santa Sede nei confronti dello Stato jugoslavo aveva quindi motivi giustificati, anche se Živojinović lo attribuisce soprattutto

---

[166] P. BLASINA, «Santa Sede e Regno», 791. Sul significato delle parole di Gasparri si veda anche A. TAMBORRA, «Benedetto XV e i problemi», 880; D. ŽIVOJINOVIĆ, *Vatikan, Srbija*, 387; N. ŽUTIĆ, *Kraljevina Jugoslavija*, 19.

[167] *Il cardinale Gasparri*, 226-227. Živojinović contesta tale visione presentando l'unione del Regno SHS come libera adesione di tutti i popoli jugoslavi (D. ŽIVOJINOVIĆ, *Vatikan, Srbija*, 379-380).

[168] Cifrato di Bastien del aprile 1919, in S.RR.SS., AA.EE.SS., *Austria 690*: cit. da P. BLASINA, «Santa Sede e Regno», 795, anche 783-786.

[169] F. M. DOLINAR, «Jeglič in cerkvenopolitična vprašanja», 307.

[170] P. BLASINA, «Santa Sede e Regno», 789; M. VALENTE, *Diplomazia pontificia*, 37-40.

all'influsso italiano. Nel marzo 1919 la Santa Sede avrebbe voluto già riconoscere il Regno SHS, ma sarebbe stato il governo italiano a chiedere al barone Monti di scongiurare tale passo presso la curia romana. Lo storico vede qui una delle conferme della collaborazione vaticano-italiana contro le attese jugoslave[171].

I rapporti tra Belgrado e la Santa Sede peggiorarono nel giugno e luglio dello stesso anno, in occasione della nomina del vescovo di Đakovo. Bastien, che stava finendo la sua missione jugoslava, scrisse a metà maggio il suo ultimo dispaccio informativo, chiedendo di nominare con urgenza un nuovo vescovo per la diocesi di Đakovo, ormai vacante da tre anni. Dal momento che i rapporti con il governo belgradese non erano ancora ufficiali e l'applicazione del concordato serbo era molto discutibile[172], la curia romana non si sentì nell'obbligo di rivolgersi a Belgrado e così si risolse tutto tra Gasparri, il nunzio Valfrè e Bauer. Il governo di Belgrado reagì con fermezza arrogandosi il diritto del *nihil obstat*[173] e in tutto il regno scoppiò una guerra mediatica contro la Santa Sede e la Chiesa cattolica. Lo scontro portò alle dimissioni del governo di Protić nell'agosto successivo. La situazione si smorzò solo quando la Santa Sede «*per deferenza verso il Regio Governo Serbo-Croato-Sloveno e per evitare con questo ogni possibile causa di dissenso*» si risolse a domandare se ci fosse qualcosa da obiettare «*dal punto di*

---

[171] D. Živojinović, *Vatikan, Srbija*, 386-387. Sull'odio della Santa Sede nei confronti del nascente Regno SHS si veda l'interessante rapporto del ministro Simić, dove egli descrisse in modo riassuntivo le relazioni poco amichevoli tra le due parti (Simić a Marinković, Roma, 20 aprile 1927, rapporto n. 59 (minuta), AJ, *Poslanstvo Kraljevine Jugoslavije pri Svetoj Stolici (372)*, fasc. 11, [mappa 4], ff. n.n.). Sulla politica antijugoslava della Santa Sede vedi anche il giudizio di Petrović, secondo cui essa provava "ribrezzo" per l'idea della nascita di uno stato jugoslavo con predominanza serba (M. Petrović, *Konkordatsko pitanje*, 85, 285).

[172] «*Si può anche mettere in dubbio la sussistenza del detto Concordato, ora che i recenti avvenimenti, hanno fatto sì che la personalità giuridica dello stato Serbo contraente con la Santa Sede si è profondamente trasformata, sussistendo ora non più il vecchio Regno di Serbia, ma il nuovo Regno dei Serbi Croati e Sloveni*»: Istruzioni per Pellegrinetti, giugno 1922, in ASV, *Arch. Nunz. Jugoslavia*, busta 2, f. 87v.

[173] Riguardo al «nulla osta» si veda ad esempio S.RR.SS., AA.EE.SS., *Rapporti delle Sessioni*, anno 1922, Sessione 1255, stampa 1097, «Nulla osta governativo nella nomina dei vescovi», 30 luglio 1922. Nella Sessione si spiegarono i casi in cui il governo poteva opporsi alla nomina di un vescovo «*per ragione di ordine politico*», abbandonando l'antica formula «*per ragioni di ordine politico e civile*». La concessione del privilegio della presentazione dei vescovi da parte dello Stato, in vigore precedentemente presso alcuni governi, venne risolutamente abbandonata dalla Santa Sede, vedendo in ciò una vera conquista della propria libertà.

vista politico» contro la persona di Antun Akšamović[174]. Finalmente, dopo tante peripezie, la sua nomina ufficiale avvenne solo nel giugno del 1920.

Le provviste delle diocesi, in generale, rappresentarono uno dei contenziosi più forti tra il governo jugoslavo e la Santa Sede in questi primi anni del Regno SHS. Le sedi vacanti per diversi anni, gli ostacoli e i ritardi frapposti dal governo circa le nomine episcopali, rischiavano di indurre la Santa Sede a non comunicare più i nomi dei candidati, rischiando di causare una *guerra aperta* e anche la rottura delle relazioni diplomatiche. In questo contesto di alta tensione si imponeva da sola la necessità di chiarire lo *status* del concordato serbo o di intraprendere le trattative per un nuovo concordato che sistemasse le questioni pendenti[175].

Dopo la sua missione, Bastien preparò una relazione finale per la Segreteria di Stato, scritta a Roma alla fine di luglio 1919. Ribadendo alcuni aspetti già accennati nei rapporti precedenti egli mise in rilievo l'operato dall'episcopato il quale, secondo lui, non aveva recepito le iniziali cautele della Santa Sede riguardo alla fondazione del nuovo Stato. Benché non vi fosse più la possibilità di impedire l'esistenza della Jugoslavia, il pregiudizio di Bastien verso gli ortodossi restava molto evidente: «*Gli scismatici rimangono sempre tali ed ispirano poca fiducia; [...] hanno nel cuore l'odio della Chiesa romana*». Per l'organizzazione dei cattolici sul piano politico e per la difesa dei loro diritti religiosi egli optava per un partito cattolico comune a tutto il Paese, pur sapendo che in Croazia e in Bosnia i sacerdoti, diceva, «*sono prima di tutto nazionalisti*»[176]. Il concordato era visto come un provvedimento necessario per una più stretta unità di pensiero e d'azione tra i vescovi e per porre fine alle divergenze che mettevano in pericolo gli interessi cattolici[177]. Dopo la presentazione dello stato delle diocesi nell'ultima parte della

---

[174] P. Blasina, «Santa Sede e Regno», 798-799; D. Živojinović, *Vatikan, Srbija*, 394-397; N. Žutić, *Kraljevina Jugoslavija*, 123-130.

[175] Pellegrinetti a Gasparri, Belgrado, 12 luglio 1922, rapporto n. 19, in S.RR.SS., AA.EE.SS., *Jugoslavia*, pos. 9, fasc. 12, ff. 36v-37v. Sulla preoccupazione della Santa Sede per le provviste delle diocesi e delle amministrazioni apostoliche nel Regno SHS si veda S.RR.SS., AA.EE.SS., *Rapporti delle Sessioni*, anno 1922, Sessione 1246, stampa 1088, «Jugoslavia – interessi religiosi», 23 marzo 1922. Il problema scottante intorno alle provviste per le singole diocesi, associato ad altri gravami subiti dai cattolici, fu uno dei motivi per togliere da Belgrado il nunzio Cherubini. Si vedano anche le Istruzioni per Pellegrinetti, giugno 1922, in ASV, *Arch. Nunz. Jugoslavia*, busta 2, ff. 83r-89v; *La Santa Sede nell'assetto*, 51-53. Per le nomine episcopali in corso e le loro difficoltà si veda N. Žutić, *Kraljevina Jugoslavija*, 134-160.

[176] P. Blasina, «Santa Sede e Regno», 800-802.

[177] *Ibidem*, 802.

relazione, Bastien ripresentava le lagnanze diffuse in Jugoslavia contro la Santa Sede, anche da parte degli stessi ecclesiastici[178]. Scrisse ancora un'altra relazione il 6 agosto, nella quale esprimeva il suo parere circa l'uso della lingua paleoslava nella liturgia[179].

Certamente l'atteggiamento della Santa Sede non dipendeva unicamente dalle informazioni di Bastien. Come è stato già accennato, nell'estate del 1919 erano andati a Roma il canonico Ritig (giugno – luglio) e il vescovo Jeglič (agosto) per presentare la situazione politico-religiosa jugoslava e le risoluzioni dell'episcopato nelle relazioni con il governo. Jeglič, inoltre, confermò a Roma l'esistenza delle accuse verso la Santa Sede, evidenziatesi nel caso Akšamović, ma nello stesso tempo si convinse che il papa non fosse così avverso al neonato Stato come si diceva. Il prelato attribuiva questa "disinformazione" alla rappresentanza serba a Roma. In quel clima amichevole Jeglič poté trasmettere al pontefice il desiderio del nuovo governo di Belgrado di giungere a buoni rapporti con Roma e ad un concordato. Appena tornato a casa, il prelato spiegò pubblicamente perché la Santa Sede non avesse ancora riconosciuto il nuovo regno[180].

Il miglioramento dei rapporti indusse la Santa Sede a riconsiderare il riconoscimento ufficiale. Nel mese d'ottobre, la diplomazia vaticana decise di riconoscere il regno jugoslavo e raccomandò al governo di presentare la richiesta di riconoscimento ufficiale dello Stato e d'avvio delle relazioni diplomatiche. Il governo rifiutò di farlo richiamandosi alla notifica dell'8 gennaio 1919, nella quale – seppur in modo indiretto – si chiedeva al papa tale riconoscimento. Dopo gli impicci formali e i colloqui a Roma, Gasparri mandò una nota a Bakotić il 6 novembre 1919, con la quale si riconosceva formalmente il «Regno dei Serbi, Croati e

---

[178] *Ibidem*, 804. La relazione finale di Bastien si trova in S.RR.SS., AA.EE.SS., *Austria-Ungheria*, pos. 1448, fasc. 584, ff. 2r-16r e viene largmanete citata in M. Valente, *Diplomazia pontificia*, 58-64.

[179] P. Blasina, «Santa Sede e Regno», 805. Il rapporto sul palcoslavo del 6 agosto 1919 si veda in S.RR.SS., AA.EE.SS., *Austria-Ungheria*, pos. 1486, fasc. 613, ff. 5r-16v; S.RR.SS., AA.EE.SS., *Rapporti delle Sessioni*, anno 1926, Sessione 1288, stampa 1150, «Jugoslavia – lingua liturgica», 28 gennaio 1926, Relazione, pp. 19-38, onde si manifesta un chiaro scetticismo sulla previsione che l'introduzione della lingua paleoslava avrebbe avvicinato cattolici e ortodossi, giacché, se gli ortodossi volevano questo cambiamento, era con l'idea di "slavizzare" il clero cattolico.

[180] P. Blasina, «Santa Sede e Regno», 806; D. Živojinović, *Vatikan, Srbija*, 388-395; N. Žutić, *Kraljevina Jugoslavija*, 19-21.

Sloveni»[181]. Vennero avviate anche le relazioni diplomatiche grazie all'istituzione della legazione jugoslava presso la Santa Sede con il ministro Bakotić e della nunziatura apostolica a Belgrado con il nunzio Cherubini[182], nel marzo 1920[183].

3. Situazione politica e religiosa del Regno SHS/Jugoslavia[184]

Il Regno dei Serbi, Croati e Sloveni, nato il 1° dicembre 1918, era un agglomerato di diverse nazionalità, e non solamente di quelle comprese nel nome ufficiale dello Stato. Secondo il primo censimento ufficiale del 1921, la composizione etnica del regno era la seguente: 4.704.874 (39%) serbi e montenegrini; 2.889.102 (23,9%) croati; 1.023.588 (8,5%) sloveni; 759.656 (6,3%) bosgnac-

---

[181] Gasparri a Bakotić, Vaticano, 6 novembre 1919, dispaccio n. 98164, in AJ, *Poslanstvo Kraljevine Jugoslavije pri Svetoj Stolici (372)*, fasc. 1, [mappa 5], ff. n.n.; Bakotić a Gasparri, Roma, 7 novembre 1919, dispaccio n. 430 (minuta), *ibidem*, ff. n.n.; P. BLASINA, «Santa Sede e Regno», 807; M. VALENTE, *Diplomazia pontificia*, 72. Sugli impicci intorno al riconoscimento formale si veda N. ŽUTIĆ, *Kraljevina Jugoslavija*, 23-24.

[182] Francesco Cherubini (1865-1934), eletto arcivescovo di Nicosia, nel 1915 fu nominato delegato apostolico e inviato straordinario ad Haiti, la cui sede l'anno dopo fu eretta ad internunziatura. Mantenne tale carica sino alla nomina a nunzio presso il Regno SHS (*Hierarchia Catholica*, vol IX, 141, 272).

[183] Per l'accreditamento del ministro Bakotić presso la Santa Sede si veda: S. SIMIĆ, *Jugoslavija i Vatikan*, 10-13; D. ŽIVOJINOVIĆ, *Vatikan, Srbija*, 390; N. ŽUTIĆ, *Kraljevina Jugoslavija*, 25-26; Gasparri a Cherubini, Vaticano, 9 aprile 1920, dispaccio n. 4982, in ASV, *Arch. Nunz. Jugoslavia*, busta 1, f. 7rv. Intorno all'accreditamento del nunzio Cherubini presso il governo jugoslavo si veda: AAS 12 (1920) 143; S. SIMIĆ, *Jugoslavija i Vatikan*, 13; D. ŽIVOJINOVIĆ, *Vatikan, Srbija*, 390; N. ŽUTIĆ, *Kraljevina Jugoslavija*, 26; P. BLASINA, «Santa Sede e Regno», 807-808. Sul ritardo dell'accreditamento del nunzio Cherubini si veda: Bakotić al ministero degli esteri, Roma, 20 febbraio 1920, dispaccio n. 85 (minuta), in AJ, *Poslanstvo Kraljevine Jugoslavije pri Svetoj Stolici (372)*, fasc. 1, [mappa 30], ff. n.n.

[184] Alcuni studi sulla vita politico-religiosa del Regno SHS/Jugoslavia: B. PETRANOVIĆ, *Istorija Jugoslavije*, vol. I; N. ŽUTIĆ, *Kraljevina Jugoslavija*; ID., *Vatikan, Srbija*; M. PETROVIĆ, *Konkordatsko pitanje*; D. ŽIVOJINOVIĆ, *Vatikan, Srbija*; V. NOVAK, *Magnum Crimen*; R. ROGOŠIĆ, *Stanje Kat[oličke] Crkve*; F. ČULINOVIĆ, *Jugoslavija između*; I. MUŽIĆ, *Katolička crkva*; F. TUĐMAN, *Hrvatska u monarhističkoj Jugoslaviji*; *Hrvatski katolički pokret*; J. KRIŠTO, *Hrvatski katolički pokret*; H. MATKOVIĆ, *Povijest Jugoslavije (1918-1991)*; ID., *Povijest Jugoslavije (1918-1991-2003)*; S. M. DŽAJA, *Die politische Realität*; J. PIRJEVEC, *Il giorno*; ID., *Serbi, Croati, Sloveni*; NEĆAK – B. REPE, *Kriza*; J. PEROVŠEK, *"V zaželjeni deželi"*; P. S. RAMET, *The three Yugoslavias*; *Storia religiosa di Serbia*; *Storia religiosa di Croazia*; M. VALENTE, *Diplomazia pontificia*.

chi musulmani; 630.000 (5,3%) macedoni; importanti minoranze di tedeschi (512.207: 4,3%), albanesi (483.871: 4%), romeni (472.079: 3,9%) e altri, su un totale di circa 12 milioni abitanti (11,9 milioni)[185]. Dal punto di vista dell'appartenenza religiosa i più numerosi erano gli ortodossi, (5.454.212: 46,7%), seguiti dai cattolici (4.474.869: 39,3%), dai musulmani (1.343.370: 11,3%) e da altri gruppi minori[186].

I dati a disposizione sul secondo censimento ufficiale, dieci anni dopo, riguardano solamente l'appartenenza religiosa. Il quadro era il seguente: 6.793.201 ortodossi (48,75%), 5.220.363 cattolici di rito romano (37,46%), 45.960 cattolici di rito bizantino slavo (0,33%), 1.558.299 musulmani (11,18%)[187]. Nel giro di dieci anni si nota l'aumento degli ortodossi del 2% e l'equivalente calo dei cattolici. Ciò fece preoccupare non poco la diplomazia vaticana[188].

3.1 *Vita politica nel Regno SHS/Jugoslavia*

Il tema politico centrale sin dalla nascita del regno fu l'alternativa tra centralismo e federalismo. Il primo rappresentava l'esperienza del Regno di Serbia, il secondo invece quello della monarchia asburgica, nella quale si trovava la parte occidentale del successivo Regno SHS. La lotta tra i sostenitori di questi due modelli fu molto accesa nelle discussioni parlamentari dell'assemblea costituente che precedette la proclamazione della costituzione di San Vito[189].

---

[185] B. Petranović, *Istorija Jugoslavije*, vol. I, 32: cit. da P. S. Ramet, *The three Yugoslavias*, 45. Sulle condizioni nelle quali si trovavano le minoranze si veda una breve sintesi in D. Nećak – B. Repe, *Kriza*, 117-119.

[186] D. Nećak – B. Repe, *Kriza*, 119, 124. Dati leggermente diversi li riporta il nunzio Pellegrinetti: Pellegrinetti a Gasparri, Belgrado, 8 marzo 1926, rapporto n. 5764 (minuta), in S.RR.SS., AA.EE.SS., *Jugoslavia*, pos. 9, fasc. 14, f. 33r.

[187] La tabella del censimento si veda, ad esempio, in ASV, *Arch. Nunz. Jugoslavia*, busta 14, ff. 354-355; Pellegrinetti a Pacelli, Belgrado, 21 gennaio 1933, rapporto n. 14210 (minuta), *ibidem*, ff. 50r-52r; «Istruzioni per Sua Eccellenza Rev.ma Monsignor Ettore Felici, Arcivescovo titolare di Corinto, Nunzio Apostolico di Jugoslavia» (minuta), 17 giugno 1938, in S.RR.SS., AA.EE.SS., *Jugoslavia*, pos. 125, fasc. 83, ff. 10-11. I dati riguardanti i censimenti del 1921 e del 1931 si vedano anche in K. Boeckh, «Christian Churches», 148-150.

[188] Istruzioni per Felici (minuta), 17 giugno 1938, in S.RR.SS., AA.EE.SS., *Jugoslavia*, pos. 125, fasc. 83, ff. 11-13.

[189] Per approfondire il dibattito parlamentare che condusse alla costituzione di San Vito si veda M. Petrović, *Konkordatsko pitanje*, 88-111.

3.1.1 La costituzione di San Vito (1921)

I problemi legati alla nascita del regno jugoslavo erano soprattutto di natura nazionale. La costituzione di San Vito del 28 giugno 1921[190] servì da fondamento all'unitarismo e al centralismo degli anni '20. La costituzione assicurava di più i diritti sociali ed economici che non quelli nazionali. L'unitarismo toglieva a serbi, croati e sloveni (la costituzione non menzionava i nomi nazionali di macedoni, montenegrini, bosgnacchi) l'individualità nazionale, "racchiundendoli" in un'unità "elaborata a tavolino", quella "jugoslava", all'interno di una cornice assai centralista. In questo modo la costituzione inasprì sin dall'inizio la questione nazionale fino agli estremi[191].

Le tracce più evidenti dell'unitarismo nazionale nella costituzione sono nelle norme che stabilivano che l'unica lingua ufficiale del regno fosse quella serbo-croato-slovena (art. 3) e che i cittadini – con l'eccezione di alcune minoranze – fossero di nazionalità serbo-croato-slovena. Questo non significava affatto un'impostazione di stampo trialista, quanto che serbi, croati e sloveni avrebbero soltanto rappresentato diversi gruppi etnici di un'unica nazione, cioè quella jugoslava[192]. Come conseguenza logica dell'unitarismo nazionale, secondo il principio «una nazione – uno Stato», si stabilì anche il centralismo statale: tutto il territorio era considerato "unico" e perciò guidato direttamente dal centro, Belgrado. In questo modo veniva del

---

[190] La data scelta per la proclamazione della costituzione ebbe un'importanza particolare per i serbi, che il 28 giugno ricordavano il sacrificio della gioventù serba compiuto lo stesso giorno nel 1389, quando invano cercarono di fermare le truppe ottomane nella piana di Kosovo Polje.

[191] J. PEROVŠEK, *"V zaželjeni deželi"*, 137. Alcuni storici invece distinguono la questione nazionale dalla lotta tra centralismo e federalismo. Così ad es. D. NEĆAK – B. REPE, *Kriza*, 123.

[192] J. PEROVŠEK, *"V zaželjeni deželi"*, 138. Lo storico Čulinović è del parere che la costituzione di San Vito istituì sì lo jugoslavismo nazionale ma non in senso integrale bensì pluralista, conservando il titolo ufficiale di Regno dei «Serbi, Croati e Sloveni» e non semplicemente «Jugoslavi» (*ibidem*, 138 citando F. ČULINOVIĆ, *Državnopravna historija*, vol. II, 263). Il testo della costituzione di San Vito si veda in *Jugoslavija 1918-1988*, 191-196 (articoli più importanti); in trad. it. si veda O. RANDI, *La Jugoslavia*, 538-571. «*Pašić, il grande Serbo, dichiarò che non poteva indursi a cancellare dal titolo del nuovo Stato il nome della Serbia, proprio quando questa, dopo spaventevoli sacrifici, guadagnava la vittoria. Avrebbe voluto chiamare senz'altro "Serbia" tutto il paese: non essendo questo possibile fu scelta la dicitura [...] SHS, più capace di contentare le stirpi gelosissime della loro individualità*»: Pellegrinetti a Gasparri, Belgrado, 7 ottobre 1929, rapporto n. 9790, in S.RR.SS., AA.EE.SS., *Jugoslavia*, pos. 4, fasc. 6, f. 54r.

tutto cancellata l'esistenza dei regni di Croazia e Slavonia, di Serbia, di Montenegro e dello Stato SHS[193]. Il territorio fu diviso in trentatré dipartimenti avulsi da ogni tradizione storica. In questo sistema si riconobbero solo i serbi, finalmente uniti tutti in un solo Stato governato dalla dinastia Karađorđević[194].

3.1.2 I principali partiti politici

I partiti politici evidenziavano ancora di più le differenze insite tra le diverse anime jugoslave. I serbi, quasi tutti sostenitori del centralismo e dell'unitarismo, si schierarono in due grandi partiti: il partito radicale («Narodna radikalna stranka» – NRS) e quello democratico («Jugoslovenska demokratska stranka» – JDS), dal quale in seguito ad una scissione interna si formò il partito democratico indipendente («Samostalna demokratska stranka» – SDS), composto soprattutto da esponenti serbi della Croazia. I radicali capitanati da Pašić, nelle cui fila militavano solo serbi ortodossi, sostenevano il programma della Grande Serbia unita ai croati e sloveni ridotti ai più stretti limiti territoriali e politici possibili. I democratici di Davidović e Pribićević optavano invece per il titolo di «Jugoslavia», cioè per l'abolizione della triplice denominazione del regno, e per la rinuncia a qualsiasi autonomia nazionale o regionale[195].

---

[193] J. Perovšek, *"V zaželjeni deželi"*, 138-144.

[194] I. Montanar, *Il vescovo lavantino*, 61.

[195] Il nunzio Pellegrinetti spiegò nel modo seguente le differenze tra i radicali e i democratici: *«Il partito radicale [...] suppone l'unità dello Stato mediante la supremazia serba, l'estensione del Serbismo a tutta la Jugoslavia; mira insomma alla costituzione della Grande Serbia, che in concreto si formerebbe con dichiarare territori di stirpe serba ed appartenenti al regno serbo tutta la Serbia del 1914 più la Voivodina, la Bosnia Erzegovina, il Montenegro, la Dalmazia, la Slavonia; il resto costituirebbe la zona dei "fratelli" Croati e Sloveni ridotti al minimo di numero e d'influenza privi di autonomia politica. I democratici invece volevano la Jugoslavia, cioè la fusione completa delle tre stirpi, con processo di assimilazione rapida mediante la centralizzazione di tutti i poteri nel Governo centrale, l'abolizione di tutte le autonomie»*: Pellegrinetti a Gasparri, Belgrado, 28 marzo 1923, rapporto n. 1092 (minuta), in ASV, *Arch. Nunz. Jugoslavia*, busta 3, ff. 63v-64r. Comunque c'era anche una differenza notevole tra Davidović e Pribićević. Il primo cercava la conciliazione con l'opposizione croato-sloveno-musulmana, che chiedeva la revisione della costituzione e l'autonomia regionale, tanto è vero che nel 1924 riuscì per pochi mesi a formare un governo con loro. Pribićević fu, invece, fortemente attaccato alla costituzione e contrario a qualsiasi tendenza separatista, federalista o autonomista (Pellegrinetti a Gasparri, Belgrado, 29 marzo 1924, rapporto n. 2728 (minuta), *ibidem*, f. 173r). Quando Pribićević fu allontanato dal governo nel 1925, cercò anch'egli alleanza con il partito di Radić.

I croati d'altro canto, sentendosi in una posizione inferiore rispetto ai serbi, volevano o l'indipendenza assoluta, mantenendo un vincolo federativo con la Serbia, o una larga autonomia. Per il primo scenario optava il partito contadino popolare-repubblicano di Radić («Hrvatska /republikanska/ seljačka stranka» – H/R/SS[196]), il partito del diritto di Starčević e il partito "puro" del diritto di Frank con una componente liberale-borghese («Hrvatska stranka prava» – HSP e «Hrvatska čista stranka prava» – HČSP). Questi tre partiti, tra cui quello di Radić contava dell'appoggio della maggioranza dei croati, formavano il cosiddetto «Blocco Croato», che rifiutava ogni collaborazione con i serbi. Boicottando i lavori del parlamento di Belgrado, esigevano un plebiscito e una nuova costituente e si appellarono alla Lega delle nazioni. Nacque così la cosiddetta «questione croata», che esigeva una giusta soluzione e che perdurò per tutto il periodo del regno jugoslavo. Per un'autonomia all'interno dello Stato unitario federale con i serbi optava invece il partito popolare («Hrvatska pučka stranka» – HPS), creato dalle file del Seniorato[197], portavoce e anima del movimento cattolico croato, fondato su ispirazione dal vescovo Mahnič. Sul popolo croato questo partito non esercitò molta influenza perché, nonostante la tendenza alla decentralizzazione, era ritenuto collaborazionista del regime centrale e perché era d'origine slovena. Nel 1919 si inserì, insieme al partito popolare sloveno di Korošec («Slovenska ljudska stran-

---

[196] Il titolo «repubblicano» fu tolto dal nome del partito nel 1925 quando Radić, a sorpresa di tutti, entrò nel governo di Pašić e riconobbe la dinastia dei Karađorđević.

[197] Il «Seniorato» fu una delle associazioni cattoliche più conosciute in Croazia, una delle espressioni più vive del movimento cattolico. Nata nel 1913 a Lubiana, riuniva sia uomini sia donne già membri delle associazioni universitarie laiche ed ecclesiastiche («Zborovi duhovne mladeži») e anche alcuni insegnanti e altri laici. Per tutto il periodo del Regno SHS/Jugoslavia l'associazione fu in perenne conflitto con un'altra organizzazione cattolica, gli «Orlovi» (Aquile), la quale subito sposò la «causa croata» e accusò i Seniori di aver tradito gli interessi croati a favore dello jugoslavismo. Dopo lo scioglimento degli «Orlovi» nel 1929, la continuazione della loro azione fu assicurata dall'associazione «Križari» (Crociati). Ambedue le associazioni pretendevano essere la voce ufficiale dell'«Azione Cattolica» e provocarono dissensi nella stessa gerarchia cattolica, dal momento che alcuni vescovi e ordini religiosi appoggiavano i «Seniori» (Bauer, Bonefačić, Stepinac, francescani), mentre altri sostenevano i «Križari» (Šarić, Srebrnič, Mileta, gesuiti). Per una breve sintesi dei conflitti tra le diverse organizzazioni cattoliche in Croazia si veda R. TOLOMEO, «Questione nazionale», 229-238. L'autrice cita numerose fonti dall'Archivio della Congregazione degli Affari Ecclesiastici Straordinari. Per un approfondimento del movimento cattolico si veda: *Hrvatski katolički pokret*, Zagreb 2002; J. KRIŠTO, *Hrvatski katolički pokret*; ID., «The Catholic Church», 169-188.

ka» – SLS) e al partito Bunjevac-Šokac («Hrvatska Bunjevačko-šokačka stranka» – HBŠS) nel cosiddetto «Club jugoslavo»[198], espressione della loro comune visione politica.

Secondo la teoria di Mahnič, conosciuta come «divisione degli spiriti», che sosteneva che non poteva esserci alcun compromesso tra liberalismo e fede cattolica, alla fine dell'Ottocento era iniziata in Slovenia una differenziazione politica definitiva. Da una parte si era formato un partito impregnato di spirito cattolico, il partito popolare («Slovenska ljudska stranka» – SLS[199]), dall'altra, invece, i liberali si erano organizzati nel partito democratico («Jugoslovanska demokratska stranka» – JDS) e nel partito contadino («Samostojna kmetijska stranka» – SKS)[200]. Meno incisivi furono i socialisti («Narodno socialistična stranka» – NSS), i comunisti («Komunistična partija Jugoslavije» – KPJ[201]) e i marxisti («Jugoslovanska socialno demokratska stranka» – JSDS)[202]. Gli sloveni non erano così compatti nella questione nazionale come i croati e si divisero in due blocchi "bilanciati": il partito popolare (SLS) e i socialisti (NSS) sostenevano la soluzione autonomista-federalista, mentre i liberali (JDS, SKS), i comunisti (KPJ) e i marxisti (JSDS) appoggiavano, invece, l'ordinamento unitarista-centralista. I liberali sloveni entrarono anche nel partito democratico di Pribićević[203]. A differenza del partito contadino di Radić, che raramente accettò di collaborare nel governo (eccetto che nel periodo 1925-1927) e che rimase fermo nella sua lotta per l'autonomia, il partito popolare, di gran lunga il più forte in Slovenia, difese sì i diritti dell'individualità slovena nel suo programma, ma scese più volte a compromessi con i serbi, rinunciando in tal modo al federalismo e accontentandosi di un'autonomia amministrativa. Spesso il suo presidente Korošec fu bollato dai connazionali come traditore della volontà degli sloveni per le sue scelte

---

[198] Sul partito popolare croato si veda Z. Matijević, *Slom politike*.

[199] Sulla vita del partito popolare sloveno nel Regno SHS si veda A. Rahten, *Slovenska ljudska stranka*; sul partito durante la dittatura del re Aleksandar si veda J. Gašparič, *SLS pod kraljevo diktaturo*.

[200] Per approfondire l'attività dei liberali sloveni si veda J. Perovšek, *Liberalizem*.

[201] Il partito comunista jugoslavo, che ebbe un gran successo nelle elezioni del 1920, raggiungendo il terzo posto dopo i democratici e i radicali, fu messo fuori legge già nel 1920/21.

[202] Circa i partiti socialisti e comunisti si vedano alcune pubblicazioni: *Razprava o nacionalnem vprašanju*; *Viri za zgodovino*; F. Filipič, «Dr. Anton Korošec», 83-108.

[203] J. Perovšek, *"V zaželjeni deželi"*, 145. Si veda anche Id., «Slovenska politika», 431-445.

politiche pragmatiche, specialmente nel 1927, quando stabilì un patto («Intesa di Bled») con i radicali serbi[204].

La quasi totalità dei bosgnacchi (musulmani) si riconobbe nel partito dell'esponente Mehmed Spaho con la sua Organizzazione di Bosnia («Jugoslavenska muslimanska organizacija») che si alleò con il blocco d'opposizione contro la politica centralista di Belgrado. Le idee (con)federaliste furono propugnate anche da un gruppo montenegrino sotto Sekula Drljević («zelenaši»), mentre l'altro gruppo del Montenegro («bjelaši») appoggiava il sistema centralista-unitario.

I macedoni, ai quali non fu riconosciuto il diritto di essere la quarta etnia del regno, non poterono nemmeno organizzarsi in partiti ma solo in diverse organizzazioni e movimenti. Questi gruppi cercavano di ottenere il riconoscimento della nazionalità macedone, a loro negata perché ritenuti «serbi del sud». I più conosciuti furono l'Organizzazione rivoluzionaria («Vnatrešna makedonska revolucionerna organizacija» – VMRO) e il Movimento nazionale («Makedonski nacionalni pokret» – MANAPO)[205]. Simili organizzazioni di stampo nazionalista si fecero strada anche in altre parti del regno e giunsero ad assomigliare a gruppi terroristi che avevano lo scopo di minare l'unità jugoslava. Tra questi il più influente fu il nucleo di ribelli nazionalisti croati chiamati «ustascia», sviluppato-

---

[204] J. GAŠPARIČ, *SLS pod kraljevo diktaturo*, 48-49, 274-275; Pellegrinetti a Gasparri, Belgrado, 17 agosto 1927, rapporto n. 7428 (minuta), in ASV, *Arch. Nunz. Jugoslavia*, busta 4, ff. 129v-131r; Pellegrinetti a Gasparri, Belgrado, 3 settembre 1927, rapporto n. 7464, in S.RR.SS., AA.EE.SS., *Jugoslavia*, pos. 9, fasc. 15, ff. 25r-26v. Il ruolo di Korošec come mediatore tra le posizioni estreme fu analizzato dal nunzio Pellegrinetti nel modo seguente: «*Non ha mai approvato la politica astensionista dei Croati di Radić, è stato ed è per un'intesa coi Serbi, anche perché altrimenti si troverebbe alle prese dei Croati, i quali non sono disposti a riconoscere agli Sloveni i diritti di una separata nazionalità e tutto al più accetterebbero che la Slovenia facesse parte, come regione autonoma, della Grande Croazia con capitale a Zagabria. Per salvare l'ideale della Slovenia conservante la sua lingua, cultura e autonomia, egli ha bisogno d'un ordinamento statale in cui i Croati facciano equilibrio coi Serbi: quindi né Grande Serbia, né Grande Croazia, né spezzamento dello Stato jugoslavo in due parti indipendenti ma federazione di regioni storiche autonome, con sede centrale a Belgrado e larghissimi poteri ai parlamenti regionali*»: Pellegrinetti a Gasparri, Belgrado, 27 gennaio 1925, rapporto n. 4103 (minuta), in ASV, *Arch. Nunz. Jugoslavia*, busta 3, ff. 297v-298r.

[205] B. REPE, *Naša doba*, 88; D. NEĆAK – B. REPE, *Kriza*, 117, 136. Per una sintesi di tutti i partiti nel regno jugoslavo si veda *ibidem*, 135-145.

si in seguito alla dittatura personale del re Aleksandar (1929), che cercava l'appoggio dell'Italia, "tradizionale" rivale e nemica dei serbi[206].

3.1.3 Il parlamentarismo costituzionale (1921-1928)

Gli anni Venti si caratterizzarono per la volontà politica di unificare diverse legislazioni giuridiche ancora vigenti sul territorio jugoslavo. Il problema nazionale, lo scontro tra tendenze centraliste, federaliste, autonomiste, e anche la diversità religiosa, contribuirono all'instabilità politica nel primo decennio di vita del regno. Le crisi di governo furono all'ordine del giorno e neanche le alleanze tra partiti di orientamento politico molto diverso (governo Pašić – Radić) aiutarono a rallentare il corso delle continue dimissioni dei gabinetti. Tra il 1918 e il 1929 si susseguirono infatti ben ventiquattro governi[207]. Inoltre, la costituzione unitarista non trovò la sua concretizzazione nelle necessarie leggi esecutive e così rimasero in vigore le sei legislazioni "provvisorie", legate ai differenti assetti politici precedenti[208].

La morte di Pašić (1926[209]) e l'uccisione di Radić (simbolo incontestabile dell'identità croata) in seguito ad una sparatoria nel parlamento di Belgrado nel giugno 1928[210], acuirono l'evidente crisi parlamentare. In un momento in cui il regno sembrava sull'orlo della guerra civile, il re scelse come presidente del consiglio Korošec[211]. Il conferimento della presidenza ad un esponente non serbo, per di più sacerdote cattolico sloveno, fu un indubitabile segno della gravità della crisi[212]. In tale confusione politica, nel novembre 1928, il re ricevette a Parigi il sostegno "segreto" delle autorità francesi per regolare personalmente la situazione. Il giornalista inglese Steed, grande amico degli jugoslavi già durante la guerra, scris-

---

[206] Sulle diverse organizzazioni di stampo nazionalista e fascista si veda D. Nećak – B. Repe, *Kriza*, 137-138.

[207] L'elenco dei governi si veda *ibidem*, 155-156.

[208] M. Petrović, *Konkordatsko pitanje*, 124 125; N. Žutić, *Kraljevina Jugoslavija*, 58, 358-359.

[209] Pellegrinetti a Gasparri, Belgrado, 11 dicembre 1926, rapporto n. 6627 (minuta), in ASV, *Arch. Nunz. Jugoslavia*, busta 4, ff. 63r-64r.

[210] Pellegrinetti a Gasparri, Belgrado, 23 giugno 1928, rapporto n. 8268 (minuta), *ibidem*, ff. 264r-266v.

[211] Pellegrinetti a Gasparri, Belgrado, 29 luglio 1928, rapporto n. 8395 (minuta), *ibidem*, ff. 272r-275r.

[212] J. Pirjevec, *Serbi, Croati, Sloveni*, 149: cit. da I. Montanar, *Il vescovo lavantino*, 62.

se una lettera aperta al re, in cui dichiarava che l'esperienza aveva dimostrato quanto dannosa risultasse l'attuale costituzione centralistica e chiedeva una più larga autonomia per i croati[213].

3.1.4 La dittatura regia (1929-1931)

Il re non indugiò a lungo e, volendo soprattutto unificare il regno, il 6 gennaio 1929 ricorse ad una decisione autoritaria abolendo la costituzione di San Vito e proclamando la dittatura personale con nuove leggi fondamentali. I partiti a carattere religioso o etnico, cioè in pratica tutti, furono sciolti, i nuovi ministri furono dichiarati responsabili soltanto davanti al sovrano, il potere giudiziario nei fatti veniva controllato dal re, una nuova legge sulla stampa modificò e inasprì le disposizioni della censura, le amministrazioni comunali (i 33 distretti) furono soppresse. Il re inoltre annunciò nuove leggi e decreti reali che avrebbero abrogato le leggi esistenti[214]. Il 3 ottobre dello stesso anno seguirono altre disposizioni che cambiarono il volto del regno: si dichiarava abolito il titolo ufficiale di «Regno dei Serbi, Croati e Sloveni» e s'imponeva la denominazione ufficiale di «Regno di Jugoslavia»; al tempo stesso lo Stato veniva suddiviso in 9 grandi "banovine" (governatorati) oltre alla prefettura di Belgrado, le cui delimitazioni non tennero conto, tranne che nel caso sloveno, delle divisioni etniche. In ogni caso si trattava di una decentralizzazione meramente amministrativa e non politica.

Il titolo ufficiale di «Jugoslavia» fece comprendere che si cercava un modello unitario, che attenuasse le differenze nazionali ormai troppo evidenti. Tutto quello che non promuoveva l'unità nazionale fu messo al bando, sia i partiti politici che le associazioni culturali, sportive e religiose. Ma poi in realtà al potere rimase sempre l'elemento serbo, per cui l'unità fu più che altro di "facciata"[215]. Gli avversari del nuovo regime furono arrestati, altri emigrarono all'estero.

---

[213] Pellegrinetti a Gasparri, Belgrado, 7 dicembre 1928, rapporto n. 8781, in S.RR.SS., AA.EE.SS., *Jugoslavia*, pos. 4, fasc. 6, f. 12r.

[214] Interessante il primo commento della situazione cambiata da parte del nunzio: «*Con questo modo si può veramente dire che abbiamo un vero colpo di Stato. Dal parlamentarismo degenerato si passa direttamente all'assolutismo più assoluto*»: Pellegrinetti a Gasparri, Belgrado, 7 gennaio 1929, rapporto n. 8882, *ibidem*, f. 22v.

[215] I. MONTANAR, *Il vescovo lavantino*, 62; cf. anche Pellegrinetti a Gasparri, Belgrado, 30 dicembre 1929, rapporto n. 10133, in S.RR.SS., AA.EE.SS., *Jugoslavia*, pos. 90, fasc. 50, f. 97r.

Aumentò la sorveglianza delle forze militari e poliziesche. La dittatura era stata indicata come una misura provvisoria, ma fu subito chiaro che per realizzare il programma dittatoriale sarebbero occorsi degli anni. Le speranze iniziali, anche da parte dei croati, si convertirono ben presto in un malcontento generale, aggravato ulteriormente dalla crisi economica.

In ogni caso, fu molto più facile far passare alcune leggi che avevano trovato sempre grandi ostacoli, abolendo così il particolarismo giuridico fino a quel momento vigente. Tra queste menzioniamo le famose «leggi scolastiche» (1929-1931), che approfondiremo più tardi; la «Legge di liquidazione della riforma agraria sui latifondi» (1931); le leggi "interne" di alcuni gruppi religiosi (Chiesa ortodossa serba, Organizzazione islamica, Organizzazione ebraica, Chiese cristiane evangeliche e Chiesa riformata), esclusa la Chiesa cattolica[216].

Il regime dittatoriale non riuscì a risolvere i problemi politici, nazionali e religiosi che si era prefisso, e si scontrò con un'opposizione sempre più agguerrita, sia all'interno del regno che fuori (Inghilterra, Francia). Il re cercò di mitigare le numerose voci di critica e decise di emanare una nuova legge fondamentale dello Stato jugoslavo.

3.1.5 Nuovo regime costituzionale (1931-1939)

La promulgazione della nuova costituzione[217] (3 settembre 1931), chiamata «imposta» («oktroirana»), chiudeva ufficialmente il periodo della dittatura regia[218].

Nonostante l'istituzione del parlamento composto da due camere (senato e camera dei deputati) in realtà la Carta confermò solamente l'ordinamento statale in vigore già durante la dittatura. Teoricamente si potevano formare di nuovo partiti politici, ma le leggi rigorose e l'ideologia dell'unità nazionale permisero solo la formazione di un partito di Stato, il «partito nazionale» («Jugoslovenska

---

[216] N. Žutić, *Kraljevina Jugoslavija*, 59-60.

[217] Per il testo italiano della costituzione, insieme alla legge elettorale per il senato e alla legge elettorale per la camera dei deputati si veda *La Costituzione jugoslava*.

[218] «*Tale Costituzione mi sembra assai migliore della prima, ma come si sa, resta a vedere con che spirito e da quali uomini verrà applicata; ciò che è anche più essenziale dello stesso testo di essa*»: Pellegrinetti a Pacelli, Belgrado, 4 settembre 1931, rapporto n. 12448 (minuta), in ASV, *Arch. Nunz. Jugoslavia*, busta 5, f. 375r.

narodna stranka» – JNS), appoggiato dal governo e dalla polizia, che seguiva i principi e i metodi del regime[219].

La costituzione conservò alcuni diritti fondamentali della costituzione di San Vito, limitati però dalla formula «*nei limiti posti dalla legge*». Si proibirono anche partiti e associazioni politiche e sportive fondati su basi regionali, particolaristiche o religiose[220]. Il sistema, comunque, rimase essenzialmente dittatoriale. Il politico serbo Lazar Marković dell'ex partito radicale arrivò ad affermare che se la costituzione di San Vito non era stata accolta dai croati, quella «imposta» non lo fu nemmeno dai serbi[221]. Tanti esponenti politici dell'opposizione invitarono perciò il popolo ad astenersi dalle elezioni al parlamento del novembre 1931.

Frattanto, il malcontento croato e sloveno cresceva e faceva sentire la propria voce. Nel novembre 1932 si pubblicò a Zagabria un Manifesto («Zagrebačke punktacije») che indicava le condizioni per sanare la situazione del regno, tra cui il ritorno all'anno 1918, l'applicazione del principio di sovranità popolare, la protezione dei contadini e il rifiuto dell'egemonia serba[222]. Un mese più tardi anche i politici sloveni, con a capo Korošec, chiedevano più diritti per il proprio popolo con il loro Manifesto («Ljubljanske punktacije»)[223]. Il regime rispose con il confino per i capi dei partiti politici sciolti: Maček, Korošec, Spaho e altri. Le misure repressive non ebbero successo a lungo termine, anzi, provocarono l'accelerazione della disgregazione interna.

Uno dei gesti eclatanti dello stato d'animo generale fu l'attentato al re Aleksandar durante la sua visita in Francia nel 1934, dove sarebbe andato, come afferma lo storico Clissold, per ricostruire, al suo ritorno, un governo costituzionale adatto a risolvere i gravi problemi del regno[224]. Mentre percorreva le strade di Marsiglia con il ministro degli esteri francese Louis Barthou trovò la morte a

---

[219] Pellegrinetti a Pacelli, Belgrado, 9 settembre 1931, rapporto n. 12470 (minuta), *ibidem*, f. 383v; Pellegrinetti a Pacelli, Belgrado, 21 settembre 1931, rapporto n. 12499 (minuta), *ibidem*, f. 387rv.

[220] Già nel 1929 fu creata un'unica associazione sportivo-culturale per la gioventù chiamata «Sokol» (Falco), controllata dal governo, e furono proibite le associazioni sportive di ispirazione cattolica dette «Orlovi» (Aquile) e anche quelle di origine ortodossa (I. MONTANAR, *Il vescovo lavantino*, 63; R. TOLOMEO, «Questione nazionale», 234-235).

[221] D. NEĆAK – B. REPE, *Kriza*, 188-190; R. TOLOMEO, «Questione nazionale», 222.

[222] R. TOLOMEO, «Questione nazionale», 222-223.

[223] J. GAŠPARIČ, *SLS pod kraljevo diktaturo*,167-178.

[224] I. MONTANAR, *Il vescovo lavantino*, 64.

colpi di pistola assieme al suo accompagnatore. La responsabilità del regicidio cadde su due membri dell'Organizzazione rivoluzionaria macedone (VMRO), aiutati dagli ustascia e, secondo alcuni, dall'Ungheria, dalla polizia segreta italiana o addirittura dallo stesso Mussolini[225]. In precedenza erano già stati sventati altri attentati[226].

Dopo la morte del re salì al trono suo figlio Pietro. Avendo solo undici anni, si stabilì una reggenza provvisoria composta da tre personalità tra cui il cugino del defunto re, il principe Paolo. Di fronte a una crisi così profonda la fine della Jugoslavia non era affatto una remota possibilità, eppure malgrado tutto non avvenne. Il principe Paolo, più sensibile alla bollente «questione croata» e non soddisfatto dei risultati della dittatura, cercò soluzioni concrete[227]: il capo politico dei croati Maček fu rilasciato dal confino e gli fu permessa l'attività politica; lo stesso accadde a Korošec e Spaho. L'apertura verso l'opposizione politica suscitava però molti dubbi:

Ma è possibile lasciar libera, sia pure con varie restrizioni, l'opposizione, senza scatenare le correnti centrifughe e mettere in pericolo l'unità statale jugoslava?

---

[225] B. Repe, *Naša doba*, 95; J. Gašparič, *SLS pod kraljevo diktaturo*, 225-226. Interessanti commenti sull'attentato di Marsiglia si trovano anche nei rapporti del nunzio di Belgrado (Pellegrinetti a Pizzardo, Belgrado, 10 ottobre 1934, rapporto n. 16639 (minuta), in ASV, *Arch. Nunz. Jugoslavia*, busta 6, ff. 436r-437v; Pellegrinetti a Pizzardo, Belgrado, 11 ottobre 1934, rapporto n. 16646 (minuta), *ibidem*, ff. 442r-443r; Pellegrinetti a Pizzardo, Belgrado, 21 ottobre 1934, rapporto n. 16679 (minuta), *ibidem*, ff. 497r-499v; Pellegrinetti a Pacelli, Belgrado, 19 dicembre 1934, rapporto n. 16904 (minuta), *ibidem*, ff. 607v-608r). Il nunzio rimase colpito dalle scene intorno al funerale: «*Quello che colpisce è il pianto, il singhiozzo universale; piangono donne, gemono, ma anche molti uomini hanno facce spasimanti di dolore. Mai avevo veduto uno spettacolo simile e in sì vaste proporzioni*»: ASV, Archivio della Prefettura, *Diari del card. Pellegrinetti*, 18 ottobre 1934, vol. 14, f. 56r.

[226] Durante il soggiorno del re Aleksandar a Zagabria il 16 e il 17 dicembre 1933 un certo Oreb del gruppo degli «ustascia» fu intercettato dalla polizia nel suo intentato regicidio (Pellegrinetti a Pacelli, Belgrado, 30 aprile 1934, rapporto n. 16000, in S.RR.SS., AA.EE.SS., *Jugoslavia*, pos. 96, fasc. 60, ff. 71v-73r).

[227] «*Il Capo della Reggenza Principe Paolo, educato in Inghilterra, ha, almeno in parte, idee occidentali e preferirebbe forme di Governo meno coercitive*»: Pellegrinetti a Pacelli, Belgrado, 1° marzo 1935, rapporto n. 17210 (minuta), in ASV, *Arch. Nunz. Jugoslavia*, busta 6, f. 631v. «*Il Principe Paolo non è fautore dell'unitarismo a oltranza con applicazione della "mano forte" verso i Croati e Sloveni autonomisti, quale si praticava negli ultimi anni*»: Pellegrinetti a Pacelli, 29 dicembre 1934, rapporto n. 16940 (minuta), *ibidem*, f. 611r.

Pare che il Governo sia prigioniero esso stesso degli antecedenti: o seguitare a reggere lo Stato sulla base del predominio serbo, del centralismo, e dell'onnipotenza della polizia, o esporsi ad una reazione autonomista, federalista, separatista, della quale non si sa come prevedere e contenere le possibili conseguenze[228].

La stessa infiltrazione del comunismo sarebbe stata indice più di malcontento politico che di sovversivismo sociale[229].

Una delle prove chiare della realtà politica e dell'umore generale si offrì in occasione delle elezioni del maggio del 1935. Con la loro indizione il governo voleva illudere le cancellerie straniere sulla libertà in Jugoslavia[230]. In effetti, le elezioni si svolsero in un clima di intimidazioni, violenze e censura, perciò anche l'affermazione di Bogoljub Jevtić, presidente del consiglio, apparve subito una vittoria di Pirro se non addirittura una sconfitta, dopo gli evidenti brogli e il sostegno unanime dei croati in favore di Maček[231]. Il successo di quest'ultimo risvegliò nuovamente la «questione croata», più "accesa" ora per la mancanza del re Aleksandar. Nelle risoluzioni dei deputati croati dell'opposizione al momento delle manifestazioni popolari a Zagabria, crudelmente soffocate dal governo con non poche vittime[232], si denunciava la falsificazione delle elezioni, si rifiutava di partecipare ai lavori parlamentari di Belgrado, si esigeva lo scioglimento del parlamento e nuove elezioni sulla base di una riformata legge elettorale[233].

Nell'incontro tra il principe Paolo e Maček si cercò di dar ascolto alle istanze dei croati e il primo passo in questa direzione fu la caduta del governo ipercen-

---

[228] Pellegrinetti a Pacelli, Belgrado, 1° marzo 1935, rapporto n. 17210, *ibidem*, f. 631v (minuta).

[229] *Ibidem*.

[230] ASV, Archivio della Prefettura, *Diari del card. Pellegrinetti*, 24 febbraio 1935, vol. 14, f. 82r.

[231] R. Tolomeo, «Questione nazionale», 223; ASV, Archivio della Prefettura, *Diari del card. Pellegrinetti*, 7 e 8 maggio 1935, vol. 15, f. 10rv; Pellegrinetti a Pacelli, Belgrado, 8 maggio 1935, rapporto n. 17387 (minuta), in ASV, *Arch. Nunz. Jugoslavia*, busta 6, ff. 683r-686r.

[232] ASV, Archivio della Prefettura, *Diari del card. Pellegrinetti*, 24 maggio 1935, vol. 15, f. 13v. L'arcivescovo di Zagabria Bauer consegnò al governo il memoriale nel quale furono descritte le crudeltà della gendarmeria jugoslava contro l'elemento croato (Pellegrinetti a Pacelli, Belgrado, 29 maggio 1935, rapporto n. 17425 (minuta), in ASV, *Arch. Nunz. Jugoslavia*, busta 6, ff. 708r-722v).

[233] Il testo delle risoluzioni della già «Coalizione Rurale-Democratica» e dell'«Opposizione riunita» in it. si veda in ASV, *Arch. Nunz. Jugoslavia*, busta 6, ff. 726r-728r.

tralista di Jevtić e la composizione del nuovo governo, presieduto da Milan Stojadinović, che avrebbe tenuto più in conto le aspirazioni croate. Il primo duro colpo per il "duce croato" fu la decisione dei suoi "compagni" di prigionia, Korošec e Spaho, di entrare nel governo di Belgrado, cedendo così sulle idee autonomiste fino a quel momento professate e impegnandosi a lavorare per la "riparazione" della Jugoslavia. Quest'isolamento dei croati alimentò una grande delusione e un forte odio nei confronti del "traditore" Korošec[234]; nello stesso tempo però, divenne sempre più forte la lotta per i loro diritti, con il sostegno della maggior parte del clero croato, che era considerato dal nunzio troppo entusiasta di Maček, «*re non coronato dei Croati*»[235].

Il nuovo governo, comunque, fu, almeno all'inizio, aperto alle prerogative croate. Se da una parte le leggi stabilite durante il periodo assolutista restavano ancora in vigore, dall'altra si cercava di applicarle il più blandamente possibile, nell'intento di ottenere da Maček la sua lealtà verso il regime. In ciò molti scorgevano un ritorno graduale alla democrazia[236]. Si accennava addirittura alla possibilità di una nuova costituzione che avrebbe stabilito l'organizzazione statale in cinque banovine a base di autonomie storico-regionali con larghi poteri[237], il che però sotto il governo di Stojadinović non fu realizzato. Per i metodi autoritari, il gabinetto Stojadinović fu chiamato dall'opposizione «*sanguinario e fascista*»[238], anche per il suo avvicinamento alla Germania e all'Italia[239], mettendo in crisi le relazioni con l'antica alleata occidentale, la Francia.

La polarizzazione dei singoli partiti politici e l'avvicinamento ufficiale del

---

[234] Pellegrinetti a Pacelli, Belgrado, 25 giugno 1935, rapporto n. 17502 (minuta), *ibidem*, ff. 745r-746v; Pellegrinetti a Pacelli, Belgrado, 5 luglio 1935, rapporto n. 17525 (minuta), *ibidem*, ff. 748r-749r.

[235] Pellegrinetti a Pacelli, Belgrado, 27 luglio 1935, rapporto n. 17600, in S.RR.SS., AA.EE.SS., *Jugoslavia*, pos. 96, fasc. 63, f. 27v.

[236] Istruzioni per Felici (minuta), 17 giugno 1938, *ibidem*, pos. 125, fasc. 83, f. 17r.

[237] Pellegrinetti a Pacelli, Belgrado, 3 febbraio 1937, rapporto n. 19239 (minuta), in ASV, *Arch. Nunz. Jugoslavia*, busta 7, ff. 61r-62v; Pellegrinetti a Pacelli, Belgrado, 14 giugno 1937, rapporto n. 19743, in S.RR.SS., AA.EE.SS., *Jugoslavia*, pos. 96, fasc. 65, ff. 66v-67r.

[238] Istruzioni per Felici (minuta), 17 giugno 1938, in S.RR.SS., AA.EE.SS., *Jugoslavia*, pos. 125, fasc. 83, f. 17r.

[239] Pellegrinetti a Pacelli, Belgrado, 5 marzo 1937, rapporto n. 19363, *ibidem*, pos. 96, fasc. 65, ff. 27r-28r; Pellegrinetti a Pacelli, Belgrado, 29 marzo 1937, rapporto n. 19443 (minuta), in ASV, *Arch. Nunz. Jugoslavia*, busta 7, ff. 66r-69r; Bertoli a Pacelli, Belgrado, 27 gennaio 1938, rapporto n. 20503 (minuta), *ibidem*, busta 9, ff. 272-273.

governo al sistema fascista suscitarono l'ostilità compatta delle forze antifasciste, mentre la rilevanza dei comunisti diventava sempre più penetrante e incisiva.

Vista l'impossibilità di un'intesa tra Stojadinović e i croati, dopo le elezioni del 1938, il reggente Paolo conferì la carica di presidente del consiglio a Cvetković, il quale riuscì a concludere un accordo («Sporazum») con Maček nel 1939[240], pochi giorni prima dello scoppio della seconda guerra mondiale. Alla Croazia, che diventava una banovina autonoma, furono riconosciuti larghi poteri che ricordavano in qualche modo lo status dell'Ungheria all'interno della Duplice monarchia. Nell'aprile del 1941, in seguito all'attacco militare straniero, si realizzò il secolare sogno popolare di uno Stato croato indipendente («Nezavisna Država Hrvatska»), che dava così il colpo di grazia al regno jugoslavo[241].

3.2 *Situazione della Chiesa cattolica nel Regno SHS/Jugoslavia*

Quantunque non in maggioranza, i cattolici sono in tal numero che potrebbero esercitare un manifesto influsso nella vita interna del paese a beneficio della religione. Invece il cattolicismo in Jugoslavia è in difficili condizioni sia per l'ostilità degli ortodossi, sia per il contegno del Governo, presso il quale i cattolici finora non hanno potuto esercitare alcuna efficace azione[242].

Il giudizio molto duro sui serbi ortodossi e sul governo jugoslavo, anch'esso in stragrande maggioranza serbo, da parte della Segreteria di Stato nelle «Istruzioni» per il nunzio Pellegrinetti nella primavera del 1922, riprendeva in un certo senso il punto di vista di Bastien. In modo simile la suddetta affermazione ricorda le dichiarazioni private del segretario di Stato Pietro Gasparri, riportate sopra, e anche del sostituto della Segreteria di Stato per gli affari ordinari e segretario della cifra, Federico Tedeschini[243].

Diversi vescovi e altri ecclesiastici, subito dopo la nascita del regno, cercavano

---

[240] Sulle elezioni del 1938 e sullo «Sporazum» si veda P. S. RAMET, *The three Yugoslavias*, 104-109.

[241] I. MONTANAR, *Il vescovo lavantino*, 65.

[242] Istruzioni per Pellegrinetti, giugno 1922, in ASV, *Arch. Nunz. Jugoslavia*, busta 2, ff. 81v-82r.

[243] «[3 febbraio 1919] *Secondo monsignore [Tedeschini] il riconoscimento della nazione jugoslava è stato un grave errore. Non crede che finiscano realmente le divisioni e antagonismi tra croati e serbi*»: «*La conciliazione ufficiosa*», vol. II, 434; M. VALENTE, «Pio XI e le conseguenze», 399, nota 3.

appoggio per la causa "jugoslava" presso il pontefice che, secondo la testimonianza di Jeglič (agosto 1919), non aveva niente contro il nuovo Stato. Lo stesso Bastien in uno dei suoi rapporti osservava però che i vescovi erano inebriati all'idea dell'unione con la Serbia. Uno dei vescovi meno entusiasti del predominio serbo, mons. Miedia, arcivescovo di Scopia, già nel corso dell'anno 1919 avvertiva la Santa Sede che il governo serbo da una parte ostacolava lo sviluppo della religione cattolica e, dall'altra, sosteneva e difendeva ad oltranza l'ortodossia e i suoi seguaci[244].

La Santa Sede reagì speditamente alle notizie giunte dal nuovo regno convocando già nel dicembre del 1919 la sessione della congregazione degli affari ecclesiastici straordinari, per discutere sulle preghiere da farsi per il sovrano jugoslavo, anche alla luce delle pressioni serbe sul territorio dell'arcidiocesi di Scopia[245]. Intanto arrivavano a Roma altre notizie sulla difficile situazione dei cattolici jugoslavi: l'incarcerazione di sacerdoti della regione di Đakovo, Ipek, ecc. accusati d'aver operato contro lo Stato jugoslavo; la persecuzione dei cattolici di rito bizantino in Macedonia; la soppressione di istituti cattolici d'origine ungherese e di congregazioni mariane, annesse alle scuole in Bosnia; l'applicazione di leggi per la Slovenia, contrarie all'insegnamento religioso; la riforma agraria, nociva alla Chiesa cattolica[246]. A ciò si aggiungevano le difficoltà interne: l'organizzazione territoriale e pastorale della Chiesa molto precaria, con molte sedi vacanti; il clero in generale numericamente scarso, specialmente quello diocesano; il politicantismo "eccessivo" del clero a causa della carenza di politici cattolici laici; la mancata unione dei politici cattolici nella difesa degli interessi religiosi, schierati piuttosto secondo gli interessi nazionali[247]. Ben presto apparvero irrealizzabili le speranze di

---

[244] S.RR.SS., AA.EE.SS., *Rapporti delle Sessioni*, anno 1919, Sessione 1231, stampa 1070, «Archidiocesi di Scopia – preghiere per il Sovrano», 14 dicembre 1919, Relazione, p. 8.

[245] *Ibidem*, Relazione. Secondo quanto espone lo studioso Valente, la prima discussione della congregazione circa gli affari jugoslavi avrebbe avuto luogo già al principio del 1919, però ciò non corrisponde alla lista delle Sessioni sinora conosciute (M. VALENTE, «Santa Sede e Jugoslavia», 190, n. 4).

[246] *La Santa Sede nell'assetto*, 50-51. Si vedano inoltre numerosi rapporti della Nunziatura di Belgrado: ASV, *Arch. Nunz. Jugoslavia*, busta 1.

[247] *La Santa Sede nell'assetto*, 51-53; Istruzioni per Pellegrinetti, giugno 1922, in ASV, *Arch. Nunz. Jugoslavia*, busta 2, ff. 81rv, 82v-89v. Si veda anche il volume assai ampio sulla situazione dei cattolici jugoslavi nelle diverse regioni del regno: S.RR.SS., AA.EE.SS., *Rapporti delle Sessioni*, anno 1922, Sessione 1246, stampa 1088, «Jugoslavia – interessi religiosi», 23 marzo 1922, Relazione, 113 pp.

Bastien che, avendo in mente primariamente i diritti religiosi, aveva optato per un partito cattolico per tutto il Paese[248].

L'elenco degli innumerevoli gravami sulla Chiesa cattolica spinse nuovamente la Santa Sede a convocare una «congregazione particolare», indetta per il 23 marzo 1922, per cercare rimedi alle condizioni più che sfavorevoli in cui versava il cattolicesimo jugoslavo. In primo luogo i cardinali discussero assai vivacemente sul contegno da assumersi da parte della Santa Sede di fronte al governo in tali circostanze. L'idea della rottura delle relazioni diplomatiche non sembrava inverosimile, però si preferì un atteggiamento più moderato, seppur energico, nei confronti del governo jugoslavo. Il "capro espiatorio" fu individualto nel nunzio Cherubini, ritenuto dai cardinali corresponsabile della "miseria" dei cattolici e non all'altezza di difendere gli interessi cattolici: «*vediamo che il Nunzio non fa niente*». Si propose di mandare a Belgrado un nunzio «*di polso*» in grado di sostenere con risolutezza i *desiderata* cattolici: fu scelto un uomo di fiducia, mons. Pellegrinetti, che era stato segretario dell'attuale pontefice durante una missione diplomatica in Polonia[249].

Di fronte alle continue lamentele dei cattolici, che vedevano nello Stato jugoslavo un tiranno crudele nei loro confronti, il presidente del consiglio Srškić una volta affermò:

> Può parlare del difficile stato della Chiesa Cattolica presso di noi solo chi non conosce le nostre circostanze ovvero quegli che per ostilità al nostro Stato e popolo sente il bisogno di mantenere un tale erroneo concetto del nostro paese[250].

---

[248] «*L'organizzazione politica dei cattolici è in Jugoslavia pressoché nulla […]. Il partito popolare è ben lungi dall'accogliere nelle sue file tutte le energie cattoliche del regno. Simpatie ed ambizioni personali; vecchie clientele cui non si ha il coraggio di sottrarsi, egoismo ed ottusità intellettuale, tengono miseramente divise le nostre forze, sicché il partito popolare, che potrebbe e dovrebbe essere l'esponente del 42% della popolazione, non conta in parlamento che 28 su 417 deputati, minoranza trascurabile e trascurata di fatto dal potente blocco democratico-radicale*», Felici a Gasparri, Belgrado, 30 aprile 1922, rapporto n. 169/22 (minuta), in ASV, *Arch. Nunz. Jugoslavia*, busta 1, f. 624r.

[249] S.RR.SS., AA.EE.SS., *Rapporti delle Sessioni*, anno 1922, Sessione 1246, stampa 1088, «Jugoslavia – interessi religiosi», 23 marzo 1922, Verbale, ff. 1r-2r; M. VALENTE, *Diplomazia pontificia*, 167-169.

[250] Discorso del presidente del consiglio Srškić al parlamento del 16 marzo 1933 (trad. it.), in ASV, *Arch. Nunz. Jugoslavia*, busta 6, f. 120v; Pellegrinetti a Pacelli, Belgrado, 18 marzo 1933, rapporto n. 14460 (minuta), *ibidem*, 121r-122r.

Prima di affrontare da vicino le singole problematiche religiose del regno è opportuno ribadire un fatto caratteristico di tutto il periodo del Regno SHS/Jugoslavia: ogni nazionalità tendeva ad identificarsi con la "propria" confessione. Possiamo parlare di una sovrapposizione pressoché perfetta fra nazionalità e confessione. Così un serbo si immedesimava quasi esclusivamente con l'ortodossia, un croato (o uno sloveno) con il cattolicesimo. Perciò non era facile distinguere le questioni politiche da quelle religiose, spesso a scapito di queste ultime, "sfruttate" come pretesto nelle lotte nazionali e politiche[251].

Ci furono vari tentativi da parte dei vertici, soprattutto nel periodo della dittatura regia, di smorzare le differenze nazionali e religiose, inculcando ai sudditi il cosiddetto «jugoslavismo integrale», inteso come abbandono totale delle tendenze autonomiste e centrifughe o almeno come ridimensionamento delle differenze di stirpe, per creare un'identità unitaria. Tale progetto però non perseguiva solamente l'appiattimento delle differenze di nazionalità ma anche di quelle di confessione. Secondo lo «jugoslavismo integrale» la differenza di religione era un grande impedimento, se non addirittura il principale; per l'unione bisognava quindi ridurre le religioni a una specie di comun denominatore, proclamando la tolleranza e una sorta d'indifferentismo. Nel mirino di quest'ideologia vi era soprattutto la Chiesa cattolica, ritenuta intransigente e non nazionale, dal momento che aveva il proprio capo in Italia, un vicino ostile e pericoloso, a differenza della Chiesa ortodossa, campione tutto particolare dell'identità nazionale.

È logico che la Chiesa ortodossa serba non fosse colpita da questo progetto "integralista" come quella cattolica, dal momento che i fautori principali di questa politica erano proprio gli ortodossi, *in primis* il re Aleksandar. Questi, resosi comunque conto della forte presenza cattolica nel regno, assunse un atteggia-

---

[251] Interessanti a riguardo alcune analisi del nunzio Pellegrinetti: «*I Croati (e Sloveni) spesso sembrano, quasi per inconscia imitazione dei Serbi, identificare il cattolicesimo con la loro stirpe ed aspirazione politica e così scorgervi e cercarvi un mezzo di lotta contro i Serbi e di difesa della propria individualità nazionale*»: Pellegrinetti a Pacelli, Belgrado, 30 aprile 1934, rapporto n. 16000, in S.RR.SS., AA.EE.SS., *Jugoslavia*, pos. 96, fasc. 60, f. 72v. «*Malauguratamente le rivalità di stirpe e di politica si trovano con la religione, il che rende ogni problema religioso particolarmente delicato. Specialmente tra i Croati è viva la tradizione di un loro Stato nazionale, donde la tendenza al separatismo o almeno all'autonomia; e come i Serbi identificano la loro Chiesa con la loro razza, così i Croati sono portati a identificare, in certo senso, di fronte ai Serbi, il Cattolicesimo col Croatismo*»: Pellegrinetti a Pacelli, Belgrado, 1° giugno 1934, rapporto n. 16154, *ibidem*, fasc. 58, ff. 34v-35r.

mento molto prudente di fronte ai vescovi cattolici e alla stessa diplomazia pontificia. Il nunzio apostolico e in genere la Santa Sede erano visti come coloro che pretendevano di dare regole o limiti alla legislazione interna jugoslava e anche come un fulcro dell'opposizione dell'episcopato. Una vera cordialità nelle relazioni, quindi, fu sempre esclusa[252]. Nei rapporti tra il re e i vescovi esisteva una certa ambiguità. Il programma dello «jugoslavismo integrale», con cui il monarca tentava di limitare il forte influsso alla Chiesa cattolica, soprattutto nell'ambito dell'istruzione della gioventù, si scontrò in modo violento con la gerarchia cattolica, che vi vedeva un attacco frontale ad uno dei capisaldi della propria identità e missione. D'altro lato, egli, in nome dello stesso programma unitarista, voleva guadagnare le simpatie dei cattolici[253].

Qualche volta era benevolo verso i vescovi perché non era sicuro della propria popolarità in Croazia e Slovenia. Nei confronti di Korošec, il re non ebbe un'unica linea di condotta: per diversi anni, infatti, alternò il conferimento delle cariche più alte (presidente del consiglio) con l'invio al confino. Korošec, tra l'altro, venne piu volte criticato dal nunzio Pellegrinetti perche gli sarebbero stati a cuore piu la politica e gli interessi dei suoi amici personali, che la Chiesa e i principi cattolici. In ogni caso, anche l'opportunismo politico del sacerdote sloveno, che più volte scese a compromessi rispetto al programma del proprio partito, influì non poco sull'atteggiamento benevolo del re nei suoi confronti[254]. Infatti, il re si liberava spesso, se gli sembrava opportuno, dei collaboratori più stretti e si serviva di persone anche estranee al governo per missioni delicate e segrete[255].

---

[252] Pellegrinetti a Gasparri, Belgrado, 22 gennaio 1930, rapporto n. 10225, *ibidem*, pos. 90, fasc. 51, f. 28v.

[253] «*Da ciò oscitanza della politica di Belgrado verso la Chiesa Cattolica. Non favorirla, ma non entrare in aperto contrasto; tentare di diminuirne l'influenza, ma ritirarsi se le proteste sono troppo forti; volere rapporti normali con la Santa Sede, ma senza intimità: dare la preferenza pratica nella vita pubblica ai serbi non cattolici, ma proclamare l'uguaglianza delle stirpi e delle religioni*»: Pellegrinetti a Gasparri, Belgrado, 30 dicembre 1929, rapporto n. 10133, *ibidem*, fasc. 50, f. 97v.

[254] Pellegrinetti a Pacelli, Belgrado, 22 gennaio 1930, rapporto n. 10225, *ibidem*, fasc. 51, ff. 28v-29r.

[255] Pellegrinetti a Pacelli, Roma, 2 giugno 1933, rapporto 1701/33 (Segreteria di Stato), *ibidem*, pos. 96, fasc. 56, ff. 52v-53r; si veda anche l'annotazione personale di Pellegrinetti, n. 14752, in ASV, *Arch. Nunz. Jugoslavia*, busta 8, f. 380rv.

3.2.1 La massoneria e la Chiesa cattolica

Uno dei più forti assertori dello «jugoslavismo integrale» fu la massoneria che nell'influenza serba vedeva un alleato contro il clericalismo, ossia il cattolicesimo[256], ritenuto un grande ostacolo per l'unità nazionale e spirituale[257]. Le logge jugoslave, dirette dal Grand'Oriente di Francia, avrebbero goduto di un gran potere in Jugoslavia[258] e, data la stretta unione che il Regno SHS aveva con la Francia nella sua resistenza alla penetrazione italiana, si capisce come la massoneria ritenesse di sostenere anzitutto gli interessi nazionali[259]. Tutt'ora rimane avvolto nel mistero il rapporto tra il re Aleksandar e la massoneria e il suo coinvolgimento nell'attentato di Marsiglia[260].

---

[256] Pellegrinetti a Pacelli, Belgrado, 30 aprile 1934, in S.RR.SS., AA.EE.SS., *Jugoslavia*, pos. 96, fasc. 60, f. 71rv. Sull'atteggiamento della massoneria jugoslava verso la Chiesa cattolica si veda I. Mužić, *Masonstvo u Hrvata*, 275-303, 605-621. L'autore utilizza una documentazione archivistica molto vasta, in primo luogo le fonti primarie della stessa massoneria.

[257] *«La religione cattolica costituisce un enorme atto della tragedia slava e un vivo ostacolo per l'unità spirituale degli Jugoslavi; [...] in Jugoslavia tutte le leggi ecclesiastiche vengano accomodate allo spirito progressivo dei tempi, e per di più le chiese cristiane fondino una comune religione di Stato»*: dichiarazione del capo della Loggia serba «Pobratim» di Belgrado Damjan J. Branković del 9 giugno 1932, *Politika*, 11 luglio 1932, Anno XXIX – n. 8679, p. 3, trad. it. (Pellegrinetti a Pacelli, Belgrado, 11 luglio 1932, rapporto n. 13559 (minuta), in ASV, *Arch. Nunz. Jugoslavia*, busta 5, f. 523v). In lingua orig. si veda *ibidem*, f. 524. Si veda anche Pellegrinetti a Pacelli, Belgrado, 25 gennaio 1933, rapporto n. 14228 (minuta), *ibidem*, busta 14, f. 61rv.

[258] *«Massoni sono in tutti i partiti della Camera, eccetto quello di Korošec»*: Pellegrinetti a Gasparri, Belgrado, 24 febbraio 1928, rapporto n. 7894 (minuta), in ASV, *Arch. Nunz. Jugoslavia*, busta 4, f. 209v.

[259] Pellegrinetti a Gasparri, Belgrado, 10 gennaio 1928, rapporto n. 7769 (minuta), *ibidem*, f. 174v.

[260] Il re avrebbe detto al nunzio: *«Certi giornali italiani mi proclamano massone, anzi uno degli agenti peggiori della massoneria e mettono questa pretesa qualità in correlazione ad una asserita politica anticattolica. Io al contrario non solo non sono massone, ma detesto tutte le società secrete»*: Pellegrinetti a Pacelli, Belgrado, 22 dicembre 1930, rapporto n. 11533, in S.RR.SS., AA.EE.SS., *Jugoslavia*, pos. 96, fasc. 53, f. 81v. Alcuni storiografi ritengono molto probabile la sua appartenenza alla massoneria, ma che ne sarebbe uscito una volta salito al trono. I suoi rapporti con la massoneria sarebbero stati comunque cordiali, almeno fino al 1932-33. Le posizioni anticattoliche della massoneria e l'abbandono della politica "filofrancese" del sovrano avrebbero peggiorato il rapporto vicendevole, fino al punto di non escludere la possibilità di una congiura massonica nel regicidio (I. Mužić, *Masonstvo u Hrvata*, 268-273).

Già subito dopo la formazione del regno nel 1918, la massoneria si schierò con alcuni membri del basso clero che volevano la riforma della Chiesa cattolica, tra cui l'avvicinamento con la Chiesa ortodossa e la soppressione del celibato obbligatorio, la recita facoltativa – o almeno non *sub gravi* – della liturgia delle ore, l'uso opzionale dell'abito ecclesiastico, ecc.[261]. Questo movimento sfociò alla fine in una nuova comunità religiosa, denominata Chiesa vetero-cattolica croata («Hrvatska starokatolička crkva»), subito riconosciuta (1924) e favorita dal regime e dalla stessa massoneria, anche in chiave antiromano-cattolica, e da alcuni ritenuta un ponte per il passaggio dal cattolicesimo all'ortodossia[262]. Con la propaganda per la lingua nazionale (croata) nella liturgia questa gente spesso dipingeva la Santa Sede come ostile ai croati, visto che la curia romana rimaneva piuttosto restia a permettere la liturgia in paleoslavo nella Chiesa latina[263]. L'argomento sulla lingua liturgica sarà comunque approfondito in seguito. Nella Chiesa vetero-cattolica la massoneria poneva le proprie speranze per separare i cattolici dal loro capo "straniero" e fondare una Chiesa cattolica nazionale[264].

3.2.2 Le leggi scolastiche

Uno dei principali campi di battaglia fra la massoneria e la Chiesa cattolica fu l'ambito dell'istruzione della gioventù. Nel territorio serbo per le scuole elementari valeva la legge del 1904, allargata alla Vojvodina nel 1919, che in questo ambito sottraeva ogni giurisdizione alle autorità ecclesiastiche. La costituzione del 1921 affidava la scuola alla "vigilanza" dello Stato (art. 16), anche se non vietava espressamente le scuole private.

Uno dei conflitti più aspri tra le vedute liberali, nelle quali si riconobbero i massoni, e quelle cattoliche, si accese in seguito alla promulgazione delle leggi

---

[261] I. MUŽIĆ, *Masonstvo u Hrvata*, 283-284.

[262] ID., *Katolička crkva*, 38-40; *Nedjelja*, Sarajevo, 2 marzo 1924 (trad. it.), in ASV, *Arch. Nunz. Jugoslavia*, busta 3, f. 190v; Pellegrinetti a Gasparri, Belgrado, 20 agosto 1925, rapporto n. 4985, in S.RR.SS., AA.EE.SS., Jugoslavia, pos. 9, fasc. 13, 40r; Pellegrinetti a Gasparri, Belgrado, 30 dicembre 1929, rapporto n. 10133, *ibidem*, pos. 90, fasc. 50, f. 97v; Simić a Marinković, Roma, 20 aprile 1927, rapporto n. 59 (minuta), AJ, *Poslanstvo Kraljevine Jugoslavije pri Svetoj Stolici (372)*, fasc. 11, [mappa 4], ff. n.n.

[263] Pellegrinetti a Gasparri, Belgrado, 26 novembre 1925, rapporto n. 5348 (minuta), in ASV, *Arch. Nunz. Jugoslavia*, busta 3, f. 500v; Istruzioni per Pellegrinetti, giugno 1922, *ibidem*, busta 2, ff. 89v-91v.

[264] I. MUŽIĆ, *Masonstvo u Hrvata*, 290-291.

scolastiche nel 1929[265]. Dopo un decennio di inutili tentativi, lo Stato, per mezzo del ministero dell'istruzione, riuscì – grazie all'introduzione della dittatura regia – ad unificare le diverse legislazioni scolastiche preesistenti. Già la prima legge scolastica, quella sulle scuole medie, diede un colpo durissimo alla Chiesa cattolica: erano chiari l'intento dello Stato di monopolizzare le scuole e la tendenza a laicizzarle[266].

Dopo la pubblicazione di ulteriori leggi sulle scuole magistrali ed elementari, che ripresero lo spirito della prima[267], il nunzio Pellegrinetti[268] e i vescovi cattolici, illusi dalle prospettive positive dalla dittatura[269], protestarono veemente a più riprese presso il governo e il monarca Karađorđević, denunciando una vera e propria lotta religiosa (*Kulturkampf*) diretta contro la Chiesa cattolica[270]. L'effetto di tali proteste fu la pubblicazione dei nuovi «regolamenti» per l'applicazione delle leggi scolastiche. In essi, secondo il nunzio, avrebbero tenuto conto – almeno fino ad un certo punto – delle obiezioni cattoliche. Le leggi come tali, invece, rimasero immutate[271].

---

[265] «Legge sulle Scuole Medie» del 31 agosto 1929 (pubblicata sulle *Službene novine*, n. 217, 17 settembre 1929); «Legge sulle Scuole Magistrali» del 17 settembre 1929 (pubblicata sulle *Službene novine*, n. 230, 2 ottobre 1929); «Legge sulle Scuole Nazionali» (elementari) del 5 dicembre 1929 (pubblicata sulle *Službene novine*, n. 289, 9 dicembre 1929). Si veda N. Žutić, *Kraljevina Jugoslavija*, 379, nota 54.

[266] Pellegrinetti a Gasparri, Belgrado, 18 settembre 1929, rapporto n. 9729, in S.RR.SS., AA.EE.SS., *Jugoslavia*, pos. 90, fasc. 50, f. 42rv.

[267] L'art. 43 della «Legge sulle scuole primarie» stabiliva il diritto dei genitori di scegliere liberamente l'insegnante per l'insegnamento religioso dei propri figli, tra un laico o un sacerdote. Si sarebbe trattato allora di un'"usurpazione" dei diritti della Chiesa cattolica, dove l'insegnamento religioso dipendeva esclusivamente dai vescovi, che agli insegnanti consegnavano la cosiddetta *missio canonica*.

[268] «*On voudrait tout court nier et empêcher le droit de l'Eglise Catholique de constituer, former, diriger des associations religieuses pour la jeunesse en général*»: Pellegrinetti a Marinković, Belgrado, 24 ottobre 1929, nota n. 9857 (copia), in S.RR.SS., AA.EE.SS., *Jugoslavia*, pos. 90, fasc. 50, f. 50r; «*La dissolution de l'association des "Aigles" porte une atteinte à la mission de l'Eglise*»: Pellegrinetti a Marinković, Belgrado, 11 dicembre 1929, nota n. 10030 (copia), *ibidem*, f. 65r.

[269] Pellegrinetti a Gasparri, Belgrado, 11 aprile 1929, rapporto n. 9267 (minuta), in ASV, *Arch. Nunz. Jugoslavia*, busta 4, ff. 383r-384r; N. Žutić, *Kraljevina Jugoslavija*, 381, 387.

[270] «*I Vescovi sono allarmati, perché temono che questo sia solo il principio d'una lotta contro la Chiesa*»: Pellegrinetti a Gasparri, Belgrado, 16 dicembre 1929, rapporto n. 10030, in S.RR.SS., AA.EE.SS., *Jugoslavia*, pos. 90, fasc. 50, f. 62r.

[271] Pellegrinetti a Gasparri, Belgrado, 15 gennaio 1930, rapporto n. 10187, *ibidem*, fasc. 51, ff. 18r-19r.

I presuli cattolici videro nei regolamenti un notevole miglioramento, ma non sembravano ancora soddisfatti, anche per il fatto che si trattava solo di regolamenti, cioè di interpretazioni delle leggi rimaste in vigore. Nel frattempo si pubblicava l'enciclica papale sull'educazione cristiana della gioventù *Divini Illius Magistri*, «*che si direbbe scritta apposta per il momento attuale iugoslavo*»[272].

Dopo alcuni mesi di insistenza da parte dei vescovi, inclusa la minaccia di condannare pubblicamente le disposizioni anticattoliche delle leggi scolastiche[273], il governo cedette ancora una volta apportando alcune modifiche alle leggi scolastiche per le scuole elementari (popolari). Seppur con riserve la nuova legge fu salutata dalla Chiesa cattolica come una grande vittoria[274]. Un passo ulteriore si fece tre anni più tardi (25 luglio 1933) quando uscì la «Legge sull'insegnamento religioso», che ne ribadiva l'obbligatorietà nelle scuole elementari, complementari, medie e magistrali[275]. La questione delle scuole private (confessionali) e delle associazioni cattoliche si regolò invece alcuni anni dopo in occasione della stipulazione del concordato.

3.2.3 L'azione dei vescovi contro l'associazione «Sokol»[276]

Nell'inverno tra il 1932 e il 1933 i rapporti tra lo Stato jugoslavo e la Santa Sede si inasprirono a tal punto che la rottura delle relazioni diplomatiche sembrava solo una conseguenza logica. Il vescovo Bauer aveva già inviato nell'estate del 1931 un promemoria al re sull'attività anticattolica dell'associazione ginnica statale «Sokol»[277]. I vescovi, riuniti in conferenza episcopale nell'autunno del

---

[272] Pellegrinetti a Gasparri, Belgrado, 22 gennaio 1930, rapporto n. 10224 (minuta), in ASV, *Arch. Nunz. Jugoslavia*, busta 13, f. 2r. Secondo Žutić l'enciclica sarebbe stata una reazione diretta alla formazione dell'associazione statale «Sokol Kraljevine Jugoslavije» (N. ŽUTIĆ, *Kraljevina Jugoslavija*, 383).

[273] Pellegrinetti a Pacelli, Belgrado, 4 maggio 1930, rapporto n. 10646, in S.RR.SS., AA.EE.SS., *Jugoslavia*, pos. 90, fasc. 51, ff. 76r-80r; Pellegrinetti a Pacelli, Belgrado, 21 maggio 1930, rapporto n. 10706, *ibidem*, ff. 83r-86r.

[274] Pellegrinetti a Pacelli, Belgrado, 15 luglio 1930, rapporto n. 10927, *ibidem*, ff. 89r-94r.

[275] Pellegrinetti a Pacelli, Belgrado, 27 luglio 1933, rapporto n. 14935 (minuta), in ASV, *Arch. Nunz. Jugoslavia*, busta 6, ff. 244r-245v. Per la sintesi della questione delle «leggi scolastiche» si veda B. KOLAR, «Korošec in osrednja», 204-206.

[276] Per una sintesi si veda R. TOLOMEO, «Questione nazionale», 235-238.

[277] Bauer al re Aleksandar, Zagabria, 18 agosto 1931, memorandum n. 12410 (Nunziatura – copia), in ASV, *Arch. Nunz. Jugoslavia*, busta 13, ff. 416r-420v; Bauer a Pellegrinetti, Zagabria, 23 settembre 1931, lettera n. 12521 (Nunziatura), in ASV, *Arch. Nunz. Jugoslavia*, busta 5, f. 389rv.

1931, pubblicarono una lettera collettiva, nella quale ribadivano i diritti della Chiesa in fatto di educazione, alludendo così indirettamente alla tendenza anti-cattolica del «Sokol»[278].

A metà novembre 1932 il vescovo di Veglia, mons. Srebrnič[279], scrisse un libro intitolato *Libertà alla Chiesa*, nel quale esponeva e condannava le disposizioni che i vari governi jugoslavi avevano emanato contro i diritti e la libertà della Chiesa. Si criticava la legislazione scolastica, le tendenze anticattoliche dell'associazione ginnica «Sokol», le noie subite dalle associazioni cattoliche, la persecuzione dei greco-cattolici e la riforma agraria. A suo dire, pertanto, era un'ironia parlare di libertà della Chiesa cattolica in Jugoslavia. Il libro fu subito confiscato dalle autorità e l'abitazione del prelato venne perquisita[280].

Pochi giorni dopo i vescovi, impressionati dall'accaduto, si riunirono a Zagabria per la riunione annuale della conferenza episcopale[281]. Šarić, vescovo di Sarajevo, propose di scrivere una violenta lettera collettiva contro il governo. Altri vescovi e il nunzio stesso sconsigliarono un attacco frontale che avrebbe provocato un vero conflitto[282]. Alla fine si decise di pubblicare, sotto forma di comunicato ai giornali, le risoluzioni finali della conferenza, nelle quali si protestava contro gli attacchi "incivili" rivolti al papa; si chiedevano il riconoscimento dei diritti della Chiesa e dei genitori in materia d'insegnamento religioso; si esigeva che la gioventù cattolica fosse sottratta al «Sokol»; si condannavano gli insulti e la persecuzione contro i vescovi, sacerdoti e laici intellettuali cattolici; si raccomandava l'azione caritativa dei fedeli per i poveri. Nuovamente la censura ne proibì la pubblicazione e il regime vi scorse una lesione della dignità dello Stato. Si faceva credere all'opinione pubblica, come già in passato, che dietro

---

[278] Vescovi al re Aleksandar, Zagabria, 12 ottobre 1931, memorandum (copia), in ASV, *Arch. Nunz. Jugoslavia*, busta 13, f. 454r; Pellegrinetti a Pacelli, Belgrado, 9 novembre 1931, rapporto n. 12627 (minuta), *ibidem*, f. 477rv.

[279] Circa la biografia di Josip Srebrnič (1876-1966) si veda B. KOLAR, «Zgodovinar dr. Josip Srebrnič», 363-374.

[280] Pellegrinetti a Pacelli, Belgrado, 23 novembre 1932, rapporto n. 13963 (minuta), in ASV, *Arch. Nunz. Jugoslavia*, busta 13, ff. 686r-687v.

[281] Protocollo della conferenza episcopale (16-22 novembre 1932) si veda in ASV, *Arch. Nunz. Jugoslavia*, busta 14, ff. 125-143; NŠAL, ŠAL/SP V, fasc. 269: «Škofovska konferenca 1922-1942», [mappa 13], pp. 1-19.

[282] Pellegrinetti a Pacelli, Belgrado, 22 novembre 1932, rapporto n. 13960 (minuta), in ASV, *Arch. Nunz. Jugoslavia*, busta 13, f. 685rv; ASV, Archivio della Prefettura, *Diari del card. Pellegrinetti*, 20 e 21 novembre 1932, vol. 13, f. 48rv.

tali azioni non stessero i cattolici jugoslavi, bensì gli "stranieri" di Roma[283].

L'episcopato, riunito nella conferenza, s'accinse, al contempo, a fare un passo ancora più deciso, cioè la stesura di una circolare contro il «Sokol», da leggersi poi nelle chiese cattoliche l'8 gennaio 1933[284]. Si trattò di una vera e propria condanna dell'associazione ginnica statale, giacché la stessa fede sarebbe stata minacciata dalla sua ideologia, ispirata dal "miscredente" Tyrš. Secondo i vescovi l'associazione, con la sua apparente tolleranza religiosa, diventava sempre più areligiosa, anzi antireligiosa. I genitori cattolici avrebbero dovuto perciò rimuovere i loro figli da "tale pericolo". Le considerazioni finali della circolare, poiché davano l'impressione di essere concepite più in senso politico che religioso, provocarono una forte irritazione nei circoli del regime[285].

La stampa non perse l'occasione di dimostrare ripetutamente che un tale comportamento separatista dei vescovi croati e sloveni significasse un attacco frontale all'unità jugoslava, uno dei capisaldi dello Stato, tacciandoli di atteggiamento antinazionale[286]. La censura permetteva l'attacco contro la circolare ma non la difesa da parte dell'episcopato[287]. Nel parlamento alcuni chiedevano sanzioni e rappresaglie contro i vescovi e i gesuiti, presunti "agenti" del Vaticano, accusati

---

[283] Pellegrinetti a Pacelli, Belgrado, 28 novembre 1932, rapporto n. 13185 (minuta), in ASV, *Arch. Nunz. Jugoslavia*, busta 13, ff. 688r-689v.

[284] Prima di procedere alla condanna pubblica il vescovo Bauer andò a Belgrado per verificare se la direzione dei «Sokol» era disposta a modificare alcune disposizioni "nocive" alla Chiesa, richieste dai vescovi sin dal 1931. Mentre i capi sokolici serbi e croati avrebbero mostrato qualche propensione ad un accomodo, quelli sloveni, «*che sempre, da trent'anni in qua, sono stati più in disaccordo col clero*», invece, si opposero risolutamente (Pellegrinetti a Pacelli, Belgrado, 17 gennaio 1933, rapporto n. 14195 (minuta), *ibidem*, busta 14, ff. 27r-30v). «*Si sa che il carattere del Sokol in Jugoslavia in quanto organizzazione a tendenze massoniche e anticattoliche è soprattutto sviluppato in Slovenia, dove sempre è stato in lotta col clero*»: Pellegrinetti a Pacelli, Belgrado, 25 gennaio 1933, rapporto n. 14228 (minuta), *ibidem*, f. 59v. Il testo della circolare, n. 301, si veda *ibidem*, busta 6, f. 2rv.

[285] Pellegrinetti a Pacelli, Belgrado, 25 gennaio 1933, rapporto n. 14228 (minuta), *ibidem*, busta 14, f. 61v.

[286] Pellegrinetti a Pacelli, Belgrado, 17 gennaio 1933, rapporto n. 14195 (minuta), *ibidem*, ff. 29v-30r.

[287] Pellegrinetti a Pacelli, Belgrado, 7 febbraio 1933, rapporto n. 14276 (minuta), *ibidem*, f. 90r.

d'aver composto la "nefasta" circolare secondo le indicazioni di Roma[288]. Viktor Novak, uno dei massoni croati più in auge[289], nei suoi articoli dipingeva i gesuiti e la Santa Sede come nemici degli slavi[290].

Dopo la bufera giornalistica alcuni deputati, approfittando del momento propizio, presentarono alla camera due progetti di legge: uno per la separazione della Chiesa dallo Stato e l'altro per l'espulsione dei gesuiti. Il primo[291], discusso in parlamento l'8 febbraio 1933 e sottoscritto da 67 deputati (su un totale di 305), mise in imbarazzo lo stesso governo, sorpreso da un passo tanto risoluto. Il gabinetto di Srškić, che non voleva urtare gli animi irritati della Santa Sede, rispose che il parlamento aveva da occuparsi di ben altre questioni urgenti e che quella della separazione sembrava troppo delicata e complessa[292]. «*La Jugoslavia non è matura per il laicismo*»[293]. Pochi giorni dopo, il 17 febbraio, fu presentato il progetto di legge contro i gesuiti, preparato già antecedentemente alla circolare sul «Sokol»[294]. Esso prevedeva la soppressione, la confisca dei beni dell'ordine dei gesuiti e l'espulsione o confinamento dei suoi membri. Appellandosi pure al fatto che la Compagnia di Gesù era già stata soppressa in alcuni Paesi cattolici per le sue azioni antistatali, la motivazione della legge era da ricercarsi nelle peculiarità "pericolose" della Compagnia: in particolare nell'obbedienza cieca al pontefice e al preposito

---

[288] Pellegrinetti a Pacelli, Belgrado, 25 gennaio 1933, rapporto n. 14228 (minuta), *ibidem*, ff. 61v-62r; Pellegrinetti a Pacelli, Belgrado, 7 febbraio 1933, rapporto n. 14276 (minuta), *ibidem*, f. 91v.

[289] La sua autobiografia, scritta nel 1942 per i servizi segreti tedeschi, si veda in I. Mužić, *Masonstvo u Hrvata*, 591-604.

[290] Pellegrinetti a Pacelli, Belgrado, 7 febbraio 1933, rapporto n. 14276 (minuta), in ASV, *Arch. Nunz. Jugoslavia*, busta 14, ff. 90v-91r.

[291] Il testo del «Progetto di legge per la separazione» in trad. it. si veda *ibidem*, busta 6, f. 42rv; in lingua orig. *ibidem*, f. 45r. I nomi dei deputati che firmarono il progetto si vedano *ibidem*, f. 46r.

[292] Dalla discussione in parlamento, Belgrado, 8 febbraio 1933, *ibidem*, f. 43r.

[293] Pellegrinetti a Pacelli, Belgrado, 10 febbraio 1933, rapporto n. 14292 (minuta), *ibidem*, f. 50r.

[294] R. Tolomeo, «Questione nazionale», 236. Il testo del «Progetto di legge» in it. si veda in ASV, *Arch. Nunz. Jugoslavia*, busta 6, ff. 63rv. Il testo, in lingua orig., si veda in S. Simić, *Jugoslavija i Vatikan*, 48-50. Al progetto fu inclusa anche la motivazione (si veda ASV, *Arch. Nunz. Jugoslavia*, busta 6, ff. 64r-66r; in lingua orig., *ibidem*, ff. 59-61, con i nomi dei deputati a favore della legge). L'idea di espellere i gesuiti risale già al 1918 con un progetto del «Comitato nazionale» di Zagabria (S. Simić, *Jugoslavija i Vatikan*, 14-16).

generale straniero, per cui mai sarebbero potuti diventare nazionalisti[295].

Il nunzio protestò energicamente presso il ministro degli esteri Jevtić, sia con una «Nota»[296] che a viva voce[297], avvertendolo che un siffatto progetto avrebbe significato una guerra a oltranza contro la Chiesa e la Santa Sede. Il ministro, ribadendo le buone intenzioni e l'importanza dei buoni rapporti con la Santa Sede, gli assicurò che il governo non aveva né iniziato né incoraggiato il progetto e che non sarebbe stato approvato in parlamento e che in ogni caso il re non l'avrebbe firmato[298]. Anche la corrispondenza interna tra il ministero degli esteri e la legazione jugoslava presso la Santa Sede, e tra il ministro Simić e il cardinale Pacelli[299], dimostrava la buona volontà del governo, che accettava anche il parere dei francesi, che consigliavano di avere uno spirito conciliante nei confronti della Santa Sede[300]. Uno dei motivi determinanti per l'atteggiamento benevolo del governo furono le trattative concordatarie, che dopo una lunga pausa, proprio in quel momento, iniziavano una nuova fase.

Nonostante i toni concilianti, nei primi mesi del 1933 i rapporti tra la Segreteria

---

[295] «Né all'Ordine dei gesuiti né ai singoli appartenenti era più permesso trattenersi sul territorio dal momento dell'entrata in vigore della legge, mentre per quanti fossero cittadini jugoslavi era previsto il confino sull'isola di Lissa. I beni dell'Ordine sarebbero stati confiscati e messi all'asta; né come Ordine né come singoli, gli appartenenti alla Compagnia avrebbero più potuto acquistare beni immobili. Inoltre veniva loro interdetta qualsiasi attività ecclesiastica»: R. TOLOMEO, «Questione nazionale», 236, nota 29. Si veda anche: Pellegrinetti a Pacelli, Belgrado, 18 febbraio 1933, rapporto n. 14344 (minuta), in ASV, *Arch. Nunz. Jugoslavia*, busta 6, f. 69rv.

[296] Pellegrinetti a Jevtić, Belgrado, 18 febbraio 1933, nota n. 14343 (minuta), in ASV, *Arch. Nunz. Jugoslavia*, busta 6, f. 57rv; Pellegrinetti a Pacelli, Belgrado, 18 febbraio 1933, rapporto n. 14344 (minuta), *ibidem*, f. 69r.

[297] Pellegrinetti a Pacelli, Belgrado, 21 febbraio 1933, rapporto n. 14357 (minuta), *ibidem*, ff. 72r-73v.

[298] *Ibidem*, 73r.

[299] Udienza privata del card. Pacelli con il ministro di Jugoslavia, 11 febbraio 1933, in S.RR.SS., AA.EE.SS., *Stati Ecclesiastici*, pos. 430B, fasc. 359, f. 47rv; Udienza privata del card. Pacelli con il ministro di Jugoslavia, 18 febbraio 1933, *ibidem*, ff. 52r-53r; Udienza privata del card. Pacelli con il ministro di Jugoslavia, 25 febbraio 1933, *ibidem*, f. 59rv; Udienza privata del card. Pacelli con il ministro di Jugoslavia, 4 marzo 1933, *ibidem*, f. 66rv.

[300] Kramer a Simić, Belgrado, 10 febbraio 1933, cifrato n. 2552, in AJ, *Poslanstvo Kraljevine Jugoslavije pri Svetoj Stolici (372)*, fasc. 11, [mappa 2/IV], ff. n.n.; Kramer a Simić, Belgrado, 11 febbraio 1933, cifrato n. 2629, *ibidem*, ff. n.n.; Jevtić a Simić, Belgrado, 20 febbraio 1933, telegramma n. 3275, *ibidem*, ff. n.n.; Simić a Kramer, Roma, 20 febbraio 1933, cifrato n. 53 (minuta), *ibidem*, ff. n.n.; Simić a Jevtić, Roma, 25 febbraio 1933, cifrato n. 60 (minuta), *ibidem*, ff. n.n.; si veda anche N. ŽUTIĆ, *Kraljevina Jugoslavija*, 414.

di Stato e Belgrado attraversarono uno dei momenti più difficili. Il papa, al corrente dell'affare intorno al «Sokol» e ai gesuiti, dichiarò che in Jugoslavia la Chiesa cattolica era perseguitata. Il ministro Simić respinse tale accusa difendendo il «Sokol» dalla presunta antireligiosità, giustificò le misure repressive contro la condotta antinazionale dei vescovi e diede notizia del dolore del re per l'impressione sbagliata del pontefice[301].

Ormai superata la tensione, il papa provocò l'indignazione del governo di Belgrado quando, nell'aprile dello stesso anno, venne a Roma la delegazione jugoslava per i lavori della conferenza internazionale parlamentare economica. I suoi membri volevano fare un omaggio al pontefice con cui manifestare il desiderio di avere buone relazioni con la Santa Sede. Visti i membri della delegazione, tra cui uno dei capi della loggia massonica di Zagabria e un altro che aveva sottoscritto il disegno delle leggi per la separazione della Chiesa dallo Stato e per l'espulsione dei gesuiti, il papa ritenne inammissibile un'udienza che potesse sembrare una commedia da parte loro o da parte sua o una vera sconfessione dell'episcopato[302].

---

[301] Udienza privata del card. Pacelli con il ministro di Jugoslavia, 30 gennaio 1933, in S.RR.SS., AA.EE.SS., *Stati Ecclesiastici*, pos. 430B, fasc. 359, f. 33rv; Udienza privata del card. Pacelli con il ministro di Jugoslavia, 4 febbraio 1933, *ibidem*, ff. 40v-41r; Moscatello a Jevtić, Roma, 30 dicembre 1932, rapporti nn. 223 e 224 (minuta), in AJ, *Poslanstvo Kraljevine Jugoslavije pri Svetoj Stolici (372)*, fasc. 11, [mappa 2/IV], ff. n.n.; Moscatello a Jevtić, Roma, 4 gennaio 1933, rapporto n. 4 (minuta), *ibidem*, ff. n.n.; Simić a Kramer, Roma, 30 gennaio 1933, cifrato n. 7 (minuta), *ibidem*, ff. n.n.; Simić a Kramer, Roma, 4 febbraio 1933, rapporti nn. 11 e 29 (minuta), *ibidem*, ff. n.n.; Simić a Kramer, Roma, 5 febbraio 1933, rapporti nn. 12 e 13 (minuta), *ibidem*, ff. n.n.; Simić a Kramer, Roma, 5 febbraio 1933, rapporto n. 30 (minuta), *ibidem*, fasc. 10, [mappa 3], ff. n.n.; si veda anche N. Žutić, *Kraljevina Jugoslavija*, 410-413.

[302] Pellegrinetti a Pacelli, Belgrado, 14 aprile 1933, rapporto 14552 (minuta), in ASV, *Arch. Nunz. Jugoslavia*, busta 6, ff. 183r-185v; Pellegrinetti a Pacelli, Belgrado, 26 aprile 1933, rapporto n. 14612 (minuta), *ibidem*, ff. 198r-199r; Pacelli a Pellegrinetti, Vaticano, 26 aprile 1933, dispaccio n. 1224/33, *ibidem*, f. 200rv; Udienza del card. Pacelli con il pontefice, 20 aprile 1933, in S.RR.SS., AA.EE.SS., *Stati Ecclesiastici*, pos. 430A, fasc. 348, f. 30r; Udienza del card. Pacelli con il pontefice, 23 aprile 1933, *ibidem*, f. 32r; Udienza del card. Pacelli con il pontefice, 25 aprile 1933, *ibidem*, f. 33r; Udienza del card. Pacelli con il pontefice, 30 aprile 1933, *ibidem*, f. 37r; Udienza privata del card. Pacelli con il ministro di Jugoslavia, 25 aprile 1933, *ibidem*, pos. 430B, fasc. 359, f. 91rv; Udienza privata del card. Pacelli con l'ambasciatore di Francia, 5 maggio 1933, *ibidem*, f. 97rv; Simić a Jevtić, Roma, 25 aprile 1933, rapporto s.n. (minuta), in AJ, *Poslanstvo Kraljevine Jugoslavije pri Svetoj Stolici (372)*, fasc. 11, [mappa 2/IV], ff. n.n.; Simić a Jevtić, Roma, 4 maggio 1933, rapporto s.n. (minuta), *ibidem*, ff. n.n.; si veda anche N. Žutić, *Kraljevina Jugoslavija*, 414-416.

In ogni caso, dopo alcune "vendette" del governo per un discorso del papa ai pellegrini, presumibilmente in favore dei croati contro l'unità jugoslava, e il processo a un giornale cattolico accusato d'aver riportato le parole del papa in modo riprovevole[303], le acque sembrarono tornare alla calma.

3.2.4 La questione delle minoranze slave in Italia

Oltre alla circolare dei vescovi sull'associazione «Sokol», ce ne fu un'altra che la Santa Sede, per motivi di prudenza, non riterrà opportuna e che tuttavia riuscì a mettere in cattiva luce la Chiesa cattolica jugoslava e lo stesso pontefice, questa volta non presso le autorità jugoslave bensì presso il governo di Mussolini. La circolare dell'arcivescovo di Zagabria Bauer sulle persecuzioni antislave in Italia, con l'indizione di pubbliche preghiere in tutte le chiese del regno per il 19 marzo 1931[304], costatava la difficile situazione degli sloveni e dei croati nella Venezia Giulia, ostacolati nel libero uso della propria lingua nelle scuole e nelle chiese, e spesso sottoposti ai tribunali per la loro "disobbedienza". Bauer vedeva in ciò un'evidente violazione della libertà religiosa dei connazionali. Non tutti i vescovi approvarono, però, tale passo, ritenendolo un gesto pericoloso che avrebbe potuto peggiorare ancora di più la situazione dei "perseguitati" e che le autorità jugoslave avrebbero potuto strumentalizzare, coinvolgendo la gerarchia cattolica, nella loro lotta contro l'irredentismo italiano[305]. Secondo l'informatore del nun-

---

[303] Pellegrinetti a Jevtić, Belgrado, 29 luglio 1933, nota n. 14939, in AJ, *Poslanstvo Kraljevine Jugoslavije pri Svetoj Stolici (372)*, fasc. 11, [mappa 2/IV], ff. n.n. (minuta in ASV, *Arch. Nunz. Jugoslavia*, busta 6, f. 247rv); Pellegrinetti a Pacelli, Belgrado, 31 luglio 1933, rapporto n. 14951 (minuta), in ASV, *Arch. Nunz. Jugoslavia*, busta 6, ff. 253r-254v; Pellegrinetti a Pacelli, Belgrado, 21 agosto 1933, rapporto n. 15017, in S.RR.SS., AA.EE.SS., *Jugoslavia*, pos. 96, fasc. 60, ff. 40r-50r; Pellegrinetti a Pacelli, Belgrado, 30 agosto 1933, rapporto n. 15056, *ibidem*, ff. 53r-54r; Udienza del card. Pacelli con il pontefice, 2 giugno 1933, in S.RR.SS., AA.EE.SS., *Stati Ecclesiastici*, pos. 430A, fasc. 348, f. 57r; telegrammi tra Jevtić e Moscatello, Belgrado – Roma, 26-27 agosto 1933, nn. 289-291, in AJ, *Poslanstvo Kraljevine Jugoslavije pri Svetoj Stolici (372)*, fasc. 11, [mappa 2/IV], ff. n.n.

[304] La circolare in it. si veda in ASV, *Arch. Nunz. Jugoslavia*, busta 13, ff. 194r-195v. Il testo fa parte dell'allegato al rapporto del nunzio: Pellegrinetti a Pacelli, Belgrado, 26 febbraio 1931, rapporto n. 11801 (minuta), *ibidem*, f. 193rv.

[305] Furono contrari ad esempio i vescovi Šarić, Garić e Srebrnič (Pellegrinetti a Pacelli, Belgrado, 4 marzo 1931, rapporto n. 11812 (minuta), *ibidem*, f. 204r; Pellegrinetti a Pacelli, Belgrado, 9 marzo 1931, rapporto n. 11828 (minuta), *ibidem*, f. 226r; Pellegrinetti a Pacelli, Belgrado, 13 marzo 1931, rapporto n. 11867 (minuta), *ibidem*, f. 255v).

zio, mons. Juretić[306], l'arcivescovo Bauer, nel timore che il cattolicesimo in Jugoslavia potesse correre dei pericoli, avrebbe agito con troppa precipitazione[307].

Altre testimonianze fanno supporre invece che l'iniziativa non sia partita dalla convinzione personale di Bauer, ma dall'azione degli "esuli" slavi che si sarebbero avvalsi della corte di Belgrado per spingere i vescovi verso un passo risoluto[308]. Mentre il governo jugoslavo si compiaceva tacitamente dell'azione di Bauer, il pontefice trovò la circolare inopportuna per i rilievi politici a cui si poteva prestare ed esagerata nel tono, e rimase sorpreso che tale atto non fosse stato concordato con la Santa Sede prima della pubblicazione[309].

Pochi giorni dopo la pubblicazione della circolare, infatti, il ministro italiano presso la Santa Sede protestò contro la circolare chiedendo al papa di sconfessarla[310]. Questi, pur deplorando le modalità di protesta di Bauer e la presunta testardaggine del temperamento croato, non cedette alle pressioni italiane, ma si rese disponibile a fare una dichiarazione nella quale avrebbe affermato sì d'essere estraneo all'iniziativa di Bauer, ma nello stesso tempo d'essere d'accordo con le lamentele degli slavi contro la politica di snazionalizzazione violenta da parte del governo italiano[311]. La grande crisi dell'estate del 1931 tra il governo italiano e la Santa Sede intorno all'Azione Cattolica[312] non fu causata direttamente dalla circolare di Bauer, però quest'ultima fu "sfruttata" da Mussolini per giustificare le rappresaglie governative contro le associazioni giovanili cattoliche[313].

---

[306] ASV, Archivio della Prefettura, *Diari del card. Pellegrinetti*, 28 febbraio 1931, vol. 12, f. 30r.

[307] Pellegrinetti a Pacelli, Belgrado, 4 marzo 1931, rapporto n. 11812 (minuta), in ASV, *Arch. Nunz. Jugoslavia*, busta 13, f. 204v.

[308] Pellegrinetti a Pacelli, Belgrado, 14 aprile 1931, rapporto n. 12029 (minuta), *ibidem*, f. 327v.

[309] Pacelli a Pellegrinetti, Vaticano, 4 marzo 1931, dispaccio n. 571/31, *ibidem*, f. 223r.

[310] Udienza del card. Pacelli con il pontefice, 11 marzo 1931, in S.RR.SS., AA.EE.SS., *Stati Ecclesiastici*, pos. 430A, fasc. 341, f. 75v; I *«Fogli di Udienza»*, vol. II, 176.

[311] *Ibidem*; Udienza del card. Pacelli con il pontefice, 14 marzo 1931, in S.RR.SS., AA.EE.SS., *Stati Ecclesiastici*, pos. 430A, fasc. 341, ff. 78r-79r; I *«Fogli di Udienza»*, vol. II, 192-194; M. Kacin-Wohinz, «Sedej v dokumentih», 259-260.

[312] Intorno al contenzioso tra la Santa Sede e il governo italiano sulla questione dell'Azione Cattolica si veda F. Malgeri, «Pio XI e l'Azione Cattolica», 149-182; G. Coco, «L'"anno terribile"», 143-276.

[313] *«Mi dice [il cardinale Pacelli] che "grandissimo male" ha fatto la lettera di Mgr. Bauer: non causa, ma occasione delle terribili cose attuali* »: ASV, *Diari del card. Pellegrinetti*, 6 luglio 1931, vol. 12, f. 52r; «*tale stato di cose ha avuto influsso sull'atteggiamento ostile del Governo italiano contro l'Azione Cattolica*»: Pellegrinetti a Srebrnič, Belgrado, 5 ottobre 1931, lettera n. 12536 (minuta), in ASV, *Arch. Nunz. Jugoslavia*, busta 13, f. 446r.

La sollecitudine dei vescovi jugoslavi per i connazionali d'oltre confine risale tuttavia ai primi anni dopo la Grande guerra. Nel dicembre del 1920, un mese dopo il Trattato di Rapallo, i vescovi Bauer e Jeglič indirizzarono una petizione al papa, nella quale, tra l'altro, chiedevano l'istituzione d'una diocesi per gli jugoslavi dimoranti in Italia con sede a Gorizia e la recita delle preghiere in lingua slava nelle loro chiese[314]. Tanti altri promemoria, composti dai vescovi e dai loro collaboratori, furono consegnati al pontefice per chiedere protezione per gli slavi "perseguitati" dalla politica assimilatrice italiana[315]. Le dimissioni dei vescovi Karlin[316] (1919) e Fogar[317] (1936) a Trieste, e di Sedej[318] a Gorizia (1931) furo-

---

[314] Bauer e Jeglič a Benedetto XV, Zagabria, 19 dicembre 1920, lettera n. 7499, in ASV, *Arch. Nunz. Jugoslavia*, busta 1, f. 224rv; F. M. DOLINAR, «Jeglič in cerkvenopolitična vprašanja», 318-319. Sull'azione di Jeglič a favore degli sloveni in Italia si veda A. SEDEJ, «Škof Jeglič», 84-91, dove l'autore usa come fonte principale il «Diario» di Jeglič; F. KRALJ, «Škof Anton», 387-398.

[315] Per alcuni promemoria, composti dal sacerdote Jakob Ukmar, si veda F. M. DOLINAR, «Ukmarjeve spomenice», 97-114.

[316] La documentazione vaticana del caso «Karlin» si veda in *I territori*, 163-254. Al curatore del libro viene rimproverato, da parte dello storico Dolinar, d'aver taciuto sulle vere ragioni delle dimissioni di Karlin (F. M. DOLINAR, «Andrej Karlin», 73-74; B. MARUŠIČ, «Zadnje tržaško leto», 145-154).

[317] Su Fogar si vedano alcune pubblicazioni: P. ZOVATTO, *Il vescovo*; G. BOTTERI, *Luigi Fogàr*; B. KOLAR, «Škof Rožman», 129; S. PURGER, *Slovenska Istra*.

[318] Sul vescovo Sedej si veda *Sedejev simpozij*; A. SEDEJ, «Škof Jeglič», 84-91. La propaganda jugoslava interpretava le dimissioni del vescovo Sedej in chiave politica e accusava la Santa Sede di aver ceduto alle pressioni italiane. Il papa, d'altro canto, assicurava che le dimissioni erano spontanee, dovute alla malattia, in seguito alla quale, poco dopo, il prelato morì. Nell'Archivio della Nunziatura di Jugoslavia ci sono molti documenti sul caso Sedej. Si vedano, ad esempio: Pellegrinetti a Pacelli, Belgrado, 16 febbraio 1932, rapporto n. 13011 (minuta), in ASV, *Arch. Nunz. Jugoslavia*, busta 5, ff. 423v-424r; Pellegrinetti a Pacelli, Belgrado, 17 marzo 1932, rapporto n. 13147 (minuta), *ibidem*, ff. 437r-440r; Pellegrinetti a Marinković, Belgrado, 18 marzo 1932, nota n. 13148 (minuta), *ibidem*, ff. 444r-445r; Pellegrinetti a Pacelli, Belgrado, 29 novembre 1932, rapporto n. 13993 (minuta), *ibidem*, ff. 536r-537r; Pellegrinetti a Srebrnič, Belgrado, 2 dicembre 1931, lettera n. 12702 (minuta), *ibidem*, busta 13, ff. 509rv; Pellegrinetti a Pacelli, Belgrado, 1° marzo 1932, rapporto n. 13069 (minuta), *ibidem*, ff. 588r-589r. Interessante sembra l'appunto del nunzio nel suo diario per il 22 gennaio 1932, in ASV, Archivio della Prefettura, *Diari del card. Pellegrinetti*, vol. 12, ff. 88v-89r. Anche le «Udienze» del card. Pacelli sono una fonte preziosa: S.RR.SS., AA.EE.SS., *Stati Ecclesiastici*, pos. 430A, fasc. 344, ff. 4r, 8r, 43r; pos. 430B, fasc. 357, f. 52r. Sull'attività e sulle dimissioni di Sedej in base ai documenti dell'«Archivio Centrale dello Stato» si veda M. KACIN-WOHINZ, «Sedej v dokumentih», 242-264.

no ritenute da molti come prova della sottomissione della politica vaticana alle mire dell'irredentismo italiano, tanto più che al loro posto vennero nominati Sirotti (amministratore apostolico a Gorizia) e Santin (vescovo a Fiume e Trieste), ritenuti poco favorevoli alle richieste della popolazione slava[319].

In occasione della consegna di un promemoria al pontefice, nell'autunno del 1927, il cardinale Gasparri scrisse al vescovo Fogar che la Santa Sede si trovava tuttora nelle medesime condizioni del 1870 e che perciò non poteva direttamente e ufficialmente intervenire presso il governo italiano. Per la stessa ragione Gasparri invitò il vescovo a rivolgersi direttamente e ufficialmente al governo[320]. Più volte la Segreteria di Stato raccomandò ai vescovi di zone limitrofe di assicurare la predicazione e l'istruzione catechistica in lingua slava[321], ma questo non comportò nessun cambiamento nella percezione diffusa, anche negli ambienti cattolici, di una presunta passività vaticana.

Alojzije Stepinac, giovane coadiutore di Bauer, all'inizio dell'anno 1935, visitò il pontefice per consegnargli un nuovo promemoria nel quale si riportavano le sofferenze della popolazione croata e slovena nella Venezia Giulia[322]. Secondo le autorità jugoslave il papa si sarebbe mostrato molto indisposto e non avrebbe permesso al prelato croato di parlare delle minoranze slave in Italia, per cui quest'ultimo avrebbe consegnato il promemoria al segretario di Stato. Il memoriale dei vescovi jugoslavi rappresenterebbe allora la prima critica aperta contro la politica che il papa e la Santa Sede stavano conducendo nella Venezia Giulia[323]. Appena ritornato dalla sua missione "incompiuta", Stepinac visitò il nunzio a Belgrado, il quale nelle sue memorie non annotò niente sull'atteggiamento impaziente del papa, ma scrisse soltanto che mgr. Pizzardo avrebbe fatto vedere al coadiutore di Zagabria un documento del card. Gasparri,

---

[319] F. M. Dolinar, «Ukmarjeve spomenice», 99; M. Kacin-Wohinz, «Sedej v dokumentih», 261-262.

[320] Gasparri a Fogar, Vaticano, 24 settembre 1927, dispaccio n. 2543/27 (copia), in ASV, *Arch. Nunz. Jugoslavia*, busta 12, f. 609r. Si veda anche la circolare di mons. Bonefačić ai vescovi jugoslavi sugli slavi in Italia e la Santa Sede, 22 aprile 1928, *ibidem*, ff. 584r-588v (trad. it.).

[321] Gasparri a Sedej, Fogar e Pederzolli, Vaticano, 30 marzo 1924, dispaccio n. 28658 (copia), *ibidem*, ff. 606-607.

[322] Il testo del promemoria si veda in AJ, *Poslanstvo Kraljevine Jugoslavije pri Svetoj Stolici (372)*, fasc. 12, [mappa 1/IV], ff. n.n.

[323] [Jevtić] a Simić, Belgrado, 2 aprile 1935, dispaccio n. 360, *ibidem*, ff. n.n.

da cui risultava *«che la Santa Sede non poteva fare di più per gli Slavi in Italia»*[324].

I vescovi jugoslavi, secondo lo storico Dolinar, avrebbero evitato di ricorrere al nunzio per questioni attinenti le minoranze slave in Italia, perché egli le avrebbe valutate da buon italiano[325]. I diari di Pellegrinetti ridimensionano alquanto tale opinione[326].

Nella storiografia contemporanea, comunque, non si risparmiano critiche al mancato impegno della Santa Sede in favore della minoranza slava in Italia e in generale verso gli "jugoslavi": salvo qualche eccezione, la politica vaticana viene tacciata di complicità e sottomissione al regime fascista nelle misure antislave[327].

3.2.5 Questioni economiche

Nel periodo tra le due guerre emersero con forza nel territorio jugoslavo alcune questioni economiche da risolvere e, più precisamente, la discussione sulla riforma agraria dei possedimenti terrieri delle diverse religioni e sullo stato giuridico dei «fondi di religione» e di sostentamento del clero da parte dello Stato.

Quando i vescovi jugoslavi della parte dell'ex monarchia austro-ungarica si riunirono in conferenza episcopale a Zagabria tra il 27 e il 29 novembre 1918, riconobbero nella quarta risoluzione la correttezza della riforma agraria e decisero di chiedere il permesso alla Santa Sede per poter cedere, dietro una giusta indennità, terreni di latifondi ecclesiastici da destinarsi alla parte più povera del ceto contadino[328]. Nel nuovo regno si istituì il ministero per la riforma agraria e, già nel febbraio del 1919, il governo stese le disposizioni preliminari per la preparazione della manovra

---

[324] ASV, Archivio della Prefettura, *Diari del card. Pellegrinetti*, 28 gennaio 1935, vol. 14, ff. 76v-77r.

[325] F. M. DOLINAR, «Ukmarjeve spomenice», 129.

[326] Sulle dimissioni del vescovo Fogar il nunzio scrisse: *«È cosa che mi angustia [...]. Ho l'impressione che in Vaticano siano troppo corrivi, per paura del peggio e per scarsa comprensione di certe conseguenze»*: ASV, Archivio della Prefettura, *Diari del card. Pellegrinetti*, 20 ottobre 1936, vol.16, f. 41r-bis; *«mi rimane l'impressione che la sua remozione è quasi imposta dal Governo e che il Vesc[ovo] – pur riconoscendo che sia imprudente e impulsivo – in sostanza cade per avere protestato contro la violenta snazionalizzazione degli Sloveni istriani»*: ibidem, 28 ottobre 1936, vol. 16, f. 43v.

[327] N. ŽUTIĆ, *Kraljevina Jugoslavija*, 26, 112, 184; V. NOVAK, *Magnum Crimen* (1948), 317-392; M. KACIN-WOHINZ, «Sedej v dokumentih», 261-262; F. M. DOLINAR, «Andrej Karlin», 74; ID., «Ukmarjeve spomenice», 100-106; ID., «Katoliška Cerkev», 404-406; B. KOLAR, «Škof Rožman», 130.

[328] F. M. DOLINAR, «Katoliška Cerkev», 405.

che mirava alla «*democratizzazione dei latifondi feudali*»[329]. In tali disposizioni non ci fu traccia di alcuna indennità, promessa del resto dallo stesso reggente Aleksandar, e ciò suscitò nell'episcopato una gran delusione e nello stesso tempo il rigetto risoluto dell'attuazione di una riforma, basata sui principi della ideologia liberale[330].

Il ministero per la riforma agraria non si consultò previamente con la Santa Sede per la spoliazione dei beni ecclesiastici e provocò non solo profonda avversione da parte della Chiesa cattolica ma uno scontro con lo stesso ministero dei culti, che di regola difendeva le posizioni dell'episcopato, sostenendo che le comunità confessionali fossero personalità di diritto pubblico con fini particolari e utilità pubblica, diverse perciò da organizzazioni di diritto privato[331]. Una situazione particolare si ebbe in Dalmazia, dove non c'erano latifondi in senso stretto bensì rapporti lavorativi tra proprietari e coloni, destinati all'estinzione, che colpivano in questo modo anche le diocesi dalmate e gli italiani ivi presenti[332]. La costituzione di San Vito (1921) sanzionò la riforma agraria, tra l'altro già in corso, e lasciò la decisione sull'indennità alla futura legge sulla riforma agraria. Dietro intervento del ministero dei culti presso il ministero per la riforma agraria, l'attuazione della spoliazione dei beni ecclesiastici della Chiesa cattolica dopo il 1923 calò notevolmente[333].

In seguito a diversi progetti di legge, negli anni seguenti, specie sotto il governo di don Korošec nel 1928, furono promulgate la «Legge di liquidazione dei rapporti agrari in Dalmazia» (ottobre–novembre 1930) e la «Legge di liquidazione della riforma agraria sui latifondi» (giugno 1931)[334]: quest'ultima si estendeva ai possedimenti che superavano il *maximum* determinato. Così si assicurava che i beni ecclesiastici non parcellari prima di detta data, sarebbero stati per l'avvenire esenti da espropriazioni e assicurati alla Chiesa[335]. Ciononostante la questione

---

[329] N. Žutić, *Kraljevina Jugoslavija*, 222. L'autore presenta ampiamente la questione della riforma agraria utilizzando un'abbondante documentazione dell'Archivio di Jugoslavia. Si vedano anche le pagine 221-275.

[330] *Ibidem*, 226-227.

[331] *Ibidem*, 242; B. Kolar, «Korošec in osrednja», 201.

[332] N. Žutić, *Kraljevina Jugoslavija*, 238-247. «*La riforma agraria in Dalmazia è stata attuata dal Governo locale in modo rigoroso e disastroso per gli enti ecclesiastici*»: Istruzioni per Pellegrinetti, giugno 1922, in ASV, *Arch. Nunz. Jugoslavia*, busta 2, f. 85v.

[333] N. Žutić, *Kraljevina Jugoslavija*, 254-259.

[334] *Ibidem*, 273.

[335] Pellegrinetti a Pacelli, Belgrado, 28 marzo 1933, rapporto n. 14484 (minuta), in ASV, *Arch. Nunz. Jugoslavia*, busta 6, f. 131v.

non fu ancora risolta, essendovi stati tentativi del governo di travisare[336] o di "correggere"[337] la «Legge di liquidazione». Dopo la nuova legge agraria del giugno 1933[338], fu promulgato nel dicembre seguente il decreto speciale con cui si toglieva la quasi totalità delle foreste della mensa del vescovato di Lubiana in cambio di un'indennità, mettendola così in una posizione peggiore rispetto alle altre mense episcopali. L'azione scaltra del vescovo, che preventivamente si era messo d'accordo con delle cooperative per la cura dei terreni, impedì l'attuazione del decreto[339].

Il nunzio Pellegrinetti protestava spesso che tale materia, prevista nel concordato, fosse stata liquidata senza una previa intesa con la Santa Sede[340]. Nelle trattative per il concordato il ministro degli esteri si rese disposto a rilasciare una dichiarazione scritta (da non pubblicarsi, però) nella quale egli garantiva, a nome del governo, che la legge sulla riforma agraria non sarebbe stata applicata ai beni della mensa vescovile di Lubiana, in maniera meno favorevole di quella seguita per

---

[336] Il nunzio Pellegrinetti con amarezza constatava: «*Oltre i beni tolti alla Chiesa per fatto della Riforma agraria, e la cui indennità, per quanto parziale, ancora non si è incominciato a versare, pur essendo la Legge di Liquidazione Agraria già stata promulgata nel 1931, vi sono dei beni ecclesiastici, estranei al carattere della Riforma agraria e che sono stati usurpati*»: Pellegrinetti a Pacelli, Belgrado, 17 aprile 1933, rapporto n. 14563 (minuta), in ASV, *Arch. Nunz. Jugoslavia*, busta 6, f. 191r.

[337] B. KOLAR, «Škof Rožman», 125-126. Ci furono tentativi di una nuova legge agraria: «*La nuova Legge agraria è proposta dal Ministro Demetrović, che gode fama di massone. Essa intende parcellare anche le foreste, rimaste non toccate dalla Legge dell'anno passato,* non escluse le foreste di proprietà ecclesiastica: *cioè che rovinerebbe le Mense Vescovili di Lubiana, Zagabria, Djakovo e l'amministrazione Ap[ostolica] della Bačka. Inoltre soggetterebbe a parcellazione anche i beni del Vescovato e del Capitolo di Zagabria*»: Pellegrinetti a Pacelli, Belgrado, 16 febbraio 1932, rapporto n. 13011 (minuta), in ASV, *Arch. Nunz. Jugoslavia*, busta 5, f. 423r.

[338] Appunto di Pellegrinetti, Roma, 19 giugno 1933, n. 14774, in ASV, *Arch. Nunz. Jugoslavia*, busta 7, f. 412r; Pellegrinetti a Jevtić, Belgrado, 5 luglio 1933, nota n. 14812 (minuta), *ibidem*, f. 418rv; Pellegrinetti a Pacelli, Belgrado, 7 luglio 1933, rapporto n. 14813, in S.RR.SS., AA.EE.SS., *Jugoslavia*, pos. 96, fasc. 60, f. 2rv.

[339] B. KOLAR, «Škof Rožman», 126.

[340] Si veda ad esempio: Pellegrinetti a Marinković, Belgrado, 18 novembre 1930, nota n. 11367 (minuta), in ASV, *Arch. Nunz. Jugoslavia*, busta 7, 388rv. Nella stessa nota il nunzio ricordava al ministro altre proteste precedenti: nota n. 5155 del 6 ottobre 1925 (*ibidem*, f. 278rv), nota n. 6336 del 27 luglio 1926 (*ibidem*, f. 293r), nota n. 8213 del 6 giugno 1928 (*ibidem*, 299rv), nota n. 8817 del 14 dicembre 1928 (busta 4, ff. 297r-299r). Dopo il decreto del 16 dicembre 1933 seguirono altre note di protesta del nunzio inviate al ministero degli esteri: nota n. 15406 del 17 dicembre 1933 (busta 7, f. 453r), nota n. 16502 del 22 agosto 1934 (*ibidem*, f. 601r), nota n. 16543 del 4 settembre 1934 (busta 6, f. 428r).

qualsiasi altra mensa vescovile del regno[341]. In occasione della firma del concordato, il 25 luglio 1935, fu consegnata al segretario di Stato anche la detta dichiarazione. Nello stesso concordato venne stabilito che nel caso di esproprio per ragioni di pubblica utilità, il governo avrebbe dato di rimando un'indennità corrispondente al valore dei beni ecclesiastici espropriati (art. XVI)[342].

I cosiddetti «fondi di religione», fondati dall'imperatore Giuseppe II con l'immenso patrimonio dei monasteri soppressi, servivano nella monarchia austroungarica come base materiale per la missione della Chiesa cattolica. Secondo i diritti di patronato i suddetti fondi dovevano donare una somma determinata per la costruzione e il mantenimento degli edifici ecclesiastici, per l'acquisto degli arredi sacri, ecc. Una porzione di tale patrimonio costituiva anche i «fondi scolastici» a sostegno dell'insegnamento cattolico nelle scuole[343].

Nel nuovo regno jugoslavo i protagonisti politici, appartenenti quasi esclusivamente alla Chiesa ortodossa, rivendicavano per questi fondi cattolici gli stessi diritti di cui aveva beneficiato l'imperatore austriaco nel passato, travisando spesso però gli obblighi che ne derivavano. Così, fino al 1939 i proventi dei fondi di religione venivano versati direttamente nel bilancio dello Stato senza una destinazione chiara[344]. Per la risoluzione di questo problema i vescovi posero molte speranze nel concordato, il quale nell'art. XX determinava chiaramente che i beni del «fondo di religione» appartenevano alla Chiesa cattolica e non allo Stato[345]. Dopo il concordato "abortito" i vescovi chiesero espressamente, secondo lo spirito dell'articolo del concordato, che il governo trasferisse tali fondi all'amministrazione della Chiesa cattolica, ciò che poi si realizzò con una disposizione del consiglio dei ministri del maggio 1939[346].

---

[341] Proposte di modificazioni di Moscatello, [Roma, novembre 1933], n. 3380 (Segreteria di Stato), in S.RR.SS., AA.EE.SS., *Jugoslavia*, pos. 96, fasc. 57, f. 96.

[342] *Enchiridion dei concordati*, 901.

[343] B. Kolar, «Delna izvedba konkordata», 150.

[344] *Ibidem*, 151-153.

[345] *Enchiridion dei concordati*, 905.

[346] B. Kolar, «Delna izvedba konkordata», 155-156. Sui «fondi di religione» si veda anche Id., «Škof Rožman», 201-202; Id., «Korošec in osrednja», 123-125; F. M. Dolinar, «Katoliška cerkev», 408. Si vedano anche alcuni rapporti del nunzio che si lamentò delle rivendicazioni statali su tale fondo: Pellegrinetti a Pacelli, Belgrado, 17 aprile 1933, rapporto n. 14563 (minuta), in ASV, *Arch. Nunz. Jugoslavia*, busta 6, ff. 190v-191r; Pellegrinetti a Pacelli, Roma, 30 maggio 1933, rapporto n. 14750, in S.RR.SS., AA.EE.SS., *Jugoslavia*, pos. 96, fasc. 60, f. 26r.

Žutić giustifica l'assegnamento vistosamente inferiore dell'aiuto statale destinato alla Chiesa cattolica rispetto a quello riservato alla Chiesa ortodossa con il fatto che la Chiesa cattolica avrebbe già riscosso in passato le entrate dal «fondo di religione», mentre la Chiesa ortodossa non ne avrebbe potuto usufruire[347]. Le continue lamentele e proteste del nunzio e degli stessi vescovi cattolici fanno supporre che essi non erano soddisfatti dell'amministrazione di tale fondo da parte dello Stato, ritenuta da essi, anzi, cattiva e ingiusta. Non sorprende perciò che l'episcopato cattolico proponesse che le spese del «fondo di religione» non si confondessero con la somma che lo Stato avrebbe dovuto destinare alla Chiesa cattolica come alle altre religioni riconosciute[348].

3.2.6 Status giuridico della Chiesa cattolica

Al momento dell'unione statale e in seguito alle note vicende intorno al concordato austriaco, esistevano nel territorio del regno sei sistemi giuridici differenti, come conseguenza dell'appartenenza ai diversi assetti politici, e nello stesso tempo sei legislazioni confessionali molto diverse.

1. In Serbia, prima del 1918, la confessione ortodossa fu proclamata religione di Stato. La costituzione del Regno di Serbia del 1903 determinò la situazione della Chiesa ortodossa nei confronti dello Stato. Alle altre religioni la costituzione garantiva la libertà religiosa e quella di coscienza, purché le loro pratiche religiose non urtassero contro l'ordine e la morale pubblica e le loro norme non andassero contro gli obblighi civili e militari. Tra le confessioni riconosciute c'erano la cattolica e l'evangelica, insieme alla religione ebraica e quella musulmana. Lo *status* della Chiesa cattolica fu regolato con il concordato del 1914.

2. In Montenegro i rapporti tra Stato e Chiesa furono regolati sull'esempio serbo. La Chiesa ortodossa aveva ottenuto il riconoscimento di religione di Stato. I rapporti con la Chiesa cattolica si regolarono con il concordato nel 1886. Né in Serbia né in Montenegro esisteva alcuna legge interconfessionale.

3. In Dalmazia e in Slovenia, che fino al 1918 erano appartenute alla parte austriaca dell'Impero austro-ungarico («Cisleithania»), lo Stato delle confessioni era stato regolato con le seguenti leggi austriache:

a) Legge fondamentale dello Stato sui diritti fondamentali dei cittadini («Staatsgrundgesetz über die allgemeinen Rechte der Staatsbürger») del 21

---

[347] N. Žutić, *Kraljevina Jugoslavija*, 288.
[348] Pellegrinetti a Gasparri, Belgrado, 20 ottobre 1925, rapporto n. 5185 (minuta), in ASV, *Arch. Nunz. Jugoslavia*, busta 7, ff. 285v-286r.

dicembre 1867[349], con la quale era garantita loro la libertà di coscienza e la libertà religiosa;

b) Legge interconfessionale («Gesetz, wodurch die interkonfessionellen Verhältnisse der Staatsbürger in den darin angegebenen Beziehungen geregelt werden») del 25 maggio 1868[350];

c) Legge sul riconoscimento delle comunità religiose («Gesetz, betreffend die gesetzliche Anerkennung von Religionsgesellschaften») del 20 maggio 1874[351];

d) Legge sull'ordinamento dei rapporti giuridici esterni della Chiesa cattolica («Gesetz, wodurch Bestimmungen zur Regelung der äußeren Rechtsverhältnisse der katolischen Kirche erlassen werden») del 7 maggio 1874[352], con cui veniva dichiarato nullo il concordato del 1855 come legge dello Stato per la parte austriaca della monarchia.

Tutte le confessioni e religioni riconosciute (cattolica, ortodossa, evangelica, vetero-cattolica, musulmana ed ebraica) erano equiparate davanti alla legge.

4. Nel territorio del Banato, della Bačka, della Baranja[353] e del Medimurje, fino al 1918 appartenenti all'Ungheria "in senso stretto"[354], le confessioni e religioni erano regolate secondo le leggi ungariche:

a) Legge sulla reciprocità delle confessioni cristiane riconosciute dell'8 dicembre 1868[355];

---

[349] Si veda *Reich-Gesetz-Blatt für das Kaiserthum Österreich* (1867), n. 142, 394-396; *Quellensammlung zur österreichischen und deutschen Rechtsgeschichte*, R. Hoke, I. Reiter, ed., Wien – Köln – Weimar 1993, 441.

[350] Si veda *Reich-Gesetz-Blatt für das Kaiserthum Österreich* (1868), n. 49, 99-102; *Quellensammlung*, 444.

[351] Si veda *Reich-Gesetz-Blatt für die im Reichrathe vertretenen Königreiche und Länder* (1874), n. 68, 151-154.

[352] *Ibidem*, n. 50, 101-111; *Quellensammlung*, 444-445.

[353] Diversi autori per il territorio del Banato, della Bačka e della Baranja più volte usavano come denominativo comune «Vojvodina», il termine però non equivaleva totalmente alle suddette tre parti. Ciò fu evidente per il territorio di Srijem (Sirmio) che, pur facendo parte della «Vojvodina», apparteneva invece al Regno di Croazia e Slavonia, distinguendosi in vari ambiti della legislazione dall'«Ungheria "in senso stretto"», nella quale si trovavano il Banato, la Bačka e la Baranja.

[354] Per l'«Ungheria "in senso stretto"» s'intende la parte centrale del «Regno d'Ungheria», al quale appartenevano anche il «Regno di Croazia e Slavonia» e il «Principato di Transilvania» («Transleithania»). In seguito al Compromesso austro-ungarico l'«Ungheria "in senso stretto"» annesse il «Principato di Transilvania».

[355] La legge (Gesetz-Artikel LIII) si veda in *Corpus Iuris Hungarici 1836-1868*, D. Márkus, ed., Budapest 1896, 506-508.

b) Legge sulla confessione della prole del 9 dicembre 1894[356];

c) Legge sulla libertà religiosa del 22 novembre 1895[357].

5. La Croazia e la Slavonia, che fino al 1918 costituivano il «Regno di Croazia e Slavonia»[358], con speciali diritti all'interno della corona ungherese («Regno d'Ungheria)», non accettarono le risoluzioni del parlamento ungherese in materia confessionale; sui loro territori, pertanto, le leggi che regolavano la vita delle comunità religiose erano le seguenti:

a) Legge sui rapporti confessionali («Zakon o vjeroispovjednim odnosima») del 1906[359];

b) Legge sul riconoscimento della religione islamica («Zakon o priznanju islamske vjeroispovjesti») del 1916[360];

c) il concordato austriaco del 1855 era ancora in vigore.

Alla Chiesa ortodossa serba, per quanto riguardava le questioni confessionali interne, era riconosciuta l'autonomia.

6. Per il territorio della Bosnia-Erzegovina era in vigore la convenzione tra la Santa Sede e l'Impero austro-ungarico del 1881, con la quale si regolò la gerarchia cattolica ordinaria attraverso la creazione di una provincia ecclesiastica speciale. Il decreto del governo di Sarajevo del 1891 disponeva inoltre la trafila burocratico-amministrativa per il passaggio da una religione all'altra[361]. Erano

---

[356] La legge (Gesetz-Artikel XXXII) si veda in *Corpus Iuris Hungarici 1894-1895*, D. Márkus, ed., Budapest 1897, 194-195; *Über das Eherecht, über die Religion der Kinder und über die staatlichen Matrikeln*, Budapest 1895, 47-51.

[357] La legge (Gesetz-Artikel XLIII) si veda in *Corpus Iuris Hungarici 1894-1895*, 306-315. Circa la legislazione ungherese del detto periodo si vedano alcuni studi: M. CSÁKY, *Der Kulturkampf*, vol. VI; ID., «Die römisch-katholische Kirche», 248-331.

[358] Il «Regno di Croazia e Slavonia» fu creato nel 1868 per effetto della fusione degli antichi regni di Croazia e Slavonia. In seguito alla «Nagodba» (Compromesso) dello stesso anno Budapest concedeva ai croati l'autonomia dal punto di vista dell'amministrazione interna, della giustizia, dell'istruzione e delle questioni religiose. Il regno aveva il proprio ban (viceré) con il proprio «Sabor» (Dieta), i cui rappresentanti partecipavano alle discussioni al parlamento di Budapest. Si veda, al riguardo, V. KRESTIĆ, *Hrvatsko-ugarska nagodba*. Il testo del Compromesso, in inglese, si veda in R.W. SETON-WATSON, *The Southern Slav Question*, 361-379.

[359] *Hrvatski ustavni zakoni*, 414-431.

[360] *Ibidem*, 441-446.

[361] Si veda, al riguardo, *Gesetz- und Verordnungsblatt für Bosnien und die Hercegovina* 14 (1891) 305-309. La genesi del Decreto viene dettagliatamente presentata da P. VRANKIĆ, *Religion und Politik*, 657-661.

riconosciute la confessione cattolica, ortodossa, evangelica; la fede islamica ed ebraica. Nelle questioni canoniche, disciplinari e giudiziarie la Chiesa ortodossa serba dipendeva dal patriarcato di Costantinopoli[362].

La coesistenza delle sei legislazioni confessionali nel nuovo regno, ritenuta un vero "caos" giuridico, spinse le autorità a intraprendere un cammino tutt'altro che facile per promuovere l'unità nazionale anche attraverso una legislazione confessionale unificata. Pochi giorni dopo l'unificazione statale, il reggente Aleksandar pubblicò un manifesto (6 gennaio 1919) dove si dichiarava il principio della parità di religioni, mentre il ministero dei culti, istituito per far fronte alla delicata situazione religiosa nel regno, garantiva nei propri statuti (31 luglio 1919) l'impegno dello Stato per l'esecuzione fedele del principio della menzionata parità. Ora, se la costituzione di San Vito (1921) nell'art. 12[363] ribadiva solennemente il principio di parità delle religioni, non attribuendo a nessuna di esse il privilegio di «religione di Stato», allo stesso tempo non volle separare le comunità religiose dallo Stato. In modo simile la costituzione «imposta» del 1931 risolveva la questione religiosa all'art. 11[364]. Per le singole religioni, poi, sulla base delle disposizioni generali della costituzione, si poterono emanare leggi, unificate su tutto il territorio del regno. Ciò si realizzò soltanto nel periodo della dittatura regia, quando vennero sciolti il parlamento e i partiti, "inadatti" per il compito di "concretizzare" le basi giuridiche della costituzione. I testi legislativi in questione erano i seguenti:

1. Legge della Chiesa ortodossa serba dell'8 novembre 1929 («Zakon o Srpskoj Pravoslavnoj Crkvi»[365]);

2. Legge della Comunità religiosa ebraica del Regno di Jugoslavia del 14 dicembre 1929 («Zakon o jevrejskoj verskoj zajednici»[366]);

3. Legge dell'Organizzazione religiosa musulmana del Regno di Jugoslavia del 31

---

[362] Per lo schema dei diversi sistemi giuridici si veda M. PETROVIĆ, *Konkordatsko pitanje*, 112-114; N. ŽUTIĆ, *Kraljevina Jugoslavija*, 165-167.

[363] O. RANDI, *La Jugoslavia*, 541.

[364] *La Costituzione jugoslava*, 43-44.

[365] *Službene novine*, n. 269, 16 novembre 1929. La traduzione it. si veda in S.RR.SS., AA.EE.SS., *Jugoslavia*, pos. 96, fasc. 54, f. 7 [pp. 17-24].

[366] *Službene novine*, n. 301, 24 dicembre 1929.

gennaio 1930 («Zakon o Islamskoj verskoj zajednici»[367]), cambiata poi nel 1936[368];

4. Legge delle Chiese evangeliche cristiane e della Chiesa riformata cristiana del Regno di Jugoslavia del 16 aprile 1930 («Zakon o evangelističko-hrišćanskim crkvama i reformovanoj hrišćanskoj crkvi Kraljevine Jugoslavije»)[369].

Sulla base delle suddette norme ogni comunità religiosa poté, sempre con il *placet* delle autorità statali, creare la propria costituzione, concepita, quanto all'organizzazione della rispettiva confessione/religione, in senso molto più dettagliato[370].

Senza un regolamento del proprio *status* giuridico, per mezzo di una legge particolare per tutto il territorio dello Stato, rimasero soltanto la Chiesa cattolica e la Chiesa vetero-cattolica, quest'ultima ritenuta dal nunzio Pellegrinetti uno *«sparuto manipolo [...] costituito da soli apostati e che vivono esclusivamente della guerra contro la Chiesa Cattolica»*[371]. Il problema si poneva soprattutto per la Chiesa cattolica, i cui membri rappresentavano quasi il 40% della popolazione nel regno jugoslavo. Lo Stato si trovava, sin dai primi anni della monarchia, davanti al dilemma su come regolare i rapporti con la Chiesa cattolica, vista la sua struttura particolare, dovuta al fatto che la sua autorità suprema si trovava a Roma. La difficoltà aumentò con il fatto che gli esponenti dei diversi governi jugoslavi, appar-

---

[367] *Službene novine*, n. 29, 7 febbraio 1930.

[368] *Službene novine*, n. 52, 5 marzo 1936; *ibidem*, n. 74, 31 marzo 1936. Interessante il commento di Pellegrinetti: *«importante, per esempio, è la nuova Legge sulla Confessione Musulmana, per la quale i Musulmani vedono riconosciuta la loro completa autonomia religiosa, già offesa dalla Legge precedente imposta loro nel 1930 dal Ministro Srškić. Ho notato che in talune disposizioni della nuova Legge si sente l'eco di alcuni articoli del Concordato nostro»*: Pellegrinetti a Pacelli, Belgrado, 9 marzo 1936, rapporto n. 18286 (minuta), in ASV, *Arch. Nunz. Jugoslavia*, busta 7, f. 9r.

[369] *Službene novine*, n. 95, 28 aprile 1930. Si veda anche B. KOŠIR, *Il concordato*, 44-45.

[370] Furono promulgate le seguenti costituzioni: per la Chiesa serbo-ortodossa (16 novembre 1931), per la Chiesa evangelica di confessione augustana della Germania (19 settembre 1930), per la Chiesa evangelica di confessione augustana della Slovacchia (24 giugno 1932), per la Chiesa cristiana riformata (5 novembre 1933), per l'Organizzazione religiosa musulmana (5 novembre 1935, 24 ottobre 1936). Si veda G. MITHANS, «Sklepanje jugoslovanskega konkordata», 130.

[371] Pellegrinetti a Pacelli, Belgrado, 4 maggio 1930, rapporto n. 10646, in S.RR.SS., AA.EE.SS., *Jugoslavia*, pos. 90, fasc. 51, f. 76v.

tenenti quasi esclusivamente alla Chiesa ortodossa serba, erano abituati a ritenere le comunità confessionali a servizio di interessi nazionali e politici. La Chiesa cattolica certamente non corrispondeva a tale concetto.

Prima delle trattative concordatarie con Roma la commissione governativa si pose la domanda se, per regolare i rapporti, bastava una legge dello Stato o se bisognava ricorrere al concordato. Dopo una discussione vivace prevalse la seconda opzione[372]. In seguito alle trattative "fallite" a Roma nel 1925 e ancor più alla sistemazione giuridica delle altre confessioni (1929-1930), il problema della regolarizzazione dei rapporti con la Chiesa cattolica si fece nuovamente attuale. Le voci su una legge interna, emanata unilateralmente dallo Stato, prendevano sempre più consistenza e anche il re, durante la bufera intorno alle leggi scolastiche, chiedeva all'arcivescovo Bauer se per regolare le questioni religiose in Jugoslavia fosse proprio necessario un concordato. In questa domanda, a detta del nunzio, appariva chiara la tendenza a sfuggire le trattative dirette con la Santa Sede, al fine di dare ai cattolici una legge analoga a quella redatta per la Chiesa ortodossa serba[373]. In modo simile alcuni ministri tentavano d'avere numerosi colloqui con i vescovi, per sottrarsi alla necessità di trattare direttamente con la Santa Sede[374]. La diplomazia vaticana guardava perciò con apprensione l'azione dei prelati cattolici, devotissimi sì alla Santa Sede, ma desiderosi di trattare direttamente con il governo, il quale mostrava di ritenere che la conferenza episcopale formasse la suprema istanza dei cattolici jugoslavi[375].

La visione di papa Ratti era chiara al riguardo e la curia romana sotto il suo pontificato vedeva nel concordato la miglior base giuridica per difendere i diritti dei cattolici nei diversi Stati, specie in quelli formati dopo la Grande guerra e in quel-

---

[372] M. Petrović, *Konkordatsko pitanje*, 157; Pellegrinetti a Gasparri, Belgrado, 28 novembre 1922, rapporto n. 523, in S.RR.SS., AA.EE.SS., *Jugoslavia*, pos. 9, fasc. 12, f. 60rv; Relazione della commissione governativa – «comitato ristretto» (copia), 25 ottobre 1922, in ASV, *Arch. Nunz. Jugoslavia*, busta 8, ff. 54r-55r.

[373] Pellegrinetti a Gasparri, Belgrado, 16 dicembre 1929, rapporto n. 10051, in S.RR.SS., AA.EE.SS., *Jugoslavia*, pos. 90, fasc. 50, ff. 60v-61r.

[374] Pellegrinetti a Pacelli, Belgrado, 14 maggio 1930, rapporto n. 10662, *ibidem*, fasc. 51, f. 82r. La tattica del governo di Belgrado di fronte alle esigenze della Chiesa cattolica sarebbe stata quella di «*cercare il Concordato, ma prima tentare se se ne può far a meno*»: Pellegrinetti a Gasparri, Belgrado, 30 dicembre 1929, rapporto n. 10133, *ibidem*, fasc. 50, f. 97v.

[375] Pellegrinetti a Gasparri, Belgrado, 22 gennaio 1930, rapporto n. 10225, *ibidem*, fasc. 51, f. 24v.

li dove i sistemi totalitari minavano tali diritti[376]. La pretesa del governo jugoslavo di regolare i rapporti con la Chiesa cattolica senza Roma avrebbe inevitabilmente creato un conflitto aperto. Un accordo con la Santa Sede, d'altro canto,
avrebbe invece imposto alle autorità jugoslave la necessità di trattare *ex-novo* le
varie questioni religiose[377], mentre esse avevano in realtà l'intenzione di avocare a
sé molto di quello che era stato concesso nel concordato serbo del 1914[378].

---

[376] «*Il papa credeva nella virtù del contratto, cioè del concordato. Pensava che degli accordi diplomatici avrebbero garantito i diritti della Chiesa e della persona umana, anche di fronte alle dit-
tature anticristiane*»: J.-D. DURAND, «Pio XI di fronte», 399.
A differenza del suo predecessore, papa Ratti non riteneva opportuno sostenere i partiti cattolici, secondo lui troppo deboli, per negoziare nell'interesse della Chiesa, e perciò si avvale-
va dei canali diplomatici (nunzi e altri negoziatori pontifici) per difendere i diritti dei cattolici nei rispettivi Paesi, stipulando concordati o patti analoghi. I Paesi che durante il suo pontificato stabilirono concordati, *modus vivendi* o convenzioni diplomatiche con la Santa Sede
furono i seguenti: Lettonia (concordato: 1922; convenzione addizionale: 1938), Colombia
(scambio di note e convenzione per l'interpretazione dell'art. 17 del concordato: 1923-1924;
convenzione sulle missioni: 1928), Francia (epistola enciclica *Maximam gravissimamque* sulle associazioni diocesane: 1924; accordi: 1926), Baviera (concordato: 1924), Cantone di
Friburgo (scambio di note: 1924), Polonia (concordato: 1925; accordo riguardo ai terreni,
alle chiese e cappelle ex-uniati: 1938), Romania (concordato: 1927; accordo circa l'interpretazione dell'art. IX del concordato: 1932), Lituania (concordato: 1927), Cecoslovacchia
(*modus vivendi*: 1927), Portogallo (accordo: 1928; accordo per la diocesi di Meliapôr: 1929),
Italia (trattato e concordato: 1929; diverse lettere circolari, istruzioni, scambi di note, accordi: 1929, 1938), Prussia (solenne convenzione: 1929), Libero Stato Anhalt (accordi: 1932),
Baden (concordato: 1932), Austria (concordato: 1933), Reich germanico (concordato:
1933), Ecuador (*modus vivendi* e convenzione addizionale: 1937). Si intavolarono inoltre
delle trattative con Spagna e Turchia, ma senza esiti (*Enchiridion dei concordati*, XI-XIII; R.
MOROZZO DELLA ROCCA, «Le nunziature in Europa», 411-412, 416).
Per la bibliografia sui concordati si veda *Raccolta di concordati*, vol. I: *1098-1914*, vol. II:
1915-1954; R. MINNERATH, *L'Eglise catholique et les états*; ID., *L'Eglise catholique face aux États*;
J. T. MARTÍN DE AGAR, *Raccolta di concordati*, vol. I; ID., *I concordati del 2000*; *Enchiridion dei
concordati*; *Concordatos vigentes*; C. CORRAL SALVADOR, *Derecho internacional*.
Sul funzionamento della diplomazia vaticana fra le due guerre si veda *I «Fogli di Udienza»*;
R. REGOLI, «Il ruolo della Sacra Congregazione», 183-229; G. DE MARCHI, *Le nunziature
apostoliche*; A. LACROIX-RIZ, *Le Vatican, l'Europe*; C. F. CASULA, *Domenico Tardini*.
[377] Pellegrinetti a Pacelli, Belgrado, 4 maggio 1930, rapporto n. 10646, in S.RR.SS.,
AA.EE.SS., *Jugoslavia*, pos. 90, fasc. 51, f. 77r.
[378] Verbale della commissione governativa (copia), 25 ottobre 1922 in ASV, *Arch. Nunz.
Jugoslavia*, busta 8, ff. 58r-59r; cfr. PETROVIĆ, *Konkordatsko pitanje*, 158. L'autore riporta nel
suo lavoro la sintesi del detto verbale (*ibidem*, 157-167).

Parallelamente agli sforzi di portare a buon fine le trattative concordatarie con la Santa Sede, lo Stato, religiosamente molto eterogeneo, si accingeva a regolare i rapporti tra le comunità religiose attraverso la cosiddetta «legge interconfessionale». A più riprese il progetto fu presentato in parlamento (1920[379], 1925[380], 1928[381]) e riscontrò, soprattutto nei circoli cattolici, un'opposizione risoluta, poiché pretendeva di imporre in modo radicale la sovranità dello Stato sulla Chiesa[382] e appariva un atto pregiudiziale nei confronti della Chiesa cattolica, rimasta ancora senza un proprio regolamento[383]. La legge interconfessionale, in ogni caso, non vide mai la luce nel Regno di Jugoslavia.

Quale fu il destino a livello giuridico della Chiesa cattolica dopo la "caduta" del concordato nel 1937-1938? I vescovi cattolici, riuniti a Zagabria nel maggio 1938, per la prima volta protestarono pubblicamente – se si eccettua la questione strettamente religiosa intorno al «Sokol» – per il comportamento del governo nella questione dei diritti dei cittadini cattolici. A causa della censura della stampa, infatti, fino a questo momento la loro voce non aveva per lo più raggiunto l'opinione pubblica.

Nei documenti rilasciati dalla conferenza episcopale (dichiarazione dei vescovi al clero[384], lettera pastorale per i fedeli[385], lettera diretta al presidente del consi-

---

[379] Il testo originale del progetto si trova in AJ, *Ministarstvo pravde – versko odelenje (63)*, fasc. 19, ff. n.n.: cit. da N. Žutić, *Kraljevina Jugoslavija*, 170. Si veda anche I. Mužić, *Katolička crkva*, 49.

[380] Il testo it. del «Progetto di legge fondamentale circa le religioni e i rapporti interconfessionali» (copia – allegato al rapporto n. 4618 del 6 maggio 1925 di Pellegrinetti) si trova in S.RR.SS., AA.EE.SS., *Jugoslavia*, pos. 9, fasc. 13, ff. 23r-25v; il testo orig. si veda in ASV, *Arch. Nunz. Jugoslavia*, busta 3, ff. 361-374 (copia – allegato alla lettera di Korošec a Pellegrinetti, Belgrado, n. 4621 (Nunziatura), 1 maggio 1925).

[381] Il testo it. del «Progetto di legge fondamentale sulle religioni e i rapporti interconfessionali» (copia – allegato al rapporto n. 8167 del 26 maggio 1928 di Pellegrinetti) si trova in ASV, *Arch. Nunz. Jugoslavia*, busta 4, ff. 244r-249v.

[382] N. Žutić, *Kraljevina Jugoslavija*, 171.

[383] Pellegrinetti a Gasparri, Belgrado, 16 gennaio 1929, rapporto n. 8917, in S.RR.SS., AA.EE.SS., *Jugoslavia*, pos. 96, fasc. 53, ff. 45v-46r.

[384] Il testo originale si veda in I. Mužić, *Katolička crkva*, 228-232; la trad. it. (allegato al rapporto n. 20881del 20 maggio 1938 di Bertoli) si veda in ASV, *Arch. Nunz. Jugoslavia*, busta 9, ff. 249r-258r.

[385] Il testo originale si veda in I. Mužić, *Katolička crkva*, 233-238; la trad. it. (allegato al rapporto n. 20881 del 20 maggio 1938 di Bertoli) si veda in ASV, *Arch. Nunz. Jugoslavia*, busta 9, ff. 259r-270r; S.RR.SS., AA.EE.SS., *Jugoslavia*, pos. 96, fasc. 67, ff. 61r-72r.

glio[386]) si costatava con amarezza che il governo lasciava la Chiesa cattolica come la sola confessione senza riconoscimento definitivo di pubblico diritto della sua costituzione, mettendola di fatto in uno stato di inferiorità giuridica rispetto alle altre confessioni e permettendo alla Chiesa ortodossa serba, veemente oppositrice del concordato, di decidere in merito al destino e ai diritti dei cattolici. I vescovi enumerarono gli ambiti d'azione dove, secondo loro, i cattolici non avevano gli stessi diritti degli altri: scuola, organizzazione della gioventù, beni materiali, ospedali, pensioni alle donne separate, ecc. ...

Alcune questioni (ad esempio il «fondo di religione») furono risolte secondo lo spirito del concordato: in effetti il presidente del consiglio Stojadinović rassicurò il nunzio Ettore Felici che la Chiesa avrebbe avuto dal governo più di quanto avrebbe ottenuto con la ratifica del concordato[387], ma tutto ciò non distolse la Santa Sede dalla decisione di inviare al governo nel gennaio del 1939 – facendo propria la posizione dei vescovi –, un appunto con la descrizione della condizione difficile, giuridicamente non ancora risolta, della Chiesa cattolica nel Regno di Jugoslavia[388].

---

[386] La trad. it. (allegato al rapporto n. 20854 del 10 maggio 1938 di Bertoli) si veda in ASV, *Arch. Nunz. Jugoslavia*, busta 9, ff. 300r-303r; S.RR.SS., AA.EE.SS., *Jugoslavia*, pos. 96, fasc. 67, f. 57 [pp. 4-7]; in lingua orig. si veda ASV, *Arch. Nunz. Jugoslavia*, busta 9, ff. 311-312.

[387] Felici a Pacelli, Belgrado, 14 luglio 1938, protocollo n. 24 (rapporto n. 1), in S.RR.SS., AA.EE.SS., *Jugoslavia*, pos. 96, fasc. 67, f. 77r.

[388] Pacelli a Mirošević-Sorgo, Vaticano, 15 gennaio 1939, appunto della Segreteria di Stato n. 158/39, in AJ, *Poslanstvo Kraljevine Jugoslavije pri Svetoj Stolici (372)*, fasc. 15, [mappa 3], ff. n.n. La minuta si veda in S.RR.SS., AA.EE.SS., *Jugoslavia*, pos. 96, fasc. 67, ff. 83r-86r. La parziale pubblicazione in lingua serba si veda in L. DIMIĆ – N. ŽUTIĆ, *Rimokatolički klerikalizam*, 247-248.

Capitolo II

Prima fase delle trattative per un concordato tra il Regno SHS/Jugoslavia e la S. Sede (1922-1925)

«Con nessun altro paese [...] la Santa Sede ha trattato così a lungo per un Concordato, come con la Jugoslavia»[1]. Queste espressive parole del nunzio Pellegrinetti al principe Paolo descrivono bene il lunghissimo percorso delle trattative concordatarie tra il Regno SHS (Regno di Jugoslavia) e la Santa Sede fra il 1922 e il 1935, anno della firma dell'accordo, protrattosi poi fino agli eventi drammatici che condussero alla sua caduta definitiva a causa della mancata ratifica nel 1937. Tale cornice cronologica corrisponde alla durata della missione diplomatica di Pellegrinetti, nunzio a Belgrado, cui il pontefice aveva affidato il difficile compito di regolare con il governo jugoslavo lo *status* giuridico della Chiesa cattolica, optando appunto per la via di un nuovo concordato, giacché la validità di quello serbo era messa in dubbio[2].

Nel presente capitolo si esaminerà l'inizio delle trattative concordatarie, partendo da alcuni precedenti che prepararono il terreno all'avvio dei passi ufficiali.

La prima tappa che si vuole affrontare è stata già ampiamente approfondita nell'attuale storiografia, specialmente per quanto riguarda la posizione della diplomazia jugoslava. Tra gli studiosi spiccano soprattutto Nikola Žutić[3] e Mirko Petrović[4]. Mentre il primo ha scelto la metodologia storico-critica[5], il secondo ha seguito piuttosto l'approccio giuridico. Tra gli altri studiosi possiamo menzionare Viktor Novak[6] e Ivan Mužić[7].

---

[1] Pellegrinetti a Pacelli, Belgrado, 27 marzo 1935, rapporto n. 17290 (minuta), in ASV, *Arch. Nunz. Jugoslavia*, busta 6, f. 658v.

[2] Istruzioni per Pellegrinetti, giugno 1922, *ibidem*, busta 2, ff. 87v-88r.

[3] N. Žutić, *Kraljevina Jugoslavija*, 165-195.

[4] M. Petrović, *Konkordatsko pitanje*, 147-173.

[5] N. Žutić, *Kraljevina Jugoslavija*, IV.

[6] V. Novak, *Magnum Crimen* (1948), 149-176, 411-468.

[7] I. Mužić, *Katolička crkva*, 45-63.

Le fonti vaticane permettono di vedere sotto una nuova luce l'atteggiamento della Santa Sede in questi primi sforzi per la sistemazione giuridica della Chiesa cattolica in Jugoslavia.

Si sarebbe potuto sintetizzare l'evolversi delle posizioni delle parti; si è preferito, però, presentare cronologicamente il susseguirsi degli eventi, contemplandoli dal punto di vista dei diversi protagonisti, tanto diretti – e cioè la Santa Sede e il governo jugoslavo – quanto indiretti – in primo luogo l'episcopato cattolico e la Chiesa locale, ma pure ampi settori dell'opinione pubblica del Paese e alcune forze politiche del regno: tutti in ogni caso interessati e, come si vedrà, a vario titolo coinvolti nelle trattative stesse.

1. Precedenti delle trattative concordatarie (1917-1922)

Nella conferenza di Corfù (15 giugno–20 luglio 1917), al momento in cui il destino dell'Europa era ancora molto incerto, si diede molto spazio alle questioni religiose e alla discussione sul ruolo della Chiesa cattolica nella futura composizione statale sud-slava. La critica di Trumbić nei confronti della Chiesa cattolica, tacciata come contraria all'unione jugoslava, sollevò un vivace scambio di vedute tra i delegati del governo serbo e del Comitato jugoslavo. Se da una parte egli, partendo dal presupposto della parità delle confessioni, affermava che nessuna di esse poteva essere dichiarata «statale», Marinković, delegato serbo, proponeva che tutte le confessioni e religioni lo fossero. Il presidente del governo serbo Pašić accettò la proposta che nella futura costituzione alla Chiesa ortodossa non fosse più concesso il privilegio di «religione di Stato». Qualcuno proponeva addirittura la separazione tra Chiesa e Stato.

Per sistemare le questioni religiose si menzionava, inoltre, la possibilità di una soluzione sotto forma di concordato. Alcuni valutavano il concordato serbo (1914) come risultato delle cessioni bilaterali della Serbia e della Santa Sede, altri vedevano nelle sue disposizioni una minaccia agli interessi serbi, altri di nuovo lo giudicavano come una grande vittoria della Serbia contro l'Austria. Tutti, però, erano dell'opinione che sistemare i rapporti religiosi attraverso un concordato sarebbe stato un gran rischio per tutti. Non volendo specificare troppi dettagli, la «dichiarazione» si limitò ad accettare il principio della parità di culto delle confessioni riconosciute nel nuovo regno, aprendo così il cammino a future soluzioni giuridiche[8].

---

[8] D. Živojinović – D. Lučić, *Varvarstvo,* vol. I, 170-175; I. Mužić, *Katolička crkva,* 45. Gli autori citano al riguardo D. Janković, *Jugoslovensko pitanje,* 272-278.

1.1 *Interesse di regolare la situazione della Chiesa cattolica nel nuovo Stato*

Al momento della disfatta della monarchia austro-ungarica i vescovi jugoslavi erano molto propensi alla sistemazione giuridica della Chiesa cattolica nel nuovo assetto politico. Già nel settembre del 1918, prima ancora della proclamazione dello Stato SHS, il vescovo Mahnič rivolse una lettera all'arcivescovo di Zagabria Bauer, chiedendogli di convocare tutti i vescovi croati e sloveni ad un convegno in «*questo tempo, pieno di difficoltà, dal quale dipende il destino futuro dei popoli croato e sloveno*»[9]. Il prelato specificò più avanti alcuni argomenti da affrontare: il catechismo comune, un rappresentante presso la Santa Sede, il pontificio collegio di San Girolamo, la cura pastorale degli emigrati in America, le relazioni interconfessionali, le organizzazioni cattoliche dei laici, la tutela della morale pubblica ... La proposta sulla conferenza e sui temi venne subito accettata da Bauer, che convocò tutti i vescovi alla sessione svoltasi dal 27 al 29 novembre del 1918[10].

La nebulosità della posizione della gerarchia cattolica nell'Impero asburgico appena crollato causava non poca confusione nell'episcopato. A mo' di esempio, può essere citato il vescovo di Lubiana Jeglič il quale, il 12 novembre 1918, aveva scritto al consiglio nazionale dello Stato SHS sostenendo che, in seguito all'estinzione dei rapporti giuridici tra l'ex Impero austriaco e la Chiesa cattolica – in forza dei quali l'imperatore s'arrogava molti diritti nell'ambito dell'amministrazione ecclesiastica – era da ritenere che solo il diritto canonico vigesse per tale amministrazione, finché non fossero regolate la costituzione e le relazioni formali dello Stato SHS con la Chiesa cattolica. Due mesi più tardi egli stesso, però, in contraddizione con la dichiarazione precedente, suggeriva all'ordinario di Maribor di attenersi ancora alle disposizioni del concordato austriaco. Le cose, in ogni caso, non erano così semplici. La nuova autorità centrale di Belgrado si sentiva erede di alcuni diritti, concessi in precedenza dalla Santa Sede all'imperatore austriaco, e ciò fece nascere uno dei primi pomi della discordia tra la Chiesa locale e le autorità statali del nuovo regno[11].

---

[9] I. Ćubelić, *La Conferenza Episcopale*, 78. L'autore utilizza un'ampia documentazione dell'archivio della conferenza episcopale jugoslava (CEJ).

[10] *Ibidem*, 78-79. Per l'elenco di tutte le conferenze della CEJ dal 1918 al 1992 si veda *ibidem*, 219-220.

[11] F. M. Dolinar, «Jeglič in cerkvenopolitična vprašanja», 304.

Nella menzionata prima assemblea episcopale nel novembre 1918, durante la quale i vescovi inviarono un atto d'omaggio e di fedeltà al papa[12], fu approvata anche la seguente risoluzione: «*[I Vescovi] esprimono la speranza che il nuovo Stato riconosca i diritti della Chiesa cattolica e che tutte le questioni di mutuo interesse vengano regolate nelle trattative con la Santa Sede*»[13]. Non si fece alcun altro passo più concreto di questo poiché le altre questioni, tra cui l'uso della lingua paleo-slava nella liturgia, sembravano loro più urgenti.

Nel gennaio del 1919, Jeglič nella lettera pastorale rivolta ai sacerdoti, presentò la delicata questione dei rapporti con lo Stato. Il vescovo non nascondeva la preoc-cupazione sul destino della Chiesa, a partire anche dalle voci sulla sua possibile net-ta separazione dallo Stato, evento che – secondo lui – avrebbe colpito gravemente la missione della Chiesa, soprattutto nell'ambito dell'educazione cristiana nelle scuole. Egli, ciononostante, mostrava le proprie simpatie per il concordato serbo che, a suo dire, aveva assicurato tutti i diritti dei cattolici ed era stato espressione chiara della reale possibilità di una pacifica convivenza tra ortodossi e cattolici nel nuovo Stato. In effetti, la sua lunga missione in Bosnia, luogo d'incontro tra mon-do ortodosso e musulmano, lo aveva portato a sviluppare tale ottimismo[14].

La necessità di regolare i rapporti giuridici con la Chiesa era avvertita anche dalle autorità jugoslave. Ancora durante la guerra giravano voci sulla possibilità di avvalersi del concordato serbo come base per risolvere non poche delle que-stioni del rapporto tra Chiesa e Stato createsi dopo l'unificazione. Pochi giorni dopo il riconoscimento formale del Regno SHS da parte della Santa Sede il mini-stro Bakotić, rappresentante del già Regno di Serbia presso la Santa Sede, chie-deva al presidente del consiglio Protić di poter venire a Belgrado per conoscere

---

[12] Si veda S.RR.SS., AA.EE.SS., *Austria-Ungheria*, pos. 1276, fasc. 511, ff. 44-45.

[13] I. Ćubelić, *La Conferenza Episcopale*, 80. Per tutte le risoluzioni della prima conferenza si vedano *ibidem*, 79-81; similmente esse si trovano nell'Archivio dell'Arcidiocesi di Lubiana («Nadškofijski arhiv Ljubljana» – NŠAL): NŠAL, ŠAL/SP V, fasc. 268: «Škofovska konferen-ca 1909-1921», [mappa 1 (1918-1919)]. Si veda inoltre anche *Građa o stvaranju*, vol. II, 663-664; *Jugoslavija 1918-1988*, 113-114; cfr. anche il «Diario» di Jeglič, 30 novembre 1918, 49-50 (una delle sei copie del diario si trova in NŠAL, ŠAL/ŠKOFJE, fasc. 2b, n. 1311-1316).

[14] F. M. Dolinar, «Jeglič in cerkvenopolitična vprašanja», 306. L'autore come fonte princi-pale della sua ricerca utilizza i documenti del NŠAL.

meglio la situazione e le necessità della popolazione cattolica in vista di un possibile allargamento del concordato serbo[15].

Logicamente, nei primi mesi del 1919 il governo jugoslavo non pose in primo piano la questione del concordato, bensì il riconoscimento ufficiale del nuovo Stato da parte della Santa Sede e l'accelerazione dell'instaurazione dei rapporti diplomatici[16]. I fascicoli di Bastien, tuttavia, dimostrano che tra l'inverno e la primavera del 1919 erano già in corso colloqui tra il governo e alcuni vescovi, nei quali si discuteva uno schema di nuovo concordato. Protić, inoltre, chiese a Bakotić di portare a Belgrado molte copie del concordato serbo[17]. Gasparri s'irritò dell'azione dei vescovi e richiamò l'arcivescovo Bauer, ricordandogli che le trattative per il concordato spettavano esclusivamente alla Santa Sede. Nella stessa lettera il segretario di Stato informava il prelato che la Santa Sede considerava decaduti i privilegi dell'imperatore d'Austria e che non era disposta a concedere gli stessi diritti al monarca ortodosso, per cui la Croazia e la Slovenia erano tornate sotto il diritto comune[18].

Lo scontro diplomatico tra Belgrado e Roma nel mese di giugno dello stesso anno intorno alla nomina del vescovo Akšamović richiamò l'attenzione delle parti a rivedere il ruolo del concordato serbo. Il governo belgradese, presumendo il diritto del *nihil obstat* per le nomine episcopali su tutto il territorio jugoslavo, si avvalse del concordato del 1914 come fondamento delle proprie posizioni. La curia romana, d'altro canto, rivendicava la libertà nelle nomine riguardanti il territorio al di fuori della Serbia. In modo simile il governo esigeva che i vescovi croati e sloveni seguissero le disposizioni del concordato serbo nella questione delle preghiere da farsi per il sovrano. Gasparri in una lettera ricordò al ministro Bakotić che il concordato vigeva soltanto per la Serbia e che la sua estensione non avrebbe potuto essere fatta che in sede di ulteriori trattative concordatarie[19].

Tra i punti "problematici" del concordato serbo che mettevano in imbarazzo la Santa Sede, Živojinović mette in risalto l'uso della lingua paleoslava nella litur-

---

[15] D. Živojinović, *Vatikan, Srbija*, 391.

[16] *Ibidem.*

[17] Protić a Bakotić, Belgrado, 17 marzo 1919, telegramma n. 3120, in AJ, *Poslanstvo Kraljevine Jugoslavije pri Svetoj Stolici (372)*, fasc. 1, [mappa 1], ff. n.n.

[18] P. Blasina, «Santa Sede e Regno», 792-793; M. Valente, *Diplomazia pontificia*, 44-49.

[19] Gasparri a Bakotić, Vaticano, 6 giugno 1919, dispaccio n. 91173, in AJ, *Poslanstvo Kraljevine Jugoslavije pri Svetoj Stolici (372)*, fasc. 1, [mappa 9], ff. n.n.; D. Živojinović, *Vatikan, Srbija*, 397.

gia, concessione molto "generosa" da parte della curia romana, la quale si trovava ora di fronte alle resistenze italiane[20]. L'atteggiamento assai riservato della Santa Sede verso il concordato serbo è interpretato dallo studioso come un segnale chiaro che esso non si sarebbe potuto estendere a tutto il territorio jugoslavo, come auspicato dal governo, almeno in questi primissimi mesi di esistenza del regno. Nel mese di luglio 1919, infatti, quando si sparse la voce sul progetto di un nuovo concordato, in preparazione dal ministro dei culti, il governo subito smentì, affermando che ogni atto in tale direzione sarebbe stato inopportuno finché non si fossero stabiliti i confini del regno e avviate le relazioni con la Santa Sede[21]. Nello stesso momento Bastien a Roma scriveva la relazione finale sulla sua missione jugoslava, proponendo la soluzione delle questioni religiose sotto forma di un concordato[22]. Živojinović individua la prova della presunta indecisione nell'avvio delle trattative negli "analoghi" atteggiamenti delle parti: mentre, infatti, la Santa Sede aspettava le iniziative di Belgrado, il governo riteneva che il primo passo spettasse alla curia romana[23]. Lo studioso, infine, sintetizza le vicende sostenendo che la vertenza intorno al caso Akšamović sarebbe stata, in fin dei conti, un forte richiamo al governo jugoslavo per entrare nelle trattative in vista della stesura di un nuovo concordato[24].

Quale fu la posizione della gerarchia cattolica di fronte al concordato serbo o all'idea stessa di concordato? Alla fine di giugno 1919 si trovava a Roma il canonico Ritig, delegato dell'arcivescovo Bauer, e consegnò a Gasparri e al pontefice un promemoria contenente informazioni sullo stato giuridico della Chiesa cattolica nel Regno SHS[25]. Il documento denunciava i soprusi subiti dal vescovo Mahnič, dai conventuali e dai sacerdoti dell'Istria, i problemi legati al collegio di San Girolamo a Roma occupato dagli italiani e quelli riguardanti la giurisdizio-

---

[20] D. Živojinović, *Vatikan, Srbija*, 393.

[21] *Ibidem*, 392-393; Alaupović a Trumbić, Belgrado, 6 agosto 1919, telegramma n. 122, in AJ, *Ministarstvo vera Kraljevine SHS 1919-1929 (69)*, pos.12, fasc. 7, ff. n.n.

[22] P. Blasina, «Santa Sede e Regno», 802; M. Valente, *Diplomazia pontificia*, 62-63.

[23] D. Živojinović, *Vatikan, Srbija*, 392.

[24] *Ibidem*, 397.

[25] P. Blasina, «Santa Sede e Regno», 799, nota 90. Qui l'autore riporta la segnatura archivistica dove è reperibile una copia a stampa del promemoria con il titolo «Pro-memoria ad S. Sedem Msgr. Dr. Svetozar Ritig. Parochi ad S. Marcum Zagabriae. Delegati Zagabriensis Acrhiepiscopi quoad negotia ecclesiastica in Regno S.H.S. (Jugoslaviae)» (pp. 15): S.RR.SS., AA.EE.SS., *Austria 690*. Esso si trova anche in NŠAL, ŠAL/SP V, fasc. 268: «Škofovska konferenca 1909-1921», [mappa 1], pp. 1-15.

ne ecclesiastica di alcune parti del regno. Esso inoltre avanzava alcune richieste specifiche come l'istituzione di un rappresentante della gerarchia vescovile nel regno, l'autonomia per le scuole e l'amministrazione dei beni ecclesiastici, l'uso della lingua paleoslava, un esito positivo per le vertenze circa la riforma agraria, i matrimoni misti, le preghiere pubbliche per il sovrano, la nomina di un delegato apostolico in Jugoslavia. Nel promemoria si auspicava ancora, per evitare ulteriori dissensi tra il governo e la Chiesa, che la Santa Sede nominasse un vescovo, per esempio quello di Zagabria, che potesse esercitare la giurisdizione su tutta la Serbia fino al momento dell'entrata in vigore del concordato serbo[26].

Quando Ritig tornò da Roma, i vescovi si riunirono nella loro seconda conferenza episcopale plenaria (15–20 luglio 1919) e in questa occasione vollero fare un passo in avanti rispetto alla prima conferenza del 1918, attraverso un pronunciamento più chiaro e concreto riguardo alla questione d'un possibile accordo con la Santa Sede. Questo desiderio fu sollecitato dalla stessa curia romana che, attraverso Ritig, aveva fatto sapere ai vescovi «*che la Santa Sede desidera quanto prima procedere al Concordato e aspetta che l'episcopato solleciti il Governo affinché si rivolga alla Santa Sede in questa causa*»[27]. Nella frase si può scorgere non solo il desiderio della curia romana di arrivare ad un concordato con il nuovo regno, ma anche la preoccupazione della Santa Sede per l'operato dei vescovi che spesso "scavalcavano" la diplomazia vaticana, specie nel momento in cui le relazioni diplomatiche tra Belgrado e la Segreteria di Stato non erano ancora avviate.

La conferenza incluse tra le proprie risoluzioni anche quella di esigere un concordato tra la Santa Sede e il governo jugoslavo[28]. Nel frattempo, il canonico di Zagabria aveva detto ai vescovi che la Santa Sede non era sufficientemente al corrente del "vero" stato della Chiesa nel regno[29]. Ciò sembra sorprendente, se si considera che Bastien aveva abbondantemente informato la curia romana con

---

[26] *Ibidem*; P. Blasina, «Santa Sede e Regno», 799-800; D. Živojinović, *Vatikan, Srbija*, 391-392; N. Žutić, *Kraljevina Jugoslavija*, 168 169.

[27] «*Iz razgovora uvjerio se odaslanik, da Sv. Stolica želi, da se što prije pristupi Konkordatu, te da treba i sa strane episkopata potaknuti vladu, da se u toj stvari obrati na Sv. Stolicu*»: NŠAL, ŠAL/SP V, fasc. 268: «Škofovska konferenca 1909-1921», [mappa 1], Protocollo della conferenza episcopale (15-20 luglio 1919), p. 5; I. Ćubelić, *La Conferenza Episcopale*, 117, citando il verbale dell'assemblea plenaria della CEJ nella traduzione it. La lettera della Segreteria di Stato, indirizzata ai vescovi, è dell'11 luglio 1919, n. 93239.

[28] NŠAL, ŠAL/SP V, fasc. 268: «Škofovska konferenca 1909-1921», [mappa 1], Protocollo della conferenza episcopale (15-20 luglio 1919), pp. 1-5.

[29] *Ibidem*, p. 2; F. M. Dolinar, «Jeglič in cerkvenopolitična vprašanja», 307.

notizie raccolte direttamente sul posto e che si era spesso consultato con i vescovi, tra cui anche con Jeglič, che era uno dei prelati jugoslavi più perspicaci nelle
questioni politico-religiose.

Dopo la conferenza fu proprio questi a partire per Roma, su richiesta di
Korošec, per preparare in tal modo il terreno per un concordato. Egli presentò al
papa la *Relatio de statu Ecclesiae*, da lui redatta su richiesta della Santa Sede. Tra
i vari oggetti di discussione, tra cui il noto *affaire* Akšamović, il vescovo di
Lubiana – che in precedenza aveva fatto uno studio approfondito sul concordato serbo, prevedendo che esso potesse servire come base per le ulteriori trattative
tra Belgrado e Roma[30] – chiese l'opinione del papa sulla possibilità di estenderlo
a tutto il territorio jugoslavo. Il papa avrebbe dato un timoroso assenso a tale
proposta, da discutersi però dopo la conferenza di pace, che non aveva ancora
risolto tutte le questioni politiche pendenti[31]. Qualunque sia stata la sua opinione sul concordato, il vescovo Jeglič poté sentire nella curia romana un gran timore di fronte all'eventualità che i cattolici potessero assimilarsi o annullarsi nel serbismo e che la liturgia paleoslava, richiesta dalla maggioranza dei vescovi, potesse condurre i cattolici all'ortodossia[32].

Altri gruppi si espressero ancor più chiaramente dei vescovi in favore di un concordato. Così ad esempio il «partito popolare croato» nel suo programma ufficiale del 1919 sosteneva la soluzione concordataria negli ambiti in cui gli interessi
delle organizzazioni religiose toccassero quelli statali[33]. Similmente una parte del
clero basso, che tra l'altro chiedeva la riforma radicale della Chiesa cattolica, nel
febbraio 1919 propose nel corso di un'assemblea l'inizio delle trattative concorda-

---

[30] F. M. DOLINAR, «Jeglič in cerkvenopolitična vprašanja», 307.

[31] N. ŽUTIĆ, *Kraljevina Jugoslavija*, 20, 169; D. ŽIVOJINOVIĆ, *Vatikan, Srbija*, 389; V.
NOVAK, *Magnum Crimen* (1948), 154. Tutti e tre gli autori citano come fonte la dichirazio-
ne di Jeglič, sul giornale cattolico di Lubiana *Slovenec* del 30 agosto 1919. L'interpretazione
delle parole del vescovo è alquanto diversa tra Živojinović e Žutić. Il primo vede nell'atteggiamento del papa una certa prudenza e paura di fronte alla richiesta di Jeglič, confermata
poi in seguito dallo stesso storico, quando egli afferma che la Santa Sede avrebbe respinto
l'idea della possibile estensione del concordato serbo su tutto il territorio jugoslavo (D. ŽIVO-
JINOVIĆ, *Vatikan, Srbija*, 393). Žutić, ispirandosi più direttamente a Novak, sostiene invece,
che il papa era abbastanza ottimista e perciò propenso ad accettare l'estensione del concordato serbo. Si veda anche I. MUŽIĆ, *Katolička crkva*, 48, il quale cita come fonte il settimanale cattolico di Zagabria, *Katolički list*, 1919, Anno LXX – n. 36, p. 431.

[32] I. MUŽIĆ, *Katolička crkva*, 48.

[33] *Ibidem*, 46-47.

tarie tra la Santa Sede e il Regno SHS[34]. Come è noto, questa piccola porzione del clero divenne ben presto la Chiesa vetero-cattolica croata.

Nella nota del 6 novembre 1919, atto di riconoscimento formale del Regno SHS da parte della Santa Sede, Gasparri non scrisse niente intorno al concordato, bensì espresse il compiacimento della Santa Sede per la decisione del regio governo di continuare le relazioni che la Serbia aveva intrattenuto con essa e la certezza che la piena libertà riconosciuta alla Chiesa cattolica avrebbe prodotto anche nel Regno SHS «*i più copiosi frutti di prosperità*»[35]. Petrović, basandosi sull'opinione di Lanović, capo sezione per gli affari cattolici al ministero dei culti, ritiene che la Santa Sede avrebbe parzialmente condizionato il riconoscimento, vincolandolo alla disponibilità da parte del governo jugoslavo di intraprandere le trattative concordatarie[36]. In occasione della presentazione delle lettere credenziali del ministro Bakotić nel marzo del 1920, papa Benedetto XV nel suo discorso non menzionò soluzioni concrete per affrontare le questioni religiose nel regno e si limitò a richiamare alla memoria il concordato serbo, senza tuttavia conferirgli un significato particolare per il futuro[37].

1.2 *La lettera del canonista Moscatello*

La notizia sulle possibili trattative concordatarie, che appariva sui giornali, suscitò molto interesse presso gli esperti di diritto ecclesiastico. Tra questi merita un'attenzione speciale Nikola Moscatello, il quale si rivolse al ministro degli esteri Trumbić, l'8 febbraio 1920, con una lunga lettera in cui chiedeva di sottoporre al governo delle considerazioni da tener presente in caso di trattative concordatarie.

Prima di tutto, secondo Moscatello, la questione religiosa era più attuale in

---

[34] *Ibidem*, 47-48.

[35] Gasparri a Bakotić, Vaticano, 6 novembre 1919, dispaccio n. 98164, in AJ, *Poslanstvo Kraljevine Jugoslavije pri Svetoj Stolici (372)*, fasc. 1, [mappa 5], ff. n.n.; N. Žutić, *Kraljevina Jugoslavija*, 24-25.

[36] M. Petrović, *Konkordatsko pitanje*, 87.

[37] I discorsi del ministro Bakotić e di Benedetto XV in occasione della presentazione delle lettere credenziali sono pubblicati in S. Simić, *Jugoslavija i Vatikan*, 10-13; Bakotić a Spalajković, dispaccio n. 131 (minuta), Roma, 13 marzo 1920, in AJ, *Poslanstvo Kraljevine Jugoslavije pri Svetoj Stolici (372)*, fasc. 1, ff. n.n. Si veda anche *L'Osservatore Romano*, 14 marzo 1920, Anno LX – n. 64 (18.167), p. 3.

Jugoslavia che in tutti gli altri Stati europei, perciò occorreva una delicatezza particolare nell'affrontarla in modo giusto e assicurare la pace all'interno del Paese. Sosteneva poi che, per normare lo stato giuridico della Chiesa cattolica, non si poteva escludere la Santa Sede, come invece alcuni pretendevano. Il canonico sosteneva che le trattative avrebbero dovuto affrontare alcune questioni concrete:

1. Con il concordato si sarebbe dovuta conseguire una *honesta sustentatio* del clero, per mostrare la cura dello Stato per la condizione materiale dei sacerdoti; ciò avrebbe favorito tra i cattolici un maggiore apprezzamento dell'unione nazionale.

2. Ai seminaristi si sarebbe dovuta offrire un'istruzione più ampia e moderna. A tale scopo risultava necessario ridurre il numero dei collegi e seminari, specie di quelli di periferia, e consolidarne alcuni centrali: Lubiana, Zagabria, Zara ... Ai seminaristi stranieri (magiari, albanesi) non si sarebbe dovuta concedere la formazione nei propri studentati ma avrebbero dovuto studiare insieme ai seminaristi "nazionali" per diventare "amici" della nazione jugoslava.

3. Con la sistemazione dei confini di Stato alcuni territori che in precedenza appartenevano alla giurisdizione di vescovi stranieri sarebbero passati al Regno SHS, per cui bisognava insistere che per questi luoghi fossero competenti i vescovi jugoslavi. Il vescovo di Zagabria avrebbe dovuto ottenere il titolo di *Primas Jugoslaviae*, fino allora riservato al vescovo di Antivari.

4. Sulle nomine dei vescovi Moscatello sconsigliava di pretendere gli stessi diritti che aveva l'imperatore austriaco. La nomina da parte dell'autorità statale sarebbe andata contro lo spirito della Chiesa. Ciononostante, il clero diocesano avrebbe dovuto avere un ruolo fondamentale nelle nomine dei propri pastori. I diritti di patronato si sarebbero dovuti sopprimere.

5. Il regio governo non avrebbe dovuto far intendere che appoggiava con simpatia il movimento riformista nella Chiesa cattolica, perché in tal caso la Santa Sede non avrebbe preso sul serio altre questioni pendenti.

6. Si sarebbe dovuto esigere dalla Santa Sede il privilegio per la liturgia paleoslava e per il rituale in lingua croata. I vertici romani su questo punto avrebbero avuto molte riserve, non tanto per l'inimicizia verso la nazione jugoslava quanto per la paura del passaggio dei cattolici all'ortodossia. Per convincere il Vaticano dell'infondatezza di tale timore, gli sforzi del governo sarebbero dovuti essere condivisi da tutti i vescovi.

7. Il canonico consigliava di regolare, una volta per tutte, la questione del collegio di San Girolamo a Roma. Il diritto di risiedervi lo si sarebbe dovuto esten-

dere anche agli sloveni e, per questo, lo si sarebbe dovuto chiamare «collegio nazionale jugoslavo».

8. Nelle trattative non si sarebbe dovuto perdere di vista il destino della popolazione slava in Italia, garantendone i diritti.

Moscatello avvertiva, altresì, il ministro Trumbić che non si doveva essere troppo leggeri nelle concessioni alla Chiesa cattolica, perché in uno Stato pluri-confessionale la loro attuazione sarebbe stata troppo difficile. Il governo, per quanto riguardava le questioni trattate, avrebbe dovuto consultare, almeno a titolo informativo, l'episcopato cattolico. Ma il compito più importante, secondo lui, sarebbe stato quello di trovare delegati di spessore, capaci di confrontarsi con i grandi uomini della diplomazia vaticana. Il contenuto del concordato serbo, infatti, avrebbe mostrato chiaramente che i negoziatori inviati da Belgrado non erano stati all'altezza del loro compito. Uno degli scopi principali dei diplomatici jugoslavi, allora, sarebbe stato quello di far cambiare la cattiva opinione della curia romana sul futuro del regno jugoslavo[38].

Si è ritenuto opportuno soffermarsi sulla lettera di Moscatello per alcune ragioni.

In primo luogo, perché in essa si intravedono le posizioni "unitariste" di un sacerdote, cosa non molto comune all'interno del clero cattolico, propenso piuttosto a fondere insieme l'elemento cattolico con quello nazionale. Il canonico rappresentava, quindi, una porzione esigua del presbiterio cattolico che nello Stato jugoslavo vedeva un'occasione storica per i diritti dei loro fedeli e per la convivenza pacifica con i "fratelli" ortodossi.

La lettera, inoltre, ci offre alcuni elementi per valutare quanto le proposte di Moscatello siano state fatte proprie dalla diplomazia jugoslava e in che misura abbiano influito sul contenuto dei vari progetti di concordato presentati dal governo alla curia romana. Egli stesso ebbe indubbiamente un ruolo fondamentale nelle trattative concordatarie, anche se proprio ciò sfugge spesso alla storiografia attuale.

1.3 *Vescovi e governo alla ricerca di una soluzione comune*

Contemporanee alla missiva di Moscatello sono da ricordare alcune iniziative del ministero dei culti, intraprese per regolare la situazione delle comunità religiose. Il capo sezione per gli affari cattolici al ministero, l'avvocato Mihajlo Lanović, anche lui di vedute unitariste, all'inizio del 1920 preparò un «Progetto

---

[38] La lettera è pubblicata in D. Živojinović – D. Lučić, *Varvarstvo*, vol. I, 331-337.

di legge sui rapporti interconfessionali nel Regno SHS»[39] con l'intenzione di sollecitare una discussione sull'argomento, per arrivare poi ad una soluzione definitiva, anche in vista della costituzione nazionale, ancora *in fieri*. Questo progetto garantiva la libertà religiosa e di coscienza; ammetteva tutte le fedi presenti sul territorio jugoslavo che erano già state riconosciute attraverso precedenti leggi tuttora in vigore, mentre eventuali altri gruppi religiosi sarebbero dovuti essere normati con una legislazione *ad hoc*; per la fondazione di parrocchie e simili circoscrizioni si richiedeva il permesso del governo; nel diritto matrimoniale non si prevedeva il principio dell'indissolubilità delle nozze cattoliche e si permetteva il passaggio da una religione all'altra[40].

I vescovi Bauer, Jeglič e Marčelić respinsero decisamente tale progetto, non soltanto perché vi si scorgeva la sovranità dello Stato sulla Chiesa in chiave liberale-radicale, ma anche per il semplice motivo che il progetto, ritenuto "precoce", pregiudicava altre questioni per la regolamentazione dei rapporti giuridici tra Stato e Chiesa. Partendo dal principio dell'equiparazione tra l'autorità spirituale e quella temporale e considerando la rispettiva sovranità e indipendenza della Chiesa e dello Stato, i vescovi proponevano un accordo speciale per l'organizzazione dei rapporti giuridici, dove s'incrociassero gli interessi religiosi e statali: nella fattispecie il concordato. E solo dopo averlo siglato si sarebbero potute risolvere tutte le altre questioni politico-religiose, anche attraverso una legge interconfessionale[41].

Lanović, almeno in questo periodo iniziale, sosteneva la soluzione contraria. Attraverso il suo «Progetto di legge interconfessionale» voleva porre "confini" alle singole confessioni e, solo nei limiti del diritto ivi previsti, in seguito si sarebbero potuti regolare i rapporti anche con un "terzo" interlocutore, cioè con la Santa Sede, per quanto riguardava la Chiesa cattolica jugoslava[42]. In modo simile egli

---

[39] Il progetto non aveva carattere ufficiale (M. PETROVIĆ, *Konkordatsko pitanje*, 126, nota 209). Il progetto si veda in AJ, *Ministarstvo pravde – versko odelenje (63)*, fasc. 19 e 21, ff. n.n. (riportato da Z. MATIJEVIĆ, «Pokušaj razrješenja», 54-55, nota 15 e 16; ID., «Ustavnopravni položaj», 502, nota 13 e 14).

[40] M. PETROVIĆ, *Konkordatsko pitanje*, 126; ID., «Konkordat kao osnov», 436; ID., «Rimokatolički prelati», 315-316; I. MUŽIĆ, *Katolička crkva*, 49.

[41] La lettera di Bauer e Jeglič, indirizzata al ministero dei culti si veda in Z. MATIJEVIĆ, «Pokušaj razrješenja», 55-58; cf. N. ŽUTIĆ, *Kraljevina Jugoslavija*, 170-171; M. PETROVIĆ, *Konkordatsko pitanje*, 126-127; ID., «Konkordat kao osnov», 437-439; ID., «Rimokatolički prelati», 316-318.

[42] N. ŽUTIĆ, *Kraljevina Jugoslavija*, 170.

manifestava chiaramente la sua antipatia verso la soluzione concordataria, considerandola non necessaria, nel timore che il concordato concedesse allo Stato solo ciò che era già previsto dal diritto canonico comune[43]. Negli anni a seguire egli divenne più fiducioso nei confronti delle trattative concordatarie, fino ad arrivare a conclusioni simili di quelle dei tre vescovi appena menzionati. Come Moscatello, anche lui divenne uno dei punti di riferimento del governo jugoslavo.

Prima della conferenza episcopale plenaria dell'aprile 1920 si recarono a Roma i vescovi Bauer (febbraio) e Jeglič (marzo), quest'ultimo per la seconda volta in poco tempo. Il primo avrebbe incontrato il nunzio Cherubini, prima del suo arrivo a Belgrado, alla ricerca di una soluzione per la questione delle "spinose" nomine dei vescovi di Đakovo e di Sarajevo. Per porre fine al contenzioso con il governo, l'arcivescovo di Zagabria avrebbe voluto convincere il papa a concludere un concordato con il regno jugoslavo. Jeglič, anche lui a Roma per presentare la situazione religiosa al nuovo nunzio[44], nel suo diario annotava che in Vaticano l'idea di un concordato era presa in seria considerazione[45].

Alla menzionata conferenza tra il 13 e il 19 aprile 1920, dove i vescovi incontrarono il nunzio Cherubini appena giunto in Jugoslavia, fu messo all'ordine del giorno il «Progetto sull'autonomia della Chiesa cattolica nel Regno SHS»[46], preparato dall'arcivescovo Šarić. In seguito alle perplessità di alcuni vescovi, che nella discussione su un tale progetto temevano si pregiudicasse il concordato, si decise di inviare direttamente il testo a Roma, senza alcuna discussione, affinché servisse alla Santa Sede come materiale per le future trattative concordatarie[47]. Due

---

[43] *Ibidem*, 172-173; M. Petrović, *Konkordatsko pitanje*, 128-129; Id., «Konkordat kao osnov», 439-440; Id., «Rimokatolički prelati», 318-319.

[44] D. Živojinović, *Vatikan, Srbija*, 390; Bakotić a Spalajković, Roma, 6 febbraio 1920, dispaccio n. 42 (minuta), in AJ, *Poslanstvo Kraljevine Jugoslavije pri Svetoj Stolici (372)*, fasc. 1, ff. n.n.

[45] D. Živojinović, *Vatikan, Srbija*, 398. Sul soggiorno di Jeglič a Roma si veda F. Kralj, «Škof Anton», 394; D. Živojinović – D. Lučić, *Varvarstvo*, vol. I, 264-265.

[46] Il progetto («Nacrt statuta za samoupravu Katoličke Crkve u Kraljevstvu SHS») si trova in NŠAL, ŠAL/SP V, fasc. 268: «Škofovska konferenca 1909-1921», [mappa 2], 89§§; ASV, *Arch. Nunz. Jugoslavia*, busta 8, ff. 1-24 (trad. it).

[47] NŠAL, ŠAL/SP V, fasc. 268: «Škofovska konferenca 1909-1921», [mappa 2], Protocollo della conferenza episcopale (13-19 aprile 1920), pp. 2-4bis. Per il protocollo della conferenza in it. si veda: S.RR.SS., AA.EE.SS., *Austria-Ungheria*, pos. 1481, fasc. 608, ff. 61r-66r. Gasparri affermava che il detto progetto dei vescovi non fosse reperibile in Segreteria di Stato (Gasparri a Pellegrinetti, Vaticano, 19 settembre 1922, dispaccio n. 7576, in ASV, *Arch. Nunz. Jugoslavia*, busta 8, f. 42r).

anni più tardi il nunzio Pellegrinetti, tornando sul progetto dei vescovi – da lui semplicemente denominato «*progetto di Concordato*» – lo avrebbe valutato come carente, perché si prestava «*facilmente al giuoco degli avversari*». Un esempio è quando si diceva che l'episcopato in Jugoslavia costituiva un corpo solo con a capo l'arcivescovo (primate) di Zagabria e che questi era «*il rappresentante della Chiesa cattolica in Jugoslavia davanti al Governo*»[48]: in questo modo, tuttavia, metteva in imbarazzo lo stesso nunzio.

Alla seguente conferenza episcopale plenaria (30 aprile – 6 maggio 1921), in seguito ad una nuova visita "romana" di alcuni esponenti dell'episcopato[49], i vescovi non discussero direttamente sul tema del concordato perché si erano più concentrati sulle questioni intorno alla circoscrizione delle diocesi (slavi in Italia), al collegio di San Girolamo a Roma, alla lingua paleoslava nella liturgia, al rituale in lingua volgare, alla preghiera da farsi in caso di morte del re, ai beni ecclesiastici, ai matrimoni misti, alla provvista dei benefici, ecc.[50]. L'assemblea ritornò al «Progetto sull'autonomia della Chiesa cattolica», mandato un anno prima in Vaticano, senza arrivare a nuove conclusioni[51]. In quell'occasione i vescovi stipularono e approvarono anche il regolamento interno della conferenza episcopale, non sottoposto all'approvazione pontificia[52].

Da parte delle autorità politiche, nel 1921, ci furono alcuni passi concreti che facilitarono l'inizio delle trattative concordatarie. Almeno in due momenti possia-

---

[48] Pellegrinetti a Gasparri, Belgrado, 9 agosto 1922, rapporto n. 112, in S.RR.SS., AA.EE.SS., *Jugoslavia*, pos. 9, fasc. 12, ff. 46v-47r.

[49] Andrić al ministero degli esteri, Roma, telegramma n. 267 (minuta), in AJ, *Poslanstvo Kraljevine Jugoslavije pri Svetoj Stolici (372)*, fasc. 2, [mappa 1/I], ff. n.n.; F. M. DOLINAR, «Jeglič in cerkvenopolitična vprašanja», 319; F. KRALJ, «Škof Anton», 394-395.

[50] Gasparri a Bauer, Vaticano, 17 aprile 1921, dispaccio n. 19262 (copia), in ASV, *Arch. Nunz. Jugoslavia*, busta 1, ff. 267r-268r.

[51] NŠAL, ŠAL/SP V, fasc. 268: «Škofovska konferenca 1909-1921», [mappa 3], Conclusioni della conferenza episcopale (30 aprile-6 maggio 1921). Anche il nunzio, più tardi, ricordava questo progetto, postdatando di un anno la data della sua compilazione: «*In un progetto di sistemazione dei rapporti tra Stato e Chiesa, compilato nelle Conferenze dei Vescovi del 1921 e che si sarebbe dovuto presentare all'approvazione del Parlamento nel caso che il Governo non intendesse fare un Concordato con la S. Sede, si stabiliva che l'Arcivescovo di Zagabria dovesse essere il rappresentante della Chiesa Jugoslava di fronte allo Stato*»: Pellegrinetti a De Lai, Belgrado, 13 marzo 1924, rapporto n. 2644 (minuta), in ASV, *Arch. Nunz. Jugoslavia*, busta 3, f. 167v.

[52] I. ĆUBELIĆ, *La Conferenza Episcopale*, 84.

mo notare l'interesse statale per risolvere lo *status* giuridico della Chiesa cattolica.

Il primo evento rilevante fu l'approvazione e la proclamazione della costituzione di San Vito il 28 giugno 1921. La gerarchia e i politici cattolici mostrarono molte riserve nei confronti di alcuni articoli, laddove, secondo loro, si pregiudicavano disposizioni, che avrebbero dovuto essere affrontate d'intesa con la Santa Sede. Problematico fu l'art. 12 con il cosiddetto *Kanzelparagraph*, disposizione che proibiva ai rappresentanti religiosi di usare la loro autorità spirituale nelle chiese (templi) oppure con scritte di carattere religioso o in altra maniera nell'adempimento dei loro doveri d'ufficio, a scopi di partito[53]. Molte rimostranze si fecero anche per gli articoli 16[54] e 28[55], che trattavano dell'istruzione pubblica e del matrimonio. La presunta "usurpazione" statale di questi due ambiti tradizionalmente affidati alla Chiesa, permessa nei pur generici articoli della costituzione, lasciò nei circoli cattolici un'impressione molto amara. Si faceva sempre più strada l'opinione, che senza un cambiamento del documento supremo dello Stato non si sarebbe potuto concludere alcun concordato, e senza questo non sarebbe stata mai garantita nessuna stabilità politica in Jugoslavia[56].

Il secondo momento decisivo fu la disposizione governativa di sondare le esigenze dei diversi gruppi religiosi, convocandoli ad una conferenza interconfessionale, in vista di una soluzione giuridica. I rappresentanti cattolici si riunirono a metà novembre 1921 a Belgrado in tre sedute riportando alcune proposizioni. Nella prima si esaminava la posizione della Chiesa cattolica verso lo Stato SHS: poiché la Chiesa vi era descritta come una totalità singolare, non riducibile a una qualsiasi associazione nello Stato né a una qualsiasi corporazione di diritto pubblico, si proponeva un accordo vicendevole tra Chiesa e Stato, per sciogliere ogni eventuale conflitto, sotto forma di concordato tra il regno jugoslavo e la Santa

---

[53] M. PETROVIĆ, *Konkordatsko pitanje*, 109; O. RANDI, *La Jugoslavia*, 541.

[54] *«L'istruzione è impartita dallo Stato. [...] L'istruzione religiosa viene impartita secondo il desiderio dei genitori, rispettivamente dei tutori, separatamente secondo le religioni, e in armonia coi loro principi religiosi. [...] La legge stabilirà se ed a quali condizioni saranno permesse scuole private e d'altro genere consimile»*: O. RANDI, *La Jugoslavia*, 542.

[55] *«Il matrimonio è protetto dello Stato»*: ibidem, 544.

[56] Si veda l'articolo di A. CRNICA, «Kancelparagraf», 313-315. La sua dichiarazione sul rapporto costituzione – concordato è pubblicata anche in V. NOVAK, *Magnum Crimen* (1948), 148; M. PETROVIĆ, *Konkordatsko pitanje*, 151, nota 241; ID., «Konkordat kao osnov», 441-442; I. MUŽIĆ, *Katolička crkva*, 50-51. Sul rapporto costituzione – comunità religiose si veda Z. MATIJEVIĆ, «Pokušaj razrješenja», 61-67; ID., «Ustavnopravni položaj» 504-511.

Sede. Nel «*disgraziato*» caso in cui non si fosse giunti ad un concordato, i rappresentanti chiedevano che, per mezzo di una legge dello Stato, venissero garantiti alla Chiesa alcuni diritti fondamentali: piena libertà d'insegnamento religioso in chiesa e a scuola, l'amministrazione dei sacramenti e il libero adempimento del culto pubblico; rapporto sereno tra fedeli e superiori ecclesiastici, specialmente con la Santa Sede; libertà nella fondazione e nell'azione degli ordini religiosi; diritto di fondare e dirigere scuole confessionali; diritto d'acquisto e di libera amministrazione di sostanze mobili e immobili ... Nella seconda seduta si riconobbe la necessità d'una legge dello Stato con la quale si sarebbero regolate le relazioni interconfessionali, secondo il principio della piena uguaglianza nel diritto per tutte le confessioni accettate e riconosciute dalla legge: non a tutti egualmente, ma a ciascuno il suo. Nella terza seduta, dove l'oggetto della discussione erano i beni materiali, si chiese che quei beni sottratti all'amministrazione della Chiesa per mezzo della riforma agraria le fossero restituiti[57].

I voti della delegazione cattolica, che provocarono una forte opposizione da parte del ministro della giustizia Lazar Marković[58], sono ritenuti da Petrović come un'espressione chiara dell'inconciliabilità tra la mentalità della gerarchia cattolica, ispirata totalmente al *Codex iuris canonici*, e quella dell'autorità civile, espressa nella costituzione. A suo dire, il vero problema del governo, in fondo, non sarebbe stato il dilemma sull'opportunità del concordato (una soluzione già per sé problematica per il suo carattere eccezionale di fronte alle altre comunità religiose), bensì il contenuto dei *desiderata* dell'episcopato, che avrebbero reso anticostituzionale anche una legge interna dello Stato. I vescovi, che si pensava avrebbero agito secondo le istruzioni della Santa Sede, con l'incessante richiamo al diritto canonico avrebbero mostrato in modo inconfutabile la loro ripugnanza per la costituzione di San Vito[59].

---

[57] Il testo delle proposizioni dei rappresentanti cattolici si veda in R. Kušej, *Verska anketa*, 15-20; V. Novak, *Magnum Crimen* (1948), 157-160; M. Petrović, *Konkordatsko pitanje*, 130-134; Id., «Rimokatolički prelati», 320-323. La trad. si veda in ASV, *Arch. Nunz. Jugoslavia*, busta 1, ff. 443r-448r (copia – allegato al rapporto n. 477/21 del 5 dicembre 1921 di Cherubini). Si veda inoltre la sintesi di I. Mužić, *Katolička crkva*, 52-53 e di N. Žutić, *Kraljevina Jugoslavija*, 171-172, il quale riporta la segnatura archivistica del documento con le proposizioni: AJ, *Ministarstvo pravde – versko odelenje (63)*, fasc. 19, ff. n.n. La conferenza viene menzionata altresì nell'ampio studio di L. Dimić, *Kulturna politika*, vol. II, 362.

[58] I. Mužić, *Katolička crkva*, 53; M. Petrović, *Konkordatsko pitanje*, 136.

[59] M. Petrović, *Konkordatsko pitanje*, 134-140; Id., «Rimokatolički prelati», 323-326; Id., «Ustavno pitanje», 437-438.

Le fonti vaticane testimoniano che i delegati cattolici alla menzionata conferenza agivano in modo autonomo. Ciò irritò la Segreteria di Stato, che lamentava come il governo, mentre invitava la delegazione cattolica a prender parte alla conferenza, non si fosse rivolto al nunzio di Belgrado. La medesima Segreteria, ciononostante, valutò positivamente le richieste della delegazione, specie quella che sollecitava l'avvio di trattative concordatarie tra il governo e la Santa Sede per la definizione giuridica della Chiesa cattolica in Jugoslavia[60].

I vescovi si riunirono nuovamente per l'assemblea annuale della conferenza episcopale nell'aprile del 1922; in seguito a ciò presentarono al re Aleksandar un promemoria contenente le lamentele sul «*luctuosus status*» della Chiesa, con accuse che facevano riferimento in primo luogo al programma dell'istruzione pubblica e alla riforma agraria[61]. Secondo Mužić, essi, ancora nel 1922, avrebbero presentato al governo, come punto di partenza non ufficiale, un progetto di concordato che riprendeva in linea di massima le disposizioni di quello serbo e le risoluzioni della delegazione cattolica nella conferenza interconfessionale e in altre proposizioni anteriori[62]. Sembra strano, tuttavia, che nel protocollo della conferenza episcopale del 1922, non vi sia nessuna parola su tale progetto da parte dei vescovi[63].

Nel giugno dello stesso anno i vescovi, in occasione di un incontro con il ministro dell'istruzione Pribićević per chiedere delle modifiche al progetto di legge riguardante l'insegnamento religioso nelle scuole, accennarono alla necessità di affrettare la conclusione del concordato con la Santa Sede. Il ministro, quando rispose che il gabinetto non aveva ancora preso alcuna decisione e che il proble-

---

[60] Istruzioni per Pellegrinetti, giugno 1922, in ASV, *Arch. Nunz. Jugoslavia*, busta 2, ff. 87v-88r; S.RR.SS., AA.EE.SS., *Rapporti delle Sessioni*, anno 1922, Sessione 1246, stampa 1088, «Jugoslavia – interessi religiosi», 23 marzo 1922, Relazione, pp. 37-38; Gasparri a Cherubini, Vaticano, 13 marzo 1922, dispaccio n. 370, in ASV, *Arch. Nunz. Jugoslavia*, busta 1, f. 569r.

[61] Il testo del promemoria in latino si trova in ASV, *Arch. Nunz. Jugoslavia*, busta 3, ff. 5r-10r.

[62] I. Mužić, *Katolička crkva*, 54; M. Petrović, *Konkordatsko pitanje*, 153; E. Dolenc, *Med kulturo in politiko*, 148. Il progetto si trova in ZKZ, Jakov Čuka, *Spisi iz ostavščine* (163936 MS 1097), fasc. 2: *Spisi o konkordatu (n. 11)*, «Neoficijelna osnova katoličkih biskupa» (11d), pp. 1-7. Durante la conferenza fu scritta anche la petizione dell'episcopato, indirizzata al papa, circa la lingua liturgica (Bauer a Pio XI, Zagabria, 29 aprile 1922, n. 25369, (Segreteria di Stato), in S.RR.SS., AA.EE.SS., *Jugoslavia*, pos. 9, fasc. 12, ff. 121r-122r).

[63] NŠAL, ŠAL/SP V, fasc. 269: «Škofovska konferenca 1922-1942», [mappa 1], Protocollo della conferenza episcopale (24-28 aprile 1922), pp. 1-6.

ma presentava non poche difficoltà, contraddisse l'opinione dello stesso presidente del governo Pašić[64] e provocò grande stupore presso l'episcopato.

1.4 *Discussione sulla validità del concordato con l'ex-Regno di Serbia*

Nello stesso momento in cui si svolgeva la conferenza interconfessionale di Belgrado, papa Benedetto XV, nel suo discorso concistoriale *In hac quidem* del 21 novembre 1921[65], dava un colpo di grazia ai privilegi e ai concordati conclusi con gli Stati che avevano cessato di esistere o che erano profondamente cambiati per effetto della guerra. Il problema nasceva, comunque, più dall'interpretazione che dal discorso stesso – a dir la verità piuttosto generico – del papa, il quale tra l'altro non vi nominò nessun concordato o Stato. Se per l'accordo austriaco, almeno da parte dello Stato jugoslavo, cessò ben presto il dibattito intorno alla sua validità, nel caso di quello serbo la sua sorte non era così certa. Spesso esso veniva applicato, senza discuterne la validità[66]. Diverse erano le interpretazioni sul tenore dell'esito dell'operato della diplomazia serba nei confronti della Santa Sede e dell'Impero austro-ungarico nel 1914: in ogni caso, pressoché tutti i serbi erano ancora molto legati all'accordo prebellico, giudicandolo un segno visibile dell'opposizione del popolo serbo al plurisecolare protettorato di culto che l'Austria aveva esercitato sul loro territorio.

Ancor prima dell'intervento pontificio il ministro Bakotić, riflettendo su tutti i concordati riguardanti il territorio jugoslavo, affermò che si dovevano rispettare il concordato serbo e quello montenegrino, mentre l'accordo e le leggi austriache non erano più da ritenersi in vigore. Il ministro propose, inoltre, di concludere un altro concordato per quei territori sottoposti a quello austriaco. Nella stessa lettera il diplomatico si lamentava del contegno del governo che non gli facilitava le debite istruzioni, per le trattative con la Segreteria di Stato, che inve-

---

[64] Pašić avrebbe avuto un atteggiamento ambiguo e molto pragmatico nei confronti della Chiesa (I. MUŽIĆ, *Katolička crkva*, 53). Da una parte ai vescovi avrebbe promesso più volte le trattative concordatarie, nello stesso tempo però avrebbe indugiato con tale soluzione, cercando di acquistare tempo per consolidare il nuovo regno. Petrović afferma che il cambiamento del quadro politico in Europa e l'avvicinamento della Santa Sede all'Italia avrebbe finalmente convinto Pašić a pensare seriamente al concordato (M. PETROVIĆ, «Konkordat kao osnov», 446-447).

[65] AAS 13 (1921) 521-524.

[66] Pellegrinetti a Srebrnič, Belgrado, 13 gennaio 1925, dispaccio n. 4021 (minuta), in ASV, *Arch. Nunz. Jugoslavia*, busta 3, f. 284r.

ce erano già in corso con altre nazioni[67]. Simili lamentele da parte di Bakotić, che insinuava troppa passività e poca serietà da parte del governo, si ripetevano molto spesso nelle sue lettere degli anni 1921-1922, tanto da far dubitare dell'effettiva fiducia di cui egli godesse presso il governo in vista delle trattative con la Santa Sede[68].

Il ministro jugoslavo, poi, aveva un'opinione diversa dal governo sullo stato del concordato serbo. Quando il presidente Pašić affermò che il concordato del 1914 si era automaticamente esteso a tutto il territorio del nuovo regno, come avvenuto per gli altri accordi internazionali[69], Bakotić lo avvertì che era difficile giustificare tale asserzione, dal momento che i concordati non erano equiparabili agli altri accordi internazionali e che la delimitazione geografica dell'accordo erano l'arcidiocesi di Belgrado e la diocesi di Scopia. Per l'estensione del concordato serbo, caso mai, si sarebbe dovuto ricorrere ad un atto ufficiale[70]. Così il ministro jugoslavo presso la Santa Sede riprese e fece sue le parole rivoltegli già da Gasparri in una lettera dell'estate del 1919[71]. Dopo il menzionato pronunciamento di Benedetto XV, lo stesso ministro Bakotić rassicurò il governo che il papa non intendeva negare la validità del concordato serbo, quanto ribadire che non riconosceva al Regno SHS il diritto di avocare a sé le prerogative concesse ad altri Stati dalla Santa Sede. Secondo il ministro il governo jugoslavo si sarebbe dovuto adoperare affinché restasse in vigore anche il concordato montenegrino per l'importante sede arciepiscopale di Antivari, il cui arcivescovo portava il titolo di *primas Serbiae*[72].

---

[67] Bakotić a Vesnić, Roma, 17 dicembre 1920, rapporto n. 770 (minuta), in AJ, *Poslanstvo Kraljevine Jugoslavije pri Svetoj Stolici (372)*, fasc. 1, ff. n.n.; N. Žutić, *Kraljevina Jugoslavija*, 168.

[68] Bakotić a Ninčić, Roma, 4 giugno 1920, rapporto n. 481 (minuta), in AJ, *Poslanstvo Kraljevine Jugoslavije pri Svetoj Stolici (372)*, fasc. 20, [mappa 1/II], ff. n.n.; N. Žutić, *Kraljevina Jugoslavija*, 176.

[69] Pašić a Bakotić, Belgrado, 8 novembre 1921, telegramma n. 13103, in *Poslanstvo Kraljevine Jugoslavije pri Svetoj Stolici (372)*, fasc. 20, [mappa 1/I], ff. n.n.; N. Žutić, *Kraljevina Jugoslavija*, 175.

[70] Bakotić a Pašić, Roma, 10 novembre 1921, rapporto n. 720 (minuta), in *Poslanstvo Kraljevine Jugoslavije pri Svetoj Stolici (372)*, fasc. 20, [mappa 1/I], ff. n.n.; N. Žutić, *Kraljevina Jugoslavija*, 175.

[71] Gasparri a Bakotić, Vaticano, 6 giugno 1919, dispaccio n. 91173, in AJ, *Poslanstvo Kraljevine Jugoslavije pri Svetoj Stolici (372)*, fasc. 1, [mappa 9], ff. n.n.

[72] N. Žutić, *Kraljevina Jugoslavija*, 174.

La prova che la Santa Sede riconosceva ancora il concordato serbo furono alcune nomine episcopali promulgate sin dal 1919, cioè ancora prima del riconoscimento ufficiale del Regno SHS (caso Akšamović); tuttavia, anche dopo il 21 novembre 1921, nel caso di Spalato e della Vojvodina (Bačka e Banato), la Segreteria di Stato ritenne di poter procedere senza intesa con il governo di Belgrado, giacché questi luoghi non erano contemplati nel concordato serbo, che riguardava solamente il territorio del Regno di Serbia del 1913[73]. *Pro bono pacis* la Santa Sede rinunciò alle proprie prerogative e manifestò la sua disposizione a comunicare i nomi dei candidati, anche per le menzionate sedi, per l'eventuale segnalazione di difficoltà di ordine esclusivamente politico, che il governo si fosse ritenuto autorizzato a fare a proposito delle nomine[74].

Richiamandosi ai diversi rapporti anteriori, il ministro Bakotić – trovatosi spesso in imbarazzo nei colloqui con la Segreteria di Stato, perché questa aspettava dal governo jugoslavo passi concreti in vista delle trattative – nel chiedere insistentemente istruzioni al governo proponeva anche soluzioni concrete. Secondo lui, il governo avrebbe prima dovuto applicare il concordato serbo per il territorio della Serbia, cercando di includervi anche l'arcidiocesi montenegrina di Antivari e inglobando così nell'accordo serbo la convenzione stipulata con il Montenegro, poi estenderlo provvisoriamente a tutto il territorio del regno, e, subito dopo, avviare le trattative per un nuovo patto. Tutto il procedimento si sarebbe dovuto realizzare in breve tempo, altrimenti si sarebbe corso il pericolo di perdere anche il concordato serbo[75]. L'indisposizione di Bakotić nei confronti di Belgrado si fece più evidente nel marzo 1922 quando al nunzio in congedo,

---

[73] *Ibidem*, 73, 137-138, 174; Bakotić a Borgongini-Duca, Roma, 5 maggio 1922, dispaccio n. 375 (minuta), in AJ, *Poslanstvo Kraljevine Jugoslavije pri Svetoj Stolici (372)*, fasc. 2, [mappa 2/III], ff. n.n.; Bakotić a Stanić, Roma, 15 settembre 1922, rapporto n. 713 (minuta), *ibidem*, fasc. 20, [mappa 1/II], ff. n.n.

[74] N. Žutić, *Kraljevina Jugoslavija*, 138-139, 174; Borgongini-Duca a Bakotić, Vaticano, 10 maggio 1922, dispaccio n. 2960, in AJ, *Poslanstvo Kraljevine Jugoslavije pri Svetoj Stolici (372)*, fasc. 2, [mappa 2/III], ff. n.n.; Bakotić a Ninčić, Roma, 26 maggio 1922, rapporto n. 459 (minuta), *ibidem*, fasc. 20, [mappa 1/II], ff. n.n.; Bakotić a Stanić, Roma, 15 settembre 1922, rapporto n. 713 (minuta), *ibidem*, ff. n.n.

[75] Bakotić a Pašić, Roma, 10 novembre 1921, rapporto n. 720 (minuta), in AJ, *Poslanstvo Kraljevine Jugoslavije pri Svetoj Stolici (372)*, fasc. 20, [mappa 1/I], ff. n.n.; Bakotić a Ninčić, Roma, 20 febbraio 1922, rapporto n. 162 (minuta), *ibidem*, [mappa 1/II], ff. n.n.; N. Žutić, *Kraljevina Jugoslavija*, 175-176.

Cherubini, il ministro degli esteri Ninčić promise la stipula di un concordato per tutto il territorio jugoslavo, cosa di cui il ministro a Roma era totalmente all'oscuro[76]. Quest'ultimo era particolarmente amareggiato dal fatto che nella capitale jugoslava non si prendesse sufficientemente in considerazione il carattere precipuo della Santa Sede e, per evitare una lotta aperta, cercava di favorire proprio le trattative concordatarie[77].

Non tutti gli esperti di diritto internazionale condividevano l'opinione di Bakotić sulla validità del concordato serbo. Lanović, infatti, sosteneva che nel Regno SHS tre su quattro concordati fossero ancora in vigore (austriaco, montenegrino, serbo), ma soltanto come leggi dello Stato, avulse da qualunque accordo bilaterale e quindi sottoposte ai soli cambiamenti unilaterali del parlamento belgradese[78]. Con qualche piccola divergenza anche Ante Crnica, professore di diritto canonico a Makarska, condivideva la stessa opinione[79]. La pensavano diversamente, invece, Slobodan Jovanović e Ante Troicki, secondo i quali non si poteva mettere sullo stesso livello il concordato austriaco con quello serbo, poiché il Regno SHS, dal punto di vista del diritto internazionale, non si presentava con nuova personalità giuridica, bensì come "erede" di tutti i diritti e obblighi del già Regno di Serbia, quindi anche del concordato del 1914. Partendo da questo principio essi sostenevano, come Pašić, che un nuovo concordato non fosse necessario giacché quello serbo si estendeva automaticamente a tutto il Regno SHS[80].

Il dibattito non si placò nemmeno quando il governo nominò l'apposita commissione governativa per preparare un nuovo concordato, e ciò costrinse lo stesso ministero degli esteri ad intervenire ufficialmente nel settembre del 1922. Il ministero, rivolgendosi al «comitato ristretto» della commissione governativa, spiegò anzitutto che l'assunzione degli accordi internazionali da parte di uno Stato precedente ad un suo successore più grande era previsto secondo il § 12 dell'«Accordo sulle minoranze»; la Santa Sede però non era tra i contraenti e quindi non lo riconosceva. Essa poi non negava l'esistenza del concordato serbo

---

[76] Bakotić a Ninčić, Roma, 4 giugno 1922, rapporto n. 481 (minuta), in AJ, *Poslanstvo Kraljevine Jugoslavije pri Svetoj Stolici (372)*, fasc. 20, [mappa 1/II], ff.n.n.; N. ŽUTIĆ, *Kraljevina Jugoslavija*, 176.

[77] N. ŽUTIĆ, *Kraljevina Jugoslavija*, 141.

[78] M. LANOVIĆ, *Konkordat Jugoslavije*, 42-43; N. ŽUTIĆ, *Kraljevina Jugoslavija*, 167-168; M. PETROVIĆ, *Konkordatsko pitanje*, 146.

[79] N. ŽUTIĆ, *Kraljevina Jugoslavija*, 174; M. PETROVIĆ, *Konkordatsko pitanje*, 146.

[80] N. ŽUTIĆ, *Kraljevina Jugoslavija*, 168; M. PETROVIĆ, *Konkordatsko pitanje*, 146-147.

e ciò induceva il ministero a spingere per le trattative concordatarie che avrebbero contemplato tutto il territorio del nuovo regno. Fino alla conclusione del nuovo concordato valeva quello serbo, ma solo sul territorio del Regno di Serbia. Così il governo fece ufficialmente suo il pensiero di Bakotić, respingendo altre teorie ancora circolanti[81].

Infatti, sebbene la diplomazia vaticana dapprima mettesse in dubbio la sussistenza del concordato serbo, costatando che la personalità giuridica dello Stato contraente con la Santa Sede si era trasformata profondamente, alla fine lo considerò valido per il territorio serbo. Nelle istruzioni per il nuovo nunzio Pellegrinetti (giugno 1922) la Segreteria di Stato segnalava l'opportunità di una convenzione che garantisse il libero esercizio del culto cattolico e gli altri diritti della Chiesa, non soltanto per il territorio della vecchia Serbia, ma per tutto il regno[82]. Non si faceva, però, alcun accenno specifico al concordato serbo come base per le trattative future.

1.5 *Decisione governativa di concludere un nuovo concordato*

In sintesi possiamo affermare che il governo jugoslavo, con il presidente Pašić a capo, maturò nel 1922 l'idea di concludere un concordato, concretizzatasi nella decisione del ministro degli esteri Ninčić, che il 24 luglio 1922 diede ufficialmente inizio alle trattative concordatarie, convocando una commissione governativa con lo scopo di preparare uno schema di accordo[83].

Dalla fine del 1918, quando si formò il regno jugoslavo, fino all'estate del 1922, momento della nomina della menzionata commissione, si svilupparono e chiarirono parecchie idee sulla necessità di stabilire un accordo bilaterale per affrontare la situazione della Chiesa cattolica in uno Stato pluri-confessionale. Abbiamo seguito la questione a differenti livelli, mettendo in risalto le posizioni e le interpretazioni giuridiche dei diversi protagonisti: il governo, l'episcopato e

---

[81] S. Simić, *Jugoslavia i Vatikan*, 80-81; M. Petrović, *Konkordatsko pitanje*, 145-146. La lettera del ministero degli esteri del 25 settembre 1922, n. 10515, viene citata nel primo schema (relazione) di concordato del «comitato ristretto» del 25 ottobre 1922: ASV, *Arch. Nunz. Jugoslavia*, busta 8, f. 57.

[82] Istruzioni per Pellegrinetti, giugno 1922, in ASV, *Arch. Nunz. Jugoslavia*, busta 2, f. 87v.

[83] Orig. «Komisija za proučavanje pitanja o zaključenju Konkordata sa Vatikanom» (I. Mužić, *Katolička crkva*, 54; N. Žutić, *Kraljevina Jugoslavija*, 176; M. Petrović, *Konkordatsko pitanje*, 156).

la Santa Sede, senza omettere, però, il riferimento ad altre voci[84]. Se volessimo sintetizzare in qualche modo la tematica di questo periodo, dovremmo soffermarci sulla delucidazione avvenuta su tre questioni di particolare importanza.

La prima riguarda il modo, attraverso il quale si sarebbero dovuti risolvere i rapporti tra la Chiesa cattolica e il regno jugoslavo. Per quanto concerne l'episcopato jugoslavo, risulta chiara, sin dall'inizio, la loro sollecitudine per regolare la situazione della Chiesa e i suoi rapporti giuridici con lo Stato attraverso un accordo con la Santa Sede. La premura in tale direzione fu così forte da indurli a volte a trattare direttamente con il governo senza aspettare passi ufficiali da Roma. Per quanto si riferisce, invece, alle autorità civili, bisogna riconoscere che esse si posero il problema del concordato soprattutto per risolvere la questione delle nomine episcopali, dell'uso liturgico della lingua paleoslava e delle preghiere per il sovrano, pretendendo nel contempo di conservare i privilegi che la Santa Sede aveva concesso all'Impero austriaco con il concordato del 1855. Alcuni politici, come ad esempio Lanović, almeno all'inizio, furono contrari a qualsiasi accordo con Roma, temendo che fosse messa a repentaglio la sovranità del sistema giuridico statale. Ciononostante, tali voci non erano molto significative in questi primi anni e così alla fine, nel 1922, il governo risultò agevolato nel pronunciarsi ufficialmente per la soluzione concordataria.

Accanto alla questione precedente si poneva, in secondo luogo, il quesito sulla validità stessa del concordato serbo. Già prima, ma soprattutto dopo l'allocuzione *In hac quidem*, prevalse l'opinione del ministro Bakotić, secondo il quale il concordato serbo rimaneva in vigore, e non solamente in quanto legge dello Stato – come sostenuto da alcuni esperti di diritto ecclesiastico – ma in quanto vero e proprio accordo internazionale bilaterale. La Santa Sede ne riconosceva la validità soltanto all'interno del territorio dell'antico Regno di Serbia. Anzi, non solo riconosceva l'accordo, ma spesso richiamava il governo stesso ad applicarlo, come nel caso dell'istituzione dell'arcidiocesi di Belgrado. Il governo e la Santa Sede si resero però conto del carattere limitativo del pat-

---

[84] La presente esposizione dei precedenti del concordato fino all'estate 1922 non può risultare esauriente in alcuni passaggi. Uno dei motivi potrebbe consistere nel non facile inizio della missione del primo nunzio Cherubini (1920-1922) a Belgrado, come si evince dalla documentazione archivistica, non particolarmente ricca, della nunziatura durante la sua permanenza nel Regno SHS (ASV, *Arch. Nunz. Jugoslavia*, busta 1). Per l'approfondimento delle sue difficoltà personali a Belgrado si veda M. VALENTE, «Pio XI e le conseguenze», 404-407.

to e si proposero di intavolare i negoziati per stipularne uno nuovo.

Ed ecco la terza questione: conveniva riformare il precedente concordato con il Regno di Serbia o stabilirne uno nuovo? Uno dei dilemmi rilevanti intorno al concordato serbo fu, infatti, la sua estensione. La Segreteria di Stato sin dall'inizio aveva fatto capire che il concordato serbo era limitato al già Regno di Serbia e che per la sua eventuale estensione a tutto il territorio jugoslavo bisognava ricorrere a trattative ulteriori. Nelle istruzioni a Pellegrinetti non si faceva menzione di tale possibilità e ciò fa supporre che si preferisse un nuovo accordo[85]. Il governo, invece, considerò spesso la possibilità di allargare il concordato serbo a tutto il regno. Esistevano diversi pareri su come realizzare tale passo.

Nel 1920 il governo di Pašić sosteneva che il concordato si fosse esteso automaticamente al nuovo assetto politico, mentre Bakotić – ripetendo le parole di Gasparri – consigliava di estenderlo solo provvisoriamente a tutto il territorio jugoslavo, fino alla conclusione delle trattative del nuovo patto. Questo passo intermedio non venne preso in considerazione, giacché alla fine il governo scelse direttamente la via delle nuove trattative, senza però prendere una decisione ufficiale circa l'eventuale ricorso al concordato serbo come base per i futuri negoziati. I vescovi, specie Jeglič, vedevano pure nel concordato serbo una buona base per le nuove trattative, e si richiamarono ad esso nelle diverse bozze che stesero per il nuovo. Ma per capire il destino riservato al concordato serbo, oltre al discorso sulla sua validità e l'estensione, bisogna tener presente il suo contenuto. La sua valutazione da parte delle autorità politiche influì non poco sull'andamento dei negoziati con Roma. Malgrado la molteplicità di interpretazioni, possiamo intravedere nel giudizio di Moscatello un indizio sul perché la diplomazia jugoslava abbia rinunciato senza troppe difficoltà al suo pre-bellico "trofeo".

---

[85] Gli studiosi Žutić e Petrović, richiamandosi allo storico Novak, sostengono che la Santa Sede fosse disposta a estendere il concordato serbo per tutto il territorio jugoslavo, ma la morte di Benedetto XV impedì tale processo. Petrović aggiunge altri due motivi per l'infelice "svolta", cioè il cambiamento del nunzio apostolico a Belgrado e l'avvicinamento della Santa Sede al regime fascista in Italia. In fondo, sempre secondo Petrović, fu la sfiducia verso il nuovo Stato e il timore di fronte alla maggioranza ortodossa a indurre la Santa Sede, l'episcopato e il clero a impegnarsi per la conclusione di un (nuovo) concordato (M. PETROVIĆ, *Konkordatsko pitanje*, 153; ID., «Konkordat kao osnov», 443-444; N. ŽUTIĆ, *Kraljevina Jugoslavija*, 177; V. NOVAK, *Magnum Crimen* (1948), 165).

2. **Inizio ufficiale delle trattative concordatarie (1922-1925)**

Nelle pagine che seguono si percorreranno le vicende dei negoziati nel primo triennio e si porrà l'accento sullo sviluppo delle posizioni della diplomazia jugoslava, concretizzatesi poi in alcuni schemi e progetti di concordato. In ogni caso, non si può parlare ancora di trattative vere e proprie, poiché il confronto diretto tra le due parti contraenti ci fu solo nel 1925 a Roma.

Nella storiografia attuale, avvalendosi dell'abbondante documentazione degli archivi statali, diocesani e privati, questa fase viene descritta molto dettagliatamente; tuttavia, ci si limita quasi esclusivamente allo sviluppo della *mens* jugoslava nella fase preparatoria al confronto diretto con la Santa Sede. Con l'aiuto delle carte vaticane, invece, si tenterà di cogliere la valutazione di questo periodo iniziale da parte della diplomazia vaticana, in primo luogo attraverso i minuziosi e dettagliati rapporti del nuovo nunzio a Belgrado, Pellegrinetti.

2.1 *Commissione governativa per la preparazione d'uno schema di concordato*

A partire da fine giugno 1922 abbiamo le prime testimonianze scritte sull'intenzione del governo di formare una commissione per lo studio del concordato. Felici, incaricato d'affari della nunziatura di Belgrado, chiedeva, infatti, a Gasparri istruzioni riguardo all'invito che il governo aveva rivolto al vescovo Jeglič per partecipare ai lavori della menzionata commissione[86]. Il segretario di Stato diede il *nihil obstat* per il prelato sloveno[87].

Durante il primo colloquio tra il nunzio Pellegrinetti e il ministro degli esteri Ninčić, l'11 luglio 1922, si affrontò lo scottante problema di alcune nomine episcopali, segnate, secondo il nunzio, da ostacoli e ritardi da parte del governo. La risposta della Santa Sede a tale comportamento del governo fu ferma, dichiarandosi disposta anche ad usare del suo «*evidente riconosciuto diritto*» a non partecipare più i nomi dei candidati. Il ministro, scosso da tale determinazione del diplomatico vaticano, sperava che le controversie sarebbero cessate con la conclusione d'un buon concordato. Ribadì la decisione del governo di creare una commissione apposita, incaricata di formulare uno schema che affrettasse la preparazione delle trattative con Roma. Nella commissione, al fine di evitare ogni

---

[86] Felici a Gasparri, Belgrado, 24 giugno 1922, cifrato n. 30, in S.RR.SS., AA.EE.SS., *Jugoslavia*, pos. 9, fasc. 12, f. 33r.
[87] Gasparri a Felici, Vaticano, 25 giugno 1922, cifrato n. 32, *ibidem*, f. 34r.

torto ai cattolici, sarebbero stati invitati anche dei vescovi universalmente stimati[88]. In vista della pubblicazione dei nomi della commissione, mons. Akšamović chiese l'autorizzazione della Santa Sede per i quattro vescovi (Bauer, Uccellini, Jeglič e se stesso) invitati a parteciparvi[89].

Nella sua risposta il nunzio, richiamandosi alla risposta di Gasparri di qualche settimana prima, concesse il permesso e ricordò al successore di Strossmayer che tale autorizzazione non dava ai vescovi il diritto di ritenersi delegati della Santa Sede o rappresentanti ufficiali dell'episcopato e della Chiesa in Jugoslavia. Questa precisazione era necessaria affinché il governo, nelle successive trattative con la Santa Sede, non desse agli articoli eventualmente intesi con i vescovi, un valore superiore a quello loro proprio[90].

La fase non ufficiale dei lunghi dibattiti preliminari, piuttosto vivaci, sulla collocazione giuridica della Chiesa cattolica, terminò finalmente il 24 luglio 1922, data della dichiarazione ufficiale del ministero degli esteri, con la quale si convocava la «commissione per lo studio del concordato» per il 7 agosto seguente, avviando così la prima fase delle trattative ufficiali. Sorprendentemente, nell'elenco dei membri della commissione apparso insieme alla dichiarazione ministeriale, non apparivano i nomi dei vescovi Bauer e Uccellini[91]. Per la prima seduta della

---

[88] Pellegrinetti a Gasparri, Belgrado, 12 luglio 1922, rapporto n. 19, in S.RR.SS., AA.EE.SS., *Jugoslavia*, pos. 9, fasc. 12, f. 36v; M. VALENTE, *Diplomazia pontificia*, 183-184. L'incontro con il ministro Ninčić venne riportato anche sul diario del nunzio con la data del 10 luglio 1922 (T. NATALINI, *I diari del cardinale*, 279).

[89] Akšamović a Pellegrinetti, Đakovo, 18 luglio 1922, lettera s.n., in ASV, *Arch. Nunz. Jugoslavia*, busta 8, f. 26r.

[90] Pellegrinetti a Gasparri, Belgrado, 20 luglio 1922, rapporto n. 37, in S.RR.SS., AA.EE.SS., *Jugoslavia*, pos. 9, fasc. 12, 42r.

[91] Pellegrinetti a Akšamović, Belgrado, 26 luglio 1922, lettera n. 59, in ASV, *Arch. Nunz. Jugoslavia*, busta 8, ff. 30-32. La comunicazione del ministero degli esteri, mandata a Bakotić il 23 luglio 1922, riporta l'elenco dei membri, stabilito il 21 luglio 1922. Neanche lì apparivano i nomi dei due vescovi. Secondo questo primo elenco ufficiale i membri della commissione furono i seguenti: Ljuba Jovanović, Marko Đuričić, Anton Bonaventura Jeglič, Antun Akšamović, Grga Anđelinović, Milan Pećanac, Josip Hohnjec, Đoka Nestorović, Stjepan Korenić, Mihajlo Lanović, Jakov Čuka e Antun Anić (Ministero degli esteri a Bakotić, Belgrado, 23 luglio 1922, lettera n. 7718, in AJ, *Poslanstvo Kraljevine Jugoslavije pri Svetoj Stolici (372)*, fasc. 20, [mappa 1/II], ff. n.n). L'elenco si veda anche in S. SIMIĆ, *Jugoslavija i Vatikan*, 79-80; M. PETROVIĆ, *Konkordatsko pitanje*, 156.

commissione, tenutasi il 7 o l'8 agosto 1922[92], l'elenco dei membri appariva di nuovo aggiustato e corredato dei nomi dei due prelati precedentente "eliminati"[93].

È interessante leggere il giudizio del nunzio sui membri della commissione. Già prima dell'inizio dei lavori, Pellegrinetti costatava la preponderanza degli «scismatici», tra i quali, però, alcuni sarebbero stati di ampie vedute. Nella scelta dei membri si sarebbe tenuto conto dei principali gruppi politici del parlamento, per presentare il progetto concordatario alle autorità vaticane, come risultato di un lavoro concorde delle varie anime politiche e religiose[94].

Dopo la prima seduta della commissione e alcune modifiche nella compagine dei membri, il nunzio rettificò il giudizio precedente evidenziando come, dei quattordici componenti, nove erano cattolici e cinque ortodossi. Le sue impressioni iniziali, segnate dalla mancanza di informazioni esaustive sui cattolici della commissione, furono piuttosto negative, anche per la preoccupazione destata dal loro modo di concepire il rapporto tra Chiesa e Stato. Non mancarono eccezioni: i vescovi Bauer, Jeglič e Akšamović; quest'ultimo, essendo il più vicino a Belgrado, il più giovane e intraprendente, era visto con speranza dal nunzio come

---

[92] La bibliografia attuale riporta la data del 7 agosto, in conformità con la lettera governativa di convocazione del 24 luglio, il nunzio Pellegrinetti, invece, nel suo rapporto del 9 agosto scriveva della seduta di «ieri, otto del corrente mese» (Pellegrinetti a Gasparri, Belgrado, 9 agosto 1922, rapporto n. 112, in S.RR.SS., AA.EE.SS., *Jugoslavia*, pos. 9, fasc. 12, f. 46r).

[93] La lista aggiornata, secondo Pellegrinetti, riportava i seguenti nomi: Ljuba Jovanović, Marko Đuričić, Anton Jeglič, Antun Akšamović, Grga Anđelinović, Milan Pećanac, Josip Hohnjec, Đoka Nestorović, Stjepan Korenić, Mihajlo Lanović, Jakov Čuka e Vladimir Nikolić (*ibidem*, f. 46r). Sull'elenco del nunzio non apparve Antun Anić, il quale fu però segretario della commissione e del «comitato ristretto», formatosi alla prima seduta di detta commissione (Pellegrinetti a Gasparri, Belgrado, 27 luglio 1922, rapporto n. 61, *ibidem*, f. 44v; I. Mužić, *Katolička crkva*, 54). Simić riporta un'ulteriore lista della commissione, aggiungendovi i nuovi membri: Joza Markušić, Tugomir Alaupović, Petar Grabić, Ljuba Nešić, Otokar Rybář. Secondo lui, il numero elevato di sacerdoti, ritenuti veri "clericali", avrebbe provocato un'insoddisfazione generale, specie presso il Santo sinodo della Chiesa serba ortodossa, che voleva la partecipazione di qualche membro del clero ortodosso nella commissione (S. Simić, *Jugoslavija i Vatikan*, 80). Anche il nunzio nel 1923 parla di un allargamento della commissione, raggiungendo il numero di 20 elementi (Pellegrinetti a Gasparri, Belgrado, 27 giugno 1923, rapporto n. 1535, in S.RR.SS., AA.EE.SS., *Jugoslavia*, pos. 9, fasc. 12, f. 69r). Circa l'elenco si veda anche J. Krošelj, «Borba za konkordat», 185-186.

[94] Pellegrinetti a Gasparri, Belgrado, 27 luglio 1922, rapporto n. 61, in S.RR.SS., AA.EE.SS., *Jugoslavia*, pos. 9, fasc. 12, f. 44rv.

«*il più efficace lavoratore nella causa del Concordato*»[95]. Espresse parole di stima anche per il sacerdote Hohnjec, mentre gli altri cinque cattolici non gli ispiravano molta fiducia, nemmeno il vescovo di Cattaro Uccellini, ritenuto «*troppo propenso agli scismatici e debole verso il governo*»[96]. Nel corso delle discussioni quest'ultimo più volte si unì al gruppo «*liberale e giuseppinizzante*» contro i voti separati degli altri vescovi[97]. Mons. Korenić sembrava abbastanza affidabile, mentre su mons. Jakov Čuka[98], famoso critico letterario, il nunzio all'inizio non aveva molte informazioni: si limitò, pertanto, ad osservare la sua vicinanza ai democratici, a quella corrente che poteva essere chiamata il «*partito dalmata-serbo*»[99]. Per i suoi costumi era stimato dal clero e considerato scevro da ogni biasimo, benché qualche vescovo mettesse in dubbio il suo spirito ecclesiastico a causa della sua pietà «*non profonda*»[100]. Quando fu proposto rettore del collegio di San Girolamo a Roma nel 1928, il nunzio, con più dati a disposizione, ritornò sul ruolo del prelato dalmata nella commissione concordataria, sottolineandone la condotta saggia e conforme al diritto della Chiesa. Čuka, insomma, fu uno dei pochi personaggi che godette sia le simpatie di una buona parte dell'episcopato cattolico che delle autorità politiche[101].

Lanović cadde in precedenza in disgrazia presso l'episcopato in occasione del suo progetto interconfessionale, che inizialmente considerava superflua la soluzione concordataria. Il suo incarico di capo sezione per gli affari cattolici al ministero dei culti suscitò una certa perplessità nel nunzio, che giudicava questo

---

[95] Pellegrinetti a Gasparri, Belgrado, 9 agosto 1922, rapporto n. 112, *ibidem*, f. 47r.; T. NATALINI, *I diari del cardinale*, 290-291.

[96] Pellegrinetti a Gasparri, Belgrado, 20 luglio 1922, rapporto n. 37, in S.RR.SS., AA.EE.SS., *Jugoslavia*, pos. 9, fasc. 12, f. 42r; T. NATALINI, *I diari del cardinale*, 294.

[97] Pellegrinetti a Gasparri, Belgrado, 27 giugno 1923, rapporto n. 1535, in S.RR.SS., AA.EE.SS., *Jugoslavia*, pos. 9, fasc. 12, f. 69v.

[98] Jakov Čuka (1868-1928), nativo dell'arcidiocesi di Zara, all'età di 22 anni già dottore in Teologia. È riconosciuto come fondatore della critica letteraria moderna croata. Sulla sua figura, che nel corso del presente lavoro apparirà più volte, si veda l'articolo di P. KERO, «Mons. dr. Jakov Čuka», 429-443.

[99] Pellegrinetti a Gasparri, Belgrado, 9 agosto 1922, rapporto n. 112, in S.RR.SS., AA.EE.SS., *Jugoslavia*, pos. 9, fasc. 12, f. 46v; T. NATALINI, *I diari del cardinale*, 287.

[100] Pellegrinetti a Gasparri, Belgrado, 19 novembre 1923, rapporto n. 1993, in S.RR.SS., AA.EE.SS., *Jugoslavia*, pos. 9, fasc. 12, f. 105r.

[101] *Ibidem*, f. 105r; Pellegrinetti a Gasparri, Belgrado, 29 maggio 1928, rapporto n. 8178 (minuta), in ASV, *Arch. Nunz. Jugoslavia*, busta 9, f. 592rv.

ministero «*una piaga per la Chiesa*»[102]. Ciononostante, al diplomatico vaticano, negli anni successivi, non sfuggirono le buone qualità del professore, ritenenuto, nonostante fosse un po' segnato dal giuseppinismo, un «*uomo equo e diritto*»[103].

Su Anđelinović, altro membro cattolico della commissione, Pellegrinetti non espresse parole positive, vedendolo legato ai partiti anticlericali, con concetti esagerati dei diritti dello Stato nelle questioni ecclesiastiche.

Tra i membri ortodossi il più ragionevole e aperto al dialogo era ritenuto Ljuba Jovanović, già negoziatore per il concordato serbo[104]. Anche in Marko Đuričić il nunzio seppe trovare buone qualità, tanto da giudicarlo meglio disposto verso la Chiesa cattolica di alcuni membri "cosiddetti cattolici" della commissione[105].

Alla prima seduta della commissione, dove mancava più d'un terzo dei commissari, si decise, per facilitare il lavoro, di nominare un gruppo più ristretto che preparasse il materiale per i prossimi incontri plenari. A capo di questo «comitato ristretto» («uži odbor») di cinque[106] persone fu posto Jovanović, mentre come presidente della «commissione plenaria» («širi odbor») fu nominato Đuričić. Il fatto che in una commissione a maggioranza cattolica ci fossero due presidenti ortodossi fece nascere molti sospetti nel nunzio circa i lavori della commissione. Fu, però, assicurato che in questo modo il progetto concordatario, se buono, non avrebbe suscitato diffidenza tra gli ortodossi, e se cattivo, avrebbe lasciato più libera la Santa Sede[107].

Prima dei lavori della «commissione plenaria» e del «comitato ristretto» il nunzio avvertì la Segreteria di Stato della situazione non favorevole alla Chiesa cattolica, della quale bisognava tener conto nel futuro concordato. Insieme alle menzionate difficoltà intorno alle nomine episcopali, uno dei pericoli più gran-

---

[102] Pellegrinetti a Gasparri, Belgrado, 9 agosto 1922, rapporto n. 112, in S.RR.SS., AA.EE.SS., *Jugoslavia*, pos. 9, fasc. 12, f. 46v.

[103] Pellegrinetti a Gasparri, Belgrado, 5 dicembre 1925, rapporto n. 5380 (minuta), in ASV, *Arch. Nunz. Jugoslava*, busta 9, f. 460r-bis.

[104] Pellegrinetti a Gasparri, Belgrado, 9 agosto 1922, rapporto n. 112, in S.RR.SS., AA.EE.SS., *Jugoslavia*, pos. 9, fasc. 12, f. 46v.

[105] Pellegrinetti a Gasparri, Belgrado, 27 giugno 1923, rapporto n. 1535, *ibidem*, f. 69r.

[106] I membri ortodossi furono Ljuba Jovanović e Vladimir Nikolić, i membri cattolici, invece, Mihajlo Lanović, Jakov Čuka e Antun Anić. Alcuni autori, nunzio compreso, parlano di quattro persone, non ritenendo come membro attivo Anić, segretario del comitato.

[107] Pellegrinetti a Gasparri, Belgrado, 9 agosto 1922, rapporto n. 112, in S.RR.SS., AA.EE.SS., *Jugoslavia*, pos. 9, fasc. 12, f. 47rv.

di da affrontare sembrava quello dell'istruzione pubblica. Valutando abbastanza generico l'articolo della costituzione, con il quale si sanciva il principio della statalità della scuola, in Vaticano si temeva la sua applicazione in senso anticattolico, tanto più quando si seppe dell'elaborazione di un «*pessimo*» progetto di legge scolastica da parte del ministro dell'istruzione Pribićević[108].

Dopo la prima seduta della «commissione plenaria» spuntarono più chiaramente alcune linee guida del governo per le future trattative concordatarie. In primo luogo si posero le condizioni per la massima ingerenza possibile nelle elezioni alle cariche ecclesiastiche, sotto forma di diritto di nomina o presentazione. Si voleva, altresì, a imitazione del modello ortodosso, la creazione di un primate cattolico che avesse la giurisdizione su tutto il territorio jugoslavo e che allo stesso tempo fosse la voce ufficiale della Chiesa cattolica. Il nunzio in questa prerogativa vedeva l'intento delle autorità civili di avere in mano l'episcopato cattolico attraverso un primate maneggevole. Il governo sosteneva, infine, l'estensione della liturgia paleoslava in tutta la Jugoslavia: ciò non suscitò alcuna sorpresa, dal momento che si trattava di un tema affrontato già a più riprese dal governo e dall'episcopato[109]. Al momento del primo riscontro dei desideri governativi, il segretario di Stato raccomandò al nunzio di mantenersi in continuo contatto con i membri cattolici della commissione per informare la Santa Sede sui lavori[110].

La «commissione plenaria» non venne convocata più fino al giugno del 1923, per lasciare spazio all'arduo lavoro del «comitato ristretto», che s'incontrò in venti sessioni tra il 21 agosto e il 30 ottobre 1922[111]. Già il 21 ottobre presentò al governo le «Conclusioni» dei suoi incontri. Per entrare nel vivo dell'immenso

---

[108] Pellegrinetti a Gasparri, Belgrado, 27 luglio 1922, rapporto n. 61, *ibidem*, f. 45r; Dichiarazione del ministro Pribićević, *Vreme*, 25 luglio 1922, allegato al rapporto n. 61 del 27 luglio 1922 di Pellegrinetti, in S.RR.SS., AA.EE.SS., *Jugoslavia*, pos. 9, fasc. 12, f. 50rv.

[109] Pellegrinetti a Gasparri, Belgrado, 9 agosto 1922, rapporto n. 112, in S.RR.SS., AA.EE.SS., *Jugoslavia*, pos. 9, fasc. 12, f. 47v.

[110] Gasparri a Pellegrinetti, Vaticano, 19 settembre 1922, dispaccio n. 7576, in ASV, *Arch. Nunz. Jugoslavia*, busta 8, f. 42r.

[111] Secondo i verbali di Čuka: ZKZ, Jakov Čuka, *Spisi iz ostavščine* (163936 MS 1097), fasc. 2: *Spisi o konkordatu (n. 11)*, Zapisnik sjednica Užeg odbora: 21 kolovoza 1922 – 30 oktobra 1922 (11b), pp. 1-43; I. MUŽIĆ, *Katolička crkva*, 54. Avendo Lanović scritto la sua relazione sul lavoro del «comitato ristretto» già il 25 ottobre, come ultima sessione riportò quella del 21 ottobre (ASV, *Arch. Nunz. Jugoslavia*, busta 8, f. 53). Così anche Simić (S. SIMIĆ, *Jugoslavija i Vatikan*, 81).

lavoro del comitato sono efficaci alcune testimonianze tutt'ora conservate. In primo luogo sono di grande utilità i verbali "ufficiosi" di tutte le sessioni, preparati accuratamente dal canonico Čuka, che sono una fonte preziosissima sul funzionamento e sulle dinamiche di questo piccolo gruppo[112].

Così, ad esempio, sappiamo che nella prima sessione del comitato ristretto del 21 agosto venne messo all'ordine del giorno il progetto di concordato redatto dai vescovi, presentato già in anticipo al governo, e l'ampia esposizione sul concordato («Ekspoze o konkordatu») da parte di Lanović, che mise subito in discussione l'opportunità di un concordato con la Santa Sede, rinfacciando al ministro Ninčić d'aver pregiudicato la questione, con la convocazione della commissione solo dopo la decisione definitiva per la soluzione concordataria. I verbali di Čuka lasciano l'impressione che il lavoro del comitato fosse stato influenzato dal pensiero contenuto nell'esposizione iniziale di Lanović[113]. Lo scopo principale del concordato sarebbe stato quello di conquistare le simpatie del clero e dei fedeli alla causa dell'unione nazionale e statale. I vescovi della commissione plenaria, secondo lo stesso Čuka, sarebbero stati al corrente del lavoro del comitato e addirittura contenti delle proposte ivi espresse[114].

Per seguire ancora da più vicino lo svolgimento dei lavori del comitato ristretto possono aiutare, inoltre, altri due documenti preziosi, che non erano ancora accessibili a Mužić, che si era basato unicamente sui verbali di Čuka. Si tratta delle cosiddette «Conclusioni del comitato ristretto per lo studio del concordato»

---

[112] Non sappiamo se Anić, segretario del «comitato ristretto», insieme alle «Conclusioni» del 21 ottobre, abbia lasciato anche qualche protocollo delle sedute del comitato. Fu, invece, lo stesso Čuka, a stendere per iscritto, per uso privato, il contenuto sia di tutte le sedute del «comitato ristretto» che di quelle della «commissione plenaria». Soprattutto Mužić si è avvalso dei suoi verbali "ufficiosi" (I. Mužić, *Katolička crkva*, 54-58).

[113] Nei verbali non mancano però segnalazioni che ci fanno capire che Čuka non era del tutto d'accordo sul modo di procedere di Lanović, che a volte cercava di inculcare negli altri le sue convinzioni personali (ZKZ, Jakov Čuka, *Spisi iz ostavščine* (163936 MS 1097), fasc. 2: *Spisi o konkordatu (n. 11)*, Zapisnik sjednica Užeg odbora: 21 kolovoza 1922 – 30 oktobra 1922 (11b), pp. 41-42). L'esposizione iniziale di Lanović sul concordato venne, con alcuni aggiornamenti, integrata più tardi nella sua pubblicazione: M. Lanović, *Konkordat Jugoslavije*.

[114] ZKZ, Jakov Čuka, *Spisi iz ostavščine* (163936 MS 1097), fasc. 2: *Spisi o konkordatu (n. 11)*, «Zapisnik sjednica Užeg odbora: 21 kolovoza 1922 – 30 oktobra 1922» (11b), p. 43; I. Mužić, *Katolička crkva*, 54-55.

(«Zaključci užeg odbora komisije za proučavanje pitanja o zaključenju konkordata») del 21 ottobre 1922[115] e della «Relazione del dott. Mihajlo Lanović sul lavoro e conclusioni del comitato ristretto» («Izveštaj dr. Mihajla Lanovića, izvestioca komisije za proučavanje pitanja o zaključenju konkordata sa Vatikanom, o radu i zaključcima užeg odbora») del 25 ottobre 1922[116].

Perché dal «comitato ristretto» non uscì un solo documento? Nelle ultime sessioni (18-19 ottobre) si discuteva, infatti, del modo in cui presentare i risultati del lavoro del comitato davanti alla «commissione plenaria». Per soddisfare un po' tutti si decise di preparare due documenti: il primo "ufficiale" e sintetico con le sole conclusioni, e l'altro "ufficioso" con l'estesa presentazione del percorso che aveva condotto alle conclusioni. Su richiesta del presidente Jovanović quest'ultimo compito fu affidato a Lanović[117]. Nella storiografia non è molto chiara la distinzione tra questi due rapporti. Solo Dolinar, trovandoli nell'Archivio dell'arcidiocesi di Lubiana, li presenta in modo inequivocabile come due documenti differenti[118]. La relazione di Lanović, grazie al suo contenuto esaustivo, divenne il testo base per i futuri colloqui concordatari, lasciando in ombra la versione ufficiale. Žutić, ma ancora di più Petrović, utilizzano proprio il lavoro del professore croato quando descrivono l'attività del comitato ristretto e lo stesso nunzio Pellegrinetti, che lo ricevette da «*un amico*», lo consi-

---

[115] Il documento si trova in NŠAL, ŠAL/SP V, fasc. 269: «Škofovska konferenca 1922-1942», [mappa 2], «Zaključci užeg odbora komisije za proučavanje pitanja o zaključenju konkordata», pp. 1-10. Il testo in it. si trova in S.RR.SS., AA.EE.SS., *Jugoslavia*, pos. 9, fasc. 12, ff. 74-86. Il documento porta le firme del presidente del comitato Jovanović e del segretario Anić. Alcune tesi le riporta Mužić, utilizzando come fonte i verbali di Čuka (I. Mužić, *Katolička crkva*, 55).

[116] NŠAL, ŠAL/SP V, fasc. 269: «Škofovska konferenca 1922-1942», [mappa 2], «Izveštaj dr. Mihajla Lanovića, izvestioca komisije za proučavanje pitanja o zaključenju konkordata sa Vatikanom, o radu i zaključcima užeg odbora», 46 pp. La relazione si trova anche in ASV, *Arch. Nunz. Jugoslavia*, busta 8, ff. 50-97.

[117] Per il lavoro di Lanović fu posta la clausola che, prima della sua esposizione davanti alla «commissione plenaria», esso dovesse essere letto dallo stesso «comitato ristretto». Il presidente Jovanović decise che nel caso in cui non tutti i membri fossero stati d'accordo con la Relazione di Lanović, questi poteva sottoporlo alla «commissione plenaria» come una sua relazione personale (ZKZ, Jakov Čuka, *Spisi iz ostavščine* (163936 MS 1097), fasc. 2: *Spisi o konkordatu (n. 11)*, «Zapisnik sjednica Užeg odbora: 21 kolovoza 1922 – 30 oktobra 1922» (11b), pp. 40-41.

[118] F. M. Dolinar, «Jeglič in cerkvenopolitična vprašanja», 308.

derò come il primo abbozzo di accordo, a proposito del quale egli in seguito scrisse le sue prime impressioni[119].

2.2 *Il primo abbozzo di concordato (1922) e il giudizio della Santa Sede*

Nella «Relazione» di Lanović si trovano le prime idee per il concordato da parte degli esperti jugoslavi. È interessante, dunque, esaminare il contenuto del documento, per individuarne le questioni delicate, che fecero emergere sempre più chiaramente la *mens* del «comitato ristretto», e vedere come fu giudicato dal governo e dalla Santa Sede.

2.2.1 Contenuto della «Relazione» di Lanović

Il comitato "dei cinque" non preparò nessuno schema o progetto di concordato già formulato e diviso in articoli, ma scelse come testo base il riassunto molto prolisso, diviso in 16 capitoli che si stendevano su 46 pagine[120], di Lanović, che poté servire poi come materiale di partenza per il lavoro della «commissione plenaria».

Nel 1° capitolo si affrontava la questione preliminare, cioè se per la sistemazione giuridica della Chiesa convenisse più un concordato o una legge dello Stato. Il «comitato ristretto», seguendo il giudizio della «commissione plenaria» durante la sua prima sessione, mostrò la sua disapprovazione per la "precoce" decisione del ministro Ninčić che, solo dopo aver già deciso di avviare le trattative con la Santa Sede, si rivolse alla commissione per preparare un progetto di concordato. Il comitato avrebbe voluto avere tutta la libertà di esprimere la propria opinione su un accordo con Roma. Tuttavia, prendendo in considerazione la dottrina moderna sulla sovranità dello Stato e mettendola a confronto con la dottrina canonica, il comitato giunse alla conclusione che, per regolare lo stato giuridico della Chiesa cattolica, la soluzione migliore sarebbe stata quella d'un concordato tra il governo e la Santa Sede[121].

---

[119] Pellegrinetti a Gasparri, Belgrado, 28 novembre 1922, rapporto n. 523, in S.RR.SS., AA.EE.SS., *Jugoslavia*, pos. 9, fasc. 12, ff. 60r-63v. Secondo le memorie del nunzio questo «amico» sarebbe stato Korošec, «*il quale anche mi ha presentato il progetto di Concordato*»: T. Natalini, *I diari del cardinale*, 300.

[120] NŠAL, ŠAL/SP V, fasc. 269: «Škofovska konferenca 1922-1942», [mappa 2]; ASV, *Arch. Nunz. Jugoslavia*, busta 8, ff. 50-97. Petrović come collocazione riporta AJ, *Ministarstvo pravde – versko odelenje (63)*, fasc. 36, ff. n.n. (M. Petrović, *Konkordatsko pitanje*, 157, nota 252).

[121] ASV, *Arch. Nunz. Jugoslavia*, busta 8, ff. 54-55; Pellegrinetti a Gasparri, Belgrado, 28 novembre 1922, rapporto n. 523, in S.RR.SS., AA.EE.SS., *Jugoslavia*, pos. 9, fasc. 12, f. 60rv; M. Petrović, *Konkordatsko pitanje*, 157.

Nel 2° capitolo si trattava della questione della validità dei quattro concordati, stipulati per il territorio jugoslavo prima della Grande guerra. Si ritornò sull'allocuzione papale del 21 novembre 1921, interpretandola – contrariamente a Bakotić – in chiave radicale, ritenendo cioè che tutti i concordati, anche quello serbo, avrebbero perso il carattere di accordo bilaterale e sarebbero rimasti validi soltanto come leggi dello Stato. Fu soprattutto Lanović a portare avanti questa teoria. Il comitato riconobbe, ciononostante, che il ministero degli esteri (con la lettera del 25 settembre 1922) non condivideva tale opinione, ritenendo il concordato serbo ancora valido come accordo bilaterale con la Santa Sede per il territorio del già Regno di Serbia. Il ministero si basava, infatti, sull'opinione di Bakotić[122].

Il comitato, inoltre, valutando il contenuto dello stesso concordato, ripeté in certo senso le perplessità di Moscatello sul presunto successo della diplomazia serba nelle trattative del 1914. Ora, a detta dei membri, la situazione sarebbe cambiata e non sarebbero state più ammissibili cessioni troppo larghe da parte del governo, comprensibili nelle circostanze in cui la priorità era eliminare il protettorato austriaco e dimostrare ai cattolici croati e sloveni la grande tolleranza religiosa dei serbi. Dopo la guerra i motivi per la stipulazione di un concordato sarebbero cambiati, per cui proporre di estendere il concordato serbo al Regno SHS o considerarlo quale base per le trattative con la Santa Sede, sarebbe stato come «*mettere una camicetta da bambino ad un adulto*», avrebbe significato «*lasciarsi cader di mano la mitragliatrice a tiro rapido e mandarci con un fuciletto da caccia davanti alle gole di cannone della diplomazia vaticana*». La maggioranza del comitato si astenne dal pronunciarsi circa la posizione del ministero degli esteri sul ricorso al concordato serbo in vista della regolarizzazione dello stato giuridico della Chiesa cattolica. Per le trattative il comitato consigliava, infatti, di tener presente due punti fondamentali: il *Codex iuris canonici* come limite per le esigenze governative e la costituzione di San Vito come pietra miliare delle cessioni nei confronti della Chiesa[123].

Nel 3° capitolo si riconosceva la Chiesa cattolica quale persona giuridica di diritto pubblico. Si esigeva che la Chiesa cattolica si organizzasse, in maniera che

---

[122] Stanić a Bakotić, Belgrado, 13 settembre 1922, telegramma n. 9942, in AJ, *Poslanstvo Kraljevine Jugoslavije pri Svetoj Stolici (372)*, fasc. 20, [mappa 1/II], ff. n.n.; Bakotić a Stanić, Roma, 15 settembre 1922, rapporto n. 713 (minuta), *ibidem*, ff. n.n.; N. ŽUTIĆ, *Kraljevina Jugoslavija*, 174.

[123] ASV, *Arch. Nunz. Jugoslavia*, busta 8, ff. 55-59; Pellegrinetti a Gasparri, Belgrado, 28 novembre 1922, rapporto n. 523, in S.RR.SS., AA.EE.SS., *Jugoslavia*, pos. 9, fasc. 12, f. 60v; M. PETROVIĆ, *Konkordatsko pitanje*, 157-159.

nessuna parte del territorio dello Stato cadesse sotto la giurisdizione ecclesiastica di ordinari esteri e si concluse che la rappresentanza della Chiesa cattolica avrebbe avuto la sua espressione nelle conferenze episcopali. I membri desideravano ottenere un cardinale jugoslavo, ma prevalse l'opinione che la Santa Sede non avrebbe accettato di legarsi a questa concessione nel concordato. Il comitato, poi, propose la delimitazione e creazione delle diocesi, divise in cinque province ecclesiastiche:

Zagabria con le diocesi suffraganee di Veglia, Segna, Đakovo e Križevci;

Spalato con Cattaro, Ragusa, Lesina, Sebenico e Belgrado a mare (Zaravecchia);

Belgrado con Scopia, Antivari, Veliki Bečkerek, Vršac, Subotica e Novi Sad;

Sarajevo con Banja Luka e Mostar;

Lubiana con la diocesi di Maribor[124].

Il 4° capitolo trattava della corrispondenza tra i fedeli cattolici e la Santa Sede. Richiamandosi all'art. 12 della costituzione di San Vito, il comitato concluse che tale corrispondenza avrebbe dovuto essere regolata per legge. Si ammise, quindi, la completa libertà di relazioni, a patto che si notificassero al governo gli atti d'importanza pubblica emanati dalla Santa Sede o dall'episcopato nei confronti del clero e del popolo jugoslavo[125].

Il 5° capitolo, a proposito dell'istituzione ed esercizio delle amministrazioni ecclesiastiche, presentava uno dei temi fondamentali. Da una parte si riconosceva alle autorità ecclesiastiche il diritto di fondare, cambiare, abolire le amministrazioni ecclesiastiche, in conformità al diritto canonico e d'accordo con il regio governo. Tuttavia, quando si arrivò al discorso intorno alle nomine vescovili, scoppiò un dibattito assai vivace. Alla fine si decise che nella provvisione delle sedi vescovili e nella nomina degli amministratori apostolici e dei vescovi ausiliari allo Stato fosse garantito il diritto di presentazione. Il comitato fu concorde anche nel richiedere l'obbligatorietà del giuramento di fedeltà allo Stato per tutti gli ecclesiastici che rivestissero cariche pubbliche[126].

---

[124] ASV, *Arch. Nunz. Jugoslavia*, busta 8, ff. 59-63; Pellegrinetti a Gasparri, Belgrado, 28 novembre 1922, rapporto n. 523, in S.RR.SS., AA.EE.SS., *Jugoslavia*, pos. 9, fasc. 12, ff. 60v-61r; M. PETROVIĆ, *Konkordatsko pitanje*, 159-160.

[125] ASV, *Arch. Nunz. Jugoslavia*, busta 8, ff. 63-65; Pellegrinetti a Gasparri, Belgrado, 28 novembre 1922, rapporto n. 523, in S.RR.SS., AA.EE.SS., *Jugoslavia*, pos. 9, fasc. 12, f. 61r; M. PETROVIĆ, *Konkordatsko pitanje*, 160-161.

[126] ASV, *Arch. Nunz. Jugoslavia*, busta 8, ff. 65-71; Pellegrinetti a Gasparri, Belgrado, 28 novembre 1922, rapporto n. 523, in S.RR.SS., AA.EE.SS., *Jugoslavia*, pos. 9, fasc. 12, f. 61rv; M. PETROVIĆ, *Konkordatsko pitanje*, 161-162.

Nel 6° capitolo si affrontava l'amministrazione del patrimonio ecclesiastico e il mantenimento delle istituzioni ecclesiastiche. Il carattere della personalità giuridica pubblica della Chiesa cattolica non avrebbe dovuto permettere un'autonomia assoluta nell'ambito dell'amministrazione economica, perciò si concluse che alla Chiesa si riconosceva il diritto di acquistare e possedere dei beni e di disporne liberamente nei limiti consentiti dalle leggi comuni dello Stato. Si risolse, inoltre, che i beni del «fondo di religione», originariamente di proprietà ecclesiastica, sarebbero stati amministrati dalle autorità statali. Si chiedeva che nel concordato si dichiarasse l'istituto di San Girolamo a Roma quale ente ecclesiastico, appartenente giuridicamente e moralmente alla Chiesa cattolica di Jugoslavia, e che la Santa Sede, d'accordo con il governo jugoslavo e l'episcopato, l'avrebbe trasformato nell'Istituto nazionale jugoslavo per l'istruzione superiore del clero[127].

Nel 7° capitolo si toccava una delle materie "miste" più delicate, cioè l'insegnamento religioso nelle scuole. Il comitato non trovò un accordo circa le persone che dovevano impartire la dottrina religiosa nelle scuole statali, né sul grado di partecipazione dello Stato nelle nomine e nel programma d'insegnamento. Tenendo conto dell'art. 16 della costituzione di San Vito, che affidava l'istruzione allo Stato, si ammetteva di principio la possibilità di fondare qualche scuola confessionale cattolica, lasciando le modalità e le condizioni concrete ad un'intesa tra le parti contraenti. Sui seminari il comitato non trovò un'intesa, essendoci diverse idee sul grado d'ingerenza statale e sugli eventuali sussidi da ricevere da parte dello Stato. Più facile fu l'accordo sulle facoltà teologiche, per le quali dovevano essere nominati professori solo coloro a cui i rispettivi vescovi si fossero dichiarati pronti a concedere la *missio canonica*[128].

L'8° capitolo trattava degli ordini religiosi e riconosceva la loro esistenza giuridica, il loro ordinamento legale ecclesiastico e la libera corrispondenza di essi con i loro superiori residenti a Roma. Nessun convento sul territorio jugoslavo doveva essere sottoposto ad un superiore estero. Senza espressa autorizzazione del governo, non si potevano introdurre nuovi ordini e quelli esistenti non poteva-

---

[127] ASV, *Arch. Nunz. Jugoslavia*, busta 8, ff. 71-74; Pellegrinetti a Gasparri, Belgrado, 28 novembre 1922, rapporto n. 523, in S.RR.SS., AA.EE.SS., *Jugoslavia*, pos. 9, fasc. 12, ff. 61v-62r; M. PETROVIĆ, *Konkordatsko pitanje*, 162-163.

[128] ASV, *Arch. Nunz. Jugoslavia*, busta 8, ff. 74-80; Pellegrinetti a Gasparri, Belgrado, 28 novembre 1922, rapporto n. 523, in S.RR.SS., AA.EE.SS., *Jugoslavia*, pos. 9, fasc. 12, f. 62v; M. PETROVIĆ, *Konkordatsko pitanje*, 163-164.

no estendere la loro attività a nuove regioni senza il permesso dell'autorità statale. Il patrimonio del clero regolare veniva equiparato a quello secolare. Il comitato si meravigliò profondamente dell'assenza del tema degli ordini religiosi nei concordati serbo e montenegrino[129].

Il 9° capitolo discuteva sull'immunità del clero cattolico e raccomandava di sottoporre i beni ecclesiastici (eccetto gli edifici destinati al culto, i seminari, le residenze vescovili e parrocchiali) agli obblighi pubblici come i beni di tutti gli altri cittadini. Gli ecclesiastici non sarebbero stati costretti ad esercitare uffici pubblici contrari alla loro vocazione. Nemmeno sarebbe dovuto esistere per loro il *privilegium fori*, ma di ogni procedimento penale si sarebbe contemporaneamente informato il vescovo rispettivo[130].

Il 10° capitolo, intitolato «Brachium saeculare», prevedeva, in caso di necessità, l'aiuto amministrativo da parte dello Stato per la conveniente esecuzione dei decreti delle autorità ecclesiastiche. Tale istituzione non fu contemplata nei concordati montenegrino e serbo perché in essi alla Chiesa non veniva riconosciuto un carattere giuridico pubblico[131].

L'11° capitolo trattava della liturgia. Si discuteva, in primo luogo, sul noto desiderio di estendere il privilegio della lingua paleoslava a tutte le chiese cattoliche del regno. Il comitato si limitò a prevedere tale estensione per tutte le parrocchie di popolazione prevalentemente slava . Alle stesse parrocchie si sarebbe dovuto altresì concedere l'uso della lingua nazionale nel rituale e nel canto del vangelo e dell'epistola. Il comitato decise, inoltre, che nel concordato si sarebbe dovuta stabilire una funzione religiosa in chiesa per le feste nazionali, con la preghiera *Domine salvum fac Regem* e con l'inno nazionale; parimenti si sarebbe dovuto celebrare il rito funebre in caso di morte o di anniversario di morte di un

---

[129] ASV, *Arch. Nunz. Jugoslavia*, busta 8, f. 80-82; Pellegrinetti a Gasparri, Belgrado, 28 novembre 1922, rapporto n. 523, In S.RR.SS., AA.EE.SS., *Jugoslavia*, pos. 9, fasc. 12, f. 62v; M. Petrović, *Konkordatsko pitanje*, 164-165.

[130] ASV, *Arch. Nunz. Jugoslavia*, busta 8,ff. 82-85; Pellegrinetti a Gasparri, Belgrado, 28 novembre 1922, rapporto n. 523, in S.RR.SS., AA.EE.SS., *Jugoslavia*, pos. 9, fasc. 12, f. 63r; M. Petrović, *Konkordatsko pitanje*, 165.

[131] ASV, *Arch. Nunz. Jugoslavia*, busta 8,ff. 85-88; Pellegrinetti a Gasparri, Belgrado, 28 novembre 1922, rapporto n. 523, in S.RR.SS., AA.EE.SS., *Jugoslavia*, pos. 9, fasc. 12, f. 63r; M. Petrović, *Konkordatsko pitanje*, 165.

membro della casa reale in tutte le chiese cattoliche, come già si faceva in quelle ortodosse[132].

Nel 12° capitolo si parlava dei fratelli jugoslavi "irredenti", che si trovavano in Italia. Alla diplomazia vaticana si sarebbe presentata la premura dello Stato jugoslavo per i connazionali, che dovevano subire diverse malversazioni da parte delle autorità italiane. Alla fine ci si rese conto che la questione non era materia per un concordato ma piuttosto per le trattative diplomatiche dirette tra il governo e la Santa Sede[133].

Il 13° capo affrontava il matrimonio, che secondo la costituzione di San Vito (art. 28) era "affidato" alla protezione dello Stato, senza specificare il significato di tale principio. Lanović interpretava tale articolo nel senso che lo Stato fosse l'unico regolatore delle cose matrimoniali. Contrariamente al suo parere alla fine si concluse, seguendo anche il concordato serbo, che lo Stato riconosceva la validità del matrimonio tra cattolici e dei matrimoni misti, contratti davanti ad un sacerdote cattolico. Non si volle mettere nel concordato nessuna menzione circa gli impedimenti d'ordine e di professione religiosa[134].

Nel 14° capitolo si trattava delle pretese che una porzione del clero basso, cosiddetto "riformista", aveva espresso in occasione delle trattative con Roma, pubblicate nel 1919. Per mostrare la serietà e la dignità del governo di fronte alla diplomazia vaticana il comitato concluse che, essendosi i "riformisti" esclusi da soli dalla Chiesa cattolica, le loro pretese non potevano essere oggetto di convenzioni concordatarie[135].

Il 15° capitolo, trattando il diritto sussidiario, proponeva che, in caso di difficoltà nell'interpretazione delle disposizioni del concordato o per le questioni non con-

---

[132] ASV, *Arch. Nunz. Jugoslavia*, busta 8,ff. 88-89; Pellegrinetti a Gasparri, Belgrado, 28 novembre 1922, rapporto n. 523, in S.RR.SS., AA.EE.SS., *Jugoslavia*, pos. 9, fasc. 12, f. 63r; M. PETROVIĆ, *Konkordatsko pitanje*, 166.

[133] ASV, *Arch. Nunz. Jugoslavia*, busta 8,ff. 89-91; Pellegrinetti a Gasparri, Belgrado, 28 novembre 1922, rapporto n. 523, in S.RR.SS., AA.EE.SS., *Jugoslavia*, pos. 9, fasc. 12, f. 63r; M. PETROVIĆ, *Konkordatsko pitanje*, 166.

[134] ASV, *Arch. Nunz. Jugoslavia*, busta 8,ff. 91-93; Pellegrinetti a Gasparri, Belgrado, 28 novembre 1922, rapporto n. 523, in S.RR.SS., AA.EE.SS., *Jugoslavia*, pos. 9, fasc. 12, f. 63rv; M. PETROVIĆ, *Konkordatsko pitanje*, 166.

[135] ASV, *Arch. Nunz. Jugoslavia*, busta 8,ff. 93-94; Pellegrinetti a Gasparri, Belgrado, 28 novembre 1922, rapporto n. 523, in S.RR.SS., AA.EE.SS., *Jugoslavia*, pos. 9, fasc. 12, f. 63v; M. PETROVIĆ, *Konkordatsko pitanje*, 166-167.

template in esso, il governo e la Santa Sede le avrebbero risolte di comune intesa[136].

Nell'ultimo, 16° capitolo, Lanović spiegava le ragioni per cui non aveva codificato un vero e proprio progetto di concordato, preferendo una forma meno vincolata; la prima era di natura pratica, giacché gli pareva meno opportuno cristallizzare delle proposte che comunque sarebbero dovute passare ancora per molte mani; il motivo di principio, invece, era quello di non pregiudicare le questioni fondamentali: per questo, a causa della natura meramente consultiva del comitato, preferì limitarsi a esprimere solo un parere al ministro degli esteri, che in seguito avrebbe preparato le istruzioni per i negoziatori ufficiali. Solo dopo questi passi ufficiali un vero progetto ben articolato avrebbe avuto senso[137].

Nelle conclusioni del comitato si notano subito alcune questioni, che mostrano quanto difficile fosse il raggiungimento di un'unanimità tra i suoi membri. I temi principali, ripetutisi a più riprese come particolarmente delicati nelle trattative dirette con Roma, furono quelli "classici": le nomine episcopali, gli ordini religiosi, l'amministrazione del patrimonio ecclesiastico, l'istruzione e il matrimonio. La questione "speciale" del caso jugoslavo fu invece la lingua paleoslava nella liturgia.

Verso la fine di ottobre il «comitato ristretto» consegnò le «Conclusioni» e la «Relazione» al governo, attendendo che si convocasse presto anche la «commissione plenaria», la quale avrebbe poi avuto il compito di preparare un progetto più articolato. A tale scopo si inviò ai membri di quest'ultimo organo il lavoro di Lanović[138]. Tale progetto sarebbe stato successivamente esaminato dal ministro

---

[136] ASV, *Arch. Nunz. Jugoslavia*, busta 8, ff. 94-95; Pellegrinetti a Gasparri, Belgrado, 28 novembre 1922, rapporto n. 523, in S.RR.SS., AA.EE.SS., *Jugoslavia*, pos. 9, fasc. 12, f. 63v; M. Petrović, *Konkordatsko pitanje*, 167.

[137] ASV, *Arch. Nunz. Jugoslavia*, busta 8, ff. 96-97; Pellegrinetti a Gasparri, Belgrado, 28 novembre 1922, rapporto n. 523, in S.RR.SS., AA.EE.SS., *Jugoslavia*, pos. 9, fasc. 12, f. 63v; N. Žutić, *Kraljevina Jugoslavija*, 177-178; M. Petrović, *Konkordatsko pitanje*, 167.

[138] ZKZ, Jakov Čuka, *Spisi iz ostavščine* (163936 MS 1097), fasc. 2: *Spisi o konkordatu (n. 11)*, «Zaključci šireg odbora komisije za proučavanje pitanja o zaključku konkordata» (11f), p. 1. Il vescovo Jeglič, dopo aver ricevuto la «Relazione» di Lanović e le stesse «Conclusioni», vi fece alcune osservazioni sotto forma di diversi scritti: 1. Annotazioni alle «Conclusioni del comitato ristretto» («Opaske»); 2. Annotazioni sul concordato per il Regno SHS in base al concordato serbo del 1914 («Neke opaske za konkordat za SHS na temelju srpskog konkordata god. 1914»); 3. Riflessione sulla conclusione del concordato («O zaključenju konkordata»). Si veda NŠAL, ŠAL/SP V, fasc. 269: «Škofovska konferenca 1922-1942», [mappa 2]; F. M. Dolinar, «Jeglič in cerkvenopolitična vprašanja», 310-312.

degli esteri e dal consiglio dei ministri, per servire, finalmente, come punto di partenza per le trattative con la Santa Sede. La via verso il confronto diretto con Roma era ancora molto lunga[139], tanto più che la convocazione della «commissione plenaria», prevista inizialmente per l'ottobre 1922, non avrebbe avuto luogo fino a giugno 1923. Attraverso tale procrastinazione il governo, a detta del nunzio, avrebbe mostrato di non avere «*troppa fretta*»[140].

2.2.2 Reazione della Santa Sede

Negli studi pubblicati non appaiono molte informazioni sulla posizione vaticana di fronte a questi primissimi passi ufficiali della diplomazia jugoslava. Novak affermava, senza richiamarsi a nessuna fonte, che il Vaticano era informato del lavoro della commissione governativa sul concordato, sottolineando la sorpresa della Santa Sede per la presenza di un sacerdote che appoggiava il diritto del governo di presentare le nomine episcopali[141]. Žutić dimostra in modo più convincente la cognizione della curia romana sull'esistenza della commissione governativa ma, senza raccogliere la valutazione della Santa Sede su questo primo tentativo della parte jugoslava, si limita solo a scorgere nella posizione vaticana una certa sorpresa per la lentezza del lavoro della commissione[142].

Nel suo primo accenno alla «Relazione» di Lanović, il nunzio Pellegrinetti parlava di un «*progetto farraginoso*», mettendone in risalto le richieste: il diritto di presentazione governativa alle sedi episcopali e la lingua liturgica paleoslava estesa a tutta la Jugoslavia. Per nessuna di queste pretese egli mostrava simpatia[143]. Nell'inviare alla Segreteria di Stato un riassunto della stessa «Relazione», il nunzio, rendendosi conto della natura del detto documento, si astenne dal fare una minima analisi. Si limitò piuttosto a segnalare che vi erano parti «*buone e tollerabili*», tra cui il riconoscimento della Chiesa come società di carattere giuridico pubblico, la conservazione e l'accrescimento delle diocesi, l'obbligo dello Stato di sussidiare gli istituti ecclesiastici. Allo stesso momento non gli sfuggirono nem-

---

[139] Pellegrinetti a Gasparri, Belgrado, 28 novembre 1922, rapporto n. 523, in S.RR.SS., AA.EE.SS., *Jugoslavia*, pos. 9, fasc. 12, f. 60r.

[140] Pellegrinetti a Gasparri, Belgrado, 16 novembre 1922, rapporto n. 466, *ibidem*, 57r.

[141] V. Novak, *Magnum Crimen* (1948), 167.

[142] N. Žutić, *Kraljevina Jugoslavija*, 180-181.

[143] Pellegrinetti a Gasparri, Belgrado, 16 novembre 1922, rapporto n. 466, in S.RR.SS., AA.EE.SS., *Jugoslavia*, pos. 9, fasc. 12, 57.

meno le «*limitazioni gravi*» circa la scuola confessionale, l'attività degli ordini religiosi, la libertà delle nomine e delle amministrazioni da parte della Santa Sede. Vide, inoltre, solo implicito il riconoscimento della Chiesa orientale uniata e la mancata menzione della questione del proselitismo e della rappresentanza diplomatica. Circa la proposta di estendere la lingua paleoslava alle parrocchie a maggioranza slava, il nunzio riteneva che una questione di tale importanza non potesse essere condizionata dalle continue variazioni delle statistiche e della proporzione delle nazionalità dei fedeli[144].

Il segretario di Stato, rispondendo alle prime impressioni del nunzio, che gli erano state comunicate ancora prima della presentazione dell'abbozzo di Lanović, raccomandava a Pellegrinetti di far prevalere tra i membri cattolici della commissione governativa l'idea di un progetto, modellato non sull'esempio del concordato austriaco, bensì su quello lettone, primo concordato piano, concluso proprio nel 1922[145]. A Gasparri sembrava evidente che la Santa Sede non avrebbe potuto mai concedere al Regno SHS i privilegi contenuti nel concordato austriaco[146]. In un certo senso egli confermava il desiderio dei vescovi e del nunzio, anch'essi convinti che la base per un prossimo concordato jugoslavo potesse essere quello stipulato tra la Santa Sede e la Lettonia[147].

Dopo aver ricevuto l'ampia sintesi del lavoro del «comitato ristretto», Gasparri, invece, mandò a Pellegrinetti un'estesa risposta nella quale ripeté le prime impressioni del nunzio: da una parte si compiaceva di alcuni diritti riconosciuti alla Chiesa, mentre dall'altra non nascondeva le proprie perplessità per i «*gravissimi difetti*» che avrebbero reso molto difficile la conclusione di un accordo, qualora non fossero stati eliminati o diminuiti prima dell'inizio delle trattative con Roma. Ciò fa riferimento soprattutto alla «*contraddizione iniziale*» dell'abbozzo, che se da una parte riconosceva la personalità giuridica alla Chiesa, dall'altra, invece, in virtù dello stesso riconoscimento, voleva delle ricompense. Ciò fece preoccupare la Santa Sede, convinta che il carattere giuridico pubblico non potesse ridursi ad una concessione del governo. Il segretario di Stato, inoltre,

---

[144] Pellegrinetti a Gasparri, Belgrado, 28 novembre 1922, rapporto n. 523, *ibidem*, f. 63v.

[145] Il concordato tra la Santa Sede e la Lettonia si veda in *Enchiridion dei concordati*, 590-597.

[146] Gasparri a Pellegrinetti, Vaticano, 29 novembre 1922, dispaccio n. 10642, in ASV, *Arch. Nunz. Jugoslavia*, busta 8, f. 99r.

[147] Pellegrinetti a Gasparri, Belgrado, 9 agosto 1922, rapporto n. 112, in S.RR.SS., AA.EE.SS., *Jugoslavia*, pos. 9, fasc. 12, f. 39v.

ribadì che la Santa Sede non avrebbe potuto concedere alla Jugoslavia ciò che aveva negato ad altri Stati riguardo alle nomine episcopali né ammettere ingerenze laiche nell'amministrazione dei beni ecclesiastici. Gasparri aveva molta fiducia nel nunzio e ciò è confermato anche dal fatto che non gli mandava istruzioni ben precise, limitandosi piuttosto a consigliargli di illuminare e indirizzare i membri cattolici della «commissione plenaria» con le osservazioni, che, sui singoli punti dell'abbozzo di concordato, avrebbe stimato necessario fare[148].

Si è potuto constatare che i primi passi della diplomazia jugoslava, proprio attraverso l'abbozzo di Lanović, erano ispirati alla rivendicazione delle prerogative statali nei confronti della Chiesa, contenute nel concordato austriaco. Il «comitato ristretto» si rendeva conto che le sue proposte non sarebbero state accettate facilmente dalla Santa Sede, ma nemmeno dalla «commissione plenaria» e dal governo stesso, che in seguito avrebbe dovuto confermare il suo lavoro. Il pubblico, pur non conoscendo "ufficialmente" il contenuto dell'abbozzo, reagì alle proposte del comitato. Molti esponenti politici e ecclesiastici non coinvolti nel lavoro preparatorio espressero la propria opinione attraverso la stampa, suscitando un vero dibattito sui temi religiosi[149].

Seguendo la prassi normale del mondo diplomatico il comitato presentò il *maximum* delle prerogative richieste dallo Stato, per poi cedere, secondo le necessità e opportunità, su alcuni punti considerati inaccettabili per l'altro contraente. La Segreteria di Stato, d'altra parte, stava avviando una nuova "stagione" concordataria che avrebbe rifiutato le larghe concessioni fatte in precedenza ai sovrani cattolici e avrebbe preferito basare i futuri accordi sul modello lettone, che assicurava alla Chiesa ampi diritti nel campo delle nomine episcopali, dell'istruzione religiosa e dei beni materiali. Ben presto si fecero evidenti le contrapposizioni tra gli esponenti jugoslavi e quelli vaticani sui temi "classici", che avrebbero poi segnato il lunghissimo *iter* delle trattative.

---

[148] Gasparri a Pellegrinetti, Vaticano, 18 dicembre 1922, dispaccio n. 11143, in ASV, *Arch. Nunz. Jugoslavia*, busta 8, ff. 100r-101r.

[149] Del dibattito sulla stampa circa il lavoro del comitato (1922-1923) è stato già ampiamente scritto da alcuni autori: V. NOVAK, *Magnum Crimen* (1948), 167-176; I. MUŽIĆ, *Katolička crkva*, 55-58; N. ŽUTIĆ, *Kraljevina Jugoslavija*, 178; M. PETROVIĆ, *Konkordatsko pitanje*, 170-172.

2.3 *Schema "rivisto" del 1923 – progetto di concordato della commissione governativa*

Dopo il lavoro del «comitato ristretto» si attendeva la convocazione della «commissione plenaria» che aveva il compito di prendere in esame le «Conclusioni» del detto comitato e la «Relazione» di Lanović. L'appuntamento, previsto per lo stesso mese di ottobre, ritardò di ben otto mesi, ed ebbe luogo solo nel giugno 1923. La causa di tale rinvio è da imputare alle elezioni e alla crisi politica[150]. Molti rapporti del nunzio nella primavera 1923 testimoniano, infatti, una costante crisi, contrassegnata dalla lotta tra diversi schieramenti politici e da uno scontro sulla stessa costituzione. Le elezioni politiche del 18 marzo significarono una gran vittoria per il partito radicale e una sconfitta per comunisti e socialisti, che ancora tre anni prima avevano ottenuto numerosi seggi nel parlamento[151]. Pellegrinetti in tale situazione, caratterizzata da tensioni politiche e nazionalistiche che mettevano a repentaglio lo stesso sistema costituzionale, non vedeva una congiuntura favorevole per le questioni ecclesiastiche, pur ammettendo che per la Chiesa i radicali fossero interlocutori preferibili ai democratici[152]. Il concordato non sembrava il tema fondamentale di un momento così complesso e delicato, per cui era difficile che si potessero avviare efficacemente le trattative, prima che la condizione del Paese fosse chiarita e consolidata[153].

La questione concordataria non venne, tuttavia, completamente sepolta, bensì affrontata in altri ambiti. È stato già menzionato che parecchi esponenti politici e ecclesiastici, non coinvolti nel lavoro concordatario, suscitarono un dibattito vivace attraverso alcune iniziative, come conferenze e inchieste, riportate da alcuni quotidiani[154].

---

[150] Pellegrinetti a Gasparri, Belgrado, 27 giugno 1923, rapporto n. 1535, in S.RR.SS., AA.EE.SS., *Jugoslavia*, pos. 9, fasc. 12, f. 69r.

[151] Pellegrinetti a Gasparri, Belgrado, 28 marzo 1923, rapporto n. 1092 (minuta), in ASV, *Arch. Nunz. Jugoslavia*, busta 3, ff. 63r-66v.

[152] Pellegrinetti a Gasparri, Belgrado, 2 maggio 1923, rapporto n. 1263 (minuta), *ibidem*, ff. 74r-75r.

[153] Pellegrinetti a Gasparri, Belgrado, 12 aprile 1923, rapporto n. 1163 (minuta), *ibidem*, ff. 70r-72r.

[154] La rivista di Zagabria *Nova Evropa*, tramite un'inchiesta nel 1923, raccolse diversi contributi di esponenti politici e ecclesiastici circa la questione dello stato giuridico della Chiesa cattolica. Questa fu un'iniziativa che riprese, in certo senso, la conferenza interconfessionale del novembre 1921. Per l'approfondimento si veda V. NOVAK, *Magnum Crimen* (1948), 168-175; I. MUŽIĆ, *Katolička crkva*, 56-57; N. ŽUTIĆ, *Kraljevina Jugoslavija*, 178; M. PETROVIĆ, *Konkordatsko pitanje*, 172; ID., «Rimokatolički prelati», 326-329.

Nel frattempo il ministro jugoslavo Bakotić si trovava a Roma in una situazione assai spiacevole. Da una parte il segretario di Stato in ogni occasione gli domandava sulle trattative concordatarie che dovevano essere avviate dal governo jugoslavo, dall'altra, il ministro non riceveva alcuna informazione da Belgrado. Anzi, più volte si lamentò che la diplomazia vaticana sapesse più di lui circa l'andamento delle trattative e che proprio dal segretario di Stato e dagli ambasciatori cechi e romeni venisse informato su quello che succedeva a Belgrado. Bakotić, già nel febbraio 1923, raccomandava al governo di accelerare le trattative con Roma per non dare l'impressione che la questione venisse presa in scarsa considerazione e sembrasse piuttosto una cosa forzata. In quell'occasione, come in tante altre più tardi, egli chiese istruzioni circa il comportamento da tenersi di fronte alle continue sollecitazioni della Santa Sede[155].

Il 19 giugno 1923 fu finalmente convocata la «commissione plenaria», composta, dopo ulteriori aggiunte, da venti persone[156]. I lavori della commissione, in totale sette sessioni, durarono fino al 25 giugno, sotto la presidenza del deputato Ðuričić. Le discussioni si sarebbero svolte in un clima di cordialità e i rappresentanti del governo avrebbero mostrato una certa larghezza di vedute e molta deferenza verso i vescovi. Non tutto, però, andò così liscio in verità. All'interno del cosiddetto «blocco cattolico» scoppiò una contesa tra il vescovo Uccellini, accusato più volte da altri cattolici e dallo stesso nunzio di un serbofilismo esagerato, e il deputato del partito popolare sloveno, il sacerdote Hohnjec. Quando, infatti, questi, a nome dei cattolici, criticò l'articolo della costituzione che sottoponeva l'istruzione al monopolio dello Stato e proibiva quasi completamente le scuole private (art. 16), il vescovo Uccellini gli contestò il diritto di parlare a nome di tutti i cattolici, dal momento che egli stesso appoggiava le prerogative statali in ambito scolastico.

---

[155] Bakotić a Ninčić, Roma, 16 febbraio 1923, rapporto n. 69 (minuta), in AJ, *Poslanstvo Kraljevine Jugoslavije pri Svetoj Stolici (372)*, fasc. 3, [mappa 3], ff. n.n.; Bakotić a Ninčić, Roma, 20 maggio 1923, rapporto n. 264 (minuta), *ibidem*, fasc. 20, [mappa 1/III], ff. n.n.; N. Žutić, *Kraljevina Jugoslavija*, 180.

[156] Per l'elenco dei partecipanti alle sessioni della commissione plenaria si veda ZKZ, Jakov Čuka, *Spisi iz ostavščine* (163936 MS 1097), fasc. 2: *Spisi o konkordatu (n. 11)*, «Sjednice Plenarnog zbora» (11c), p. 1; I. Mužić, *Katolička crkva*, 57-58. Come nel caso del «comitato ristretto» anche qui rimandiamo ai verbali "ufficiosi" di Čuka. Il segretario Anić stese la versione "ufficiale" delle sessioni e delle conclusioni della «commissione plenaria», ma a nessun membro ne fu data una copia. La collocazione dei suoi protocolli rimane tuttora ignota.

L'atteggiamento del vescovo di Cattaro non rimase ignoto al nunzio, che non perse l'occasione di informare la Segreteria di Stato sulla condotta "stonata" del prelato dalmata[157]. Il cardinale Gasparri ammonì severamente Uccellini facendogli notare come convenisse che un vescovo della sua età – aveva 76 anni in quel momento – e della sua esperienza procedesse, nelle materie in questione, d'accordo con gli altri vescovi[158]. Il prelato nella risposta ribadì di volere un concordato, felicemente concluso quanto prima, e si difese con il suo famoso *audiatur et altera pars*[159]. Ben altra opinione, invece, aveva il nunzio nei riguardi del vescovo di Đakovo Akšamović, giudicato «*il più eloquente ed efficace difensore*» dei diritti della Chiesa all'interno della «commissione plenaria»[160].

In conclusione, quali furono le risoluzioni della detta «commissione plenaria» (27 giugno 1923)[161] e quanto esse differirono dalle risoluzioni del «comitato ristretto»? Affrontando lo schema, composto di 25 articoli, ci si limiterà ad approfondire le questioni più rilevanti e quelle che subirono una notevole modifica.

---

[157] Pellegrinetti a Gasparri, Belgrado, 27 giugno 1923, rapporto n. 1535, in S.RR.SS., AA.EE.SS., *Jugoslavia*, pos. 9, fasc. 12, f. 69rv.

[158] Gasparri a Uccellini, Vaticano, 10 luglio 1923, biglietto personale, *ibidem*, f. 68rv; Gasparri a Pellegrinetti, Vaticano, 13 luglio 1923, dispaccio n. 20024, in ASV, *Arch. Nunz. Jugoslavia*, busta 8, f. 106r.

[159] Uccellini a Gasparri, Bocche di Cattaro, biglietto personale, in S.RR.SS., AA.EE.SS., *Jugoslavia*, pos. 9, fasc. 12, f. 71r. Ancora nel 1926, in occasione della visita del nunzio a Cattaro, il vescovo si lagnava con lui del monito ricevuto dal segretario di Stato. Uccellini spiegò al nunzio le ragioni della sua opposizione nella commissione, non diretta contro i colleghi dell'episcopato, ma contro un ecclesiastico, che si arrogava di rappresentare la Chiesa; le sue differenze d'opinione riguardavano piuttosto la tattica da tenere, ovvero si riferivano all'intransigenza nazionale croata di alcuni membri della commissione, ma non mai a questioni di principio. Egli ribadì, inoltre, la sua devozione alla Santa Sede. Le tensioni tra lui e i vertici vaticani sembravano dunque superate (Pellegrinetti a Gasparri, Belgrado, 3 marzo 1926, rapporto n. 5750, *ibidem*, fasc. 14, f. 28rv; Gasparri a Pellegrinetti, Vaticano, 15 marzo 1926, cifrato n. 97 (608/26), *ibidem*, f. 29r).

[160] Pellegrinetti a Gasparri, Belgrado, 27 giugno 1923, rapporto n. 1535, *ibidem*, fasc. 12, 69v.

[161] Il testo delle risoluzioni in it. si trova in ASV, *Arch. Nunz. Jugoslavia*, busta 8, ff. 115r-121r. Le risoluzioni in orig. si trovano in ZKZ, Jakov Čuka, *Spisi iz ostavščine* (163936 MS 1097), fasc. 2: *Spisi o konkordatu (n. 11)*, «Zaključci šireg odbora komisije za proučavanje pitanja o zaključku konkordata» (11f), pp. 1-11.

Per quanto riguarda la questione delle nomine episcopali, per le quali il «comitato ristretto» chiedeva il diritto di presentazione da parte del governo, la «commissione plenaria» si limitò a votare la risoluzione di procedere – se dalla Santa Sede non si poteva ottenere di più – come indicato dal concordato serbo del 1914, e cioè che la Santa Sede avrebbe comunicato al regio governo il suo candidato per accertare che non vi fosse un impedimento di carattere politico o civile contro di lui (art. VII)[162]. Il merito di una conclusione molto più favorevole alla Chiesa il nunzio lo ascriveva ai suoi colloqui privati con i vescovi e con i politici, nei quali aveva insistito sul fatto che la Santa Sede non intendeva concedere assolutamente più il privilegio del diritto di presentazione nei nuovi concordati[163].

Nell'ambito dell'amministrazione dei beni ecclesiastici la commissione non apportò cambiamenti significativi, riconoscendo alla Chiesa cattolica e alle sue istituzioni la personalità giuridica con il diritto di acquistare, possedere e disporre liberamente di beni, sempre però nei limiti delle leggi generali dello Stato. A quest'ultimo spettava, inoltre, il diritto d'ispezione sull'alienazione e sull'aggravamento del fondo dei beni ecclesiastici. Sul famoso «fondo di religione» le autorità statali, pur riconoscendone l'originaria appartenenza alla Chiesa, rivendicarono ancora il diritto di amministrarlo (art. VI)[164].

Si risolse poi unanimemente che l'educazione religiosa della gioventù cattolica in tutte le scuole (statali) sarebbe stata soggetta all'ispezione dei vescovi competenti, i quali, d'accordo col governo, avrebbero prescritto il piano d'insegnamento, stampato i libri di scuola per l'istruzione religiosa e anche nominato o trasferito i catechisti nelle scuole dello Stato (art. XIII)[165]. Il problema nacque, invece, quando si discusse sulle scuole confessionali. Molti nella commissione, richiamandosi alla costituzione (art. 16), volevano impedire o limitare al massimo l'esistenza di scuole confessionali. I vescovi, d'altra parte, richiamandosi al CIC, ponevano al centro il diritto naturale dei genitori di educare la prole secondo i principi della loro religione. La commissione non riuscì a mettersi d'accordo su questo punto: la maggioranza – senza i vescovi – votò la risoluzione che ricono-

---

[162] ASV, *Arch. Nunz. Jugoslavia*, busta 8, f. 116rv.

[163] Pellegrinetti a Gasparri, Belgrado, 27 giugno 1923, rapporto n. 1535, in S.RR.SS., AA.EE.SS., *Jugoslavia*, pos. 9, fasc. 12, ff. 69v-70r.

[164] ASV, *Arch. Nunz. Jugoslavia*, busta 8, ff. 116v-117r.

[165] *Ibidem*, f. 118r.

sceva in linea di massima la possibilità delle scuole cattoliche private e confessionali, lasciando le modalità e le condizioni dell'accordo definitivo alle autorità statali e ecclesiastiche (art. XV); i vescovi, invece, fecero una controproposta con un voto separato, secondo il quale alla Chiesa cattolica si riconosceva espressamente il diritto di fondare e dirigere scuole private e confessionali per la gioventù cattolica; lo Stato avrebbe riconosciuto alle scuole private, altresì, il diritto di pubblicità, se il loro piano d'insegnamento e la qualifica dei maestri fossero risultati corrispondenti alle prescrizioni dello Stato[166]. È interessante rilevare che neanche per i seminari fu raggiunta un'intesa, questa volta non per "colpa" dei vescovi, ma per divergenze di opinioni tra i membri della commissione: si preferì pertanto lasciare al giudizio del governo le diverse proposte, sulle quali si era espresso già il «comitato ristretto» un anno prima[167].

Quanto al diritto matrimoniale la commissione, seguendo le direttive del «comitato ristretto», era del parere che il governo riconoscesse la validità del matrimonio tra cattolici e dei matrimoni misti celebrati alla presenza di un sacerdote cattolico secondo le prescrizioni della Chiesa cattolica. I processi matrimoniali tra nubendi di religione cattolica, come pure di fedi diverse, celebrati nella Chiesa cattolica, sarebbero stati di competenza dei tribunali ecclesiastici, eccetto che per le questioni meramente civili (art. XXIII)[168].

Anche per la liturgia paleoslava, fortemente propugnata dal governo e dai vescovi presenti nella commissione, non ci fu alcun cambiamento e si mantenne la richiesta che i cattolici di rito romano nel Regno SHS potessero avvalersi nella liturgia della lingua paleoslava e dei caratteri glagolitici in tutte quelle parrocchie dove i cattolici erano almeno in maggioranza di lingua slava[169].

Su questi cinque grandi temi ci fu, quindi, una sostanziale armonia tra i membri della «commissione plenaria». Solo nel caso delle scuole confessionali i vescovi, vista l'impossibilità d'un accordo comune, fecero una controproposta con un voto separato. Questa scappatoia da parte dei vescovi fu usata anche per altri due articoli: quello sul giuramento dei vescovi (art. XI) e quello sulla corrispondenza dei religiosi con i provinciali all'estero (art. XVIII). Nel primo caso i vescovi vollero evitare una formula troppo specifica per il giuramento degli ecclesiastici

---

[166] *Ibidem*, f. 118v.
[167] *Ibidem*, ff. 118v-119r.
[168] *Ibidem*, ff. 120v-121r.
[169] *Ibidem*, f. 120rv.

con qualsiasi incarico pubblico, nel secondo, invece, assicurare la piena libertà degli ordini religiosi nella loro attività sul territorio jugoslavo[170].

Le conclusioni della commissione, rese note, in modo sintetico, al pubblico il 2 luglio 1923, attraverso l'articolo di Lanović su *Politika*, provocarono impressioni molto negative nei circoli ecclesiastici e sulla stampa cattolica. Anche alcuni gruppi ortodossi si mostrarono particolarmente insoddisfatti del lavoro della commissione, ritenuta troppo accondiscendente alle richieste della Chiesa cattolica[171].

Lo schema di concordato prodotto dalla «commissione plenaria», a dire del nunzio, era preferibile a quello del «comitato ristretto», poiché nessuna innovazione era stata aggiunta a scapito dei cattolici e tutti gli emendamenti erano stati accettati in senso cattolico[172]. Allo stesso tempo, però, la necessità dei vescovi di ricorrere, in alcuni casi, al voto separato, fece intuire che il dialogo del governo con Roma non sarebbe stata un'impresa facile. Certi articoli dello schema, se ad alcuni apparivano ora, dopo alcuni cambiamenti, soddisfacenti per la Chiesa, a Pellegrinetti sembravano ancora assai imperfetti. Egli si "consolava" nella consapevolezza che le risoluzioni erano solo la voce di una commissione puramente consultiva, nei confronti della quale il consiglio dei ministri aveva piena libertà nella stesura del progetto ufficiale[173].

Il ministro Bakotić, ormai in procinto di lasciare la legazione jugoslava presso la Santa Sede, per le note difficoltà con il ministero degli esteri, venne a conoscenza delle conclusioni della commissione soltanto attraverso la stampa, perciò non fu in grado di esprimere una valutazione particolareggiata sui singoli articoli. Ribadendo nuovamente la sua posizione molto difficile di fronte alla Segreteria di

---

[170] *Ibidem*, ff. 117v-118r, 119v-120r. Pellegrinetti parlava del voto separato anche per l'articolo XVII, sugli istituti teologici (Pellegrinetti a Gasparri, Belgrado, 27 giugno 1923, rapporto n. 1535, in S.RR.SS., AA.EE.SS., *Jugoslavia*, pos. 9, fasc. 12, f. 70r), ma nello schema, arricchito con gli appunti di Akšamović, tale controproposta non appariva (ASV, *Arch. Nunz. Jugoslavia*, busta 8, f. 119r). Si veda anche ZKZ, Jakov Čuka, *Spisi iz ostavščine* (163936 MS 1097), fasc. 2: *Spisi o konkordatu (n. 11)*, «Sjednice Plenarnog zbora» (11c), p. 23.

[171] S. SIMIĆ, *Jugoslavija i Vatikan*, 83-86; V. NOVAK, *Magnum Crimen* (1948), 167; N. ŽUTIĆ, *Kraljevina Jugoslavija*, 181; M. PETROVIĆ, *Konkordatsko pitanje*, 170-171. Nel 1923 alcuni esperti di diritto civile e ecclesiastico scrissero articoli e opuscoli. Di particolare interesse fu il "duello" tra Demetrović e Vojnović (L. VOJNOVIĆ, *Konkordat sa Sv. Stolicom*).

[172] Pellegrinetti a Gasparri, Belgrado, 27 giugno 1923, rapporto n. 1535, in S.RR.SS., AA.EE.SS., *Jugoslavia*, pos. 9, fasc. 12, f. 70r.

[173] *Ibidem*.

Stato, bene informata sulle trattative a Belgrado, chiese di ricevere notizie sui risultati della «commissione plenaria» e sull'intenzione di mandare a Roma una delegazione governativa per concludere il concordato[174]. Nell'estate 1923 egli lasciò definitivamente Roma; nell'ottobre seguente gli successe Josip Smodlaka.

Tra i ricercatori vi sono opinioni diverse circa la posizione del governo di fronte al lavoro preparatorio della «commissione plenaria» e alle sue conclusioni. Dolinar, ad esempio, afferma che il governo non sarebbe stato affatto contento del lavoro svolto dalla commissione. Già il fatto che il ministero degli esteri preferisse come base per le trattative il concordato serbo, respinto invece dal «comitato ristretto», avrebbe contribuito alla tensione fra le due parti[175]. Anche il tempo trascorso tra la presentazione dello schema della commissione (giugno 1923) e il progetto governativo (marzo 1925), insieme alle continue crisi politiche e nazionali in seno ai partiti, lascia intuire che il governo non aveva l'intenzione di avvalersi, in modo consistente, dello schema elaborato dalla «commissione plenaria» per le successive trattative.

2.4 *Verso il progetto governativo ufficiale di concordato (marzo 1925)*

Dopo l'arduo lavoro della «commissione plenaria», il terreno per la conclusione di un accordo con Roma era preparato. Durante la conferenza dei vescovi jugoslavi del 1923 (20–23 agosto) a Zagabria, il ministro dei culti Janjić partecipò ai presenti il testo-base che per il governo fungeva da schema per il concordato con la Santa Sede. Akšamović trasmise all'assemblea il desiderio del ministro degli esteri Ninčić di concludere l'affare entro l'anno e, a tale scopo, di invitare un vescovo a far parte della commissione che si sarebbe recata a Roma per ultimare questo passo. Dietro proposta del nunzio, che sconsigliava la partecipazione dei vescovi a tale delegazione, i presuli proposero la nomina del canonico Čuka[176]. Questi già nel seguente mese di settembre ricevette la lettera dal mini-

---

[174] Bakotić a Ninčić, Roma, 7 luglio 1923, rapporto n. 356 (minuta), in AJ, *Poslanstvo Kraljevine Jugoslavije pri Svetoj Stolici (372)*, fasc. 20, [mappa 1/III], ff. n.n.; N. Žutić, *Kraljevina Jugoslavija*, 181; Bakotić a Perić, Roma, 11 agosto 1923, rapporto n. 397 (minuta), in AJ, *Poslanstvo Kraljevine Jugoslavije pri Svetoj Stolici (372)*, fasc. 20, [mappa 1/III], ff. n.n.

[175] F. M. Dolinar, «Jeglič in cerkvenopolitična vprašanja», 308.

[176] Il verbale della conferenza episcopale del 1923 si trova in ASV, *Arch. Nunz. Jugoslavia*, busta 3, ff. 93-114. Qui ci riferiamo ai ff. 102-103. Si veda anche I. Mužić, *Katolička crkva*, 60-61.

stero dei culti, dove veniva ufficialmente proposto come membro della delegazione che avrebbe intavolato le trattative con la Santa Sede[177].

2.4.1 Negoziati all'interno del governo

Il ministro Janjić, in una lettera indirizzata al «*buon amico*» Borgongini-Duca[178], segretario della congregazione degli affari ecclesiastici straordinari, prevedeva che presto egli avrebbe potuto terminare i lavori preparatori nel consiglio dei ministri per l'inizio delle trattative con la Santa Sede e gli annunziò nel contempo la sua prossima venuta a Roma con l'apposita delegazione[179]. Nel colloquio con il nunzio il ministro presentò più concretamente il programma governativo delle trattative: si sarebbe formata una deputazione di quattro membri, tra cui Čuka, Đuričić e lui stesso, che si sarebbe recata a Roma, avrebbe fatto le prime presentazioni e avrebbe stabilito, d'accordo con la Santa Sede, il modo di procedere e possibilmente alcuni punti d'intesa, dopodiché il ministro Janjić sarebbe tornato a Belgrado, mentre gli altri membri,

---

[177] ZKZ, Jakov Čuka, *Spisi iz ostavščine* (163936 MS 1097), fasc. 2: *Spisi o konkordatu (n. 11)*, «Promemoria» (11c), p. 24; I. MUŽIĆ, *Katolička crkva*, 61.

[178] Francesco Borgongini-Duca (1884-1954), nativo di Roma, fu ordinato sacerdote nel 1907, e l'anno seguente cominciò la sua carriera ecclesiastica come officiale della Penitenzieria Apostolica, svolgendo anche le funzioni di docente a *Propaganda Fide*. Nel 1917 fu creato reggente della Penitenzieria e nel 1921 pro-segretario della congregazione degli affari ecclesiastici straordinari, di cui divenne segretario nel 1922. In tale veste partecipò, ad esempio, alle trattative non solo con il governo jugoslavo, ma anche con quello italiano, per la stipula del concordato del 1929. Ciò gli valse, nello stesso anno, l'elezione all'episcopato con il titolo arcivescovile di Eraclea, e la nomina a primo nunzio in Italia. Fu creato cardinale da Pio XII nel concistoro del 1953 (*I «Fogli di Udienza»*, vol. I, 401).

[179] Janjić a Borgongini-Duca, Belgrado, 30 ottobre 1923, lettera personale, in S.RR.SS., AA.EE.SS., *Jugoslavia*, pos. 9, fasc. 12, f. 98r. In questa lettera il ministro chiedeva al segretario della congregazione degli affari ecclesiastici straordinari, proprio in vista delle trattative concordatarie, di sottrarre la parte jugoslava della Baranja, del Prekmurje e tredici parrocchie della Slavonia dalla giurisdizione dei vescovi ungheresi affidando questi territori alla cura dei vescovi jugoslavi. Borgongini rispondeva che la Santa Sede aveva già emanato i decreti con dei provvedimenti, ancora più favorevoli di quelli richiesti dal governo jugoslavo. Nella stessa risposta egli chiedeva, inoltre, che si facilitassero le pratiche iniziate dal nunzio, soprattutto per la nomina del vescovo della diocesi di Spalato, ormai sede vacante da anni (Borgongini-Duca a Janjić, Vaticano, 12 novembre 1923, dispaccio n. 23734, *ibidem*, ff. 100r-101r). Si veda anche N. ŽUTIĆ, *Kraljevina Jugoslavija*, 181.

invece, insieme al ministro Smodlaka, avrebbero proseguito le discussioni, fino alla conclusione[180].

Al nunzio sembrava illusorio un programma che prevedeva la conclusione delle trattative in poche settimane e non riusciva a capire, se non in chiave puramente politica, la frenesia da parte del governo per l'avvio dei colloqui ufficiali[181]. Pensava, infatti, che attraverso delle spedite trattative concordatarie il governo volesse assicurare al partito radicale la gloria di averlo concluso, in modo da ottenere maggior credito a Roma, più larga influenza sulle popolazioni cattoliche e maggior facilità nel concentrare a Belgrado la direzione degli affari ecclesiastici. Anche nella preparazione del concordato non si poteva che rispecchiare quella lotta tra centralisti, federalisti e autonomisti che costituiva il fondo della politica interna. Nonostante tutto ciò, la Santa Sede, secondo lui, avrebbe dovuto approfittare di tale congiuntura politica, confidando soprattutto nel lavoro di mons. Čuka, dal quale sarebbe dipeso in buona parte l'*iter* delle trattative[182].

I dubbi del nunzio sull'efficacia del viaggio a Roma della delegazione governativa sembravano confermati dalla risposta di Gasparri. Egli, per il buon andamento e la speditezza delle pratiche, preferiva che la Santa Sede potesse conoscere e studiare il progetto su cui il governo avrebbe voluto iniziare le discussioni, prima dell'arrivo della delegazione. A tale scopo il segretario di Stato raccomandava al nunzio di procurarsi il testo, un paio di mesi prima della venuta del gruppo, e di mandarlo alla Segreteria di Stato, aggiungendovi le proprie osservazioni[183]. Lo stesso desiderio sul progetto di concordato e sulla delegazione governativa fu comunicato al ministro jugoslavo presso la Santa Sede Smodlaka, in maniera ancora più articolata. Dopo l'arrivo della delegazione a Roma, le parti si sarebbero scambiate le idee sullo schema governativo, eliminando possibilmente la maggior parte delle differenze, fino ad arrivare al punto decisivo con poche questioni pendenti da risolvere. Questo lavoro preliminare si sarebbe potuto

---

[180] Pellegrinetti a Gasparri, Belgrado, 19 novembre 1923, rapporto n. 1993, in S.RR.SS., AA.EE.SS., *Jugoslavia*, pos. 9, fasc. 12, f. 104v.

[181] «*Vedremo poi quando effettivamente questa Delegazione moverà, perché qui si ha l'uso di mettere ogni cosa a "domani", il qual "domani" spesso non arriva mai, se non c'è di mezzo l'interesse politico che sospinge*»: ibidem, ff. 104v-105r.

[182] *Ibidem*, ff. 104r-105r.

[183] Gasparri a Pellegrinetti, Vaticano, 30 novembre 1923, dispaccio n. 2085, in ASV, *Arch. Nunz. Jugoslavia*, busta 8, f. 110r.

svolgere, secondo l'opinione di Borgongini, a Roma nelle discussioni con il ministro Smodlaka o a Belgrado nei colloqui con il nunzio. La scelta del luogo fu lasciata al governo jugoslavo. Solo dopo tale fase iniziale sarebbe stato opportuno mandare un'apposita delegazione governativa a Roma, per risolvere i punti sospesi e concludere il concordato[184].

Smodlaka, in maniera analoga al suo predecessore Bakotić, si doveva sentire in imbarazzo nei colloqui con il segretario di Stato, poiché da Belgrado non riceveva alcuna informazione a riguardo. Già in occasione della presentazione delle lettere credenziali nell'ottobre del 1923 Gasparri gli aveva chiesto quando sarebbero cominciati i negoziati per il concordato[185]. Smodlaka ignorava a che punto si trovasse la preparazione dello schema governativo e solo nel dicembre dello stesso anno, dietro ripetute richieste[186], ricevette, non dal suo superiore Ninčić, ma dal ministro dei culti Janjić, la comunicazione che il governo non aveva ancora concluso l'elaborazione del proprio schema. In quell'occasione Janjić acconsentì a inviargli anche i risultati del lavoro svolto dal «comitato ristretto» e dalla «commissione plenaria»[187].

Della proposta vaticana si parlò nel consiglio dei ministri, ma senza arrivare ad una definitiva formulazione del *modus agendi*. Il ministro Janjić riferì al nunzio che forse il ministro Smodlaka sarebbe stato incaricato di presentare, per un previo esame, le proposte governative. Il nunzio si convinse, inoltre, che lo schema generale per il concordato sarebbe rimasto più o meno quello già presentato dalla «commissione plenaria», salvo qualche modifica o riduzione «*non ancora ben determinata*». Il governo non aveva idee ben precise, perciò egli aveva l'impressione che i delegati andassero a Roma soltanto per far colpo sull'opinione pubblica, ma che

---

[184] Smodlaka a Ninčić, Roma, 5 dicembre 1923, rapporto n. 670 (minuta), in AJ, *Poslanstvo Kraljevine Jugoslavije pri Svetoj Stolici (372)*, fasc. 20, [mappa 1/III], ff. n.n.; N. Žutić, *Kraljevina Jugoslavija*, 182-183.

[185] Smodlaka a Ninčić, Roma, 18 ottobre 1923, rapporto s.n. (minuta), in AJ, *Poslanstvo Kraljevine Jugoslavije pri Svetoj Stolici (372)*, fasc. 3, [mappa 3], ff. n.n.; N. Žutić, *Kraljevina Jugoslavija*, 181.

[186] Smodlaka a Ninčić, Roma, 14 novembre 1923, dispaccio n. 612 (minuta), in AJ, *Poslanstvo Kraljevine Jugoslavije pri Svetoj Stolici (372)*, fasc. 20, [mappa 1/III], ff. n.n.; Smodlaka a Ninčić, Roma, 5 dicembre 1923, rapporto n. 670 (minuta), *ibidem*, ff. n.n.; Smodlaka a Janjić, Roma, 5 dicembre 1923, dispaccio n. 671 (minuta), *ibidem*, ff. n.n.; N. Žutić, *Kraljevina Jugoslavija*, 182-183.

[187] N. Žutić, *Kraljevina Jugoslavija*, 182.

il lavoro concreto non si sarebbe potuto avviare prima di un certo tempo[188].

In realtà, il governo non intendeva accettare così facilmente le conclusioni della «commissione plenaria» come base per le trattative ufficiali e nemmeno accondiscendere alla proposta vaticana di inviare il progetto di concordato prima dell'arrivo della delegazione. Lo dimostrano i «Promemoria» del canonico Čuka, che riportano una testimonianza preziosissima circa le intenzioni del governo sul concordato. Nella seduta del ministero dei culti del 4 dicembre 1923, dove erano stati invitati anche Lanović e Čuka, si discusse lo schema di concordato e il modo di avviare le trattative ufficiali con la Santa Sede. Čuka si meravigliò che il ministro Janjić avesse preso come base non tanto le conclusioni del «comitato ristretto» e della «commissione plenaria» quanto le proposte personali di Lanović. Le conclusioni della «commissione plenaria» sembravano a Janjić poco favorevoli alle prerogative statali, perciò le riteneva attuabili solo nel senso si dovesse cedere nei confronti della Chiesa cattolica. Egli sosteneva con forza il controllo statale sui seminari, la soppressione delle diocesi di Lesina e Cattaro, l'incorporazione della regione del Sirmio all'arcidiocesi di Belgrado, fino allora appartenente alla diocesi di Đakovo. Čuka dovette intervenire contro alcune proposte che erano in contrasto con le conclusioni del «comitato ristretto».

2.4.2 Richiesta vaticana di avere il progetto governativo di concordato

Janjić era già in procinto di partire per Roma, insieme a Čuka, per cominciare le trattative ufficiali, quando quest'ultimo fu informato dal nunzio, che sarebbe stato più opportuno inviare in Vaticano il progetto governativo di concordato per dare così tempo alla Segreteria di Stato di studiarlo prima delle discussioni ufficiali.

Tale proposta non piacque né a Čuka[189] né al ministro Janjić, il quale, non

---

[188] Pellegrinetti a Gasparri, Belgrado, 6 dicembre 1923, rapporto n. 2093, in S.RR.SS., AA.EE.SS., *Jugoslavia*, pos. 9, fasc. 12, f. 113rv.

[189] Čuka aveva preparato una lunga lettera per il nunzio spiegando i motivi per cui non sarebbe stato opportuno inviare alla Santa Sede un progetto dettagliato, preciso e paragrafato per il concordato. Tale lettera, alla fine, non fu mandata a Pellegrinetti, dal momento che il canonico di Zara non si ritenne autorizzato a farlo, ma venne inviata per conoscenza al vescovo Mileta. Secondo lui, il governo non avrebbe accolto tale richiesta della Santa Sede:
a) perché nel concordato potevano entrare questioni che il governo preferiva evitare e che non avrebbe presentato di propria iniziativa, ma sarebbe stato disposto a trattare e includere solo su richiesta della Santa Sede;
b) perché il governo riguardo a parecchie questioni di maggior importanza avrebbe cercato di cedere il meno possibile; soltanto di fronte alla necessità di ulteriori cessioni da parte sua,

volendo mostrare alla Santa Sede la posizione del governo, tra l'altro non del tutto chiara, sulle questioni fondamentali, preferiva che l'iniziativa delle proposte partisse da Roma. In questo modo, secondo lui, la diplomazia jugoslava avrebbe acquistato una posizione più favorevole in termini di tattica, non pregiudicando alcune questioni, magari non contemplate dalla Segreteria di Stato. Anche l'esperienza passata, dove la Santa Sede spesso era meglio informata degli stessi ambasciatori jugoslavi, sconsigliava al governo di uscire allo "scoperto". Alla fine della seduta del ministero dei culti, Janjić si auto-propose per andare a Roma ad avviare i negoziati con Borgongini e altri ecclesiastici; vi invitò anche il sacerdote genovese Cardon, già negoziatore per il concordato serbo[190]. Tuttavia, di tale viaggio, in seguito non si parlò più.

Il ministro Smodlaka, d'altro canto, alla fine del dicembre 1923 ripeté al governo il desiderio della Santa Sede di ricevere il progetto governativo di concordato composto per articoli. Egli, a differenza degli esperti riuniti nella seduta del ministero dei culti, era d'accordo con la proposta vaticana: avvertiva altresì che tale progetto, da una parte, non doveva contenere il *minimum* delle prerogative governative, dall'altra, invece, esso non doveva essere nemmeno redatto in modo tale da risultare respinto *a limine* dalla Segreteria di Stato. A tal riguardo "offrì", come buon conoscitore delle circostanze, il proprio aiuto per la composizione di un pro-

---

avrebbe decampato dalla prima proposta e dalle prime esigenze e avrebbe fatto maggiori concessioni; era per lo meno improbabile che già nei primi schemi proponesse un accordo accettabile da parte della Santa Sede.

In considerazione di tutto ciò, ci sarebbe stato il pericolo che, qualora il governo avesse presentato un progetto dettagliato e preciso, la Santa Sede l'avrebbe respinto *a limine*, e ciò, secondo Čuka, avrebbe portato gravi conseguenze nella vita politica e religiosa del regno, inclusa la possibilità di far naufragare lo stesso concordato. Gli elementi estremi, sia tra i cattolici che tra i liberali, si sarebbero rafforzati nel loro desiderio che non si addivenisse ad un concordato, e la stessa Chiesa ortodossa, che fino a quel momento non si era intromessa nelle trattative, avrebbe potuto ostacolare la realizzazione di un accordo che garantisse i diritti dei cattolici. Čuka, infine, temeva che a causa di una completa rottura delle trattative con la Santa Sede per il concordato, da lui ritenuta molto probabile, a tempo indefinito lo Stato sarebbe rimasto senza un concordato, generando in tal modo una situazione dannosa sia per la nazione stessa, ma ancora di più per la Chiesa. Queste gravi conseguenze, concludeva Čuka, si sarebbero evitate qualora non si fosse insistito nel chiedere allo Stato la presentazione del suo progetto dettagliato (ZKZ, Jakov Čuka, *Spisi iz ostavščine* (163936 MS 1097), fasc. 2: *Spisi o konkordatu (n. 11)*, lettera senza titolo e data (11l), 4 pp.

[190] *Ibidem*, «Promemoria» (11c), pp. 24-26; I. MUŽIĆ, *Katolička crkva*, 61.

getto governativo "rafforzato". Per evitare il rifiuto totale dello schema, egli proponeva di stabilire colloqui preliminari e informali con le autorità vaticane, da organizzare per suo tramite [191].

Nel dicembre del 1923 tutto sembrava pronto per l'avvio delle trattative concordatarie ufficiali tra il Regno SHS e la Santa Sede, malgrado la poca chiarezza e le diverse opinioni all'interno del governo sullo schema da presentare e sul modo di procedere. Il ministro Janjić, pope ortodosso, sin dalla nomina a ministro dei culti, fatta nel luglio del 1923, era il motore di tutta la materia e si riteneva molto abile nelle questioni religiose[192]. Tuttavia, per la sua presunta incomprensione dell'aspetto giuridico delle questioni canoniche e per il suo modo confuso di affrontarle, il nunzio si augurava che egli non dovesse avere parte diretta nelle trattative concordatarie[193].

I vescovi erano in allerta. Jeglič, trovatosi nell'ottobre 1923 a Roma, prevenne la Segreteria di Stato sull'imminente arrivo della commissione mista per la conclusione del concordato e raccomandò di far attenzione a causa delle restrizioni contenute nel progetto governativo. Il presule avvertì la Segreteria, in modo particolare, sulla persona di Lanović, cattolico sì, però poco affidabile poiché «*imbutus principiis statolatriae*»[194]. Due mesi dopo il vescovo Mileta, andato anch'egli a Roma, espose alla Segreteria di Stato le proprie osservazioni in vista delle trattative ufficiali. Convinto della cattiva volontà del governo, manifestatasi, tra l'altro, con la nomina di Smodlaka, «*il più acerrimo nemico del clero cattolico*», espri-

---

[191] Smodlaka a Ninčić, Roma, 26 dicembre 1923, rapporto n. 705 (minuta), in AJ, *Poslanstvo Kraljevine Jugoslavije pri Svetoj Stolici (372)*, fasc. 20, [mappa 1/III], ff. n.n.; N. ŽUTIĆ, *Kraljevina Jugoslavija*, 183.

[192] «*Certo l'anima di tutto in questa materia è il Ministro Janjić, il quale, oltre la buona volontà di fare un servizio al suo Paese, pare anche desideri darsi un po' l'aria d'arbitro in materie religiose*»: Pellegrinetti a Gasparri, Belgrado, 6 dicembre 1923, rapporto n. 2093, in S.RR.SS., AA.EE.SS., *Jugoslavia*, pos. 9, fasc. 12, f. 113r. «*Accosta tutti, promette a tutti, fa diversi favori, si crea amici tra preti e frati e poi pretenderebbe che i Vescovi cattolici ed anche la S. Sede dovessero lasciare a lui la cura di prendere ogni iniziativa anche in cose riguardanti il governo della Chiesa Cattolica*»: Pellegrinetti a Gasparri, Belgrado, 14 gennaio 1924, rapporto n. 2280 (minuta), in ASV, *Arch. Nunz. Jugoslavia*, busta 3, f. 126r.

[193] Pellegrinetti a Gasparri, Belgrado, 14 gennaio 1924, rapporto n. 2280 (minuta), in ASV, *Arch. Nunz. Jugoslavia*, busta 3, f. 127r.

[194] Appunto della congregazione degli affari ecclesiastici straordinari, Vaticano, 23 ottobre 1923, appunto s.n., in S.RR.SS., AA.EE.SS., *Jugoslavia*, pos. 9., fasc. 15, f. 84r.

meva il timore che il concordato avrebbe vincolato *de facto* solamente la Chiesa cattolica, mentre per il governo sarebbe potuto diventare *de facto* un semplice pezzo di carta. Tra le sue proposte per il futuro concordato spiccava quella relativa alla liturgia paleoslava. Ai vescovi cattolici non piaceva che il governo avesse preso in mano tale questione con mire politiche, esigendo dalla Santa Sede l'estensione di essa a tutto il territorio jugoslavo. Mileta propose, quindi, di prendere in considerazione il progetto episcopale, presentato il 29 aprile 1922, nel quale si chiedeva che la Santa Sede designasse *nominatim* le parrocchie per un tale privilegio[195].

Un'occasione propizia per fare un passo concreto verso i negoziati ufficiali fu la visita del primo ministro Pašić e del ministro degli esteri Ninčić dal papa e dal segretario di Stato, alla fine del gennaio 1924. Dai rapporti del ministro Smodlaka si evince che essi non "oltrepassarono" la soglia delle solite promesse sulla buona volontà del governo per le trattative. Smodlaka voleva rispondere ad alcune insinuazioni, pubblicate sul quotidiano *Journal de Genève*, che rinfacciavano alle autorità jugoslave il continuo procrastinare del concordato, motivato dall'odio degli ortodossi contro la Chiesa romana. Non essendo però al corrente sui tempi e sul modo di avvio delle trattative, non si sentì autorizzato a protestare. Anzi, approfittando di queste "maldicenze", riferì al governo del malcontento della Santa Sede, per il mancato avvio degli scambi preliminari previsti da tempo. Smodlaka insisteva che, per dare una buona impressione, bisognava fare un primo passo: altrimenti con l'invio a Roma di una delegazione sprovvista di un programma chiaro e preciso si sarebbe ulteriormente aggravata l'immagine dello Stato jugoslavo agli occhi del Vaticano e dell'orbe cattolico[196].

Che il governo, d'un tratto, non avesse più fretta, lo dimostra anche il protocollo della conferenza episcopale «ristretta» dell'inizio del 1924 (29 gennaio–5 febbraio), dove il ministro Janjić ripeté quello che aveva già detto loro la volta

---

[195] Appunti, riguardanti il futuro concordato, di Mileta, Roma, 20 dicembre 1923, in S.RR.SS., AA.EE.SS., *Jugoslavia*, pos. 9, fasc. 12, ff. 115r-120v. Il progetto episcopale sulla lingua liturgica si veda *ibidem*, ff. 121r-122r.

[196] Smodlaka a Janjić, Roma, 1° febbraio 1924, rapporto n. 29 (minuta), in AJ, *Poslanstvo Kraljevine Jugoslavije pri Svetoj Stolici (372)*, fasc. 20, [mappa 1/IV], ff. n.n.; Smodlaka a Ninčić, Roma, 1° febbraio 1924, rapporto n. 39 (minuta), *ibidem*, ff. n.n.; N. ŽUTIĆ, *Kraljevina Jugoslavija*, 184-185.

precedente, che cioè il progetto governativo di concordato era stato codificato, mandato agli esperti Otokar Rybář e Rado Kušej per lo studio, e che nutriva la speranza di discuterlo nei giorni seguenti in consiglio dei ministri e subito dopo di inviarlo alla Santa Sede per un esame[197].

Non bisogna, tuttavia, dimenticare la situazione politica interna jugoslava nei primi mesi del 1924, che monopolizzava pressoché tutto l'interesse del governo e dei partiti, mettendo così in secondo piano l'affare del concordato. Tra gli elementi che più coinvolgevano la platea politica di Belgrado c'erano gli «Accordi di Roma»[198] del 27 gennaio 1924 che contenevano, tra l'altro, il cosiddetto «Patto d'amicizia», poi l'«Accordo per Fiume» (che sanciva la sovranità italiana sulla città portuale), e l'«Accordo sull'istituto di San Girolamo degli Schiavoni a Roma», con il quale l'Italia cedeva il complesso al governo jugoslavo. L'avvicinamento tra Jugoslavia e Italia fece scalpore tra le file dell'opposizione, che accusò i radicali d'aver tradito uno dei principi "costitutivi" dello Stato jugoslavo, secondo cui l'Italia avrebbe dovuto essere il nemico per antonomasia. Anche i democratici di Davidović, vecchi "amici" di Pašić, cominciarono a cercare alleati tra gli avversari dei radicali, accondiscendendo altresì alle continue richieste del partito contadino di Radić, del partito popolare di Korošec e di quello musulmano di Spaho per la revisione della costituzione di San Vito[199]. Il partito di Radić, addirittura, si rese disponibile a partecipare al parlamento di Belgrado, che aveva boicottato sin dalla formazione del Regno SHS. Tanto è vero che alla fine di luglio del 1924 questi partiti (chiamati anche «Blocco d'opposizione») causarono la caduta del settimo governo di Pašić e costituirono una maggioranza parlamentare che permise loro di formare un governo, capeggiato dal partito democratico. L'instabilità del «Blocco», dovuta principalmente all'imprevedibile condotta di Radić, che non volle entrare con il suo partito nel gabinetto di Davidović, fece cadere il gover-

---

[197] Il protocollo della conferenza si trova in ASV, *Arch. Nunz. Jugoslavia*, busta 3, ff. 144-156; NŠAL, ŠAL/SP V, fasc. 269: «Škofovska konferenca 1922-1942», [mappa 5 (1924)], pp. 1-13; I. MUŽIĆ, *Katolička crkva*, 61.

[198] Il testo degli «Accordi» si veda in *Documenti per la storia*, 124-161.

[199] L'altra ala dei democratici, cioè quella di Pribićević, non accettò il compromesso di Davidović, sostenendo con forza, insieme ai radicali, il sistema costituzionale centralista. Così nel marzo del 1924 Pribićević uscendo dal partito, fondò il suo «partito democratico indipendente».

no dopo pochi mesi e così nel novembre 1924 ritornò sul palcoscenico «*la vecchia volpe*» Pašić[200].

Il nunzio Pellegrinetti non nascondeva la propria soddisfazione per l'amicizia italo-jugoslava, resosi ben conto dell'opinione molto diffusa in Jugoslavia che la Santa Sede fosse un alleato importante del regime fascista. Egli sperava, anzi, che con meno pregiudizi contro l'Italia anche la sua missione a Belgrado sarebbe riuscita più facile[201]. Il rappresentante pontificio, allo stesso tempo, poneva le proprie speranze nel governo di Davidović, essendovi elementi cattolici, e in Korošec, ministro dell'istruzione e reggente del ministero dei culti, per riprendere più seriamente le questioni religiose e avviare finalmente anche le trattative concordatarie[202].

Che cosa di concreto, quindi, si fece per il concordato nell'anno 1924? Verso la fine di marzo venne a Belgrado il ministro Smodlaka per la formulazione definitiva delle proposte governative[203]. Il segretario di Stato, apprendendo che la missione governativa era sul punto di partire per Roma, raccomandò al nunzio di discutere prima il progetto con il governo, fino al raggiungimento di un sostanziale accordo[204]. Pellegrinetti, alludendo all'oscura situazione politica, rispose che la missione non era in procinto di partire alla volta di Roma e che il proposito di Janjić era spedire il progetto governativo, «*pressoché pronto*», a Smodlaka, tornato nel frattempo a Roma, per presentarlo alla Santa Sede come punto di partenza delle trattative. Nonostante la promessa di Janjić, ripetuta a più riprese, di tratta-

---

[200] Intorno agli sviluppi politici del 1924 si vedano alcuni rapporti di Pellegrinetti: Pellegrinetti a Gasparri, Belgrado, 29 marzo 1924, rapporto n. 2728 (minuta), in ASV, *Arch. Nunz. Jugoslavia*, busta 3, ff. 171r-174v; Pellegrinetti a Gasparri, Belgrado, 26 maggio 1924, rapporto n. 3000 (minuta), *ibidem*, ff. 198r-201r; Pellegrinetti a Gasparri, Belgrado, 29 luglio 1924, rapporto n. 3304 (minuta), *ibidem*, ff. 204r-208r; Pellegrinetti a Gasparri, Belgrado, 16 ottobre 1924, rapporto n. 3577 (minuta), *ibidem*, ff. 251r-253v; Pellegrinetti a Gasparri, Belgrado, 7 novembre 1924, rapporto n. 3646 (minuta), *ibidem*, ff. 260r-263r.

[201] Pellegrinetti a Gasparri, Belgrado, 31 ottobre 1923, rapporto n. 1864 (minuta), *ibidem*, f. 119rv; Pellegrinetti a Gasparri, Belgrado, 14 gennaio 1924, rapporto n. 2280 (minuta), *ibidem*, f. 125v; Pellegrinetti a Gasparri, Belgrado, 20 febbraio 1924, *ibidem*, f. 139v.

[202] Pellegrinetti a Gasparri, Belgrado, 29 luglio 1924, rapporto n. 3304 (minuta), *ibidem*, ff. 207v-208r.

[203] Pellegrinetti a Gasparri, Belgrado, 29 marzo 1924, rapporto n. 2728 (minuta), *ibidem*, f. 174rv.

[204] Gasparri a Pellegrinetti, Vaticano, 5 aprile 1924, cifrato n. 56 (29192), in S.RR.SS., AA.EE.SS., *Jugoslavia*, pos. 9, fasc. 12, f. 124r.

re previamente con il nunzio[205], in realtà i protagonisti jugoslavi evitavano ogni contatto ufficiale con lui, ritenendolo fautore di innumerevoli proteste da parte dei cattolici contro il governo[206], perché temevano che i colloqui in nunziatura avrebbero impedito la partenza di qualsiasi delegazione per Roma[207].

Nell'aprile 1924 Pellegrinetti disse al segretario di Stato che, una volta avuto dal governo il progetto, egli avrebbe domandato un poco di tempo per esaminarlo, facendo i primi rilievi, e nel frattempo avrebbe chiesto istruzioni a Roma e il parere di alcuni vescovi ed esperti in materia[208]. Le aspettative del nunzio rimasero comunque inattese[209].

2.4.3 Nuove bozze e nuovi rinvii

Il ministro Smodlaka riceveva intanto dal governo a Belgrado uno schema di concordato affinché vi aggiungesse delle osservazioni[210]. Egli, appena tornato a Roma all'inizio di aprile del 1924, non intraprese però i colloqui preparatori in vista delle trattative concordatarie, bensì cominciò ad occuparsi della spinosa questione dell'istituto di San Girolamo, che era passato, tramite gli «Accordi di Roma», nelle mani del governo jugoslavo. Quest'ultimo, poi, tramite la legazione jugoslava presso la Santa Sede, avrebbe dovuto consegnare l'amministrazione dell'istituto alle autorità ecclesiastiche. Smodlaka, dietro proposta del consigliere Moscatello, voleva approfittare di questa fase di "passaggio delle consegne" per esigere dalla Santa Sede alcuni diritti come *conditio sine qua non* prima della consegna del collegio. Tra questi primeggiava il *nihil obstat* per le

---

[205] Dai rapporti del nunzio appare che inizialmente (novembre 1923) Janjić per la previa consultazione a Belgrado fosse addirittura più determinato dello stesso nunzio, il quale preferiva, invece, che anche i colloqui preliminari si facessero a Roma (Pellegrinetti a Gasparri, Belgrado, 12 aprile 1924, rapporto n. 2780, *ibidem*, fasc. 13, f. 3v).

[206] *«Inoltre a Belgrado hanno l'idea che io sia l'istigatore delle innumerevoli proteste dei cattolici che piovono al Governo e dei tanti ricorsi al Consiglio di Stato contro i decreti ministeriali. La cosa, se fosse vera, non mi farebbe torto, essendo mio dovere di invigilare affinché i Vescovi facciano buona guardia al loro gregge: ma in realtà non c'è mai stato bisogno di mie sollecitazioni, anzi qualche volta ho dovuto consigliare più moderazione»*: Pellegrinetti a Gasparri, Belgrado, 6 maggio 1925, rapporto n. 4618, *ibidem*, f. 21r.

[207] *ibidem*, ff. 20r-21v.

[208] Pellegrinetti a Gasparri, Belgrado, 12 aprile 1924, rapporto n. 2780, *ibidem*, f. 3v.

[209] Pellegrinetti a Gasparri, Belgrado, 29 luglio 1924, rapporto n. 3304 (minuta), in ASV, *Arch. Nunz. Jugoslavia*, busta 3, f. 208r.

[210] Smodlaka a Lanović, Roma, 23 aprile 1924, dispaccio n. 154 (minuta), in AJ, *Poslanstvo Kraljevine Jugoslavije pri Svetoj Stolici (372)*, fasc. 4, [mappa 2], ff. n.n.

nomine nell'amministrazione del collegio e dell'istituto, volendo in tal modo assicurarvi la presenza di superiori jugoslavi[211]. Dal momento che le nomine, secondo il breve papale *Slavorum gentem* del 1901, erano riservate esclusivamente al pontefice, si impostarono lunghe discussioni tra le due diplomazie che, con il tempo, divennero "trattative" vere e proprie, che influenzarono negativamente le relazioni tra Belgrado e la Santa Sede[212]. Le negoziazioni concordatarie non potevano prescindere da quelle circa l'istituto di San Girolamo, le quali in alcuni momenti sembravano ancora più delicate e complesse delle prime. Come si vedrà più tardi, la questione del San Girolamo influì notevolmente sull'andamento sempre più rallentato delle trattative concordatarie.

Il breve mandato del governo Davidović sembrava corrispondesse ai desideri del nunzio sul proseguimento della questione concordataria, poiché nell'autunno del 1924 si registrarono ben due conferenze in seno al governo (18 settembre[213], 10 ottobre[214]) nelle quali si concretizzò finalmente il progetto governativo di concordato. La crisi e la rapida caduta di questo governo misero di nuovo tutto in sospeso[215].

---

[211] Smodlaka a Ninčić, Roma, 11 aprile 1924, rapporto n. 131 (minuta), *ibidem*, [mappa 3], ff. n.n.; Smodlaka a Ninčić, Roma, 12 aprile 1924, rapporto n. 132 (minuta), *ibidem*, ff. n.n.; Smodlaka ai vescovi jugoslavi, Roma, 1° giugno 1924, dispaccio n. 227 (minuta), *ibidem*, ff. n.n.

[212] Il 6 novembre 1924 si tenne in Vaticano l'«adunanza particolare» della congregazione degli affari ecclesiastici straordinari, ove i cardinali discussero sull'opportunità di giungere con il governo jugoslavo ad una convenzione concernente l'istituto di San Girolamo. Prevalse l'opinione che prima di qualsiasi accordo bilaterale il patrimonio e l'amministrazione dell'istituto sarebbero dovuti passare alla legittima autorità ecclesiastica, riconoscendo allo stesso momento la natura ecclesiastica dell'istituto e del disposto del breve *Slavorum Gentem*. Uno dei problemi pendenti fu, inoltre, il trasloco della cancelleria della legazione jugoslava, fatto poco prima, in una parte dell'edificio dello stesso istituto (S.RR.SS., AA.EE.SS., *Rapporti delle Sessioni*, anno 1924, Sessione 1277bis, stampa 1130bis, «Istituto di San Girolamo degli Schiavoni», 6 novembre 1924, Verbale, ff. 1-7).

[213] Questa prima conferenza si tenne al ministero dei culti sotto la presidenza di Korošec alla presenza di Smodlaka, Lanović e dei vescovi Bauer, Jeglič e Akšamović (Pellegrinetti a Gasparri, Belgrado, 16 ottobre 1924, rapporto n. 3577 (minuta), in ASV, *Arch. Nunz. Jugoslavia*, busta 3, f. 253v).

[214] Tale conferenza fu presieduta, invece, dal ministro degli esteri Marinković, presenti anche Korošec e Smodlaka: Smodlaka a Ninčić, Roma, 7 novembre 1924, rapporto n. 383 (minuta), in AJ, *Poslanstvo Kraljevine Jugoslavije pri Svetoj Stolici (372)*, fasc. 20, [mappa 1/IV], ff. n.n.; N. ŽUTIĆ, *Kraljevina Jugoslavija*, 185-186.

[215] Pellegrinetti a Gasparri, Belgrado, 16 ottobre 1924, rapporto n. 3577 (minuta), in ASV, *Arch. Nunz. Jugoslavia*, busta 3, f. 253v; Pellegrinetti a Gasparri, Belgrado, 7 novembre 1924, rapporto n. 3646 (minuta), *ibidem*, ff. 260r-263r.

A questo punto fu lo stesso ministro Smodlaka, spesso visto dai vescovi come un anticlericale, a voler proseguire concretamente per mostrare alla Santa Sede la buona volontà del governo di avviare una buona volta i negoziati ufficiali. Nel colloquio con Borgongini-Duca, referente per i concordati, i due si accordarono per far sì che a partire dal mese di novembre si avviassero i colloqui preliminari, che avrebbero dovuto preparare la base dei negoziati ufficiali. Pur lasciando la libertà al governo jugoslavo di scegliere la sede per questa fase preliminare, la Segreteria di Stato, per ragioni pratiche, seguendo l'opinione del nunzio[216], preferiva Roma. A Smodlaka piaceva tale proposta, sostenuta da ben altre motivazioni. Da una parte egli mostrava, sin dall'inizio, l'ambizione di avere un ruolo non marginale nelle trattative concordatarie; dall'altra, invece, i colloqui a Roma avrebbero portato, secondo lui, un vantaggio importante alla diplomazia jugoslava. In tal modo, infatti, il contenuto del progetto di concordato e delle istruzioni governative non sarebbe stato svelato all'altra parte contraente, dove si temeva soprattutto il ruolo decisivo del nunzio che, in caso contrario, avrebbe coinvolto tutto l'apparato cattolico del regno e messo a repentaglio le posizioni del governo jugoslavo. Nei colloqui informali con Borgongini-Duca si sarebbe stipulato un accordo preliminare, che pur senza costituire un impegno vincolante per le parti contraenti, avrebbe facilitato le future trattative ufficiali.

Smodlaka chiese, quindi, al governo l'autorizzazione per avviare i colloqui preliminari con la Santa Sede, nello spirito delle istruzioni ricevute alle conferenze dei precedenti mesi di settembre e ottobre[217]. Non avendo ancora ricevuto la risposta del ministro degli esteri Marinković[218], egli s'irritò con il proprio gover-

---

[216] Pellegrinetti a Gasparri, Belgrado, 12 aprile 1924, rapporto n. 2780, in S.RR.SS., AA.EE.SS., *Jugoslavia*, pos. 9, fasc. 13, f. 3v; Gasparri a Pellegrinetti, Vaticano, 26 aprile 1924, dispaccio n. 29984 (minuta), *ibidem*, f. 4r.

[217] Smodlaka a Marinković, Roma, 26 ottobre 1924, rapporto n. 352 (minuta), in AJ, *Poslanstvo Kraljevine Jugoslavije pri Svetoj Stolici (372)*, fasc. 20, [mappa 1/IV], ff. n.n.; N. Žutić, *Kraljevina Jugoslavija*, 186.

[218] In realtà il ministro Marinković gli diede l'autorizzazione con la lettera del 3 novembre (Marinković a Smodlaka, Belgrado, 3 novembre 1924, dispaccio n. 9358, in AJ, *Poslanstvo Kraljevine Jugoslavije pri Svetoj Stolici (372)*, fasc. 20, [mappa 1/IV], ff. n.n.; N. Žutić, *Kraljevina Jugoslavija*, 187), la quale, però, si incrociò con la lettera molto dura del ministro Smodlaka del 5 novembre (Smodlaka a Marinković, Roma, 5 novembre 1924, rapporto n. 376 (minuta), in AJ, *Poslanstvo Kraljevine Jugoslavije pri Svetoj Stolici (372)*, fasc. 20, [mappa 1/IV], ff. n.n.).

no poiché, nonostante le promesse, tante volte ripetute alla Santa Sede, non aveva fatto ancora nulla. Nella sua lettera, indirizzata al suo capo ormai dimissionario, Smodlaka sottolineava la poca serietà del governo jugoslavo rispetto ad altre diplomazie che – pur avendo iniziato più tardi l'affare del concordato – si sarebbero trovate in quel momento molto più avanti della Jugoslavia: con la Baviera il concordato era già concluso e aspettava solamente la ratifica; con la Romania sarebbe stato raggiunto l'accordo sulle principali questioni, con l'avvio di una nuova fase dei negoziati; con la Polonia sarebbero già cominciate le trattative; con la Lituania si sarebbero avviate nel mese seguente[219].

Il ritorno del governo Pašić – Pribićević e del ministro degli esteri Ninčić il 6 novembre 1924 non prometteva alcun nuovo passo nell'affare del concordato e il ministro Smodlaka venne a trovarsi di nuovo "dimenticato". Indirizzando la stessa richiesta di autorizzazione e la proposta per i colloqui preliminari al vecchio-nuovo superiore Ninčić, Smodlaka ritornò sul contenuto del progetto concordatario approvato alla conferenza di Belgrado il 10 ottobre 1924, con il *placet* dei ministri Marinković e Korošec. Il fatto che il capo del partito popolare avesse accettato il progetto, lasciava nutrire buone speranze per il buon esito dei colloqui in Vaticano. Questo nuovo progetto avrebbe corrisposto in linea di massima a quello serbo (1914), salvo alcuni adattamenti necessari, suggeriti dalle nuove circostanze politiche[220].

Nell'anno 1925 si apriva in Jugoslavia un'aperta lotta politica in vista delle elezioni dell'8 febbraio[221]. Nel mirino delle autorità statali si trovava, in modo particolare, il clero sloveno, denunciato alla stessa Santa Sede per il suo eccessivo "politicantismo" e per l'abuso dei mezzi spirituali (pulpito) per fini meramente politici[222]. Dopo le elezioni, che rafforzarono ulteriormente il partito radicale di Pašić[223],

---

[219] Smodlaka a Marinković, Roma, 5 novembre 1924, rapporto n. 376 (minuta), in AJ, *Poslanstvo Kraljevine Jugoslavije pri Svetoj Stolici (372)*, fasc. 20, [mappa 1/IV], ff. n.n.; N. Žutić, *Kraljevina Jugoslavija*, 187.

[220] Smodlaka a Ninčić, Roma, 7 novembre 1924, rapporto n. 383 (minuta), in AJ, *Poslanstvo Kraljevine Jugoslavije pri Svetoj Stolici (372)*, fasc. 20, ff. n.n.; N. Žutić, *Kraljevina Jugoslavija*, 185-186.

[221] Pellegrinetti a Gasparri, Belgrado, 16 gennaio 1925, rapporto n. 4036 (minuta), in ASV, *Arch. Nunz. Jugoslavia*, busta 3, ff. 285r-290v.

[222] Smodlaka a Gasparri, Roma, 16 gennaio 1925 (copia), dispaccio s.n., *ibidem*, f. 291rv. Sull'azione politica del partito popolare e del clero sloveno si veda: Pellegrinetti a Gasparri, Belgrado, 27 gennaio 1925, rapporto n. 4103 (minuta), *ibidem*, ff. 294r-301v.

[223] Pellegrinetti a Gasparri, Belgrado, 16 febbraio 1925, rapporto n. 4204 (minuta), *ibidem*, ff. 313r-316v.

l'affare del concordato venne di nuovo messo all'ordine del giorno. Il quotidiano romano *Il Messaggero* riferiva il 16 febbraio che le relazioni tra Belgrado e la Santa Sede erano peggiorate a causa dell'azione politica del clero jugoslavo contro gli interessi nazionali: per questo motivo il ministro jugoslavo sarebbe stato richiamato da Roma per ricevere nuove istruzioni in materia di concordato, cioè per non affrettare le trattative[224]. Smodlaka, del tutto ignaro dell'attendibilità di tale notizia, fu davvero richiamato a Belgrado già il giorno dopo, per conoscere le definitive istruzioni sulle trattative concordatarie[225], e, contrariamente a quanto scrivevano i giornali, fu anche autorizzato ad avviare i colloqui preliminari con la Segreteria di Stato, ciò che egli aveva chiesto con insistenza sin dall'ottobre precedente[226].

In questo periodo, cioè tra la fine di febbraio e l'inizio di marzo 1925, nelle diverse sedute del governo si discusse nuovamente il progetto di concordato e si apportarono alcuni cambiamenti rispetto allo schema dell'autunno 1924[227]. Smodlaka prese parte alle diverse sessioni con i ministri Pašić, Ninčić, Pribićević, Trifunović e altri, portando in seguito a Roma con sé l'aggiornato progetto di accordo[228].

Uno degli obiettivi della diplomazia jugoslava nell'elaborazione del progetto governativo era quello di tenerne quanto più possibile all'oscuro il nunzio, a cui si trasmettevano solo dati evasivi sull'andamento delle pratiche. Anche al pubblico furono offerte poche informazioni, che cioè il progetto governativo di base per

---

[224] Smodlaka a Ninčić, Roma, 17 febbraio 19125, rapporto n. 195 (minuta), in AJ, *Poslanstvo Kraljevine Jugoslavije pri Svetoj Stolici (372)*, fasc. 5, [mappa 5], ff. n.n.

[225] Ninčić a Smodlaka, Belgrado, 17/18 febbraio 1925, telegramma n. 881, *ibidem*, [mappa 6], ff. n.n.; N. Žutić, *Kraljevina Jugoslavija*, 188.

[226] Ninčić a [Gasparri?], Belgrado, 28 febbraio 1925, biglietto personale, in AJ, *Poslanstvo Kraljevine Jugoslavije pri Svetoj Stolici (372)*, fasc. 5, mappa 6, ff. n.n.; N. Žutić, *Kraljevina Jugoslavija*, 188.

[227] Giacché non è noto il contenuto del progetto del settembre-ottobre 1924, occorre fidarsi della testimonianza di Čuka, il quale affermava che il progetto, elaborato già sotto il ministro degli esteri Marinković e con l'approvazione di Korošec (1924), sostituto del ministero dei culti, fu alquanto modificato sotto la presidenza di Pašić, con il forte influsso di Smodlaka e di Pribičević (1925). Lo stesso Čuka si rese conto che quest'ultimo progetto differiva assai delle conclusioni del «comitato ristretto» (1922) e della «commissione plenaria» (1923) (ZKZ, Jakov Čuka, *Spisi iz ostavščine* (163936 MS 1097), fasc. 2: *Spisi o konkordatu (n. 11)*, manoscritto di 4 pp., senza data, numero e titolo, p. 1; I. Mužić, *Katolička crkva*, 66).

[228] ZKZ, Jakov Čuka, *Spisi iz ostavščine* (163936 MS 1097), fasc. 2: *Spisi o konkordatu (n. 11)*, «Zaključci šireg odbora komisije za proučavanje pitanja o zaključku konkordata» (11f), Povijesni dodatci, 7 marzo 1925, pp. 12-13; I. Mužić, *Katolička crkva*, 62-63.

i negoziati con Roma era pronto, che esso differiva da quello approntato dalle antecedenti commissioni, che garantiva meglio gli interessi dello Stato, che s'informava sostanzialmente allo spirito e alle disposizioni del concordato serbo del 1914 e che presto sarebbe stata inviata a Roma un'apposita commissione per trattare con il cardinale Gasparri[229].

Il nunzio fece osservare a Ninčić la poca opportunità di inviare una commissione a Roma senza prima far conoscere alla Santa Sede il testo o almeno il sunto delle proposizioni governative. Sarebbe stato giusto, secondo lui, dal momento che il governo aveva impiegato tre anni a preparare il suo schema, che la Santa Sede avesse almeno due o tre mesi per esaminarlo. Proponeva inoltre che questa fase preliminare potesse essere avviata con il suo aiuto[230]. In tal modo Pellegrinetti ripeté, in pratica, le parole di Gasparri del novembre 1923[231] e ciò che egli stesso aveva consigliato al ministro dei culti Janjić nell'aprile 1924[232].

Nell'incontro con Smodlaka, trovatosi a Belgrado per le istruzioni, il nunzio apprese che circa il concordato solo le linee direttive erano state fissate e che il ministro aveva avuto l'incarico di informare la Santa Sede per avere alcune conversazioni preliminari, prima che venisse nominata la commissione e che si recasse a Roma per l'apertura ufficiale dei negoziati. Dalle sole parole di Smodlaka sull'influenza della massoneria nel «partito democratico indipendente» di Pribićević, il nunzio dedusse che le istruzioni date al ministro jugoslavo fossero meno ampie di quelle ricevute nel settembre 1924[233].

2.4.4 Le misteriose conversazioni preliminari che sarebbero avvenute a Roma

Prima di affrontare il contenuto del progetto governativo di concordato, è utile approfondire l'azione che Smodlaka svolse a Roma nei mesi di marzo e aprile, cioè

---

[229] Pellegrinetti a Gasparri, Belgrado, 4 marzo 1925, rapporto n. 4282, in S.RR.SS., AA.EE.SS., *Jugoslavia*, pos. 9, fasc. 13, f. 8r.

[230] *Ibidem*, f. 8v.

[231] Gasparri a Pellegrinetti, Vaticano, 30 novembre 1923, dispaccio n. 24623, in ASV, *Arch. Nunz. Jugoslavia*, busta 8, f. 110r.

[232] Pellegrinetti a Gasparri, Belgrado, 12 aprile 1924, rapporto n. 2780, in S.RR.SS., AA.EE.SS., *Jugoslavia*, pos. 9, fasc. 13, 3rv.

[233] Pellegrinetti a Gasparri, Belgrado, Pellegrinetti a Gasparri, Belgrado, 4 marzo 1925, rapporto n. 4282, *ibidem*, f. 9r; Pellegrinetti a Gasparri, Belgrado, 14 marzo 1925, rapporto n. 4340, *ibidem*, f. 11r.

all'alba delle trattative ufficiali con la Santa Sede. Rimane tuttora poco chiara una delle questioni fondamentali riguardo al suo ruolo nelle trattative con Roma: avvennero o no le conversazioni preliminari che egli doveva avviare con la Segreteria di Stato, annunciate a più riprese da parte sua? Nella documentazione archivistica consultata non ve n'è alcuna traccia. I rapporti degli esponenti jugoslavi e di quelli vaticani, poi, danno l'impressione di non essere entrati in contatto tra loro.

Dai rapporti di Smodlaka al governo jugoslavo, sembrerebbe che, in conformità con le promesse, egli avesse compiuto il suo "dovere" nei confronti della Segreteria di Stato. Alla fine di aprile egli, infatti, informava il ministero degli esteri che era stato già sufficientemente sondato il terreno in Vaticano e che pertanto non erano più necessari i colloqui preliminari e si potevano avviare subito i negoziati ufficiali. La stessa curia romana, stando a lui, sarebbe stata d'accordo con tale proposta e avrebbe offerto la disponibilità a iniziare la fase ufficiale già nei primi giorni di maggio[234].

Il nunzio in tutti questi mesi si trovava all'oscuro dei passi compiuti dai diplomatici jugoslavi. Nei suoi rapporti, fino a maggio, egli ripeteva di ignorare se qualche cosa fosse stata intrapresa in questo senso a Roma, insistendo di nuovo sull'opportunità di incominciare dei colloqui iniziali, per evitare il rischio di una partenza inutile da parte della commissione governativa[235]. Addirittura lo stesso ministro degli esteri si rivolse a lui per sapere se Smodlaka aveva compiuto qualche passo ufficiale presso la Santa Sede in vista del concordato[236].

---

[234] Smodlaka a Ninčić, Roma, 28 aprile 1925, rapporto n. 361 (minuta), in AJ, *Poslanstvo Kraljevine Jugoslavije pri Svetoj Stolici (372)*, fasc. 5, [mappa 6], ff. n.n.; N. Žutić, *Kraljevina Jugoslavija*, 189.

[235] Pellegrinetti a Gasparri, Belgrado, 14 marzo 1925, rapporto n. 4340, in S.RR.SS., AA.EE.SS., *Jugoslavia*, pos 9, fasc. 13, f. 11r; Pellegrinetti a Gasparri, Belgrado, 3 aprile 1925, rapporto n. 4458 (minuta), in ASV, *Arch. Nunz. Jugoslavia*, busta 3, f. 350rv; Pellegrinetti a Gasparri, Belgrado, 6 maggio 1925, rapporto n. 4618, in S.RR.SS., AA.EE.SS., *Jugoslavia*, pos. 9, fasc. 13, f. 20r. Il nunzio con non poca ironia valutava i preparativi per la partenza verso Roma dei delegati jugoslavi: «*Egli [Janjić] ha gran fretta di venire a Roma, dove vuol condurre la moglie e vedere le grandi solennità dell'Anno Santo. So che anche gli altri membri della Delegazione sospirano di partire, ed è questa una delle ragioni per le quali non gradiscono di trattare con me. Hanno cioè paura che una volta incominciata una conversazione a Belgrado, la cosa vada per le lunghe e il loro viaggio, ben pagato e dilettevole, sfumi miseramente, almeno per un certo tempo*»: ibidem, f. 21r; M. Valente, *Diplomazia pontificia*, 248.

[236] Pellegrinetti a Gasparri, Belgrado, 3 aprile 1925, rapporto n. 4458 (minuta), in ASV, *Arch. Nunz. Jugoslavia*, busta 3, f. 350r.

All'inizio di maggio il ministro Ninčić, informato da Smodlaka sulla sua azione diplomatica, comunicava al nunzio i passi compiuti a Roma[237]. Se per il nunzio poteva essere ancora comprensibile l'ignoranza di quanto stava accadendo a Roma, certo appare sorprendente che, secondo le fonti a disposizione, lo stesso segretario di Stato Gasparri si trovasse in simili condizioni. Almeno lui avrebbe dovuto conoscere i "sondaggi" che Smodlaka affermava di aver compiuto. Nei messaggi, inviati al nunzio a marzo e ad aprile, il porporato affermava, però, con insistenza che nessun passo era stato ancora realizzato da parte del ministro jugoslavo presso la Santa Sede e che perciò sarebbe stato conveniente che il governo manifestasse al nunzio i suoi postulati, affinché si potessero eventualmente escludere quelli sui quali la Santa Sede non ammetteva nemmeno la discussione[238].

Si potrebbe congetturare che il ministro Smodlaka avesse mantenuto colloqui informali con il segretario della congregazione degli affari ecclesiastici straordinari Borgongini-Duca, senza che questi riferisse la cosa a Gasparri, ma sembra poco probabile che tra il referente per i concordati e il suo superiore rimanessero nascoste questioni di primissima importanza, come erano, appunto, le trattative concordatarie. Un'affermazione simile si potrebbe azzardare anche per il rapporto tra Gasparri e Pellegrinetti. Nondimeno sorprende, però, che Gasparri, una volta ricevuto il rapporto di Pellegrinetti del 6 maggio, nel quale veniva trasmessa la notizia sui colloqui preliminari di Smodlaka con la Segreteria di Stato, non confermò né smentì tale affermazione[239].

Qualche altro indizio è offerto dal ministro jugoslavo che, appena tornato a Roma a marzo, si mise in contatto con l'ambasciatore polacco e con il ministro romeno presso la Santa Sede. Essi gli fornirono preziose informazioni sulle loro esperienze nelle trattative con la curia romana: i polacchi sarebbero stati molto contenti dell'azione e della sensibilità della diplomazia vaticana, i romeni avrebbero riscontrato, al contrario, non poche difficoltà[240]. Si può sup-

---

[237] Pellegrinetti a Gasparri, Belgrado, 6 maggio 1925, rapporto n. 4618, in S.RR.SS., AA.EE.SS., *Jugoslavia*, pos. 9, fasc. 13, f. 20rv.

[238] Gasparri a Pellegrinetti, Vaticano, 27 marzo 1925, dispaccio n. 40171 (minuta), *ibidem*, f. 15r; Gasparri a Pellegrinetti, Vaticano, cifrato n. 70 (40490), *ibidem*, f. 17r.

[239] Gasparri a Pellegrinetti, Vaticano, 26 maggio 1925, dispaccio n. 41954 (minuta), *ibidem*, f. 25r.

[240] I rapporti di Smodlaka a Ninčić del 21 e 23 marzo 1924 (N. Žutić, *Kraljevina Jugoslavija*, 188-189).

porre che Smodlaka abbia ritenuto sufficiente consultarsi con le rispettive delegazioni, per avviare le trattative ufficiali con la Santa Sede, senza esplicitamente rivolgersi ad essa.

2.4.5 Contenuto del progetto governativo da portare in Vaticano

Il contenuto del progetto governativo (23 articoli e 3 allegati), preparato nel settembre-ottobre del 1924 e leggermente modificato nel febbraio-marzo del 1925[241], presentava diversi articoli simili e a volte perfino ripetuti di schemi precedenti. È interessante rilevare, inoltre, che in buona parte fu preso in considerazione il concordato serbo del 1914, compresa la sequenza degli articoli, anche se riguardo ai temi principali si scorgono differenze notevoli.

Circa le nomine episcopali (art. IV) il progetto riconosceva la competenza della Santa Sede, su proposta dei vescovi della rispettiva provincia ecclesiastica[242]. In tal modo ci si accingeva a trovare una soluzione di mezzo tra la posizione "estremista" del primo schema (1922), che ascriveva al governo il diritto di presentazione del candidato, e la proposta del secondo schema (1923) che, a guisa del concordato serbo, concedeva tale diritto esclusivamente alla Santa Sede. Il *nihil obstat* governativo di carattere politico e civile sul candidato era comunque previsto in tutti questi progetti.

Riguardo all'amministrazione dei beni ecclesiastici (art. V), lo Stato si assumeva l'obbligo di contribuire ai bisogni reali della Chiesa cattolica e al mantenimento dell'episcopato e del clero conformemente alla loro condizione, nel caso in cui i proventi dei beni ecclesiastici non fossero sufficienti. L'autorità civile avrebbe dovuto, perciò, porre attenzione a non alienare o gravare senza necessità il principale patrimonio ecclesiastico. Il «fondo di religione» rimaneva sotto l'amministrazione dello Stato[243]. Alla Chiesa, allo stesso modo, si riconosceva il diritto di acquistare, di possedere e amministrare liberamente tanto i beni mobili quanto immobili, destinati ai fini propri della Chiesa e delle sue istituzioni (art. XV)[244]. Il progetto si ispirava, in buona parte, al concordato serbo e

---

[241] Il progetto si trova in AJ, *Poslanstvo Kraljevine Jugoslavije pri Svetoj Stolici (372)*, fasc. 5, [mappa 1], ff. n.n. Esso viene integralmente pubblicato da Žutić e Petrović (N. ŽUTIĆ, *Kraljevina Jugoslavija*, 191-195; M. PETROVIĆ, *Konkordatsko pitanje*, 187-195).

[242] N. ŽUTIĆ, *Kraljevina Jugoslavija*, 192; M. PETROVIĆ, *Konkordatsko pitanje*, 189.

[243] N. ŽUTIĆ, *Kraljevina Jugoslavija*, 192; M. PETROVIĆ, *Konkordatsko pitanje*, 189-190.

[244] N. ŽUTIĆ, *Kraljevina Jugoslavija*, 193; M. PETROVIĆ, *Konkordatsko pitanje*, 193.

ad altri schemi, ampliando e specificando alcuni elementi. Il governo voleva soprattutto "ufficializzare", in modo implicito, il suo modo di procedere con la cosiddetta «riforma agraria», in corso da alcuni anni.

L'istruzione religiosa dei giovani (art. X) era prevista in tutte le scuole e i catechisti venivano nominati nelle scuole statali dal ministro dell'istruzione dalle file del clero qualificato. I seminari (art. XI) potevano essere eretti dalla competente autorità ecclesiastica con il *placet* governativo; l'amministrazione spettava alla Chiesa, l'ispezione invece ad una commissione, nominata insieme dal governo e dai vescovi[245]. Rispetto ad altri schemi precedenti, che non riuscivano a trovare una proposta uniforme, il progetto governativo scelse una soluzione che faceva primeggiare la competenza dello Stato, avvalendosi volentieri come base del "dilemmatico" art. 16 della costituzione di San Vito. Spicca soprattutto il fatto che la gestione dell'istruzione religiosa venisse sottoposta più al ministro dell'istruzione che ai vescovi, come stabilito ancora nel concordato serbo. Ora non si menzionava nemmeno la *missio canonica*, data ai catechisti da parte dei vescovi per l'insegnamento, ciò che, invece, era previsto negli schemi precedenti. Dal progetto sparì, inoltre, qualsiasi allusione alla scuola confessionale, che era stata ammessa nel «comitato ristretto» e nella «commissione plenaria» anche dai membri meno vicini alla Chiesa cattolica. Questo problema non si era posto ad esempio nell'antica Serbia per la trascurabile presenza dell'elemento cattolico, ragion per cui la scuola confessionale non era contemplata nel concordato serbo.

Circa il matrimonio (art. XII) il progetto governativo seguiva fedelmente gli schemi precedenti riconoscendo la validità del matrimonio tra cattolici e del matrimonio misto, contratti in presenza di un sacerdote cattolico, secondo le prescrizioni della Chiesa cattolica[246]. L'unica differenza, apportata dal progetto, è il silenzio sui processi matrimoniali presso i tribunali ecclesiastici.

Sulla lingua liturgica (annesso I) il progetto non apportava alcun cambiamento rispetto al passato, rivendicando la lingua paleoslava nella liturgia per i cattolici di rito romano nelle parrocchie di lingua slava e la lingua nazionale per il rituale e il canto del vangelo e dell'epistola[247].

---

[244] N. ŽUTIĆ, *Kraljevina Jugoslavija*, 193; M. PETROVIĆ, *Konkordatsko pitanje*, 193.

[245] N. ŽUTIĆ, *Kraljevina Jugoslavija*, 193; M. PETROVIĆ, *Konkordatsko pitanje*, 191-192.

[246] N. ŽUTIĆ, *Kraljevina Jugoslavija*, 193; M. PETROVIĆ, *Konkordatsko pitanje*, 192.

[247] N. ŽUTIĆ, *Kraljevina Jugoslavija*, 194; M. PETROVIĆ, *Konkordatsko pitanje*, 194-195.

La presentazione sintetica del progetto governativo di concordato (1924-1925), messo a confronto con altri schemi antecedenti, ci mostra chiaramente come il governo jugoslavo desiderasse assicurarsi una posizione favorevole prima di avviare la fase ufficiale dei negoziati con la Santa Sede. Non meraviglia perciò se in alcuni punti, ritenuti fondamentali, il progetto divergesse non poco dalle proposte del «comitato ristretto» (1922) e della «commissione plenaria» (1923), rafforzando, ove necessario, gli interventi dello Stato nelle materie miste, a scapito dei diritti della Chiesa.

Il nunzio a ragione costatava che i diversi comitati preparativi, pur contando la presenza di numerosi esperti di diritto, alla fine non erano stati altro che enti puramente consultivi, per niente vincolanti nei confronti della decisione finale del governo[248]. Poco vi era dunque da sperare, dal momento che il governo giudicava tale soluzione perfino troppo favorevole alla Chiesa. Per di più, lo stesso ministro Smodlaka riteneva che il progetto governativo, gelosamente custodito lontano dagli occhi del "pericoloso" nunzio, dei vescovi e di alcuni membri delle precedenti commissioni, presentasse solo il *minimum* delle richieste governative[249].

---

[248] Pellegrinetti a Gasparri, Belgrado, 27 giugno 1923, rapporto n. 1535, in S.RR.SS., AA.EE.SS., *Jugoslavia*, pos. 9, fasc. 12, f. 70r.

[249] Smodlaka a Ninčić, Roma, 28 aprile 1925, rapporto n. 361 (minuta), in AJ, *Poslanstvo Kraljevine Jugoslavije pri Svetoj Stolici (372)*, fasc. 5, [mappa 6], ff. n.n.; N. Žutić, *Kraljevina Jugoslavija*, 189; M. Petrović, *Konkordatsko pitanje*, 172-173.

Capitolo III

Dalla delegazione jugoslava per il concordato a Roma (1925) alla sospensione delle trattative (1925-1930)

Dopo il lavoro preparatorio per le trattative concordatarie, con la partecipazione dei diversi esponenti politici ed ecclesiastici, nella primavera del 1925, il governo jugoslavo decise di confrontarsi direttamente con la diplomazia vaticana, portando con sé il progetto governativo su cui si sarebbe dovuto trattare per raggiungere un accordo comune e tornare a casa con il concordato firmato. Roma divenne luogo d'incontro di tutte le parti interessate, essendosi trovati lì, proprio in quel periodo, anche i vescovi jugoslavi per il pellegrinaggio nazionale, in occasione dell'anno santo.

Nella prima parte del presente capitolo si analizzeranno dettagliatamente le diverse sessioni avute tra la delegazione governativa jugoslava e quella della Santa Sede, e gli incontri interni della stessa delegazione governativa, tenutisi per ritoccare il progetto governativo di concordato. Verranno esaminate anche le valutazioni dei vescovi, radunati intorno al nunzio per esaminare il progetto, appena questo fu consegnato alla Segreteria di Stato, e le loro osservazioni e voti. Si cercherà, infine, di individuare le ragioni che provocarono il ritorno a Belgrado della delegazione governativa "a mani vuote".

Nella seconda parte, che comprende il periodo tra gli anni 1925 e 1930, ritenuto nella storiografia come un periodo piuttosto "morto" riguardo al concordato[1], verrà valutato lo stato delle trattative concordatarie in questa fase "sospesa", dedicando, nel contempo, alcune considerazioni ad altri temi politico-religiosi, tra i quali spicca un altro oggetto di trattative tra Belgrado e Roma, cioè la vicenda intorno all'istituto di San Girolamo, sempre in riferimento alla questione concordataria.

---

[1] I. Mužić, *Katolička crkva*, 70; N. Žutić, *Kraljevina Jugoslavija*, 220.

Per quanto riguarda la prima parte, ci si è avvalsi, in primo luogo, dei già menzionati studi di Žutić[2] e di Petrović[3], che analizzano minutamente, attraverso la documentazione archivistica di Belgrado, gli incontri interni della delegazione governativa e le sessioni della stessa delegazione con mons. Borgongini-Duca. Le fonti vaticane riportano il verbale delle stesse sessioni con la delegazione jugoslava, apportando, inoltre, la testimonianza scritta delle sedute dei vescovi con il nunzio, il cui contenuto non è stato conosciuto dagli studiosi appena menzionati. È stato invece Massimiliano Valente che recentemente ha riportato alla luce una parte delle sessioni e sedute appena ricordate[4]. Mithans, invece, adoperando sia la documentazione di Belgrado sia quella vaticana, presenta in modo sintetico i risultati dei menzionati incontri interni e bilaterali[5]. Per la nostra ricerca sono stati di aiuto, inoltre, le memorie del canonico Moscatello e i diari del nunzio Pellegrinetti.

Alla parte successiva alle trattative romane, cioè dal 1925 al 1930, gli storici Žutić[6] e Petrović[7] dedicano pochissime pagine, lo stesso si può affermare per Mužić[8]. La questione dell'istituto di San Girolamo fu ampiamente affrontata dallo studioso Stjepan Razum, basandosi questi, tra l'altro, sulle menzionate memorie di Moscatello[9], e da Massimiliano Valente, che prese in esame in modo particolare le sessioni della congregazione degli affari ecclesiastici straordinari[10]. Lo stesso autore, partendo sempre dalla documentazione vaticana, dedicò alcune pagine alla complessa attività politica di Radić[11] e al progetto di legge agraria del 1928[12], e tutto ciò nell'ottica delle trattative concordatarie. Alcuni di questi argomenti vengono brevemente presentati anche da Mithans, aggiungen-

---

[2] N. Žutić, *Kraljevina Jugoslavija*, 189-217.

[3] M. Petrović, *Konkordatsko pitanje*, 172-183 (con gli allegati e l'analisi giuridica dei diversi progetti, 187-282).

[4] M. Valente, *Diplomazia pontificia*, 249-252.

[5] G. Mithans, *Urejanje odnosov*, 193-196, 212-214.

[6] N. Žutić, *Kraljevina Jugoslavija*, 217-220.

[7] M. Petrović, *Konkordatsko pitanje*, 183-186.

[8] I. Mužić, *Katolička crkva*, 66-70.

[9] S. Razum, «Zavod svetog Jeronima», 123-334.

[10] M. Valente, «Santa Sede e Jugoslavia», 207-217; Id., *Diplomazia pontificia*, 232-237, 264-268, 280-285, 289-292.

[11] Id., *Diplomazia pontificia*, 252-263, 276-280.

[12] *Ibidem*, 297-308.

do alcune riflessioni sulla lingua liturgica e sulla questione scolastica negli anni 1929-1930[13]. Abbiamo ritenuto opportuno tornare sull'argomento, avvalendoci della vasta documentazione dell'«Archivio di Jugoslavia» (AJ) e degli archivi vaticani, aggiungendovi le testimonianze personali di Moscatello, di Pellegrinetti e di Čuka.

1. La delegazione governativa per il concordato a Roma (maggio–giugno 1925)

Quando il ministro Smodlaka alla fine dell'aprile 1925 assicurava il suo capo Ninčić che in Vaticano tutto era pronto per le trattative ufficiali, gli espose altrettanto la tattica da seguire nei colloqui con la Segreteria di Stato. I delegati del governo, secondo lui, si sarebbero dovuti attenere alle istruzioni, rappresentate dal progetto governativo di concordato del marzo precedente, che doveva ritenersi come il *minimum* delle esigenze governative. I delegati, invece, avrebbero dovuto avere le mani libere, per quanto concerneva la tattica nelle trattative, con la possibilità di rafforzare e allargare le esigenze dello Stato nel progetto governativo, per ottenere con più facilità il desiderato *minimum*. Insieme ai delegati governativi sarebbe stata auspicabile anche la presenza degli esperti in materia, per cui Smodlaka a tale scopo proponeva i cattolici "affidabili", come Lanović, Čuka, Moscatello e Alaupović[14].

La decisione del ministero degli esteri sui membri che avrebbero composto la delegazione provocò non poca confusione e anche la delusione del ministro Smodlaka. Il "pasticcio" fu dovuto alle comunicazioni apparentemente contraddittorie da parte del ministro Ninčić, il quale – nel primo comunicato – tra i due delegati Janjić e Smodlaka designava come primo Janjić[15], mentre – nel

---

[13] G. MITHANS, *Urejanje odnosov*, 192-196, 198-200.

[14] Smodlaka a Ninčić, Roma, 28 aprile 1925, rapporto n. 361 (minuta), in AJ, *Poslanstvo Kraljevine Jugoslavije pri Svetoj Stolici (372)*, fasc. 5, [mappa 6], ff. n.n.; N. ŽUTIĆ, *Kraljevina Jugoslavija*, 189; M. PETROVIĆ, *Konkordatsko pitanje*, 172-173.

[15] [Ninčić a Smodlaka], Belgrado, 5 maggio 1925, dispaccio n. 2685, in AJ, *Poslanstvo Kraljevine Jugoslavije pri Svetoj Stolici (372)*, fasc. 5, [mappa 6], ff. n.n.; N. ŽUTIĆ, *Kraljevina Jugoslavija*, 190; M. PETROVIĆ, *Konkordatsko pitanje*, 173. Anche il documento datato al 12 maggio riprese la decisione del 5 maggio (Smodlaka a Ninčić, Roma, 19 maggio 1925, dispaccio n. 419 (minuta), in AJ, *Poslanstvo Kraljevine Jugoslavije pri Svetoj Stolici (372)*, fasc. 5, [mappa 6], ff. n.n.).

seguente – Smodlaka[16]. In tale situazione poco chiara la delegazione, appena arrivata a Roma, nella sessione apposita risolse che Smodlaka, essendo il rappresentante diplomatico jugoslavo presso la Santa Sede, avrebbe presieduto le sessioni della delegazione governativa, parlato a nome di tutta la delegazione nelle sessioni solenni e poi firmato per primo il concordato; Janjić, d'altro canto, avrebbe ordinariamente condotto da solo le trattative con il rappresentante vaticano, in base al progetto di concordato, approvato da ambedue i delegati. Si decise, inoltre, di cercare il contatto con l'episcopato jugoslavo, allo scopo di risolvere la delimitazione di alcune diocesi e di invitare qualche confidente dei vescovi in seno alla delegazione governativa[17]. Forse al ministro degli esteri non piacque molto l'idea della delegazione, per cui qualche giorno più tardi rispose secco che nelle trattative per il concordato Smodlaka e Janjić erano ambedue primi delegati *ex aequo*[18].

La delusione di Smodlaka fu, invece, causata dall'elenco degli esperti inviato dal ministero, dove non appariva più il canonico Čuka, che lui aveva fortemente consigliato. Il ministro presso la Santa Sede subito ripeté la sua richiesta al ministero degli esteri, specificando meglio le ragioni per cui il canonico di Zara avrebbe dovuto far parte della delegazione governativa. Čuka era stato l'anima della «commissione plenaria» e del «comitato ristretto» negli anni 1922-23, perciò avrebbe conosciuto meglio degli altri la posizione dell'episcopato circa le diverse materie del concordato. Smodlaka era ben conscio che per il buon esito

---

[16] Ninčić a Smodlaka, Belgrado, 6 maggio 1925, telegramma n. 2737, in AJ, *Poslanstvo Kraljevine Jugoslavije pri Svetoj Stolici (372)*, fasc. 5, [mappa 1], ff. n.n.; Smodlaka a Ninčić, Roma, 19 maggio 1925, dispaccio n. 419 (minuta), *ibidem*, [mappa 6], ff. n.n.; N. Žutić, *Kraljevina Jugoslavija*, 190. Il re Aleksandar consegnò il 30 maggio, attraverso i delegati, alla Segreteria di Stato, le credenziali con il proprio sigillo, con le quali diede i pieni poteri ai delegati Janjić e Smodlaka (Belgrado, 12 maggio 1925, in S.RR.SS., AA.EE.SS., *Jugoslavia*, pos. 9, fasc. 16, f. 66r; Smodlaka a Ninčić, Roma, 6 giugno 1925, rapporto n. 439 (minuta), in AJ, *Poslanstvo Kraljevine Jugoslavije pri Svetoj Stolici (372)*, fasc. 5, [mappa 6], ff. n.n.).

[17] Protocollo della seduta alla Cancelleria jugoslava, 23 maggio 1925, in AJ, *Poslanstvo Kraljevine Jugoslavije pri Svetoj Stolici (372)*, fasc. 5, [mappa 6], ff. n.n.; Smodlaka a Ninčić, Roma, 26 maggio 1925, rapporto n. 427 (minuta), *ibidem*, ff. n.n.; N. Žutić, *Kraljevina Jugoslavija*, 190-191.

[18] Ninčić a Smodlaka, Belgrado, 29 maggio 1925, telegramma n. 3397, in AJ, *Poslanstvo Kraljevine Jugoslavije pri Svetoj Stolici (372)*, fasc. 5, [mappa 6], ff. n.n. Sulle vicende intorno alla precedenza dei ruoli si veda anche APHZSJ, ostavština Moscatello, busta 2: *Bilješke [Memorie]*, pp. 32-33; cf. *Nikola Moscatello*, F. Veraja – S. Kljaić, ed., 65.

dei negoziati non si poteva ignorare l'episcopato, il quale, in caso contrario, avrebbe cercato, tramite le conoscenze romane, alleati contro il governo. Čuka avrebbe svolto un ruolo essenziale nella mediazione tra il governo e l'episcopato; i vescovi non lo avrebbero strumentalizzato, poiché egli, pur essendo un sacerdote esemplare, non sarebbe stato l'uomo di Roma, bensì un buon patriota, oltre ad essere il sacerdote più intelligente e preparato della Jugoslavia[19].

Tutte queste raccomandazioni, però, non ebbero successo. Dalla corrispondenza tra Belgrado e la legazione jugoslava presso la Santa Sede non si evince perché il letterato dalmata non fu inserito nella delegazione. Dalle sue memorie, tuttavia, possiamo ricavare che fu l'ex ministro Janjić ad opporsi alla sua collaborazione, anteponendo il suo candidato Alaupović[20]. Siffatto atteggiamento del primo delegato nei confronti del canonico zaratino in certo senso confermava ciò che era già successo in precedenza, nella menzionata conferenza del dicembre 1923, quando Čuka si accorse subito che il lavoro svolto dal «comitato ristretto» e della «commissione plenaria» non era stato preso molto in considerazione dall'allora ministro Janjić.

1.1 *Le sedute "preparatorie" interne della delegazione governativa*

I delegati si incontrarono a Roma il 23 maggio 1925 nella cancelleria della legazione. In quell'occasione, come già riferito, si cercò di risolvere il problema del "primato" tra i membri e si propose la collaborazione dell'episcopato riguardo ad alcune questioni pendenti[21].

La delegazione non presentò subito il progetto governativo di concordato alla Segreteria di Stato, bensì, seguendo il suggerimento di Smodlaka, che aveva proposto al governo che i delegati avessero le mani libere nell'impegno di rafforzare

---

[19] Smodlaka a Ninčić, Roma, 7 maggio 1925, rapporto n. 392 (minuta), in AJ, *Poslanstvo Kraljevine Jugoslavije pri Svetoj Stolici (372)*, fasc. 5, [mappa 1], ff. n.n.; N. Žutić, *Kraljevina Jugoslavija*, 189-190.

[20] Ciò fu riferito a Čuka dal ministro Smodlaka in un incontro privato nell'ottobre 1925. Alaupović, alla fine, nemmeno andò a Roma con la delegazione (ZKZ, Jakov Čuka, *Spisi iz ostavščine* (163936 MS 1097), fasc. 2: *Spisi o konkordatu (n. 11)*, lettera senza titolo e data di 4 pp, p. 1).

[21] Protocollo della seduta alla cancelleria jugoslava, 23 maggio 1925, in AJ, *Poslanstvo Kraljevine Jugoslavije pri Svetoj Stolici (372)*, fasc. 5, [mappa 6], ff. n.n.; Smodlaka a Ninčić, Roma, 26 maggio 1925, rapporto n. 427 (minuta), *ibidem*, ff. n.n.; N. Žutić, *Kraljevina Jugoslavija*, 190-191; G. Mithans, *Urejanje odnosov*, 211-212.

la posizione del governo[22], si riunì in dieci sedute tra il 27 maggio e il 30 giugno per studiare e "ritoccare" il progetto, approvato dal governo.

Le sedute si potrebbero dividere in due gruppi. Le prime cinque (27 maggio–1° giugno) possono ritenersi "preparatorie", avvenute cioè prima della consegna del progetto di concordato alla Santa Sede; le altre cinque, invece, si svolsero durante e dopo i colloqui ufficiali con la Segreteria di Stato (15–30 giugno).

I delegati avevano, quindi, ampi poteri nelle trattative, pur rimanendo nei limiti delle istruzioni ricevute, e non furono certo dei semplici "messaggeri" della volontà del governo. Non meraviglia, perciò, se tra il progetto governativo, la proposta della delegazione prima del confronto con la Santa Sede e finalmente il progetto della stessa delegazione dopo i colloqui con Borgongini-Duca ci siano state delle differenze, a volte abbastanza considerevoli.

Il contenuto delle dieci sedute della delegazione jugoslava è già ampiamente riportato da Žutić[23] e Petrović[24], che si avvalsero del vasto materiale dell'«Archivio di Jugoslavia», perciò ci limiteremo ad elencare alcuni momenti di particolare interesse, prendendo in esame, in primo luogo, le prime cinque sedute "preparatorie".

Alla prima seduta, che ebbe luogo il 27 maggio, furono presenti i delegati Janjić e Smodlaka, insieme agli esperti Lanović e Moscatello. I membri decisero, su desiderio della Santa Sede, di presentare il progetto, che sarebbe servito come base dei negoziati, in lingua italiana. Il testo definitivo e l'unico autentico sarebbe stato in seguito redatto in francese.

Passiamo brevemente ai "ritocchi" realizzati dalla delegazione jugoslava. Gli articoli I, III e VI rimasero intatti, si fece invece qualche intervento sugli altri. Nell'art. II (delimitazione delle diocesi), si aggiunse che nessuna parte del territorio jugoslavo sarebbe rimasta sotto la giurisdizione dei vescovi con sede straniera. Alla fine dello stesso articolo si inserì, inoltre, la frase che le parti del territorio jugoslavo, finora sotto la giurisdizione di *Propaganda Fide*, sarebbero passate sotto la giurisdizione ordinaria. Nell'art. IV (nomine episcopali), dove si chiedeva il *nihil obstat* governativo, si cambiò leggermente la formula, sull'esempio del con-

---

[22] Smodlaka a Ninčić, Roma, 28 aprile 1925, rapporto n. 361 (minuta), in AJ, *Poslanstvo Kraljevine Jugoslavije pri Svetoj Stolici (372)*, fasc. 5, [mappa 6], ff. n.n.; N. ŽUTIĆ, *Kraljevina Jugoslavija*, 189; M. PETROVIĆ, *Konkordatsko pitanje*, 172-173; G. MITHANS, *Urejanje odnosov*, 212; ID., «Ključni akterji», 429.

[23] N. ŽUTIĆ, *Kraljevina Jugoslavija*, 195-198, 202-203, 207-216.

[24] M. PETROVIĆ, *Konkordatsko pitanje*, 174-182.

cordato polacco, rendendola in tal modo un po' più blanda; alla fine, tuttavia, si aggiunse che la stessa procedura avrebbe riguardato anche altri dignitari ecclesiastici, nominati dal papa, con un pubblico ufficio ecclesiastico. Nell'art. V (amministrazione dei beni ecclesiastici), finalmente, forse per evitare un'opposizione netta da parte della Santa Sede, si eliminò l'ultima parte, dove si parlava del «fondo di religione», da dover essere amministrato dalle autorità statali[25].

Il giorno seguente i delegati si riunirono nella seconda seduta, confrontando il gruppo di articoli dal VII al XII. Gli articoli VII e VIII furono approvati senza cambiamenti, l'art. IX (nomine dei parroci e altri ecclesiastici con un pubblico ufficio ecclesiastico) fu formulato sull'esempio dell'art. IV. All'art. XI (seminari) si aggiunse che per le materie non ecclesiastiche si sarebbe adoperata la lingua serbo-croata (slovena in Slovenia). L'osso duro era l'art. X (istruzione religiosa), redatto in maniera molto restrittiva per la Chiesa. Il delegato Janjić affermò d'aver ricevuto l'autorizzazione orale da parte del presidente del consiglio Pašić che, nel campo dell'istruzione religiosa nelle scuole e delle nomine dei catechisti, si potevano accettare le disposizioni del concordato serbo, che dava più diritti ai vescovi, inclusa la *missio canonica*. Essendosi i delegati convinti, dalle dichiarazioni dei circoli vaticani, che soltanto su questa base fosse possibile un concordato, essi accettarono la soluzione del concordato serbo, aggiungendo un punto circa i professori di teologia nei seminari e nelle facoltà teologiche. Per quanto riguarda l'art. XII (matrimonio), i delegati modificarono alquanto la formulazione, in modo che esso mettesse sullo stesso livello la validità del matrimonio contratto nella Chiesa cattolica e di quello contratto nella Chiesa ortodossa[26].

Nella terza seduta, tenutasi il 29 maggio, la delegazione si occupò della seconda parte del progetto governativo, cioè degli articoli XIII-XXIII. Non furono eseguiti grossi interventi, anzi, molti articoli furono lasciati invariati (XIV, XV, XVI, XVII, XX), altri furono "ritoccati" senza notevoli cambiamenti (art. XIII, XVIII). Nell'art. XIX (ordini religiosi) si aggiunse, tuttavia, una frase assai restrittiva, che cioè tutti i superiori delle case religiose come pure tutti i membri degli ordini reli-

---

[25] Protocollo della prima seduta della delegazione per il concordato, Roma, 27 maggio 1925, in AJ, *Poslanstvo Kraljevine Jugoslavije pri Svetoj Stolici (372)*, fasc. 5, [mappa 1], ff. n.n.; N. Žutić, *Kraljevina Jugoslavija*, 195; M. Petrović, *Konkordatsko pitanje*, 174.

[26] Protocollo della seconda seduta della delegazione per il concordato, Roma, 28 maggio 1925, in AJ, *Poslanstvo Kraljevine Jugoslavije pri Svetoj Stolici (372)*, fasc. 5, [mappa 1], ff. n.n.; N. Žutić, *Kraljevina Jugoslavija*, 195-196; M. Petrović, *Konkordatsko pitanje*, 174-175.

giosi dimoranti nel Regno SHS, dovevano essere cittadini serbo-croato-sloveni. Gli ultimi tre articoli "tecnici" (XXI-XXIII) furono condensati in due articoli, cosicché il progetto della delegazione conteneva alla fine 22 articoli[27].

Dopo aver realizzato la revisione di tutti gli articoli, i delegati, nella loro quarta seduta del 30 maggio, toccarono alcuni argomenti che non sarebbero stati esplicitamente trattati nei singoli articoli del concordato, bensì in forma di annessi.

Per l'annesso I si affrontava la sempre accesa questione della liturgia glagolitica. L'estensione della lingua paleoslava nella liturgia per i cattolici di rito romano avrebbe seguito le disposizioni del progetto governativo e della nota addizionale al concordato serbo, con la specificazione che la decisione per l'introduzione di tale lingua nelle singole diocesi e parrocchie sarebbe spettata alla conferenza dei vescovi jugoslavi.

Dopo aver eliminato altri due annessi del progetto governativo e formulato un nuovo annesso sui vescovi titolari, la delegazione toccò il problema dell'istituto di San Girolamo e giunse alla decisione che, se fino alla conclusione del concordato non si fosse venuti ad un accordo definitivo sul detto istituto, si sarebbe chiesto di risolvere la materia contemporaneamente con il concordato in forma di annesso. L'approfondimento di questa questione "spinosa" fu finalmente rinviata dalla delegazione governativa a future discussioni[28].

Nell'ultima seduta "preparatoria" del 1° giugno, i delegati continuarono la discussione sull'annesso I accogliendo la proposta di Moscatello, secondo cui il privilegio del glagolitico si sarebbe esteso anche alle parrocchie e comunità, guidate dagli ordini religiosi, sempre secondo il giudizio della conferenza dei vescovi. Alla fine della seduta si risolse che «*ancora oggi*» si sarebbe presentato al segretario di Stato il progetto di concordato, corrispondente all'allegato del protocollo del 30 maggio[29].

---

[27] Protocollo della terza seduta della delegazione per il concordato, Roma, 29 maggio 1925, in AJ, *Poslanstvo Kraljevine Jugoslavije pri Svetoj Stolici (372)*, fasc. 5, [mappa 1], ff. n.n.; N. ŽUTIĆ, *Kraljevina Jugoslavija*, 196; M. PETROVIĆ, *Konkordatsko pitanje*, 175-176.

[28] Protocollo della quarta seduta della delegazione per il concordato, Roma, 30 maggio 1925, in AJ, *Poslanstvo Kraljevine Jugoslavije pri Svetoj Stolici (372)*, fasc. 5, [mappa 1], ff. n.n.; N. ŽUTIĆ, *Kraljevina Jugoslavija*, 196; M. PETROVIĆ, *Konkordatsko pitanje*, 176.

[29] Protocollo della quinta seduta della delegazione per il concordato, Roma, 30 maggio 1925, in AJ, *Poslanstvo Kraljevine Jugoslavije pri Svetoj Stolici (372)*, fasc. 5, [mappa 1], ff. n.n.; N. ŽUTIĆ, *Kraljevina Jugoslavija*, 196-197; M. PETROVIĆ, *Konkordatsko pitanje*, 176.

Sintetizzando le "rifiniture" al progetto governativo di concordato da parte della delegazione jugoslava, in questa fase iniziale, conviene notare che nel caso delle diocesi (art. II), degli ordini religiosi (art. XIX) e della lingua paleoslava (an. I) le proposte sembravano formulate più nel senso di affermare i diritti dell'autorità civile; nell'ambito delle nomine dei dignitari ecclesiastici (art. IV e IX), dell'amministrazione dei beni ecclesiastici (art. V), dell'istruzione religiosa (art. X) e del matrimonio (art. XII) il nuovo testo, invece, appariva meno sfavorevole nei confronti della Chiesa. Il cambiamento più rilevante fu realizzato nel caso dell'istruzione religiosa, dove fu ritenuta necessaria, nonostante gli ampi poteri dei delegati, l'esplicita autorizzazione di Belgrado.

Alla Santa Sede, a differenza degli altri schemi e progetti di concordato, non fu mai noto il progetto governativo del marzo 1925, perciò nella terminologia vaticana come "vero" progetto governativo veniva considerato quello "ritoccato" da parte dei delegati, consegnato alla Segreteria di Stato il 1° giugno 1925[30]. Del precedente progetto del marzo 1925 non parlava più nessuno, nemmeno gli esponenti jugoslavi.

1.2 *Le adunanze dei vescovi jugoslavi a Roma*

L'intero episcopato jugoslavo si trovava a Roma a fine maggio in occasione dell'anno santo, a capo del pellegrinaggio nazionale dei popoli jugoslavi. I croati festeggiarono, altresì, i mille anni dalla nascita del regno croato. L'udienza di tutti i pellegrini jugoslavi dal papa il 30 maggio[31] fu molto seguita dalle autorità vaticane e lo stesso ministro Smodlaka vedeva nel pellegrinaggio una buona pubblicità per lo Stato jugoslavo, con la speranza che questo evento avrebbe influito positivamente sui circoli ecclesiastici in occasione delle trattative concordatarie[32].

---

[30] Il progetto di concordato, consegnato alla Segreteria di Stato, si trova in S.RR.SS., AA.EE.SS., *Jugoslavia*, pos. 9, fasc. 16, ff. 32-38 (anche ff. 40-47, ff. 48-56); ASV, *Arch. Nunz. Jugoslavia*, busta 8, ff. 149-157. Il progetto viene pubblicato per intero in lingua orig. in M. PETROVIĆ, *Konkordatsko pitanje*, 196-204.

[31] I pellegrini sloveni ebbero la loro udienza privata con il papa già il giorno prima, suscitando molta rabbia presso altri pellegrini e politici jugoslavi per il loro atteggiamento "separatista" (N. ŽUTIĆ, *Kraljevina Jugoslavija*, 197). Circa le ragioni e motivi dell'udienza slovena si veda ad esempio F. M. DOLINAR, «Jeglič in cerkvenopolitična vprašanja», 315-316; ASV, Archivio della Prefettura, *Diari del card. Pellegrinetti*, 29-30 maggio 1925, vol. 9, f. 12rv.

[32] Smodlaka a Ninčić, Roma, 31 maggio 1925, rapporto n. 451 (minuta), in AJ, *Poslanstvo Kraljevine Jugoslavije pri Svetoj Stolici (372)*, fasc. 5, [mappa 5], ff. n.n.

I vescovi jugoslavi furono invitati ad incontrare il segretario di Stato e il nunzio Pellegrinetti. Con Gasparri essi ebbero la prima adunanza subito dopo la presentazione del progetto governativo di concordato, cioè già lo stesso giorno, il 1° giugno. Di questa adunanza non si è trovato alcun verbale, ma dal protocollo dell'adunanza dei vescovi, sotto la guida del nunzio, nei giorni successivi (2–3 giugno), apprendiamo che in questo primo incontro con Gasparri e Borgongini-Duca si era discusso «*per summa capita*» il progetto del governo jugoslavo per il concordato. Per entrare più nel vivo della questione, i vescovi furono convocati il giorno dopo ad un'adunanza con il nunzio Pellegrinetti, allo scopo di esporre liberamente, con maggior cognizione di causa, il proprio parere, dovendo però su tutto (sul progetto di concordato e sulla discussione) osservare il *Secretum Sancti Officii*[33]. Il contenuto di questa adunanza non fu conosciuto da nessuno all'infuori dell'episcopato, sebbene qualche vescovo avrebbe involontariamente rivelato ai diplomatici jugoslavi le proposte dell'episcopato. Nelle opere pubblicate si parla solo di alcuni postulati, formulati dai vescovi, che il governo avrebbe dovuto adempiere prima della firma del concordato, e della «*risoluzione segreta*» circa la liturgia glagolitica[34].

1.2.1 Commento dei vescovi sugli articoli del progetto governativo

Alla prima adunanza (2 giugno) i vescovi[35], insieme al nunzio, fecero l'esame dei singoli articoli del progetto del governo jugoslavo. Qui verranno presentati i loro interventi più significativi.

Ai vescovi sembrava necessario che all'art. I, che parlava della libertà di culto della confessione cattolica, si aggiungesse «*nei riti latino ed orientale*», tanto più che contro i greci uniati venivano commesse vessazioni sistematiche[36].

Ampia discussione fu dedicata all'art. II, il cui oggetto era la delimitazione delle diocesi. Nel progetto governativo erano previste cinque sedi metropolitane

---

[33] Verbale dell'adunanza dei vescovi jugoslavi sotto la presidenza del nunzio Pellegrinetti, Roma, 2-3 giugno 1925, redatto da mons. Mileta, Roma, 5 giugno 1925, in S.RR.SS., AA.EE.SS., *Jugoslavia*, pos. 9, fasc. 16, ff. 17r-29r; M. VALENTE, *Diplomazia pontificia*, 249.

[34] N. ŽUTIĆ, *Kraljevina Jugoslavija*, 197-198; M. PETROVIĆ, *Konkordatsko pitanje*, 176.

[35] Il primo giorno furono presenti i seguenti vescovi: Bauer, Šarić, Rodić, Jeglič, Karlin, Mišić, Garić, Marušić, Akšamović, Njaradi, Mileta, Bonefačić, Srebrnič, Barbić e Budanović (Verbale dell'adunanza dei vescovi, Roma, 5 giugno 1925, in S.RR.SS., AA.EE.SS., *Jugoslavia*, pos. 9, fasc. 16, f. 17r).

[36] *Ibidem*, f. 17v.

(Spalato, Antivari-Belgrado, Zagabria, Vrh-Bosna, Lubiana) con le rispettive quattordici sedi suffraganee. I vescovi si opposero all'incorporazione dell'arcidiocesi di Antivari (Bar) a quella di Belgrado, esponendo varie ragioni: l'antichità dell'arcidiocesi montenegrina, il dispiacere degli stessi montenegrini che avevano già perso l'indipendenza politica, il passaggio del titolo *Primas Serbiae*, finora riservato ad Antivari, alla sede di Belgrado, il che avrebbe offeso non solo i montenegrini, ma anche i croati e gli sloveni. Per loro era inconcepibile che Belgrado, con uno sparuto numero di cattolici, diventasse, anche se nei soli termini di prestigio, il centro della Chiesa cattolica in Jugoslavia. Il nunzio Pellegrinetti avvertì i vescovi che qui si trattava di un affare sommamente politico, aggiungendo che l'attuale governo jugoslavo, con i radicali a capo, dava grande importanza all'unione di Antivari a Belgrado e che il medesimo governo sarebbe stato disposto a cedere su tutto, anche sulle scuole, purché la Santa Sede si arrendesse su questo punto. Di più, secondo l'arcivescovo di Belgrado Rodić, nel caso in cui non si cedesse su tale assunto, lo stesso governo avrebbe deciso di non concludere il concordato.

Un simile problema, anche se minore, nello stesso articolo, si poneva per la diocesi di Đakovo, la cui maggior parte (provincia di Sirmio) con 60 parrocchie, secondo il progetto governativo, sarebbe passata all'arcidiocesi di Antivari-Belgrado. Il vescovo "colpito" Akšamović era disposto a sacrificare al massimo alcune parrocchie più vicine a Belgrado (13 in totale) in compenso delle altre 13 parrocchie della Slavonia settentrionale che il progetto voleva, invece, cedere alla rinata diocesi di Bačka, prevista suffraganea di Antivari-Belgrado.

In modo unanime i vescovi si opposero anche all'unione delle diocesi di Veglia e Segna. Se il governo, quindi, prevedeva quattordici diocesi suffraganee, i vescovi, da parte loro, insistevano sul numero di sedici, volendo conservare, quindi, indipendenti le diocesi di Antivari e Veglia[37].

I vescovi, insieme al nunzio, respinsero *a limine* l'inizio dell'art. IV del progetto governativo, secondo cui i vescovi della provincia dovevano presentare la proposta del candidato per un vescovado, essendo ciò, secondo loro, una questione

---

[37] *Ibidem*, ff. 17v-20r. Sulla posizione del vescovo Akšamović circa lo smembramento della sua diocesi si veda anche alcune lettere: Akšamović a Gasparri, Đakovo, 26 agosto 1925, lettera n. 1184, in ASV, *Arch. Nunz. Jugoslavia*, busta 8, ff. 145-146, f. 164rv; Pellegrinetti a Gasparri, Belgrado, 10 ottobre 1925, rapporto n. 5162, in S.RR.SS., AA.EE.SS., *Jugoslavia*, pos. 9, fasc. 13, ff. 104r-105r; Akšamović a Borgongini-Duca, Vaticano, 29 ottobre 1925, annotazione personale, *ibidem*, fasc. 14, ff. 4r-5v.

interna della Chiesa, ben consci di non avere il diritto di presentazione. In quanto al *nihil obstat* governativo esso si sarebbe dovuto limitare alla nomina degli arcivescovi, vescovi ordinari e coadiutori con diritto di successione, escludendo gli ausiliari, amministratori apostolici e i dignitari ecclesiastici con un pubblico ufficio. La stessa formulazione del *nihil obstat* si sarebbe dovuta ridurre solo alle ragioni d'ordine politico, eliminando quello civile[38].

I vescovi allora passarono all'amministrazione dei beni ecclesiastici (art. V), lamentandosi del sussidio statale per i religiosi, proporzionatamente molto più alto di quello riservato al clero secolare. Respinsero risolutamente il 2° capoverso del progetto governativo, dove si ammetteva la vigilanza del governo sul patrimonio ecclesiastico e sui redditi, poiché tutto ciò, secondo i canoni, sarebbe stato di competenza dell'ordinario. Al più, si sarebbe potuto accordare al governo che il vescovo lo informasse delle condizioni economiche della diocesi[39]. Similmente l'episcopato cercava di proteggere i beni ecclesiastici, volendoli distinguere dai beni propri dei cittadini dello Stato ed evitare in tal modo la legalizzazione del «*latrocinio della cosiddetta riforma agraria*» (art. XV)[40].

Il progetto governativo prevedeva il giuramento per tutti i funzionari ecclesiastici pubblici (art. VII) e ciò nel senso di obbedienza e fedeltà al re e ai suoi legittimi successori, di osservanza della costituzione e delle leggi dello Stato senza azioni contro l'unità dello Stato. I vescovi espressero la loro opposizione, sia circa i destinatari del giuramento sia sulla stessa formulazione. Essi proposero che il giuramento sarebbe spettato ai soli vescovi e aggiunsero la clausola che essi avrebbero dovuto attenersi ai canoni della Chiesa e alle leggi dello Stato, in quanto queste ultime non si opponessero al diritto divino. La "problematica" costituzione non venne più menzionata[41].

Circa l'istruzione religiosa (art. X) i vescovi non apportarono molte critiche al progetto governativo. Il deciso intervento della delegazione apparentemente accontentò l'episcopato. Essi volevano specificare solo alcuni particolari, come ad

---

[38] Verbale dell'adunanza dei vescovi, Roma, 5 giugno 1925, in S.RR.SS., AA.EE.SS., *Jugoslavia*, pos. 9, fasc. 16, f. 20v; M. VALENTE, *Diplomazia pontificia*, 249-250. Sul dibattito circa le ragioni d'ordine politico e civile si veda S.RR.SS., AA.EE.SS., *Rapporti delle Sessioni*, anno 1922, Sessione 1255, stampa 1097, «Nulla osta governativo nella nomina dei vescovi», 30 luglio 1922.

[39] Verbale dell'adunanza dei vescovi, Roma, 5 giugno 1925, in S.RR.SS., AA.EE.SS., *Jugoslavia*, pos. 9, fasc. 16, ff. 20v-21v.

[40] *Ibidem*, f. 24v.

[41] *Ibidem*, ff. 21v-22r.

esempio, che una volta tolta a qualcuno la missione canonica dal vescovo, sarebbe cessata *ipse facto* per lui la facoltà di insegnare il catechismo, la religione e la teologia[42].

Più incisivo fu il loro intervento in materia di seminari (art. XI), riservandosi il diritto di erigerne senza l'ingerenza del governo, escludendovi ogni ispezione, specialmente disciplinare, del governo stesso, come invece prevedeva il progetto governativo. Nel caso della sovvenzione al seminario e dello stipendio ai professori da parte del governo, il vescovo avrebbe dato a quest'ultimo l'elenco dei professori e l'avrebbe informato dei bisogni materiali del seminario. Ogni altra ingerenza si sarebbe dovuta escludere[43]. Le proposte del «comitato ristretto» e della «commissione plenaria», ove si era discusso, invece, sul possibile grado d'ingerenza dello Stato nella vita dei seminari, furono, in tal modo, completamente stroncate dall'episcopato.

Circa il matrimonio (art. XII), ai vescovi non piacque l'equiparazione della validità del matrimonio contratto nella Chiesa cattolica con quello contratto nella Chiesa ortodossa, poiché gli «*scismatici*» ammettevano, alle volte, il divorzio e autorizzavano a nuove nozze, vivente ancora il coniuge. Siccome in alcune parti del regno (Slovenia, Dalmazia) i tribunali civili si arrogavano il giudizio sulle cause matrimoniali, i vescovi proposero l'aggiunta che solo il tribunale ecclesiastico sarebbe stato competente nelle cause dei matrimoni contratti dai cattolici e dei matrimoni misti contratti davanti al parroco cattolico, e ciò anche nel caso che uno dei coniugi o anche entrambi avessero apostatato dalla fede cattolica[44].

Quanto agli ordini religiosi (art. XIX), i vescovi si opposero alla modifica della delegazione, secondo cui tutti i membri degli ordini religiosi dimoranti nel Regno SHS dovevano essere cittadini serbo-croato-sloveni. Essi tolleravano che questa restrizione potesse riguardare al più i superiori delle case religiose. I presuli respinsero decisamente la rivendicazione statale sull'introduzione dei nuovi ordini e l'estensione dell'azione degli ordini già esistenti, dovendo lasciare la prima al giudizio della Santa Sede e la seconda alla prudenza dei rispettivi ordinari[45].

---

[42] *Ibidem*, f. 23rv.

[43] *Ibidem*, f. 23v.

[44] *Ibidem*, ff. 23v-24r.

[45] *Ibidem*, f. 25v.

A questo punto si può chiaramente individuare la *forma mentis* dei dignitari ecclesiastici circa il progetto governativo di concordato. La conferenza segreta con il nunzio è di particolare importanza, soprattutto tenendo presente l'esclusione dell'episcopato cattolico dalla preparazione del testo governativo, e ciò sin dal 1923. Nei due anni intercorsi accaddero modifiche significative e gli stessi vescovi si resero conto di quanto la loro partecipazione anteriore in seno alla commissione governativa non avesse lasciato praticamente alcuna traccia riconoscibile nel progetto, presentato in Segreteria di Stato. Non meraviglia perciò se nel primo esame, alla presenza del diplomatico pontificio, sorsero molte perplessità circa il modo in cui le autorità centrali di Belgrado avevano proposto la soluzione per le questioni fondamentali.

Spicca la determinazione dei presuli a non voler soccombere alle pressioni governative nella delicata questione della riconfigurazione delle diocesi con l'auspicato prestigio della capitale jugoslava con un vescovo "di corte" (art. II) e all'ingerenza esagerata delle autorità statali nelle nomine episcopali (art. IV), nella vita dei seminari (art. XI) e nella gestione dei beni ecclesiastici (art. V), ivi compresa la sempre più ripugnata riforma agraria (art. XV). Non meno sgradito sembrava all'episcopato l'intento governativo di porre limiti all'attività degli ordini religiosi già esistenti sul territorio jugoslavo e all'introduzione di quelli nuovi (art. XIX).

Dalle osservazioni sui singoli articoli potrebbe sembrare che in alcuni casi (art. V, X, XV) l'intervento dei vescovi non sia stato così incisivo come ci si sarebbe potuto aspettare. È da tener presente, però, che in questa prima adunanza essi si limitarono esclusivamente ad esaminare i singoli articoli, partendo dal loro primo criterio, secondo cui con il concordato non si doveva andare *in pejus* di come le questioni già si affrontavano in pratica senza una legge specifica.

1.2.2 Nuove proposte dell'episcopato jugoslavo per il concordato

Il passo successivo, per completare alcuni temi "sospesi", fu, poi, quello di proporre i punti che si sarebbero dovuti aggiungere al concordato, e che invece erano assenti dal progetto governativo. Per tale motivo, il giorno dopo, il 3 giugno, fu convocata una seconda adunanza dei vescovi con il nunzio[46]. Il collegio epi-

---

[46] L'assemblea si ridusse notevolmente, in assenza di alcuni vescovi, avendo dovuto questi lasciare Roma il giorno precedente: Rodić, Jeglič, Mišić, Garić, Marušič, Bonefačić e Barbić. Nel frattempo giunse a Roma Dobrečić, arcivescovo della "minacciata" sede di Antivari, ma non intervenne all'adunanza del 3 giugno (*ibidem*, f. 26r).

scopale espose ben quattordici argomenti di varia natura[47], e di questi scegliamo i più significativi.

Nell'ambito dei beni ecclesiastici (art. V, XV, indirettamente anche XIX) i vescovi espressero il desiderio che si inserisse la dichiarazione, che il governo non poteva disporre dei beni ecclesiastici, anche per ragioni di utilità pubblica, senza intesa con la Santa Sede, e che per conseguenza lo Stato doveva restituire alla Chiesa, o in natura o in equivalente, i beni ecclesiastici tolti con il pretesto della riforma agraria. Il governo, secondo loro, avrebbe dovuto attuare questa restituzione prima della conclusione del concordato[48]. L'anno 1918, quando i vescovi, molto ottimisti per il nuovo assetto statale, accettavano la cessione dei beni ecclesiastici dietro una giusta indennità, sembrava lontano. Con il loro voto, quindi, fu dato un colpo duro al 2° capoverso dell'art. V del progetto governativo, dove in modo indiretto si legalizzava la detta riforma agraria.

I vescovi non potevano non rilevare il silenzio sulle scuole private nell'art. X del progetto governativo, ciò che nel 1922-1923 era invece ancora contemplato nel «comitato ristretto» e nella «commissione plenaria». Con forza perciò esigevano che si insistesse sul can. 1375 del CIC, in cui alla Chiesa era riconosciuto il diritto di fondare le proprie scuole[49]. La difficoltà fu presentata, in primo luogo, dal ministero dell'istruzione, presumibilmente in mano a massoni, che osteggiavano la Chiesa in materia scolastica, appellandosi all'art. 16 della costituzione di San Vito, esposto, proprio per la sua formulazione vaga, a diverse interpretazioni. In Vojvodina, ad esempio, il governo aveva tolto alla Chiesa molti beni destinati alle scuole cattoliche, inducendo l'amministratore apostolico Budanović a proporre di esigere dal governo, non solo che rispettasse per l'avvenire, ma anche che restituisse alla Chiesa, i beni scolastici che avevano carattere di possedimento cattolico[50].

---

[47] La riforma agraria, le scuole private, i beni e le istituzioni cattoliche, i maestri nelle scuole, la libertà d'azione, le associazioni religiose e le organizzazioni cattoliche, il matrimonio religioso, il "braccio secolare", i capitoli dei canonici e i seminari, i patronati pubblici e privati, la dotazione del clero, delle vedove e degli orfani dei preti greco-uniti, la lingua liturgica, l'istituto di San Girolamo a Roma, le informazioni sui greco-ruteni in Jugoslavia (*ibidem*, ff. 26r-29r).

[48] *Ibidem*, f. 26r.

[49] CIC 17, Can. 1375: «*Ecclesiae est ius scholas cuiusvis disciplinae non solum elementarias, sed etiam medias et superiores condendi*»: AAS 9/II (1917) 267.

[50] Verbale dell'adunanza dei vescovi, Roma, 5 giugno 1925, in S.RR.SS., AA.EE.SS., *Jugoslavia*, pos. 9, fasc. 16, f. 26rv.

In modo simile ai vescovi sembrava necessario aggiungere nel concordato un articolo che garantisse alla Chiesa il diritto di erezione e direzione delle associazioni religiose (ad esempio congregazioni mariane) e organizzazioni cattoliche (Azione Cattolica), secondo gli statuti approvati dall'ordinario. Il loro desiderio rispecchiava in modo inconfondibile la situazione vigente, ove spesso si vietavano o si ostacolavano i suddetti gruppi. Si doveva, secondo loro, formulare un articolo più generale, con il quale si riconoscesse alla Chiesa il diritto di organizzare istituzioni autonome[51].

Concordi con il parere della Santa Sede, i vescovi ritennero che la concessione dell'uso della lingua paleoslava nella liturgia (annesso I del progetto governativo) non venisse inserita né nel concordato né nelle addizioni al concordato, trattandosi di una questione interna della Chiesa, che i vescovi stessi stavano trattando con la Santa Sede. Inoltre, l'interesse eccessivo che il governo jugoslavo conferiva alla questione, nell'episcopato lasciava l'impressione che vi primeggiassero piuttosto ragioni politiche. I vescovi, d'altra parte, consci del problema delicato, tanto più che il governo aveva dedicato una somma considerevole per la nuova edizione del messale glagolitico che in quel momento si stava stampando con il *nihil obstat* della Santa Sede, volevano trovarvi un modo gentile di uscita. Secondo loro, era finalmente arrivato il momento in cui la Santa Sede avrebbe potuto concedere – fuori dalla sede del concordato – ai singoli vescovi la facoltà di usare la lingua paleoslava nelle proprie diocesi con quelle cautele che essi, per le condizioni speciali locali e personali, avrebbero creduto opportune[52].

In tale voto dell'episcopato si scorge una certa continuità rispetto alle loro pre-

---

[51] *Ibidem*, f. 27rv. Sulla proibizione delle associazioni religiose si veda: Gasparri a Cherubini, Vaticano, 21 luglio 1921, dispaccio n. 23257, in ASV, *Arch. Nunz. Jugoslavia*, busta 1, f. 330r; Felici a Gasparri, Belgrado, 18 giugno 1922, rapporto n. 239/22 (minuta), *ibidem*, f. 689r; Memorandum dei vescovi jugoslavi al re, al presidente del consiglio e al ministro dei culti, Zagabria, 29 aprile 1922, *ibidem*, busta 3, f. 8r; S.RR.SS., AA.EE.SS., *Rapporti delle Sessioni*, anno 1922, Sessione 1246, stampa 1088, «Jugoslavia – interessi religiosi», 23 marzo 1922, Relazione, marzo 1922, pp. 22, 36-37; Istruzioni per Pellegrinetti, giugno 1922, in ASV, *Arch. Nunz. Jugoslavia*, busta 2, f. 84v.
[52] Verbale dell'adunanza dei vescovi, Roma, 5 giugno 1925, in S.RR.SS., AA.EE.SS., *Jugoslavia*, pos. 9, fasc. 16, f. 28rv.

cedenti proposte nelle conferenze plenarie negli anni 1918[53] e 1922[54], soprattutto nel desiderio di volersi sbarazzare dell'intromissione dello Stato in una questione, a loro avviso, puramente ecclesiastica. Lo studioso Mithans in tale voto vede, invece, una posizione contraddittoria alla risoluzione presa dagli stessi vescovi nel 1918[55]. A nostro avviso, piuttosto, il vero problema sembra partire dal progetto della «commissione plenaria» (1923) che prevedeva la soluzione concordataria proprio per tale delicata questione. Di questa commissione, infatti, facevano parte anche quattro vescovi che però non opposero molta resistenza al parere della maggioranza. Più tardi lo stesso vescovo Akšamović si sarebbe giustificato con il

---

[53] Alla prima conferenza episcopale plenaria i vescovi autorizzarono l'arcivescovo Bauer, a chiedere alla Santa Sede a nome di tutti i vescovi il diritto di estendere la liturgia paleoslava in tutto il territorio statale e di usare non i caratteri glagolitici, troppo difficili per la lettura, bensì quelli latini. Qui non si entrò ancora nello specifico, cioè nel modo di estendere il privilegio, con quali condizioni e cautele (NŠAL, ŠAL/SP V, fasc. 268: «Škofovska konferenca 1909-1921», [mappa 1], Protocollo della conferenza episcopale (27–29 novembre 1918); P. BLASINA, «Santa Sede e Regno», 782-784; F. M. DOLINAR, «Jeglič in cerkvenopolitična vprašanja», 305). È vero anche che non tutti i vescovi furono d'accordo nel far tale richiesta, come ad es. i vescovi della Bosnia-Erzegovina, di Skopje e di Maribor. Il più grande sostenitore dell'idea, invece, fu Jeglič (Cherubini a Gasparri, Belgrado, 29 aprile 1920, rapporto n. 10/20 (minuta), in ASV, *Arch. Nunz. Jugoslavia*, busta 1, f. 12rv).

[54] Alla conferenza del 1922 i vescovi composero il progetto per l'uso della lingua paleoslava nella liturgia e lo presentarono al pontefice, chiedendo la concessione limitata, per poter estendere il privilegio a tutta la Jugoslavia, ma seguendo le disposizioni dell'annesso al concordato serbo, che dava la facoltà alla Santa Sede di designare *nominatim* le parrocchie dove tale lingua si poteva introdurre (Progetto dei vescovi, 29 aprile 1922 si veda in S.RR.SS., AA.EE.SS., *Jugoslavia*, pos. 9, fasc. 12, ff. 121r-122r). Il vescovo Mileta, dopo aver saputo che il governo voleva includere il glagolitico nel concordato, interpretava la richiesta dell'episcopato come un mancato apprezzamento per l'interessamento del governo nella questione. Secondo lui sarebbe stato meglio che nel concordato non si mettesse nulla intorno alla liturgia paleoslava e invece si rispondesse alla domanda dei vescovi (Appunti di Mileta, Roma, 23 dicembre 1923, n. 25369 (Segreteria di Stato), *ibidem*, ff. 116v-117v).

[55] L'autore afferma che il voto dei vescovi del 1925, che optava per la limitazione del privilegio, sarebbe stato in contraddizione con la risoluzione del 1918 dove si chiedeva una estensione generale di esso (G. MITHANS, «Sklepanje jugoslovanskega konkordata», 127). Quanto al modo di ottenere il privilegio, sembra che lo studioso presupponga che i vescovi nel 1918 avessero contemplato la soluzione concordataria, per cui il voto del 1925 sarebbe stato a ciò contrario (*ibidem*, 131). Si veda a proposito anche G. MITHANS, *Urejanje odnosov*, 193-195; ID., «Ključni akterji», 430.

nunzio sostenendo che in quell'occasione egli era più ottimista, per cui non aveva detto niente in contrario sull'argomento[56]. Questa "incoerenza" dell'episcopato fu più tardi, dopo le trattative romane, oggetto di violenti attacchi da parte del governo e della stampa, che accusarono spesso i vescovi di atteggiamento antinazionale. Lo scandalo dei vescovi intorno al glagolitico assorbì d'un tratto tutta l'attenzione dell'affare concordatario.

Un altro grosso tema, non toccato dal progetto governativo, fu l'istituto di San Girolamo a Roma, poco prima (1924) consegnato al governo jugoslavo da parte delle autorità italiane. I vescovi pregarono all'istante la Santa Sede di far in modo che, prima della conclusione del concordato, il ministro jugoslavo presso la Santa Sede consegnasse a quest'ultima l'istituto di San Girolamo, e facesse uscire dallo stesso palazzo la cancelleria della legazione, che vi si era insediata nel frattempo. Il breve *Slavorum gentem* del 1° agosto 1901 di Leone XIII, che fungeva da regolamento dell'istituto, si sarebbe dovuto osservare pienamente, con alcune aggiunte irrilevanti[57]. Insieme al destino della liturgia in paleoslavo, anche la questione del San Girolamo, dopo il ritorno della delegazione jugoslava a Belgrado, apriva un acceso dibattito, includendo specifiche trattative con la Santa Sede, che si protrassero fino al 1928. Sull'*iter* specifico delle trattative, relative all'istituto, ritorneremo più tardi.

Fin qui si può senza dubbio asserire che l'analisi del progetto governativo, realizzata dal corpo episcopale jugoslavo, non preconizzava certo l'ottimismo che avrebbe accompagnato l'inizio delle trattative ufficiali tra i delegati governativi e i diplomatici della Santa Sede. Si è potuto osservare, infatti, come sulle questioni principali i presuli cattolici siano rimasti irremovibili, ricorrendo addirittura ad alcune condizioni *sine qua non*, da compiersi ancora prima dell'avvio dei negoziati formali. Tale "minaccia" fu da loro esercitata, come già ricordato, nel caso della restituzione dei beni ecclesiastici, sottratti per mezzo della riforma agraria o di altri strumenti legislativi, e dell'istituto di San Girolamo. Su altre prerogative, tralasciate dal governo jugoslavo, i vescovi rimasero ugualmente fermi, rivendicando in primo luogo l'assicurazione, in sede concordataria, di poter fondare scuole e organizzazioni cattoliche. A questo gruppo di richieste si aggiungano,

---

[56] Pellegrinetti a Gasparri, Belgrado, 26 novembre 1925, rapporto n. 5348 (minuta), in ASV, *Arch. Nunz. Jugoslavia*, busta 3, f. 500r.

[57] Verbale dell'adunanza dei vescovi, Roma, 5 giugno 1925, in S.RR.SS., AA.EE.SS., *Jugoslavia*, pos. 9, fasc. 16, ff. 28v-29r; M. VALENTE, *Diplomazia pontificia*, 250; G. MITHANS, *Urejanje odnosov*, 195, 212; ID., «Ključni akterji», 430.

inoltre, le loro posizioni circa l'estensione e il numero delle diocesi, la procedura per le nomine episcopali, l'amministrazione degli affari economici, il funzionamento dei seminari e la libertà degli ordini religiosi.

1.3 *Colloqui ufficiali delle delegazioni jugoslava e della Santa Sede*

Una volta consegnato il progetto governativo alla Segreteria di Stato (1° giugno) i delegati jugoslavi, prima di cominciare i negoziati ufficiali con la Santa Sede, attendevano la risposta dell'episcopato. Sembra probabile che i rappresentanti del governo, ancora prima di incontrarsi con Borgongini-Duca, fossero venuti a conoscenza dei contenuti dell'adunanza dei vescovi con il nunzio, nonostante il *Secretum Sancti Officii*. Già il 4 giugno, infatti, un giorno prima della stesura finale del verbale delle adunanze (5 giugno), in una nota privata della congregazione degli affari ecclesiastici straordinari si dava per certo, attraverso la testimonianza di Bauer e Budanović, che il delegato Janjić conoscesse quanto si fosse discusso dai vescovi in quei giorni. Essi accusavano di indiscrezione l'arcivescovo di Belgrado Rodić[58], il quale però alla conferenza episcopale plenaria nell'ottobre seguente protestò contro tale insinuazione[59]. Gli stessi delegati, nel rapporto finale sui risultati delle trattative "sospese", menzionarono di aver visto il verbale delle risoluzioni vescovili, scandalizzandosi del loro voto di escludere il glagolitico dal concordato[60]. Sarebbe stato lo stesso Borgongini-Duca a mostrare ai delegati le risoluzioni dei vescovi[61], il che fu in seguito smen-

---

[58] Nota privata della congregazione degli affari ecclesiastici straordinari, Vaticano, 4 giugno 1925, in S.RR.SS., AA.EE.SS., *Jugoslavia*, pos. 9, fasc. 16, f. 31r; M. VALENTE, *Diplomazia pontificia*, 251.

[59] Jovanović a Ninčić, Roma, 8 dicembre 1925, rapporto n. 982 (minuta), in AJ, *Poslanstvo Kraljevine Jugoslavije pri Svetoj Stolici (372)*, fasc. 5, [mappa 6], ff. n.n. Il protocollo della conferenza si veda in NŠAL, ŠAL/SP V, fasc. 269: «Škofovska konferenca 1922-1942», [mappa 6 (1925)], pp. 1-13.

[60] Rapporto dei rappresentanti della delegazione per il concordato, Smodlaka e Janjić a Ninčić, Roma, 2 luglio 1925, rapporto s.n., in AJ, *Poslanstvo Kraljevine Jugoslavije pri Svetoj Stolici (372)*, fasc. 5, [mappa 1], ff. n.n.; N. ŽUTIĆ, *Kraljevina Jugoslavija*, 216-217.

[61] Nota del dott. Žerjav, 22 ottobre 1925, in ASV, *Arch. Nunz. Jugoslavia*, busta 3, f. 454r (trad. it. in S.RR.SS., AA.EE.SS., *Jugoslavia*, pos. 9, fasc. 13, f. 117rv). In questa nota si menziona la lettera, firmata dai vescovi Šarić e Jeglič, che si sarebbero espressi contro il glagolitico. In tale maniera si comincia a confondere tra il protocollo della seduta di tutti i vescovi con il nunzio e il voto "speciale" dei due prelati.

tito sia dalla Santa Sede[62] che dai vescovi[63] e infine dallo stesso delegato Janjić[64].

I colloqui ufficiali tra i delegati jugoslavi e la Santa Sede, attesi da diversi anni, iniziarono l'11 giugno 1925 e si protrassero, con sette adunanze, fino al 26 giugno. Qui sarà di particolare interesse vedere quanta corrispondenza ci fu tra i voti dell'episcopato e della Santa Sede nelle proposte per i singoli articoli e per i punti non contemplati dal progetto governativo.

Nell'eseguire l'analisi dei colloqui tra gli emissari governativi e i dignitari della Segreteria di Stato si adotterà, a questo punto, il metodo cronologico, al fine di facilitare lo sguardo sulla dinamica e la tattica dei negoziatori durante i reiterati incontri bilaterali. L'esame più dettagliato circa l'*iter* e lo sviluppo progressivo dei singoli temi, contemplati nel desiderato accordo bilaterale, per ora non sembra indispensabile, giacché le trattative romane del 1925, come sarà dimostrato in seguito, non terminarono con successo e, ancor di più, non servirono nemmeno da supporto per l'unica tappa efficace delle mutue discussioni che portò alla firma del concordato, cioè quella dal 1933 al 1935. A tale scopo si rimanda al capitolo V del presente lavoro, in particolare alla descrizione del percorso monografico delle tematiche concordate più rilevanti.

1.3.1 Annuncio dei postulati vescovili e prima lettura del testo

Nella prima adunanza dell'11 giugno, in cui furono presenti i delegati Janjić e Smodlaka da una parte, e il segretario della congregazione degli affari ecclesiastici straordinari Borgongini-Duca, dall'altra, quest'ultimo riportò all'assemblea i postulati espressi dai vescovi, che cioè prima della sottoscrizione del concordato

---

[62] Gasparri a Pellegrinetti, Vaticano, 30 ottobre 1925, cifrato n. 75 (48025), in S.RR.SS., AA.EE.SS., *Jugoslavia*, pos. 9, fasc. 13, f. 121r. Qui il segretario di Stato si riferiva al voto "inesistente" di Šarić e Jeglič.

[63] F. M. DOLINAR, «Jeglič in cerkvenopolitična vprašanja», 315; Jovanović a Ninčić, Roma, 8 dicembre 1925, rapporto n. 982, in AJ, *Poslanstvo Kraljevine Jugoslavije pri Svetoj Stolici (372)*, fasc. 5, [mappa 6], ff. n.n.

[64] Pellegrinetti a Gasparri, Belgrado, 16 novembre 1925, rapporto n. 5273 (minuta), in ASV, *Arch. Nunz. Jugoslavia*, busta 3, f. 497r. Qui il nunzio proponeva alla Segreteria di Stato di scrivere a mons. Jeglič che mons. Borgongini non aveva mai mostrato il protocollo delle consultazioni vescovili in Roma ai delegati jugoslavi per il concordato. Tutta la vicenda intorno al detto protocollo venne più tardi ricordata dal segretario di Stato: Gasparri a Pellegrinetti, Vaticano, 15 giugno 1926, dispaccio n. 1384/26, *ibidem*, ff. 650r-651r.

venisse risolta la questione del San Girolamo degli Schiavoni con la consegna dell'amministrazione nelle mani della Chiesa e con l'allontanamento dall'edificio della cancelleria della legazione jugoslava, e che venissero restituiti alla Chiesa i beni sottratti con la riforma agraria, o gli edifici sacri e scolastici ottenuti dagli ortodossi in alcune regioni per le defezioni di alcuni cattolici[65]. In tale maniera la Santa Sede accettò senza riserve le condizioni, ritenute indispensabili dall'episcopato jugoslavo, per la felice conclusione delle trattative concordatarie. L'incaricato pontificio passò poi alle osservazioni sui singoli articoli del progetto governativo.

Circa l'art. I sulla libertà di culto cattolico, il rappresentante vaticano ripeté il voto dei vescovi proponendo l'aggiunta delle parole «*di tutti i riti*», cioè del rito romano e di quello orientale[66].

Quanto alla delimitazione delle diocesi (art. II), Borgongini-Duca, pur esprimendo il parere negativo dell'episcopato su alcuni punti delicati, apparve più "morbido" dei presuli jugoslavi. In cambio di un concordato favorevole per la Chiesa in altri articoli, la Santa Sede sarebbe venuta incontro ad alcune richieste governative al riguardo[67].

Nella questione relativa alle provviste delle circoscrizioni ecclesiastiche (art. IV), Borgongini-Duca non esitò a riprendere quanto già proposto dai vescovi,

---

[65] Protocollo della prima adunanza tra la Santa Sede e il governo jugoslavo, Vaticano, 11 giugno 1925, in S.RR.SS., AA.EE.SS., *Jugoslavia*, pos. 9, fasc. 16, f. 3r; AJ, *Poslanstvo Kraljevine Jugoslavije pri Svetoj Stolici (372)*, fasc. 20, [mappa 1/V], ff. n.n.; M. Valente, *Diplomazia pontificia*, 251; N. Žutić, *Kraljevina Jugoslavija*, 198; M. Petrović, *Konkordatsko pitanje*, 176-177; G. Mithans, *Urejanje odnosov*, 213.

[66] Protocollo della prima adunanza tra la Santa Sede e il governo jugoslavo, Vaticano, 11 giugno 1925, in S.RR.SS., AA.EE.SS., *Jugoslavia*, pos. 9, fasc. 16, f. 3r; AJ, *Poslanstvo Kraljevine Jugoslavije pri Svetoj Stolici (372)*, fasc. 20, [mappa 1/V], ff. n.n.; N. Žutić, *Kraljevina Jugoslavija*, 198; M. Petrović, *Konkordatsko pitanje*, 177, 205.

[67] Protocollo della prima adunanza tra la Santa Sede e il governo jugoslavo, Vaticano, 11 giugno 1925, in S.RR.SS., AA.EE.SS., *Jugoslavia*, pos. 9, fasc. 16, f. 3rv; AJ, *Poslanstvo Kraljevine Jugoslavije pri Svetoj Stolici (372)*, fasc. 20, [mappa 1/V], ff. n.n.; N. Žutić, *Kraljevina Jugoslavija*, 198; M. Petrović, *Konkordatsko pitanje*, 177, 205-207. Smodlaka chiese al ministero degli esteri di mandargli una carta geografica con i confini delle diocesi cattoliche esistenti (Smodlaka a Ninčić, Roma, 12 giugno 1925, dispaccio n. 490 (minuta), in AJ, *Poslanstvo Kraljevine Jugoslavije pri Svetoj Stolici (372)*, fasc. 5, [mappa 6], ff. n.n.). Gli risposero che una tale carta non era mai stata realizzata (Ninčić a Smodlaka, Belgrado, 13 luglio 1925, dispaccio n. 4749, *ibidem*).

trattandosi di un punto sul quale la Santa Sede dopo la Grande guerra non cedeva ad alcun compromesso, rivendicando la piena libertà nelle nomine episcopali, ed escludendo nella formula del *nihil obstat* governativo ragioni di carattere civile del candidato. Alcune spinose esperienze passate condussero il rappresentante vaticano ad esigere che si facesse una nota aggiuntiva secondo la quale, se entro due mesi la Santa Sede non avesse ricevuto risposta, questa si sarebbe intesa affermativa[68].

Il giorno successivo (12 giugno) i delegati vaticani e jugoslavi si riunirono nella seconda adunanza[69] discutendo sugli articoli V-XII del progetto governativo.

Circa l'amministrazione dei beni ecclesiastici (art. V) il rappresentante vaticano non aggiunse nuovi elementi rispetto al voto dei vescovi, difendendo il principio, secondo cui l'amministrazione dei beni ecclesiastici non poteva essere sottoposta alla vigilanza del governo. Per tale ragione egli propose la rimozione del 2° capoverso dell'articolo che "legalizzava" in certo qual modo la riforma agraria[70].

A proposito del giuramento dei funzionari ecclesiastici (art. VII), la proposta di Borgongini-Duca, in generale, concordava con quella episcopale, volendo nella formula del giuramento evitare un'evidente idolatria del sistema statale. Secondo il verbale della delegazione jugoslava, la Santa Sede sarebbe stata disposta a una

---

[68] Protocollo della prima adunanza tra la Santa Sede e il governo jugoslavo, Vaticano, 11 giugno 1925, in S.RR.SS., AA.EE.SS., *Jugoslavia*, pos. 9, fasc. 16, ff. 3v-4r; AJ, *Poslanstvo Kraljevine Jugoslavije pri Svetoj Stolici (372)*, fasc. 20, [mappa 1/V], ff. n.n.; N. Žutić, *Kraljevina Jugoslavija*, 198-199; M. Petrović, *Konkordatsko pitanje*, 177, 208; G. Mithans, *Urejanje odnosov*, 213.

[69] Presenti Borgongini-Duca, Ottaviani, Janjić e Smodlaka.

[70] Protocollo della seconda adunanza tra la Santa Sede e il governo jugoslavo, Vaticano, 12 giugno 1925, in S.RR.SS., AA.EE.SS., *Jugoslavia*, pos. 9, fasc. 16, f. 4rv; AJ, *Poslanstvo Kraljevine Jugoslavije pri Svetoj Stolici (372)*, fasc. 20, [mappa 1/V], ff. n.n.; N. Žutić, *Kraljevina Jugoslavija*, 199; M. Petrović, *Konkordatsko pitanje*, 177, 208. Lo stesso giorno Smodlaka, in virtù di uno dei postulati dell'episcopato, chiese al ministero degli esteri di mandargli il progetto di legge sulla indennità per i possedimenti, tolti alla Chiesa cattolica tramite la riforma agraria, poiché «*il Vaticano dà molta importanza a tale questione nelle trattative concordatarie*» (Smodlaka a Ninčić, Roma, 12 giugno 1925, dispaccio n. 488 (minuta), in AJ, *Poslanstvo Kraljevine Jugoslavije pri Svetoj Stolici (372)*, fasc. 5, [mappa 6], ff. n.n). Il ministero tre settimane dopo rispose che tale progetto di legge non esisteva e che con la legge di riforma agraria non si faceva alcuna differenza tra i possedimenti ecclesiastici e quelli degli altri proprietari (Ninčić a Smodlaka, Belgrado, 30 giugno 1925, dispaccio n. 4361, *ibidem*).

formula di giuramento simile a quelle presenti nel concordato lituano e polacco[71].

Rispetto alla posizione dei vescovi nell'ambito dell'istruzione religiosa (art. X), ove i membri della delegazione jugoslava avevano quasi *in toto* accettato la soluzione del concordato serbo, riconoscendo alle autorità ecclesiali importanti diritti in materia, Borgongini-Duca chiedeva l'esplicita aggiunta che nelle scuole dello Stato i cattolici avessero diritto all'istruzione catechetica cattolica, a meno che i genitori non dichiarassero di volervi provvedere loro direttamente[72].

Il rappresentante vaticano seguì le proposte dell'episcopato anche nella materia dei seminari (art. XI), volendovi escludere l'ispezione disciplinare da parte dello Stato. L'accordo per l'erezione d'istituti d'educazione si sarebbe dovuto chiedere solo se fosse richiesto il contributo del governo. La novità proposta da Borgongini-Duca rispetto al voto dei vescovi fu quella di togliere il capoverso circa l'obbligatorietà della lingua serbo-croata e slovena per le materie non ecclesiastiche nei seminari. Egli, in cambio di questa mozione rigorosa, proponeva la soluzione di compromesso, secondo la quale poteva diventare parroco soltanto quel sacerdote che avesse superato l'esame di maturità nella scuola di Stato[73].

La seconda adunanza terminò con la discussione circa il matrimonio religioso (art. XII). Il referente vaticano fece sue tutte le cautele dei vescovi al riguardo, tra le quali il riconoscimento del diritto matrimoniale canonico davanti allo Stato, proponendo l'aggiunta di un capoverso sulle cause matrimoniali, non presente nel progetto governativo. Smodlaka osservò, però, che le cause di scioglimento del vincolo si facevano solo presso le autorità civili[74].

---

[71] Protocollo della seconda adunanza tra la Santa Sede e il governo jugoslavo, Vaticano, 12 giugno 1925, in S.RR.SS., AA.EE.SS., *Jugoslavia*, pos. 9, fasc. 16, f. 4v; AJ, *Poslanstvo Kraljevine Jugoslavije pri Svetoj Stolici (372)*, fasc. 20, [mappa 1/V], ff. n.n.; N. Žutić, *Kraljevina Jugoslavija*, 199; M. Petrović, *Konkordatsko pitanje*, 177, 209.

[72] Protocollo della seconda adunanza tra la Santa Sede e il governo jugoslavo, Vaticano, 12 giugno 1925, in S.RR.SS., AA.EE.SS., *Jugoslavia*, pos. 9, fasc. 16, f. 6rv; AJ, *Poslanstvo Kraljevine Jugoslavije pri Svetoj Stolici (372)*, fasc. 20, [mappa 1/V], ff. n.n.; N. Žutić, *Kraljevina Jugoslavija*, 200; M. Petrović, *Konkordatsko pitanje*, 177, 210.

[73] Protocollo della seconda adunanza tra la Santa Sede e il governo jugoslavo, Vaticano, 12 giugno 1925, in S.RR.SS., AA.EE.SS., *Jugoslavia*, pos. 9, fasc. 16, f. 6v; AJ, *Poslanstvo Kraljevine Jugoslavije pri Svetoj Stolici (372)*, fasc. 20, [mappa 1/V], ff. n.n.; N. Žutić, *Kraljevina Jugoslavija*, 200; M. Petrović, *Konkordatsko pitanje*, 177, 211.

[74] Protocollo della seconda adunanza tra la Santa Sede e il governo jugoslavo, Vaticano, 12 giugno 1925, in S.RR.SS., AA.EE.SS., *Jugoslavia*, pos. 9, fasc. 16, f. 6v; AJ, *Poslanstvo Kraljevine Jugoslavije pri Svetoj Stolici (372)*, fasc. 20, [mappa 1/V], ff. n.n.; N. Žutić, *Kraljevina Jugoslavija*, 200; M. Petrović, *Konkordatsko pitanje*, 177, 211.

Per completare questo primo turno di lettura, i rappresentanti delle due parti contraenti si incontrarono nuovamente nella loro terza adunanza, avvenuta il 13 giugno, per prendere in esame l'ultima porzione del progetto governativo (art. XIII-XXII)[75].

Riguardo agli ordini religiosi (art. XIX) Borgongini-Duca trasmise i *desiderata* dei vescovi, volendo limitare l'obbligatorietà della nazionalità serbo-croata-slovena ai soli provinciali (i vescovi tolleravano ciò per tutti i superiori), togliendo, al tempo stesso, il capoverso del progetto governativo sui diritti dello Stato nell'introduzione ed estensione dell'azione degli ordini sul territorio jugoslavo[76].

In sospeso rimasero alcune questioni più sensibili, tra le quali quella della lingua liturgica paleoslava. Per poter affrontare con serietà i temi pendenti, il diplomatico vaticano chiese ai delegati alcuni giorni di pausa e così si stabilì la seguente adunanza per il 17 giugno[77].

Dall'esame di quanto esposto sui singoli articoli si nota una chiara coincidenza tra le proposte dei presuli jugoslavi e quelle di Borgongini-Duca, il quale in alcuni casi, in cambio di una felice conclusione del concordato, dava l'impressione d'essere più accondiscendente degli stessi vescovi con le richieste governative. Questo si potrebbe percepire, ad esempio, nelle questioni riguardanti la delimitazione delle diocesi (art. II) e il giuramento dei funzionari ecclesiali (art. VII). Il desiderio dell'alto impiegato della Segreteria di Stato non significò, tuttavia, che in altre materie egli non si dichiarasse ancora più inflessibile dell'episcopato, soprattutto nel delicato ambito delle minoranze nazionali. Anzi, sotto la prospettiva della premura nei confronti dei gruppi allogeni si comprende la sua opposizione alla formulazione assai restrittiva, quanto alla lingua da adoperarsi nei seminari (art. XI) e alla nazionalità dei membri degli ordini religiosi (art. XIX).

Dai verbali si potrebbe facilmente evincere che nella prima lettura degli articoli,

---

[75] Presenti Borgongini, Ottaviani, Janjić e Smodlaka.

[76] Protocollo della terza adunanza tra la Santa Sede e il governo jugoslavo, Vaticano, 13 giugno 1925, in S.RR.SS., AA.EE.SS., *Jugoslavia*, pos. 9, fasc. 16, f. 7v; AJ, *Poslanstvo Kraljevine Jugoslavije pri Svetoj Stolici (372)*, fasc. 20, [mappa 1/V], ff. n.n.; N. ŽUTIĆ, *Kraljevina Jugoslavija*, 201; M. PETROVIĆ, *Konkordatsko pitanje*, 177, 213-214.

[77] Protocollo della terza adunanza tra la Santa Sede e il governo jugoslavo, Vaticano, 13 giugno 1925, in AJ, *Poslanstvo Kraljevine Jugoslavije pri Svetoj Stolici (372)*, fasc. 20, [mappa 1/VI], ff. n.n.; N. ŽUTIĆ, *Kraljevina Jugoslavija*, 202.

appena affrontata, non si trattava di negoziati veri e propri, bensì meramente dell'esposizione delle vedute ufficiali da parte dell'alto rappresentante della Santa Sede.

1.3.2 Breve "intermezzo" della delegazione jugoslava

Dopo le tre adunanze tra la delegazione jugoslava e quella vaticana, gli incaricati del governo belgradese approfittarono di quei giorni "liberi" per riprendere le loro sedute interne, interrotte il 1° giugno, e commentare le proposte vaticane (15–16 giugno). In questi due giorni si realizzò una rapida analisi delle controproposte vaticane.

Di particolare interesse sono i loro commenti e le perplessità circa le provviste delle diocesi (art. IV), l'amministrazione dei beni ecclesiastici (art. V) e l'attività degli ordini religiosi (art. XIX). I delegati rimasero inflessibili circa le designazioni episcopali, ribadendo il diritto dei vescovi della rispettiva provincia ecclesiastica per la nomina del vescovo ordinario; mostrarono, invece, più comprensione per le proposte vaticane circa le nomine degli amministratori apostolici e dei vescovi ausiliari. Ai delegati non piaceva l'eliminazione delle ragioni di carattere civile dalla formula del *nihil obstat* governativo e la nota aggiuntiva con il termine imposto al governo entro il quale esso doveva dare la risposta per i candidati proposti (art. IV)[78]. Quanto ai beni ecclesiastici i delegati ritennero inaccettabile la proposta di Borgongini-Duca che voleva eliminare quella parte dell'articolo che prevedeva la vigilanza statale sui beni della Chiesa. I diritti dello Stato in questo ambito sarebbero stati per loro inalienabili (art. V)[79]. Circa gli ordini religiosi, i delegati si accontentarono della proposta vaticana secondo la quale ai soli provinciali sarebbe stata richiesta la nazionalità serbo-croata-slovena, non volevano, però, rinunciare ai diritti dello Stato sull'estensione dell'attività degli ordini esistenti nel territorio jugoslavo (art. XIX)[80]. Per ora non si fecero altre osservazioni più incisive, poiché per alcune materie, come la scuola

---

[70] Protocollo della sesta seduta della delegazione per il concordato, Roma, 15 giugno 1925, in AJ, *Poslanstvo Kraljevine Jugoslavije pri Svetoj Stolici (372)*, fasc. 5, [mappa 1], ff. n.n.; N. Žutić, *Kraljevina Jugoslavija*, 202; M. Petrović, *Konkordatsko pitanje*, 177-178.

[79] Protocollo della sesta seduta della delegazione per il concordato, Roma, 15 giugno 1925, in AJ, *Poslanstvo Kraljevine Jugoslavije pri Svetoj Stolici (372)*, fasc. 5, [mappa 1], ff. n.n.; N. Žutić, *Kraljevina Jugoslavija*, 202; M. Petrović, *Konkordatsko pitanje*, 178.

[80] Protocollo della settima seduta della delegazione per il concordato, Roma, 16 giugno 1925, in AJ, *Poslanstvo Kraljevine Jugoslavije pri Svetoj Stolici (372)*, fasc. 5, [mappa 1], ff. n.n.; N. Žutić, *Kraljevina Jugoslavija*, 203; M. Petrović, *Konkordatsko pitanje*, 179.

confessionale e la lingua liturgica, si attendevano ancora le proposte concrete da parte della Santa Sede[81].

1.3.3 I postulati della Santa Sede e la lingua liturgica

I delegati del governo jugoslavo e della Santa Sede si riunirono di nuovo il 17 giugno nella loro quarta adunanza[82].

Borgongini-Duca espose alcuni postulati della Santa Sede, che dovevano far parte del concordato. Essi riprendono, in buona parte, le proposte degli stessi vescovi[83]:

1) Che si ottenesse il diritto di pubblicità per le scuole cattoliche. In tale maniera si riprese il voto dei presuli jugoslavi, con il richiamo al can. 1375 del CIC. Il referente vaticano voleva, inoltre, che si mettesse in chiaro il diritto di ricevere alunni esterni nelle scuole dei seminari, e che tali scuole venissero equiparate ad altre dello stesso livello.

2) Che i maestri di scuola, qualora in essa vi fossero tanti cattolici quanti bastassero per formare una scuola, fossero cattolici. La Santa Sede, secondo il verbale della delegazione jugoslava, avrebbe accettato che tale questione fosse risolta fuori del concordato con una nota personale[84].

3) Che i beni e gli istituti cattolici rimanessero sempre, come di diritto, alla Chiesa cattolica, di qualsiasi rito, anche se una parte o tutto il popolo a cui servivano detti beni passasse ad altra religione. Così si voleva evitare l'abuso di sequestro dei beni della Chiesa cattolica con il passaggio del popolo alla Chiesa ortodossa.

4) Che si garantisse il diritto di predicare e pubblicare liberamente lettere pastorali.

---

[81] Protocollo della sesta seduta della delegazione per il concordato, Roma, 15 giugno 1925, in AJ, *Poslanstvo Kraljevine Jugoslavije pri Svetoj Stolici (372)*, fasc. 5, [mappa 1], ff. n.n.; Protocollo della terza adunanza tra la Santa Sede e il governo jugoslavo, Vaticano, giugno 1925, in AJ, *Poslanstvo Kraljevine Jugoslavije pri Svetoj Stolici (372)*, fasc. 20, [mappa 1/VI], ff. n.n.; N. Žutić, *Kraljevina Jugoslavija*, 203; M. Petrović, *Konkordatsko pitanje*, 178-179.

[82] Presenti Borgongini, Ottaviani, Janjić e Smodlaka.

[83] Verbale dell'adunanza dei vescovi, Roma, 5 giugno 1925, in S.RR.SS., AA.EE.SS., *Jugoslavia*, pos. 9, fasc. 16, ff. 26r-29r.

[84] AJ, *Poslanstvo Kraljevine Jugoslavije pri Svetoj Stolici (372)*, fasc. 20, [mappa 1/VI], ff. n.n.; N. Žutić, *Kraljevina Jugoslavija*, 204; M. Petrović, *Konkordatsko pitanje*, 179-180, 215.

5) Che si riconoscesse alla Chiesa cattolica il diritto di erigere associazioni religiose e non si proibisse a nessun suddito cattolico di appartenervi.

6) Che si riconoscesse alla Chiesa il diritto di organizzare istituzioni autonome, con diritto di esigere dai fedeli dei contributi.

7) Che lo Stato provvedesse che ogni nuova diocesi avesse, a norma del diritto, il suo capitolo, la cattedrale, il seminario, ecc.

8) Che si accettasse l'art. XXVI del concordato polacco, secondo il quale per i beni degli enti esteri si proponeva la seguente formula: «*I beni delle diocesi staccate formeranno oggetto di un accordo speciale*».

9) Che si abrogassero tutte le leggi contrarie al concordato nel momento in cui esso sarebbe entrato in vigore[85].

I qui citati postulati furono concepiti sulla base dell'elenco delle proposte dell'episcopato, anche se ciò non risulta chiaro dalla presente trattazione, ove, appunto, tra le richieste vescovili non sono reperibili alcuni postulati della Santa Sede. Si è però allo stesso tempo ribadito d'aver preso in esame solo alcune delle tante pretese dei capi cattolici jugoslavi.

Comunque sia, i postulati vaticani misero seriamente in imbarazzo la delegazione jugoslava che su tali punti non aveva le idee chiare e tanto meno delle istruzioni da parte del governo. Ciò si scorge dalle ultime righe del verbale della quarta adunanza, in cui si stabiliva che la Santa Sede formulasse in forma definitiva solo il postulato circa il diritto di pubblicità per le scuole cattoliche (1° postulato), mentre gli altri postulati (2-9) non pareva opportuno formularli, finché il governo non si fosse espresso su di essi in via di principio[86].

Nella stessa adunanza, tra l'altro, Borgongini-Duca toccò finalmente il tanto

---

[85] Per tutte le proposte vaticane si veda: Protocollo della quarta adunanza tra la Santa Sede e il governo jugoslavo, Vaticano, 17 giugno 1925, in S.RR.SS., AA.EE.SS., *Jugoslavia*, pos. 9, fasc. 16, f. 5rv; AJ, *Poslanstvo Kraljevine Jugoslavije pri Svetoj Stolici (372)*, fasc. 20, [mappa 1/VI], ff. n.n.; M. Valente, *Diplomazia pontificia*, 251-252; N. Žutić, *Kraljevina Jugoslavija*, 203-204; M. Petrović, *Konkordatsko pitanje*, 179-180, 215-216; G. Mithans, *Urejanje odnosov*, 213-214. L'ultimo postulato di Borgongini non si trova nel protocollo vaticano.

[86] Protocollo della quarta adunanza tra la Santa Sede e il governo jugoslavo, Vaticano, 17 giugno 1925, in AJ, *Poslanstvo Kraljevine Jugoslavije pri Svetoj Stolici (372)*, fasc. 20, [mappa 1/VI], ff. n.n.; N. Žutić, *Kraljevina Jugoslavija*, 204-205; M. Valente, *Diplomazia pontificia*, 252.

atteso problema della lingua paleoslava nella liturgia, prevista nell'addizione I del progetto governativo. Dapprima il negoziatore pontificio rivelò il voto dei vescovi i quali, alcuni giorni prima, avevano optato per una soluzione non-concordataria, preferendo che la questione venisse risolta direttamente tra la Santa Sede e l'episcopato. Il delegato vaticano, sorprendentemente, si allontanò alquanto dalla posizione dell'episcopato, sostenendo che se si voleva ottenere il privilegio della lingua paleoslava nella liturgia, la conclusione di un concordato sarebbe stata la soluzione più propizia. Se le diverse congregazioni dei cardinali si fossero convinte che la Chiesa avrebbe ottenuto un concordato favorevole solo con la concessione di questo privilegio, esse avrebbero fatto un'eccezione nella loro solita rigida posizione nei confronti di privilegi di questo tipo. Borgongini-Duca avvertiva, però, che difficilmente lo Stato jugoslavo avrebbe ottenuto tutti i privilegi che chiedeva circa la lingua liturgica[87].

I delegati jugoslavi vennero a sapere, ufficialmente, solo in quell'occasione, della posizione "anticoncordataria" dell'episcopato circa la lingua liturgica. Come si potrà comprovare più tardi, questo gesto dei vertici della Chiesa cattolica nel regno fu sfruttato poi abilmente dai circoli politici jugoslavi, che qualificarono come antinazionale l'operato dell'episcopato in materia, trasferendo con ciò tutto il baricentro delle vere difficoltà – evidenziatesi in altre questioni di gran lunga più delicate durante i negoziati ufficiali – sulla colpa collettiva in un campo che di per sé non sembrava così fondamentale. Il successivo percorso della delicata polemica liturgica, che oltrepassò la cornice dei colloqui bilaterali romani, sarà sviluppato nella seconda parte del presente capitolo.

1.3.4 Seconda lettura del testo con nuove proposte

Nella quinta (19 giugno[88]), nella sesta (23 giugno[89]) e nella settima adunanza (26 giugno[90]) delle due delegazioni si svolse il secondo turno di lettura dei sin-

---

[87] Protocollo della quarta adunanza tra la Santa Sede e il governo jugoslavo, Vaticano, 17 giugno 1925, in AJ, *Poslanstvo Kraljevine Jugoslavije pri Svetoj Stolici (372)*, fasc. 20, [mappa 1/VI], ff. n.n.; N. ŽUTIĆ, *Kraljevina Jugoslavija*, 204; M. PETROVIĆ, *Konkordatsko pitanje*, 180. Sembra strano che il protocollo vaticano sulle adunanze con i delegati jugoslavi ometta il tema della lingua paleoslava.

[88] Presenti Borgongini-Duca e Janjić.

[89] Presenti Borgongini-Duca e Janjić.

[90] Presenti Borgongini-Duca, Ottaviani, Janjić e Lanović.

goli articoli con nuove proposte jugoslave e controproposte vaticane, quale frutto di alcuni cambiamenti.

Nella settima e ultima adunanza del 26 giugno la Santa Sede propose alcune nuove soluzioni, come previsto già alla fine della quarta adunanza. Così, ad esempio, fu composto un articolo sul diritto di pubblicità per le scuole cattoliche e sui beni delle diocesi straniere. Ritornò di nuovo il dibattito sulla lingua liturgica, in cui Borgongini-Duca avrebbe mostrato ancor più chiaramente la propria apertura verso le esigenze del governo jugoslavo, lasciando spazio a una possibile estensione del privilegio, ma solo sotto forma facoltativa. Il negoziatore vaticano, tuttavia, non formulò direttamente la propria controproposta[91]. I delegati, a questo punto, fecero chiaramente capire che il governo condizionava la conclusione del concordato proprio al privilegio della lingua liturgica, tanto più che i vescovi nel loro congetturale progetto avrebbero richiesto anch'essi la lingua paleoslava[92]. I rappresentanti di Belgrado volevano qui espressamente sottolineare l'atteggiamento incoerente dell'episcopato nella questione, richiamandosi più volte al cosiddetto «progetto episcopale di concordato». In realtà, come si difendeva più tardi l'accusato vescovo Jeglič, un progetto episcopale di concordato non sarebbe mai esistito[93]. Forse i delegati avevano in mente il progetto della «commissione plenaria» del 1923, della quale facevano parte quattro vescovi. In tal modo non appariva troppo difficile dimostrare al pubblico il "disgraziato" cambiamento di posizione dell'episcopato[94].

I colloqui ufficiali tra il governo jugoslavo e la Santa Sede, a questo punto, si chiusero, con un risultato negativo, cioè senza giungere alla firma del concordato. Le trattative furono ufficialmente dichiarate "sospese" fino all'autunno seguente, periodo in cui si sarebbero dovute riprendere in vista dell'auspicata felice conclusione. Esaminando il modo, in cui si svolsero gli incontri delle due delegazioni, si potrebbe avere l'impressione che non sempre si riuscisse ad arrivare ad un vero e

---

[91] M. PETROVIĆ, *Konkordatsko pitanje*, 215.

[92] Protocollo della settima adunanza tra la Santa Sede e il governo jugoslavo, Vaticano, 26 giugno 1925, in AJ, *Poslanstvo Kraljevine Jugoslavije pri Svetoj Stolici (372)*, fasc. 20, [mappa 1/V], ff. n.n.; N. ŽUTIĆ, *Kraljevina Jugoslavija*, 206-207.

[93] F. M. DOLINAR, «Jeglič in cerkvenopolitična vprašanja», 315.

[94] Gasparri a Pellegrinetti, Vaticano, 9 novembre 1925, dispaccio n. 5259 (Nunziatura), in ASV, *Arch. Nunz. Jugoslavia*, busta 3, f. 490rv; Pellegrinetti a Gasparri, Belgrado, 26 novembre 1925, rapporto n. 5348 (minuta), *ibidem*, ff. 500r-501r.

proprio confronto bilaterale tra gli interlocutori, bensì ci si limitasse, in alcuni momenti, piuttosto ad uno scambio di idee, bisognoso di ulteriori approfondimenti necessari.

1.4 *Le sedute "conclusive" interne della delegazione governativa*

Prima di incamminarci verso i rilievi sintetici e le conclusioni sulle trattative concordatarie, attuate nel giugno 1925 in Vaticano, è doveroso descrivere brevemente l'ultimo atto della delegazione jugoslava a Roma. Il suo lavoro non terminò con l'ultimo incontro con i diplomatici pontifici. I rappresentanti jugoslavi si incontrarono ancora nelle ultime tre sessioni "interne" (28–30 giugno), allo scopo di presentare al governo, in base ai colloqui con la Santa Sede, il proprio parere. Il loro prodotto, cioè il verbale finale, individua ancora una volta le problematiche più evidenti durante i colloqui, confermando quanto fosse in pratica impossibile trovare un'intesa, soddisfacente per ambedue le parti coinvolte.

1.4.1 Parere circa i postulati dei vescovi e i primi articoli del progetto

Nell'ottava seduta del 28 giugno[95] si affrontarono, in primo luogo, le condizioni *sine qua non*, poste dai vescovi per cominciare le trattative e presentate ai delegati jugoslavi l'11 giugno.

Circa la consegna dell'amministrazione dell'istituto di San Girolamo, i delegati condivisero l'opinione dei vescovi che sarebbe stato preferibile risolvere la questione prima delle trattative concordatarie, però non nel senso della capitolazione del governo, bensì assicurandosi i diritti spettanti al carattere nazionale dell'istituto.

Toccando il tema della restituzione degli edifici sacri e delle scuole cattoliche, prese dagli ortodossi in alcune regioni per le defezioni dei cattolici, i delegati erano del parere che in caso di veridicità dei fatti bisognava restituire ai cattolici i loro luoghi di culto.

Riguardo alla restituzione dei beni sottratti alla Chiesa cattolica dalla riforma agraria, i delegati proponevano che si facesse una legge statale con cui si assicurasse alla Chiesa cattolica l'indennità per i beni sottratti[96].

---

[95] Presenti solo Janjić e Smodlaka.

[96] Protocollo dell'ottava seduta della delegazione per il concordato, Roma, 28 giugno 1925, in AJ, *Poslanstvo Kraljevine Jugoslavije pri Svetoj Stolici (372)*, fasc. 5, [mappa 1], ff. n.n.; N. Žutić, *Kraljevina Jugoslavija*, 207-208; M. Petrović, *Konkordatsko pitanje*, 181-182.

Nella stessa seduta i delegati passarono all'analisi dei singoli articoli del progetto governativo di concordato. Si decise di rimanere fedeli, in linea di principio, al progetto governativo "ritoccato" e consegnato alla Segreteria di Stato, con alcuni nuovi aggiornamenti. Qui presenteremo in sintesi gli articoli che più degli altri rendevano difficile ogni accordo bilaterale.

Riguardo alla delimitazione delle diocesi (art. II) i delegati rimasero intransigenti sulla necessità dell'unione tra le diocesi di Belgrado e Antivari, trasferendo in tal modo nella capitale anche il titolo *Primas Serbiae*, e declinando ogni altra proposta della Santa Sede in materia. Tanto più bisognava, secondo loro, insistere su questo punto, quanto più l'opposizione all'unione prevista non proveniva dalla Santa Sede, bensì dall'episcopato cattolico. Belgrado, con un esiguo numero di cattolici, doveva, nelle intenzioni del governo, anche nell'aspetto ecclesiastico diventare un forte centro cattolico, imitando in certo senso il patriarcato serbo ortodosso, strettamente legato alla corte[97]. Tale giustificazione della delegazione jugoslava solo conferma ciò da cui il nunzio metteva in guardia l'episcopato cattolico, nel ritenere la proposta governativa carica esclusivamente di ragioni politiche.

Molto combattuto rimase l'art. IV sulle provviste delle diocesi, specie quella parte riguardante la nomina dei vescovi. I delegati accettarono la proposta vaticana sul *placet* governativo, il quale avrebbe contemplato soltanto ragioni di carattere politico, e non più civile, del candidato. Qui non si trattava di una novità, essendosi i rappresentanti del governo convinti da soli che in tutti i nuovi concordati le ragioni di carattere civile non apparivano più. Il vero cruccio di questo articolo rimase, tuttavia, il modo di nominare i vescovi. I negoziatori jugoslavi non volevano rinunciare al diritto dei vescovi della rispettiva provincia ecclesiastica nella nomina del nuovo vescovo ordinario. Ritenevano che con la rinuncia al diritto di presentazione da parte del governo, come avveniva nell'Impero austro-ungarico, avrebbero già ceduto sufficientemente su questo punto. Contro le pretese della Santa Sede, che con i concordati postbellici rivendicava la piena libertà nelle nomine episcopali, la delegazione voleva almeno mantenere il diritto dei vescovi locali nella scelta del nuovo candidato, evitando così la "tentazione" vati-

---

[97] Protocollo dell'ottava seduta della delegazione per il concordato, Roma, 28 giugno 1925, in AJ, *Poslanstvo Kraljevine Jugoslavije pri Svetoj Stolici (372)*, fasc. 5, [mappa 1], ff. n.n.; N. Žutić, *Kraljevina Jugoslavija*, 208; M. Petrović, *Konkordatsko pitanje*, 217-219.

cana di imporre candidati con scarso spirito nazionale. Giudicando questa una delle questioni fondamentali nelle trattative concordatarie, i delegati s'accordarono che bisognava insistere sul progetto governativo[98].

Affrontando l'amministrazione dei beni ecclesiastici (art. V), i delegati furono disposti ad accettare alcune controproposte della Santa Sede; il punto centrale, però, rimaneva il 2° capoverso del progetto governativo sulla vigilanza statale sui beni della Chiesa. I delegati rimasero irremovibili nel loro proposito, nonostante una certa apertura circa la possibile restituzione dei beni sottratti per mezzo della riforma agraria[99].

In questa adunanza dei delegati sorprende la loro apertura circa alcuni postulati dei vescovi (restituzione degli edifici sacri e scuole cattoliche, riforma agraria). Spicca, d'altra parte, l'intransigenza circa il prestigio della sede episcopale di Belgrado.

1.4.2 Proposte circa l'istruzione religiosa e il matrimonio

Il giorno successivo, nella nona seduta[100], si presero in esame gli articoli VIII-XV, confrontati con le controproposte vaticane.

I delegati manifestarono un'apertura notevole verso le prerogative della Chiesa cattolica jugoslava e della Santa Sede nell'ambito dell'istruzione religiosa (art. X) e dei seminari (art. XI). Gli stessi delegati, già prima dei colloqui con la Segreteria di Stato, avevano modificato considerevolmente l'articolo sull'istruzione religiosa, seguendo quasi letteralmente il concordato serbo. Ora, essi accettarono senza difficoltà anche l'aggiunta iniziale, richiesta dalla Santa Sede, ove si rivendicava il diritto dei cattolici all'istruzione catechetica cattolica nelle scuole statali, anche se non come materia obbligatoria. L'appendice della Santa Sede non sarebbe stata, secondo loro, contraria né alla costituzione né alle leggi dello Stato, anzi avrebbe garantito al contempo un'istruzione religiosa più efficace alla

---

[98] Protocollo dell'ottava seduta della delegazione per il concordato, Roma, 28 giugno 1925, in AJ, *Poslanstvo Kraljevine Jugoslavije pri Svetoj Stolici (372)*, fasc. 5, [mappa 1], ff. n.n.; N. ŽUTIĆ, *Kraljevina Jugoslavija*, 209; M. PETROVIĆ, *Konkordatsko pitanje*, 220-221.

[99] Protocollo dell'ottava seduta della delegazione per il concordato, Roma, 28 giugno 1925, in AJ, *Poslanstvo Kraljevine Jugoslavije pri Svetoj Stolici (372)*, fasc. 5, [mappa 1], ff. n.n.; N. ŽUTIĆ, *Kraljevina Jugoslavija*, 209-210; M. PETROVIĆ, *Konkordatsko pitanje*, 221.

[100] Presenti solo Janjić e Smodlaka.

gioventù cattolica[101]. Essi fecero un altro passo rilevante: riguardo al postulato della Santa Sede sul diritto di pubblicità per le scuole cattoliche, i delegati, da parte loro, riconobbero tale diritto in linea di massima, sebbene con una significativa clausola, che cioè esso fosse riconosciuto secondo le leggi dello Stato. E soltanto con questa clausola, non gradita certo alla Santa Sede, i delegati sarebbero stati disposti ad accettare la richiesta vaticana. Rispetto ad un altro postulato vaticano, in cui si chiedeva che i maestri di scuola, quando vi fossero tanti alunni cattolici quanti bastassero per formare una scuola, fossero cattolici anch'essi, i delegati non volevano imporre allo Stato un obbligo del genere all'interno del concordato, ma tutt'al più con una nota separata[102]. Come già un mese prima, i delegati si convinsero nuovamente che solo su questa base si poteva giungere ad un accordo con la Santa Sede. Perciò conclusero che se lo Stato avesse voluto ottenere per sé rivendicazioni in altre materie, sull'istruzione religiosa non si sarebbe potuto chiedere più di quello ottenuto già con il concordato serbo[103].

I delegati mostrarono la propria apertura, inoltre, nell'accettare la proposta vaticana circa i seminari (art. XI), e cioè che le autorità ecclesiastiche potessero liberamente erigerli, quando non si chiedesse un contributo allo Stato. Venne, inoltre, accolta la mozione della Santa Sede che l'ispezione sulla disciplina e sul lavoro educativo, insieme alle nomine dei professori, spettasse ai vescovi. In cambio di questi "favori" da parte della delegazione e come garanzia di una formazione del clero jugoslavo nello spirito patriottico, la Santa Sede già aveva accettato la clausola che prevedeva l'esame di maturità presso le scuole di Stato. Gli incaricati belgradesi, infine, insistevano, contro l'obiezione di Borgongini-Duca, sulla lingua nazionale per le materie non ecclesiastiche nei seminari[104].

---

[101] Protocollo della nona seduta della delegazione per il concordato, Roma, 29 giugno 1925, in AJ, *Poslanstvo Kraljevine Jugoslavije pri Svetoj Stolici (372)*, fasc. 5, [mappa 1], ff. n.n.; N. Žutić, *Kraljevina Jugoslavija*, 211; M. Petrović, *Konkordatsko pitanje*, 224.

[102] Protocollo della nona seduta della delegazione per il concordato, Roma, 29 giugno 1925, in AJ, *Poslanstvo Kraljevine Jugoslavije pri Svetoj Stolici (372)*, fasc. 5, [mappa 1], ff. n.n.; N. Žutić, *Kraljevina Jugoslavija*, 209-210; M. Petrović, *Konkordatsko pitanje*, 231.

[103] Protocollo della nona seduta della delegazione per il concordato, Roma, 29 giugno 1925, in AJ, *Poslanstvo Kraljevine Jugoslavije pri Svetoj Stolici (372)*, fasc. 5, [mappa 1], ff. n.n.; N. Žutić, *Kraljevina Jugoslavija*, 211.

[104] Protocollo della nona seduta della delegazione per il concordato, Roma, 29 giugno 1925, in AJ, *Poslanstvo Kraljevine Jugoslavije pri Svetoj Stolici (372)*, fasc. 5, [mappa 1], ff. n.n.; N. Žutić, *Kraljevina Jugoslavija*, 211-212; M. Petrović, *Konkordatsko pitanje*, 224-225.

I delegati non furono entusiasti della formulazione della Santa Sede sul matrimonio (art. XII), che in fondo ripeteva quella dell'episcopato. Accettarono, da una parte, la proposta vaticana, secondo la quale lo Stato riconosceva il matrimonio tra i cattolici e il matrimonio misto contratto davanti al ministro cattolico «*secondo le leggi della Chiesa cattolica*», limitando però questo stesso riconoscimento al territorio dove lo Stato riconosceva il matrimonio religioso. In alcune regioni vigeva, infatti, ancora la legge matrimoniale del 1894, sanzionata dal parlamento ungherese, che riconosceva soltanto il matrimonio civile[105]. Similmente i delegati non riconobbero ai tribunali ecclesiastici l'illimitata competenza sulle cause dei matrimoni contratti nella Chiesa cattolica, e ciò nel caso in cui gli sposi non appartenessero più alla Chiesa cattolica. Circa la competenza di alcuni tribunali civili nelle cause matrimoniali, che, secondo il parere dei vescovi, se ne arrogavano il giudizio, non si discusse né s'inserì niente nella nuova proposta dei delegati[106].

Su entrambi i temi, appena esaminati, cioè l'istruzione religiosa della gioventù (art. X e XI) e il matrimonio (art. XII), la delegazione jugoslava si mostrò assai disposta a venire incontro alle esigenze della Chiesa cattolica. Per non perdere, d'altra parte, la posizione favorevole sulle materie miste, essa insisteva, comunque, su alcuni "freni", in forma di clausole legislative, offerte dal sistema giuridico jugoslavo.

1.4.3 Suggerimenti circa gli ordini religiosi, la lingua liturgica, l'istituto di San Girolamo e i postulati vaticani

Nell'ultima e decima seduta della delegazione governativa[107] del 30 giugno, i membri diedero definitiva lettura agli articoli XVI-XXII, commentando altresì i nuovi postulati della Santa Sede e altre questioni delicate.

Molto acceso apparve il dibattito sull'articolo riguardante gli ordini religiosi (art. XIX). Alcune osservazioni della Santa Sede vennero considerate positivamente, come quella della nazionalità serbo-croata-slovena per i soli ministri provinciali. Il punto dolente sembrava, invece, l'esigenza vaticana di eliminare il capoverso, che prevedeva la collaborazione dello Stato nell'introduzione dei nuo-

---

[105] La legge (Gesetz-Artikel XXXI/1894) si veda in *Corpus Iuris Hungarici 1894-1895*, 174-193.

[106] Protocollo della nona seduta della delegazione per il concordato, Roma, 29 giugno 1925, in AJ, *Poslanstvo Kraljevine Jugoslavije pri Svetoj Stolici (372)*, fasc. 5, [mappa 1], ff. n.n.; N. ŽUTIĆ, *Kraljevina Jugoslavija*, 212; M. PETROVIĆ, *Konkordatsko pitanje*, 225.

[107] Presenti solo Janjić e Smodlaka.

vi ordini religiosi e nell'estensione di quelli già esistenti nel territorio statale. I delegati si rendevano ben conto che si sarebbe giunti molto difficilmente ad un accordo con la Santa Sede su tale materia. L'esempio dell'intransigenza vaticana si sarebbe mostrato durante i recenti negoziati con la Romania, sospesi proprio per richieste simili a quelle presentate ora dal governo jugoslavo. I delegati, ciononostante, insistettero sulla loro iniziale proposta, sulla scia di quella governativa, cioè di non escludere i diritti dello Stato riguardo gli ordini religiosi. Nel caso in cui il governo avesse dovuto cedere su questo punto, i delegati proposero altre misure legislative vigenti, da poter adoperare contro gli ecclesiastici stranieri e anche quelli jugoslavi[108]. Smodlaka poco dopo avvertiva il ministro degli esteri Ninčić su un decreto austriaco del 13 giugno 1858, ancora in vigore in Slovenia, Dalmazia e alcune isole, secondo il quale senza l'approvazione del governo gli ordini religiosi cattolici non potevano essere presenti nello Stato[109].

Riguardo ai nove postulati della Santa Sede, resi noti durante la quarta adunanza con Borgongini-Duca il 17 giugno ed esposti più sopra, sono stati già presi in esame quelli riguardanti l'istruzione religiosa della gioventù, più precisamente il diritto di pubblicità per le scuole cattoliche (I) e l'appartenenza religiosa dei maestri (II).

Alcuni degli altri postulati sembrarono ragionevoli ai delegati, non volendo però per essi la soluzione concordataria, bensì un impegno meno solenne, tramite una nota separata (III, IV, V). Per i rimanenti postulati vaticani, i delegati non videro maggiori difficoltà a includerli nel concordato, salvaguardando sempre però l'integrità delle leggi statali[110].

Circa la lingua liturgica i delegati conclusero che su questo punto non ci si poteva allontanare dal progetto iniziale e accondiscendere alle restrittive misure vaticane. Borgongini-Duca avrebbe mostrato un atteggiamento aperto, sempre però insufficiente per le pretese jugoslave. Il privilegio si sarebbe dovuto estendere su tutto il territorio jugoslavo, dando alla conferenza episcopale, e non ai singoli

---

[108] Protocollo della decima seduta della delegazione per il concordato, Roma, 30 giugno 1925, in AJ, *Poslanstvo Kraljevine Jugoslavije pri Svetoj Stolici (372)*, fasc. 5, [mappa 1], ff. n.n.; N. ŽUTIĆ, *Kraljevina Jugoslavija*, 213-214; M. PETROVIĆ, *Konkordatsko pitanje*, 228-229.

[109] Si veda *Reich-Gesetz-Blatt für das Kaiserthum Österreich* (1858), n. 95, 393-394.

[110] Protocollo della decima seduta della delegazione per il concordato, Roma, 30 giugno 1925, in AJ, *Poslanstvo Kraljevine Jugoslavije pri Svetoj Stolici (372)*, fasc. 5, [mappa 1], ff. n.n.; N. ŽUTIĆ, *Kraljevina Jugoslavija*, 214-215; M. PETROVIĆ, *Konkordatsko pitanje*, 231-233.

vescovi, il mandato di allargarlo gradualmente a tutte le chiese cattoliche[111].

Nessuna novità invece apparve sulla questione dell'istituto di San Girolamo, avendo i membri della rappresentanza ripetuto la loro conclusione del 28 giugno, che cioè bisognava risolvere la questione prima della conclusione del concordato, cercando di salvaguardarne il carattere nazionale, riservando alle autorità politiche alcune assicurazioni e privilegi nell'amministrazione dell'istituto.

L'ultimo atto della delegazione jugoslava a Roma fu proporre che il testo del concordato fosse redatto solo in una lingua, quella francese, per evitare discrepanze nell'interpretazione[112].

Durante quest'ultima, decima sessione interna, i membri jugoslavi mostrarono un'altra volta grande preoccupazione per l'attività degli ordini religiosi, trovatisi sovente nel mirino delle autorità politiche, per il sospetto di non possedere abbastanza spirito nazionale. Durante i negoziati successivi la questione rimarrà uno dei capisaldi del governo jugoslavo. Lo stesso possiamo affermare per la lingua liturgica e l'istituto di San Girolamo, due "cavalli di battaglia" dei vertici politici nella promozione dell'identità nazionale. I sopra enumerati postulati vaticani, accolti quasi esclusivamente in forma di note separate, invece, rispecchiano semplicemente una realtà più che evidente, cioè la mancanza di un confronto bilaterale preliminare circa i temi pendenti.

In sintesi si può senza dubbio sostenere che i passi conclusivi della delegazione governativa a Roma dimostrano, fino ad un certo punto, l'apertura e il desiderio di avvicinare le proprie posizioni a quelle della diplomazia vaticana. Ciò si può chiaramente scorgere dalla comparazione tra il testo, consegnato in Segreteria di Stato prima dei colloqui ufficiali, e l'opera finale, "prodotto" delle tre ultime adunanze interne. Poiché le discrepanze nelle materie principali tra le due rappresen-

---

[111] Protocollo della decima seduta della delegazione per il concordato, Roma, 30 giugno 1925, in AJ, *Poslanstvo Kraljevine Jugoslavije pri Svetoj Stolici (372)*, fasc. 5, [mappa 1], ff. n.n.; N. ŽUTIĆ, *Kraljevina Jugoslavija*, 215-216; M. PETROVIĆ, *Konkordatsko pitanje*, 229-230. Nella stessa seduta i delegati parlarono dell'annesso II, che trattava dei vescovi titolari, confermando quanto già proposto dal progetto governativo. Esso prevedeva che come vescovi titolari delle diocesi, situate sul territorio jugoslavo, non potessero essere più presi in considerazione cittadini stranieri.

[112] Protocollo della decima seduta della delegazione per il concordato, Roma, 30 giugno 1925, in AJ, *Poslanstvo Kraljevine Jugoslavije pri Svetoj Stolici (372)*, fasc. 5, [mappa 1], ff. n.n.; N. ŽUTIĆ, *Kraljevina Jugoslavija*, 216. Il "nuovo" progetto di concordato, redatto dai delegati, dopo le trattative con la Santa Sede si veda in M. PETROVIĆ, *Konkordatsko pitanje*, 217-232.

tanze risultavano incolmabili, almeno nel senso che non potevano essere risolte in breve tempo, l'esame definitivo dei delegati jugoslavi non poteva essere altro che un *vademecum* per i passi futuri, senza neppure la garanzia di essere approvato dai superiori a Belgrado.

1.5 *Rilievi conclusivi sulle trattative a Roma e la loro sospensione*

Riassumendo l'*iter* dei colloqui ufficiali, e tenendo presente soprattutto lo sviluppo dei temi principali, possiamo affermare che in alcune delle questioni fondamentali ci furono notevoli divergenze tra le due delegazioni. Ciò si rese evidente in quelle materie miste, dove lo Stato voleva assicurarsi un certo controllo, specie nel caso delle nomine episcopali (art. IV), dei beni ecclesiastici (art. V) e dell'attività degli ordini religiosi (art. XIX). Tali questioni, insieme al problema della lingua liturgica, resero impossibile la felice conclusione delle trattative concordatarie con la firma. Anche Petrović, facendo un'analisi giuridica minuta dei principali temi delle trattative[113], identificava, come una delle principali cause della loro sospensione, proprio la posizione opposta tra le due parti nelle questioni sopra nominate[114].

Circa il matrimonio (art. XII) e ancora di più circa l'istruzione religiosa (art. X-XI) le trattative ebbero più successo, raggiungendo un grado abbastanza alto di intesa. Una delle prerogative essenziali della Chiesa nell'ambito dell'educazione era il desiderio di fondare proprie scuole confessionali. Nei colloqui ufficiali tra la Santa Sede e la delegazione jugoslava non si menzionava direttamente questa richiesta[115]; si giunse, tuttavia, ad un accordo, che prevedeva il diritto di pub-

---

[113] M. Petrović, *Konkordatsko pitanje*, 233-282; Id., «Projekat konkordata», 485-502. Dall'analisi di Petrović sui temi principali risulta che le proposte vaticane sarebbero state quasi tutte contrarie alla costituzione di San Vito, alle leggi e alla prassi statale. Non molto più indulgente è il suo giudizio nei confronti della delegazione jugoslava, che ugualmente, in alcuni casi, non avrebbe rispettato la costituzione e la prassi statale (nomina per gli uffici pubblici – art. IX; istruzione religiosa – art. X-XI; matrimonio – art. XII; ordini religiosi – art. XIX). Solo il governo jugoslavo con il suo progetto, prima di essere ritoccato dalla delegazione, avrebbe mantenuto la fedeltà alle leggi statali, eccezione fatta per il matrimonio, dove neanche esso avrebbe rispettato le diverse prassi regionali.

[114] M. Petrović, *Konkordatsko pitanje*, 291.

[115] La richiesta di fondare le proprie scuole fu, invece, chiaramente espressa dall'episcopato nell'adunanza con il nunzio (Verbale dell'adunanza dei vescovi, Roma, 5 giugno 1925, in S.RR.SS., AA.EE.SS., *Jugoslavia*, pos. 9, fasc. 16, f. 26rv).

blicità per le scuole cattoliche già esistenti, seppur nei limiti delle leggi statali, tra l'altro poco chiare su questo argomento (art. 16 della costituzione di San Vito).

È di particolare interesse la relazione finale della delegazione jugoslava dopo le trattative, indirizzata al ministero degli esteri. Le trattative, ufficialmente, sarebbero state solo rinviate *post aquas*, e non rotte, come alcuni avrebbero insinuato tramite la stampa, a causa delle vacanze del collegio cardinalizio. I delegati riconobbero che era stato raggiunto un accordo in parecchi punti e che solo in alcune questioni la Santa Sede avrebbe ceduto non senza grosse difficoltà (beni ecclesiastici, estensione degli ordini religiosi, nomine episcopali). Nella stessa lettera i delegati diedero un duro colpo all'episcopato jugoslavo. Secondo loro erano proprio i vescovi a provocare un'aria di diffidenza presso la Santa Sede contro lo Stato jugoslavo. L'esclusione della liturgia paleoslava dal concordato, contrariamente al loro precedente voto, sarebbe stata una prova evidente del loro odio nei confronti del governo, e gli stessi rappresentanti vaticani si sarebbero meravigliati di tale atteggiamento dell'episcopato, mostratosi altresì nella questione dell'istituto di San Girolamo. Nella stessa relazione furono particolarmente presi di mira i vescovi Šarić, «*il più maldisposto*» contro lo Stato jugoslavo, e Jeglič, «*il più fanatico di tutti*». La lettera terminava condannando l'atteggiamento dei vescovi: se fosse fallita la conclusione del concordato, la responsabilità più grande sarebbe caduta proprio sull'episcopato[116].

Nella storiografia c'è chi ascrive la responsabilità della sospensione delle trattative proprio all'episcopato, per la loro nota posizione riguardo alla lingua liturgica e all'istituto di San Girolamo[117]. Lo scontro iniziale tra il governo e l'episcopato circa quest'ultima questione sarebbe poi sfociato in un vero conflitto diplomatico tra Belgrado e la Santa Sede, rimandando le trattative concordatarie *ad*

---

[116] Rapporto dei rappresentanti della delegazione per il concordato, Smodlaka e Janjić a Ninčić, Roma, 2 luglio 1925, rapporto s.n., in AJ, *Poslanstvo Kraljevine Jugoslavije pri Svetoj Stolici (372)*, fasc. 5, [mappa 1], ff. n.n.; N. Žutić, *Kraljevina Jugoslavija*, 216-217; V. Novak, *Magnum Crimen* (1948), 273-278; F. M. Dolinar, «Jeglič in cerkvenopolitična vprašanja», 314, 327. La condanna dell'atteggiamento episcopale venne poco dopo pubblicata sul *Vreme*, 9 agosto (n. 1306), in un'intervista, rilasciata da Janjić (la trad. it. dell'intervista si veda in S.RR.SS., AA.EE.SS., *Jugoslavia*, pos. 9, fasc. 13, ff. 32r-33v; per il commento del nunzio si veda: Pellegrinetti a Gasparri, Belgrado, 10 agosto 1925, rapporto n. 4947, *ibidem*, ff. 30r-31r).

[117] Così, ad esempio, L. Dimić – N. Žutić, *Rimokatolički klerikalizam*, 234; N. Žutić, *Kraljevina Jugoslavija*, 217.

calendas graecas[118]. Gli stessi autori che denunciano l'operato dell'episcopato non risparmiano le critiche verso la politica vaticana. La Santa Sede, nel corso delle trattative, avrebbe, con continue nuove richieste, inquietato non poco i delegati jugoslavi[119]. La sua postrema richiesta di risolvere la vertenza circa l'amministrazione dell'istituto di San Girolamo a proprio favore, inoltre, avrebbe allontanato le due parti interessate e impedito ulteriori trattative[120].

In ogni caso, fra i motivi della sospensione dei negoziati, l'accusa di una presunta azione antinazionale da parte dei vescovi appare meno convincente, anche se naturalmente venne sottolineata dalle autorità politiche, forse per celare alla pubblica opinione le difficoltà principali.

Analizzando i risultati delle trattative romane tra il governo jugoslavo e la Santa Sede, non si può non dare voce ai due protagonisti, che seguirono da vicino i negoziati ed ebbero un ruolo determinante nelle trattative concordatarie un decennio più tardi. Ci riferiamo al nunzio Pellegrinetti e al consigliere ecclesiastico della legazione jugoslava presso la Santa Sede, Nikola Moscatello.

Nei suoi numerosi rapporti Pellegrinetti metteva in risalto soprattutto tre questioni, secondo lui imprescindibili, da regolare, e che furono discusse nei colloqui ufficiali tra la Santa Sede e il governo jugoslavo, cioè i beni ecclesiastici, l'istituto di San Girolamo e l'istruzione religiosa.

Nell'autunno del 1925, quando circolavano voci sulla possibile continuazione delle trattative a Roma, egli, seguendo le istruzioni di Gasparri[121], aveva ricordato al governo belgradese che la questione dei beni ecclesiastici era considerata una delle condizioni pregiudiziali per il concordato, e pertanto non lo si sarebbe potuto concludere senza che il governo risarcisse i danni causati al patrimonio della Chiesa cattolica[122]. Tre anni più tardi, quando si tornò a parlare di un pro-

---

[118] N. Žutić, *Kraljevina Jugoslavija*, 217.

[119] *Ibidem*, 207.

[120] M. Petrović, *Konkordatsko pitanje*, 291.

[121] Gasparri a Pellegrinetti, Vaticano, 10 settembre 1925, dispaccio n. 45943, in ASV, *Arch. Nunz. Jugoslavia*, busta 8, f. 174rv.

[122] Pellegrinetti a Ninčić, Belgrado, 6 ottobre 1925, nota n. 5155 (copia), *ibidem*, busta 7, f. 278r; Pellegrinetti a Gasparri, Belgrado, 10 ottobre 1925, rapporto n. 5163, in S.RR.SS., AA.EE.SS., *Jugoslavia*, pos. 9, fasc. 13, f. 99v; Pellegrinetti a Gasparri, Belgrado, 26 giugno 1926, rapporto n. 6199, *ibidem*, fasc. 15, f. 4v; Pellegrinetti a Ninčić, Belgrado, 27 luglio 1926, nota n. 6333 (copia), in ASV, *Arch. Nunz. Jugoslavia*, busta 4, f. 26r.

getto di legge per la riforma agraria, il nunzio protestò presso il ministro degli esteri Marinković per la pretesa di voler risolvere tale questione senza intesa con la Santa Sede. A tale fine egli si richiamava nello stesso tempo alle trattative passate del 1925, durante le quali l'argomento era stato discusso, e alle future trattative, da considerarsi come l'unico luogo appropriato per la risoluzione di un problema così "scottante"[123].

Da queste brevi considerazioni si può evincere come per il nunzio la questione dei beni rappresentasse uno dei capisaldi dei diritti della Chiesa, e come sarebbe stata assolutamente inaccettabile la soluzione proposta dalla delegazione jugoslava. Proprio le prerogative statali sui beni ecclesiastici sarebbero state, secondo lui, uno dei motivi principali per il ritorno della delegazione a Belgrado senza la firma del concordato.

Il nunzio, invece, non dava di per sé molta importanza alla questione dell'istituto di San Girolamo che, come quella della lingua liturgica, riteneva un tema marginale nelle trattative concordatarie. Tuttavia, dopo che i vescovi, durante la loro adunanza a Roma, chiesero dal governo jugoslavo la consegna dell'amministrazione dell'istituto alla Chiesa e lo stesso governo cominciò a condizionare le trattative concordatarie con il trasformare un piccolo problema in un vero "cavallo di battaglia", il rappresentante pontificio capì «*come San Girolamo va diventando una questione grossa*», la quale avrebbe potuto servire a qualche avversario del concordato quale pretesto «*per gettare sulla Santa Sede la responsabilità di una eventuale rottura di negoziati*»[124]. Seguendo la linea dell'episcopato[125] e della Segreteria di Stato[126],

---

[123] Pellegrinetti a Marinković, Belgrado, 6 giugno 1926, nota n. 8213 (minuta), in ASV, *Arch. Nunz. Jugoslavia*, busta 7, f. 299rv; Pellegrinetti a Marinković, Belgrado, nota n. 8817 (minuta), *ibidem*, busta 4, ff. 298v-299r.

[124] Pellegrinetti a Gasparri, Belgrado, 24 ottobre 1925, rapporto n. 5200 (minuta), *ibidem*, busta 9, f. 365v.

[125] Verbale dell'adunanza dei vescovi, Roma, 5 giugno 1925, in S.RR.SS., AA.EE.SS., *Jugoslavia*, pos. 9, fasc. 16, ff. 28v-29r.

[126] Protocollo della prima adunanza tra la Santa Sede e il governo jugoslavo, Vaticano, 11 giugno 1925, *ibidem*, f. 3r; Borgongini-Duca a Janjić, Vaticano, 8 luglio 1925, lettera s.n., in S.RR.SS., AA.EE.SS., *Rapporti delle Sessioni*, anno 1925, Sessione 1286, stampa 1144, «Roma. Istituto di San Girolamo degli Schiavoni a Roma», 6 novembre 1925, Sommario, n. IX, pp. 29-31; ASV, *Arch. Nunz. Jugoslavia*, busta 9, f. 406r; AJ, *Poslanstvo Kraljevine Jugoslavije pri Svetoj Stolici (372)*, fasc. 20, [mappa 1/V], ff. n.n.; N. ŽUTIĆ, *Kraljevina Jugoslavija*, 198; M. PETROVIĆ, *Konkordatsko pitanje*, 176-177.

egli perciò avvertì il governo, che anche il tema dell'istituto di San Girolamo, insieme con quello dei beni ecclesiastici, era pregiudiziale sul concordato[127]. Più tardi si approfondirà l'*iter* dei negoziati circa l'istituto nazionale.

«Per la Santa Sede la questione della scuola è questione capitale», ripeteva Pellegrinetti nei suoi incontri con le autorità politiche jugoslave[128]. Durante la "bufera" intorno alla promulgazione delle leggi scolastiche (autunno 1929–estate 1930) il nunzio ritornerà spesso alle trattative del 1925 e all'art. X del progetto governativo di concordato. Nelle sue proteste rivolte al governo egli ricordava che nel 1914 e nel 1925, quanto all'insegnamento religioso e alle associazioni religiose, ci sarebbe stato più riguardo verso la Chiesa cattolica che non in quel momento, e ancora di più, che le nuove disposizioni di legge sarebbero state in pieno contrasto tanto con il concordato serbo quanto con il progetto governativo del 1925[129]. Sembra che Pellegrinetti, nonostante il silenzio sulle scuole private, sia rimasto abbastanza soddisfatto circa la proposta della delegazione jugoslava nel 1925 (art. X) poiché in essa vedeva riconosciuto il diritto della Chiesa d'interessarsi alla scuola[130].

Ampliando ancora di più il discorso, il nunzio dichiarava agli esponenti politici di Belgrado, nel 1930, che non vi sarebbero stati *«disgusti»* e contestazioni se il governo avesse seguitato la linea della «commissione governativa per lo studio del concordato» (1922-1923) e se avesse proseguito le trattative *«felicemente comincia-*

---

[127] Pelelgrinetti a Gasparri, Belgrado, 26 giugno 1926, rapporto n. 6199, in S.RR.SS., AA.EE.SS., *Jugoslavia*, pos. 9, fasc. 15, f. 4v; M. Valente, *Diplomazia pontificia*, 271.

[128] Pellegrinetti a Pacelli, Belgrado, 24 febbraio 1930, rapporto n. 10385, in S.RR.SS., AA.EE.SS., *Jugoslavia*, pos. 90, fasc. 51, f. 72v.

[129] *«Come possono i cattolici [...] confidare in un futuro Concordato, quando intanto si distrugge l'articolo X del Concordato Serbo, si legifera in opposizione allo stesso progetto di Concordato già presentato dal Governo alla Santa Sede nel 1925, si crea un'atmosfera di diffidenza e di lotta?»*: Pellegrinetti a Gasparri, Belgrado, 27 dicembre 1929, rapporto n. 10112, *ibidem*, fasc. 50, f. 71r. Si veda anche: Pellegrinetti a Marinković, Belgrado, 14 dicembre 1928, nota n. 8817 (minuta), in ASV, *Arch. Nunz. Jugoslavia*, busta 4, f. 297rv; Pellegrinetti a Marinković, Belgrado, 11 dicembre 1929, nota n. 10030 (copia), in S.RR.SS., AA.EE.SS., *Jugoslavia*, pos. 90, fasc. 50, f. 63v; Pellegrinetti a Pacelli, Belgrado, 4 maggio 1930, rapporto n. 10646, *ibidem*, fasc. 51, f. 79v; S.RR.SS., AA.EE.SS., *Rapporti delle Sessioni*, anno 1931, Sessione 1338, stampa 1212, «Nuove trattative per il Concordato tra la Santa Sede e il Regno di Jugoslavia», 25 giugno 1931, Relazione, p. 10.

[130] Pellegrinetti a Pacelli, Belgrado, 24 febbraio 1930, rapporto n. 10385, in S.RR.SS., AA.EE.SS., *Jugoslavia*, pos. 90, fasc. 51, f. 72v.

te» a Roma nel maggio del 1925[131]. Allo scopo di considerare le future trattative come un vero proseguimento di queste ultime, egli ribadì più volte che i negoziati tra la Santa Sede e il regno jugoslavo erano soltanto sospesi, ma non rotti[132].

Moscatello nelle sue «memorie» descrisse dettagliatamente le proprie impressioni sulla missione della delegazione jugoslava a Roma, della quale egli stesso faceva parte come esperto. Era molto scettico nel vedere l'arrivo a Roma di tutto l'apparato solenne per le trattative, senza aver preparato prima il terreno. Ciò avrebbe già supposto in anticipo un chiaro rischio di esporsi all'insuccesso. Dall'altra parte sarebbe stato molto ingenuo, da parte della gerarchia cattolica, aspettare che i diritti della Chiesa cattolica venissero concessi dalla grazia di Pašić e dalla protezione di Janjić, uno dei politici belgradesi più «*sventati e frivoli*». Moscatello riteneva che tra il progetto jugoslavo e quello vaticano ci fosse una gran distanza, ragione per cui le trattative sarebbero state rinviate ad un prossimo futuro. Secondo lui i politici belgradesi sarebbero giunti a Roma con l'illusione che la Santa Sede avrebbe concesso loro tutto, senza chiedere in contraccambio garanzie per il libero esercizio della missione della Chiesa cattolica e per la sua equiparazione con le altre fedi presenti in Jugoslavia. L'altra difficoltà, forse ancora più grande, secondo lui, consisteva nel fatto che tanti politici si sarebbero lasciati "ingannare" dai concordati con la Serbia e il Montenegro, considerandoli tuttora decisivi per le nuove trattative, dimenticando nel contempo che la situazione nel nuovo Stato fosse completamente diversa. Nel Regno di Serbia e di Montenegro i cattolici si potevano contare sulle dita, perciò non c'era difficoltà ad accontentarsi di un concordato, composto da alcune dichiarazioni di principio. Ma ciò non sembrava possibile nel Regno SHS, dove la situazione era molto più complessa: cinque milioni di cattolici, parecchi istituti caritativi e culturali ecclesiastici, un elevato numero di sacerdoti e di ordini religiosi, una vita religiosa assai sviluppata. I cattolici, continuava Moscatello, non volevano considerarsi come una minoranza nazionale ed essere soltanto tollerati. Perciò i circoli governativi avrebbero manifestato un'ingenuità così gran-

---

[131] Pellegrinetti a Pacelli, Belgrado, 14 febbraio 1930, rapporto n. 10343, *ibidem*, f. 62r.

[132] Pellegrinetti a Marinković, Belgrado, 5 maggio 1928, nota n. 8105 (minuta), in ASV, *Arch. Nunz. Jugoslavia*, busta 4, f. 234v; Pellegrinetti a Marinković, Belgrado, 14 dicembre 1928, nota n. 8817 (minuta), *ibidem*, f. 297r; Pellegrinetti a Marinković, Belgrado, 11 dicembre 1929, nota n. 10030 (minuta), *ibidem*, f. 482v (cf. la copia in S.RR.SS., AA.EE.SS., *Jugoslavia*, pos. 90, fasc. 50, f. 63v).

de da non menzionare, nel loro progetto di concordato, alcune questioni fondamentali e di vitale interesse per la Chiesa, non avendo previsto che la Santa Sede le avrebbe portate sul tappeto, come quelle sopra segnalate[133].

Riflettendo sui contenuti delle proposte jugoslave e delle controproposte vaticane, si potrebbe riepilogare affermando che la principale causa per la non-conclusione delle trattative concordatarie a Roma sarebbe da cercare già nella fase preparatoria (1922-1925), durante la quale non si riuscì a realizzare alcun confronto diretto tra i rappresentanti jugoslavi e quelli vaticani sui temi principali. Il ministro jugoslavo presso la Santa Sede Smodlaka aveva dichiarato al suo governo di averlo compiuto, tuttavia non abbiamo alcun riscontro che lo abbia fatto veramente, almeno con chi di dovere[134]. Tali conversazioni preliminari, infatti, avrebbero potuto limare le problematiche più accese in modo da preparare il terreno per una conclusione felice del patteggiamento. Purtroppo, nel momento in cui il rappresentante vaticano presentò ai delegati jugoslavi alcune richieste ritenute indispensabili dalla Santa Sede, essi dovettero dichiarare di aver bisogno di ulteriori istruzioni e poteri da parte del proprio governo, rinviando in questo modo l'intero negoziato.

2. Le trattative concordatarie "sospese" (1925-1930)

Le trattative furono sospese, né più, per varie ragioni, si erano potute riprendere. Molte volte si era pensato di nominare nuove Commissioni per lo studio delle questioni da trattarsi; ma sono passati ben cinque anni, senza che si sia fatto nulla in questo senso[135].

---

[133] Moscatello tra le questioni fondamentali non menzionate nel progetto governativo di concordato riporta l'istruzione religiosa nelle scuole e il matrimonio. In realtà nel progetto governativo, anche in quello ancora non "ritoccato" dai delegati, le due questioni vennero incluse (art. X, art. XII), benché non come lui avrebbe forse desiderato (APHZSJ, ostavština Moscatello, busta 2: *Bilješke [Memorie]*, pp. 32-35; *Nikola Moscatello*, F. Veraja – S. Kljaić, ed., 65-67).

[134] Si veda in modo particolare quanto abbiamo riferito al § 2.4.4 del capitolo II del presente studio.

[135] Pacini a Pacelli, Belgrado, 21 settembre 1930, rapporto n. 11150, in S.RR.SS., AA.EE.SS., *Jugoslavia*, pos. 96, fasc. 53, f. 52r.

Le parole di Alfredo Pacini[136], allora uditore della nunziatura di Belgrado (1930), sintetizzano bene il periodo che seguì la sospensione delle trattative. In modo analogo Moscatello scriveva che, dopo l'esperienza romana, la questione del concordato era arenata senza che alcuno la disincagliasse, anche se nella stampa jugoslava apparivano ripetute notizie sull'impegno del governo a risolvere la questione[137]. Viene pertanto spontanea la domanda sui motivi e sulle cause di questo così lungo periodo di stallo, e se effettivamente non si fece nulla in vista della ripresa dei negoziati. D'altro canto, è interessante individuare quali erano allora i campi di confronto nelle relazioni diplomatiche tra la Santa Sede e il Regno SHS (Jugoslavia) e in che misura esse influivano sulle trattative concordatarie, in quel momento dichiarate "sospese".

2.1 *Preparativi per il proseguimento delle trattative concordatarie e il ruolo di Radić*

Il primo a rompere il carattere segreto delle trattative romane fu il delegato Janjić, che qualche mese dopo il ritorno da Roma concesse un'intervista al giornale *Vreme*, svelando una serie di particolari riguardanti i colloqui tra la Segreteria di Stato e i delegati jugoslavi[138]. Le sue dichiarazioni pubbliche non furono nient'altro che la sintesi del rapporto finale, che egli, insieme a Smodlaka, inviava a Belgrado il 2 luglio 1925. Il nunzio Pellegrinetti rimase penosamente sorpreso nel vedere che un uomo con un incarico così delicato avesse dato in pasto al pubblico cose che erano ancora in discussione e nelle quali nessun impegno era stato ancora preso né dal governo né dalla Santa Sede. Parecchi punti svelati sarebbero stati atti a far nascere polemiche, dando adito ad accuse e calunnie contro la Chiesa cattolica. Janjić dichiarava, infatti, e per giunta erroneamente, che alcuni

---

[136] Alfredo Pacini (1888-1967), lucchese, fu ordinato sacerdote nel 1913. Nel 1922 divenne segretario particolare del nunzio Pellegrinetti a Belgrado, ove rimase più di un decennio, fungendo da segretario (1924-1928) e in seguito da uditore (1928-1933) della stessa nunziatura. Dopo venne trasferito in Polonia come uditore della nunziatura (1935 al 1944) e in Francia come consigliere (1944). Nel 1946 fu creato nunzio in Haiti e nella Repubblica Dominicana, tre anni più tardi in Uruguay. Nel 1960, sempre in veste di nunzio, si trasferì in Svizzera, nel 1967 invece fu creato cardinale. I suoi dati biografici si vedano in T. NATALINI, *I diari del cardinale*, 56, 59, 267, 270.

[137] APHZSJ, ostavština Moscatello, busta 2: *Bilješke [Memorie]*, p. 34; *Nikola Moscatello*, F. Veraja – S. Kljaić, ed., 67.

[138] *Vreme*, 9 agosto 1925 (n. 1306). La trad. it. si veda in S.RR.SS., AA.EE.SS., *Jugoslavia*, pos. 9, fasc. 13, ff. 32r-33v.

vescovi fossero stati risoluti avversari del glagolitico. Tuttavia ciò che destava più stupore era il suo pubblico attacco contro l'arcivescovo Šarić e il suo presunto agire antistatale, con cui si sarebbe messo a repentaglio il carattere nazionale dell'istituto di San Girolamo.

In seguito a una dura protesta di Pellegrinetti, il delegato Janjić si rese disposto a smentire le proprie dichiarazioni sui negoziati e promise di non pubblicare più niente sul concordato, senza aver preso prima accordi con il nunzio[139]. Ciò fu da lui compiuto, però allo stesso momento egli utilizzò altri mezzi a discapito di Šarić, sporgendo querela contro il settimanale cattolico di Sarajevo, *Katolički Tjednik*, per alcuni articoli violenti contro la sua persona. Poco dopo, nel mese di ottobre 1925, i vescovi Jeglič e Šarić querelarono, a loro volta, il quotidiano sloveno di indirizzo liberale *Slovenski narod* per avere ripetuto e aggravato le accuse formulate da Janjić nella famosa intervista. Proprio al tribunale di Lubiana si avviò il dibattito sul presunto protocollo dei vescovi circa la loro opposizione al glagolitico e circa il protocollo delle loro adunanze con il nunzio nel corso delle trattative romane, i quali avrebbero dimostrato gli intrighi dell'episcopato contro gli interessi dello Stato[140]. La causa fu finalmente decisa dopo due anni, con la condanna del giornale[141].

Nell'autunno del 1925 e secondo gli accordi presi con la Santa Sede, il governo

---

[139] Pellegrinetti a Gasparri, Belgrado, 10 agosto 1925, rapporto n. 4947, in S.RR.SS., AA.EE.SS., *Jugoslavia*, pos. 9, fasc. 13, ff. 30r-31r.

[140] Pellegrinetti a Gasparri, Belgrado, 22 ottobre 1925, rapporto n. 5195, *ibidem*, ff. 117r-118r; Pellegrinetti a Gasparri, Belgrado, 2 novembre 1925, rapporto n. 5224, *ibidem*, fasc. 14, ff. 9r-12v. Si vedano anche gli allegati con la traduzione di vari articoli di quotidiani (*ibidem*, ff. 13r-19r; ASV, *Arch. Nunz. Jugoslavia*, busta 3, ff. 459r-481r); cf. M. Valente, *Diplomazia pontificia*, 258.

[141] Jeglič a Pellegrinetti, Lubiana, 18 febbraio 1927, lettera s.n., in ASV, *Arch. Nunz. Jugoslavia*, busta 4, f. 87r; Pellegrinetti a Gasparri, Belgrado, 24 febbraio 1927, rapporto n. 6888 (minuta), *ibidem*, f. 89r; Pellegrinetti a Gasparri, Belgrado, 14 marzo 1927, rapporto n. 6952 (minuta), in ASV, *Arch. Nunz. Jugoslavia*, busta 16, f. 320r; Pellegrinetti a Gasparri, Belgrado, 21 novembre 1927, rapporto n. 7604, in S.RR.SS., AA.EE.SS., *Jugoslavia*, pos. 9, fasc. 15, ff. 29r-31r; *Slovenec*, 20 novembre 1927 (n. 264). Si vedano anche: Pellegrinetti a Gasparri, Belgrado, 1° giugno 1926, rapporto n. 6109, in S.RR.SS., AA.EE.SS., *Jugoslavia*, pos. 9, fasc. 14, ff. 57r-61v; Gasparri a Pellegrinetti, Vaticano, 15 giugno 1926, dispaccio n. 1384/26, in ASV, *Arch. Nunz. Jugoslavia*, busta 3, ff. 650r-651r. È interessante l'articolo di Dolinar che consultò la documentazione archivistica, relativa al processo di Lubiana (F. M. Dolinar, «Jeglič in cerkvenopolitična vprašanja», 313-316).

preparava la partenza della delegazione per Roma per continuare e definire il concordato. Janjić scriveva a settembre al suo «*caro amico*» Borgongini-Duca che la revisione del progetto governativo di concordato si sarebbe dovuta svolgere in breve tempo[142]. Il sottosegretario del ministero degli esteri Marković nel colloquio con il nunzio parlava della partenza per Roma entro fine ottobre, Pellegrinetti, tuttavia, gli fece comprendere, come una delle questioni pregiudiziali per firmare il concordato, cioè quella dei beni della Chiesa, si sarebbe potuta meglio discutere a Belgrado per ragioni pratiche e solo in seguito recarsi in Vaticano[143]. Poco dopo il nunzio fu ancora più risoluto nel dichiarare, come già menzionato sopra, che non si sarebbe potuto concludere il concordato senza che il governo risarcisse i danni al patrimonio della Chiesa cattolica[144]. Per rafforzare tale passo deciso del nunzio, i vescovi alla loro conferenza plenaria annuale (13–19 ottobre 1925) difesero unanimemente il principio che tutti i beni ecclesiastici si dovevano rendere alla Chiesa, accettando al contempo il massimo di possesso, stabilito dalla legge[145].

Alla fine di ottobre la "macchina" concordataria finalmente rientrò in movimento. Il ministro degli esteri Ninčić, infatti, convocò alcuni esperti in materia ad alcune conferenze per esaminare le controproposte, fatte dalla Santa Sede nel giugno precedente, e per prendere una decisione definitiva[146]. A differenza delle

---

[142] Janjić a Borgongini-Duca, Lesina, 12 settembre 1925, lettera personale, in S.RR.SS., AA.EE.SS., *Jugoslavia*, pos. 9, fasc. 13, f. 75rv; M. VALENTE, *Diplomazia pontificia*, 255-256.

[143] Pellegrinetti a Gasparri, Belgrado, 27 settembre 1925, rapporto n. 5123, in S.RR.SS., AA.EE.SS., *Jugoslavia*, pos. 9, fasc. 13, f. 83rv; Pellegrinetti a Ninčić, Belgrado, 6 ottobre 1925, nota n. 5155 (copia), in ASV, *Arch. Nunz. Jugoslavia*, busta 7, f. 278r; M. VALENTE, *Diplomazia pontificia*, 256.

[144] Pellegrinetti a Gasparri, Belgrado, 10 ottobre 1925, rapporto n. 5163, in S.RR.SS., AA.EE.SS., *Jugoslavia*, pos. 9, fasc. 13, f. 99v; M. VALENTE, *Diplomazia pontificia*, 256-257.

[145] Pellegrinetti a Gasparri, Belgrado, 20 ottobre 1925, rapporto n. 5185 (minuta), in ASV, *Arch. Nunz. Jugoslavia*, busta 7, ff. 285r-286v. Il protocollo della conferenza si veda in NŠAL, ŠAL/SP V, fasc. 269: «Škofovska konferenca 1922-1942», [mappa 6 (1925)], pp. 1-13; M. VALENTE, *Diplomazia pontificia*, 262-263.

[146] Alle conferenze (31 ottobre–2 novembre) parteciparono, accanto al ministro degli esteri, il ministro dei culti Trifunović, il ministro della riforma agraria Pavle Radić, il ministro Smodlaka, il presidente del «comitato ristretto» Jovanović, gli esperti Lanović e Čuka, e il segretario Anić; il delegato Janjić non vi partecipò per malattia. Čuka nelle sue memorie scrisse di come egli fosse stato "ripescato" dopo essere stato escluso dalla delegazione governativa a Roma. Fu Smodlaka a insistere presso il governo sulla necessità di contare sul suo appoggio nelle future trattative (ZKZ, Jakov Čuka, *Spisi iz ostavščine* (163936 MS 1097), fasc. 2: *Spisi o konkordatu (n. 11)*, appunto senza titolo e data, 4 pp; I. MUŽIĆ, *Katolička crkva*, 66).

commissioni precedenti questa volta non fu invitato nessun vescovo. Non conosciamo il contenuto delle conferenze e le proposte dei membri ivi espresse, poiché il protocollo di esse non appare reperibile nell'Archivio di Stato a Belgrado. Qualche cenno ce lo offre Čuka che, tra l'altro, non considerò superfluo sottolineare che il detto protocollo, composto dal segretario Anić e dal ministro Smodlaka, non sarebbe stato mai letto durante le conferenze e che lui non l'avrebbe mai visto. Riguardo ai temi ivi trattati, il canonico dalmata annotava che all'inizio Smodlaka presentò il corso delle trattative avute a Roma con Borgongini-Duca nel mese di giugno, che in seguito si discusse sui singoli punti, compresi i voti dei vescovi, e che alla fine furono riportate le conclusioni e le istruzioni per la delegazione.

Prima della partenza si sarebbero dovuti consultare alcuni singoli ministeri e quale ultima istanza il consiglio dei ministri. La sua impressione sui lavori svolti nelle conferenze era positiva, ribadendo la buona volontà dei membri per la continuazione delle trattative con la Santa Sede. Il privilegio della lingua paleoslava sarebbe stato ritenuto dai membri quale una questione essenziale, confermando la richiesta del governo che riteneva la questione *sine qua non* per sottoscrivere il concordato.

Tuttavia, siccome in quel preciso momento i rapporti tra le autorità politiche e la Chiesa cattolica erano fortemente tesi, a causa delle polemiche circa la lingua liturgica, l'istituto di San Girolamo e l'insoddisfazione dei cattolici sulla politica governativa nell'ambito scolastico, si decise di aspettare un'occasione più propizia per il proseguimento dei colloqui con la Santa Sede[147].

La prima reazione di Pellegrinetti sulle conferenze ministeriali fu poco ottimista. Una decisione definitiva da parte dei membri gli sembrava difficile, per la presunta notevole diversità di vedute in seno allo stesso ministero degli esteri[148]. Nei suoi incontri con alcuni membri delle conferenze (Ninčić, Smodlaka, Čuka) venne a sapere quanto tempo si era dovuto impegnare per mettere i "radiciani", cioè i membri del partito di Radić, al corrente dell'*iter* concordatario, giacché

---

[147] ZKZ, Jakov Čuka, *Spisi iz ostavščine* (163936 MS 1097), fasc. 2: *Spisi o konkordatu (n. 11)*, appunto senza titolo e data, pp. 2-3; I. MUŽIĆ, *Katolička crkva*, 66.

[148] Pellegrinetti a Gasparri, Belgrado, 2 novembre 1925, rapporto n. 5224, in S.RR.SS., AA.EE.SS., *Jugoslavia*, pos. 9, fasc. 14, ff. 10v-11r; M. VALENTE, *Diplomazia pontificia*, 258-259.

erano appena entrati nel governo e completamente ignari dei passi compiuti sino al momento. In certo modo, si dovette ricominciare tutto da capo, provocando non poco disappunto all'interno della commissione. Come già in precedenza, il nunzio espresse qualche dubbio sulle opinioni dei membri ortodossi[149], tuttavia, egli era ancora più preoccupato degli elementi anticlericali cosiddetti cattolici[150]. Tra questi, parecchi sarebbero stati contrari al concordato o l'avrebbero tollerato soltanto «*se tutto desse allo Stato e alla Chiesa lasciasse l'unica possibilità di farsi instrumentum regni*»[151].

In questo gruppo si potrebbe annoverare il protagonista croato Stjepan Radić, una delle figure più controverse ed enigmatiche nella politica jugoslava fra le due guerre. Nel luglio 1925 avvenne la sua "trasformazione" politica quando, rinunciando all'indirizzo repubblicano e accogliendo la costituzione di San Vito, simpatizzò per il partito radicale di Pašić, fino a qualche giorno prima il suo più grande avversario. Dal momento che egli decise di fare alleanza con i radicali durante la sua prigionia, pochi erano convinti della sincerità della sua decisione[152]. Pur rappresentando, in termini politici, la porzione cattolica del regno[153], Radić non era ben visto dall'episcopato jugoslavo e tanto meno dal nunzio, a causa del suo atteggiamento anticlericale. La partecipazione dei "radiciani" nel gabinetto di Pašić destava ansia e preoccupazione presso i cattolici, specie dopo la famosa intervista del 17 luglio 1925, pubblicata su *Politika*, in cui il presidente del partito contadino sosteneva l'idea di

---

[149] «*In effetto i ministri radicali [...] hanno in generale la mentalità degli uomini di Stato della piccola Serbia del 1910, quando lo Stato era in realtà confessionale e il cattolicesimo religione straniera. Questa mentalità vieta e non più corrispondente alla situazione del nuovo Stato, dove i Serbi ortodossi non sono che il 46 per cento della popolazione, è una delle ragioni per le quali sì poco e sì a stento si progredisce*»: Pellegrinetti a Gasparri, Belgrado, 7 novembre 1925, rapporto n. 5235, in S.RR.SS., AA.EE.SS., *Jugoslavia*, pos. 9, fasc. 14, f. 22v.

[150] «*Certo peggiore è la mentalità dei partiti anticlericali e massonici di Croazia e Slovenia più decisi e più pericolosi nemici della Chiesa, mentre tra gli ortodossi non mancano uomini equi e capaci di ragionare*»: ibidem.

[151] *Ibidem*; M. VALENTE, *Diplomazia pontificia*, 259-260.

[152] Su Radić e sul suo rovesciamento politico si veda I. MUŽIĆ, *Stjepan Radić*, 348-349; A. RAHTEN, «Korošec in hrvaška politika», 59-60. Cf. anche I. PERIĆ, *Stjepan Radić*.

[153] H. MATKOVIĆ, «Stjepan Radić i konkordat», 294.

staccare i croati interamente da Roma mediante una nuova religione, la Chiesa vetero-cattolica, come ponte di passaggio ad una terza, l'ortodossia serba. Alcuni ritenevano che egli avesse dichiarato ciò per ingraziarsi i radicali, i quali glielo avrebbero imposto quale condizione per la sua liberazione e partecipazione al potere[154].

Quale posizione prese Radić, invece, di fronte al concordato? A causa del suo carattere mutevole non si può facilmente offrire una risposta univoca[155]. Dopo le conferenze a Belgrado, Smodlaka si sarebbe recato dal presidente del partito contadino croato, presentandogli i risultati del loro lavoro, il quale ne sarebbe rimasto molto contento, mostrando il proprio consenso per le decisioni ivi prese[156]. Non così appare dai rapporti di Pellegrinetti. Il delegato Janjić avrebbe avvertito più volte il nunzio dell'atteggiamento sfavorevole di Radić riguardo al concordato, soprattutto sulla questione della scuola privata o confessionale, nei confronti della quale egli si sarebbe opposto decisamente[157]. Anche Čuka riferiva a Pellegrinetti in modo simile[158]. Una certa ambiguità sul parere di Radić circa il concordato persisteva ancora, però pian piano, specie dopo la metà novembre 1925, quando egli entrò a far parte del governo di Pašić quale ministro del-

---

[154] Pellegrinetti a Gasparri, Belgrado, 20 agosto 1925, rapporto n. 4985, in S.RR.SS., AA.EE.SS., *Jugoslavia*, pos. 9, fasc. 13, ff. 37rv, 40r-41v; M. VALENTE, *Diplomazia pontificia*, 254-255; G. MITHANS, *Urejanje odnosov*, 214. L'intervista, pubblicata su *Politika*, 17 luglio 1925, Anno XXII – n. 6187, pp. 1-3, si trova anche in ASV, *Arch. Nunz. Jugoslavia*, busta 3, f. 418rv, la traduzione it. in S.RR.SS., AA.EE.SS., *Jugoslavia*, pos. 9, fasc. 13, f. 38rv; I. MUŽIĆ, *Katolička crkva*, 66-67.

[155] Pellegrinetti a Gasparri, Belgrado, 20 agosto 1925, rapporto n. 4985, in S.RR.SS., AA.EE.SS., *Jugoslavia*, pos. 9, fasc. 13, f. 37rv; Pellegrinetti a Gasparri, Belgrado, 17 dicembre 1925, rapporto n. 5427 (minuta), in ASV, *Arch. Nunz. Jugoslavia*, busta 3, f. 508r; Pellegrinetti a Gasparri, Belgrado, 9 aprile 1926, rapporto n. 5892 (minuta), *ibidem*, f. 566v.

[156] Ž.K7., Jakov Čuka, *Spisi iz ostavščine* (163936 MS 1097), fasc. 2: *Spisi o konkordatu (n. 11)*, appunto senza titolo e data, p. 3; I. MUŽIĆ, *Katolička crkva*, 66.

[157] Pellegrinetti a Gasparri, Belgrado, 2 novembre 1925, rapporto n. 5224, in S.RR.SS., AA.EE.SS., *Jugoslavia*, pos. 9, fasc. 14, f. 12r; Pellegrinetti a Gasparri, Belgrado, 11 dicembre 1925, rapporto n. 5400 (minuta), in ASV, *Arch. Nunz. Jugoslavia*, busta 3, f. 503v; Pellegrinetti a Gasparri, Belgrado, 21 dicembre 1925, rapporto n. 5437 (minuta), *ibidem*, busta 9, f. 483v.

[158] Pellegrinetti a Gasparri, Belgrado, 7 novembre 1925, rapporto n. 5235, in S.RR.SS., AA.EE.SS., *Jugoslavia*, pos. 9, fasc. 14, f. 23r.

l'istruzione, la sua avversione si fece più manifesta[159]. Secondo lui, formalmente il concordato era soltanto una questione di Stato, giacché – trattandosi di un tema che riguardava esclusivamente i cattolici – toccava ai croati avere la parola decisiva in tale affare.

La domanda principale sarebbe la seguente: perché Radić, come rappresentante politico del popolo croato, il più cattolico nel regno, mostrò un così forte disaccordo con la soluzione concordataria? Tra gli studiosi soprattutto Mužić e Matković si accinsero a dare una risposta. Il primo sostiene che Radić non si sia opposto al concordato in quanto tale, bensì al fatto che la questione, prettamente riguardante i croati, fosse affrontata senza di loro. A conferma dei suoi buoni rapporti con l'episcopato croato, rappresentante religioso dei croati cattolici, Mužić richiama un incontro tra Radić e i vescovi, in cui egli si mostrò del tutto favorevole al carattere cristiano delle scuole[160]. Matković, contrariamente, non crede che le trattative si siano svolte senza i croati, avendo gli stessi serbi invitato Paolo e Stjepan Radić ai lavori delle conferenze. Egli, anzi, è del parere, che siano stati proprio i croati ad avere un ruolo decisivo nella sospensione delle trattative con la Santa Sede, più ancora dei serbi, che, almeno ufficialmente, le avrebbero portate a buon fine. La ragione dell'atteggiamento negativo di Radić sarebbe stato il suo evidente anticlericalismo e la paura che con il concordato la Chiesa cattolica avrebbe aumentato il proprio influsso nella politica croata. La gerarchia cattolica avrebbe, secondo lui, appoggiato il partito popolare e non il suo partito contadino. Inoltre, il concordato avrebbe migliorato i rapporti tra l'episcopato cattolico e Belgrado, ciò che avrebbe invece indebolito la politica di Radić. Matković, poi, basandosi sulle testimonianze di Janjić e Trifunović, ritiene che Radić fosse convinto che con il concordato si sarebbe persa la sovranità dello Stato e si sarebbero messe le "manette" al popolo croato. Sotto questo aspet-

---

[159] Pellegrinetti a Gasparri, Belgrado, 18 novembre 1925, rapporto n. 5291 (minuta), in ASV, *Arch. Nunz. Jugoslavia*, busta 9, ff. 422v-423r.

[160] I. Mužić, *Katolička crkva*, 66-67; Id., *Stjepan Radić*, 349; cf. G. Mithans, *Urejanje odnosov*, 196; Id., «Ključni akterji», 430-431. Anche il nunzio descrisse in un rapporto tale incontro: «*Stefano Radić [...] ha fatto visita a Mons. Bauer Arcivescovo di Zagabria e si è professato presso di lui "cattolico praticante, membro vivo della Chiesa Cattolica" ed ha ritirato il decreto del suo antecessore che sopprimeva quattro scuole normali rette dalle Suore, promettendo altri provvedimenti giusti, invano fin qui reclamati dall'Episcopato e da me. Se non ricambia, c'è da ringraziare Iddio*»: Pellegrinetti a Gasparri, Belgrado, 25 novembre 1925, rapporto n. 5344 (minuta), in ASV, *Arch. Nunz. Jugoslavia*, busta 9, f. 454v.

to, secondo Matković, appare più comprensibile il suo desiderio di formare una Chiesa croata, indipendente da Roma[161].

Il nunzio, nei suoi rapporti, spesso ricordava lo spirito anticlericale di Radić, «*acrobatico tribuno*[162]», motivo per cui i cattolici croati sarebbero dovuti stare in guardia[163]. Riguardo alla sua opposizione al concordato, Pellegrinetti sottolineava il ruolo rilevante del suo partito nel rallentamento delle trattative[164]. In occasione dell'accordo tra i radicali serbi e i popolari sloveni nell'agosto 1927, chiamato «Intesa di Bled», Radić disse che si trattava di «*un accozzo di clericali e di poliziotti*», ed espresse la massima avversione alla conclusione del concordato, presuntivamente ivi compresa[165]. Il nunzio allora "targò" Radić, senza mezzi termini, come «*uno dei peggiori avversari del Concordato*». L'unico accordo per lui accettabile sarebbe stato quello che contenesse il diritto dello Stato di nominare tutti gli uffici ecclesiastici, e il suo completo arbitrio in materia di seminari, ordini religiosi, scuole, beni ecclesiastici, collegio di San Girolamo, ecc. Pellegrinetti aggiunse, infine, che «*Radić è stato uno dei principali ostacoli alla ripresa delle trattative, giacché egli nel Gabinetto davanti ai suoi colleghi serbi "ortodossi" si atteggiava a rappresentante dei Cattolici jugoslavi*»[166].

Nella documentazione dell'«Archivio di Jugoslavia» sono reperibili pochissimi

---

[161] H. Matković, «Stjepan Radić i konkordat», 295-298.

[162] Pellegrinetti a Gasparri, Belgrado, 3 settembre 1927, rapporto n. 7464, in S.RR.SS., AA.EE.SS., *Jugoslavia*, pos. 9, fasc. 15, f. 25r.

[163] Pellegrinetti a Gasparri, Belgrado, 20 agosto 1925, rapporto n. 4985, in S.RR.SS., AA.EE.SS., *Jugoslavia*, pos. 9, fasc. 13, f. 41v; Pellegrinetti a Gasparri, Belgrado, 21 novembre 1925, rapporto n. 5318 (minuta), in ASV, *Arch. Nunz. Jugoslavia*, busta 9, f. 439v; Pellegrinetti a Gasparri, Belgrado, 22 febbraio 1926, rapporto n. 5700 (minuta), in ASV, *Arch. Nunz. Jugoslavia*, busta 3, f. 536r; Pellegrinetti a Gasparri, Belgrado, 19 aprile 1926, rapporto n. 5935 (minuta), *ibidem*, f. 570v; Pellegrinetti a Gasparri, Belgrado, 3 settembre 1927, rapporto n. 7464, in S.RR.SS., AA.EE.SS., *Jugoslavia*, pos. 9, fasc. 15, ff. 25v-26r; Pellegrinetti a Gasparri, Belgrado, 24 febbraio 1928, rapporto n. 7894 (minuta), in ASV, *Arch. Nunz. Jugoslavia*, busta 4, f. 209v.

[164] Pellegrinetti a Gasparri, Belgrado, 26 giugno 1926, rapporto n. 6199, in S.RR.SS., AA.EE.SS., *Jugoslavia*, pos. 9, fasc. 13, f. 4rv.

[165] Pellegrinetti a Gasparri, Belgrado, 3 settembre 1927, rapporto n. 7464, in S.RR.SS., AA.EE.SS., *Jugoslavia*, pos. 9, fasc. 15, ff. 25v-26r; J. Krošelj, «Borba za konkordat», 187.

[166] Pellegrinetti a Gasparri, Belgrado, 3 settembre 1927, rapporto n. 7464, in S.RR.SS., AA.EE.SS., *Jugoslavia*, pos. 9, fasc. 15, ff. 25v-26r; M. Valente, *Diplomazia pontificia*, 277-278.

cenni riguardo all'azione anticoncordataria da parte di Radić, e anche questi sono concepiti in modo piuttosto generale[167].

Quanto al peso di Radić per la sospensione quinquennale delle trattative concordatarie, è interessante mettere a confronto alcuni lavori pubblicati. Presso Krošelj e Bonutti è fortemente presente la tendenza a valutare l'atteggiamento di Radić come l'unico colpevole dell'interruzione[168]. In modo analogo, ma meno esplicito, Matković vede nel suo operato uno dei fattori decisivi[169], mentre per Mužić il protagonista croato, malgrado l'alta influenza, non era l'unico fattore ad aver provocato la lunga "pausa"[170]. Per Živojinović, Žutić e Petrović il suo comportamento, in generale, è considerato uno tra i tanti motivi per il rinvio delle trattative con la Santa Sede[171].

Stjepan Radić uscì dalla scena politica con la sua morte improvvisa nel 1928, in seguito alla sparatoria nella *Skupština* di Belgrado. Unanimemente può essere considerato uno dei principali oppositori del concordato, soprattutto per ragioni politiche, volendo egli eliminare tutto ciò che potesse nuocere alle brame autonomiste dei croati. E tra questi ostacoli egli vedeva senz'altro il concordato.

In ogni caso, non fu unicamente Radić a differire le trattative *ad calendas graecas*: ci furono anche altri fattori, ad esempio l'inerzia degli altri membri delle conferenze, la politica ambigua di Pašić[172], la resistenza del governo ad attuare la restituzione del patrimonio ecclesiastico, sottratto per mezzo della riforma agra-

---

[167] Jovanović a Ninčić, Roma, 29 dicembre 1925, rapporto n. 1029 (minuta), in AJ, *Poslanstvo Kraljevine Jugoslavije pri Svetoj Stolici (372)*, fasc. 5, [mappa 7], ff. n.n.; N. ŽUTIĆ, *Kraljevina Jugoslavija*, 218.

[168] Fu soprattutto Joško Krošelj, segretario personale del ministro Korošec, ad accentuare il ruolo decisivo del politico croato nella materia: «*La conclusione del concordato tra il Regno dei Serbi, Croati e Sloveni non fu impedita dai serbi-ordotossi, bensì da un cattolico – croato Stjepan Radić*»: J. KROŠELJ, «Borba za konkordat», 186. L'autore dell'articolo si rifà al lavoro del croato Franjo Matić, composto poco prima (F. MATIĆ, «Borba oko konkordata», 5-7). Alcuni studiosi in un certo senso tornano alla tesi di Krošelj: K. BONUTTI, «"Neratificirani" konkordat», 137-138; B. KOLAR, «Korošec in osrednja», 198-199.

[169] H. MATKOVIĆ, «Stjepan Radić i konkordat», 295-298.

[170] I. MUŽIĆ, *Katolička crkva*, 66-70; ID., *Stjepan Radić*, 349. Cf. anche G. MITHANS, *Urejanje odnosov*, 214; ID., «Ključni akterji», 431.

[171] L. DIMIĆ – N. ŽUTIĆ, *Rimokatolički klerikalizam*, 234; D. ŽIVOJINOVIĆ – D. LUČIĆ, *Varvarstvo*, vol. I, 340-341; M. PETROVIĆ, *Konkordatsko pitanje*, 291.

[172] «*Circa il nuovo concordato [Pašić] era d'avviso che bisogna mostrarsi larghi con Roma, ma con ogni precauzione. La sua era perciò più una politica d'inazione che d'azione verso la S. Sede, ciò*

ria, e finalmente la vertenza circa l'istituto di San Girolamo, che proprio nel novembre 1925 "acquistò" nuove dimensioni[173]. La decisione del governo di attendere un momento più opportuno per la ripresa dei negoziati aprì un nuovo capitolo nei rapporti fra la Santa Sede e il Regno SHS.

2.2 *La questione dell'istituto di San Girolamo a Roma*

Con gli «Accordi di Roma» del 27 gennaio 1924, e più precisamente tramite l'«Accordo sull'istituto di San Girolamo degli Schiavoni a Roma»[174], il governo jugoslavo ottenne dall'Italia il dissequestro e la consegna dei beni dell'istituto, sottratto in precedenza alla protezione austro-ungarica. Il governo di Belgrado, tramite il ministro Smodlaka, si rivolse alla Santa Sede, estranea al detto accordo, chiedendo che gli fossero riconosciuti «*diritti di protezione e controllo*» sull'istituto ed esprimendo il desiderio del governo di giungere ad una convenzione con la Santa Sede. Nello schema di proposte e di richieste che Smodlaka trasmise in merito, spiccava soprattutto la richiesta del *nihil obstat* governativo per le nomine a tutte le cariche e uffici nell'istituto, le quali – tenendo conto del carattere nazionale dell'istituzione e delle ragioni storiche, morali e pratiche[175] – avrebbero dovuto riguardare esclusivamente sudditi jugoslavi[176]. Tali richieste non trovarono buona accoglienza presso la Segreteria di Stato, la quale spesso si richiamava al breve *Slavorum Gentem*, che dava al pontefice piena libertà al riguardo. Le due contra-

---

che ha contribuito a lasciare insolute parecchie questioni, con il conseguente accrescimento di confusione e difficoltà»: Pellegrinetti a Gasparri, Belgrado, 11 dicembre 1926, rapporto n. 6627 (minuta), in ASV, *Arch. Nunz. Jugoslavia*, busta 4, ff. 63v-64r. Anche Matković sottolinea la diffidenza di Pašić nei confronti del concordato. La differenza tra lui e Radić sarebbe stata, se non nel principio, almeno nel metodo: mentre Radić si esprimeva in modo apertamente contrario, Pašić mostrava la stessa avversione in modo nascosto, dietro tante promesse alla Chiesa (H. MATKOVIĆ, «Stjepan Radić i konkordat», 298).

[173] Pellegrinetti a Gasparri, Belgrado, 26 giugno 1926, rapporto n. 6199, in S.RR.SS., AA.EE.SS., *Jugoslavia*, pos. 9, fasc. 15, f. 4rv.

[174] Il testo si veda in *Documenti per la storia*, 160-161; ASV, *Arch. Nunz. Jugoslavia*, busta 9, f. 332r.

[175] Jovanović a Gasparri, Roma, 11 dicembre 1925, nota n. 986 (copia), in ASV, *Arch. Nunz. Jugoslavia*, busta 9, ff. 490r-491r; Simić a Gasparri, Roma, 13 luglio 1927, nota s.n., *ibidem*, f. 557rv.

[176] Le proposte del governo jugoslavo si vedano *ibidem*, ff. 333rv, 400rv; S.RR.SS., AA.EE.SS., *Rapporti delle Sessioni*, anno 1924, Sessione 1277bis, stampa 1130bis, «Roma. Istituto di San Girolamo degli Schiavoni», 6 novembre 1924, Sommario, nn. VI-VII, pp. 46-48; S.RR.SS., AA.EE.SS., *Rapporti delle Sessioni*, anno 1925, Sessione 1286, stampa 1144, «Roma. Istituto di San Girolamo degli Schiavoni», 6 novembre 1925, Sommario, n. IV, pp. 19-20.

stanti impostazioni suscitarono molta attenzione presso la congregazione degli affari ecclesiastici straordinari, che convocò ben quattro sessioni tra il 1924 e il 1927, in vista della risoluzione della vertenza sull'istituto[177].

Dopo aver consultato i vescovi jugoslavi e il nunzio Pellegrinetti[178], fu convocata, il 6 novembre 1924, la prima sessione della congregazione, chiamata «adunanza particolare». In base al memorandum dell'arcivescovo di Zagabria del 1° ottobre, nel quale si chiedeva la restituzione dei beni da parte del governo jugoslavo alla legittima autorità ecclesiastica e successivamente l'applicazione del breve *Slavorum Gentem*, i cardinali accettarono la richiesta del governo circa l'accordo, tuttavia in forma *iuxta modum*, ponendovi quale base il mantenimento della natura ecclesiastica dell'istituto e di quanto disposto dal breve *Slavorum Gentem*[179]. Il governo jugoslavo tuttavia non accolse la risoluzione della Santa Sede e rimase irremovibile nelle proprie rivendicazioni. Ne è testimone il ricco carteggio tra Gasparri e Smodlaka, in cui ognuno difendeva i principi della propria istituzione[180].

Il 18 gennaio 1925 fu convocata una nuova «adunanza particolare» dei cardinali, per continuare la discussione su un punto non affrontato nel primo incontro, e cioè la proposta del governo jugoslavo circa alcune celebrazioni liturgiche, da compiere in lingua paleoslava e nazionale nella chiesa di San Girolamo[181].

------

[177] Per una sintesi delle sessioni della congregazione degli affari ecclesiastici straordinari circa l'istituto di San Girolamo si veda M. VALENTE, «Santa Sede e Jugoslavia», 207-217; ID., *Diplomazia pontificia*, 234-237, 265-266, 280-282.

[178] Per la lettera della Segreteria ai vescovi si veda: S.RR.SS., AA.EE.SS., *Rapporti delle Sessioni*, anno 1924, Sessione 1277bis, stampa 1130bis, «Roma. Istituto di San Girolamo degli Schiavoni», 6 novembre 1924, Sommario, n. II, pp. 35-36; per il parere del nunzio si veda: *ibidem*, Sommario, n. IV, pp. 39-42; Pellegrinetti a Gasparri, Belgrado, 3 luglio 1924, rapporto n. 3188 (minuta), in ASV, *Arch. Nunz. Jugoslavia*, busta 9, ff. 342r-344r.

[179] S.RR.SS., AA.EE.SS., *Rapporti delle Sessioni*, anno 1924, Sessione 1277bis, stampa 1130bis, «Roma. Istituto di San Girolamo degli Schiavoni», 6 novembre 1924, Verbale, ff. 1-7; M. VALENTE, «Santa Sede e Jugoslavia», 208-209; ID., *Diplomazia pontificia*, 234-235.

[180] S.RR.SS., AA.EE.SS., *Rapporti delle Sessioni*, anno 1925, Sessione 1286, stampa 1144, «Roma. Istituto di San Girolamo degli Schiavoni», 6 novembre 1925, Sommario, nn. V-VIII, pp. 21-28; ASV, *Arch. Nunz. Jugoslavia*, busta 9, ff. 401r-404v; M. VALENTE, «Santa Sede e Jugoslavia», 211-212.

[181] Più ampiamente in: S.RR.SS., AA.EE.SS., *Rapporti delle Sessioni*, anno 1925, Sessione 1280, stampa 1134, «Roma. Lingua liturgica in San Girolamo degli Schiavoni», 18 gennaio 1925; M. VALENTE, «Santa Sede e Jugoslavia», 209-211; ID., *Diplomazia pontificia*, 235-237.

Quello che qui interessa in modo particolare è il legame tra la vertenza sul San Girolamo e le trattative concordatarie. Già qualche settimana dopo le trattative romane Borgongini-Duca avvertiva il governo jugoslavo che la Santa Sede poneva come condizione *sine qua non* per la continuazione delle trattative concordatarie, la consegna dei locali e dei beni dell'istituto[182].

Quando nell'autunno 1925 si sperava in una serena continuazione delle trattative concordatarie, scoppiò un conflitto all'interno dell'istituto, che inquinò ulteriormente i rapporti già tesi tra il governo jugoslavo e la Santa Sede. La controversia nacque dall'espulsione di alcuni alunni dell'istituto da parte del rettore Biasiotti, il quale, dietro le proteste di alcuni vescovi jugoslavi, minacciava le proprie dimissioni. Smodlaka gli intimò, in caso di dimissioni, di consegnare le chiavi dell'istituto, con gli inventari degli oggetti, alla legazione jugoslava, estorcendo, al contempo, la chiusura del collegio fino alla nomina del nuovo rettore, fatta d'intesa con il governo[183].

D'urgenza furono chiamati i cardinali alla «congregazione plenaria» della congregazione degli affari ecclesiastici straordinari, tenutasi il 6 novembre 1925, dove, con l'approvazione papale *ad mentem* venne deliberata la sostituzione del rettore Biasiotti con Nardone, anche questi italiano e scelto personalmente dal papa, e la riammissione degli alunni espulsi[184]. Smodlaka, fortemente irritato per tale provvedimento, reagì in modo violento, forzando la porta che collegava i locali della cancelleria della legazione con il collegio. Sospese, inoltre, ogni pagamento per le spese del collegio, dai fondi da lui detenuti all'uopo.

La Santa Sede ottenne, tramite la solenne protesta del nunzio[185], l'allontana-

---

[182] Borgongini-Duca a Janjić, Vaticano, 8 luglio 1925, in S.RR.SS., AA.EE.SS., *Rapporti delle Sessioni*, anno 1925, Sessione 1286, stampa 1144, «Roma. Istituto di San Girolamo degli Schiavoni», 6 novembre 1925, Sommario, n. IX, pp. 29-31; ASV, *Arch. Nunz. Jugoslavia*, busta 9, ff. 405r-406r; M. Valente, *Diplomazia pontificia*, 264.

[183] S.RR.SS., AA.EE.SS., *Rapporti delle Sessioni*, anno 1925, Sessione 1286, stampa 1144, «Roma. Istituto di San Girolamo degli Schiavoni», 6 novembre 1925, Relazione, pp. 5-6, Sommario, nn. I-III, pp. 9-18; ASV, *Arch. Nunz. Jugoslavia*, busta 9, ff. 393rv, 395r-399r; M. Valente, *Diplomazia pontificia*, 264-265; G. Mithans, *Urejanje odnosov*, 193, 214; Id., «Ključni akterji», 430.

[184] S.RR.SS., AA.EE.SS., *Rapporti delle Sessioni*, anno 1925, Sessione 1286, stampa 1144, «Roma. Istituto di San Girolamo degli Schiavoni», 6 novembre 1925, Verbale, ff. 1-5; M. Valente, «Santa Sede e Jugoslavia», 213-214; Id., *Diplomazia pontificia*, 265-266.

[185] Pellegrinetti a Ninčić, Belgrado, 16 novembre 1925, nota n. 5261 (minuta), in ASV, *Arch. Nunz. Jugoslavia*, busta 9, ff. 408r-409v.

mento del ministro Smodlaka, divenuto persona *non grata* in Vaticano[186]. Pur accondiscendendo alle richieste della Santa Sede di richiamare Smodlaka dal suo posto, il governo si sentì offeso dalle pressioni vaticane, soprattutto per la nomina del nuovo rettore italiano, fatta senza intesa con Belgrado, compromettendo così il carattere nazionale dell'istituto. Il governo considerò la nomina di Nardone unicamente una misura di carattere amministrativo, perché l'esecutivo voleva assicurarsi a tutti i costi l'influsso sull'istituto "nazionale", rivendicando il *nihil obstat* per la nomina del rettore e del consiglio d'amministrazione[187].

Con questi eventi dolorosi del novembre 1925 si avviava un periodo di quasi tre anni, in cui le relazioni tra Belgrado e la Santa Sede si sarebbero concentrate esclusivamente sulla risoluzione della questione del San Girolamo. Di grande ostacolo per le aspirazioni jugoslave fu il breve *Slavorum Gentem*, che dal governo era, sì, riconosciuto valido, tuttavia non come un documento di carattere magisteriale, ma semplicemente amministrativo, pertanto facilmente sottoponibile a modifiche, secondo le circostanze[188].

Nelle intenzioni della Santa Sede, che non dava troppa importanza alla questione del San Girolamo, prevaleva il desiderio di riprendere quanto prima le trattative concordatarie, mentre il governo jugoslavo impiegava tutte le forze per salvare il carattere nazionale dell'istituto, mettendo in secondo piano la questione concordataria. Anzi, la soluzione dell'istituto fu posta come condizione *sine qua non* per riprendere i colloqui per la stipulazione del concordato[189]. C'è volu-

---

[186] Moscatello, consigliere ecclesiastico della legazione, descrisse dettagliatamente questo passo di Smodlaka, ritenendolo poco intelligente, non corrispondente ad un diplomatico. Nei circoli vaticani lui fu accusato, almeno all'inizio, di essere l'ideatore dell'irruzione. Quantunque egli non condividesse l'operato di Smodlaka, riteneva però che la Santa Sede avrebbe potuto agire con più discrezione e rispetto verso il governo e il popolo jugoslavo (APHZSJ, ostavština Moscatello, busta 2: *Bilješke [Memorie]*, pp. 35-39; *Nikola Moscatello*, F. Veraja – S. Kljaić, ed., 68-73). Circa l'allontanamento di Smodlaka è molto ricca la documentazione dell'Archivio di Jugoslavia: AJ, *Poslanstvo Kraljevine Jugoslavije pri Svetoj Stolici (372)*, fasc. 5, [mappa 7], ff. n.n.; M. VALENTE, «Santa Sede e Jugoslavia», 214-215; ID., *Diplomazia pontificia*, 266.

[187] Jovanović a Gasparri, Roma, 11 dicembre 1925, nota n. 986 (copia), in ASV, *Arch. Nunz. Jugoslavia*, busta 9, ff. 490r-491r; S.RR.SS., AA.EE.SS., *Rapporti delle Sessioni*, anno 1927, Sessione 1305, stampa 1173, «Roma. Istituto di San Girolamo degli Schiavoni», 31 luglio 1927, Sommario, n. V, pp. 19-21.

[188] Simić a Gasparri, Roma, 8 agosto 1927, nota n. 87 (copia), in ASV, *Arch. Nunz. Jugoslavia*, busta 9, f. 575.

[189] Jovanović a Ninčić, Roma, 29 dicembre 1925, rapporto n. 1029 (minuta), in AJ, *Poslanstvo Kraljevine Jugoslavije pri Svetoj Stolici (372)*, fasc. 5, [mappa 7], ff. n.n.; Jovanović a Ninčić, Roma, 17 febbraio 1926, rapporto n. 84 (minuta), *ibidem*, fasc. 6, [mappa 7], ff. n.n.

to del tempo prima che la Santa Sede, che inizialmente aveva voluto includere la vertenza del San Girolamo tra le materie del concordato, accettasse tale riserva del governo[190]. L'incaricato d'affari della legazione jugoslava presso la Santa Sede Jovanović volle addirittura condizionare ambedue le trattative alla rimozione dei due vescovi "problematici", Šarić e Jeglič[191].

Il successore di Smodlaka alla legazione jugoslava, Jevrem Simić, giunto a Roma nell'estate 1926, proseguì la linea adoperata in passato, mantenendo il sequestro dell'istituto e insabbiando la prosecuzione dei negoziati concordatari. Ogni volta che si spargevano voci sulla possibile venuta di una delegazione a Roma[192], egli esprimeva decisamente il proprio disappunto. Le circostanze per il concordato, secondo lui, non erano ancora mature, sia perché prima si doveva risolvere la questione del San Girolamo, sia perché le relazioni tra la Santa Sede e lo Stato jugoslavo apparivano compromesse da un'atmosfera piuttosto "soffocante", aggravata dalla presunta politica vaticana a favore del regime fascista, e quindi contraria agli slavi[193].

---

[190] Jovanović a Ninčić, Roma, 6 maggio 1926, rapporto n. 168 (minuta), *ibidem*, ff. n.n.

[191] Jovanović a Ninčić, Roma, 19 gennaio 1926, rapporto n. 12 (minuta), *ibidem*, [mappa 6], ff. n.n.; Jovanović a Ninčić, Roma, 6 maggio 1926, rapporto n. 168 (minuta), *ibidem*, [mappa 7], ff. n.n.

[192] Pellegrinetti a Gasparri, Belgrado, 26 giugno 1926, rapporto n. 6199, in S.RR.SS., AA.EE.SS., *Jugoslavia*, pos. 9, fasc. 15, f. 4rv; Gasparri a Pellegrinetti, Vaticano, 6 luglio 1926, dispaccio n. 1613/26, in ASV, *Arch. Nunz. Jugoslavia*, busta 8, f. 193rv; Pellegrinetti a Gasparri, Belgrado, 24 luglio 1926, rapporto n. 6327 (minuta), *ibidem*, busta 4, f. 18r; Pellegrinetti a Gasparri, Belgrado, 28 aprile 1927, rapporto n. 7093 (minuta), *ibidem*, ff. 113v-114r; Pellegrinetti a Gasparri, Belgrado, 13 giugno 1927, rapporto n. 7217 (minuta), *ibidem*, f. 120v; Pellegrinetti a Gasparri, Belgrado, 16 giugno 1927, rapporto n. 7228 (minuta), *ibidem*, f. 125v; Pellegrinetti a Gasparri, Belgrado, 17 agosto 1927, rapporto n. 7428 (minuta), *ibidem*, f. 131r; Pellegrinetti a Gasparri, Belgrado, 3 settembre 1927, rapporto n. 7464, in S.RR.SS., AA.EE.SS., *Jugoslavia*, pos. 9, fasc. 15, f. 25v; Pellegrinetti a Gasparri, Belgrado, 4 dicembre 1927, rapporto n. 7651 (minuta), in ASV, *Arch. Nunz. Jugoslavia*, busta 4, ff. 161r-162v; Pellegrinetti a Gasparri, Belgrado, 10 gennaio 1928, rapporto n. 7769 (minuta), *ibidem*, f. 176rv.

[193] Simić a Ninčić, Roma, 31 agosto 1926, rapporto n. 323 (minuta), in AJ, *Poslanstvo Kraljevine Jugoslavije pri Svetoj Stolici (372)*, fasc. 6, [mappa 6], ff. n.n.; Simić a Marinković, Roma, 20 aprile 1927, rapporto n. 59, parte seconda (minuta), *ibidem*, fasc. 11, [mappa 4], ff. n.n.; Simić a Marinković, Roma, 9 agosto 1927, rapporto n. 88 (minuta), *ibidem*, fasc. 7, [mappa 3], ff. n.n.; Simić a Marinković, Roma, 30 dicembre 1927, rapporto n. 132 (minuta), *ibidem*, ff. n.n.; Simić a Marinković, Roma, 14 aprile 1928, rapporto n. 47 (minuta), *ibidem*, fasc. 8, [mappa 4/I], ff. n.n.

Avendo Simić, nella sua lettera al segretario di Stato del 13 luglio 1927[194], insistito aspramente su alcuni diritti circa l'istituto, cioè sulla nazionalità jugoslava del rettore e dei membri del consiglio d'amministrazione e sul *nihil obstat* governativo per la nomina del rettore, fu nuovamente convocata la congregazione degli affari ecclesiastici straordinari per il 31 luglio 1927. I cardinali, quanto alla nazionalità del rettore, rimasero irremovibili, volendo assicurare la piena libertà di scelta al papa. Mostrarono, invece, più apertura nel permettere il *nihil obstat* governativo; intervenne però il pontefice, il quale si rifiutò di accogliere tale richiesta. La dura posizione della Santa Sede proveniva dalla frustrazione provocata dal fatto che la legazione jugoslava, fino a quel momento, non avesse ancora restituito il patrimonio dell'istituto all'autorità ecclesiastica. Perciò i cardinali decisero che ciò dovesse avvenire prima di qualsiasi concessione da parte della Santa Sede[195]. Quando le risoluzioni furono comunicate al ministro Simić[196], questi rimase profondamente deluso dell'atteggiamento "odioso" della Santa Sede, che non aveva accolto nessuna delle sue richieste[197]. Il governo, per estorcere maggiori concessioni, volle allora guadagnarsi la collaborazione dei vescovi, invitandoli a non mandare più i propri studenti al San Girolamo, finché la vertenza non fosse risolta[198]. I vescovi, nella quasi totalità, difesero i diritti della Santa Sede[199], pur avendo espresso rammarico per l'assenza di un connazionale a capo dell'istituto[200].

---

[194] Simić a Gasparri, Roma, 13 luglio 1927, nota s.n., in S.RR.SS., AA.EE.SS., *Rapporti delle Sessioni*, anno 1927, Sessione 1305, stampa 1173, «Roma. Istituto di San Girolamo degli Schiavoni», 31 luglio 1927, Relazione, pp. 9-10; ASV, *Arch. Nunz. Jugoslavia*, busta 9, f. 557rv; M. VALENTE, «Santa Sede e Jugoslavia», 216; ID., *Diplomazia pontificia*, 280.

[195] S.RR.SS., AA.EE.SS., *Rapporti delle Sessioni*, anno 1927, Sessione 1305, stampa 1173, «Roma. Istituto di San Girolamo degli Schiavoni», 31 luglio 1927, Verbale, ff. 1r-3r (con l'aggiunta del voto completo del cardinale Gasparri); M. VALENTE, «Santa Sede e Jugoslavia», 216-217; ID., *Diplomazia pontificia*, 280-282.

[196] Gasparri a Simić, Vaticano, 3 agosto 1927, nota n. 2064/27, in AJ, *Poslanstvo Kraljevine Jugoslavije pri Svetoj Stolici (372)*, fasc. 7, [mappa 3], ff. n.n. (copia in ASV, *Arch. Nunz. Jugoslavia*, busta 9, ff. 569r-572r).

[197] Simić a Gasparri, Roma, 8 agosto 1927, nota n. 87 (copia), in ASV, *Arch. Nunz. Jugoslavia*, busta 9, ff. 573-580; M. VALENTE, *Diplomazia pontificia*, 282.

[198] [Marinković] a Simić, Belgrado, 13 agosto 1927, nota n. 7528/27, in AJ, *Poslanstvo Kraljevine Jugoslavije pri Svetoj Stolici (372)*, fasc. 7, [mappa 4], ff. n.n.; M. VALENTE, *Diplomazia pontificia*, 282.

[199] Pellegrinetti a Gasparri, Belgrado, 20 settembre 1927, rapporto n. 7560 (copia), in ASV, *Arch. Nunz. Jugoslavia*, busta 9, ff. 581r-583v.

[200] Pellegrinetti a Gasparri, Belgrado, 4 dicembre 1927, rapporto n. 7651 (minuta), in ASV, *Arch. Nunz. Jugoslavia*, busta 4, f. 161v.

Nella questione del San Girolamo il nunzio non fu considerato positivamente dalle autorità jugoslave. Soprattutto il ministro Simić lo dipingeva come colui che in buona parte aveva provocato e inasprito il conflitto[201]. In modo simile lo presentava anche Moscatello[202]. Bisogna dire che Pellegrinetti, pur difendendo i diritti della Santa Sede circa la nomina dei superiori secondo il breve *Slavorum Gentem*, proponeva che l'esigenza della nazionalità jugoslava si riducesse alle cariche più importanti, almeno a quelle del rettore e vicerettore. Tale nomina avrebbe potuto realizzarsi *via facti*, lasciando intatta la questione di diritto[203].

Nel quadro più generale, egli era del parere che la vertenza del San Girolamo, così staccata, per forza di circostanze, dal complesso delle trattative per il concordato, avesse assunto una dimensione e importanza troppo vasta. La legazione jugoslava presso la Santa Sede, secondo lui, non avrebbe avuto nient'altro da fare che litigare a proposito di un collegio, nel quale in quel momento non vivevano che cinque alunni. I veri problemi sarebbero stati ben altri, come appunto la sistemazione giuridica di oltre cinque milioni di cattolici[204]. Ogni tanto anche alcuni membri del governo avrebbero condiviso questa opinione, desiderosi di riavviare le trattative concordatarie[205]. Alla fine prevalse però l'idea di Simić, che cioè prima di queste bisognava risolvere la questione del San Girolamo, il quale per nessun motivo doveva essere collegato al concordato, perché nel caso in cui il gover-

---

[201] Simić a Marinković, Roma, 18 dicembre 1927, rapporto n. 127 (minuta), in AJ, *Poslanstvo Kraljevine Jugoslavije pri Svetoj Stolici (372)*, fasc. 7, [mappa 3], ff. n.n.

[202] APHZSJ, ostavština Moscatello, busta 2: *Bilješke [Memorie]*, p. 46; *Nikola Moscatello*, F. Veraja – S. Kljaić, ed., 81.

[203] Pellegrinetti a Gasparri, Belgrado, 3 luglio 1924, rapporto n. 3188 (minuta), in ASV, *Arch. Nunz. Jugoslavia*, busta 9, f. 343v; Pellegrinetti a Gasparri, Belgrado, 4 dicembre 1927, rapporto n. 7651 (minuta), *ibidem*, busta 4, f. 162r; M. VALENTE, *Diplomazia pontificia*, 285.

[204] Pellegrinetti a Gasparri, Belgrado, 4 dicembre 1927, rapporto n. 7651 (minuta), in ASV, *Arch. Nunz. Jugoslavia*, busta 4, f. 162r; M. VALENTE, *Diplomazia pontificia*, 285.

[205] Pellegrinetti a Gasparri, Belgrado, 4 dicembre 1927, rapporto n. 7651 (minuta), in ASV, *Arch. Nunz. Jugoslavia*, busta 4, f. 161r; Simić a Marinković, Roma, 29 dicembre 1927, telegramma n. 130 (minuta), in AJ, *Poslanstvo Kraljevine Jugoslavije pri Svetoj Stolici (372)*, fasc. 7, [mappa 3], ff. n.n.; Simić a Marinković, Roma, 30 dicembre 1927, rapporto n. 132 (minuta), *ibidem*; Marinković a Simić, Belgrado, 2 gennaio 1928, telegramma n. 13086, *ibidem*, fasc. 8, [mappa 3/I], ff. n.n.; Milenković a Simić, Belgrado, 26 marzo 1928, nota n. 1118, *ibidem*, [mappa 4/I], ff. n.n.; M. VALENTE, *Diplomazia pontificia*, 285.

no jugoslavo avesse ottenuto buoni risultati per l'instituto, avrebbe dovuto, in compenso, cedere alle richieste vaticane in altre materie[206].

La vertenza circa l'istituto, ferma da diversi anni e senza speranza d'uscita dal circolo vizioso in cui era piombata, a sorpresa di tutti si sbloccò d'un tratto, tra maggio e giugno 1928. Il primo cenno dei "tempi nuovi" lo segnalò lo stesso Simić che, dopo l'udienza con Borgongini-Duca, scrisse a Belgrado che in Vaticano sarebbero avvenuti grandi cambiamenti, molto favorevoli per il governo jugoslavo. Dai documenti vaticani e dall'«Archivio di Jugoslavia» non appare molto chiaro cosa abbia causato questo inaspettato passo[207]. Grazie alle «memorie» di Moscatello sappiamo che egli stesso, in occasione della visita dei vescovi croati a Roma nella primavera 1928, compose un comunicato, pubblicato poi sul quotidiano *Slovenec*. In esso si sottolineava l'unanimità tra l'episcopato e il governo quanto al carattere nazionale dell'istituto e si prevedeva una rapida soluzione, poiché la Santa Sede avrebbe acconsentito alle giuste richieste del governo e del clero[208]. Moscatello stesso ammetteva che tale conclusione non aveva alcun fondamento, ma la sua diffusione aveva avuto l'effetto di una "bomba"[209].

La Santa Sede, invero, accettò l'idea del consiglio d'amministrazione, composto da cittadini jugoslavi, senza però concedere il *nihil obstat* per la nomina del rettore. L'unica condizione posta alla legazione fu quella di consegnare il patrimonio dell'istituto al consiglio esistente con a capo il rettore Nardone, il quale subito dopo avrebbe presentato le dimissioni e si sarebbe nominato un rettore jugoslavo. Dopo alcune titubanze da parte della legazione jugoslava circa il *nihil obstat* e Nardone, al quale mai aveva riconosciuto la carica di rettore[210], si raggiunse un

---

[206] Simić a Marinković, Roma, 30 dicembre 1927, rapporto n. 132 (minuta), in AJ, *Poslanstvo Kraljevine Jugoslavije pri Svetoj Stolici (372)*, fasc. 7, [mappa 3], ff. n.n.; Simić a Marinković, Roma, 13 aprile 1928, rapporto n. 44 (minuta), *ibidem*, fasc. 8, [mappa 4/I], ff. n.n.; Simić a Marinković, Roma, 14 aprile 1928, rapporto n. 47 (minuta), *ibidem*, ff. n.n.

[207] M. VALENTE, *Diplomazia pontificia*, 289-290.

[208] *Slovenec*, 22 maggio 1928 (n. 116). L'articolo si trova in ASV, *Arch. Nunz. Jugoslavia*, busta 9, f. 590.

[209] APHZSJ, ostavština Moscatello, busta 2: *Bilješke [Memorie]*, pp. 47-48; *Nikola Moscatello*, F. Veraja – S. Kljaić, ed., 82-83. Si veda anche: S. RAZUM, «Zavod svetog Jeronima», 324-326.

[210] Simić a Marinković, Roma, 26 maggio 1928, rapporto n. 57 (minuta),), in AJ, *Poslanstvo Kraljevine Jugoslavije pri Svetoj Stolici (372)*, fasc. 8, [mappa 3/I], ff. n.n.; Simić a Marinković, Roma, 20 giugno 1928, telegramma n. 63 (minuta), *ibidem*, ff. n.n.; Marinković a Simić, Belgrado, 27 giugno 1928, telegramma n. 7801, *ibidem*, ff. n.n.

accordo[211], con la clausola segreta che, al momento della consegna del patrimonio, Nardone non fungesse da rettore ma da persona privata[212]. La "storica" consegna del patrimonio, tenuto sotto sequestro dal governo jugoslavo sin dal 1924, avvenne il 18 luglio 1928 e come nuovo rettore venne nominato Jakov Čuka, uno degli esperti assunti in passato per la preparazione del progetto governativo di concordato[213].

Il governo, ben lieto dello svolgersi delle cose, assicurò al nunzio che la nomina di Čuka fosse tale da creare, sin dall'inizio, un'atmosfera di cordialità che facilitava oltremodo i preparativi per la ripresa del concordato[214].

2.3 *Il dibattito circa la lingua liturgica*

In mezzo alle note vicende del 1925, aggravate dai processi ai tribunali di Sarajevo e di Lubiana, dove si dovettero difendere i vescovi Šarić e Jeglič, la conferenza episcopale jugoslava nell'adunanza dell'ottobre 1925 (13–19 ottobre)[215], in seguito alle forti pressioni da parte del governo e dell'opinione pubblica, allo scopo di evitare agitazioni e gravi danni («*cum periculum sit in mora*»), si rivolse alla Santa Sede per una sollecita concessione di un nuovo e più ampio privilegio dell'uso della lingua paleoslava nella liturgia, da estendersi alle chiese che fino a

---

[211] Simić a Marinković, Roma, 31 maggio 1928, rapporto n. 58 (minuta), *ibidem*, ff. n.n.; Marinković a Simić, Belgrado, 7 giugno 1928, telegramma n. 6823, *ibidem*, ff. n.n.; Pellegrinetti a Gasparri, Belgrado, 29 maggio 1928, rapporto n. 8178 (minuta), in ASV, *Arch. Nunz. Jugoslavia*, busta 9, ff. 591r-593r; Pellegrinetti a Gasparri, Belgrado, 26 giugno 1928, rapporto n. 8279 (minuta), *ibidem*, ff. 610r-611v.

[212] APHZSJ, ostavština Moscatello, busta 2: *Bilješke [Memorie]*, p. 49; *Nikola Moscatello*, F. Veraja – S. Kljaić, ed., 84; S. Razum, «Zavod svetog Jeronima», 325-330.

[213] Simić a Marinković, Roma, 8 luglio 1928, rapporto s.n. (minuta), in AJ, *Poslanstvo Kraljevine Jugoslavije pri Svetoj Stolici (372)*, fasc. 8, [mappa 4/I], ff. n.n.; Simić a Marinković, Roma, 21 luglio 1928, rapporto n. 74 (minuta), *ibidem*, ff. n.n.; Simić a Gasparri, Roma, 26 luglio 1928, nota n. 75 (minuta), *ibidem*, ff. n.n.; Pellegrinetti a Marinković, Belgrado, 20 luglio 1928, nota n. 8344 (minuta), in ASV, *Arch. Nunz. Jugoslavia*, busta 9, f. 612rv; Pellegrinetti a Čuka, Belgrado, 20 luglio 1928, nota n. 8346 (minuta), *ibidem*, f. 613r; Pellegrinetti a Gasparri, Belgrado, 26 luglio 1928, rapporto n. 8377 (minuta), *ibidem*, f. 615rv; Marinković a Pellegrinetti, Belgrado, 26 luglio 1928, nota n. 9022, *ibidem*, f. 616r; *Britanci o Kraljevini*, vol. I, 520; M. Valente, *Diplomazia pontificia*, 291-292.

[214] Pellegrinetti a Gasparri, Belgrado, 26 giugno 1928, rapporto n. 8279 (minuta), in ASV, *Arch. Nunz. Jugoslavia*, busta 9, f. 611r; M. Valente, *Diplomazia pontificia*, 291.

[215] Il protocollo della conferenza si veda in NŠAL, ŠAL/SP V, fasc. 269: «Škofovska konferenca 1922-1942», [mappa 6 (1925)], pp. 1-13.

quel momento non ne avevano avuto il diritto[216]. Data l'urgenza delle circostanze, i presuli chiesero che la risoluzione del problema non si differisse fino alla conclusione del concordato[217]. Di fronte ad un problema così delicato, la Santa

---

[216] L'uso della lingua paleoslava nella liturgia latina, introdotta fin dai tempi di san Metodio, nel momento delle trattative concordatarie vigeva soltanto nelle diocesi di Segna, Zagabria, Zara, Sebenico, Spalato, Veglia, Lesina e in alcune diocesi divenute italiane. Tale uso, però, non era generale in tutte le suddette diocesi, bensì solo in determinate chiese e parrocchie. Il privilegio fu, infatti, regolato dai decreti della sacra congregazione dei riti del 5 agosto 1898 (n. 3999) e del 18 dicembre 1906 (n. 4191), dove fu prescritto, tra l'altro, che si facesse l'elenco delle chiese che dal 1868 godevano di tale privilegio, proibendo al contempo l'estensione del paleoslavo (il testo del 1906 si veda in S.RR.SS., AA.EE.SS., *Rapporti delle Sessioni*, anno 1926, Sessione 1288, stampa 1150, «Jugoslavia – lingua liturgica», 28 gennaio 1926, Sommario, n. II, pp. 13-16). La Santa Sede, nonostante le severe limitazioni, fece un'eccezione clamorosa per il Montenegro, nella *Nota* (1887) annessa al concordato (1886), dando il privilegio di usare la lingua paleoslava nella liturgia, senza restrizioni di luoghi e di persone. Un'eccezione simile, ma molto più restrittiva, fu concessa, in parola, alla Serbia, in occasione del concordato del 1914, contemplando quelle parrocchie che, in base alla lingua parlata dai rispettivi parrocchiani, sarebbero state nominatamente designate dalla Santa Sede.

[217] *«Sicut annis 1918 et 1922 Sanctitati vestrae exponimus, ita et nunc silere non possumus id quod animum nostrum anxium tenet: ausus nempe quorumdam nefariorum hominum, qui populum nostrum ad ecclesiam sic dictam nationalem seu veterocatholicam, vel ad schisma impune provocare palam et latenter audent. Ecclesiae autem nationalis choriphaei Missam lingua vulgari viva celebrant; alii autem licet adhuc in oboedientia catholicae Ecclesiae vivant, Missam tamen lingua paleoslavica, quae in variis paroeciis plurium dioecesium nostrarum permissa est, etiam alibi, per viam facti, sine Sanctae Sedis licentia, introducere satagunt.*

Quum autem impossibile sit Episcopis, uti experientia probe constat, contra praefatam agitationem, a potentibus viris politicis adiutam et protectam, pro paleoslavica lingua (praesertim in quibusdam dioecesibus), dimicare, imo hisce nostris temporibus contrarietas Episcoporum in hac re ansam ad schisma dare posset, enixe rogamus Sanctitatem Vestram, ut usus linguae paleoslavicae in sacra liturgia ita extendatur, ut etiam in aliis ecclesiis in Jugoslavia adhiberi possit, nisi populus maluerit uti lingua Latina.

Hoc modo praecludetur via agitationi veterocatholicorum, aliorumque. Certi autem sumus quod multis in regionibus Jugoslaviae populus praeferet uti lingua latina in sacra liturgia. Hanc autem gratiam eo vel magis petimus, quod in typographia poliglotta Vaticana nunc typis edatur Missale paleoslavicum, characteribus latinis, ad usum dioecesim Jugoslaviae juxta Rescriptum S[acrae] Rituum Congregationis diei 9 Maii 1923. Rogamus tandem ut Sanctitas Vestra concessionem huius gratiae non differat usque ad conclusionem Concordatus cum regno Jugoslaviae: quum periculum sit in mora, et quum concessio linguae paleoslavicae in sacra liturgia sit res interna Ecclesiae et ad conventiones bilaterales inter civile Gubernium et Sanctam Sedem per se non pertineat»: S.RR.SS., AA.EE.SS., *Rapporti delle Sessioni*, anno 1926, Sessione 1288, stampa 1150, «Jugoslavia – lingua liturgica», 28 gennaio 1926, Sommario, n. I, pp. 11-12; ASV, *Arch. Nunz. Jugoslavia*, busta 3, f. 491rv.

Sede dovette, nel gennaio 1926, convocare i cardinali della congregazione degli affari ecclesiastici straordinari per dare una risposta alla domanda dei vescovi e del governo, anche in vista delle trattative concordatarie.

Nella preparazione dell'adunanza si rilevava una certa confusione dell'episcopato sulla questione, il che metteva in imbarazzo la stessa diplomazia vaticana. I vescovi, pur avendo costantemente chiesto le concessioni in parola, non avrebbero espresso con uguale uniformità il loro punto di vista circa il modo di addivenire all'estensione del privilegio[218]. Il nunzio Pellegrinetti ancora anni dopo esprimeva la propria difficoltà nel capire le intenzioni dell'episcopato in materia, poiché i presuli avrebbero detto una cosa nella riunione della conferenza e un'altra quando interrogati confidenzialmente uno per uno; una cosa avrebbero detto quando erano allarmati dalla propaganda anticattolica o dalle pressioni governative e un'altra in momenti di quiete, quando esprimevano un parere di principio[219].

Sono di particolare interesse le analisi minute circa l'eventuale estensione del privilegio che presentarono Bastien, Cherubini, Felici e Pellegrinetti, contenute nel documento preparatorio per la sessione cardinalizia. Tra loro, il più grande oppositore a tale privilegio era Felici, incaricato d'affari della nunziatura di Belgrado al momento del suo rapporto (1922), secondo cui l'estensione dell'uso del glagolitico sarebbe riuscita di gravissimo danno agli interessi cattolici, poiché il primo e più valido sostenitore di esso era il governo, «*scismatico e massone*», che avrebbe avuto come programma la graduale serbizzazione politica e religiosa. L'adozione della lingua paleoslava avrebbe segnato perciò un passo collettivo dei cattolici verso lo «*scisma*»[220].

Un'opinione più ottimista proveniva da Bastien e Pellegrinetti. Il benedettino belga, dopo aver presentato uno studio storico della questione[221], respingeva il

---

[218] S.RR.SS., AA.EE.SS., *Rapporti delle Sessioni*, anno 1926, Sessione 1288, stampa 1150, «Jugoslavia – lingua liturgica», 28 gennaio 1926, Relazione, p. 9.

[219] Pellegrinetti a Pacelli, Belgrado, 11 maggio 1931, rapporto n. 12113, in S.RR.SS., AA.EE.SS., *Jugoslavia*, pos. 96, fasc. 54, ff. 18v-19r.

[220] S.RR.SS., AA.EE.SS., *Rapporti delle Sessioni*, anno 1926, Sessione 1288, stampa 1150, «Jugoslavia – lingua liturgica», 28 gennaio 1926, Sommario, n. VII, pp. 40-44; Felici a Gasparri, Belgrado, 18 giugno 1922, rapporto n. 239/22 (minuta), in ASV, *Arch. Nunz. Jugoslavia*, busta 1, ff. 689r-690v.

[221] S.RR.SS., AA.EE.SS., *Rapporti delle Sessioni*, anno 1926, Sessione 1288, stampa 1150, «Jugoslavia – lingua liturgica», 28 gennaio 1926, Sommario, n. V [6 agosto 1919], pp. 19-31.

pericolo dell'indifferenza religiosa presso il popolo o del passaggio all'ortodossia nel caso dell'estensione del privilegio. Le vere differenze tra le due Chiese sarebbero state molto più "teologiche" che linguistiche. Sarebbe stato pericoloso, secondo lui, nello stato d'animo nel quale si trovava il Paese, di negare *pure et simpliciter* la concessione richiesta, poiché in questo caso sarebbero avvenute gravissime conseguenze con possibili apostasie e i liberali e i massoni avrebbero approfittato dell'occasione per fare ogni sforzo per distaccare il popolo dalla Chiesa. D'altra parte egli credeva, però, che neppure fosse prudente far una concessione così generale, come chiedevano i vescovi nel 1918. Proponeva che si rimettesse all'arbitrio dei vescovi, *graviter onerata eorum conscientia*, d'introdurre la lingua paleoslava nella liturgia, laddove lo avrebbero giudicato necessario. Il privilegio sarebbe rimasto locale, dovendo i vescovi indicare il numero delle parrocchie in cui sarebbe stata introdotta la lingua paleoslava e darne i motivi. Per l'uniformità in tutta la Jugoslavia, Bastien consigliava che le nuove disposizioni avrebbero dovuto estendersi pure alla Serbia e al Montenegro, che fino a quel momento godevano di speciali privilegi[222].

Sulla stessa scia il nunzio Pellegrinetti, nell'ottobre 1925, affermava che la volontà di staccare i cattolici da Roma attraverso la liturgia in paleoslavo potesse esistere soltanto nella mente di qualcuno. Il suo uso esisteva, infatti, *ab antiquo* lungo tutto l'Adriatico orientale, e riguardava solo la lingua ma non il rito, che sarebbe rimasto quello romano. Il motivo per cui il governo propugnava l'uso della lingua paleoslava, quindi, sarebbe stato ben altro, cioè quello di consolidare la coscienza nazionale di fronte ai più importanti Stati confinanti e di assimilare con il tempo gli stessi *«allogeni»* presenti sul territorio jugoslavo. In tale quadro molti avrebbero dipinto la Chiesa romana come antislava o affetta da nazionalismo italiano. Tra costoro avrebbero primeggiato la stampa liberale e non pochi cattolici con a capo *«i preti avvelenati di nazionalismo fanatico e irrazionale»*. Percorrendo le diocesi e l'opinione dei singoli vescovi, il nunzio sintetizzava che nessun vescovo sarebbe stato entusiasta dell'estensione della liturgia paleoslava, ma tutti avrebbero creduto che per la pacificazione degli animi e per togliere un'arma pericolosissima ai liberali, al governo e al clero apostata, la concessione del glagolitico sarebbe stata una necessità pratica. Ricordava, inoltre, che i croati nel 1921 avevano ottenuto la concessione del rituale in lingua volgare, cosa solo ad essi accordata, per cui non si sarebbe dovuto rinfacciare alla

---

[222] *Ibidem*, pp. 31-38.

Santa Sede un trattamento meno favorevole di quello concesso ad altre popolazioni cattoliche.

Riguardo alla concessione del privilegio tramite il concordato, Pellegrinetti ricordava i precedenti concordati serbo e montenegrino. Se la Santa Sede avesse rifiutato la concessione, il governo difficilmente avrebbe ammesso che si negasse alla Jugoslavia ciò che era stato concesso pochi anni prima alla Serbia. E un tale conflitto avrebbe potuto mandare a monte le trattative per un buon concordato. Il nunzio proponeva, tra l'altro, che la questione non facesse parte del concordato, ma di un annesso o che venisse risolta, d'accordo con il governo, per mezzo di un breve; si sarebbe potuto ammettere in genere l'estensione alla Jugoslavia delle disposizioni del concordato montenegrino e di quello serbo; l'uso del glagolitico sarebbe stato facoltativo, non obbligatorio; le parrocchie dove lo si sarebbe introdotto avrebbero dovuto essere specificate in un elenco che il vescovo avrebbe inviato alla Santa Sede[223]. Quanto alla tattica, Pellegrinetti, contrariamente al frenetico desiderio dell'episcopato, consigliava alla Segreteria di Stato di non fare la concessione direttamente ai vescovi, perché sarebbe stato meglio avvalersi di essa nei negoziati con il governo per ottenere maggiori vantaggi per la Chiesa in altre materie[224]. Gli sembrava, d'altra parte, poco opportuno prevenire i desideri del governo, finché la questione del San Girolamo non avesse perso il suo carattere di minaccia continua alle cordiali relazioni tra la Santa Sede e Belgrado[225].

Nella «congregazione plenaria» della congregazione degli affari ecclesiastici straordinari del 28 gennaio 1926, i cardinali discussero sul delicato problema della lingua liturgica paleoslava, sulla sua eventuale estensione e sul modo di concedere tale privilegio, cioè se per via amministrativa o come materia del concordato. Per Scapinelli sarebbe stato pericoloso tanto accordarlo quanto rifiutarlo, per cui, tra due mali, si sarebbe stati costretti a scegliere il minore. I rapporti di Bastien e di Pellegrinetti furono molto apprezzati dall'assemblea e presi in seria considerazione in vista di una felice soluzione. Circa la domanda dei vescovi si decise la preparazione di uno schema di decreto, prendendo come base quello della sacra congregazione dei riti del 1906, completato dal rapporto di Pellegrinetti e dal voto di Bastien. Per la redazio-

---

[223] *Ibidem*, Sommario, n. VIII, pp. 45-56.
[224] *Ibidem*, Relazione, p. 10.
[225] Pellegrinetti a Gasparri, Belgrado, 20 novembre 1925, rapporto n. 5307 (minuta), in ASV, *Arch. Nunz. Jugoslavia*, busta 9, f. 431v.

ne dello schema fu scelto lo stesso Bastien. Prima che il testo fosse portato nuovamente in congregazione, lo si sarebbe dovuto recapitare a tutti i vescovi, i quali nel fare le loro osservazioni avrebbero dovuto inviare anche l'elenco delle parrocchie che avrebbero goduto del privilegio; il nunzio avrebbe, poi, discusso l'elenco e la congregazione finalmente avrebbe esaminato ogni cosa. Quanto alla risposta da darsi al governo, l'assemblea accettò la proposta di mandare a Belgrado una nota, in cui si assicuravano le autorità che la Santa Sede stava trattando dell'assunto con i vescovi. Il papa approvò le risoluzioni della congregazione[226].

Nell'agosto 1926, il nunzio Pellegrinetti ricevette l'incarico dalla Segreteria di Stato di domandare ai singoli vescovi in quali parrocchie la liturgia glagolitica fosse in uso legittimamente, in quali in modo illegittimo e in quali, secondo prudente giudizio, sarebbe stato necessario estendere il privilegio[227]. Il nunzio raccolse le risposte dell'episcopato[228] nell'autunno dello stesso anno, anche se furono consegnate al cardinale segretario solo nel maggio 1931. La ragione di tale dilazione fu l'interruzione dei negoziati per il concordato, e il nunzio non ritenne di dover fare un rapporto su tale consultazione, finché non si fosse giunti a un momento più opportuno[229], cioè alla ripresa delle trattative con la consegna del progetto governativo di concordato.

È curioso osservare come il parere del nunzio in questi sei anni sia cambiato considerevolmente, fino alle forti obiezioni per tale privilegio, che lo portarono a sconsigliare in principio l'estensione generale della lingua paleoslava, salvo qualche eccezione per alcune diocesi e in alcune circostanze[230]. Pellegrinetti, contrariamente a quanto aveva indicato nel rapporto citato poc'anzi, propose decisamente alla Santa Sede di escludere, se possibile, questa materia dalla discussione, limitandosi ad affermare che sarebbe stata studiata per conto suo e senza impegno dalla Santa Sede; in caso contrario si sarebbe potuto concedere l'esten-

---

[226] S.RR.SS., AA.EE.SS., *Rapporti delle Sessioni*, anno 1926, Sessione 1288, stampa 1150, «Jugoslavia – lingua liturgica», 28 gennaio 1926, Verbale, ff. 1-8.

[227] Borgongini-Duca a Pellegrinetti, Vaticano, 27 agosto 1926, dispaccio n. 2037, in ASV, *Arch. Nunz. Jugoslavia*, busta 4, f. 45r.

[228] Le risposte dei vescovi si vedano in: S.RR.SS., AA.EE.SS., *Jugoslavia*, pos. 96, fasc. 53, ff. 3r-43r; la sintesi delle loro risposte, fatta dal nunzio, si veda in: Pellegrinetti a Pacelli, 11 maggio 1931, rapporto n. 12113, *ibidem*, fasc. 54, ff. 18v-20r.

[229] Pellegrinetti a Pacelli, 11 maggio 1931, rapporto n. 12113, *ibidem*, fasc. 54, f. 18v.

[230] *Ibidem.*

sione solo per qualche parrocchia in quelle diocesi dove il paleoslavo già esisteva *ab immemorabili*[231].

La pressione da parte del governo e del pubblico perse quella forza che aveva avuto nel 1925, agevolando così una riflessione più "libera". Anche presso i vescovi, a detta del nunzio, la causa del paleoslavo si sarebbe trovata in decadenza, perché avrebbero avuto l'impressione che nonostante esso non ci fosse molto da sperare per l'arresto del proselitismo anticattolico[232]. Il paleoslavo, comunque, rimase uno dei temi centrali dei colloqui ufficiali tra Roma e Belgrado fino alla firma del concordato nel 1935, non essendo disposto il governo a rinunciare ad un tale *specificum* jugoslavo.

2.4 *Nuovi "campi di battaglia"*

Durante lo scontro diplomatico sull'istituto di San Girolamo le voci sulla ripresa dei negoziati concordatari si riproponevano con una certa frequenza, spesso in forma di promesse da parte del ministro degli esteri Marinković, che tra i membri del governo sembrava il più propenso alla sistemazione giuridica della Chiesa cattolica[233].

Parallelamente ai suoi sforzi per riprendere i negoziati per il concordato spuntarono alcuni articoli sui giornali e tra questi il più significativo fu quello redatto da Lanović. Su *Obzor*, nel dicembre 1927, egli scrisse infatti un saggio a favore del concordato. Prima di comporre la legge interconfessionale, il cui progetto era stato preparato più volte nel passato, Lanović proponeva la sistemazione delle relazioni giuridiche con i singoli gruppi religiosi nel regno, quindi anche il concordato con la Chiesa cattolica. In secondo luogo, l'autore avvertiva che le trattative, senza la collaborazione dell'episcopato, come era successo in precedenza, sarebbero state illusorie, poiché la Santa Sede non avrebbe mai concluso un accordo senza i vesco-

---

[231] *Ibidem*, f. 21r.

[232] *Ibidem*, f. 19v.

[233] Pellegrinetti a Gasparri, Belgrado, 28 aprile 1927, rapporto n. 7093 (minuta), in ASV, *Arch. Nunz. Jugoslavia*, busta 4, ff. 113v-114r; Pellegrinetti a Gasparri, Belgrado, 13 giugno 1927, rapporto n. 7217 (minuta), *ibidem*, f. 120v; Pellegrinetti a Gasparri, Belgrado, 16 giugno 1927, rapporto n. 7228 (minuta), *ibidem*, f. 125v; Pellegrinetti a Gasparri, Belgrado, 4 dicembre 1927, rapporto n. 7651 (minuta), *ibidem*, f. 161rv; Pellegrinetti a Gasparri, Belgrado, 10 gennaio 1928, rapporto n. 7769 (minuta), *ibidem*, f. 176r; Pellegrinetti a Gasparri, Belgrado, 28 aprile 1927, rapporto n. 7093 (minuta), *ibidem*, ff. 113v-114r; Pellegrinetti a Gasparri, Belgrado, 4 dicembre 1927, rapporto n. 7651 (minuta), *ibidem*, f. 162v.

vi e tanto meno contro di loro. La via verso una felice conclusione dell'assunto sarebbe passata quindi unicamente ed esclusivamente attraverso l'episcopato. In terzo luogo, Lanović era del parere che scindere la questione del San Girolamo dal complesso dei problemi concordatari – idea propugnata invece da Simić – non avrebbe avuto buon fondamento giuridico, né sarebbe stato politicamente opportuno. L'istituto sarebbe stato proprietà della Chiesa e del regno allo stesso modo di altri beni ecclesiastici; perciò – e per non far nascere ancora una nuova questione – Lanović proponeva di risolvere prima il concordato e solo in seguito la questione del San Girolamo[234]. Alla fine prevalse l'idea di Simić[235]. L'operato di Lanović a favore del concordato è giudicato da alcuni storici come una vera "metamorfosi", rispetto alle sue posizioni più riservate di alcuni anni prima[236].

Con la nomina di Čuka a rettore dell'istituto San Girolamo si chiuse la vertenza con il governo, grato per questo gesto della Santa Sede che facilitava i preparativi per la ripresa del concordato[237]. Ciononostante spuntarono nuovi conflitti tra la primavera 1928 e l'autunno 1930, che rinviarono una rapida e tranquilla continuazione delle trattative concordatarie.

Nel 1928 si riproposero due progetti di legge che volevano rispondere meglio alle esigenze dello Stato: la legge interconfessionale e la riforma agraria.

2.4.1 La legge interconfessionale e il concordato

I vescovi e il nunzio protestarono contro il progetto di legge interconfessionale che dopo tre anni si ripresentò in parlamento[238]. Secondo loro non si sarebbe

---

[234] *Obzor*, Zagabria, dicembre 1927, n. 343. Il testo orig. si trova anche in: ASV, *Arch. Nunz. Jugoslavia*, busta 4, f. 191; la trad. it.: *ibidem*, ff. 182r-184r. Si veda anche I. MUŽIĆ, *Katolička crkva*, 69.

[235] Simić a Ninčić, Roma, 31 agosto 1926, rapporto n. 323 (minuta), in AJ, *Poslanstvo Kraljevine Jugoslavije pri Svetoj Stolici (372)*, fasc. 6, [mappa 6], ff. n.n.; Simić a Marinković, Roma, 20 aprile 1927, rapporto n. 59, parte seconda (minuta), *ibidem*, fasc. 11, [mappa 4], ff. n.n.; Simić a Marinković, Roma, 9 agosto 1927, rapporto n. 88 (minuta), *ibidem*, fasc. 7, [mappa 3], ff. n.n.; Simić a Marinković, Roma, 30 dicembre 1927, rapporto n. 132 (minuta), *ibidem*, ff. n.n.; Simić a Marinković, Roma, 14 aprile 1928, rapporto n. 47 (minuta), *ibidem*, fasc. 8, [mappa 4/I], ff. n.n.

[236] S. SIMIĆ, *Jugoslavija i Vatikan*, 98-99; N. ŽUTIĆ, *Kraljevina Jugoslavija*, 220.

[237] Pellegrinetti a Gasparri, Belgrado, 26 giugno 1928, rapporto n. 8279 (minuta), in ASV, *Arch. Nunz. Jugoslavia*, busta 9, f. 611r.

[238] Il testo it. si trova in ASV, *Arch. Nunz. Jugoslavia*, busta 4, ff. 244r-249v.

potuta fare una legge per la Chiesa cattolica senza la Santa Sede, affermando che il concordato avrebbe dovuto essere l'unica sede legittima per risolvere le questioni riguardanti le relazioni tra la Chiesa e lo Stato[239]. Paradossalmente tale nuovo progetto avrebbe concesso allo Stato, secondo Pellegrinetti, diritti e ingerenze molto più grandi di quelli richiesti dal governo durante le trattative romane del 1925[240]. Il ministro degli esteri Marinković rassicurava il nunzio che il progetto di legge interconfessionale non sarebbe stato preso sul serio e non sarebbe entrato nel programma del governo, per cui non avrebbe dovuto rappresentare alcun impedimento per il concordato[241]. Dopo il colpo di stato del gennaio 1929, l'intento di fare una legge interconfessionale venne di nuovo alla luce. Nonostante le promesse da parte del ministro dei culti Alaupović, che tale legge non avrebbe in nessun modo nuociuto alle trattative per il concordato, il nunzio avvertiva il governo che in tal modo lo Stato pretendeva di risolvere da solo i problemi che stava discutendo con l'altra parte. La fretta per far passare la legge interconfessionale sarebbe andata, secondo Pellegrinetti, contro le dichiarazioni di Marinković[242]. Anche i vescovi avrebbero chiesto al governo, tra l'altro, l'accantonamento della legge interconfessionale[243]. Negli anni a seguire l'argomento tornò a più riprese[244], senza raggiungere mai la promulgazione.

---

[239] Presidenza delle conferenze episcopali al ministero dei culti, Zagabria, 30 aprile 1928, nota n. 117/Pr. (copia), in ASV, *Arch. Nunz. Jugoslavia*, busta 4, ff. 230r-232r; Pellegrinetti a Marinković, Belgrado, 5 maggio 1928, nota n. 8105 (minuta), *ibidem*, ff. 234r-235v; Pellegrinetti a Gasparri, Belgrado, 8 maggio 1928, rapporto n. 8117 (minuta), *ibidem*, ff. 240r-241r; *Britanci o Kraljevini*, vol. I, 547.

[240] Pellegrinetti a Marinković, Belgrado, 5 maggio 1928, nota n. 8105 (minuta), in ASV, *Arch. Nunz. Jugoslavia*, busta 4, f. 235r.

[241] Pellegrinetti a Gasparri, Belgrado, 26 maggio 1928, rapporto n. 8167 (minuta), *ibidem*, f. 243r.

[242] Pellegrinetti a Gasparri, Belgrado, 16 gennaio 1929, rapporto n. 8917, in S.RR.SS., AA.EE.SS., *Jugoslavia*, pos. 96, fasc. 53, f. 46r.

[243] Pellegrinetti a Gasparri, Belgrado, 6 febbraio 1929, rapporto n. 8991, *ibidem*, pos. 90, fasc. 50, f. 36rv.

[244] Pellegrinetti a Pizzardo, Belgrado, 3 gennaio 1930, rapporto n. 10143, *ibidem*, f. 89r; Pellegrinetti a Pacelli, Belgrado, 13 dicembre 1930, rapporto n. 11499 (minuta), in ASV, *Arch. Nunz. Jugoslavia*, busta 5, f. 300r; Bertoli a Pacelli, Belgrado, 19 agosto 1937, rapporto n. 19989, in S.RR.SS., AA.EE.SS., *Jugoslavia*, pos. 96, fasc. 66, f. 25r; Bertoli a Pacelli, Belgrado, 6 ottobre 1937, rapporto n. 20187, *ibidem*, f. 49v. Kolarić parla dei progetti di legge interconfessionale del 1925, 1931 e 1940 (J. KOLARIĆ, *Ekumenska trilogija*, 905-906; G. MITHANS, «Sklepanje jugoslovanskega konkordata», 128).

2.4.2 La riforma agraria e il concordato

Valutando il nuovo progetto di legge di riforma agraria (1928), Pellegrinetti vedeva in esso una seria minaccia alla consistenza e alla libera disposizione del patrimonio ecclesiastico. L'ammontare dell'indennità sarebbe stato di gran lunga inferiore al valore reale dei fondi[245]. Il nunzio mandò nuove note di protesta al governo, biasimando il modo unilaterale, con cui lo Stato, attraverso il nuovo progetto e contro le precedenti promesse, affrontava la questione dei beni ecclesiastici. L'intento del governo avrebbe aggiunto nuove difficoltà alla conclusione d'un concordato[246].

Quando nel luglio 1928 il comando del governo fu preso da Korošec, il nunzio non si mostrò troppo ottimista circa un possibile cambiamento della politica statale nei confronti della Chiesa cattolica[247]. La presenza di un prete a capo del governo non avrebbe creato un notevole miglioramento delle relazioni reciproche[248]. Il progetto di riforma agraria sotto il governo "clericale" sembrava, tuttavia, migliore rispetto ai progetti precedenti, per cui il nunzio, su richiesta del vescovo Jeglič, chiese alla Santa Sede l'autorizzazione per i deputati cattolici di poter votare tale progetto, unicamente in vista di evitare un peggior male, senza voler implicare con ciò l'approvazione pontificia né del progetto né del modo di agire del governo. L'obbligo del governo di intendersi con la Santa Sede non sarebbe stato in nessun modo intaccato[249]. Non tutti i vescovi furono d'accordo con la richiesta dell'autorizzazione[250] e anche il segretario di Stato Gasparri ne ebbe una

---

[245] Pellegrinetti a Gasparri, Belgrado, 6 giugno 1928, rapporto n. 8214 (minuta), in ASV, *Arch. Nunz. Jugoslavia*, busta 7, ff. 301r-302r.

[246] Pellegrinetti a Marinković, Belgrado, 6 giugno 1928, nota n. 8213 (minuta), *ibidem*, f. 299rv; Pellegrinetti a Marinković, Belgrado, 14 dicembre 1928, nota n. 8817 (minuta), *ibidem*, busta 4, ff. 297r-299r; *Britanci o Kraljevini*, vol. I, 547.

[247] Pellegrinetti a Gasparri, Belgrado, 29 luglio 1928, rapporto n. 8395 (minuta), in ASV, *Arch. Nunz. Jugoslavia*, busta 4, ff. 272r-275r; Pellegrinetti a Gasparri, Belgrado, 16 ottobre 1928, rapporto n. 8545, *ibidem*, ff. 282r-284r.

[248] Pellegrinetti a Gasparri, Belgrado, 7 dicembre 1928, rapporto n. 8781, in S.RR.SS., AA.EE.SS., pos. 4, fasc. 6, f. 14r. Sul rapporto freddo tra Korošec e il nunzio si veda anche: *Britanci o Kraljevini*, vol. I, 547.

[249] Pellegrinetti a Gasparri, Belgrado, 7 novembre 1928, rapporto n. 8613 (minuta), in ASV, *Arch. Nunz. Jugoslavia*, busta 7, ff. 324r-325v; Pellegrinetti a Gasparri, Belgrado, 27 dicembre 1928, rapporto n. 8854 (minuta), *ibidem*, ff. 365r-366v; M. VALENTE, *Diplomazia pontificia*, 301-304.

[250] Pellegrinetti a Gasparri, Belgrado, 15 dicembre 1928, rapporto n. 8818 (minuta), in ASV, *Arch. Nunz. Jugoslavia*, busta 7, ff. 363r-364r; M. VALENTE, *Diplomazia pontificia*, 304-305.

cattiva impressione, per cui non concesse quanto richiesto. Quantunque il nuovo progetto fosse meno sfavorevole degli altri, ciò, secondo lui, non avrebbe tolto che esso fosse cattivo e che quindi sarebbe risultato illecito cooperare formalmente alla sua approvazione. L'autorizzazione avrebbe procurato scandalo presso i sudditi cattolici e un cattivo esempio ai deputati cattolici di altre nazioni. L'approvazione di una legge anche con i voti dei cattolici jugoslavi, infine, avrebbe reso ben più difficile e delicata la posizione della Santa Sede, che avrebbe dovuto protestare presso il governo per una legge che avesse trattato di cose ecclesiastiche, senza previo accordo con la Santa Sede e con danno della Chiesa[251].

Proprio al momento della dura risposta di Gasparri, il re Aleksandar scioglieva il parlamento e i partiti, imponendo la propria dittatura. L'autorizzazione per votare o meno la legge agraria non aveva più alcuna ragion d'essere, essendo divenuto il governo l'unico indirizzo per le trattative di cose ecclesiastiche[252]. Durante la dittatura regia furono promulgate la «Legge di liquidazione dei rapporti agrari in Dalmazia» (novembre 1930) e la «Legge di liquidazione della riforma agraria sui latifondi» (giugno 1931)[253] con ulteriori "correzioni", a maggior scapito dei diritti della Chiesa[254]. Il nunzio spesso protestò contro tale attitudine unilaterale del governo nel risolvere la questione dei beni ecclesiastici[255]. Parallelamente alle leggi già promulgate la Santa Sede, come vedremo, cercava di assicurarsi certi diritti nelle future trattative concordatarie.

---

[251] Gasparri a Pellegrinetti, Vaticano, 7 gennaio 1929, dispaccio n. 38/29, in ASV, *Arch. Nunz. Jugoslavia*, busta 7, ff. 367r-368r. Per l'approfondimento dell'argomento, insieme al carteggio molto ricco tra Pellegrinetti e la Segreteria di Stato, si veda M. VALENTE, *Diplomazia pontificia*, 305-308.

[252] Pellegrinetti a Gasparri, Belgrado, 12 gennaio 1929, rapporto n. 8904, in ASV, *Arch. Nunz. Jugoslavia*, busta 7, f. 369rv.

[253] N. ŽUTIĆ, *Kraljevina Jugoslavija*, 273.

[254] Pellegrinetti a Pacelli, Belgrado, 16 febbraio 1932, rapporto n. 13011 (minuta), in ASV, *Arch. Nunz. Jugoslavia*, busta 5, f. 423r ; Pellegrinetti a Pacelli, Belgrado, 17 aprile 1933, rapporto n. 14563 (minuta), *ibidem*, busta 6, f. 191r; B. KOLAR, «Škof Rožman», 125-126.

[255] Pellegrinetti a Marinković, Belgrado, 18 novembre 1930, nota n. 11367 (minuta), in ASV, *Arch. Nunz. Jugoslavia*, busta 7, 388rv. Nella stessa nota il nunzio ricordava al ministro altre proteste precedenti al riguardo: nota n. 5155 del 6 ottobre 1925 (*ibidem*, f. 278rv), nota n. 6336 del 27 luglio 1926 (*ibidem*, f. 293r), nota n. 8213 del 6 giugno 1928 (*ibidem*, f. 299rv), nota n. 8817 del 14 dicembre 1928 (busta 4, ff. 297r-299r). Dopo il decreto del 16 dicembre 1933 seguirono altre note di protesta del nunzio inviate al ministero degli esteri: nota n. 15406 del 17 dicembre 1933 (busta 7, f. 453r), nota n. 16502 del 22 agosto 1934 (*ibidem*, f. 601r), nota n. 16543 del 4 settembre 1934 (busta 6, f. 428r).

2.4.3 L'inizio della dittatura regia e il concordato

Con l'introduzione della dittatura (6 gennaio 1929) le circostanze per la risoluzione giuridica dei vari campi ancora irrisolti dopo gli undici anni del nuovo regno, sembrarono facilitate. Senza il parlamento e i partiti, che bloccavano varie iniziative legislative, un ostacolo ingombrante sembrava superato. Così anche il tema del concordato venne di nuovo "riesumato".

Il ministro dei culti Alaupović aveva mani libere per preparare gli statuti delle singole religioni riconosciute. Con il nunzio, parlando del rapporto tra la legge interconfessionale e il concordato, si mise d'accordo per le prime conversazioni non impegnative sui problemi religiosi. In seguito si sarebbe giunti ad una discussione concreta d'un progetto di concordato, da preparare a Belgrado, tra il governo e la nunziatura, e, infine, alla redazione definitiva del testo e alla sottoscrizione a Roma. Il nunzio espresse il desiderio di parlare della stessa cosa con il ministro degli esteri, per far apparire chiaro che con la Santa Sede si trattava come da potenza a potenza, per via diplomatica, non volendo mettersi allo stesso livello del rabbino o del pastore luterano, che trattavano esclusivamente con il ministro dei culti. Dopo la conversazione, il nunzio si rivolse a Roma, per ricevere istruzioni in vista della ripresa delle trattative[256].

I vescovi, avendo ricevuto notizia della possibile ripresa dei negoziati concordatari, accorrevano ai vari ministeri a Belgrado per sapere in che modo si preparava il concordato. Al ministero dei culti fu assicurato loro che in un anno la questione sarebbe stata risolta[257]. Molti sforzi in seno al governo si facevano per mettere finalmente in moto questa «*torpida macchina*»[258]. Le voci delle trattative concordatarie giungevano al ministro Simić a Roma, il quale non ne sapeva niente[259]. Gli fu comunicato che il ministro dei culti stava revisionando il lavoro già fatto nel passato dalle varie commissioni, per far ripartire la preparazione del testo del progetto governativo di concordato[260]. Lo stesso ministro dei culti, nella sessione del consiglio dei ministri del 14 marzo 1929, sottolineava la necessità

---

[256] Pellegrinetti a Gasparri, Belgrado, 16 gennaio 1929, rapporto n. 8917, in S.RR.SS., AA.EE.SS., *Jugoslavia*, pos. 96, fasc. 53, ff. 45r-47v.

[257] Pellegrinetti a Gasparri, Belgrado, 6 febbraio 1929, rapporto n. 8991, *ibidem*, pos. 90, fasc. 50, ff. 36r-38v.

[258] *Ibidem*, f. 38v.

[259] Simić a Marinković, Roma, 27 febbraio 1929, telegramma n. 26, in AJ, *Poslanstvo Kraljevine Jugoslavije pri Svetoj Stolici (372)*, fasc. 9, [mappa 1/IV], ff. n.n.

[260] [Marinković] a Simić, Belgrado, 3 marzo 1929, dispaccio n. 2519, *ibidem*, ff. n.n.

di varare quanto prima il concordato e la legge per la Chiesa ortodossa serba, per poter presentare successivamente la legge interconfessionale, tra l'altro già elaborata[261]. Quando però aveva già terminato di redigere un progetto di concordato da presentare alla Santa Sede, fu abolito il suo ministero, e unito come sezione al ministero della giustizia. Bisognava allora ricominciare il lavoro con altri uomini[262] e nell'"ingrandito" ministero si sentiva meno forte la propensione a riprendere le trattative: una volta, infatti, lo stesso ministro Srškić avrebbe chiesto al nunzio se era proprio necessario fare un concordato, o piuttosto concedere un'autonomia sull'esempio dell'Austria e della Cecoslovacchia. Il nunzio rispose che non era il nome che contava, ma la necessità d'intendersi con la Santa Sede per le questioni religiose fondamentali[263].

La mollezza delle autorità governative spesso suscitava qualche commento pungente da parte del nunzio, nel suo diario, sulla loro presunta incompetenza[264]. Korošec avrebbe una volta confermato l'impressione del nunzio, che cioè a Belgrado a quel tempo nessuno pensasse seriamente di concludere un concordato e se l'avessero redatto non l'avrebbero osservato[265]. La ratifica del concordato con la Romania, dopo quello italiano e l'annunzio del concordato prussiano, fecero tuttavia grande impressione a Belgrado, mostrando con evidenza, secondo il nunzio, che una lotta contro la Chiesa sarebbe stata un gravissimo errore politico. La dinastia avrebbe avuto tutto l'interesse a legarsi i croati e gli sloveni e un concordato avrebbe lasciato in loro l'impressione che i cattolici avrebbero potuto godere di libertà, dignità e sicurezza entro il nuovo Stato[266]. Contro tale "progetto" dinastico avrebbe cospirato, invece, la massoneria[267]; infatti, il suo contributo nella promulgazione delle leggi scolastiche nell'autunno 1929 provocò uno dei conflitti più aspri tra il governo e la Chiesa cattolica in Jugoslavia, procrastinando di un altro anno le progettate trattative concordatarie.

---

[261] *Zapisnici sa sednica*, 50-52.

[262] Pellegrinetti a Gasparri, Belgrado, 11 aprile 1929, rapporto n. 9267 (minuta), in ASV, *Arch. Nunz. Jugoslavia*, busta 4, f. 386rv.

[263] ASV, Archivio della Prefettura, *Diari del card. Pellegrinetti*, 10 maggio 1929, vol. 11, f. 25rv.

[264] *«Ma che farci quando a Belgrado non si sa affrontare sul serio il problema?»*: *ibidem*, 13 maggio 1929, vol. 11, f. 26r.

[265] Srebrnič a Pellegrinetti, Veglia, 24 gennaio 1930, lettera privata, in ASV, *Arch. Nunz. Jugoslavia*, busta 4, f. 698v.

[266] Pellegrinetti a Gasparri, Belgrado, 22 giugno 1929, rapporto n. 9489, in S.RR.SS., AA.EE.SS., *Jugoslavia*, pos. 96, fasc. 53, f. 50v.

[267] *Ibidem*.

2.4.4 Le leggi scolastiche e il concordato

Con la «Legge sulle scuole medie[268]» (settembre 1929) si proibì la creazione di scuole medie private (art. 5) e l'appartenenza degli alunni alle associazioni giovanili su base di stirpe e religione (art. 67). Furono soppressi gli «Orlovi» (Aquile), associazione cattolica, e i ragazzi furono obbligati a iscriversi all'associazione ginnica statale «Jugoslovenski Sokol». Il nunzio ricordava la proposta vaticana durante i colloqui romani nel 1925, secondo la quale alla Chiesa sarebbe stata assicurata la facoltà di aprire e tenere scuole sue, con il diritto di emettere diplomi con valore legale. I delegati allora avevano detto di non avere istruzioni dal governo[269].

Dopo la promulgazione della «Legge sulle scuole magistrali[270]» (ottobre 1929) Pellegrinetti, nell'incontro con il ministro degli esteri Marinković, sottolineava la necessità, espressa più volte nel passato, di aspettare la conclusione del concordato o di cercare un accordo con la Santa Sede, prima di promulgare delle leggi su una materia così fondamentale per la Chiesa[271]. Nelle sue note di protesta il nunzio mostrava l'incoerenza del governo tra il manifesto desiderio di un concordato da una parte, e la promulgazione delle leggi scolastiche d'altra[272], ribadendo che le questioni come l'insegnamento religioso, le associazioni religiose o i beni ecclesiastici non si sarebbero dovute affrontare senza l'intesa con la Santa Sede. Secondo lui nel concordato serbo (1914), che contemplava soltanto alcune migliaia di cattolici, ci sarebbe stato più rispetto per la Chiesa che non in quel momento[273].

La "trilogia" delle leggi scolastiche fu completata con la pubblicazione della «Legge sulle scuole nazionali (elementari)[274]» nel dicembre 1929, in cui non si

---

[268] «Legge sulle scuole medie» del 31 agosto 1929 (pubblicata sulle *Službene novine*, n. 217, 17 settembre 1929); N. ŽUTIĆ, *Kraljevina Jugoslavija*, 379, nota 54.

[269] Pellegrinetti a Gasparri, Belgrado, 18 settembre 1929, rapporto n. 9729, in S.RR.SS., AA.EE.SS., *Jugoslavia*, pos. 90, fasc. 50, f. 41r-42v.

[270] «Legge sulle scuole magistrali» del 17 settembre 1929 (pubblicata sulle *Službene novine*, n. 230, 2 ottobre 1929); N. ŽUTIĆ, *Kraljevina Jugoslavija*, 379, nota 54.

[271] Pellegrinetti a Gasparri, Belgrado, 17 ottobre 1929, rapporto n. 9830, in S.RR.SS., AA.EE.SS., *Jugoslavia*, pos. 90, fasc. 50, f. 44rv.

[272] Pellegrinetti a Marinković, Belgrado, 24 ottobre 1929, nota n. 9857 (copia), *ibidem*, f. 50rv.

[273] Pellegrinetti a Marinković, Belgrado, 11 dicembre 1929, nota n. 10030 (copia), *ibidem*, ff. 63r-65v.

[274] «Legge sulle scuole nazionali» (elementari) del 5 dicembre 1929 (pubblicata sulle *Službene novine*, n. 289, 9 dicembre 1929); N. ŽUTIĆ, *Kraljevina Jugoslavija*, 379, nota 54.

tenne conto delle insistenti repliche del nunzio. In questa legge era problematico soprattutto l'art. 43, che dava il diritto ai genitori degli allievi di scegliere, quanto all'insegnamento religioso, tra il sacerdote e il maestro laico. Questa soluzione venne interpretata come contraria alla costituzione gerarchica della Chiesa cattolica, in cui il diritto di insegnare la religione dipendeva dai vescovi. I genitori che avrebbero "usurpato" tale diritto ai vescovi, sarebbero incorsi nelle sanzioni ecclesiastiche più gravi[275].

I vescovi, colpiti dalle leggi scolastiche, si recarono a Belgrado nel novembre 1929, protestando con forza contro tali disposizioni. Il ministro Srškić prometteva la rapida conclusione del concordato, che, però, in materia scolastica, si sarebbe dovuto risolvere nell'ambito delle leggi già vigenti[276]. Nell'udienza concessa ai vescovi, anche il re si chiedeva se per regolare la questione religiosa era proprio necessario il concordato. La tendenza a sfuggire alle trattative con la Santa Sede, limitandosi a interloquire con i soli vescovi cattolici, sarebbe apparsa assai chiara[277].

Il desiderio delle autorità politiche di regolare lo stato giuridico della Chiesa cattolica con una legge interna era strettamente collegato alla legislazione delle diverse confessioni e religioni riconosciute, a cominciare dalla Chiesa serbo-ortodossa. Tali passi, realizzati durante la "bufera" delle leggi scolastiche, furono frutto della collaborazione tra il governo e i capi dei singoli gruppi religiosi presenti nel Paese. Molti volevano regolare i rapporti con la Chiesa cattolica alla stessa maniera. Era molto diffusa l'opinione che il governo intendesse applicare *mutatis mutandis*, a tutte le organizzazioni religiose riconosciute in Jugoslavia, le disposizioni della «Legge della Chiesa ortodossa serba» dell'8 novembre 1929[278]. Pellegrinetti supponeva, poi, che anche in occasione di eventuali trattative per il concordato, la detta legge sarebbe servita al governo da modello per le questioni similari della Chiesa cattolica[279].

Di fronte ad una legislazione scolastica così sfavorevole per la Chiesa cattolica,

---

[275] Pellegrinetti a Marinković, Belgrado, 11 dicembre 1929, nota n. 10030 (copia), in S.RR.SS., AA.EE.SS., *Jugoslavia*, pos. 90, fasc. 50, f. 63v; *Britanci o Kraljevini*, vol. I, 618, 672.

[276] Pellegrinetti a Gasparri, Belgrado, 26 novembre 1929, rapporto n. 9988, in S.RR.SS., AA.EE.SS., *Jugoslavia*, pos. 90, fasc. 50, f. 56r.

[277] Pellegrinetti a Gasparri, Belgrado, 16 dicembre 1929, rapporto n. 10051, *ibidem*, f. 60v.

[278] *Službene novine*, n. 269, 16 novembre 1929. La traduzione it. si veda in S.RR.SS., AA.EE.SS., *Jugoslavia*, pos. 96, fasc. 54, f. 7 [pp. 17-24].

[279] Pellegrinetti a Gasparri, Belgrado, 21 novembre 1929, rapporto n. 9966, in S.RR.SS., AA.EE.SS., *Jugoslavia*, pos. 9, fasc. 15, ff. 55r-56r.

l'episcopato e il nunzio cercarono un'intesa, per presentare una formale protesta al governo. Il vescovo Bauer credeva necessario che la Santa Sede facesse un passo risoluto, anche minacciando di rompere le relazioni diplomatiche. Senza arrivare a tale soluzione estrema, si presentò un'energica protesta sotto forma di un memoriale dell'episcopato, diretto al re Aleksandar[280]. In esso i vescovi, persuasi che il re, avendo anteriormente promesso loro provvedimenti favorevoli, fosse «*ingannato*» dai ministri, ricordavano al monarca l'opera di suo padre, che nel concordato del 1914 avrebbe concesso più diritti alla Chiesa in campo scolastico. L'argomento del concordato serbo avrebbe fatto molta impressione tra i serbi, timorosi di sentirsi dire che nel 1914 erano stati più generosi che non nel 1929[281]. Il nunzio dovette, in alcune parti, attenuare l'aspro tono dell'episcopato, rendendo inoltre più espressa la necessità che lo Stato si dovesse intendere nella materia con la Santa Sede[282]. I vescovi, nel loro zelo, avrebbero infatti ambito, nonostante la loro devozione alla Santa Sede, di trattare direttamente con il governo e, per inconscio istinto, avrebbero teso a risolvere tutto nelle loro conferenze, limitandosi a darne notizia al nunzio e al pontefice[283]. Il re, scosso dalla forte protesta dell'episcopato, dichiarò che avrebbe fatto modificare la legge e che tutto sarebbe stato poi regolato nel concordato. Il nunzio, da parte sua, protestò presso il ministero degli esteri e in un'occasione, quando gli assicurarono la buona volontà del governo nell'affare, egli avrebbe risposto:

Come possono i Cattolici [...] confidare in un futuro Concordato, quando intanto si distrugge l'articolo X del Concordato Serbo, si legifera in opposizione allo stesso progetto di Concordato già presentato dal Governo alla S. Sede nel 1925, si crea un'atmosfera di diffidenza e di lotta? Non è questo il modo di preparare un Concordato![284]

---

[280] Pellegrinetti a Gasparri, Belgrado, 16 dicembre 1929, rapporto n. 10051, *ibidem*, pos. 90, fasc. 50, f. 61rv; G. MITHANS, *Urejanje odnosov*, 199. La lettera dei vescovi si veda in: Pellegrinetti a Gasparri, Belgrado, 22 gennaio 1930, rapporto n. 10225, in S.RR.SS., AA.EE.SS., *Jugoslavia*, pos. 90, fasc. 51, ff. 23v-24v.

[281] Pellegrinetti a Gasparri, Belgrado, 22 gennaio 1930, rapporto n. 10225, in S.RR.SS., AA.EE.SS., *Jugoslavia*, pos. 90, fasc. 51, ff. 23v-24r.

[282] Pellegrinetti a Gasparri, Belgrado, 21 dicembre 1929, rapporto n. 10095, *ibidem*, fasc. 50, f. 67v.

[283] Pellegrinetti a Gasparri, Belgrado, 22 gennaio 1930, rapporto n. 10225, *ibidem*, fasc. 51, f. 24v.

[284] Pellegrinetti a Gasparri, Belgrado, 27 dicembre 1929, rapporto n. 10112, *ibidem*, fasc. 50, f. 71r.

Poiché il viceministro degli esteri Jevtić si era recato in Italia per il matrimonio del principe Umberto nel gennaio 1930, rese visita anche in Vaticano, dove gli fu consegnato un *Aide-Memoire*, nel quale la Santa Sede biasimava la risoluzione unilaterale del governo sul problema delle scuole confessionali, dell'insegnamento religioso e delle associazioni cattoliche. Gasparri esprimeva fiducia che il governo modificasse la portata offensiva delle misure prese, le quali, se si fossero dovute attuare come suonava la lettera della legge, avrebbero suscitato da parte della Santa Sede una pubblica e formale protesta, con deprecabili e dolorose conseguenze[285]. Jevtić rese noto che era in preparazione il regolamento con cui la legge sarebbe stata corretta e promise, nel caso in cui il regolamento non fosse stato ancora pubblicato, di mandarne prima il testo alla Santa Sede per eventuali osservazioni[286].

L'intera sessione del consiglio dei ministri dell'11 gennaio 1930 fu dedicata al problema scottante delle leggi scolastiche. Dal protocollo si evince che i ministri non accettarono volentieri le proteste dell'episcopato e che fu lo stesso re a desiderare che le loro esigenze fossero prese in considerazione sotto forma di un regolamento[287]. Tali «regolamenti» furono pubblicati già il 15 gennaio[288], senza alcun preavviso alla Santa Sede. Il governo, da parte sua, con questo gesto voleva mostrare buona volontà per le esigenze della Santa Sede[289], la quale, da parte sua, non era ancora del tutto soddisfatta[290]. Il nunzio vi vedeva un grandissimo miglioramento, poiché tramite i «regolamenti» l'insegnamento religioso dipendeva ora dalla *missio canonica*, le nomine e i trasferimenti degli insegnanti di religione non si potevano fare senza partecipazione dei vescovi, le associa-

---

[285] Il testo si veda in: Gasparri a Jevtić, Vaticano, 9 gennaio 1930, nota n. 58/30, in AJ, *Poslanstvo Kraljevine Jugoslavije pri Svetoj Stolici (372)*, fasc. 9, [mappa 2/IV], ff. n.n.; ASV, *Arch. Nunz. Jugoslavia*, busta 4, ff. 628r-633r (copia).

[286] Gasparri a Pellegrinetti, Vaticano, 9 gennaio 1930, cifrato n. 9 (63/30), in ASV, *Arch. Nunz. Jugoslavia*, busta 4, f. 623r; Gasparri a Pellegrinetti, 9 gennaio 1930, dispaccio n. 63/30, *ibidem*, f. 627rv.

[287] *Zapisnici sa sednica*, 131-134.

[288] *Službene novine*, n. 10-III, 15 gennaio 1930; trad. it. in: S.RR.SS., AA.EE.SS., *Jugoslavia*, pos. 90, fasc. 51, ff. 37r-38v; in lingua orig. in ASV, *Arch. Nunz. Jugoslavia*, busta 4, ff. 670r-671r.

[289] Kumanudi a Simić, Belgrado, 16 gennaio 1930, dispaccio n. 692, in AJ, *Poslanstvo Kraljevine Jugoslavije pri Svetoj Stolici (372)*, fasc. 9, [mappa 2/IV], ff. n.n.

[290] Gasparri a Pellegrinetti, Vaticano, 18 gennaio 1930, cifrato n. 13 (204/30), in S.RR.SS., AA.EE.SS., *Jugoslavia*, pos. 90, fasc. 51, f. 13r.

zioni religiose non erano più vietate agli studenti, i decreti circa l'unificazione delle associazioni non riguardavano quelle religiose. Rimaneva, però, la proibizione di erigere nuove scuole private (confessionali) e il diritto dei genitori di scegliere come insegnante di religione un sacerdote o un laico. Secondo lui si sarebbe dovuto ancora esigere, come minimo, la libertà delle scuole confessionali e il loro riconoscimento da parte del governo, la libertà della missione canonica nell'insegnamento religioso obbligatorio e il pagamento dei loro stipendi a carico dello Stato o dei comuni, la libertà delle associazioni cattoliche e dell'Azione Cattolica[291].

Il governo cercava presso l'episcopato una dichiarazione a favore di detti «regolamenti», certamente per calmare gli animi eccitati dei cattolici e per creare un'atmosfera di fiducia nazionale[292], ma ancora di più per assicurarsi una base di fronte alla Santa Sede. Con il parere positivo dei vescovi, il governo avrebbe avuto le spalle coperte e avrebbe preteso che la questione della scuola fosse già chiusa e che non ci fosse più bisogno di farne oggetto di discussione in sede del concordato. Le autorità civili avrebbero cercato, in tal modo, di contrapporre i vescovi alla Santa Sede in una questione fondamentale[293]. Ad un simile scopo avrebbero contribuito, secondo il nunzio, alcuni articoli sui quotidiani, usciti in quei giorni, tramite i quali si inasprì ulteriormente la tensione tra il governo e l'episcopato[294]. I vescovi erano delusi del fatto che nemmeno nei «regolamenti», i quali non

---

[291] Pellegrinetti a Gasparri, Belgrado, 22 gennaio 1930, rapporto n. 10226, *ibidem*, f. 35rv.

[292] Pellegrinetti a Gasparri, Belgrado, 1° febbraio 1930, rapporto n. 10287, *ibidem*, f. 47v.

[293] Pellegrinetti a Gasparri, Belgrado, 4 febbraio 1930, rapporto n. 10291, *ibidem*, ff. 52v-53r.

[294] *Ibidem*, f. 52rv. L'articolo sulle *Novosti*, n. 26, 26 gennaio 1930 (l'articolo si veda anche in S.RR.SS., AA.EE.SS., *Jugoslavia*, pos. 90, fasc. 51, ff. 45-46; la trad. it.: *ibidem*, ff. 41r-44v), toccando il problema delle leggi scolastiche e dei regolamenti, attribuiva la colpa per il malcontento tra i cattolici jugoslavi all'influsso della Santa Sede. L'arcivescovo Bauer fu indignato del contenuto dell'articolo, affermando che «*difficilmente si può trovare nei cinquant'anni da quando seguo la vita pubblica un più grave attacco contro il Capo della Chiesa Cattolica*». Era d'accordo, che esisteva una congiura internazionale, la quale minacciava la pace religiosa in Jugoslavia, ma questa, secondo lui, non era formata né diretta dal papa Pio XI, né dall'episcopato, né dal clero cattolico. Essa era spinta, invece, all'azione da «*tenebrose forze internazionali*», le quali si adoperavano per suscitare in Jugoslavia la guerra religiosa e spingere alla persecuzione della Chiesa cattolica (*Hrvatska Straža*, Zagabria, 28 gennaio 1930, trad. it., in S.RR.SS., AA.EE.SS., *Jugoslavia*, pos. 90, fasc. 51, f. 49r). La replica delle *Novosti* fu molto meno aspra del loro primo articolo (*Novosti*, 2 febbraio 1930, trad. it., *ibidem*, ff. 56r-57r). Si veda anche: *Britanci o Kraljevini*, vol. I, 672.

avevano forza di legge, si menzionasse la possibilità di fondare scuole private[295], tuttavia non fecero tale dichiarazione, ma espressero il principio, che su tale cosa, come su altri problemi religioso-politici, bisognava intendersi con la Santa Sede tramite il concordato[296]. Di fronte alle insistenti proteste per la presunta politica ostile verso la Chiesa pronunciate dai vescovi e dal nunzio[297], che per questo divenne il «*gran nemico dello Stato*»[298], il governo si rese sempre più conto della necessità di un'intesa sotto forma di concordato.

A questo riguardo sono decisivi gli incontri del nunzio con alcuni esponenti governativi, tra l'inverno e la primavera 1930. Nel primo colloquio con il ministro dell'agricoltura e della riforma agraria Frangeš, egli affermò che l'unico mezzo di pacificare i vescovi e i cattolici e d'ispirare fiducia nel governo era quello di preparare e concludere un concordato con la Santa Sede. Pellegrinetti, inoltre, rilevava che non vi sarebbero state avversioni se il governo avesse seguito la linea della commissione governativa per il concordato (1922-1923), se avesse continuato le trattative felicemente cominciate a Roma nel 1925, se avesse dato risposta a tante sue note e se non avesse cercato di risolvere per conto suo i problemi riguardanti la Chiesa, per i quali la stessa Santa Sede rivendicava l'esclusiva competenza. Alla domanda, se la Santa Sede avrebbe accettato le trattative concordatarie, Pellegrinetti invitava il governo a prendere l'iniziativa e fare un passo concreto[299].

Pochi giorni dopo il nunzio incontrò il ministro della giustizia Srškić, il quale, contento, da una parte, che la Santa Sede fosse pronta a trattare con il governo

---

[295] Pellegrinetti a Gasparri, Belgrado, 22 gennaio 1930, rapporto n. 10225, in S.RR.SS., AA.EE.SS., *Jugoslavia*, pos. 90, fasc. 51, f. 30v.

[296] Vescovi al re Aleksandar, Zagabria, 20 febbraio 1930, lettera n. 52/Pr. (copia), in ASV, *Arch. Nunz. Jugoslavia*, busta 5, ff. 51r-53r; Pellegrinetti a Gasparri, Belgrado, 24 febbraio 1930, rapporto n. 10385, in S.RR.SS., AA.EE.SS., *Jugoslavia*, pos. 90, fasc. 51, f. 72rv.

[297] Pellegrinetti a Gasparri, Belgrado, 1° febbraio 1930, rapporto n. 10287, in S.RR.SS., AA.EE.SS., *Jugoslavia*, pos. 90, fasc. 51, f. 47r.

[298] Pellegrinetti a Gasparri, Belgrado, 4 febbraio 1930, rapporto n. 10291, *ibidem*, f. 52v; Archivio della Prefettura, *Diari del card. Pellegrinetti*, 30-31 gennaio 1930, vol. 11, f. 68rv.

[299] Pellegrinetti a Pacelli, Belgrado, 14 febbraio 1930, rapporto n. 10343, in S.RR.SS., AA.EE.SS., *Jugoslavia*, pos. 90, fasc. 51, f. 62rv. Pochi giorni dopo il nunzio mandò una nuova nota al governo in vista delle eventuali trattative concordatarie, sintetizzando tutte le precedenti note di protesta sulla delicata questione delle scuole e delle associazioni religiose (Pellegrinetti a Marinković, Belgrado, 18 febbraio 1930, nota n. 10363 (copia), *ibidem*, ff. 68r-69v).

per il concordato, non approvava, dall'altra, che la Santa Sede si immischiasse nella politica scolastica interna del Paese. Aggiunse che l'affare della scuola fosse già concluso, ripetendo che il concordato doveva stare nei limiti delle leggi vigenti in Jugoslavia. Come modello prese il concordato prussiano, appena concluso, nel quale non c'era traccia della scuola. Il nunzio rispose che il governo aveva già riconosciuto alla Chiesa il diritto d'interessarsi della scuola con un articolo del progetto governativo nel 1925 e che per la Santa Sede la scuola era una questione capitale. Il concordato prussiano, per ragioni speciali, non avrebbe potuto servire da modello, poiché in quel caso le parti contraenti avevano riconosciuto le difficoltà originate dalla composizione dei partiti in parlamento. Tali difficoltà, secondo lui, non sarebbero esistite in Jugoslavia. Il concordato, poi, per sua natura, non poteva essere *ancilla* delle leggi unilaterali di un Paese, bensì un compromesso amichevole tra le parti[300]. Dopo aver ribadito la situazione pluri-confessionale, nella quale non si poteva creare una situazione troppo privilegiata alla Chiesa cattolica, il ministro Srškić, riferendosi al concordato, esigette che tutto ricominciasse *ex novo*, che cioè le nuove trattative non dovessero considerarsi una prosecuzione di quelle del 1925[301].

2.5 *Verso la ripresa delle trattative concordatarie (1930)*

Per Pellegrinetti fu provvidenziale, in certo senso, la promulgazione delle leggi scolastiche, poiché senza non si sarebbe conosciuta pienamente la tendenza del ministero dell'istruzione, né i cattolici si sarebbero mossi per una questione di capitale importanza[302]. Il terreno per la ripresa del concordato sembrava, quindi, pronto, tuttavia dopo questi incontri il governo non fece alcun passo concreto. Perché? I motivi vanno cercati nell'atteggiamento intransigente dell'episcopato cattolico, il quale, come si è già detto, non volle dichiararsi contento dei «regolamenti» con i quali il governo cercava di venirgli incontro. Anzi, nel febbraio 1930, dalla conferenza plenaria i vescovi inviarono proteste formali al ministero

---

[300] «*Un Concordato significa un compromesso amichevole per il bene di ambe le parti. Se voi credete intangibili le vostre leggi, anche in quello che si riferisce a materie religiose, noi diremo: Voi avete le vostre leggi, la Chiesa ha le proprie. Non domandate a noi compromessi, quando non siete voi disposti a farne*»: Pellegrinetti a Pacelli, Belgrado, 24 febbraio 1930, rapporto n. 10385, *ibidem*, f. 73r.

[301] *Ibidem*, ff. 72v-73v.

[302] Pellegrinetti a Pacelli, Belgrado, 26 febbraio 1930, rapporto n. 10391, *ibidem*, f. 71v.

della giustizia[303] e allo stesso re[304]. L'arcivescovo Bauer, nel mese di maggio, scrisse una circolare ai fedeli, condannando per la prima volta nominatamente e pubblicamente le disposizioni anticattoliche delle leggi scolastiche[305]. Il ministro Jevtić avrebbe affermato che dopo le dichiarazioni dei vescovi non c'era nemmeno da parlare di concordato[306]. Srškić riteneva necessario, ancora prima di intavolare negoziati con Roma, trattare ancora una volta con i vescovi «*per rasserenare l'atmosfera*»[307].

Pure il re si indignò per le proteste vescovili: gli dispiaceva che molti lo dipingessero come avversario della Chiesa cattolica. Ciononostante, egli non abbandonò mai l'idea di risolvere tutte le questioni tra Chiesa e Stato tramite un concordato[308]. Tutti i dubbi sulle vere intenzioni del re circa il concordato furono dissipati nell'udienza concessa al nunzio il 30 giugno 1930.

Il monarca espresse di non voler conflitti con i cattolici, di auspicare buone relazioni con la Santa Sede e di avere l'intenzione di procedere alla discussione del concordato. All'osservazione del nunzio, che da mesi si andava discutendo sull'intenzione del governo di intavolare i negoziati, ma che in realtà nulla si era fatto, il sovrano replicò che era proprio lui a credere necessaria quest'ultima dilazione, perché non si avesse l'impressione che il governo passava a discutere con la Santa Sede sotto la pressione dell'episcopato e non per sua libera e spontanea decisione. Era, invece, giunto il momento e tra breve egli avrebbe dato ordine al governo di preparare il necessario per l'avvio delle trattative. Il diplomatico pontificio auspicò che certi argomenti come la scuola, l'insegnamento religioso, i beni ecclesiasti-

---

[303] Vescovi a Srškić, Zagabria, 21 febbraio 1930, lettera s.n. (copia), in ASV, *Arch. Nunz. Jugoslavia*, busta 5, ff. 49r-50r, 55r-60v.

[304] Vescovi al re Aleksandar, Zagabria, 20 febbraio 1930, lettera n. 52/Pr. (copia), *ibidem*, ff. 51r-53r; Pellegrinetti a Pacelli, Belgrado, 24 febbraio 1930, rapporto n. 10385, in S.RR.SS., AA.EE.SS., *Jugoslavia*, pos. 90, fasc. 51, f. 72rv; Pellegrinetti a Pacelli, Belgrado, 28 febbraio 1930, rapporto n. 10397 (minuta), in ASV, *Arch. Nunz. Jugoslavia*, busta 5, ff. 64r-65v, 66r-77r (allegati). Si veda anche *Britanci o Kraljevini*, vol. I, 143.

[305] Circolare di Bauer, Zagabria, 15 maggio 1930, n. 138/Pr., in ASV, *Arch. Nunz. Jugoslavia*, busta 5, ff. 124, 125; trad. it. in S.RR.SS., AA.EE.SS., *Jugoslavia*, pos. 90, fasc. 51, ff. 85r-86r.

[306] Pellegrinetti a Pacelli, Belgrado, 8 marzo 1930, rapporto n. 10455 (minuta), in ASV, *Arch. Nunz. Jugoslavia*, busta 5, f. 88r.

[307] Pellegrinetti a Pacelli, Belgrado, 14 maggio 1930, rapporto n. 10662, in S.RR.SS., AA.EE.SS., *Jugoslavia*, pos. 90, fasc. 51, f. 82r.

[308] Bauer al re Aleksandar, Zagabria, 26 marzo 1930, lettera s.n. (copia), in ASV, *Arch. Nunz. Jugoslavia*, busta 5, f. 103r; ASV, Archivio della Prefettura, *Diari del card. Pellegrinetti*, 26 marzo 1930, vol. 11, f. 74r; 20 giugno 1930, vol. 11, f. 84v.

ci o il matrimonio non restassero esclusi *a priori* dall'ambito delle trattative, come alcuni sembravano supporre[309], poiché

> non mancano di quelli – anche influenti – che considerano il Concordato come una pericolosa capitolazione dello Stato e il Cattolicismo come un elemento pericoloso per l'unione della nazione, attribuendo anche a me e in genere al "Vaticano" una ostilità fondamentale alla Iugoslavia, per effetto di "italianismo"[310].

Il nuovo segretario di Stato Pacelli, nel prendere atto del desiderio delle autorità jugoslave di riavviare le trattative concordatarie, già a marzo aveva fatto sapere che il papa non riteneva di potersi impegnare per questa via, se non si fosse avuta garanzia sufficiente della buona volontà del governo, cioè di non irrigidirsi sui due punti tanto importanti per un concordato, quali erano la scuola e il matrimonio[311]. Dopo le notizie avute dall'incontro tra il re e il nunzio, egli, in modo analogo, rilevava che prima di riavviare i negoziati per il concordato sarebbe stato necessario portare qualche rimedio o miglioramento alle leggi scolastiche[312]. E tale rimedio arrivò solo due giorni dopo, con le «Modifiche alle leggi per la scuola nazionale (elementare)»[313], che furono giudicate dal nunzio come un passo avanti verso l'intesa con la Chiesa. L'art. 43 fu completamente modificato, prevedendo ora come insegnante di religione solo chi avesse la *missio canonica* dal vescovo. All'art. 68 fu aggiunto un comma, che concedeva agli alunni la facoltà, in sede extrascolastica, di appartenere ad associazioni della propria comunità religiosa. Non fu, invece, detto niente sul punto capitale, cioè sulla facoltà della Chiesa di avere proprie scuole[314]. Per il nunzio, comunque, la condizione

---

[309] Pellegrinetti a Pacelli, Belgrado, 1° luglio 1930, rapporto n. 10888, in S.RR.SS., AA.EE.SS., *Jugoslavia*, pos. 90, fasc. 51, f. 87rv. Si veda anche *Britanci o Kraljevini*, vol. I, 673.

[310] Pellegrinetti a Pacelli, Belgrado, 1° luglio 1930, rapporto n. 10888, in S.RR.SS., AA.EE.SS., *Jugoslavia*, pos. 90, fasc. 51, f. 87v.

[311] Pacelli a Pellegrinetti, Vaticano, 10 marzo 1930, dispaccio n. 715/30, in ASV, *Arch. Nunz. Jugoslavia*, busta 5, f. 91v.

[312] Pacelli a Pellegrinetti, Vaticano, 4 luglio 1930, cifrato n. 20 (2296/30), in S.RR.SS., AA.EE.SS., *Jugoslavia*, pos. 90, fasc. 51, f. 88r.

[313] Il testo fu pubblicato su *Narodna Svijest*, 16 luglio 1930, Anno XII – n. 28, p. 1, Dubrovnik (Ragusa). Si veda anche: ASV, *Arch. Nunz. Jugoslavia*, busta 5, f. 211; la trad. it. in S.RR.SS., AA.EE.SS., *Jugoslavia*, pos. 90, fasc. 51, f. 93.

[314] Pellegrinetti a Pacelli, Belgrado, 15 luglio 1930, rapporto n. 10927, in S.RR.SS., AA.EE.SS., *Jugoslavia*, pos. 90, fasc. 51, f. 89v; G. MITHANS, *Urejanje odnosov*, 200.

preliminare, chiesta da Pacelli per avviare le trattative, si poteva considerare realizzata. Ulteriore segno della "serietà" del governo sarebbe stata la compilazione di uno schema del concordato presso il ministero della giustizia[315].

Chi influì in modo determinante sul re per ottenere le modifiche delle leggi e rendere così più facile l'*iter* verso l'intesa con la Santa Sede? Il nunzio scriveva che il re aveva imposto personalmente al ministro dell'istruzione il cambiamento delle leggi, ma che prima erano stati compiuti molti altri passi presso il monarca. Oltre i vescovi, si sarebbero occupati di trovare una via di uscita alcuni ministri jugoslavi, il ministro francese Dard e la signorina Hristić, cugina del ministro degli esteri Marinković, «*ardente serba ed ardente cattolica*», vicepresidente dell'Unione internazionale della donna, che aveva avuto a metà di giugno una lunga udienza dal sovrano[316].

La Santa Sede apprezzava i miglioramenti introdotti con la nuova legge scolastica e contava, in vista di ulteriori chiarimenti, sulla collaborazione dei vescovi[317]. Questi, pur essendo contenti delle modifiche di alcune disposizioni, risolsero nella loro conferenza plenaria a Zagabria (12–18 agosto 1930) di chiedere al governo che alcuni punti della nuova legge rimanessero sospesi, finché non si risolvessero per mezzo del concordato[318]. Alla domanda del nunzio circa quali punti in materia scolastica e in genere fossero il minimo indispensabile da proporre al governo prima d'iniziare le trattative per il concordato[319], Bauer rispose con un elenco ben preciso: la piena libertà di fondare e dirigere le proprie scuole, l'istruzione religiosa due ore la settimana obbligatoria nelle scuole elementari e medie, la soluzione della riforma agraria con la piena indennità, la libertà delle associazioni cattoliche[320].

---

[315] Pellegrinetti a Pacelli, Belgrado, 15 luglio 1930, rapporto n. 10927, in S.RR.SS., AA.EE.SS., *Jugoslavia*, pos. 90, fasc. 51, f. 90rv.

[316] *Ibidem.*

[317] Pacelli a Pellegrinetti, Vaticano, 19 luglio 1930, cifrato n. 21 (438/30), *ibidem*, f. 58r.

[318] Pellegrinetti a Pacelli, Belgrado, 2 settembre 1930, rapporto n. 11120 (minuta), in ASV, *Arch. Nunz. Jugoslavia*, busta 13, f. 142r.

[319] Appunto di Pellegrinetti, Varaždinske Toplice, 7 agosto 1930, appunto n. 11069, *ibidem*, busta 5, f. 219rv.

[320] Bauer a Pellegrinetti, Zagabria, 3 settembre 1930, lettera n. 240/Pr., *ibidem*, busta 8, f. 197r; Pellegrinetti a Pacelli, Belgrado, 24 novembre 1930, rapporto n. 11396, in S.RR.SS., AA.EE.SS., *Jugoslavia*, pos. 96, fasc. 53, f. 54r; Pacelli a Pellegrinetti, Vaticano, 4 dicembre 1930, dispaccio n. 3816/30, in ASV, *Arch. Nunz. Jugoslavia*, busta 5, f. 295rv.

L'entusiasmo dell'episcopato sulle modifiche delle leggi si indebolì quando si venne a sapere della manovra del ministero dell'istruzione, che, in risposta alla propria "sconfitta" con le leggi scolastiche, si accingeva a ridurre le ore di religione nella scuola. La solenne protesta di Bauer, diretta al re[321], ottenne la revoca della disposizione[322]. Lo stesso ministero promulgò un decreto che vietava di accettare contribuzioni scolastiche alle scuole elementari private e un altro che vietava agli insegnanti delle scuole di Stato di insegnare nelle scuole private[323]. Fu promulgata nel novembre, inoltre, la «Legge di liquidazione dei rapporti agrari in Dalmazia»[324], e ciò senza previa intesa con la competente autorità ecclesiastica. I vescovi e il nunzio dovettero nuovamente protestare[325]. Il ministro degli esteri Marinković avrebbe promesso che nessun ministro avrebbe potuto decidere in materia che toccasse la Chiesa, senza che lui prima sapesse e desse la sua risposta. Il nunzio aveva l'impressione che nel governo non vi fosse una decisa unità di pensiero in fatto di politica religiosa[326].

Nonostante le numerose ambiguità intorno alle questioni ecclesiastiche, prevalse finalmente l'idea del re di riavviare, dopo cinque anni di sospensione, le trattative con la Santa Sede. Le ripetute promesse di riprendere i negoziati si con-

---

[321] Bauer al re Aleksandar, Zagabria, 17 settembre 1930, lettera s.n. (copia), in ASV, *Arch. Nunz. Jugoslavia*, busta 5, ff. 234r-235r; Mileta a Pellegrinetti, Sebenico, 26 settembre 1930, lettera s.n., *ibidem*, f. 238; Pellegrinetti a Pacelli, Belgrado, 3 novembre 1930, rapporto n. 11282, in S.RR.SS., AA.EE.SS., *Jugoslavia*, pos. 96, fasc. 53, f. 58v.

[322] Pellegrinetti a Pacelli, Belgrado, 24 novembre 1930, rapporto n. 11396, in S.RR.SS., AA.EE.SS., *Jugoslavia*, pos. 96, fasc. 53, f. 54r.

[323] Pellegrinetti a Pacelli, Belgrado, 28 novembre 1930, rapporto n. 11423, *ibidem*, ff. 74r-75v.

[324] *Službene novine*, n. 254, 5 novembre 1930; N. ŽUTIĆ, *Kraljevina Jugoslavija*, 273; Pellegrinetti a Pacelli, Belgrado, 3 novembre 1930, in S.RR.SS., AA.EE.SS., *Jugoslavia*, pos. 96, fasc. 53, f. 58v.

[325] Vescovi dalmati al re Aleksandar, Spalato, 11 novembre 1930, nota s.n. (copia), in ASV, *Arch. Nunz. Jugoslavia*, busta 7, f. 387r; Pellegrinetti a Marinković, Belgrado, 18 novembre 1930, nota n. 11367 (minuta), *ibidem*, f. 388rv; Bauer al re Aleksandar, Zagabria, 9 novembre 1930, nota 313/Pr. (copia), *ibidem*, busta 5, ff. 268r-270r. Si veda anche: Pellegrinetti ai vescovi dalmati, Belgrado, 31 ottobre 1930, dispaccio n. 11269 (minuta), *ibidem*, f. 244r; Vescovi dalmati a Pellegrinetti, Spalato, 11 novembre 1930, lettera n. 53/Pr., *ibidem*, busta 7, ff. 383r-386r.

[326] Pellegrinetti a Pacelli, Belgrado, 3 novembre 1930, rapporto n. 11282, in S.RR.SS., AA.EE.SS., *Jugoslavia*, pos. 96, fasc. 53, ff. 58v-59r.

cretizzarono nel settembre 1930, quando dal ministero degli esteri fu dato l'incarico al ministro jugoslavo presso la Santa Sede Simić di comunicare alla Segreteria di Stato che il governo era pronto per iniziare ufficialmente le trattative per il concordato[327].

Dal momento che il segretario di Stato Pacelli era assente in quel periodo, si previde l'inizio delle trattative dopo il 15 ottobre 1930[328]. In vista della ripresa dei colloqui ufficiali il ministero degli esteri affermava che le questioni più problematiche (nomina dei vescovi, beni ecclesiastici, ordini religiosi) dopo le trattative "fallite" avrebbero perso la complicatezza iniziale, poiché nel frattempo la Santa Sede aveva concluso concordati con altri Stati, riconoscendo loro quello che prima aveva negato al Regno SHS. Il ministero si aspettava che, nel corso delle future trattative, quegli stessi diritti sarebbero stati riconosciuti anche alla Jugoslavia. Con il concordato, a detta dello stesso ministero, si sarebbero risolte tutte le questioni controverse con la Santa Sede[329].

---

[327] Kumanudi a Simić, Belgrado, 12 settembre 1930, telegramma n. 18008, in AJ, *Poslanstvo Kraljevine Jugoslavije pri Svetoj Stolici (372)*, fasc. 9, [mappa 2/IV], ff. n.n.

[328] Simić a Kumanudi, Roma, 17 settembre 1930, telegramma n. 124, *ibidem*, ff. n.n. Sulle leggi scolastiche e la ripresa delle trattative si veda anche: S.RR.SS., AA.EE.SS., *Rapporti delle Sessioni*, anno 1931, Sessione 1338, stampa 1212, «Nuove trattative per il Concordato tra la Santa Sede e il Regno di Jugoslavia», 25 giugno 1931, Relazione, pp. 8-14; M. Valente, «Santa Sede e Jugoslavia» 228-232.

[329] *Izveštaji Ministarstva*, 133.

CAPITOLO IV

DAL PROGETTO GOVERNATIVO (1931)
ALLA FIRMA DEL CONCORDATO (1935)

La macchina concordataria si rimise in moto dopo cinque anni. Il re Aleksandar s'impose personalmente per colmare le lacune giuridiche che vi erano nel rapporto tra la Chiesa cattolica e lo Stato. La Santa Sede accolse con benevolenza l'intento del governo jugoslavo di riprendere i negoziati, anche se si dovettero cancellare le precedenti trattative (1922-1925) e i risultati ottenuti a Roma nel 1925, per ricominciare da zero.

Nel presente capitolo si analizzerà la fase centrale delle trattative concordatarie tra la Santa Sede e il Regno di Jugoslavia, *in primis* il carteggio ufficiale intercorso fra gli anni 1931-1933, per poi esaminare la cosiddetta fase segreta degli anni 1933-1935. Tale natura segreta determina l'assenza quasi completa dei suoi contenuti nei lavori pubblicati, lasciando spazio piuttosto alle congetture, basate più su presunzioni che sulla conoscenza esatta dell'andamento delle cose[1].

Ultimamente sono comparsi alcuni articoli, redatti sulle fonti primarie degli archivi vaticani[2] e su altre private[3], che ci permettono di intravedere una piccola parte del percorso di dette trattative segrete. L'«Archivio di Jugoslavia» non ci offre tanti dati sui negoziati per questo periodo, principalmente a causa dell'esclusione

---

[1] S. SIMIĆ, *Vatikan protiv Jugoslavije*, 17-19; M. SIMIĆ, *Rimokatolička crkva*, 145-146; L. DIMIĆ – N. ŽUTIĆ, *Rimokatolički klerikalizam*, 235-239; D. ŽIVOJINOVIĆ – D. LUČIĆ, *Varvarstvo*, vol. I, 341-343.

[2] M. VALENTE, «Santa Sede e Jugoslavia», 232-238.

[3] G. MITHANS, «Sklepanje jugoslovanskega konkordata», 132-136. L'autore cita la documentazione dall'archivio privato di Engelbert Besednjak (BA). Già Egon Pelikan, in uno dei suoi studi, pubblicò per intero alcune lettere, riguardanti l'armonizzazione del testo del concordato da parte jugoslava nel 1933-1934 (E. PELIKAN, *Tajno delovanje*, 609-626).

del ministro Simić dai colloqui con la Segreteria di Stato[4]. Qualche indizio lo possiamo trovare, inoltre, nel lavoro di Mužić, che si basava sulle testimonianze, fonti secondarie, di alcuni esponenti politici[5]. Con l'aiuto del materiale archivistico è possibile portare alla luce alcuni passaggi fondamentali delle trattative, particolarmente sui punti di vista di ambedue le parti nelle questioni principali e sul loro sviluppo fino al momento dell'accordo.

Uno degli obiettivi sarà, inoltre, quello di valutare lo svolgimento dell'azione diplomatica del protagonista, mons. Moscatello, e, nondimeno, del nunzio Pellegrinetti, che nella bibliografia esistente viene spesso descritto come colui che era stato completamente escluso dai negoziati ufficiali[6]. Sulla stessa scia si vuole analizzare l'interessamento dell'episcopato al concordato, anch'esso considerato da molti studiosi come poco intraprendente nell'affare[7].

1. Le trattative ufficiali di concordato "a distanza" (1931-1933)

Questa prima parte dell'*iter* concordatario è contrassegnata da alcuni scambi di vedute tra Belgrado e Roma, a partire dal progetto governativo di concordato (1931), preceduto da alcune questioni di natura procedurale. Risulta significativo il modo in cui le due parti si accinsero alle trattative, cioè attraverso il promemoria e le risposte inviate, cercando di avvicinare le posizioni, però senza successo. Inoltre, nella primavera 1933, quando, per altre ragioni, si rischiò la rottura delle relazioni diplomatiche tra la Santa Sede e Belgrado, sembrava che il concordato non fosse più un'opzione possibile.

1.1 *Preparativi per un nuovo progetto governativo di concordato*

Quando il governo decise di comunicare alla Santa Sede il desiderio d'intavolare le trattative concordatarie, si pensava, almeno inizialmente, di nominare dei delegati[8], che si sarebbero dovuti recare a Roma per discutervi direttamente con

---

[4] AJ, *Poslanstvo Kraljevine Jugoslavije pri Svetoj Stolici (372)*, fascc. 10-12.

[5] I. Mužić, *Katolička crkva*, 71-81.

[6] *Ibidem*, 80 (nota 169), 198; S. Simić, *Jugoslavija i Vatikan*, 136.

[7] I. Mužić, *Katolička crkva*, 71, 76-77, 196, 202.

[8] Pacini annoverava tra essi Bakotić, Lanović, Srškić e lo stesso Simić (Pacini a Pacelli, Belgrado, 21 settembre 1930, rapporto n. 11150, in S.RR.SS., AA.EE.SS., *Jugoslavia*, pos. 96, fasc. 53, f. 52r).

la Segreteria di Stato. Si voleva così, secondo Pacini, scartare la persona del nunzio[9], stimato «*ostile al regime e intransigente*»[10].

Dopo l'annuncio di Simić alla Santa Sede sulle intenzioni del governo, il nunzio Pellegrinetti fu repentinamente incaricato dalla Segreteria di Stato di elaborare un progetto tenendo conto degli ultimi concordati e delle condizioni speciali della Jugoslavia[11]. Un mese dopo, il progetto veniva confidenzialmente presentato all'arcivescovo Bauer, che apportò alcuni rilievi «*di non molta importanza*»[12].

Il desiderio del governo jugoslavo circa le nuove trattative e la delegazione per il concordato fu benevolmente accolto da Pacelli nell'ottobre 1930, dopo il rientro in Vaticano[13]. Quest'ultimo chiese in contraccambio al ministro Simić di presentare, ancora prima dell'arrivo dell'apposita delegazione, un progetto di concordato[14] per evitare lo scenario del 1925.

Può darsi che tale richiesta della Santa Sede abbia influito nel cambiamento della procedura ideata da parte del governo belgradese. All'inizio di novembre 1930, il ministro degli esteri Marinković, infatti, comunicò al nunzio che era stata nominata, sì, una commissione, la quale però, in caso di trasferimento a Roma, sarebbe dovuta restare parecchio tempo inattiva, poiché la Santa Sede avrebbe dovuto prendere un certo tempo per studiarne il progetto. Per tale ragione il ministro pensava di incaricare direttamente il ministro Simić di iniziare le trattative ed eliminare le prime difficoltà, dopodiché si sarebbe deciso se conveniva inviare la commissione per concludere l'affare.

A dire di Pellegrinetti, la nuova tattica di Belgrado aveva un obiettivo specifico: qualora certe proposte del governo non fossero accettabili o l'esecutivo non fosse

---

[9] *Ibidem*, 52v.

[10] ASV, Archivio della Prefettura, *Diari del card. Pellegrinetti*, 25 settembre 1930, vol. 12, f. 6r.

[11] Pizzardo a Pellegrinetti, Vaticano, 26 settembre 1930, dispaccio n. 11239 (Nunziatura), in ASV, *Arch. Nunz. Jugoslavia*, busta 8, f. 206r.

[12] ASV, Archivio della Prefettura, *Diari del card. Pellegrinetti*, 28 ottobre 1930, vol. 12, f. 13r. L'abbozzo di concordato, composto dal nunzio Pellegrinetti, si trova in S.RR.SS., AA.EE.SS., *Jugoslavia*, pos. 96, fasc. 56, ff. 4-27; *ibidem*, fasc. 59, ff. 61-84; ASV, *Arch. Nunz. Jugoslavia*, busta 8, ff. 247r-270r.

[13] Simić a Kumanudi, Roma, 22 ottobre 1930, telegramma n. 138, in AJ, *Poslanstvo Kraljevine Jugoslavije pri Svetoj Stolici (372)*, fasc. 9, [mappa 2/IV], ff. n.n.

[14] Simić a Kumanudi, Roma, 25 ottobre 1930, telegramma n. 141, *ibidem*, ff. n.n. Si veda anche: ASV, Archivio della Prefettura, *Diari del card. Pellegrinetti*, 22–24 ottobre 1930, vol. 12, ff. 11r-12r.

disposto ad accogliere le controproposte della Santa Sede, da una parte, si voleva comunque sondare il terreno a Roma, e dall'altra, invece, avere pronto qualche elemento dilatorio, senza con ciò provocare sospensioni o addirittura una rottura dei negoziati[15].

Il pontefice non si oppose all'"investitura" di Simić, ribadendo la condizione che le istruzioni che lui avrebbe portato equivalessero ad uno schema o almeno ad un abbozzo di concordato, da dare alla Santa Sede per conoscenza[16]. Nel trasmettere il desiderio del papa al governo, il nunzio venne a sapere che il ministro Marinković già aveva l'intenzione di chiamare Simić a Belgrado, affinché questi conoscesse le vedute del governo e ne desse comunicazione alla Santa Sede, prima di procedere alla discussione[17].

A Belgrado si sarebbero formate due commissioni per studiare separatamente la questione, in vista della preparazione di uno schema comune. Tra i vari ministeri vi sarebbe stata una certa divergenza, sia circa l'utilità di un concordato in genere, sia circa le cose da esigere o da respingere[18]. Si parlava, inoltre, dei membri della commissione ministeriale che si occupava del progetto. Accanto ai due serbi ortodossi Marinković e Srškić, si sarebbero trovati anche due croati cattolici, Drinković e Šibenik. Il nunzio era molto preoccupato soprattutto dei membri cattolici, giudicando Drinković un uomo di non grande levatura, *«più amico del vino che della teologia»*, e Šibenik come colui contro il quale i vescovi e lo stesso nunzio già nel 1926 avevano protestato contro il suo progetto di legge agraria per la Dalmazia. In tale congiuntura, Pellegrinetti vedeva che il lavoro, ove adempiuto, sarebbe stato più dovuto all'opera dei serbi ortodossi che non di *«tali cattolici»*. L'elemento positivo sarebbe stato, tuttavia, il fatto che il re e il ministro degli esteri sarebbero stati disposti ad andare sino in fondo e che non avrebbero insistito troppo su ciò che la Santa Sede non avrebbe potuto accettare[19].

---

[15] Pellegrinetti a Pacelli, Belgrado, 3 novembre 1930, rapporto n. 11282, in S.RR.SS., AA.EE.SS., *Jugoslavia*, pos. 96, fasc. 53, ff. 58r-59r.

[16] Udienza del card. Pacelli con il pontefice, 9 novembre 1930, in I *«Fogli di Udienza»*, vol. I, 256-257; Pacelli a Pellegrinetti, Vaticano, 11 novembre 1930, dispaccio n. 3554/30, in ASV, *Arch. Nunz. Jugoslavia*, busta 8, f. 208rv.

[17] Pellegrinetti a Pacelli, Belgrado, 24 novembre 1930, rapporto n. 11395, in S.RR.SS., AA.EE.SS., *Jugoslavia*, pos. 96, fasc. 53, f. 62r.

[18] *Ibidem*, f. 63v.

[19] Pellegrinetti a Pacelli, Belgrado, 10 dicembre 1930, rapporto n. 11485, *ibidem*, f. 80rv.

Il ministro Simić, d'altra parte, non fu subito messo al corrente sugli ultimi sviluppi, essendosi egli ancora a metà novembre lamentato di non essere stato informato sui passi da fare e sui nomi dei delegati[20]. Solo alla fine dello stesso mese, quando la Segreteria di Stato e il nunzio ne erano stati ufficialmente informati, gli venne comunicata la nomina a delegato per le trattative con la Santa Sede e gli venne chiesto di recarsi a Belgrado per ricevere le debite istruzioni[21].

1.1.1 Il re chiama l'esperto francese Loiseau

Il re Aleksandar seguiva da vicino il lavoro di preparazione del progetto governativo. Non solo, egli chiamò personalmente un esperto per le questioni religioso-politiche, il francese Charles Loiseau. Lo stesso scrittore francese, in un articolo[22] pubblicato qualche settimana dopo la firma del concordato nell'estate 1935, rivelava il contenuto dei due colloqui con il monarca, svoltisi nel dicembre 1930. Le memorie di Loiseau ci permettono d'avvicinarci a quella che era la *mens* autentica del re su alcune questioni religiose, particolarmente nei confronti della Chiesa cattolica. Nel loro incontro il sovrano sottolineò la necessità di dare un impulso personale alla questione concordataria, sia perché in molti non c'era un sincero desiderio di giungere ad un accordo con la Santa Sede, sia perché non si poteva «*in eterno*» applicare implicitamente i concordati abrogati. Con il concordato il monarca si accingeva, poi, ad ingraziarsi i croati, che gli procuravano tante preoccupazioni. Allargando ancora di più l'argomento, ogni sovrano, secondo lui, avrebbe dovuto occuparsi degli interessi religiosi, poiché la fede avrebbe operato da braccio destro dell'ordine morale e sociale e da antidoto contro i moti sovversivi e rivoluzionari.

Il re fece tradurre in francese il progetto di concordato della «commissione preparatoria» per l'esperto Loiseau, con cui percorse gli articoli, ritenuti più rilevanti. Partendo dalle premesse, il monarca voleva che il concordato rafforzasse il principio secondo il quale la confessione cattolica, nei termini di dignità, di

---

[20] Simić a Kumanudi, Roma, 15 novembre 1930, telegramma n. 152, in AJ, *Poslanstvo Kraljevine Jugoslavije pri Svetoj Stolici (372)*, fasc. 9, [mappa 2/IV], ff. n.n.

[21] Marković a Simić, Belgrado, 29 novembre 1930, telegramma n. 23965, *ibidem*, ff. n.n.

[22] C. LOISEAU, «Deux conversations», 767-770. La trad. serba si veda in S. SIMIĆ, *Jugoslavija i Vatikan*, 108-115.

libertà e di situazione materiale del clero, fosse equiparata alla confessione serbo-ortodossa. D'altra parte, egli era ben conscio della natura particolare della Chiesa cattolica con a capo un "regnante" di uno Stato estero, perciò s'impegnò a eliminare nel concordato tutto quello che potesse nuocere al suo carattere esclusivamente religioso e al programma del cosiddetto «jugoslavismo integrale».

In questa luce si comprende la sua esigenza che nelle materie miste più discusse, ad esempio nelle nomine episcopali e nell'istruzione religiosa, allo Stato competessero certi diritti di "controllo". Il re affermava che non avrebbe mai accettato la nomina di un vescovo senza l'intesa con il governo, o di un vescovo non jugoslavo. Similmente nell'ambito dell'istruzione, per evitare un'educazione antinazionale, il governo avrebbe dovuto riservarsi il diritto di nominare catechisti e altri formatori, d'accordo con le autorità ecclesiastiche. Nello spirito del suo programma nazionale il re non manifestava molto entusiasmo per le scuole private, nelle quali vedeva il pericolo del dissidio con l'istruzione di uno Stato interconfessionale come la Jugoslavia.

Loiseau rispondeva che il progetto di concordato, a lui sottoposto in esame, corrispondeva a tale pensiero del sovrano. Circa le nomine episcopali, l'esperto francese non prevedeva alcuna opposizione della Santa Sede, avendo essa concesso simili prerogative anche ad altri Stati. Per l'articolo sull'istruzione, invece, credeva che la Santa Sede non avrebbe facilmente accettato la soluzione jugoslava. Ponendo come modello il concordato prussiano, ove non si trovava parola su tale argomento, Loiseau, tuttavia, era dell'idea, che nel corso della discussione si potesse giungere ad un risultato soddisfacente. Gli articoli del progetto che riguardavano, invece, la sovvenzione statale per l'attività della Chiesa cattolica, sorprendevano non poco l'ospite francese, mentre per il re tale espressione di "benevolenza" verso la Chiesa cattolica non era affatto diversa dall'atteggiamento verso le altre confessioni riconosciute[23]. Qui bisogna aggiungere che la costituzione jugoslava non seguiva allora il modello francese della separazione tra Chiesa e Stato.

Le conversazioni tra il re e Loiseau ci offrono un'anticipazione del progetto di concordato, consegnato alla Santa Sede nel marzo 1931. Dall'articolo si possono evincere le idee personali del sovrano jugoslavo e il suo interesse per la soluzione

---

[23] C. Loiseau, «Deux conversations», 767-770; S. Simić, *Jugoslavija i Vatikan*, 108-115; I. Mužić, *Katolička crkva*, 72.

di una questione penosa e nello stesso tempo fondamentale. Esse corrispondono, nel complesso, alle impressioni del nunzio, avanzate soprattutto dalle sue udienze a palazzo reale[24]. Spontaneamente si impone la questione del reale contributo di Loiseau alla stesura finale del progetto di concordato. Dalle conversazioni con il re si potrebbe ipotizzare che il suo contributo sia consistito in consigli e avvertenze pratiche per la diplomazia jugoslava, da tenere presente nelle trattative con la Santa Sede. Ciò fu confermato anche dal contenuto dello stesso progetto di concordato del 1931, il quale riprendeva, per gli argomenti fondamentali, la formulazione degli articoli presentati già all'esperto francese.

A questo punto è interessante rilevare che il carattere confidenziale delle suddette due conversazioni non fu compromesso, tanto che il nunzio ne fu lasciato all'oscuro, nonostante i suoi contatti con lo stesso Loiseau che, in occasione dell'incontro con il re, più volte rese visita anche alla nunziatura di Belgrado[25]. La loro conoscenza è confermata, inoltre, da alcune lettere conservate nell'Archivio della nunziatura[26].

1.1.2 Consegna del progetto governativo alla Santa Sede

Cinque mesi dopo la "storica" udienza presso il re, il nunzio Pellegrinetti visitò nuovamente, poco prima del Natale 1930, il monarca Karađorđević, principalmente

---

[24] Si vedano i rapporti e gli appunti di Pellegrinetti, riguardanti gli incontri con il re Aleksandar: Pellegrinetti a Pacelli, Belgrado, 1° luglio 1930, rapporto n. 10888, in S.RR.SS., AA.EE.SS., *Jugoslavia*, pos. 90, fasc. 51, f. 87rv; Pellegrinetti a Pacelli, Belgrado, 22 dicembre 1930, rapporto n. 11533, *ibidem*, pos. 96, fasc. 53, f. 81rv; Pellegrinetti a Pacelli, Belgrado, 5 luglio 1933, rapporto n. 14809, *ibidem*, fasc. 55, ff. 19r-20v; ASV, Archivio della Prefettura, *Diari del card. Pellegrinetti*, 18 gennaio 1934, vol. 14, ff. 13v-14r. Si vedano, inoltre, altri simili rapporti: Pellegrinetti a Gasparri, Belgrado, 30 dicembre 1929, rapporto n. 10133, in S.RR.SS., AA.EE.SS., *Jugoslavia*, pos. 90, fasc. 50, f. 97v; Pellegrinetti a Gasparri, Belgrado, 22 gennaio 1930, rapporto n. 10225, *ibidem*, fasc. 51, ff. 28v-29r; Pellegrinetti a Pacelli, Roma, 2 giugno 1933, rapporto n. 1701/33 (Segreteria di Stato), *ibidem*, pos. 96, fasc. 56, ff. 52v-53r.

[25] ASV, Archivio della Prefettura, *Diari del card. Pellegrinetti*, 12 dicembre 1930, vol. 12, f. 19r; *ibidem*, 19 dicembre 1930, vol. 12, ff. 19v-20r.

[26] Pellegrinetti a Loiseau, Belgrado, 12 settembre 1933, lettera n. 15120bis (minuta), in ASV, *Arch. Nunz. Jugoslavia*, busta 6, ff. 310r-311v; Loiseau a Pellegrinetti, Chateau de la Sange fr. Passenans, ric. 30 settembre 1933, lettera s.n., *ibidem*, f. 319rv; Loiseau a Pellegrinetti, Hagondagne (Moselle), 11 dicembre 1934, lettera s.n., *ibidem*, ff. 494r-495v.

per informarlo circa tre manifestazioni anticattoliche[27], svoltesi a Belgrado pochi giorni prima, e circa alcuni articoli contro la Santa Sede e il cardinale Pacelli[28]. Il monarca, confutando l'opinione diffusa della sua presunta appartenenza alla massoneria, sarebbe rimasto molto irritato dalla censura, schierata a favore degli attacchi contro la Santa Sede. Al contempo si sarebbe dichiarato impaziente di concludere il concordato, affermando che gli rincrescevano le lentezze degli impiegati e che da parte sua avrebbe mostrato ogni larghezza durante le trattative, affinché avessero un esito felice[29].

Il pontefice, invece, a questo punto, dava istruzioni al nunzio perché non mostrasse troppa fretta nell'accogliere benevolmente il proposito del governo jugoslavo[30]. Tale consiglio non fu nemmeno necessario, dal momento che le pratiche si procrastinarono fino alla fine del febbraio 1931. Il ministro Simić, dal dicembre precedente, attendeva la risposta del governo sotto forma di progetto di concordato, accompagnato dalle rispettive istruzioni, ma doveva con rammarico sempre rinviare il suo ritorno a Roma. Anche in quest'ultima fase, dopo la conversazione del re con Loiseau, emersero ulteriori disparità di vedute tra i membri delle commissioni. Si aggiungevano, inoltre, altri motivi più "tecnici", cioè la malattia di Marinković e la difficoltà di raccogliere tutti i dati per ogni

---

[27] Il nunzio si riferiva al discorso del vescovo Velimirović nella cattedrale serbo-ortodossa, il 14 dicembre 1930, all'inaugurazione di una cappella vecchio-cattolica alla presenza dei rappresentanti del governo e al discorso del vescovo serbo-ortodosso Dositej all'Università (Pellegrinetti a Pacelli, Belgrado, 15 dicembre 1930, rapporto n. 11501 (minuta), in ASV, *Arch. Nunz. Jugoslavia*, busta 5, ff. 308v-309r; Pellegrinetti a Pacelli, Belgrado, 22 dicembre 1930, rapporto n. 11533, in S.RR.SS., AA.EE.SS., *Jugoslavia*, pos. 96, fasc. 53, f. 81r).

[28] Il giornale *Novosti* di Zagabria, dal nunzio giudicato «*massonico*», pubblicò un articolo, tratto dal giornale olandese *Nieuwe Roterdamische Courant*, nel quale si affermava che il Vaticano e il Quirinale lavoravano per la restaurazione degli Asburgo e la nuova carta d'Europa, accusando la Santa Sede e il cardinale Pacelli quasi ordissero congiure per la distruzione della Jugoslavia (la trad. it. si veda in ASV, *Arch. Nunz. Jugoslavia*, busta 5, ff. 307r-308r). La pubblicazione con la confutazione da parte del giornale cattolico *Hrvatska Straža* sarebbe stata impedita dalla censura (Pellegrinetti a Pacelli, Belgrado, 15 dicembre 1930, rapporto n. 11501 (minuta), *ibidem*, f. 308rv; Pellegrinetti a Pacelli, Belgrado, 22 dicembre 1930, rapporto n. 11533, in S.RR.SS., AA.EE.SS., *Jugoslavia*, pos. 96, fasc. 53, f. 81r).

[29] Pellegrinetti a Pacelli, Belgrado, 22 dicembre 1930, rapporto n. 11533, in S.RR.SS., AA.EE.SS., *Jugoslavia*, pos. 96, fasc. 53, f. 81v.

[30] Udienza del card. Pacelli con il pontefice, 26 dicembre 1930, in *I «Fogli di Udienza»*, vol. I, 363; Pacelli a Pellegrinetti, Vaticano, 2 gennaio 1931, dispaccio n. 4095/30, in ASV, *Arch. Nunz. Jugoslavia*, busta 5, f. 318r.

problema all'ordine del giorno[31]. Circa la collaborazione nella stesura del progetto, il nunzio venne a sapere che, nonostante il desiderio di nasconderne quanto possibile ai vescovi cattolici la compilazione, alcuni di loro sarebbero stati consultati dal ministro della giustizia Srškić per alcune questioni[32]. Riguardo al proprio ruolo nella preparazione dello schema, Simić, con certa amarezza, dichiarava, al nunzio e alla Segreteria di Stato, di non aver alcuna responsabilità circa il suo contenuto, poichè solo in alcuni punti era stato chiesto il suo parere[33].

Finalmente, verso la fine del febbraio 1931, il progetto governativo di concordato fu pronto, anche «*per l'intervento diretto del Re*»[34], e consegnato al ministro Simić[35]. Prima di essere presentato alla Segreteria di Stato, il ministro jugoslavo rese un'altra visita alla nunziatura di Belgrado per riferire al nunzio la procedura che il governo intendeva seguire. Il progetto – così Simić – sarebbe stato presentato a Roma come documento confidenziale e in una forma priva di ogni solennità, affinché il segretario di Stato Pacelli potesse esaminarlo e dopo un certo lasso di tempo esprimere il suo parere, sulla sua ammissibilità come base per le trattative. Dopo qualche mese sarebbe avvenuto uno scambio di vedute, ancora in forma strettamente confidenziale, e quando sarebbe parso che le eventuali più gravi difficoltà fossero press'a poco eliminate, una solenne delegazione si sarebbe recata a Roma per la conclusione. Il motivo per un tale procedimento

---

[31] ASV, Archivio della Prefettura, *Diari del card. Pellegrinetti*, 9 gennaio 1931, vol. 12, f. 22v; *ibidem*, 13 gennaio 1931, vol. 12, f. 23v; *ibidem*, 28 gennaio 1931, vol. 12, f. 25r: «*Gli affari principali, Vescovi e Concordato, non si muovono*»; *ibidem*, 2 febbraio 1931, vol. 12, f. 26v; *ibidem*, 10 febbraio 1931, vol. 12, f. 27r; Pellegrinetti a Pacelli, Belgrado, 11 febbraio 1931, rapporto n. 11753, in S.RR.SS., AA.EE.SS., *Jugoslavia*, pos. 96, fasc. 53, f. 86r.

[32] Pellegrinetti a Pacelli, Belgrado, 11 febbraio 1931, rapporto n. 11753, in S.RR.SS., AA.EE.SS., *Jugoslavia*, pos. 96, fasc. 53, f. 86v.

[33] Pellegrinetti a Pacelli, Belgrado, 23 febbraio 1931, rapporto n. 11790, *ibidem*, f. 87v.

[34] *Ibidem*, f. 87r.

[35] Kumanudi a Simić, Belgrado, 23 febbraio 1931, dispaccio n. 3644, in AJ, *Poslanstvo Kraljevine Jugoslavije pri Svetoj Stolici (372)*, fasc. 10, [mappa 4/I], ff. n.n. Insieme al dispaccio fu unito anche il progetto di concordato. Esso si trova anche in: S.RR.SS., AA.EE.SS., *Jugoslavia*, pos. 96, fasc. 59, ff. 41-60bis; ASV, *Arch. Nunz. Jugoslavia*, busta 8, ff. 222-242. Si veda anche: S.RR.SS., AA.EE.SS., *Jugoslavia*, pos. 96, fasc. 54, f. 7; *Ibidem*, fasc. 55, ff. 42r-87v; S.RR.SS., AA.EE.SS., *Jugoslavia*, pos. 96, fasc. 61, f. 56; S.RR.SS., AA.EE.SS., *Rapporti delle Sessioni*, anno 1931, Sessione 1338, stampa 1212, «Nuove trattative per il Concordato tra la Santa Sede e il Regno di Jugoslavia», 25 giugno 1931, Sommario, n. III, pp. 31-78; S.RR.SS., AA.EE.SS., *Rapporti delle Sessioni*, anno 1934, Sessione 1360, stampa 1247, «Jugoslavia. Nuovo progetto di Concordato», 24 giugno 1934, Sommario, n. I, pp. 5-20.

discrezionale avrebbe confermato, secondo il ministro, il desiderio del governo di essere libero da qualsiasi ingerenza e pressione di vario genere, sia a Roma che a Belgrado[36]. Il nunzio in tali elementi "disturbatori" sottintendeva gli avversari del regime, tra cui i gruppi più vivamente anticlericali e, fino ad un certo punto, anche l'episcopato jugoslavo[37].

Nel momento della bufera intorno alla circolare dell'arcivescovo Bauer, che ordinava preghiere in tutta la Jugoslavia per la libertà religiosa degli slavi in Italia[38], e della prevista emanazione della «Legge di liquidazione della riforma agraria[39]», il progetto di concordato fu consegnato alla Santa Sede il 4 marzo 1931. In occasione della consegna, Simić ribadì il suo ruolo di esclusiva esecuzione degli ordini ricevuti, senza aver avuto parte nella compilazione dello schema. Con il segretario di Stato si accordò per mantenere il più stretto riserbo nel corso di questa fase preparatoria, anche nel caso in cui non si verificasse la possibilità di un accordo[40].

1.2 *Analisi del progetto governativo del 1931*

Il nuovo progetto governativo, rispetto ai precedenti, era più lungo e conteneva ben 32 articoli e 2 annessi. Sulla scorta della metodologia già usata in precedenza

---

[36] Pellegrinetti a Pacelli, Belgrado, 23 febbraio 1931, rapporto n. 1190, in S.RR.SS., AA.EE.SS., *Jugoslavia*, pos. 96, fasc. 53, f. 87rv.

[37] *Ibidem*, f. 87v.

[38] La circolare in it. si veda in ASV, *Arch. Nunz. Jugoslavia*, busta 13, ff. 194r-195v. Il testo fa parte dell'allegato al rapporto del nunzio: Pellegrinetti a Pacelli, Belgrado, 26 febbraio 1931, rapporto n. 11801 (minuta), *ibidem*, f. 193rv. Si veda, inoltre: Pellegrinetti a Pacelli, Belgrado, 4 marzo 1931, rapporto n. 11812, *ibidem*, ff. 204r-206v; Udienza del card. Pacelli con il pontefice, 1° marzo 1931, in S.RR.SS., AA.EE.SS., *Stati Ecclesiastici*, pos. 430A, fasc. 341, f. 64v; *I «Fogli di Udienza»*, vol. II, 152-153; Pacelli a Pellegrinetti, Vaticano, 4 marzo 1931, dispaccio n. 571/31, in ASV, *Arch. Nunz. Jugoslavia*, busta 13, ff. 223r-224r.

[39] Pellegrinetti a Pacelli, Belgrado, 4 marzo 1931, rapporto n. 11813 (minuta), in ASV, *Arch. Nunz. Jugoslavia*, busta 5, ff. 337r-339v. «*Veda il Nunzio, giacché il Ministro del Culto è ben disposto, di prevenire la emanazione della legge, pendenti le trattative concordatarie*»: Udienza del card. Pacelli con il pontefice, 8 marzo 1931, in S.RR.SS., AA.EE.SS., *Stati Ecclesiastici*, pos. 430A, fasc. 341, f. 72v; *I «Fogli di Udienza»*, vol. II, 172.

[40] Udienza privata del card. Pacelli con il ministro di Jugoslavia, 4 marzo 1931, in S.RR.SS., AA.EE.SS., *Stati Ecclesiastici*, pos. 430B, fasc. 356, f. 56r; *I «Fogli di Udienza»*, vol. II, 158-159; Simić a Kumanudi, Roma, 4 marzo 1931, telegramma n. 24, in AJ, *Poslanstvo Kraljevine Jugoslavije pri Svetoj Stolici (372)*, fasc. 10, [mappa 4/I], ff. n.n. Si veda anche: S.RR.SS., AA.EE.SS., *Rapporti delle Sessioni*, anno 1931, Sessione 1338, stampa 1212, «Nuove trattative per il Concordato tra la Santa Sede e il Regno di Jugoslavia», 25 giugno 1931, Relazione, pp. 14-15; M. Valente, «Santa Sede e Jugoslavia», 228-232.

si presenteranno gli articoli "principali", mettendoli a confronto, nonostante la procedura *ex novo* da parte del governo, con il progetto governativo del 1925[41].

L'articolo circa le provviste delle diocesi (art. IV) prevedeva, per la nomina dei vescovi e amministratori apostolici alle sedi vacanti, che l'episcopato del Regno di Jugoslavia proponesse alla Santa Sede sei candidati, preferendo i membri del clero della diocesi vacante. La Santa Sede, poi, avrebbe designato uno di questi candidati al governo jugoslavo, il quale avrebbe esaminato eventuali impedimenti di natura politica e civile alla sua nomina. Nel caso in cui tali ragioni fossero esistite, alla Santa Sede sarebbe rimasta la scelta tra i restanti cinque candidati[42].

La proposta del governo rispecchiava, in modo "estremo", la volontà del re Aleksandar di non accettare la nomina di un vescovo senza l'accordo con il governo[43]. Rispetto allo schema del 1925[44], la suddetta soluzione sembrava concedere meno libertà alla Santa Sede, essendosi circoscritto il numero dei candidati, con l'annotata preferenza della loro provenienza. È vero, tuttavia, che ora il diritto di proporre il candidato si allargava a tutto l'episcopato jugoslavo. Nell'articolo non si presero in considerazione le osservazioni di mons. Borgongini-Duca in occasione delle trattative romane, quando la Santa Sede aveva rivendicato la piena libertà nelle nomine episcopali[45].

Circa gli ordini religiosi (art. IX) il progetto riconosceva a quelli già esistenti nel regno l'esistenza legale, la loro organizzazione religiosa e amministrativa, garantendogli la comunicazione diretta con i loro superiori gerarchici. Nell'impossibilità di formare una provincia ecclesiastica in Jugoslavia, i religiosi sarebbero stati subordinati al loro capo a Roma. Tutti i superiori (provinciali) degli ordini religiosi nel Regno di Jugoslavia sarebbero dovuti esseri sudditi jugoslavi. L'introduzione di nuovi ordini religiosi e congregazioni e l'estensione

---

[41] Il progetto di concordato si trova in S.RR.SS., AA.EE.SS., *Jugoslavia*, pos. 9, fasc. 16, ff. 32-38 (anche ff. 40-47, ff. 48-56); ASV, *Arch. Nunz. Jugoslavia*, busta 8, ff. 149-157; M. Petrović, *Konkordatsko pitanje*, 196-204. Tale progetto non è da confondere con il progetto governativo del febbraio-marzo 1925 (M. Petrović, *Konkordatsko pitanje*, 187-195), e con il progetto della delegazione jugoslava, composto dopo i colloqui con la Santa Sede, nel giugno 1925 (*ibidem*, 217-232).

[42] ASV, *Arch. Nunz. Jugoslavia*, busta 8, ff. 226-227.

[43] C. Loiseau, «Deux conversations», 767; S. Simić, *Jugoslavija i Vatikan*, 109-110.

[44] ASV, *Arch. Nunz. Jugoslavia*, busta 8, f. 152.

[45] Protocollo della prima adunanza tra la Santa Sede e il governo jugoslavo, Vaticano, 11 giugno 1925, in S.RR.SS., AA.EE.SS., *Jugoslavia*, pos. 9, fasc. 16, ff. 3v-4r; AJ, *Poslanstvo Kraljevine Jugoslavije pri Svetoj Stolici (372)*, fasc. 20, [mappa 1/V], ff. n.n.; N. Žutić, *Kraljevina Jugoslavija*, 198-199; M. Petrović, *Konkordatsko pitanje*, 177, 208.

dell'attività di quelli già esistenti sarebbero stati risolti d'accordo con il governo[46].

L'articolo proposto non differiva molto dallo schema governativo del 1925, che in alcuni punti sembrava più articolato, garantendo in modo specifico agli ordini, inoltre, la libertà di acquisto, possesso e amministrazione dei loro beni[47]. Più "blando" appariva l'obbligo della cittadinanza jugoslava, richiesta ora ai soli superiori e non a tutti i religiosi, come previsto nel progetto governativo del 1925. Per questo dettaglio il governo prese, forse, in considerazione la controproposta vaticana durante le trattative a Roma. Rimase, invece, invariata la parte sull'introduzione dei nuovi ordini e l'estensione dell'attività di quelli già esistenti, soluzione già fortemente criticata dai vescovi e dalla Santa Sede nel 1925[48].

Il progetto dedicò parecchio spazio all'amministrazione dei beni ecclesiastici, ora molto più specificata rispetto agli schemi precedenti (art. XIV-XXII, XXVII-XXX). Secondo il nuovo schema, la Chiesa aveva la possibilità, regolata dalle norme della legge civile, di acquistare, amministrare e controllare beni mobili e immobili, destinati ai fini propri della Chiesa. Il patrimonio ecclesiastico non poteva essere confiscato e impiegato per altri motivi, tranne che nel caso previsto dalla legge sull'espropriazione e la riforma agraria. I beni e le istituzioni della Chiesa cattolica restavano proprietà della stessa anche nel caso in cui la popolazione, destinataria di tali beni, si fosse convertita ad un'altra religione (art. XIV)[49].

Nel caso dell'espropriazione dei beni con la cosiddetta «riforma agraria», per la quale si contemplava un'indennità prevista dalla legge (art. XXIX)[50], si seguiva il progetto governativo del 1925[51], senza accondiscendere alle proteste d'allora della Santa Sede[52]; la garanzia per la Chiesa di mantenere i propri beni anche nel caso

---

[46] ASV, *Arch. Nunz. Jugoslavia*, busta 8, f. 229.

[47] *Ibidem*, ff. 156-157.

[48] Protocollo della terza adunanza tra la Santa Sede e il governo jugoslavo, Vaticano, 13 giugno 1925, in S.RR.SS., AA.EE.SS., *Jugoslavia*, pos. 9, fasc. 16, f. 7v; AJ, *Poslanstvo Kraljevine Jugoslavije pri Svetoj Stolici (372)*, fasc. 20, [mappa 1/V], ff. n.n.; N. ŽUTIĆ, *Kraljevina Jugoslavija*, 201; M. PETROVIĆ, *Konkordatsko pitanje*, 177, 213-214.

[49] ASV, *Arch. Nunz. Jugoslavia*, busta 8, ff. 231-232.

[50] *Ibidem*, f. 238.

[51] *Ibidem*, ff. 152-153.

[52] Protocollo della seconda adunanza tra la Santa Sede e il governo jugoslavo, Vaticano, 12 giugno 1925, in S.RR.SS., AA.EE.SS., *Jugoslavia*, pos. 9, fasc. 16, f. 4rv; AJ, *Poslanstvo Kraljevine Jugoslavije pri Svetoj Stolici (372)*, fasc. 20, [mappa 1/V], ff. n.n.; N. ŽUTIĆ, *Kraljevina Jugoslavija*, 199; M. PETROVIĆ, *Konkordatsko pitanje*, 177, 208.

dell'apostasia dei fedeli, invece, corrispondeva al terzo postulato di Borgongini-Duca, avanzato il 17 giugno 1925[53].

Lo Stato, inoltre, in spirito d'eguaglianza di tutte le confessioni riconosciute, attribuiva alla Chiesa una sovvenzione permanente annuale, per i bisogni dell'amministrazione della Chiesa cattolica, tenendo conto anche delle rendite dai «fondi di religione», amministrati sempre dallo Stato (art. XVII)[54]. Anche questo articolo seguiva la linea del progetto del 1925[55] e riproponeva il discorso, evitato nelle trattative romane[56], sui «fondi di religione».

I vescovi e le parrocchie erano, negli art. XVIII e XIX, autorizzati a imporre una soprattassa sulle imposte dirette pagate dai cattolici, secondo il modello tedesco del *Kirchensteuer*, e ciò nei casi in cui le spese non potessero essere saldate in modo "ordinario", come contemplato nell'elenco dell'art. XV, nn. 1-5[57].

Nei seguenti due articoli (XX e XXI), il progetto stabiliva l'esenzione dalle imposte statali degli immobili destinati al culto e ad abitazione del clero e dalle tasse postali per la corrispondenza ufficiale di tutte le istituzioni ecclesiastiche[58].

L'art. XXII prevedeva l'abolizione totale dei patronati pubblici dello Stato e dei patronati privati, legati al possesso degli immobili dello Stato[59]. Non si menzionava l'assicurazione di qualche indennità per un tale esonero.

Il progetto, finalmente, toccò, sebbene in modo sbrigativo e poco chiaro, la

---

[53] Protocollo della quarta adunanza tra la Santa Sede e il governo jugoslavo, Vaticano, 17 giugno 1925, in S.RR.SS., AA.EE.SS., *Jugoslavia*, pos. 9, fasc. 16, f. 5r; AJ, *Poslanstvo Kraljevine Jugoslavije pri Svetoj Stolici (372)*, fasc. 20, [mappa 1/VI], ff. n.n.; N. Žutić, *Kraljevina Jugoslavija*, 204; M. Petrović, *Konkordatsko pitanje*, 180, 216.

[54] ASV, *Arch. Nunz. Jugoslavia*, busta 8, f. 233.

[55] *Ibidem*, f. 156.

[56] Protocollo della prima seduta della delegazione per il concordato, Roma, 27 maggio 1925, in AJ, *Poslanstvo Kraljevine Jugoslavije pri Svetoj Stolici (372)*, fasc. 5, [mappa 1], ff. n.n.; N. Žutić, *Kraljevina Jugoslavija*, 195; M. Petrović, *Konkordatsko pitanje*, 174.

[57] ASV, *Arch. Nunz. Jugoslavia*, busta 8, ff. 233-234. L'art. XV prevedeva che la Chiesa sovvenisse ai propri bisogni: «*1° par les revenus des biens de l'Eglise, des fondations et des fonds; 2° par les taxes d'Eglise; 3° par les apports des diocèses pour des buts communs, répartis sur les revenus des institutions particulières de l'Eglise; 4° par les apports volontaires des personnes privées et par l'aide éventuelle des communes considérées en tant que personnes morales politico-administratives; 5° par l'aide permanente de l'Etat conformément à l'art. 17; 6° par l'imposition de centimes additionnels en faveur de l'Eglise, conformément l'art. 18*»: ibidem, f. 232.

[58] *Ibidem*, ff. 234-235.

[59] *Ibidem*, f. 235.

questione della spartizione della proprietà delle scuole della Chiesa, in vista del mantenimento delle scuole confessionali (art. XXVIII). Si propose l'istituzione di una commissione paritaria mista, formata da rappresentanti della conferenza dei vescovi e dello Stato, che avrebbe avuto il compito di trovare un accordo[60]. È utile ricordare, a tal proposito, le trattative romane del 1925, durante le quali l'episcopato, tra le condizioni per l'inizio dei negoziati, poneva la restituzione dei beni scolastici aventi il carattere di possedimento cattolico[61]. I delegati jugoslavi allora, nel progetto "finale", consegnato al governo, avevano accettato tale richiesta[62].

All'istruzione religiosa della gioventù furono dedicati gli articoli XXIII e XXIV. Il progetto prevedeva la possibilità della Chiesa di aprire dei seminari per la preparazione dei giovani al sacerdozio. L'autorizzazione dello Stato sarebbe stata necessaria, dal momento che esso avrebbe sovvenzionato l'attività dei seminari, lasciandone però l'amministrazione alle autorità ecclesiastiche. La lingua utilizzata per le materie non ecclesiastiche sarebbe stata quella jugoslava (art. XXIII)[63].

La soluzione sui seminari sembrava molto favorevole ai diritti della Chiesa, essendo state prese in considerazione in diversi punti le controproposte vaticane del 1925. Così, ad esempio, non c'era più traccia dell'ispezione disciplinare da parte del governo e, d'altra parte, si aggiungeva il sostegno economico statale per i seminari[64].

Per l'insegnamento religioso della gioventù, nelle scuole pubbliche e private, era previsto il consenso dell'autorità ecclesiastica competente, in conformità con la

---

[60] *Ibidem*, f. 238.

[61] Verbale dell'adunanza dei vescovi, Roma, 5 giugno 1925, in S.RR.SS., AA.EE.SS., *Jugoslavia*, pos. 9, fasc. 16, f. 26rv; Protocollo della prima adunanza tra la Santa Sede e il governo jugoslavo, Vaticano, 11 giugno 1925, *ibidem*, f. 3r; AJ, *Poslanstvo Kraljevine Jugoslavije pri Svetoj Stolici (372)*, fasc. 20, [mappa 1/V], ff. n.n.; N. ŽUTIĆ, *Kraljevina Jugoslavija*, 198; M. PETROVIĆ, *Konkordatsko pitanje*, 176-177.

[62] Protocollo dell'ottava seduta della delegazione per il concordato, Roma, 28 giugno 1925, in AJ, *Poslanstvo Kraljevine Jugoslavije pri Svetoj Stolici (372)*, fasc. 5, [mappa 1], ff. n.n.; N. ŽUTIĆ, *Kraljevina Jugoslavija*, 207-208; M. PETROVIĆ, *Konkordatsko pitanje*, 181-182.

[63] ASV, *Arch. Nunz. Jugoslavia*, busta 8, ff. 235-236.

[64] Protocollo della seconda adunanza tra la Santa Sede e il governo jugoslavo, Vaticano, 12 giugno 1925, in S.RR.SS., AA.EE.SS., *Jugoslavia*, pos. 9, fasc. 16, f. 6v; AJ, *Poslanstvo Kraljevine Jugoslavije pri Svetoj Stolici (372)*, fasc. 20, [mappa 1/V], ff. n.n.; N. ŽUTIĆ, *Kraljevina Jugoslavija*, 200; M. PETROVIĆ, *Konkordatsko pitanje*, 177, 211; ASV, *Arch. Nunz. Jugoslavia*, busta 8, ff. 154-155.

legge su tali scuole. Nelle scuole pubbliche l'insegnamento religioso sarebbe stato affidato ai catechisti, nominati dal ministro competente, su proposta dell'autorità ecclesiastica. Il vescovo avrebbe avuto il potere di ritirare, se necessario, la *missio canonica* ai catechisti delle scuole pubbliche. Similmente il ministro competente avrebbe avuto il diritto di destituire il catechista, in conformità con la legge. I libri per il catechismo sarebbero stati editi dalle autorità statali, in conformità alle leggi sui libri scolastici, chiedendo all'autorità ecclesiastica solo il consenso per ciò che avrebbe riguardato i contenuti religiosi (art. XXIV)[65].

Rispetto agli schemi precedenti ora l'istruzione era più definita: più volte vi si trova la formulazione «*conformément à la loi*», richiamando alla mente le leggi scolastiche, appena promulgate (1929-1930), e combattute da parte della Chiesa cattolica. Alla luce di questa dicitura è logico che nell'articolo non troviamo parola su ciò che da sempre fu richiesto dall'episcopato e dalla Santa Sede, cioè sul diritto della Chiesa di avere proprie scuole. Si menzionavano solo le scuole private già esistenti prima della promulgazione delle leggi scolastiche. Ricordiamo che nel 1925 i delegati jugoslavi avevano accolto, pur con certe riserve, la richiesta della Santa Sede di concedere alle scuole private il diritto di pubblicità[66].

Circa la lingua paleoslava nella liturgia per i cattolici di rito romano nelle parrocchie di lingua slava e la lingua nazionale per il rituale e il canto del vangelo e dell'epistola (annesso II)[67], il progetto rimaneva fedele alle precedenti proposte, senza riguardo al voto dei vescovi e della Santa Sede durante le trattative del 1925.

In complesso, confrontando il progetto del 1931 con quelli precedenti, si può affermare che nell'ambito dell'amministrazione dei beni ecclesiastici, soprattutto per quanto riguarda la sovvenzione statale e l'esenzione delle tasse, la posizione del governo si mostrò più favorevole alla Chiesa, mentre nel campo scolastico la soluzione appariva meno soddisfacente per le richieste della Santa Sede.

Sorprende forse l'assenza dell'articolo riguardante il matrimonio, presente in tutti gli schemi precedenti. Non si menzionava, poi, il diritto della Chiesa di

---

[65] ASV, *Arch. Nunz. Jugoslavia*, busta 8, ff. 236-237.

[66] Protocollo della decima seduta della delegazione per il concordato, Roma, 30 giugno 1925, in AJ, *Poslanstvo Kraljevine Jugoslavije pri Svetoj Stolici (372)*, fasc. 5, [mappa 1], ff. n.n.; N. ŽUTIĆ, *Kraljevina Jugoslavija*, 209-210; M. PETROVIĆ, *Konkordatsko pitanje*, 231.

[67] ASV, *Arch. Nunz. Jugoslavia*, busta 8, ff. 242-243.

erigere proprie associazioni religiose. Questo non era previsto nemmeno nel progetto governativo del 1925, ma fortemente propugnato invece dai vescovi[68] e dalla Santa Sede[69], tanto da indurre i delegati jugoslavi d'allora a riconsiderare questa possibilità con una nota separata[70]. Evidentemente anche in quest'ambito si facevano sentire le disposizioni delle leggi scolastiche, attraverso le quali si proibiva l'associazione cattolica «Orlovi».

Le prospettive per i futuri negoziati non potevano essere molto rosee, poiché l'episcopato – già nell'estate 1930 – aveva esposto, tra i punti fondamentali di un concordato, la libertà di avere proprie scuole e associazioni religiose[71], proprio quelle due richieste passate sotto silenzio nel progetto governativo del 1931.

Moscatello mostrava l'assurdità dell'intento jugoslavo di includere nel concordato solo quelle questioni che gli erano a cuore, come era estremamente evidente da alcune proposte di concordato «*made in Belgrade*». La diplomazia jugoslava pensava, secondo lui, che bastasse attenersi alla "cornice" offerta dai concordati con la Serbia e il Montenegro. Anch'egli "condannò" nel progetto governativo l'assenza dell'articolo sull'istruzione religiosa della gioventù, sul matrimonio e su altre questioni "scottanti". Quest'azione del governo fu per lui una grande illusione, un fare «*i conti senza l'oste*»[72].

Il nunzio, analizzando il progetto, costatava che molti dei suoi articoli non erano che traduzioni o addirittura riduzioni di quelli già imposti o concessi alla Chiesa ortodossa serba e alle altre confessioni religiose. Per tale ragione il governo non avrebbe fatto delle vere e proprie "concessioni" alla Santa Sede, accordando alla

---

[68] Verbale dell'adunanza dei vescovi, Roma, 5 giugno 1925, in S.RR.SS., AA.EE.SS., *Jugoslavia*, pos. 9, fasc. 16, f. 27rv.

[69] Protocollo della quarta adunanza tra la Santa Sede e il governo jugoslavo, Vaticano, 17 giugno 1925, *ibidem*, f. 5v; AJ, *Poslanstvo Kraljevine Jugoslavije pri Svetoj Stolici (372)*, fasc. 20, [mappa 1/VI], ff. n.n.; N. ŽUTIĆ, *Kraljevina Jugoslavija*, 204; M. PETROVIĆ, *Konkordatsko pitanje*, 180, 216.

[70] PETROVIĆ, *Konkordatsko pitanje*, 232.

[71] Bauer a Pellegrinetti, Zagabria, 3 settembre 1930, lettera n. 240/Pr., in ASV, *Arch. Nunz. Jugoslavia*, busta 8, f. 197r; Pellegrinetti a Pacelli, Belgrado, 24 novembre 1930, rapporto n. 11396, in S.RR.SS., AA.EE.SS., *Jugoslavia*, pos. 96, fasc. 53, f. 54r; Pacelli a Pellegrinetti, Vaticano, 4 dicembre 1930, dispaccio n. 3816/30, in ASV, *Arch. Nunz. Jugoslavia*, busta 5, f. 295rv.

[72] APHZSJ, ostavština Moscatello, busta 2: *Bilješke [Memorie]*, p. 66; *Nikola Moscatello*, F. Veraja – S. Kljaić, ed., 105.

Chiesa cattolica quello che già aveva dato alle altre confessioni religiose e che avrebbe dato ai cattolici, per la legge di parità, anche senza concordato[73].

1.3 *Esame, consultazione e risposta della Santa Sede al progetto governativo*

Dopo un esame sommario da parte della Segreteria di Stato emersero vari punti ritenuti inaccettabili e varie lacune; tuttavia, il pontefice dichiarò che proprio quel progetto potesse servire come punto di partenza per le trattative[74]. A Pellegrinetti, al quale ne fu inviata una copia, venne chiesto di studiarlo attentamente e di far conoscere al segretario di Stato le sue osservazioni al riguardo[75].

1.3.1 Coinvolgimento dei vescovi cattolici

Tra marzo, quando ricevette il progetto governativo, e maggio 1931, quando consegnò il proprio commento alla Segreteria di Stato, il nunzio si rivolse più volte all'episcopato jugoslavo per attingere informazioni utili. Ad alcuni vescovi mostrò il lavoro del governo jugoslavo, ad altri chiese solo il parere generale sui punti ritenuti fondamentali. In modo particolare Pellegrinetti contava sull'aiuto dei vescovi Bauer e Rožman, per questo, sotto il più grande segreto, mandò loro il testo governativo[76]. Al contempo indicava alla Segreteria di Stato i nomi di

---

[73] Pellegrinetti a Pacelli, Belgrado, 11 maggio 1931, rapporto n. 12113, in S.RR.SS., AA.EE.SS., *Jugoslavia*, pos. 96, fasc. 54, f. 23v.

[74] Udienza del card. Pacelli con il pontefice, 6 marzo 1931, in S.RR.SS., AA.EE.SS., *Stati Ecclesiastici*, pos. 430A, fasc. 341, f. 68r; *I «Fogli di Udienza»*, vol. II, 158; Pacelli a Pellegrinetti, Vaticano, 6 marzo 1931, dispaccio n. 628/31, in ASV, *Arch. Nunz. Jugoslavia*, busta 8, f. 219r; Simić a Kumanudi, Roma, 6 marzo 1931, telegramma n. 30, in AJ, *Poslanstvo Kraljevine Jugoslavije pri Svetoj Stolici (372)*, fasc. 10, [mappa 4/I], ff. n.n.

[75] Pacelli a Pellegrinetti, Vaticano, 6 marzo 1931, dispaccio n. 628/31, in ASV, *Arch. Nunz. Jugoslavia*, busta 8, f. 219r.

[76] «*Ex textus schematis pro Concordatu ab Jugoslavico Gubernio die 4 Martii huius anni Sanctae Sedi pro discussione propositus. Tibi sub maximo secreto transmitto ut clare concise pro tua scientia et conscientia, coram Deo mihi indices:*
1° Quid in eo sit absolute reiciendum
2° Quid in eo sit sub conditione vel relative reiciendum
3° Quid in eo mutandum ut acceptari possit
4° Quid ei addendum, sive ut conditio sine qua non, sive prout possibilitas apparuerit
5° Observationes, documenta, informationes quae putas in discussione prae oculis habenda esse atque Sanctae Sedi pro causa Ecclesiae et salute animarum in Regno Jugoslaviae utilia fore»: Pellegrinetti a Bauer e Rožman, Belgrado, 17 marzo 1931, dispaccio n. 11885 (minuta), in ASV, *Arch. Nunz. Jugoslavia*, busta 5, f. 353r.

alcuni ecclesiastici jugoslavi residenti a Roma, che eventualmente sarebbero potuti essere interpellati per fornire utili informazioni sulla Jugoslavia[77]. In brevissimo tempo l'arcivescovo di Zagabria, in mezzo alla bufera della sua famosa circolare, portò alla nunziatura le osservazioni sue e del vescovo Rožman[78].

Per le nomine episcopali (art. IV) i due vescovi non ritenevano opportuna la proposta dei sei candidati; la Santa Sede, inoltre, nel caso in cui venisse accettato tale elenco, non dovrebbe esservi vincolata[79]. Circa l'attività degli ordini religiosi e congregazioni (art. IX), essi ammettevano il consenso del governo per l'introduzione dei nuovi ordini e congregazioni, non però nel caso dell'erezione di nuove case degli ordini già esistenti nel regno, dove tutto doveva dipendere dall'autorità ecclesiastica competente, con l'obbligo di solo informarne il governo[80]. L'indennità per i beni, soggetti alla riforma agraria, tra l'altro non stabilita nel progetto governativo (art. XIV, XXIX), doveva corrispondere ad un prezzo conveniente, in ogni caso non inferiore alla metà del valore reale dei beni sottratti[81]. Quanto alla sovvenzione statale per la Chiesa cattolica (art. XVII) i prelati respingevano l'idea di tener contro anche del «fondo di religione», poiché esso già in sé doveva essere proprietà della Chiesa[82]. Circa l'istruzione religiosa (art. XXIV) i presuli desideravano che si specificasse l'obbligatorietà di essa in tutte le scuole pubbliche e private, che si eliminasse l'inciso «*ad norma legum scholarium*», che i libri per il catechismo fossero editi e approvati dall'autorità ecclesiastica e che anche l'istruzione religiosa in tutte le scuole fosse affidata alla sua vigilanza[83]. Il privilegio della lingua liturgica paleoslava (annesso II) si doveva limitare alle parrocchie dove la maggior parte dei fedeli usava quotidianamente la lingua jugoslava[84].

I due rappresentanti dell'episcopato jugoslavo si resero anch'essi conto che nel progetto mancavano alcuni articoli *sine qua non*: matrimonio, scuole cattoliche,

---

[77] Il nunzio proponeva mons. Juraj Mađerec, rettore del collegio San Girolamo; p. Anton Prešeren S.J., assistente generale per le province slave; p. Stjepan Sakać S.J., addetto alla sezione russa; p. Ambroz Bačić O.P., lettore al collegio Angelicum; p. Žgombić T.O.R., sac. Kamber, alunno del collegio San Girolamo (Pellegrinetti a Pacelli, Belgrado, 12 marzo 1931, rapporto n. 11863, in S.RR.SS., AA.EE.SS., *Jugoslavia*, pos. 96, fasc. 53, f. 91rv).

[78] Bauer a Pellegrinetti, Zagabria, 28 marzo 1931, lettera n. 74/Pr., in ASV, *Arch. Nunz. Jugoslavia*, busta 5, f. 361r. «*Mons. Bauer mi porta le sue osservazioni che sono anche di Mgr. Rožman*»: ASV, Archivio della Prefettura, *Diari del card. Pellegrinetti*, 29 marzo 1931, vol. 12, f. 33v. Le loro osservazioni si trovano in S.RR.SS., AA.EE.SS., *Jugoslavia*, pos. 96, fasc. 54, ff. 29-37.

[79] S.RR.SS., AA.EE.SS., *Jugoslavia*, pos. 96, fasc. 54, f. 30.

[80] *Ibidem*, f. 31.

[81] *Ibidem*, ff. 32, 35.

[82] *Ibidem*, ff. 32-33.

[83] *Ibidem*, ff. 33-35.

[84] *Ibidem*, f. 36.

associazioni religiose (Azione Cattolica)[85]. Alcuni degli altri vescovi, Akšamović[86], Budanović[87], Dobrečić[88] e Njaradi[89], furono ugualmente messi al corrente del progetto governativo e diedero il proprio contributo con osservazioni, che sarebbero servite al nunzio per la stesura del suo commento. I restanti vescovi mandarono le loro indicazioni sui punti necessari per un concordato, senza aver preso visione del testo[90].

1.3.2 Due adunanze della Congregazione degli Affari Ecclesiastici Straordinari

Nella prima metà di maggio il nunzio terminò il suo lavoro e presentò alla Segreteria di Stato l'incarto per il concordato[91]. Per ragioni di "sicurezza", ma

---

[85] *Ibidem*, f. 37. Per le proposte di Bauer e Rožman si veda anche B. KOLAR, «Škof Rožman», 122-123.

[86] ASV, Archivio della Prefettura, *Diari del card. Pellegrinetti*, 26 marzo 1931, vol. 12, f. 32v; Akšamović a Pellegrinetti, Đakovo, 16 marzo 1931, lettera n. 20/1931, in ASV, *Arch. Nunz. Jugoslavia*, busta 5, ff. 354r-356r; Pellegrinetti a Pacelli, Belgrado, 11 maggio 1931, rapporto n. 12113, in S.RR.SS., AA.EE.SS., *Jugoslavia*, pos. 96, fasc. 54, f. 8v.

[87] Pellegrinetti a Budanović, Belgrado, 3 aprile 1931, lettera n. 11955 (minuta), in ASV, *Arch. Nunz. Jugoslavia*, busta 5, f. 362r; ASV, Archivio della Prefettura, *Diari del card. Pellegrinetti*, 7 aprile 1931, vol. 12, f. 34v; Pellegrinetti a Pacelli, Belgrado, 11 maggio 1931, rapporto n. 12113, in S.RR.SS., AA.EE.SS., *Jugoslavia*, pos. 96, fasc. 54, f. 8v.

[88] Pellegrinetti a Dobrečić, Belgrado, 6 aprile 1931, lettera n. 11966 (minuta), in ASV, *Arch. Nunz. Jugoslavia*, busta 5, f. 363r; ASV, Archivio della Prefettura, *Diari del card. Pellegrinetti*, 29 aprile 1931, vol. 12, f. 37r; Dobrečić a Pellegrinetti, Belgrado, 2 maggio 1931, lettera s.n., in S.RR.SS., AA.EE.SS., *Jugoslavia*, pos. 96, fasc. 54, ff. 48-49; Pellegrinetti a Pacelli, Belgrado, 11 maggio 1931, rapporto n. 12113, *ibidem*, f. 8v.

[89] ASV, Archivio della Prefettura, *Diari del card. Pellegrinetti*, 4 e 7 maggio 1931, vol. 12, f. 37v; Njaradi a Pellegrinetti, Crisio, 12-13 maggio 1931, lettera n. 1621/Pr. 1931, in ASV, *Arch. Nunz. Jugoslavia*, busta 8, ff. 306-309; Pellegrinetti a Pacelli, Belgrado, 11 maggio 1931, rapporto n. 12113, in S.RR.SS., AA.EE.SS., *Jugoslavia*, pos. 96, fasc. 54, f. 8v.

[90] Pellegrinetti a Šarić, Belgrado, 16 aprile 1931, lettera n. 12018 (minuta), in ASV, *Arch. Nunz. Jugoslavia*, busta 5, f. 364r; Šarić a Pellegrinetti, Sarajevo, 28 aprile 1931, lettera n. 893/1931, in S.RR.SS., AA.EE.SS., *Jugoslavia*, pos. 96, fasc. 54, ff. 60-81; Pellegrinetti a Mileta, Belgrado, 16 aprile 1931, lettera n. 12019 (minuta), in ASV, *Arch. Nunz. Jugoslavia*, busta 5, f. 365r; Mileta a Pellegrinetti, Pašman-Kraj, 23 aprile 1931, lettera s.n., *ibidem*, f. 367; Proposte dell'episcopato dalmata per il concordato, novembre 1930, *ibidem*, ff. 303r-304v; S.RR.SS., AA.EE.SS., *Jugoslavia*, pos. 96, fasc. 54, ff. 38r-39v; Pellegrinetti su una lettera di Bonefačić, Belgrado, nota personale n. 12034, s.d., in ASV, *Arch. Nunz. Jugoslavia*, busta 5, f. 366; Bonefačić a Pellegrinetti, Spalato, 16 aprile 1931, lettera s.n., in S.RR.SS., AA.EE.SS., *Jugoslavia*, pos. 96, fasc. 54, ff. 40r-42r; Srebrnić a Pellegrinetti, Veglia, s.d., *ibidem*, f. 43rv; Garić a Pellegrinetti, Banjaluka, 30 aprile 1931, *ibidem*, ff. 44r-47v; Pellegrinetti a Pacelli, Belgrado, 11 maggio 1931, rapporto n. 12113, *ibidem*, f. 8v.

[91] Il commento del nunzio con gli allegati si trova in S.RR.SS., AA.EE.SS., *Jugoslavia*, pos. 96, fasc. 54, ff. 8r-85r.

soprattutto per essere a disposizione per i necessari chiarimenti, si recò personalmente a Roma[92], protraendovi la sua permanenza per quasi tre mesi. Per la sua attività "romana" nell'estate 1931 sono molto preziosi i suoi diari, che, in un certo senso, sostituiscono i rapporti ufficiali che normalmente mandava da Belgrado. A questo punto non è necessaria l'analisi del commento di Pellegrinetti al progetto governativo. La sua sollecita presenza nella Segreteria di Stato fu determinante per la risposta ufficiale da parte della Santa Sede, presentata al governo nell'agosto 1931, che si prenderà in esame.

Il ministro Simić spesso si informava dal segretario di Stato Pacelli sull'andamento dei lavori del concordato. In una delle udienze esprimeva il parere che sotto l'attuale regime in Jugoslavia sarebbe stato più facile giungere ad un accordo, giacché con il parlamento si sarebbero avute sempre maggiori difficoltà[93]. Mentre attendeva nuove notizie, venne informato che la Segreteria di Stato si era rivolta al nunzio per avanzargli, insieme al parere dei vescovi, il proprio commento[94]. Nel momento di massima tensione tra Santa Sede e governo italiano, intorno all'Azione Cattolica[95], la prima si preparava a confrontarsi con il progetto di concordato del governo jugoslavo.

Dopo la decisione di Pacelli di convocare i membri della congregazione degli affari ecclesiastici straordinari, avendo dato ordine di stampare la «Ponenza»[96], l'adunanza fu stabilita per il 25 giugno 1931[97].

---

[92] Pellegrinetti a Pacelli, Belgrado, 9 maggio 1931, cifrato n. 23, *ibidem*, f. 50r; Udienza del card. Pacelli con il pontefice, 10 maggio 1931, in S.RR.SS., AA.EE.SS., *Stati Ecclesiastici*, pos. 430A, fasc. 342, f. 26r; *I «Fogli di Udienza»*, vol. II, 305; Pacelli a Pellegrinetti, Vaticano, 10 maggio 1931, cifrato n. 27 (1304/31), in S.RR.SS., AA.EE.SS., *Jugoslavia*, pos. 96, fasc. 54, f. 52r.

[93] Udienza privata del card. Pacelli con il ministro di Jugoslavia, 28 marzo 1931, in S.RR.SS., AA.EE.SS., *Stati Ecclesiastici*, pos. 430B, fasc. 356, f. 71v; *I «Fogli di Udienza»*, vol. II, 229.

[94] Simić a Kumanudi, Roma, 9 maggio 1931, rapporto n. 83 (minuta), in AJ, *Poslanstvo Kraljevine Jugoslavije pri Svetoj Stolici (372)*, fasc. 10, [mappa 4/I], ff. n.n.

[95] Circa il conflitto si veda F. MALGERI, «Pio XI e l'Azione Cattolica», 165-174; G. COCO, «L'"anno terribile"», 143-276.

[96] ASV, Archivio della Prefettura, *Diari del card. Pellegrinetti*, 16 maggio 1931, vol. 12, f. 39v. La «Ponenza» si trova in S.RR.SS., AA.EE.SS., *Rapporti delle Sessioni*, anno 1931, Sessione 1338, stampa 1212, «Nuove trattative per il Concordato tra la Santa Sede e il Regno di Jugoslavia», giugno 1931, 78pp.; S.RR.SS., AA.EE.SS., *Jugoslavia*, pos 96, fasc. 54, f. 7.

[97] Invito all'adunanza, Vaticano, 17 giugno 1931, dispaccio n. 1292/31, in S.RR.SS., AA.EE.SS., *Jugoslavia*, pos. 96, fasc. 54, f. 9r.

Ai cardinali[98] riuniti fu chiesto «*quale risposta debba darsi al "Progetto" presentato dal Governo jugoslavo per un Concordato con la Santa Sede*»[99]. Prima di entrare in merito al quesito, tutti unanimemente si congratularono con il nunzio ed elogiarono il suo commento al progetto governativo[100]. L'unica critica fu pronunciata dal cardinale Rossi, quando affermò che qualche osservazione del nunzio sarebbe stata «*tirata un po' in fretta*»; dal canto suo, infine, il segretario di Stato disse di non convenire con il nunzio in «*qualche cosa*».

Circa la risposta da dare al governo il cardinale Granito di Belmonte proponeva di rispondere che la Santa Sede non era aliena dal venire a discutere. La Segreteria di Stato, secondo lui, doveva presentare uno schema nuovo o trattare sullo schema del governo modificato secondo il pensiero del nunzio. Spicca molto l'analisi dell'ex segretario di Stato Pietro Gasparri. Secondo lui la Santa Sede avrebbe dovuto accogliere la decisione del governo di fare finalmente un concordato, tenendo però ben presente che il governo, a sua opinione, non fosse mosso da amore o benevolenza verso la Chiesa, ma dal suo interesse politico. Esso, per mezzo del concordato, avrebbe inteso rendersi l'episcopato più docile e calmare i cattolici, concedendo il minimo e ottenendo il massimo possibile. Al governo si sarebbe dovuto rispondere che, mentre alcuni articoli potevano essere accolti senza riserve, altri invece dovevano essere soppressi e altri finalmente aggiunti. Egli proponeva, seguendo l'esempio di Granito di Belmonte, che la Santa Sede, in seguito alla risposta, si riservasse di rimettere quanto prima al ministro di Jugoslavia un controprogetto di concordato, modellato su quello presentato dal governo, ma con le debite correzioni. Anche gli altri cardinali dell'assemblea annuirono all'idea di un controprogetto ben definito, arricchito con le osservazioni del nunzio. Il cardinale

---

[98] Furono presenti i seguenti cardinali: Granito di Belmonte, Pietro Gasparri, Früwirth, Locatelli, Enrico Gasparri, Lauri, Rossi, Ehrle e Pacelli. Da segretario fungeva mons. Giuseppe Pizzardo, subentrato a Borgongini-Duca nella carica il 7 giugno 1929 (S.RR.SS., AA.EE.SS., *Rapporti delle Sessioni*, anno 1931, Sessione 1338, stampa 1212, «Nuove trattative per il Concordato tra la Santa Sede e il Regno di Jugoslavia», 25 giugno 1931, Verbale, f. 1); M. Valente, «Santa Sede e Jugoslavia», 234-235.

[99] S.RR.SS., AA.EE.SS., *Rapporti delle Sessioni*, anno 1931, Sessione 1338, stampa 1212, «Nuove trattative per il Concordato tra la Santa Sede e il Regno di Jugoslavia», 25 giugno 1931, Relazione, p. 16.

[100] Ciò venne notato anche nel suo diario: «*Pizzardo mi dice che la Congregazione ha fatto grandi elogi del mio esposto, accettandone tutte le osservazioni*»: ASV, Archivio della Prefettura, *Diari del card. Pellegrinetti*, 26 giugno 1931, vol. 12, f. 49v.

Früwirth, proponeva, inoltre, di essere intransigenti sulla questione della scuola.

Finalmente prese parola il segretario di Stato Pacelli, dissociandosi dal parere degli altri sulla stesura di un controprogetto. Egli riteneva più opportuno, come primo passo, rispondere con un promemoria in cui si includessero, a grandi linee, le principali osservazioni del nunzio e avere già su queste il consenso del governo jugoslavo. Al cardinale Rossi, inizialmente, non piaceva quest'idea, rispetto a quella di un controprogetto completo. Infatti, secondo lui, se si fosse presentato un semplice promemoria, supposto che il governo lo avesse approvato, qualora in un secondo momento si fossero presentate altre proposte il governo avrebbe potuto dire: «*Perché non ne le avete presentate prima?*». Pacelli, da parte sua, rimase dell'idea di un promemoria, che avrebbe avuto il vantaggio di ottenere già una risposta di massima sui principali punti, mentre la Santa Sede si riservava esplicitamente (e ciò lo si sarebbe dovuto dire nella nota) il diritto di completarla con ulteriori aggiunte nei punti secondari. La nota di risposta sarebbe rimasta meno secca e avrebbe indagato fin dal principio il pensiero del governo. Così egli aveva fatto in passato anche per i concordati di Baviera e di Prussia. Con quella riserva sull'aggiunta di punti secondari il segretario di Stato riuscì a far cambiare idea agli altri membri della congregazione, che alla fine unanimemente accettarono la proposta di un promemoria. Il papa approvò le risoluzioni dell'adunanza[101].

Il giorno dopo fu conferito a Pellegrinetti, così elogiato dalla congregazione per la sua conoscenza della situazione religioso-politica in Jugoslavia, l'incarico di scrivere la risposta (promemoria) per il governo. Questo lo preoccupò, perché credeva che tutto sarebbe stato attribuito a lui, cosa che non sarebbe certamente risultata gradita al governo jugoslavo[102]. La risposta, scritta in pochi giorni[103], fu letta e approvata dalla Segreteria di Stato, salvo leggere correzioni che dovevano essere apportate prima della consegna al ministro jugoslavo presso la Santa Sede[104]. La revisione del testo fu affidata allo stesso segretario di Stato, che Pellegrinetti nel suo diario presentava come «*troppo meticoloso*», il quale esigette di discutere con l'autore il suo schizzo di risposta frase per frase. Alla fine il nunzio riconobbe che

---

[101] S.RR.SS., AA.EE.SS., *Rapporti delle Sessioni*, anno 1931, Sessione 1338, stampa 1212, «Nuove trattative per il Concordato tra la Santa Sede e il Regno di Jugoslavia», 25 giugno 1931, Verbale, ff. 1-5; M. VALENTE, «Santa Sede e Jugoslavia», 234-235.

[102] ASV, Archivio della Prefettura, *Diari del card. Pellegrinetti*, 26 giugno 1931, vol. 12, f. 49v.

[103] *Ibidem*, 28 giugno 1931, vol. 12, f. 50r.

[104] *Ibidem*, 1° luglio 1931, vol. 12, f. 50v.

con tale analisi minuta «*parecchie cosette migliorano*»[105]. Le leggere modificazioni, apportate da Pacelli, furono redatte, a detta del nunzio, in senso «*di forma più mite, ma esigenze più recise*»[106].

Il ministro Simić nel mese di luglio, cioè dopo l'adunanza dei cardinali, si presentò regolarmente ogni settimana all'udienza del segretario di Stato per sapere della posizione della Santa Sede[107]. In una di queste udienze si propose al ministro jugoslavo l'avvio dei colloqui ufficiali sui dettagli a Roma dopo la pausa estiva. Simić avrebbe accettato quest'idea, a patto che entro l'autunno si raggiungesse un accordo sui punti centrali. Informò inoltre Belgrado che il governo italiano – avendo saputo delle trattative preliminari – si sarebbe offeso di tale decisione della Santa Sede, presa nel momento del conflitto con l'Italia e l'avrebbe interpretata perciò come una dimostrazione evidente contro il governo di Mussolini[108].

L'adunanza dei cardinali della congregazione degli affari ecclesiastici straordinari fu convocata nuovamente il 27 luglio 1931, allo scopo di offrire opportune osservazioni e emendamenti al promemoria redatto da Pellegrinetti e corretto da Pacelli. L'assemblea[109] accettò senza particolari rilievi lo schema di promemoria, da presentarsi al governo jugoslavo[110]. Appare molto curioso, quasi profetico, il richiamo del cardinale Rossi che ricordò la decisione presa all'ultima adunanza e

---

[105] *Ibidem*, 2 luglio 1931, vol. 12, f. 51r.

[106] *Ibidem*, 6 luglio 1931, vol. 12, f. 52r.

[107] Udienza privata del card. Pacelli con il ministro di Jugoslavia, 4 luglio 1931, in S.RR.SS., AA.EE.SS., *Stati Ecclesiastici*, pos. 430B, fasc. 357, f. 17r; Udienza privata del card. Pacelli con il ministro di Jugoslavia, 11 luglio 1931, *ibidem*, f. 22v; Udienza privata del card. Pacelli con il ministro di Jugoslavia, 18 luglio 1931, *ibidem*, f. 27r; Udienza privata del card. Pacelli con il ministro di Jugoslavia, 25 luglio 1931, *ibidem*, f. 29r; I «*Fogli di Udienza*», vol. II, 420, 436, 449, 462; Simić a Kumanudi, Roma, [4 luglio] 1931, rapporto s.n. (minuta), in AJ, *Poslanstvo Kraljevine Jugoslavije pri Svetoj Stolici (372)*, fasc. 10, [mappa 4/I], ff. n.n.

[108] Simić a Kumanudi, Roma, [4 luglio] 1931, rapporto s.n. (minuta), in AJ, *Poslanstvo Kraljevine Jugoslavije pri Svetoj Stolici (372)*, fasc. 10, [mappa 4/I], ff. n.n.

[109] Il numero dei membri aumentò leggermente, essendosi presentati i seguenti cardinali: Granito di Belmonte, Pietro Gasparri, Bisleti, Früwirth, Locatelli, Sincero, Cerretti, Enrico Gasparri, Lauri, Rossi, Laurenti e Pacelli (S.RR.SS., AA.EE.SS., *Rapporti delle Sessioni*, anno 1931, Sessione 1340, stampa 1215, «Jugoslavia. Memorandum», 27 luglio 1931, Verbale, f. 1).

[110] Si veda anche ASV, Archivio della Prefettura, *Diari del card. Pellegrinetti*, 27 luglio 1931, vol. 12, f. 57r.

cioè quella di fare un memorandum che servisse anche in avvenire per avvicinare i due punti di vista, «*ora troppo lontani*», della Santa Sede e del governo jugoslavo[111].

Dopo gli ultimi ritocchi, con l'aiuto del nunzio[112], che dopo la lunghissima "missione" romana tornava a Belgrado, il promemoria, con la data del 3 agosto 1931, fu finalmente consegnato alla legazione di Jugoslavia presso la Santa Sede[113].

1.3.3 Analisi del promemoria («Aide-mémoire») vaticano

Nel documento, nominato «Aide-mémoire», la Santa Sede riconobbe la buona volontà del governo jugoslavo di giungere ad un accordo che fosse utile sia allo Stato che alla Chiesa e che potesse formare la base d'una collaborazione felice tra le due parti. La Santa Sede classificò i punti del progetto governativo in quattro categorie: 1) articoli accettabili come formulati, 2) articoli bisognosi di rimaneggiamenti secondari, 3) articoli per i quali era necessaria una revisione essenziale, 4) punti non toccati nel progetto, che però la Santa Sede non avrebbe potuto tralasciare. Si specificò poi, sulla scia dell'adunanza del 25 giugno, che il promemoria si limitava a fare osservazioni sui punti più importanti, in maniera tale da dare al regio governo la possibilità di farsi un'idea generale del punto di vista della Santa Sede e che essa, dal momento che le osservazioni non avevano il valore di un impegno, si riservava di completarle con aggiunte e modifiche, ritenute necessarie[114]. Il documento poi toccò alcuni articoli del progetto governativo, dei quali si prenderanno in esame quelli principali.

Il promemoria respinse decisamente la forma proposta dal governo circa la

---

[111] S.RR.SS., AA.EE.SS., *Rapporti delle Sessioni*, anno 1931, Sessione 1340, stampa 1215, «Jugoslavia. Memorandum», 27 luglio 1931, Verbale, ff. 1-2; M. VALENTE, «Santa Sede e Jugoslavia», 235.

[112] ASV, Archivio della Prefettura, *Diari del card. Pellegrinetti*, 29 luglio 1931, vol. 12, f. 57v.

[113] Pacelli alla legazione jugoslava presso la Santa Sede, Vaticano, 3 agosto 1931, nota n. 2050/31 (minuta), in S.RR.SS., AA.EE.SS., *Jugoslavia*, pos. 96, fasc. 59, ff. 33-40; S.RR.SS., AA.EE.SS., *Rapporti delle Sessioni*, anno 1934, Sessione 1360, stampa 1247, «Jugoslavia. Nuovo progetto di Concordato», 24 giugno 1934, Sommario, n. II, pp. 21-27; Simić a Kumanudi, Roma, 12 agosto 1931, telegramma n. 128, in AJ, *Poslanstvo Kraljevine Jugoslavije pri Svetoj Stolici (372)*, fasc. 10, [mappa 4/I], ff. n.n.; Simić a Kumanudi, Roma, 15 agosto 1931, rapporto n. 134 (minuta), *ibidem*, ff. n.n.

[114] S.RR.SS., AA.EE.SS., *Rapporti delle Sessioni*, anno 1934, Sessione 1360, stampa 1247, «Jugoslavia. Nuovo progetto di Concordato», 24 giugno 1934, Sommario, n. II, p. 21.

provvista delle diocesi (art. IV)[115] e propose di prendere in considerazione la formula del *modus vivendi* con la Cecoslovacchia, siglato nel dicembre 1927 e approvato nel gennaio–febbraio 1928[116].

Nella risposta della Santa Sede si diede molta attenzione alle espressioni, più volte usate nel progetto governativo, come «*dans le cadre de lois existantes*» o «*conformément à la loi*», ecc. Bisognava, secondo il promemoria, intendersi su questo punto, poiché la Santa Sede non avrebbe potuto sanzionare direttamente o indirettamente leggi non chiaramente specificate, che potevano, inoltre, essere contrarie ai principi della Chiesa o in disaccordo con la lettera e lo spirito del concordato[117]. Qui torna il discorso sul rapporto spesso conflittuale tra le leggi dello Stato e il concordato.

Quanto agli ordini religiosi (art. IX)[118], la Santa Sede respingeva l'ultimo capoverso del progetto governativo, almeno quella parte riguardante la prerogativa di un'intesa con il governo per l'estensione dell'attività degli ordini e congregazio-

---

[115] ASV, *Arch. Nunz. Jugoslavia*, busta 8, ff. 226-227; S.RR.SS., AA.EE.SS., *Rapporti delle Sessioni*, anno 1934, Sessione 1360, stampa 1247, «Jugoslavia. Nuovo progetto di Concordato», 24 giugno 1934, Sommario, n. I, pp. 8-9.

[116] S.RR.SS., AA.EE.SS., *Rapporti delle Sessioni*, anno 1934, Sessione 1360, stampa 1247, «Jugoslavia. Nuovo progetto di Concordato», 24 giugno 1934, Sommario, n. II, p. 23. L'art. IV del *modus vivendi* fra la Santa Sede e la Repubblica Cecoslovacca (17 dicembre 1927): «*Le Saint-Siège avant de procéder à la nomination des Archêveques et des Evêques diocésains, des Coadjuteurs* cum iure successionis *ainsi que de l'Ordinaire de l'armée, communiquera au Gouvernement Tchécoslovaque le nom du candidat pour s'assurer que le Gouvernement n'a pas des raisons de caractère politique à soulever contre ce choix. Les Prélats susmentionnés seront sujets tchécoslovaques.*
On entend par objections de caractère politique toutes les objections que le Gouvernement serait à même de motiver par des raisons qui ont trait à la sécurité de l'Etat, par exemple que le candidat choisi se soit rendu coupable d'une activité politique irredentiste, séparatiste ou bien dirigée contre la Constitution ou contre l'ordre du pays.
Le nom du candidat, indiqué par le Saint-Siège au Gouvernement ainsi que les pourparlers relatifs, resteront secrets.
Les dispositions au sujet de l'Ordinaire de l'armée n'entrent en vigueur, qu'au cas où le système du soin religieux exempt des soldats soit maintenu. Dans ce cas on tiendra compte, en outre, des objections de caractère politique, aussi de celles ayant trait à la position du candidat dans l'armé»: *Enchiridion dei concordati*, 712; trad. it., 713.

[117] S.RR.SS., AA.EE.SS., *Rapporti delle Sessioni*, anno 1934, Sessione 1360, stampa 1247, «Jugoslavia. Nuovo progetto di Concordato», 24 giugno 1934, Sommario, n. II, p. 23.

[118] ASV, *Arch. Nunz. Jugoslavia*, busta 8, f. 229.

ni già esistenti[119]. Si tollerava, al massimo, l'accordo con il governo circa l'introduzione dei nuovi ordini religiosi e nuove congregazioni[120].

A proposito della sovvenzione statale per i bisogni della Chiesa (art. XVII)[121], il promemoria chiedeva una formula più chiara sul trattamento economico nei confronti della Chiesa cattolica, che non doveva essere inferiore alle altre confessioni religiose, tenuto conto anche di bisogni particolari, incluse le nuove entità ecclesiastiche create con il concordato. Si avvertiva, inoltre, la necessità di stabilire bene la consistenza, la destinazione e la forma d'amministrazione del famoso «fondo di religione»[122]. Ciò si riteneva necessario dal momento che il progetto si limitava unicamente a porlo sotto l'amministrazione statale, senza ulteriori specifiche.

Alla Santa Sede sembrava poco chiaro l'art. XXVIII[123] circa la divisione dei beni sottratti alle scuole confessionali da parte dello Stato. Il promemoria si chiedeva soprattutto a quale titolo lo Stato potesse chiedere una parte dei beni che sembravano essere di proprietà puramente ecclesiastica[124].

---

[119] S.RR.SS., AA.EE.SS., *Rapporti delle Sessioni*, anno 1934, Sessione 1360, stampa 1247, «Jugoslavia. Nuovo progetto di Concordato», 24 giugno 1934, Sommario, n. II, p. 23.

[120] Il nunzio commentava così l'art. IX: «*L'ultimo capoverso nella prima parte è da accettarsi, se il Governo insiste, quantunque equivalga in pratica a chiudere le porte ad ordini e congregazioni nuove; ma non mai è da accettare che l'"extension de l'activité" dipenda dal consenso del Governo. Questa clausola mira soprattutto a impedire che conventi si fondino nelle regioni in prevalenza "ortodosse" o "serbe" per timore del "proselitismo cattolico"*»: Pellegrinetti a Pacelli, Belgrado, 11 maggio 1931, rapporto n. 12113, in S.RR.SS., AA.EE.SS., *Jugoslavia*, pos. 96, fasc. 54, f. 13v.

[121] ASV, *Arch. Nunz. Jugoslavia*, busta 8, f. 233.

[122] S.RR.SS., AA.EE.SS., *Rapporti delle Sessioni*, anno 1934, Sessione 1360, stampa 1247, «Jugoslavia. Nuovo progetto di Concordato», 24 giugno 1934, Sommario, n. II, pp. 23-24. Il commento di Pellegrinetti: «*I Fondi religiosi dovrebbero essere restituiti all'amministrazione della Chiesa. Sono nati dalle confische di Giuseppe II e da poteri dati all'imperatore d'Austria col Concordato del 1855. In ogni caso dovrebbe almeno aggiungersi che i "Fondi di Religione" servono esclusivamente alla sostentazione degli enti ecclesiastici cattolici. Fin qui il Governo li ha semplicemente considerati ed impiegati come beni demaniali*»: Pellegrinetti a Pacelli, Belgrado, 11 maggio 1931, rapporto n. 12113, in S.RR.SS., AA.EE.SS., *Jugoslavia*, pos. 96, fasc. 54, ff. 14v-15r.

[123] ASV, *Arch. Nunz. Jugoslavia*, busta 8, f. 238.

[124] S.RR.SS., AA.EE.SS., *Rapporti delle Sessioni*, anno 1934, Sessione 1360, stampa 1247, «Jugoslavia. Nuovo progetto di Concordato», 24 giugno 1934, Sommario, n. II, p. 24. Il commento di Pellegrinetti: «*L'art. XXVIII, formulato in maniera poco chiara e ch'io stesso non comprendo bene, si riferisce forse agli edifici terreni e beni delle scuole confessionali della Bačka e d'al-*

Riguardo alla riforma agraria (art. XXIX, anche art. XIV)[125], la Santa Sede voleva la garanzia che l'indennità, che il governo s'accingeva a dare, assicurasse almeno agli enti ecclesiastici la sussistenza in quella misura in cui essa era garantita dai beni sottratti[126]. L'arcivescovo Bauer, ricordiamo, proponeva come minimo un'indennità non inferiore al 50 % del valore reale o commerciale di detti beni[127].

A proposito della questione scolastica (art. XXIV)[128], secondo il giudizio della Santa Sede, si sarebbe dovuto specificare che l'insegnamento religioso in tutte le scuole di Stato fosse obbligatorio per tutti gli allievi cattolici e che, tra le altre proposte, i catechisti di queste scuole fossero pagati o almeno indennizzati dallo Stato o dai comuni[129].

---

tri luoghi, confiscati arbitrariamente dal Ministero dell'Istruzione e destinati a scuole laiche di Stato [...]. Nella Bačka sono stati usurpati alle scuole confessionali 980 acri di terreno (più di 500 ettari), 210 aule scolastiche, il ginnasio cattolico di Novi Sad, il Monastero e scuola suddetta delle Suore di Nostra Signora e altri 20 monasteri delle stesse Suore con le scuole annesse. I beni qui sopra citati sono iscritti al catasto come beni della Chiesa Cattolica. È evidente che il Governo ha il dovere di restituirli o, nella peggiore ipotesi, di indennizzare la Chiesa [...]. Mons. Budanović Amministratore Apostolico della Bačka ha cominciato l'azione giudiziaria per la rivendicazione di questi beni scolastici, con probabilità di successo. Non so perciò che cosa significhi le "partage de la proprieté des écoles d'eglises, etc."»: Pellegrinetti a Pacelli, Belgrado, 11 maggio 1931, rapporto n. 12113, in S.RR.SS., AA.EE.SS., *Jugoslavia*, pos. 96, fasc. 54, f. 16v.

[125] ASV, *Arch. Nunz. Jugoslavia*, busta 8, ff. 238, 231-232.

[126] S.RR.SS., AA.EE.SS., *Rapporti delle Sessioni*, anno 1934, Sessione 1360, stampa 1247, «Jugoslavia. Nuovo progetto di Concordato», 24 giugno 1934, Sommario, n. II, p. 24. Si veda anche: Pellegrinetti a Pacelli, Belgrado, 11 maggio 1931, rapporto n. 12113, in S.RR.SS., AA.EE.SS., *Jugoslavia*, pos. 96, fasc. 54, ff. 14rv, 17r.

[127] Bauer a Pellegrinetti, Zagabria, 28 marzo 1931, lettera n. 74/Pr., in S.RR.SS., AA.EE.SS., *Jugoslavia*, pos. 96, fasc. 54, f. 32.

[128] ASV, *Arch. Nunz. Jugoslavia*, busta 8, ff. 236-237.

[129] S.RR.SS., AA.EE.SS., *Rapporti delle Sessioni*, anno 1934, Sessione 1360, stampa 1247, «Jugoslavia. Nuovo progetto di Concordato», 24 giugno 1934, Sommario, n. II, p. 24. Il nunzio metteva in guardia dalla dicitura «*conformément a la loi*», più volte usata nell'articolo, riferendosi alle "famigerate" leggi scolastiche: «*Su questo punto prego tener d'occhio i numerosi Rapporti inviati l'anno scorso circa le leggi scolastiche e le loro conseguenze. Non c'è ragione di accettare in un Concordato una Legge Scolastica, contro la quale Vescovi e Santa Sede hanno più volte protestato [...]. Ma sembra pericoloso lasciare al Ministero la facoltà di destituire "conformément à la loi" già cattiva e che domani potrebbe essere peggiore e che per di più non è affatto specificata in questo Concordato. Non bisogna dar l'impressione che si riconosca implicitamente qualsiasi legge scolastica*»: Pellegrinetti a Pacelli, Belgrado, 11 maggio 1931, rapporto n. 12113, in S.RR.SS., AA.EE.SS., *Jugoslavia*, pos. 96, fasc. 54, f. 16r.

Riferendosi alla questione liturgica (annesso II)[130], la Santa Sede avvertiva il governo che solamente ragioni d'una estrema gravità avrebbero potuto autorizzare il cambiamento di lingua. Circa la lingua nazionale sarebbe stato sufficiente confermare le concessioni fatte recentemente (1921)[131] dalla Santa Sede ai cattolici jugoslavi, poiché la Jugoslavia era l'unico Paese di rito romano dove tutto il rituale poteva essere celebrato in lingua volgare[132]. Per l'uso liturgico della lingua paleoslava, anch'esso privilegio unico nei Paesi cattolici di rito romano, la Santa Sede proponeva, invece, un'intesa con i vescovi del luogo[133] – cioè al di fuori del contesto concordatario – come proposto dall'episcopato già nel 1925[134].

Dopo aver fornito le proprie osservazioni sugli articoli, la Santa Sede passò a sottomettere al giudizio del governo i punti non menzionati nel progetto, però ritenuti necessari. Nella prima parte si menzionarono le aggiunte che apparivano *«plus faciles»*, come ad esempio gli articoli che determinavano la presenza del nunzio a Belgrado e del ministro jugoslavo presso la Santa Sede, che gli ecclesiastici sarebbero stati esonerati dagli incarichi pubblici incompatibili con il loro ufficio sacro – come previsto tra l'altro dalla «Legge della Chiesa ortodossa serba» (art. XV) –, che sarebbe stata assicurata l'assistenza religiosa nell'esercito, che sarebbero stati riconosciuti i diplomi conferiti nelle scuole pontificie a Roma, che si sarebbero considerate abrogate le disposizioni di legge e i decreti in opposizione alle prescrizioni del concordato, ecc. Nella seconda parte delle aggiunte si menzionavano, invece, le tre questioni alle quali la Santa Sede

---

[130] ASV, *Arch. Nunz. Jugoslavia*, busta 8, ff. 242-243.

[131] Gasparri a Bauer, Vaticano, 17 aprile 1921, rescritto della Segreteria di Stato, n. 19626 (copia), in ASV, *Arch. Nunz. Jugoslavia*, busta 1, ff. 267r-268r.

[132] Questo privilegio unico fu una sorpresa anche per qualche membro dell'adunanza della congregazione degli affari ecclesiastici straordinari. Al cardinale Laurenti fu, infatti, ignoto il dispaccio della Segreteria di Stato del 1921, e lo stesso nunzio Pellegrinetti dovette spiegargli che tal privilegio per la Jugoslavia era veramente unico nei paesi cattolici di rito romano (S.RR.SS., AA.EE.SS., *Rapporti delle Sessioni*, anno 1931, Sessione 1340, stampa 1215, «Jugoslavia. Memorandum», 27 luglio 1931, Verbale, f. 2; Annotazione di Pellegrinetti, Roma, 28 luglio 1931, n. 2066/31, in S.RR.SS., AA.EE.SS., *Jugoslavia*, pos. 96, fasc. 54, f. 86r).

[133] S.RR.SS., AA.EE.SS., *Rapporti delle Sessioni*, anno 1934, Sessione 1360, stampa 1247, «Jugoslavia. Nuovo progetto di Concordato», 24 giugno 1934, Sommario, n. II, pp. 24-25.

[134] Verbale dell'adunanza dei vescovi, Roma, 5 giugno 1925, in S.RR.SS., AA.EE.SS., *Jugoslavia*, pos. 9, fasc. 16, f. 28rv. Per il parere del nunzio sulla questione liturgica si veda il precedente capitolo con il sottotitolo «2.3 Il dibattito circa la lingua liturgica»; Pellegrinetti a Pacelli, 11 maggio 1931, rapporto n. 12113, in S.RR.SS., AA.EE.SS., *Jugoslavia*, pos. 96, fasc. 54, ff. 18r-21r.

ascriveva «*la plus grande importance*»: scuola, matrimonio, associazioni religiose, ripetendo in tal modo il voto dei vescovi Bauer e Rožman[135].

Per l'ambito scolastico il promemoria propose un articolo molto vasto, tra cui il diritto di fondare e dirigere scuole primarie, secondarie e superiori, sotto la dipendenza dei vescovi del luogo o dei superiori degli ordini e congregazioni; il diritto di "pubblicità" per tali scuole, purché adempissero le condizioni richieste per le scuole di Stato; la garanzia per gli allievi cattolici delle scuole di Stato ad avere dei maestri cattolici; il diritto degli allievi cattolici di iscriversi, nelle scuole di Stato, alle associazioni religiose, approvate e sorvegliate dall'autorità ecclesiastica per la loro formazione religiosa[136]. La proposta vaticana si rifaceva, in più punti, a quella esposta già nelle trattative nel 1925[137], ora con alcuni punti ancora più chiarificati e rafforzati, specie per quanto riguarda l'obbligatorietà dell'insegnamento religioso.

Circa il matrimonio, la Santa Sede ripeteva, in linea di massima, la proposta del 1925[138], che cioè il matrimonio celebrato nella Chiesa cattolica, in conformità con le prescrizioni del diritto canonico, avrebbe avuto per ciò stesso gli effetti civili; che le cause matrimoniali per i matrimoni celebrati nella Chiesa cattolica sarebbero state di competenza dei tribunali ecclesiastici cattolici; che le autorità civili avrebbero rispettato la clausola, apposta in caso di matrimoni misti, che tutti i figli senza eccezione venissero educati alla fede cattolica[139].

---

[135] S.RR.SS., AA.EE.SS., *Rapporti delle Sessioni*, anno 1934, Sessione 1360, stampa 1247, «Jugoslavia. Nuovo progetto di Concordato», 24 giugno 1934, Sommario, n. II, p. 25; Bauer a Pellegrinetti, Zagabria, 28 marzo 1931, lettera n. 74/Pr., S.RR.SS., AA.EE.SS., *Jugoslavia*, pos. 96, fasc. 54, f. 37.

[136] S.RR.SS., AA.EE.SS., *Rapporti delle Sessioni*, anno 1934, Sessione 1360, stampa 1247, «Jugoslavia. Nuovo progetto di Concordato», 24 giugno 1934, Sommario, n. II, pp. 25-26. Si vedano anche gli Appunti di Pellegrinetti dell'ottobre 1930: ASV, *Arch. Nunz. Jugoslavia*, busta 8, ff. 259-262.

[137] Protocollo della quarta adunanza tra la Santa Sede e il governo jugoslavo, Vaticano, 17 giugno 1925, in S.RR.SS., AA.EE.SS., *Jugoslavia*, pos. 9, fasc. 16, f. 5r; AJ, *Poslanstvo Kraljevine Jugoslavije pri Svetoj Stolici (372)*, fasc. 20, [mappa 1/VI], ff. n.n.; N. ŽUTIĆ, *Kraljevina Jugoslavija*, 203-204; M. PETROVIĆ, *Konkordatsko pitanje*, 179-180, 215.

[138] Protocollo della seconda adunanza tra la Santa Sede e il governo jugoslavo, Vaticano, 12 giugno 1925, in S.RR.SS., AA.EE.SS., *Jugoslavia*, pos. 9, fasc. 16, f. 6v; AJ, *Poslanstvo Kraljevine Jugoslavije pri Svetoj Stolici (372)*, fasc. 20, [mappa 1/V], ff. n.n.; N. ŽUTIĆ, *Kraljevina Jugoslavija*, 200; M. PETROVIĆ, *Konkordatsko pitanje*, 177, 211.

[139] S.RR.SS., AA.EE.SS., *Rapporti delle Sessioni*, anno 1934, Sessione 1360, stampa 1247, «Jugoslavia. Nuovo progetto di Concordato», 24 giugno 1934, Sommario, n. II, p. 26. La for-

Per le associazioni cattoliche la Santa Sede proponeva un articolo, in cui il governo jugoslavo riconosceva alla Chiesa cattolica la piena libertà di fondare e dirigere associazioni, le quali, al di fuori d'ogni politica di partito, si proponevano di promuovere la vita religiosa sotto la direzione e responsabilità della gerarchia cattolica[140]. Anche questa proposta vaticana era stata presentata nel 1925, sebbene in forma meno articolata.

Il promemoria della Santa Sede terminava con la speranza che il governo di Sua Maestà avrebbe dato ai suoi rappresentanti istruzioni e opportuni poteri per raggiungere «*dans un esprit de parfaite sérénité et mutuelle compréhension*» la grande meta, che le due parti si erano proposte[141].

L'«Aide-mémoire» riprendeva fedelmente le idee del nunzio esposte già nei suoi «Appunti» (ottobre 1930) e nelle sue osservazioni (maggio 1931) al progetto governativo. La Santa Sede nelle proposizioni rimase abbastanza fedele ai voti avanzati durante le trattative romane nel 1925. La proposta circa l'insegnamento religioso veniva ora formulata in modo più articolato, anche più intransigente,

---

mulazione è presa tale e quale dagli «Appunti» di Pellegrinetti: ASV, *Arch. Nunz. Jugoslavia*, busta 8, f. 267. Pellegrinetti avvertiva la Segreteria di Stato che, nonostante la legislazione in vigore, secondo la quale il matrimonio religioso era l'unico riconosciuto in Jugoslavia, eccetto che nella Vojvodina (ex-territorio ungherese), e che i processi matrimoniali, con l'unica eccezione suddetta, erano ancora prerogativa esclusiva delle confessioni religiose riconosciute, «*si preparano leggi in senso laicizzatore e in vista di ciò il Governo non vuole impegni con la Santa Sede a riguardo dei cattolici*»: Pellegrinetti a Pacelli, Belgrado, 11 maggio 1931, rapporto n. 12113, in S.RR.SS., AA.EE.SS., *Jugoslavia*, pos. 96, fasc. 54, f. 22v. Confrontando il progetto governativo del 1931 con quello del 1925, in materia di matrimonio, il nunzio rilevava che «*non c'è ragione che il Governo di oggi non accetti, in questo punto, quello che proponeva il Governo nel 1925*»: ibidem, f. 25v.

[140] S.RR.SS., AA.EE.SS., *Rapporti delle Sessioni*, anno 1934, Sessione 1360, stampa 1247, «Jugoslavia. Nuovo progetto di Concordato», 24 giugno 1934, Sommario, n. II, pp. 26-27. La non-menzione delle associazioni religiose nel progetto governativo rispecchiava la decisione delle leggi scolastiche, che imponevano varie limitazioni al diritto d'iscrivere scolari e insegnanti in associazioni cattoliche. Così fu, ad esempio, soppressa l'associazione degli «Orlovi» (Aquile). L'associazione dei «Crociati» fu invece permessa, ma con divieto di suonare della musica, di occuparsi di ginnastica o di cultura (Pellegrinetti a Pacelli, Belgrado, 11 maggio 1931, rapporto n. 12113, in S.RR.SS., AA.EE.SS., *Jugoslavia*, pos. 96, fasc. 54, f. 22v).

[141] S.RR.SS., AA.EE.SS., *Rapporti delle Sessioni*, anno 1934, Sessione 1360, stampa 1247, «Jugoslavia. Nuovo progetto di Concordato», 24 giugno 1934, Sommario, n. II, p. 27.

forse a cause delle leggi scolastiche, promulgate nel frattempo. A riguardo della risposta della Santa Sede bisogna evidenziare il ruolo determinante, non solo del nunzio, ma anche dell'episcopato cattolico. Il nunzio si era rivolto a molti di loro in vista della preparazione delle proprie osservazioni al progetto governativo. Le loro proposte furono prese in considerazione e incluse quasi totalmente nel pro-memoria, nonostante l'esclusione "formale" dei vescovi, almeno nella *mens* del re Aleksandar, dalle trattative con Roma[142].

1.4 *Reazione governativa all'«Aide-mémoire» della Santa Sede (gennaio 1933)*

La prima traccia della reazione governativa è offerta da una lettera di Moscatello, indirizzata al suo «*carissimo amico*» Besednjak, già deputato al parlamento di Roma (1924-1928) per la minoranza slovena e croata della Venezia Giulia. L'ecclesiastico dalmata si lamentava del promemoria vaticano, compilato dal nunzio, nel quale scorgeva le sue massime esigenze e addirittura l'applicazione integrale del diritto canonico in tutte le questioni. All'elaborato, corretto dal punto di vista giuridico, sarebbe mancato uno sguardo più ampio; perciò Moscatello prevedeva che tutta la questione sarebbe stata rinviata per un certo tempo. Secondo lui bisognava approfittare di queste circostanze sfavorevoli per ricominciare da capo le trattative, su una base più intelligente e più seria[143].

Il ministro Simić, appena tornato dalle vacanze, trovò la risposta della Santa Sede e, meravigliato, vi riconobbe come la posizione vaticana fosse in forte contrasto con il progetto governativo. Lui stesso, senza chiedere precedentemente il permesso a Belgrado, espresse alla Segreteria di Stato che il regio governo non poteva accettare il suo punto di vista, né si sentiva di nominare i delegati per le trattative ufficiali, finché la Santa Sede non avesse cambiato radicalmente la sua posizione. Il ministro assicurava che il governo, con il proprio progetto, aveva mostrato buona volontà nei confronti della Santa Sede, ciò che non sarebbe stato contraccambiato dalla risposta vaticana[144]. Da essa si sarebbe potuto evincere che

---

[142] Secondo Mužić questa esclusione sarebbe dovuta al poco interessamento dei vescovi nella questione concordataria e per le posizioni opposte circa la configurazione giuridica della Chiesa cattolica tra loro e le autorità statali (I. MUŽIĆ, *Katolička crkva*, 71).

[143] Moscatello a Besednjak, Roma, lettera del 9 agosto 1931, in BA, n. 612.

[144] Simić a Marinković, Roma, 15 agosto 1931, rapporto n. 134 (minuta), in AJ, *Poslanstvo Kraljevine Jugoslavije pri Svetoj Stolici (372)*, fasc. 10, [mappa 4/I], ff. n.n.

la Santa Sede non aveva affatto il desiderio di concludere un concordato[145]. Alla stessa stregua di Simić gli storici Dimić e Žutić considerano perciò il promemoria vaticano come «*una provocazione clericale*»[146].

Pizzardo, e più tardi anche il segretario di Stato Pacelli, cercarono di persuadere il ministro jugoslavo che il promemoria non era l'ultima parola della Santa Sede[147]. A rafforzare tale convinzione Pacelli presentò a Simić come modello il caso prussiano: all'inizio delle trattative esistevano contrasti ancora più grandi, che non impedirono però la felice conclusione del concordato[148]. Per non differire nuovamente *ad infinitum* le trattative, si accordarono per l'avvio dei colloqui informali, per preparare così un terreno più "fertile", in vista dell'arrivo della delegazione ufficiale. Pacelli confermò poi il sospetto del ministro jugoslavo sul ruolo determinante del nunzio nella stesura del promemoria vaticano, dicendo che egli vi aveva collaborato e che perciò, prima della risposta jugoslava al suddetto promemoria, avrebbe potuto offrire le necessarie spiegazioni al governo. Il ministro, al contrario, consigliò al proprio "superiore" a Belgrado di rafforzare le posizioni governative nell'incontro con il nunzio[149]. Convinto che sulla dura posizione vaticana avesse influito il forte contrasto con il governo italiano, specie per quanto riguarda la soluzione circa le associazioni religiose[150], il ministro Simić propose al governo di aspettare che il conflitto tra la Santa Sede e il governo italiano si placasse un po'[151]. Il procrastinamento della pratica concordataria, con il perseverare nelle proprie convinzioni, avrebbe inoltre indotto pian piano la

---

[145] Simić a Marinković, Roma, 29 agosto 1931, rapporto n. 140 (minuta), *ibidem*, ff. n.n.; S. SIMIĆ, *Vatikan protiv Jugoslavije*, 17; L. DIMIĆ – N. ŽUTIĆ, *Rimokatolički klerikalizam*, 236; D. ŽIVOJINOVIĆ – D. LUČIĆ, *Varvarstvo*, vol. I, 341. Sull'incontro tra il segretario di Stato e Simić del 29 agosto 1931 non c'è traccia nelle «Udienze» di Pacelli.

[146] L. DIMIĆ – N. ŽUTIĆ, *Rimokatolički klerikalizam*, 237.

[147] Pizzardo a Simić, Vaticano, 20 agosto 1931, nota n. 2223/31, (minuta), in S.RR.SS., AA.EE.SS., *Jugoslavia*, pos. 96, fasc. 54, f. 87r.

[148] La «Solenne convenzione» fra la Santa Sede e la Prussia fu stipulata il 14 giugno 1929. Si veda *Enchiridion dei concordati*, 752-773.

[149] Simić a Marinković, Roma, 15 agosto 1931, rapporto n. 134 (minuta), in AJ, *Poslanstvo Kraljevine Jugoslavije pri Svetoj Stolici (372)*, fasc. 10, [mappa 4/I], ff. n.n.; Simić a Marinković, Roma, 29 agosto 1931, rapporto n. 140 (minuta), *ibidem*, ff. n.n.

[150] Simić a Marinković, Roma, 15 agosto 1931, rapporto n. 134 (minuta), *ibidem*, ff. n.n.

[151] L'accordo tra la Santa Sede e il governo italiano fu firmato il 2 settembre 1931 (F. MALGERI, «Pio XI e l'Azione Cattolica», 172; N. ŽUTIĆ, *Kraljevina Jugoslavija*, 374-375).

Santa Sede ad accettare la posizione jugoslava[152]. Il parere del ministro jugoslavo, in un certo senso, richiamava alla memoria la mentalità delle diverse commissioni che si erano succedute nella preparazione degli schemi di concordato (1925, 1931), da Moscatello descritta come «*illusione*» e «*ingenuità*»[153].

1.4.1 Il concordato adombrato da altre questioni religiose

Il promemoria vaticano fu interpretato dalle autorità governative come uno "schiaffo", che non avrebbe tenuto conto della buona volontà del governo nello stipulare un accordo amichevole. Non meraviglia, perciò, se in tale stato di cose a Belgrado non si fece alcun passo avanti nelle trattative fino all'inizio del 1933. Proprio il periodo tra l'autunno 1931 e la primavera 1933 sarà oggetto delle pagine seguenti, per vedere se e in che modo la questione concordataria era rimasta ancora attuale nelle intenzioni di Belgrado.

Con la «costituzione imposta» del 3 settembre 1931[154] terminava ufficialmente il periodo della dittatura regia, in vigore dal 6 gennaio 1929. Si riaprì il parlamento, questa volta in forma bicamerale. Si potevano, almeno in teoria, istituire partiti politici, i quali, però, in seguito alle forti limitazioni di legge, non potevano praticamente esistere, con l'eccezione del «partito nazionale», fortemente spalleggiato dal governo e dalla polizia[155].

Pellegrinetti sperava in qualche vantaggio per la Chiesa cattolica dalla nuova costituzione, poiché in essa, per la prima volta, si riconosceva il diritto all'esistenza della scuola privata (art. 16). In questa disposizione il nunzio vedeva «*una grande difficoltà di meno nelle trattative per il Concordato*»[156]. Allo stesso tempo a Roma l'incaricato d'affari di Francia chiedeva al segretario di Stato Pacelli se la proclamazione della nuova costituzione avrebbe avuto influenza sulle trattative per

---

[152] Simić a Marinković, Roma, 29 agosto 1931, rapporto n. 140 (minuta), in AJ, *Poslanstvo Kraljevine Jugoslavije pri Svetoj Stolici (372)*, fasc. 10, [mappa 4/I], ff. n.n.

[153] APHZSJ, ostavština Moscatello, busta 2: *Bilješke [Memorie]*, pp. 33-34, 66; *Nikola Moscatello*, F. Veraja – S. Kljaić, ed., 65-67, 105.

[154] La trad. it. della costituzione, insieme alla legge elettorale per il senato e la legge elettorale per la camera dei deputati si trova in *La Costituzione jugoslava*.

[155] Pellegrinetti a Pacelli, Belgrado, 9 settembre 1931, rapporto n. 12470 (minuta), in ASV, *Arch. Nunz. Jugoslavia*, busta 5, f. 383v; Pellegrinetti a Pacelli, Belgrado, 21 settembre 1931, rapporto n. 12499 (minuta), *ibidem*, f. 387rv.

[156] Pellegrinetti a Pacelli, Belgrado, 4 settembre 1931, rapporto n. 12448 (minuta), *ibidem*, ff. 376v-377r.

il concordato. Pacelli, pensando all'aspetto pratico, rispondeva che, in genere, si tratta meglio con un sovrano o solo con un governo, piuttosto che quando entra in gioco anche un parlamento[157].

Il nunzio si confrontò con il governo, circa il promemoria vaticano, nella seconda parte dell'ottobre 1931, quando fu espressamente convocato dal ministro degli esteri Marinković. Questi gli confidava che i competenti del ministero della giustizia e culti avevano esaminato la risposta della Santa Sede, avvistandovi un «*rigetto in blocco del nostro Progetto*»[158]. Il ministro prevedeva che per indurre i suoi esperti ad accettare un'altra soluzione ci voleva «*un po' di tempo*»[159]. Alla domanda su come procedere nell'affare del concordato, se con una nota di replica alla Santa Sede o con le discussioni orali, il nunzio, privo di precise istruzioni, affermò che, secondo quanto si era detto l'anno precedente, sarebbe stato opportuno venire a concrete discussioni, ove, con apertura di spirito e con ampi poteri da parte del delegato governativo, si sarebbero sgombrati molti impedimenti. Nel frattempo, però, si presentarono alcune vicissitudini che presero il sopravvento.

L'attenzione dell'opinione pubblica jugoslava dal novembre 1931 alla primavera 1932 fu catturata dalla difficile situazione della minoranza slava in Venezia Giulia, riaperta a causa delle "forzate" dimissioni dell'arcivescovo di Gorizia mons. Sedej, nel novembre 1931, e della sua morte, a dicembre. La questione era stata già proposta alcuni mesi prima con la famosa circolare di Bauer, che influenzò molto negativamente i rapporti oramai compromessi tra la Santa Sede e il governo italiano. Le autorità civili e la popolazione in Jugoslavia accusavano la Santa Sede di non aver fatto abbastanza per la continuazione dell'operato "imparziale" del prelato, nominando come amministratore apostolico a Gorizia mons. Sirotti, odiatissimo dalla minoranza slava e da essa reputato quale puro esecutore delle direttive irredentiste snazionalizzanti del regime fascista. Così si offrì all'opinione pubblica jugoslava un'immagine della Santa Sede come collaboratrice della politica antislava di Mussolini.

Quando il ministro Simić si presentò nel novembre 1931 in Segreteria di Stato, non pensava minimamente alle trattative concordatarie; espresse invece il suo rammarico per il ritiro di Sedej, il quale, sebbene sloveno, si sarebbe sempre tenuto

---

[157] Udienza privata del card. Pacelli con l'incaricato d'affari di Francia, 4 settembre 1931, in S.RR.SS., AA.EE.SS., *Stati Ecclesiastici*, pos. 430B, fasc. 357, f. 43v; *I «Fogli di Udienza»*, vol. II, 526.

[158] Pellegrinetti a Pacelli, Belgrado, 21 ottobre 1931, rapporto n. 12576, in S.RR.SS., AA.EE.SS., *Jugoslavia*, pos. 96, fasc. 55, f. 2v.

[159] *Ibidem*, f. 3r.

lontano dalla politica[160]. Lo stesso giorno il pontefice assicurava all'arcivescovo dimesso che la nomina di Sirotti sarebbe stata soltanto provvisoria e che la Santa Sede aveva fatto e stava cercando di fare il possibile, ma che la questione non dipendeva solo da lei[161]. Soprattutto dopo la morte dell'arcivescovo di Gorizia, interpretata come conseguenza della sua tristezza per aver dovuto lasciare la guida dell'arcidiocesi ad un irredentista italiano, scoppiò una guerra giornalistica contro il papa «*antislavo*», in cui nemmeno i giornali cattolici, tra i quali lo *Slovenec*, risparmiarono critiche sul conto della politica della Santa Sede[162]. Quando

---

[160] Udienza privata del card. Pacelli con il ministro di Jugoslavia, 7 novembre 1931, in S.RR.SS., AA.EE.SS., *Stati Ecclesiastici*, pos. 430B, fasc. 357, f. 52r; *I «Fogli di Udienza»*, vol. II, 581.

[161] Udienza del card. Pacelli con il pontefice, 7 novembre 1931, in S.RR.SS., AA.EE.SS., *Stati Ecclesiastici*, pos. 430A, fasc. 344, f. 4r; *I «Fogli di Udienza»*, vol. II, 579-580. Al nunzio fu riferito da Pacelli che le dimissioni dell'arcivescovo Sedej erano state spontanee e motivate da ragioni di età, di salute, di difficoltà di governo. L'arcivescovo, in una lettera al papa, gli avrebbe mostrato vivissima riconoscenza per essersi degnato di accettare la sua rinunzia al governo (Pacelli a Pellegrinetti, Vaticano, 13 novembre 1931, dispaccio n. 2848/31, in ASV, *Arch. Nunz. Jugoslavia*, busta 31, f. 425r).

[162] Si vedano, a proposito, tanti rapporti del nunzio, arricchiti con articoli di giornale, tradotti e commentati, che egli mandava regolarmente a Roma: Pellegrinetti a Pacelli, Belgrado, 5 novembre 1931, rapporto n. 12611 (minuta), in ASV, *Arch. Nunz. Jugoslavia*, busta 31, ff. 415-417; Pellegrinetti a Pacelli, Belgrado, 7 novembre 1931, rapporto n. 12620 (minuta), *ibidem*, f. 420; Pellegrinetti a Pacelli, Belgrado, 19 novembre 1931, rapporto n. 12670 (minuta), *ibidem*, ff. 427-430; Pellegrinetti a Pacelli, Belgrado, 24 novembre 1931, rapporto n. 12686 (minuta), *minuta*, ff. 432-435; Pellegrinetti a Pacelli, Belgrado, 11 dicembre 1931, rapporto n. 12723 (minuta), *ibidem*, ff. 441-447; Pacelli a Pellegrinetti, Vaticano, 17 dicembre 1931, dispaccio n. 3150/31, *ibidem*, f. 453r; Pellegrinetti a Pacelli, Belgrado, 10 febbraio 1932, rapporto n. 12992 (minuta), *ibidem*, f. 473rv; Pellegrinetti a Pacelli, Belgrado, 16 febbraio 1932, rapporto n. 13011 (minuta), *ibidem*, busta 5, ff. 423v-424r; Pellegrinetti a Pacelli, Belgrado, 1° marzo 1932, rapporto n. 13069 (minuta), *ibidem*, busta 13, ff. 588r-589r; Pellegrinetti a Pacelli, Belgrado, 17 marzo 1932, rapporto n. 13147 (minuta), *ibidem*, busta 5, ff. 437r-440r; Pellegrinetti a Pacelli, Belgrado, 22 marzo 1932, rapporto n. 13169 (minuta), *ibidem*, ff. 454r-455r; *Slovenec*, 6 aprile 1932, p. 1 (*ibidem*, f. 501); Pellegrinetti a Pacelli, Belgrado, 16 maggio 1932, rapporto n. 13386 (minuta), *ibidem*, f. 506rv. Il nunzio protestò presso il governo contro le insinuazioni dell'articolo nel quotidiano *Politika*, 17 marzo 1932, Anno XXIX – n. 8568, p. 1, possibilmente opera del gruppo di Besednjak, nei confronti del papa e del Vaticano: Pellegrinetti a Marinković, Belgrado, 18 marzo 1932, nota n. 13148 (minuta), in ASV, *Arch. Nunz. Jugoslavia*, busta 5, ff. 444r-445r; Pellegrinetti a Pacelli, Belgrado, 19 marzo 1932, rapporto n. 13157 (minuta), *ibidem*, ff. 451r-452r; Pellegrinetti a Pacelli, Belgrado, 24 marzo 1931, rapporto n. 13170 (minuta), *ibidem*, f. 456rv; Pellegrinetti a Pacelli, Belgrado, 29 marzo 1932, rapporto n. 13194 (minuta), *ibidem*, ff. 465r-466r.

nell'aprile 1932 in Segreteria di Stato seppero che il capo del partito popolare don Korošec, da cui dipendeva anche il giornale *Slovenec*, si trovava a Roma, il papa aveva pronta per lui una domanda: «*Pensate ancora che il Vaticano sia antislavo?*»[163].

Durante questa guerra mediatica ci furono pochissime occasioni in cui si menzionarono le trattative concordatarie, e i pochi cenni non uscirono mai dalle solite dichiarazioni generiche. Nel gennaio 1932, quando Pellegrinetti si trovava a Roma, fece visita al ministro Simić, il quale gli avrebbe detto che da quattro mesi non aveva ricevuto istruzioni e che a Belgrado aspettavano più condiscendenza dalla Santa Sede. Il nunzio allora espresse la necessità di una discussione e di un compromesso, poiché i due atti, il progetto governativo e il promemoria vaticano, rappresentavano un *maximum*[164]. Nel marzo 1932 si presentò al parlamento la politica estera e non vi fu neanche un accenno alla Santa Sede. Pellegrinetti presumette che il governo non avesse creduto prudente prendere posizione davanti al parlamento[165].

Alcune settimane dopo Marinković, mantenendo la carica al ministero degli esteri, divenne presidente del consiglio. Questo fatto fece nascere qualche speranza presso il nunzio. Già in passato Pellegrinetti aveva apertamente "lodato" Marinković come un uomo «*d'idee moderate e non maldisposto verso i cattolici*»[166], «*l'uomo più abile e più intelligente del "partito democratico di Davidović"*»[167], «*animato dalle migliori intenzioni verso la Santa Sede e per una felice conclusione del Concordato*»[168], «*tra i serbi è l'uomo che ha più larghezza di vedute e meno spirito bizantino*»[169].

Con la nuova carica del suo miglior "interlocutore" tra i politici di Belgrado, il nunzio dichiarava che se da presidente egli avesse messo in atto un decimo delle

---

[163] Udienza del card. Pacelli con il pontefice, 12 aprile 1932, in S.RR.SS., AA.EE.SS., *Stati Ecclesiastici*, pos. 430A, fasc. 345, f. 35r.

[164] ASV, Archivio della Prefettura, *Diari del card. Pellegrinetti*, 23 gennaio 1932, vol. 12, f. 89v.

[165] Pellegrinetti a Pacelli, Belgrado, 6 marzo 1932, rapporto n. 13090 (minuta), in ASV, *Arch. Nunz. Jugoslavia*, busta 5, f. 430v.

[166] Pellegrinetti a Gasparri, Belgrado, 29 luglio 1924, rapporto n. 3304 (minuta), *ibidem*, busta 3, f. 206v.

[167] Pellegrinetti a Gasparri, Belgrado, 28 aprile 1927, rapporto n. 7093 (minuta), *ibidem*, busta 4, f. 113r.

[168] Pellegrinetti a Gasparri, Belgrado, 13 giugno 1927, rapporto n. 7217 (minuta), *ibidem*, f. 120v.

[169] Pellegrinetti a Gasparri, Belgrado, 6 febbraio 1929, rapporto n. 8991, in S.RR.SS., AA.EE.SS., *Jugoslavia*, pos. 90, fasc. 50, f. 37v.

tante belle dichiarazioni, espresse da anni, ci sarebbe stato da sperare per il concordato. Ciononostante dubitava, dato il nuovo posto e la scarsa salute del ministro, che egli avrebbe trovato il tempo e la voglia di prendere qualche risoluta iniziativa[170]. Il rappresentante pontificio non tralasciò l'occasione di "ammonire" Belgrado circa il fatto che erano passati ormai dieci mesi dalla risposta della Santa Sede, dimostrando così che «*non è il Governo Jugoslavo quello che più mostra sollecitudine*»[171].

Le speranze sull'impegno e aiuto personale di Marinković in materia concordataria furono finalmente sepolte nel luglio 1932 con le sue dimissioni rassegnate solo a tre mesi dall'inizio del suo mandato e il suo ritiro completo dalle cariche governative che copriva sin dal 1927. La sua politica più liberale, con qualche accenno di decentramento, "minacciò" gli esponenti del centralismo e dell'assolutismo e il loro programma di "coscienza integrale jugoslava", che in pratica favoriva il controllo di tutte le cariche pubbliche più importanti da parte dell'elemento serbo[172]. Più avanti, quando il nunzio seppe della sua presunta appartenenza alla loggia massonica, ne rimase molto colpito, spiegandosi in tal modo anche la sua "impotenza"[173].

Il nuovo governo, con Srškić a capo, già ministro della giustizia, sembrava meno propenso alla Chiesa cattolica. La sua *forma mentis* avrebbe favorito una coscienza religiosa nazionale, orientata su Belgrado e con il minimo possibile d'influenza da parte di Roma. In questo quadro il cattolicesimo avrebbe significato un «*male inevitabile*», per cui non destava meraviglia se lo stesso Srškić nel marzo 1930 avesse definito il nunzio, che allora combatteva per la legislazione scolastica, «*un grande nemico della Jugoslavia*»[174]. Anche sul nuovo interlocutore "diretto", il ministro degli affari esteri Jevtić, il nunzio apostolico aveva parole poco lusinghiere,

---

[170] Pellegrinetti a Pacelli, Belgrado, 7 aprile 1932, rapporto n. 13221 (minuta), in ASV, *Arch. Nunz. Jugoslavia*, busta 5, f. 478r.

[171] Pellegrinetti a Pacelli, Belgrado, 13 giugno 1932, rapporto n. 13481, in S.RR.SS., AA.EE.SS., *Jugoslavia*, pos. 96, fasc. 55, f. 9r.

[172] Pellegrinetti a Pacelli, Belgrado, 4 luglio 1932, rapporto n. 13530 (minuta), in ASV, *Arch. Nunz. Jugoslavia*, busta 5, f. 520rv; Pellegrinetti a Pacelli, Belgrado, 29 giugno 1932, rapporto n. 13518, *ibidem*, f. 516rv.

[173] Pellegrinetti a Hristić, Belgrado, 19 gennaio 1933, lettera n. 14209 (minuta), *ibidem*, busta 14, f. 49rv.

[174] Pellegrinetti a Pacelli, Belgrado, 4 luglio 1932, rapporto n. 13530 (minuta), *ibidem*, busta 5, f. 520rv; Pellegrinetti a Gasparri, Belgrado, 4 febbraio 1930, rapporto n. 10291, in S.RR.SS., AA.EE.SS., *Jugoslavia*, pos. 90, fasc. 51, f. 52v.

presentandolo come uno che «*ha idee ben confuse sulla Chiesa e sul Papa*», e che avrebbe avuto «*minor larghezza di vedute del suo predecessore*»[175]. La Segreteria di Stato aveva avuto l'occasione di conoscerlo già nel gennaio 1930 quando questi, in veste di ministro della corte, aveva promesso a Gasparri di risolvere in modo pacifico lo scontro sulle leggi scolastiche. Pellegrinetti lo dipingeva come uomo «*serio, abile e moderato*», anche se da serbo-ortodosso «*stenta a comprendere la mentalità cattolica*»[176]. Jevtić mantenne la carica di ministro degli esteri con maggior continuità rispetto ad altri settori governativi[177], rimanendo al suo posto fino al giugno 1935. Per questo il suo ruolo nella questione concordataria fu tutt'altro che accidentale.

Nella conversazione «*più vivace che cordiale*»[178] con il nuovo presidente del consiglio Srškić, Pellegrinetti biasimò la propaganda anticattolica nella stampa e consigliò che – anziché lamentarsi della Santa Sede e denunciare i cattolici come nemici dello Stato – sarebbe stato meglio trattare con la Santa Sede e concludere un buon concordato. Con esso il governo avrebbe mostrato in modo visibile la sua buona condotta verso i cattolici. Il ministro, confermando la congettura che il progetto governativo del 1931 fosse opera sua, "giustificò" lo stallo delle trattative con il fatto che egli nel frattempo aveva cessato di essere ministro della giustizia. L'incontro lasciò l'impressione al nunzio che non sarebbe stato facile venire ad una conclusione, finché il presidente del consiglio Srškić avesse considerato il suo progetto come un capolavoro e le disposizioni vigenti in materia scolastica come il massimo che potesse essere accordato ai cattolici[179].

1.4.2 Elaborazione della «Risposta» del governo jugoslavo e il «Sokol»

Non avendo ricevuto ancora alcuna risposta da Belgrado dopo un anno, il cardinale Pacelli si lamentò fortemente dell'atteggiamento del governo jugoslavo.

---

[175] Pellegrinetti a Pacelli, Belgrado, 4 luglio 1932, rapporto n. 13530 (minuta), in ASV, *Arch. Nunz. Jugoslavia*, busta 5, f. 520v.

[176] Pellegrinetti a Pacelli, Belgrado, 26 febbraio 1930, rapporto n. 10391, in S.RR.SS., AA.EE.SS., *Jugoslavia*, pos. 90, fasc. 51, f. 46r.

[177] Nonostante gli innumerevoli governi jugoslavi nel periodo tra le due guerre, troviamo essenzialmente quattro ministri degli affari esteri tra il 1921 e il 1939: Ninčić, Marinković, Jevtić e Stojadinović.

[178] ASV, Archivio della Prefettura, *Diari del card. Pellegrinetti*, 7 luglio 1932, vol. 13, f. 19v.

[179] Pellegrinetti a Pacelli, Belgrado, 11 luglio 1932, rapporto n. 13559 (minuta), in ASV, *Arch. Nunz. Jugoslavia*, busta 5, ff. 522r-523r.

Era del parere che con serietà e interesse, l'affare si sarebbe potuto concludere in un paio di settimane, come dimostrava l'esempio della recente convenzione con la Romania[180] e del concordato con il Baden[181], concluso in soli sette giorni. Il differire delle autorità jugoslave gli dava l'impressione che «*ci prendono in giro*» e sollecitò la venuta del ministro degli esteri a Roma, insieme al nunzio, per finalizzare una questione «*pronta da anni*». Con Simić, buono sì, ma senza poteri, infatti, non si sarebbe potuto andare lontano. Pellegrinetti parlò del malanimo di alcuni serbi influenti e dell'incomprensione di altri, non nascondendo neanche la delusione di molti cattolici, poco entusiasti del concordato, per il timore che rafforzasse il regime da loro odiato. Essi non comprendevano, secondo lui, che il concordato era un legame con uno Stato e non con un regime[182].

Il governo sembrava intenzionato a compiere qualche passo concreto. Alla fine di ottobre 1932 il ministro della giustizia stava studiando una risposta da dare alla Santa Sede[183] e il ministro Simić fu chiamato a Belgrado per dare e ricevere le spiegazioni relative[184].

A questo punto accadde quello che è stato sinteticamente descritto nel primo capitolo di questo lavoro, cioè l'azione dell'episcopato cattolico jugoslavo contro l'associazione statale ginnica «Sokol del Regno di Jugoslavia»: ciò aggravò decisamente i rapporti già per sé non particolarmente amichevoli tra la Santa Sede e il governo jugoslavo. Dopo che i vescovi, riuniti nella loro conferenza episcopale a Zagabria tra il 16 e il 22 novembre 1932[185], avevano deprecato gli insulti e la persecuzione contro i vescovi, e avevano scritto la famosa circolare contro il «Sokol», letta poi in tutte le chiese del regno l'8 gennaio 1933, in cui si condannava l'ideologia naturalistica di Tyrš, e se ne tacciava il carattere

---

[180] «Accordo circa l'interpretazione dell'art. IX del concordato del 10 maggio 1927 tra la Santa Sede e il Governo Romeno» (30 maggio 1932), in *Enchiridion dei concordati*, 804-818.

[181] «Concordato tra la Santa Sede e la Repubblica del Baden» (12 ottobre 1932), *ibidem*, 818-834.

[182] ASV, Archivio della Prefettura, *Diari del card. Pellegrinetti*, 18 agosto 1932, vol. 13, f. 26rv.

[183] *Ibidem*, 29 ottobre 1932, vol. 13, f. 43rv.

[184] Udienza privata del card. Pacelli con il ministro di Jugoslavia, 7 novembre 1932, in S.RR.SS., AA.EE.SS., *Stati Ecclesiastici*, pos. 430B, fasc. 358, f. 95r; ASV, Archivio della Prefettura, *Diari del card. Pellegrinetti*, 15 novembre 1932, vol. 13, f. 47r.

[185] Il protocollo della conferenza si trova in ASV, *Arch. Nunz. Jugoslavia*, busta 14, ff. 125-143; NŠAL, ŠAL/SP V, fasc. 269: «Škofovska konferenca 1922-1942», [mappa 13 (1932)], pp. 1-19.

«*antireligioso*», scoppiò, secondo le previsioni del nunzio[186], una vera guerra tra le autorità jugoslave e la gerarchia cattolica in Jugoslavia.

Il papa non indugiò nell'appoggiare la causa dei vescovi e dapprima reclamò la pubblicazione delle risoluzioni episcopali della conferenza, proibite dalla censura jugoslava[187]. Il disappunto del pontefice si fece sentire espressamente quando venne da lui, in occasione dell'udienza di capodanno, l'incaricato d'affari Moscatello, al quale il papa ripeté come in Jugoslavia la Chiesa cattolica stesse subendo una vera persecuzione[188]. Il consigliere ecclesiastico avvertì il proprio governo del pericolo di una possibile accusa pubblica da parte del papa qualora le mutue relazioni non migliorassero. Tale scenario avrebbe avuto conseguenze rovinose, offrendo agli avversari la possibilità di approfittarne nella loro campagna politica, mettendo la Jugoslavia sullo stesso piano della Russia Sovietica, del Messico e della Spagna[189].

Le autorità jugoslave furono irritatissime dell'attacco frontale dell'episcopato. Il re, sentendosi ferito personalmente, fu sdegnato, specie per la condanna del carattere antireligioso del «Sokol». La creazione dell'associazione ginnica statale era uno dei capisaldi del suo sistema unitarista, perciò alla guida di essa aveva messo suo figlio ed erede. Il nunzio, d'accordo con chi credeva che dal lato religioso il «Sokol» non si conciliasse con lo spirito cattolico, aveva l'impressione che il re non capisse molto la natura e la portata dell'organizzazione nel mondo religioso[190].

La composizione della circolare non si limitò all'ambito strettamente religioso. La lettera terminava, infatti, con l'opposizione netta al predominio dell'elemento serbo, poiché il «Sokol» «*non vuole sapere né del nostro Salvatore, né del nostro*

---

[186] Il nunzio faceva notare ai vescovi, radunati in conferenza a Zagabria, «*che un appello al popolo concepito in termini forti sarebbe stato probabilmente interpretato come una specie di sfida o guerra*»: Pellegrinetti a Pacelli, Belgrado, 22 novembre 1932, rapporto n. 13960 (minuta), in ASV, *Arch. Nunz. Jugoslavia*, busta 13, f. 685v. «*Scoppia la bufera di proteste dei Sokoli e della stampa governativa contro la Lett[era] dell'Episcopato, come da me preveduto e temuto*»: ASV, Archivio della Prefettura, *Diari del card. Pellegrinetti*, 10 gennaio 1933, vol. 13, f. 56r.

[187] Udienza del card. Pacelli con il pontefice, 3 dicembre 1932, in S.RR.SS., AA.EE.SS., *Stati Ecclesiastici*, pos. 430A, fasc. 347, f. 21r.

[188] Moscatello al ministero degli esteri, Roma, 30 dicembre 1932, rapporto n. 224 (minuta), in AJ, *Poslanstvo Kraljevine Jugoslavije pri Svetoj Stolici (372)*, fasc. 11, [mappa 2/IV], ff. n.n.

[189] Moscatello a Jevtić, Roma, 4 gennaio 1933, rapporto n. 4 (minuta), *ibidem*, ff. n.n.

[190] Pellegrinetti a Pacelli, Belgrado, 25 gennaio 1933, rapporto n. 14228 (minuta), in ASV, *Arch. Nunz. Jugoslavia*, busta 14, f. 61v.

onorato nome di croato e sloveno»[191]. Tale finale, non gradita dal nunzio[192], diede modo al governo e alla stampa di considerare il documento episcopale non tanto come una condanna sul piano religioso, bensì come un attacco diretto al regime, alla dinastia, all'unità jugoslava, definendolo reato o addirittura delitto formale[193]. C'era chi proponeva rappresaglie contro i vescovi e i gesuiti, accusati di essere i veri autori della lettera[194]. Sfruttando il momento "propizio", alcuni parlamentari nel febbraio 1933 presentarono due progetti di legge: il primo per la separazione tra Stato e Chiesa e l'altro per l'espulsione dei gesuiti dal Regno di Jugoslavia. Siccome in quel preciso momento uscivano anche le «puntuazioni» (Manifesto) sul federalismo degli esponenti dell'opposizione Maček e Korošec, qualcuno vide la loro azione politica, insieme a quella dell'episcopato cattolico, come una congiura comune contro il regime[195].

L'affaire intorno al «Sokol» mise a dura prova le relazioni diplomatiche tra la Santa Sede e il Regno di Jugoslavia, e ciò proprio nel momento in cui il governo aveva già preparato la «Risposta» al promemoria vaticano. Pochi giorni dopo la lettura della circolare il ministro di Francia a Belgrado, Naggiar, domandava al nunzio se per causa del «Sokol» il concordato potesse andare a monte[196].

Appena tornato a Roma, alla fine di gennaio 1933, il ministro Simić si presentò dal cardinale Pacelli, con la richiesta di vedere anche il papa, per potergli esporre in modo "giusto" la situazione religioso-politica in Jugoslavia. Nella prima udienza dal segretario di Stato, il 30 gennaio 1933, il ministro jugoslavo non cercò tanto di difendere o giustificare l'atteggiamento del «Sokol» e del governo, quanto piuttosto di ascrivere la "colpa" per l'alta tensione esclusivamente all'azione dei vescovi, che avrebbero commesso un vero reato e che dovrebbero soltanto ringraziare il governo per non essere stati puniti dalla legge. Rilevava che il governo aveva pronta la

---

[191] Pellegrinetti a Pacelli, Belgrado, 17 gennaio 1933, rapporto n. 14195 (minuta), *ibidem*, f. 28v.

[192] *Ibidem*, f. 29r.

[193] Simić a Kramer, Roma, 5 febbraio 1933, rapporto n. 30 (minuta), in AJ, *Poslanstvo Kraljevine Jugoslavije pri Svetoj Stolici (372)*, fasc. 10, [mappa 3], ff. n.n.; Kramer a Simić, Belgrado, 10 febbraio 1933, cifrato n. 2552, *ibidem*, fasc. 11, [mappa 2/IV], ff. n.n.; N. Žutić, *Kraljevina Jugoslavija*, 410-411.

[194] Pellegrinetti a Pacelli, Belgrado, 25 gennaio 1933, rapporto n. 14228 (minuta), in ASV, *Arch. Nunz. Jugoslavia*, busta 14, f. 62r.

[195] *Ibidem*, f. 59v.

[196] ASV, Archivio della Prefettura, *Diari del card. Pellegrinetti*, 10 gennaio 1933, vol. 13, f. 56r.

«Risposta» al promemoria, tuttavia a causa delle parole del papa sulla presunta persecuzione della Chiesa in Jugoslavia e della circolare dell'episcopato, il governo credeva conveniente sospendere, in quel momento, la presentazione della risposta. Prima si sarebbe dovuto, secondo Simić, chiarire la situazione e trovare una soluzione per eliminare le difficoltà. Pacelli, invece, era del parere che, proprio con l'avvio immediato delle trattative, l'atmosfera si sarebbe potuta rasserenare.

Alla fine prevalse l'idea di Simić che agiva secondo le istruzioni di Belgrado[197]. Pare anche che in questo caso il papa avesse la stessa opinione del ministro. Il pontefice avrebbe detto, anzi, che sarebbe stato inutile che il ministro presentasse la risposta del governo, perché gli sarebbe stata restituita. *«Non è possibile di trattare in queste condizioni»*[198], perché ciò avrebbe significato dare uno schiaffo all'episcopato[199].

Il colloquio tra il papa e il ministro jugoslavo, svoltosi il 3 febbraio, toccò la situazione generale della Chiesa cattolica nel regno. Pio XI, vistosamente nervoso, si lagnò delle autorità jugoslave che, sotto il forte influsso della massoneria, avrebbero minacciato la missione della Chiesa cattolica, specie nell'ambito dell'istruzione religiosa. Il ministro, per timore di una possibile rottura delle relazioni diplomatiche, in questo clima teso, si limitò a lamentarsi della circolare episcopale, diretta contro il regime, e a rassicurare il pontefice circa la politica equa del governo verso tutte le fedi[200]. I colloqui in Vaticano avrebbero convinto Simić di una differenza notevole tra l'atteggiamento del papa e del segretario di Stato: mentre il primo sarebbe stato poco comprensivo e molto turbato, il secondo si sarebbe mostrato molto pacifico e condiscendente[201].

---

[197] Udienza privata del card. Pacelli con il ministro di Jugoslavia, 30 gennaio 1933, in S.RR.SS., AA.EE.SS., *Stati Ecclesiastici*, pos. 430B, fasc. 359, f. 33r; Simić a Kramer, Roma, 30 gennaio 1933, cifrato n. 7, in AJ, *Poslanstvo Kraljevine Jugoslavije pri Svetoj Stolici (372)*, fasc. 11, [mappa 2/IV], ff. n.n.; Simić a Kramer, Roma, 5 febbraio 1933, rapporto n. 30 (minuta), *ibidem*, fasc. 10, [mappa 3], ff. n.n; N. ŽUTIĆ, *Kraljevina Jugoslavija*, 410-411.

[198] Udienza del card. Pacelli con il pontefice, 31 gennaio 1933, in S.RR.SS., AA.EE.SS., *Stati Ecclesiastici*, pos. 430A, fasc. 347, f. 87r.

[199] Udienza del card. Pacelli con il pontefice, 4 febbraio 1933, *ibidem*, f. 62v.

[200] Simić a Kramer, Roma, 4 febbraio 1933, rapporto n. 29, in AJ, *Poslanstvo Kraljevine Jugoslavije pri Svetoj Stolici (372)*, fasc. 11, [mappa 2/IV], ff. n.n.; N. ŽUTIĆ, *Kraljevina Jugoslavija*, 412-413; Udienza privata del card. Pacelli con il ministro di Jugoslavia, 4 febbraio 1933, in S.RR.SS., AA.EE.SS., *Stati Ecclesiastici*, pos. 430B, fasc. 359, f. 40v.

[201] Simić a Kramer, Roma, 5 febbraio 1933, rapporto n. 30 (minuta), in AJ, *Poslanstvo Kraljevine Jugoslavije pri Svetoj Stolici (372)*, fasc. 10, [mappa 3], ff. n.n.

Questo difficile momento tra la Santa Sede e la Jugoslavia attirò l'attenzione del governo francese, "vecchio" alleato di Belgrado. In diversi colloqui dei diplomatici francesi con il ministro Simić e con la Segreteria di Stato si percepiva il loro impegno a moderare i toni, invitando soprattutto il governo jugoslavo ad un atteggiamento prudente e conciliante, poiché una possibile rottura con la Santa Sede avrebbe portato conseguenze molto sfavorevoli alla Jugoslavia, fra cui il pericolo di una rottura anche con l'Italia. Per tale motivo Parigi si adoperò anche per la continuazione delle trattative concordatarie, vedendovi l'interesse sia della Chiesa sia della Jugoslavia e l'unica maniera di calmare gli animi[202].

L'intercessione della Francia nel conflitto sembra aver contribuito non poco, giacché nella seconda metà di febbraio il linguaggio delle autorità jugoslave si era placato notevolmente. Il governo, ad esempio, non prese affatto in considerazione i progetti di legge per la separazione della Chiesa dallo Stato[203] e nemmeno quello sull'espulsione dei gesuiti[204], proclamandoli contrari alla politica del governo[205].

---

[202] Udienza privata del card. Pacelli con l'ambasciatore di Francia, 1° febbraio 1933, in S.RR.SS., AA.EE.SS., *Stati Ecclesiastici*, pos. 430B, fasc. 359, f. 35rv; Udienza privata del card. Pacelli con l'ambasciatore di Francia, 4 febbraio 1933, *ibidem*, f. 40r; Udienza privata del card. Pacelli con l'ambasciatore di Francia, 10 febbraio 1933, *ibidem*, f. 43rv; Udienza privata del card. Pacelli con l'ambasciatore di Francia, 18 febbraio 1933, *ibidem*, f. 48r; Udienza privata del card. Pacelli con l'ambasciatore di Francia, 24 febbraio 1933, *ibidem*, 54v; Udienza privata del card. Pacelli con l'ambasciatore di Francia, 3 marzo 1933, *ibidem*, f. 62r; Simić a Kramer, Roma, 2 febbraio 1933, cifrato n. 8, in AJ, *Poslanstvo Kraljevine Jugoslavije pri Svetoj Stolici (372)*, fasc. 11, [mappa 2/IV], ff. n.n.; Jevtić a Simić, Belgrado, 20 febbraio 1933, cifrato n. 3275, *ibidem*, ff. n.n.; Pellegrinetti a Pacelli, Belgrado, 21 febbraio 1933, rapporto n. 14357 (minuta), in ASV, *Arch. Nunz. Jugoslavia*, busta 6, f. 73v; N. Žutić, *Kraljevina Jugoslavija*, 411.

[203] Pellegrinetti a Pacelli, Belgrado, 10 febbraio 1933, rapporto n. 14292 (minuta), in ASV, *Arch. Nunz. Jugoslavia*, busta 6, ff. 49r-50v. Il progetto di legge, in trad. it., si trova *ibidem*, f. 42.

[204] Il testo del progetto di legge, in trad. it., si veda *ibidem*, f. 63rv. Il testo, in lingua originale, del progetto si veda in S. Simić, *Jugoslavija i Vatikan*, 48-50.

[205] Jevtić a Simić, Belgrado, 20 febbraio 1933, cifrato n. 3275, in AJ, *Poslanstvo Kraljevine Jugoslavije pri Svetoj Stolici (372)*, fasc. 11, [mappa 2/IV], ff. n.n.; Simić a Jevtić, Roma, 25 febbraio 1933, cifrato n. 60, *ibidem*, ff. n.n.; Pellegrinetti a Pacelli, Belgrado, 21 febbraio 1933, rapporto n. 14357 (minuta), in ASV, *Arch. Nunz. Jugoslavia*, busta 6, ff. 72r-73v; Udienza del card. Pacelli con il ministro di Jugoslavia, 25 febbraio 1933, in S.RR.SS., AA.EE.SS., *Stati Ecclesiastici*, pos. 430B, fasc. 359, f. 59r; N. Žutić, *Kraljevina Jugoslavija*, 410.

Espresse, inoltre, il proprio proposito di adoperarsi per la pacificazione e la conciliazione[206], includendovi la continuazione delle trattative concordatarie[207]. Il papa, pur essendo soddisfatto di tali dichiarazioni del governo, voleva, quanto alle trattative, lasciar passare ancora un poco di tempo, *«perché il Governo mostri che sa trattare bene l'Episcopato»*, perché nel caso contrario sarebbe sembrato che la Santa Sede *«volesse gettare a mare l'Episcopato»*[208]. Simić promise che il governo non avrebbe preso alcuna misura nei confronti dei vescovi senza interrogare la Santa Sede, malgrado l'atto dei vescovi fosse stato *«du point de vue des lois un délit»*[209]. Bisogna sottolineare che neanche Pacelli aveva condiviso del tutto il contenuto della circolare episcopale. Non certamente a Simić, ma ai cardinali, riuniti nell'adunanza della congregazione degli affari ecclesiastici straordinari il 23 marzo 1933, egli confidava che la pastorale contro la «Sokol» *«aveva inesattezze ed esagerazioni»*[210].

Il cambiamento dell'atteggiamento di Belgrado non sarebbe dipeso solamente dall'opera della diplomazia francese. Il papa, infatti, non aveva dimenticato gli sforzi del nunzio Pellegrinetti, compiaciuto per quanto egli aveva fatto per moderare l'azione dell'episcopato nelle difficili circostanze e per distogliere il governo da misure violente[211].

Alcuni avvenimenti concreti facevano intuire in modo palese la buona volontà

---

[206] Kramer a Simić, Belgrado, 10 febbraio 1933, cifrato n. 2552, in AJ, *Poslanstvo Kraljevine Jugoslavije pri Svetoj Stolici (372)*, fasc. 11, [mappa 2/IV], ff. n.n.; Udienza privata del card. Pacelli con il ministro di Jugoslavia, 11 febbraio 1933, in S.RR.SS., AA.EE.SS., *Stati Ecclesiastici*, pos. 430B, fasc. 359, f. 47rv; Udienza del card. Pacelli con il ministro di Jugoslavia, 18 febbraio 1933, *ibidem*, ff. 52r-53r.

[207] Il presidente del consiglio avrebbe detto a Pacini, uditore della nunziatura di Belgrado, circa la legge contro i gesuiti: *«La lasceremo covare per tre o quattro mesi e nel frattempo faremo il Concordato che renderà inutile la discussione»*: ASV, Archivio della Prefettura, *Diari del card. Pellegrinetti*, 20 febbraio 1933, vol. 13, f. 62v. Si veda anche: Pellegrinetti a Pacelli, Belgrado, 21 febbraio 1933, rapporto n. 14357 (minuta), in ASV, *Arch. Nunz. Jugoslavia*, busta 6, f. 73rv.

[208] Udienza del card. Pacelli con il pontefice, 25 febbraio 1933, in S.RR.SS., AA.EE.SS., *Stati Ecclesiastici*, pos. 430A, fasc. 347, f. 81v.

[209] Udienza privata del card. Pacelli con il ministro di Jugoslavia, 25 febbraio 1933, *ibidem*, pos. 430B, fasc. 359, f. 59rv.

[210] S.RR.SS., AA.EE.SS., *Rapporti delle Sessioni*, anno 1933, Sessione 1352, stampa 1234, «Jugoslavia – Nuovo regolamento delle Conferenze episcopali», 23 marzo 1933, Verbale, f. 2.

[211] Pacelli a Pellegrinetti, Vaticano, 4 marzo 1933, dispaccio n. 611/33, in ASV, *Arch. Nunz. Jugoslavia*, busta 6, f. 108rv.

delle autorità politiche verso la Chiesa cattolica. Il nunzio, in occasione dell'incontro con il ministro degli esteri Jevtić, nel quale gli presentava una nota di protesta contro le offese alla Santa Sede[212], venne impressionato dal diverso tono della conversazione[213]. I discorsi al parlamento del presidente del consiglio Srškić circa le questioni religiose[214] e del rappresentante del ministero degli esteri Kramer, che espressero la volontà di giungere al più presto alla conclusione del concordato[215], contribuirono ulteriormente ad un clima più favorevole nei rapporti tra la Chiesa e lo Stato jugoslavo. Non mancarono, tuttavia, atti, che causarono il malcontento tra i cattolici, come ad esempio il progetto di modifica della legge agraria, già in vigore (1931), con ulteriore danno ai beni ecclesiastici tramite la parcellazione dei latifondi forestali fino ad allora esenti[216].

In complesso, la situazione sembrava ora molto più calma e all'inizio di aprile 1933 il ministro Simić chiedeva al governo il permesso di consegnare la «Risposta» governativa al promemoria della Segreteria di Stato del 3 agosto 1931[217]. Dopo l'autorizzazione del suo ministero[218] il diplomatico jugoslavo consegnò finalmente, a metà di aprile, la nota governativa[219]. La consegna significava quindi la continuazione delle trattative "a distanza", dopo quasi due anni.

Il gesto "storico" fu purtroppo messo in ombra dall'udienza mancata della

---

[212] Pellegrinetti a Jevtić, Belgrado, 6 marzo 1933, nota n. 14421 (minuta), *ibidem*, ff. 99r-100r.

[213] Pellegrinetti a Pacelli, Belgrado, 7 marzo 1933, rapporto n. 14428 (minuta), *ibidem*, f. 105v.

[214] Discorso di Srškić al parlamento, 16 marzo 1933, trad. it., *ibidem*, ff. 119r-120v; Pellegrinetti a Pacelli, Belgrado, 18 marzo 1933, rapporto n. 14460 (minuta), *ibidem*, ff. 121r-122r; ASV, Archivio della Prefettura, *Diari del card. Pellegrinetti*, 16 marzo 1933, vol. 13, f. 66r.

[215] Pellegrinetti a Pacelli, Belgrado, 22 marzo 1933, rapporto n. 14471 (minuta), in ASV, *Arch. Nunz. Jugoslavia*, busta 6, f. 125rv.

[216] Pellegrinetti a Pacelli, Belgrado, 28 marzo 1933, rapporto n. 14484 (minuta), *ibidem*, f. 131v.

[217] Simić a Jevtić, Roma, 6 aprile 1933, telegramma n. 113, in AJ, *Poslanstvo Kraljevine Jugoslavije pri Svetoj Stolici (372)*, fasc. 11, [mappa 2/IV], ff. n.n.

[218] Jevtić a Simić, Belgrado, 11 aprile 1933, telegramma n. 7015, *ibidem*, ff. n.n.

[219] Simić a Pacelli, Roma, 15 aprile 1933, nota n. 119, *ibidem*, ff. n.n. (in allegato la «Risposta» del governo). La detta «Risposta», insieme alla lettera di Simić, si trova anche in S.RR.SS., AA.EE.SS., *Jugoslavia*, pos. 96, fasc. 60, ff. 5-16.

delegazione jugoslava presso il papa, prevista proprio in quei giorni, come "coronazione" della buona volontà di Belgrado verso la Chiesa cattolica. Più motivi spinsero il papa a non concedere l'udienza ai membri della delegazione, trovatisi a Roma per altri scopi. Soprattutto spiccava la composizione della delegazione stessa, della quale facevano parte il deputato Bačić, che aveva sottoscritto ambedue i disegni di legge per la separazione della Chiesa dallo Stato e per la cacciata dei gesuiti, e il senatore Tomašić, capo della Loggia massonica di Zagabria, che più volte avrebbe parlato in senato contro la Chiesa. A questo motivo più immediato se ne aggiungevano altri del recente passato, come le noie subite dall'episcopato per la sua azione pastorale relativa al «Sokol» e gli attacchi nel parlamento e nella stampa contro la Chiesa e la Santa Sede. Per tutto ciò al pontefice sembrò che un'accoglienza della delegazione potesse apparire ed essere una sconfessione dell'episcopato, o addirittura «*una commedia da parte loro o una commedia che fa il Papa*»[220].

Il duro gesto del papa destò evidente delusione a Belgrado. Proprio la consegna della «Risposta» circa il concordato sarebbe stato il vero segno della riconciliazione da parte delle autorità jugoslave, ragione per cui la non concessione dell'udienza sembrava un atto inconcepibile. Il ministro jugoslavo propose al governo alcune misure "disciplinari", sebbene assai ingenue, contro la Santa Sede: in primo luogo convincere i vescovi a non venire a Roma in occasione della loro visita *ad limina* e a rinunciare al pellegrinaggio croato, previsto per il maggio 1933[221]. Simić cercò di nuovo l'alleanza presso l'ambasciatore francese, il quale più volte, quasi come

---

[220] Udienza del card. Pacelli con il pontefice, 20 aprile 1933, in S.RR.SS., AA.EE.SS., *Stati Ecclesiastici*, pos. 430A, fasc. 348, f. 30r; Udienza del card. Pacelli con il pontefice, 23 aprile 1933, *ibidem*, f. 32r; Udienza del card. Pacelli con il pontefice, 25 aprile 1933, *ibidem*, f. 33r; Udienza del card. Pacelli con il pontefice, 30 aprile 1933, *ibidem*, f. 37r; Udienza privata del card. Pacelli con il ministro di Jugoslavia, 25 aprile 1933, *ibidem*, pos. 430B, fasc. 359, f. 91rv; Pellegrinetti a Pacelli, Belgrado, 14 aprile 1933, rapporto 14552 (minuta), in ASV, *Arch. Nunz. Jugoslavia*, busta 6, ff. 183r-185v; Pacelli a Pellegrinetti, Vaticano, 22 aprile 1933, cifrato n. 52, in ASV, *Segr. Stato*, 1933, rubr. 171, fasc. 1, f. 12r (Prot. Segr. 121675); Pellegrinetti a Pacelli, Belgrado, 23 aprile 1933, cifrato n. 44, *ibidem*, f. 11r (Prot. Segr. 121975); Pellegrinetti a Pacelli, Belgrado, 26 aprile 1933, rapporto n. 14612 (minuta), in ASV, *Arch. Nunz. Jugoslavia*, busta 6, ff. 198r-199r; Pacelli a Pellegrinetti, Vaticano, 26 aprile 1933, dispaccio n. 1224/33, *ibidem*, f. 200rv.

[221] Simić a Jevtić, Roma, 25 aprile 1933, rapporto s.n. (minuta), in AJ, *Poslanstvo Kraljevine Jugoslavije pri Svetoj Stolici (372)*, fasc. 11, [mappa 2/IV], ff. n.n.; Simić a Jevtić, Roma, 4 maggio 1933, rapporto s.n. (minuta), *ibidem*, ff. n.n.; N. Žutić, *Kraljevina Jugoslavija*, 414-416.

emissario del primo, andò in Segreteria di Stato per ricevere ulteriori spiegazioni e per esporre il proprio dispiacere per l'udienza mancata[222]. La Hristić era convinta che il ministro jugoslavo fosse tutto sotto l'influsso della Francia, «*la quale ha per tesi che il Papa è servo di Mussolini*»[223]. Al presunto gesto amichevole del governo jugoslavo tramite la «Risposta», come più volte rilevato da Simić e Charles-Roux nei colloqui con Pacelli, quest'ultimo rispose che l'ultima nota jugoslava aveva «*disilluso le concepite speranze*»[224].

1.4.3 Analisi della «Risposta» del governo jugoslavo

Nell'«Archivio di Jugoslavia» non c'è molto sulla documentazione che era servita da base alla nota governativa, datata il 25 gennaio 1933 e consegnata ad aprile alla Segreteria di Stato. L'unica fonte reperita è stata la lettera, in forma di proposte, del ministro della giustizia Maksimović, datata il 20 gennaio 1933[225], cinque giorni prima della stesura finale della «Risposta». Dal confronto tra le proposte di Maksimović e la «Risposta» si evince una totale corrispondenza, quasi che il testo ufficiale fosse la traduzione letterale del testo del ministro. Solo in alcuni punti furono "tagliate" alcune sue considerazioni piuttosto personali.

La «Risposta» fu divisa in due parti, una introduttiva e una tecnica. Il governo accluse nella prima parte, come "accompagnamento", la «Nota verbale»[226], nella quale si avanzavano considerazioni e circostanze generali della «Risposta». Dopo

---

[222] Udienza privata del card. Pacelli con l'ambasciatore di Francia, 28 aprile 1933, in S.RR.SS., AA.EE.SS., *Stati Ecclesiastici*, pos. 430B, fasc. 359, f. 92r; Udienza privata del card. Pacelli con l'ambasciatore di Francia, 5 maggio 1933, *ibidem*, f. 97r; Udienza privata del card. Pacelli con l'ambasciatore di Francia, 13 maggio 1933, *ibidem*, f. 102v; Udienza privata del card. Pacelli con l'ambasciatore di Francia, 19 maggio 1933, f. 105r.

[223] ASV, Archivio della Prefettura, *Diari del card. Pellegrinetti*, 16 maggio 1933, vol. 13, f. 74v.

[224] Udienza privata del card. Pacelli con il ministro di Jugoslavia, 25 aprile 1933, in S.RR.SS., AA.EE.SS., *Stati Ecclesiastici*, pos. 430B, fasc. 359, f. 91v. Si veda anche: Udienza privata del card. Pacelli con l'ambasciatore di Francia, 5 maggio 1933, *ibidem*, f. 97v; Udienza privata del card. Pacelli con l'ambasciatore di Francia, 19 maggio 1933, *ibidem*, f. 105r; Pacelli a Pellegrinetti, Vaticano, 26 aprile 1933, dispaccio n. 1224/33, in ASV, *Arch. Nunz. Jugoslavia*, busta 6, f. 200v; Pellegrinetti a Pacelli, Belgrado, 1° maggio 1933, rapporto n. 14630 (minuta), *ibidem*, f. 202r.

[225] Maksimović a Jevtić, Belgrado, 20 gennaio 1933, lettera n. 72 (copia), in AJ, *Poslanstvo Kraljevine Jugoslavije pri Svetoj Stolici (372)*, fasc. 11, [mappa 2/IV], ff. n.n.

[226] S.RR.SS., AA.EE.SS., *Rapporti delle Sessioni*, anno 1934, Sessione 1360, stampa 1247, «Jugoslavia. Nuovo progetto di Concordato», 24 giugno 1934, Sommario, n. III, pp. 28-30.

si scendeva nei dettagli con l'«Allegato alla Nota verbale»[227], concepito in senso più tecnico, come commento ai diversi articoli e alle proposte vaticane.

All'inizio della «Nota verbale» si esposero le ragioni per una risposta così tardiva da parte del governo, senza nominare, come si era intesi, l'invio di una delegazione per l'inizio delle trattative ufficiali. Il punto di vista della Santa Sede, nel suo «Aide-Mémoire», non avrebbe potuto, infatti, creare l'atmosfera desiderata dal governo, poiché troppo lontano da quello esposto nel progetto governativo. L'atteggiamento della Santa Sede avrebbe, addirittura, lasciato l'impressione che ogni accordo fosse impossibile. Ciò avrebbe suscitato esitazione e paura presso il governo; perciò non si era avuta fretta nel procedere alla nomina dei delegati, finché le due parti non si fossero convinte del successo dei negoziati. Secondo il governo le due parti si sarebbero dovute accordare almeno sui punti essenziali e nominare i plenipotenziari solo per la redazione finale del testo. Tale proposta governativa richiamava alla memoria l'esperienza negativa delle trattative del 1925 quando i delegati si dovettero lasciare senza raggiungere l'obiettivo. Il governo, da parte sua, mostrava la propria disponibilità ad avvicinarsi «*dans toute la mesure du possible*» al punto di vista della Santa Sede, consentendo alle modifiche di certi articoli del proprio progetto, con la speranza che la Santa Sede avrebbe fatto lo stesso [228].

Circa la provvista delle diocesi e le relative nomine (art. IV)[229], il governo rispose seccamente di rimanere del proprio punto di vista[230]. Ricordiamo che il governo, nel proprio progetto (1931), aveva posto molti limiti alla Santa Sede, la quale avrebbe dovuto prima scegliere tra i candidati, avanzati dall'episcopato, e poi chiedere al governo il *nihil obstat*, tenendo in conto ragioni di natura politica e civile. Nel complesso tale formulazione si ispirava allo schema governativo del 1925[231]. Evidentemente la proposta vaticana, appellandosi al *modus vivendi* con la

---

[227] *Ibidem*, pp. 30-37.

[228] *Ibidem*, pp. 28-30.

[229] L'art. IV del progetto governativo di concordato (1931) si trova in ASV, *Arch. Nunz. Jugoslavia*, busta 8, ff. 226-227; S.RR.SS., AA.EE.SS., *Rapporti delle Sessioni*, anno 1934, Sessione 1360, stampa 1247, «Jugoslavia. Nuovo progetto di Concordato», 24 giugno 1934, Sommario, n. I, pp. 8-9; la controproposta del promemoria vaticano si veda *ibidem*, Sommario, n. II, p. 23.

[230] S.RR.SS., AA.EE.SS., *Rapporti delle Sessioni*, anno 1934, Sessione 1360, stampa 1247, «Jugoslavia. Nuovo progetto di Concordato», 24 giugno 1934, Sommario, n. III, p. 31.

[231] ASV, *Arch. Nunz. Jugoslavia*, busta 8, f. 152.

Cecoslovacchia, che come unico "filtro" per la libera nomina episcopale prevedeva il *nihil obstat* per ragioni di natura esclusivamente politica, non soddisfaceva il governo jugoslavo. Il ministro Maksimović, ideatore di tale risposta, nel suo commento ammetteva la possibilità di cedere alquanto su una tale posizione intransigente, e ciò solo nel caso di altre concessioni equivalenti da parte della Santa Sede o quando da questo articolo dipendesse la conclusione del concordato[232]. Il nunzio Pellegrinetti, al quale nel maggio 1933 fu sottoposta in esame la «Risposta», osservava che il metodo governativo per la nomina dei vescovi sarebbe stato fuori dalle norme sancite nei concordati postbellici. La Santa Sede, secondo lui, avrebbe potuto, al più, disporre, come era stato fatto spontaneamente per vari Stati d'America e d'Europa, che i vescovi jugoslavi significassero periodicamente alla Santa Sede i nomi dei sacerdoti ritenuti da loro idonei a reggere eventualmente una diocesi[233].

Quanto alle espressioni non chiaramente specificate del tipo «*dans le cadre de lois existantes*» o «*conformément à la lois*», spesso usate nel progetto governativo del 1931 e non gradite alla Santa Sede, perché vi vedeva il pericolo di una limitazione o sottomissione delle disposizioni concordatarie alle leggi statali[234], il governo promise che le osservazioni vaticane sarebbero state prese in considerazione «*dans la mesure du possible*», soprattutto nel momento della redazione finale del concordato[235]. La «Risposta» su questo punto, quindi, non offriva spiegazioni né garanzie concrete[236].

Neanche circa gli ordini religiosi (art. IX)[237] il governo accettava modifiche al

---

[232] Maksimović a Jevtić, Belgrado, 20 gennaio 1933, lettera n. 72 (copia), in AJ, *Poslanstvo Kraljevine Jugoslavije pri Svetoj Stolici (372)*, fasc. 11, [mappa 2/IV], ff. n.n.

[233] Pellegrinetti a Pacelli, Roma, 30 maggio 1933, rapporto n. 14750, in S.RR.SS., AA.EE.SS., *Jugoslavia*, pos. 96, fasc. 60, f. 24.

[234] S.RR.SS., AA.EE.SS., *Rapporti delle Sessioni*, anno 1934, Sessione 1360, stampa 1247, «Jugoslavia. Nuovo progetto di Concordato», 24 giugno 1934, Sommario, n. II, p. 23.

[235] *Ibidem*, Sommario, n. III, p. 31.

[236] Si veda il commento di Pellegrinetti sull'argomento nel 1931: Pellegrinetti a Pacelli, Belgrado, 11 maggio 1931, rapporto n. 12113, in S.RR.SS., AA.EE.SS., *Jugoslavia*, pos. 96, fasc. 54, f. 16r.

[237] L'art. IX del progetto governativo si veda in ASV, *Arch. Nunz. Jugoslavia*, busta 8, f. 229; S.RR.SS., AA.EE.SS., *Rapporti delle Sessioni*, anno 1934, Sessione 1360, stampa 1247, «Jugoslavia. Nuovo progetto di Concordato», 24 giugno 1934, Sommario, n. I, pp. 10-11; la contproposta del promemoria vaticano si veda *ibidem*, Sommario, n. II, p. 23.

proprio progetto[238], dal momento che non aveva preso in considerazione la controproposta vaticana sull'ultimo capoverso, secondo la quale l'autorità ecclesiastica non aveva bisogno d'intendersi con il governo circa l'estensione dell'attività degli ordini e congregazioni già esistenti nel regno. La posizione jugoslava rimase, anche in quest'ambito, praticamente invariata sin dalle trattative romane del 1925[239], nonostante la diplomazia vaticana avesse protestato già in quell'occasione e avesse rinnovato poi la propria riserva anche nel 1931. Maksimović sperava che la Santa Sede con la sua controproposta circa l'estensione dell'attività degli ordini non risultasse intransigente, poiché le stesse concessioni, ora domandate dalla Jugoslavia, le aveva già riconosciute al governo romeno, nel concordato (art. XVII, punto 4)[240]. A Pellegrinetti sembrava che con la limitazione, non solo dell'insediamento di nuovi ordini o congregazioni, ma anche dell'estensione della loro attività, si sarebbe resa la vita di tanti enti troppo dipendente dal governo e si sarebbe compromessa la libertà che fino a quel momento, di fatto, era esistita[241].

Molto spazio fu dedicato nella «Risposta» alle questioni materiali (art. XIV-XIX, XXII, XXVIII-XXIX). A proposito del «fondo di religione» (art. XVII)[242], sul quale la Santa Sede voleva informazioni più chiare, il governo non se la sentì di obbligarsi con una risposta esauriente per mezzo del concordato. La Chiesa avrebbe avuto, infatti, sempre la facoltà di ottenere tutte le informazioni necessarie a riguardo dalle autorità competenti[243]. Nel passato il «fondo di religione» veniva incluso, da parte del governo, nel calcolo della somma da assegnarsi alla Chiesa con la sovvenzione

---

[238] S.RR.SS., AA.EE.SS., *Rapporti delle Sessioni*, anno 1934, Sessione 1360, stampa 1247, «Jugoslavia. Nuovo progetto di Concordato», 24 giugno 1934, Sommario, n. III, p. 32.

[239] ASV, *Arch. Nunz. Jugoslavia*, busta 8, ff. 156-157.

[240] Maksimović a Jevtić, Belgrado, 20 gennaio 1933, lettera n. 72 (copia), in AJ, *Poslanstvo Kraljevine Jugoslavije pri Svetoj Stolici (372)*, fasc. 11, [mappa 2/IV], ff. n.n.; cf. *Enchiridion dei concordati*, 688; trad. it., 689.

[241] Pellegrinetti a Pacelli, Roma, 30 maggio 1933, rapporto n. 14750, in S.RR.SS., AA.EE.SS., *Jugoslavia*, pos. 96, fasc. 60, ff. 24-25. Si veda, inoltre, il commento del nunzio del 1931: Pellegrinetti a Pacelli, Belgrado, 11 maggio 1931, rapporto n. 12113, in S.RR.SS., AA.EE.SS., *Jugoslavia*, pos. 96, fasc. 54, f. 13v.

[242] L'art. XVII del progetto governativo si veda in ASV, *Arch. Nunz. Jugoslavia*, busta 8, f. 233; S.RR.SS., AA.EE.SS., *Rapporti delle Sessioni*, anno 1934, Sessione 1360, stampa 1247, «Jugoslavia. Nuovo progetto di Concordato», 24 giugno 1934, Sommario, n. I, pp. 13-14; la controproposta del promemoria vaticano si veda *ibidem*, Sommario, n. II, pp. 23-24.

[243] S.RR.SS., AA.EE.SS., *Rapporti delle Sessioni*, anno 1934, Sessione 1360, stampa 1247, «Jugoslavia. Nuovo progetto di Concordato», 24 giugno 1934, Sommario, n. III, p. 33.

statale annuale, per un ammontare ovviamente molto inferiore a quello consegnato alla Chiesa serbo-ortodossa[244]. Questo fatto spinse la Santa Sede a chiedere chiarificazioni circa il funzionamento del fondo. Con la «Risposta» tale chiarezza, almeno per ora, non fu offerta. La pretesa del governo di non poter accettare la chiarificazione nel testo del concordato faceva supporre al nunzio che lo Stato si arrogasse un diritto esclusivo sul fondo che, secondo il concordato austriaco (1855), apparteneva fondamentalmente alla Chiesa cattolica[245].

L'art. XXVIII[246] del progetto governativo sulla divisione dei beni delle scuole cattoliche, sottratti dallo Stato, venne ora, su richiesta della Santa Sede, spiegato più dettagliatamente. Il governo espose che, in seguito alla statalizzazione[247] delle scuole confessionali, la divisione del loro patrimonio dava spesso luogo a litigi tra lo Stato e la Chiesa, e riconobbe che la questione in esame era stato uno degli ostacoli per la conclusione del concordato nel 1925, poiché, come rilevava Maksimović a parte, la Santa Sede aveva insistito sulla risoluzione della questione prima delle trattative[248]. Qui bisogna aggiungere che i delegati, su questa questione "imprevista", allora non avevano avuto alcuna istruzione dal governo. La «Risposta» giustificava in un certo senso, la poca chiarezza in materia con il fatto che il detto patrimonio non consisteva solamente in fondazioni assegnate alla Chiesa per le scuole cattoliche, ma

---

[244] N. Žutić, *Kraljevina Jugoslavija*, 288; Pellegrinetti a Gasparri, Belgrado, 20 ottobre 1925, rapporto n. 5185 (minuta), in ASV, *Arch. Nunz. Jugoslavia*, busta 7, ff. 285v-286r.

[245] Pellegrinetti a Pacelli, Roma, 30 maggio 1933, rapporto n. 14750, in S.RR.SS., AA.EE.SS., *Jugoslavia*, pos. 96, fasc. 60, f. 26. Si veda anche: Pellegrinetti a Pacelli, Belgrado, 11 maggio 1931, rapporto n. 12113, in S.RR.SS., AA.EE.SS., *Jugoslavia*, pos. 96, fasc. 54, ff. 14v-15r. L'art. XXXI del concordato austriaco: «*Bona, quae fundos, uti appellant, Religionis et Studiorum constituunt, ex eorum origine ad Ecclesiae proprietatem spectant, et nomine Ecclesiae ministrabuntur, Episcopis inspectionem ipsis debitam exercentibus iuxta formam, de qua S. Sedes cum Maiestate Sua Caesarea conveniet*»: *Enchiridion dei concordati*, 242; trad. it., 243.

[246] L'art. XXVIII del progetto governativo si veda in ASV, *Arch. Nunz. Jugoslavia*, busta 8, f. 238; S.RR.SS., AA.EE.SS., *Rapporti delle Sessioni*, anno 1934, Sessione 1360, stampa 1247, «Jugoslavia. Nuovo progetto di Concordato», 24 giugno 1934, Sommario, n. I, p. 17; la controproposta del promemoria vaticano si veda *ibidem*, Sommario, n. II, p. 24.

[247] Il nunzio, a questo riguardo, usava termini come «*confisca*», «*usurpazione*», «*pura usurpazione*» (Pellegrinetti a Pacelli, Belgrado, 11 maggio 1931, rapporto n. 12113, in S.RR.SS., AA.EE.SS., *Jugoslavia*, pos. 96, fasc. 54, f. 16v; Pellegrinetti a Pacelli, Roma, 30 maggio 1933, rapporto n. 14750, in S.RR.SS., AA.EE.SS., *Jugoslavia*, pos. 96, fasc. 60, f. 27).

[248] Maksimović a Jevtić, Belgrado, 20 gennaio 1933, lettera n. 72 (copia), in AJ, *Poslanstvo Kraljevine Jugoslavije pri Svetoj Stolici (372)*, fasc. 11, [mappa 2/IV], ff. n.n.

altresì in immobili, destinati per fini d'insegnamento in generale. Il governo riconosceva la natura litigiosa di tale materia e accettava, come concessione massima, la creazione di una commissione paritaria, composta di rappresentanti della Chiesa e dello Stato per regolare la questione[249]. Di fronte a questa proposta Pellegrinetti, pur biasimando il modo in cui lo Stato si arrogava il monopolio dell'insegnamento, ivi incluse le confische delle scuole cattoliche con relativi locali, sperava in una «*almeno parziale soddisfazione*»[250].

A proposito della riforma agraria, l'ultimo punto riguardante i beni ecclesiastici (art. XXIX, anche art. XIV)[251], il governo tornava al progetto (1931), ricordando che tale riforma era regolata dalle leggi agrarie (1930-1931), con l'assicurazione che alla Chiesa sarebbe stata offerta un'indennità «*adéquate*»[252]. Il promemoria vaticano aveva chiesto, infatti, la garanzia che con l'indennità si assicurasse agli enti ecclesiastici la sussistenza nella misura in cui essa era garantita dai beni sottratti, senza insistere su un'indennità «*piena*». Il nunzio non era molto convinto della garanzia dell'indennità, specie in quel momento (primavera 1933), quando il governo stava presentando un nuovo progetto di legge agraria, con il pericolo di ulteriori espropriazioni dei latifondi ecclesiastici[253]. Il timore si rivelò fondato nel giugno dello stesso anno, con la proclamazione della nuova legge agraria[254].

---

[249] S.RR.SS., AA.EE.SS., *Rapporti delle Sessioni*, anno 1934, Sessione 1360, stampa 1247, «Jugoslavia. Nuovo progetto di Concordato», 24 giugno 1934, Sommario, n. III, pp. 34-35.

[250] Pellegrinetti a Pacelli, Roma, 30 maggio 1933, rapporto n. 14750, in S.RR.SS., AA.EE.SS., *Jugoslavia*, pos. 96, fasc. 60, f. 27. Si veda, inoltre, il lungo commento del nunzio circa l'argomento: Pellegrinetti a Pacelli, Belgrado, 11 maggio 1931, rapporto n. 12113, *ibidem*, fasc. 54, f. 16v.

[251] Gli art. XXIX e XIV del progetto governativo si trovano in ASV, *Arch. Nunz. Jugoslavia*, busta 8, ff. 238, 231-232; S.RR.SS., AA.EE.SS., *Rapporti delle Sessioni*, anno 1934, Sessione 1360, stampa 1247, «Jugoslavia. Nuovo progetto di Concordato», 24 giugno 1934, Sommario, n. I, pp. 17, 12-13; la controproposta del promemoria vaticano si veda *ibidem*, n. II, p. 24.

[252] S.RR.SS., AA.EE.SS., *Rapporti delle Sessioni*, anno 1934, Sessione 1360, stampa 1247, «Jugoslavia. Nuovo progetto di Concordato», 24 giugno 1934, Sommario, n. III, p. 35.

[253] Pellegrinetti a Pacelli, Roma, 30 maggio 1933, rapporto n. 14750, in S.RR.SS., AA.EE.SS., *Jugoslavia*, pos. 96, fasc. 60, ff. 27-28.

[254] Appunto di Pellegrinetti, Roma, 19 giugno 1933, n. 14774, in ASV, *Arch. Nunz. Jugoslavia*, busta 7, f. 412r; Pellegrinetti a Jevtić, Belgrado, 5 luglio 1933, nota n. 14812 (minuta), *ibidem*, f. 418rv; Pellegrinetti a Pacelli, Belgrado, 7 luglio 1933, rapporto n. 14813, in S.RR.SS., AA.EE.SS., *Jugoslavia*, pos. 96, fasc. 60, f. 2rv.

Quanto all'insegnamento religioso nelle scuole pubbliche (art. XXIV)[255], ove la Santa Sede cercava garanzie per la sua obbligatorietà, la «Risposta» assicurava che ciò era già stabilito dalle «*lois existantes*», cioè dalle leggi scolastiche (1929-1930)[256]. Anche in questo caso il richiamo del governo alle leggi scolastiche, facilmente sottoposte a rapidi cambiamenti, non piaceva a Pellegrinetti, che già nel 1931 aveva raccomandato alla Segreteria di Stato di non dare l'impressione di accettare qualsiasi legge scolastica[257]. Ugualmente sul piano pratico, nonostante tutte le garanzie teoriche, si sarebbero potute riscontrare difficoltà nella questione degli insegnanti di religione. Era già avvenuto – così il nunzio – che il ministero dell'istruzione nominasse catechisti a suo arbitrio, o li trasferisse o destituisse senza informarne l'ordinario, ovvero non ammettesse il parroco locale come insegnante, lasciando così tante scuole senza istruzione religiosa. Sarebbe stato anche pericoloso, secondo lui, ammettere che il manuale del catechismo dovesse essere in conformità con la legge sui libri scolastici, come prevedeva il progetto governativo, poiché in questo modo lo Stato, mentre si arrogava il monopolio dell'insegnamento, avrebbe usufruito dello stesso "potere" anche con i testi scolastici per l'insegnamento religioso[258]. Il governo non toccava in quest'articolo la questione della scuola confessionale, bensì alla fine della «Risposta», insieme ad altri temi esclusi dal progetto governativo.

Riguardo la lingua liturgica (annesso II)[259], la Santa Sede si era detta disposta al massimo ad accettare una dichiarazione sulla lingua nazionale da potersi utilizzare per il rituale, ma ciò non includeva l'uso della lingua paleoslava nella liturgia: il

---

[255] L'art. XXIV del progetto governativo si veda in ASV, *Arch. Nunz. Jugoslavia*, busta 8, ff. 236-237; S.RR.SS., AA.EE.SS., *Rapporti delle Sessioni*, anno 1934, Sessione 1360, stampa 1247, «Jugoslavia. Nuovo progetto di Concordato», 24 giugno 1934, Sommario, n. I, p. 16; la controproposta del promemoria vaticano si veda *ibidem*, Sommario, n. II, p. 24.

[256] S.RR.SS., AA.EE.SS., *Rapporti delle Sessioni*, anno 1934, Sessione 1360, stampa 1247, «Jugoslavia. Nuovo progetto di Concordato», 24 giugno 1934, Sommario, n. III, p. 34.

[257] Pellegrinetti a Pacelli, Belgrado, 11 maggio 1931, rapporto n. 12113, in S.RR.SS., AA.EE.SS., *Jugoslavia*, pos. 96, fasc. 54, f. 16r.

[258] Pellegrinetti a Pacelli, Roma, 30 maggio 1933, rapporto n. 14750, *ibidem*, fasc. 60, ff. 26-27.

[259] L'annesso II del progetto governativo si veda in ASV, *Arch. Nunz. Jugoslavia*, busta 8, ff. 242-243; S.RR.SS., AA.EE.SS., *Rapporti delle Sessioni*, anno 1934, Sessione 1360, stampa 1247, «Jugoslavia. Nuovo progetto di Concordato», 24 giugno 1934, Sommario, n. I, pp. 19-20; la controproposta del promemoria vaticano si veda *ibidem*, Sommario, n. II, pp. 24-25.

governo rimase, invece, intransigente e non ne volle sapere di cambiamenti sul progetto governativo del 1931[260]. Il ministro della giustizia Maksimović, a guisa delle nomine episcopali, sembrava tuttavia abbastanza condiscendente, ammettendo che nel caso di concessioni adeguate in altre questioni essenziali o nell'eventualità che questa disposizione fosse l'unica ad impedire l'accordo finale, si poteva ritirare dalla formulazione definitiva[261].

Seguendo l'ordine del promemoria vaticano, la «Risposta» governativa si confrontava a questo punto con i due blocchi di punti non presenti nel progetto governativo.

Nel primo gruppo di aggiunte, denominate dal promemoria vaticano come «*plus faciles*», il governo:

1) non vedeva alcuna difficoltà nell'aggiungere un articolo circa la presenza del nunzio a Belgrado e del ministro plenipotenziario presso la Santa Sede, ciò che già corrispondeva allo stato di fatto[262];

2) accettava la disposizione sull'esonero degli ecclesiastici dagli incarichi incompatibili con il loro ufficio sacro[263], come accordato già ad altre confessioni religiose[264];

3) dichiarava che già esisteva l'assistenza religiosa dell'esercito e che anche nel futuro, nella misura del possibile, il governo si sarebbe impegnato ad accondiscendere alle richieste giustificate della Chiesa[265]. Il nunzio avvertì la Santa Sede che, nell'autunno 1932, il vicario castrense, il solo con titolo di referente per le cose ecclesiastiche nell'esercito, era stato improvvisamente mandato in pensione, lasciando i cappellani militari senza un proprio ordinario, e che il

---

[260] S.RR.SS., AA.EE.SS., *Rapporti delle Sessioni*, anno 1934, Sessione 1360, stampa 1247, «Jugoslavia. Nuovo progetto di Concordato», 24 giugno 1934, Sommario, n. III, p. 35.

[261] Maksimović a Jevtić, Belgrado, 20 gennaio 1933, lettera n. 72 (copia), in AJ, *Poslanstvo Kraljevine Jugoslavije pri Svetoj Stolici (372)*, fasc. 11, [mappa 2/IV], ff. n.n.

[262] S.RR.SS., AA.EE.SS., *Rapporti delle Sessioni*, anno 1934, Sessione 1360, stampa 1247, «Jugoslavia. Nuovo progetto di Concordato», 24 giugno 1934, Sommario, n. III, p. 35.

[263] *Ibidem*.

[264] Maksimović a Jevtić, Belgrado, 20 gennaio 1933, lettera n. 72 (copia), in AJ, *Poslanstvo Kraljevine Jugoslavije pri Svetoj Stolici (372)*, fasc. 11, [mappa 2/IV], ff. n.n.; Pellegrinetti a Pacelli, Roma, 30 maggio 1933, rapporto n. 14750, in S.RR.SS., AA.EE.SS., *Jugoslavia*, pos. 96, fasc. 60, f. 28.

[265] S.RR.SS., AA.EE.SS., *Rapporti delle Sessioni*, anno 1934, Sessione 1360, stampa 1247, «Jugoslavia. Nuovo progetto di Concordato», 24 giugno 1934, Sommario, n. III, p. 35.

comando militare, nel frattempo, aveva nominato un nuovo referente cattolico, senza interpellare i vescovi[266];

4) dichiarava che intendeva trattare i diplomi, conferiti dagli istituti universitari pontifici di Roma, alla stessa stregua delle altre università straniere, cioè con l'obbligo di dichiararli equipollenti[267]. Pellegrinetti vi vide la negazione, in modo più o meno completo, del riconoscimento puro e semplice delle lauree conferite nelle università pontificie romane[268];

5) non accettò la richiesta di abrogare le disposizioni di legge e i decreti in opposizione alle prescrizioni del concordato[269]. Maksimović, in maniera più chiara della stessa «Risposta», spiegò che in caso di opposizione, le rispettive leggi sarebbero state abrogate, in modo eccezionale, per i soli cattolici[270].

Nel secondo gruppo di aggiunte si trattavano i temi più delicati e controversi, indicati dalla Santa Sede come de «*la plus grande importance*»: scuola, matrimonio, associazioni religiose.

1) All'indicazione vaticana circa la scuola confessionale, la «Risposta» sosteneva che il governo fosse già giunto ai limiti estremi della buona volontà nell'accordare, fino a quel momento, delle autorizzazioni particolari per la fondazione e il mantenimento delle scuole primarie, secondarie e superiori. Lo stato attuale avrebbe soddisfatto completamente i bisogni della Chiesa[271]. Il governo, quindi, negò decisamente alla Chiesa il diritto di fondare liberamente proprie scuole. Maksimović, nel consigliare al governo tale posizione, apportava come argomento il principio dell'istruzione pubblica, protetta dallo Stato, in vigore nei Paesi moderni[272]. Pellegrinetti osservava che nella nuova costituzione del 1931 si parlava

---

[266] Pellegrinetti a Pacelli, Roma, 30 maggio 1933, rapporto n. 14750, in S.RR.SS., AA.EE.SS., *Jugoslavia*, pos. 96, fasc. 60, ff. 29-30.

[267] S.RR.SS., AA.EE.SS., *Rapporti delle Sessioni*, anno 1934, Sessione 1360, stampa 1247, «Jugoslavia. Nuovo progetto di Concordato», 24 giugno 1934, Sommario, n. III, p. 35.

[268] Pellegrinetti a Pacelli, Roma, 30 maggio 1933, rapporto n. 14750, in S.RR.SS., AA.EE.SS., *Jugoslavia*, pos. 96, fasc. 60, f. 24.

[269] S.RR.SS., AA.EE.SS., *Rapporti delle Sessioni*, anno 1934, Sessione 1360, stampa 1247, «Jugoslavia. Nuovo progetto di Concordato», 24 giugno 1934, Sommario, n. III, pp. 35-36.

[270] Maksimović a Jevtić, Belgrado, 20 gennaio 1933, lettera n. 72 (copia), in AJ, *Poslanstvo Kraljevine Jugoslavije pri Svetoj Stolici (372)*, fasc. 11, [mappa 2/IV], ff. n.n.

[271] S.RR.SS., AA.EE.SS., *Rapporti delle Sessioni*, anno 1934, Sessione 1360, stampa 1247, «Jugoslavia. Nuovo progetto di Concordato», 24 giugno 1934, Sommario, n. III, p. 36.

[272] Maksimović a Jevtić, Belgrado, 20 gennaio 1933, lettera n. 72 (copia), in AJ, *Poslanstvo Kraljevine Jugoslavije pri Svetoj Stolici (372)*, fasc. 11, [mappa 2/IV], ff. n.n.

sia di scuole pubbliche che di private, il che era già un progresso rispetto all'abrogata costituzione del 1921, che non contemplava le scuole private. Secondo lui la nuova costituzione non escludeva di per sé la concessione alla Chiesa della libertà d'insegnamento. D'altro canto, però, rimanevano in vigore le leggi scolastiche (1929-1930) con le quali si proibiva di fondare nuove scuole private[273]. Il nunzio, già nel 1931 aveva consigliato come modello la disposizione del concordato romeno[274] che, di fronte alla posizione privilegiata della Chiesa ortodossa, dichiarata "ufficiale", permetteva ugualmente alla Chiesa cattolica di fondare proprie scuole[275]. Più avanti il governo rispondeva anche ad altre richieste più "contingenti" del promemoria vaticano; veniva affermato, ad esempio, che se l'insegnamento per gli allievi cattolici nelle scuole statali fosse stato affidato esclusivamente a maestri cattolici, sarebbe stato contro le leggi fondamentali dello Stato[276].

2) Sorprendentemente la «Risposta» non entrò nello specifico della materia matrimoniale, limitandosi a dichiarare solo che il regio governo non avrebbe potuto accettare alcun «*engagement*»[277] su questo punto. L'ideatore della risposta, Maksimović, aggiungeva che tale dichiarazione risultava necessaria, giacché dal punto di vista del governo tale materia sarebbe appartenuta completamente alla giurisdizione statale, e quindi regolata dalle leggi civili[278]. Il ministro alludeva forse alla necessità, sulla scia delle leggi scolastiche, di unificare la legislazione matrimoniale per tutto il regno. Rimanevano in vigore, infatti, ancora diverse legislazioni, preesistenti alla creazione del Regno SHS. Pellegrinetti mise in eviden-

---

[273] Pellegrinetti a Pacelli, Roma, 30 maggio 1933, rapporto n. 14750, in S.RR.SS., AA.EE.SS., *Jugoslavia*, pos. 96, fasc. 60, ff. 28-29.

[274] L'art. XIX, §§ 1-2, del concordato romeno:
«*L'Eglise Catholique a le droit de créer et de maintenir, à ses propres frais, les écoles primaires et secondaires, qui seront sous la dépendance des Ordinaires respectifs et sous la surveillance et le contrôle du Ministère de l'Instruction Publique.*
Dans les mêmes conditions, elle pourra maintenir le nombre actuel des écoles normales»: *Enchiridion dei concordati*, 690; trad. it., 691.

[275] Pellegrinetti a Pacelli, Belgrado, 11 maggio 1931, rapporto n. 12113, in S.RR.SS., AA.EE.SS., *Jugoslavia*, pos. 96, fasc. 54, f. 22r.

[276] S.RR.SS., AA.EE.SS., *Rapporti delle Sessioni*, anno 1934, Sessione 1360, stampa 1247, «Jugoslavia. Nuovo progetto di Concordato», 24 giugno 1934, Sommario, n. III, pp. 36-37.

[277] *Ibidem*, p. 37.

[278] Maksimović a Jevtić, Belgrado, 20 gennaio 1933, lettera n. 72 (copia), in AJ, *Poslanstvo Kraljevine Jugoslavije pri Svetoj Stolici (372)*, fasc. 11, [mappa 2/IV], ff. n.n.

za che proprio in quel periodo si stava realizzando la compilazione del nuovo codice civile che avrebbe introdotto dappertutto il matrimonio civile, sottratto le cause matrimoniali ai tribunali ecclesiastici e attribuito ai comuni il compito di tenere lo stato civile, togliendone la competenza alle varie confessioni religiose[279]. Queste leggi in preparazione, dallo spirito «*laicizzatore*», sarebbero state il vero motivo che spinse il governo a non voler ratificare alcun impegno con la Santa Sede riguardo al matrimonio dei cattolici[280]. Come è stato già rilevato, con l'esclusione del matrimonio dalle trattative concordatarie il governo aveva fatto un grande passo indietro rispetto a tutti gli schemi di concordato precedenti il 1931.

3) Circa le associazioni religiose, per le quali la Santa Sede aveva chiesto la piena libertà di fondazione e direzione, sotto la responsabilità della gerarchia cattolica, il governo, nella «Risposta», non concedeva l'autorizzazione richiesta ma si mostrava disposto, «*dans certains cas concrets de caractère purement religieux*», a condiscendervi[281]. Abbiamo rilevato che la questione delle associazioni cattoliche era strettamente legata all'ambito più vasto dell'istruzione della gioventù[282]. Siccome l'associazione degli «Orlovi» era stata soppressa, nello spirito delle leggi scolastiche, nel 1929-1930, il governo aveva deciso di prendere la stessa posizione di prudenza e diffidenza, sia nei confronti delle scuole confessionali che delle associazioni religiose. Questi due ambiti, infatti, rappresentavano un ostacolo e una minaccia centrifuga per il progetto dello «jugoslavismo integrale», per il sospetto che il carattere religioso favorisse l'azione politica antinazionale. Sembra tuttavia che la «Risposta» non chiudesse la porta all'Azione Cattolica, ma ne facesse dipendere l'esistenza e l'attività dalla sola buona volontà del governo[283].

L'analisi dei singoli temi ha confermato che il punto di vista della Santa Sede, esposto nel suo «Aide-Mémoire», era troppo lontano dalla posizione governativa.

---

[279] Pellegrinetti a Pacelli, Roma, 30 maggio 1933, rapporto n. 14750, in S.RR.SS., AA.EE.SS., *Jugoslavia*, pos. 96, fasc. 60, ff. 30-31.

[280] Pellegrinetti a Pacelli, Belgrado, 11 maggio 1931, rapporto n. 12113, *ibidem*, fasc. 54, f. 22v.

[281] S.RR.SS., AA.EE.SS., *Rapporti delle Sessioni*, anno 1934, Sessione 1360, stampa 1247, «Jugoslavia. Nuovo progetto di Concordato», 24 giugno 1934, Sommario, n. III, p. 37.

[282] Pellegrinetti a Pacelli, Belgrado, 11 maggio 1931, rapporto n. 12113, in S.RR.SS., AA.EE.SS., *Jugoslavia*, pos. 96, fasc. 54, f. 22v.

[283] Pellegrinetti a Pacelli, Roma, 30 maggio 1933, rapporto n. 14750, in S.RR.SS., AA.EE.SS., *Jugoslavia*, pos. 96, fasc. 60, f. 31.

Nonostante la dichiarata buona volontà di avvicinarsi, nella misura del possibile, al parere della Santa Sede, il governo rimaneva irremovibile, almeno nelle questioni essenziali, schermandosi in molti casi dietro le leggi statali ritenute intoccabili: ci si riferisce, in modo particolare, alla legge agraria e a quelle scolastiche.

Non veniva fatta nessuna concessione per le nomine episcopali, la creazione di parrocchie, l'attività degli ordini religiosi, il «fondo di religione», la riforma agraria, la lingua liturgica. Un po' d'apertura concerneva l'istruzione religiosa, ma nemmeno in questo caso fu concessa la richiesta fondamentale, cioè la facoltà di aprire nuove scuole confessionali. Anche per le associazioni cattoliche il governo si mostrò disposto a venire incontro alla Santa Sede, ma non per il matrimonio. Non si trovò un buon accordo nemmeno sulle aggiunte «*plus faciles*». Molto benevoli sembravano, invece, gli articoli riguardanti la sovvenzione statale per i bisogni della Chiesa (esclusi il «fondo di religione» e la riforma agraria), che accontentavano di buon grado le aspettative della Santa Sede.

Rispetto al progetto governativo del 1931 non ci furono particolari cambiamenti. Dal momento che alla Santa Sede questo progetto appariva ancora meno soddisfacente di quello del 1925, non destò molte speranze, come ebbe a confidare a Simić il segretario di Stato Pacelli alcuni giorni dopo la consegna della «Risposta»[284].

Di fronte alle grandi divergenze nelle questioni essenziali, Pellegrinetti non era in grado di prevedere quando mai l'accordo sarebbe stato raggiunto, tanto più che il governo per la «Risposta» aveva aspettato quasi due anni. Il solo scambio di note scritte a intervalli di anni sarebbe stato un procedere «*a passi di tartaruga*». Era perciò dell'idea, già esposta negli ultimi anni, che fosse necessaria a Roma qualche persona autorevole, dotata di pieni poteri e di larghe vedute, per arrivare con più certezza alla conclusione del concordato. La speranza di realizzare il concordato sembrava ancora molto viva, dal momento che il governo jugoslavo si trovava sotto la pressione dell'opinione pubblica cattolica e, ancor di più, dei paesi alleati (Francia, Romania, Cecoslovacchia), che premevano affinché la Jugoslavia si consolidasse attraverso un concordato, eliminando così i semi di discordie religiose, dovuti anche ad attriti etnici. Tra gli elementi che osteggiavano l'affare

---

[284] Udienza privata del card. Pacelli con il ministro di Jugoslavia, 25 aprile 1933, in S.RR.SS., AA.EE.SS., *Stati Ecclesiastici*, pos. 430B, fasc. 359, f. 91v.

concordatario ci sarebbe stata anzitutto la massoneria, a dire di Pellegrinetti *«troppo potente in Jugoslavia»*, e poi tanti cattolici croati e sloveni che temevano – con l'accordo – il rafforzamento di un regime da loro odiato[285].

1.5 *Nuovo «Promemoria» della Santa Sede (agosto 1933)*

Alla «Risposta» governativa del 25 gennaio (15 aprile) 1933 seguì il nuovo «Promemoria» della Santa Sede, del 26 agosto 1933, che riprendeva, più o meno fedelmente, le idee del nunzio che abbiamo esposto sopra.

Al governo, preoccupato della propria neutralità religiosa, il «Promemoria» della Segreteria di Stato ricordava la natura universale della Chiesa, la missione spirituale ch'essa esercitava tra tutti i popoli e la sua particolare organizzazione. Per tale motivo alla Chiesa cattolica non si sarebbero potuti applicare semplicemente quei principi, ai quali lo Stato jugoslavo s'ispirava nella preparazione dei regolamenti per i singoli gruppi religiosi. In più, la Santa Sede si appellava alla particolare fisionomia dei concordati postbellici, dalla quale essa non si sarebbe potuta allontanare nemmeno nel caso jugoslavo, mentre questo governo, a più riprese, ritornava nostalgicamente ai concordati "antichi", specie per quanto concerne i diritti dello Stato.

A rafforzare la necessità di stipulare un concordato secondo il modello postbellico, la Santa Sede rilevava d'aver potuto sistemare tali accordi con altri Stati, dove pure il numero dei cattolici era proporzionalmente molto inferiore rispetto alla Jugoslavia. Il «Promemoria» terminava con la convinzione che le discussioni verbali, condotte in spirito di sincera collaborazione, sarebbero arrivate a risolvere facilmente le difficoltà ancora pendenti, raggiungendo la conclusione d'un accordo, desiderato tanto dalla Santa Sede quanto dal governo[286]. Dall'analisi dello scambio di note tra Roma e Belgrado ciò appariva praticamente impossibile a causa delle divergenze insormontabili. Quale soluzione avrebbe potuto tagliare questo nodo gordiano?

Qualcosa d'inaspettato accadde già prima della consegna della «Risposta» governativa, quando le tensioni a causa del «Sokol» mettevano in pericolo i

---

[285] Pellegrinetti a Pacelli, Roma, 30 maggio 1933, rapporto n. 14750, in S.RR.SS., AA.EE.SS., *Jugoslavia*, pos. 96, fasc. 60, ff. 31-32.

[286] S.RR.SS., AA.EE.SS., *Rapporti delle Sessioni*, anno 1934, Sessione 1360, stampa 1247, «Jugoslavia. Nuovo progetto di Concordato», 24 giugno 1934, Sommario, n. IV, pp. 38-42.

rapporti diplomatici tra la Santa Sede e il governo jugoslavo. Non si entrerà perciò nei dettagli del nuovo «Promemoria» vaticano, poiché esso fu redatto più per ragioni diplomatiche che reali, più di "facciata" che non di sostanza. Lo si può considerare come l'ultimo passo delle trattative "ufficiali", dal momento che nel frattempo, a partire dal febbraio-marzo 1933 aveva avuto inizio una storia parallela che avrebbe inaugurato una nuova, o meglio, l'unica vera e propria tappa delle trattative concordatarie tra la Santa Sede e il Regno di Jugoslavia.

2. Le trattative verbali di concordato tramite "l'agente segreto" Moscatello (1933-1935)

La corrispondenza "a distanza", con pochi scambi di vedute, non riuscì ad avvicinare le posizioni del governo jugoslavo e della Santa Sede su alcune questioni "miste" di maggior rilevanza. Essa sembrava, anzi, un passo indietro rispetto alle trattative romane del 1925. Il re, desideroso di concludere il concordato, per ragioni di pace religiosa e di stabilità politica, scelse, nel febbraio 1933, un'altra tattica, quella di nominare un "agente segreto", conosciuto da pochissime persone della corte e del governo, e perciò libero da pressioni di vario genere, affinché si arrivasse finalmente, dopo un tempo così lungo, alla conclusione dell'accordo solenne.

In questa seconda parte del capitolo si seguirà, anzitutto, l'attività segreta di Moscatello nei suoi colloqui in Segreteria di Stato, dove presentava le proposte governative, e a Belgrado, dove difendeva l'accordo combinato con la Santa Sede. Nel contempo, si cercherà di valutare il ruolo del nunzio e dell'episcopato in questo medesimo periodo.

2.1 *Colloqui "segreti" tra Moscatello e la Segreteria di Stato*

Il percorso che condusse Moscatello alla carica di "agente segreto" fu assai anticonvenzionale, se non addirittura drammatico. Alcune sue lettere private, ma soprattutto le sue «Memorie» e i documenti vaticani aiutano a capire le circostanze, mentre l'Archivio di Jugoslavia offre solo qualche indizio molto indiretto.

Nell'estate 1932 Moscatello scrisse più volte a Besednjak, informandolo sull'intenzione del governo di rimuoverlo, dopo vent'anni, dal suo posto presso la legazione, ufficialmente per motivi di risparmio. Esponendogli varie ragioni contrarie al suo ritorno a Belgrado, tra cui la cagionevole salute e la cattiva fama in Jugoslavia, gli chiese di intervenire presso il ministro degli esteri Jevtić per farlo restare a Roma e far sì che non fosse messa a tacere l'unica voce cattolica jugoslava in Vaticano. In questo modo, continuava Moscatello, avrebbe potuto aiutare per il concordato e per altre questioni[287]. Pare che l'intervento del suo amico, almeno in questa fase iniziale, non abbia avuto alcun successo, avendo Belgrado incaricato il ministro Simić, nel febbraio 1933, di allontanarlo dal suo posto e di mandarlo ad una nuova destinazione[288]. Moscatello, pur non volendo ritirarsi da Roma, accettò di tornare a Belgrado[289] per spiegare direttamente al ministro degli esteri le ragioni contrarie al suo spostamento. Nella capitale jugoslava sentì diverse voci sulle vere cause del suo trasferimento, ma ciò che più lo addolorava sarebbe stata l'opinione del suo superiore Simić, secondo il quale Moscatello avrebbe perso ogni «*legame spirituale*» con la legazione. Di fronte alla sua determinazione nel non accettare il nuovo incarico, il ministro cedette.

2.1.1 Investitura di Moscatello ad "agente segreto"

Proprio durante il suo breve soggiorno a Belgrado il re avrebbe ricevuto in udienza Besednjak[290], al quale espresse il desiderio di sistemare una buona volta i rapporti con la Chiesa cattolica. Approfittando del momento, l'ex deputato avrebbe detto al sovrano: «*Maestà! Questo difficilmente lo potrete realizzare, visto che proprio in questi giorni avete tolto dalla Legazione presso il Vaticano l'unica persona che l'avrebbe potuta in ciò aiutare*»[291]. Il re Aleksandar, ignaro del trasferimento, fece chiamare Moscatello, e toccando l'argomento dei rapporti tra Chiesa e Stato, con grande sorpresa di quest'ultimo, lo incaricò d'avviare delle trattative segrete con la Santa Sede. Il sovrano, infatti, disse espressamente di voler escludere dai negoziati

---

[287] Moscatello a Besednjak, Roma, lettera del 18 luglio e 18 agosto 1932, in BA, nn. 527, 579; G. Mithans, «Sklepanje jugoslovanskega konkordata», 132.

[288] Jevtić a Simić, Belgrado, 16 febbraio 1933, telegramma n. 265, in AJ, *Poslanstvo Kraljevine Jugoslavije pri Svetoj Stolici (372)*, fasc. 11, [mappa 2/I], ff. n.n.

[289] Jevtić a Simić, Belgrado, 22 febbraio 1933, telegramma n. 3451, *ibidem*, ff. n.n.

[290] Nelle «Memorie» Moscatello non rivelò il nome, che conosciamo, invece, dalle testimonianze orali. Si veda a proposito I. Mužić, *Katolička crkva*, 71, nota 115.

[291] «*Veličanstvo, teško ćete to ostvariti, jer ste baš ovih dana uklonili s Poslanstva pri Vatikanu jedinog čovjeka koji je mogao o tome Vam pomoći*»: APHZSJ, ostavština Moscatello, busta 2: *Bilješke [Memorie]*, p. 66; *Nikola Moscatello*, F. Veraja – S. Kljaić, ed., 105.

sia il nunzio Pellegrinetti che l'episcopato, come anche il ministro Simić[292].

Solo a pochissime persone dello stesso governo sarebbe stato noto questo segreto, mentre "ufficialmente" il governo e Simić stavano ancora decidendo il momento propizio per consegnare la famosa «Risposta». A Moscatello questo modo di procedere sembrava assai insolito, ma considerando tutte le circostanze politiche, a distanza di tempo gli sembrò l'unica via possibile per ottenere qualche risultato. A suo avviso le trattative pubbliche, infatti, si sarebbero arenate immediatamente nell'aeropago politico di Belgrado[293].

Ecco, di nuovo il re, come nell'autunno 1930, a spingere avanti la questione. Il suo desiderio di concludere il concordato doveva essere profondo se nel momento più critico dei rapporti con la Santa Sede (febbraio 1933) egli decise di escogitare, con Moscatello, un'altra "ricetta" di conciliazione. Prima di intavolare le trattative segrete a Roma, Moscatello voleva assicurarsi che il monarca accettasse alcune materie, senza le quali la Santa Sede non avrebbe firmato alcun accordo: l'istruzione religiosa nella scuola, il carattere cristiano del matrimonio e la piena eguaglianza dei cattolici con gli ortodossi[294].

Moscatello, secondo le «Udienze» di Pacelli, avrebbe inoltre detto al re, che nelle altre materie il governo non poteva chiedere vantaggi superiori a quelli concessi alle altre nazioni, inclusi i precedenti concordati con la Serbia e il Montenegro. Il sovrano avrebbe accettato senza indugio tali principi, salva però la libertà di coscienza di tutti i cittadini, essendo la Jugoslavia uno Stato di religione mista. Egli avrebbe, al contempo, assicurato di voler assolutamente osservare quello che avrebbe firmato e di mantenere la parola d'onore; solo avrebbe voluto sapere bene prima di che cosa si trattasse[295].

Quando, il 21 marzo 1933, l'"agente segreto" si presentò come tale dal segretario di Stato Pacelli[296], con la lettera d'autorizzazione del ministro degli esteri per avviare

---

[292] APHZSJ, ostavština Moscatello, busta 2: *Bilješke [Memorie]*, p. 67; *Nikola Moscatello*, F. Veraja – S. Kljaić, ed., 106.

[293] APHZSJ, ostavština Moscatello, busta 2: *Bilješke [Memorie]*, p. 68; *Nikola Moscatello*, F. Veraja – S. Kljaić, ed., 106-107.

[294] APHZSJ, ostavština Moscatello, busta 2: *Bilješke [Memorie]*, p. 67; *Nikola Moscatello*, F. Veraja – S. Kljaić, ed., 106.

[295] Udienza privata del card. Pacelli con il mons. Moscatello, 21 marzo 1933, in S.RR.SS., AA.EE.SS., *Stati Ecclesiastici*, pos. 430B, fasc. 359, f. 75rv.

[296] *Ibidem.*

le trattative[297], costui rispose manifestando tanto sorpresa quanto imbarazzo. Moscatello credeva che l'esclusione di Pellegrinetti dalle trattative non avrebbe soddisfatto il papa, molto fiducioso nei confronti del nunzio. Tuttavia, alcuni giorni dopo gli fu riferito che il pontefice aveva accettato la forma proposta con le parole: «*Se non si può entrare per la porta, si deve entrare per la finestra*»[298]. In realtà, Pio XI, a cui la vicenda non era del tutto chiara, non si preoccupava tanto del nunzio, quanto dell'episcopato che, con questo modo insolito, poteva apparire sconfessato.

Nonostante il pericolo – «*latet anguis in herba*» – il papa "indirizzò" Moscatello, trattandosi di una questione di carattere confidenziale, dal segretario della congregazione degli affari ecclesiastici straordinari Pizzardo, con cui doveva cominciare a trattare[299]. Così, ricordava Pacelli, era già stato fatto con la Serbia nel 1914, quando era proprio lui il segretario della stessa congregazione, mentre solo in seguito si ebbero le trattative ufficiali e la firma. Egli espresse a Moscatello la speranza che lo "scavalcato" ministro Simić non ne sarebbe rimasto offeso[300] e all'inizio di aprile rispose positivamente alla lettera confidenziale del ministro degli esteri Jevtić[301].

Al ministro Simić fu nascosto tutto. Si meravigliava, infatti, del ritorno di

---

[297] «*Eminence, D'ordre de Sa Majesté le Roi de Yougoslavie, Mon Auguste Souverain, j'ai l'honneur de communiquer à Votre Eminence ce qui suit: Le Gouvernement Royal, désireux de régler avec l'Eglise catholique, d'une manière loyale et durable, toutes les questions existantes et non réglées, a confié à M. Nicolas Moscatello, conseiller de la Légation Royale, d'élaborer, d'une manière tout à fait confidentielle, avec le Secrétariat d'Etat de Sa Sainteté, les termes d'un accord qui pourra être ensuite examiné et, dans un délai si bref que possible, approuvé par les deux Gouvernements. Dans ce but je me permets de prier Votre Eminence d'accorder à M. Moscatello toute confiance nécessaire pour l'accomplissement d'une mission si délicate et si importante*»: Jevtić a Pacelli, Belgrado, 12 marzo 1933, lettera personale, in S.RR.SS., AA.EE.SS., *Jugoslavia*, pos. 96, fasc. 62, ff. 60-61; si veda anche S.RR.SS., AA.EE.SS., *Rapporti delle Sessioni*, anno 1934, Sessione 1360, stampa 1247, «Jugoslavia. Nuovo progetto di Concordato», 24 giugno 1934, Sommario, n. V, p. 43.

[298] «*Kad se ne može kroz vrata, neka se prođe kroz prozor*»: APHZSJ, ostavština Moscatello, busta 2: *Bilješke [Memorie]*, p. 68; *Nikola Moscatello*, F. Veraja – S. Kljaić, ed., 108.

[299] Udienza del card. Pacelli con il pontefice, 24 marzo 1933, in S.RR.SS., AA.EE.SS., *Stati Ecclesiastici*, pos. 430A, fasc. 348, f. 14r.

[300] Udienza privata del card. Pacelli con il mons. Moscatello, 26 marzo 1933, *ibidem*, pos. 430B, fasc. 359, f. 81v.

[301] «*J'ai reçu la lettre que Votre Excellence a bien voulu m'envoyer d'ordre de Sa Majesté le Roi de Yougoslavie, et je m'empresse de La remercier de l'importante communication qu'elle m'apporte. Dans le vif espoir qu'on puisse bientôt parvenir au résultat réciproquement désiré, je profite volontiers de cette rencontre pour Vous donner, Monsieur le Ministre, l'assurance de ma considération très distinguée*»: Pacelli a Jevtić, Vaticano, 9 aprile 1933, lettera n. 1012/35, in S.RR.SS., AA.EE.SS., *Jugoslavia*, pos. 96, fasc. 62, f. 62r.

Moscatello a Roma e chiedeva chiarimenti al ministero degli esteri[302]. Gli fu riferito semplicemente che il consigliere, ormai senza carica ufficiale, sarebbe rimasto a Roma fino a nuova disposizione[303]. Il progetto del re di lasciare fuori Simić riuscì completamente. In una sua lettera scritta molto più tardi, a mo' di "apologia" *pro domo sua*, il ministro affermava che alla fine del 1933 aveva saputo dal cardinale Pacelli dell'investitura di Moscatello[304], ma che in ogni caso sino alla fine delle

___

[302] Simić al ministero degli esteri, Roma, 8 maggio 1933, lettera n. 149 (minuta), in AJ, *Poslanstvo Kraljevine Jugoslavije pri Svetoj Stolici (372)*, fasc. 11, [mappa 2/I], ff. n.n.

[303] Ministero degli esteri a Simić, Belgrado, 12 maggio 1933, lettera s.n., *ibidem*, ff. n.n.

[304] Pacelli, in modo scherzoso, avrebbe detto a Simić: «*Pare che anche il sig. Jevtić creda che i sacerdoti tra di loro s'intendano con più facilità*» («*Izgleda da i g. Jevtić veruje da se popovi među sobom lakše sporazumevaju*»): Simić a Stojadinović, Roma, 27 dicembre 1935, rapporto n. 341 (minuta), in AJ, *Poslanstvo Kraljevine Jugoslavije pri Svetoj Stolici (372)*, fasc. 12, [mappa 1/IV], ff. n.n. Nei documenti vaticani non siamo riusciti a trovare traccia di tale "svelamento". Simić scriveva che questo incontro con Pacelli fosse avvenuto alcuni mesi dopo il suo ritorno a Roma, quindi verso la fine dell'anno 1933. Nelle «Udienze» di Pacelli troviamo per la data 28 dicembre 1933 il seguente appunto: «*Sono venuti a visitarmi dopo la Udienza del S[anto] Padre per gli Auguri di Capodanno: [...] Il Ministro di Jugoslavia, il quale ha accennato alle trattative per il Concordato colla Jugoslava ed espresso la speranza che presto giungano a compimento. Anche il S[anto] Padre si è espresso con lui in senso ottimistico. Ho detto che anche io dividevo tale speranza, nonostante le nuove difficoltà sorte in seguito alle ultime richieste del Governo*»: Udienza privata del card. Pacelli con il ministro di Jugoslavia, 28 dicembre 1933, in S.RR.SS., AA.EE.SS., *Stati Ecclesiastici*, pos. 430B, fasc. 360, f. 61r. Qualche mese più tardi troviamo già qualche appunto di Simić su Moscatello, ma solo come «*perito*» circa il concordato, non ancora come «*agente segreto*»: «*Il Ministro di Jugoslavia [...]. Ha parlato del Concordato ed ha detto che il Consulente ecclesiastico, Mons. Moscatello, era stato chiamato a Belgrado come perito sulla questione*»: Udienza privata del card. Pacelli con il ministro di Jugoslavia, 17 febbraio 1934, *ibidem*, f. 93r. Anche la documentazione della legazione jugoslava presso la Santa Sede conferma che nel febbraio 1934 Moscatello fu chiamato a Belgrado (Jevtić a Simić, Belgrado, 5 febbraio 1934, telegramma n. 2479, in AJ, *Poslanstvo Kraljevine Jugoslavije pri Svetoj Stolici (372)*, fasc. 11, [mappa 3/I], ff. n.n.), però per riferire già sui risultati delle trattative segrete. D'altra parte è, però, anche vero che Simić poteva sospettare qualcosa già nel novembre 1933, avendo ricevuto una notizia dal ministero degli esteri, nella quale si trasmettevano voci, che giravano a Roma, su un'imminente conclusione del concordato. Sarebbe stato un giornalista tedesco a riferire d'aver visto, sulla scrivania di Pacelli, un progetto di concordato con la Jugoslavia (Ministero degli esteri a Simić, Belgrado, 24 novembre 1933, nota n. 22560, *ibidem*, fasc. 11, [mappa 3/IV], ff. n.n). Comuque, la prima fonte che vede Simić al corrente del "complotto", risale al novembre 1934, durante il colloquio con Pacelli: «*Il Ministro di Jugoslavia [...] non aveva altre notizie sul Concordato, al di fuori di quanto gli disse Jevtić a Ginevra, che cioè tutto era già pronto, salvo pochi piccoli punti. Mons. Moscatello (di cui il Ministro sa che trattava da un anno) non ha fatto sapere altre notizie*»: Udienza privata del card. Pacelli con il ministro di Jugoslavia, 10 novembre 1934, in S.RR.SS., AA.EE.SS., *Stati Ecclesiastici*, pos. 430B, fasc. 361, f. 120r.

trattative non aveva avuto alcuna informazione sul vero stato di cose[305]. Moscatello, che aveva appreso tale dichiarazione dal libro *Vatikan protiv Jugoslavije*[306], recisamente respinse la possibilità di un tale *flop* diplomatico da parte del segretario di Stato, tenuto al segreto assoluto sulla procedura[307]. Il ministro riferiva anche come Jevtić, alla fine del 1934, gli avesse spiegato i motivi del cambiamento di procedura. Il ministro degli esteri gli avrebbe dichiarato che era stata la stessa Santa Sede, precisamente il cardinale Pacelli, con una sua lettera, a chiedere tale procedura[308]. La bibliografia attuale, appoggiandosi su tale fonte, parla tutt'ora di questa "congiura" vaticana[309]. In verità, come rivelano le «Memorie» di Moscatello e le «Udienze» di Pacelli, è fin troppo chiaro che l'ideatore e il promotore dell'incarico di Moscatello e dell'esclusione di Simić sia stato esclusivamente il sovrano Karađorđević. È degno di menzione, a tal proposito, il commento di Moscatello sui lavori pubblicati, che difendevano la posizione di Simić[310]. Rimane il fatto che Simić rimase molto offeso dal modo in cui si realizzarono, a sua insaputa, le trattative segrete[311], perciò, a dire di Moscatello, egli avrebbe cercato, in tutti i modi, di salvare la propria reputazione diplomatica[312].

Moscatello nelle «Memorie» affermava che dalle trattative segrete, per desiderio del re, era escluso anche il nunzio Pellegrinetti e che il papa, per raggiungere un

---

[305] Simić a Stojadinović, Roma, 27 dicembre 1935, rapporto n. 341 (minuta), in AJ, *Poslanstvo Kraljevine Jugoslavije pri Svetoj Stolici (372)*, fasc. 12, [mappa 1/IV], ff. n.n.

[306] S. SIMIĆ, *Vatikan protiv Jugoslavije*.

[307] APHZSJ, ostavština Moscatello, busta 2: *Bilješke [Memorie]*, p. 107; *Nikola Moscatello*, F. Veraja – S. Kljaić, ed., 152.

[308] Simić a Stojadinović, Roma, 27 dicembre 1935, rapporto n. 341 (minuta), in AJ, *Poslanstvo Kraljevine Jugoslavije pri Svetoj Stolici (372)*, fasc. 12, [mappa 1/IV], ff. n.n. Si veda anche: Udienza privata del card. Pacelli con il ministro di Jugoslavia, 10 novembre 1934, in S.RR.SS., AA.EE.SS., *Stati Ecclesiastici*, pos. 430B, fasc. 361, f. 120r.

[309] S. SIMIĆ, *Vatikan protiv Jugoslavije*, 19; D. ŽIVOJINOVIĆ – D. LUČIĆ, *Varvarstvo*, vol. I, 342.

[310] A suo dire questo tipo di «*apologetica ortodossa*» aveva la possibilità di fiorire sotto il regime comunista, avendo al contempo l'accesso a tutte le fonti e informazioni ufficiali (APHZSJ, ostavština Moscatello, busta 2: *Bilješke [Memorie]*, p. 107-109; *Nikola Moscatello*, F. Veraja – S. Kljaić, ed., 152-155). Si capisce che nel momento della stesura delle «Memorie» (1959) le fonti menzionate non erano ancora accessibili al pubblico.

[311] Simić a Stojadinović, Roma, 27 dicembre 1935, rapporto n. 341 (minuta), in AJ, *Poslanstvo Kraljevine Jugoslavije pri Svetoj Stolici (372)*, fasc. 12, [mappa 1/IV], ff. n.n.; I. MUŽIĆ, *Katolička crkva*, 75; G. MITHANS, «Sklepanje jugoslovanskega konkordata», 132-133.

[312] APHZSJ, ostavština Moscatello, busta 2: *Bilješke [Memorie]*, pp. 107-108; *Nikola Moscatello*, F. Veraja – S. Kljaić, ed., 152-153.

buon risultato, avesse accettato tale "sacrificio". La Santa Sede, fedele a questo principio, non avrebbe informato affatto il nunzio sul procedimento delle trattative, il quale avrebbe saputo della cosa solo quando la notizia sarebbe stata resa pubblica, cioè nell'aprile 1935[313]. Su questo Moscatello aveva torto, poiché la Segreteria di Stato, in modo del tutto confidenziale, informava Pellegrinetti delle trattative in corso e chiedeva le sue osservazioni e proposte su ogni articolo del progetto di concordato in elaborazione. L'unica differenza, rispetto al suo ruolo nel passato, era il carattere esclusivamente segreto.

2.1.2 Inizio delle trattative "segrete": Moscatello e Pizzardo

Non si sa con precisione quando cominciarono a trattare Moscatello e Pizzardo, però pare avessero già completato un abbozzo nella seconda metà di maggio 1933, poiché agli inizi di giugno Pellegrinetti era già stato incaricato di farvi le prime osservazioni[314]. Negli archivi vaticani non è stato trovato il loro primo schema di concordato, il cui contenuto però potrebbe essere parzialmente ricostruito proprio dai commenti e dalle analisi del nunzio. Qualche indizio sulla compilazione dell'accordo lo si può trovare anche nei *desiderata* del re per il concordato, rilasciato dallo stesso Moscatello alla Segreteria di Stato verso la fine dell'aprile 1933: 1. dichiarazione generica per il glagolitico come si era fatto per il Montenegro; 2. «no» alle scuole private, poiché il denaro non vi sarebbe stato (sarebbe stato, invece, utile rinforzare l'istruzione religiosa nelle scuole); 3. «no» agli «Orlovi» per far entrare invece i sacerdoti nel «Sokol»; 4. dare alla Jugoslavia quello che si era dato agli altri; 5. possibilità al clero di avvicinare la gioventù[315]. Più tardi, nell'analisi dei singoli temi del concordato, vedremo in quale misura furono prese in considerazione le istruzioni del monarca.

Al nunzio, arrivato a Roma nella prima metà di maggio 1933, non fu subito rivelato il segreto circa l'"agente segreto". Pacelli lo incaricò, in un primo momento, di presentare il proprio parere sulla «Risposta» del governo del 15 aprile precedente[316].

---

[313] APHZSJ, ostavština Moscatello, busta 2: *Bilješke [Memorie]*, pp. 67-69, 72, 107-108, 110; *Nikola Moscatello*, F. Veraja – S. Kljaić, ed., 106-108, 112-113, 152-153, 156; I. Mužić, *Katolička crkva*, 80, nota 169; S. Simić, *Jugoslavija i Vatikan*, 136.

[314] ASV, Archivio della Prefettura, *Diari del card. Pellegrinetti*, 3 giugno 1933, vol. 13, f. 79r.

[315] *Desiderata* del re per il concordato, appunto per l'archivio, rilasciato da Moscatello, Vaticano, 29 aprile 1933, n. 2507/33 (Segreteria di Stato), in S.RR.SS., AA.EE.SS., *Jugoslavia*, pos. 96, fasc. 57, f. 88r.

[316] ASV, Archivio della Prefettura, *Diari del card. Pellegrinetti*, 16 maggio 1933, vol. 13, f. 74v.

Il 31 maggio 1933, al momento della consegna del suo commento[317], già ampiamente esaminato precedentemente, egli sarebbe stato messo al corrente della manovra del sovrano[318]. Nonostante Moscatello e Pizzardo si fossero già dati molto da fare, Pacelli chiese al nunzio di dire se valesse la pena continuare a trattare con Moscatello[319].

Pellegrinetti non si meravigliò molto della modalità ideata dal re, poiché anche nel passato, per alcune missioni delicate, egli si era più volte servito di persone estranee al governo. Pur con tutte le riserve del caso, il nunzio nei negoziati segreti vedeva qualche cosa di positivo e di utile, giacché sia in caso di rottura che in caso di conclusione delle trattative, si sarebbe saputo fino a che punto fossero arrivate le concessioni dell'altra parte contraente. D'altro canto, il rifiuto della proposta di trattative avrebbe dato adito a un incremento del conflitto da parte della massoneria e avrebbe alienato ancora di più gli ortodossi da Roma, perché non avrebbero saputo interpretare il rifiuto della Santa Sede se non come un segno di incondizionata ostilità alla loro nazione. Egli non vedeva, dunque, nessuna seria obiezione a trattare con Moscatello, fatta salva la necessaria prudenza[320].

Giudicando poi il primo schema di Moscatello e Pizzardo, il nunzio, assai soddisfatto, non ne risparmiò le lodi, costatando con piacere che «*per la prima volta si veda una iniziativa capace di condurre ad un vero miglioramento della situazione*»[321] e che l'accordo rappresentava «*un notevolissimo progresso*»[322], lontanissimo dalla nota ufficiale governativa del 15 aprile[323]. Proprio quest'ultimo fatto lo turbava alquanto, non del tutto convinto che quanto accettato da Moscatello sarebbe stato

---

[317] Pellegrinetti a Pacelli, Roma, 30 maggio 1933, rapporto n. 14750, in S.RR.SS., AA.EE.SS., *Jugoslavia*, pos. 96, fasc. 60, ff. 23-33.

[318] ASV, Archivio della Prefettura, *Diari del card. Pellegrinetti*, 31 maggio 1933, vol. 13, f. 78v.

[319] Nota personale di Pellegrinetti, Roma, 2 giugno 1933, nota n. 14752, in ASV, *Arch. Nunz. Jugoslavia*, busta 8, f. 380rv, che si riferisce al suo rapporto: Pellegrinetti a Pacelli, Roma, 2 giugno 1933, rapporto n. 1701/33 (Segreteria di Stato), in S.RR.SS., AA.EE.SS., *Jugoslavia*, pos. 96, fasc. 56, ff. 52r-54v.

[320] Pellegrinetti a Pacelli, Roma, 2 giugno 1933, rapporto n. 1701/33 (Segreteria di Stato), in S.RR.SS., AA.EE.SS., *Jugoslavia*, pos. 96, fasc. 56, ff. 52v-54v; M. VALENTE, «Santa Sede e Jugoslavia», 236; G. MITHANS, *Urejanje odnosov*, 218-220.

[321] Pellegrinetti a Pacelli, Roma, 2 giugno 1933, rapporto n. 1701/33 (Segreteria di Stato), in S.RR.SS., AA.EE.SS., *Jugoslavia*, pos. 96, fasc. 56, f. 52v.

[322] *Ibidem*, f. 54r.

[323] Pellegrinetti a Pacelli, Roma, 5 giugno 1933, rapporto n. 1700/33 (Segreteria di Stato), *ibidem*, f. 40.

accolto anche dal re e dal governo. Per tale motivo Pellegrinetti voleva una garanzia, magari mediante sicuro documento comprovato, che il governo fosse al corrente delle trattative in corso e che approvasse non solo in linea di massima, ma anche sui punti concordati, quanto fino a quel punto aveva operato e dichiarato il suo "agente segreto"[324].

Quali elementi nello schema Moscatello–Pizzardo fecero nascere una soddisfazione così evidente del nunzio? Già a colpo d'occhio si notava una differenza abissale con i progetti precedenti sulle questioni essenziali, come se si fosse ripartiti *ex novo*.

Sulle nomine episcopali ora il governo rinunziava alle sue precedenti pretese; circa le parrocchie e gli ordini religiosi si notava una maggior libertà della Chiesa; riguardo all'istruzione religiosa si dava più facoltà all'episcopato; si prevedeva, con più garanzie, l'assistenza religiosa nelle carceri, negli ospedali e nell'esercito; si definiva meglio il «fondo di religione» e l'indennità per mezzo della riforma agraria. Ma la cosa più rivoluzionaria fu il riconoscimento della scuola confessionale, l'articolo sul matrimonio e la libertà per le associazioni cattoliche. La maggior difficoltà non sarebbe stata più il contenuto dell'accordo, bensì la sua applicazione pratica, per la molteplicità di legislazioni civili ed ecclesiastiche prima vigenti sul territorio[325].

Nonostante il notevole miglioramento dello schema, Pellegrinetti fece le sue osservazioni, proponendo vari cambiamenti che avrebbero meglio garantito alla Chiesa i diritti già riconosciuti. Sembra che il suo deciso intervento non sia piaciuto molto al coautore dello schema Pizzardo che a questo punto chiese a Pellegrinetti di compilare un progetto di concordato contenente il *minimum* che la Santa Sede avrebbe potuto esigere, aggiungendo solo l'indispensabile al progetto combinato con Moscatello[326].

Finalmente il segretario di Stato, come mediatore tra loro due, avendo letto il progetto, vi vide la necessità di un miglioramento in alcuni punti: elezione dei vescovi, scuola, ordini religiosi[327]. Incaricò Pellegrinetti di comporre, a partire da quello già preparato, un nuovo testo, che la Jugoslavia avrebbe dovuto accettare, se davvero aveva buona volontà di concludere l'accordo[328]. Nella sua mente ogni

---

[324] *Ibidem.*

[325] *Ibidem*, ff. 40-51.

[326] ASV, Archivio della Prefettura, *Diari del card. Pellegrinetti*, 13 giugno 1933, vol. 13, f. 80v.

[327] *Ibidem*, 15 giugno 1933, vol. 13, f. 81r.

[328] *Ibidem*, 21 giugno 1933, vol. 13, f. 81v.

concordato doveva essere un progresso sul precedente, per cui anche con la Jugoslavia si dovevano prendere a modello gli ultimi concordati – ad esempio quello austriaco, firmato pochi giorni prima – e non tornare indietro[329].

Così, prima di tornare a Belgrado, alla fine di giugno, il nunzio compose un nuovo progetto di concordato. Per quasi ogni articolo egli aggiunse proprie proposte, le più incisive furono quelle riguardanti le nomine episcopali, le facoltà teologiche, la scuola confessionale, le associazioni cattoliche e la lingua liturgica[330].

2.1.3 Continuazione delle trattative "segrete": Moscatello e Pacelli

Questo fu, però, solo l'inizio di un percorso tutt'altro che statico, molto differente dalle trattative precedenti. Dall'affermazione di Moscatello, secondo cui in Vaticano egli avrebbe parlato esclusivamente con Pacelli[331], si potrebbe congetturare che dopo la primissima fase dello schema combinato insieme a Pizzardo, i negoziati siano stati presi in mano direttamente dal segretario di Stato.

Non abbiamo, come per l'anno 1925, un protocollo ufficiale dei negoziati tra Moscatello e Pacelli, la cui prima fase comprese il periodo estivo del 1933, fino ai primi giorni di settembre. Già la natura segreta delle trattative escludeva tale opzione. Circa l'andamento dei loro colloqui sui singoli articoli possiamo perciò aiutarci con diversi progetti di concordato, regolarmente aggiornati; ancora più interessanti sembrano, comunque, gli appunti personali di alcuni protagonisti.

In quale misura i colloqui tra il segretario di Stato e il consigliere ecclesiastico della legazione jugoslava influirono sul cambiamento degli articoli? Quale fu la novità del passaggio delle trattative ad un livello più "alto"? Per trovare una risposta possiamo adoperare la documentazione dell'Archivio privato del già menzionato Besednjak. Quando nell'ottobre 1933 egli andò in udienza dal re Aleksandar, gli espose i risultati delle trattative raggiunti fino a quel momento. L'ex deputato non nascose la soddisfazione per l'operato svolto da Moscatello e lo giudicò un lavoro «d'importanza storica», tanto più perché il consigliere sarebbe riuscito ad ottenere molto più di quanto si potesse sperare[332]. Secondo

---

[329] *Ibidem*, 15 giugno 1933, vol. 13, f. 81r; 27 giugno 1933, vol. 13, f. 82r.

[330] Pellegrinetti a Pacelli, Roma, 24 giugno 1933, schema di concordato, n. 2004/33 (Segreteria), in S.RR.SS., AA.EE.SS., *Jugoslavia*, pos. 96, fasc. 57, ff. 2-22.

[331] APHZSJ, ostavština Moscatello, busta 2: *Bilješke [Memorie]*, p. 71; *Nikola Moscatello*, F. Veraja – S. Kljaić, ed., 111.

[332] Incontro tra il re Aleksandar e Besednjak, Belgrado, 28 ottobre 1933, rapporto di Besednjak, in BA, n. 120; E. Pelikan, *Tajno delovanje*, 609.

Besednjak, non ci sarebbero stati punti problematici nel progetto[333]. Egli sottolineava il gran successo soprattutto per quanto riguardava il giuramento dei vescovi, legato all'istituzione della commissione paritaria per gli atti criminali del clero, l'associazione «Sokol», le minoranze nazionali, la liturgia glagolitica e le nomine episcopali[334]. Specie nel caso degli ultimi due temi risulta un quadro molto esaustivo delle lunghe e a volte drammatiche trattative tra Moscatello e Pacelli.

A proposito della liturgia glagolitica, all'inizio Pizzardo e poi Pacelli non avrebbero creato difficoltà alla richiesta jugoslava di estendere la lingua paleoslava, secondo il prudente arbitrio dei vescovi, in tutte quelle parrocchie jugoslave, dove i fedeli vi fossero stati d'accordo. L'intoppo si sarebbe creato quando i due negoziatori avrebbero studiato la questione con lo sguardo rivolto ai tempi della monarchia austro-ungarica, caratterizzato dalla fortissima lotta *pro et contra* il privilegio. Pacelli nella concessione, l'unica del genere tra le nazioni cattoliche, vedeva un pericolo contro la politica della Santa Sede che nella liturgia cercava l'unità del popolo cattolico. Per tale motivo egli difendeva lo *status quo* del glagolitico e proponeva la soluzione di eventuali nuove concessioni nell'intesa con i vescovi jugoslavi, cioè fuori la sede concordataria. Moscatello avrebbe decisamente respinto tale idea, "minacciando" la caduta del concordato se non fosse stata accettata la richiesta più volte espressa. In favore dell'estensione del privilegio egli avanzava quattro argomenti:

1. Nei concordati con la Serbia e il Montenegro la Santa Sede aveva concesso ai cattolici l'uso del glagolitico in forma molto più estesa, quantunque per quei Paesi non constasse l'esistenza di tale uso in passato. Come poteva ora essa respingere ciò che aveva già dato alla Serbia e al Montenegro?

2. L'opposizione principale contro il glagolitico sarebbe partita dal governo austro-ungarico, per i suoi fini politici antislavi. Con la fine dell'Austria-Ungheria sarebbe stato tolto quindi questo grande ostacolo.

3. Lo *status quo*, proposto da Pacelli, sarebbe stato già turbato dal fatto che tale legittimo privilegio era stato soppresso *via facti* nelle regioni soggette all'Italia.

---

[333] Incontro tra il re Aleksandar e Besednjak, Belgrado, 28 ottobre 1933, rapporto di Besednjak, in BA, n. 120; E. PELIKAN, *Tajno delovanje*, 618.

[334] Incontro tra il re Aleksandar e Besednjak, Belgrado, 28 ottobre 1933, rapporto di Besednjak, in BA, n. 120; Appunti personali di Besednjak, in BA, n. 648; E. PELIKAN, *Tajno delovanje*, 609-619; G. MITHANS, «Sklepanje jugoslovanskega konkordata», 135-136.

4. L'estensione del privilegio sarebbe corrisposto al voto dell'episcopato, espresso nella sua lettera collettiva nel 1918, diretta al popolo, dove essi chiedevano un privilegio ancora più largo, cioè l'introduzione della lingua paleoslava in tutte le parrocchie jugoslave[335].

Pacelli, a questo punto, decise di rivolgersi a Pellegrinetti per ricevere utili informazioni[336] e lesse, in seguito, la risposta del nunzio anche a Moscatello[337]. Il consigliere jugoslavo, ciononostante, continuava a credere che il nunzio non fosse a conoscenza delle trattative segrete, e che essendo stato coinvolto per esporre la sua opinione circa alcune questioni, Pellegrinetti avrebbe solo potuto sospettare qualcosa[338].

Nella sua risposta, il nunzio temeva la pressione dei gruppi nazionalisti, appoggiati dall'autorità e dalla polizia, per ottenere prima la morale unanimità dei fedeli e poi, con ogni probabilità, l'estensione a tutto il regno del privilegio, e ciò senza le garanzie necessarie ad evitare gli eventuali abusi. In cambio egli proponeva di ampliare la concessione proposta all'ultimo capoverso, dove si permetteva il canto della messa in glagolitico nelle chiese del regno nella festa dei santi Cirillo e Metodio[339]. Quando Pacelli, con l'"aiuto" di Pellegrinetti, rinnovò la proposta di estensione del privilegio, Moscatello avrebbe dichiarato che il glagolitico non doveva ritenersi una «*merce di contrabbando*», bensì l'eredità dei santi Cirillo e Metodio, la santa reliquia, il diritto, senza il quale non si poteva concludere il concordato, tanto più che la soluzione, proposta dalla Santa Sede, in pratica significava la soluzione dell'Austria antica.

Moscatello disse al cardinale che, siccome nel passato la Santa Sede aveva appoggiato la politica antislava dell'Austria e dell'Italia fascista, era finalmen-

---

[335] Incontro tra il re Aleksandar e Besednjak, Belgrado, 28 ottobre 1933, rapporto di Besednjak, in BA, n. 120; Appunti personali di Besednjak, *ibidem*, n. 648; E. Pelikan, *Tajno delovanje*, 613-614; Appunto rilasciato da Moscatello, in S.RR.SS., AA.EE.SS., *Jugoslavia*, pos. 96, fasc. 56, f. 60r.

[336] Pacelli a Pellegrinetti, Vaticano, 24 agosto 1933, dispaccio n. 2317/33, in ASV, *Arch. Nunz. Jugoslavia*, busta 6, ff. 274-275.

[337] Incontro tra il re Aleksandar e Besednjak, Belgrado, 28 ottobre 1933, rapporto di Besednjak, in BA, n. 120; Appunti personali di Besednjak, *ibidem*, n. 648; E. Pelikan, *Tajno delovanje*, 614.

[338] APHZSJ, ostavština Moscatello, busta 2: *Bilješke [Memorie]*, p. 72; *Nikola Moscatello*, F. Veraja – S. Kljaić, ed., 112-113.

[339] Pellegrinetti a Pacelli, Belgrado, 28 agosto 1933, rapporto n. 15049, in S.RR.SS., AA.EE.SS., *Jugoslavia*, pos. 96, fasc. 57, f. 87rv.

te giunto il momento di riparare gli "sbagli" storici. Uno dei rimedi poteva essere proprio la concessione del chiesto privilegio linguistico, inaugurando così una svolta nella politica della Santa Sede nei confronti della Jugoslavia. Pacelli, disarmato, avrebbe risposto: «*Tutta la decisione rimettiamo nelle mani del Santo Padre*», convinto della risposta negativa. Il papa, dopo alcuni giorni di studio, sorprendendo non poco Pacelli e altri ufficiali vaticani, concesse il privilegio richiesto, aggiungendo solo che nel caso dell'estensione del privilegio i vescovi avrebbero informato ogni volta la Santa Sede. Il segretario di Stato avrebbe con stupore esclamato: «*Non credo ancora, non mi sembra vero. Adesso non diranno che il Santo Padre è nemico degli Slavi! La concessione è d'importanza epocale*»[340].

Della decisione papale doveva essere sorpreso anche Pellegrinetti, il quale, però, di fronte ai vantaggi offerti alla Chiesa dall'insieme del progetto concordatario, si mostrò disposto ad accettare tale concessione storica da parte del pontefice[341]. Moscatello ammise, più tardi, che Roma in questo ambito aveva dato tutto quello che poteva, anzi addirittura più di quello che si osava sperare, perciò non riusciva a capire quei difensori del glagolitico in Jugoslavia che, nonostante tutto, non erano per niente soddisfatti. Tra questi il sacerdote dalmata Frane Ivanišević e il massone Viktor Novak, i quali pretendevano l'introduzione automatica del privilegio in tutte le parrocchie della Jugoslavia[342].

Secondo la testimonianza di Moscatello sarebbe stata molto vivace anche la discussione con Pacelli circa le nomine episcopali. Su due punti soprattutto vertevano le trattative, cioè sulla lista dei candidati proposti e sul *nihil obstat* governativo. Il progetto governativo del 1931 prevedeva una rosa di candidati, composta dall'episcopato jugoslavo, che risultava vincolante per il papa; circa il *nihil obstat* il governo rivendicava il diritto di veto, sulla base di ragioni di natura

---

[340] Incontro tra il re Aleksandar e Besednjak, Belgrado, 28 ottobre 1933, rapporto di Besednjak, in BA, n. 120; Appunti personali di Besednjak, *ibidem*, n. 648; E. PELIKAN, *Tajno delovanje*, 614-617; G. MITHANS, «Sklepanje jugoslovanskega konkordata»,136; ID., *Urejanje odnosov*, 222-224.

[341] ASV, Archivio della Prefettura, *Diari del card. Pellegrinetti*, 24 ottobre 1933, vol. 14, f. 3r; Pellegrinetti a Pacelli, Roma, 25 ottobre 1933, rapporto n. 3006/33 (Segreteria di Stato), in S.RR.SS., AA.EE.SS., *Jugoslavia*, pos. 96, fasc. 55, f. 32v. Si veda anche l'appunto corrispondente del nunzio, n. 15238, in ASV, *Arch. Nunz. Jugoslavia*, busta 8, f. 501r.

[342] APHZSJ, ostavština Moscatello, busta 2: *Bilješke [Memorie]*, p. 103; *Nikola Moscatello*, F. Veraja – S. Kljaić, ed., 148-149.

politica e civile. La Santa Sede proponeva una soluzione corrispondente agli altri concordati postbellici, ove la sua libertà non sarebbe stata così compromessa. A proposito dell'elenco si trovò una soluzione "salomonica": la Santa Sede accettò che per le nomine avrebbe tenuto in speciale considerazione i candidati proposti dai vescovi della rispettiva provincia ecclesiastica. Molto più duro sarebbe stato il confronto circa il *nihil obstat*, specialmente quanto alla sua obbligatorietà.

Nel frattempo la Santa Sede, negli ultimi tre concordati – quello con il Baden (ottobre 1932), con l'Austria (giugno 1933) e con il Reich germanico (luglio 1933) – aveva introdotto *expressis verbis* la formulazione secondo cui l'opinione negativa del governo circa il candidato non avrebbe corrisposto a un diritto di veto. Questo era il proposito del cardinale Pacelli anche per il concordato jugoslavo. Moscatello, difendendo il controllo governativo, rilevava la peculiarità della "giovane" Jugoslavia, non così omogenea in senso nazionale come la Germania o l'Austria: per questo motivo per la mentalità jugoslava sarebbe stato incomprensibile che un papa, per di più italiano, potesse "imporre" alla Jugoslavia un vescovo. Inoltre, dichiarava Moscatello, le trattative concordatarie con la Jugoslavia erano iniziate molto prima di quelle con gli Stati summenzionati, e ciò induceva Belgrado a chiedere semplicemente ciò che era stato concesso alla Romania, alla Cecoslovacchia e all'Italia. Secondo il racconto di Moscatello, Pacelli, vedendo la sua forte opposizione, si sarebbe alzato, per mostrare che le trattative si stavano per rompere. Moscatello, da parte sua, si sarebbe alzato anche lui, dicendo che forse Dio non voleva il concordato. Alla fine il cardinale avrebbe ceduto alla richiesta di Moscatello, concedendo al governo, altresì, un termine più lungo (30 giorni) rispetto ad altri, per dare la risposta sul candidato. La formulazione sulle nomine episcopali fu ritenuta da Moscatello come uno dei successi più grandi di tutta la trattativa[343].

Pacelli e Moscatello devono aver terminato il proprio lavoro prima del 5 settembre 1933, quando il pontefice approvò «*con soddisfazione*» il loro schema di concordato[344]. Ricordiamo, per curiosità, che alcuni giorni prima, in data 26

---

[343] Incontro tra il re Aleksandar e Besednjak, Belgrado, 28 ottobre 1933, rapporto di Besednjak, in BA, n. 120; Appunti personali di Besednjak, *ibidem*, n. 648; E. PELIKAN, *Tajno delovanje*, 618-619; G. MITHANS, «Sklepanje jugoslovanskega konkordata»,136; ID., *Urejanje odnosov*, 221.

[344] Udienza del card. Pacelli con il pontefice, 5 settembre 1933, in S.RR.SS., AA.EE.SS., *Stati Ecclesiastici*, pos. 430A, fasc. 348, f. 113r. Lo schema di concordato, in lingua francese, arricchito con ulteriori proposte jugoslave, si trova in BA, 16 novembre 1933, n. 121.

agosto, era stata consegnata al governo jugoslavo il «Promemoria» "ufficiale" della Segreteria di Stato[345], come risposta alla nota governativa del 15 aprile 1933, ormai senza valore, redatta solo per non far insospettire i tanti membri del governo ignari dell'"intrigo"[346].

Tornato a Belgrado, alla fine di giugno 1933, Pellegrinetti nei colloqui con il re[347] e con il ministro Jevtić[348] toccò la questione concordataria, e si meravigliò molto del fatto che non gli accennassero niente della svolta nei negoziati. Per fortuna egli non aprì l'argomento con gli interlocutori poiché, come avvertiva lo stesso segretario di Stato, si trattava di una cosa segretissima, della quale, secondo il voto del sovrano, poteva essere a conoscenza solo il papa e il segretario di Stato[349]. Se il re avesse saputo del coinvolgimento di Pellegrinetti, si sarebbero messi a repentaglio anche i negoziati.

Sembra che il concordato tra la Santa Sede e il Reich, firmato il 20 luglio 1933, abbia subito trovato simpatie presso il governo jugoslavo, già prima della sua pubblicazione. Il presidente del consiglio Srškić, senza conoscerne i particolari, espresse all'arcivescovo Bauer e al nunzio il desiderio che il futuro concordato dovesse "imitare" quello tedesco, soprattutto nell'articolo circa l'esclusione dei sacerdoti dai partiti politici[350]. Anche se nei colloqui tra Pacelli e Moscatello non fu toccato questo argomento, la Segreteria di Stato voleva dal nunzio un parere

---

[345] S.RR.SS., AA.EE.SS., *Rapporti delle Sessioni*, anno 1934, Sessione 1360, stampa 1247, «Jugoslavia. Nuovo progetto di Concordato», 24 giugno 1934, Sommario, n. IV, pp. 38-42.

[346] Udienza del card. Pacelli con il pontefice, 18 agosto 1933, in S.RR.SS., AA.EE.SS., *Stati Ecclesiastici*, pos. 430A, fasc. 348, f. 98r; Moscatello a Jevtić, Roma, 27 agosto 1933, telegramma n. 291, in AJ, *Poslanstvo Kraljevine Jugoslavije pri Svetoj Stolici (372)*, fasc. 12, [mappa 2/IV], ff. n.n.

[347] Pellegrinetti a Pacelli, Belgrado, 5 luglio 1933, rapporto n. 14809, in S.RR.SS., AA.EE.SS., *Jugoslavia*, pos. 96, fasc. 55, ff. 19r-20v; M. VALENTE, «Santa Sede e Jugoslavia», 236-238. Il nunzio, nel suo diario, riportava molte informazioni interessanti dal colloquio avuto con il re: ASV, Archivio della Prefettura, *Diari del card. Pellegrinetti*, 4 luglio 1933, vol. 13, ff. 84r-85v.

[348] Pellegrinetti a Pacelli, Belgrado, 7 luglio 193, rapporto n. 14813, in S.RR.SS., AA.EE.SS., *Jugoslavia*, pos. 96, fasc. 60, ff. 2r-3v.

[349] Pacelli a Pellegrinetti, Vaticano, 13 luglio 1933, dispaccio n. 1914/33 (minuta), *ibidem*, fasc. 55, f. 21r.

[350] ASV, Archivio della Prefettura, *Diari del card. Pellegrinetti*, 13 luglio 1933, vol. 13, f. 87r; Pellegrinetti a Pacelli, Belgrado, 31 luglio 1933, rapporto n. 14951 (minuta), in ASV, *Arch. Nunz. Jugoslavia*, busta 6, f. 254rv.

circa l'eventuale proposta che il governo jugoslavo avrebbe potuto fare a riguardo.

Secondo Pellegrinetti una formula rispondente a quella del concordato tedesco[351] poteva essere accettabile, purché tale limitazione dell'attività non includesse la diminuzione del diritto di inculcare e difendere i principi in materia di fede e morale applicata alla vita pubblica. Il politicantismo del clero in Jugoslavia, secondo lui, recava non piccolo danno alla Chiesa. D'altro canto, però, l'astensione del clero cattolico dalla politica, dal punto di vista del governo, avrebbe rappresentato l'eliminazione di un'eventuale fortissima opposizione: per raggiungere lo scopo sarebbe apparso un male minore il limitare l'attività dei ministri degli altri culti, «*quasi sempre ligii al Governo e in ogni caso molto meno influenti*».

Il nunzio spiegava il fenomeno della forte presenza del clero cattolico in politica a causa dello scarso livello intellettuale dei fedeli cattolici; il clero, allora, come classe colta, si trovava «*quasi per forza*» delle cose chiamato a rivestire un ruolo di primo piano nella vita pubblica. Prevaleva però il suo parere che i vantaggi dell'attività politica dei sacerdoti non avrebbero compensato gli inconvenienti[352]. Per particolare desiderio del re tale richiesta entrò, più tardi, a far parte dei negoziati con la Santa Sede.

Il nunzio seguiva da vicino, sia da Belgrado che da Roma, gli sviluppi dei negoziati segreti. Il segretario di Stato si rivolgeva a lui per chiarire alcune questioni essenziali, tra le quali la lingua liturgica e la depoliticizzazione del clero, già prese in esame, e le cerimonie in occasione della morte del re[353]. Allo stesso tempo fu invitato a fare delle osservazioni, ben due volte, sulle diverse redazioni

---

[351] L'art. XXXII del concordato fra la Santa Sede e il Reich Germanico (20 luglio 1933): «*Auf Grund der in Deutschland bestehenden besonderen Verhältnisse, wie im Hinblick auf die durch die Bestimmungen des vorstehenden Konkordats geschaffenen Sicherungen einer die Rechte und Freiheiten der katholischen Kirche im Reich und seinen Ländern wahrenden Gesetzgebung erläßt der Heilige Stuhl Bestimmungen, die für die Geistlichen und Ordensleute die Mitgliedschaft in politischen Parteien und die Tätigkeit für solche Parteien ausschließen*»: *Enchiridion dei concordati*, 880; trad. it., 881.

[352] Pellegrinetti a Pacelli, Roma, 21 ottobre 1933, rapporto n. 3006/33 (Segreteria di Stato), in S.RR.SS., AA.EE.SS., *Jugoslavia*, pos. 96, fasc. 55, ff. 29r-30r. L'appunto corrispondente del nunzio, n. 15239, si veda in ASV, *Arch. Nunz. Jugoslavia*, busta 8, f. 502r. Circa l'introduzione di detto articolo si veda anche G. MITHANS, *Urejanje odnosov*, 224-226.

[353] Pacelli a Pellegrinetti, Vaticano, 12 settembre 1933, cifrato n. 69 (2600/33), in S.RR.SS., AA.EE.SS., *Jugoslavia*, pos. 96, fasc. 57, f. 91r; Pellegrinetti a Pacelli, Belgrado, 13 settembre 1933, rapporto n. 15122, *ibidem*, ff. 89r-90r.

del concordato, tra l'agosto[354] e l'ottobre[355] 1933. Riguardo l'ultimo schema, approvato con soddisfazione dal papa, all'inizio di settembre 1933, il nunzio non nascondeva l'ottimismo, ritenendolo un «*notevole miglioramento*» su tutti i testi precedenti. Affermava che se il progetto fosse stato effettivamente accettato dal governo così com'era, sarebbe convenuto senz'altro procedere alla firma e alla ratifica[356]. La sua contentezza lo indusse a non fare molte osservazioni sul testo.

Qui finisce la prima tappa delle trattative segrete. Ora occorreva presentare i risultati anche a Belgrado, ove si respirava un'aria ambigua. Da una parte nel luglio 1933 era stata votata la «Legge sull'insegnamento religioso»[357], la cui obbligatorietà fu confermata e ampliata, un gesto concreto per venire incontro alle numerose proteste dell'episcopato jugoslavo; d'altra parte contemporaneamente era in corso il processo contro il giornale cattolico *Hrvatska Straža*, accusato d'aver riportato il discorso del papa ai croati nel maggio 1933, interpretandolo come liberazione della Croazia dal giogo della Serbia[358]. Un altro momento delicato e poco lieto per la Chiesa cattolica fu causato dalla nuova riforma agraria che dan-

---

[354] Pizzardo a Pellegrinetti, Vaticano, 8 agosto 1933, schema di concordato, dispaccio n. 2212/33, in ASV, *Arch. Nunz. Jugoslavia*, busta 8, ff. 310-357; Pellegrinetti a Pacelli, Belgrado, 16 agosto 1933, rapporto n. 15013 (copia), in S.RR.SS., AA.EE.SS., *Jugoslavia*, pos. 96, fasc. 57, ff. 75r-77v.

[355] Pellegrinetti a Pacelli, Roma, 25 ottobre 1933, rapporto n. 3006/33 (Segreteria di Stato), in S.RR.SS., AA.EE.SS., *Jugoslavia*, pos. 96, fasc. 55, ff. 31r-32v. Si veda anche l'appunto corrispondente del nunzio, n. 15238: ASV, *Arch. Nunz. Jugoslavia*, busta 8, f. 501r.

[356] Pellegrinetti a Pacelli, Roma, 25 ottobre 1933, rapporto n. 3006/33 (Segreteria di Stato), in S.RR.SS., AA.EE.SS., *Jugoslavia*, pos. 96, fasc. 55, f. 31r.

[357] Il testo in it., integrato nel rapporto di Pellegrinetti (Pellegrinetti a Pacelli, Belgrado, 27 luglio 1933, rapporto n. 14935 (minuta)), si veda in ASV, *Arch. Nunz. Jugoslavia*, busta 6, ff. 244r-245v.

[358] Pellegrinetti a Jevtić, Belgrado, 29 luglio 1933, nota n. 14939, in AJ, *Poslanstvo Kraljevine Jugoslavije pri Svetoj Stolici (372)*, fasc. 11, [mappa 2/IV], ff. n.n. (minuta in ASV, *Arch. Nunz. Jugoslavia*, busta 6, f. 247rv); Pellegrinetti a Pacelli, Belgrado, 31 luglio 1933, rapporto n. 14951 (minuta), *ibidem*, ff. 253r-254v; Pellegrinetti a Pacelli, Belgrado, 21 agosto 1933, rapporto n. 15017, in S.RR.SS., AA.EE.SS., *Jugoslavia*, pos. 96, fasc. 60, ff. 40r-50r; Pellegrinetti a Pacelli, Belgrado, 30 agosto 1933, rapporto n. 15056, *ibidem*, ff. 53r-54r; Udienza del card. Pacelli con il pontefice, 2 giugno 1933, in S.RR.SS., AA.EE.SS., *Stati Ecclesiastici*, pos. 430A, fasc. 348, f. 57r; telegrammi tra Jevtić e Moscatello, Belgrado – Roma, 26-27 agosto 1933, nn. 289-291, in AJ, *Poslanstvo Kraljevine Jugoslavije pri Svetoj Stolici (372)*, fasc. 11, [mappa 2/IV], ff. n.n.

neggiava pesantemente la mensa episcopale di Lubiana, quella di Đakovo e il capitolo della cattedrale di Zagabria[359].

2.2 *Coordinamento del progetto di concordato tra Moscatello e Belgrado (1933-1935)*

Nelle «Memorie», Moscatello ricordava che nel periodo tra il 1933 e il 1935 partiva alcune volte per Belgrado e Ginevra, dove spesso si tratteneva il ministro degli esteri Jevtić per far conoscere a lui e agli altri uomini del regime, designati dal re, gli schemi di concordato, combinati insieme alla Segreteria di Stato. Aggiungeva che nella prima fase egli presentava le proposte al ministro degli esteri, dopodiché si aggiungevano anche gli altri, tra i quali il ministro della giustizia Maksimović e l'esperto di diritto canonico Lanović.

Senza entrare nei particolari di questi colloqui, Moscatello sottolineava alcune difficoltà legate alla mentalità dei membri, quasi tutti serbi ortodossi, poco istruiti nella materia, sfiduciati e prevenuti nel confronti della Santa Sede e della sua politica. Non meno difficili sarebbero stati gli incontri con il cattolico Lanović, «*diabolus Rotae*», che regolarmente si appellava alla costituzione e alle leggi statali, presumibilmente non conformi al progetto di concordato. Ciò che facilitava di molto l'andamento delle difficili trattative con questi personaggi sarebbe stata, secondo Moscatello, la sua lealtà verso il governo, che ispirava grande fiducia nei suoi interlocutori[360].

Data la natura segreta delle trattative, Moscatello, nelle sue apparizioni a Belgrado, doveva restare quanto più possibile in *incognito*. Raccontava come cambiava le chiese, come a volte celebrava la messa fuori Belgrado, tutto questo affinché nessuno sospettasse del motivo della sua presenza nella capitale[361].

La prima stazione di Moscatello sarebbe stata Ginevra, all'inizio di settembre 1933. Lì presentò i primi risultati delle trattative al ministro degli esteri Jevtić, il

---

[359] Appunto di Pellegrinetti, Roma, 19 giugno 1933, n. 14774, in ASV, *Arch. Nunz. Jugoslavia*, busta 7, f. 412r; Pellegrinetti a Jevtić, Belgrado, 5 luglio 1933, nota n. 14812 (minuta), *ibidem*, f. 418rv; Pellegrinetti a Pacelli, Belgrado, 7 luglio 1933, rapporto n. 14813, in S.RR.SS., AA.EE.SS., *Jugoslavia*, pos. 96, fasc. 60, f. 2rv.

[360] APHZSJ, ostavština Moscatello, busta 2: *Bilješke [Memorie]*, pp. 69-71; *Nikola Moscatello*, F. Veraja – S. Kljaić, ed., 108-111.

[361] APHZSJ, ostavština Moscatello, busta 2: *Bilješke [Memorie]*, p. 69; *Nikola Moscatello*, F. Veraja – S. Kljaić, ed., 108.

quale non si mostrò sorpreso delle conclusioni[362]. Seguirono alcuni viaggi in Jugoslavia. Non si può dire con assoluta certezza quante volte Moscatello si sia dovuto presentare a Belgrado per l'affare concordatario; le fonti a disposizione parlano di almeno cinque occasioni. Per alcune di queste "tappe" belgradesi, soprattutto per la prima, si sono trovati i preziosi verbali delle sedute. Sorprende non poco che la detta documentazione non si sia trovata nell'archivio statale («Arhiv Jugoslavije»), bensì in uno privato («Archivio di Besednjak»)[363].

Nella prima serie di trattative interne al governo jugoslavo ebbero luogo alcune conferenze segrete e incontri personali, tra il 29 ottobre e il 18 novembre 1933. Sin dall'inizio diventava sempre più chiaro che le osservazioni sul progetto non sarebbero state soltanto accessorie, cioè di tipo tecnico, come forse Moscatello e il Vaticano speravano. Lanović e ancora di più Maksimović sollevarono forti perplessità circa alcuni articoli. I più problematici furono quelli riguardanti gli ordini religiosi, le scuole confessionali, l'associazione ginnica statale, il matrimonio. A questi si aggiunsero nuovi temi, come quello riguardante la depoliticizzazione del clero, e quelli su cui bisognava dare un'ulteriore chiarificazione, come nel caso delle feste nazionali con le rispettive benedizioni interconfessionali e delle minoranze nazionali[364]. I singoli articoli, qui appena accennati, saranno presentati nel prossimo capitolo, quando si seguiranno i loro sviluppi fino alla firma del concordato nel 1935.

Nella conferenza con il ministro della giustizia Maksimović si notava subito che egli aveva studiato il progetto nei minimi dettagli. Dopo aver ripassato alcuni temi "scottanti" (ordini religiosi, istruzione religiosa, scuole confessionali, «Sokol»), egli espresse un grande pessimismo circa le relazioni future tra lo Stato e la Chiesa cattolica, temendo che il concordato non sarebbe stato in grado di migliorarle. In quasi tutti gli argomenti principali mostrava la più forte opposizione allo schema e neanche Moscatello riusciva a convincerlo dell'utilità di tali formulazioni. Il consigliere ecclesiastico cercava di spiegargli che la Santa Sede non poteva semplicemente fare concessioni al governo o accettare qualsivoglia capitolazione

---

[362] ASV, Archivio della Prefettura, *Diari del card. Pellegrinetti*, 20 ottobre 1933, vol. 14, f. 2r.

[363] La documentazione dell'Archivio di Besednjak (BA), riguardante le conferenze sul concordato, fu recentemente utilizzata nell'articolo di G. Mithans, «Sklepanje jugoslovanskega konkordata», 132-136.

[364] Conferenza tra Moscatello, Jevtić e Lanović, Belgrado, 29 ottobre 1933, in BA, n. 122; Conferenza tra Moscatello, Jevtić e Maksimović, Belgrado, 15 novembre 1933, in BA, n. 127; G. Mithans, *Urejanje odnosov*, 224-227.

davanti allo Stato jugoslavo[365]. Più che le disposizioni concrete di alcuni articoli sembrava difficoltosa la mentalità di non pochi politici jugoslavi, per i quali la preoccupazione principale era di "salvaguardare" la costituzione e le leggi di Stato dalle "pericolose" disposizioni del concordato, dando l'impressione d'ispirarsi alle teorie concordatarie, tipiche dell'800. Un tale atteggiamento, secondo Moscatello, avrebbe impedito qualsiasi possibilità di raggiungere un'intesa bilaterale. Sembrava ci si dimenticasse che le leggi jugoslave non vincolavano l'altra parte contraente e che ogni concordato, appena firmato e ratificato, diveniva, a sua volta, legge di Stato, abrogando al contempo altre leggi, ad esso contrarie[366]. Il negoziatore segreto non nascose al ministro degli esteri le proprie perplessità nate da quest'incontro e definì la linea di Maksimović come la più *«estremista»*[367].

Le due ultime conferenze furono convocate allo scopo di preparare la risposta, includendo le osservazioni e aggiunte governative, da presentarsi a Pacelli al ritorno a Roma. Si sintetizzarono alcune proposte ritenute essenziali, senza le quali il governo jugoslavo non avrebbe firmato il concordato.

Si voleva, in primo luogo, ottenere dalla Santa Sede, alla stregua del concordato germanico, la proibizione dell'attività politica dei sacerdoti nei partiti. Il più intransigente su questo aspetto fu il presidente del consiglio Srškić, vantandosi che lo stesso nunzio gli avesse promesso, di propria iniziativa, di intercedere presso la Santa Sede per una tale disposizione[368]. Moscatello non era d'accordo con il detto articolo, poiché niente di ciò si trovava nelle sue istruzioni, prima dell'inizio dei

---

[365] Conferenza tra Moscatello, Jevtić e Maksimović, Belgrado, 15 novembre 1933, in BA, n. 127.

[366] APHZSJ, ostavština Moscatello, busta 2: *Bilješke [Memorie]*, p. 70; *Nikola Moscatello*, F. Veraja – S. Kljaić, ed., 109.

[367] Conferenza tra Moscatello e Jevtić, Belgrado, 16 novembre 1933, in BA, n. 128.

[368] Conferenza tra Moscatello, Jevtić e Besednjak, Belgrado, 18 novembre 1933, *ibidem*, n. 130. Senza far allusione alla "promessa" fatta nell'incontro con Srškić, il nunzio gli avrebbe invece assicurato che la Santa Sede non aveva mai appoggiato il politicantismo del clero e che, non per richiesta del governo, ma di propria iniziativa, aveva proposto che nel concordato venisse tutelata l'azione cattolica che doveva essere al di fuori e al di sopra d'ogni politica (Pellegrinetti a Pacelli, Belgrado, 31 luglio 1933, rapporto n. 14951 (minuta), in ASV, *Arch. Nunz. Jugoslavia*, busta 6, f. 254rv). Abbiamo già menzionato anche il suo parere, alla richiesta del segretario di Stato, definendo come *«accettabile»* la limitazione dell'attività politica del clero, redatta sulla falsariga del relativo articolo del concordato tedesco (Pellegrinetti a Pacelli, Roma, 21 ottobre 1933, rapporto n. 3006/33 (Segreteria di Stato), in S.RR.SS., AA.EE.SS., *Jugoslavia*, pos. 96, fasc. 55, ff. 29r-30r).

negoziati con Roma, e non sapeva come avrebbe reagito Pacelli, che prima della partenza a Belgrado gli aveva detto: «*Alles steht und fällt zusammen*»[369]. Jevtić, che in tante questioni appoggiava e difendeva Moscatello, in questo caso si unì alla richiesta del presidente del governo. Bisogna dire che pure il re si mostrò entusiasta per una soluzione di questo tipo[370]. Comunque sia, Moscatello biasimò la "promessa" di Pellegrinetti, considerandolo, insieme all'"antinazionale" arcivescovo Šarić, un elemento perturbatore della felice conclusione del concordato[371].

La seconda richiesta, irrinunciabile per Belgrado, riguardava la modifica e l'aggiunta dell'articolo sulle minoranze nazionali, ove, su proposta di Besednjak, si voleva introdurre il principio di reciprocità: il governo jugoslavo avrebbe rispettato i diritti delle minoranze allogene nella stessa misura in cui altri Paesi avrebbero rispettato i diritti della minoranza jugoslava[372]. Una disposizione del genere avrebbe dato un sostegno morale alla minoranza slava in Italia, poiché in forza di tale articolo la Santa Sede avrebbe riconosciuto alla Jugoslavia il diritto di intervenire in favore dei connazionali in Venezia Giulia, ciò che fino a quel momento non era giuridicamente possibile[373].

La terza condizione essenziale riguardava il carattere nazionale dell'istruzione religiosa. Solo con la formale garanzia di una formazione patriottica della gioventù nelle scuole confessionali, il governo poteva concedere il permesso di fondare nuove scuole cattoliche[374]. L'aggiunta sul patriottismo non fu richiesta dal governo, ma fu introdotta dallo stesso Moscatello e da Besednjak, qualche giorno prima della conferenza con Maksimović. Si convinsero che tale assicurazione avrebbe almeno un po' tranquillizzato il ministro della giustizia[375], molto dubbioso sull'atteggiamento patriottico dell'elemento cattolico jugoslavo.

L'ultima esigenza prevedeva il permesso per i sacerdoti cattolici di prendere parte

---

[369] Conferenza tra Moscatello, Jevtić e Lanović, Belgrado, 29 ottobre 1933, in BA, n. 122; E. PELIKAN, *Tajno delovanje*, 625.

[370] Incontro tra il re Aleksandar e Besednjak, Belgrado, 28 ottobre 1933, rapporto di Besednjak, in BA, n. 120; Appunti personali di Besednjak, in BA, n. 648; E. PELIKAN, *Tajno delovanje*, 619-620.

[371] Conferenza tra Moscatello, Jevtić e Besednjak, Belgrado, 18 novembre 1933, in BA, n. 130.

[372] *Ibidem.*

[373] Incontro tra il re Aleksandar e Besednjak, Belgrado, 28 ottobre 1933, rapporto di Besednjak, in BA, n. 120; Appunti personali di Besednjak, in BA, n. 648; E. PELIKAN, *Tajno delovanje*, 611-612.

[374] Conferenza tra Moscatello, Jevtić e Besednjak, Belgrado, 18 novembre 1933, in BA, n. 130.

[375] Conferenza tra Moscatello, Jevtić e Srškić, Belgrado, 17 novembre 1933, *ibidem*, n. 129.

alle benedizioni interconfessionali, assai caratteristiche in occasione delle feste nazionali. Si chiedeva, in pratica, di annullare il decreto del 1932, in virtù del quale la Santa Sede aveva proibito ai sacerdoti cattolici di benedire, contemporaneamente ai ministri di altre confessioni e fedi, oggetti ed edifici[376]. Moscatello difendeva la presenza del clero cattolico a tali cerimonie, affermando che in questo caso non si trattava di una vera *communicatio in sacris*, perché l'intervento dei ministri dei diversi culti non era simultaneo, né si trattava di cerimonie in templi, ma all'aperto. I sacerdoti cattolici vi avrebbero preso parte già dal 1918, senza che nessuno vi trovasse alcun inconveniente. Senza l'intervento della Chiesa cattolica a queste cerimonie, lo Stato si sarebbe trovato indotto a laicizzare tutte le cerimonie pubbliche[377].

Furono queste le quattro condizioni essenziali per la firma del concordato, portate da Moscatello a Roma. L'atteggiamento del governo in questa fase potrebbe essere analizzato su due livelli. Da una parte tutti vedevano la necessità e l'utilità del concordato, considerato un elemento che avrebbe rafforzato la posizione interna e internazionale della Jugoslavia. Più problematico sembrava il suo contenuto, cioè l'aspetto religioso in sé, specie laddove la Chiesa rivendicava alcuni ambiti, da tempo sotto controllo dello Stato: beni ecclesiastici, istruzione, attività degli ordini religiosi, associazioni giovanili.

Quale fu la reazione della Segreteria di Stato a queste prime consultazioni belgradesi e alle conclusioni del governo jugoslavo, che Moscatello presentò in Vaticano alle fine di novembre 1933? Il nunzio Pellegrinetti fu molto deluso, ritenendo che l'ultima redazione, rispetto a quella del settembre precedente, fosse in alcuni punti «*un passo in addietro*»[378] o, nel caso migliore, un «*progresso di*

---

[376] Conferenza tra Moscatello, Jevtić e Besednjak, Belgrado, 18 novembre 1933, in BA, n. 130. Il decreto della congregazione del Santo Uffizio del 23 dicembre 1932, n. 753/31, si trova in S.RR.SS., AA.EE.SS., *Jugoslavia*, pos. 96, fasc. 57, f. 103r. Si veda, al riguardo, anche CIC 17, Can. 1258, §§ 1-2: «*Haud licitum est fidelibus quovis modo active assistere seu partem habere in sacris acatholicorum. Tolerari potest praesentia passiva seu mere materialis, civilis officii vel honoris causa, ob gravem rationem ab Episcopo in casu dubii probandam, in acatholicorum funeribus, nuptiis similibusque sollemniis, dummodo perversionis et scandali periculum absit*»: AAS 9/II (1917) 245.

[377] Proposte di modificazioni di Moscatello, [Roma, novembre 1933], n. 3380 (Segreteria di Stato), in S.RR.SS., AA.EE.SS., *Jugoslavia*, pos. 96, fasc. 57, ff. 92-93.

[378] Pellegrinetti a Pacelli, Belgrado, 6 dicembre 1933, rapporto n. 15357, *ibidem*, f. 107v.

gamberi, o tela di Penelope». Ciò dava l'impressione che non ci fosse molta ragione per sperare[379]. Gli si confermarono i dubbi, avanzati all'inizio della "svolta", sui poteri di Moscatello nelle trattative segrete. Ora era chiaro che il consigliere ecclesiastico non poteva parlare sempre a nome del re, illuso che tutti i frutti della sua negoziazione sarebbero stati accettati a Belgrado[380]. Nel complesso, però, il nuovo schema gli sembrava pur sempre un progresso di fronte a quello del 1931, e c'era comunque la possibilità di migliorare la formulazione di alcuni punti come compenso per le nuove richieste jugoslave[381].

2.3 *Ulteriore itinerario delle trattative concordatarie fino alla firma*

Con il ritorno di Moscatello a Roma con le nuove proposte governative[382], si ripresero le trattative con il segretario di Stato. A proposito delle quattro questioni fondamentali, la reazione della Santa Sede non era univoca. Su certi argomenti, ad esempio sulle aggiunte per l'istruzione patriottica nelle scuole confessionali, sull'opportunità di chiedere la limitazione dell'attività politica del clero cattolico e sulla reciprocità dei diritti delle minoranze nazionali, essa non mostrava grosse resistenze. Più complessa appariva la questione *sine qua non* delle benedizioni interconfessionali, in collegamento con le preghiere per il sovrano, essendosi in questo caso la Segreteria di Stato dovuta rivolgere alla congregazione del Sant'Uffizio chiedendone il parere[383]. Bisogna ribadire che il governo jugoslavo non cercava necessariamente tramite un articolo di concordato la garanzia per la partecipazione dei sacerdoti cattolici alle dette cerimonie, bensì sotto qualsiasi forma scritta, che fosse stata mandata al ministro degli esteri. Nell'ultimo paragrafo dell'art. V, le benedizioni interconfessionali erano già inglobate nelle feste nazionali, per le quali le autorità civili garantivano la partecipazione del clero e popolo cattolico[384].

La congregazione del Sant'Uffizio, estendendo da una parte la recita delle preghiere pubbliche già in uso per i sovrani anche ai membri della famiglia reale,

---

[379] ASV, Archivio della Prefettura, *Diari del card. Pellegrinetti*, 2 dicembre 1933, vol. 14, f. 8v.

[380] *Ibidem*, ff. 8v-8rbis.

[381] Pellegrinetti a Pacelli, Roma, rapporto n. 1700/33 (Segreteria di Stato), in S.RR.SS., AA.EE.SS., *Jugoslavia*, pos. 96, fasc. 56, f. 40.

[382] Proposte di modificazioni di Moscatello, [Roma, novembre 1933], n. 3380 (Segreteria di Stato), *ibidem*, fasc. 57, ff. 92-99.

[383] Pacelli a Sbarretti, Vaticano, 16 dicembre 1933, dispaccio n. 3556/33 (minuta), *ibidem*, ff. 109-110.

[384] Schema di concordato, 16 novembre 1933, in BA, n. 121.

chiese, d'altra parte, la soppressione completa del paragrafo, ove si parlava di feste nazionali e benedizioni delle bandiere[385]. Gli schemi posteriori dimostrano che la richiesta fu rispettata, però solo dopo un percorso molto arduo, in cui anche il re avrebbe mostrato il proprio fastidio per le esigenze vaticane. Besednjak convinse il sovrano che con la soppressione del paragrafo dal concordato la questione rimaneva ancora aperta, come oggetto dei futuri negoziati[386]. La Francia stessa intervenne presso il governo jugoslavo affinché non insistesse troppo su questo argomento. Arrivare quanto prima al concordato, elemento fondamentale per la stabilità politica e religiosa, era per lei un valore più grande anche di fronte ad alcune concessioni ritenute fondamentali[387].

Nel febbraio 1934 Moscatello fu nuovamente chiamato a Belgrado[388] a presentare le ultime controproposte vaticane. Di questo suo secondo viaggio a Belgrado non abbiamo a disposizione alcun protocollo di sedute, ma soltanto il promemoria di Moscatello, consegnato nuovamente in Segreteria di Stato nell'aprile 1934[389].

Rispetto alle ultime conferenze a Belgrado la situazione politica era alquanto cambiata, in seguito alle dimissioni del presidente del consiglio Srškić, alla fine di gennaio 1934. A lui successe Uzunović, già a capo dei quattro governi tra il 1926 e il 1927, che però rimase completamente all'oscuro della cosa. Alcune testimonianze raccolte dallo storico Mužić, fanno intuire grosse difficoltà nel portare avanti le trattative sotto il nuovo presidente del governo, che rimase a capo di tre esecutivi, fino al dicembre dello stesso anno. Il ministro degli esteri Jevtić gli avrebbe consegnato il progetto di concor-

---

[385] Sbarretti a Pacelli, Vaticano, 3 febbraio 1934, dispaccio n. 753/31, in S.RR.SS., AA.EE.SS., *Jugoslavia*, pos. 96, fasc. 58, f. 9r.

[386] Lettera di Besednjak al re Aleksandar, 7 marzo 1934, in BA 899: cit. da E. PELIKAN, *Tajno delovanje*, 626.

[387] Udienza privata del card. Pacelli con l'ambasciatore di Francia, 15 dicembre 1933, in S.RR.SS., AA.EE.SS., *Stati Ecclesiastici*, pos. 430B, fasc. 360, f. 44r; Udienza privata del card. Pacelli con l'ambasciatore di Francia, 19 gennaio 1934, *ibidem*, f. 76r; Udienza privata del card. Pacelli con l'ambasciatore di Francia, 18 maggio 1934, *ibidem*, fasc. 361, f. 11r.

[388] Jevtić a Simić, Belgrado, 5 febbraio 1934, telegramma n. 2479, in AJ, *Poslanstvo Kraljevine Jugoslavije pri Svetoj Stolici (372)*, fasc. 11, [mappa 3/I], ff. n.n.; Udienza privata del card. Pacelli con il ministro di Jugoslavia, 17 febbraio 1934, in S.RR.SS., AA.EE.SS., *Stati Ecclesiastici*, pos. 430B, fasc. 360, f. 93r.

[389] Promemoria con le modificazioni di Moscatello, [Roma, aprile 1934], n. 1314/34 (Segreteria di Stato), in S.RR.SS., AA.EE.SS., *Jugoslavia*, pos. 96, fasc. 58, ff. 22r-23v.

dato e questi si sarebbe rivolto poi a Maksimović, ancora ministro della giustizia. Avendo quest'ultimo rinnovato le sue riserve contro lo schema, Uzunović avrebbe proposto al re di tenere una conferenza insieme al ministro degli esteri e al ministro della giustizia per trovare una soluzione comune. Dopo questa proposta non si sarebbe più toccato l'argomento fino alla fine della sua carica[390].

Forse può sorprendere che nelle suddette testimonianze non si menzioni Moscatello, che anche quell'anno, almeno in due occasioni, si era trattenuto a Belgrado. Si potrebbe pensare che questa volta egli si sia incontrato esclusivamente con il ministro Jevtić, per preparare il promemoria di modifica per alcuni articoli. Solo per l'ottobre seguente si è riusciti a trovare un protocollo dell'Archivio privato di Besednjak, dove Moscatello incontrava ancora una volta Maksimović[391]. Nei diari di Pellegrinetti si menziona la presenza di Moscatello tra il febbraio e il marzo 1934 a Belgrado, allo scopo di portare avanti il discorso sul concordato. Sia il ministro Jevtić[392] che il re Aleksandar[393] avrebbero promesso un «*passo decisivo*» per il concordato, affinché fosse concluso «*in brevissimo tempo*». La Francia, d'altra parte, faceva pressione sulla Santa Sede per la conclusione del concordato con la Jugoslavia e per un accomodamento con la Cecoslovacchia, affinché, accanto agli accordi raggiunti con i Paesi di lingua tedesca (Baden, Austria, Germania) ve ne fossero anche altri con la «Piccola Intesa», il che avrebbe giovato anche all'opinione pubblica[394].

Moscatello portò da Belgrado, nell'aprile 1934, nuove proposte governative, meno numerose e incisive rispetto alle precedenti[395]. Dopo aver fornito le proprie

---

[390] I. MUŽIĆ, *Katolička crkva*, 74. L'autore cita F. Nikić con le testimonianze personali di Bore Jevtić, fratello del ministro Bogoljub Jevtić, e dello stesso presidente del governo Uzunović (*Kazivanje Bore Jevtića u vezi izrade konkordata*, manoscritto; *Kazivanje Nikole Uzunovića, predsednika vlade, u vezi izrade konkordata*, manoscritto).

[391] Conferenza tra Moscatello e Maksimović, Belgrado, 8 ottobre 1934, in BA, n. 131.

[392] ASV, Archivio della Prefettura, *Diari del card. Pellegrinetti*, 24 marzo 1934, vol. 14, f. 23r.

[393] *Ibidem*, 13 aprile 1934, vol. 14, f. 26v; Pellegrinetti a Pacelli, Belgrado, 25 aprile 1934, rapporto n. 15977, in S.RR.SS., AA.EE.SS., *Jugoslavia*, pos. 96, fasc. 58, f. 20r.

[394] Udienza privata del card. Pacelli con l'ambasciatore di Francia, 23 marzo 1934, in S.RR.SS., AA.EE.SS., *Stati Ecclesiastici*, pos. 430B, fasc. 360, f. 118r; Udienza privata del card. Pacelli con l'ambasciatore di Francia, 18 maggio 1934, *ibidem*, fasc. 361, f. 11r; Udienza privata del card. Pacelli con l'ambasciatore di Francia, 25 maggio 1934, *ibidem*, f. 16r; Udienza privata del card. Pacelli con l'ambasciatore di Francia, 1° giugno 1934, *ibidem*, f. 20r.

[395] Promemoria con le modificazioni di Moscatello, [Roma, aprile 1934], n. 1314/34 (Segreteria di Stato), in S.RR.SS., AA.EE.SS., *Jugoslavia*, pos. 96, fasc. 58, ff. 22r-23v.

osservazioni sugli ultimi sviluppi dei singoli articoli, Pellegrinetti mise in guardia dall'opposizione al concordato, proveniente sia dalla massoneria, come anche dalla gerarchia serbo-ortodossa e dai nazionalisti cattolici croati e sloveni. I gruppi, per natura in forte contrasto tra loro, si sarebbero uniti nella protesta contro l'accordo[396]. Nell'utimo capitolo si affronterà tale paradosso.

Quando il pontefice si domandò in che modo la Santa Sede avrebbe potuto ovviare all'evidente malcontento, presente tra i croati, «*la parte migliore dei cattolici*»[397], il nunzio rispose che soluzione andava cercata nella conclusione di un buon concordato, nello spirito degli ultimi, ove la libertà della missione religiosa sarebbe stata meglio garantita. Un concordato che avrebbe sancito i diritti essenziali della Chiesa, non avrebbe potuto non avere un effetto di pacificazione, almeno parziale, tra i croati[398]. Il papa fu molto sensibile al discorso, legato alla libera missione della Chiesa, perciò volle assicurare la libertà effettiva delle organizzazioni e associazioni giovanili, tanto più dopo l'«*esperienza nefanda*» della Germania; altrimenti egli non avrebbe firmato il concordato[399].

Un altro punto dolente in quel momento sembrava l'esecuzione della nuova legge agraria, votata nel 1933, che procedeva a ulteriori espropriazioni dei beni ecclesiastici. Il nunzio propose di far comprendere ai negoziatori governativi che, almeno nella dirittura d'arrivo delle trattative, si lasciasse da parte ogni provvedimento che peggiorasse la situazione patrimoniale della Chiesa cattolica in Jugoslavia[400]. Su questo problema egli avvertì anche Jevtić, all'inizio di maggio 1934, il quale, passando al testo del concordato, gli avrebbe detto che c'erano ancora difficoltà su pochi punti, tra cui la scuola, e che aspettava una risposta a certe sue proposizioni[401].

---

[396] Pellegrinetti a Pacelli, Belgrado, 25 aprile 1934, rapporto n. 15977, *ibidem*, f. 20rv.

[397] Udienza del card. Pacelli con il pontefice, 28 aprile 1934, in S.RR.SS., AA.EE.SS., *Stati Ecclesiastici*, pos. 430A, fasc. 350, f. 14r, Pacelli a Pellegrinetti, Vaticano, 28 aprile 1934, cifrato n. 75, in S.RR.SS., AA.EE.SS., *Jugoslavia*, pos. 96, fasc. 58, f. 25r.

[398] Pellegrinetti a Pacelli, Belgrado, 30 aprile 1934, rapporto n. 16000, in S.RR.SS., AA.EE.SS., *Jugoslavia*, pos. 96, fasc. 60, ff. 74v-75r.

[399] Udienza del card. Pacelli con il pontefice, 4 maggio 1934, in S.RR.SS., AA.EE.SS., *Stati Ecclesiastici*, pos. 430A, fasc. 350, f. 16r.

[400] Pellegrinetti a Pacelli, Belgrado, 25 aprile 1934, rapporto n. 15977, in S.RR.SS., AA.EE.SS., *Jugoslavia*, pos. 96, fasc. 58, f. 21r.

[401] Pellegrinetti a Pacelli, Belgrado, 8 maggio 1934, rapporto n. 16036 (minuta), in ASV, *Arch. Nunz. Jugoslavia*, busta 6, f. 371r.

Dopo successivi colloqui tra Pacelli e Moscatello, alla fine di maggio 1934, al nunzio fu nuovamente chiesto di esporre il proprio parere su «*un'ultima redazione*» del concordato[402]. Il nuovo testo gli sembrava talmente migliore di quello del 1931, che, secondo lui, non soltanto poteva servire come base per ulteriori trattative, ma anche essere, salvo poche modifiche, accettato come era proposto. Si poteva sperare d'essere «*al principio della fine*»[403]. In seguito ad una nuova analisi minuta dei singoli articoli, egli concludeva che l'ultimo progetto era buono e opportuno e che in diversi punti rappresentava quanto di meglio in concreto si potesse ottenere nelle attuali circostanze. Confidava perciò che se il governo jugoslavo non fosse venuto fuori con nuove inaccettabili proposte, finalmente anche questo concordato, «*dopo sì lunga gestazione*» sarebbe presto venuto alla luce, sano e vitale[404].

Sia Pellegrinetti che Moscatello avanzarono, ciononostante, alcune osservazioni critiche e avvertenze.

Moscatello credeva che il governo non avrebbe accettato alcune nuove formulazioni degli articoli. Prevedeva forti proteste per l'articolo circa il matrimonio (art. XXXI) e i gruppi di Azione Cattolica (art. XXXII), ove la Santa Sede chiedeva espressamente che le «*honnêtes distractions récréatives et instructives*» non fossero in contrasto con la promozione della vita religiosa e morale, formulazione già accettata dal governo. Il governo, infatti, avrebbe avuto paura dell'estensione del raggio d'azione delle associazioni religiose, non volendo dare adito alla rinascita di associazioni come gli «Orlovi», e voleva mantenere il monopolio statale sull'educazione fisica[405]. La Santa Sede, tenendo conto dell'esperienza negativa tedesca, invece, non si accontentava del restringimento delle associazioni giovanili all'ambito esclusivamente spirituale e rivendicava più spazio per la loro libertà d'azione.

---

[402] Pizzardo a Pellegrinetti, Vaticano, 21 maggio 1934, dispaccio n. 1648/34, in ASV, *Arch. Nunz. Jugoslavia*, busta 8, f. 433r; Pizzardo a Pellegrinetti, Vaticano, 24 maggio 1934, dispaccio n. 1716/34, *ibidem*, f. 434r. Il testo di quest'ultima redazione si veda in: S.RR.SS., AA.EE.SS., *Rapporti delle Sessioni*, anno 1934, Sessione 1360, stampa 1247, «Jugoslavia. Nuovo progetto di Concordato», 24 giugno 1934, Sommario, n. VI, pp. 44-90.

[403] Pellegrinetti a Pacelli, Belgrado, 1° giugno 1934, rapporto n. 16154, in S.RR.SS., AA.EE.SS., *Jugoslavia*, pos. 96, fasc. 58, f. 34r.

[404] *Ibidem*, f. 43v.

[405] S.RR.SS., AA.EE.SS., *Rapporti delle Sessioni*, anno 1934, Sessione 1360, stampa 1247, «Jugoslavia. Nuovo progetto di Concordato», 24 giugno 1934, Sommario, n. VI, pp. 83-84.

Il 24 giugno 1934 furono convocati, come già tre anni prima, i cardinali della congregazione degli affari ecclesiastici straordinari per discutere sull'ultimo schema di concordato[406]. Avevano il compito di rispondere a due quesiti: se nelle attuali circostanze convenisse concludere un concordato con la Jugoslavia e, *quatenus affermative*, se e come si potesse accettare il progetto in esame[407].

Il cardinale Gasparri osservava che l'atmosfera internazionale fosse poco favorevole alla conclusione del concordato, perché i timori di una guerra sembravano intensificarsi. Siamo, infatti, nel periodo di poco successivo all'uscita della Germania dalla «Società delle Nazioni» (ottobre 1933), ai «Protocolli di Roma» tra Italia, Austria, Ungheria (marzo 1934), allo storico incontro tra Hilter e Mussolini a Venezia sul destino dell'Austria (giugno 1934). Entrando nel merito del progetto, Gasparri vi vedeva un grande miglioramento rispetto a quello passato (1931) ed esprimeva il suo compiacimento per il segretario di Stato e Moscatello. Tranne alcune osservazioni d'ordine secondario il concordato, per lui, poteva essere approvato[408].

Il segretario di Stato, riguardo al primo quesito sulle attuali circostanze, era meno preoccupato della congiuntura politica internazionale che della situazione in Jugoslavia, ove alcuni membri dell'epicopato sarebbero stati contrari al concordato perché vedevano in esso il rafforzamento di un regime che era tutto in mano ai serbi ortodossi e che non avrebbe tenuto sufficientemente conto del numero dei cattolici. I vescovi, inoltre, non avevano fiducia nel governo e temevano che il concordato non sarebbe stato osservato[409].

A tal proposito è doveroso ricordare che, qualche mese prima dell'adunanza cardinalizia, il politico croato Ante Trumbić, il primo ministro degli esteri nel Regno SHS, deluso del percorso degli ultimi due decenni, mandava al segretario di Stato, tramite il suo "corriere", l'arcivescovo Šarić, una lettera nella quale, con le motivazioni ripetute da Pacelli, implorava di non procedere alla firma del concordato: «*Per ora, nessun Concordato!*»[410].

---

[406] Furono presenti i seguenti cardinali: Granito di Belmonte, Pietro Gasparri, Rossi, Serafini e Pacelli (*ibidem*, Verbale, f. 1).

[407] *Ibidem*, Relazione, p. 12.

[408] *Ibidem*, Verbale, f. 1.

[409] *Ibidem*, Verbale, ff. 1-2.

[410] Trumbić a Pacelli, Sarajevo, 8 maggio 1934, lettera n. 2114/34 (Segreteria di Stato), in S.RR.SS., AA.EE.SS., *Jugoslavia*, pos. 96, fasc. 58, ff. 49r-52v.

Pacelli aveva in mente un'altra strategia: il concordato avrebbe costituito una base giuridica per le rivendicazioni della Chiesa, base che fino a quel momento mancava. Anche se il concordato non fosse stato osservato integralmente, come in qualche punto di quello tedesco, avrebbe costituito sempre, come per la Germania, un miglioramento sulla situazione precedente, quando tutto si lasciava all'arbitrarietà statale. Conveniva però dilazionare la conclusione dell'accordo per vedere se il clima internazionale sarebbe diventato un po' più favorevole. Si concluse, quindi, che prima di portare a conoscenza del governo le proposte di miglioramento preparate dai cardinali, sarebbero dovuti passare alcuni mesi, come auspicato da Gasparri[411].

Per i mesi di luglio e agosto, infatti, troviamo un abbondante materiale archivistico con successive proposte di modifiche, da parte di alcuni cardinali (Rossi[412]), altri funzionari della Santa Sede (monsignor Ruffini[413]), di Moscatello[414] e del nunzio Pellegrinetti[415]. Si pensava di consegnare, a metà agosto, l'ultimo schema di concordato, al governo jugoslavo, allo scopo di arrivare quanto prima alla firma, possibilmente ancora prima del viaggio del segretario di Stato al congresso eucaristico di Buenos Aires (23 settembre 1934)[416].

Qui spunta, spontaneamente, la domanda sul ruolo dei vescovi jugoslavi: furono veramente del tutto esclusi dalle trattative segrete? Ed è per tale motivo che non

---

[411] S.RR.SS., AA.EE.SS., *Rapporti delle Sessioni*, anno 1934, Sessione 1360, stampa 1247, «Jugoslavia. Nuovo progetto di Concordato», 24 giugno 1934, Verbale, f. 2; M. VALENTE, «Santa Sede e Jugoslavia», 238.

[412] Osservazioni del card. Rossi, Vaticano, 12 luglio 1934, in S.RR.SS., AA.EE.SS., *Jugoslavia*, pos. 96, fasc. 58, ff. 26-28. Il cardinale aveva preparato già in precedenza alcune proposte, commentate poi da Moscatello.

[413] Osservazioni di Ruffini, Vaticano, 16 luglio 1934, *ibidem*, ff. 76-80.

[414] Osservazioni di Moscatello, Vaticano, [prima del 12 luglio 1934], *ibidem*, fasc. 61, ff. 24-52.

[415] Pellegrinetti a Pacelli, Roma, 11 agosto 1934, rapporto n. 2707 (Segreteria di Stato), in S.RR.SS., AA.EE.SS., *Jugoslavia*, pos. 96, fasc. 58, ff. 73r-75vbis; si veda anche l'appunto personale di Pellegrinetti, Roma, 10 agosto 1934, n. 16626, in ASV, *Arch. Nunz. Jugoslavia*, busta 8, f. 536r.

[416] ASV, Archivio della Prefettura, *Diari del card. Pellegrinetti*, 10 agosto 1934, vol. 14, f. 43r; Conferenza tra Moscatello e Maksimović, Belgrado, 8 ottobre 1934, in BA, n. 131; Bertoli a Pacelli, Belgrado, 4 settembre 1934, rapporto n. 16544, in S.RR.SS., AA.EE.SS., *Jugoslavia*, pos. 96, fasc. 59, f. 3r.

avrebbero appoggiato – come dovuto – il concordato, assumendo un atteggiamento di riserva verso la sua ratifica nel 1937? Mužić sottolinea lo scarso interessamento dell'episcopato per il concordato, che sarebbe stato preparato senza il suo coinvolgimento[417]. Riguardo alla poca fiducia dell'episcopato nell'efficacia del concordato e, in conseguenza, alla sua parziale opposizione all'accordo, possiamo confermare le intuizioni dello storico verificate ulteriormente da alcuni documenti archivistici appena citati. Circa la loro presunta esclusione dalle trattative segrete bisogna però rilevare che, alla stregua della tattica adottata già nel 1931, alcuni di essi furono direttamente coinvolti nell'elaborazione finale del testo.

Nell'agosto 1933 il nunzio aveva già letto, sotto segreto, lo schema del concordato al vescovo Njaradi, il quale, in quell'occasione, propose che vi si garantissero le scuole magistrali cattoliche[418]. Nel maggio 1934 Pellegrinetti fece vedere il nuovo schema aggiornato all'arcivescovo Bauer, che non avrebbe fatto obiezioni[419]. Alla conferenza dei vescovi, presenti a Zagabria in occasione della consacrazione del coadiutore Stepinac, nel giugno 1934, il vescovo di Ragusa Carević esprimeva il desiderio che il papa chiamasse alcuni vescovi per aiutare alla formulazione definitiva del testo del concordato[420]; a tale scopo i vescovi scrissero una petizione al pontefice[421].

Dopo le titubanze iniziali[422], il papa accolse la domanda[423], da realizzarsi «*subito*»[424], e già tra la fine di luglio e l'inizio di agosto i rappresentanti dell'episcopato

---

[417] I. Mužić, *Katolička crkva*, 71, 76-77, 196, 202.

[418] ASV, Archivio della Prefettura, *Diari del card. Pellegrinetti*, 10 e 12 agosto 1933, vol. 13, ff. 91v-92r; Pellegrinetti a Pacelli, Belgrado, 16 agosto 1933, rapporto n. 15013, in S.RR.SS., AA.EE.SS., *Jugoslavia*, pos. 96, fasc. 57, f. 77r.

[419] ASV, Archivio della Prefettura, *Diari del card. Pellegrinetti*, 26 maggio 1934, vol. 14, f. 32v.

[420] *Ibidem*, 24 giugno 1934, vol. 14, f. 36v; Pellegrinetti a Pacelli, Belgrado, 25 giugno 1934, rapporto n. 16265, in S.RR.SS., AA.EE.SS., *Jugoslavia*, pos. 96, fasc. 58, f 44v.

[421] Bauer a Pio XI, Zagabria, 25 giugno 1934, nota n. 110, in S.RR.SS., AA.EE.SS., *Jugoslavia*, pos. 96, fasc. 58, f. 64r; Pellegrinetti a Pacelli, Belgrado, 14 luglio 1934, rapporto n. 16339, *ibidem*, f. 63r.

[422] Udienza del card. Pacelli con il pontefice, 30 giugno 1934, in S.RR.SS., AA.EE.SS., *Stati Ecclesiastici*, pos. 430A, fasc. 350, f. 61r.

[423] Pacelli a Pellegrinetti, Vaticano, 15 luglio 1934, cifrato n. 82 (2350/34), in S.RR.SS., AA.EE.SS., *Jugoslavia*, pos. 96, fasc. 58, f. 66r.

[424] Pacelli a Pellegrinetti, Vaticano, 17 luglio 1934, cifrato n. 83 (2350/34), *ibidem*, f. 67r.

Bauer[425], Carević[426] e Rožman[427] andarono a Roma, per vedere il nuovo schema, prima di essere sottoposto per l'ultima volta al governo[428]. In generale essi apparivano contenti del progetto e vi proposero solo pochi ritocchi[429]. Anche Moscatello, nelle sue «Memorie», menzionava l'arrivo dei tre vescovi a Roma, che sarebbero venuti, anzi, per un suo consiglio nei confronti della Segreteria di Stato. Aggiungeva che i vescovi sarebbero rimasti soddisfatti dei risultati ottenuti[430].

Quali furono gli ultimi ritocchi rilevanti, proposti dalle due parti contraenti e dall'episcopato, prima che lo schema avesse fatto l'ultimo viaggio previsto per Belgrado? Quanto all'enumerazione, si fecero due piccole modifiche: il paragrafo sulla limitazione dell'attività politica per il clero divenne un articolo indipendente (art. VIII) e l'articolo circa il servizio militare per gli ecclesiastici venne spostato (dall'art. XXV al XXX), in modo da essere inserito tra l'articolo sull'assistenza religiosa negli ospedali, orfanotrofi, asili, case di correzione, istituti penitenziari (art. XXIX) e quello sull'assistenza nell'esercito (art. XXXI)[431].

Più significative furono alcune proposte di modifiche circa il contenuto. Un grosso ostacolo si presentava di fronte agli articoli riguardanti la lingua delle minoranze nazionali, situate in Jugoslavia. Il nunzio ripeteva la sua preoccupazione per la formulazione dei diritti delle minoranze in chiave reciproca, che non garantiva

---

[425] Pellegrinetti a Bauer, Belgrado, 18 luglio 1934, dispaccio n. 16362 (minuta), in ASV, *Arch. Nunz. Jugoslavia*, busta 8, f. 533r.

[426] Pellegrinetti a Carević, Belgrado, 18 luglio 1934, dispaccio n. 16361 (minuta), *ibidem*, f. 534r. Tra i vescovi, al posto di Carević, era previsto Mileta, perciò questi rimase molto male della scelta del nunzio (Pellegrinetti a Mileta, Belgrado, 28 luglio 1934, dispaccio n. 16410 (minuta), *ibidem*, f. 530r; ASV, Archivio della Prefettura, *Diari del card. Pellegrinetti*, 18 luglio 1934, vol. 14, f. 40rv).

[427] Pellegrinetti a Rožman, Belgrado, 18 luglio 1934, dispaccio n. 16363 (minuta), in ASV, *Arch. Nunz. Jugoslavia*, busta 8, f. 531r.

[428] Pellegrinetti a Pacelli, Belgrado, 28 luglio 1934, cifrato n. 54, in S.RR.SS., AA.EE.SS., *Jugoslavia*, pos. 96, fasc. 61, f. 53r.

[429] Proposte dei vescovi per il concordato, Carević a Pacelli, Roma, 4 agosto 1934, in S.RR.SS., AA.EE.SS., *Jugoslavia*, pos. 96, fasc. 60, ff. 79-82.

[430] APHZSJ, ostavština Moscatello, busta 2: *Bilješke [Memorie]*, p. 80; *Nikola Moscatello*, F. Veraja – S. Kljaić, ed., 121-122.

[431] Si veda, ad esempio, lo schema di concordato: ASV, *Arch. Nunz. Jugoslavia*, busta 8, ff. 449-483; cf. Osservazioni di Moscatello, Vaticano, [prima del 12 luglio 1934], in S.RR.SS., AA.EE.SS., *Jugoslavia*, pos. 96, fasc. 61, f. 32.

loro, in modo incondizionato, il diritto di usare la madrelingua nel culto, nell'insegnamento religioso e nelle associazioni ecclesiastiche (art. XI)[432]. Quest'articolo era in stretto rapporto con quello sulla lingua usata nelle parrocchie "allogene" (art. X), sulla lingua da adoperarsi nei seminari (art. XXIV) e nelle scuole confessionali (art. XXVIII), ove, tranne che per le materie teologiche, era previsto esclusivamente lo «*jugoslavo*»[433].

Il nunzio più volte ricordò al segretario di Stato quale grande concessione avesse fatto la Santa Sede al governo jugoslavo con questi articoli, dal momento che risultava impedita, se non in teoria certamente in pratica, la creazione di seminari e scuole confessionali per i numerosi cattolici tedeschi e magiari[434]. Nel frattempo giungevano alla Segreteria di Stato forti proteste da Budapest contro la politica jugoslava nei confronti della minoranza ungherese in Jugoslavia, che proibiva i «*diritti sacri e culturali*» circa l'utilizzo della madrelingua nell'educazione religiosa, inclusa la possibilità di avere proprie scuole confessionali e seminari[435]. Pacelli ne rimase molto colpito e fece riflettere Moscatello sui pericoli che potessero derivare alla Santa Sede da tale concessione. Moscatello si rifiutò di accettare cambiamenti, dichiarando che sarebbe stato inutile il suo viaggio a Belgrado con un'altra redazione[436].

Si ripropose il delicato tema della lingua liturgica paleoslava (annesso), per il quale il papa aveva già dato la propria "benedizione" per l'estensione del

---

[432] Pellegrinetti a Pacelli, Roma, 11 agosto 1934, rapporto n. 2707/34 (Segreteria di Stato), in S.RR.SS., AA.EE.SS., *Jugoslavia*, pos. 96, fasc. 58, f. 74r.

[433] S.RR.SS., AA.EE.SS., *Rapporti delle Sessioni*, anno 1934, Sessione 1360, stampa 1247, «Jugoslavia. Nuovo progetto di Concordato», 24 giugno 1934, Sommario, n. VI, pp. 72, 79.

[434] Pellegrinetti a Pacelli, Roma, 11 agosto 1934, rapporto n. 2707/34 (Segreteria di Stato), in S.RR.SS., AA.EE.SS., *Jugoslavia*, pos. 96, fasc. 58, ff. 74v-75r.

[435] Legazione ungherese presso la Santa Sede a Pacelli, Roma, 25 giugno 1934, nota n. 117/34, *ibidem*, ff. 60r-61v. Il governo rinnovò la protesta un anno più tardi: Legazione ungherese presso la Santa Sede a Pacelli, Roma, 7 giugno 1935, nota n. 80/35, *ibidem*, fasc. 63, f. 2rv. Già in passato l'Ungheria aveva messo più volte in risalto il pericolo per la sua minoranza in Jugoslavia, legato all'introduzione della lingua paleoslava nella liturgia. Si veda, ad esempio: Legazione ungherese presso la Santa Sede a Gasparri, Roma, 26 settembre 1925, nota n. 469/25, *ibidem*, pos. 9, fasc. 13, ff. 69r-70r; Legazione ungherese presso la Santa Sede a Gasparri, Roma, 6 novembre 1926, nota n. 704/26, *ibidem*, fasc. 15, f. 16rv.

[436] Appunti di Barbetta sull'incontro tra Pacelli e Moscatello, Vaticano, 11 agosto 1934, *ibidem*, pos. 96, fasc. 59, f. 9r; cf. anche Appunto della Segreteria di Stato, s.d., *ibidem*, fasc. 64, f. 15r.

privilegio, pur con precise condizioni, a tutta la Jugoslavia. Il nunzio con caparbietà ancora insisteva sulla pericolosità di una tale concessione, che avrebbe dato modo ai nazionalisti di esigere dai vescovi l'estensione del glagolitico. Più d'un vescovo si sarebbe perciò trovato «*tra l'incudine e il martello*»[437]. Moscatello, d'altra parte, supplicava che la Santa Sede non facesse un passo indietro rispetto a ciò che aveva lasciato sperare, essendo ormai stato detto al re che il papa avrebbe concesso l'estensione del glagolitico. Il timore di possibili abusi, a suo dire, era superfluo, giacché i vescovi sarebbero rimasti giudici sull'estensione e la Santa Sede avrebbe potuto esercitare su di loro la propria pressione. E finalmente, la Santa Sede non avrebbe potuto negare alla Jugoslavia ciò che aveva concesso già alla Serbia e al Montenegro[438]. Il nunzio non riuscì nel suo intento e la formulazione, stilizzata già nel 1933, rimase tale quale anche nel testo, firmato nel luglio 1935[439].

Molta attenzione si prestava, in questa ultima fase dei negoziati, alla mensa episcopale di Lubiana, "minacciata" più delle altre dalla riforma agraria, sulla quale il progetto di concordato già prevedeva un articolo (XXI → XXII). Tuttavia la posizione specifica della diocesi di Lubiana esigeva una dichiarazione a parte. Così nel protocollo finale – senza pubblicazione – il governo prometteva che la legge sulla riforma agraria non sarebbe stata applicata ai beni della mensa episcopale di Lubiana in modo meno favorevole di quello in cui era praticata in tutte le altre mense episcopali[440].

Perché la Santa Sede non si accontentava dell'articolo sulla riforma agraria e chiedeva una dichiarazione aggiuntiva per la mensa episcopale di Lubiana? Nel giugno 1933 fu votata la nuova legge sulla riforma agraria, che prevedeva l'ulteriore parcellazione dei latifondi ecclesiastici. Mentre per tutte le istituzioni

---

[437] Pellegrinetti a Pacelli, Belgrado, 1° giugno 1934, rapporto n. 16154, in S.RR.SS., AA.EE.SS., *Rapporti delle Sessioni*, anno 1934, Sessione 1360, stampa 1247, «Jugoslavia. Nuovo progetto di Concordato», 24 giugno 1934, Sommario, n. VI, pp. 88-89; Pellegrinetti a Pacelli, Roma, 11 agosto 1934, rapporto n. 2707 (Segreteria di Stato), in S.RR.SS., AA.EE.SS., *Jugoslavia*, pos. 96, fasc. 58, f. 75v.

[438] Osservazioni di Moscatello, Vaticano, [prima del 12 luglio 1934], in S.RR.SS., AA.EE.SS., *Jugoslavia*, pos. 96, fasc. 61, f. 50.

[439] *Enchiridion dei concordati*, 918-919.

[440] S.RR.SS., AA.EE.SS., *Rapporti delle Sessioni*, anno 1934, Sessione 1360, stampa 1247, «Jugoslavia. Nuovo progetto di Concordato», 24 giugno 1934, Sommario, n. VI, p. 90.

ecclesiastiche si diceva che le foreste «*potevano*» essere vendute, nel caso della diocesi di Lubiana, invece, la formulazione diceva «*dovevano*», facendo così della diocesi, guidata da Rožman, un caso speciale[441]. Per la posizione peggiore di questa mensa il segretario della nunziatura a Belgrado Bertoli incolpava l'elemento «*massonico liberale sloveno*»[442].

Nonostante le giustificazioni e le buone promesse da parte di Belgrado[443], si era dovuto assicurare, tramite una dichiarazione scritta, lo stesso trattamento dei beni della diocesi di Lubiana. Tale protocollo fu accettato dal governo jugoslavo già durante il primo soggiorno di Moscatello a Belgrado[444], però poche settimane dopo (16 dicembre 1933) fu firmato il decreto governativo con cui si toglieva la maggior parte delle foreste alla mensa episcopale di Lubiana, in cambio di un'indennità non equivalente[445]. Nel marzo 1934 il parlamento votava la nuova legge finanziaria, contenente anche l'articolo per sancire la parziale espropriazione della mensa di Lubiana[446]. Insieme ad essa furono esposte alla spoliazione anche la mensa episcopale di Đakovo, di Kalocsa per la parte dei suoi beni siti in Jugoslavia, il capitolo di Zagabria e qualche ente minore[447].

Mentre Moscatello, a metà dell'agosto 1934, tornava a Belgrado con l'ultimo progetto di concordato, si riunì la commissione della Banovina della Drava, per mettere in atto il decreto del dicembre 1933, decidendo l'espropriazione di 7000

---

[441] Pellegrinetti a Jevtić, Belgrado, 5 luglio 1933, nota n. 14812 (minuta), in ASV, *Arch. Nunz. Jugoslavia*, busta 7, f. 418rv; Pellegrinetti a Pacelli, Belgrado, 7 luglio 1933, rapporto n. 14813, in S.RR.SS., AA.EE.SS., *Jugoslavia*, pos. 96, fasc. 60, f. 2rv.

[442] Bertoli a Pacelli, Belgrado, 5 settembre 1934, rapporto n. 16544, in S.RR.SS., AA.EE.SS., *Jugoslavia*, pos. 96, fasc. 59, f. 2v.

[443] Pellegrinetti a Pacelli, Belgrado, 29 agosto 1933, rapporto n. 15050 (minuta), in ASV, *Arch. Nunz. Jugoslavia*, busta 7, f. 434rv.

[444] Conferenza tra Moscatello, Jevtić, Srškić e Lanović, Belgrado, 29 ottobre 1933, in BA, n. 124; Proposte di modificazioni di Moscatello, [Roma, novembre 1933], n. 3380 (Segreteria di Stato), in S.RR.SS., AA.EE.SS., *Jugoslavia*, pos. 96, fasc. 57, f. 96.

[445] Pellegrinetti a Jevtić, Belgrado, 17 dicembre 1933, nota n. 15406 (minuta), in ASV, *Arch. Nunz. Jugoslavia*, busta 7, f. 453r; B. KOLAR, «Škof Rožman», 125-126.

[446] Rožman a Pellegrinetti, Lubiana, 18 marzo 1934, lettera n. 15841 (Nunziatura), in ASV, *Arch. Nunz. Jugoslavia*, busta 7, f. 490rv; ASV, Archivio della Prefettura, *Diari del card. Pellegrinetti*, 14 marzo 1934, vol. 14, f. 21v.

[447] Pellegrinetti a Pacelli, Belgrado, 6 luglio 1934, rapporto n. 16292, in S.RR.SS., AA.EE.SS., *Jugoslavia*, pos. 96, fasc. 58, f. 56r.

ha della mensa episcopale, lasciando al proprietario solo 4000 ha[448]. Mancava solo l'approvazione del ministro dell'agricoltura, che sarebbe stato del tutto ignaro dell'impegno preso dal ministro degli esteri con la Santa Sede[449]. La nunziatura e la Segreteria di Stato protestarono più volte contro tale tentativo, che sarebbe stato in aperta opposizione allo spirito e alla lettera di tutto ciò che era oggetto delle trattative concordatarie[450]. Il vescovo Rožman avrebbe evitato l'attuazione del decreto nefasto tramite previi accordi individuali con diverse cooperative, alle quali senza pagamento avrebbe dato a disposizione terreni montuosi e foreste di alta montagna[451]. Anche se nella documentazione vaticana a nostra disposizione dopo il settembre 1934 non si tocca più lo scottante problema, nel concordato, firmato nel luglio 1935, troviamo ancora nel protocollo finale la dichiarazione del governo jugoslavo, con le debite garanzie circa la detta mensa.

Accanto ai punti centrali, appena trattati, furono realizzati alcuni ritocchi importanti anche su altre questioni, ad esempio il «fondo di religione» (art. XIX), i catechisti titolari (art. XXVI), il servizio militare (art. XXX), l'assistenza religiosa nell'esercito, specie per quanto riguarda la nomina dell'ordinario castrense (art. XXXI), il matrimonio (art. XXXII), i gruppi d'Azione Cattolica (art. XXXIII). Quest'ultimo tema sulle associazioni cattoliche provocò, più tardi, un nuovo incidente tra il governo jugoslavo e la Santa Sede, che procrastinò, oltre i tempi previsti, la firma del concordato. Gli ultimi sviluppi delle materie "principali" (nomine episcopali, ordini religiosi, beni ecclesiastici, istruzione religiosa, matrimonio) li analizzeremo a parte nel prossimo capitolo.

---

[448] Rožman a Pellegrinetti, Lubiana, 14 agosto 1934, lettera n. 16489 (Nunziatura), in ASV, *Arch. Nunz. Jugoslavia*, busta 7, ff. 597-598; Bertoli a Pacelli, Belgrado, 23 agosto 1934, rapporto n. 16503, in S.RR.SS., AA.EE.SS., *Jugoslavia*, pos. 96, fasc. 58, f. 87rv; Rožman a Pellegrinetti, Lubiana, 1° settembre 1934, lettera n. 16538 (Nunziatura), in ASV, *Arch. Nunz. Jugoslavia*, busta 6, f. 425rv.

[449] Rožman a Pacelli, Roma, 4 agosto 1934, lettera n. 2586/34 (Segreteria di Stato), in S.RR.SS., AA.EE.SS., *Jugoslavia*, pos. 96, fasc. 60, f. 77r; Rožman a Pellegrinetti, Lubiana, 14 agosto 1934, lettera n. 16489 (Nunziatura), in ASV, *Arch. Nunz. Jugoslavia*, busta 7, f. 597.

[450] Bertoli a Jevtić, Belgrado, 22 agosto 1934, nota n. 16502 (minuta), in ASV, *Arch. Nunz. Jugoslavia*, busta 7, f. 601r; Bertoli a Jevtić, Belgrado, 4 settembre 1934, nota n. 16543 (minuta), *ibidem*, busta 6, f. 428rv; Pacelli a Simić, Vaticano, 5 settembre 1934, nota n. 2887/34, in AJ, *Poslanstvo Kraljevine Jugoslavije pri Svetoj Stolici (372)*, fasc. 11, [mappa 3/IV], ff. n.n.

[451] B. KOLAR, «Škof Rožman», 126.

Pellegrinetti, dopo le modifiche nell'estate 1934, rimase ugualmente soddisfatto dell'ultima redazione dello schema, «*degna di sollecitarsene l'accettazione, sottoscrizione e leale applicazione in un formale Concordato*». Il testo, formulato così, gli sembrava «*essenzialmente buono ed accettabile*», poiché avrebbe contenuto alcuni punti che significavano un grande progresso per la Chiesa di fronte alla legislazione e alla prassi ancora vigente in Jugoslavia. Esso sarebbe stato addirittura «*migliore in sé di parecchi dei Concordati del dopoguerra*»[452]. Lo stesso avrebbe dichiarato Besednjak nel suo incontro con il re Aleksandar già nell'ottobre 1933[453].

Il terzo viaggio di Moscatello a Belgrado a metà agosto 1934 doveva essere l'ultimo, perciò Pacelli, ancora qualche giorno prima, aveva insistito con determinazione, seppur invano, sul cambiamento di certe formulazioni. Moscatello partiva con miste impressioni: si mostrava, sì, lieto d'essere alla fine di un percorso molto faticoso, ma pur sempre timoroso che alcuni punti non sarebbero stati accettati dal governo[454]. Si desiderava che il testo, revisionato ancora una volta a Belgrado, sarebbe stato sottoposto alla firma nel settembre 1934.

Il primo intoppo fu "provocato" dal ministro della giustizia Maksimović, che non avrebbe consegnato in tempo le proprie osservazioni al nuovo progetto, cosicché il ministro degli esteri Jevtić non potè da Ginevra andare direttamente a Roma a firmare il documento, prima della partenza di Pacelli per il Sudamerica[455]. Ma il secondo impedimento fu ancora più fatale del primo, e cioè l'attentato al re Aleksandar, avvenuto a Marsiglia, il 9 ottobre 1934.

Appena appresa la notizia della morte del sovrano Karađorđević, il nunzio, tutto perplesso, annotava nel suo diario: «*Cosa sarà della Jugoslavia, dell'Europa – e del Concordato e della mia missione?*»[456]. Nonostante i grandi dissensi e i drammatici colloqui, egli credeva che con il re autoritario si sarebbe concluso efficacemente l'accordo[457]. D'ora in poi sarebbe mancata la figura centrale e punto di riferimento, un'autorità che avrebbe garantito la felice conclusione e l'attuazione

---

[452] Pellegrinetti a Pacelli, Roma, 11 agosto 1934, rapporto n. 2707/34 (Segreteria di Stato), in S.RR.SS., AA.EE.SS., *Jugoslavia*, pos. 96, fasc. 58, f. 75rbis.

[453] Incontro tra il re Aleksandar e Besednjak, Belgrado, 28 ottobre 1933, rapporto di Besednjak, in BA, n. 120; E. PELIKAN, *Tajno delovanje*, 618.

[454] ASV, Archivio della Prefettura, *Diari del card. Pellegrinetti*, 13 agosto 1934, vol. 14, f. 43v.

[455] Conferenza tra Moscatello e Maksimović, Belgrado, 8 ottobre 1934, in BA, n. 131.

[456] ASV, Archivio della Prefettura, *Diari del card. Pellegrinetti*, 9 ottobre 1934, vol. 14, f. 53r.

[457] *Ibidem.*

del concordato. Pellegrinetti si chiedeva, infatti, se si sarebbe dovuto ricomincia-re da capo[458]. La figura del re, comunque, sarebbe stata manipolata anche nella discussione acrimoniosa tra difensori e oppositori del concordato nel drammatico anno 1937, quando gli uni e gli altri giustificarono la propria posizione, appellandosi alla volontà del defunto sovrano.

La morte di Aleksandar inaugurava non solo una nuova era nella politica jugoslava, con il progressivo disfarsi del regime dittatoriale, ma anche facilitava le critiche, finora latenti, nei confronti del concordato. Le opposizioni, sempre più evidenti, si facevano sentire anche presso coloro, che poco prima avevano fatto parte delle discussioni segrete. Così ad esempio Maksimović, una volta uscito dal governo, avrebbe addirittura strappato una copia del progetto di concordato[459]. Il già ministro della giustizia, però, non era l'unico a mostrare il proprio disappunto per l'accordo bilaterale. Moscatello ricordava nelle «Memorie» una conferenza dai toni assai accesi sotto il governo di Jevtić, costituitosi nel dicembre 1934. Durante la discussione i rappresentanti del governo (il presidente del consiglio Jevtić, gli ex primi ministri Srškić e Uzunović), insieme al loro «*uomo di fiducia*» Lanović, avrebbero preteso da Moscatello d'impegnarsi presso la curia romana a far ritirare le rivendicazioni più importanti della Santa Sede. Ma l'agente segreto avrebbe rifiutato tale richiesta[460].

Con Jevtić a capo del governo, Pellegrinetti nutriva speranze per la continuazione del percorso concordatario, dal momento che egli era stato molto addentro nelle trattative nei passati governi[461]. Anche il fatto d'esser stato un uomo di fiducia del compianto sovrano, dava l'impressione che egli volesse condurre a porto tutto l'affare.

Nel modo più concreto, il desiderio del governo per la continuazione delle trattative con la Santa Sede si rese evidente con le ultime modifiche proposte[462],

---

[458] *Ibidem*, 10 ottobre 1934, vol. 14, f. 53v.

[459] Pellegrinetti a Pacelli, Belgrado, 18 gennaio 1935, rapporto n. 17004, in S.RR.SS., AA.EE.SS., *Jugoslavia*, pos. 96, fasc. 62, f. 48v.

[460] APHZSJ, ostavština Moscatello, busta 2: *Bilješke [Memorie]*, p. 70; *Nikola Moscatello*, F. Veraja – S. Kljaić, ed., 110.

[461] Pellegrinetti a Pacelli, Belgrado, 4 gennaio 1935, rapporto n. 16956 (minuta), in ASV, *Arch. Nunz. Jugoslavia*, busta 6, f. 620v.

[462] Promemoria con le modificazioni di Moscatello, [Roma, gennaio 1935], n. 275/35 (Segreteria di Stato), in S.RR.SS., AA.EE.SS., *Jugoslavia*, pos. 96, fasc. 62, ff. 45-46; ASV, *Arch. Nunz. Jugoslavia*, busta 8, ff. 485-486.

che Moscatello portava a Roma, nel gennaio 1935. Il fatto che esse non riguardassero la sostanza del progetto, dimostra l'efficienza della missione di Moscatello, con il suo influsso convincente nei circoli governativi. Nel suo viaggio verso Roma l'agente segreto si fermò a Zagabria per informare l'arcivescovo Bauer sugli ultimissimi emendamenti al testo. Questi ne rimase soddisfatto e raccomandò al segretario di Stato di non procrastinare ulteriormente la firma[463].

Anche al nunzio sembrava pressoché tutto accettabile, salvo alcune risoluzioni circa la delimitazione delle diocesi (art. II) e la competenza dei tribunali civili nella questione matrimoniale (art. XXXII)[464]. Circa le diocesi, ad esempio, il governo proponeva l'incorporazione della città di Zemun, sobborgo della capitale jugoslava, all'arcidiocesi di Belgrado, staccandola in tal modo dalla diocesi di Bosna-Srijem (Đakovo). Si domandava, allo stesso momento, che la nuova diocesi del Banato fosse unita *per unionem aeque principalem* alla medesima arcidiocesi, analogamente a quanto si era fatto per il territorio jugoslavo dell'arcidiocesi di Zara, unito a quella di Sebenico[465]. Tutt'e due le richieste furono accettate dalla Santa Sede.

Quando tutti gli ostacoli per la firma sembravano superati, il vescovo Stepinac, trovandosi a Roma per altri motivi[466], espresse forti opposizioni contro l'articolo sulle associazioni cattoliche (art. XXXIII). Abbiamo già menzionato, che nel corso delle trattative nella primavera-estate 1934 la Santa Sede aveva voluto l'assicurazione specifica che gli esercizi ricreativi e istruttivi non fossero riconosciuti contrari alla missione dell'Azione Cattolica, cioè alla promozione della vita religiosa e morale. Tale clausola non si leggeva in altri concordati, si trovava però nell'«Accordo» tra la Santa Sede e il governo italiano, del 2 settembre 1931, dopo uno scontro con Mussolini sull'attività dell'Azione Cattolica[467].

---

[463] Bauer e Rožman a Pacelli, Zagabria/Lubiana, 15 gennaio 1935, lettera n. 300/35 (Segreteria di Stato), in S.RR.SS., AA.EE.SS., *Jugoslavia*, pos. 96, fasc. 62, ff. 40r-41r.

[464] Pellegrinetti a Pacelli, Belgrado, 26 gennaio 1935, cifrato n. 60 (17045), *ibidem*, f. 54r.

[465] Promemoria con le modificazioni di Moscatello, [Roma, gennaio 1935], n. 275/35 (Segreteria di Stato), in ASV, *Arch. Nunz. Jugoslavia*, busta 8, f. 485; cf. anche Conferenza tra Moscatello e Maksimović, Belgrado, 8 ottobre 1934, in BA, n. 131.

[466] [Jevtić] a Simić, Belgrado, 2 aprile 1935, dispaccio n. 360, in AJ, *Poslanstvo Kraljevine Jugoslavije pri Svetoj Stolici (372)*, fasc. 12, [mappa 1/IV], ff. n.n.

[467] *«Le associazioni locali [dell'Azione cattolica] si asterranno dallo svolgimento di qualsiasi attività di tipo atletico e sportivo, limitandosi soltanto a trattenimenti d'indole ricreativa ed educativa con finalità religiose»* (*L'Osservatore romano*, 2 settembre 1931: cit. da F. MALGERI, «Pio XI e l'Azione Cattolica», 172-173).

Questo percorso molto arduo con il regime fascista e, più tardi, la triste esperienza delle associazioni cattoliche in Germania, spinsero il papa a voler avere garanzie sulla loro libera missione in Jugoslavia[468], senza lasciare che esse rimanessero in balia del governo e della massoneria, come avrebbero creduto tanti cattolici nel regno[469]. Come prevedeva Moscatello, il governo non accettò tale clausola nel concordato, preferendo piuttosto togliere l'avverbio «*exclusivement*» dal fine della vita religiosa e morale dell'Azione Cattolica[470]. Le autorità statali si guardavano dal concedere troppa libertà alle associazioni cattoliche, per il timore di perdere il monopolio nell'educazione fisica, finalmente rivendicata con la soppressione degli «Orlovi» e l'unificazione del «Sokol» negli anni 1929-1930. Jevtić una volta espresse apertamente al nunzio la paura che l'Azione Cattolica in Jugoslavia potesse avere tendenze politiche e separatiste, mirando a rinforzare il croatismo[471].

Ora Stepinac, dopo le ultime modifiche da parte del governo jugoslavo, dichiarò inaccettabile il concordato che non assicurava, in qualche modo, alle organizzazioni cattoliche la facoltà di unire l'opera formativo-spirituale con gli intrattenimenti d'indole ricreativa ed educativa, ad esempio rappresentazioni teatrali, escursioni, musica, giochi e simili, come era stato stabilito per l'Italia[472]. Il nunzio rilevava che nonostante il permesso per l'esistenza dell'associazione «Križari», nel 1930, le autorità procedevano come se fosse proibito tutto ciò che non era di stretto carattere di culto. Con limitazioni del genere sarebbe stato molto difficile per la Chiesa attrarre i giovani e controbattere l'influenza dei «*peggiori elementi*» nella scuola, nel teatro, nel cinema, nel «Sokol»[473].

Nonostante i pericoli di un'interpretazione «*totalitaria*» di certe correnti politiche anticattoliche circa la missione della Chiesa, il nunzio non insisteva sull'introduzione di detta clausola. Era del parere che qualora le autorità statali

---

[468] Udienza del card. Pacelli con il pontefice, 4 maggio 1934, in S.RR.SS., AA.EE.SS., *Stati Ecclesiastici*, pos. 430A, fasc. 350, f. 16r.

[469] Pellegrinetti a Pacelli, Belgrado, 30 aprile 1934, rapporto n. 16000, in S.RR.SS., AA.EE.SS., *Jugoslavia*, pos. 96, fasc. 60, f. 74v.

[470] Promemoria con le modificazioni di Moscatello, [Roma, gennaio 1935], n. 275/35 (Segreteria di Stato), in ASV, *Arch. Nunz. Jugoslavia*, busta 8, f. 486.

[471] Pellegrinetti a Pacelli, Belgrado, 1° aprile 1935, rapporto n. 17300 (minuta), *ibidem*, busta 6, f. 661r.

[472] Pacelli a Pellegrinetti, Vaticano, 26 gennaio 1935, cifrato n. 92 (352/35), in S.RR.SS., AA.EE.SS., *Jugoslavia*, pos. 96, fasc. 62, f. 44r.

[473] Pellegrinetti a Pacelli, Belgrado, 28 gennaio 1935, rapporto n. 17050, *ibidem*, f. 51rv.

avessero agito in buona fede, non avrebbero vessato le organizzazioni cattoliche semplicemente perché si cantava o si faceva un po' di ginnastica; se invece avessero agito in mala fede, nemmeno la clausola più esplicita sarebbe valsa a evitare i soprusi. Egli credeva che con la rinuncia all'«*exclusivement*», si poteva intendere un implicito riconoscimento della clausola; perciò consigliava, «*in caso di resistenza ad oltranza*», che si accettasse la soppressione del detto paragrafo[474].

Stepinac non si limitò a esporre le sue perplessità circa l'Azione Cattolica alla Segreteria di Stato, ma fece visita, a tale scopo, anche al presidente del consiglio Jevtić per chiedere il riconoscimento dei diritti "naturali" delle associazioni cattoliche. Il ministro, non poco annoiato del suo intervento "inopportuno" in Vaticano, gli disse che mai avrebbe pensato di proibire le oneste e istruttive ricreazioni, destinate a facilitare l'azione della Chiesa. Il governo, continuava, soltanto non gradiva che si ristabilissero di nuovo gli «Orlovi» come un'alternativa contrapposta all'associazione di Stato «Sokol». Il vescovo, mostratosi soddisfatto con la dichiarazione orale del ministro, non spinse più per l'introduzione della clausola[475].

Lo stesso primo ministro non nascose al nunzio la sua indisposizione per l'attività di Stepinac[476] e per le ultime modifiche da parte della Santa Sede. Tutto ciò avrebbe dimostrato, secondo lui, un certo spirito di diffidenza, contrario al principio di fiducia, basilare per ogni concordato. Pellegrinetti rinnovò a Pacelli il desiderio di arrivare alla conclusione dell'accordo, anche senza la problematica clausola. Intanto Moscatello fece il suo quarto viaggio a Belgrado, per trovare una soluzione soddisfacente per ambedue le parti riguardante l'Azione Cattolica[477].

Siccome Pellegrinetti, durante i mesi di febbraio e marzo 1935, non riceveva alcuna notizia, né da Roma, né da Belgrado, circa gli ultimi passi del concordato, cominciò a dare evidenti segnali di nervosismo, quasi di disperazione. Ecco alcune sue frasi, apportate sul suo diario: «*Non vedo bene se [il Concordato] sia molto*

---

[474] *Ibidem*, ff. 51v-52r.

[475] *Ibidem*, f. 53rv.

[476] Il presidente del consiglio Jevtić si sarebbe lamentato di Stepinac anche con l'incaricato d'affari francese Krobel: «*Quando siamo per concludere un Vescovo va a Roma e fa nascere nuove difficoltà*»: ASV, Archivio della Prefettura, *Diari del card. Pellegrinetti*, 27 febbraio 1935, vol. 14, f. 83r. Si veda anche la protesta del vescovo coadiutore: Stepinac a Jevtić, Zagabria, 1° aprile 1935, nota n. 138 (copia), in ASV, *Arch. Nunz. Jugoslavia*, busta 6, ff. 662r-663r.

[477] Pellegrinetti a Pacelli, Belgrado, 6 febbraio 1935, rapporto n. 17107, in S.RR.SS., AA.EE.SS., *Jugoslavia*, pos. 96, fasc. 62, ff. 56v-57r; Pellegrinetti a Pacelli, Belgrado, 1° aprile 1935, rapporto n. 17300 (minuta), in ASV, *Arch. Nunz. Jugoslavia*, busta 6, ff. 660v-661v.

desiderato dal Governo o anche da diversi dal Vaticano»[478]; «*penso al Concordato, che mi pare sfumi, in tumulto di rinascenti partiti e lotte elettorali e incertezze di Governo»*[479]; «*Speravo nel Concordato, ma ora ho l'impressione che né Belgrado, né Roma hanno fretta»*[480]; «*Da Roma niente notizie, da Belgrado solo si vede ansia elettorale: è il Concordato seppellito prima di nascere?»*[481]; «*[Jevtić] non mi lascia l'impressione che veramente gli prema d'affrettare. Faccio io il lavoro di Sisifo?»*[482].

Accanto alla discussione sull'Azione Cattolica ci fu un altro elemento che frenava l'*iter* conclusivo dei negoziati, cioè lo scioglimento del parlamento, avvenuto in febbraio, e l'indizione delle elezioni per il maggio 1935[483]. Dopo più di tre anni si era riaccesa la campagna elettorale, molto diversa, sotto più punti di vista, dalle precedenti. Ora si respirava un'aria molto differente, e non mancavano voci che preannunciavano la fine del periodo dittatoriale. Tale scenario, in seguito alla morte del re Aleksandar, era comunque verosimile[484].

In questo clima d'instabilità politica il concordato attendeva gli ultimissimi ritocchi e dopo due mesi di silenzio la cosa sembrava aver finalmente trovato sbocco. Nel colloquio che ebbe luogo il 30 marzo 1935, il presidente del consiglio Jevtić confidava al nunzio che il governo stava studiando «*questi giorni*» una formulazione circa la delicata questione delle associazioni cattoliche, che piacesse ad ambe le parti[485]. E la soluzione arrivò qualche settimana più tardi. Il governo, da una parte accettava la clausola, «*les jeux récréatifs*» e «*les entretiens littéraires et musicaux*»; d'altra parte esigeva, però, la modifica del luogo di svolgimento dell'attività delle menzionate associazioni, nel senso che d'ora in poi tutto ciò si sarebbe dovuto realizzare «*en dehors des écoles publiques*»[486]. Qualche giorno prima il vescovo

---

[478] ASV, Archivio della Prefettura, *Diari del card. Pellegrinetti*, 31 gennaio 1935, vol. 14, f. 77r.

[479] *Ibidem*, 12 febbraio 1935, vol. 14, f. 79v.

[480] *Ibidem*, 26 febbraio 1935, vol. 14, f. 82v.

[481] *Ibidem*, 1° marzo 1935, vol. 14, f. 83v.

[482] *Ibidem*, 30 marzo 1935, vol. 14, f. 89r.

[483] Pellegrinetti a Pacelli, Belgrado, 1° marzo 1935, rapporto n. 17210 (minuta), in ASV, *Arch. Nunz. Jugoslavia*, busta 6, ff. 631r-634r.

[484] Sulle dinamiche della campagna elettorale si veda J. GAŠPARIČ, *SLS pod kraljevo diktaturo*, 252-262.

[485] Pellegrinetti a Pacelli, Belgrado, 1° aprile 1935, rapporto n. 17300 (minuta), in ASV, *Arch. Nunz. Jugoslavia*, busta 6, f. 661v.

[486] L'art. XXXIII del concordato jugoslavo: *Enchiridion dei concordati*, 916.

Rožman aveva risposto a Pacelli che tale nuova esigenza non avrebbe recato nessun danno alla missione dell'Azione Cattolica[487].

Come conclusione ufficiale delle trattative concordatarie si può considerare la lettera di Pacelli, mandata il 18 aprile 1935 al ministro Jevtić, dopo che «*l'apposito delegato*» del governo jugoslavo l'aveva comunicata alla Segreteria di Stato[488]. Nella suddetta lettera il segretario di Stato dichiarava che i negoziati con il governo, durati più di due anni, tramite l'azione diplomatica di Moscatello, erano giunti a buon fine[489].

Il presidente del consiglio, senza rispondere direttamente alla Segreteria di Stato, approfittò dell'"invito" di Pacelli per la sua campagna elettorale. Così egli rese pubblica la notizia della conclusione delle trattative, il 28 aprile 1935, durante un suo comizio a Zagabria, annunziando l'imminente firma del concordato[490].

---

[487] Rožman a Pacelli, Lubiana, 11 aprile 1935, lettera s.n., in S.RR.SS., AA.EE.SS., *Jugoslavia*, pos. 96, fasc. 62, f. 42.

[488] Discorso di Stojadinović davanti al «Comitato per lo studio del progetto di legge circa il concordato», 8 luglio 1937, in *Konkordat pred narodnom skupštinom*, 14.

[489] «*Je suis très heureux d'informer Votre Excellence que le S. Siège prend acte des communications de Monseigneur Moscatello en constatant avec satisfaction, que les tractations pour le Concordat sont terminées et que rien ne s'oppose plus, à ce que les Hautes Parties procèdent à sa signature.*

Ainsi donc, après un travail qui a duré plus de deux ans, a été achevée la tâche que Votre Excellence par ordre de sa Majesté, d'heureuse mémoire, confiait à Mgr. Moscatello, Conseiller de la Légation Royale près le S. Siège, par la lettre du 12 mars 1933.

Je puis assurer Votre Excellence que j'ai loyalement mis toute ma diligence pour aller au devant des désirs du Gouvernement Royal, toutes les fois que j'ai pu le faire sans préjudice de la Religion ; mais je sens en plus le devoir de rendre mes hommages les plus sincères à la loyauté et à la largeur de vues dont Votre Excellence a donné la preuve au cours des longues et laborieuses tractations ; loyauté et largeur de vues, sans lesquelles on aurait difficilement mené à bonne fin un travail d'une telle importance.

Nul doute que l'œuvre achevée avec la grâce de Dieu et liée au nom de l'Auguste Roi, disparu d'une manière si tragique, et à celui de Votre Excellence, ne résulte un grand et vrai bien, marquant une date historique pour la Yougoslavie, ou les citoyens de religion catholique forment une partie considérable de la population.

Très heureux de communiquer à Votre Excellence une si bonne nouvelle, j'ai l'honneur de l'avertir que la Secrétairerie d'Etat est, dés à présent, à la disposition de Votre Excellence pour la signature du Traité, élaboré déjà dans tous ses détails»: Pellegrinetti a Jevtić, Vaticano, 18 aprile 1935, nota n. 1326/35, in ASV, *Arch. Nunz. Jugoslavia*, busta 8, f. 547rv.

[490] Il suo discorso si veda in I. MUŽIĆ, *Katolička crkva*, 76. L'autore cita la fonte: *Politika*, 1° maggio 1935, Anno XXXII – n. 9679, p. 2; si veda anche G. MITHANS, *Urejanje odnosov*, 232.

L'intenzione di Jevtić di legare la firma del concordato ai preparativi elettorali fu confermata dal suo colloquio con il nunzio, dichiaratosi sì disposto a procedere alla sottoscrizione del documento, ma non prima del 5 maggio, data delle elezioni. Pellegrinetti aveva l'impressione che il presidente del consiglio volesse ottenere un positivo appoggio elettorale da lui, dai vescovi o dalla Santa Sede[491]. In modo analogo molti croati credevano che le sue parole a Zagabria fossero solo una manovra elettorale, allo scopo di attirare la popolazione cattolica e indebolire così il partito di Maček[492].

Tra le quattro liste ammesse alla competizione si creò, in realtà, un duello tra quella governativa di Jevtić e quella autonomista croata di Maček, alleato di alcuni serbi, oppositori del regime (Davidović e Jovanović), e dei musulmani autonomisti di Bosnia (Spaho). La grande vittoria di Jevtić, con il 62,6 % dei voti, gli avrebbe assicurato la tranquilla continuazione della sua linea politica; però nello stesso tempo si levarono voci che denunciavano la violenza del regime contro gli oppositori, gli abusi della polizia, la censura e addirittura dei brogli elettorali[493]. Si aveva poi l'impressione che il governo ne uscisse sconfitto, per il fatto che la Croazia aveva dato una significativa maggioranza all'opposizione e in Slovenia avesse "vinto" l'astensionismo[494].

L'indubbio successo dello statista Maček riaccese la «questione croata», questa volta ancora più attuale, in assenza di una figura di riferimento unitaria, come il defunto re. Non pochi contadini croati s'illusero che il buon risultato di Maček significasse già la fine del regime e l'avvento di una tanto agognata Croazia autonoma o indipendente[495]. Considerando che proprio nel momento della conclusione del concordato i croati rivendicavano i propri diritti nazionali e politici, è comprensibile la loro indifferenza e avversione all'accordo.

Jevtić, di fronte a tale eccitazione degli animi, non pensava «*per ora*» di affrettare la firma del concordato, perché non sembrasse che il governo vi fosse

---

[491] Pellegrinetti a Pacelli, Belgrado, 22 aprile 1935, rapporto n. 17359, in S.RR.SS., AA.EE.SS., *Jugoslavia*, pos. 96, fasc. 62, f. 74r.

[492] I. Mužić, *Katolička crkva*, 76.

[493] R. Tolomeo, «Questione nazionale», 223; ASV, Archivio della Prefettura, *Diari del card. Pellegrinetti*, 7 e 8 maggio 1935, vol. 15, f. 10rv; Pellegrinetti a Pacelli, Belgrado, 8 maggio 1935, rapporto n. 17387 (minuta), in ASV, *Arch. Nunz. Jugoslavia*, busta 6, ff. 683r-686r.

[494] ASV, Archivio della Prefettura, *Diari del card. Pellegrinetti*, 7 maggio 1935, vol. 14, f. 10r.

[495] Pellegrinetti a Pacelli, Belgrado, 29 maggio 1935, rapporto n. 17425 (minuta), in ASV, *Arch. Nunz. Jugoslavia*, busta 6, f. 709v.

indotto sotto la pressione degli ultimi eventi[496]. Tutto questo accadeva nel momento in cui Moscatello portava a Belgrado la redazione finale del testo[497]. La situazione si fece sempre più dura per Jevtić e il suo governo, poiché l'opposizione aveva deciso di non partecipare alle sedute parlamentari e chiedeva di sciogliere le camere e indire nuove elezioni sulla base di una nuova legge elettorale[498]. Dopo che i tre ministri croati, insieme a due influenti serbi, il ministro della guerra Živković e il ministro delle finanze Stojadinović, diedero le dimissioni, l'intero gabinetto di Jevtić si trovò in un vicolo cieco e la sua caduta fu inevitabile[499].

Subito dopo le dimissioni del governo, avvenute il 20 giugno 1935, il mandato di crearne uno nuovo fu dato a Stojadinović, che riuscì a far entrare nell'esecutivo alcuni "prigionieri" degli ultimi anni di dittatura, Spaho e Korošec; in questo modo risultò ancora una volta isolato il loro ex compagno Maček, che continuava il boicottaggio dei lavori parlamentari[500].

Con il ritiro di Jevtić s'interruppe la continuità nelle trattative concordatarie. Egli era particolarmente vicino al re, sin dall'inizio dell'introduzione della dittatura (1929), e a lui il sovrano affidava incarichi particolari, tra cui anche la conclusione delle trattative, ritenendolo un fedele esecutore della sua volontà. Non sorprende perciò se all'esordio dell'era Stojadinović che, con una nuova équipe governativa, rappresentava, in un certo senso, la discontinuità con gli esecutivi precedenti, esistessero dubbi sul cammino finale verso la firma del concordato. Il timore scomparve però ben presto, poiché solo dopo qualche giorno dall'inizio del mandato, Stojadinović, che ricopriva anche l'incarico di

---

[496] *Ibidem*, f. 709r.

[497] S.RR.SS., AA.EE.SS., *Jugoslavia*, pos. 96, fasc. 62, ff. 92r-101r; Bertoli a Pellegrinetti, Roma, 19 giugno 1935, rapporto n. 17492, in ASV, *Arch. Nunz. Jugoslavia*, busta 6, f. 736r.

[498] Pellegrinetti a Pacelli, Belgrado, 7 giugno 1935, rapporto n. 17457 (minuta), in ASV, *Arch. Nunz. Jugoslavia*, busta 6, ff. 723r-724v. Il testo delle risoluzioni della già «Coalizione Rurale-Democratica» e dell'«Opposizione riunita» in it. si veda *ibidem*, ff. 726r-728r.

[499] Pellegrinetti a Pacelli, Belgrado, 25 giugno 1935, rapporto n. 17502 (minuta), *ibidem*, f. 745rv.

[500] *Ibidem*, ff. 745v-746v; Pellegrinetti a Pacelli, Belgrado, 5 luglio 1935, rapporto n. 17525 (minuta), *ibidem*, ff. 748r-749r.

ministro degli esteri, rispondeva positivamente alla lettera di Pacelli dell'aprile precedente, con la quale aveva invitato il governo alla firma[501].

Il nuovo capo del governo, da Pellegrinetti più tardi elogiato come «*intellettualmente forte e forse il più capace tra gli uomini politici jugoslavi*»[502], non voleva, infatti, ostacolare una cosa ormai definita tra le due parti e s'accinse decisamente a firmare l'accordo, portato a buon fine dal suo predecessore[503].

Il nuovo ministro della giustizia Auer si trovò con il testo del concordato in mano, senza conoscere affatto l'*iter* delle difficili trattative. Appena entrato in carica, si rivolse ad alcuni esperti della sezione per gli affari religiosi del suo ministero. Per evitare possibili inconvenienti in una questione di così vasta importanza e per non prendere su di sé tutta la responsabilità, Auer chiese che tutti i membri del governo fossero a conoscenza del contenuto del concordato. Nelle due sedute,

---

[501] «*C'est avec la plus grande satisfaction que j'ai pris connaissance de la lettre du 18 avril 1935 par laquelle Votre Eminence a bien voulu informer mon prédécesseur Son Excellence Monsieur Bogoljub Jevtić que les négociations poursuivies pendant les deux dernières années sont heureusement terminées et que le S. Siège considère que rien ne s'oppose plus à ce qu'on procède à la signature du Concordat, élaboré déjà dans tous ses détails.*

En prenant acte de cette communication, je suis très heureux de constater que les efforts communs du Saint Siège et du Gouvernement Royal ont enfin abouti à l'accomplissement de cette œuvre commencée, pour le plus grand bien de l'Eglise et de l'Etat, sous les augustes auspices de notre regretté Roi Alexandre I l'Unificateur.

La conclusion de ce Concordat, qui sera hautement apprécié non seulement par la population catholique du Royaume mais aussi par la nation yougoslave toute entière, aura, le Gouvernement Royal en est profondément convaincu, de meilleures conséquences pour les bonnes relations entre le Saint Siège et le Royaume de Yougoslavie.

Ce résultat, favorable pour les deux Hautes Parties Contractantes, n'a pu être obtenu, j'en suis sûr, que grâce à l'influence toujours bienfaisante de Sa Sainteté le Souverain Pontife. Mais je dois remercier également Votre Eminence, dont la part personnelle dans l'achèvement de cette noble tâche a été très importante, et rendre mes hommages à Sa bonne volonté qui n'a jamais fait défaut au cours de longes négociations.

En ce qui concerne la date de la signature du Concordat, je regrette de n'être pas à même de la proposer à Votre Eminence dès maintenant, mais je ne manquerai pas de le faire dès que les circonstances actuelles me le permettront»: Stojadinović a Pacelli, Belgrado, 28 giugno 1935, nota n. 10231, in S.RR.SS., AA.EE.SS., *Jugoslavia*, pos. 96, fasc. 63, ff. 8r-9r.

[502] Pellegrinetti a Pacelli, Belgrado, 18 novembre 1937, rapporto n. 20298, in S.RR.SS., AA.EE.SS., *Jugoslavia*, pos. 96, fasc. 66, f. 74r.

[503] M. M. Stojadinović, *Ni rat ni pakt*, 519.

nella prima metà del luglio 1935, il governo avrebbe unanimemente accolto il testo e confermato Auer come delegato per la firma[504].

Dopo l'approvazione del governo, il ministro della giustizia si sarebbe recato dal principe Paolo e dagli altri due reggenti, i quali avrebbero mostrato tutto l'entusiasmo per la decisione del consiglio dei ministri[505]. Molto più significativa fu la sua visita dal patriarca della Chiesa ortodossa serba Varnava, che aveva ottenuto il testo del concordato da Stojadinović già in precedenza e che si era consultato con il già delegato a Roma Janjić. Secondo diversi testimoni il patriarca, insieme al suo sinodo, non avrebbe trovato niente nel concordato che avesse potuto "nuocere" alla loro Chiesa. Neanche di fronte ad alcuni articoli del concordato, nei quali, secondo Auer, la condizione della Chiesa cattolica sembrava più favorevole della stessa Chiesa ortodossa, il patriarca avrebbe mostrato opposizione, tanto più dopo le promesse del suddetto ministro, che, nei dettagli "problematici", si sarebbero apportate alla costituzione della Chiesa ortodossa serba («Ustav Srpske Pravoslavne Crkve») alcune novità, corrispondenti al concordato. Il patriarca sarebbe rimasto contento di tali promesse e avrebbe congedato il ministro Auer con la benedizione, augurandogli di eseguire a Roma «*questa grande opera*» nel nome della nazione e dello Stato[506].

Si è ritenuto opportuno menzionare il ruolo della Chiesa ortodossa in questa fase, antecedente alla firma del concordato, perché in quella successiva si vedrà un atteggiamento assai diverso. Un altro elemento da notare a partire da questo momento è l'anomala indiscrezione da parte del governo, il quale, senza alcuno scrupolo, passava il testo segreto del concordato ai rappresentanti della Chiesa ortodossa, mentre i vescovi cattolici – ad eccezione di alcuni – non ne conoscevano il contenuto. Questo è solo un aspetto delle strane dinamiche intorno alla ratifica del concordato, che analizzeremo nell'ultimo capitolo.

Mancavano ancora alcuni dettagli per il viaggio storico a Roma. Agli occhi dell'arcivescovo Bauer, il ministro Auer sarebbe stato un massone e quindi non il più desiderabile per la firma del concordato[507]. Il nunzio chiese informazioni al

---

[504] I. Mužić, *Katolička crkva*, 79.

[505] *Ibidem*.

[506] *Ibidem*, 127; M. M. Stojadinović, *Ni rat ni pakt*, 521.

[507] Pellegrinetti a Pacelli, Belgrado, 8 luglio 1935, rapporto n. 17529, in S.RR.SS., AA.EE.SS., *Jugoslavia*, pos. 96, fasc. 63, f. 23rv.

riguardo e il presidente del governo Stojadinović gli assicurò che il ministro non aveva alcun rapporto con l'associazione[508]. Seguirono poi alcuni scambi di telegrammi per stabilire la data della firma e la composizione della delegazione jugoslava[509]. Il giorno previsto per la sottoscrizione del concordato fu il 25 luglio 1935 e le due parti si accordarono sulla pubblicazione del concordato solo al momento della sua ratifica[510], prevista per il settembre seguente[511].

A pochi giorni dalla firma del concordato si presentò un ultimo ostacolo contenutistico, che rispecchiava in modo molto evidente la discontinuità nel percorso delle trattative, apparsa con il nuovo governo. Auer, molto preoccupato, scriveva in fretta al ministro jugoslavo presso la Santa Sede, che si era scoperto uno «*sbaglio*» nell'articolo circa il matrimonio (art. XXXII).

Nel primo alinea, infatti, si dichiarava che il matrimonio celebrato nella Chiesa cattolica in conformità alle disposizioni del diritto canonico, anche nei casi di religione mista, avrebbe avuto, per ciò solo, gli effetti civili[512]. Ora, tale disposizione sarebbe stata in contrasto con le leggi dello Stato, poiché non si sarebbe potuta estendere sul territorio del Banato, Bačka, Baranja e Međimurje (ex territorio dell'Ungheria "in senso stretto"), ove vigeva ancora l'istituzione del matrimonio civile obbligatorio, stabilita nel 1894 da parte del parlamento ungherese.

Non di meno sarebbe stato problematico il secondo alinea, secondo il quale le cause di nullità e di *ratum et non consummatum* dei matrimoni celebrati nella

---

[508] Stojadinović a Pellegrinetti, Belgrado, 8 luglio 1935, biglietto privato, *ibidem*, f. 22r.

[509] Stojadinović a Simić, Belgrado, 8 luglio 1935, telegramma n. 16503, in AJ, *Poslanstvo Kraljevine Jugoslavije pri Svetoj Stolici (372)*, fasc. 12, [mappa 1/IV], ff. n.n.; Stojadinović a Simić, Belgrado, 8 luglio 1935, telegramma n. 16539, *ibidem*, ff. n.n.; Simić a Stojadinović, Roma, 9 luglio 1935, telegramma n. 181, *ibidem*, ff. n.n.; Simić a Stojadinović, Roma, 11 luglio 1935, telegramma n. 183, *ibidem*, ff. n.n.; Stojadinović a Simić, Belgrado, 13 luglio 1935, telegramma n. 16690, *ibidem*, ff. n.n.; Simić a Stojadinović, Roma, 19 luglio 1935, telegramma n. 194, *ibidem*, ff. n.n.; Simić a Stojadinović, Roma,19 luglio 1935, telegramma n. 195, *ibidem*, ff. n.n.; Stojadinović a Simić, Belgrado, 19 luglio 1935, telegramma n. 744, *ibidem*, ff. n.n.

[510] Simić a Stojadinović, Roma, 20 luglio 1935, telegramma n. 196, *ibidem*, ff. n.n.; Stojadinović a Simić, Belgrado, [20 luglio 1935], telegramma n. 766, *ibidem*, ff. n.n.

[511] Pellegrinetti a Pacelli, Belgrado, 19 luglio 1935, rapporto n. 17563, in S.RR.SS., AA.EE.SS., *Jugoslavia*, pos. 96, fasc. 63, f. 25rv; Pellegrinetti a Pacelli, Belgrado, 3 agosto 1935, rapporto n. 17626, *ibidem*, f. 36rv; I. Mužić, *Katolička crkva*, 125-126.

[512] *Enchiridion dei concordati*, 915.

Chiesa cattolica, sarebbero state di competenza dei tribunali ecclesiastici. Neanche questa disposizione sarebbe potuta introdursi nelle regioni sopracitate, ove per tali cause era prevista la competenza dei tribunali civili. Allo stesso modo appartenevano alla giurisdizione dei tribunali civili, senza riguardo alla religione, le cause matrimoniali nel territorio dell'ex Austria (Slovenia, Dalmazia), ove vigeva ancora la legge interconfessionale del 1868, in virtù della quale si erano ridotte al minimo le competenze dei tribunali ecclesiastici.

Il governo esprimeva la sua preoccupazione anche per il fatto che con il concordato si ripristinassero i tribunali ecclesiastici per la maggior parte del territorio jugoslavo, ove non avevano ancora una procedura. Con ciò si sarebbe creato un vuoto nella legislazione. I tribunali ecclesiastici esistevano, infatti, soltanto in quella parte dell'ex Ungheria («Regno di Croazia e Slavonia»), ove non si erano accettate le risoluzioni del parlamento ungherese del 1894 e nelle quali pertanto vigevano ancora le disposizioni del concordato austriaco del 1855.

Il governo, per ovviare agli inconvenienti di questo genere, propose un protocollo, da aggiungersi al momento della firma, nel quale si dichiarava che l'art. XXXII, come anche l'art. XXXV, che abrogavano leggi, decreti e regolamenti contrari alle disposizioni del concordato, non avrebbero minato le leggi dello Stato, riguardanti il matrimonio civile e la competenza dei tribunali civili nelle cause matrimoniali[513].

Moscatello riuscì ad avvertire la Segreteria di Stato dell'intenzione governativa, prima ancora che si presentasse il ministro Simić con il proposto protocollo. In un appunto della congregazione degli affari ecclesiastici straordinari possiamo cogliere i momenti drammatici dell'affare, in cui Moscatello addirittura suggerì al segretario di Stato come avrebbe dovuto rispondere alle possibili obiezioni del ministro:

> Dice Mgr. Moscatello: Domattina il Cardinale stia fermo. Dica: Non si discute più. La Santa Sede non avrebbe potuto fare diversamente.

---

[513] Auer a Simić, Belgrado, 19 luglio 1935, lettera s.n., in AJ, *Poslanstvo Kraljevine Jugoslavije pri Svetoj Stolici (372)*, fasc. 12, [mappa 1/IV], ff. n.n. Il protocollo proposto:
«Au moment de procéder à la signature du Concordat les Plénipotentiaires soussignés sont tombés d'accord en ce qui suive.
Les disposition des articles XXXII et XXXV du Concordat ne portent aucune atteinte aux dispositions des lois, en vigueur en Yougoslavie, concernant le mariage civil et la compétence des tribunaux civils de statuer sur la nullité d'un mariage, sur la divorce ou la séparation de corps.
Le présent Protocole aura la même force et la même durée que le Concordat, conclu aujourd'hui».

Se il Ministro si appellasse ad altri esempi il Cardinale dica: In Ungheria lo abbiamo tollerato come una violenza. In Italia non vi erano tribunali ecclesiastici: vi sono stati introdotti col Concordato.

I Serbi obietteranno: I tribunali ecclesiastici in Jugoslavia non hanno ancora una procedura. Sua Eminenza può rispondere: si potrebbe estendere la procedura dei Tribunali Ecclesiastici di Croazia. Si può fare Ordinanza accordando che le istruzioni che valgono per la Croazia valgano per tutto il regno[514].

Le indicazioni di Moscatello contribuirono con efficacia al completo respingimento del protocollo da parte della Santa Sede, giacché il governo non insistette più sul mantenimento dello *status quo* nella materia in causa.

Tutta questa frenesia circa i cavilli giuridici riguardanti il matrimonio si sarebbe probabilmente potuta risparmiare se fosse rimasto al potere Jevtić, che aveva seguito i discorsi da vicino, anche su tale argomento delicato. Basta solo richiamare alla mente la vivace discussione tra Moscatello e Lanović nella prima fase delle trattative "interne", nell'ottobre 1933, circa la competenza dei tribunali ecclesiastici e civili nelle cause matrimoniali[515]. Lanović, *advocatus diaboli*, allora, si era lasciato convincere sull'opportunità dei cambiamenti, in favore dei tribunali ecclesiastici[516]. Arginato quest'ultimo impedimento, si poté procedere finalmente, il 25 luglio 1935, alla firma del concordato.

---

[514] Appunto della congregazione degli affari ecclesiastici straordinari, Vaticano, 23 luglio 1935, s.n., in S.RR.SS., AA.EE.SS., *Jugoslavia*, pos. 96, fasc. 63, f. 19r.

[515] Conferenza tra Moscatello, Jevtić e Lanović, Belgrado, 29 ottobre 1933, in BA, n. 122; E. Pelikan, *Tajno delovanje*, 624-625.

[516] Conferenza tra Moscatello e Lanović, Belgrado, 30 ottobre 1933, in BA, n. 123.

CAPITOLO V

LA FIRMA (1935) E L'ANALISI
DELLE PRINCIPALI QUESTIONI CONCORDATE

Strettamente legate al capitolo precedente, riguardante la fase centrale delle trattative tra la Santa Sede e il Regno di Jugoslavia, sono le pagine che seguono, dedicate alla conclusione e al contenuto del concordato, in particolare le vicende della firma, avvenuta in Vaticano il 25 luglio 1935, e le principali materie concordate fra le due parti. Per quanto riguarda la cronaca della firma, non essendo riferita minimamente dalle monografie consultate per la redazione del presente lavoro[1], ci si è dovuti rivolgere direttamente alle fonti giornalistiche contemporanee che, tanto dall'una come dall'altra parte dell'Adriatico, riportarono tempestivamente il resoconto dettagliato del tanto atteso evento. Per l'analisi del contenuto dell'accordo sottoscritto si è fatto ricorso, invece, alle fonti vaticane e all'Archivio di Besednjak, dove è stato reperito un ampio materiale che ha permesso di avanzare una sintesi contenente lo sviluppo monografico dei principali temi contenuti nel testo finale del concordato.

1. La firma del concordato

Lo stesso giorno della firma del concordato, il quotidiano belgradese *Politika* dedicava praticamente tutta la prima pagina, con una netta posizione di parte, ad annunziare in toni trionfali la sottoscrizione concordataria con un lungo editoriale dal titolo: «Il nuovo concordato del nostro Paese col Vaticano». In esso, inizialmente, si cercava di giustificare l'operato di tutti gli esecutivi belgradesi nei vari anni trascorsi fino alla sottoscrizione dell'accordo, affermando poi che con il concordato non si faceva altro che consacrare *de jure* ciò che esisteva *de facto*, ossia l'uguaglianza del cattolicesimo rispetto alle altre fedi riconosciute nel regno[2]. Al momento stesso il quotidiano esprimeva la meraviglia e la soddisfazione per l'acco-

---

[1] Pochissimi cenni circa la procedura della firma si possono trovare presso I. MUŽIĆ, *Katolička crkva*, 79-80, e J. KROŠELJ, «Borba za konkordat», 188-189.

[2] *Politika*, 25 luglio 1935, Anno XXXII – n. 9761, p. 1. L'articolo iniziava con la spiegazione della firma così tardiva, esonerando la responsabilità dei diversi governi che si erano suc-

381

glienza inusuale, più che cordiale, che la Santa Sede aveva riservato nei confronti della delegazione jugoslava[3]. Lo stesso venne ribadito anche il giorno seguente[4].

Con toni più pacati, la cronaca de *L'Osservatore Romano* si limitava alla descrizione dell'evento, riportando i nominativi dei membri delle due delegazioni. Da parte della Santa Sede, oltre al cardinale segretario di Stato Eugenio Pacelli, che firmò e sigillò il trattato[5] a nome del romano pontefice, vi presero parte S.E. mons. Giuseppe Pizzardo, Arcivescovo titolare di Nicea, segretario della congregazione degli affari ecclesiastici straordinari, e mons. Giuseppe Branche, in rappresentanza di S.E. mons. Alfredo Ottaviani, sostituto della Segreteria di Stato, assente da Roma. Da parte del Regno di Jugoslavia, oltre a S.E. il sig. Ljudevit Auer, ministro della giustizia e guardasigilli, che firmò e sigillò il concordato a nome di re Pietro II e dei reggenti, assistettero all'atto S.E. il sig. Jevrem Simić, inviato straordinario e ministro plenipotenziario di Jugoslavia presso la Santa Sede, e mons. Nikola Moscatello, consigliere ecclesiastico della legazione jugoslava presso la Santa Sede[6].

La cerimonia della firma si svolse nella Sala delle Congregazioni dell'appartamento del cardinale segretario di Stato al Palazzo Apostolico, il 25 luglio 1935 alle ore

---

ceduti fino a quel momento. L'editoriale, presentando il percorso delle trattative concordatarie, asseriva che le autorità belgradesi, sin dalla nascita del regno, avessero sempre mostrato buona volontà nel concludere l'affare con la Santa Sede, però che le differenti circostanze non l'avrebbero permesso. Il motivo principale per la stipulazione di un nuovo accordo sarebbe stato poi nell'unificazione dei diversi sistemi giuridici, ai quali era stata precedentemente sottoposta la Chiesa cattolica, annoverando i già conosciuti concordati e convenzioni con l'Austria, con la Bosnia ed Erzegovina, con il Montenegro e la Serbia. Il concordato avrebbe messo fine al ventaglio di legislazioni che lo Stato aveva stipulato con altre fedi riconosciute, a cominciare dalla Legge della Chiesa serbo-ortodossa, firmata nel 1929. Nel presentare le tematiche presuntivamente incluse nel testo finale, l'articolo prese in esame tre argomenti degni di speciale attenzione: la delimitazione delle diocesi, le provviste delle diocesi e la liturgia paleoslava (glagolitico), sottolineando appunto che il nuovo concordato avrebbe solo consacrato ciò che nella prassi già esisteva.

[3] *Ibidem.*

[4] *Politika*, 26 luglio 1935, Anno XXXII – n. 9762, p. 1.

[5] Il testo firmato e sigillato si trova in ASV, *Segr. Stato*, 1935, rubr. 171 (Prot. Segr. 147924), passato poi alla Busta separata, n. 235 (S.RR.SS.).

[6] *L'Osservatore Romano*, 26 luglio 1935, Anno LXXV – n. 173 (22.843). Tutti i giornali che descrissero la notizia della firma, riportarono l'elenco della delegazione (cf. *Slovenec*, 26 luglio 1935, Anno LXIII – n. 169a, p. 1; *Vreme*, 26 luglio 1935, Anno XV – n. 4925, p. 1; *Politika*, 26 luglio 1935, Anno XXXII – n. 9762, p. 1; *Il Messaggero*, 26 luglio 1935, Anno LVII – n. 178, p. 4; *Katolički List*, 1° agosto 1935, Anno LXXXVI – n. 31, pp. 377-378).

11.30. Dopo la firma il ministro Auer fu ricevuto in udienza privata dal papa, che gli conferì la Gran Croce dell'Ordine di San Gregorio Magno e gli diede come ricordo dell'udienza un esemplare dell'annua medaglia pontificia. Al termine del cordiale colloquio il ministro presentò la consorte e la figlia, alle quali il papa regalò dei rosari, e poi il ministro Simić e tutte le altre persone del seguito che l'avevano accompagnato. I quotidiani non persero l'occasione di menzionare le brevi parole di riconoscimento del pontefice rivolte al consigliere ecclesiastico Moscatello[7]. Questi nelle sue memorie precisò, in primo luogo, che fu presentato al papa tra gli ultimi, insieme ai giornalisti, scorgendo in ciò un chiaro segno di vendetta da parte del ministro Simić. Le menzionate parole di Pio XI, poi, sarebbero state dal seguente tenore: «*Anche Lei ha lavorato in questo affare!*»[8]. Il segretario di Stato sarebbe stato ancora più largo nell'apprezzamento circa l'operato dell'"agente segreto": «*Con il Suo lavoro Lei ha meritato il voto di dieci*»[9].

Dopodiché la delegazione jugoslava si trasferì al collegio di San Girolamo per un pranzo conviviale e festivo[10]. Presero parte ad esso anche la signora e la figlia di Auer, il sig. Dragomir Kasidolac, consigliere della legazione jugoslava presso il Quirinale e più tardi ambasciatore in Belgio con la sua signora, il sig. Zmajević, capo del gabinetto del ministro, il sig. Pogačnik, segretario del ministero degli affari esteri, il dr. Ahčin, redattore del quotidiano *Slovenec*, il Sig. Gjuro Višić, redattore del giornale *Novosti*[11], il sig. Jovanović, capo della sala stampa jugoslava, il dr. Milenković, segretario della legazione jugoslava e i rev.di pp. Bonaventura Zec,

---

[7] *Slovenec*, 26 luglio 1935, Anno LXIII – n. 169a, p. 1; *Vreme*, 26 luglio 1935, Anno XV – n. 4925, p. 1; *Politika*, 26 luglio 1935, Anno XXXII – n. 9762, p. 1; *Katolički List*, 1° agosto 1935, Anno LXXXVI – n. 31, p. 377).

[8] «*I Vi ste radili kod ovog posla*»: APHZSJ, ostavština Moscatello, busta 2: *Bilješke [Memorie]*, p. 73; *Nikola Moscatello*, F. Veraja – S. Kljaić, ed., 113.

[9] «*Vašim radom zaslužili ste "deset"*»: APHZSJ, ostavština Moscatello, busta 2: *Bilješke [Memorie]*, p. 73; *Nikola Moscatello*, F. Veraja – S. Kljaić, ed., 114.

[10] *Slovenec*, 26 luglio 1935, Anno LXIII – n. 169a, p. 1; *Vreme*, 26 luglio 1935, Anno XV – n. 4925, p. 1; *Politika*, 26 luglio 1935, Anno XXXII – n. 9762, p. 1; *Katolički List*, 1° agosto 1935, Anno LXXXVI – n. 31, p. 377; *Il Messaggero*, 26 luglio 1935, Anno LVII – n. 178, p. 4.

[11] Sulla partecipazione del sig. Višić è interessante notare quanto il nunzio Pellegrinetti segnalava nel suo rapporto: «*È degno di nota il fatto che a Roma tra i corrispondenti de' giornali c'è anche quello delle "Novosti" di Zagabria, giornale ispirato dalla Massoneria e che in passato per i suoi calunniosi attacchi alla S. Sede ha dato luogo a parecchie mie proteste. Oggi "leva il muso odorando il vento infido"*»: Pellegrinetti a Pacelli, Belgrado, 27 luglio 1935, rapporto n. 17600, in S.RR.SS., AA.EE.SS., *Jugoslavia*, pos. 96, fasc. 63, f. 27v.

Josip Karninčić, oltre allo studente Knoll Geyza. Nel brindisi, il rettore del collegio mons. Juraj Mađerec[12] illustrò i rapporti in corso tra la Chiesa cattolica e lo Stato jugoslavo, mettendo l'accento su quanto di specifico si offrissero vicendevolmente, nei campi di propria competenza, sottolineando il contributo del clero cattolico, incluso quello presente al collegio di San Girolamo, in favore della tradizione e dell'identità nazionale. Alla fine il presule espresse le seguenti parole di augurio: «*Che Dio conceda che questo atto storico realizzato tra la Santa Sede e il Regno di Jugoslavia sia l'inizio della nuova era felice nella nostra comune e bella patria*»[13]. Tale auspicio dimostra come egli, nonostante fosse un ecclesiastico croato, non serbasse alcuna riserva contro il concordato in se stesso, né tanto meno contro il modo in cui erano state regolate le questioni particolarmente spinose.

Nella risposta al rettore il ministro Auer ribadì la propria convinzione che «*il nuovo Concordato porti solo dei vantaggi alla Chiesa e allo Stato*», mettendo in risalto la necessità «*ora più che mai*» che le due società camminassero insieme allo stesso passo, armonizzando i diversi interessi, come provava proprio il fatto del collegio San Girolamo[14], la cui problematica era stata risolta prima della firma.

La sera, le due delegazioni si ritrovarono per una cena ufficiale, che si svolse presso la legazione jugoslava presso la Santa Sede, offerta dal ministro Simić, in onore del cardinale segretario di Stato Pacelli. Parteciparono, oltre ai plenipotenziari e agli assistenti dell'atto della firma, la sig.ra Auer, S.E. mons. Cremonesi, S.E. il marchese Serafini, mons. Barbetta, minutante della congregazione degli affari ecclesiastici straordinari, mons. Mađerec, il comm. Belardo[15].

---

[12] I dati biografici su Juraj Mađerec (1885-1957), per lunghi anni a capo del collegio di San Girolamo a Roma (1928-1957), si trovano nell'articolo di D. BOBOVEC, «Mons. dr. Juraj Mađerec: Prilog za životopis», in *Papinski hrvatski zavod*, 445-486.

[13] APHZSJ, ostavština rektora Mađerca, n. 37/1935: «*Dao dobri Bog da ovaj današnji historijski akt, izvršen izmedju Svete Stolice i Kraljevine Jugoslavije, bude početak nove sretne ere u zajedničkoj nam lijepoj našoj domovini*».

[14] *Politika*, 26 luglio 1935, Anno XXXII – n. 9762, p. 1; *Katolički List*, 1° agosto 1935, Anno LXXXVI – n. 31, p. 377: «*Ja sam uvjeren, da će novi konkordat donijeti samo koristi i Crkvi i državi. Nikada uostalom nije bilo potrebnije da one idu zajedno i složno, jer razne struje i vjetrovi sa raznih strana čine tu potrebu jasnom za svakoga. Sretan sam, gospodine rektore, što smo se mi svi danas mogli skupiti zahvaljujući Vašoj gostoljubivosti u Vašem historijskom zavodu, da bi se i na ovom mjestu to moglo konstatirati*». Si veda anche *Jutro*, 26 luglio 1935, Anno XVI – n. 170, p. 1.

[15] *L'Osservatore Romano*, 28 luglio 1935, Anno LXXV – n. 175 (22.845), p. 2.

I giornali dedicarono molto spazio a questo evento serale, apportando per intero i discorsi di circostanza da parte del ministro della giustizia Auer e del segretario di Stato Pacelli. Il plenipotenziario jugoslavo, il cui testo era stato preparato dallo stesso negoziatore governativo Moscatello[16], espresse la soddisfazione per aver appena adempiuto insieme all'altra parte contraente, «*un atto di così grande importanza per la Chiesa e per lo Stato*». Gli occhi di tanti milioni di fedeli cattolici e di cittadini leali del Regno di Jugoslavia, sarebbero stati, in quel giorno, rivolti verso la Città del Vaticano e il pontefice, che con tanta forza e saggezza dirigeva la nave della Chiesa cattolica tra le angosce e i dubbi dei tempi attuali.

Il ministro passò, in seguito, a rilevare i meriti del re Aleksandar, della reggenza e del governo jugoslavo nell'affare concordatario. Sarebbe stato soprattutto il compianto sovrano, scomparso nell'ottobre precedente, a prendere non solo l'iniziativa per i negoziati, ma anche a tracciare le linee essenziali del concordato, la cui firma era quasi pronta al momento della sua tragica scomparsa. Con ciò si sarebbe dovuto considerare l'accordo strettamente legato alla sua persona.

Un valore non inferiore fu attribuito all'augusto principe Paolo e agli altri membri della reggenza, come anche al regio governo, i quali, in nome del re Pietro II, avevano ultimato questo atto solenne come un dovere sacro. Essi sarebbero stati pienamente convinti che la cooperazione tra il potere spirituale e quello temporale, per la quale si erano create, tramite la firma del concordato, delle condizioni più favorevoli, avrebbe portato molteplici benefici sia alla Chiesa che allo Stato. Tale collaborazione avrebbe inoltre facilitato la realizzazione di quegli ideali di civiltà cristiana, per i quali gli antenati avevano sparso il proprio sangue, e che sarebbero stati gli unici a poter far uscire il popolo jugoslavo da tutte le difficoltà e dubbi del tempo presente.

Il delegato governativo terminò il proprio discorso con un augurio, che riprendeva quasi letteralmente le parole del rettore Mađerec: che «*quest'atto solenne segni una data felice nella storia delle relazioni tra la Chiesa cattolica e il Regno di Jugoslavia*»[17].

---

[16] APHZSJ, ostavština Moscatello, busta 2: *Bilješke [Memorie]*, p. 73; *Nikola Moscatello*, F. Veraja – S. Kljaić, ed., 114.

[17] Il discorso, pronunciato in francese, si veda ne *L'Osservatore Romano*, 28 luglio 1935, Anno LXXV – n. 175 (22.845), p. 2. Per la traduzione si veda *Politika*, 27 luglio 1935, Anno XXXII – n. 9763, p. 2; *Slovenec*, 28 luglio 1935, Anno LXIII – n. 171a, p. 1. Si veda anche S.RR.SS., AA.EE.SS., *Jugoslavia*, pos. 96, fasc. 63, f. 18.

Nella sua risposta il segretario di Stato, associandosi al ministro nel celebrare l'importanza di «*questo grande giorno*» nella storia dei rapporti tra la Chiesa e lo Stato in Jugoslavia, considerò la firma «*un'opera di pace e di fiducia*», una prova pubblica dell'utilità e dell'efficacia delle armoniose relazioni tra i due poteri, sulla base di una stima reciproca e d'un omaggio alla sovrana competenza delle due società, ecclesiastica e civile, ciascuna nella propria sfera, secondo l'ordine stabilito da Dio.

Il cardinale sottolineò, al riguardo, i meriti del pontefice, attento alle necessità e ai bisogni dei tempi presenti e futuri, del perspicace principe Paolo e del re Aleksandar, la cui morte, da una parte, gettava un'ombra sul giorno felice della firma, ma dall'altra avrebbe elevato l'opera compiuta ad uno stadio superiore, facendone un elemento essenziale e fondamentale per lo sviluppo e l'orientamento del giovane regno.

Prendendo spunto dalle garanzie date dal ministro Auer circa l'apprezzamento del concordato da parte dei vertici jugoslavi, nello spirito di una fruttuosa cooperazione tra le autorità civili ed ecclesiastiche, confidando, inoltre, nella realizzazione di quanto stabilito nel trattato, Pacelli profetizzava ottimisticamente che il re Pietro II avrebbe raccolto da ciò frutti abbondanti. Di pari passo, lo stesso giovane sovrano avrebbe constatato con gioia che, per il fondamento spirituale della prosperità del popolo e della pace interiore, niente avesse tanta efficacia come la via largamente aperta ai valori soprannaturali e divini, potendo questi assicurare tutta la loro forza di luce e d'unificazione per il bene più grande della stessa società civile. Alla fine il porporato augurava che il regno potesse essere sempre un forte fattore di pace, di giustizia e di civiltà cristiana[18].

Moscatello ci offre alcuni particolari curiosi, scritti in tono più umoristico che non diplomatico, di questo evento alla legazione jugoslava. Il ministro Auer viene presentato come uno che non parlava alcuna lingua straniera. Per tale motivo, il cardinale Pacelli, che altresì non conosceva gli altri ospiti, avrebbe intrattenuto a lungo un colloquio cordiale e informale con il "collega" negoziatore. Il segretario di Stato avrebbe scherzosamente fatto allusione al nervosismo di quest'ultimo, affermando di conoscere un signore al quale, nel momento dell'agitazione, apparivano due grandi lacrime. Mostrando la grande libertà che aveva nei

---

[18] Il discorso, in versione francese, si veda ne *L'Osservatore Romano*, 28 luglio 1935, Anno LXXV – n. 175 (22.845), p. 2. Per la traduzione si veda *Politika*, 27 luglio 1935, Anno XXXII – n. 9763, p. 2; *Slovenec*, 28 luglio 1935, Anno LXIII – n. 171a, p. 1. Si veda anche S.RR.SS., AA.EE.SS., *Jugoslavia*, pos. 96, fasc. 63, ff. 15-17.

confronti del segretario di Stato, Moscatello gli avrebbe risposto a sua volta di conoscere una persona di rango molto alto che, a causa della troppa importanza data alle piccole questioni, e della paura di poter finire perciò all'inferno, correva il rischio di compromettere questioni molto più grandi. Con ciò Moscatello chiaramente sottintendeva la grande scrupolosità del cardinale nella preparazione dei diversi atti[19].

Da lui sappiamo che il ministro Simić avrebbe offerto, in occasione della firma del concordato, un'altra cena, questa volta in onore del corpo diplomatico, alla quale il canonista dalmata però non fu invitato[20]. Si potrebbe pensare, in tal caso, ad un'altra piccola vendetta del preposto della legazione jugoslava, così abilmente raggirato durante le trattative segrete. Di questo secondo pasto solenne, comunque, non abbiamo trovato traccia nelle fonti giornalistiche.

Il governo jugoslavo diffuse, subito dopo la firma, un comunicato stampa, contenente, accanto ai dettagli della firma solenne, anche una sintesi dei punti centrali del concordato. Il giorno dopo, il 26 luglio 1935, tutti i giornali jugoslavi davano ampiamente conto dei sopraccitati eventi con valutazioni di segno diverso. La sottoscrizione del documento dalle due parti contraenti trovò eco, al contempo, anche nei quotidiani italiani, alcuni dei quali misero più l'accento sulla firma che sui contenuti dell'accordo[21]; altri invece presentarono un quadro più ampio. Così, ad esempio, *Il Messaggero* – nel segnalare che si trattava dell'ultimo dei concordati avviati subito dopo la guerra con uno degli Stati nuovamente costituiti o profondamente modificati, usciti dal Trattato di Versailles – faceva notare che esso occupava il diciannovesimo posto fra i patti diplomatici conclusi durante il pontificato di Pio XI. Era riportato, inoltre, come peraltro nella maggior parte dei giornali jugoslavi[22], il seguente comunicato della Sala Stampa governativa:

---

[19] APHZSJ, ostavština Moscatello, busta 2: *Bilješke [Memorie]*, p. 73; *Nikola Moscatello*, F. Veraja – S. Kljaić, ed., 114.

[20] APHZSJ, ostavština Moscatello, busta 2: *Bilješke [Memorie]*, 74; *Nikola Moscatello*, F. Veraja – S. Kljaić, ed., 114.

[21] *Corriere della Sera*, 26 luglio 1935, Anno LX – n. 178, p. 5; *Il Popolo d'Italia*, 26 luglio 1935, Anno XXII – n. 178, p. 2.

[22] *Politika*, 26 luglio 1935, Anno XXXII – n. 9762, p. 1; *Vreme*, 26 luglio 1935, Anno XV – n. 4925, p. 1; *Slovenec*, 26 luglio 1935, Anno LXIII – n. 169a, p. 1; *Jutro*, 26 luglio 1935, Anno XVI – n. 170, p. 1; *Katolički List*, 1° agosto 1935, Anno LXXXVI – n. 31, p. 379. Il Comunicato si trova anche nell'articolo di J. Krošelj, «Borba za konkordat», 189.

Il testo del Concordato non sarà reso pubblico che dopo lo scambio delle ratifiche. Frattanto si può dire che la questione dei confini delle diocesi è fissata in modo che coincidono con i confini politici del Regno Jugoslavo. Viene ripristinata la diocesi di Nin e vengono fondate le nuove diocesi della Bačka e del Banato, territori che erano finora retti da Amministratori apostolici. Le diocesi di Spalato e di Lubiana vengono elevate al grado di Archidiocesi. La procedura per la nomina dei Vescovi viene stabilita come negli altri recenti Concordati, cioè con la richiesta da farsi dalla Santa Sede al Governo Jugoslavo se contro i designati soggetti esistano difficoltà di ordine politico.

Quanto alla questione economica viene riconosciuta alla Chiesa Cattolica la stretta eguaglianza dei diritti con le altre confessioni, ed in conseguenza essa godrà dell'autonomia economica secondo quello che altre confessioni hanno già ottenuto. I beni ecclesiastici non potranno essere espropriati o soggetti ad altre leggi agrarie senza intesa con la Chiesa.

Nella questione scolastica viene garantito l'insegnamento e l'educazione religiosa e morale degli alunni cattolici delle scuole pubbliche e in generale viene data alla Chiesa la possibilità di spiegare la sua azione educativa come nella maggior parte degli altri Stati. Le Facoltà teologiche si uniformeranno alle recenti prescrizioni della Santa Sede. Vengono riconosciuti tutti gli effetti civili al matrimonio contratto nella Chiesa Cattolica e viene unificata la disciplina matrimoniale in tutto il territorio del Regno.

Viene riconosciuta l'Azione Cattolica che sarà al disopra e al difuori dei partiti, sotto la dipendenza e la responsabilità dei Vescovi. Il clero che è in cura d'anime, durante il servizio attivo, non potrà appartenere e militare in partiti politici.

Quanto alla questione della lingua paleoslava nella liturgia, che in passato era stata lungamente agitata nei territori ora appartenenti alla Jugoslavia, essa è stata risolta tenendo conto non solo dei sentimenti nazionali, ma anche della disciplina della Chiesa e dei voti delle rispettive popolazioni cattoliche senza che questo però riguardi le minoranze[23].

I giornali jugoslavi prendendo spunto dal suddetto comunicato scesero nei particolari della tematica concordataria, senza entrare però in polemica, a motivo della ferrea censura governativa, come si evidenzierà nel prossimo capitolo. Ciò spiega come mai il settimanale cattolico croato *Katolički List* si sia limitato a

---

[23] *Il Messaggero*, 26 luglio 1935, Anno LVII – n. 178, p. 4.

riportare scarnamente il comunicato della Sala Stampa jugoslava, i discorsi e il cerimoniale della firma[24].

I quotidiani sloveni, riportando il comunicato, ad esempio, non nascosero la soddisfazione per la prevista restaurazione dell'arcidiocesi di Lubiana, avendo in precedenza già goduto per brevissimo periodo della stessa dignità sotto il metropolita Mihael Brigido (1787-1806). Nei giorni seguenti, infatti, sia lo *Slovenec*[25], che lo *Jutro*[26], presentarono dettagliatamente il percorso storico della diocesi, nata nel 1461-1462, che portò finalmente alla sua elevazione a provincia ecclesiastica, ottenendo inoltre come diocesi suffraganea quella di Maribor. I giornali sloveni di stampo liberale, lo *Jutro* e lo *Slovenski narod*, accanto alla notizia riguardante la nuova arcidiocesi, sottolinearono la cosiddetta "depoliticizzazione" del clero, prevista nel concordato[27].

I giornalisti serbi, invece, già prima del comunicato ufficiale, azzardavano alcune ipotesi, soffermandosi soprattutto sui temi della delimitazione delle diocesi, delle provviste vescovili e della lingua liturgica. Molto positivamente fu ritenuta la risoluzione della prima questione, attraverso la quale alcune parti del regno, che ecclesiasticamente fino a quel momento ancora dipendevano da ordinari stranieri, con il concordato finalmente sarebbero finite sotto la giurisdizione degli ordinari jugoslavi. Non meno entusiasmo si prospettava per le nomine episcopali, per le quali, secondo la *Politika* e il *Vreme*, la Santa Sede avrebbe continuato a rispettare gli interessi statali della Jugoslavia. Circa la lingua paleoslava si sperava, finalmente, che il Vaticano, negli ultimi tempi diventato più liberale sulla questione, corrispondesse ai desideri dell'intera nazione jugoslava circa l'estensione del privilegio, anche se non in maniera assoluta[28].

Un'attenzione del tutto particolare merita l'articolo dello *Slovenec*, del 27 luglio 1935, che controbatteva la tesi formulata da *Politika* due giorni prima ed esposta all'inizio del presente capitolo, circa il ruolo del concordato che in realtà non avreb-

---

[24] *Katolički List*, 1° agosto 1935, Anno LXXXVI – n. 31, pp. 377-379.

[25] *Slovenec*, 26 luglio 1935, Anno LXIII – n. 169a, p. 1; *Slovenec*, 27 luglio 1935, Anno LXIII – n. 170a, p. 1.

[26] *Jutro*, 26 luglio 1935, Anno XVI – n. 170, p. 1; *Jutro*, 27 luglio 1935, Anno XVI – n. 171, p. 3.

[27] *Jutro*, 26 luglio 1935, Anno XVI – n. 170, p. 1; *Slovenski narod*, 26 luglio 1935, Anno LVIII – n. 167, p. 1.

[28] *Politika*, 25 luglio 1935, Anno XXXII – n. 9761, p. 1; *Vreme*, 25 luglio 1935, Anno XV – n. 4924, p. 1.

be fatto altro che confermare *de jure* quello che *de facto* già sussisteva, cioè la posizione piuttosto favorevole della Chiesa cattolica nel regno jugoslavo[29]. Il quotidiano cattolico sloveno ammetteva, da una parte, che la popolazione ortodossa come tale non avrebbe mai mostrato rancore né tanto meno odio nei confronti della Chiesa cattolica; si riconosceva inoltre agli uomini di potere, spesso appartenenti appunto alla Chiesa ortodossa, d'aver condotto una politica giusta nei confronti del cattolicesimo. Questo però non significava ancora, continuava lo *Slovenec*, che i cattolici fossero in una posizione d'eguaglianza di fronte alle altre fedi riconosciute.

Senza mezzi termini il giornale puntava il dito contro le correnti, dipendenti dalla massoneria, che avrebbero esercitato un influsso decisivo in diversi regimi politici. I campi d'azione ove la Chiesa cattolica sentiva il loro ostruzionismo sarebbero stati i seguenti: l'identità nazionale, con accuse contro l'episcopato e il clero d'essere antipatriottici; la sovvenzione statale, con contributi proporzionalmente molto inferiori rispetto ad altre comunità religiose; l'istruzione religiosa, con ostacoli legislativi da parte dei circoli liberali, specialmente nell'intento di sopprimere il funzionamento delle scuole confessionali; la riforma agraria, spesso a scapito degli enti ecclesiastici; la Chiesa vetero-cattolica, con aperta propaganda da parte dei vertici statali, che ne approvavano il proselitismo in chiave anticattolica. Dopo l'elenco delle suddette rimostranze, comprovando il contrario di quanto esposto ottimisticamente su *Politika*, il quotidiano sloveno chiese la rettifica di simili dichiarazioni[30].

Prima di giungere allo studio monografico dei temi concordatari, nonostante i tentativi governativi di coordinare la presentazione della firma con i diversi mezzi di comunicazione sociale jugoslavi, come dimostra la presenza di noti giornalisti al pranzo del collegio di San Girolamo, risulta significativo constatare come i quotidiani *Vreme* e *Slovenec*, il giorno stesso della firma, poche ore prima della pubblicazione del comunicato stampa ufficiale, affermassero che il concordato non avrebbe incluso quei problemi che dovevano essere precisati con leggi particolari, come ad esempio la questione circa il matrimonio e l'istruzione religiosa[31]. Desta meraviglia soprattutto il caso del *Vreme*, che tassativamente dichiarò l'assenza di tali temi nell'accordo, pur essendo, secondo quanto asseriva il nunzio

---

[29] *Politika*, 25 luglio 1935, Anno XXXII – n. 9761, p. 1.

[30] *Slovenec*, 27 luglio 1935, Anno LXIII – n. 170a, p. 2.

[31] *Vreme*, 25 luglio 1935, Anno XV – n. 4924, p. 1; *Slovenec*, 25 luglio 1935, Anno LXIII – n. 168a, p. 1.

Pellegrinetti, il giornale più vicino al ministero degli esteri[32]. L'affermazione di questo giornale potrebbe essere una delle spiegazioni dell'atmosfera generale molto favorevole alla coronazione dei lunghissimi negoziati tra Roma e Belgrado. Il giorno dopo, in seguito al comunicato stampa, i redattori degli stessi giornali poterono solo rendersi conto di quanto la loro supposizione non avesse avuto alcun fondamento.

2. Percorso monografico dei principali temi presenti nel testo firmato

Avendo esaminato a più riprese i temi specifici che corredarono le trattative concordatarie tra la Santa Sede e il Regno di Jugoslavia, e cioè, l'uso della lingua paleoslava nella liturgia latina (il cosiddetto glagolitico) e l'istituto di San Girolamo a Roma, si presenterà di seguito, in modo monografico, lo sviluppo dei cinque campi classici dei concordati contemporanei, emersi nella fase delle trattative segrete (1933-1935), comparando la stesura finale ai progetti dei precedenti schemi di concordato.

2.1 *Provvista delle diocesi*

L'art. III del concordato, nella traduzione italiana, affermava:

> La Santa Sede sceglierà i titolari delle sedi episcopali del Regno di Iugoslavia fra i membri del clero che sono sudditi iugoslavi.
>
> In caso di vacanza di una sede arcivescovile o vescovile, ognuno dei vescovi delle diocesi iugoslave presenterà, nel termine di un mese, una lista di candidati idonei alla Santa Sede, la quale prenderà in speciale considerazione i candidati proposti dai vescovi della Provincia ecclesiastica in cui questa vacanza si è verificata.
>
> Prima di procedere alla nomina degli arcivescovi e vescovi diocesani, come pure dei coadiutori con diritto di successione, la Santa Sede interrogherà confidenzialmente il Governo iugoslavo, per sapere se contro il candidato sussistono delle obiezioni di carattere politico generale.
>
> I nomi dei candidati saranno tenuti segreti fino alla pubblicazione ufficiale. Allo scopo di provvedere prontamente alle vacanze delle diocesi il Governo risponderà il più presto possibile a suddetta interrogazione. Se entro il termine di 30 giorni

---

[32] Pellegrinetti a Pacelli, Belgrado, 24 ottobre 1935, rapporto n. 17835, in S.RR.SS, AA.EE.SS, *Jugoslavia*, pos. 96, fasc. 63, ff. 48v-49r.

questa risposta non è stata data, la Santa Sede avrà il diritto di ritenere di potere senz'altro procedere alla pubblicazione della nomina[33].

Malgrado si trattasse di una questione di vitale importanza, sia per gli interessi e le ingerenze statali sia per la libertà d'azione della Chiesa[34], la redazione finale corrispondeva quasi letteralmente alla formulazione coniata da Pacelli e Moscatello, già all'inizio dei loro incontri, cioè nell'estate 1933. È già stata illustrata precedentemente, sulla base delle fonti dell'Archivio privato di Besednjak, la dinamica dei colloqui tra i due negoziatori su questo argomento, a causa del quale si rischiava anche la rottura delle trattative. Dopo le concessioni da parte di Pacelli il negoziatore jugoslavo avrebbe ritenuto la redazione circa le nomine episcopali, in particolare il *nihil obstat* governativo, uno dei successi più grandi dei colloqui in Vaticano[35].

La formulazione nel concordato jugoslavo fu assai distintiva nel secondo alinea, ove si stabiliva, in caso di vacanza di una sede vescovile, una lista di candidati proposti da parte dell'episcopato. Questo non significa che la Santa Sede si ritenesse costretta a scegliere un candidato dalla lista, come prevedeva il progetto governativo del 1931, ma che avrebbe preso in seria considerazione il voto dell'episcopato della rispettiva provincia ecclesiastica. A dire il vero, a Pellegrinetti non piaceva nemmeno una simile "morbida" limitazione, poiché questa *«notevole concessione»*[36] poteva lasciar supporre che la Santa Sede non tenesse ragionevole conto dei voti dell'episcopato. Egli aveva

---

[33] *Enchiridion dei concordati*, 893. La versione orig. in lingua francese si veda *ibidem*, 892.

[34] Il *Codex iuris canonici* assicurava la libertà di nomina e la provvista canonica al pontefice, però non si toglieva del tutto il privilegio dello *ius eligendi* ai collegi e alle autorità civili:
CIC 17, Can. 329, §§ 2-3: *«Eos [Episcopos] libere nominat Romanus Pontifex. Si cui collegio concessum sit ius eligendi Episcopum, servetur praescriptum can. 321»*: AAS 9/II (1917) 70.
CIC 17, Can. 331, § 2: *«Etiam electus, praesentatus vel quoquo modo ab illis designatus, qui privilegio a Sancta Sede concesso eligendi, praesentandi seu designandi gaudent, debet memoratis qualitatibus pollere»*: ibidem, 71.
CIC 17, Can. 332, § 1: *«Cuilibet ad episcopatum promovendo, etiam electo, praesentato vel designato a civili quoque Gubernio, necessaria est canonica provisio seu institutio, qua Episcopus vacantis dioecesis constituitur, quaeque ab uno Romano Pontifice datur»*: ibidem.

[35] Incontro tra il re Aleksandar e Besednjak, Belgrado, 28 ottobre 1933, rapporto di Besednjak, in BA, n. 120; Appunti personali di Besednjak, *ibidem*, n. 648; E. PELIKAN, *Tajno delovanje*, 618-619; G. MITHANS, «Sklepanje jugoslovanskega konkordata»,136.

[36] Pellegrinetti a Pacelli, Belgrado, 16 agosto 1933, rapporto n. 15013, in S.RR.SS., AA.EE.SS., *Jugoslavia*, pos 96, fasc. 57, f. 75v.

proposto, perciò, un'assicurazione soltanto orale che in caso di conclusione del concordato, la Santa Sede avrebbe organizzato la cosa, secondo il metodo usato in Polonia e altrove[37].

In un certo senso era peculiare anche il terzo paragrafo circa le obiezioni di carattere politico sul candidato da parte del governo, che in pratica concedeva a Belgrado il veto sulla nomina. Questo esclusivo diritto governativo era stato negato, con specifiche clausole e dichiarazioni, negli ultimi concordati, stipulati poco prima di questo, cioè quello con il Baden (ottobre 1932)[38], l'Austria (giugno 1933)[39] e la Germania (luglio 1933)[40]. Mentre Pacelli voleva seguire l'esempio di questi ultimi accordi, Moscatello insisteva sulla necessità del controllo governativo sulle nomine, specie per uno Stato così giovane come la Jugoslavia, e si richiamava ai concordati precedenti (Cecoslovacchia, Romania, Italia), che contemplavano tale soluzione[41].

---

[37] Pellegrinetti a Pacelli, Roma, 5 giugno 1933, rapporto n. 1700/33 (Segreteria di Stato), *ibidem*, fasc. 56, f. 41.

[38] Nel Protocollo addizionale del concordato tra la Santa Sede e la Repubblica di Baden (12 ottobre 1932), circa le obiezioni governative alle nomine episcopali (art. III, capov. 2), si diceva: «*Für den Fall eines seitens der badischen Staatsregierung geltend gemachten Bedenkens allgemein-politischer Art soll der Versuch gemacht werden, gemäß Artikel XII des Konkordates zu einer Einigung zwischen dem Heiligen Stuhle und der badischen Staatsregierung zu gelangen; führt aber der vorgesehene Versuch zu keiner Einigung, dann ist der Heilige Stuhl frei, die Besetzung des Erzbischöflichen Stuhles in Freiburg zu vollziehen. Entsprechendes gilt auch für die im Schlußprotokoll Ziffer 1 zu Artikel III Absatz 1 des Konkordats vorgesehene Bestellung eines Coadjutors* cum jure successionis *für den Erzbischof in Freiburg*»: Enchiridion dei concordati, 832; la trad. it., 833.

[39] Il Protocollo addizionale del concordato tra la Santa Sede e la Repubblica Austriaca (5 giugno 1933), riferendosi all'art. IV, capov. 2, dichiarava, «*daß in Falle, als die österreichische Bundesregierung einen Einwand allgemein politischen Charakters erheben sollte, der Versuch zu unternehmen ist, zu einem Einvernehmen zwischen dem Heiligen Stuhle und der Bundesregierung analog der Bestimmung des Artikels XXII, Absatz 2, des Konkordates zu gelangen; sollte dieser Versuch erfolglos bleiben, so ist der Heilige Stuhl in der Durchführung der Besetzung frei. Das Gleiche gilt auch für die Ernennung eines Koadjutors mit dem Rechte der Nachfolge für einen österreichischen Erzbischof oder Bischof oder einen Prälaten* nullius»: ibidem, 856; la trad. it., 857.

[40] Nel Protocollo finale del concordato tra la Santa Sede e il Reich Germanico, circa l'art. XIV, capov. 2, si stabiliva soltanto che «*ein staatliches Vetorecht soll nicht begründet werden*»: *ibidem*, 882; la trad. it., 883.

[41] Incontro tra il re Aleksandar e Besednjak, Belgrado, 28 ottobre 1933, rapporto di Besednjak, in BA, n. 120; Appunti personali di Besednjak, *ibidem*, n. 648; E. Pelikan, *Tajno delovanje*, 618-619.

Ancora nel 1934 il nunzio sperava nell'introduzione della clausola, secondo cui l'obiezione del governo non avrebbe comportato un diritto di veto; anche il cardinale Pacelli s'impegnava in questo senso, però Moscatello affermò sempre che sarebbe stato assolutamente impossibile farla accettare dal governo jugoslavo[42]. Si può supporre che Moscatello facesse valere con determinazione il desiderio del re scomparso, che nel colloquio con Loiseau, nel 1930, aveva dichiarato di non poter accettare la nomina di un vescovo senza un'intesa con il governo[43]. Alla fine, quindi, la Santa Sede accettò il *nihil obstat* governativo senza la desiderata clausola. È singolare rilevare come la Santa Sede, ancora nel 1931, avesse proposto al governo jugoslavo proprio la formulazione del *modus vivendi* con la Cecoslovacchia (1927-1928), che allora non risultò accettabile per Belgrado, mentre ora piaceva più a Moscatello che non allo stesso Pacelli.

Circa il modo di nominare i vescovi ambedue le parti si allontanarono assai dalle posizioni principali: il governo rinunciò prima al proprio diritto di presentazione dei candidati (1922) e poi allo stesso diritto, spettante ai vescovi della rispettiva provincia ecclesiastica (1925); la Santa Sede dovette abbandonare il principio di una totale libera scelta dei vescovi. Più libertà s'assicurò la Chiesa cattolica, invece, nelle nomine dei parroci o curati (art. X)[44], ove al vescovo diocesano, dopo la nomina, era richiesto solo di farla conoscere al governo[45].

---

[42] S.RR.SS., AA.EE.SS., *Rapporti delle Sessioni*, anno 1934, Sessione 1360, stampa 1247, «Jugoslavia. Nuovo progetto di Concordato», 24 giugno 1934, Sommario, n. VI, pp. 48-49.

[43] C. LOISEAU, «Deux conversations», 767; S. SIMIĆ, *Jugoslavija i Vatikan*, 109-110.

[44] Art. X, par. 2°: «*L'Evêque diocésain, après avoir fait un changement quelconque aux limites des paroisses, le portera à la connaissance du Gouvernement; il lui fera connaître pareillement les nominations des curés, après les avoir effectuées*»: *Enchiridion dei concordati*, 896; la trad. it., 897.

[45] Circa i negoziati sulle nomine dei parroci si vedano alcune proposte: Pellegrinetti a Pacelli, Roma, 5 giugno 1933, rapporto n. 1700/33 (Segreteria di Stato), in S.RR.SS., AA.EE.SS., *Jugoslavia*, pos. 96, fasc. 56, ff. 41-42; Pellegrinetti a Pacelli, Roma, 24 giugno 1933, schema di concordato, n. 2004/33 (Segreteria), *ibidem*, fasc. 57, f. 7; Pizzardo a Pellegrinetti, Vaticano, 8 agosto 1933, schema di concordato, dispaccio n. 2212/33, in ASV, *Arch. Nunz. Jugoslavia*, busta 8, f. 321; Pellegrinetti a Pacelli, Belgrado, 16 agosto 1933, rapporto n. 15013, in S.RR.SS., AA.EE.SS., *Jugoslavia*, pos. 96, fasc. 57, ff. 75v-76r; Proposte di modificazioni di Moscatello, [novembre 1933], n. 3380 (Segreteria di Stato), *ibidem*, f. 94; Pellegrinetti a Pacelli, Belgrado, 6 dicembre 1933, rapporto n. 15357, *ibidem*, f. 104v; Promemoria con le modificazioni di Moscatello, [Roma, aprile 1934], n. 1314/34 (Segreteria di Stato), *ibidem*, fasc. 58, f. 22r; Pellegrinetti a Pacelli, Belgrado, 25 aprile 1934, rapporto n. 15977, *ibidem*, f. 17v; S.RR.SS., AA.EE.SS., *Rapporti delle Sessioni*, anno 1934, Sessione 1360, stampa 1247, «Jugoslavia. Nuovo progetto di Concordato», 24 giugno 1934,

Nell'ultimo paragrafo, riguardante il termine per la risposta governativa sul candidato, la Santa Sede fu molto "generosa", concedendo alla Jugoslavia trenta giorni, mentre poco prima all'Austria ne erano stati concessi quindici, e alla Germania venti[46].

Nella storiografia esiste una notevole discrepanza nell'interpretazione dell'articolo. Se per Moscatello la formulazione finale, pensando soprattutto al veto sulle nomine, rappresentava una delle più grandi conquiste della diplomazia jugoslava[47], lo storico Petrović, d'altra parte, considera l'articolo, comparandolo con altri concordati di quel periodo, poco favorevole alle mire jugoslave[48]. Il limite della sua analisi consiste, però, proprio nel suo metodo esclusivamente comparativo, che non tiene conto dello sviluppo graduale e faticoso di quest'articolo nell'economia delle trattative concordatarie tra il 1933 e il 1935, contrassegnate da numerosi passi indietro su certe questioni, sia da parte del governo che della Santa Sede, per assicurarsi poi più diritti in altre.

2.2 *Ordini e congregazioni religiose*

L'art. XII stabiliva la vita dei religiosi e delle congregazioni nel modo seguente:

> Lo Stato riconosce agli ordini e alle congregazioni religiose che esistono già nel Regno, la personalità giuridica, e la loro organizzazione religiosa e amministrativa, come anche il diritto di avere delle nuove case, avvisando per riguardo le autorità dello Stato. Lo Stato garantirà inoltre il libero esercizio della loro attività nel culto, nell'insegnamento, nella cura d'anime, nell'assistenza ai malati, nelle opere di carità e nelle organizzazioni o associazioni cattoliche, come anche la libera comunicazione diretta coi loro superiori gerarchici.

Sommario, n. VI, pp. 54-55; Osservazioni di Moscatello, Vaticano, [prima del 12 luglio 1934], in S.RR.SS., AA.EE.SS., *Jugoslavia*, pos. 96, fasc. 61, f. 33; Osservazioni del card. Rossi, Vaticano, 12 luglio 1934, *ibidem*, fasc. 58, f. 27; Promemoria con le modificazioni di Moscatello, [Roma, gennaio 1935], n. 275/35 (Segreteria di Stato), *ibidem*, fasc. 62, f. 45; Pellegrinetti a Pacelli, Belgrado, 26 gennaio 1935, cifrato n. 60 (17045), *ibidem*, f. 54r.

[46] Incontro tra il re Aleksandar e Besednjak, Belgrado, 28 ottobre 1933, rapporto di Besednjak, in BA, n. 120; Appunti personali di Besednjak, *ibidem*, n. 648; E. PELIKAN, *Tajno delovanje*, 619.

[47] Incontro tra il re Aleksandar e Besednjak, Belgrado, 28 ottobre 1933, rapporto di Besednjak, in BA, n. 120; E. PELIKAN, *Tajno delovanje*, 618-619.

[48] M. PETROVIĆ, *Konkordatsko pitanje*, 238-239.

La Santa Sede provvederà a che le case degli ordini e congregazioni religiose che sono in Iugoslavia, non dipendano da superiori provinciali domiciliati all'estero, salvo eccezioni che potranno farsi d'accordo con il Governo. I superiori provinciali, come pure i superiori locali, saranno sudditi iugoslavi.

I superiori residenti fuori del territorio della Iugoslavia, hanno il diritto, anche se appartengono a un'altra nazionalità, di visitare le loro case situate in Iugoslavia.

Alle nuove fondazioni, come anche agli ordini e congregazioni introdotte dall'estero, sarà riconosciuta la personalità giuridica secondo le norme del diritto comune[49].

Nelle trattative precedenti (1931-1933) la discussione verteva prevalentemente sui diritti dello Stato nella questione dell'estensione dell'attività degli ordini e congregazioni già esistenti e dell'introduzione di nuovi ordini nel regno. Il governo jugoslavo s'ispirava al modello romeno, nel quale Bucarest era riuscita a strappare alla Santa Sede importanti concessioni su punti fondamentali, tra cui il diritto di limitare l'attività degli ordini già esistenti nel Paese, di dare il *placet* per l'introduzione di nuovi ordini, di esigere la cittadinanza romena da tutti i religiosi stanziati nel Paese[50].

Analizzeremo prima lo sviluppo del tema circa l'estensione dell'attività degli ordini e congregazioni già esistenti nel Regno di Jugoslavia, insieme alla delicata questione dell'appartenenza nazionale dei religiosi. Nel primo progetto Moscatello–Pizzardo il governo per la prima volta rinunziava alla pretesa di far dipendere dal suo arbitrio l'estensione dell'attività degli ordini[51]. Le trattative tra Moscatello e Pacelli nell'estate 1933 apportarono nuove disposizioni e tra i vari diritti, riconosciuti agli ordini e congregazioni, fu previsto anche quello di poter aprire nuove case[52].

Quando Moscatello presentò lo schema di concordato a Belgrado nell'ottobre-novembre 1933, l'articolo sui religiosi provocò una reazione molto dura. Sia

---

[49] *Enchiridion dei concordati*, 897, 899. La versione orig. in lingua francese si veda *ibidem*, 896, 898.

[50] L'art. XVII, punto 1, del concordato romeno: «*Les Ordres et les Congrégations religieuses existants dans le Royaume devront avoir leur Provincial et leurs membres, citoyens roumains, domiciliés dans le pays*»: *Enchiridion dei concordati*, 688; trad. it., 689.
L'art. XVII, punto 4: «*De nouveaux Ordres et Congrégations religieuses pourront s'établir en Roumanie et ceux qui y sont actuellement pourront ouvrir des maisons nouvelles, seulement avec l'approbation donnée d'accord par le Saint-Siège et par le Gouvernement roumain*»: *ibidem*.

[51] Pellegrinetti a Pacelli, Roma, 5 giugno 1933, rapporto n. 1700/33 (Segreteria di Stato), in S.RR.SS., AA.EE.SS., *Jugoslavia*, pos. 96, fasc. 56, f. 42.

[52] L'art. XI dello schema di concordato, 16 novembre 1933, in BA, n. 121. Il CIC, circa la fondazione di nuove province e case, prevedeva il diritto e il beneplacito della Santa Sede, in alcuni casi anche degli ordinari del luogo, salvi i diritti dei rispettivi ordini e congregazioni:

Lanović sia Maksimović – per quest'ultimo si trattò della disposizione più «*orrenda*» e «*triste*» di tutto il concordato – protestarono con veemenza contro la formulazione che concedeva agli ordini e alle congregazioni l'assoluta libertà di aprire nuove case in Jugoslavia, senza nemmeno una restrizione per l'arrivo di religiosi stranieri. Ambedue rilevavano che tale libertà, alla stregua del concordato romeno, doveva essere "regolata" con il permesso del governo.

Moscatello ribattè che la Santa Sede non avrebbe mai permesso alcuna limitazione della libertà di missione e d'estensione dei religiosi cattolici in Jugoslavia. Quanto all'arrivo di elementi stranieri, gli sembrava chiaro che nessuno potesse entrare in Jugoslavia senza il passaporto, il che in realtà equivaleva al permesso del governo. Per illuminare meglio la disposizione contestata, Moscatello, a questo punto, fece due confronti. Alla Chiesa ortodossa serba, nella sua costituzione, era stato accordato il permesso di aprire nuovi monasteri senza alcuna restrizione[53], perciò, secondo lui, quello che si lasciava fare a una Chiesa, non si poteva vietare ad un'altra. Il richiamo, poi, al concordato romeno non sarebbe stato giustificato, poiché quasi tutti i religiosi in Romania sarebbero stati tedeschi e ungheresi, mentre al contrario in Jugoslavia quasi tutti erano cittadini jugoslavi. Per tale motivo non sarebbe stato necessario difendere il Paese dagli stessi concittadini. Queste spiegazioni non convinsero molto i due oppositori che vedevano una notevole differenza tra i cittadini ortodossi, legati al massimo all'identità nazionale, e i cattolici, presso i quali il patriottismo non era così sicuro[54]. Alla fine si decise di presentare alla Santa Sede la richiesta, secondo la quale i religiosi stranieri non potevano entrare in Jugoslavia

---

CIC 17, Can. 494, § 1: «*Religionem pontificii iuris in provincias dividere, constitutas iam provincias coniungere vel aliter circumscribere, novas condere conditasve supprimere, monasteria sui iuris a monastica Congregatione separare et alii unire, ad unam pertinet Sedem Apostolicam*»: AAS 9/II (1917) 108.

CIC 17, Can. 496: «*Nulla religiosa domus erigatur, nisi iudicari prudenter possit vel ex reditibus propriis vel ex consuetis eleemosynis vel alio modo congruae sodalium habitationi et sustentationi provisum iri*»: ibidem.

CIC 17, Can. 497, § 1: «*Ad erigendam domum religiosam exemptam, sive formatam sive non formatam, aut monasterium monialium, aut in locis Sacrae Congregationi de Prop. Fide subiectis quamlibet religiosam domum, requiritur beneplacitum Sedis Apostolicae et Ordinarii loci consensus in scriptis datus; secus, satis est Ordinarii venia*»: ibidem.

[53] Si vedano gli art. 28 e 63 della Costituzione della Chiesa serbo-ortodossa (*Zbirka crkvenih zakona*, vol I, 80, 101-102).

[54] Conferenza tra Moscatello, Jevtić e Lanović, Belgrado, 29 ottobre 1933, in BA, n. 122; Conferenza tra Moscatello, Jevtić e Maksimović, Belgrado, 15 novembre 1933, *ibidem*, n. 127.

senza il permesso del governo[55] e che per l'apertura di nuove case religiose bisognava almeno prevenire il governo[56], alla stregua delle nomine dei parroci. Tra le richieste presentate in Vaticano, appariva anche quella che, imitando il concordato germanico (art. XV), prevedeva la cittadinanza jugoslava per tutti i superiori provinciali e locali, residenti in Jugoslavia[57].

Il nunzio, chiesto il suo parere circa le modifiche presentate, ammetteva l'obbligo d'informare l'autorità civile della fondazione di nuove case, restando sottointeso che ciò non implicasse diritto di veto. Allo stesso modo egli accettava il punto relativo alla cittadinanza dei provinciali, «*sauf exceptions*». La limitazione circa l'ammissione di religiosi stranieri, secondo lui, poteva essere tollerata, salvo il diritto dei provinciali, assicurato nello stesso articolo. Con le nuove modifiche si sarebbe evidenziata la paura del governo verso i religiosi italiani, paura che si manifestò anche nel tentativo di far partire dal Montenegro quattro francescani che vi esercitavano il ministero fin dal tempo del re Nikola (principe dal 1860, re dal 1910)[58].

Quanto all'obbligo di avvisare le autorità per aprire nuove case, Moscatello, più tardi, precisò che tale dovere non significava alcuna limitazione del detto diritto e nessun veto da parte del governo. Per tale motivo la disposizione proposta sarebbe stata più favorevole alla Chiesa rispetto alla pratica in uso dal tempo della dominazione austriaca, secondo la quale era necessario il permesso del governo per la fondazione di nuove residenze[59]. Fino alla firma del concordato non furono apportate nuove modifiche o aggiunte al riguardo, per cui il testo finale conteneva

---

[55] Conferenza tra Moscatello, Jevtić e Srškić, Belgrado, 17 novembre 1933, *ibidem*, n. 129; Proposte di modificazioni di Moscatello, [novembre 1933], n. 3380 (Segreteria di Stato), in S.RR.SS., AA.EE.SS., *Jugoslavia*, pos. 96, fasc. 57, ff. 94-95.

[56] Conferenza tra Moscatello, Jevtić, Srškić e Lanović, Belgrado, 29 ottobre 1933, in BA, n. 124; Proposte di modificazioni di Moscatello, [Roma, novembre 1933], n. 3380 (Segreteria di Stato), in S.RR.SS., AA.EE.SS., *Jugoslavia*, pos. 96, fasc. 57, ff. 94-95.

[57] Proposte di modificazioni di Moscatello, [novembre 1933], n. 3380 (Segreteria di Stato), in S.RR.SS., AA.EE.SS., *Jugoslavia*, pos. 96, fasc. 57, f. 95.

[58] Pellegrinetti a Pacelli, Belgrado, 6 dicembre 1933, rapporto n. 15357, *ibidem*, ff. 104v-105r.

[59] S.RR.SS., AA.EE.SS., *Rapporti delle Sessioni*, anno 1934, Sessione 1360, stampa 1247, «Jugoslavia. Nuovo progetto di Concordato», 24 giugno 1934, Sommario, n. VI, pp. 57-58; Osservazioni di Moscatello, Vaticano, [prima del 12 luglio 1934], in S.RR.SS., AA.EE.SS., *Jugoslavia*, pos. 96, fasc. 61, f. 34.

l'obbligo di avvisare le autorità statali in caso di apertura di nuove case. Anche la cittadinanza jugoslava dei superiori provinciali e locali, molto propugnata dagli elementi governativi, fu accettata nella formulazione finale.

Meno chiarezza si scorgeva nella discussione intorno all'introduzione di nuovi ordini religiosi in territorio jugoslavo, anch'essa legata all'arrivo di religiosi stranieri. Nei primi schemi nel 1933 troviamo la disposizione, che per la suddetta introduzione la Santa Sede si sarebbe intesa con il governo[60]. Poco dopo tale dichiarazione sparì[61] e fece nascere il sospetto nel nunzio, che il governo volesse implicitamente escludere l'arrivo di nuovi ordini in Jugoslavia[62]. Prima che Moscatello presentasse il testo a Belgrado nell'autunno 1933, si aggiunse il poco chiaro ultimo capoverso sulle «*nouvelles fondations*», alle quali si riconosceva la personalità giuridica[63]. Pellegrinetti rilevava che con tale formulazione non si poteva sapere con certezza se ci si riferiva all'apertura di nuove case d'ordini o congregazioni religiose, o all'introduzione nel regno di nuovi ordini e congregazioni. Secondo lui, l'espressione, se non meglio specificata, avrebbe potuto dare luogo a malintesi[64].

Nei colloqui belgradesi nell'ottobre–novembre 1933 non fu toccato quest'argomento, però Moscatello, una volta tornato a Roma, riprese l'idea del nunzio e propose che si precisasse meglio la parola «*fondations*», dovendo esservi comprese tanto le nuove fondazioni, quanto l'introduzione in Jugoslavia di ordini e congregazioni dall'estero[65]. Di fronte alla moltitudine dei diversi ordini e congregazioni maschili e femminili l'introduzione di nuove comunità religiose di per sé non presentava, secondo Pellegrinetti, un'istante necessità; per questo gli sembrava un male minore, a scanso di equivoci, qualora la libertà d'introduzione non venisse ammessa

---

[60] Pellegrinetti a Pacelli, Roma, 24 giugno 1933, schema di concordato, n. 2004/33 (Segreteria), in S.RR.SS., AA.EE.SS., *Jugoslavia*, pos. 96, fasc. 57, f. 8.

[61] Pizzardo a Pellegrinetti, Vaticano, 8 agosto 1933, schema di concordato, dispaccio n. 2212/33, in ASV, *Arch. Nunz. Jugoslavia*, busta 8, f. 324.

[62] Pellegrinetti a Pacelli, Belgrado, 16 agosto 1933, rapporto n. 15013, in S.RR.SS., AA.EE.SS., *Jugoslavia*, pos. 96, fasc. 57, f. 76r.

[63] L'art. XI dello schema di concordato, 16 novembre 1933, in BA, n. 121.

[64] Pellegrinetti a Pacelli, Roma, 25 ottobre 1933, rapporto n. 3006/33 (Segreteria di Stato), in S.RR.SS., AA.EE.SS., *Jugoslavia*, pos. 96, fasc. 55, f. 32r.

[65] Proposte di modificazioni di Moscatello, [novembre 1933], n. 3380 (Segreteria di Stato), *ibidem*, fasc. 57, f. 94.

dal governo, di aggiungere che tale introduzione si facesse in accordo con il governo jugoslavo[66]. Nel nuovo schema tra la primavera e l'estate 1934 si aggiunsero finalmente alle fondazioni anche gli ordini e le congregazioni introdotte dall'estero, a cui veniva riconosciuta la personalità giuridica, secondo le norme del diritto comune, il che in pratica equivaleva al permesso governativo[67]. Dopo queste modifiche rilevanti furono apportate, fino alla firma, alcuni piccoli ritocchi specifici, riguardanti soprattutto l'esercizio dell'attività dei religiosi[68].

L'articolo sui religiosi appariva certo più favorevole alla Chiesa cattolica rispetto al concordato romeno, ove al governo era concesso più controllo. Il governo jugoslavo cedette soprattutto nell'ambito dell'estensione dell'attività degli ordini, rinunciando alle precedenti prerogative in forma di veto e si accontentò con il semplice avviso. Circa l'introduzione di nuovi ordini e di religiosi stranieri il governo mantenne, anche se con la formulazione più "morbida", *«secondo le norme del diritto comune»*, il proprio controllo. In questo caso anche la Santa Sede sacrificò il principio della totale libertà d'azione. Tale soluzione confondeva lo studioso Petrović che addirittura si chiedeva se il *«diritto comune»* riguardasse il diritto della Chiesa cattolica o quello dello Stato[69].

2.3 Questioni economiche

Le risoluzioni circa i beni materiali della Chiesa cattolica comprendevano ben otto articoli (art. XVI-XXIII), a partire da quello più generale sul patrimonio della Chiesa (art. XVI), seguito dalle disposizioni più specifiche, ad esempio la sovvenzione statale (art. XVIII), il «fondo di religione» (art. XX), i patronati (XXI) e la riforma agraria (XXII). Di seguito i punti salienti delle trattative tra il 1933 e il 1935.

L'art. XVI, circa il patrimonio della Chiesa cattolica in generale, disponeva che:

---

[66] Pellegrinetti a Pacelli, Belgrado, 6 dicembre 1933, rapporto n. 15357, *ibidem*, f. 105r.

[67] S.RR.SS., AA.EE.SS., *Rapporti delle Sessioni*, anno 1934, Sessione 1360, stampa 1247, «Jugoslavia. Nuovo progetto di Concordato», 24 giugno 1934, Sommario, n. VI, p. 58.

[68] *Ibidem*; Pellegrinetti a Pacelli, Roma, 11 agosto 1934, rapporto n. 2707 (Segreteria di Stato), in S.RR.SS., AA.EE.SS., *Jugoslavia*, pos. 96, fasc. 58, f. 74rv; ASV, *Arch. Nunz. Jugoslavia*, busta 8, f. 460; *Enchiridion dei concordati*, 897.

[69] M. Petrović, *Konkordatsko pitanje*, 275-276.

La Chiesa cattolica nelle sue istituzioni (conformemente all'articolo XIV) è libera di acquisire, di possedere e di amministrare i beni mobili e immobili destinati ai suoi bisogni.

Il patrimonio della Chiesa cattolica serve soltanto per i fini della Chiesa, e non può, sotto nessun pretesto, né essere confiscato, né essere utilizzato per un altro fine, salvo il caso d'esproprio per motivo d'utilità pubblica: in quel caso il Governo darà di rimando un'indennità corrispondente al valore dei beni ecclesiastici espropriati.

I beni dei benefici ecclesiastici vacanti saranno amministrati, secondo le norme del Diritto canonico, da persone ecclesiastiche, fisiche o morali, alle quali essi sono stati provvisoriamente affidati.

I beni e le istituzioni della Chiesa cattolica restano di proprietà della detta Chiesa, anche quando la popolazione, alla quale servono questi beni e istituzioni, passa a un'altra confessione religiosa.

I redditi che gli ecclesiastici percepiscono per le loro funzioni, sono esenti da sequestro nella medesima misura che lo sono i salari e gli onorari dei funzionari dello Stato[70].

Sull'articolo non ci furono molte discussioni tra le due parti, sia perché alcune disposizioni erano state prese direttamente dal progetto governativo del 1931, sia perché alcuni temi, appena riscontrabili nel testo (riforma agraria nel 2° paragrafo, «fondo di religione» nel 3° paragrafo), sarebbero stati sviluppati più dettagliatamente negli articoli a seguire.

A proposito del 1° paragrafo, già nel giugno 1933, cioè poco dopo l'inizio dei nuovi negoziati introdotti da Moscatello, il nunzio propose di sopprimere o modificare la clausola «*conformément a la loi*», presente ancora nel progetto governativo (1931)[71]. In tal modo si voleva evitare la limitazione della libertà della Chiesa riguardo ai beni mobili e immobili. Nella primavera 1934 Moscatello vide la necessità di specificare il termine «Chiesa» come titolare di diritti, cioè di trovare una formula più concreta, perciò introdusse l'aggiunta «*dans ses institutions*». Egli si richiamava allo scambio di note alla fine del concordato romeno, concepito in tale

---

[70] *Enchiridion dei concordati*, 901. La versione orig. in lingua francese si veda *ibidem*, 900.
[71] Pellegrinetti a Pacelli, Roma, 5 giugno 1933, rapporto n. 1700/33 (Segreteria di Stato), in S.RR.SS., AA.EE.SS., *Jugoslavia*, pos. 96, fasc. 56, f. 43.

maniera[72]. Così anche nell'art. XIV troviamo, che non alla Chiesa cattolica come tale, bensì alla Chiesa cattolica *«nelle istituzioni di questa»* lo Stato riconosceva la personalità giuridica[73]. Anche se in altri concordati la personalità civile era stata riconosciuta anche alla Chiesa come tale, il nunzio era del parere, giacché qualsiasi concordato presupponeva il riconoscimento almeno della Santa Sede, che il testo presentato, non differendo molto dalla formulazione nel CIC[74], potesse bastare[75].

Il rivoluzionario 4° paragrafo, che alla Chiesa cattolica assicurava il mantenimento dei beni e istituzioni, anche nel caso di passaggio ad un'altra fede religiosa della popolazione destinataria di quei beni, era presente già nel progetto governativo del 1931 e corrispondeva al postulato della Santa Sede, presentato già durante le trattative romane nel 1925[76].

---

[72] S.RR.SS., AA.EE.SS., *Rapporti delle Sessioni*, anno 1934, Sessione 1360, stampa 1247, «Jugoslavia. Nuovo progetto di Concordato», 24 giugno 1934, Sommario, n. VI, p. 61. L'art. IX del concordato romeno, firmato il 10 maggio 1927, affermava: *«L'Etat reconnaît à l'Eglise Catholique, raprésentée par ses légitimes autorités hiérarchiques, la personnalité juridique, selon le droit commun du pays»*: *Enchiridion dei concordati*, 684, trad. it., 685. Dopo la firma sorsero difficoltà nell'interpretazione dell'articolo, perciò prima della ratifica il governo voleva alcune precisazioni. A questo scopo serviva lo scambio di lettere tra il ministero degli affari esteri del governo romeno e il nunzio apostolico a Bucarest, le quali furono unite al testo di concordato. Il ministero degli affari esteri chiedeva: *«Que, en ce qui concerne la personnalité juridique, dont il s'agit à l'art. 9 du Concordat, l'Eglise Catholique, en dehors des organisations énumerées dans l'art. 9 (Paroisses, Archiprêtries, Monastères, Chapitres, Prévôtés, Abbayes, Evêchés, Métropoles et les autres organisations canoniquement et légalement constituées), ne pourra pas jouir de la personnalité juridique ni posséder des biens»*: Titulescu a Dolci, Bucarest, 20 luglio 1928, nota n. 48542, *ibidem*, 694. Il nunzio rispondeva: *«Le Saint-Siège [...] cherche de venir au devant du désir du Gouvernement lui-même au sujet de l'art. 9 [...]. Cet article est très clair dans ses termes et dans sa substance [...]. Le Saint-Siège, de son côté, déclare ne pas soulever d'objection»*: Dolci a Argetoiano, Bucarest, 22 ottobre 1928, nota n. 5310, *ibidem*.

[73] *Enchiridion dei concordati*, 899, 901.

[74] CIC 17, Can. 1495, § 1: *«Ecclesia Catholica et Apostolica Sedes nativum ius habent libere et independenter a civili potestate acquirendi, retinendi et administrandi bona temporalia ad fines sibi proprios prosequendos»*: AAS 9/II (1917) 290.

[75] S.RR.SS., AA.EE.SS., *Rapporti delle Sessioni*, anno 1934, Sessione 1360, stampa 1247, «Jugoslavia. Nuovo progetto di Concordato», 24 giugno 1934, Sommario, n. VI, p. 61.

[76] Protocollo della quarta adunanza tra la Santa Sede e il governo jugoslavo, Vaticano, 17 giugno 1925, in S.RR.SS., AA.EE.SS., *Jugoslavia*, pos. 9, fasc. 16, f. 5r; AJ, *Poslanstvo Kraljevine Jugoslavije pri Svetoj Stolici (372)*, fasc. 20, [mappa 1/VI], ff. n.n.; N. Žutić, *Kraljevina Jugoslavija*, 204; M. Petrović, *Konkordatsko pitanje*, 180, 216.

Alla riforma agraria, menzionata in modo indiretto nel 2° paragrafo dell'articolo, fu poi dedicato l'art. XXII del concordato jugoslavo:

Il Governo Iugoslavo darà alle istituzioni ecclesiastiche, per i fondi perduti in seguito alla Riforma Agraria, una giusta indennità che, insieme alle risorse previste all'articolo XVII, renderà loro possibile una *congrua sustentatio*. I fondi che sono rimasti in possesso della Chiesa, le sono assicurati e non potranno più essere soggetti a ulteriori espropri in seguito a nuove leggi agrarie senza previa intesa con l'autorità ecclesiastica competente.

Nell'antica provincia di Dalmazia, i funzionari e le istituzioni ecclesiastiche riceveranno, per le rendite arretrate, un'indennità non inferiore a quella che percepiranno i proprietari privati. Sono mantenuti i favori già riconosciuti in materia.

Resta inteso, che in tutti i casi saranno restituiti agli enti ecclesiastici le case o locali destinati all'insegnamento, come pure i piccoli fondi destinati al personale preposto al servizio delle chiese, le case religiose e i fondi loro appartenenti, che nulla hanno a che vedere con la Riforma Agraria, e che furono occupati, in qualsiasi maniera, dopo la guerra.

Nei casi in cui questa proprietà fosse soggetta a controversia, oppure nel caso in cui la restituzione presentasse delle speciali difficoltà, le questioni saranno discusse e regolate per mezzo della Commissione paritaria di rappresentanti della Chiesa e dello Stato di cui si parla all'articolo XXXVI[77].

Il dibattito intorno alla riforma agraria fu molto vivace per tutto il periodo dell'esistenza del Regno SHS/Jugoslavia. La Chiesa cattolica voleva salvare il salvabile dopo le leggi agrarie del 1931 e 1933, perciò respingeva ogni riferimento, ivi contenuto, alle leggi esistenti. Centrale fu la questione dell'indennità per i beni perduti in seguito alla riforma agraria. Per questo la Santa Sede, già nel 1931, s'accingeva a far assicurare agli enti ecclesiastici un'indennità che corrispondesse alla sussistenza in quella misura in cui essa era garantita dai beni sottratti[78]. Il governo, dal canto suo, era disposto a offrire al

---

[77] *Enchiridion dei concordati*, 907. La versione orig. in lingua francese si veda *ibidem*, 906.

[78] S.RR.SS., AA.EE.SS., *Rapporti delle Sessioni*, anno 1934, Sessione 1360, stampa 1247, «Jugoslavia. Nuovo progetto di Concordato», 24 giugno 1934, Sommario, n. II, p. 24. Si veda anche: Pellegrinetti a Pacelli, Belgrado, 11 maggio 1931, rapporto n. 12113, in S.RR.SS., AA.EE.SS., *Jugoslavia*, pos. 96, fasc. 54, ff. 14rv, 17r.

massimo un'indennità «*adéquate*»[79]. I negoziati *ex novo* del 1933-1935 apportarono alcuni cambiamenti importanti.

Nel primo schema di Moscatello e Pizzardo (primavera–estate 1933), con grande sorpresa del nunzio[80], si assicurava alla Chiesa la «*piena indennità*» per i fondi da essa perduti per effetto della riforma agraria[81]. Poiché nel giugno 1933 uscì una nuova legge agraria, che alienava di nuovo una parte dei fondi rimasti e garantiti alla Chiesa dalla legge agraria del 1931, Pellegrinetti volle aggiungere la garanzia che i fondi rimasti in possesso della Chiesa non sarebbero stati assoggettati ad ulteriori espropriazioni, senza previa intesa con la Santa Sede[82].

Nelle trattative interne a Belgrado gli esponenti governativi, specialmente Lanović e il presidente del governo Srškić, protestarono contro la piena indennità, perché lo Stato non sarebbe stato mai in grado di compensare completamente la Chiesa per i fondi perduti; anzi, lo Stato avrebbe dovuto dichiararsi in bancarotta in questo caso. Dopo una lunga discussione fu accettata la proposta diplomatica di Moscatello di assicurare alla Chiesa un'indennità «*giusta*»[83] che, insieme ad altre risorse, enumerate nell'art. XVI (più tardi XVII)[84], avrebbe reso alle istituzioni ecclesiastiche una *congrua sustentatio*[85].

Il nunzio rimase negativamente impressionato dalle modifiche proposte, vedendovi l'intenzione del governo di non dare – come indennità – niente di più di quanto era già stato stabilito e di lasciare al governo la libertà di effettuare altre espropriazioni con il motivo o pretesto della legge agraria. Secondo lui, poi, il termine *congrua sustentatio*, non precisamente definito e perciò di scarsa valenza

---

[79] S.RR.SS., AA.EE.SS., *Rapporti delle Sessioni*, anno 1934, Sessione 1360, stampa 1247, «Jugoslavia. Nuovo progetto di Concordato», 24 giugno 1934, Sommario, n. III, p. 35.

[80] Pellegrinetti a Pacelli, Roma, 5 giugno 1933, rapporto n. 1700/33 (Segreteria di Stato), in S.RR.SS., AA.EE.SS., *Jugoslavia*, pos. 96, fasc. 56, ff. 48-49.

[81] Pellegrinetti a Pacelli, Roma, 24 giugno 1933, schema di concordato, n. 2004/33 (Segreteria), *ibidem*, fasc. 57, f. 18.

[82] Pellegrinetti a Pacelli, Roma, 5 giugno 1933, rapporto n. 1700/33 (Segreteria di Stato), *ibidem*, fasc. 56, f. 49; Pellegrinetti a Pacelli, Roma, 24 giugno 1933, schema di concordato, n. 2004/33 (Segreteria), *ibidem*, fasc. 57, f. 18.

[83] Conferenza tra Moscatello, Jevtić, Srškić e Lanović, Belgrado, 29 ottobre 1933, in BA, n. 124.

[84] L'art. XVII, contenente un ampio elenco delle risorse, si veda in *Enchiridion dei concordati*, 901.

[85] Schema di concordato, 16 novembre 1933, in BA, n. 121; Proposte di modificazioni di Moscatello, [Roma, novembre 1933], n. 3380 (Segreteria di Stato), in S.RR.SS., AA.EE.SS., *Jugoslavia*, pos. 96, fasc. 57, f. 95.

reale, supponeva un'indennità soltanto nel caso in cui alla detta congrua non arrivassero i redditi previsti dall'art. XVI (XVII). Per evitare la formulazione «*equivoca*» egli proponeva l'assicurazione che il governo, «*in ogni caso*», avrebbe dato un'indennità tale che bastasse al mantenimento degli enti ecclesiastici o alla soddisfazione degli oneri. Sperava, inoltre, che il governo, in cambio della remissività della Santa Sede in questa materia, si mostrasse più largo circa le scuole e le associazioni[86].

Un anno dopo, nell'estate 1934, quando la questione dell'indennità riapparve, Moscatello ripeté che una compensazione equivalente sarebbe stata assolutamente impossibile, sia perché lo Stato non sarebbe stato in grado di darla, sia perché la cosa avrebbe suscitato nei fedeli una rivolta contro la Chiesa. Alla fine, per il deprezzamento dei prodotti agricoli, un indennizzo in denaro sarebbe stato più pratico[87].

Pellegrinetti, non avendo più speranze di una compensazione totale per i beni ecclesiastici, ammise ciononostante che ove lealmente si sarebbero osservate le disposizioni di questo articolo, si sarebbe avuta una migliore condizione di cose e soprattutto una più sicura garanzia per l'avvenire. Notava però, che bisognava proteggere quei fondi che in quel momento erano esposti al pericolo di una nuova espropriazione, cioè i beni della mensa vescovile di Lubiana, del capitolo di Zagabria, del monastero trappista di Rajhenburg, della mensa di Đakovo e di quella di Kalocsa, per la parte sita in Jugoslavia[88].

Nel 2° paragrafo, sempre parlando dell'indennità, si specificava la situazione dell'antica provincia di Dalmazia. Un po' sarcasticamente Lanović rinfacciò a Moscatello che si trattava del suo patriottismo locale[89]. In realtà, come osservavano Moscatello[90] e la Santa Sede[91], la riforma agraria in Dalmazia aveva tolto alla

---

[86] Pellegrinetti a Pacelli, Belgrado, 6 dicembre 1933, rapporto n. 15357, in S.RR.SS., AA.EE.SS., *Jugoslavia*, pos. 96, fasc. 57, ff. 105v-106r.

[87] S.RR.SS., AA.EE.SS., *Rapporti delle Sessioni*, anno 1934, Sessione 1360, stampa 1247, «Jugoslavia. Nuovo progetto di Concordato», 24 giugno 1934, Sommario, n. VI, p. 71.

[88] *Ibidem*, p. 70.

[89] Conferenza tra Moscatello, Jevtić e Lanović, Belgrado, 29 ottobre 1933, in BA, n. 122; E. Pelikan, *Tajno delovanje*, 622.

[90] Conferenza tra Moscatello, Jevtić e Lanović, Belgrado, 29 ottobre 1933, in BA, n. 122; E. Pelikan, *Tajno delovanje*, 622.

[91] «*La riforma agraria in Dalmazia è stata attuata dal Governo locale in modo rigoroso e disastroso per gli enti ecclesiastici*»: Istruzioni per Pellegrinetti, giugno 1922, in ASV, *Arch. Nunz. Jugoslavia*, busta 2, f. 85v.

Chiesa molto di più rispetto ad altre regioni, motivo per cui si trattava di una speciale situazione, confermata, tra l'altro, dalla specifica «Legge di liquidazione dei rapporti agrari in Dalmazia» dell'ottobre–novembre 1930. All'inizio fu prevista, nello schema, l'indennità completa per i diritti e i censi ecclesiastici affrancati[92], dopo, però, si parlò solo di censi arretrati, lasciando il discorso sui diritti ecclesiastici da parte, non essendo stati essi mai ufficialmente soppressi[93].

Anche nel caso dalmata il governo si oppose alla formulazione proposta circa l'indennità piena e trovò una soluzione, secondo la quale i funzionari e le istituzioni ecclesiastiche avrebbero ricevuto, per i censi arretrati, un'indennità non inferiore a quella prevista per i proprietari privati[94]. Il nunzio si meravigliò dell'equiparazione dei beni ecclesiastici con quelli privati, tanto più dopo le garanzie del governo che l'indennità per gli istituti ecclesiastici sarebbe stata del 10% più alta di quella dei proprietari privati[95]. Per non peggiorare lo stato di diritto già esistente, si aggiunse al detto paragrafo, in modo salomonico, la dichiarazione che erano mantenuti i favori già riconosciuti alla Chiesa, avendo in mente una legge che concedeva alle istituzioni ecclesiastiche un trattamento di favore, rispetto ai possedimenti privati[96]. In relazione alla trattazione speciale della riforma agraria in Dalmazia si prese in esame anche la problematica situazione della mensa episcopale di Lubiana, che però, come già esaminato, trovò il suo posto in una dichiarazione segreta a parte.

Gli ultimi due paragrafi del presente articolo toccano un tema molto delicato circa la restituzione alla Chiesa dei beni ecclesiastici, primariamente legati all'insegnamento, che dopo la Grande guerra erano stati occupati dalle autorità civili e che non rientravano nella riforma agraria. Si tratta di uno dei punti dolenti per il quale le trattative del 1925 non erano terminate con successo. I vescovi,

---

[92] Pellegrinetti a Pacelli, Roma, 24 giugno 1933, schema di concordato, n. 2004/33 (Segreteria), in S.RR.SS., AA.EE.SS., *Jugoslavia*, pos. 96, fasc. 57, f. 18; Pizzardo a Pellegrinetti, Vaticano, 8 agosto 1933, schema di concordato, dispaccio n. 2212/33, in ASV, *Arch. Nunz. Jugoslavia*, busta 8, f. 340.

[93] Conferenza tra Moscatello e Jevtić, Belgrado, 7 novembre 1933, in BA, n. 125.

[94] Proposte di modificazioni di Moscatello, [Roma, novembre 1933], n. 3380 (Segreteria di Stato), in S.RR.SS., AA.EE.SS., *Jugoslavia*, pos. 96, fasc. 57, f. 95.

[95] Pellegrinetti a Pacelli, Belgrado, 6 dicembre 1933, rapporto n. 15357, *ibidem*, f. 105v.

[96] S.RR.SS., AA.EE.SS., *Rapporti delle Sessioni*, anno 1934, Sessione 1360, stampa 1247, «Jugoslavia. Nuovo progetto di Concordato», 24 giugno 1934, Sommario, n. VI, p. 71.

allora, come una delle condizioni per l'inizio delle trattative concordatarie, infatti, avevano posto la restituzione dei beni scolastici, sottratti alla Chiesa cattolica[97]; però i delegati jugoslavi non avevano avuto alcuna istruzione da Belgrado a questo proposito. Nel progetto governativo (1931) e nella «Risposta» (1933) il governo aveva introdotto un articolo, in cui riconosceva la natura delicata dell'argomento, dovuta alla poca chiarezza sui beni sottratti, in seguito alla loro statalizzazione. Era stata allora offerta come soluzione la creazione di una commissione paritaria per regolare la questione[98]. Pur riconoscendo la buona volontà del governo, la Santa Sede si era chiesta piuttosto a quale titolo lo Stato potesse chiedere una parte dei beni di proprietà puramente ecclesiastica[99].

Come avanzarono le nuove trattative? Bisogna dire che nonostante le precedenti difficoltà, si trovò ben presto una soluzione. All'inizio fu previsto, come in precedenza, un articolo autonomo circa le scuole e i beni confessionali statalizzati, però esso fu poco dopo accorpato a quello riguardante la riforma agraria. Pellegrinetti voleva subito sgombrare ogni dubbio circa i beni, che non avevano a che fare con la riforma agraria, dovendoli senza alcuna discussione restituire alla Chiesa cattolica. L'idea della commissione paritetica, propugnata dal governo, avrebbe avuto luogo solo nel caso in cui la proprietà fosse apparsa controversa o la restituzione avesse presentato speciali difficoltà. In tal caso le questioni sarebbero state sottoposte alla discussione in una commissione mista, formata da rappresentanti dei vescovi e del governo[100]. Con poche modifiche il senso della sua proposta rimase invariato fino alla stilizzazione nel testo finale.

---

[97] Verbale dell'adunanza dei vescovi, Roma, 5 giugno 1925, in S.RR.SS., AA.EE.SS., *Jugoslavia*, pos. 9, fasc. 16, f. 26rv; Protocollo della prima adunanza tra la Santa Sede e il governo jugoslavo, Vaticano, 11 giugno 1925, *ibidem*, f. 3r; AJ, *Poslanstvo Kraljevine Jugoslavije pri Svetoj Stolici (372)*, fasc. 20, [mappa 1/V], ff. n.n.; N. ŽUTIĆ, *Kraljevina Jugoslavija*, 198; M. PETROVIĆ, *Konkordatsko pitanje*, 176-177.

[98] ASV, *Arch. Nunz. Jugoslavia*, busta 8, f. 238; Maksimović a Jevtić, Belgrado, 20 gennaio 1933, lettera n. 72 (copia), in AJ, *Poslanstvo Kraljevine Jugoslavije pri Svetoj Stolici (372)*, fasc. 11, [mappa 2/IV], ff. n.n.; S.RR.SS., AA.EE.SS., *Rapporti delle Sessioni*, anno 1934, Sessione 1360, stampa 1247, «Jugoslavia. Nuovo progetto di Concordato», 24 giugno 1934, Sommario, n. III, pp. 34-35.

[99] S.RR.SS., AA.EE.SS., *Rapporti delle Sessioni*, anno 1934, Sessione 1360, stampa 1247, «Jugoslavia. Nuovo progetto di Concordato», 24 giugno 1934, Sommario, n. II, p. 24.

[100] Pellegrinetti a Pacelli, Roma, 5 giugno 1933, rapporto n. 1700/33 (Segreteria di Stato), in S.RR.SS., AA.EE.SS., *Jugoslavia*, pos. 96, fasc. 56, ff. 48-49.

Quando nel 1937 apparvero in Jugoslavia numerose critiche al concordato, Moscatello sperava che almeno per questo articolo non si trovassero opposizioni, poiché, secondo lui, la Santa Sede in nessuna altra questione avrebbe mostrato più disponibilità come in questo caso, avendo essa semplicemente accettato la soluzione unilaterale dello Stato[101].

Il «fondo di religione», suggerito nel 3° paragrafo dell'art. XVI, fu specificato nell'art. XX del concordato jugoslavo:

> I beni del «Fondo di religione» appartenenti alla Chiesa cattolica, servono esclusivamente ai suoi scopi e saranno amministrati dai rispettivi ordinari. La consistenza di questi beni verrà appurata dai rispettivi vescovi, in collaborazione con l'autorità governativa competente, secondo le norme del diritto comune.
> Nella misura in cui si tratta di edifici e altri oggetti, che saranno affittati anche in futuro, lo Stato e gli enti pubblici saranno, *caeteris paribus*, preferiti agli altri locatari.
> La commissione mista paritaria di cui si tratta all'Articolo XXXVI di questo Concordato, deciderà le eventuali controversie a questo proposito e fisserà pure le modalità di passaggio di questi beni all'amministrazione della Chiesa[102].

Il problema più grande del «fondo di religione»[103] nei negoziati precedenti risultava dalla poca chiarezza circa la sua consistenza, la destinazione e la forma d'amministrazione. Mentre il governo lo considerava incluso nella sovvenzione statale per la Chiesa cattolica, i vescovi chiedevano che le sue spese non si confondessero con quelle che lo Stato concedeva annualmente alle istituzioni ecclesiastiche, poiché

---

[101] [N. MOSCATELLO], *Konkordat i kritika*, 48. L'opera fu pubblicata anonima, però da altre fonti sappiamo che l'autore era proprio Moscatello, che scrisse il trattato su richiesta del presidente del governo Stojadinović (Moscatello a Besednjak, Roma, lettera del 6 ottobre 1937, in BA, n. 241; Pellegrinetti a Pacelli, Belgrado, 26 giugno 1937, rapporto n. 19798, in S.RR.SS., AA.EE.SS., *Jugoslavia*, pos. 96, fasc. 65, f. 64r).

[102] *Enchiridion dei concordati*, 905. La versione orig. in lingua francese si veda *ibidem*, 904.

[103] Nel territorio del Regno di Jugoslavia esistevano tre «fondi di religione», creati dall'imperatore Giuseppe II: il «fondo di Croazia-Slavonia», il «fondo di Carniola» e il «fondo di Dalmazia». Dell'ultimo rimase solo una piccola parte in Jugoslavia, poiché la maggior parte era passata sotto il Regno d'Italia. Il «fondo di Carniola» rimase totalmente sul territorio della diocesi di Lubiana ed era il più redditizio (B. KOLAR, «Delna izvedba konkordata», 150; [N. MOSCATELLO], *Konkordat i kritika*, 43).

la natura dei beni del fondo sarebbe stata in sé ecclesiastica, nonostante l'amministrazione statale. La gerarchia cattolica protestava spesso contro la gestione del fondo, non sempre destinato per la missione della Chiesa, come invece già previsto nel concordato austriaco del 1855.

Le prime formulazioni sul «fondo di religione» furono concepite in modo molto conciso, lasciando spazio a non poche perplessità. Vi si dichiarava soltanto, infatti, che i beni del fondo servivano esclusivamente ai fini della Chiesa cattolica e che una commissione mista ne avrebbe verificato la consistenza, le rendite e gli oneri e ne avrebbe stabilito il metodo di amministrazione[104]. Niente fu detto circa la proprietà del fondo, tanto meno chi l'avrebbe amministrato. Nel concordato austriaco del 1855, ad esempio, era stato riconosciuto chiaramente il carattere ecclesiastico del fondo, anche se esso veniva amministrato dallo Stato. Per tale motivo Pellegrinetti considerava i beni di tale fondo *«fondamentalmente ecclesiastici»* e non un dono o sovvenzione dello Stato[105].

Più precisazioni sul fondo arrivarono nella primavera 1934, quando si stabilì, oltre la sua destinazione ecclesiastica, anche il diritto dei rispettivi ordinari di controllarne la consistenza, le rendite, gli oneri, e di stabilirne, d'accordo con l'autorità governativa, il modo d'amministrazione. In questo modo, secondo Moscatello, non si riconosceva solamente il carattere ecclesiastico del «fondo di religione», bensì si ammetteva ai vescovi l'ingerenza nell'amministrazione del medesimo, cose che non si erano mai potute ottenere dall'Austria, neanche nel recente concordato (1933)[106].

Al nunzio, invece, il testo sembrava molto vago. Era preoccupato soprattutto per il modo di amministrare il fondo, poiché lo Stato ne avrebbe usato le rendite per i suoi bisogni, salva la soddisfazione degli oneri particolari di patronato; in questo modo esso in realtà non sarebbe servito, come doveva, esclusivamente a profitto della Chiesa. Perciò egli propose di chiedere che venisse tolto all'amministrazione dello Stato e passato a quella della Chiesa.

---

[104] Pellegrinetti a Pacelli, Roma, 24 giugno 1933, schema di concordato, n. 2004/33 (Segreteria), in S.RR.SS., AA.EE.SS., *Jugoslavia*, pos. 96, fasc. 57, f. 10; Pizzardo a Pellegrinetti, Vaticano, 8 agosto 1933, schema di concordato, dispaccio n. 2212/33, in ASV, *Arch. Nunz. Jugoslavia*, busta 8, f. 337.

[105] Pellegrinetti a Pacelli, Roma, 30 maggio 1933, rapporto n. 14750, in S.RR.SS., AA.EE.SS., *Jugoslavia*, pos. 96, fasc. 60, f. 26; Pellegrinetti a Pacelli, Roma, 5 giugno 1933, rapporto n. 1700/33 (Segreteria di Stato), *ibidem*, fasc. 56, f. 44.

[106] S.RR.SS., AA.EE.SS., *Rapporti delle Sessioni*, anno 1934, Sessione 1360, stampa 1247, «Jugoslavia. Nuovo progetto di Concordato», 24 giugno 1934, Sommario, n. VI, p. 68.

Perché apparve una tale richiesta che non era stata concessa nemmeno dalla monarchia austriaca? Il nunzio si richiamava al principio di parità di trattamento, poiché lo stesso diritto l'aveva ottenuto, qualche anno prima, la Chiesa serbo-ortodossa, con la sua costituzione (art. 268)[107]. Moscatello spiegava alla Segreteria di Stato che la Chiesa serbo-ortodossa, pur essendosi trovata in questa situazione favorevole, aveva nello stesso tempo rinunciato a rivendicare i diritti acquisiti. Considerando la nuova proposta delicata egli propendeva per il *quieta non movere*, poiché il fine sarebbe stato raggiunto ugualmente. Di mezzo ci sarebbe stata anche una scabrosa questione di diritto, giacché molti giuristi austriaci sostenevano che il «fondo di religione» non poteva più considerarsi ecclesiastico, perché in gran parte riattivato con elargizioni statali[108].

Nonostante gli avvertimenti dell'"agente segreto", nell'estate 1934 la formulazione fu redatta in senso molto favorevole alla Chiesa. All'inizio di agosto i tre vescovi jugoslavi, venuti segretamente a Roma, non chiedevano soltanto il passaggio del fondo all'amministrazione ecclesiastica, ma anche una dichiarazione di principio, che ne sancisse l'appartenenza alla Chiesa cattolica[109]. Oltre la destinazione e l'amministrazione sarebbe stato così, una volta per sempre, tolto il dubbio sulla proprietà del fondo.

Sembra che né Moscatello né il governo mostrassero molta resistenza ad una tale formulazione, limitandosi a chiedere in cambio alcune assicurazioni. Così si stabiliva che la consistenza del fondo sarebbe stata appurata dai vescovi, in collaborazione con l'autorità governativa, secondo le norme del diritto comune[110]. Si aggiunse, inoltre, una clausula secondo cui, se si fosse trattato di edifici o di altri oggetti da dare in affitto anche per l'avvenire, lo Stato e gli enti pubblici sarebbero stati preferiti, *caeteris paribus*, agli altri affittuari[111]. Nell'ultimo paragrafo, come per la riforma agraria, si prevedeva una commissione mista in caso di eventuali controversie.

---

[107] «*Tutti i fondi, capitali e fondazioni pie delle chiese, dei monasteri, dei sacerdoti e dei vescovi, che finora si trovano sotto l'amministrazione e vigilanza degli organi dello Stato, colla entrata in vigore di questa Costituzione passano sotto l'amministrazione e vigilanza della Chiesa Serbo-Ortodossa. Il Ministro della Giustizia, d'intesa col S. Sinodo, stabilirà il modo di consegna di questo patrimonio*» (trad. it., *ibidem*, Sommario, n. VI, p. 69; in lingua orig. si trova in *Zbirka crkvenih zakona*, vol I, 244).

[108] Osservazioni di Moscatello, Vaticano, [prima del 12 luglio 1934], in S.RR.SS., AA.EE.SS., *Jugoslavia*, pos. 96, fasc. 61, f. 37.

[109] Proposte dei vescovi per il concordato, Carević a Pacelli, Roma, 4 agosto 1934, *ibidem*, fasc. 60, f. 81rv.

[110] Schema di concordato, [agosto 1934], in ASV, *Arch. Nunz. Jugoslavia*, busta 8, f. 467.

[111] Promemoria con le modificazioni di Moscatello, [Roma, gennaio 1935], n. 275/35 (Segreteria di Stato), in S.RR.SS., AA.EE.SS., *Jugoslavia*, pos. 96, fasc. 62, f. 46.

In collegamento con gli oneri dal «fondo di religione» troviamo, nell'art. XXI, la disposizione riguardante i patronati pubblici e privati:

> Tutti i patronati pubblici dello Stato e degli enti che dipendono da esso, come pure i patronati privati, preposti al possesso degli immobili dello Stato, dovranno essere soppressi. Questa disposizione entrerà in vigore non appena i rispettivi ordinari si saranno accordati con il Ministero competente riguardo agli incarichi inerenti a questi patronati.
>
> Le amministrazioni autonome e le persone private, in quanto patroni, potranno con l'autorizzazione delle autorità civili ed ecclesiastiche competenti, liberarsi dai loro obblighi, una volta per tutte, rinunciando nel medesimo tempo ai diritti che il patronato conferiva loro.
>
> Una Commissione mista determinerà il compenso che i detti patroni verseranno agli enti ecclesiastici di cui, a titolo di patrono, essi assicuravano, in tutto o in parte, il mantenimento[112].

I patronati[113] rappresentavano un retaggio storico, composto da privilegi e oneri dei patroni, cioè delle persone fisiche e morali che avevano fondato una chiesa, una cappella o un beneficio ecclesiastico[114]. L'articolo parla di tre tipi di patronati: quelli pubblici dello Stato, quelli privati, legati al possesso degli immobili dello Stato, e quelli privati non statali (amministrazioni autonome e persone private). Per i primi due tipi la prevista soppressione era obbligatoria, per l'ultimo solo facoltativa[115].

Nelle trattative a distanza tra il 1931 e il 1933 era già stata prevista la soppressione dei menzionati patronati, senza però una chiara assicurazione del tipo di indennità corrispondente; anzi, il governo non voleva proprio prendere ulteriori impegni, oltre quelli già inclusi nell'articolo circa l'abbondante sovvenzione, accordata alla Chiesa cattolica[116].

---

[112] *Enchiridion dei concordati*, 905. La versione orig. in lingua francese si veda *ibidem*, 904.

[113] CIC 17, Can. 1448: «*Ius patronatus est summa privilegiorum, cum quibusdam oneribus, quae ex Ecclesiae concessione competunt fundatoribus catholicis ecclesiae, cappellae aut beneficii, vel etiam eis qui ab illis causam habent*»: AAS 9/II (1917) 282. Cf. anche CIC 17, Cann. 1455 e 1469 ove vengono elencati i *privilegia* e *onera* dei patroni (*ibidem*, 283, 285-286).

[114] [N. Moscatello], *Konkordat i kritika*, 43.

[115] R. Kušej, *Konkordat: ustava*, 52-53.

[116] S.RR.SS., AA.EE.SS., *Rapporti delle Sessioni*, anno 1934, Sessione 1360, stampa 1247, «Jugoslavia. Nuovo progetto di Concordato», 24 giugno 1934, Sommario, n. III, pp. 33-34; Pellegrinetti a Pacelli, Roma, 5 giugno 1933, rapporto n. 1700/33 (Segreteria di Stato), in S.RR.SS., AA.EE.SS., *Jugoslavia*, pos. 96, fasc. 56, f. 45.

Lo stesso aveva inizialmente sostenuto il governo circa il «fondo di religione», che, appunto, rappresentava la parte più sostanziosa dei patronati pubblici[117].

Tenendo presente la precedente posizione governativa, ci può sorprendere che nei colloqui tra Moscatello e la Segreteria di Stato (1933-1935) si sia trovata ben presto una formulazione soddisfacente per ambedue le parti. Nel nuovo testo si seguiva la linea governativa circa la soppressione dei patronati; al contempo però Belgrado accettava la disposizione, fino a poco prima contestata, di abbinare la soppressione agli oneri inerenti a questi patronati, assicurando a tale scopo un'indennità[118]. L'idea di un obbligo da parte dello Stato e dei comuni nei confronti dei patronati soppressi fu notevolmente contrastata, nelle trattative interne, dal ministro della giustizia Maksimović[119].

In modo simile, più tardi, alcuni giuristi, contestando gli impegni dello Stato, considerarono tale soluzione un'«*anomalia giuridica*», non riscontrabile in altri concordati. Alla soppressione dei patronati avrebbe dovuto, secondo loro, corrispondere l'estinzione degli obblighi verso di essi[120]. Moscatello rispose al ministro che sarebbe stato giuridicamente impossibile togliere l'obbligo per il sostentamento delle chiese, senza determinare un altro titolare di tali obblighi[121]. Egli respingeva, infatti, la teoria di coloro che nel patronato vedevano un «*contratto*» tra due parti, in cui una offriva all'altra l'aiuto materiale, e questa, in forza di ciò, le concedeva una porzione dei propri diritti giurisdizionali. Ciò avrebbe assomigliato ad una vera «*simonia*». In realtà, i patronati sarebbero nati come «*benefici*»[122], donati dai patroni alla Chiesa

---

[117] Conosciamo tre tipi di patronati pubblici, che si trovavano nel territorio jugoslavo: il «Patronato del principe (Landesfürst) in Slovenia», il «Patronato del "fondo di religione" delle diocesi cattoliche dell'ex monarchia austro-ungarica» e il «Patronato della corona ungherese». Gli oneri dei primi due furono coperti dal «fondo di religione». Il governo considerava, invece, come inesistente l'ultimo patronato, da cui nel passato erano state sostenute varie parrocchie del Banato (R. KUŠEJ, *Konkordat: ustava*, 52; S.RR.SS., AA.EE.SS., *Rapporti delle Sessioni*, anno 1934, Sessione 1360, stampa 1247, «Jugoslavia. Nuovo progetto di Concordato», 24 giugno 1934, Sommario, n. VI, p. 69).

[118] Pellegrinetti a Pacelli, Roma, 24 giugno 1933, schema di concordato, n. 2004/33 (Segreteria), in S.RR.SS., AA.EE.SS., *Jugoslavia*, pos. 96, fasc. 57, f. 13; Pizzardo a Pellegrinetti, Vaticano, 8 agosto 1933, schema di concordato, dispaccio n. 2212/33, in ASV, *Arch. Nunz. Jugoslavia*, busta 8, f. 338.

[119] Conferenza tra Moscatello, Jevtić e Maksimović, Belgrado, 15 novembre 1933, in BA, n. 127.

[120] [M. JOVANOVIĆ], *Primedbe*, 45-46.

[121] Conferenza tra Moscatello, Jevtić e Maksimović, Belgrado, 15 novembre 1933, in BA, n. 127.

[122] CIC 17, Can. 1409: «*Beneficium ecclesiasticum est ens iuridicum a competente ecclesiastica auctoritate in perpetuum constitutum seu erectum, constans officio sacro et iure percipiendi reditus ex dote officio adnexos*»: AAS 9/II (1917) 274.

cattolica, allo scopo di sostenere le parrocchie. Se la Chiesa cattolica concedeva ai patroni alcuni dei suoi diritti giurisdizionali, questo non significava una «*ricompensa*», bensì un «*riconoscimento*» per i beni materiali ricevuti. Da ciò seguiva che se si dovesse sopprimere un patronato, non dovrebbe estinguersi pure il beneficio[123].

Maksimović non cambiò la propria opinione sui patronati, il ministro degli esteri Jevtić, invece, s'associò alla spiegazione di Moscatello[124]; e così fino alla stesura finale dell'articolo non furono inserite modifiche importanti. L'obbligo per i patronati soppressi, quantunque il testo in alcuni tratti non fosse molto chiaro[125], rimase intatto. Al timore che, tramite questa disposizione, lo Stato dovesse essere ulteriormente oberato di oneri verso la Chiesa, Moscatello rispondeva che in realtà gli obblighi finanziari sarebbero stati insignificanti, una volta che lo Stato avesse passato alla Chiesa l'amministrazione del «fondo di religione», eseguendo semplicemente l'art. XX del concordato[126].

L'ultima disposizione da esaminare, legata alle questioni materiali, riguarda la sovvenzione statale, prevista per la Chiesa cattolica. Ecco i primi cinque paragrafi dell'art. XVIII:

> Il Governo assicurerà alla Chiesa cattolica in Iugoslavia un trattamento economico che non dovrà essere proporzionalmente inferiore a quello che accorda alle altre confessioni, ammesse o riconosciute nel Regno. In virtù di questo principio d'uguaglianza e per soddisfare bisogni effettivamente dimostrati della Chiesa cattolica, il Governo darà alla Chiesa cattolica una sovvenzione annuale, corrispondente al numero dei suoi fedeli, nella proporzione in cui lo fa con ogni altra confessione religiosa.
>
> Per stabilire l'ammontare di questa sovvenzione si prenderanno in considerazione le somme percepite dalle altre confessioni, dalle loro istituzioni o dai loro funzionari, presso un qualsiasi fondo dello Stato.
>
> La Chiesa cattolica avrà pure la sua congrua parte di sussidi che, eventualmente, saranno accordati a qualunque altra confessione, a ogni istituzione e a ognuno dei suoi funzionari.

---

[123] [N. Moscatello], *Konkordat i kritika*, 44-45. Le condizioni per l'estinzione dello *ius patronatus* sono previste anche nel CIC 17, Can. 1470: AAS 9/II (1917) 286.

[124] Conferenza tra Moscatello, Jevtić e Maksimović, Belgrado, 15 novembre 1933, in BA, n. 127.

[125] R. Kušej, *Konkordat: ustava*, 52.

[126] [N. Moscatello], *Konkordat i kritika*, 48; si veda anche R. Kušej, *Konkordat: ustava*, 52.

Lo stesso principio sarà osservato dagli enti autonomi, tutte le volte che essi daranno delle sovvenzioni ordinarie o straordinarie per dei fini confessionali.

Questa sovvenzione annuale sarà amministrata dalla Chiesa stessa, per mezzo di un ufficio, che sarà istituito a tale scopo dall'episcopato in accordo con il Ministero Reale della Giustizia. La suddetta amministrazione sarà sottoposta all'alta sorveglianza dello Stato[127].

La "benevolenza" dello Stato di sovvenire ai bisogni della Chiesa cattolica rientra in un discorso più ampio, dal momento che la costituzione aveva assicurato a tutte le religioni, riconosciute e ammesse dalla legge, un aiuto materiale. Parliamo di una situazione, quella jugoslava, in cui nessuna religione era stata dichiarata "di Stato", ma in cui nello stesso tempo nessuna era detta "separata" da esso.

Una delle preoccupazioni più grandi della Chiesa cattolica era un equo trattamento economico, poiché nei diversi bilanci annuali la somma che le veniva assegnata era proporzionalmente molto inferiore rispetto a quella ricevuta dalla Chiesa serbo-ortodossa, soprattutto nei primi anni dalla nascita del regno[128]. Il governo, anche nella fase 1931-1933, s'arrogava il diritto di considerare nelle spese della sovvenzione annuale anche gli oneri del «fondo di religione»[129] e dei patronati[130]. I vescovi e la Santa Sede, invece, escludendo tale abbinamento, cercavano, anzi, la garanzia di un trattamento economico non inferiore rispetto ad altri gruppi religiosi, in previsione anche di necessità eccezionali[131].

---

[127] *Enchiridion dei concordati*, 903. La versione orig. in lingua francese si veda *ibidem*, 902.

[128] Istruzioni per Pellegrinetti, giugno 1922, in ASV, *Arch. Nunz. Jugoslavia*, busta 2, f. 82r; Pellegrinetti a Gasparri, Belgrado, 10 gennaio 1928, rapporto n. 7769 (minuta), *ibidem*, busta 4, f. 175v; Discorso del deputato Klekl al parlamento, Belgrado, 8 marzo 1926, *ibidem*, busta 3, ff. 616r; Pellegrinetti a Pacelli, Belgrado, 11 maggio 1931, rapporto n. 12113, in S.RR.SS., AA.EE.SS., *Jugoslavia*, pos. 96, fasc. 54, f. 24r; Pellegrinetti a Pacelli, Belgrado, 17 aprile 1933, rapporto n. 14563 (minuta), in ASV, *Arch. Nunz. Jugoslavia*, busta 6, f. 190rv; Pellegrinetti a Pacelli, Belgrado, 18 gennaio 1935, rapporto n. 17004, in S.RR.SS., AA.EE.SS., *Jugoslavia*, pos. 96, fasc. 62, ff. 48v-49r; R. Rogošić, *Stanje Kat[oličke] Crkve*, 24-28; N. Žutić, *Kraljevina Jugoslavia i Vatikan*, 273-289.

[129] ASV, *Arch. Nunz. Jugoslavia*, busta 8, f. 233; S.RR.SS., AA.EE.SS., *Rapporti delle Sessioni*, anno 1934, Sessione 1360, stampa 1247, «Jugoslavia. Nuovo progetto di Concordato», 24 giugno 1934, Sommario, n. III, p. 33.

[130] S.RR.SS., AA.EE.SS., *Rapporti delle Sessioni*, anno 1934, Sessione 1360, stampa 1247, «Jugoslavia. Nuovo progetto di Concordato», 24 giugno 1934, Sommario, n. III, pp. 33-34.

[131] *Ibidem*, Sommario, n. II, pp. 23-24.

Sin dall'inizio delle nuove trattative si vedeva il desiderio della Santa Sede di applicare alla Chiesa cattolica il criterio "numerico" di uguaglianza, perciò nello schema Moscatello–Pizzardo troviamo la dichiarazione che la sovvenzione annuale avrebbe corrisposto al «*numero*» proporzionale dei fedeli. Pellegrinetti aggiunse anche un secondo criterio, che teneva presente anche i «*bisogni*» della Chiesa in campo materiale[132]. In questo modo, si seguiva la disposizione della costituzione che contemplava entrambi i principi[133]. Nelle seguenti varianti, il termine «*bisogno*» sparì[134] e riapparve nel 1934, quando Moscatello avvertì la Santa Sede circa le prescrizioni della costituzione[135]. Ora il nuovo testo conteneva nuovamente i due principi, solo la redazione era stata concepita in modo diverso, in modo tale da dare adito, più tardi, alle interpretazioni più fuorvianti[136]. In questo articolo

---

[132] Pellegrinetti a Pacelli, Roma, 5 giugno 1933, rapporto n. 1700/33 (Segreteria di Stato), in S.RR.SS., AA.EE.SS., *Jugoslavia*, pos. 96, fasc. 56, f. 44; Pellegrinetti a Pacelli, Roma, 24 giugno 1933, schema di concordato, n. 2004/33 (Segreteria), *ibidem*, fasc. 57, f. 11.

[133] L'art. 11, par. 6° della costituzione jugoslava (1931), in trad. it.: «*Nei limiti dei fondi stanziati nel bilancio dello Stato per i culti, essi devono essere ripartiti fra le diverse confessioni ammesse e riconosciute in proporzione del numero dei fedeli e secondo i loro bisogni debitamente giustificati*»: *La Costituzione jugoslava*, 44.

[134] Pizzardo a Pellegrinetti, Vaticano, 8 agosto 1933, schema di concordato, dispaccio n. 2212/33, in ASV, *Arch. Nunz. Jugoslavia*, busta 8, f. 332; l'art. XVII dello schema di concordato, 16 novembre 1933, in BA, n. 121.

[135] Promemoria con le modificazioni di Moscatello, [Roma, aprile 1934], n. 1314/34 (Segreteria di Stato), in S.RR.SS., AA.EE.SS., *Jugoslavia*, pos. 96, fasc. 58, f. 23r.

[136] Così, ad esempio, l'autore delle *Primedbe* affermava che la formulazione, concepita nel presente articolo, abilmente raggirava la costituzione, poiché in esso tra i criteri fondamentali della sovvenzione si trovava solo l'elemento «*quantitativo*» (numero dei credenti), mentre quello «*qualitativo*» (bisogni effettivamente dimostrati) era considerato solo come intenzione dell'aiuto statale. Il criterio circa i bisogni effettivi, infatti, sarebbe stato, secondo l'autore, poco soddisfacente per la Chiesa cattolica, perciò si sarebbe scelta una tale formulazione. La Chiesa cattolica, invece, avrebbe "trovato" un nuovo criterio per la sovvenzione statale, non presente nella costituzione, cioè la «*proporzione dell'aiuto che lo Stato accordava ad altre confessioni*». Tenendo presente l'aiuto statale, accordato alla Chiesa vetero-cattolica, lo Stato avrebbe dovuto, nella stessa maniera, dare alla Chiesa cattolica dieci volte più di quello che le era stato assegnato fino a quel momento ([M. Jovanović], *Primedbe*, 42-43). Respingendo tale conclusione, Moscatello avvertiva che l'articolo del concordato riconosceva l'esperienza provata, che cioè i bisogni effettivi della Chiesa cattolica erano proporzionalmente uguali ai bisogni di altre religioni. Con il concordato non sarebbe cambiata però la situazione a sfavore dello Stato, poiché la sovvenzione alla Chiesa si avvicinava sempre più al criterio numerico dei fedeli cattolici ([N. Moscatello], *Konkordat i kritika*, 36-37).

sarebbe stata espressa, in termini inequivocabili e per la prima volta, l'uguaglianza di trattamento, dovuta alla Chiesa cattolica, nei confronti di qualsiasi altro gruppo religioso. L'importanza fondamentale dell'articolo si vede nel fatto che la costituzione veniva interpretata in modo tale da garantire che i bisogni effettivi della Chiesa sarebbero stati riconosciuti per legge, una volta per sempre[137].

Al nunzio Pellegrinetti l'inserimento della frase *«bisogni effettivamente provati»* sembrava abbastanza pericoloso, giacché il peso probativo di tale "prova" sarebbe dipeso dall'apprezzamento del governo; però in caso di malafede nemmeno altre espressioni avrebbero potuto offrire un'assoluta garanzia contro soprusi o cavillazioni. Perciò, in fin dei conti, l'aggiunta non gli pareva tanto male[138].

Molto originale appare il testo del 5° paragrafo dell'articolo, senza precedenti in altri concordati. Esso prevedeva che la sovvenzione statale annuale sarebbe stata amministrata dalla Chiesa stessa, per mezzo di un ufficio centrale, da istituirsi per tale scopo. Moscatello vedeva in questa concessione, già accordata in precedenza alla Chiesa ortodossa, uno speciale significato morale, in quanto rappresentava l'autonomia economica della Chiesa e una garanzia d'indipendenza del clero[139]. L'applicazione di un'unica amministrazione per tutta la Chiesa cattolica in Jugoslavia sembrava molto difficile, perché mentre gli altri gruppi religiosi avevano un unico centro all'interno del Paese, la Chiesa cattolica era divisa in province ecclesiastiche indipendenti l'una dall'altra e difettava d'un centro amministrativo con giurisdizione su tutto il territorio dello Stato[140].

I vescovi erano inizialmente contrari a tale soluzione, ritenendola non adatta alla Chiesa cattolica in Jugoslavia, e proponevano una forma più conforme allo spirito gerarchico cattolico, e cioè che il governo consegnasse al vescovo di ciascuna diocesi la quota che le spettava e alla presidenza delle conferenze episcopali le somme in più che potevano essere destinate nel bilancio statale per la Chiesa cattolica o che avevano una destinazione generica per i bisogni della Chiesa cattolica in Jugoslavia[141]. Quando, però, i tre rappresentanti dell'episcopato vennero a Roma

---

[137] S.RR.SS., AA.EE.SS., *Rapporti delle Sessioni*, anno 1934, Sessione 1360, stampa 1247, «Jugoslavia. Nuovo progetto di Concordato», 24 giugno 1934, Sommario, n. VI, pp. 64-65.

[138] Pellegrinetti a Pacelli, Belgrado, 25 aprile 1934, rapporto n. 15977, in S.RR.SS., AA.EE.SS., *Jugoslavia*, pos. 96, fasc. 58, ff. 18v-19r.

[139] S.RR.SS., AA.EE.SS., *Rapporti delle Sessioni*, anno 1934, Sessione 1360, stampa 1247, «Jugoslavia. Nuovo progetto di Concordato», 24 giugno 1934, Sommario, n. VI, p. 65.

[140] *Ibidem*, pp. 64-65.

[141] Pellegrinetti a Pacelli, Belgrado, 14 luglio 1934, rapporto n. 16339, in S.RR.SS., AA.EE.SS., *Jugoslavia*, pos. 96, fasc. 58, f. 68rv.

per vedere il testo del concordato, non fecero alcuna osservazione a proposito dell'ufficio amministrativo centrale e così questa novità rivoluzionaria fu inserita anche nel testo finale[142].

Nello stesso paragrafo si prevedeva che la suddetta amministrazione sarebbe stata sottoposta all'alta sorveglianza dello Stato. Ora, per mantenere quanto più possibile l'autonomia della gestione della sovvenzione, la Santa Sede, ad un certo punto, cercò di introdurre l'aggiunta, che tale sorveglianza sarebbe stata limitata solo al funzionamento tecnico dell'amministrazione. Moscatello, «*con le lacrime agli occhi*», diceva che l'aggiunta avrebbe fatto bestemmiare il ministro degli esteri Jevtić e avrebbe mandato all'aria il concordato. La frase, infatti, non si trovava nel testo presentato poco prima al ministro e per di più, era la traduzione del corrispondente articolo XXI della «Legge della Chiesa ortodossa serba»[143]: proprio per questo il governo ora non avrebbe concesso niente di più alla Chiesa cattolica[144]. La Santa Sede, allora, non insistette più sull'introduzione dell'aggiunta.

L'autore delle *Primedbe*, scritte ad istanza del patriarcato della Chiesa serbo-ortodossa[145], constatava che la Chiesa cattolica avrebbe, negli articoli XIX-XXIII, ottenuto benefici di gran lunga più ampi di ogni altro concordato[146].

Riassumendo l'ampia e complessa analisi degli articoli riguardanti i beni materiali, si può concludere che la Santa Sede riuscì ad ottenere favorevoli disposizioni circa il «fondo di religione» e i patronati, escludendoli altresì dalla somma della sovvenzione annuale, assegnata dallo Stato. A proposito della riforma agraria, lo Stato ottenne una formulazione a suo favore, poiché l'indennità per i beni ecclesiastici sottratti si limitava ad essere «*giusta*» e non «*piena*». Infine, l'articolo circa la sovvenzione statale riconosceva ufficialmente il trattamento di uguaglianza, che cioè i bisogni materiali della Chiesa cattolica fossero proporzionalmente uguali a quelli delle altre religioni.

---

[142] Pellegrinetti a Pacelli, Roma, 11 agosto 1934, rapporto n. 2707/34 (Segreteria di Stato), *ibidem*, f. 74v.

[143] *Zbirka crkvenih zakona*, vol. I, 43-44.

[144] Appunto della Segreteria di Stato, s.d., in S.RR.SS., AA.EE.SS., *Jugoslavia*, pos. 96, fasc. 64, f. 15r.

[145] Pellegrinetti a Stojadinović, Belgrado, 20 dicembre 1936, nota n. 19075 (copia), *ibidem*, ff. 46-47.

[146] [M. Jovanović], *Primedbe*, 47.

Petrović, nel fare il confronto tra le trattative romane del 1925 e il concordato del 1935, dimostra come in quest'ultimo caso le disposizioni fossero molto più favorevoli alla Chiesa che in passato. Così grandi concessioni dello Stato in campo materiale, inoltre, non si sarebbero riscontrate in altri concordati del tempo[147]. A prescindere dalle evidenti perplessità, offerte dalla metodologia comparativa, è necessario ricordarsi che uno dei motivi dell'insuccesso dei negoziati del 1925 era stata proprio la questione circa il patrimonio ecclesiastico.

2.4 Istruzione religiosa della gioventù

Nella stesura finale del concordato troviamo ben cinque articoli riguardanti la formazione religiosa dei giovani cattolici: i seminari (art. XXIV), le facoltà teologiche (art. XXV), l'insegnamento religioso nelle scuole pubbliche (art. XXVI), le garanzie per l'educazione cattolica nelle scuole pubbliche (art. XXVII), le scuole private confessionali (art. XXVIII). Si tratta di un tema che fu molto combattuto e discusso nelle trattative tra il 1933 e il 1935, anche all'interno dello stesso governo jugoslavo. Sia per le autorità belgradesi sia per la Santa Sede l'istruzione dei giovani era una questione primaria e ognuna delle parti cercava di avere un ruolo determinante nella formazione delle nuove generazioni: lo Stato tramite il monopolio sull'istruzione (costituzione[148] e leggi scolastiche), la Chiesa cattolica con il principio della libertà/obbligo di assicurare ai giovani una formazione cristiana (CIC[149]).

L'art. XXIV, circa il funzionamento dei seminari, affermava:

---

[147] M. PETROVIĆ, *Konkordatsko pitanje*, 246-251.

[148] L'art. 16 della costituzione del 1931: «*Tutte le scuole sono tenute a dare un'educazione morale e di sviluppare la coscienza civica nello spirito dell'unità nazionale e della tolleranza religiosa*»: *La Costituzione jugoslava*, 45.

[149] CIC 17, Can. 1113: «*Parentes gravissima obligatione tenentur prolis educationem tum religiosam et moralem, tum physicam et civilem pro viribus curandi, et etiam temporali eorum bono providendi*»: AAS 9/II (1917) 219.

CIC 17, Can. 1372, § 1: «*Fideles omnes ita sunt a pueritia instituendi ut non solum nihil eis tradatur quod catholicae religioni morumque honestati adversetur, sed praecipuum institutio religiosa ac moralis locum obtineat*»: *ibidem*, 266.

Per la preparazione dei giovani al sacerdozio, le autorità ecclesiastiche competenti potranno aprire dei seminari. I seminari già esistenti, o da istituire, saranno sotto la dipendenza esclusiva della Chiesa, che li dirigerà in conformità al Diritto canonico e che ne nominerà i superiori e i professori.

Per godere della parità dei diritti con le scuole pubbliche, i ginnasi dei seminari dovranno adempiere alle condizioni prescritte ai ginnasi dello Stato.

In tutti gli istituti destinati alla formazione del clero tanto secolare che regolare, la lingua di insegnamento sarà la iugoslava, salvo per la filosofia scolastica e le materie teologiche che sono insegnate in latino[150].

Già nel progetto governativo del 1931 l'articolo sui seminari era stato concepito in modo abbastanza favorevole alla Chiesa, con l'esclusione dell'ispezione disciplinare statale, contemplata negli schemi precedenti, e, allo stesso tempo, con il sostegno economico da parte del governo. Quali novità furono apportate dalle nuove trattative?

Lo schema Moscatello–Pizzardo aggiungeva due importanti disposizioni. La prima prevedeva che i seminari già esistenti o da costituirsi sarebbero stati sotto la dipendenza esclusiva dell'ordinario[151]. La seconda, come continuazione della prima, stabiliva che per la creazione di nuovi seminari sarebbe stata necessaria un'autorizzazione del regio governo solo quando fosse domandata una sovvenzione finanziaria per l'erezione del seminario[152]. Quest'ultima disposizione, purtroppo non si sa come, non si troverà più negli schemi seguenti[153].

---

[150] *Enchiridion dei concordati*, 907. La versione orig. in lingua francese si veda *ibidem*, 906.

[151] Questo corrispondeva ad alcuni canoni del CIC:

CIC 17, Can. 1352: «*Ecclesiae est ius proprium et exclusivum eos instituendi qui ecclesiasticis ministeriis sese devovere cupiunt*»: AAS 9/II (1917) 262.

CIC 17, Can. 1354, § 1: «*Unaquaeque dioecesis in loco convenienti ab Episcopo electo Seminarium seu collegium habeat in quo, pro modo facultatum et dioecesis amplitudine, certus adolescentium numerus ad statum clericalem instituatur*»: ibidem.

[152] Pellegrinetti a Pacelli, Roma, 24 giugno 1933, schema di concordato, n. 2004/33 (Segreteria), in S.RR.SS., AA.EE.SS., *Jugoslavia*, pos. 96, fasc. 57, f. 13.

[153] Pizzardo a Pellegrinetti, Vaticano, 8 agosto 1933, schema di concordato, dispaccio n. 2212/33, in ASV, *Arch. Nunz. Jugoslavia*, busta 8, f. 341; Schema di concordato, 16 novembre 1933, in BA, n. 121.

La discussione circa i diritti dello Stato nell'attività dei seminari (autorizzazione, ispezione) sarebbe rispuntata dopo la firma del concordato. Durante i negoziati diretti, invece, l'accento fu posto su un altro punto delicato, cioè sulla lingua d'insegnamento. Nello schema si trovava, infatti, l'obbligo della lingua jugoslava per le materie non religiose, e ciò in pratica significava l'impossibilità – per le minoranze nazionali – di fondare propri seminari in Jugoslavia. Per evitare che qualsiasi lingua straniera potesse essere introdotta negli istituti di formazione del clero, Maksimović propose, inoltre, che le materie teologiche dovessero essere insegnate in latino[154].

Moscatello presentò tale richiesta alla Segreteria di Stato, appena tornato dal primo viaggio a Belgrado[155]. Il nunzio, in quell'occasione, avvertì sulle difficoltà di tale stilizzazione, però – siccome la forma precedente non era un gran che migliore – rimase del parere che la nuova formulazione potesse essere accettata[156]. Sembra, però, che gli ulteriori richiami del nunzio[157] e le proteste della legazione ungherese[158], come già ricordato, abbiano impressionato molto il segretario di Stato, che nell'agosto 1934 espresse a Moscatello la propria preoccupazione per il testo – molto sfavorevole alle minoranze allogene – che metteva in pericolo i principi d'imparzialità della Santa Sede. Per il presente articolo, come anche per l'XI, concernente i diritti delle minoranze, Pacelli chiedeva una redazione più favorevole, però Moscatello rimase inflessibile e il testo non fu più modificato[159].

Circa le materie che dovevano essere insegnate in latino, si presentavano problemi legati alla situazione speciale della Jugoslavia. Moscatello implorava di

---

[154] Conferenza tra Moscatello e Jevtić, Belgrado, 14 novembre 1933, in BA, n. 126; Conferenza tra Moscatello, Jevtić e Maksimović, Belgrado, 15 novembre 1933, in BA, n. 127.

[155] Proposte di modificazioni di Moscatello, [Roma, novembre 1933], n. 3380 (Segreteria di Stato), in S.RR.SS., AA.EE.SS., *Jugoslavia*, pos. 96, fasc. 57, f. 96.

[156] Pellegrinetti a Pacelli, Belgrado, 6 dicembre 1933, rapporto n. 15357, *ibidem*, f. 106rv.

[157] S.RR.SS., AA.EE.SS., *Rapporti delle Sessioni*, anno 1934, Sessione 1360, stampa 1247, «Jugoslavia. Nuovo progetto di Concordato», 24 giugno 1934, Sommario, n. VI, p. 72; Pellegrinetti a Pacelli, Roma, 11 agosto 1934, rapporto n. 2707/34 (Segreteria di Stato), in S.RR.SS., AA.EE.SS., *Jugoslavia*, pos. 96, fasc. 58, ff. 74v-75r.

[158] Legazione ungherese presso la Santa Sede a Pacelli, Roma, 25 giugno 1934, nota n. 117/34, in S.RR.SS., AA.EE.SS., *Jugoslavia*, pos. 96, fasc. 58, ff. 60r-61v; Legazione ungherese presso la Santa Sede a Pacelli, Roma, 7 giugno 1935, nota n. 80/35, *ibidem*, fasc. 63, f. 2rv.

[159] Appunti di Barbetta sull'incontro tra Pacelli e Moscatello, Vaticano, 11 agosto 1934, *ibidem*, fasc. 59, f. 9r; cf. anche Appunto della Segreteria di Stato, s.d., *ibidem*, fasc. 64, f. 15r.

annoverarvi solo le materie «*teologiche*»[160], mentre alcuni esperti di diritto canonico in Vaticano richiedevano l'insegnamento in latino anche per le materie «*filosofiche*»[161], ciò che alla fine fu ugualmente introdotto nel testo.

Nel secondo paragrafo si toccava lo *status* dei ginnasi dei seminari (seminari minori). Il governo, nel novembre 1933, aggiungeva la frase che prevedeva la parità di diritti tra le scuole dei seminari e quelle pubbliche, purché i primi adempissero alle condizioni prescritte ai ginnasi dello Stato[162]. Qui si trattava della specificazione della disposizione dell'art. XXVIII, secondo cui la stessa condizione era prevista per tutte le scuole private cattoliche. Pellegrinetti accettò l'aggiunta, nonostante qualche timore, anche perché i ginnasi vescovili, fino a quel momento, avevano seguito i programmi governativi, come del resto era stato prescritto anche nell'ex Austria-Ungheria. Sperava che sotto le parole «*condizioni prescritte*» non dovesse essere inclusa l'ingerenza statale nella direzione e nell'insegnamento contro il disposto del secondo comma[163]. Dopo la firma del concordato seguirono alcune delucidazioni su questo punto. Infine, su proposta di Moscatello[164], fu introdotta la formulazione del concordato polacco, secondo cui la Chiesa avrebbe diretto i seminari in conformità al diritto canonico e ne avrebbe nominato i professori[165].

---

[160] Moscatello faceva notare alla Segreteria di Stato che nei seminari del regno jugoslavo la propedeutica faceva parte del corso teologico benché vi si insegnasse la sola filosofia tomista. I chierici del ginnasio letterario di otto anni, uguale per tutti, passavano alla propedeutica. Dichiarava che se fossero state definite «*philosophiques*» le materie che vi si insegnavano, il seminario lo si sarebbe potuto confondere con il ginnasio umanistico, nel quale pure s'insegnava filosofia. Si sarebbe generata confusione con accresciute diffidenze (Osservazioni di Moscatello, Vaticano, [prima del 12 luglio 1934], *ibidem*, fasc. 61, f. 40).

[161] Osservazioni del card. Rossi, Vaticano, 12 luglio 1934, *ibidem*, fasc. 58, f. 27; Osservazioni di Ruffini, Vaticano, 16 luglio 1934, *ibidem*, f. 76.

[162] Proposte di modificazioni di Moscatello, [Roma, novembre 1933], n. 3380 (Segreteria di Stato), *ibidem*, fasc. 57, f. 96.

[163] Pellegrinetti a Pacelli, Belgrado, 6 dicembre 1933, rapporto n. 15357, *ibidem*, f. 106r.

[164] Promemoria con le modificazioni di Moscatello, [Roma, aprile 1934], n. 1314/34 (Segreteria di Stato), *ibidem*, fasc. 58, f. 23r; Pellegrinetti a Pacelli, Belgrado, 25 aprile 1934, rapporto n. 15977, *ibidem*, f. 19rv; S.RR.SS., AA.EE.SS., *Rapporti delle Sessioni*, anno 1934, Sessione 1360, stampa 1247, «Jugoslavia. Nuovo progetto di Concordato», 24 giugno 1934, Sommario, n. VI, p. 72.

[165] L'art XIII, par. 2° del concordato polacco (1925): «*Dans tous les diocèses l'Eglise catholique possédera des Séminaires ecclésiastiques en conformité avec le Droit Canon, qu'Elle dirigera et dont Elle nommera les enseignants. Les brevets d'études délivrés par les grands Séminaires seront suffisants pour enseigner la Religion dans toutes les écoles publiques, exceptées les écoles supérieures*»: *Enchiridion dei concordati*, 662; trad. it., 663.

Il paragrafo, invece, non entrò in merito al rapporto tra i seminari maggiori (con gli studi teologici) e le università statali, tema che si affacciava però nell'art. XXVI, che stabiliva, per i catechisti, il diritto d'assimilazione – per il loro trattamento – ai maestri e professori che avevano fatto i loro studi in un'università pubblica[166].

Nel periodo tra la firma e la progettata ratifica del concordato spuntarono molte critiche contro l'articolo, dovute soprattutto alla totale assenza di qualsiasi autorizzazione e controllo da parte dello Stato circa il funzionamento dei seminari. Ricordiamo che nei primissimi schemi del governo (1922-1925) tale ingerenza statale era stata prevista e anche lo schema Moscatello–Pizzardo, seppur in forma più limitata, ancora la contemplava. Le *Primedbe* scorgevano perciò nell'articolo un evidente attacco al principio costituzionale d'eguaglianza religiosa, tanto più perché per i seminari della Chiesa serbo-ortodossa il governo aveva il diritto d'autorizzazione per la creazione delle scuole dei seminari e per il programma scolastico[167].

Un altro punto debole dell'articolo sarebbe stato il silenzio circa l'educazione patriottica nei seminari, disposizione tra l'altro assicurata per tutte le scuole private confessionali nell'art. XXVIII. Prima di rispondere alle *Primedbe*, Moscatello, a nome del presidente del governo, si rivolse al nunzio per ricevere ulteriori spiegazioni[168]. Siccome il tempo stringeva, Pellegrinetti, senza attendere la risposta dalla Segreteria di Stato[169], dichiarò al governo: che nei seminari, come in tutte le altre scuole sotto la direzione o la sorveglianza della Chiesa, si doveva coltivare presso gli allievi la coscienza sui doveri verso la patria, lo Stato e la società, secondo i principi della fede e della morale cristiana; e che il concordato né specificava né toccava la pratica, in quanto già esistente, dell'ispezione delle autorità scolari civili

---

[166] Nonostante le similitudini del caso polacco, esistevano delle differenze non irrilevanti. Il concordato polacco riconosceva al diploma degli studi, compiuti nei seminari, il titolo sufficiente ad essere nominati catechisti nelle scuole dello Stato, mentre in Jugoslavia si esigeva anche un esame di Stato (Pellegrinetti a Pacelli, Belgrado, 25 aprile 1934, rapporto n. 15977, in S.RR.SS., AA.EE.SS., *Jugoslavia*, pos. 96, fasc. 58, f. 19rv).

[167] [M. JOVANOVIĆ], *Primedbe*, 48-49.

[168] Pellegrinetti a Pacelli, Belgrado, 19 aprile 1937, rapporto n. 19527, in S.RR.SS., AA.EE.SS., *Jugoslavia*, pos. 96, fasc. 65, f. 55v.

[169] «*A Roma ho mandato Rapporto sul Concordato: vedremo se troveranno che la mia Nota oltrepassi un po' il consueto*»: ASV, Archivio della Prefettura, *Diari del card. Pellegrinetti*, 26 aprile 1937, vol. 16, f. 85r.

per quanto riguarda l'istruzione nei ginnasi dei seminari e nelle scuole confessionali, aventi il diritto di pubblicità[170].

Pochi giorni dopo arrivò anche la risposta di Pacelli, che interpretava più rigidamente il punto circa l'ispezione statale. Confermava gli obblighi del retto amor di patria, senza che ciò significasse dare pretesti alle autorità governative di ordinare ispezioni di verifica di tale tipo di educazione negli istituti di formazione ecclesiastica[171]. Moscatello, nel suo elaborato, spiegava le ragioni per le differenze tra Chiesa cattolica e Chiesa ortodossa circa l'ingerenza dello Stato nell'attività dei seminari. A suo dire, infatti, il concordato non aveva introdotto niente di nuovo, poiché la Chiesa cattolica aveva beneficiato della stessa libertà nella creazione e nella direzione dei seminari già in Austria-Ungheria e nel Regno di Serbia, mentre alla Chiesa ortodossa, pur con lo statuto di religione di Stato, questi stessi diritti non erano stati riconosciuti. Inoltre la Chiesa cattolica avrebbe goduto di questa libertà *de facto* anche nel Regno di Jugoslavia e in tutti i Paesi, con o senza concordato.

Riguardo l'ispezione statale nei ginnasi dei seminari, Moscatello riprendeva la linea di Pellegrinetti, riconoscendo l'ingerenza governativa laddove essa già esisteva, secondo il principio dello *status quo*. Per tali motivi l'articolo non poteva essere considerato anticostituzionale o ingiusto nei confronti di altre fedi[172]. D'altro canto, comunque, lo studioso Mihailo Simić respinse il metodo comparativo di Moscatello e difese il diritto di poter cambiare la legislazione. Come, infatti, la Chiesa ortodossa aveva perso lo statuto di religione di Stato con la nascita del Regno SHS, così anche la Chiesa cattolica avrebbe potuto perdere alcuni diritti del passato[173].

L'art. XXV parlava delle facoltà teologiche:

Il Governo continuerà a mantenere le Facoltà teologiche esistenti.
I professori di queste Facoltà teologiche sono nominati dallo Stato, secondo la legge

---

[170] Pellegrinetti a Stojadinović, Belgrado, 27 aprile 1937, nota n. 19567, in AJ, *Centralni presbiro predsedništva Ministarskog saveta Kraljevine Jugoslavije (38)*, pos. 194, fasc. 70, ff. n.n.; la copia si veda in ASV, *Arch. Nunz. Jugoslavia*, busta 9, f. 127rv; M. SIMIĆ, *Rimokatolička crkva*, 220.

[171] Pacelli a Pellegrinetti, Vaticano, 30 aprile 1937, dispaccio n. 1634/37, in ASV, *Arch. Nunz. Jugoslavia*, busta 9, f. 132v.

[172] [N. MOSCATELLO], *Konkordat i kritika*, 51-54. Si veda anche R. KUŠEJ, *Konkordat: ustava*, 54; I. MUŽIĆ, *Katolička crkva*, 97-98.

[173] M. SIMIĆ, *Rimokatolička crkva*, 220-221.

universitaria, fra i candidati che devono avere il certificato di abilitazione all'insegnamento a cui sono chiamati, conferito dall'autorità ecclesiastica competente, in conformità con la Costituzione «*Deus scientiarum Dominus*», la quale attualmente è regola fondamentale delle prescrizioni ecclesiastiche in materia di Facoltà teologiche.

Il ritiro dell'approvazione episcopale ai professori delle Facoltà teologiche fa loro perdere immediatamente il diritto di insegnare. L'ordinario, di comune accordo con il Governo, provvederà, a titolo provvisorio, alla sostituzione del professore allontanato.

Il Governo riconosce, inoltre, senza bisogno di ulteriori esami, il valore dei gradi ottenuti dai sudditi iugoslavi nelle Università Pontificie di Roma, e i gradi di queste Università avranno i medesimi diritti che i gradi delle Facoltà teologiche iugoslave. Il programma di studi in queste Facoltà teologiche sarà conforme alle prescrizioni generali della Santa Sede in materia[174].

Fino alle trattative tra Moscatello e la Segreteria di Stato non si era dato molto spazio alla discussione sul funzionamento delle facoltà teologiche; ci si limitava bensì al delicato problema della nomina e della rimozione dei professori di queste facoltà, alla stregua delle nomine dei catechisti nelle scuole pubbliche. La procedura era la seguente: la nomina del candidato andava eseguita dal governo, una volta presentato il certificato di attitudine del candidato da parte dell'autorità ecclesiastica competente (progetto governativo del 1931)[175]; la rimozione del detto candidato poteva provenire direttamente dall'autorità ecclesiastica, tramite il ritiro della *missio canonica* e la comunicazione al governo, per procedere così ad un'altra nomina (progetto governativo del 1925)[176].

Ora si prospettava un articolo molto più dettagliato, indipendente dagli altri concernenti l'istruzione religiosa. Il 1° paragrafo toccava il mantenimento delle facoltà teologiche «*esistenti*». Nei primi schemi, nell'estate 1933, si parlava delle facoltà teologiche di «*Zagabria e Lubiana*»[177] e tale formulazione, proposta dal

---

[174] *Enchiridion dei concordati*, 907, 909. La versione orig. in lingua francese si veda *ibidem*, 906, 908.

[175] ASV, *Arch. Nunz. Jugoslavia*, busta 8, f. 237.

[176] *Ibidem*, f. 154.

[177] Pellegrinetti a Pacelli, Roma, 24 giugno 1933, schema di concordato, n. 2004/33 (Segreteria), in S.RR.SS., AA.EE.SS., *Jugoslavia*, pos. 96, fasc. 57, f. 14; Pizzardo a Pellegrinetti, Vaticano, 8 agosto 1933, schema di concordato, dispaccio n. 2212/33, in ASV, *Arch. Nunz. Jugoslavia*, busta 8, f. 342.

nunzio[178], divenne "pietra di scandalo" nei circoli di Belgrado. Alcuni agenti governativi, presenti alle trattative interne nell'ottobre–novembre 1933, ripetutamente esigettero la rimozione dei nomi, per lasciare aperta la possibilità di un'eventuale soppressione della Facoltà teologica di Lubiana[179].

Il ministro Maksimović protestò che in nessun altro concordato si trovava un obbligo così concreto per il governo[180]. Moscatello rispose che la soppressione della Facoltà teologica di Lubiana avrebbe provocato molta ira presso gli sloveni, addirittura nei circoli liberali. Il ministro degli esteri Jevtić giustificava l'eventuale soppressione per lo scarso numero di studenti; affermazione – questa – smentita da Moscatello, quando dimostrò che – a causa dell'elevato numero di candidati al sacerdozio in Slovenia – alcuni di loro erano mandati in altre diocesi non slovene del regno[181]. Il governo alla fine decise di mantenere l'obbligo circa le facoltà e, per trovare un compromesso, si tolsero dal testo i loro nomi, che furono sostituiti con il termine «*esistenti*»[182].

Circa la nomina (2° paragrafo) e la rimozione dei professori (3° paragrafo) il principio degli schemi precedenti rimase fondamentalmente invariato, ora con alcune dettagliate specificazioni. Trattandosi di università laiche, di cui facevano parte le facoltà teologiche, si presentavano difficoltà circa l'attuazione della costituzione apostolica *Deus Scientiarum Dominus* sugli studi ecclesiastici nelle università e facoltà (1931)[183], poiché il governo si riservava la nomina dei professori secondo la legge statale. I vescovi jugoslavi credevano che dovesse tollerarsi la nomina fatta in conformità alla legge universitaria, salvo il completo riconoscimento della necessità della *missio canonica*[184].

---

[178] Pellegrinetti a Pacelli, Roma, 5 giugno 1933, rapporto n. 1700/33 (Segreteria di Stato), in S.RR.SS., AA.EE.SS., *Jugoslavia*, pos. 96, fasc. 56, f. 47.

[179] Conferenza tra Moscatello, Jevtić e Lanović, Belgrado, 29 ottobre 1933, in BA, n. 122; Conferenza tra Moscatello, Jevtić, Srškić e Lanović, Belgrado, 29 ottobre 1933, *ibidem*, n. 124.

[180] Conferenza tra Moscatello, Jevtić e Maksimović, Belgrado, 15 novembre 1933, *ibidem*, n. 127.

[181] Conferenza tra Moscatello, Jevtić e Lanović, Belgrado, 29 ottobre 1933, *ibidem*, n. 122; Conferenza tra Moscatello, Jevtić, Srškić e Lanović, Belgrado, 29 ottobre 1933, *ibidem*, n. 124.

[182] Conferenza tra Moscatello, Jevtić e Srškić, Belgrado, 17 novembre 1933, *ibidem*, n. 129; Proposte di modificazioni di Moscatello, [Roma, novembre 1933], n. 3380 (Segreteria di Stato), in S.RR.SS., AA.EE.SS., *Jugoslavia*, pos. 96, fasc. 57, f. 96.

[183] AAS 23 (1931) 241-262: costituzione, 263-284: *Ordinationes* alla costituzione.

[184] Pellegrinetti a Pacelli, Roma, 5 giugno 1933, rapporto n. 1700/33 (Segreteria di Stato), in S.RR.SS., AA.EE.SS., *Jugoslavia*, pos. 96, fasc. 56, f. 47.

A Belgrado non dedicarono molto tempo alla questione delle nomine e rimozioni dei professori. Affinché apparisse più chiaro il modo di procedere alle nomine, il governo volle introdurre nel testo la formula «*d'après la loi pour les Universités*»[185], con cui si voleva dare prestigio alla legge di Stato, mettendola in parallelo con la costituzione *Deus Scientiarum Dominus*, nominata anch'essa nel paragrafo[186]. Quest'ultima serviva come regola per il conferimento del certificato di abilitazione all'insegnamento e per il programma di studi[187]. Per evitare equivoci e per specificare più chiaramente il ruolo di detta costituzione, la Santa Sede inserì un passo del protocollo finale del concordato germanico, stabilendo che la costituzione «*attualmente è regola fondamentale delle disposizioni ecclesiastiche in materia*»[188]. Accanto alla procedura ordinaria di nomina, il vescovo aveva un diritto particolare di accorrere, dopo aver ritirato la *missio canonica* ad un professore, alla sostituzione di quest'ultimo, sempre di comune accordo con il governo, però indipendentemente dalla legge universitaria. Tale processo semplificato rendeva possibile l'immediata sostituzione, senza pericolo di interrompere il corso. Il

---

[185] Proposte di modificazioni di Moscatello, [Roma, novembre 1933], n. 3380 (Segreteria di Stato), *ibidem*, fasc. 57, f. 96.

[186] Pellegrinetti a Pacelli, Belgrado, 6 dicembre 1933, rapporto n. 15357, *ibidem*, f. 106v.

[187] La competenza della Santa Sede sul programma di studi delle università e facoltà cattoliche fu stabilita già nel CIC:
CIC 17, Can. 1376, § 2: «*Universitas vel Facultas catholica, etiam religiosis familiis quibuslibet concredita, sua debet habere statuta a Sede Apostolica probata*»: AAS 9/II (1917) 267.

[188] Promemoria con le modificazioni di Moscatello, [Roma, aprile 1934], n. 1314/34 (Segreteria di Stato), in S.RR.SS., AA.EE.SS., *Jugoslavia*, pos. 96, fasc. 58, f. 23r; Pellegrinetti a Pacelli, Belgrado, 25 aprile 1934, rapporto n. 15977, *ibidem*, f. 19v; S.RR.SS., AA.EE.SS., *Rapporti delle Sessioni*, anno 1934, Sessione 1360, stampa 1247, «Jugoslavia. Nuovo progetto di Concordato», 24 giugno 1934, Sommario, n. VI, p. 73; Osservazioni di Ruffini, Vaticano, 16 luglio 1934, in S.RR.SS., AA.EE.SS., *Jugoslavia*, pos. 96, fasc. 58, ff. 76-77. L'art. XIX del concordato germanico: «*Die katholisch-theologischen Fakultäten an den staatlichen Hochschulen bleiben erhalten. Ihr Verhältnis zur kirchlichen Behörde richtet sich nach den einschlägigen Konkordaten und dazu gehörenden Schlußprotokollen festgelegten Bestimmungen unter Beachtung der einschlägigen kirchlichen Vorschriften. Die Reichsregierung wird sich angelegen sein lassen, für sämtliche in Frage kommenden katholischen Fakultäten Deutschlands eine der Gesamtheit der einschlägigen Bestimmungen entsprechende einheitliche Praxis zu sichern*»: *Enchiridion dei concordati*, 874, trad. it., 875. Il citato Protocollo finale del concordato germanico, all'art. XIX, diceva: «*Die Grundlage bietet zur Zeit des Konkordatsabschlusses besonders die Apostolische Konstitution "Deus scientiarum Dominus" vom 24. Mai 1931 und die Instruktion vom 7. Juli 1932*»: *ibidem*, 884, trad. it., 885.

governo voleva evitare, ciononostante, che in questo modo il sostituto divenisse automaticamente professore ordinario, perciò aggiunse nel paragrafo che sarebbe stato provveduto solo «*à titre temporaire*»[189].

Nel 4° paragrafo il governo riconosceva i gradi ottenuti dai sudditi jugoslavi nelle università pontificie di Roma, equiparandoli ai gradi delle facoltà teologiche jugoslave. Si poneva il quesito se per ottenere il riconoscimento dei gradi ottenuti a Roma bisognasse anche dichiararli equipollenti, come imponeva la legge universitaria jugoslava ai laureati all'estero. Secondo i dettami di questa norma si sottoponevano alle autorità universitarie jugoslave e al ministero dell'istruzione titoli, esami, diplomi conseguiti con l'obbligo di subire eventuali esami, ove si giudicava che i programmi universitari jugoslavi corrispondenti fossero in parte differenti o più ampi. Pellegrinetti chiese espressamente che un laureato a Roma avrebbe avuto solo bisogno di documentare il conseguimento regolare del suo dottorato[190]. Per questa ragione troviamo nell'aggiornato schema dell'agosto 1934 l'aggiunta «*sans besoin d'examens ultérieurs*»[191].

Qui si presentava, d'altra parte, l'imbarazzo per le materie non strettamente teologiche che si insegnavano in diverse facoltà pontificie: diritto canonico, filosofia, sacra scrittura, studi orientali, diritto civile comparato, archeologia cristiana, missiologia, storia ecclesiastica, musica sacra.

Ruffini si chiedeva se i gradi di tutte le facoltà qui elencate avrebbero avuto i medesimi diritti dei gradi delle facoltà teologiche jugoslave. Secondo lui sarebbe stata giusta l'equivalenza assoluta solo per i gradi delle facoltà di teologia, ma non per le altre. Per queste, secondo lui, il governo avrebbe dovuto usare uguale trattamento verso i titoli accademici conferiti da facoltà straniere, attribuendo loro, mediante un'opportuna e particolare convenzione con la Santa Sede, determinate equipollenze nei confronti dei titoli accademici che venivano conseguiti presso le varie facoltà universitarie della Jugoslavia[192].

---

[189] Conferenza tra Moscatello e Jevtić, Belgrado, 14 novembre 1933, in BA, n. 126; Proposte di modificazioni di Moscatello, [Roma, novembre 1933], n. 3380 (Segreteria di Stato), in S.RR.SS., AA.EE.SS., *Jugoslavia*, pos. 96, fasc. 57, f. 96; Pellegrinetti a Pacelli, Belgrado, 6 dicembre 1933, rapporto n. 15357, *ibidem*, f. 106v.

[190] S.RR.SS., AA.EE.SS., *Rapporti delle Sessioni*, anno 1934, Sessione 1360, stampa 1247, «Jugoslavia. Nuovo progetto di Concordato», 24 giugno 1934, Sommario, n. VI, p. 73.

[191] Schema di concordato, [agosto 1934], in ASV, *Arch. Nunz. Jugoslavia*, busta 8, f. 471.

[192] Osservazioni di Ruffini, Vaticano, 16 luglio 1934, in S.RR.SS., AA.EE.SS., *Jugoslavia*, pos. 96, fasc. 58, ff. 77-79.

L'ultimo paragrafo stabiliva che il programma di studi nelle facoltà teologiche jugoslave sarebbe stato conforme alle prescrizioni generali della Santa Sede. La disposizione, voluta da Pellegrinetti nel 1933[193], non subì alcuna modificazione fino alla stesura finale, anche se si era provato a specificare che le prescrizioni generali significavano in realtà le prescrizioni della costituzione apostolica *Deus Scientiarum Dominus* e le annesse *Ordinationes*[194]. Sorprendentemente il governo non avanzò alcuna obiezione contro l'"egemonia" della Santa Sede sull'ordinamento delle due facoltà teologiche, appartenenti a delle università statali.

Le *Primedbe* trovarono subito nell'articolo due elementi presumibilmente contrari al principio di eguaglianza religiosa: la nomina/rimozione dei professori e il programma di studi. La Chiesa serbo-ortodossa non avrebbe avuto, infatti, le attribuzioni corrispondenti a quelle della Chiesa cattolica, giacché nella nomina/rimozione le autorità ortodosse non si sarebbero potute avvalere dell'obbligatorietà del loro parere come prevedeva la *missio canonica* dei vescovi cattolici. Circa il programma di studi, invece, la Santa Sede si sarebbe arrogata il diritto di sottomettersi le facoltà teologiche, pur essendo esse parte di un'università statale[195].

Moscatello nella risposta metteva in rilievo l'interesse particolare della Chiesa cattolica per la questione scolastica, tema principale di ogni concordato, perciò non stupiva che essa volesse precise garanzie per mantenere l'ortodossia dell'educazione religiosa nella scuola. Le disposizioni del concordato non avrebbero portato niente di nuovo: degli stessi diritti aveva goduto la Chiesa cattolica nell'Austria-Ungheria e anche nel Regno di Jugoslavia, pur senza concordato. La Chiesa serbo-ortodossa, secondo lui, non aveva chiesto le stesse garanzie, forse perché in essa non esisteva il pericolo di eterodossia nell'insegnamento religioso. Le differenti legislazioni non significavano perciò violazione dell'eguaglianza religiosa bensì differenti circostanze ed esigenze[196].

Stupisce molto che le menzionate proteste delle *Primedbe* non trovassero riscontro nelle trattative tra la Santa Sede e il governo jugoslavo (1933-1935),

---

[193] Pellegrinetti a Pacelli, Roma, 24 giugno 1933, schema di concordato, n. 2004/33 (Segreteria), *ibidem*, fasc. 57, f. 14.

[194] Osservazioni di Ruffini, Vaticano, 16 luglio 1934, *ibidem*, fasc. 58, ff. 79-80.

[195] [M. JOVANOVIĆ], *Primedbe*, 49-50.

[196] [N. MOSCATELLO], *Konkordat i kritika*, 54-57.

concentrate molto più su altri punti problematici. Bisogna anche sottolineare che già i progetti governativi del 1925 e del 1931, poco graditi alla Santa Sede, prevedevano, quanto alla nomina dei professori, soluzioni simili a quelle del testo finale.

L'insegnamento religioso nelle scuole, con particolare attenzione a quelle pubbliche, fu trattato nell'articolo XXVI. Alcune delle disposizioni analizzate per i seminari e le facoltà teologiche, si ripetono anche qui. Ecco il testo assai corposo e dettagliato dell'art. XXVI:

> Nelle scuole elementari, civiche, professionali e medie, pubbliche e private, la religione sarà, per la gioventù cattolica, materia obbligatoria d'insegnamento sotto la sorveglianza dell'autorità ecclesiastica competente.
>
> Il vescovo, o il suo delegato, avrà il diritto di ispezionare le scuole, per ciò che concerne l'insegnamento religioso.
>
> Il programma di insegnamento religioso dovrà essere approvato dall'autorità religiosa competente. I manuali scolastici che vi si riferiscono, non potranno essere adottati nell'insegnamento senza l'approvazione della stessa autorità ecclesiastica.
>
> Non ci saranno meno di due ore d'insegnamento religioso per settimana.
>
> Il Governo provvederà ai posti di catechisti titolari vacanti.
>
> La nomina di catechisti titolari delle scuole pubbliche, che saranno cittadini iugoslavi, sarà fatta dal Ministro competente su proposta del vescovo diocesano. Questi catechisti non saranno spostati da una diocesi all'altra senza intesa con gli ordinari dei luoghi.
>
> Nelle diocesi in cui non è previsto un posto di catechista titolare, l'insegnamento sarà impartito dal clero parrocchiale o ancora da maestri laici, approvati dall'ordinario, come catechisti onorari.
>
> Il catechista, al quale è stata ritirata dal vescovo competente la missione canonica, cesserà immediatamente di insegnare. Il vescovo in questione informerà sulla misura presa senza indugio l'Autorità scolastica competente, per procedere di comune accordo alla sostituzione del catechista sospeso.
>
> Quando per motivi d'ordine pubblico, o per altre serie ragioni, l'autorità scolastica riterrà necessario sostituire un catechista, essa si rivolgerà al vescovo competente, per procedere di comune accordo all'esame del caso.
>
> Gli esami di abilitazione all'insegnamento dei catechisti titolari si svolgeranno davanti ad una Commissione governativa per tutto ciò che riguarda le materie profane,

comuni a tutti gli altri maestri e professori, e davanti ad una Commissione ecclesiastica nominata dall'episcopato, per ciò che concerne le discipline teologiche. Queste Commissioni ecclesiastiche avranno sede nei luoghi dove già esistono le Commissioni governative in questione.

I catechisti titolari avranno nei corpi insegnanti gli stessi diritti e onorari degli altri maestri e professori.

Gli studi teologici, fatti dopo aver superato l'esame in una scuola media pubblica o privata che gode della parità dei diritti delle scuole pubbliche dello stesso tipo, daranno ai catechisti il diritto d'essere assimilati, per il loro trattamento, ai maestri e professori che hanno fatto i loro studi in una Università pubblica.

La questione del trattamento e, all'occorrenza, dell'indennità di trasferimento dei catechisti onorari è riservata a un accordo speciale tra il Governo e l'episcopato[197].

Qui tocchiamo uno dei punti più delicati in assoluto del concordato: il catechismo nelle scuole, con gli avvenimenti molto tormentati che lo precedettero. Lo Stato riponeva molte speranze nella scuola come luogo principale per favorire l'insegnamento nello spirito nazionale, propagando in tal modo lo «jugoslavismo integrale». Le leggi scolastiche (1929-1930), concepite su tale base ideologica, volevano porre certi limiti all'insegnamento religioso, per timore che esso potesse contrastare la promozione dell'unità nazionale. Il progetto governativo di concordato del 1931 seguiva fedelmente il desiderio del sovrano Aleksandar, il quale cercava di riservare al governo la nomina dei catechisti e l'edizione dei manuali per il catechismo, lasciandovi poco spazio al controllo dell'autorità ecclesiastica.

La Santa Sede, d'altra parte, molto scontenta delle leggi esistenti su tale materia e dell'elemento massonico del ministero dell'istruzione, s'impegnava a sottrarre quanto possibile l'istruzione religiosa al monopolio statale. Basti richiamare le dure proteste dei vescovi e della Santa Sede riguardo all'art. 43 della «Legge sulle scuole primarie» del 1929, circa la facoltà da parte dei genitori di scegliere come insegnante di religione tra un sacerdote o un maestro laico. La Chiesa, tramite i «regolamenti» e le modifiche delle stesse leggi scolastiche, riuscì a far valere la propria *missio canonica*; nell'estate 1933, inoltre, il catechismo, tramite la «Legge sull'insegnamento religioso», fu confermato e ampliato come obbligatorio, nelle scuole elementari, complementari, medie e magistrali.

---

[197] *Enchiridion dei concordati*, 909, 911. La versione orig. in lingua francese si veda *ibidem*, 908, 910.

Nel 1° paragrafo del testo firmato si parlava della obbligatorietà della religione nelle scuole elementari, civiche, professionali e medie, sia pubbliche sia private, sotto la sorveglianza dell'autorità ecclesiastica competente[198]. Siccome l'obbligatorietà era stata sancita già poco prima attraverso una legge statale, non ci furono discussioni su questo argomento. Pellegrinetti era del parere, al riguardo, che benché anche le altre fedi fossero interessate e facessero qualche sforzo, solo l'energico atteggiamento dei cattolici avrebbe mantenuto saldo il principio della suddetta obbligatorietà nelle scuole pubbliche[199]. Rispetto al progetto del 1931 ora si specificò il tipo di scuole pubbliche e private con l'insegnamento religioso obbligatorio: «*scuole elementari, civiche, professionali e medie*». Le scuole civiche furono introdotte per ultime, su proposta di Pellegrinetti, per togliere ogni dubbio che la religione fosse insegnata in tutte le scuole fino agli studi superiori (università)[200].

Neanche al 2° paragrafo, circa l'ispezione nelle scuole da parte dei vescovi, per ciò che concerneva l'istruzione religiosa, fu dedicata molta attenzione, avendo i «regolamenti» (1930) stabilito il diritto dell'autorità ecclesiastica di ispezionare, una volta all'anno, in quale modo si praticasse tale insegnamento[201]. Nel testo concordatario, tra l'altro anche vicino alla disposizione del CIC[202], non fu specificata la menzionata limitazione.

---

[198] Per fare un paragone con questa disposizione, si veda anche il CIC:
CIC 17, Can. 1373, §§ 1-2: «*In qualibet elementaria schola, pueris pro eorum aetate tradenda est institutio religiosa. Iuventus, quae medias vel superiores scholas frequentat, pleniore religionis doctrina excolatur, et locorum Ordinarii curent ut id fiat per sacerdotes zelo et doctrina praestantes*»: AAS 9/II (1917) 267.
CIC 17, Can. 1381, § 1: «*Religiosa iuventus institutio in scholis quibuslibet auctoritati et inspectioni Ecclesiae subiicitur*»: *ibidem*, 268.

[199] Pellegrinetti a Pacelli, Belgrado, 11 luglio 1934, rapporto n. 16323, in S.RR.SS., AA.EE.SS., *Jugoslavia*, pos. 96, fasc. 58, f. 58v.

[200] Le «scuole civiche» o «complementari» rappresentavano quel tipo di scuola post-elementare che in Jugoslavia si chiamava «građanska škola», assai diffusa in varie parti del regno, soprattutto nei territori ex austro-ungarici (Pellegrinetti a Pacelli, Belgrado, 16 agosto 1933, rapporto n. 15013 (copia), *ibidem*, fasc. 57, f. 76v).

[201] Pellegrinetti a Gasparri, Belgrado, 22 gennaio 1930, rapporto n. 10226, *ibidem*, pos. 90, fasc. 51, f. 37r; Pellegrinetti a Pacelli, Belgrado, 25 aprile 1934, rapporto n. 15977, *ibidem*, pos. 96, fasc. 58, f. 19v.

[202] CIC 17, Can. 1382: «*Ordinarii locorum sive ipsi per se sive per alios possunt quoque scholas quaslibet, oratoria, recreatoria, patronatus, etc., in iis quae religiosam et moralem institutionem spectant, visitare; a qua visitatione quorumlibet religiosorum scholae exemptae non sunt, nisi agatur de scholis internis pro professis religionis exemptae*»: AAS 9/II (1917) 268.

Più interessante fu il dibattito sul programma d'insegnamento religioso e sui rispettivi manuali scolastici, che troviamo nel 3° paragrafo. Secondo i primi schemi era previsto che entrambi avrebbero dovuto essere approvati dalla competente autorità religiosa[203]. Ciò non piacque a Belgrado, che esigeva lo stesso diritto anche per l'autorità scolastica dello Stato[204]. La modifica proposta sembrava a Pellegrinetti «*assai pericolosa*», anche perché al ministero dell'istruzione gli impiegati cattolici non sarebbero stati più del due o tre per cento, e anche questi pochi non tutti liberi da legami massonici. Tenendo conto però della legge scolastica che aveva introdotto il monopolio di Stato per i manuali scolastici, sarebbe stato, secondo lui, difficile negare alle autorità scolastiche qualche ingerenza sui manuali, anche religiosi, soprattutto nelle scuole pubbliche[205]. Moscatello, d'altra parte, ricordava alla Santa Sede degli impegni assunti nel concordato germanico, ove si stabiliva tra l'autorità ecclesiastica e quella scolastica un accordo comune circa il programma e i relativi libri[206]. Lasciando intatta la formulazione riguardante il programma d'insegnamento religioso, il governo esigeva invece di ritoccare quella relativa ai manuali, allo scopo di assicurare chiaramente la possibilità di approvazione dei testi anche da parte dell'autorità scolastica statale, ciò che la redazione antecedente sembrava assolutamente escludere. Per tale motivo nel testo finale troviamo l'affermazione che i manuali scolastici «*non potranno essere adottati [...] senza*

---

[203] Pellegrinetti a Pacelli, Roma, 24 giugno 1933, schema di concordato, n. 2004/33 (Segreteria), in S.RR.SS., AA.EE.SS., *Jugoslavia*, pos. 96, fasc. 57, f. 15; Pizzardo a Pellegrinetti, Vaticano, 8 agosto 1933, schema di concordato, dispaccio n. 2212/33, in ASV, *Arch. Nunz. Jugoslavia*, busta 8, f. 344; Schema di concordato, 16 novembre 1933, in BA, n. 121. Cf. anche il CIC:
CIC 17, Can. 1381, § 3: «*Eisdem [Ordinariis locorum] similiter ius est approbandi religionis magistros et libros; itemque, religionis morumque causa, exigendi ut tum magistri tum libri removeantur*»: AAS 9/II (1917) 268.

[204] Proposte di modificazioni di Moscatello, [Roma, novembre 1933], n. 3380 (Segreteria di Stato), in S.RR.SS., AA.EE.SS., *Jugoslavia*, pos. 96, fasc. 57, f. 97.

[205] Pellegrinetti a Pacelli, Belgrado, 6 dicembre 1933, rapporto n. 15357, *ibidem*, f. 107r.

[206] Promemoria con le modificazioni di Moscatello, [Roma, aprile 1934], n. 1314/34 (Segreteria di Stato), *ibidem*, fasc. 58, ff. 23r. L'art. XXI, 2° paragrafo del concordato germanico: «*Lehrstoff und Auswahl der Lehrbücher für den Religionsunterricht werden im Einvernehmen mit der kirchlichen Oberbehörde festgesetzt. Den kirchlichen Oberbehörden wird Gelegenheit gegeben werden, im Einvernehmen mit der Schulbehörde zu prüfen, ob die Schüler Religionsunterricht in Übereinstimmung mit den Lehren und Anforderungen der Kirche erhalten*»: *Enchiridion dei concordati*, 876; trad. it., 877.

l'approvazione» dell'autorità ecclesiastica, invece del testo precedente «*dovranno essere approvati*»[207].

Circa la nomina dei catechisti titolari (ordinari), il testo seguiva la linea tracciata dalle «Modifiche della legge sulle scuole elementari» (1930)[208], dal progetto governativo di concordato (1931)[209] e dalla «Legge sull'insegnamento religioso» (1933)[210], che cioè la nomina era effettuata dal ministro competente su proposta del vescovo diocesano. Durante le trattative ci furono dei tentativi governativi di sottrarre ai vescovi ogni iniziativa nella nomina dei catechisti, volendo cambiare la frase «*sur proposition*» con «*d'accord*» o «*avec le consentement*»[211]: però alla fine si rimase con la redazione iniziale. Similmente la formulazione circa il ritiro della *missio canonica* al catechista da parte del vescovo competente, con il quale egli cessava immediatamente di insegnare, riprendeva il progetto governativo del concordato del 1931[212], mentre le leggi scolastiche, più precisamente i «regolamenti»

---

[207] S.RR.SS., AA.EE.SS., *Rapporti delle Sessioni*, anno 1934, Sessione 1360, stampa 1247, «Jugoslavia. Nuovo progetto di Concordato», 24 giugno 1934, Sommario, n. VI, pp. 75-76.

[208] L'art. I, in trad. it.: «*L'art. 43 si modifica in modo seguente: L'insegnamento religioso è obbligatorio per tutte le confessioni riconosciute. L'insegnamento religioso sarà impartito, per i loro correligionari, dai sacerdoti locali o dai loro ecclesiastici sostituti. Per procedere alla nomina e al trasferimento, essi saranno proposti dall'autorità ecclesiastica competente alla direzione del "bano"*»: ASV, *Arch. Nunz. Jugoslavia*, busta 5, f. 211r (Testo orig.: «*§ 43 mijenja se i glasi: Vjerska nastava je obavezna za sve priznate vjeroispovijesti. Vjersku nastavu izvode kod pripadnika svoje vjere mjesni svećenici ili njihovi duhovni zamjenici. Njih predlaže nadležna vjerska vlast banskim upravama radi imenovanja ili razmještanja*»).

[209] L'art. XXIV del progetto del 1931: «*Dans les écoles publiques, l'enseignement religieux sera donné par les catéchistes, nommés par le Ministre compétent sur la proposition de l'autorité spirituelle compétente. Ils doivent être sujets du Royaume de Yougoslavie*»: ibidem, busta 8, f. 236.

[210] L'art. II, in trad. it.: «*L'insegnamento religioso nelle scuole elementari e complementari viene dato per i loro correligionari da stabili maestri di religione, dai sacerdoti locali o dai loro ecclesiastici sostituti [...]. Nelle scuole medie e magistrali l'insegnamento religioso viene impartito da persone che abbiano le qualifiche richieste dalla legge per le scuole Medie e le scuole magistrali*»: Pellegrinetti a Pacelli, Belgrado, 27 luglio 1933, rapporto n. 14935, *ibidem*, busta 6, f. 244v.

[211] Proposte di modificazioni di Moscatello, [Roma, novembre 1933], n. 3380 (Segreteria di Stato), in S.RR.SS., AA.EE.SS., *Jugoslavia*, pos. 96, fasc. 57, f. 97; Pellegrinetti a Pacelli, Belgrado, 6 dicembre 1933, rapporto n. 15357, *ibidem*, f. 107r.

[212] Art. XXIV: «*Les évêques peuvent retirer l'autorisation pour l'enseignement religieux dans les écoles publiques à ceux des catéchistes qui ne se montreront pas aptes à remplir la mission qui leur est confiée ; les évêques doivent informer le Ministère compétent de la décision prise, afin de procéder à la nomination d'un nouveau catéchiste. Ce catéchiste, à qui sa mission est retirée, cessera immédiatement son enseignement*»: ASV, *Arch. Nunz. Jugoslavia*, busta 8, f. 236.

non erano stati concepiti in modo così radicale, dal momento che lasciavano l'ultima parola in materia al ministro dell'istruzione[213].

Il nunzio Pellegrinetti si era lamentato che nella «Legge sull'insegnamento religioso» mancasse tale chiara disposizione[214]. Comunque, il testo finale dava competenza anche all'autorità scolastica, «*per motivi d'ordine pubblico, o per altre serie ragioni*», di procedere, in comune accordo con il vescovo competente, alla sostituzione di un catechista. Petrović ritiene poco favorevole quest'ultimo diritto dello Stato, poiché – essendo esso legato all'intesa con l'autorità ecclesiastica – non sarebbe proporzionale al diritto unilaterale del vescovo nel ritiro della *missio canonica*[215].

Nel concordato si faceva una differenza netta tra i catechisti titolari e quelli onorari. Per i primi si esigevano, infatti, la formazione universitaria e l'esame speciale di Stato. Il testo finale per i catechisti titolari prevedeva gli esami di abilitazione davanti ad una commissione governativa per le materie profane e davanti ad una commissione ecclesiastica per le discipline teologiche. La commissione governativa sarebbe stata imposta, secondo i vescovi cattolici, per il fatto che i candidati ortodossi, prima d'essere ammessi al seminario teologico, avevano, in generale, solo l'esame della quarta classe ginnasiale. I sacerdoti cattolici, per effetto del sistema già introdotto sotto l'Austria, davano l'esame dell'ottava classe del ginnasio («maturità»), equivalente alla «licenza liceale» in Italia, perciò i vescovi cattolici sostenevano che dai catechisti titolari cattolici non si sarebbe

---

[213] «Regolamento per l'esecuzione delle prescrizioni relative all'insegnamento religioso in conformità alla Legge sulle Scuole Medie e alla Legge sulle Scuole Elementari», art. IV, trad. it.: «*Gli insegnanti di religione saranno esonerati dall'insegnamento religioso dal Ministro dell'Istruzione, se ciò lo chieda la competente autorità religiosa col motivo che le loro lezioni sono in contrasto colla dottrina della Chiesa. Gl'insegnanti di religione saranno trasferiti o licenziati d'intesa con l'autorità ecclesiastica competente*».
«Regolamento per l'esecuzione delle disposizioni relative all'Insegnamento Religioso e alle Scuole Private secondo la legge sulle Scuole Elementari (narodne škole) del 5 dicembre 1929», art. V, trad. it.: «*I maestri, che impartiscono l'insegnamento religioso, come anche gli altri insegnanti di religione, saranno dal Ministro dell'Istruzione esonerati da tale ufficio se ciò domanda la competente autorità religiosa col motivo che le loro lezioni sono in contrasto con la dottrina della Chiesa*»: S.RR.SS., AA.EE.SS., *Jugoslavia*, pos. 90, fasc. 51, f. 37rv.
[214] Pellegrinetti a Pacelli, Belgrado, 27 luglio 1933, rapporto n. 14935 (minuta), in ASV, *Arch. Nunz. Jugoslavia*, busta 6, f. 245v.
[215] M. Petrović, *Konkordatsko pitanje*, 257; Id., «Versko obrazovanje», 104-105.

dovuto esigere un esame di Stato in materie profane. Per i catechisti onorari nelle scuole elementari, inoltre, sarebbe bastata l'attestazione d'idoneità data dal vescovo[216]. Nelle trattative non ci si soffermò troppo su questo argomento e si stabilì l'obbligatorietà dell'esame davanti alle due commissioni per tutti i catechisti titolari. Poiché nei piccoli centri non era sempre facile trovare persone atte per formare le commissioni ecclesiastiche, si decise di realizzarle laddove già esistevano le rispettive commissioni governative[217]. Il nunzio scorgeva in questa decisione anche il desiderio governativo di dare più prestigio alla capitale, «*jugoslava per definizione, serba di natura*»[218].

Il ministro Maksimović mostrò la sua forte opposizione al paragrafo che assegnava ai catechisti titolari, che avevano terminato gli studi teologici in scuole senza rango di facoltà, lo stesso trattamento degli altri maestri e professori che avevano fatto i loro studi in un'università pubblica. La «Legge sulle scuole medie» (1929), non permettendo tale equiparazione[219], aveva già allora provocato scontentezza tra i vescovi. Qui il discorso si collegava agli articoli sui seminari (art. XXIV) e sulle facoltà teologiche (art. XXV). Il ministro, infatti, riteneva che in tale modo i seminari teologici venissero equiparati alle facoltà.

Rinnegando questa conclusione, Moscatello cercò di spiegare al ministro che i candidati al sacerdozio non potevano tutti, per motivi economici e logistici, frequentare le facoltà teologiche a Zagabria o a Lubiana, bensì organizzarsi nei seminari teologici del proprio luogo, ove il programma di studi delle discipline teologiche non differiva da quello delle due facoltà. Per tale motivo, secondo lui,

---

[216] Pellegrinetti a Pacelli, Roma, 5 giugno 1933, rapporto n. 1700/33 (Segreteria di Stato), in S.RR.SS., AA.EE.SS., *Jugoslavia*, pos. 96, fasc. 56, ff. 45-46.

[217] Conferenza tra Moscatello, Jevtić e Maksimović, Belgrado, 15 novembre 1933, in BA, n. 127; Proposte di modificazioni di Moscatello, [Roma, novembre 1933], n. 3380 (Segreteria di Stato), in S.RR.SS., AA.EE.SS., *Jugoslavia*, pos. 96, fasc. 57, f. 97; S.RR.SS., AA.EE.SS., *Rapporti delle Sessioni*, anno 1934, Sessione 1360, stampa 1247, «Jugoslavia. Nuovo progetto di Concordato», 24 giugno 1934, Sommario, n. VI, p. 77.

[218] Pellegrinetti a Pacelli, Belgrado, 6 dicembre 1933, rapporto n. 15357, in S.RR.SS., AA.EE.SS., *Jugoslavia*, pos. 96, fasc. 57, f. 107r.

[219] Art. CXXIV, trad. it.: «*Come insegnante di religione può essere nominato il candidato che abbia dato l'esame di maturità […] in una Scuola Media o in un Seminario e quello di laurea in una facoltà teologica delle nostre università e presenti una dichiarazione della competente autorità ecclesiastica che lo autorizzi a insegnare religione nelle Scuole Medie*»: Pellegrinetti a Pacelli, Belgrado, 28 ottobre 1929, rapporto n. 9875, *ibidem*, pos. 90, fasc. 50, ff. 47v-48r.

sarebbe stato ingiusto che i sacerdoti catechisti, provenienti dai seminari, fossero trattati peggio, quanto a diritti e onorari, degli altri professori[220].

Il governo, d'altra parte, ottenne nel concordato l'esonero dal pagamento obbligatorio per il servizio e la trasferta dei catechisti onorari, previsto ancora nei primi schemi[221]. La questione fu lasciata ad un accordo comune tra il governo e l'episcopato[222].

Si presentò un ultimo problema, legato alla nomina dei catechisti titolari. I vescovi fecero notare il pericolo della progressiva soppressione di tutti i posti di catechisti titolari stabili, riconosciuti e pagati come gli altri professori. La legge scolastica, al riguardo, diceva, infatti, che il ministro «*può*» nominare i catechisti titolari ma non che «*deve*»[223]. In quasi tutte le scuole, in cui un posto di catechista titolare rimaneva vacante, il ministero non nominava più catechisti titolari, ma solo dei catechisti onorari, che «*potevano*» essere pagati dai comuni, se le amministrazio-

---

[220] Conferenza tra Moscatello, Jevtić e Maksimović, Belgrado, 15 novembre 1933, in BA, n. 127.
[221] Pellegrinetti a Pacelli, Roma, 24 giugno 1933, schema di concordato, n. 2004/33 (Segreteria), in S.RR.SS., AA.EE.SS., *Jugoslavia*, pos. 96, fasc. 57, f. 16; Pizzardo a Pellegrinetti, Vaticano, 8 agosto 1933, schema di concordato, dispaccio n. 2212/33, in ASV, *Arch. Nunz. Jugoslavia*, busta 8, f. 345; Schema di concordato, 16 novembre 1933, in BA, n. 121.
[222] Conferenza tra Moscatello, Jevtić e Maksimović, Belgrado, 15 novembre 1933, in BA, n. 127; Proposte di modificazioni di Moscatello, [Roma, novembre 1933], n. 3380 (Segreteria di Stato), in S.RR.SS., AA.EE.SS., *Jugoslavia*, pos. 96, fasc. 57, f. 97; Pellegrinetti a Pacelli, Belgrado, 6 dicembre 1933, rapporto n. 15357, *ibidem*, f. 107r; S.RR.SS., AA.EE.SS., *Rapporti delle Sessioni*, anno 1934, Sessione 1360, stampa 1247, «Jugoslavia. Nuovo progetto di Concordato», 24 giugno 1934, Sommario, n. VI, p. 78.
[223] La «Legge sulle Scuole Medie», in lingua orig., si trova in ASV, *Arch. Nunz. Jugoslavia*, busta 4, ff. 433r-439v: *Službene novine*, n. 217, 17 settembre 1929; La «Legge sulle Scuole Elementari» si veda in *Službene novine*, n. 289, 9 dicembre 1929. Il nunzio aveva già in occasione della pubblicazione della «Legge sulle Scuole Medie» (settembre 1929) in modo assai critico commentato il destino dei catechisti titolari: «*Del resto lo scopo è di ridurre al minimo il numero dei catechisti ordinari, cioè equiparati per le paghe e la carriera agli altri professori. Si cerca di sostituirli con catechisti onorari, cioè non appartenenti al corpo ordinario insegnante, e pagati con qualche sussidio ad arbitrio del Ministro. A ciò giova l'articolo che vieta di nominare professori ordinari dove non vi sia da insegnare almeno 28 ore per settimana. Infatti in vari modi sono state ridotte le ore d'insegnamento della religione, di guisa che messe insieme spesso non formano il numero richiesto per un Professore ordinario: anche qui i Vescovi protestano e preparano rimedi*»: Pellegrinetti a Gasparri, Belgrado, 28 ottobre 1929, rapporto n. 9875, in S.RR.SS., AA.EE.SS., *Jugoslavia*, pos. 90, fasc. 50, f. 48v.

ni volevano. I vescovi, nell'estate 1934, proposero perciò che nel concordato si stabilisse l'obbligo preciso ed esattamente formulato del governo di assicurare e mantenere i posti di catechista titolare dovunque si verificassero le condizioni previste dalla legge (20 ore di lezione settimanale)[224].

Moscatello non era d'accordo con una disposizione così "benevola", poiché i posti di catechista titolare sarebbero stati fissi, obbligando così il governo a seguire la legge austriaca. Istituire nuovi posti sarebbe stato perciò impossibile. Al più il governo avrebbe dovuto ricoprire i posti di catechisti titolari stabili e non mettervi dei catechisti onorari, come invece stava facendo[225]. Per questa ragione nello schema dell'agosto 1934 comparve un brevissimo paragrafo, antistante a quello sulla nomina di catechisti titolari: «Le Gouvernement pourvoira aux postes de catéchistes titulaires vacantes»[226].

Nelle *Primedbe* furono riportate, praticamente per ogni paragrafo, dure critiche, che sottolineavano la posizione privilegiata della Chiesa cattolica nei confronti di quella serbo-ortodossa, priva di tali benevole concessioni; proprio per questo motivo l'articolo sarebbe andato contro il principio dell'uguaglianza religiosa, risultando quindi anticostituzionale[227]. Nell'analizzare il testo, paragrafo dopo paragrafo, Moscatello ripeteva, come altre volte per diversi articoli, che le disposizioni non contenevano quasi nessuna novità, dal momento che rispecchiavano la situazione già esistente nella prassi quotidiana. Ironicamente sosteneva che la Chiesa serbo-ortodossa avrebbe dovuto tener conto di tutto questo, nel redigere la propria legge e costituzione[228].

Numerosi e differenti rimproveri contro l'articolo furono avanzati da parte delle *Primedbe* e dei negoziatori concordatari. Soltanto una critica, però, era tra loro condivisa: la discussione circa la parità di trattamento dei catechisti, in rapporto con gli altri professori. D'altra parte, la delicata questione sui manuali per il catechismo, molto "calda" nelle trattative, non apparve affatto sull'elenco degli *anatemi* delle *Primedbe*.

---

[224] Pellegrinetti a Pacelli, Belgrado, 20 giugno 1934, rapporto n. 16239, in S.RR.SS., AA.EE.SS., *Jugoslavia*, pos. 96, fasc. 58, f. 46rv; Pellegrinetti a Pacelli, Belgrado, 11 luglio 1934, rapporto n. 16323, *ibidem*, f. 58r.

[225] Osservazioni di Moscatello, Vaticano, [prima del 12 luglio 1934], *ibidem*, fasc. 61, f. 43.

[226] Pacelli a Pellegrinetti, Vaticano, 14 luglio 1934, cifrato n. 81 (2113/34), *ibidem*, fasc. 58, f. 48r; Schema di concordato, [agosto 1934], in ASV, *Arch. Nunz. Jugoslavia*, busta 8, f. 472.

[227] [M. JOVANOVIĆ], *Primedbe*, 50-52.

[228] [N. MOSCATELLO], *Konkordat i kritika*, 57-61.

In modo ancora più generale fu concepito l'art. XXVII, che garantiva il rispetto per la formazione degli allievi cattolici nelle scuole di Stato:

> Sia l'insegnamento impartito nelle scuole pubbliche, sia la condotta dei maestri, devono rispettare l'educazione religiosa e morale proprie degli allievi cattolici.
>
> Gli allievi cattolici delle scuole pubbliche non saranno né obbligati né invitati dai maestri o da altre autorità ad assistere a atti di un culto non cattolico.
>
> I programmi scolastici saranno stabiliti in modo da non impedire agli allievi cattolici di compiere i loro doveri religiosi.
>
> Gli esercizi religiosi obbligatori saranno prescritti per tutte le scuole del Regno dall'episcopato in accordo con il Ministero competente.
>
> I manuali scolastici non conterranno nulla che sia contrario ai principi e ai sentimenti religiosi degli allievi cattolici.
>
> Nelle scuole frequentate esclusivamente o in grande maggioranza dagli allievi cattolici, anche i maestri saranno cattolici nella misura del possibile, soprattutto per le materie che toccano la formazione religiosa degli allievi; nelle altre si farà in modo che il numero dei maestri cattolici corrisponda, sempre nella misura del possibile, al numero degli allievi di questa religione[229].

L'articolo, pur non essendo presente negli schemi precedenti, si ispirava agli appunti di Pellegrinetti dell'ottobre 1930[230] e all'«Aide-mémoire» della Segreteria di Stato dell'agosto 1931[231]. Il governo allora, nella sua «Risposta» (gennaio 1933), non volle assumere alcun impegno, mentre alcune disposizioni, simili a quelle dell'ultimo paragrafo, le considerava addirittura contrarie alle leggi fondamentali dello Stato[232]. Più tardi, invece, con le nuove trattative tra Moscatello e la Segreteria di Stato, il tema fu preso in seria considerazione. Si trattava, per usare l'espressione del nunzio, di un articolo «*fondamentale*», perché esigeva garanzie per l'educazione cattolica nelle scuole dello Stato, che si era arrogato il quasi completo monopolio della pubblica istruzione[233].

Brevemente si analizzerà il primo e l'ultimo paragrafo.

---

[229] *Enchiridion dei concordati*, 911. La versione orig. in lingua francese si veda *ibidem*, 910.

[230] Appunti di Pellegrinetti dell'ottobre 1930, in ASV, *Arch. Nunz. Jugoslavia*, busta 8, f. 259.

[231] S.RR.SS., AA.EE.SS., *Rapporti delle Sessioni*, anno 1934, Sessione 1360, stampa 1247, «Jugoslavia. Nuovo progetto di Concordato», 24 giugno 1934, Sommario, n. II, pp. 25-26.

[232] *Ibidem*, Sommario, n. III, pp. 36-37.

[233] Pellegrinetti a Pacelli, Belgrado, 16 agosto 1933, rapporto n. 15013 (copia), in S.RR.SS., AA.EE.SS., *Jugoslavia*, pos. 96, fasc. 57, f. 76v.

Secondo i primi schemi della primavera–estate 1933 il 1° paragrafo stabiliva che tanto l'insegnamento impartito nelle scuole pubbliche quanto la condotta dei maestri «*non deve in nulla offendere la fede o mettere in pericolo*» l'educazione religiosa degli scolari[234]. Al governo tale formulazione sembrava esagerata, perciò ne domandò un'attenuazione con il termine più morbido «*respecter*»[235].

Molte proteste furono sollevate contro l'ultimo paragrafo. Il primo progetto prevedeva che nelle scuole frequentate esclusivamente o in grande maggioranza da alunni cattolici, i maestri pure sarebbero stati cattolici, e che nelle altre si sarebbe procurato che il numero dei maestri cattolici fosse in proporzione al numero degli alunni della medesima confessione[236]. Sembra che a Moscatello la formulazione non piacesse molto, per cui qualche mese più tardi il paragrafo venne alquanto ammorbidito, dicendo che nelle scuole a maggioranza cattolica anche i maestri sarebbero stati «*possibilmente*» cattolici, «*soprattutto per quelle materie che possono toccare la formazione religiosa degli alunni*»[237].

In una conferenza a Belgrado Maksimović mostrò con «*forte rabbia*» la sua opposizione alla redazione del paragrafo. A suo dire, nella prassi sarebbe stato impossibile assicurare ciò che vi si chiedeva. D'altro canto, nell'assunzione degli impiegati pubblici non si sarebbe dovuto dare valore all'appartenenza religiosa. Moscatello gli rispose chiaramente che la Santa Sede non avrebbe receduto dalle proprie esigenze e che con l'aggiunta «*dans la mesure du possible*» essa avrebbe già mostrato conciliazione e elasticità. Per far valere, almeno in parte, le osservazioni del ministro della giustizia, Moscatello accettò l'estensione della frase «*dans la mesure du possible*» per quanto concerneva i professori cattolici, anche alle scuole

---

[234] Pellegrinetti a Pacelli, Roma, 24 giugno 1933, schema di concordato, n. 2004/33 (Segreteria), *ibidem*, f. 16; Pizzardo a Pellegrinetti, Vaticano, 8 agosto 1933, schema di concordato, dispaccio n. 2212/33, in ASV, *Arch. Nunz. Jugoslavia*, busta 8, f. 346. Questa proposta si ispirava alla rispettiva formulazione del CIC:
CIC 17, Can. 1381, § 2: «*Ordinariis locorum ius et officium est vigilandi ne in quibusvis scholis sui territorii quidquam contra fidem vel bonos mores tradatur aut fiat*»: AAS 9/II (1917) 268.
[235] Proposte di modificazioni di Moscatello, [Roma, novembre 1933], n. 3380 (Segreteria di Stato), in S.RR.SS., AA.EE.SS., *Jugoslavia*, pos. 96, fasc. 57, f. 97; Pellegrinetti a Pacelli, Belgrado, 6 dicembre 1933, rapporto n. 15357, *ibidem*, f. 107rv.
[236] Pellegrinetti a Pacelli, Roma, 24 giugno 1933, schema di concordato, n. 2004/33 (Segreteria), *ibidem*, f. 16.
[237] Pizzardo a Pellegrinetti, Vaticano, 8 agosto 1933, schema di concordato, dispaccio n. 2212/33, in ASV, *Arch. Nunz. Jugoslavia*, busta 8, f. 346.

con una presenza minoritaria di allievi cattolici. Per alleggerire ulteriormente il paragrafo, il numero dei maestri cattolici in queste scuole non doveva più essere «*in proporzione*» al numero degli allievi cattolici, bensì solo «*corrispondere*»[238] ad esso.

A Pellegrinetti le modifiche non sembravano essenziali[239], anche se la frase «*dans la mesure du possible*» avrebbe lasciato possibilità d'arbitrio[240]. Moscatello ricordò alla Santa Sede che in questo articolo, come nel precedente, venivano conferiti alla Chiesa tutti i diritti in materia scolastica goduti durante la dominazione austro-ungarica[241]. Il paragrafo, fortemente combattuto da Maksimović, si trovava, d'altronde, già nel concordato austriaco del 1855[242].

Secondo le *Primedbe*, proprio il corrispettivo articolo nel concordato austriaco sarebbe stato uno delle cause della sua denuncia nel 1870[243]. L'autore considerava l'ultimo paragrafo, assente nella legislazione della Chiesa serbo-ortodossa e in tutti i concordati allora vigenti, contrario ad alcuni articoli della costituzione del 1931, che assicuravano l'eguaglianza di tutti i cittadini davanti alla legge (art. 4)[244], il godimento dei diritti civili e politici indipendentemente dall'esercizio della religione (art. 11)[245], lo sviluppo della coscienza civica nello spirito dell'unità nazionale e della tolleranza religiosa in tutte le scuole (art. 16)[246], l'uguale accesso di tutte le funzioni, in qualsiasi branca della pubblica amministrazione, a parità di condizioni, a tutti i

---

[238] Conferenza tra Moscatello, Jevtić e Maksimović, Belgrado, 15 novembre 1933, in BA, n. 127; Proposte di modificazioni di Moscatello, [Roma, novembre 1933], n. 3380 (Segreteria di Stato), in S.RR.SS., AA.EE.SS., *Jugoslavia*, pos. 96, fasc. 57, f. 98.

[239] Pellegrinetti a Pacelli, Belgrado, 6 dicembre 1933, rapporto n. 15357, in S.RR.SS., AA.EE.SS., *Jugoslavia*, pos. 96, fasc. 57, f. 107v.

[240] S.RR.SS., AA.EE.SS., *Rapporti delle Sessioni*, anno 1934, Sessione 1360, stampa 1247, «Jugoslavia. Nuovo progetto di Concordato», 24 giugno 1934, Sommario, n. VI, p. 78.

[241] *Ibidem*, p. 79.

[242] L'art. VII dichiarava, infatti: «*In gymnasiis et omnibus, quas medias vocant, scholis pro iuventute catholica destinatis, nonnisi viri catholici in professores seu magistros nominabuntur, et omnis institutio ad vitae christianae legem cordibus inscribendam pro rei, quae tractatur, natura composita erit. Quinam libri in iisdem scholis ad religiosam tradendam instructionem adhibendi sint, Episcopi collatis inter se consiliis statuent. De Religionis magistris pro publicis gymnasiis mediisque scholis deputandis, firma manebunt, quae hac de re salubriter constituta sunt*»: *Enchiridion dei concordati*, 232; trad. it., 233.

[243] [M. JOVANOVIĆ], *Primedbe*, 53.

[244] *La Costituzione jugoslava*, 42.

[245] *Ibidem*, 43.

[246] *Ibidem*, 45.

cittadini (art. 19)[247]. Tutto ciò, comunque, sarebbe stato assicurato già nell'art. 7 del «Trattato di Saint-Germain-en-Laye» (1919)[248]. Il paragrafo suddetto, finalmente, avrebbe convertito, di fatto, le scuole di Stato in scuole confessionali della Chiesa cattolica[249]. Simile disposizione, invece, esisteva nella «Legge» (art. 17) e nella «Costituzione» (art. 211) della comunità islamica del Regno di Jugoslavia[250].

Moscatello, contrariamente, era del parere che l'articolo corrispondesse agli interessi della pace religiosa in Jugoslavia. La tolleranza religiosa sarebbe consistita proprio nel concedere ad ogni comunità confessionale ciò che le spettava, secondo il numero dei fedeli. Lo Stato, con questo articolo, avrebbe mostrato attenzione verso le sensibilità di tutte le appartenenze religiose. Di più, l'articolo avrebbe altresì impedito il cosiddetto proselitismo, spesso rinfacciato proprio ai cattolici, e ciò avrebbe in tal modo offerto un'ulteriore garanzia di uguaglianza per i membri di ogni fede. Una volta entrato in vigore l'articolo, nelle scuole gli ortodossi avrebbero ottenuto gli stessi diritti[251]. Il fatto che la Chiesa serbo-ortodossa non avesse avuto nella legislazione simili assicurazioni, non significava di per sé la lesione del principio d'uguaglianza. Secondo Mužić, le autorità ortodosse non le avevano richieste, poiché non ne sentivano un vero bisogno, al contrario dei vertici della Chiesa cattolica, che continuamente si lamentavano presso il governo per la pressione dei maestri ortodossi sugli allievi cattolici, specie nei luoghi "misti"[252].

L'articolo che forse più di tutti attirò l'interesse della Chiesa e dello Stato fu, invece, quello riguardante la scuola confessionale. L'art. XXVIII fu redatto così:

Il Governo rispetterà il carattere confessionale e l'esistenza legale delle scuole, già esistenti, sotto la dipendenza e la direzione dei vescovi o dei superiori degli ordini e delle congregazioni religiose, ed esso permetterà la fondazione di altre scuole confessionali simili, in cui l'insegnamento verrà impartito in lingua iugoslava. Queste scuole, tutte le volte che adempiranno le condizioni prescritte per le scuole simili dello Stato, godranno della parità di diritti con le scuole pubbliche. Gli

---

[247] *Ibidem*, 46.

[248] [M. Jovanović], *Primedbe*, 53.

[249] *Ibidem*, 54.

[250] I. Mužić, *Katolička crkva*, 111.

[251] [N. Moscatello], *Konkordat i kritika*, 61-65.

[252] I. Mužić, *Katolička crkva*, 111.

esami di maturità si faranno, come al presente, con l'intervento dei rappresentanti dell'autorità scolastica dello Stato.

Le autorità preposte a queste scuole, come i maestri e gli impiegati, sono obbligati a coltivare negli allievi la coscienza dei doveri verso la patria, lo Stato e la società, secondo i principi della fede e dalla legge morale cristiane[253].

Sin dai primi tentativi di negoziato negli anni '20 la Santa Sede e i vescovi jugoslavi avevano insistito sulla necessità di poter avere proprie scuole cattoliche. I delegati jugoslavi nel 1925 mostrarono una certa apertura nel riconoscere alle scuole private il diritto di pubblicità. La legislazione statale al riguardo era poco chiara: la «costituzione di San Vito» (1921) affidava l'istruzione al monopolio dello Stato, la «costituzione imposta» (1931) menzionava la scuola privata, ma senza specificazioni[254].

Più concrete e dure erano le leggi scolastiche. Con la «Legge sulle scuole medie» fu proibita l'esistenza delle scuole private, la creazione di nuove scuole private e il trasferimento da un luogo a un altro di quelle esistenti, con l'unica eccezione per quelle che si fossero interamente conformate alle prescrizioni della menzionata legge[255]. Un articolo di questa legge imponeva addirittura a tutti gli alunni di scuole private di sostenere gli esami nelle scuole di Stato: per questo i cattolici si allarmarono, timorosi di dovere "subire" esami difficoltosi e costosi al ginnasio di Stato[256]. Dopo le proteste dei vescovi e della Santa Sede il governo

---

[253] *Enchiridion dei concordati*, 911, 913. La versione orig. in lingua francese si veda *ibidem*, 910, 912.

[254] Nell'art. 16 della costituzione del 1931 leggiamo: «*Oltre alle scuole pubbliche di Stato possono essere ammesse, nei limiti della legge, anche scuole private*»: *La Costituzione jugoslava*, 45.

[255] L'art. 5 della «Legge sulle Scuole Medie», trad. it.: «*Le scuole medie sono statali o autarchiche. Le scuole private non possono esistere. Il ministro dell'Istruzione può proibire il lavoro in tutte le scuole e corsi diretti a formare privatisti delle scuole medie, quando ciò sia richiesto da interessi della scuola o dello Stato*»: Pellegrinetti a Gasparri, Belgrado, 18 settembre 1929, rapporto n. 9729, in S.RR.SS., AA.EE.SS., *Jugoslavia*, pos. 90, fasc. 50, f. 42r; l'art. 127 della stessa legge, trad. it.: «*In via d'eccezione all'art. V, le Scuole Medie private, che esisteranno il giorno dell'entrata in vigore di questa legge, potranno ulteriormente sussistere, se nell'intervallo al più di quattro mesi dopo l'entrata in vigore di questa legge, si saranno interamente conformate alle sue prescrizioni. Nuove scuole Medie private non si possono aprire né trasferire da luogo a luogo quelle esistenti*»: *ibidem*.

[256] Pellegrinetti a Gasparri, Belgrado, 28 ottobre 1929, rapporto n. 9875, *ibidem*, f. 48r.

fece un passo indietro, riconoscendo, tramite i «regolamenti»[257] e le «modifiche»[258], gli esami del corso inferiore e superiore del ginnasio-liceo, come pure l'esame supplementare, sostenuti nelle scuole private su proposta dell'inviato del ministro dell'istruzione. Quando la Santa Sede, nel 1931, appellandosi al concordato romeno, chiedeva espressamente il diritto di fondare liberamente proprie scuole, previsto già nel CIC[259], il governo rispose di essere giunto, con certe modifiche alle leggi, all'estremo limite della buona volontà, ritenendo la legislazione vigente completamente soddisfacente ai bisogni della Chiesa[260].

All'esordio delle trattative tra Moscatello e la Segreteria di Stato, sembrava che non si potesse concedere alla Chiesa il suddetto diritto, anche perché lo stesso re

---

[257] «Regolamento per l'esecuzione delle prescrizioni relative all'insegnamento religioso in conformità alla Legge sulle Scuole Medie e alla Legge sulle Scuole Elementari», art. I, trad. it.: *«Gli esami del corso inferiore e corso superiore (IV e VIII classe del Ginnasio-liceo) come pure l'esame supplementare possono darsi anche nelle Scuole Medie Private (§58 della Legge sulle Scuole Medie) e riconosciuti da parte del Ministro dell'Istruzione, quando ciò sia proposto dall'inviato del Ministro dell'Istruzione».*
«Regolamento per l'esecuzione delle disposizioni relative all'Insegnamento Religioso e alle Scuole Private secondo la legge sulle Scuole Elementari (narodne škole) del 5 dicembre 1929», art. 9, trad. it.: *«Su proposta degli inviati del Ministro dell'Istruzione, i quali assisteranno all'esame per il conferimento del diploma magistrale nelle Scuole Private Magistrali, il Ministro dell'Istruzione nostrificherà (cioè li renderà uguali ai diplomi dati con esame di Stato) i diplomi anche ai candidati magistrali di tali scuole. Il candidato con tal diploma può essere nominato maestro di una scuola elementare di Stato»: ibidem, f. 38rv.*
[258] «Modifiche della legge sulle scuole elementari» (1930), art. 4, trad. it.: *«All'art. 7, dopo il secondo capoverso si aggiunge un altro: Su proposta degli inviati del Ministro dell'Istruzione, i quali hanno assistito all'esame per il conferimento del diploma magistrale nelle Scuole Private Magistrali, il Ministro dell'Istruzione nostrificherà i diplomi anche ai candidati magistrali di tali scuole. Il candidato con tal diploma può essere nominato maestro di una scuola elementare di Stato»: ASV, Arch. Nunz. Jugoslavia, busta 5, f. 211r (Testo orig.: «Dodaje se u § 71 poslije drugog stava nov stav koji glasi: Prema prijedlogu izaslanika ministra prosvjete koji su prisustvovali na diplomskom učiteljskom ispitu u privatnim učiteljskim školama, ministar prosvjete će nostrificirati diplome i učiteljskim kandidatima iz tih škola. Kandidat sa ovakvom diplomom može biti postavljen za učitelja državne narodne škole»).*
[259] CIC 17, Can. 1375: *«Ecclesiae est ius scholas cuiusvis disciplinae non solum elementarias, sed etiam medias et superiores condendi»*: AAS 9/II (1917) 267.
CIC 17, Can. 1379, § 1: *«Si scholae catholicae ad normam can. 1373 sive elementariae sive mediae desint, curandum, praesertim a locorum Ordinariis, ut condantur»*: ibidem.
[260] S.RR.SS., AA.EE.SS., *Rapporti delle Sessioni*, anno 1934, Sessione 1360, stampa 1247, «Jugoslavia. Nuovo progetto di Concordato», 24 giugno 1934, Sommario, n. III, p. 36.

Aleksandar, tra i cinque *desiderata* per il concordato, aveva espressamente incluso il «*no*» alle scuole private, preferendo piuttosto il rinforzamento dell'istruzione religiosa nelle scuole pubbliche[261]. Moscatello non riuscì a far valere il desiderio del sovrano e già nel primo schema Moscatello–Pizzardo troviamo la novità rivoluzionaria, cioè il diritto della Chiesa non solo di mantenere le proprie scuole già esistenti, ma anche di fondare, «*in caso di necessità o evidente utilità*», altre scuole confessionali[262]. Benché non del tutto soddisfatto di tale condizionamento, Pellegrinetti giudicò l'articolo «*un grande passo in avanti*», di fronte ai principi e ai metodi seguiti fin ad allora in Jugoslavia, e «*una concessione non disprezzabile*», per quanto praticamente potesse riuscire illusoria[263]. Prima del viaggio di Moscatello a Belgrado si combinarono due importanti modifiche, secondo il principio del *do ut des*: Moscatello accettò la proposta del nunzio di togliere dal testo qualunque condizione per aprire nuove scuole private, la Santa Sede, invece, accolse l'aggiunta della lingua jugoslava per l'insegnamento[264].

Nelle conferenze a Belgrado si creò un dibattito vivace sulle scuole private, con energiche contestazioni, specie da parte di Lanović e di Maksimović. Lanović esigeva la limitazione del diritto della Chiesa, perché già allora sarebbero esistite troppe scuole. Il ministro degli esteri Jevtić espose la necessità di ridurre il numero delle scuole, sostenendo che – a questo scopo – avrebbero dovuto lavorare d'intesa lo Stato e la Chiesa. Moscatello tranquillizzò gli interlocutori dicendo che la Chiesa non avrebbe aperto tante scuole, poiché i mezzi non l'avrebbero permesso, però nello stesso tempo sottolineava il diritto dei genitori di mandare i figli nelle scuole private, specialmente se queste fossero risultate migliori di quelle statali[265].

---

[261] *Desiderata* del re per il concordato, appunto per l'archivio, rilasciato da Moscatello, Vaticano, 29 aprile 1933, n. 2507/33 (Segreteria di Stato), in S.RR.SS., AA.EE.SS., *Jugoslavia*, pos. 96, fasc. 57, f. 88r.

[262] Pellegrinetti a Pacelli, Roma, 5 giugno 1933, rapporto n. 1700/33 (Segreteria di Stato), *ibidem*, fasc. 56, f. 48; Pellegrinetti a Pacelli, Roma, 24 giugno 1933, schema di concordato, n. 2004/33 (Segreteria), *ibidem*, fasc. 57, f. 16; Pizzardo a Pellegrinetti, Vaticano, 8 agosto 1933, schema di concordato, dispaccio n. 2212/33, in ASV, *Arch. Nunz. Jugoslavia*, busta 8, f. 347.

[263] Pellegrinetti a Pacelli, Roma, 5 giugno 1933, rapporto n. 1700/33 (Segreteria di Stato), in S.RR.SS., AA.EE.SS., *Jugoslavia*, pos. 96, fasc. 56, f. 48.

[264] Schema di concordato, 16 novembre 1933, in BA, n. 121.

[265] Conferenza tra Moscatello, Jevtić e Lanović, Belgrado, 29 ottobre 1933, *ibidem*, n. 122; E. PELIKAN, *Tajno delovanje*, 623.

444

Favorevole alle scuole private sembrava essere anche il presidente del consiglio Sršić, che ribadì come l'Austria avesse permesso questo tipo di scuole, presso le quali gli allievi sarebbero più preparati di quelli delle scuole statali[266].

Il ministro Maksimović, più di tutti, manifestò le proprie obiezioni. In modo particolare lo contrariava l'illimita libertà d'estensione e del diritto di pubblicità[267]. Lo studioso Petrović non trovò in nessun altro concordato una concessione così generosa da parte dello Stato[268]. Il problema maggiore, però, sarebbe stato, per la stessa natura di queste scuole, la mancanza d'educazione allo spirito patriottico[269]. In questo senso Moscatello si mostrò molto "provvidenziale". Proprio in vista dell'incontro con il più accanito oppositore Maksimović, egli aveva introdotto nel testo, inseme con Besednjak, la disposizione del concordato germanico, che imponeva all'insegnamento religioso una cura particolare per l'educazione ai doveri patrii, civili e sociali[270]. Così, almeno in parte, si sarebbe ammorbidita la dura posizione del ministro[271]. L'idea piacque molto al presidente del governo, che inserì l'aggiunta come condizione essenziale per la libertà della Chiesa di aprire nuove scuole confessionali[272].

A Belgrado si aprì un altro tema spinoso, legato alle minoranze allogene in Jugoslavia e ai loro diritti nella questione scolastica. Moscatello riuscì, come abbiamo affermato, ad imporre alle scuole private la lingua jugoslava, disposizione, tra l'altro, presente anche per le materie non teologiche nei seminari (art. XXIV). L'obbligo della lingua nazionale provocò, più tardi, forte imbarazzo nella Segreteria di Stato, poiché in tal modo, come si è già costatato, si chiudeva ogni possibilità

---

[266] Conferenza tra Moscatello, Jevtić e Sršić, Belgrado, 17 novembre 1933, in BA, n. 129.

[267] Conferenza tra Moscatello, Jevtić e Maksimović, Belgrado, 15 novembre 1933, *ibidem*, n. 127.

[268] M. Petrović, *Konkordatsko pitanje*, 263; Id., «Versko obrazovanje», 110-111.

[269] Conferenza tra Moscatello, Jevtić e Maksimović, Belgrado, 15 novembre 1933, in BA, n. 127.

[270] L'art. XXI, 1° paragrafo del concordato germanico: «*Im Religionsunterricht wird die Erziehung zu vaterländischem, staatsbürgerlichem und sozialem Pflichtbewusstsein aus dem Geiste des christlichen Glaubens- und Sittengesetzes mit besonderem Nachdruck gepflegt werden, ebenso wie es im gesamten übrigen Unterricht geschieht*»: *Enchiridion dei concordati*, 876; trad. it., 877.

[271] Conferenza tra Moscatello, Jevtić e Sršić, Belgrado, 17 novembre 1933, in BA, n. 129.

[272] Conferenza tra Moscatello, Jevtić e Besednjak, Belgrado, 18 novembre 1933, *ibidem*, n. 130; Proposte di modificazioni di Moscatello, [Roma, novembre 1933], n. 3380 (Segreteria di Stato), in S.RR.SS., AA.EE.SS., *Jugoslavia*, pos. 96, fasc. 57, f. 98.

per le minoranze allogene di avere proprie scuole. A questo avrebbe mirato, a dire del nunzio, anche un'altra proposta del governo jugoslavo che si sarebbe dovuta aggiungere nel testo, cioè quella di accettare qualsiasi accordo internazionale che avesse garantito il diritto di aprire scuole private a tutte le minoranze linguistiche, senza eccezione[273]. Una tale convenzione internazionale sarebbe stata desiderabile e conforme alle aspirazioni della Santa Sede, ma non c'era bisogno di farla figurare nel concordato.

Pellegrinetti prevedeva un altro problema. Il governo jugoslavo adoperava qui la stessa formula che nell'art. XI aveva dedicato alle minoranze non jugoslave. In sé si trattava del principio di reciprocità, per cui i diritti delle minoranze in Jugoslavia dovevano corrispondere ai diritti della minoranza jugoslava all'estero, e lo stesso sarebbe valso, in questo caso, per le scuole private. In pratica questo significava, tuttavia, che le scuole confessionali tedesche, magiare e albanesi non potevano formarsi in modo incondizionato, bensì solo se gli altri governi, e in modo specifico il governo italiano, avessero fatto lo stesso verso le minoranze jugoslave[274]. La disposizione non fu accettata dalla Santa Sede e le minoranze, almeno in teoria, non ebbero alcun impedimento per la creazione delle proprie scuole. Permase, comunque, la disposizione circa la lingua d'insegnamento, non meno sfavorevole per i gruppi allogeni. Su ciò il governo jugoslavo rimase irremovibile, malgrado numerose suppliche da parte del segretario di Stato di adottare una formulazione più giusta[275].

Il 2° paragrafo ripeteva, quasi letteralmente, la disposizione circa i ginnasi dei seminari (art. XXIV), che cioè le scuole private, tutte le volte che avessero adempiuto le condizioni prescritte per le scuole dello Stato di stesso ordine e grado, avrebbero goduto degli stessi diritti delle scuole pubbliche. Per specificare meglio le condizioni, Moscatello ritenne necessario aggiungere che gli esami di maturità sarebbero stati sostenuti, come era già prassi, in presenza di rappresentanti del gover-

---

[273] Conferenza tra Moscatello, Jevtić, Srškić e Lanović, Belgrado, 29 ottobre 1933, in BA, n. 124; Proposte di modificazioni di Moscatello, [Roma, novembre 1933], n. 3380 (Segreteria di Stato), in S.RR.SS., AA.EE.SS., *Jugoslavia*, pos. 96, fasc. 57, f. 98.

[274] Pellegrinetti a Pacelli, Belgrado, 6 dicembre 1933, rapporto n. 15357, in S.RR.SS., AA.EE.SS., *Jugoslavia*, pos. 96, fasc. 57, f. 107v.

[275] Legazione ungherese presso la Santa Sede a Pacelli, Roma, 25 giugno 1934, nota n. 117/34, *ibidem*, fasc. 58, ff. 60r-61v; Legazione ungherese presso la Santa Sede a Pacelli, Roma, 7 giugno 1935, nota n. 80/35, *ibidem*, fasc. 63, f. 2rv; Appunti di Barbetta sull'incontro tra Pacelli e Moscatello, Vaticano, 11 agosto 1934, *ibidem*, fasc. 59, f. 9r; cf. anche Appunto della Segreteria di Stato, s.d., *ibidem*, fasc. 64, f. 15r.

no[276]. Non si trattava di una novità, bensì di una disposizione, stabilita già nelle modificate leggi scolastiche[277] e in altri concordati. Moscatello prese come esempio il testo del concordato italiano[278]. Pellegrinetti vi percepiva un possibile inconveniente, poiché il detto rappresentante aveva poteri discrezionali, di cui avrebbe potuto abusare a danno delle scuole private. D'altra parte, però, non vedeva come negare allo Stato un qualche diritto d'ingerenza, quando da esso si richiedeva il riconoscimento legale dei diplomi[279].

Si è affermato poco fa che dopo la firma del concordato sorsero dubbi circa il diritto del governo all'ispezione, per quanto riguarda l'istruzione, nei ginnasi dei seminari e nelle scuole confessionali. Nel testo del concordato questo diritto non veniva toccato, si parlava solo delle condizioni prescritte e dell'intervento statale per gli esami di maturità. Senza dare una risposta chiara, il nunzio solo constatò che la pratica dell'ispezione statale nelle scuole private esisteva già[280]. Da questa dichiarazione Moscatello concludeva che il diritto di controllo da parte dello Stato rimaneva ancora in vigore, giacché il concordato abrogava solo quelle disposizioni legislative che si opponevano ad esso (art. XXXV)[281].

L'istruzione religiosa della gioventù fu posta al centro dei negoziati tra Belgrado e Roma, perciò non sorprende se le tensioni più evidenti durante i colloqui siano

---

[276] Promemoria con le modificazioni di Moscatello, [Roma, aprile 1934], n. 1314/34 (Segreteria di Stato), *ibidem*, fasc. 58, f. 23r; S.RR.SS., AA.EE.SS., *Rapporti delle Sessioni*, anno 1934, Sessione 1360, stampa 1247, «Jugoslavia. Nuovo progetto di Concordato», 24 giugno 1934, Sommario, n. VI, p. 80.

[277] «Modifiche della legge sulle scuole elementari» (1930), art. IV, trad. it.: «*All'art. 7, dopo il secondo capoverso si aggiunge un altro: Su proposta degli inviati del Ministro dell'Istruzione, i quali hanno assistito all'esame per il conferimento del diploma magistrale nelle Scuole Private Magistrali, il Ministro dell'Istruzione nostrificherà i diplomi anche ai candidati magistrali di tali scuole. Il candidato con tal diploma può essere nominato maestro di una scuola elementare di Stato*»: ASV, *Arch. Nunz. Jugoslavia*, busta 5, f. 211r.

[278] L'art. XXXV del concordato italiano diceva: «*Per le scuole di istruzione media tenute da enti ecclesiastici o religiosi rimane fermo l'istituto dell'esame di Stato ad effettiva parità di condizioni per candidati di istituti governativi e candidati di dette scuole*»: *Enchiridion dei concordati*, 746.

[279] Pellegrinetti a Pacelli, Belgrado, 25 aprile 1934, rapporto n. 15977, in S.RR.SS., AA.EE.SS., *Jugoslavia*, pos. 96, fasc. 58, ff. 19v-20r.

[280] Pellegrinetti a Stojadinović, Belgrado, 27 aprile 1937, nota n. 19567, in AJ, *Centralni presbiro predsedništva Ministarskog saveta Kraljevine Jugoslavije (38)*, pos. 194, fasc. 70, ff. n.n.; la copia si veda in ASV, *Arch. Nunz. Jugoslavia*, busta 9, f. 127v.

[281] [N. Moscatello], *Konkordat i kritika*, 67.

spuntate in quest'ambito, anche in seno alla parte jugoslava. Per la Santa Sede il successo più grande fu senza dubbio il riconoscimento del diritto della Chiesa cattolica di poter fondare proprie scuole, oltrepassando così il limite posto dalle leggi scolastiche. Rilevanti conquiste vaticane consistettero, inoltre, nel riconoscimento, da parte del governo, dei gradi ottenuti nelle università pontificie e nell'assimilazione dei catechisti titolari, per il loro trattamento, ai professori delle università pubbliche. Non dimentichiamo poi le disposizioni favorevoli circa le associazioni cattoliche, soprattutto con l'inclusione tra le loro attività di giochi ricreativi, intrattenimenti letterali e musicali.

Il successo dello Stato jugoslavo nelle trattative, d'altra parte, fu l'imposizione della lingua jugoslava e dell'educazione patriottica nei seminari e nelle scuole confessionali. Il governo si arrogava, altresì, il controllo sull'istruzione in questi istituti, anche se dal testo dell'accordo tale certezza non risultava assoluta.

Circa il programma di studi, la nomina dei catechisti e l'approvazione dei manuali di religione, infine, si trovò un equilibrio tra le competenze statali ed ecclesiastiche.

2.5 *Questioni matrimoniali*

Come ultimo dei grandi temi viene ora presa in esame la questione matrimoniale, regolata nell'art. XXXII:

> Il matrimonio celebrato nella Chiesa cattolica in conformità alle disposizioni del Diritto canonico, anche nei casi di religione mista, avrà, per ciò solo, gli effetti civili.
> Le cause di nullità e di «*ratum et non consummatum*» dei matrimoni celebrati nella Chiesa cattolica sono di competenza dei tribunali ecclesiastici.
> La Santa Sede consente che tutte le cause, in cui non si tratta del vincolo matrimoniale, siano trattate dai tribunali civili.
> Nei casi di matrimoni misti, le autorità civili faranno rispettare, su richiesta della parte cattolica lesa, la garanzia data dagli sposi che tutti i figli e le figlie, senza eccezione, saranno educati nella religione cattolica[282].

Subito bisogna mettere in evidenza, a prescindere dal suo contenuto, l'importanza dell'articolo. Si trattava, infatti, di un tema che, insieme alla scuola

---

[282] *Enchiridion dei concordati*, 915, 917. La versione orig. in lingua francese si veda *ibidem*, 914, 916.

privata e alle associazioni religiose, formava quella triade completamente tralasciata dal governo nelle precedenti trattative (1931-1933), e, d'altro canto, assolutamente indispensabile per la Santa Sede in vista di qualsivoglia accordo bilaterale. Le autorità belgradesi, in questo senso, indietreggiarono sensibilmente rispetto ai negoziati romani del 1925, dove il matrimonio era stato oggetto di discussioni.

Come si è già rilevato, il vero motivo per tale condotta governativa sarebbe stato il desiderio, attraverso il nuovo codice civile, d'estendere il matrimonio civile obbligatorio a tutto il territorio statale, sottraendo così anche le cause matrimoniali ai tribunali ecclesiastici[283]. Questa fu una delle disposizioni del progetto di legge per la separazione della Chiesa dallo Stato del febbraio 1933[284]. È chiaro che in tale caso non sarebbe stato necessario assumere alcun impegno da parte dello Stato jugoslavo nel concordato.

I primi passi delle nuove trattative andarono nella direzione desiderata dalla Santa Sede, che era quella di inserire la materia matrimoniale nel testo concordatario, come dimostrano i primi abbozzi combinati tra Moscatello e la Segreteria di Stato[285]. Fino alla stesura finale non vi furono apportate modifiche fondamentali, anche se Pellegrinetti inizialmente credeva che l'articolo sarebbe stato difficilmente accettato dal governo[286]. Certo, non mancarono tensioni, soprattutto nella relazione Moscatello – Belgrado.

Qui giova fare un'osservazione che ci aiuta a capire la portata dell'articolo. Esso introduceva per il territorio jugoslavo una novità importante, riscontrabile solo nel concordato italiano e austriaco, in virtù della quale la Chiesa cattolica accoglieva l'istituto del matrimonio civile facoltativo. Precedentemente la gerarchia

---

[283] Pellegrinetti a Pacelli, Belgrado, 11 maggio 1931, rapporto n. 12113, in S.RR.SS., AA.EE.SS., *Jugoslavia*, pos. 96, fasc. 54, f. 22v; Pellegrinetti a Pacelli, Roma, 30 maggio 1933, rapporto n. 14750, *ibidem*, fasc. 60, ff. 30-31.

[284] Il progetto di legge si veda in ASV, *Arch. Nunz. Jugoslavia*, busta 6, f. 42r.

[285] Pellegrinetti a Pacelli, Roma, 5 giugno 1933, rapporto n. 1700/33 (Segreteria di Stato), in S.RR.SS., AA.EE.SS., *Jugoslavia*, pos. 96, fasc. 56, f. 49; Pellegrinetti a Pacelli, Roma, 24 giugno 1933, schema di concordato, n. 2004/33 (Segreteria), *ibidem*, fasc. 57, ff. 18-19; Pizzardo a Pellegrinetti, Vaticano, 8 agosto 1933, schema di concordato, dispaccio n. 2212/33, in ASV, *Arch. Nunz. Jugoslavia*, busta 8, f. 350.

[286] Pellegrinetti a Pacelli, Belgrado, 16 agosto 1933, rapporto n. 15013 (copia), in S.RR.SS., AA.EE.SS., *Jugoslavia*, pos. 96, fasc. 57, f. 77r.

ecclesiastica esigeva il matrimonio religioso anche per coloro che praticamente erano lontani dalla fede e dalla Chiesa[287].

Nel 1° paragrafo, quindi, si stabiliva che il matrimonio, contratto nella Chiesa cattolica, avrebbe avuto, per ciò solo, gli effetti civili; allo stesso tempo, però, non si diceva che unicamente il matrimonio religioso fosse possibile. Il matrimonio civile non era affatto gradito al ministro ortodosso Maksimović, che accusava la Chiesa cattolica di tollerarlo solo per evitare le apostasie dalla fede cattolica. Ancor di più, la stessa Chiesa, a suo parere, avrebbe reso possibile la nascita del matrimonio civile per la sua intransigente contrarietà al divorzio[288]. Le sue congetture furono parzialmente confermate dai negoziati in Vaticano. Moscatello, infatti, avvertì la Segreteria di Stato sui pericoli dell'estensione del matrimonio religioso obbligatorio, da una parte, come anche dell'introduzione del matrimonio religioso facoltativo, dall'altra. L'estensione del matrimonio religioso obbligatorio a tutto il territorio del regno avrebbe avuto, come conseguenza, tanti passaggi alla confessione ortodossa o alle sette – da parte di quelli che per varie ragioni non potevano o volevano contrarre un matrimonio cattolico – e la perdita di prole per la fede cattolica. Se si fosse introdotto, invece, come in Italia, il matrimonio religioso facoltativo, si sarebbe spianata la strada all'introduzione del matrimonio civile nei territori, ove non era stato mai ammesso dalla legge civile. L'introduzione di tale misura avrebbe generato molta contrarietà nelle fila dei cattolici nei confronti del governo. La Santa Sede accettò comunque questa seconda opzione, definendola un "male minore", poiché era *«meglio tollerare che qualche cattolico reprensibile si unisca solo civilmente che aprirgli la porta all'apostasia»*[289].

La disposizione del 1° paragrafo apportava un'altra conseguenza giuridica. Nella maggior parte del territorio jugoslavo esisteva il matrimonio religioso obbligatorio, non però dappertutto. Come si è accennato più volte, in alcune regioni che antecedentemente appartenevano al regno ungherese "in senso stretto" (Banato, Bačka, Baranja, Međimurje), vigeva ancora il matrimonio civile obbligatorio. L'articolo, nel cercare l'unificazione della legislazione matrimoniale per tutto il regno, scelse di adeguare la parte minoritaria a quella maggioritaria, il che avrebbe portato alla soppressione dell'obbligatorietà del matrimonio civile, riconoscendo

---

[287] Circa lo sviluppo storico del matrimonio civile e il rapporto con quello religioso si veda G. DALLA TORRE, *La città sul monte*, 39-43.

[288] Conferenza tra Moscatello, Jevtić e Maksimović, Belgrado, 15 novembre 1933, in BA, n. 127.

[289] Appunti di Moscatello, [estate 1934], s.n., in S.RR.SS., AA.EE.SS., *Jugoslavia*, pos. 96, fasc. 64, f. 6r.

appunto gli effetti civili ai matrimoni contratti nella Chiesa cattolica[290]. Abbiamo anche accennato che questa disposizione causò molto malumore presso la nuova equipe governativa, con a capo il ministro Auer, che a pochi giorni dalla firma del concordato chiedeva espressamente d'inserirvi un protocollo con il quale mantenere lo *status quo*. La Santa Sede, anche grazie all'intervento "segreto" di Moscatello, respinse tale soluzione.

Nel menzionato protocollo si cercava, inoltre, il mantenimento delle competenze dei tribunali civili nelle cause matrimoniali. Ciò fu modificato nel 2° e 3° paragrafo dell'articolo, attraverso una precisa ridistribuzione delle giurisdizioni dei due tribunali, risultato logico dei due tipi di matrimonio. Nei primi progetti si stabiliva solo che le cause matrimoniali per i matrimoni celebrati nella Chiesa cattolica appartenessero ai tribunali ecclesiastici[291]. Poco dopo si fece menzione anche dei tribunali civili e della loro competenza sugli effetti puramente civili delle cause matrimoniali[292]. Tale proposta corrispondeva, a grandi linee, ai rispettivi canoni del CIC[293]. Circa le competenze dei tribunali si scontrarono fortemente Moscatello e Lanović, in una delle conferenze governative nell'ottobre 1933. Quest'ultimo non accettava la richiesta della Santa Sede, che cioè le cause dei matrimoni contratti nella Chiesa cattolica, passassero sotto la giurisdizione dei tribunali ecclesiastici, bensì rivendicava, anche per questi, il monopolio dei tribunali civili. Per Moscatello, d'altra parte, questo significava una porta aperta verso il divorzio e la distruzione della famiglia. Il papa avrebbe preferito tagliarsi una mano che rinunciare alla garanzia del matrimonio religioso. La Santa Sede, continuava Moscatello, aveva già mostrato molta apertura con il riconoscimento dei due tipi di matrimonio.

---

[290] [N. Moscatello], *Konkordat i kritika*, 83-85.

[291] Pellegrinetti a Pacelli, Roma, 24 giugno 1933, schema di concordato, n. 2004/33 (Segreteria), in S.RR.SS., AA.EE.SS., *Jugoslavia*, pos. 96, fasc. 57, f. 19; Pizzardo a Pellegrinetti, Vaticano, 8 agosto 1933, schema di concordato, dispaccio n. 2212/33, in ASV, *Arch. Nunz. Jugoslavia*, busta 8, f. 350.

[292] Schema di concordato, 16 novembre 1933, in BA, n. 121.

[293] CIC 17, Can. 1960: «*Causae matrimoniales inter baptizatos iure proprio et exclusivo ad iudicem ecclesiasticum spectant*»: AAS 9/II (1917) 372.
CIC 17, Can. 1961: «*Causae de effectibus matrimonii mere civilibus, si principaliter agantur, pertinent ad civilem magistratum ad normam can. 1016; sed si incidenter et accessorie, possunt etiam a iudice ecclesiastico ex propria potestate cognosci ac definiri*»: ibidem.
CIC 17, Can. 1016: «*Baptizatorum matrimonium regitur iure non solum divino, sed etiam canonico, salva competentia civilis potestatis circa mere civiles eiusdem matrimonii effectus*»: ibidem, 203.

Conseguentemente a ciò risultava logico che ci fossero anche due tipi di tribunali, ecclesiastico e civile. Moscatello si meravigliava di come un cattolico potesse difendere, secondo il principio del «*vecchio liberalismo*», una soluzione che tra le righe tollerava il divorzio. Lanović si difese sottolineando il pericolo del «*caos*», al quale sarebbero stati esposti più facilmente alcuni tribunali confessionali, non abbastanza seri e meticolosi[294]. Secondo la testimonianza di Moscatello, Lanović avrebbe cambiato la propria opinione dopo una notte insonne, tormentato dalla propria responsabilità per una possibile rottura dei negoziati[295]. Maksimović non avanzò qui alcuna obiezione, sembrandogli logico la coesistenza dei due tribunali, come conseguenza dei due tipi di matrimonio[296].

In seguito alla pubblicazione del concordato austriaco[297], il governo jugoslavo insisteva sul restringimento delle competenze dei tribunali ecclesiastici, limitando «*les causes matrimoniales*» a quelle riguardanti la nullità e il matrimonio rato e non consumato. In pratica le questioni d'interesse e altri simili litigi tra coniugi, secondo Moscatello, sarebbero state trattate più comodamente dal giudice civile e tale disciplina era stata adottata nei concordati più recenti[298]. Anche i tre vescovi, venuti a Roma nell'agosto 1934 per vedere lo schema, erano d'accordo con la diminuzione delle competenze dei tribunali ecclesiastici. Al contempo ritenevano non necessario il 3° paragrafo circa gli effetti puramente civili, da assegnarsi ai tribunali civili[299]. Da parte sua il governo voleva a tutti i costi determinare specificamente nel testo i compiti dei tribunali civili e così, nel gennaio 1935, Moscatello esigette una nuova formulazione, secondo la quale le cause, non riguardanti il vincolo matrimoniale, spettavano ai soli tribunali civili[300]. Il nunzio non era molto entusiasta dell'aggiunta,

---

[294] Conferenza tra Moscatello, Jevtić e Lanović, Belgrado, 29 ottobre 1933, in BA, n. 122; E. PELIKAN, *Tajno delovanje*, 624-625.

[295] Conferenza tra Moscatello e Lanović, Belgrado, 30 ottobre 1933, in BA, n. 123.

[296] Conferenza tra Moscatello, Jevtić e Maksimović, Belgrado, 15 novembre 1933, *ibidem*, n. 127.

[297] L'art. VII, par. 3° del concordato austriaco (1933) stabiliva: «*Die Republik Österreich anerkennt die Zuständigkeit der kirchlichen Gerichte und Behörden zum Verfahren bezüglich der Ungültigkeit der Ehe und der Dispens von einer geschlossenen aber nicht vollzogenen Ehe*»: *Enchiridion dei concordati*, 842; trad. it., 843.

[298] S.RR.SS., AA.EE.SS., *Jugoslavia*, pos. 96, fasc. 58, f. 23r; S.RR.SS., AA.EE.SS., *Rapporti delle Sessioni*, anno 1934, Sessione 1360, stampa 1247, «Jugoslavia. Nuovo progetto di Concordato», 24 giugno 1934, Sommario, n. VI, p. 82.

[299] Proposte dei vescovi per il concordato, Carević a Pacelli, Roma, 4 agosto 1934, in S.RR.SS., AA.EE.SS., *Jugoslavia*, pos. 96, fasc. 60, f. 82r.

[300] Promemoria con le modificazioni di Moscatello, [Roma, gennaio 1935], n. 275/35 (Segreteria di Stato), *ibidem*, fasc. 62, f. 46.

poiché spesso a capo di tali tribunali vi erano dei giudici non cattolici, e voleva garantire che le dette cause sarebbero state trattate secondo le norme del diritto canonico[301]. Ma la sua idea non fu accolta nel testo finale.

In sostanza possiamo affermare che l'alinea circa le competenze dei tribunali ecclesiastici apportava alla Chiesa cattolica delle migliori condizioni, eccetto che nel territorio del già «Regno di Croazia e Slavonia», dove il matrimonio religioso, ivi comprese le cause matrimoniali e il riconoscimento civile, era interamente nelle mani della Chiesa, secondo le disposizioni del concordato austriaco del 1855[302]. Infatti, in virtù del 2° e del 3° paragrafo sarebbero stati introdotti in tutto il territorio jugoslavo i tribunali ecclesiastici con le previste competenze. È logico che ciò significasse una grande novità per le regioni in cui vigeva ancora il matrimonio civile obbligatorio (l'ex Ungheria "in senso stretto": Banato, Bačka, Baranja, Međimurje), dal momento che ciò comportava la sottrazione di cause matrimoniali ai tribunali civili. Ma anche per alcuni territori dove era in vigore il matrimonio religioso obbligatorio (l'ex Austria: Slovenia e Dalmazia)[303], tutto ciò annunciava rilevanti novità, dal momento

---

[301] Pellegrinetti a Pacelli, Belgrado, 26 gennaio 1935, cifrato n. 60 (17045), *ibidem*, f. 54r.

[302] *Ibidem*, fasc. 58, f. 23r; S.RR.SS., AA.EE.SS., *Rapporti delle Sessioni*, anno 1934, Sessione 1360, stampa 1247, «Jugoslavia. Nuovo progetto di Concordato», 24 giugno 1934, Sommario, n. VI, p. 82. L'art. X del concordato austriaco (1855): «*Quum causae ecclesiasticae omnes, et in specie quae fidem, sacramenta, sacras functiones, nec non officia et iura ministerio sacro adnexa respiciunt, ad Ecclesiase forum unice pertineat, easdem congnoscet iudex ecclesiasticus, qui perinde de causis quoque matrimonialibus iuxta sacros Canones et Tridentina cum primis decreta iudicium feret, civilibus tantum matrimonii effectibus ad iudicem saecularem remissis. Sponsalia quod attinet, auctoritas ecclesiastica iudicabit de eorum existentia, et quoad matrimonium impediendum effectibus, servatis quae idem Concilium Tridentinum et Apostolicae litterae, quarum initium "Auctorem fidei" constituunt*»: *Enchiridion dei concordati*, 234; trad. it., 235.

[303] Occorre aggiungere la regione «Prekmurje», ufficialmente parte del Regno SHS con il «Trattato di Trianon», del 4 giugno 1920. Precedentemente essa apparteneva, insieme al "quartetto" Bačka, Banato, Baranja e Međimurje, all'«Ungheria "in senso stretto"», ove vigeva il matrimonio civile obbligatorio. Con l'occupazione del territorio da parte dell'esercito jugoslavo, nel 1919, si abolì l'amministrazione civile dei registri anagrafici, che passarono alla direzione degli uffici parrocchiali (*Vodnik po matičnih knjigah*, vol. I, XXXVI; *ibidem*, vol. III, 921-938). Il cambiamento della legislazione matrimoniale del Prekmurje fu realizzato in virtù dell'art. 43 della «Convenzione dell'Aja» del 1907: «*L'autorità del potere legale essendo passata di fatto nelle mani dell'occupante, questi prenderà tutte le misure che dipendano da lui per ristabilire ed assicurare, quanto è possibile, l'ordine pubblico e la vita pubblica, rispettando, salvo impedimento assoluto, le leggi vigenti nel paese*»: http://www.studiperlapace.it/view_news_html?news_id=20041031202458, accesso: 21 febbraio 2012.

che la legge interconfessionale del 1868 aveva tolto la competenza *pro foro civili* ai tribunali ecclesiastici, lasciandogli unicamente quella *pro foro conscientiae*[304]. Il governo, apportando come ragione la mancanza di procedura dei tribunali ecclesiastici, non vedeva di buon occhio la prevista abrogazione delle leggi finora esistenti, perciò cercava, come per il 1° paragrafo, di salvare lo *status quo* con un protocollo a parte. Come si è ripetuto più volte, la Santa Sede non cedette rispetto al testo accordato[305].

Al funzionamento dei tribunali per le cause matrimoniali era legata una realtà molto delicata e presente nella Jugoslavia multiconfessionale, quella dei matrimoni misti. Il CIC era assai severo nei loro confronti, qualificandoli come impedimento impediente[306], dal quale poteva dispensare la Chiesa sotto alcune condizioni ben precise[307], tra cui l'obbligo del coniuge cattolico di impegnarsi prudentemente per la conversione del partner acattolico[308]. Non solo: i matrimoni misti, contratti senza la forma cattolica, erano dichiarati invalidi[309], tranne per ciò che riguardava

---

[304] Appunti di Moscatello, [estate 1934], s.n., in S.RR.SS., AA.EE.SS., *Jugoslavia*, pos. 96, fasc. 64, ff. 6-7. Essendo stato denunciato in Slovenia e in Dalmazia, nel 1874, il concordato austriaco (1855), tornò in vigore, quanto alla questione matrimoniale, il codice civile austriaco del 1811 («Allgemeines bürgerliches Gesetzbuch»). Il suo contenuto corrispondeva, in buona parte, al diritto canonico, essendo stato il matrimonio considerato come sacramento e per questa ragione irrevocabile e indissolubile; la differenza riguardava, piuttosto, le competenze dei tribunali ecclesiastici e di quelli civili (B. Košir, *Zakonsko pravo*, 65).

[305] Auer a Simić, Belgrado, 19 luglio 1935, lettera s.n., in AJ, *Poslanstvo Kraljevine Jugoslavije pri Svetoj Stolici (372)*, fasc. 12, [mappa 1/IV], ff. n.n.; Appunto della congregazione degli affari ecclesiastici straordinari, Vaticano, 23 luglio 1935, s.n., in S.RR.SS., AA.EE.SS., *Jugoslavia*, pos. 96, fasc. 63, f. 19r.

[306] CIC 17, Can. 1060: «*Severissime Ecclesia ubique prohibet ne matrimonium ineatur inter duas personas baptizatas, quarum altera sit catholica, altera vero sectae haereticae seu schismaticae adscripta; quod si adsit perversionis periculum coniugis catholicis et prolis, coniugium ipsa etiam lege divina vetatur*»: AAS 9/II (1917) 210.

[307] CIC 17, Can. 1061, § 1: «*Ecclesia super impedimento mixtae religionis non dispensat, nisi:*
1° Urgeant iustae ac graves causae;
2° Cautionem praestiterit coniux acatholicus de amovendo a coniuge catholico perversionis periculo, et uterque coniux de universa prole catholice tantum baptizanda et educanda;
3° Moralis habeatur certitudo de cautionum implemento»: *ibidem*. Cf. anche CIC 17, Can. 1064: *ibidem*.

[308] CIC 17, Can. 1062: «*Coniux catholicus obligatione tenetur conversionem coniugis acatholici prudenter curandi*»: *ibidem*.

[309] CIC 17, Can. 1063, § 1: «*Etsi ab Ecclesia obtenta sit dispensatio super impedimento mixtae religionis, coniuges nequeunt, vel ante vel post matrimonium coram Ecclesia initum, adire quoque, sive per se sive per procuratorem, ministrum acatholicum uti sacris addictum, ad matrimonialem consensum praestandum vel renovandum*»: *ibidem*. Cf. anche CIC 17, Can. 1099, § 1: *ibidem*, 216.

le leggi e gli effetti civili[310], e i coniugi cattolici di questi matrimoni incorrevano nella scomunica *latae sententiae*, riservata all'ordinario[311].

Nel Regno di Jugoslavia come era il rapporto degli altri gruppi religiosi nei confronti della Chiesa cattolica? Pellegrinetti avvertiva la Segreteria di Stato che le varie comunità acattoliche si arrogavano il diritto di decidere dei matrimoni già contratti nella Chiesa cattolica e di scioglierli, se uno o ambedue i coniugi passavano a una fede non cattolica. Questa sarebbe stata la più frequente causa di apostasia[312]. Con questo spirito erano state concepite anche le leggi matrimoniali della Chiesa serbo-ortodossa («Bračni pravilnik Srpske pravoslavne crkve»), entrate in vigore nel gennaio 1934. Secondo il § 122, ad esempio, spettava ai tribunali ecclesiastici ortodossi, secondo le proprie norme, giudicare sui matrimoni misti, se un coniuge apparteneva alla confessione ortodossa, circa la validità, la nullità e lo scioglimento di detto matrimonio[313]. Più concretamente, in virtù del § 123 si rendeva possibile la nullità del matrimonio misto, contratto davanti al ministro non ortodosso, se un coniuge era ortodosso e l'altro non voleva passare alla confessione ortodossa[314]. Nel § 107 il monopolio delle autorità ortodosse sulle cause matrimoniali si mostrava, invece, anche in senso inverso, dal momento che avevano il diritto di sciogliere un

---

[310] CIC 17, Can. 1063, § 3: «*Non improbatur tamen quod, lege civili iubente, coniuges se sistant etiam coram ministro acatholico, officialis civilis tantum munere fungente, idque ad actum civilem dumtaxat explendum, effectuum civilium gratia*»: *ibidem*, 210.

[311] CIC 17, Can. 2319, § 1: «*Subsunt excommunicationi latae sententiae Ordinario reservatae catholici:*

1° Qui matrimonium ineunt coram ministro acatholico contra praescriptum can. 1063 …»: *ibidem*, 439.

Molti anni dopo sarà il concilio vaticano II, con il decreto *Orientalium Ecclesiarum*, a riconoscere valido il matrimonio tra i cattolici orientali e gli acattolici battezzati, celebrato senza la forma canonica, alla presenza del ministro sacro (AAS 57 (1965) 82). Paolo VI, tramite il decreto della congregazione per le Chiese Orientali *Crescens matrimoniorum* del 22 febbraio 1967 (AAS 59 (1967) 165-166), estese la stessa disposizione anche ai cattolici di rito latino.

[312] S.RR.SS., AA.EE.SS., *Jugoslavia*, pos. 96, fasc. 58, f. 23r; S.RR.SS., AA.EE.SS., *Rapporti delle Sessioni*, anno 1934, Sessione 1360, stampa 1247, «Jugoslavia. Nuovo progetto di Concordato», 24 giugno 1934, Sommario, n. VI, pp. 82-83.

[313] § 122: «*Ako jedno bračno lice iz mešovitog braka pripada pravoslavnoj veri, nadležni su za rešavanje pitanja o valjanosti, poništenju ili razvodu toga braka isključivo pravoslavni crkveni sudovi po svojim propisima*»: [N. Moscatello], *Konkordat i kritika*, 80.

[314] § 123: «*Ako je mešoviti brak, u kome je jedno lice pravoslavno, bio sklopljen od pretstavnika druge vere, a drugo lice neće da pređe u pravoslavnu veru, ima se takav brak po traženju pravoslavnog bračnog lica, njegova zastupnika, po zakonu ili po službenoj dužnosti poništiti*»: *ibidem*.

matrimonio, quando uno dei due coniugi apostatava dalla confessione ortodossa o aderiva a un'altra fede[315]. La novità di questo paragrafo consisteva nel fatto che tra le cause di divorzio del matrimonio contratto nella Chiesa ortodossa, s'inseriva anche il passaggio di uno dei coniugi alla confessione cattolica, mentre prima nel diritto ortodosso solo il passaggio a religione non cristiana era considerato causa di divorzio. Nella storia della Chiesa ortodossa non si sarebbe mai trovata una disposizione del genere[316]. Tale legislazione avrebbe dimostrato, secondo il nunzio, quale era il vero spirito del patriarcato e per quali ragioni i cattolici si offendevano del «*proselitismo serbo-ortodosso*»[317].

Per fare un paragone, il CIC prevedeva sì la possibilità dello scioglimento del matrimonio *in favorem fidei*, però soltanto nel caso di due coniugi non battezzati, di cui uno passava alla fede cattolica (privilegio paolino)[318]; il privilegio non riguardava il matrimonio tra una parte battezzata e una parte non battezzata[319], tanto meno il matrimonio tra una parte cattolica e l'altra ortodossa. Per ovviare all'arrogazione del diritto dei tribunali acattolici, Pellegrinetti proponeva la specificazione che i tribunali ecclesiastici cattolici fossero competenti per le cause dei matrimoni, contratti nella Chiesa cattolica, anche se un coniuge nel frattempo fosse passato a una fede acattolica[320]. Secondo Moscatello, quest'aggiunta avrebbe potuto essere accettabile solo per i matrimoni tra coniugi cattolici. Non si dichiarava contrario *a limine* a tale tentativo, avvertiva però che a Belgrado già reputavano una sconfitta aver concesso il testo così com'era[321]. La Santa Sede e Pellegrinetti

---

[315] § 107: «*Brak se razvodi krivicom bračnog lica, koje otpade od pravoslavne vere ili primi drugu veru ili veroispovest ili bude konačno isključeno iz crkvene zajednice*»: ibidem, 81.

[316] S.RR.SS., AA.EE.SS., *Jugoslavia*, pos. 96, fasc. 58, f. 23r; S.RR.SS., AA.EE.SS., *Rapporti delle Sessioni*, anno 1934, Sessione 1360, stampa 1247, «Jugoslavia. Nuovo progetto di Concordato», 24 giugno 1934, Sommario, n. VI, pp. 82-83.

[317] Pellegrinetti a Pacelli, Belgrado, 14 novembre 1933, rapporto n. 15277, in S.RR.SS., AA.EE.SS., *Jugoslavia*, pos. 96, fasc. 58, f. 3r.

[318] CIC 17, Can. 1120, § 1: «*Legitimum inter non baptizatos matrimonium, licet consummatum, solvitur in favorem fidei ex privilegio Paulino*»: AAS 9/II (1917) 220.

[319] CIC 17, Can. 1120, § 2: «*Hoc privilegium non obtinet in matrimonio inter partem baptizatam et partem non baptizatam inito cum dispensatione ab impedimento disparitatis cultus*»: ibidem.

[320] S.RR.SS., AA.EE.SS., *Jugoslavia*, pos. 96, fasc. 58, f. 23r; S.RR.SS., AA.EE.SS., *Rapporti delle Sessioni*, anno 1934, Sessione 1360, stampa 1247, «Jugoslavia. Nuovo progetto di Concordato», 24 giugno 1934, Sommario, n. VI, p. 83.

[321] Osservazioni di Moscatello, Vaticano, [prima del 12 luglio 1934], in S.RR.SS., AA.EE.SS., *Jugoslavia*, pos. 96, fasc. 61, f. 47.

non insistettero più, trattandosi di un paragrafo di carattere generale[322]. L'ultimo paragrafo obbligava le autorità civili a far rispettare, su richiesta della parte cattolica lesa nel matrimonio misto, la garanzia data dagli sposi che tutti i figli e le figlie, senza eccezione, sarebbero stati educati nella fede cattolica. Per capire la portata del paragrafo, facilmente esposto a diverse interpretazioni, sembra di nuovo fondamentale il confronto tra il CIC e le leggi della Chiesa serbo-ortodossa circa i matrimoni misti. In alcuni punti si trovano disposizioni simili nei due ordinamenti, ad esempio quella dell'obbligo del battesimo e dell'educazione dei figli nella propria fede, con le debite garanzie della parte dell'altra confessione[323].

La legislazione ortodossa, a questo punto, era ancora più intransigente. La menzionata legge matrimoniale della Chiesa serbo-ortodossa del 1933-1934 imponeva il battesimo dei figli nella Chiesa ortodossa, se uno dei genitori fosse di fede ortodossa, anche nel caso in cui il matrimonio misto fosse stato contratto alla presenza di un ministro sacro non ortodosso, e non ci fosse un accordo comune dei genitori circa il battesimo[324]. Malgrado la complessa situazione religiosa in Jugoslavia, mancava una legislazione civile per regolare la questione dei matrimoni misti e del-

---

[322] Pellegrinetti a Pacelli, Roma, 11 agosto 1934, rapporto n. 2707 (Segreteria di Stato), *ibidem*, fasc. 58, f. 75v.

[323] CIC 17, Can. 1061, § 1: «*Ecclesia super impedimento mixtae religionis non dispensat, nisi: [...] 2° Cautionem praestiterit coniux acatholicus de amovendo a coniuge catholico perversionis periculo, et uterque coniux de universa prole catholice tantum baptizanda et educanda*»: AAS 9/II (1917) 210.
CIC 17, Can. 2319, § 1: «*Subsunt excommunicationi latae sententiae Ordinario reservatae catholici: [...] 2° Qui matrimonio uniuntur cum pacto explicito vel implicito ut omnis vel aliqua proles educetur extra catholicam Ecclesiam; 3° Qui scienter liberos suos acatholicis ministris baptizandos offerre praesumunt; 4° Parentes vel parentum locum tenentes qui liberos in religione acatholica educandos vel instituendos scienter tradunt*»: ibidem, 439.
§ 115 del «Bračni pravilnik Srpske pravoslavne crkve»: «*Lice druge veroispovesti mora pismeno da izjavi da neće svog budućeg bračnog druga odvraćati od pravoslavne vere ni pokušavati da navede na prijelaz u drugu veru; da će svoju decu iz tog braka krštavati i vaspitavati u pravoslavnoj veri*»: [N. Moscatello], *Konkordat i kritika*, 79-80.
§ 120 della stessa legge: «*Deca iz mešovitog braka, sklopljenog po Pravoslavnoj crkvi, mogu se krstiti samo u pravoslavnoj veri*»: ibidem, 80.

[324] § 121: «*Deca iz mešovitog braka, ma brak bio sklopljen i od verskog pretstavnika druge veroispovesti, moraju se krstiti u pravoslavnoj veri, ako je jedan od roditelja pravoslavne vere. Protivan ugovor roditelja o krštenju dece nema nikakve važnosti za Pravoslavnu crkvu*»: ibidem, 80.

l'educazione dei figli. Nessuno dei progetti sui rapporti interconfessionali, infatti, riuscì ad ottenere la forza di legge. Per tale ragione valeva come norma il libero accordo dei genitori prima del matrimonio, stando alle leggi delle rispettive comunità religiose. L'accordo dei genitori includeva la garanzia, da parte del coniuge di fede diversa, di rispettare la decisione presa comunemente.

L'ultimo paragrafo dell'articolo, ritenuto da Pellegrinetti ancora più necessario dopo la recente legge matrimoniale della Chiesa serbo-ortodossa[325], riguardava proprio questa fase posteriore all'accordo comune, quando la promessa del coniuge acattolico veniva infranta: il concordato allora assicurava alla parte cattolica lesa la protezione dello Stato per l'educazione dei figli nella confessione cattolica. Siccome la Chiesa serbo-ortodossa esigeva per sé le stesse garanzie, non possiamo parlare di speciali privilegi per la Chiesa cattolica, come sostenuto dalle *Primedbe*[326], bensì di una prassi normale, in cui lo Stato, neutrale sulla questione, prestava le debite garanzie a tutte le comunità religiose riconosciute[327]. Che il paragrafo non presentasse elementi degni di "scandalo", si scorge, infine, dall'assenza di qualsiasi discussione, durante le trattative, circa la sua formulazione, anche in seno alle conferenze interne a Belgrado. A non pochi, piuttosto, suscitavano sorpresa e disappunto i primi tre paragrafi, che prevedevano molti cambiamenti proprio nella complessa legislazione civile vigente.

Se si vuole ricapitolare i risultati dei negoziati si può senza dubbio affermare che nella questione delle nomine episcopali, della riforma agraria, della lingua jugoslava nei seminari e nelle scuole confessionali e della lingua liturgica (paleoslavo) il governo jugoslavo ottenne delle concessioni invidiabili. Lo stesso si può affermare per la disposizione – non compresa in quest'analisi – sulla limitazione dell'attività politica al clero. Da parte sua, la Santa Sede ebbe molto successo nell'assicurare libertà d'azione agli ordini religiosi e alle associazioni cattoliche, nel passaggio del «fondo di religione» alla proprietà e amministrazione ecclesiastica, nel dare vita alle scuole confessionali e nel far valere, di fronte allo Stato, il matrimonio religioso sotto la competenza dei tribunali ecclesiastici.

---

[325] Pellegrinetti a Pacelli, Roma, 25 ottobre 1933, rapporto n. 3006/33 (Segreteria di Stato), in S.RR.SS., AA.EE.SS., *Jugoslavia*, pos. 96, fasc. 55, f. 32rv.

[326] [M. Jovanović], *Primedbe*, 58-59.

[327] [N. Moscatello], *Konkordat i kritika*, 82-83; R. Kušej, *Konkordat: ustava*, 61-62.

2.6 *Rilievi conclusivi*

L'analisi degli ambiti principali delle trattative concordatarie, resa possibile grazie all'abbondante materiale archivistico, permette di valutare più da vicino l'andamento, lo sviluppo e gli intoppi dei colloqui tra la Santa Sede e Belgrado, alla faticosa ricerca di un equilibrio tra il diritto canonico e le leggi dello Stato jugoslavo. La grande fatica di entrambe le parti, per arrivare al testo finale, può fungere da paradigma dei difficili rapporti tra Stato e Chiesa nel Regno di Jugoslavia, soprattutto nei singoli campi di confronto e spesso anche di scontro.

L'approccio inusuale alle trattative, voluto dal re Aleksandar, vide come protagonisti "ufficiali" l'agente segreto Moscatello e il segretario di Stato Pacelli. Questa decisione del sovrano Karađorđević mirava all'esclusione degli elementi indesiderabili, nella persona del nunzio Pellegrinetti, dei vescovi cattolici e nondimeno del ministro Simić. Soprattutto per il primo bisogna però con forza ribadire il suo ruolo indispensabile, benché nascosto. Non ci sorprende perciò se, pochi giorni dopo la firma del concordato, il segretario di Stato gli porgeva le più vive congratulazioni per il suo lavoro nella preparazione e conclusione del solenne atto[328].

Dopo la firma del concordato in Vaticano, il 25 luglio 1935, si cominciò a preparare la sua ratifica, affinché entrasse in vigore con un'apposita legge. Le circostanze, tuttavia, non erano molto favorevoli, poiché dopo la morte del re Aleksandar – artefice principale della ripresa dei colloqui – mancava una voce autorevole che potesse gestire le opposizioni che, invece, avrebbero preso sempre più il sopravvento. Si apriva così un altro capitolo della lunga vicenda concordataria, ancora più drammatico dei precedenti.

---

[328] «*Nel porgere all'Eccellenza Vostra le congratulazioni più vive della Segreteria di Stato per la parte prospicua che Ella ha avuto nella preparazione e nella felice conclusione del nuovo Patto, il quale non sarebbe stato possibile senza l'abile, intelligente e volenteroso contributo dell'Eccellenza Vostra, profitto volentieri dell'incontro per raffermarmi con sensi di distinto ossequio*»: Pacelli a Pellegrinetti, Vaticano, 31 luglio 1935, dispaccio n. 2553/35, in ASV, *Arch. Nunz. Jugoslavia*, busta 8, f. 564r.

Il nunzio si sentiva lusingato dagli apprezzamenti benevoli da parte del suo superiore: «*Ricevo da Roma oltre altri Dispacci un elogio sull'opera mia per il Concordato: non mi dispiace, ma oh se avessi la vera pace interiore!*»: ASV, Archivio della Prefettura, *Diari del card. Pellegrinetti*, 4 agosto 1935, vol. 15, f. 29v.

Capitolo VI

Dalla firma alla non-ratifica
e alla caduta del concordato (1935-1938)

Al momento della sottoscrizione del concordato, il governo jugoslavo avrebbe assicurato alla Segreteria di Stato una veloce ratifica, prevista per il settembre seguente. Il periodo successivo alla firma, mentre erano già in corso i preparativi per lo scambio delle lettere di ratifica, segnò, invece, una nuova svolta nell'intera vicenda.

Il primo cenno in questo senso fu la petizione del «Santo Concilio Episcopale» («Sveti arhijerejski sabor») della Chiesa serbo-ortodossa contro certi articoli del concordato, nell'autunno 1935[1]. Ciò diede più tardi adito ad ulteriori proteste contro il concordato da parte della stessa gerarchia e popolazione ortodossa, dei partiti politici dell'opposizione, dei circoli massonici e da parte di alcuni significativi politici croati cattolici. Il concordato divenne oggetto di discordia, radunò proteste nelle piazze e servì come pretesto per difendere i propri interessi, più politici che religiosi.

In quest'ultimo capitolo si analizzeranno gli avvenimenti che si susseguirono dalla firma del concordato alla votazione di ratifica nel parlamento di Belgrado (1935-1937), e, finalmente, al suo totale abbandono (1937-1938). Prendendo in esame, accanto al testo concordatario, l'operato dei diversi protagonisti, il compito del presente lavoro sarà, in primo luogo, quello di individuare i motivi della rimozione dell'accordo bilaterale dall'ordine del giorno. Approfondiremo, in secondo luogo, il ruolo del governo jugoslavo e della Santa Sede durante questa feroce lotta concordataria. Sarà, inoltre, interessante valutare l'azione dell'episcopato cattolico, accusato da non pochi storici di passività e addirittura di opposizione al concordato. Valuteremo, infine, le conseguenze, a livello giuridico, pratico e simbolico, dello *status* della Chiesa cattolica nel Regno di Jugoslavia, senza l'entrata in vigore del previsto accordo internazionale.

A differenza del periodo descritto nei precedenti due capitoli, per il quale la bibliografia risulta quasi inesistente, qui è disponibile una mole di pubblicazioni, specie per l'anno 1937, quando la diatriba sul concordato raggiunse il suo apice.

---

[1] I. Mužić, *Katolička crkva*, 129.

Forse non è esagerata l'impressione di quelli che ritengono che su pochi temi si sia scritto così tanto nella vita del Regno di Jugoslavia come sulla cosiddetta «crisi concordataria». Praticamente in tutte le memorie pubblicate dai diversi personaggi di spicco del periodo, una parte considerevole è riservata a questo argomento[2]. La descrizione più esaustiva delle vicende viene offerta da Mužić[3], il quale si basò, oltre che sulla documentazione proveniente dalle autorità civili, anche sui carteggi tra i membri della Chiesa serbo-ortodossa e sulle testimonianze e memorie di diversi protagonisti politici e ecclesiastici. Molto materiale raccolto dai diversi archivi è servito, inoltre, per alcune opere di Mišović[4], di Novak[5] e d'altri[6].

Non mancano opuscoli e *brochures* anonimi a sfondo apologetico, pubblicati quasi tutti nell'anno 1937, che, a causa della forte censura vigente, quasi mai portavano il nome dell'autore. Questi scritti contro la ratifica del concordato furono sottoposti a sequestro governativo, anche se risultò impossibile impedirne la diffusione[7].

---

[2] M. M. STOJADINOVIĆ, *Ni rat ni pakt*, 519-543; *Memoari patrijarha*, 92-143; I. RIBAR, *Politički zapisi*, vol. III, 149-157.

[3] I. MUŽIĆ, *Katolička crkva*, 125-204.

[4] M. MIŠOVIĆ, *Srpska crkva*; ID., *Zatamnjena istorija*.

[5] V. NOVAK, *Magnum Crimen* (1948), 431-468.

[6] D. ŽIVOJINOVIĆ – D. LUČIĆ, *Varvarstvo* (1988[1]), 349-512; ID., *Varvarstvo*, vol I, 361-465; M. SIMIĆ, *Rimokatolička crkva*, 157-171, 249-299; O. MANOJLOVIĆ PINTAR, «Još jednom», 157-171; R. RADIĆ, *Život u vremenima*, 156-184; L. DIMIĆ – N. ŽUTIĆ, *Rimokatolički klerikalizam*, 244-249; D. PANTIĆ, *Srpska pravoslavna crkva*, 128-163; J. KROŠELJ, «Borba za konkordat», 189-201; B. KOŠIR, *Il concordato*, 78-105; ID., «Cerkev in njen odnos», 263-267; G. MITHANS, «Sklepanje jugoslovanskega konkordata», 136-144; A. CRNICA, *Važnost Konkordata*, 4-25; R. ROGOŠIĆ, *Stanje Kat[oličke] Crkve*, 65-69; I. MUŽIĆ, *Masonstvo u Hrvata*, 296-303.

[7] La prima *brochure* contro il concordato, arricchita dall'analisi dei singoli articoli, fu l'opera anonima *Primedbe i prigovori*, attribuita all'episcopo Platon, ossia M. Jovanović, scritta nel novembre – dicembre 1936. In tal modo il contenuto del concordato fu svelato al pubblico, scatenando altre opere anonime, *pro* o *contra* la ratifica. Tra le opere contrarie al concordato si possono individuare: M. P. CEMOVIĆ, *Konkordat između Svete stolice*; [M. JOVANOVIĆ], *I opet o konkordatu*; M. P. CEMOVIĆ, *Opet o konkordatu*; [S. TROICKI], *Neuspela zaštita*; [ID.], *Novi neuspeli pokušaj*; M. ILIĆ, *Pred konkordatom*; *Projekat jugoslovenskog konkordata*. In questo primo gruppo si potrebbe annoverare anche il libro di Sima SIMIĆ, *Jugoslavija i Vatikan*, sequestrato dalle autorità governative pochi giorni prima della votazione in parlamento (I. MUŽIĆ, *Katolička crkva*, 146). Meno numerose furono le opere a favore del concordato, alcune di esse "sponsorizzate" dal governo: [N. MOSCATELLO], *Konkordat i kritika*; *Pravoslavlje i konkordat*; *Tekstovi projekta*; R. KUŠEJ, *Konkordat: ustava*.

Nella bibliografia attuale si ha la percezione che la diplomazia vaticana non s'interessasse più di tanto del triste destino del documento su cui si era lavorato per più di un decennio, seguendo, in tal modo, il presunto atteggiamento passivo dell'episcopato jugoslavo. Dalla lettura dei vari autori si potrebbe, infatti, concludere che il concordato fosse il pomo della discordia unicamente tra il governo, la Chiesa ortodossa e l'opposizione politica. Uno dei motivi di tale vulgata risiede nella già menzionata forte censura, imposta dalle autorità governative durante i momenti più tesi della progettata ratifica del concordato. Tramite lo studio dei documenti vaticani si è potuto così scoprire l'operato della Santa Sede e del nunzio Pellegrinetti, e fino ad un certo punto anche dei vescovi jugoslavi, in questa fase finale dell'avventura concordataria.

Per capire meglio la dinamica dei fatti saranno di grande aiuto, inoltre, i taccuini e le memorie di Moscatello e Pellegrinetti. Quando saranno accessibili l'Archivio della Conferenza episcopale jugoslava e quello del patriarcato della Chiesa serbo-ortodossa, si potrà arricchire ancor di più la conoscenza dell'ultimo atto di questa vicenda.

1. Dalla firma del concordato alla sua votazione nel parlamento jugoslavo (1935-1937)

Nella prima parte del capitolo si presenterà l'*iter* cronologico e tematico del concordato, segnalando lo sforzo di alcuni per prepararne la ratifica e di altri per scongiurarla. Il suddetto biennio si può dividere in due fasi: la fase "silenziosa" (estate 1935 – dicembre 1936) e la fase "militante" (dicembre 1936 – luglio 1937).

1.1 *Fase "silenziosa" in vista della ratifica del concordato (estate 1935–dicembre 1936)*

Nello spirito dell'art. XXXVIII del concordato, che prevedeva lo scambio degli strumenti di ratifica «*le plus tôt possible*»[8], il ministro della giustizia Auer, di ritorno da Roma, si mise a preparare tutto il necessario per procedere alla ratifica nel settembre 1935[9], tra l'altro anche con un decreto che aboliva la precedenza obbligatoria del matrimonio civile[10]. Il reggente principe Paolo avrebbe espresso la più alta

---

[8] «*L'échange des instruments de ratification aura lieu à Rome le plus tôt possible, et le Concordat entrera en vigueur le jour même de cet échange*»: *Enchiridion dei concordati*, 918, trad. it., 919.

[9] I. MUŽIĆ, *Katolička crkva*, 125.

[10] Pellegrinetti a Pacelli, Belgrado, 9 agosto 1935, rapporto n. 17662, in S.RR.SS., AA.EE.SS., *Jugoslavia*, pos. 96, fasc. 63, f. 37r.

soddisfazione per la felice riuscita della "missione romana", come similmente fece il consiglio dei ministri, convocato una settimana dopo la firma. L'intento di portare a buon fine l'assunto fu facilitato dalla forte censura governativa che proibiva la pubblicazione di articoli polemici sul concordato. Pellegrinetti credeva che non si sarebbero pubblicati i commenti *pro* e *contra* fino alla discussione in parlamento, prevista per il settembre seguente[11]. Il governo, d'altra parte, forniva comunicati alla stampa, che sottolineavano il valore del grande evento e della straordinaria deferenza della Santa Sede, il tutto per facilitare una futura e cordiale collaborazione tra Chiesa e Stato. Si notava una gran curiosità da parte del pubblico, desideroso di conoscere il testo integrale del concordato, parzialmente appagata dal breve sunto ufficiale pubblicato[12].

Il desiderio del ministro Auer e di tutti i membri del governo sarebbe stato che nessuna voce stonata si udisse in parlamento a proposito del concordato. Nonostante qualche attacco da parte dell'opposizione, la gran maggioranza, secondo Auer, sarebbe stata favorevole: quelli del governo per principio preso e molti dell'opposizione per rispetto al defunto re. Gli attacchi, se ci fossero stati, si sarebbero avuti soprattutto come eco della questione croata e dell'atteggiamento del clero croato verso il regime di Belgrado[13]. L'unica voce autorevole contraria al concordato proveniva da Maček, che insieme ai separatisti, ivi compresi diversi sacerdoti, seguitava a dire che non riconoscevano il concordato, perché «*actum est de nobis sine nobis*»[14]. Essi temevano che il concordato, togliendo loro la possibilità di operare in nome della libertà religiosa insidiata dai serbi, li privasse di un gran mezzo di agitazione[15]. Anche la stampa cattolica si mostrò piuttosto fredda al momento della firma del concordato: vi si metteva in guardia, infatti, dalle false aspettative

---

[11] Pellegrinetti a Pacelli, Belgrado, 1° agosto 1935, rapporto n. 17619 (minuta), in ASV, *Arch. Nunz. Jugoslavia*, busta 8, f. 561v.

[12] Pellegrinetti a Pacelli, Belgrado, 27 luglio 1935, rapporto n. 17600, in S.RR.SS., AA.EE.SS., *Jugoslavia*, pos. 96, fasc. 63, f. 27rv; I. Mužić, *Katolička crkva*, 80. Per il sunto breve ufficiale si veda *Politika*, 26 luglio 1935, Anno XXXII – n. 9762, p. 1; cf. anche J. Krošelj, «Borba za konkordat», 189.

[13] Pellegrinetti a Pacelli, Belgrado, 3 agosto 1935, rapporto n. 17626, in S.RR.SS., AA.EE.SS., *Jugoslavia*, pos. 96, fasc. 63, f. 36r.

[14] Pellegrinetti a Pacelli, Belgrado, 1° agosto 1935, rapporto n. 17619 (minuta), in ASV, *Arch. Nunz. Jugoslavia*, busta 8, 561v.

[15] Pellegrinetti a Pacelli, Belgrado, 27 luglio 1935, rapporto n. 17600, in S.RR.SS., AA.EE.SS., *Jugoslavia*, pos. 96, fasc. 63, ff. 27v-29v.

che con il concordato si sarebbero regolate tutte le questioni e vi si sosteneva che il concordato non era necessario se con esso solo si dichiarava *de iure* ciò che *de facto* già esisteva, ricordando a tale proposito il triste esempio della Germania, che unilateralmente violava gli obblighi dal concordato ratificato[16].

Di fronte a tale atteggiamento indifferente da parte della politica e della stampa croata non pochi, incluso il principe Paolo, erano del parere che lo stesso valesse per l'episcopato cattolico in genere. Mužić si convinse che in quel preciso momento si sarebbe formata una totale collaborazione tra i vertici della Chiesa cattolica in Croazia e il partito di Maček, e che i vescovi cattolici – non confidando nella buona volontà della Belgrado "ortodossa" – avrebbero addirittura cercato di scongiurare il papa dall'impegno per il concordato[17].

1.1.1 Prime concause per il rinvio della prevista ratifica

Altre voci contro il concordato non si fecero sentire in pubblico, perciò si attendeva tranquillamente la ratifica nell'autunno dello stesso 1935. Il più attivo tra i membri del governo era appunto il ministro Auer che voleva mantenere la promessa data a Roma. Egli stava preparando, come si è già detto, un decreto che aboliva l'obbligatorietà del matrimonio civile, esistente in alcune regioni del regno. Al contempo preparava il rinnovamento della legislazione della Chiesa ortodossa, già preannunciato al patriarca prima della sua partenza per Roma, per equipararla al concordato[18]. Purtroppo tali progetti non ebbero seguito a motivo delle sue dimissioni, avvenute alla fine di agosto 1935. La causa sarebbe stata la costituzione del nuovo partito, l'Unione radicale jugoslava («Jugoslovenska radikalna zajednica»), promossa dal primo ministro Stojadinović, come frutto della fusione di precedenti formazioni politiche: il partito radicale serbo, quello popolare sloveno e infine quello musulmano di Bosnia. Auer non volle aderirvi, poiché come ministro della giustizia non poteva appoggiare un partito, fondato – secondo lui – su base etnica e religiosa[19].

Il ministro dimissionario lasciò i propri compiti al presidente del consiglio, che però non mostrava troppa fretta nel procedere alla ratifica. Nelle sue memorie Stojadinović afferma, infatti, che riteneva la ratifica solo una cosa formale, ormai certa, e che in quel

---

[16] I. Mužić, *Katolička crkva*, 80.

[17] *Ibidem*, 80-81.

[18] *Ibidem*, 125, 127.

[19] *Ibidem*, 125; Bertoli a Pacelli, Belgrado, 26 agosto 1935, rapporto n. 17706 (minuta), in ASV, *Arch. Nunz. Jugoslavia*, busta 6, f. 761rv.

preciso momento si presentavano cose molto più urgenti da risolvere[20]. Questo suo ottimismo era esagerato, perché non si rendeva ben conto dell'opposizione al concordato che man mano si faceva più evidente. Sia Auer che Moscatello valutarono fatale, decenni dopo, tale rilassamento, poiché offrì un'occasione unica agli oppositori per far cadere l'accordo con la Santa Sede[21]. Se il concordato si fosse votato nel settembre 1935, sarebbe passato, secondo Auer, senza grandi difficoltà[22].

Non possiamo, tuttavia, semplicemente dedurre che Stojadinović si fosse disinteressato dell'impegno affidatogli. Come dimostrano le memorie di Moscatello, lo stesso presidente del consiglio lo chiamò a Belgrado per farsi spiegare il contenuto del documento appena firmato. Da più persone egli era stato, infatti, informato che il concordato contenesse così tanti elementi antinazionali e antistatali, da mettere in pericolo lo stesso apparato statale, e tutto ciò per colpa del negoziatore Moscatello, che rischiava addirittura di perdere il suo posto di lavoro per tradimento degli interessi statali[23]. Tra le voci contrarie, la più autorevole era quella della Chiesa serbo-ortodossa, il cui «Santo Concilio Episcopale» il 13 settembre 1935, in segreto, presentò al governo una propria petizione contro la ratifica del concordato[24]. Sarebbero stati problematici soprattutto gli articoli riguardanti la scuola confessionale (art. XXVIII), il matrimonio (art. XXXII), la sovvenzione statale (art. XVIII) e l'attività politica del clero (art. VIII)[25]. Secondo Mužić detta petizione fu il vero motivo della dilazione della ratifica[26].

Moscatello dovette, quindi, illuminare il nuovo capo del governo sulla portata e significato dei singoli articoli del concordato. Nell'esposizione il negoziatore dimostrò al presidente del consiglio come nessuna delle disposizioni nuocesse allo Stato e come esse corrispondessero pienamente alla giustizia e all'eguaglianza dei cittadini davanti alla legge. Stojadinović sarebbe rimasto molto contento

---

[20] M. M. STOJADINOVIĆ, *Ni rat ni pakt*, 521-522.

[21] APHZSJ, ostavština Moscatello, busta 2: *Bilješke [Memorie]*, p. 75; *Nikola Moscatello*, F. Veraja – S. Kljaić, ed., 116.

[22] I. MUŽIĆ, *Katolička crkva*, 125-126.

[23] APHZSJ, ostavština Moscatello, busta 2: *Bilješke [Memorie]*, p. 74; *Nikola Moscatello*, F. Veraja – S. Kljaić, ed., 115.

[24] M. MIŠOVIĆ, *Srpska crkva*, 45; ID., *Zatamnjena istorija*, 25; M. SIMIĆ, *Rimokatolička crkva*, 160.

[25] Juretić a Pellegrinetti, [Belgrado, ottobre 1935], lettera personale, n. 17816 (Nunziatura), in ASV, *Arch. Nunz. Jugoslavia*, busta 6, f. 785r; Pellegrinetti a Pacelli, Belgrado, 14 novembre 1935, rapporto n. 17897 (minuta), *ibidem*, f. 812r.

[26] I. MUŽIĆ, *Katolička crkva*, 129.

della spiegazione, congedando l'interlocutore con le parole: «*Allora noi due siamo gli ultimi difensori della Jugoslavia!*»[27].

Bisogna ribadire che in questa fase non solo la Chiesa serbo-ortodossa mostrava contrarietà ad alcuni articoli del concordato, ma che si sentiva una grande freddezza verso di esso anche negli stessi circoli governativi. Tale fu l'impressione di Moscatello, che, appena arrivato a Belgrado, s'incontrò con il nunzio Pellegrinetti[28]. A tal proposito è importante rilevare come i due più volte, dopo la firma, si sarebbero consultati a proposito del modo di procedere per giungere alla ratifica. Ciononostante, come è già stato rilevato, Moscatello non venne mai a sapere del ruolo decisivo del nunzio nelle precedenti trattative concordatarie[29].

Molti politici, pure alcuni appartenenti al governo, avevano l'impressione che il concordato desse ogni vantaggio e ingerenza alla Santa Sede. Per dissipare dubbi circa il vero contenuto del concordato Stojadinović chiese a Moscatello di preparare un'esposizione, di cui i ministri potessero valersi durante la discussione, «*per ribattere gli avversari*»[30]. Il lavoro, composto dall'analisi dei singoli articoli e dal progetto di discorso al parlamento, che dimostrava la generosità della Santa Sede e i diritti naturali della Chiesa cattolica, fu terminato già nei primi giorni di novembre 1935[31].

Un altro elemento che impediva una facile e rapida ratifica del concordato proveniva dalla composizione della camera dei deputati e del senato. Una sgradita sorpresa per il governo fu la rielezione a presidente della camera, nell'ottobre 1935, di Stevan Čirić, che apparteneva alle file dell'ex capo del governo Jevtić, ma che si trovava in quel momento all'opposizione[32]. L'incertezza nella camera aumentò, inol-

---

[27] «*Onda smo mi dvojica posljednji branitelji Jugoslavije!*»: APHZSJ, ostavština Moscatello, busta 2: *Bilješke [Memorie]*, p. 74; *Nikola Moscatello*, F. Veraja – S. Kljaić, ed., 115.

[28] Pellegrinetti a Pacelli, Belgrado, 24 ottobre 1935, rapporto n. 17835, in S.RR.SS., AA.EE.SS., *Jugoslavia*, pos. 96, fasc. 63, f. 47v.

[29] APHZSJ, ostavština Moscatello, busta 2: *Bilješke [Memorie]*, pp. 67-69, 72, 107-108, 110; *Nikola Moscatello*, F. Veraja – S. Kljaić, ed., 106-108, 112-113, 152-153, 156.

[30] Pellegrinetti a Pacelli, Belgrado, 24 ottobre 1935, rapporto n. 17835, in S.RR.SS., AA.EE.SS., *Jugoslavia*, pos. 96, fasc. 63, ff. 47v-48r.

[31] Moscatello a Stojadinović, Roma, 6 novembre 1935, telegramma n. 274, in AJ, *Poslanstvo Kraljevine Jugoslavije pri Svetoj Stolici (372)*, fasc. 12, [mappa 1/IV], ff. n.n; Stojadinović a Moscatello, Belgrado, 7 novembre 1935, telegramma n. 26205, *ibidem*, ff. n.n.; Moscatello a Stojadinović, Roma, 7 novembre 1935, rapporto n. 276 (copia), *ibidem*, ff. n.n.

[32] Pellegrinetti a Pacelli, Belgrado, 24 ottobre 1935, rapporto n. 17835, in S.RR.SS., AA.EE.SS., *Jugoslavia*, pos. 96, fasc. 63, f. 48v.

tre, per il fatto che essa era rimasta monca, a causa del boicottaggio dei deputati croati[33]. La crisi parlamentare si protrasse nel 1936 e il nunzio, ormai abituato ai "ritmi belgradesi", sentì spesso dire che nel parlamento c'era una forte opposizione alla ratifica del concordato[34]. Tale vicolo cieco raggiunse l'apice nel marzo 1936, quando lo stesso Stojadinović subì un attentato alla camera[35], avendo però più fortuna rispetto al croato Radić, otto anni prima.

In particolar modo si presentava complicata la situazione nel senato, ove appariva più compatta e più autorevole l'opposizione al governo. I senatori, salvo pochissimi, erano giunti al loro posto durante i regimi cosiddetti "d'autorità" e di «jugoslavismo integrale», tutto ciò dovuto ad un sistema elettivo del tutto singolare[36]. Il senato era la loro ultima roccaforte. Dopo il passaggio del presidente della camera Čirić nel partito di Stojadinović[37], il governo si era assicurato la maggioranza alla camera, ma non ancora al senato[38].

Solo verso la fine di ottobre 1936, dopo le ultime votazioni, il governo ottenne la maggioranza anche al senato, spianando così la strada alla sospirata ratifica[39]. Questo lo confermò lo stesso Stojadinović che, dopo tutte queste vicende, esprimeva al nunzio Pellegrinetti la volontà del governo di procedere alla ratifica, ma che «*la maggioranza ostile in Senato e le revolverate in Parlamento non davano affidamento di sicura riuscita*». Ora, invece, si sarebbe avuta la «*quasi unanimità*» per la ratifica del concordato[40].

Non è facile inquadrare l'atteggiamento del governo verso il concordato nei primi mesi successivi alla firma. Ci fu una certa ambiguità nelle singole decisioni del gabinet-

---

[33] Pellegrinetti a Pacelli, Belgrado, 17 ottobre 1935, rapporto n. 17820 (minuta), in ASV, *Arch. Nunz. Jugoslavia*, busta 6, f. 786v.

[34] Pellegrinetti a Pacelli, Belgrado, 14 novembre 1935, rapporto n. 17897 (minuta), *ibidem*, ff. 811v-812v; Pellegrinetti a Pacelli, Belgrado, 21 novembre 1935, rapporto n. 17930, in S.RR.SS., AA.EE.SS., *Jugoslavia*, pos. 96, fasc. 63, f. 55r; Pellegrinetti a Pacelli, Belgrado, 1° febbraio 1936, rapporto n. 18141, *ibidem*, f. 89rv.

[35] Pellegrinetti a Pacelli, Belgrado, 9 marzo 1936, rapporto n. 18286 (minuta), in ASV, *Arch. Nunz. Jugoslavia*, busta 7, ff. 6r-7r.

[36] Pellegrinetti a Pacelli, Belgrado, 8 aprile 1936, rapporto n. 18375 (minuta), *ibidem*, f. 15r.

[37] Pellegrinetti a Pacelli, Belgrado, 1° febbraio 1936, rapporto n. 18141, in S.RR.SS., AA.EE.SS., *Jugoslavia*, pos. 96, fasc. 63, f. 90r.

[38] Pellegrinetti a Pacelli, Belgrado, 8 aprile 1936, rapporto n. 18375 (minuta), in ASV, *Arch. Nunz. Jugoslavia*, busta 7, f. 16v.

[39] Pellegrinetti a Pacelli, Belgrado, 27 ottobre 1936, rapporto n. 18886 (minuta), *ibidem*, f. 45r.

[40] Pellegrinetti a Pacelli, Belgrado, 11 novembre 1936, rapporto n. 18915, in S.RR.SS., AA.EE.SS., *Jugoslavia*, pos. 96, fasc. 64, f. 17r.

to di Stojadinović. Mentre da una parte egli mostrava buona volontà per la ratifica, attendendo il momento propizio per chiederla al parlamento, d'altra parte il governo cercava di risolvere alcune questioni, secondo una modalità in aperto contrasto con l'accordo internazionale. La diplomazia vaticana ammise che non si trattava di alcuna violazione di un obbligo strettamente giuridico, giacché il concordato non era entrato ancora in vigore, tuttavia pareva che il governo non stesse mantenendo «*l'impegno d'onore*»[41]. Tra le suddette questioni vanno evidenziate le funzioni propiziatorie in occasione dell'anniversario della morte del re e la progettata nuova legge sulle scuole medie.

Riguardo alle cerimonie religiose, l'art. V del concordato stabiliva che le preghiere pubbliche, previste in caso di decesso del sovrano, sarebbero state recitate anche al momento della morte di un altro membro della famiglia reale[42]. La disposizione concordataria si rifaceva al rescritto della Segreteria di Stato del 1921[43] e alle interpretazioni successive[44], ove appariva chiaro che le preghiere nelle chiese cattoliche

---

[41] Pellegrinetti a Bertoli, Camaiore, 19 settembre 1935, lettera s.n., in ASV, *Arch. Nunz. Jugoslavia*, busta 6, f. 775r; Bertoli al ministero degli esteri, Belgrado, 23 settembre 1935, nota n. 17771 (minuta), *ibidem*, f. 770r.

[42] L'art. V, 2° capoverso suonava così: «*Les mêmes prières qui sont prévues pour le cas de décès du Souverain seront récitées aussi lors de la mort d'un autre membre de la Famille Royale*»: *Enchiridion dei concordati*, 892; trad. it., 893.

[43] «*Occasione vero mortis Regis, Sanctitas Sua, attentis peculiaribus istarum regionum adiunctis, tolerari posse censet ut, postquam nuntium mortis acceptum fuerit, pulsentur campanae ac recitetur in ecclesiis psalmus "Miserere", addito "Gloria Patri", simul cum duabus Orationibus "pro quacumque tribulatione" et "pro quacumque necessitate"*»: Gasparri a Bauer, Vaticano, 17 aprile 1921, rescritto della Segreteria di Stato, n. 19626 (copia), in ASV, *Arch. Nunz. Jugoslavia*, busta 1, f. 267v.

[44] Le preghiere per il defunto re Pietro I, deceduto nel 1921, si ripeterono nelle chiese cattoliche anche negli anni 1922 e 1923. L'episcopato cattolico vide che la cosa non poteva continuare così perciò per l'anno 1924 non si diede alcuna disposizione in proposito, ciò che suscitò presso il governo grande rammarico. Per dirimere il problema autorevolmente, la Segreteria di Stato, sollecitata dalla nunziatura di Belgrado, ricorse nel 1924 alla congregazione del Sant'Uffizio per sapere se tale commemorazione annuale era tollerabile in sé. La congregazione diede la sua risposta il 26 giugno 1925, proprio nel momento delle prime trattative concordatarie a Roma: «*La concessione della s.m. di Benedetto XV del 17 aprile 1921 deve essere intesa com'è espressa, cioè soltanto per la commemorazione nella forma indicata in occasione della morte del Re, né può quindi essere estesa per la commemorazione anniversaria anche se spostata di qualche giorno*»: appunto circa l'art. V, senza autore, [gennaio 1934], in S.RR.SS., AA.EE.SS., *Jugoslavia*, pos. 96, fasc. 58, f. 8rv. In cambio di alcune rinunce alle pretese governative (benedizioni interconfessionali), la congregazione del Sant'Uffizio estese il privilegio di dette preghiere anche ad altri membri della famiglia reale (Sbarretti a Pacelli, Vaticano, 3 febbraio 1934, dispaccio n. 753/31, *ibidem*, f. 9r).

per il re defunto acattolico si potevano fare solo al momento della sua morte e non più in occasione dell'anniversario. La disposizione può sembrare molto restrittiva, bisogna però rilevare che già il fatto di pregare in una chiesa cattolica per un sovrano acattolico, era stata una grande concessione della Santa Sede, mai accordata ad altre case regnanti acattoliche del tempo[45]. Ora, l'arcivescovo Bauer, sotto la pressione delle autorità civili, si rivolse alla nunziatura chiedendo un privilegio speciale per svolgere delle preghiere pubbliche nelle chiese cattoliche in favore del defunto re Aleksandar nel suo primo anniversario. Temeva possibili persecuzioni, nel caso in cui solo i cattolici si fossero astenuti da tale cerimonia[46]. Pio XI, considerando che era il primo anniversario, per di più di un fatto molto doloroso, concesse il privilegio «*pro hac vice tantum*», accentuando che si trattava soltanto del primo anniversario[47]. Questo non accontentò del tutto il governo che in seguito espresse il desiderio di ottenere dalla Santa Sede il rinnovo della celebrazione commemorativa ad ogni anniversario o quando il governo lo credesse opportuno[48].

A tale richiesta coraggiosa non si diede alcuna risposta perciò il governo l'anno dopo, nell'ottobre 1936, si rivolse di nuovo, «*in fretta e furia*», alla nunziatura di Belgrado per ottenere anche in questo secondo anniversario le stesse cerimonie in onore del defunto sovrano nelle chiese cattoliche[49]. Come motivazioni si adducevano le ragioni di opportunità politica e il fatto che il principe Paolo, «*molto benevolo verso la Chiesa cattolica*», avrebbe preso la cosa a male[50]. La Santa Sede, valutando il momento delicato della situazione, cedette nuovamente alle richieste governative, permettendo, in via del tutto eccezionale e senza pregiudicare gli

---

[45] Pellegrinetti a Bertoli, Camaiore, 19 settembre 1935, lettera s.n., in ASV, *Arch. Nunz. Jugoslavia*, busta 6, f. 775r.

[46] Bauer a Pellegrinetti, Zagabria, 11 settembre 1935, lettera n. 272, *ibidem*, f. 765rv.

[47] Udienza del card. Pacelli con il pontefice, 27 settembre 1935, in S.RR.SS., AA.EE.SS., *Stati Ecclesiastici*, pos. 430A, fasc. 352, f. 52r; Bertoli a Bauer, Belgrado, 28 settembre 1935, dispaccio n. 17785 (minuta), in ASV, *Arch. Nunz. Jugoslavia*, busta 6, f. 776rv.

[48] Bauer a Pellegrinetti, Zagabria, 12 novembre 1935, lettera n. 308, in ASV, *Arch. Nunz. Jugoslavia*, busta 6, f. 819r; Pellegrinetti a Bauer, Belgrado, 15 novembre 1935 (minuta), dispaccio n. 17903, *ibidem*, ff. 820r-821r; Pellegrinetti a Pacelli, Belgrado, 16 novembre 1935, rapporto n. 17910 (minuta), *ibidem*, f. 822r.

[49] Bauer a Pellegrinetti, Zagabria, 3 ottobre 1936, lettera n. 132, *ibidem*, busta 7, ff. 36r-37r; Bertoli a Bauer, Belgrado, 4 ottobre 1936, dispaccio n. 18812 (minuta), *ibidem*, f. 38r; Bertoli a Bauer, Belgrado, 5 ottobre 1936, dispaccio n. 18814 (minuta), *ibidem*, f. 39rv.

[50] Bertoli a Pizzardo, Belgrado, 12 ottobre 1936, rapporto n. 18834 (minuta), *ibidem*, ff. 41r-42v.

accordi già convenuti, le preghiere pubbliche nelle chiese cattoliche anche per il secondo anniversario della morte del re Aleksandar[51]. Mentre si concedeva questo permesso, fu riferito al governo che la Santa Sede, con questo atto di larghezza e di comprensione, dimostrava ancora una volta la sua magnanimità e che era arrivata l'ora che il governo facesse vedere con i fatti la propria riconoscenza con la ratifica del concordato[52]. A causa delle difficoltà per la ratifica del concordato, la stessa richiesta del governo jugoslavo fu presentata anche nell'ottobre 1937 e ancora una volta la Santa Sede rispose acconsentendo[53].

Quanto alla questione scolastica, invece, il ministero dell'istruzione stava preparando, nell'autunno 1935, una nuova legge, precisamente un progetto di legge di variazioni e addizioni alla «Legge sulle scuole medie» e a quella sulle scuole magistrali, entrate in vigore nel 1929. Tramite essa, a causa del numero eccessivo di maestri diplomati, il governo cercava di limitare il numero degli allievi nelle scuole medie e magistrali statali, senza prendere in considerazione quelle private[54]. Il governo si difendeva con la necessità di sgravare il *budget* statale e con l'impossibilità di venire incontro all'aumento del numero di coloro che ritenevano d'aver diritto a entrare al servizio dello Stato[55].

Così, senza dirlo espressamente, in modo subdolo, si sarebbero praticamente soppresse tutte le scuole cattoliche medie e magistrali. Il tentativo suscitò grosso allarme in nunziatura, nell'episcopato cattolico e presso alcuni ministri cattolici. Sarebbe stato lo stesso ministro Korošec ad opporsi energicamente a tale progetto di legge, invitando al contempo i vescovi ad intervenire con una protesta ufficiale presso il presidente del consiglio e il ministro dell'istruzione[56].

---

[51] Bertoli al ministero degli affari esteri, Belgrado, 8 ottobre 1936, nota n. 18824 (minuta), *ibidem*, f. 40rv.

[52] Bertoli a Pizzardo, Belgrado, 12 ottobre 1936, rapporto n. 18834 (minuta), *ibidem*, ff. 42r.

[53] Pizzardo a Bertoli, Vaticano, 1° ottobre 1937, dispaccio n. 20259 (Nunziatura), *ibidem*, f. 166r; Bertoli a Bauer, Belgrado, 6 ottobre 1937, nota n. 20190 (minuta), *ibidem*, f. 155; Bertoli al ministero degli affari esteri, Belgrado, 7 ottobre 1937, nota n. 20199 (minuta), *ibidem*, f. 157rv; Ministero degli affari esteri, Belgrado, 8 ottobre 1937, nota n. 20938, *ibidem*, f. 159r.

[54] Bertoli al ministero degli affari esteri, Belgrado, 23 settembre 1935, nota n. 17771 (minuta), ibidem, busta 6, ff. 769r-770r.

[55] Ministero degli affari esteri alla nunziatura di Belgrado, Belgrado, 14 ottobre 1935, nota n. 23096, *ibidem*, ff. 792-794.

[56] Stepinac a Pellegrinetti, Zagabria, 9 novembre 1935, lettera n. 17887 (Nunziatura), *ibidem*, f. 803r.

Il nunzio avvertì il principe Paolo e il presidente del governo Stojadinović che il progetto di legge andava decisamente contro la volontà del defunto re e contro la lettera e lo spirito del concordato, che non solo riconosceva l'esistenza delle scuole cattoliche già esistenti – secondo le leggi scolastiche del 1929 – ma anche il diritto a fondarne altre simili (art. XXVIII). Anche se il concordato non era ancora ratificato, la Santa Sede attendeva che il governo non svalutasse la propria firma[57].

L'episcopato cattolico, riunito nella sessione del comitato esecutivo nel dicembre 1935, diresse una lettera molto decisa, in certi passi minacciosa, al ministro dell'istruzione, contro la progettata legge scolastica, usando termini molto duri. Per loro questo tentativo del ministero sembrava equivalere *«alla rovina di tutto quello che a gran fatica fin qui è stato fatto e ad una vera dichiarazione di guerra alla Chiesa cattolica»*. Più avanti i vescovi si scagliarono contro la stessa politica del ministero dell'istruzione, ove, sin dall'inizio del regno, a loro dire, imperava *«un sistema mirante alla piena eliminazione di ogni influsso della Chiesa cattolica in qualsiasi genere di scuola»*[58]. I vescovi ripetevano quello che il nunzio a più riprese aveva detto, a proposito del forte influsso della massoneria in questo ministero[59]. Alla fine della lettera l'episcopato, deciso a difendere i diritti dei cattolici, domandava risolutamente il ritorno allo *status quo* – per quanto questo fosse *«ben lungi dall'essere soddisfacente»* – per le scuole magistrali delle suore, che per decreto del ministero dell'istruzione del settembre 1935 venivano impedite dall'accettare anche una sola nuova alunna esterna. Allo stesso tempo i vescovi declinarono ogni responsabilità per tutti i conflitti che da ciò potessero nascere tra le autorità ecclesiastiche e quelle civili[60]. Sembra che l'azione dell'episcopato abbia avuto successo, poiché della prevista nuova legge non si trova più traccia nella documentazione a disposizione.

---

[57] Pellegrinetti a Pacelli, Belgrado, 14 novembre 1935, rapporto n. 17897 (minuta), *ibidem*, f. 811v; Pellegrinetti a Pacelli, Belgrado, 21 novembre 1935, rapporto n. 17930, in S.RR.SS., AA.EE.SS., *Jugoslavia*, pos. 96, fasc. 63, f. 56v.

[58] Bauer al ministero dell'istruzione, Zagabria, 12 dicembre 1935, nota n. [385], trad. it., in S.RR.SS., AA.EE.SS., *Jugoslavia*, pos. 96, fasc. 63, ff. 68v-69r; il testo orig. si trova in ASV, *Arch. Nunz. Jugoslavia*, busta 8, ff. 607r-608r.

[59] Pellegrinetti a Pacelli, Roma, 30 maggio 1933, rapporto n. 14750, in S.RR.SS., AA.EE.SS., *Jugoslavia*, pos. 96, fasc. 60, f. 26; Pellegrinetti a Pacelli, Belgrado, 6 dicembre 1933, rapporto n. 15357, *ibidem*, fasc. 57, f. 107r.

[60] Bauer al ministero dell'istruzione, Zagabria, 12 dicembre 1935, nota n. [385], trad. it., *ibidem*, fasc. 63, f. 69v.

1.1.2 Reazione della Santa Sede alla dilazione

Quale fu l'eco della dilazione della ratifica in Vaticano e cosa fece la Segreteria di Stato per accelerarla? Numerosi rapporti del nunzio e soprattutto le informazioni dirette di Moscatello, appena tornato da Belgrado, tra fine ottobre e inizio novembre 1935, svelano una diffidenza non insignificante verso il concordato.

Moscatello diede perciò alla Segreteria di Stato alcuni suggerimenti, accolti e completati in seguito da Pacelli: 1. chiamare il ministro Simić e spiegargli che nel concordato non si esigeva per la Chiesa cattolica nulla di più di ciò che era giusto; 2. chiamare l'ambasciatore di Francia per dirgli che nel concordato con la Jugoslavia non si esigeva nulla di più di quello che era contemplato in altri; 3. dire lo stesso al principe Paolo che pare valutasse il concordato pericoloso per la Serbia; 4. far venire a Roma uno dei vescovi che ignoravano il testo del concordato, ad esempio il vescovo di Banjaluka Garić, contrario al concordato, per fargli conoscere il testo e convincerlo che il concordato fosse favorevole per i cattolici e per i croati, come una diga contro la propaganda serbo-ortodossa; 5. esigere dal ministro Korošec che, se il governo non avesse fatto di tutto per ratificare il concordato, egli, come sacerdote, non avrebbe potuto continuare a far parte della coalizione[61].

I primi due passi furono eseguiti in pochi giorni. Fu richiamata l'attenzione del ministro jugoslavo presso la Santa Sede sul ritardo della ratifica, rammentandogli l'art. XXXVIII che prevedeva la rapidità nella conclusione della pratica. Egli presentò le difficoltà, relative alla composizione parlamentare, aggravate ulteriormente dalla presunta condotta antinazionale del vescovo Stepinac. Ciò avrebbe, secondo lui, dato l'impressione che la stessa Chiesa non volesse il consolidamento dello Stato jugoslavo attraverso il concordato[62]. Lo stesso argomento fu usato anche dal presidente del consiglio Stojadinović nel colloquio con il nunzio Pellegrinetti, nel quale chiedeva l'aiuto dei vescovi per vincere l'opposizione al concordato nell'opinione pubblica e tra i deputati[63].

---

[61] Appunto della Segreteria di Stato, Vaticano, 9 novembre 1935, n. 3836/35, *ibidem*, ff. 58-59; G. MITHANS, *Urejanje odnosov*, 278-279.

[62] Udienza privata del card. Pacelli con il ministro di Jugoslavia, 16 novembre 1935, in S.RR.SS., AA.EE.SS., *Stati Ecclesiastici*, pos. 430B, fasc. 362, f. 134r; Simić a Stojadinović, Roma, 16 novembre 1935, rapporto n. 294 (minuta), in AJ, *Poslanstvo Kraljevine Jugoslavije pri Svetoj Stolici (372)*, fasc. 12, [mappa 1/IV], ff. n.n.

[63] Stojadinović a Simić, Belgrado, 24 novembre 1935, telegramma n. 1663, in AJ, *Poslanstvo Kraljevine Jugoslavije pri Svetoj Stolici (372)*, fasc. 12, [mappa 1/IV], ff. n.n.; Pellegrinetti a Pacelli, Belgrado, 21 novembre 1935, rapporto n. 17930, in S.RR.SS., AA.EE.SS., *Jugoslavia*, pos. 96, fasc. 63, f. 55v.

Similmente la Segreteria di Stato riferì all'ambasciatore francese Charles-Roux l'andamento della pratica concordataria[64], che non esitò lungamente a raccomandare al suo collega jugoslavo la ratifica veloce, mettendolo in guardia da un ulteriore temporeggiamento, che avrebbe potuto deteriorare i rapporti tra la Santa Sede e la Jugoslavia[65].

Sul quarto punto dei sopraddetti suggerimenti, la Segreteria di Stato incaricò il nunzio Pellegrinetti di adoperarsi per far accettare l'idea, soprattutto negli ambienti cattolici prevenuti, che il concordato fosse conveniente, non solamente per i cattolici jugoslavi in genere, ma per i cattolici croati in particolare. A tale scopo il nunzio avrebbe potuto mostrare segretamente il testo del concordato a «*qualche vescovo di provata prudenza e di conosciuto ossequio alla Santa Sede*», come quello di Banjaluka[66].

Il nunzio si rivolse subito all'arcivescovo Bauer e, dopo essersi lamentato dello strano atteggiamento di tanti cattolici croati, espose i vantaggi del concordato per la Chiesa e per i cattolici, offrendo allo stesso momento la possibilità di far vedere il testo ai vescovi per disciogliere i loro dubbi a riguardo[67]. I vescovi, allora, nella già menzionata sessione del comitato esecutivo (10–13 dicembre 1935), insieme alla lettera riguardante la legge scolastica, ne mandarono anche un'altra a proposito della ratifica del concordato, diretta al presidente Stojadinović, nella quale esprimevano il proprio stupore nel vedere che la questione non fosse ancora uscita dal punto morto e lo pregavano di fare il necessario affinché la ratifica avvenisse al più presto[68].

L'arcivescovo di Zagabria dichiarava espressamente al nunzio che così si dimostrava chiaramente che nessun vescovo cattolico era contrario al concordato e che

---

[64] Udienza privata del card. Pacelli con l'ambasciatore di Francia, 22 novembre 1935, in S.RR.SS., AA.EE.SS., *Stati Ecclesiastici*, pos. 430B, fasc. 362, f. 136r.

[65] Simić a Stojadinović, Roma, 9 gennaio 1936, telegramma n. 18, in AJ, *Poslanstvo Kraljevine Jugoslavije pri Svetoj Stolici (372)*, fasc. 12, [mappa 3/IV], ff. n.n.; Simić a Stojadinović, Roma, 29 gennaio 1936, rapporto n. 37 (minuta), *ibidem*, ff. n.n.

[66] Pacelli a Pellegrinetti, Vaticano, 2 dicembre 1935, dispaccio n. 3836/35, in ASV, *Arch. Nunz. Jugoslavia*, busta 8, f. 597rv.

[67] Pellegrinetti a Bauer, Belgrado, 8 dicembre 1935, dispaccio n. 17975 (copia), in S.RR.SS., AA.EE.SS., *Jugoslavia*, pos. 96, fasc. 63, ff. 66r-67r.

[68] Bauer a Stojadinović, Zagabria, 10 dicembre 1935, nota n. 388, trad. it., *ibidem*, f. 68r; il testo orig. si trova in ASV, *Arch. Nunz. Jugoslavia*, busta 8, f. 613rv.

tutti erano favorevoli alla sua ratifica *quam primum*[69]. Che nessun vescovo era contrario al concordato, sarebbe stato, secondo il nunzio, «*in certo senso [...] anche vero*», perché «*quel paio di Vescovi*» che faceva riserva, non sarebbe stato contrario al concordato in sé, ma solo «*pessimista circa la possibilità concreta di una leale applicazione da parte di uno dei contraenti*»[70].

L'ultimo dei suggerimenti menzionati riguardava il ruolo del ministro Korošec, il quale, come sacerdote cattolico, avrebbe potuto e dovuto promuovere la ratifica del concordato. La Segreteria di Stato incaricò il nunzio di rivolgersi al politico sloveno, con l'obbligo di presentargli anche le difficoltà in cui egli sarebbe venuto a trovarsi qualora la Santa Sede fosse stata costretta a disapprovare l'operato del governo, se non fosse riuscito a fare ratificare il concordato[71]. Tale avvertimento divenne molto reale due anni più tardi, quando Korošec, come vedremo, apparve come la figura centrale nel ritirare il concordato dall'ordine del giorno dei lavori parlamentari.

Dopo questi passi che offrivano speranza di sbloccare l'*iter* verso la ratifica, seguì invece un lungo periodo di passività da parte di tutte le parti interessate. Pellegrinetti espresse spesso sul suo diario la propria preoccupazione per tale stato di cose[72]. Negli incontri con il presidente del governo e altri ministri, egli faceva notare che le continue dilazioni destavano l'impressione che il governo non volesse più saperne del concordato o che il suo entusiasmo si fosse molto raffreddato.

---

[69] Bauer a Pellegrinetti, Zagabria, 10 dicembre 1935, nota n. 388, in ASV, *Arch. Nunz. Jugoslavia*, busta 8, f. 603r.

[70] Pellegrinetti a Pacelli, Belgrado, 14 dicembre 1935, rapporto n. 17996, in S.RR.SS., AA.EE.SS., *Jugoslavia*, pos. 96, fasc. 63, f. 64v.

[71] Pacelli a Pellegrinetti, Vaticano, 2 dicembre 1935, dispaccio n. 3836/35, in ASV, *Arch. Nunz. Jugoslavia*, busta 8, ff. 597v-598r.

[72] «*Da Roma non ricevo niente, il Governo tace, i Vescovi non scrivono*»: ASV, Archivio della Prefettura, *Diari del card. Pellegrinetti*, 18 dicembre 1935, vol. 15, f. 57r. «*Si riapre il Parlamento, ma poche speranze circa la ratifica del Concordato*»: ibidem, 23 gennaio 1936, vol. 15, f. 63v. «*anche il Concordato (che del resto il Governo non ha ancora proposto) va alle calende greche*»: ibidem, 26 gennaio 1936, vol. 15, f. 63v. «*Del Concordato niente a sperare, essendo la Camera incapace di lavoro, per l'ostruzionismo dell'opposizione*»: ibidem, 15 febbraio 1936, vol. 15, f. 67r. «*Medito se insistere col Governo per forzarlo a dichiararsi più in concreto circa il Concordato*»: ibidem, 14 marzo 1936, vol. 15, f. 72v. «*Da Roma non mi scrivono; in Belgrado tutto è sospeso per le questioni religiose: hanno tanto da fare con la politica [...]. Ed io non so se conviene che faccia qualche passo presso il Governo o ancora aspetti*»: ibidem, 26 marzo 1936, vol. 15, f. 74rv.

La censura a Zagabria arrivò addirittura a proibire quel passo del discorso dell'arcivescovo Bauer che, in occasione del capodanno 1936, menzionava l'attesa di una rapida ratifica del concordato. Il governo si richiamava all'incertezza della maggioranza in parlamento, il nunzio però non si accontentava di tale ragionamento, facendo osservare a Stojadinović che sarebbe stato importante che la ratifica fosse venuta, «*sia a grande sia a piccola maggioranza*», per passare finalmente all'applicazione dell'accordo[73]. Il rappresentante pontificio, notevolmente irritato, tra gli strumenti per l'avvio della ratifica, contemplava anche un *ultimatum* al governo[74].

1.1.3 Passi compiuti dal nunzio Pellegrinetti

Il nunzio Pellegrinetti decise di non fare più pressioni sul governo fino al primo anniversario della firma, cioè fino alla fine di luglio 1936. Per quella occasione, infatti, egli prevedeva di presentare alle autorità belgradesi le sue considerazioni e costatazioni circa il concordato non ancora ratificato[75]. Poco prima, nel giugno 1936, gli fu riferito per la prima volta che il governo non era soddisfatto di alcuni articoli del concordato. In esso, infatti, ci sarebbero state, secondo il ministro Martinac, «*quattro o cinque cose in cui il Vaticano non ha ben compreso*» la posizione governativa, ascrivendone la responsabilità al negoziatore Moscatello. Ciononostante il ministro assicurava che il concordato, una volta firmato, si sarebbe dovuto assolutamente ratificare[76]. Il nunzio osservava, d'altra parte, che mentre il governo non gradiva alcune cose nel concordato e si scusava con l'insicurezza parlamentare, i musulmani, contemporaneamente, riuscivano a regolare i loro problemi religiosi di fronte allo Stato, sistemando giuridicamente la loro legislazione, profittando addirittura di certi articoli del concordato che fecero mettere più larghi ed espliciti nella legge[77].

Il 25 luglio 1936, il nunzio Pellegrinetti mandò a Stojadinović l'annunciata nota, in tono pacato, ma anche risoluto, dopo aver reso evidente la situazione anomala

---

[73] Pellegrinetti a Pacelli, Belgrado, 1° febbraio 1936, rapporto n. 18141, in S.RR.SS., AA.EE.SS., *Jugoslavia*, pos. 96, fasc. 63, f. 89rv.

[74] ASV, Archivio della Prefettura, *Diari del card. Pellegrinetti*, 23 febbraio 1936, vol. 15, f. 68v.

[75] *Ibidem*, 17 giugno 1936, vol. 16, f. 15r; Pellegrinetti a Pacelli, Belgrado, 30 giugno 1936, in S.RR.SS., AA.EE.SS., *Jugoslavia*, pos. 96, fasc. 63, f. 95r.

[76] Pellegrinetti a Pacelli, Belgrado, 30 giugno 1936, in S.RR.SS., AA.EE.SS., *Jugoslavia*, pos. 96, fasc. 63, f. 95v.

[77] *Ibidem.*

nella quale si trovava la sola Chiesa cattolica, giacché gli altri gruppi religiosi avevano ormai regolato i rapporti giuridici con lo Stato attraverso apposite leggi. Presentò brevemente l'*iter* storico delle trattative, mettendo come inizio lo schema di concordato da parte dell'episcopato cattolico del 1920, con la descrizione di tutti i passi fondamentali fino alla firma nel 1935.

Tra le ragioni che avrebbero impedito la ratifica, il nunzio individuava, in primo luogo, quella riguardante l'opposizione in parlamento. Sarcasticamente annotava come la logica non fosse la virtù dei rappresentanti della nazione, poiché sia i deputati che i senatori provenivano dai governi che avevano voluto e preparato tale concordato. Qui si poteva presagire il futuro atteggiamento di coloro che in precedenza erano stati, invece, i principali difensori dell'accordo con la Santa Sede, ad esempio il già presidente del consiglio Jevtić e il ministro Janjić[78].

Al secondo posto veniva notata la freddezza, se non già l'ostilità, verso il concordato, da parte di certi membri del governo stigmatizzata dall'enigmatica formulazione del ministro Martinac circa i quattro o cinque punti non graditi al governo, riportata espressamente dal nunzio. Pellegrinetti riteneva ironicamente tali obiezioni come non facili da comprendere, dal momento che per nessun altro progetto di concordato si era discusso così lungamente e minuziosamente[79].

Nel terzo punto il nunzio affrontò l'obiezione contro la presunta passività dell'episcopato cattolico. Secondo alcuni – si pensava in concreto al ministro sloveno Krek[80] – i vescovi avrebbero dovuto esercitare una pressione più forte sul governo. Pellegrinetti ricordava che l'episcopato aveva già dimostrato sorpresa e dolore per la mancata ratifica nella sua lettera al governo del dicembre 1935. D'altra parte non si sarebbe dovuto usare come argomento la mancanza di pressione, poiché il concordato avrebbe perso la ragion d'essere, se non fosse stato concepito, firmato, ratificato e applicato in spirito di fiduciosa e leale collaborazione[81].

Come ultimo punto veniva menzionata la congetturata pressione del patriarcato serbo-ortodosso. Il nunzio aveva solo qualche informazione a riguardo, ma non

---

[78] Pellegrinetti a Stojadinović, Belgrado, 25 luglio 1936, nota n. 18650 (minuta), in ASV, *Arch. Nunz. Jugoslavia*, busta 9, f. 8r.

[79] *Ibidem*, f. 8rv.

[80] ASV, Archivio della Prefettura, *Diari del card. Pellegrinetti*, 3 marzo 1936, vol. 15, f. 70v; Pellegrinetti a Pacelli, Belgrado, 8 aprile 1936, rapporto n. 18375 (minuta), in ASV, *Arch. Nunz. Jugoslavia*, busta 7, f. 16v.

[81] Pellegrinetti a Stojadinović, Belgrado, 25 luglio 1936, nota n. 18650 (minuta), in ASV, *Arch. Nunz. Jugoslavia*, busta 9, f. 8v.

riteneva, in questo momento, concepibile e verosimile tale supposizione. Gli sembrava quasi impossibile un'azione contraria da parte della gerarchia ortodossa, tanto più che in occasione della sistemazione della loro legislazione (1929), né la Santa Sede, né i vescovi, né i sacerdoti, né i politici cattolici si erano in alcun modo immischiati in questo affare[82].

Nella conclusione il nunzio segnalava che un ulteriore ritardo avrebbe aumentato il malessere tra i cattolici, che avrebbero cominciato a dubitare della buona volontà del governo, e sottolineava i grandi vantaggi del concordato, che avrebbe messo fine ad un periodo troppo lungo di incertezze e di interminabili discussioni, avrebbe rinforzato la fiducia compromessa, avrebbe finalmente regolato una massa di questioni che attendevano la loro soluzione, avrebbe reso possibile una collaborazione molto utile per il bene della Chiesa e dello Stato[83].

Il rappresentante pontificio conveniva con Moscatello sull'opportunità di presentare al governo jugoslavo una specie di *ultimatum*, se le cose non fossero ripartite entro il seguente mese di novembre[84], anche se Pellegrinetti era conscio che le difficoltà di ratificare un concordato non erano esclusive del caso jugoslavo, giacché anche in quello con Baden la ratifica era avvenuta per un solo voto, quello doppio del presidente[85]. Perciò, quando egli rientrò nella capitale jugoslava dalle vacanze estive, nell'ottobre 1936, notando che le cose pian piano cominciavano a muoversi dal punto morto[86], non ritenne necessario per il momento inviare un *ultimatum*.

Il governo, essendosi appena assicurato la maggioranza nel senato, diede infatti i primi passi concreti. La reggenza reale, all'inizio di novembre 1936, autorizzò il governo a presentare il concordato al parlamento nazionale per la sua ratifica[87]. Ciò venne realizzato, per mezzo del presidente del governo e del ministro della giusti-

---

[82] *Ibidem*.

[83] *Ibidem*, ff. 8v-9r.

[84] ASV, Archivio della Prefettura, *Diari del card. Pellegrinetti*, 12 agosto 1936, vol. 16, f. 27v.

[85] *Ibidem*.

[86] Pellegrinetti a Pacelli, Belgrado, 27 ottobre 1936, rapporto n. 18886 (minuta), in ASV, *Arch. Nunz. Jugoslavia*, busta 7, ff. 44r-45v; Pellegrinetti a Pacelli, Belgrado, 11 novembre 1936, rapporto n. 18915, in S.RR.SS., AA.EE.SS., *Jugoslavia*, pos. 96, fasc. 64, f. 17rv.

[87] Il testo dell'autorizzazione della reggenza si veda in S. SIMIĆ, *Jugoslavija i Vatikan*, 120.

zia, ancora nello stesso mese[88], motivando ufficialmente il passo con la dannosa mancanza di norme riguardanti la Chiesa cattolica[89].

Il presidente della camera dei deputati Čirić confidò al nunzio che dopo la presentazione del progetto di legge per la ratifica alla riapertura della camera, l'11 dicembre 1936, si sarebbe nominata, come era abituale per tutte le leggi di qualche importanza, una commissione incaricata di riferire all'assemblea. I lavori della commissione non si sarebbero dovuti prolungare più di una settimana, per cui la discussione e la votazione avrebbe avuto luogo prima di Natale. Sarebbe poi rimasta l'approvazione del senato, la cui riunione si prevedeva per la fine di gennaio, in modo che la ratifica, nella miglior ipotesi, sarebbe avvenuta per il mese di febbraio 1937[90].

Alla presentazione del concordato al parlamento erano collegati alcuni aspetti "tecnici", come ad esempio la traduzione e la pubblicazione del concordato. Il ministero degli esteri fece preparare, per consegnare il progetto di legge a tutti i deputati e i senatori, la traduzione del concordato. Presto si rivelarono inesattezze, come l'uso di molti termini serbo-ortodossi riferiti alle cose religiose cattoliche, per le quali i cattolici croati adoperavano altre espressioni[91]. Il nunzio dovette avvertire il governo che il testo da ratificare rimaneva quello in lingua originale (francese), e non la traduzione, che doveva essere solo «*un mezzo sussidiario d'informazione*»[92].

La pubblicazione del concordato era prevista inizialmente, secondo l'accordo in occasione della firma, al momento dello scambio degli strumenti di ratifica. Con la distribuzione del testo in centinaia di copie ai deputati e senatori, il segreto non sussisteva più, perciò il governo intendeva portare la traduzione del concordato pure a conoscenza del pubblico. Per fare uno strappo alla regola ci si doveva intendere con l'altra parte contraente e così il nunzio chiese alla Segreteria di Stato l'autorizzazione a informare il governo che la Santa Sede non si sarebbe opposta alla

---

[88] I. MUŽIĆ, *Katolička crkva*, 131; S. SIMIĆ, *Jugoslavija i Vatikan*, 119.

[89] Il testo della motivazione, pronunciato da Stojadinović, al momento della presentazione del progetto di concordato, in trad. it., si veda in: Pellegrinetti a Pacelli, Belgrado, 24 novembre 1936, rapporto n. 18964, in S.RR.SS., AA.EE.SS., *Jugoslavia*, pos. 96, fasc. 64, f. 23rv.

[90] Pellegrinetti a Pacelli, Belgrado, 8 dicembre 1936, rapporto n. 19035, *ibidem*, f. 27rv.

[91] Pellegrinetti a Pacelli, Belgrado, 18 novembre 1936, rapporto n. 18937, *ibidem*, f. 19r.

[92] Pellegrinetti a Pacelli, Belgrado, 23 novembre 1936, rapporto n. 18960, *ibidem*, f. 21r.

pubblicazione della traduzione, purché venisse fatta non prima della discussione in parlamento e si facesse chiaramente capire al pubblico che la ratifica sarebbe avvenuta sul testo originale, l'unico decisivo per ambe le parti[93]. Il segretario di Stato accolse tale proposta[94].

Il terreno fu spianato per la fase conclusiva. La diffusione del testo concordatario tra i deputati e i senatori provocò, però, molta agitazione. La disposizione che infastidiva in modo particolare i deputati sacerdoti serbo-ortodossi – in totale diciannove – fu l'art. VIII che limitava l'attività politica del clero[95]. Il nunzio, molto sorpreso, dovette illuminare il presidente della camera che questo articolo era stato chiesto dal governo jugoslavo stesso, e che se esso non desiderava dargli effetto, era libero di farlo; il governo avrebbe avuto solo l'obbligo di applicare il terzo alinea, se avesse voluto servirsi del primo[96]. Questo piccolo "incidente" intorno all'art. VIII, nel quale fu proprio la stessa Belgrado a cadere nel ridicolo, dimostra in modo assai chiaro tutta l'anomalia delle trattative del concordato jugoslavo, dovuta principalmente – fino a questo punto – al modo segreto in cui erano state condotte e al cambio di governo proprio al momento della firma.

---

[93] *Ibidem*, f. 21rv.

[94] Pacelli a Pellegrinetti, Vaticano, 27 novembre 1936, cifrato n. 4533 (4533/36), *ibidem*, f. 22r; Pellegrinetti a Stojadinović, Belgrado, 28 novembre 1936, nota n. 18984 (minuta), in ASV, *Arch. Nunz. Jugoslavia*, busta 9, f. 39r. La copia si veda in S.RR.SS., AA.EE.SS., *Jugoslavia*, pos. 96, fasc. 64, f. 25r.

[95] «*En considération des garanties, créés par les dispositions du présent Concordat, d'une Législation qui sauvegarde les droits et la liberté de l'Eglise Catholique dans le Royaume de Yougoslavie, le Saint-Siège édictera les dispositions en vertu desquelles il sera défendu aux prêtres qui ont cure d'âmes d'une manière stable ou provisoire, d'appartenir, pendant leur service actif, aux partis politiques, et de militer en faveur des mêmes.*

L'obligation faite aux prêtres susdits ne comporte aucune limitation à l'enseignement qu'ils doivent donner relativement à la doctrine et aux maximes de l'Eglise, soit en matières dogmatique, soit en matière morale.

Le Gouvernement yougoslave prendra en même temps, relativement aux confessions et aux cultes non catholiques, des dispositions équivalentes au sujet de l'activité politique dans les partis»: *Enchiridion dei concordati*, 894; trad. it., 895.

[96] Pellegrinetti a Pacelli, Belgrado, 8 dicembre 1936, rapporto n. 19035, in S.RR.SS., AA.EE.SS., *Jugoslavia*, pos. 96, fasc. 64, ff. 27v-28r; Pellegrinetti a Stojadinović, Belgrado, 9 dicembre 1936, nota n. 19036 (minuta), in ASV, *Arch. Nunz. Jugoslavia*, busta 9, f. 52rv. La copia si veda in S.RR.SS., AA.EE.SS., *Jugoslavia*, pos. 96, fasc. 64, f. 30r.

Nei timori dei deputati, in maggioranza serbo-ortodossi, nei confronti di certi articoli, il nunzio scorgeva «*tutto il fondo di pregiudizi che cova in fondo all'anima bizantina*». Non risparmiava nemmeno critiche sulla loro non-conoscenza della natura del concordato:

> I deputati sono in gran parte gente ignorantissima di diritto internazionale e soprattutto di diritto canonico. Vanno dicendo: Ma perché dobbiamo noi firmare un atto voluto dal Vescovo di Roma?[97]

Tale accusa fu ripresa, in un certo senso, dallo stesso presidente del consiglio Stojadinović, quando egli nelle proprie memorie, toccando i gruppi politici d'opposizione, dichiarava che nessuno di questi aveva avuto alcuna idea di che cosa contenesse il concordato[98].

Ma tutto questo era ben poco in confronto a ciò che stava covando, in modo segreto, la gerarchia serbo-ortodossa. I primi presagi della sua "entrata in gioco" si ebbero quando si seppe della riunione improvvisa e plenaria di tutti i vescovi serbi, il 24 novembre 1936, cioè il giorno seguente all'invio del progetto di legge per la ratifica del concordato in parlamento. Pellegrinetti da più parti sentiva «*oscure previsioni*»[99]. Durante quei momenti di ansia, quando non si avevano ancora notizie ufficiali sulla posizione della Chiesa ortodossa, fu molto significativo l'incontro in Vaticano tra il segretario di Stato e il vescovo Stepinac, che dubitava della ratifica del concordato, convinto che le continue dilazioni, sotto pretesto della mancata maggioranza governativa, fossero in realtà frutto della pressione della Chiesa ortodossa. Egli "profetizzò" che se il concordato fosse stato rimandato fino a maggio, sarebbe caduto. Per evitare tale destino si sarebbe dovuto agire con molta energia, poiché soltanto così le autorità civili avrebbero ceduto[100]. Quest'ultima affermazione ricorda molto quello che il ministro jugoslavo presso il Quirinale Dučić, lui stesso serbo-ortodosso, avrebbe detto al giovane vescovo nel gennaio 1935, quando le trattative erano ancora in corso:

---

[97] Pellegrinetti a Pacelli, Belgrado, 8 dicembre 1936, rapporto n. 19035, in S.RR.SS., AA.EE.SS., *Jugoslavia*, pos. 96, fasc. 64, f. 28r.

[98] M. M. Stojadinović, *Ni rat ni pakt*, 526.

[99] Pellegrinetti a Pacelli, Belgrado, 16 dicembre 1936, rapporto n. 19062, in S.RR.SS., AA.EE.SS., *Jugoslavia*, pos. 96, fasc. 64, f. 38r.

[100] Appunto di Pacelli, Vaticano, 14 dicembre 1936, n. 4783/36, *ibidem*, f. 29r.

Il Concordato è necessario, anche se i Serbi sono restii a far le debite concessioni. Ma voi cattolici dovete farvi sentire, strillare e minacciare; il Serbo non concede se non per forza! I Cattolici meritano di meglio e di più: siano forti e l'avranno[101].

1.2 *Fase "militante" contro la ratifica parlamentare del concordato (dicembre 1936 – luglio 1937)*

Dopo la decisione governativa di presentare il progetto di legge per la ratifica del concordato, cominciò una vera tempesta, che avrebbe prodotto, come è stato riferito, un'elevatissima quantità di libri e di articoli, intorno alla cosiddetta "crisi concordataria"[102]. A questo punto si esaminerà l'attività dei principali protagonisti del concordato, con speciale riferimento a quelli che si sono distinti nel combattere la sua ratifica. Al primo posto la reazione della gerarchia serbo-ortodossa, per continuare poi con la congiura dell'opposizione politica serba, la condotta di alcuni politici cattolici (croati) e finalmente l'operato in segreto delle logge massoniche.

1.2.1 Protesta ufficiale della Chiesa serbo-ortodossa

Ogni dubbio circa la posizione della Chiesa serbo-ortodossa fu dissipato a metà dicembre 1936, quando si pubblicò il comunicato ufficiale del «Santo Concilio Episcopale» («Sveti arhijerejski sabor»), nel quale, tra le righe, si leggeva una chiara dichiarazione «*di guerra*» al concordato[103].

Prima di entrare in uno studio più dettagliato del menzionato comunicato e dei seguenti sviluppi, ci pare opportuno sintetizzare brevemente l'operato dalla gerarchia ortodossa durante il periodo cosiddetto "silenzioso" (estate 1935–dicembre 1936). È certamente difficile poter offrire un quadro completo e oggettivo dell'attività della Chiesa serbo-ortodossa in questa fase, non avendo a disposizione che pochi documenti d'archivio. Possiamo basarci soprattutto sulle testimonianze personali, che però per la loro natura piuttosto apologetica, spesso non rispondono esattamente allo svolgimento dei fatti.

---

[101] Pellegrinetti a Pacelli, Belgrado, 28 gennaio 1935, rapporto n. 17050, *ibidem*, fasc. 62, ff. 52v-53r.

[102] Miloš Mišović intitolò il suo libro *Srpska crkva i konkordatska kriza* [*La Chiesa serba e la crisi concordataria*].

[103] Pellegrinetti a Pacelli, Belgrado, 16 dicembre 1936, rapporto n. 19062, in S.RR.SS., AA.EE.SS., *Jugoslavia*, pos. 96, fasc. 64, f. 38r.

Finora abbiamo segnalato due momenti circa la posizione della Chiesa ortodossa riguardo al concordato: il *placet* del patriarca prima della firma (luglio 1935), e la protesta del «Santo Concilio Episcopale» nel settembre 1935. Il contrasto tra le due posizioni mostra chiaramente che all'interno della gerarchia ortodossa non ci fu, almeno all'inizio, una totale chiarezza di fondo e unità di pensiero. Anche circa i loro interventi presso il governo, durante il periodo "silenzioso", troviamo informazioni discordanti. Le fonti governative sottolineano lo sforzo del governo per cercare in tutti i modi, lungo tutto questo periodo, un accordo con la Chiesa ortodossa sulla questione concordataria, affinché si evitasse il pericolo di una discordia o guerra religiosa. I rappresentanti del governo e della gerarchia ortodossa si sarebbero incontrati più volte, ma subito sarebbe divenuto chiaro che le richieste della Chiesa ortodossa non potevano essere prese in considerazione da parte del governo[104]. Mužić da ciò concludeva che dopo tutti i tentativi per trovare una soluzione comune, il governo avrebbe deciso, nell'autunno 1936, di avviare la ratifica senza previa intesa con il patriarcato serbo[105].

Un'altra spiegazione dei fatti viene proposta dal metropolita Dožić, che nel 1938 divenne il patriarca serbo. Egli afferma che fino al 1936 la Chiesa serbo-ortodossa sarebbe rimasta completamente passiva nei confronti del concordato, senza esser ricorsa ai mezzi necessari per assicurare che l'affare tornasse a suo favore. Un tale sbaglio avrebbe portato conseguenze negative per tutti[106]. Nell'attribuire la responsabilità di tale passività allo stesso patriarca Varnava, Dožić cercava, però, anche di giustificarlo a motivo del suo carattere pacifico e ingenuo, che l'avrebbe reso molto fiducioso nei confronti del governo e del defunto sovrano, i quali – nella sua mente – non avrebbero mai agito contro gli stessi serbi. Il concordato, per tali motivi, non avrebbe contenuto niente di nocivo per gli ortodossi[107].

Il metropolita ci ha lasciato la descrizione del suo coinvolgimento nella vicenda, mettendo in risalto la propria sollecitudine per contrastare, sin dall'inizio, il "pericoloso" concordato. Egli avrebbe mostrato subito la propria insoddisfazione per il testo, considerandolo minaccioso per gli interessi della Chiesa ortodossa, poiché tramite esso la Chiesa cattolica sarebbe stata troppo favorita[108].

---

[104] *Pravoslavlje i konkordat*, 19-20; I. MUŽIĆ, *Katolička crkva*, 130.

[105] I. MUŽIĆ, *Katolička crkva*, 131.

[106] *Memoari patrijarha*, 97-98.

[107] *Ibidem*, 93-96, 100-101.

[108] *Ibidem*, 97, 100.

La presentazione di Dožić spiega in modo abbastanza convincente il perché del presunto cambiamento di posizione della Chiesa serbo-ortodossa tra luglio e settembre 1935. Sarebbe stato, infatti, lui stesso a provocare la petizione del «Santo Concilio Episcopale» contro il concordato, presentata al governo il 13 settembre 1935[109]. Proprio questa protesta mise in forse l'interpretazione di Stojadinović che nelle sue memorie, invece, affermava che il «Santo Sinodo Episcopale», dopo aver letto il testo di concordato, da lui personalmente consegnato al patriarca, non avesse presentato alcuna obiezione. E siccome neanche in parlamento si sentivano voci contrarie al concordato, egli concludeva che nel 1936 non solo nessuno sarebbe stato contrario ad esso, ma che addirittura si sarebbe discusso su chi avesse il merito per la sua firma[110].

Di fronte alle diverse interpretazioni dei fatti, presentate dai differenti protagonisti ortodossi, rimase fermo un punto comune, cioè che il difetto più grande del concordato sarebbe stato nella stessa procedura adoperata, che aveva escluso la gerarchia ortodossa, rappresentante della Chiesa costitutiva dello Stato, dalla preparazione del "documento romano"[111]. I loro interessi sarebbero stati così offesi anche a livello simbolico e non solo reale.

Questa breve sintesi preliminare ci introduce a capire lo sfondo della posizione della Chiesa serbo-ortodossa contro il concordato, resa pubblica nel dicembre 1936. La gerarchia ortodossa uscì così allo scoperto, dopo la presentazione del progetto di concordato in parlamento, sentendosi in dovere di proteggere il principio dell'uguaglianza religiosa in Jugoslavia, presumibilmente minacciata dal concordato.

Il 16 dicembre 1936 Pellegrinetti annottava sul suo diario:

> Oggi quello che già temevo è accaduto: leggiamo sui giornali il "comunicato" del Concilio Plen[ario] serbo-ortodosso: guerra al Concordato! Ciò significa, in fondo, che il Concordato è seppellito [...]. Sento svanire le ultime illusioni: illusioni di 15 anni e ne soffro[112].

Il motivo della tristezza del nunzio fu la pubblicazione sui giornali del comunicato ufficiale dal concilio plenario dei vescovi serbo-ortodossi. In esso, senza nomi-

---

[109] I. MUŽIĆ, *Katolička crkva*, 129.

[110] M. M. STOJADINOVIĆ, *Ni rat ni pakt*, 522.

[111] I. MUŽIĆ, *Katolička crkva*, 128, n. 17; *Memoari patrijarha*, 97.

[112] ASV, Archivio della Prefettura, *Diari del card. Pellegrinetti*, 16 dicembre 1936, vol. 16, ff. 55v-56r.

nare direttamente il concordato, si metteva in guardia dalle «*leggi*» e dai «*progetti di legge*» delle altre fedi riconosciute, in virtù delle quali la Chiesa serbo-ortodossa si sarebbe trovata «*in una condizione d'inferiorità di fronte ad esse confessioni*». Nel detto comunicato, i vescovi invitavano il popolo ortodosso a «*conservare la santa religione ortodossa dei loro padri e ad aiutare con spirito di sacrificio la loro Chiesa nazionale di San Sava*»[113].

Pellegrinetti, deducendo dal comunicato un attacco frontale al concordato, rimase stupito non solo del suo contenuto ma anche del fatto che il governo lo avesse lasciato pubblicare, quando invece ai cattolici sarebbe stato sempre proibito di dire una parola in difesa del concordato, «*sotto il pretesto di evitare l'occasione d'incresciose e premature polemiche*». Come i vescovi ortodossi avessero avuto il testo del concordato e i vescovi cattolici non l'avessero avuto nemmeno in traduzione, sarebbe stato un altro «*indovinello*»[114]. La sua prima impressione fu che il governo cercasse un alibi per rimandare il concordato «*alle calende greche*», poiché tutte le date annunziategli negli ultimi diciassette mesi erano state già oltrepassate[115].

Il comunicato ufficiale fu, però, solo una sintesi "diplomatica" di una lettera, mandata a Stojadinović dal «Santo Concilio Episcopale», già il 3 dicembre 1936, e il cui contenuto fu a conoscenza del nunzio solo nel febbraio 1937[116] e del pubblico nel luglio dello stesso anno[117]. Nella lettera, chiamata «Memorandum», i vescovi ortodossi non usavano mezzi termini nel ritenere il concordato contrario alla legittima volontà nazionale e alle leggi fondamentali dello Stato. Data la sua importanza, di seguito sono esposte in sintesi alcune considerazioni della lettera, assai lunga in verità[118].

Nell'introduzione il «Santo Concilio Episcopale» si richiamava ai precedenti passi fatti dalla gerarchia ortodossa contro il concordato (cf. la protesta del 13 settembre 1935), ai quali però non era stata prestata la necessaria attenzione. Con la rinnovata protesta ora, con più vigore, i vescovi, convinti della nocività del documento, alzavano la loro voce chiedendo al regio governo di non ratificarlo. Si passava,

---

[113] Il comunicato, in trad. it., si veda in S.RR.SS., AA.EE.SS., *Jugoslavia*, pos. 96, fasc. 64, ff. 38r-39r.

[114] Pellegrinetti a Pacelli, Belgrado, 16 dicembre 1936, rapporto n. 19062, *ibidem*, f. 39r.

[115] *Ibidem*, f. 39rv.

[116] Pellegrinetti a Pacelli, Belgrado, 7 febbraio 1937, rapporto n. 19255, *ibidem*, ff. 67r-68r.

[117] Il «Memorandum» fu pubblicato il 19 luglio 1937, a pochi giorni dalla votazione sul progetto di concordato, nel bollettino del patriarcato serbo-ortodosso *Glasnik SPP*, Anno XVIII (1937) – n. 15, 449-452. La citazione è presa da I. Mužić, *Katolička crkva*, 132, nota 14.

[118] Il testo integrale si trova anche in I. Mužić, *Katolička crkva*, 218-221.

più avanti, a rilevare le considerevoli rinunce affrontate dalla Chiesa serbo-ortodossa, con l'accettazione, al momento della creazione del Regno SHS, della perdita dello *status* di religione di Stato, che aveva avuto precedentemente in Serbia e in Montenegro. Tale sacrificio non sarebbe stato nemmeno necessario. I grandissimi meriti della Chiesa serbo-ortodossa nella formazione dello Stato e nel mantenimento dell'identità nazionale presso la relativa maggioranza della popolazione (serbi), infatti, le avrebbero dato il diritto di conservare la propria plurisecolare posizione nello Stato, alla stregua dei Paesi vicini (Grecia, Bulgaria, Romania), ove la Chiesa ortodossa, anche dopo la guerra, rimaneva ancora religione di Stato. Ma una volta accettato il fatto che tutte le religioni erano dichiarate pari in diritto, la Chiesa serba avrebbe dovuto almeno assicurarsi che tale parità non venisse violata a suo scapito. Anche la mancanza di una legge interconfessionale imponeva prudenza e rispetto all'eguaglianza religiosa, protetta dalla costituzione. Tali elementi di parità, purtroppo, sarebbero stati «*negli ultimi tempi*» abbandonati.

Qui il «Memorandum» toccava dapprima la nuova «Legge della comunità islamica» (1936), non più in accordo con la costituzione, come invece lo era ancora la precedente del 1930. Di gran lunga più pericoloso, però, sarebbe stato il progetto di concordato, che avrebbe addirittura abolito il principio costituzionale della parità di culto, concedendo alla Chiesa cattolica lo *status* di Chiesa dominante e statale, e relegando nel contempo le altre fedi, specie la Chiesa ortodossa, al rango di confessioni tollerate[119].

Il «Memorandum» passava, quindi, all'analisi del concordato, per dimostrare concretamente come esso fosse in contraddizione con la costituzione e le leggi dello Stato, soffermandosi soprattutto sugli articoli relativi al coinvolgimento in politica del clero, alla scuola confessionale, al matrimonio e ai beni ecclesiastici[120]. Il documento, indicando alcuni articoli, si rifaceva ad un opuscolo anonimo molto più ampio[121], inviato come allegato a Stojadinović. Il suo contenuto è stato già ripreso nell'analisi dei singoli articoli del concordato che abbiamo effettuato nel precedente capitolo. Tale *brochure*, stampata proprio nel dicembre 1936, ha un valore particolare, poiché rivelò al pubblico, per la prima volta, il testo del concordato, rendendo inutili tutti gli sforzi delle autorità civili di proibire la sua diffusione[122].

---

[119] *Ibidem*, 218.

[120] *Ibidem*, 219-220.

[121] [M. JOVANOVIĆ], *Primedbe*.

[122] I. MUŽIĆ, *Katolička crkva*, 132.

L'analisi del concordato proposta dalla Chiesa ortodossa apparve forzata, poiché cercavano «*il pelo nell'uovo*», allo stesso Stojadinović[123]. Basta soffermarsi sull'art. I, ove il «Memorandum» già inciampava sul termine «*mission*», riferendosi all'attività della Chiesa cattolica nel regno[124]. Con questa parola, secondo i vescovi ortodossi, il concordato avrebbe indirettamente proclamato la Jugoslavia terra pagana e selvaggia, per la quale c'era bisogno di istituire una missione della Chiesa cattolica[125]. Che tale interpretazione fosse stata poco seria ed esagerata, lo dimostra anche il fatto che lo stesso termine veniva adoperato per ben tre volte nella stessa costituzione della Chiesa serbo-ortodossa[126].

Il «Memorandum», dopo aver analizzato alcuni articoli del concordato, pretendeva dimostrare che il concordato fosse contro gli interessi non solo della

---

[123] M. M. Stojadinović, *Ni rat ni pakt*, 524.

[124] L'art. I stabiliva: «*A l'Eglise Catholique, dans chacun de ses rites, est reconnu le plein droit d'exercer librement et publiquement sa mission dans le Royaume de Yougoslave*»: Enchiridion dei concordati, 886, trad. it., 887. Nelle sue memorie, Moscatello affermava d'essere stato lui stesso a introdurre la parola «*mission*» per la sua brevità e per non ripetere la stessa formula, adottata in molti concordati (APHZSJ, ostavština Moscatello, busta 2: *Bilješke [Memorie]*, p. 90; *Nikola Moscatello*, F. Veraja – S. Kljaić, ed., 133). Al nunzio Pellegrinetti, invece, Moscatello avrebbe confidato d'essere stato il segretario di Stato Pacelli a proporla, «*perché dice tutto e niente in politica*» (ASV, Archivio della Prefettura, *Diari del card. Pellegrinetti*, 27 marzo 1937, vol. 16, f. 78r). Rinnegando decisamente il proselitismo cattolico, presuntivamente nascosto dietro il termine problematico, Moscatello dimostrava come proprio in virtù di questo concordato sarebbero stati aboliti come «*terra missionum*» alcuni luoghi, che fino a quel momento dipendevano dalla congregazione *De Propaganda Fide*, passando in tal modo sotto l'amministrazione ordinaria della gerarchia ecclesiastica (APHZSJ, ostavština Moscatello, busta 2: *Bilješke [Memorie]*, p. 91; *Nikola Moscatello*, F. Veraja – S. Kljaić, ed., 133). Si veda anche G. Mithans, *Urejanje odnosov*, 291-292.

[125] I. Mužić, *Katolička crkva*, 219. Il nunzio, nel commentare tale interpretazione, non poteva non suggerire ironicamente al segretario di Stato: «*Risum teneatis!*»: Pellegrinetti a Pacelli, Belgrado, 7 febbraio 1937, rapporto n. 19255, in S.RR.SS., AA.EE.SS., *Jugoslavia*, pos. 96, fasc. 64, f. 67v.

[126] M. M. Stojadinović, *Ni rat ni pakt*, 524. Si tratta degli articoli 44 §3, 49 §1 e 63 §2 della menzionata costituzione ([N. Moscatello], *Konkordat i kritika*, 12-13). Il governo, in più, sponsorizzò la pubblicazione in sinossi degli articoli del progetto di concordato e della legislazione della Chiesa serbo-ortodossa, allo scopo di dimostrare l'infondatezza delle obiezioni, mosse in nome dell'eguaglianza religiosa: *Tekstovi projekta*.

Chiesa serbo-ortodossa, ma anche dello stesso Stato. Il progetto di concordato sarebbe stato in contraddizione con le leggi fondamentali dello Stato, di cui il «Memorandum» enumerava alcune delle più importanti (uguaglianza religiosa, uguaglianza dei cittadini davanti alla legge, competenza dei tribunali civili, diritti civili e politici indipendenti dalla religione, obbligo del servizio militare, tolleranza religiosa, competenze dello Stato sul matrimonio …). Alla fine, il concordato avrebbe imposto allo Stato pesanti oneri materiali in favore della Chiesa cattolica (articoli XVI-XXII)[127].

Da ciò si concludeva che tramite questo progetto di concordato, paragonandolo con i concordati del Regno di Serbia e del Regno di Montenegro, come anche con i concordati degli altri Stati, si sarebbero dati più diritti e competenze alla Chiesa cattolica che altrove, mettendo in una situazione di inferiorità le altre religioni. Per tutto ciò i rappresentanti della Chiesa serbo-ortodossa, alla fine della lettera, dichiaravano che se il concordato – così com'era – fosse diventato legge, essi non avrebbero potuto né voluto riconoscerlo, ma sarebbero stati costretti a lottare, in forza del loro sacro giuramento e del loro sacro dovere, in unione al loro clero e popolo, con tutti i possibili mezzi contro l'applicazione di tale legge[128].

Da tali minacce è facile comprendere il primo disperato commento di Pellegrinetti, che già vedeva sepolto ogni sforzo per la ratifica del concordato, ritenendo il «Memorandum» una *«guerra a fondo»*, anche contro un'eventuale legge di Stato[129]. Ancora prima di venire a sapere del «Memorandum», egli affermò, che una possibile campagna del patriarcato serbo contro la ratifica del concordato avrebbe dimostrato come fosse grande *«il suo spirito d'intolleranza e la sua incomprensione dei bisogni dello Stato»*[130].

È curioso vedere come questo passo decisivo della Chiesa serbo-ortodossa venne interpretato da alcuni protagonisti e da altri esperti in materia. Il metropolita Dožić, motore della protesta della gerarchia ortodossa, affermava che lui e altri vescovi ortodossi erano decisi ad andare fino in fondo nella loro lotta contro la

---

[127] I. Mužić, *Katolička crkva*, 220.

[128] *Ibidem*, 221.

[129] Pellegrinetti a Pacelli, Belgrado, 7 febbraio 1937, rapporto n. 19255, in S.RR.SS., AA.EE.SS., *Jugoslavia*, pos. 96, fasc. 64, f. 68r.

[130] Pellegrinetti a Pacelli, Belgrado, 8 dicembre 1936, rapporto n. 19035, *ibidem*, f. 27v.

ratifica del concordato, anche a prezzo della propria testa, e che esigevano dal governo la rimozione del progetto dalla discussione e ratifica parlamentare[131].

In un modo assai differente vedevano l'azione della Chiesa ortodossa Stojadinović, Moscatello e Crnica, che cercavano di intuire dei motivi più profondi, a prima vista forse un po' velati.

Convinto che il concordato non nuocesse gli interessi degli ortodossi, Stojadinović, lui stesso serbo-ortodosso, come vero motivo dell'opposizione della Chiesa serba vedeva la gelosia e l'insoddisfazione per aver perso il primato nei confronti delle altre fedi, che aveva avuto prima nel Regno di Serbia e non rivestiva più nel nuovo assetto statale. Questo, tra le righe, lo affermava lo stesso «Memorandum». Sembrava che la Chiesa ortodossa non si fosse riconciliata con il fatto d'essersi trovata, d'un tratto, sullo stesso livello di cattolici, musulmani ed ebrei. La lotta contro il concordato, quindi, avrebbe dato l'occasione propizia alla Chiesa serbo-ortodossa per riaffermarsi come religione «*dominante*», riprendendo così la posizione, che aveva nel frattempo perduto. Per tale ragione la lotta concordataria avrebbe dovuto inserirsi in un quadro molto più ampio, sotto il prisma del plurisecolare scontro tra l'Oriente e l'Occidente, tra Roma e Bisanzio. Il concordato sarebbe stato, quindi, solo un «*movente*», e lui come presidente una «*vittima innocente*»[132].

Ancora più duro nei confronti dei vertici della Chiesa ortodossa si mostrò Moscatello. Anche lui vi scorgeva lo sforzo di difendere il predominio ortodosso sulle altre fedi. La campagna anticoncordataria avrebbe avuto ampia eco a causa dell'indisposizione contro il cattolicesimo, accumulatasi lungo i secoli. Le vicende intorno al concordato avrebbero svelato chiaramente quello che fino a quel momento nessuno aveva avuto il coraggio di ammettere, che cioè nello Stato esistesse un potere più grande dello stesso governo: la Chiesa serbo-ortodossa, ma non in senso religioso o culturale, bensì prettamente politico. Per tale ragione tutti gli altri gruppi religiosi, in modo particolare la Chiesa cattolica, sarebbero stati sottoposti al controllo di un'organizzazione religiosa a loro nemica. In Europa simili cose non si vedevano da molto tempo[133].

Simili conclusioni furono apportate dallo studioso coevo Crnica. Nell'impossibilità di riacquistare lo *status* prebellico, in seguito alla nuova compagine costituzionale,

---

[131] *Memoari patrijarha*, 102-103.

[132] M. M. Stojadinović, *Ni rat ni pakt*, 525-526.

[133] APHZSJ, ostavština Moscatello, busta 2: *Bilješke [Memorie]*, pp. 76-77, 81-82, 84; *Nikola Moscatello*, F. Veraja – S. Kljaić, ed., 117-118, 123, 126.

voluta dal re, la Chiesa serbo-ortodossa avrebbe utilizzato tutti i mezzi contro il concordato, non volendo tollerare l'eguaglianza della Chiesa cattolica. Che il concordato non avesse leso i diritti della Chiesa ortodossa e di altre religioni riconosciute, lo confermava il fatto che nessun altro gruppo religioso avesse avanzato proteste contro di esso[134].

1.2.2 Il "Braccio di ferro" fra il governo Stojadinović e la gerarchia serbo-ortodossa

Quanto verosimile risulta l'impressione del nunzio, secondo cui il governo, non avendo proibito la pubblicazione del comunicato e delle *Primedbe*, cercava una scusa pilatesca per rimandare indefinitamente la ratifica del concordato[135]?

Il dubbio di Pellegrinetti sulla sincerità di Stojadinović aumentò ulteriormente quando la stessa censura governativa, d'altro canto, impedì la dichiarazione circa il concordato dell'arcivescovo Bauer, in occasione del capodanno, e mutilò il comunicato in difesa di esso dell'intero episcopato, riunito nella sua conferenza del gennaio 1937[136]. Il patriarcato, invece, poté pubblicare nel seguente mese di marzo un opuscolo con un testo a quattro colonne, contenente i progetti di concordato del 1923, del 1925, del 1931 e il documento sottoscritto nel 1935[137], per dimostrare come il governo avesse dovuto cedere sempre di più alle richieste vaticane. In esso, naturalmente, non si avvertiva che il progetto del 1923 non era stato mai adottato dal governo, né mai presentato alla Santa Sede, e che solo il quarto testo fosse propriamente «concordato», cioè risultato delle proposte governative, di quelle ecclesiastiche e del loro accordo per via di mutuo compromesso.

Ma la cosa più deplorevole sarebbe stata, secondo Pellegrinetti, che il patriarcato avesse avuto il coraggio e l'ardire di pubblicare documenti ufficiali e segreti del governo jugoslavo. Il colpevole di tale "congiura" sarebbe stato l'ex ministro della giustizia Maksimović, che già durante le trattative aveva creato molte difficoltà[138]. Di

---

[134] A. CRNICA, *Važnost Konkordata*, 18-21.

[135] Pellegrinetti a Pacelli, Belgrado, 16 dicembre 1936, rapporto n. 19062, in S.RR.SS., AA.EE.SS., *Jugoslavia*, pos. 96, fasc. 64, f. 39r.

[136] Circa la dichiarazione di Bauer e la conferenza episcopale parleremo più avanti, sotto il titolo: 1.2.5 I vescovi cattolici nel dilemma tra la questione croata e il concordato.

[137] *Projekti konkordata.*

[138] Pellegrinetti a Pacelli, Belgrado, 31 marzo 1937, rapporto n. 19453, in S.RR.SS., AA.EE.SS., *Jugoslavia*, pos. 96, fasc. 65, f. 52rv.

fronte ad una tale parzialità delle misure della censura, il nunzio non credette alla veracità della ragione ufficiale, e cioè che le polemiche nuocessero alla ratifica[139].

Il governo, ciononostante, sembrava risoluto ad andare fino in fondo, volendo portare a buon fine l'impegno preso con la firma del concordato. Più che per le simpatie verso l'accordo internazionale o per la presa di coscienza della sua importanza e valore, Stojadinović era spinto dalla difesa del prestigio e dall'autorità della sua carica, non volendo che qualcun altro, non chiamato in causa – fosse pure la piazza, o l'esercito, o la Chiesa – si mescolasse negli affari statali[140]. Si capisce, allora, perché, appena gli fu presentato, tramite la delegazione del «Santo Sinodo Episcopale», il famoso «Memorandum», energicamente respinse le richieste ivi contenute[141].

Già qualche settimana dopo, il 22 dicembre 1936, fu votata dal parlamento, senza discussione, la commissione parlamentare incaricata di riferire sul progetto di legge per la ratifica del concordato, comprendendo, insieme ai sostituti, ben quarantadue deputati[142]. La sua composizione sollevò la preoccupazione del nunzio, poiché vi si trovava un solo sacerdote cattolico e ben nove ecclesiastici ortodossi. In totale vi erano meno della metà cattolici, ivi compresi «*alcuni noti massoni e anticlericali*», il resto serbo-ortodossi, «*alcuni alieni da fanatismo anticattolico, altri già noti per il loro atteggiamento ostile alla Santa Sede*»[143]. Poca fiducia ispirava anche il presidente della commissione, l'ex ministro dei culti Janjić, che sì, conosceva, meglio degli altri, tutto il percorso spinoso delle trattative realizzate fino a quel momento, ma era, da molti, visto come un uomo disonesto. I futuri sviluppi della questione concordataria legata al suo ruolo confermarono tale congettura.

I rapporti tra il governo e il patriarcato serbo divennero ancora più tesi. La gerarchia ortodossa si sentì trascurata dal gabinetto di Stojadinović, che non avrebbe prestato la debita attenzione alle sue obiezioni al concordato. Dopo la pubblicazione delle *Primedbe*, Korošec chiese un'udienza dal patriarca, ma questi non gliela concesse. Con tale gesto, secondo Mužić, il patriarca avrebbe mostrato la sua personale posizione anticoncordataria[144], cambiata rispetto a quella dell'estate 1935. Di più,

---

[139] Pellegrinetti a Pacelli, Belgrado, 13 gennaio 1937, rapporto n. 19150, *ibidem*, f. 15v.

[140] M. M. Stojadinović, *Ni rat ni pakt*, 527-528.

[141] I. Mužić, *Katolička crkva*, 132.

[142] L'elenco dei deputati si veda *ibidem*, 132; cf. anche ASV, *Arch. Nunz. Jugoslavia*, busta 9, f. 78rv.

[143] Pellegrinetti a Pacelli, Belgrado, 23 dicembre 1936, rapporto n. 19093, in S.RR.SS., AA.EE.SS., *Jugoslavia*, pos. 96, fasc. 64, f. 50r.

[144] I. Mužić, *Katolička crkva*, 134. Si veda anche V. Novak, *Magnum Crimen* (1948),140; M. Mišović, *Zatamnjena istorija*, 31.

egli approfittò del suo discorso di capodanno nella cattedrale di Belgrado, nella notte tra il 13 e il 14 gennaio 1937, trasmesso dalla radio, per attaccare violentemente il concordato, pur senza nominarlo. Vennero fortemente riprovati i membri del governo, chiamati «*i nostri reggitori del potere*», che avrebbero perduto il giudizio e l'onore nel fare «*un patto colla internazionale nera*», permettendo a questa «*di avvelenare fino al midollo il nostro sano nazionalismo di San Sava*». L'internazionale nera, metafora usata per la Santa Sede, abbracciata dal governo, sarebbe stata, un «*veleno per il nostro giovane Stato*», allo stesso modo dell'internazionale rossa, invece perseguitata dalle autorità jugoslave. Il papa venne nel discorso denominato «*capo nero della nera internazionale*», e il concordato «*patto nero*». Il colpo più grave di questo accordo, però, non sarebbe stato inferto ai serbi ortodossi, ma agli stessi «*miseri fratelli Cattolici jugoslavi*», diventati «*schiavi senza diritto di appello di un sovrano straniero*». Finalmente il patriarca uscì dalle immagini simboliche, quando disse:

> L'organizzazione ecclesiastica romana, prima politica poi religiosa, diventa autorizzata in questa nazione con diritti che non ha in nessun Paese d'Europa e che non aveva la Chiesa nazionale in Serbia.

Dopo aver riportato i meriti della Chiesa ortodossa lungo la storia della nazione serba, il patriarca invitò i suoi fedeli a raccogliersi in ranghi, come «*l'armata di Dio*» contro «*l'armata del diavolo*»[145].

Il discorso del patriarca, con passi demagogici, esaltati e apocalittici, certamente non fu gradito al governo, il quale, attraverso la censura, impedì che tali parti venissero pubblicate dai giornali. Non poté arginare, invece, gli animi ribollenti del pubblico[146]. Stojadinović confessò al nunzio di esser rimasto sorpreso della campagna del patriarca, offensiva per il governo, e la deplorò vivamente, specialmente quando prendeva forme violente. Ripeté la sua determinazione nel non riconoscere al patriarca il diritto di imporsi sugli atti internazionali del governo, né di determinare le relazioni fra la Chiesa cattolica e lo Stato jugoslavo[147].

---

[145] Il discorso completo del patriarca in trad. it., si veda in ASV, *Arch. Nunz. Jugoslavia*, busta 9, ff. 172r-174v; S.RR.SS., AA.EE.SS., *Jugoslavia*, pos. 96, fasc. 66, ff. 40r-41v. Per il testo in lingua serba si veda M. SIMIĆ, *Rimokatolička crkva*, 164-174.

[146] Pellegrinetti a Pacelli, Belgrado, 15 gennaio 1937, rapporto n. 19161, in S.RR.SS., AA.EE.SS., *Jugoslavia*, pos. 96, fasc. 64, f. 71v.

[147] Pellegrinetti a Pacelli, Belgrado, 25 febbraio 1937, rapporto n. 19327, in S.RR.SS., AA.EE.SS., *Jugoslavia*, pos. 96, fasc. 65, f. 31rv.

A tal riguardo appare poco convincente la dichiarazione di Dožić, secondo cui la Chiesa serbo-ortodossa avrebbe incominciato la lotta contro il concordato unicamente per difendere i propri interessi, senza voler trasferire la questione puramente ecclesiastica sul campo politico[148]. Qualunque fosse stata l'intenzione della gerarchia ortodossa, la sua dura reazione provocò una guerra verbale senza precedenti, di cui sono testimoni innumerevoli libelli anonimi, usciti nella prima metà del 1937[149].

Già due settimane dopo il discorso nella cattedrale, Pellegrinetti informava la Segreteria di Stato di come lo stesso patriarcato avesse diffuso dappertutto – quantunque ufficialmente confiscati – i suoi opuscoli e come in diverse parti della Serbia e della Macedonia si fossero tenute riunioni per protestare contro la distruzione del nome serbo e della Chiesa ortodossa, minacciati dal concordato. Discorsi contro il concordato si sarebbero pronunciati anche nelle scuole da vari insegnanti serbi, specialmente in occasione della festa scolastica di San Sava, il 27 gennaio, imposta anche ai cattolici[150].

Contro tale «*monologo furioso*» il governo cercava di calmare le acque, con l'intenzione di «*sbollire le fobie dei serbo-ortodossi e di tenere a bocca dolce i cattolici*»[151]. In tal senso è molto significativo l'articolo sul quotidiano di ispirazione governativa *Samouprava* del 30 gennaio 1937, mirante, contro le diffamazioni dei singoli opuscoli[152], a difendere più l'atteggiamento del governo che non lo stesso concordato. Nella prima parte l'articolo, usando l'argomento *ad hominem*, evidenziava

---

[148] *Memoari patrijarha*, 100.

[149] Si veda l'elenco riportato all'inizio del presente capitolo (nota n. 7).

[150] Pellegrinetti a Pacelli, Belgrado, 1° febbraio 1937, rapporto n. 19224, in S.RR.SS., AA.EE.SS., *Jugoslavia*, pos. 96, fasc. 65, f. 2r.

[151] *Ibidem*, f. 4r.

[152] Poco dopo il famoso opuscolo del patriarcato *Primedbe i prigovori*, pubblicato nel dicembre 1936, uscirono, in brevissimo tempo, altre *brochures* anticoncordatarie. L'articolo della *Samouprava* rispondeva, in modo indiretto, alle opere di Marko P. Cemović, *Konkordat izmedu Svete stolice*, e di M. Ilić, *Pred konkordatom*, stampate nel gennaio 1937. Pellegrinetti scorse una differenza tra i due autori. Mentre l'opuscolo del primo gli sembrava «*ignorantissimo e ignobilissimo*», per il secondo usò, invece, termini più blandi: «*più moderato e ragionato, ma contrario e sofistico*»: Pellegrinetti a Pacelli, Belgrado, 1° febbraio 1937, rapporto n. 19224, in S.RR.SS., AA.EE.SS., *Jugoslavia*, pos. 96, fasc. 65, f. 2r. La censura non ebbe molto successo nel placare gli spiriti. Di fronte alla proibizione delle pubblicazioni si usarono metodi alternativi. Così si scatenò una violenta campagna anticoncordataria tramite innumerevoli volantini e manifestini anonimi, suscitando il panico fra le masse. Si veda, ad esempio, O. Manojlović

l'atteggiamento incoerente dell'opposizione parlamentare, capitanata da Jevtić, che, mentre criticava il concordato, si sarebbe scordato che era stato proprio lui a prepararlo. Se il concordato non fosse stato buono – critica spesso mossa dagli oppositori – non sarebbe stata colpa dell'attuale governo, che non vi aveva lavorato ma che sentiva l'obbligo di proseguire la procedura. Più avanti si deploravano i metodi con cui veniva attaccato il concordato, come il ricorso ai menzionati libelli anonimi, modalità di cui si sarebbero serviti soltanto i comunisti, senza precedenti in altri circoli. All'accusa che il concordato non fosse stato oggetto di discussione pubblica, prima della sua promulgazione, l'autore ricordava la prassi già in uso per la Costituzione della Chiesa serbo-ortodossa del 16 novembre 1931 e della Costituzione dell'Organizzazione religiosa musulmana del 5 novembre 1935, come anche per le antecedenti leggi religiose. L'articolo concludeva con la garanzia che Stojadinović, ottimo serbo-ortodosso, e Korošec, buon cattolico, avrebbero saputo risolvere la questione «*con soddisfazione di tutti i Cattolici e di tutti gli Ortodossi*»[153]. L'articolo non offriva risposte concrete di come pervenire alla tanto desiderata meta, perciò il nunzio Pellegrinetti lo considerava soltanto come un «*paliativo del momento*» del governo[154].

PINTAR, «Još jednom», 157-171; I. MUŽIĆ, *Katolička crkva*, 146-147. Nelle mani del nunzio pervenne un volantivo a firma del «Comitato d'Azione Ortodosso», in cui si cercava di allarmare l'ortodossia serba in vista della prossima ratifica del concordato, rifacendosi strettamente al discorso di capodanno del patriarca. Qui riportiamo la parte più interessante, in cui l'autore si rivolgeva al "fratello serbo": «*Abituati al tuo silenzio e alla tua condiscendenza; i tuoi "fratelli" di altra fede in fine hanno osato di toccare la pupilla dei tuoi occhi. Col progettato Concordato il quale si trova davanti al Parlamento nazionale sei stato umiliato e vilipeso. Non si tiene conto del tuo nome né della tua fede. Larghi privilegi molto più ampi di quelli di cui gode la tua chiesa ortodossa sono stati concessi alle nere orde romane, le quali, a torme, penetrano nel nostro ambiente ortodosso e mediante i loro metodi gesuitici ed il danaro raccolto in tutto il mondo, cercano di corromperti e snazionalizzarti*»: Pellegrinetti a Pacelli, Belgrado, 15 gennaio 1937, rapporto n. 19161, trad. it., in S.RR.SS., AA.EE.SS., *Jugoslavia*, pos. 96, fasc. 65, f. 10rv. La Segreteria di Stato si rivolse al nunzio di Vienna Cicognani per far tradurre in tedesco il detto testo e farlo pubblicare dalla *Reichpost* senza che se ne conoscesse la provenienza (Pizzardo a Cicognani, Roma, 21 gennaio 1937, dispaccio n. 224/37, in ASV, *Arch. Nunz. Vienna*, busta 904, f. 307r).

[153] L'articolo, in trad. it., si veda in S.RR.SS., AA.EE.SS., *Jugoslavia*, pos. 96, fasc. 65, ff. 8r-9v; ASV, *Arch. Nunz. Jugoslavia*, busta 9, ff. 92r-94r.

[154] Pellegrinetti a Pacelli, Belgrado, 1° febbraio 1937, rapporto n. 19224, in S.RR.SS., AA.EE.SS., *Jugoslavia*, pos. 96, fasc. 65, f. 4r.

La maggior parte degli storici segnalano il legame della Chiesa serbo-ortodossa con i partiti d'opposizione nella loro lotta contro il famigerato concordato. Il nunzio non ne aveva alcun dubbio. Anzi, ironicamente sosteneva che i tradizionali nemici della religione si fossero, ad un tratto, avvicinati alla Chiesa ortodossa[155], la quale sarebbe addirittura diventata «*un mezzo di subdola o sfacciata opposizione politica*»[156]. I vertici della Chiesa serbo-ortodossa, invece, rinnegavano con determinazione ogni "congiura" comune tra i partiti politici contro il concordato. Il metropolita ortodosso Dožić insisteva sul fatto che si trattasse esclusivamente di una questione ecclesiastica che «*disgraziatamente*» sarebbe stata sfruttata per altri motivi meno nobili, aggiungendo olio sul fuoco, con il coinvolgimento delle masse popolari poco istruite sulla faccenda. Ciò non sarebbe stata l'intenzione della Chiesa serbo-ortodossa «*pacifica*», avendo unicamente come scopo l'obbligo di difendere i propri sacri diritti religiosi[157]. Egli non esitò, tuttavia, a riconoscere alla fine che la propaganda anticoncordataria sarebbe stata esagerata e poco oggettiva[158].

In ultima analisi, alla luce del «Memorandum» dei vescovi ortodossi e del discorso del patriarca nella cattedrale, nel gennaio 1937, la questione circa le vere intenzioni dei vertici della Chiesa serbo-ortodossa nella loro opposizione al concordato perse la propria attualità. L'agitazione, provocata dalla sua azione, fu, infatti, così irrefrenabile, a motivo di ragioni prettamente politiche, che si arrivò all'orlo di una vera guerra civile.

1.2.3 Proposta governativa di modifiche al concordato firmato

Uno dei punti poco o quasi per niente trattati dalla storiografia è la relazione tra Belgrado e la Santa Sede durante questo periodo di attesa della ratifica. Il nunzio non esitò a scrivere, subito dopo la pubblicazione del comunicato del «Santo Concilio Episcopale», nel dicembre 1936, una nota al governo ove deplorava vivamente l'operato della gerarchia ortodossa, evidenziando una triplice perplessità, nel chiedere chi

---

[155] «*Comunisti, centralisti, repubblicani, federalisti, tutti sembrano invasi da devozione religiosa quale mai si sarebbe creduta [...]: si son visti in questi giorni andare a braccetto e frequentare le chiese comunisti e increduli che fin qui mai si erano veduti in compagnia di preti*»: Pellegrinetti a Pacelli, Belgrado, 2 agosto 1937, rapporto n. 19912, *ibidem*, fasc. 66, ff. 19v-20r.
«*Gli ateisti e i comunisti vanno in chiesa non per pregare ma per dimostrare contro il Governo, il quale rispetta e rispetterà sempre la Chiesa*»: Pellegrinetti a Pacelli, Belgrado, 19 agosto 1937, rapporto n. 19989, *ibidem*, f. 24r.

[156] *Ibidem*, f. 20r.

[157] *Memoari patrijarha*, 100.

[158] *Ibidem*, 105-106.

avesse consegnato ai vescovi ortodossi il testo del concordato, non ancora trasmesso a quelli cattolici, chi avesse autorizzato la stampa della *brochure* con il testo del concordato e il relativo commentario e nell'esprimere la sua meraviglia per il fatto che il comunicato fosse stato pubblicato con il permesso della censura governativa.

Nel presentare nuovamente l'*iter* che aveva portato alla firma, egli vi sottolineava come il concordato non fosse mai stato realizzato senza il controllo dei fedeli della Chiesa serba-ortodossa, poiché tutti i ministri competenti erano anche loro ortodossi. A suo avviso, sarebbe stato un onore per i membri serbo-ortodossi dei diversi governi l'aver ammesso e compreso la necessità d'un concordato, ma nello stesso tempo si sarebbe trattato anche di una garanzia, perché il concordato non venisse concepito in uno spirito d'ostilità alla Chiesa serbo-ortodossa. Contro la protesta dei vescovi serbi il nunzio metteva in chiaro che l'eguaglianza di diritti non poteva avvenire trasformando il concordato in una copia della costituzione, dei canoni e delle tradizioni della Chiesa serbo-ortodossa. La parità avrebbe significato piuttosto che lo Stato avrebbe rispettato in modo uguale la costituzione, i canoni e le tradizioni di ogni confessione e che su questa base d'un uguale rispetto lo Stato avrebbe regolato i suoi rapporti con esse[159]. Quest'ultima considerazione circa la parità di diritto fu largamente ripresa e difesa da Moscatello nel suo lavoro anonimo *Konkordat i kritika konkordata*, incluso nell'analisi dei diversi articoli del concordato presentata nel precedente capitolo.

Il governo era sotto pressione e sperava che la Chiesa cattolica non reagisse in modo ugualmente veemente alla campagna anticoncordataria della Chiesa ortodossa. In questo tentativo i vertici politici combinarono delle mosse esagerate. Più sopra abbiamo già rilevato come la censura impedì il discorso di Bauer a Capodanno circa il concordato e mutilò il comunicato abbastanza conciliante della conferenza episcopale, tenutasi a Zagabria nel gennaio 1937. Ancora più turbamento e tumulto nei ceti governativi creò la partecipazione del nunzio a questa conferenza, poiché immaginavano che il suo intervento servisse a aizzare i vescovi contro l'episcopato ortodosso[160]. Per questo il ministro degli interni Korošec, in qualità di sostituto del ministro degli esteri, incaricò Moscatello di presentare una protesta ufficiale alla Segreteria di Stato, dal momento che il nunzio, non invitato alla conferenza, avrebbe oltrepassato la propria missione, immischiandosi in affari «*esclusivamente interni*»[161].

---

[159] Pellegrinetti a Stojadinović, Belgrado, 20 dicembre 1936, nota n. 19075 (copia), in S.RR.SS., AA.EE.SS., *Jugoslavia*, pos. 96, fasc. 64, ff. 46r-48rbis.

[160] Pellegrinetti a Pacelli, Belgrado, 13 gennaio 1937, rapporto n. 19150, *ibidem*, fasc. 65, f. 15r.

[161] Appunto della Segreteria di Stato, Vaticano, [gennaio 1937], n. 183/37, *ibidem*, fasc. 64, f. 52r.

Si ripeté quello che, in alcuni dei momenti più tesi della relazione tra Belgrado e la Santa Sede, era avvenuto anche in passato, ad esempio nel febbraio 1926[162] e nel marzo 1933[163]. L'incidente diplomatico, a causa dell'infondatezza dell'accusa, fu subito sotterrato.

La Santa Sede, «*sorpresa per l'anzidetta comunicazione*», richiamandosi al CIC[164] e al regolamento delle conferenze dell'episcopato jugoslavo (1933)[165], rispondeva al governo che i nunzi apostolici intervenivano alle conferenze episcopali e che la loro missione non era solo diplomatica, ma anche ecclesiastica, come quella dei delega-

---

[162] Nel febbraio 1926 Stjepan Radić accusò il nunzio d'aver oltrepassato la sua missione diplomatica con il suo viaggio "politico" in Dalmazia (Articolo su *Vreme*, 12 febbraio 1926, Anno VI – n. 1491, trad. it., in ASV, *Arch. Nunz. Jugoslavia*, busta 3, ff. 522-523; Pellegrinetti a Ninčić, Belgrado, 12 febbraio 1926, nota n. 5644 (minuta), *ibidem*, ff. 513r-514r; Pellegrinetti a Gasparri, Belgrado, 13 febbraio 1926, rapporto n. 5645 (minuta), *ibidem*, ff. 515r-516v; Interpellanza del deputato Hohnjec al ministro degli esteri Ninčić, 13 febbraio 1926, *ibidem*, ff. 517-518; Pellegrinetti a Gasparri, Belgrado, 16 febbraio 1926, rapporto n. 5670 (minuta), *ibidem*, f. 532r; Pellegrinetti a Gasparri, Belgrado, 22 febbraio 1926, rapporto n. 5700 (minuta), *ibidem*, ff. 535r-543v).

[163] Il senatore Banjanin, nel suo discorso del 28 marzo 1933, si scagliava contro la partecipazione del nunzio alla conferenza episcopale, avvenuta nel novembre 1932, ove era stata ideata la lettera pastorale contro l'associazione «Sokol». Tra l'altro disse: «*circa il quale [il nunzio] io mi domando cosa cerca nella Conferenza e che cosa lo riguardino gli affari interni del nostro Stato*»: Pellegrinetti a Pacelli, Belgrado, 5 aprile 1933, rapporto n. 14507 (minuta), in ASV, *Arch. Nunz. Jugoslavia*, busta 6, f. 152v.

[164] CIC 17, Can. 267, § 1: «*Legati qui mittuntur cum titulo Nuntii aut Internuntii:*

1° Fovent, secundum normas a Sancta Sede receptas, relationes inter Sedem Apostolicam et civilia Gubernia apud quae legatione stabili funguntur;

2° In territorio sibi assignato advigilare debent in Ecclesiarum statum et Romanum Pontificem de eodem certiorem reddere;

3° Praeter has duas ordinarias potestates, alias plerumque facultates obtinent quae tamen sunt omnes delegatae»: AAS 9/II (1917) 59-60.

[165] «*Nuntius Apostolicus certior faciendus est de convocatione conventus Episcoporum deque in conventu tractandis, ut, si putaverit, interesse potest*». Il «regolamento» si veda in ASV, *Arch. Nunz. Jugoslavia*, busta 14, ff. 285r-287v: «Ordo ad negotia in conventibus Episcoporum Regni Jugoslaviae expedienda». In vista della redazione finale del detto «regolamento» fu convocata anche l'«adunanza» della congregazione degli affari ecclesiastici straordinari (S.RR.SS., AA.EE.SS., *Rapporti delle Sessioni*, anno 1933, Sessione 1352, stampa 1234, «Jugoslavia – Nuovo regolamento delle Conferenze episcopali», 23 marzo 1933). Si veda inoltre M. Valente, «Santa Sede e Jugoslavia», 203-207.

ti apostolici. Pellegrinetti, inoltre, era intervenuto sempre, a partire dal 1923, alle dette conferenze, «*con risultati benefici*». La Santa Sede citava lo stesso ministro degli esteri Ninčić che, in occasione dell'incidente del 1926, aveva dichiarato che il nunzio non era soltanto rappresentante diplomatico della Santa Sede presso il governo, ma che cumulava anche la funzione di delegato apostolico[166]. Il nunzio, d'altro canto, dimostrò che l'idea di prendere parte alla conferenza episcopale non era partita da lui, bensì dal formale invito dall'arcivescovo Bauer[167], dalla richiesta del coadiutore Stepinac[168] e dall'autorizzazione del segretario di Stato[169]. A ciò si erano aggiunti «*due gravi motivi*»: la pacificazione dei vescovi circa l'Azione Cattolica[170], «*da sottrarsi ad ogni influsso nocivo di passioni nazionali*», e la «*difesa dignitosa e pacifica*» del concordato[171]. Sul rapporto tra i vescovi cattolici e la ratifica del concordato si ritornerà più tardi.

La pressione che sentiva il governo, dopo i bruschi attacchi della Chiesa ortodossa, affiancata pian piano anche dall'opposizione politica, provocò un altro risulta-

---

[166] Appunto della Segreteria di Stato, Vaticano, [gennaio 1937], n. 183/37, in S.RR.SS., AA.EE.SS., *Jugoslavia*, pos. 96, fasc. 64, f. 52r; Appunto della Segreteria di Stato, Vaticano, 15 gennaio 1937, n. 421/37, *ibidem*, f. 62r; Risposta della Segreteria di Stato, consegnata a Moscatello, Vaticano, 16 gennaio 1937, n. 421/37 (minuta), *ibidem*, f. 63rv; Pellegrinetti a Pacelli, Belgrado, 2 febbraio 1937, cifrato n. 66, *ibidem*, f. 64r; Pizzardo a Pellegrinetti, Vaticano, 4 febbraio 1937, cifrato n. 12 (421/37), *ibidem*, f. 65r. La dichiarazione del ministro Ninčić, pubblicata su *Vreme* il 21 febbraio 1926, in trad. it., si veda in ASV, *Arch. Nunz. Jugoslavia*, busta 3, ff. 538r-539v.

[167] Bauer a Pellegrinetti, Zagabria, 18 dicembre 1936, lettera n. 191 (copia), in S.RR.SS., AA.EE.SS., *Jugoslavia*, pos. 96, fasc. 65, f. 13.

[168] Stepinac a Pellegrinetti, Zagabria, 19 dicembre 1936, lettera n. 19087 (Nunziatura), in ASV, *Arch. Nunz. Jugoslavia*, busta 9, f. 72r; Pellegrinetti a Stepinac, Belgrado, 22 dicembre 1936, dispaccio n. 19088 (minuta), *ibidem*, f. 74r.

[169] Pellegrinetti a Pacelli, Belgrado, 13 gennaio 1937, rapporto n. 19150, in S.RR.SS., AA.EE.SS., Jugoslavia, pos. 96, fasc. 65, f. 15r. Qui il nunzio citò il dispaccio n. 4759/36 del 22 dicembre 1936, con il quale il segretario di Stato lo autorizzava «*a prendere parte alle discussioni della prossima Conferenza dell'Episcopato Jugoslavo*».

[170] Circa il dissidio nell'episcopato riguardo all'Azione cattolica si veda I. ĆUBELIĆ, «Biskupske konferencije», 534-541; ASV, Archivio della Prefettura, *Diari del card. Pellegrinetti*, 10-11 gennaio 1937, vol. 16, ff. 60v-61v.

[171] Pellegrinetti a Pacelli, Belgrado, 13 gennaio 1937, rapporto n. 19150, in S.RR.SS., AA.EE.SS., *Jugoslavia*, pos. 96, fasc. 65, ff. 15r-17r.

to, finora quasi del tutto nascosto alla storiografia[172]. Come già anticipato, Stojadinović si mostrò determinato, nonostante le pesanti proteste e l'imperfezione di qualche dettaglio nel testo, nel condurre il concordato alla ratifica, e a tal motivo lo presentò al parlamento per la discussione. D'altra parte, però, e questa è la novità che qui si apporta, il governo, o meglio, la commissione parlamentare, appena nominata, tentò di ottenere dalla diplomazia vaticana delle modifiche al concordato già firmato.

A tal proposito Janjić volle approfittare del viaggio a Roma, all'inizio di febbraio 1937, di Niels Sachs de Grič, avvocato della curia vescovile di Fiume, incaricandolo di andare dal nunzio presso il Quirinale Borgongini-Duca, per chiedergli se volesse fare da intermediario tra la Santa Sede e il governo jugoslavo, in vista di una modifica del testo del concordato. La base di tali modifiche non «*essenziali*», come assicurava lo stesso Niels Sachs de Grič, sarebbe dovuta essere il concordato stabilito nel 1925, le cui modalità erano state trattate proprio dai menzionati Borgongini-Duca e Janjić.

Quest'ultimo aveva espresso l'assoluta necessità della modifica del concordato, perché «*l'attuale testo non verrebbe mai approvato dal Parlamento*», allegando come motivo l'opposizione del clero jugoslavo con a testa il patriarca, confermata da «*migliaia di lettere ricevute da organizzazioni serbo-ortodosse*». Janjić prevedeva che dopo la sperata risposta affermativa di Borgongini-Duca alla richiesta di mediazione, lui stesso sarebbe andato, quanto prima, a Roma, per mettersi d'accordo con il nunzio, accompagnato eventualmente da Korošec. Si voleva, ad ogni costo, scavalcare il nunzio Pellegrinetti, che «*non gode tutte le simpatie dei governanti jugoslavi*»[173]. L'avvocato sopranominato, «*degno di ogni considerazione*», fu presentato e raccomandato al nunzio Borgongini-Duca dal vescovo di Fiume Santin[174].

Ai vescovi cattolici, nel frattempo, venne invece riferito da Janjić soltanto che il governo pensava d'inviare a Roma due rappresentanti «*per farsi dare dalla Santa*

---

[172] Dožić parla del presunto viaggio di Janjić a Roma per modificare alcuni articoli, ma niente di più concreto (*Memoari patrijarha*, 108).

[173] Appunto di Niels Sachs de Grič per la Segreteria di Stato, Fiume, 2 febbraio 1937, s.n., in ASV, *Arch. Nunz. Italia*, busta 119, fasc. 6, ff. 48-49.

[174] Santin a Borgongini-Duca, Fiume, 1° febbraio 1937, lettera n. 5159 (Nunziatura), *ibidem*, ff. 45-46.

Sede le opportune interpretazioni del Concordato atte a dissipare gli equivoci»[175], senza alludere alla modifica *«assolutamente necessaria»*. Il suo richiamo al progetto di concordato del 1925 mostrava chiaramente la difficoltà presso alcuni ceti governativi nel "riconciliarsi" con il concordato firmato, completamente diverso dai precedenti. Si ha l'impressione che il principale negoziatore jugoslavo a Roma nel 1925 avesse dimenticato che quella volta si era tornati a Belgrado senza successo, proprio per le troppe divergenze con la Santa Sede sulle questioni principali, e non solo, come egli ripeteva in quell'ora, per l'opposizione del *leader* croato Radić[176].

Le carte d'archivio ci confermano, effettivamente, che l'avvocato Niels de Sachs fu ricevuto sia dal segretario della congregazione degli affari ecclesiastici straordinari Pizzardo[177] sia dal nunzio Borgongini-Duca[178], e che propose uno *specimen «di poca entità»* di modifiche. Nella Segreteria di Stato non si convinsero pienamente della sincerità dei tentativi governativi. Da una parte si voleva, infatti, escludere il nunzio Pellegrinetti, e dall'altra Janjić e Korošec, che non ispiravano gran fiducia, si atteggiavano a salvatori del concordato. Le modifiche al testo già firmato avrebbero significato, in sostanza, rimetterlo in discussione[179]. Pizzardo si rivolse al nunzio Borgongini-Duca con due quesiti:

1. Accettare di rivedere un testo già firmato non equivale a compromettere la firma?
2. Possiamo noi avere delle garanzie certe che il Concordato, una volta rimaneggiato, sarà firmato? Quali garanzie?[180]

---

[175] Pellegrinetti a Pacelli, Belgrado, 1° febbraio 1937, rapporto n. 19224, in S.RR.SS., AA.EE.SS., *Jugoslavia*, pos. 96, fasc. 65, f. 3rv. Si veda anche: Pellegrinetti a Pacelli, Belgrado, 1° marzo 1937, rapporto n. 19337, *ibidem*, f. 30r.

[176] Appunto di Niels Sachs de Grič per la Segreteria di Stato, Fiume, 2 febbraio 1937, s.n., in ASV, *Arch. Nunz. Italia*, busta 119, fasc. 6, f. 48.

[177] Niels Sachs de Grič a Santin, Fiume, 16 marzo 1937, lettera n. 1037/37 (Segreteria di Stato), in S.RR.SS., AA.EE.SS., *Jugoslavia*, pos. 96, fasc. 65, ff. 34r-35r.

[178] Niels Sachs de Grič a Borgongini-Duca, Fiume, 9 febbraio 1937, lettera s.n., in ASV, *Arch. Nunz. Italia*, busta 119, fasc. 6, f. 54rv.

[179] Appunto della Segreteria di Stato, Vaticano, [febbraio 1937], n. 401/37, in S.RR.SS., AA.EE.SS., *Jugoslavia*, pos. 96, fasc. 64, f. 60.

[180] Barbetta a Borgongini-Duca, 4 febbraio 1937, dispaccio n. 5160 (Nunziatura), in ASV, *Arch. Nunz. Italia*, busta 119, fasc. 6, f. 53rv.

Quali erano i menzionati rimaneggiamenti voluti da Janjić? Un appunto della Segreteria di Stato trasmette quattro proposte di modifiche. Circa l'art. II, riguardante la delimitazione delle diocesi, la commissione parlamentare non vedeva di buon grado la primazia di Antivari[181], insignificante diocesi montenegrina, volendo assegnare il titolo onorifico di *primas Serbiae* alla sede metropolitana di Belgrado. Tale proposta rispecchiava propriamente una delle richieste centrali del governo e della delegazione jugoslava nel 1925. Per Moscatello la questione non avrebbe avuto nessuna importanza in sé, però risollevarla avrebbe voluto dire «*creare un vespaio*»[182]. Nello stesso articolo si voleva staccare ancora una porzione della diocesi di Đakovo per unirla a Belgrado, sottraendo nuovamente una parte del territorio dalla provincia ecclesiastica di Zagabria[183]. Uno smembramento maggiore, a favore di Belgrado, sempre secondo lo stesso Moscatello, avrebbe urtato i croati[184].

Circa la rimozione di un professore di teologia «*modernista*», provvedimento che spettava ormai, secondo il concordato, solo al vescovo[185], Janjić voleva che l'autorità ecclesiastica si dovesse muovere d'intesa con il governo[186]. Nel precedente capitolo, analizzando il detto paragrafo, si è sottolineata la delicatezza della questione, trattandosi di un'università laica, ove coesistevano la legge universitaria e la costituzione apostolica *Deus Scientiarum Dominus*. Durante le ultime trattative a Belgrado, tra il 1933 e il 1935, come si è già rilevato, non si era sollevato il problema delle rimozioni.

---

[181] L'art. II, al punto 6, cominciava: «*L'archidiocèse de Bar (Antibarensis), dont l'Archevêque aura le titre purement honoraire de Primat de Serbie*»: *Enchiridion dei concordati*, 890, trad. it., 891.

[182] Appunto della Segreteria di Stato, Vaticano, [febbraio 1937], n. 401/37, in S.RR.SS., AA.EE.SS., *Jugoslavia*, pos. 96, fasc. 64, ff. 60-61.

[183] Il concordato firmato (art. II, al punto 2) si limitava, infatti, alla città di Zemun, finora parte della diocesi di Bosna-Srijem (Đakovo): «*La ville de Zemun, maintenant faubourg de Belgrade, sera détachée de ce diocèse et incorporée à l'archidiocèse de Belgrade*»: *Enchiridion dei concordati*, 888, trad. it., 889.

[184] Appunto della Segreteria di Stato, Vaticano, [febbraio 1937], n. 401/37, in S.RR.SS., AA.EE.SS., *Jugoslavia*, pos. 96, fasc. 64, f. 61.

[185] L'art. XXV, par. 3°, stabiliva: «*Le retrait de l'approbation épiscopale aux professeurs des Facultés théologiques leur fait perdre immédiatement le droit d'enseigner*»: *Enchiridion dei concordati*, 908, trad. it., 909.

[186] Appunto della Segreteria di Stato, Vaticano, [febbraio 1937], n. 401/37, in S.RR.SS., AA.EE.SS., *Jugoslavia*, pos. 96, fasc. 64, f. 60.

L'ultima modifica riguardava il noto e "scandaloso" termine *mission*, adoperato nell'art. I, da cambiare, per non dare modo ai serbi di sentirsi «*un paese di missione*»[187].

Si può immaginare che Moscatello si sia sentito assai indisposto di fronte a tali ritocchi da parte dell'ex ministro dei culti. In primo luogo, perché egli vi avrebbe potuto vedere il mancato apprezzamento – da parte dei vertici belgradesi – del suo lavoro come "agente segreto". A questo si aggiungeva un altro motivo, molto più pratico, e cioè la persona stessa del pope ortodosso, su cui egli si era espresso nel modo seguente:

> Il Deputato Janjić è un apostata dalla sua Chiesa. Ha bisogno di danaro. Non conta nulla. Se Stojadinović gli dà qualche biglietto da mille voterà per il Concordato[188].

Queste pesanti accuse trovarono conferma alcuni mesi dopo. Stojadinović ricorda, nelle sue memorie, le avventure politiche di Janjić, che cambiò schieramento politico secondo le convenienze personali. Prima della votazione sul concordato nella commissione parlamentare, a metà luglio 1937, egli avrebbe estorto un incarico al presidente del consiglio, in cambio del suo voto a favore; un incarico di soli tre giorni, quanto gli occorreva per ottenere la pensione ministeriale. Dopo il deciso rifiuto di Stojadinović, il pope ortodosso mantenne la paventata minaccia e votò, quantunque fosse stato il presidente della commissione parlamentare, contro il concordato[189]. Per questo suo atteggiamento poco edificante si capisce bene perché egli non fosse considerato positivamente, né dai protagonisti favorevoli né da quelli contrari al concordato. Lo testimoniano chiaramente le opinioni più che negative di Dožić[190] e di Moscatello[191].

Torniamo al discorso sulle modifiche. Dopo aver messo in guardia sulla persona di Janjić, Moscatello propose alla Segreteria di Stato di premere piuttosto sul ministro Korošec mediante i vescovi di Lubiana e di Maribor[192]. La diplomazia vaticana, d'al-

---

[187] *Ibidem*, f. 61.

[188] *Ibidem*.

[189] M. M. Stojadinović, *Ni rat ni pakt*, 528-530.

[190] *Memoari patrijarha*, 105-110.

[191] APHZSJ, ostavština Moscatello, busta 2: *Bilješke [Memorie]*, pp. 33, 76; *Nikola Moscatello*, F. Veraja – S. Kljaić, ed., 66, 118. Anche nell'appunto menzionato della Segreteria di Stato si trovano pesanti parole di Moscatello contro Janjić: «*Moscatello [...] ricorda ancora con pena che nel 1925 la Santa Sede si lasciò indurre a trattare con Janjić*»: Appunto della Segreteria di Stato, Vaticano, [febbraio 1937], n. 401/37, in S.RR.SS., AA.EE.SS., *Jugoslavia*, pos. 96, fasc. 64, f. 61.

[192] Appunto della Segreteria di Stato, Vaticano, [febbraio 1937], n. 401/37, in S.RR.SS., AA.EE.SS., *Jugoslavia*, pos. 96, fasc. 64, f. 61.

tro canto, assunse un atteggiamento molto prudente e, nonostante le possibili complicazioni, non escludeva la proposta della commissione parlamentare. All'avvocato Sachs de Grič fu dichiarato che se la Jugoslavia aveva qualche comunicazione da fare alla Santa Sede, essa doveva essere trasmessa dal capo del governo, o per iscritto, oppure mediante persona da lui debitamente accreditata[193]. Sembra che il governo jugoslavo abbia accettato tale possibilità, promettendo di inviare una loro persona di fiducia, «*munita di regolare mandato*», a Roma dopo le feste di Pasqua, per iniziare lo scambio d'idee per arrivare possibilmente ad una «*lieve revisione*» del concordato[194].

Circa lo svolgimento di questo progettato viaggio sorprendentemente non si trovano più tracce nella documentazione archivistica. C'è solo un appunto di Pacelli, dell'inizio di maggio 1937, dal quale si evince che la cosa non era ancora partita[195]. A questa sospensione della procedura si potrebbe trovare una spiegazione, almeno implicitamente, nell'intervento di Moscatello, richiamato a Belgrado proprio nel bel mezzo dei preparativi della missione segreta di Janjić. Il presidente del consiglio Stojadinović lo incaricò ufficialmente di scrivere una risposta alle obiezioni del patriarcato contro il concordato. Durante la preparazione della sua relazione, Moscatello si avvalse, a più riprese, dell'aiuto di Pellegrinetti. Colpiscono non poco le impressioni del nunzio circa Moscatello:

> Mgr. Moscatello è più ardente e intransigente di me. Dà del Concordato interpretazione la più favorevole alla Santa Sede. Tre volte ne ha lungamente discusso con me gli articoli per meglio difenderli[196].

Moscatello addirittura esortava il nunzio a non mostrarsi troppo remissivo nella questione[197]. Ancora più sorprendente fu la sua personale determinazione a non lasciar introdurre le modifiche, volute da Janjić. Da solo, senza alcun intervento del

---

[193] Santin a Niels Sachs de Grič, Fiume, 2 marzo 1937, lettera n. 1074/37 (Segreteria di Stato), *ibidem*, fasc. 65, f. 37r.

[194] Niels Sachs de Grič a Santin, Fiume, 16 marzo 1937, lettera n. 1074/37 (Segreteria di Stato), *ibidem*, ff. 34v-35r.

[195] Udienza privata del card. Pacelli con il ministro di Jugoslavia, 6 maggio 1937, in S.RR.SS., AA.EE.SS., *Stati Ecclesiastici*, pos. 430B, fasc. 364, f. 71r.

[196] Pellegrinetti a Pacelli, Belgrado, 31 marzo 1937, rapporto n. 19453, in S.RR.SS., AA.EE.SS., *Jugoslavia*, pos. 96, fasc. 65, f. 54r. Questa parte fu scritta in cifra: si veda f. 53v.

[197] ASV, Archivio della Prefettura, *Diari del card. Pellegrinetti*, 18 aprile 1937, vol. 16, f. 83r.

nunzio, Moscatello formulò a Stojadinović le seguenti obiezioni: che a Roma non avrebbero accettato modifiche o aggiunte al testo già firmato; che, inoltre, non avrebbero inteso dare ulteriori spiegazioni o interpretazioni, reputando che esse non fossero necessarie e che non fosse più il tempo per interpretazioni dichiarative o estensive, due anni dopo la firma, dal momento che il concordato stesso prevedeva il modo di procedere in caso di lacune o differenza di vedute; che egli non reputava opportuno andare a Roma, «*per non fare nascere nel pubblico inopportuni commenti*»; che egli credeva meglio, più spiccio e più pratico, rivolgersi direttamente alla nunziatura[198].

Dietro queste delucidazioni ufficiali c'era un'altra ragione, molto più personale. Moscatello, confidandosi con il nunzio, credeva fosse meglio non provocare risposte da Roma, perché il segretario di Stato Pacelli «*è scrupoloso e poi si indisporrebbe*»[199]. Pare che Stojadinović si fosse convinto della risolutezza del consigliere ecclesiastico, anche grazie alla sua «Relazione» sul concordato[200], presentatagli in quel momento come risposta alle *Primedbe*, e anziché appoggiare l'iniziativa di un viaggio segreto a Roma, si accontentò della proposta di chiedere alcune spiegazioni direttamente al nunzio. Queste riguardavano i diritti delle minoranze nazionali (art. XI, § 2), l'educazione all'amor di patria nei seminari (art. XXIV) e l'ispezione statale nei ginnasi pareggiati ai seminari e nelle scuole confessionali, per quanto riguardava l'istruzione (art. XXIV, XXVIII).

A proposito dell'art. XI, § 2[201], il governo voleva garanzie dalla Santa Sede per proteggere i diritti religiosi della minoranza jugoslava in altri Stati anche prima e al di

---

[198] Pellegrinetti a Pacelli, Belgrado, 19 aprile 1937, rapporto n. 19527, in S.RR.SS., AA.EE.SS., *Jugoslavia*, pos. 96, fasc. 65, f. 55rv.

[199] ASV, Archivio della Prefettura, *Diari del card. Pellegrinetti*, 18 aprile 1937, vol. 16, f. 83r.

[200] Alla fine di giugno 1937 il lavoro, lievemente ritoccato, venne stampato, senza nome dell'autore, con il titolo: *Konkordat i kritika konkordata*.

[201] L'art. XI stabiliva: «*Les catholiques résidant dans le Royaume de Yougoslavie et appartenant à des minorités ethniques auront, pour l'usage de leur langue maternelle dans le culte, dans l'enseignement religieux et dans les associations ecclésiastiques, un traitement non moins favorable que celui qui détermine, dans le territoire de l'Etat étranger correspondant auxdites minorités, la condition de droit et de fait des citoyens d'origine et de langue yougoslave.*
Le Gouvernement yougoslave ayant accepté sans délai cette disposition favorable aux minorités non yougoslaves, le Saint-Siège déclare qu'en conformité des principes qu'il a toujours défendus au sujet de l'usage de la langue maternelle dans la cure d'âmes, dans l'instruction religieuse et dans la vie des organisations catholiques, il s'emploiera, à l'occasion de la stipulation de futures conventions Concordataires avec d'autres Etats, à y faire insérer une identique disposition pour la sauvegarde des droits des minorités yougoslaves»: Enchiridion dei concordati, 896, trad. it., 897.

fuori di nuovi eventuali concordati[202]. Abbiamo già menzionato, nel capitolo precedente, l'intoppo diplomatico, avvenuto tra il nunzio e il segretario di Stato, quanto alla risposta da darsi al governo. In quel momento d'urgenza, siccome non giungeva la risposta ufficiale dalla Segreteria di Stato, Pellegrinetti rivolse da solo a Stojadinović una nota. Pochi giorni dopo arrivò la lettera di Pacelli, che interpretava più rigidamente i relativi articoli. Pellegrinetti, nel caso delle minoranze, aveva dichiarato tranquillamente che la Santa Sede non avrebbe cessato d'interessarsi delle minoranze jugoslave, anche se ciò non fosse stato menzionato nell'avvenire, in occasione della stipulazione di nuove convenzioni concordatarie[203]. Ripetendo tale assicurazione il segretario di Stato ribadì, però, che la Santa Sede non avrebbe potuto assumere l'impegno di fronte al governo jugoslavo di far inserire in tali eventuali patti, in favore delle minoranze jugoslave, una disposizione identica a quella dell'art. XI, § 2[204].

Circa l'interpretazione del nunzio e del segretario di Stato dell'art. XXIV, in collegamento con l'art. XXVIII, si rimanda all'analisi dei corrispondenti articoli del capitolo precedente[205]. Qui si vuole soltanto segnalare che la risposta di Pellegrinetti fu più vicina all'interpretazione governativa di quanto non lo fosse quella di Pacelli, che non fu mai presentata al governo. Il nunzio, inoltre, non perse l'occasione per spiegare, per l'ennesima volta, la portata della disposizione circa la depoliticizzazione del clero impegnato in cura d'anime (art. VIII), lasciando l'esclusiva iniziativa della sua possibile applicazione al governo[206]. Il presidente del consiglio si dichiarava soddisfatto delle spiegazioni della nunziatura, non ritenendo più necessari ulteriori chiarimenti da parte della Santa Sede[207].

---

[202] Pellegrinetti a Pacelli, Belgrado, 19 aprile 1937, rapporto n. 19527, in S.RR.SS., AA.EE.SS., *Jugoslavia*, pos. 96, fasc. 65, f. 55v.

[203] Pellegrinetti a Stojadinović, Belgrado, 27 aprile 1937, nota n. 19567, in AJ, *Centralni presbiro predsedništva Ministarskog saveta Kraljevine Jugoslavije (38)*, pos. 194, fasc. 70, ff. n.n. La copia si veda in ASV, *Arch. Nunz. Jugoslavia*, busta 9, f. 127r; S.RR.SS., AA.EE.SS., *Jugoslavia*, pos. 96, fasc. 65, f. 60r.

[204] Pacelli a Pellegrinetti, Vaticano, 30 aprile 1937, dispaccio n. 1634/37, in ASV, *Arch. Nunz. Jugoslavia*, busta 9, f. 132rv.

[205] Cap. V: *2.4 Istruzione religiosa della gioventù.*

[206] Pellegrinetti a Stojadinović, Belgrado, 27 aprile 1937, nota n. 19567 (copia), in S.RR.SS., AA.EE.SS., *Jugoslavia*, pos. 96, fasc. 65, f. 60r.

[207] Pellegrinetti a Pacelli, Belgrado, 29 aprile 1937, rapporto n. 19574, *ibidem*, f. 58v; ASV, Archivio della Prefettura, *Diari del card. Pellegrinetti*, 27 aprile 1937, vol. 16, f. 85rv.

Più tardi, in alcuni dei suoi discorsi, ad esempio nella riunione dei deputati e senatori della maggioranza governativa (7 luglio 1937) e davanti alla commissione parlamentare per il concordato (8 luglio 1937), senza mettere in forse la *«benevola comprensione»* della Santa Sede, tramite le note esplicative[208], egli ammetteva che in qualche punto il concordato avrebbe potuto essere ancora *«migliore»*. Per tali "imperfezioni" egli non si sentiva chiamato in causa, poiché il testo era stato preparato dal suo predecessore Jevtić, che ora invece lo combatteva strenuamente. Comunque sia, per stornare ogni dubbio degli oppositori, egli propose di aggiungere al testo concordatario un nuovo articolo, da non pochi ritenuto fondamentale, al quale si dedicheranno, più avanti, alcune considerazioni necessarie[209].

1.2.4 L'opposizione politica e la massoneria contro il concordato

Poco tempo dopo la bufera anticoncordataria, provocata dai capi della Chiesa ortodossa nel dicembre 1936, Pellegrinetti riassunse l'accaduto:

> osservo che la campagna contro il Concordato continua, fomentata da tre principali fattori, la frammassoneria, il Patriarcato serbo, l'opposizione governativa (ma anche elementi di Governo!)[210].

Similmente, qualche settimana prima della votazione sulla ratifica del concordato in parlamento, egli dichiarava:

> La lotta contro il Concordato è diventata lotta contro il Governo. Il Patriarcato s'è messo a braccetto col "Partito Nazionale jugoslavo", partito dittatoriale dal 1931 al 1935, e ora smanioso di riacciuffare il potere, e con le varie correnti panserbe, massoniche, anticattoliche[211].

E dopo la stessa votazione del concordato:

> lo spettacolo offerto dal clero ortodosso fa compassione, ma certo questo non si sarebbe mai arrischiato a questi atteggiamenti di riottosa indipendenza se non si

---

[208] Pellegrinetti a Pacelli, Belgrado, 8 luglio 1937, rapporto n. 1937, in S.RR.SS., AA.EE.SS., *Jugoslavia*, pos. 96, fasc. 65, f. 79v.

[209] Pellegrinetti a Pacelli, Belgrado, 14 luglio 1937, rapporto n. 19847, *ibidem*, f. 81rv.

[210] Pellegrinetti a Pacelli, Belgrado, 1° febbraio 1937, rapporto n. 19224, *ibidem*, f. 2r.

[211] Pellegrinetti a Pacelli, Belgrado, 17 luglio 1937, rapporto n. 19864, *ibidem*, fasc. 66, f. 6r.

sentisse appoggiato dai gruppi politici di opposizione e probabilmente da qualche pezzo grosso dell'esercito e di altre eventuali amministrazioni. La religione è pretesto per lo sciovinismo serbo e per gli intrighi tenebrosi delle forze e partiti ostili all'attuale Governo[212].

La Chiesa serbo-ortodossa non fu l'unica ad opporsi al concordato, anche se vi ebbe un ruolo predominante, almeno all'inizio della lotta. Accanto ad essa si formarono altri nuclei organizzati di protesta, in primo luogo l'opposizione politica, con ben altre ragioni. Già il fatto che fino a qualche anno prima i principali esponenti del «partito nazionale jugoslavo», ad esempio Jevtić, avessero difeso a spada tratta il concordato, dimostrava chiaramente che all'origine della loro opposizione non ci fossero motivi religiosi, bensì interessi politici.

Tutto ciò è descritto in modo convincente nelle memorie di Stojadinović, che analizza a fondo la "congiura" anticoncordataria. Il concordato, infatti, sarebbe stato utilizzato come un mezzo propizio a combattere il presidente del consiglio e il suo governo. Non fu certo questo il primo tentativo di abbattere Stojadinović, però ora l'argomento dava modo a diversissimi gruppi di unirsi nella lotta contro di lui[213]. Il momento psicologico sembrava più che favorevole a un'azione antigovernativa, da qualche tempo velatamente prognosticata da non pochi. I gruppi d'opposizione avrebbero fatto di tutto per rovesciare Stojadinović, anche a prezzo di una guerra civile e religiosa. A causa dell'ignoranza del contenuto del concordato si diffuse, presso le folle, una propaganda menzognera e fanatica. Con abilità, si sarebbe manipolata la popolazione, facendole credere che con la ratifica del concordato sarebbe stata proibita la confessione ortodossa e che tutti sarebbero dovuti passare al cattolicesimo[214]. Anche Moscatello poneva l'accento sull'inopportunità politica del momento per la ratifica, a motivo dei troppi elementi esplosivi. L'opposizione, infatti, nella sua cecità, avrebbe sacrificato gli interessi statali alle passioni momentanee dei propri partiti[215].

Gi elementi ostili al governo espressero le loro prime prese di posizione subito dopo la protesta del patriarcato serbo, nel gennaio 1937, come ben documentato

---

[212] Pellegrinetti a Pacelli, Belgrado, 30 luglio 1937, rapporto n. 19896, *ibidem*, f. 3v.

[213] M. M. Stojadinović, *Ni rat ni pakt*, 522-523.

[214] *Ibidem*, 526-527.

[215] APHZSJ, ostavština Moscatello, busta 2: *Bilješke [Memorie]*, p. 75; *Nikola Moscatello*, F. Veraja – S. Kljaić, ed., 116-117.

da Mužić. Così, ad esempio, nella conferenza del comitato esecutivo del partito democratico indipendente, avvenuta nei giorni 24-25 gennaio 1937, si redasse una risoluzione contro il concordato, ufficialmente dovuta alla mancata collaborazione dei croati[216]. Il comitato centrale della Difesa nazionale, all'inizio di febbraio 1937 inviò una petizione al presidente della camera dei deputati, al presidente del senato e al presidente del consiglio, chiedendo il ritiro del concordato e nello stesso tempo l'elaborazione di una legge interconfessionale che sarebbe servita come base per regolare i rapporti specifici con i singoli gruppi religiosi[217]. Similmente il comitato centrale del «partito nazionale jugoslavo», fino al 1935 impegnato nella promozione del concordato, nella seconda metà di febbraio 1937 combinò una risoluzione, in cui attaccava il governo per la presentazione del concordato e paventava la minaccia di una lotta religiosa[218].

Altri membri dell'opposizione riconoscevano, invece, la necessità di un concordato, diverso però da quello esistente, che doveva essere modificato in più punti. Pellegrinetti sarcasticamente commentava tutto ciò, scrivendo: «*La mitologia troverebbe paralleli nel sasso di Sisifo, le botti delle Danaidi e la tela di Penelope*»[219].

La tensione aumentò con l'avvicinarsi dei giorni decisivi. Il «partito nazionale jugoslavo» non si limitava, nella sua propaganda, agli strumenti ordinari. La polizia, che irruppe all'improvviso nella cancelleria del consiglio centrale del partito, vi scoprì quarantaquattro tipi di manifesti stampati alla macchia, scritti in tono tendenzioso, con molte notizie false intorno al concordato[220]. A pochi giorni dalla votazione nella camera dei deputati, in una riunione delle associazioni nazionali e culturali serbe, si preparò una risoluzione che esigeva la caduta del governo e che prevedeva una catastrofe in caso di ratifica del concordato: in cinquant'anni il popolo serbo e l'ortodossia sarebbero scomparsi.

Alcuni dei capi dell'opposizione (Davidović, Stanojević, Jovanović), pur essendo contrari al concordato, non volendo avere a che fare con la piazza pubblica, non accettarono l'aggressiva propaganda[221]. I repubblicani, secondo Mužić, sarebbero

---

[216] I. Mužić, *Katolička crkva*, 138.

[217] *Ibidem*, 137.

[218] *Ibidem*.

[219] Pellegrinetti a Pacelli, Belgrado, 17 luglio 1937, rapporto n. 19864, in S.RR.SS., AA.EE.SS., *Jugoslavia*, pos. 96, fasc. 66, f. 7r.

[220] *Ibidem*, f. 7v. Circa la propaganda dei partiti d'opposizione si veda anche G. Mithans, *Urejanje odnosov*, 318-323.

[221] I. Mužić, *Katolička crkva*, 154.

rimasti neutrali; i comunisti, invece, senza con ciò voler collaborare con la Chiesa ortodossa, si schierarono decisamente contro il concordato[222]. L'atteggiamento dei politici croati merita una trattazione a parte.

Pellegrinetti pose molta attenzione, inoltre, all'attività della massoneria jugoslava, anche riguardo alla ratifica del concordato:

> la Massoneria, specialmente quella di Zagabria e Lubiana, è sempre stata a capo di ogni mossa anticattolica. Anche ora se ne vedono le unghie, nella lotta subdola contro il Concordato e contro le Scuole private cattoliche[223].

> La conclusione d'un buon Concordato è osteggiata dalla Massoneria, troppo potente in Jugoslavia[224].

Nei capitoli precedenti si è più volte accennato al forte influsso dei circoli massonici nei diversi partiti politici e in seno agli esecutivi, specialmente nel ministero dell'istruzione – secondo l'opinione del nunzio – «*il più infettato di elementi massonici*»[225]. La loro attività era molto facilitata grazie alla promozione da parte della Francia, loro alleata, sotto la direzione del Grand'Oriente[226]; la loro influenza

---

[222] *Ibidem*, 156; APHZSJ, ostavština Moscatello, busta 2: *Bilješke [Memorie]*, p. 83; *Nikola Moscatello*, F. Veraja – S. Kljaić, ed., 125. Si veda anche I. RIBAR, *Politički zapisi*, vol. III, 149-157.

[223] Pellegrinetti a Pacelli, Belgrado, 14 novembre 1935, rapporto n. 17897 (minuta), in ASV, *Arch. Nunz. Jugoslavia*, busta 6, f. 811r.

[224] Pellegrinetti a Pacelli, Belgrado, 30 maggio 1933, rapporto n. 14750, in S.RR.SS., AA.EE.SS., *Jugoslavia*, pos. 96, fasc. 60, f. 32. Ci sono altre simili espressioni del nunzio. In un rapporto Pellegrinetti scrisse sulla «*troppa influenza*» della massoneria in Jugoslavia (Pellegrinetti a Pacelli, Belgrado, 27 ottobre 1934, rapporto n. 16697 (minuta), in ASV, *Arch. Nunz. Jugoslavia*, busta 6, f. 503r). In un altro egli dichiarò, invece, che la massoneria in Jugoslavia «*è attivissima*» (Pellegrinetti a Pacelli, Belgrado, 17 marzo 1932, rapporto n. 13147 (minuta), *ibidem*, busta 5, f. 437v).

[225] Pellegrinetti a Pacelli, Belgrado, 30 maggio 1933, rapporto n. 14750, in S.RR.SS., AA.EE.SS., *Jugoslavia*, pos. 96, fasc. 60, f. 26. Si veda anche: Pellegrinetti a Gasparri, Belgrado, 28 ottobre 1929, rapporto n. 9875, *ibidem*, pos. 90, fasc. 50, f. 47r; Pellegrinetti a Gasparri, Belgrado, 27 dicembre 1929, rapporto n. 10112, *ibidem*, f. 71r; Pellegrinetti a Pacelli, Belgrado, 15 luglio 1930, rapporto n. 10927, *ibidem*, fasc. 51, f. 90r.

[226] Pellegrinetti a Gasparri, Belgrado, 10 gennaio 1928, rapporto n. 7769 (minuta), in ASV, *Arch. Nunz. Jugoslavia*, busta 4, f. 174v.

si fece sentire in modo particolare all'inizio del programma regio dello «jugoslavismo integrale», cioè nel momento delle leggi scolastiche, dello scontro con la Chiesa cattolica circa l'associazione ginnica «Sokol», di alcuni progetti di legge circa la separazione tra Chiesa e Stato e l'espulsione dei gesuiti. Ma anche prima, sin dalla nascita del Regno SHS, si evidenziarono le ambizioni della massoneria, che appoggiò la formazione della Chiesa vetero-cattolica croata (1924), per slegare i cattolici jugoslavi dal loro capo "straniero"[227].

Le tendenze anticattoliche della massoneria, abbinate all'elemento liberale, si sarebbero sviluppate soprattutto in Slovenia, dove sostenne una dura lotta con il clero[228]. In tal modo si possono capire meglio tutte le difficoltà della mensa episcopale di Lubiana, che la gerarchia cattolica voleva salvare da ulteriori espropriazioni, anche tramite una dichiarazione unita al concordato[229].

E qui non si può non valutare attentamente il ruolo della massoneria nella fase finale del concordato. Come agì e in quale misura contribuì alla finale caduta dell'accordo bilaterale?

Tra gli storiografi sono pochi quelli che avvertono il suo ruolo determinante nella questione. Mithans, ad esempio, non le dedica una trattazione a parte, bensì la include tra gli elementi dell'opposizione politica[230]. Il più consapevole dell'attività massonica sembra essere Mužić, ma non tanto nel suo capolavoro sul concordato[231], quanto piuttosto in un'opera più recente[232]. Mentre nel suo primo lavoro l'autore attribuiva le responsabilità soprattutto alla gerarchia ortodossa, nel secondo, invece, senza alcuna esitazione, vi ha affermato che il governo, con il ritiro del concordato dalla ratifica, «*formalmente capitolò davanti alla Chiesa serbo-ortodossa, ma di fatto davanti ai vertici della massoneria*»[233].

---

[227] I. Mužić, *Masonstvo u Hrvata*, 290-291.

[228] Pellegrinetti a Pacelli, Belgrado, 17 gennaio 1933, rapporto n. 14195 (minuta), in ASV, *Arch. Nunz. Jugoslavia*, busta 14, f. 27r; Pellegrinetti a Pacelli, Belgrado, 25 gennaio 1933, rapporto n. 14228 (minuta), *ibidem*, f. 59v; Pellegrinetti a Gasparri, Belgrado, 7 novembre 1925, rapporto n. 5235 (minuta), *ibidem*, busta 3, f. 484v.

[229] Pellegrinetti a Pacelli, Belgrado, 5 settembre 1934, rapporto n. 16544, in S.RR.SS., AA.EE.SS., *Jugoslavia*, pos. 96, fasc. 59, f. 2v.

[230] G. Mithans, *Urejanje odnosov*, 351.

[231] I. Mužić, *Katolička crkva*.

[232] Id., *Masonstvo u Hrvata*.

[233] «*Vlada Kraljevine Jugoslavije odustala je od ratifikacije konkordata. Ona je tako formalno kapitulirala pred SPC, a stvarno pred masonskim vodstvom*»: ibidem, 299.

Per dimostrare tale conclusione egli presenta ai lettori un'abbondante mole di fonti primarie, prevalentemente quelle appartenenti alle stesse logge massoniche. Tramite esse, secondo l'autore, si potrebbe scorgere una subdola propaganda contro la ratifica. Pur essendo stati i massoni ispiratori e portatori della lotta anticoncordataria, essi avrebbero sempre agito dietro le quinte, senza mettersi in primo piano[234]. Si potrebbe citare l'esempio dell'esimio oratore della «Grande loggia Jugoslavija» Branković, il quale, in una riunione segreta, dissuase i presenti dalla stipulazione del concordato[235].

Ben presto, quando le circostanze sembrarono più favorevoli, si passò dal livello teorico a quello pratico. Il materiale propagandistico contro il concordato, apparso all'inizio del 1937, ivi compresi volantini, scritti anonimi e articoli, attraverso i quali si alimentavano i timori della popolazione ortodossa, sarebbe stato proprio opera loro[236]. Comunque, la prova più netta della regia massonica contro il concordato sarebbe stata fornita in seguito alla stessa votazione per la ratifica dell'accordo nella «Skupština», nel luglio 1937: alcuni membri dell'organizzazione segreta, infatti, votarono a favore della ratifica e per tale motivo ne furono espulsi. Mužić, al riguardo, riporta per intero alcune lettere tra il deputato Milan Glavinić e la direzione della Loggia «Šumadija». Il primo, vista la reazione negativa dei suoi superiori, presentò le dimissioni dalla detta loggia, ma essi preferirono espellerlo completamente dall'organizzazione, avanzando come motivazione la trasgressione dei principi essenziali della massoneria[237]. Tra i principi della libertà di coscienza e dell'obbedienza cieca prevalse il secondo. Da questi e simili avvenimenti in seno alla massoneria l'autore è arrivato alla sopraddetta conclusione, ascrivendo all'associazione segreta la principale responsabilità politica per la caduta del concordato[238]. La Chiesa ortodossa, che nel suo primo lavoro veniva ancora tacciata come *causa principalis*, sarebbe stata in realtà solo «*ingannata*» dagli stessi capi della massoneria[239].

Un riscontro interessante circa l'espulsione dei deputati massoni che votarono a favore della ratifica del concordato, lo troviamo in un appunto della Segreteria di

---

[234] *Ibidem*, 298.

[235] *Ibidem*, 291.

[236] I più famosi autori di articoli anticoncordatari sarebbero stati massoni: Bakotić, Banjanin, Bartulović, Kostrenčić, Novak, Ribar, Tomašić (*ibidem*, 297-298).

[237] *Ibidem*, 298-299.

[238] *Ibidem*, 300.

[239] *Ibidem*, 298, nota 619.

Stato. In occasione della visita dell'ambasciatore di Francia presso la Santa Sede, pochi giorni dopo la votazione, Pacelli non perse l'occasione di puntare il dito contro l'influsso della massoneria francese nella faccenda. Dalle voci che giravano i menzionati deputati si sarebbero dovuti dimettere per ordine della massoneria francese. Essa, in tal modo, avrebbe assestato un colpo decisivo a Stojadinović, *«perché amico della Germania e dell'Italia»*, facendo il gioco di Jevtić, *«antico amico della Francia»*[240].

Nei suoi rapporti quasi quotidiani Pellegrinetti tornava spesso sull'argomento. Già nel novembre 1925, appena qualche mese dopo l'infelice ritorno della delegazione governativa da Roma, aveva riportato le parole di Janjić secondo cui *«tutta la Massoneria si dà da fare per mandare a monte ogni trattativa con Roma»*[241]. In questo caso forse il ministro dei culti cercava una giustificazione per non riprendere presto i negoziati concordatari. Ma ci sono altri riferimenti, che appaiono più credibili.

Estremamente avvincente sembra, a tal riguardo, uno degli incontri tra il re Aleksandar e Pellegrinetti, avvenuto poco dopo la ripresa delle trattative, nel dicembre 1930. Il monarca, in quell'occasione, domandò al nunzio se gli impedimenti, suscitati dagli elementi ostili al concordato, fossero opera della massoneria. Allo stesso tempo egli confutava risolutamente le dicerie create intorno alla sua appartenenza all'associazione segreta. Il diplomatico vaticano rispose con prudenza che anche la massoneria, certo, vi avesse la sua parte, ma che vi sarebbero state anche altre concause[242].

Quando nell'aprile 1934, nel bel mezzo delle trattative segrete tra Moscatello e la Segreteria di Stato, la massoneria si riunì nel suo congresso a Belgrado, il nunzio prese l'occasione di mettere in guardia dai suoi progetti – come anche da quelli della gerarchia serbo-ortodossa – perché ambedue le realtà temevano che da un concordato potesse venire una maggiore libertà alla Chiesa cattolica e un più largo diritto d'ingerenza della Santa Sede[243].

Che gli stessi circoli governativi, compresi quelli più in alto, non fossero del tutto immuni dalla penetrazione massonica, lo attestò anche il principe Paolo, stiman-

---

[240] Appunto della Segreteria di Stato, Vaticano, [luglio 1937], n. 3042/37, in S.RR.SS., AA.EE.SS., *Jugoslavia*, pos. 96, fasc. 65, f. 91.

[241] Pellegrinetti a Gasparri, Belgrado, 2 novembre 1925, rapporto n. 5224, *ibidem*, pos. 9, fasc. 14, f. 12r.

[242] Pellegrinetti a Pacelli, Belgrado, 22 dicembre 1930, rapporto n. 11533, *ibidem*, pos. 96, fasc. 53, f. 81v.

[243] Pellegrinetti a Pacelli, Belgrado, 25 aprile 1934, rapporto n. 15977, *ibidem*, fasc. 58, f. 20rv.

done «*funesto l'influsso nel Paese*», in un colloquio con il rappresentante pontificio, qualche mese dopo la firma del concordato. A suo dire tutti i ministri degli esteri, cioè coloro che erano i principali interlocutori ufficiali del nunzio sul concordato, sarebbero stati massoni, come anche Ninčić e Marinković, mentre per Stojadinović non aveva informazioni[244].

Quest'ultimo si distanzia nettamente dall'operato della massoneria[245], tanto che Mužić lo reputa uno dei pochi in grado di percepire la loro congiura anticoncordataria[246]. Qualcosa sull'attività massonica in questa vicenda lo disse il ministro Korošec. Secondo la sua teoria «*la Chiesa Ortodossa non sarebbe stata così aggressiva e violenta, se non fosse stata sospinta dalla frammassoneria*»[247].

L'ultimo caso, che prendiamo in esame, è la lettera dell'episcopato cattolico, riunito alla sua conferenza ordinaria, nel maggio 1938. Nella lettera, diretta ai fedeli, i vescovi, commentando con grande rammarico la caduta definitiva del concordato, espressero la propria delusione, di fronte a tutte le «*offese*» subite dalla Chiesa cattolica, «*da venti anni*», in campo scolastico. Vi affermavano tra l'altro che spesso i responsabili del potere governativo nel ministero dell'istruzione si erano lasciati condurre non da interessi giustificati e dai diritti dei cittadini cattolici di questo Stato, ma dalle idee e dagli interessi delle associazioni segrete massoniche e di tutti quelli che per qualsiasi ragione odiano la Chiesa cattolica[248].

Sintetizzando le varie posizioni circa l'attività della massoneria intorno alla stipulazione e alla ratifica del concordato, possiamo concludere che molti studiosi l'hanno presa in considerazione, ma pochi di essi le hanno prestato così grande attenzione come Mužić. La sua teoria circa il ruolo determinante della massoneria per la caduta finale del concordato appare molto ardita, anche se molto ben fondata per quanto riguarda i momenti relativi alla votazione parlamentare; si discosta cer-

---

[244] Pellegrinetti a Pacelli, Belgrado, 21 novembre 1935, rapporto n. 17930, *ibidem*, fasc. 63, f. 57r.

[245] M. M. Stojadinović, *Ni rat ni pakt*, 532-533.

[246] I. Mužić, *Masonstvo u Hrvata*, 298.

[247] Pellegrinetti a Pacelli, Belgrado, 1° febbraio 1937, rapporto n. 19224, in S.RR.SS., AA.EE.SS., *Jugoslavia*, pos. 96, fasc. 65, f. 3r.

[248] Lettera pastorale dei vescovi cattolici ai fedeli, Zagabria, 4 maggio 1938, *ibidem*, fasc. 67, f. 65. La lettera, pubblicata in lingua orig., si trova in I. Mužić, *Katolička crkva*, 233-238 (per la parte citata si veda p. 234).

to dal pensiero di Pellegrinetti che, nonostante riconoscesse il grande influsso della massoneria, non vedeva in essa il principale avversario del concordato. Moscatello fa solo alcuni brevi accenni al tema nelle sue memorie, limitandosi ad affermare che i massoni, nella detta questione, non sarebbero stati unanimi[249]. Per i due protagonisti delle trattative non c'era alcun dubbio che la responsabilità principale del crollo del concordato fosse della Chiesa serbo-ortodossa[250].

1.2.5 I vescovi cattolici nel dilemma tra la questione croata e il concordato

In più punti lungo il presente studio abbiamo accostato la scottante «questione croata» e le sue ripercussioni sul concordato. Proprio durante la fase finale delle trattative concordatarie e durante i preparativi della sua ratifica si intensificò il desiderio dei croati per una maggiore autonomia nazionale. A ciò contribuì non poco la morte del principale promotore dell'ideologia unitarista, il re Aleksandar. Molti politici croati, riuniti intorno alla loro guida carismatica Maček[251], insieme ad una buona parte del clero cattolico, mettevano come priorità la liberazione dall'egemonia serba, lasciando altre questioni, incluso il concordato, in secondo piano.

Essi vedevano, inoltre, nell'accordo stipulato tra la Jugoslavia e la Santa Sede un'arma pericolosa per il rafforzamento del regime "aborrito". Da voce emblematica di questi timori potrebbe fungere la già citata lettera di Trumbić della primavera 1934, in cui il politico croato avvertiva la diplomazia vaticana circa le conseguenze funeste della prevista firma dell'accordo[252].

---

[249] APHZSJ, ostavština Moscatello, busta 2: *Bilješke [Memorie]*, p. 83; *Nikola Moscatello*, F. Veraja – S. Kljaić, ed., 125.

[250] ASV, Archivio della Prefettura, *Diari del card. Pellegrinetti*, 21 febbraio 1938, vol. 17, f. 65r; APHZSJ, ostavština Moscatello, busta 2: *Bilješke [Memorie]*, pp. 76, 84; *Nikola Moscatello*, F. Veraja – S. Kljaić, ed., 117, 126.

[251] Circa l'atteggiamento anticoncordatario di Maček si veda, ad esempio, I. MUŽIĆ, *Katolička crkva*, 80-81, 158-161.

[252] *«Il popolo croato non desidera, lo dico decisamente, che un Concordato venga conchiuso oggi, anzi teme che, se fosse stipulato, ne potrebbero derivare, forse inevitabilmente delle conseguenze sinistre e funeste [...]. La firma della Santa Sede sull'atto implicherebbe indirettamente da parte del più grande potere morale l'approvazione non meritata di un regime, che non è finora e non potrà essere anche in avanti che un esperimento sinistro, già fallito [...]. La conclusione logica di questo ragionamento si è: Per ora, nessun Concordato!»*: Trumbić a Pacelli, Sarajevo, 8 maggio 1934, lettera n. 2114/34 (Segreteria di Stato), in S.RR.SS., AA.EE.SS., *Jugoslavia*, pos. 96, fasc. 58, ff. 49v-51r.

Pur prendendo sul serio tali obiezioni politiche, la Santa Sede trasportò la questione sul terreno religioso, considerando il concordato come una base giuridica per le rivendicazioni della Chiesa. Questa visione, estranea ai calcoli politici – concentrati piuttosto sulle possibili alleanze tra le potenze europee e rintracciabili presso alcuni studiosi[253] – fu fortemente condivisa sia da Pellegrinetti che da Moscatello. Il primo aveva un'idea pressoché utopica, quasi che con «*un buon Concordato*» si potesse arginare l'evidente malcontento croato, come se ad accontentarli bastasse loro la garanzia della libertà della missione religiosa[254].

Moscatello, d'altra parte, mise ben chiaro che il concordato non riguardava affatto i rapporti tra serbi e croati. La Santa Sede – continuava – non poteva né voleva risolvere la «questione croata», poiché si trovava fuori dalle sue competenze. La Chiesa avrebbe cercato garanzie per la propria missione presso ogni tipo di regime, nella situazione politica in vigore, senza guardare al passato o fare calcoli per il futuro. Nonostante l'essenza apolitica del concordato, i croati non avrebbero dovuto ignorare che esso avrebbe loro apportato importanti vantaggi spirituali e culturali. Esso, in sintesi, senza compromettere la «questione croata», avrebbe eliminato una serie di *gravamina*, perciò la Santa Sede avrebbe avuto tutta la ragione d'aspettarsi più gratitudine da parte dei croati, che invece rimanevano alquanto freddi[255].

A questo punto è interessante approfondire la posizione dell'episcopato cattolico, trovatosi nell'imbarazzo della scelta tra la lotta nazionale croata e il concordato. Si è citata, a proposito, la "coraggiosa" interpretazione di Mužić circa la presunta piena collaborazione tra la gerarchia cattolica croata e il partito di Maček, con una

---

[253] Lo studioso Žutić, ad esempio, tenta di spiegare i motivi del re Aleksandar per la ripresa delle trattative nel 1930, soprattutto alla luce dei calcoli politici, temendo un atteggiamento antijugoslavo da parte della Santa Sede e addirittura del governo italiano (N. Žutić, *Kraljevina Jugoslavija*, 388-389, 403). I motivi politici da parte della Santa Sede, invece, secondo Simić, consterebbero nel fatto che il Vaticano, una volta convintosi della posizione indebolita del Regno di Jugoslavia, avrebbe, sempre nel 1930, accettato le nuove trattative (S. Simić, *Vatikan protiv Jugoslavije*, 17; D. Živojinović – D. Lučić, *Varvarstvo*, vol. I, 341; L. Dimić – N Žutić, *Rimokatolički klerikalizam*, 235). Lo storico Pirjevec considera, invece, l'impegno del nunzio Pellegrinetti per la soluzione giuridica dei rapporti tra la Chiesa e la Dinastia Karađorđević come una prova che il diplomatico pontificio credesse in questo Stato (J. Pirjevec, «Vatikanski arhivi», 305).

[254] Pellegrinetti a Pacelli, Belgrado, 30 aprile 1934, rapporto n. 16000, in S.RR.SS., AA.EE.SS., *Jugoslavia*, pos. 96, fasc. 60, ff. 74v-75r.

[255] APHZSJ, ostavština Moscatello, busta 2: *Bilješke [Memorie]*, pp. 78-79; *Nikola Moscatello*, F. Veraja – S. Kljaić, ed., 119-121.

chiara precedenza al destino dei connazionali rispetto all'accordo internazionale[256]. Lo studioso, che più volte ribadisce il poco interesse dell'episcopato cattolico per il concordato[257], arriva addirittura alla conclusione che le dichiarazioni pubbliche dell'arcivescovo Stepinac in favore del concordato, non sarebbero partite da lui personalmente, ma dalla Santa Sede, che lo avrebbe obbligato a pronunciarsi in tal senso, mentre egli nel cuore aveva sposato la "via" di Maček[258].

Partendo dalla documentazione archivistica a disposizione è difficile arrivare ad una conclusione chiara e distinta, dal momento che non raramente ci si trova di fronte ad informazioni contrapposte. Ciononostante si può affermare che nella posizione dell'episcopato jugoslavo ci sia stato uno sviluppo graduale, che portò alla fine le diversissime opinioni sull'opportunità del concordato ad una visione più unanime.

Le voci divergenti da parte dell'episcopato si notano dalle già riferite parole del cardinale Pacelli, che durante l'adunanza della congregazione degli affari ecclesiastici straordinari, avvenuta nel giugno 1934, osservava come «*alcuni vescovi*» fossero contrari al concordato, temendo che esso avrebbe rafforzato il regime e che, inoltre, non sarebbe stato osservato dalle autorità civili[259]. Perfino dopo la firma del concordato non svanirono tali dubbi. Per convincere i cattolici dei vantaggi religiosi del documento appena sottoscritto, la Segreteria di Stato volle chiamare a Roma il vescovo di Banjaluka Garić, evidentemente poco fiducioso nei confronti dell'accordo, per dimostragli la sua portata positiva[260].

Con la lettera del comitato esecutivo dell'episcopato cattolico, diretta al presidente del consiglio, nel dicembre 1935, i vescovi avrebbero dissipato ogni dubbio sul loro favore nei confronti del concordato[261], anche se il nunzio Pellegrinetti ancora parlava del pessimismo di «*quel paio di Vescovi*»[262]. È invece interessante osservare

---

[256] I. MUŽIĆ, *Katolička crkva*, 80-81.

[257] *Ibidem*, 71, 76-77, 196, 202.

[258] *Ibidem*, 178-179, 198-199.

[259] S.RR.SS., AA.EE.SS., *Rapporti delle Sessioni*, anno 1934, Sessione 1360, stampa 1247, «Jugoslavia. Nuovo progetto di Concordato», 24 giugno 1934, Verbale, ff. 1-2.

[260] Appunto della Segreteria di Stato, Vaticano, 9 novembre 1935, n. 3836/35, in S.RR.SS., AA.EE.SS., *Jugoslavia*, pos. 96, fasc. 63, f. 59.

[261] Bauer a Pellegrinetti, Zagabria, 10 dicembre 1935, nota n. 388, in ASV, *Arch. Nunz. Jugoslavia*, busta 8, f. 603r.

[262] Pellegrinetti a Pacelli, Belgrado, 14 dicembre 1935, rapporto n. 17996, in S.RR.SS., AA.EE.SS., *Jugoslavia*, pos. 96, fasc. 63, f. 64v.

la reazione dell'episcopato cattolico alla "dichiarazione di guerra", avanzata dal patriarcato serbo-ortodosso, nel dicembre 1936. Abbiamo già riferito della dichiarazione dell'arcivescovo di Zagabria Bauer a favore del concordato, in occasione di capodanno, impedita dalla censura[263]. Il prelato croato, nel frattempo, non perse l'occasione di convocare subito gli altri vescovi – e anche il nunzio – alla successiva conferenza episcopale, svoltasi nel gennaio 1937[264]. La tensione tra i vescovi, ulteriormente rafforzata per gli opposti punti di vista circa la missione dell'«Azione Cattolica», venne colta dal nunzio, il quale annotò sul suo diario che i vescovi *«più radicalmente croati»* fossero i più miti nel proporre la formula di protesta e il comunicato contro l'attacco della Chiesa ortodossa. Alcuni di loro avrebbero addirittura preferito che cadesse il concordato, *«per documentare che i Cattolici niente hanno da sperare in Jugoslavia»*[265]. Alla fine i vescovi si accordarono per rilasciare un comunicato per la stampa e per scrivere una «Memoria» per il governo e la reggenza. Il governo, ufficialmente per arginare le possibili conseguenze nocive della polemica, mutilò il comunicato dell'episcopato, che fra altre cose affermava:

L'Episcopato cattolico, in occasione degli attacchi contro il Concordato, constata che esso è stato firmato dal Governo, riconosce che per esso sono esclusivamente competenti i due poteri sovrani Santa Sede e Stato jugoslavo e tranquillamente aspetta che venga ratificato per il bene di tutto lo Stato e della Chiesa Cattolica[266].

---

[263] *«Come mai la censura governativa permetta al Patriarcato tali pubblicazioni, mentre a Mgr. Bauer Arcivescovo di Zagabria ha impedito che le parole da lui pronunziate in occasione di Capodanno in favore del Concordato e in deplorazione degli ingiustificati attacchi vengano pubblicate nel "Katolički List", non è facile indovinare [...]. Anche a tutti gli altri giornali e periodici cattolici è stato vietato di pubblicare qualsiasi cosa intorno al Concordato, cioè, praticamente, di difendere il Concordato e confutare gli avversari»*: Pellegrinetti a Pacelli, Belgrado, 13 gennaio 1937, rapporto n. 19150, *ibidem*, fasc. 65, f. 15v. La dichiarazione di Bauer si veda in S. SIMIĆ, *Jugoslavija i Vatikan*, 123; M. MIŠOVIĆ, *Srpska crkva*, 57.

[264] Pellegrinetti a Bauer, Belgrado, 17 dicembre 1936, lettera n. 19064 (minuta), in ASV, *Arch. Nunz. Jugoslavia*, busta 9, f. 58rv; Stepinac a Pellegrinetti, Zagabria, 19 dicembre 1936, lettera n. 19087 (Nunziatura), *ibidem*, f. 72r; Pellegrinetti a Stepinac, Belgrado, 22 dicembre 1936, lettera n. 19088 (minuta), *ibidem*, f. 74r. Il protocollo della conferenza (8-14 gennaio 1937) si trova in NŠAL, ŠAL/SP V, fasc. 269: «Škofovska konferenca 1922-1942», [mappa 19 (1937)], pp. 1-6.

[265] ASV, Archivio della Prefettura, *Diari del card. Pellegrinetti*, 9 gennaio 1937, vol. 16, f. 60rv.

[266] Pellegrinetti a Pacelli, Belgrado, 15 gennaio 1937, rapporto n. 19161, in S.RR.SS., AA.EE.SS., *Jugoslavia*, pos. 96, fasc. 64, f. 71v.

La censura, però, permise che venisse pubblicato solo così "amputato":

> L'Episcopato Cattolico constata che il Concordato tra la Santa Sede e il Regno di
> Jugoslavia è stato firmato e tranquillamente ne attende la ratifica[267].

Dinanzi a simili interventi della censura governativa il nunzio rimase stupefatto, non potendo comprendere come mai al patriarcato ortodosso si permettevano pubblicazioni denigranti, mentre ai cattolici, anzi, ai loro vescovi, non si lasciava comunicare quelle poche righe moderate, senza alcuna polemica[268]. La "trasformata" versione poteva certo alludere alla quasi impassibilità, se non all'indifferenza dell'episcopato cattolico di fronte agli attacchi contro il concordato.

La suddetta «Memoria» dei vescovi, consegnata alle autorità del governo e della reggenza dai vescovi Njaradi e Rožman, in un tono molto deciso biasimò l'operato della Chiesa serbo-ortodossa, qualificandolo «*illegale*», poiché il concordato sarebbe stato un atto sovrano tra la Santa Sede e il regio governo, e non ci sarebbero dovuti essere ingerenze e preconcetti da parte di altri gruppi religiosi. I vescovi ribadirono la propria non-opposizione affinché anche la Chiesa ortodossa ricevesse analoghi diritti, di cui ancora non godeva e che invece erano previsti nel concordato, sottolineando però il principio che ogni confessione partisse dalle proprie concezioni del diritto canonico e dal proprio carattere nazionale-religioso[269]. Con tale atto dei vescovi cattolici si sarebbe smentita la leggenda, secondo Pellegrinetti, dell'episcopato contrario al concordato o dell'episcopato disposto a trattare senza il papa[270].

Le voci circa l'indifferenza dell'episcopato cattolico non presero forza però soltanto a causa della "cattiva" censura governativa. Analizzando i fatti intorno alla polemica più aspra circa il concordato, cioè tra la primavera e l'estate 1937 – che riprenderemo più avanti – si può scorgere facilmente un'assenza totale di qualsiasi

---

[267] *Ibidem*.

[268] Pellegrinetti a Pacelli, Belgrado, 13 gennaio 1937, rapporto n. 19150, *ibidem*, fasc. 65, f. 15v. Il testo, pubblicato in lingua orig., si veda in S. Simić, *Jugoslavija i Vatikan*, 124; M. Mišović, *Srpska crkva*, 58. Il comunicato venne pubblicato anche sul bollettino del patriarcato (*Glasnik SPP*, Anno XVIII (1937), n. 1-2, p. 20), in modo ironico linguisticamente "corretto" (I. Mužić, *Katolička crkva*, 134).

[269] Il testo della «Memoria», in trad. it., si trova in: Vescovi cattolici al principe Paolo, Zagabria, 10 gennaio 1937, nota n. 9/BK, in S.RR.SS., AA.EE.SS., *Jugoslavia*, pos. 96, fasc. 65, ff. 6-7; in lingua orig. in ASV, *Arch. Nunz. Jugoslavia*, busta 9, f. 90rv.

[270] ASV, Archivio della Prefettura, *Diari del card. Pellegrinetti*, 29 gennaio 1937, vol. 16, f. 65v.

presa di posizione e di difesa da parte dell'episcopato cattolico. Stojadinović, dopo la votazione sul concordato in parlamento, si lamentava con il nunzio che gli riusciva più difficile sostenere il concordato, dopo che i croati cattolici, e «*perfino qualche Vescovo*», avrebbero professato di disinteressarsene[271].

Similmente Moscatello biasimava l'atteggiamento negativo dei cattolici croati e sloveni in materia, rilevando il silenzio della stampa cattolica proprio nel momento in cui la Chiesa veniva crudelmente attaccata. I motivi profondi per tale contegno egli li cercava nello spirito liberale dell'intelligenza croata e slovena. Molti di essi avrebbero visto nel concordato la nuova affermazione del clericalismo in campo politico. Per quanto riguarda l'episcopato e il clero egli metteva in risalto, accanto alla poca fiducia nell'assetto politico jugoslavo, anche la mancata conoscenza dei vantaggi previsti dal concordato. Per loro sarebbe prevalsa la tesi che non ci si doveva impegnare troppo per la Jugoslavia, bensì attendere la sua disfatta. Conscio di ciò Moscatello, in un certo senso, giustificava il ritiro del concordato, affermando che all'ortodosso Stojadinović non si poteva certo chiedere d'essere più cattolico dello stesso episcopato e clero cattolici[272].

Nell'agosto 1937 cominciò a girare la notizia sui giornali esteri che Maček avrebbe scritto una lettera al partito dell'«Opposizione Riunita» di Belgrado, dichiarandosi contro il concordato, affermando che i croati non l'avrebbero cercato e che nel caso in cui venisse costituito un governo di concentrazione, il suo primo atto sarebbe stato quello di ritirare la legge sul concordato, poiché solo in questa maniera si sarebbe restituita la pace religiosa nel Paese[273]. Nonostante le smentite delle persone e della stampa vicine a Maček[274], il governo prese la palla al balzo, giustificando il proprio operato, relativizzando l'indubbia responsabilità della Chiesa ortodossa e puntando il dito appunto sul contegno indecoroso di coloro per i quali era stato pensato, cioè i croati cattolici.

A tale stato di cose contribuirono inoltre alcuni articoli sui giornali croati, scritti in modo volutamente ambiguo, in cui non risultava facile distinguere tra l'ironia

---

[271] Pellegrinetti a Pacelli, Belgrado, 18 novembre 1937, rapporto n. 20298, in S.RR.SS., AA.EE.SS., *Jugoslavia*, pos. 96, fasc. 66, f. 74v.

[272] APHZSJ, ostavština Moscatello, busta 2: *Bilješke [Memorie]*, pp. 79-81; *Nikola Moscatello*, F. Veraja – S. Kljaić, ed., 120-123.

[273] Bertoli a Pacelli, Belgrado, 19 agosto 1937, rapporto n. 19989, in S.RR.SS., AA.EE.SS., *Jugoslavia*, pos. 96, fasc. 66, f. 22r.

[274] *Ibidem*, f. 22rv.

e l'indifferenza nei confronti del concordato. Così, ad esempio, il ministro dell'istruzione pubblica Stošović commentava l'atteggiamento poco chiaro dei croati:

> Ma se da parte dei nostri fratelli croati non si desidera il Concordato, lo si dica chiaramente e apertamente, perché il nostro partito ha abbastanza tempo per studiare anche questo punto di vista e per prendere la sua decisione, in quanto che il Concordato ha appena, si e no, attraversato un quarto di strada prima di divenire legge definitiva e prima di entrare nella vita[275].

Il giornale *Obzor* di Zagabria interpretava tale dichiarazione come dimostrazione che il governo non voleva legarsi ad ogni costo alla ratifica del concordato, «*se i capi politici croati sono contrari*»[276]. Il ministro di Jugoslavia presso la Santa Sede Mirošević-Sorgo, in un'udienza dal segretario di Stato Pacelli, espose le difficoltà del governo, giacché «*i Croati cattolici hanno un'attitudine indifferente*»[277]. Nel corso del menzionato colloquio con il nunzio Pellegrinetti, nel novembre 1937, il presidente del consiglio tentò di «*scagionarsi con l'ostilità di certi cattolici*»[278], nominando espressamente il vescovo Šarić, per dimostrare che di fronte a tali obiezioni egli non potesse promuovere con serenità il progetto di ratificare[279]. Verso la fine di dicembre 1937 il capo del governo, in una lettera al ministro Mirošević-Sorgo, riassunse i quattro elementi che – a suo dire – stavano osteggiando la normale procedura: due di essi ricadevano sui croati: l'atteggiamento freddo della maggioranza cattolica, particolarmente di coloro che facevano capo a Maček, e quello negativo di alcuni vescovi cattolici (Šarić). Gli altri due motivi sarebbero stati il turbamento degli ortodossi e l'opposizione di Jevtić[280].

---

[275] *Ibidem*, f. 23rv.

[276] *Ibidem*, f. 23v; *Obzor*, 16 agosto 1937.

[277] Udienza privata del card. Pacelli con il ministro di Jugoslavia, 29 agosto 1937 (domenica), in S.RR.SS., AA.EE.SS., *Stati Ecclesiastici*, pos. 430B, fasc. 364, f. 85r.

[278] ASV, Archivio della Prefettura, *Diari del card. Pellegrinetti*, 13 novembre 1937, vol. 17, f. 31rv.

[279] Pellegrinetti a Pacelli, Belgrado, 18 novembre 1937, rapporto n. 20298, in S.RR.SS., AA.EE.SS., *Jugoslavia*, pos. 96, fasc. 66, f. 74v.

[280] Stojadinović a Mirošević-Sorgo, Belgrado, 25 dicembre 1937, dispaccio n. 2871, in AJ, *Poslanstvo Kraljevine Jugoslavije pri Svetoj Stolici (372)*, fasc. 14, ff. n.n.; G. MITHANS, *Urejanje odnosov*, 330-331.

Negli stessi termini Stojadinović ribadì la responsabilità dei croati in occasione della protesta ufficiale da parte della Santa Sede nel febbraio 1938[281]. Da parte sua, il nunzio fece rilevare al presidente, che fino a pochi mesi prima le autorità centrali avevano assolutamente proibito e impedito ai cattolici e anche ai vescovi di parlare del concordato, che la censura aveva soppresso perfino le dichiarazioni «*moderatissime*» dell'arcivescovo Bauer, fatte nel gennaio del 1936 e del 1937. Stojadinović avrebbe allora riconosciuto che si era trattato di «*uno sbaglio colossale*»[282].

Abbiamo fatto appena cenno agli articoli ambigui di alcuni giornali cattolici che avrebbero fatto nascere ulteriori discussioni circa la posizione croata. Forse il caso più noto fu l'articolo «Nećemo tako. Konkordat i Hrvati» («Non vogliamo così. Il concordato e i croati») del *Katolički tjednik* della diocesi di Sarajevo, apparso il 3 ottobre 1937. L'autore don Čekada, che si era firmato come «*dr. Ius*», all'inizio si era accorto dei tentativi di escludere il concordato dall'ordine del giorno, per la presunta contrarietà dei croati e di Maček. Contro tali insinuazioni lo scrivente affermava che quest'ultimo non aveva niente contro il concordato, aggiungendo, d'altro canto, che tanto Maček quanto la nazione croata da lui rappresentata – poiché non avevano avuto alcun ruolo nelle trattative e nella conclusione del concordato – non intendevano assumere alcuna responsabilità né offrire alcuna garanzia nella questione. Il concordato avrebbe potuto essere buono e necessario, però dal momento che era stato concluso senza loro, «*moralmente non lega i Croati*». L'autore ribadì nuovamente che – dicendo questo – né i croati si sarebbero dichiarati per principio contro il concordato, né avrebbero preso un atteggiamento negativo contro i diritti della Chiesa cattolica e della Santa Sede. Si sarebbe trattato solo di un problema di concetto costituzionale e di procedura. Per rafforzare la propria posizione, l'autore citava l'arcivescovo Stepinac, secondo il quale la Chiesa cattolica non aveva ragione di supplicare o di forzare per un concordato, perché essa avrebbe potuto vivere e fiorire anche senza. Per tale ragione lo scrittore giustificava il contegno indifferente dei croati, che non volevano scen-

---

[281] Stojadinović a Mirošević-Sorgo, Belgrado, 16 febbraio 1938, telegramma n. 388, in AJ, *Poslanstvo Kraljevine Jugoslavije pri Svetoj Stolici (372)*, fasc. 14, ff. n.n.; Mirošević-Sorgo a Pacelli, Roma, 17 febbraio 1938, lettera n. 969/38 (Segreteria di Stato), in S.RR.SS., AA.EE.SS., *Jugoslavia*, pos. 96, fasc. 67, f. 49r.

[282] Pellegrinetti a Pacelli, Belgrado, 18 novembre 1937, rapporto n. 20298, in S.RR.SS., AA.EE.SS., *Jugoslavia*, pos. 96, fasc. 66, f. 74v.

dere nella mischia che si era creata intorno alla ratifica[283]. Lo scopo dell'articolo fu quindi, da una parte, sollevare da qualsiasi responsabilità i croati per il ritiro del concordato e, dall'altra, giustificare il loro atteggiamento passivo e indifferente, poiché non coinvolti nella questione.

Che le tesi dell'articolo non fossero accolte in modo unanime, risulta evidente dalla corrispondenza accesa del detto giornale con altri quotidiani cattolici, come ci viene presentato da Mužić[284]. La reazione della Santa Sede non si fece attendere a lungo. Appena il nunzio, trovandosi in quel momento a Roma, lesse l'articolo, ne rimase molto deluso. In esso egli vi trovò «*ottimi concetti*», che però mascheravano la tesi principale: «*i cattolici croati non devono occuparsi del Concordato*». I vescovi «*nazionalisti e mačechisti*» a oltranza, oltre Šarić, sarebbero stati pochi, ma secondo lui, proprio quelli che si vantavano di essere i più devoti alla Santa Sede, spesso sollecitavano benedizioni che venivano poi interpretate come approvazione indiretta della loro azione politica[285]. Alla lettura dell'articolo, il papa stesso avrebbe espresso così il suo forte disappunto per l'indifferenza croata per il concordato:

> I Baschi non sono soltanto in Spagna! Gli [all'arcivescovo Šarić] dica che questo modo offende non solo la Santa Sede ma la persona del Papa, che direttamente s'è occupato del Concordato[286]!

Pizzardo scrisse una lettera molto dura all'arcivescovo Šarić, dal quale sarebbe dipeso il giornale in causa. In essa espresse il proprio «*dispiacere*» per l'articolo, dal quale sarebbe stata «*dolorosamente colpita*» la Segreteria di Stato. Il contenuto non avrebbe rappresentato, secondo lui, «*un bell'esempio di disciplina cattolica e di vero zelo religioso*». Il prelato croato fu infine pregato di vigilare sul periodico, affinché con le sue intemperanze di linguaggio non concorresse a formare pericolose deviazioni[287].

Nella risposta l'arcivescovo dapprima negò che il giornale fosse organo della sua arcidiocesi, più avanti cercò invece di giustificare e interpretare rettamente l'artico-

---

[283] *Katolički tjednik*, 3 ottobre 1937, Anno XIII/XVI – n. 40, p. 4; in trad. it.: S.RR.SS., AA.EE.SS., *Jugoslavia*, pos. 96, fasc. 66, ff. 58r-60v.

[284] I. Mužić, *Katolička crkva*, 197-198.

[285] Pellegrinetti a Pacelli, Roma, 27 ottobre 1937, rapporto n. 4585/37 (Segreteria di Stato), in S.RR.SS., AA.EE.SS., *Jugoslavia*, pos. 96, fasc. 66, f. 57rv.

[286] ASV, Archivio della Prefettura, *Diari del card. Pellegrinetti*, 27 ottobre 1937, vol. 17, f. 24r.

[287] Pizzardo a Šarić, Vaticano, 13 novembre 1937, dispaccio n. 4585/37 (minuta), in S.RR.SS., AA.EE.SS., *Jugoslavia*, pos. 96, fasc. 66, ff. 61r-62r.

lo, nel quale egli non vedeva alcuna tendenza politica o avversione contro la ratifica del concordato. Di fronte a questa *empasse* parlamentare, lo scopo principale del giornale sarebbe stato impedire il tentativo dell'opposizione serba di "lavarsene le mani", accusando i croati di essere i veri oppositori del concordato. A proposito della presunta indifferenza dei cattolici croati, l'arcivescovo precisò che essa non riguardava la ratifica del concordato, bensì l'esito definitivo della lotta intorno ad esso tra il regime e i serbi integralisti in combutta con la Chiesa ortodossa. Ciò significava che i cattolici non si sarebbero rassegnati e abbattuti, se il concordato non fosse stato ratificato, sapendo difendere i propri diritti in altri modi. In conclusione, il prelato promise di avvertire i redattori del giornale circa il contenuto della lettera, ribadendo al tempo stesso che egli non si era mai pronunciato contro il concordato[288].

I vescovi cattolici tornarono alla carica, dopo alcuni mesi di silenzio, nell'autunno 1937, con un comunicato dalla loro conferenza episcopale, svoltasi dal 22 al 28 ottobre[289]. Questa volta la censura non si oppose alla pubblicazione. Ecco le loro conclusioni riguardanti la questione concordataria:

> L'Episcopato cattolico ritiene che il suo decoro non gli permette di reagire ai triviali attacchi, che negli ultimi tempi sono stati fatti contro la definitiva ratifica del Concordato.
> L'Episcopato Cattolico ritiene che non è neppure necessario reagire alla insincerità con la quale da 19 anni si vuol dare intendere che la Chiesa Cattolica in Jugoslavia gode parità di diritti.
> L'Episcopato cattolico saprà in ogni caso difendere i diritti della Chiesa Cattolica e di sei milioni di cattolici in questo Stato e per la riparazione di tutti i torti ha preso le misure necessarie[290].

---

[288] Šarić a Pizzardo, Sarajevo, 23 novembre 1937, lettera n. 2915/37, *ibidem*, ff. 72r-73v. L'arcivescovo mandò la stessa lettera, per conoscenza, anche al segretario di Stato, accompagnata da una breve descrizione: Šarić a Pacelli, Sarajevo, 23 novembre 1937, lettera n. 1393/37, *ibidem*, f. 71r. Si veda anche l'appunto di Bertoli, Roma, dicembre 1937, n. 20404, in ASV, *Arch. Nunz. Jugoslavia*, busta 9, f. 210rv.

[289] Il protocollo della conferenza si trova in NŠAL, ŠAL/SP V, fasc. 269: «Škofovska konferenca 1922-1942», [mappa 19 (1937)], pp. 1-9.

[290] Le conclusioni, in trad. it., si vedano in: Pellegrinetti a Pacelli, Belgrado, 3 novembre 1937, rapporto n. 20266 (minuta), in ASV, *Arch. Nunz. Jugoslavia*, busta 7, f. 168v. Per la lingua orig. si veda I. Mužić, *Katolička crkva*, 196; la trad. slovena si trova in G. Mithans, *Urejanje odnosov*, 325.

Pur ritenendo questa parte del comunicato «*molto forte*», Pellegrinetti non ne rimase molto entusiasta, soprattutto per la poca chiarezza del contenuto. A suo avviso, sarebbe stato meglio affermare che la Chiesa serba non aveva diritto di immischiarsi in ciò che riguardava le relazioni tra la Chiesa cattolica e lo Stato e che i vescovi, in unione alla Santa Sede, avrebbero sempre difeso i diritti della Chiesa[291]. Forse in tal caso, però, la censura non avrebbe lasciato passare facilmente il comunicato.

Verranno ora prese in esame alcune dichiarazioni sul concordato da parte di Stepinac, che aiuteranno a capire meglio la sua posizione e quella dell'episcopato cattolico in generale. Nella lettera del 17 novembre 1937, rivolta a Stojadinović, l'arcivescovo di Zagabria condannò l'ingerenza ingiustificata della Chiesa serbo-ortodossa nella questione concordataria. Infatti, al momento della promulgazione della costituzione della Chiesa serbo-ortodossa, nessun cattolico aveva protestato o detto qualcosa in contrario. Similmente accadde nel caso dell'islam, la cui legge rinnovata avrebbe dato ai musulmani più che il concordato ai cattolici. Stepinac ribadì il principio che fosse un affare dello Stato e dei relativi gruppi religiosi. Più avanti, egli toccò la questione dell'ipotizzata contrarietà di certi vescovi verso il concordato. Ciò non avrebbe dovuto offrire alcuna giustificazione per il suo ritiro, poiché esso non sarebbe stato stretto con i singoli vescovi né con la conferenza episcopale in quanto tale, bensì con la Santa Sede che sola ne avrebbe portato la responsabilità. Ma se si fosse trovato un vescovo contrario al concordato, questi, secondo Stepinac, non avrebbe meritato il nome di vescovo cattolico, «*essendo ciò incompatibile con la costituzione della Chiesa cattolica*». A proposito dell'indifferenza di Maček verso il concordato, egli chiariva che il capo politico dei croati non rappresentava la Chiesa cattolica. In più, il concordato non sarebbe stato destinato ai soli croati, ma pure ai cattolici tedeschi, magiari, sloveni, arnauti, cechi, polacchi e altri. Stepinac concluse che i vescovi non avrebbero potuto contentarsi con altre leggi, non volendo restare alla mercé dei singoli governi, che variavano da un giorno all'altro, ma che al contrario esigevano recisamente che i loro diritti venissero garantiti stabilmente da una legge quale il concordato[292].

---

[291] Pellegrinetti a Pacelli, Belgrado, 3 novembre 1937, rapporto n. 20266 (minuta), in ASV, *Arch. Nunz. Jugoslavia*, busta 7, f. 169r.

[292] Stepinac a Stojadinović, Belgrado, 17 novembre 1937, nota n. 5000/37 (Segreteria di Stato), trad. it, in S.RR.SS., AA.EE.SS., *Jugoslavia*, pos. 96, fasc. 66, ff. 78-79. Lo studioso Mithans cita anche il diario di Stepinac, dove si parla della sua posizione circa il concordato (G. MITHANS, *Urejanje odnosov*, 326, nota 589, 592).

Questo testo lasciò molto più soddisfatto il nunzio Pellegrinetti, che lo considerò composto in maniera «*veramente degna*», tale che avrebbe porto una base per la giusta attitudine dell'episcopato di fronte al concordato e di fronte al governo[293]. Stojadinović, che nell'ascoltare la detta dichiarazione sarebbe apparso «*turbato e quasi depresso*», avrebbe lodato la condotta calma dei vescovi cattolici durante la bufera concordataria[294]. Ma proprio siffatta «*condotta calma*», invece, non piaceva alla Santa Sede, che avrebbe voluto da parte dei vescovi una posizione più decisa, soprattutto davanti all'opinione pubblica. Quando, infatti, Stepinac rilasciò un'altra dichiarazione nel febbraio 1938, questa volta pubblicata sui giornali, in cui respinse le progettate adunate di protesta dei cattolici in favore del concordato[295], il papa ne rimase «*dolorosamente sorpreso*». Egli partiva dal presupposto che se l'arcivescovo fosse stato sicuro che nelle adunate di protesta i cattolici croati avessero testimoniato il loro amore e completa venerazione verso la Chiesa cattolica e verso di lui, allora non sarebbe sembrata opportuna una proibizione così assoluta e generale[296].

Le divergenze nell'interpretazione circa la vera responsabilità della caduta del concordato si fecero sentire nella stessa curia romana. Sembra che l'insistente accusa contro i croati da parte del presidente del consiglio Stojadinović trovasse terreno fertile presso qualche prelato della Segreteria di Stato. Ne dà testimonianza un articolo su *L'Avvenire d'Italia* del 10 febbraio 1938, intitolato «Responsabilità», ispirato – secondo Pellegrinetti – da persone vicine al cardinal Pizzardo[297]. La tesi principale dell'articolo fu riassunta nei termini seguenti:

> Che il Governo di Belgrado abbia lasciato cadere l'accordo con la Santa Sede è cosa dolorosa. Ma ancora più doloroso è il fatto che la responsabilità di tale caduta sia, in gran parte, dei Cattolici croati. Si crea in tal modo un precedente che può avere conseguenze gravi pel cattolicismo jugoslavo[298].

---

[293] Pellegrinetti a Pacelli, Belgrado, 18 novembre 1937, rapporto n. 20298, in S.RR.SS., AA.EE.SS., *Jugoslavia,* pos. 96, fasc. 66, f. 76v.

[294] *Ibidem*; M. M. STOJADINOVIĆ, *Ni rat ni pakt,* 542.

[295] La dichiarazione di Stepinac viene riportata in G. MITHANS, *Urejanje odnosov,* 329-330.

[296] Pacelli a Bertoli, Vaticano, 27 febbraio 1938, dispaccio n. 689/38, in ASV, *Arch. Nunz. Jugoslavia,* busta 9, f. 291r. Si veda anche Udienza del card. Pacelli con il pontefice, 18 febbraio 1938, in S.RR.SS., AA.EE.SS., *Stati Ecclesiastici,* pos. 430A, fasc. 355, f. 23r.

[297] ASV, Archivio della Prefettura, *Diari del card. Pellegrinetti,* 21 febbraio 1938, vol. 17, f. 65r.

[298] *L'Avvenire d'Italia,* 10 febbraio 1938, in S.RR.SS., AA.EE.SS., *Jugoslavia,* pos. 96, fasc. 67, ff. 51-52.

Il parere contrario del segretario di Stato Pacelli provocò l'aggiustamento del suddetto articolo, affidato allo stesso oramai cardinale Pellegrinetti[299]. Due settimane dopo si leggeva infatti, sullo stesso giornale, la versione "corretta":

> In quella nota taluno ha potuto credere che si volesse addossare la responsabilità della mancata ratifica del Concordato ai Cattolici croati. Ora, se può essere doloroso che i Croati, per la loro opposizione al Governo, non abbiano preso parte attiva a favore del Concordato, è evidente che la responsabilità della mancata ratifica spetta alla Chiesa serbo-ortodossa, cui il Governo ha finito per cedere, nonostante i solenni impegni presi presso la S. Sede[300].

Che l'articolo fosse ispirato dalla penna di Pellegrinetti appare molto chiaro dalla conclusione sulla caduta del concordato, annotata sul suo diario proprio in quei giorni:

> I Croati non sono senza colpa: ma la responsabilità principale e sola decisiva del crollo del Concordato spetta evidentemente ai Serbo-ortodossi e alla loro Chiesa[301].

Tale fu quindi l'interpretazione ufficiale degli avvenimenti intorno all'infelice destino dell'accordo bilaterale tra la Santa Sede e il Regno di Jugoslavia. La spiegazione dei fatti, presentata da Stojadinović, pur essendo ufficialmente respinta dai vertici della Segreteria di Stato, non scomparve tuttavia dalla circolazione, tanto che, addirittura qualche dignitario ecclesiastico, per esempio il nuovo nunzio in Jugoslavia Felici, tornò ad abbracciare la tesi della maggiore responsabilità da parte dei cattolici[302].

I vescovi cattolici, da parte loro, tolsero ogni dubbio, circa la loro presunta passività di fronte al seppellimento del concordato, quando nel maggio 1938, dalla loro conferenza episcopale, inviarono alcune dichiarazioni molto energiche in favore dei diritti della Chiesa cattolica, nelle quali si parlava senza mezzi

---

[299] ASV, Archivio della Prefettura, *Diari del card. Pellegrinetti*, 21 febbraio 1938, vol. 17, f. 65r.

[300] *L'Avvenire d'Italia*, 26 febbraio 1938, in S.RR.SS., AA.EE.SS., *Jugoslavia*, pos. 96, fasc. 67, f. 10r.

[301] ASV, Archivio della Prefettura, *Diari del card. Pellegrinetti*, 21 febbraio 1938, vol. 17, f. 65r.

[302] Felici a Pacelli, Belgrado, 14 luglio 1938, protocollo n. 24 (rapporto n. 1), in S.RR.SS., AA.EE.SS., *Jugoslavia*, pos. 96, fasc. 67, ff. 76v-78r.

termini dei veri responsabili del ritiro del concordato. Di queste affermazioni, che saranno presentate nell'ultima parte del presente lavoro, rimase molto contento anche Pellegrinetti, allo stesso tempo amareggiato per la tardività di una tale reazione[303].

2. Dalla votazione alla caduta del concordato (1937-1938)

In quest'ultima parte del lavoro si analizzeranno i momenti centrali della mancata ratifica del concordato: la preparazione immediata, la votazione, la decisione del suo ritiro definitivo, la reazione della Santa Sede e dell'episcopato cattolico, e, per concludere, le conseguenze concrete e simboliche di tutta la vicenda delle trattative concordatarie, i cui strascichi accompagnarono quasi completamente la durata dello stesso Regno di Jugoslavia e ne anticiparono la fine.

2.1 *Preparativi della votazione in parlamento*

Non a tutti i vescovi ortodossi sembrava opportuna la feroce campagna anticoncordataria, che assunse forme più meschine, comprese le intimidazioni delle masse. Gli esponenti più moderati, pur respingendo il concordato per le sue presunte dannose conseguenze, non approvavano il modo con cui la stessa Chiesa ortodossa diveniva strumento di calcoli personali e politici. Da parte dei vescovi Dožić e Josif partirono, nella primavera 1937, alcune riflessioni, con le quali avvertivano lo stesso patriarca del pericolo di uno scontro partigiano o politico[304].

2.1.1 Tensioni nella gerarchia serbo-ortodossa

Sia i documenti belgradesi che quelli vaticani confermano una certa tensione all'interno dell'episcopato ortodosso sulla questione concordataria. In una lettera del luglio 1937, scritta a Stojadinović, si affermava come i vescovi Josif, Gavrilo Dožić e Irinej Čirić avrebbero rinfacciato al patriarca Varnava di aver promosso una forte azione contro il concordato e il governo di Stojadinović senza il loro esplicito permesso[305]. Similmente Pellegrinetti osservava che in seno al «Santo Concilio

---

[303] ASV, Archivio della Prefettura, *Diari del card. Pellegrinetti*, 20 maggio 1938, vol. 17, ff. 86v-87r.

[304] M. Mišović, *Srpska crkva*, 42-44; I. Mužić, *Katolička crkva*, 138-139.

[305] Amministratore della città di Belgrado a Stojadinović, Belgrado, 14 luglio 1937, s.n., in AJ, *Zbirka Milana Stojadinovića (37)*, pos. 195, fasc. 25, f. 149.

Episcopale» si manifestava un contrasto tra il patriarca «*col gruppo dei suoi più violenti seguaci*» e i vescovi delle zone già austro-ungariche, che «*meglio vedono l'effetto pernicioso di attacchi che discreditano la Chiesa serba*»[306]. Circa la stessa responsabilità personale del patriarca Varnava nella campagna contro il concordato troviamo opinioni molto diverse. Viene confermato da più autori che furono esercitate delle pressioni su di lui da parte di altri dignitari ortodossi. Nel presente capitolo si è già parlato del ruolo del metropolita Dožić, che avrebbe avvertito l'"ingenuo" patriarca circa i pericoli derivanti dal concordato, arrivando così al famoso «Memorandum» del dicembre 1936[307]. Mužić e Stojadinović mettono in rilievo la pressione di altri vescovi, Velimirović e Đorđević, che misero alle strette il patriarca[308]. La differenza tra i due autori consiste però nel fatto che per il primo la posizione del patriarca manifestava la sua libera adesione alla lotta, mentre per il presidente del consiglio erano i vescovi più intransigenti a sfruttare la malattia del patriarca per i propri scopi. Egli era addirittura del parere, ripetuto poi da Krošelj, che se il patriarca fosse rimasto ancora in vita, la ratifica sarebbe riuscita, perché egli non avrebbe mai permesso che si abusasse della Chiesa per scopi politici[309].

Alcuni atti governativi dimostrano come il gabinetto seguisse gli atti di osteggiamento alla ratifica del concordato[310]. D'altra parte, il vescovo ortodosso Dožić, almeno a livello dichiarativo, riuscì a far distanziare la Chiesa ortodossa dai tumulti politici, convincendo gli altri vescovi del «Santo Concilio Episcopale» a rilasciare il 26 maggio 1937 una dichiarazione, nella quale si rinnovava l'opposizione al concordato, nello spirito del «Memorandum», però nel contempo si biasimava il modo in cui la lotta acquistava forme di partigianeria tra diversi indirizzi ideologici[311]. Un gesto che però non portò i frutti sperati, poiché anche nei mesi successi-

---

[306] Pellegrinetti a Pacelli, Belgrado, 14 giugno 1937, rapporto n. 19743, in S.RR.SS., AA.EE.SS., *Jugoslavia*, pos. 96, fasc. 65, f. 67v.

[307] *Memoari patrijarha*, 93-96, 100-101.

[308] I. Mužić, *Katolička crkva*, 133; M. M. Stojadinović, *Ni rat ni pakt*, 531.

[309] I. Mužić, *Katolička crkva*, 133-134, 140; M. M. Stojadinović, *Ni rat ni pakt*, 531.

[310] Ad esempio il documento della presidenza del consiglio, n. 158, 29 aprile 1937; documento del ministero degli Interni, n. 24420, 10 maggio 1937. Si veda I. Mužić, *Katolička crkva*, 139; M. Mišović, *Srpska crkva*, 65-66.

[311] Il testo della dichiarazione si veda in S. Simić, *Jugoslavija i Vatikan*, 139-140. Si veda anche *Memoari patrijarha*, 104; I. Mužić, *Katolička crkva*, 139.

vi fu quasi impossibile separare la campagna dell'opposizione politica, avente come unico scopo la caduta di Stojadinović, dall'azione anticoncordataria della Chiesa ortodossa.

Lo stesso nunzio Pellegrinetti, mentre approvava tale dichiarazione, dall'altra parte avvertiva che l'opinione pubblica avrebbe scoperto che il patriarca stesso e i suoi intimi avevano incoraggiato opuscoli, libelli, manifestini e discorsi, non solo contro il concordato, bensì contro la Chiesa cattolica e in generale contro la Santa Sede[312].

2.1.2 Stojadinović difende il concordato davanti ai vescovi ortodossi

Stojadinović non si scompose davanti alle forti pressioni della gerarchia ortodossa e dell'opposizione politica. Era determinato a portar fino in fondo la questione, volendo salvare, come si è già detto, la propria autorità e prestigio, più che il concordato, che personalmente mai ebbe a cuore. Per smorzare le tensioni andò al patriarcato ove incontrò la delegazione del «Santo Concilio Episcopale». Di questo incontro emblematico del 31 maggio 1937[313] si hanno due testimonianze: una di Stojadinović e l'altra di Dožić. Ambedue trasmettono il ricordo di un'atmosfera molto tesa e fredda. Il presidente del consiglio cercava di convincere la delegazione sulla necessità della ratifica del concordato, allegando tre motivi: estero-politico, per normalizzare i rapporti con la Santa Sede; religioso, per equiparare i diritti della Chiesa cattolica con le altre religioni riconosciute; interno-politico, per arginare le tendenze separatiste di alcuni politici croati. Il suo tono riconciliante ma determinato, in un silenzio glaciale, non riscosse alcun successo[314].

Dožić, d'altra parte, ribadiva come nessuno dei vescovi desse cenno di approvazione alla spiegazione del capo del governo, essendo stati tutti dello stesso parere. Essi si aspettavano piuttosto che, mostrando tanta freddezza, Stojadinović capisse da solo l'urgenza di togliere la ratifica dall'ordine del giorno[315].

A proposito di quest'insolito incontro, invece, Pellegrinetti aveva informazioni anche troppo ottimiste, che lo portarono a affermare che, dopo il deciso discorso di Stojadinović, i vescovi si erano «*un po' calmati*». Tale atteggiamento del governo

---

[312] Pellegrinetti a Pacelli, Belgrado, 14 giugno 1937, rapporto n. 19743, in S.RR.SS., AA.EE.SS., *Jugoslavia*, pos. 96, fasc. 65, f. 68r.

[313] *Pravoslavlje i konkordat*, 23.

[314] M. M. STOJADINOVIĆ, *Ni rat ni pakt*, 531-532.

[315] *Memoari patrijarha*, 104.

avrebbe «*disgustato*» il patriarca, che sciolse il concilio prima ancora che fossero compiuti i lavori, allegando la sua malattia[316].

Dopo il suddetto incontro – scontro, i vescovi ortodossi esigettero dal presidente del consiglio una risposta ufficiale al loro «Memorandum» del dicembre 1936[317]. Stojadinović già da mesi pensava ad una replica all'interpretazione ortodossa del concordato, soprattutto alle *Primedbe*, versione allargata dello stesso «Memorandum». A questo scopo, come si è già rilevato, Moscatello andò a Belgrado, nel mese di marzo. Dopo aver ricevuto le ultime risposte da parte della nunziatura, alla fine di aprile 1937, egli presentò l'apologia del concordato al presidente del consiglio[318], il quale la trovò «*di piena soddisfazione*», dando l'ordine di stamparla per poi distribuirla ai deputati[319]. Alla fine di giugno, praticamente contemporaneamente, furono pubblicata sia l'apologia "anonima" di Moscatello, con il titolo *Konkordat i kritika konkordata*, più volte citata nel presente lavoro, che la risposta ufficiale del governo al «Memorandum»[320].

Per non ripetere di nuovo quanto preso in esame in precedenza, ci si soffermerà ora solo brevemente sul contenuto della risposta governativa al «Santo Sinodo Episcopale». Secondo il governo, le proteste della Chiesa serbo-ortodossa non sarebbero state giustificate e non avrebbero considerato in modo appropriato il delicato problema religioso in Jugoslavia. Non si sarebbe dovuto essere ciechi di fronte alla realtà, che cioè più di un terzo della popolazione appartenesse alla confessione cattolica, la quale, in nome dell'equiparazione religiosa, aveva bisogno di una sistemazione giuridica uniforme – che sopprimesse i sei sistemi giuridici –, sul-

---

[316] Pellegrinetti a Pacelli, Belgrado, 14 giugno 1937, rapporto n. 19743, in S.RR.SS., AA.EE.SS., *Jugoslavia*, pos. 96, fasc. 65, f. 67v. Si veda anche: ASV, Archivio della Prefettura, *Diari del card. Pellegrinetti*, 30 maggio 1937, vol. 16, f. 91v; *ibidem*, 3 giugno 1937, vol. 16, f. 92v; *ibidem*, 6 giugno 1937, vol. 16, f. 93r; *ibidem*, 9 giugno 1937, vol. 16, f. 94r.

[317] I. MUŽIĆ, *Katolička crkva*, 140-141.

[318] ASV, Archivio della Prefettura, *Diari del card. Pellegrinetti*, 4 maggio 1937, vol. 16, f. 86v.

[319] Pellegrinetti a Pacelli, Belgrado, 14 giugno 1937, rapporto n. 19743, in S.RR.SS., AA.EE.SS., *Jugoslavia*, pos. 96, fasc. 65, f. 67v; Pellegrinetti a Pacelli, Belgrado, 26 giugno 1937, rapporto n. 19798, *ibidem*, f. 64r; Pellegrinetti a Pacelli, Belgrado, 8 luglio 1937, rapporto n. 19827, *ibidem*, f. 79r; ASV, Archivio della Prefettura, *Diari del card. Pellegrinetti*, 9 giugno 1937, vol. 16, f. 94r; *ibidem*, 30 giugno 1937, vol. 16, f. 98v.

[320] Ministero degli esteri al «Santo Sinodo Episcopale», [Belgrado, 30 giugno 1937], in AJ, *Poslanstvo Kraljevine Jugoslavije pri Svetoj Stolici (372)*, fasc. 20, [mappa 2/V], ff. n.n. [pp. 1-18, 1-5].

la scia degli altri gruppi religiosi. Tutti i governi precedenti avevano riconosciuto la necessità di un concordato, le cui trattative sarebbero state praticamente concluse già prima della morte del re Aleksandar, il suo principale promotore. Il principio per un concordato sarebbe stato dunque evidente, ma anche la sua forma.

Al primo posto veniva messa la situazione «*reale*» della Chiesa cattolica, poiché con un concordato non si sarebbe potuta peggiorare la situazione già esistente. Tanti articoli contestati di fatto sarebbero già stati messi in pratica. Si sarebbero presi, poi, in esame i diritti della Chiesa cattolica in altri Stati e, finalmente, anche i diritti delle altre religioni in Jugoslavia. Molte disposizioni del concordato, infatti, non sarebbero state altro che la trascrizione di quelle già contenute nella legge e nella costituzione della Chiesa serbo-ortodossa. Tutti gli articoli, quindi, sarebbero appartenuti ad uno di questi aspetti. Il concordato non avrebbe potuto minacciare i diritti della Chiesa ortodossa, contemplati nella sua costituzione, poiché i due sistemi sarebbero stati indipendenti l'uno dall'altro, eccezion fatta per i matrimoni misti; ma anche lì alla Chiesa serbo-ortodossa si sarebbero garantiti gli stessi diritti della Chiesa cattolica.

Più avanti il testo prendeva in esame i cosiddetti diritti speciali della Chiesa cattolica, riscontrati in alcuni articoli, sempre respingendo l'insinuazione di una posizione privilegiata o addirittura anticostituzionale della legislazione concordataria. Ad alcune questioni, infatti, la Chiesa cattolica avrebbe prestato più attenzione rispetto ad altri gruppi religiosi. Il governo era quindi del parere che nel concordato non ci fosse niente che potesse urtare l'uguaglianza religiosa. Che i concordati non potessero essere tutti uguali dipendeva semplicemente dal fatto che in nessun Paese esistevano le stesse situazioni. Alla fine il testo apportava una sintesi di elementi positivi contenuti nel concordato, sia per la Chiesa che per lo Stato[321].

Il punto più significativo della risposta, che a prima vista potrebbe sfuggire al lettore, fu, comunque, la dichiarata disponibilità del governo a intraprendere tutte le misure necessarie a garantire la piena e giusta realizzazione del principio dell'uguaglianza religiosa[322]. Secondo Crnica il presidente del governo, già durante l'incontro con i vescovi ortodossi un mese prima, avrebbe promesso loro di aggiungere un nuovo articolo al concordato, secondo cui alla Chiesa ortodossa venivano garantiti gli stessi diritti che aveva ottenuto la Chiesa cattolica tramite l'accordo con

---

[321] *Ibidem.*
[322] *Ibidem* [p. 18].

Roma[323]. Promessa "strana", ma effettuata per calmare l'atmosfera e ottenere la benedizione della Chiesa ortodossa nel portare a buon fine la ratifica del concordato[324]. Simili scenari erano stati prospettati in precedenza sia dal nunzio Pellegrinetti[325] sia dall'arcivescovo Stepinac per assicurare la parità di trattamento alle due Chiese[326] e difendere allo stesso tempo il principio di salvaguardia delle esigenze particolari di ciascuna.

2.1.3 L'articolo aggiunto al concordato

Stojadinović, per togliere ogni appiglio alle continue proteste in nome dell'uguaglianza religiosa e dei diritti costituzionali, avanzò con la menzionata proposta.

In modo ufficiale, durante il suo discorso davanti alla commissione parlamentare per il concordato, l'8 luglio 1937, decise di aggiungere al testo del concordato un nuovo articolo (III), dal seguente tenore:

> In conformità all'art. XI della Costituzione sulla uguaglianza delle Religioni, il Consiglio de' Ministri è autorizzato, su proposta del Ministro della Giustizia, ad accordare mediante Decreti con forza di legge, anche alle altre Confessioni Religiose, nei limiti delle loro dottrine, tradizioni e bisogni, i diritti e privilegi accordati con questo Concordato alla Chiesa Cattolica[327].

---

[323] A. CRNICA, *Važnost Konkordata*, 8.

[324] Si veda anche un telegramma cifrato di Stojadinović, mandato al vescovo Dožić, il 6 luglio 1937 (M. MIŠOVIĆ, *Srpska crkva*, 70-71).

[325] «*Un Concordat pour les Catholiques Yougoslaves ne peut pas, à moins de fausser l'égalité vraie et réelle, être calqué sur le modèle de la constitution, des canons et des traditions de l'Eglise serbo-orthodoxes. Si celle-ci désirait – mais elle l'exclut – régler ses rapports avec l'Etat dans l'esprit de la constitution, des canons et des traditions de l'Eglise Catholique, qu'elle s'arrange avec les autorités compétentes: c'est son affaire à elle*»: Pellegrinetti a Stojadinović, Belgrado, 20 dicembre 1936, nota n. 19075 (copia), in S.RR.SS., AA.EE.SS., *Jugoslavia*, pos. 96, fasc. 64, ff. 48r-48rbis.

[326] «*Katolička Crkva nema ništa protiv toga da i pravoslavna Crkva jednako ili analogno dobije ono čega možda nema, a Konkordat daje ili zajamčuje katoličkoj Crkvi*»: Vescovi cattolici al principe Paolo, Zagabria, 10 gennaio 1937, nota n. 9/BK, in ASV, *Arch. Nunz. Jugoslavia*, busta 9, f. 90r. La traduzione it. si veda in S.RR.SS., AA.EE.SS., *Jugoslavia*, pos. 96, fasc. 65, f. 6.

[327] Discorso di Stojadinović, 8 luglio 1937, trad. it., in S.RR.SS., AA.EE.SS., *Jugoslavia*, pos. 96, fasc. 65, f. 81v. Il discorso in lingua orig. si veda in *Govor Pretsednika*, 7; *Konkordat pred Narodnom skupštinom*, 10; D. ŽIVOJINOVIĆ – D. LUČIĆ, *Varvarstvo* (1988¹), 430; ID., *Varvarstvo*, vol. I, 456.

Attraverso una tale soluzione, anziché pacificare gli animi dei vertici della Chiesa serbo-ortodossa, le relazioni invece si acuirono ulteriormente. Proprio nello stesso giorno – forse per coincidenza – cominciava la sessione straordinaria del «Santo Concilio Episcopale» che pochi giorni dopo avrebbe emesso alcuni comunicati "mortali". La tentata conciliazione tramite l'articolo aggiunto non riscosse dunque alcun successo, ma servì per smascherare le bramosie dei vertici della Chiesa serbo-ortodossa.

Nella storiografia alcuni autori dedicano svariate considerazioni a quest'ultimo tentativo governativo in vista della ratifica. Stojadinović afferma che se le obiezioni circa il concordato fossero state veramente oggettive, sarebbero dovute cadere dopo l'interpretazione della nunziatura e soprattutto dopo l'aggiunto articolo. Il respingimento di queste misure, invece, avrebbe chiaramente mostrato che il movente degli oppositori del concordato non era un'obiezione oggettiva bensì solamente il tentativo di provocare l'insoddisfazione del popolo serbo e la caduta del governo[328].

Ancora più incisivo nel suo giudizio si presentava Moscatello. Se la Chiesa serbo-ortodossa non avesse cercato altro che l'eguaglianza, essa, secondo lui, specialmente dopo la proposta aggiunta, non avrebbe dovuto più irritarsi. L'irremovibilità della Chiesa ortodossa avrebbe, invece, confermato con evidenza che essa difendeva non tanto l'eguaglianza quanto la propria egemonia nello Stato comune. Per croati e sloveni cattolici questo avrebbe significato essere sottomessi al potere indiretto di una forza a loro nemica, e ciò sarebbe stato contrario sia alla costituzione sia alla loro dignità[329].

Presso gli studiosi non si trova una spiegazione esaustiva della manovra governativa dell'aggiunta dell'articolo e della reazione negativa della gerarchia ortodossa. Qua e là qualche autore menziona la proposta di Stojadinović, senza approfondire la questione. Uno dei più implicati, il futuro patriarca Dožić, sorvola facilmente l'argomento, spostando l'attenzione sulla necessità di togliere il concordato dall'agenda parlamentare[330]. Mišović, ad esempio, riporta una delle risposte del patriarcato – e nemmeno quella a proposito del nuovo articolo, bensì circa il concordato in generale – in cui sosteneva che l'ortossia non avesse bisogno d'essere equiparata con la Chiesa cattolica nei suoi privilegi[331].

---

[328] M. M. STOJADINOVIĆ, *Ni rat ni pakt*, 525.

[329] APHZSJ, ostavština Moscatello, busta 2: *Bilješke [Memorie]*, p. 76; *Nikola Moscatello*, F. Veraja – S. Kljaić, ed., 117.

[330] *Memoari patrijarha*, 105.

[331] M. MIŠOVIĆ, *Srpska crkva*, 57. Dell'articolo aggiunto egli parla solo di sfuggita (*ibidem*, 67, 70).

2.1.4 L'episcopato ortodosso minaccia scomuniche

La manovra di Stojadinović mise alla prova il patriarcato serbo-ortodosso, che avrebbe dovuto dare un riscontro o una risposta ufficiale a tale proposta governativa. Fu riconvocato così, dopo poche settimane, per desiderio del governo, un nuovo «Santo Concilio Episcopale», questa volta in sessione straordinaria, dall'8 al 14 luglio 1937, in un'atmosfera tutt'altro che serena[332]. La salute del patriarca Varnava si stava aggravando sempre di più: cogliendo il momento "opportuno", cominciarono a girare voci su un suo possibile avvelenamento da parte dei cattolici o del governo, e sul fatto che la votazione del concordato lo avrebbe potuto mettere in pericolo di morte[333]. L'indagine ufficiale di una commissione medica più tardi allontanò ogni sospetto di questo genere[334]. La tensione intorno alla ratifica del concordato però cominciò a raggiungere l'apice.

Dalla detta sessione del «Santo Concilio Episcopale» uscirono alcune dichiarazioni, non del tutto sovrapponibili tra di esse. I vescovi, in primo luogo, rispondendo all'offerta governativa circa l'articolo aggiunto, sostennero che, senza il patriarca non si poteva apportare alcuna decisione di principio né cambiare quelle espresse nel «Memorandum» del dicembre 1936[335]. Le trattative con i rappresentanti del governo furono quindi rimandate al momento della guarigione del patriarca. Ciò non impedì loro, tuttavia, di approvare alcuni provvedimenti molto severi. Il «Santo Concilio Episcopale» autorizzò il «Santo Sinodo Episcopale» ad elaborare un testo, contenente delle proposte di sanzioni canoniche contro chi si fosse pronunciato a favore della prevista ratifica del concordato[336].

---

[332] Il patriarcato della Chiesa serbo-ortodossa con la lettera n. 512 del 2 luglio 1937, convocò gli episcopi al «Santo Concilio Episcopale» (I. Mužić, *Katolička crkva*, 141).

[333] ASV, Archivio della Prefettura, *Diari del card. Pellegrinetti*, 21 giugno 1937, vol. 16, f. 96v; Pellegrinetti a Pacelli, Belgrado, 26 giugno 1937, rapporto n. 19798, in S.RR.SS., AA.EE.SS., *Jugoslavia*, pos. 96, fasc. 65, ff. 64v-65r; Pellegrinetti a Pacelli, Belgrado, 24 luglio 1937, rapporto n. 19887, *ibidem*, fasc. 66, f. 14rv. Si veda inoltre I. Mužić, *Katolička crkva*, 145-146; J. Krošelj, «Borba za konkordat», 191; M. Mišović, *Srpska crkva*, 71-73, 90.

[334] I. Mužić, *Katolička crkva*, 165-166, nota 171; M. Mišović, *Srpska crkva*, 154-157; Bertoli a Pacelli, Belgrado, 12 agosto 1937, rapporto n. 19953, in S.RR.SS., AA.EE.SS., *Jugoslavia*, pos. 96, fasc. 66, f. 16rv.

[335] Il testo della dichiarazione si veda in I. Mužić, *Katolička crkva*, 222. Si veda anche *ibidem*, 141-142; Dositej a Stojadinović, [Belgrado], 15 luglio 1937, nota n. 525, in AJ, *Dvor Kraljevine Jugoslavije 1918-1948 (74)*, pos. 106, fasc. 75, f. 45.

[336] Il testo si veda in I. Mužić, *Katolička crkva*, 222.

Tempestivamente il sinodo presentò le proprie mozioni, tirando dal proprio arsenale – per usare l'espressione di Moscatello – un'arma clericale, ormai arrugginita: gli *anathema*[337]. Si stabiliva, tra l'altro, che ai deputati e senatori popi ortodossi che avessero votato per il concordato, sarebbe stato proibito adempiere le funzioni sacerdotali e sarebbero stati sottoposti a processo nel tribunale ecclesiastico. Agli altri deputati e senatori ortodossi sarebbero stati tolti tutti i diritti e onori nella Chiesa, il che equivaleva ad una scomunica. I nomi di questi politici sarebbero stati letti pubblicamente in tutte le chiese ortodosse, ove si sarebbero dovute dispiegare, nel caso della ratifica del concordato, le bandiere nere di lutto, per almeno due settimane[338].

Con tali misure insolite sarebbe stata, a detta di Moscatello, colpita al cuore la Jugoslavia, come comunità di popoli eguali. Questo avrebbe di nuovo confermato che la Chiesa ortodossa non poteva convivere allo stesso livello con altre confessioni, ma al massimo tollerarle[339].

Il governo riuscì a sequestrare e proibire alcuni scritti della Chiesa ortodossa e dell'opposizione politica[340], però il materiale propagandistico si diffuse in altri modi, di cui sono testimoni numerosissimi manifestini anonimi. La repressione governativa fece nascere quindi una mole sterminata di opere illegali, giunte nelle case più sperdute[341].

2.1.5 La commissione parlamentare per il concordato finalmente si riunisce

Dopo più di sei mesi dalla sua istituzione si riuniva, l'8 luglio 1937, contemporaneamente al «Santo Concilio Episcopale», la commissione parlamentare per il concordato, sotto la presidenza di Janjić, che minacciava di votare contro e di abbandonare il gruppo governativo.

I lavori della commissione si aprirono con un lungo discorso di Stojadinović. Egli cominciò con la storia dei tre anelli, tratta dal Decamerone di Boccaccio, con la qua-

---

[337] APHZSJ, ostavština Moscatello, busta 2: *Bilješke [Memorie]*, p. 81; *Nikola Moscatello*, F. Veraja – S. Kljaić, ed., 123.

[338] Il testo si veda in I. Mužić, *Katolička crkva*, 223.

[339] APHZSJ, ostavština Moscatello, busta 2: *Bilješke [Memorie]*, p. 81; *Nikola Moscatello*, F. Veraja – S. Kljaić, ed., 123.

[340] Il 15 luglio 1937 fu sequestrata l'opera di Sima Simić, *Jugoslavija i Vatikan*, e fu proibito il libretto dell'episcopo Platon [M. Jovanović], *I opet o konkordatu*.

[341] I. Mužić, *Katolička crkva*, 146-147.

le voleva rappresentare le tre fedi principali in Jugoslavia. Poi, appoggiandosi sulle dichiarazioni del re Aleksandar, sostenne che in uno Stato misto come la Jugoslavia la parità di diritto di tutte le religioni era l'unica soluzione che avrebbe potuto garantire la pace e la concordia. Il concordato non avrebbe violato tale parità, esso avrebbe contenuto tutto quello che si trovava negli altri concordati con l'aggiunta addirittura di alcuni articoli della Legge per la Chiesa serbo-ortodossa. Per tale motivo l'opposizione della gerarchia ortodossa non avrebbe avuto ragion d'essere. Il presidente enumerò gli aspetti positivi del concordato, in particolare l'unificazione della legislazione ecclesiastica, il riconoscimento dei confini statali, la soddisfazione della Chiesa cattolica, l'ultima ad avere finalmente sistemate le sue relazioni con lo Stato, l'eliminazione dell'opposizione croata in quanto fondata sul pericolo di una certa inferiorità giuridica della religione cattolica. Abbiamo già rilevato il percorso che aveva condotto il presidente del consiglio a fare l'ultimo passo conciliativo nei confronti della Chiesa ortodossa con l'aggiunta dell'articolo e l'ammissione personale che in qualche punto il concordato poteva essere ancora migliorato[342].

Dalle parole pronunciate da Stojadinović si poteva scorgere un grande ottimismo. Un altro documento ci spiega meglio le ragioni di tale entusiasmo. Un giorno prima, infatti, il presidente si era incontrato con i deputati e senatori della maggioranza governativa e con i membri governativi della commissione parlamentare per il concordato. Durante l'incontro il capo del governo aveva assicurato gli interlocutori d'essersi già garantito l'appoggio dei vescovi ortodossi per la ratifica, e che il concilio, convocato per suo desiderio, avrebbe confermato tale andamento. Ad alcuni però ciò sembrava quasi impossibile, viste le ultime reazioni dei vertici della Chiesa ortodossa[343]. Le dichiarazioni del concilio, come abbiamo visto, diedero ragione del loro pessimismo.

Dopo la presentazione del concordato da parte del presidente del governo i membri della commissione parlamentare continuarono con la discussione. L'opposizione cercava di rinviare il dibattito sul concordato finché il patriarca non

---

[342] Pellegrinetti a Pacelli, Belgrado, 14 luglio 1937, rapporto n. 19847, in S.RR.SS., AA.EE.SS., *Jugoslavia*, pos. 96, fasc. 65, f. 81rv. Il discorso di Stojadinović si veda in *Govor Pretsednika; Konkordat pred Narodnom skupštinom*, 5-20; D. ŽIVOJINOVIĆ – D. LUČIĆ, *Varvarstvo* (1988¹), 427-436; ID., *Varvarstvo*, vol. I, 453-464; in trad. fr. si veda S.RR.SS., AA.EE.SS., *Jugoslavia*, pos. 96, fasc. 65, ff. 92-106.

[343] Appunto anonimo della conferenza, s.n., in AJ, *Dvor Kraljevine Jugoslavije 1918-1948 (74)*, pos. 106, fasc. 75, f. 11. Si veda anche I. MUŽIĆ, *Katolička crkva*, 143-144, nota 89.

fosse guarito. Allo stesso tempo tentava di dissuadere la ratifica di un concordato giudicato non corrispondente a «*essenziali interessi statali e nazionali*», e che recava in sé «*germi di conflitti tra le singole Confessioni e lo Stato da una parte e la Santa Sede dall'altra*»[344].

La votazione della commissione annunciò difficoltà per la ratifica. Alla prima lettura, il 14 luglio, si ebbero 11 voti contro 10, alla seconda, il giorno seguente, 12 contro 9. Al nunzio Pellegrinetti non sfuggì la manovra di Auer, sottoscrittore solenne del concordato a Roma. Egli se la sarebbe «*squagliata*» dalle sedute, pur sapendo che il suo sostituto avrebbe votato contro. Ugualmente avrebbe fatto il sacerdote cattolico Matica:

> Così questi due bravi signori hanno pilatescamente salvato capra e cavoli: non hanno votato contro il Concordato, ma in loro vece e con il loro tacito (o esplicito?) consenso l'opposizione è stata fatta dai loro sostituti[345].

Il presidente della commissione Janjić avverò le sue minacce e votò contro la ratifica del concordato. Il giorno dopo, insieme ad un altro ecclesiastico ortodosso Lazarević, fu espulso dal club del partito governativo[346]. Da quel momento egli sarebbe diventato, secondo Krošelj, il più forte propagandista contro la ratifica del concordato. Non mancarono le dicerie che fosse stato pagato per questo dal patriarcato[347].

2.1.6 «Krvava litija» («Processione sanguinosa»)

Il 19 luglio 1937 viene menzionato spesso nella storiografia intorno al concordato, come uno degli episodi più sintomatici e al contempo drammatici dell'intera storia del Regno di Jugoslavia. Almeno due eventi di questo giorno fatidico, strettamente collegati tra loro, meritano particolare attenzione. Il primo, meno significativo, segnò finalmente l'inizio della discussione circa la ratifica del concordato

---

[344] Pellegrinetti a Pacelli, Belgrado, 17 luglio 1937, rapporto n. 19864, in S.RR.SS., AA.EE.SS., *Jugoslavia*, pos. 96, fasc. 66, f. 7r; I. Mužić, *Katolička crkva*, 144.

[345] Pellegrinetti a Pacelli, Belgrado, 17 luglio 1937, rapporto n. 19864, in S.RR.SS., AA.EE.SS., *Jugoslavia*, pos. 96, fasc. 66, f. 6v. Per l'elenco della votazione nella commissione si veda I. Mužić, *Katolička crkva*, 144.

[346] I. Mužić, *Katolička crkva*, 145.

[347] J. Krošelj, «Borba za konkordat», 191.

nella camera dei deputati. Prevedendo possibili disordini e facendo memoria delle rivoltellate del 6 marzo 1936, il governo prese le misure necessarie per impedire qualunque affollamento davanti all'edificio e ridusse al minimo le persone autorizzate ad assistere alle sedute[348]. Tra gli oratori del primo giorno bisogna annoverare i difensori del concordato, Miškulin[349], che parlò a nome della maggioranza della commissione parlamentare, il ministro della giustizia Subotić[350], che proferì il suo discorso a nome del regio governo, e il sacerdote Matica[351], il quale, qualche giorno prima, si era allontanato al momento della votazione nella detta commissione. Tra gli oppositori possiamo menzionare Vasa Jovanović, che presentò il parere della minoranza nella commissione parlamentare, chiedendo il posponimento della decisione finale[352]. Non mancarono tensioni. Pellegrinetti riportava che nella camera ci sarebbero state delle «scenate», provocate da elementi implicati già nell'attentato contro Stojadinović nel 1936. La seduta fu perciò più volte sospesa e rimandata[353].

Quel giorno entrò nella storia però per un altro motivo, conosciuto come la «krvava litija» («processione sanguinosa»). Il clero ortodosso indisse, per il 19 luglio, una solenne processione nella capitale jugoslava per impetrare dal cielo la guarigione del patriarca. Doveva avere inizio nella chiesa del patriarcato, attraversare poi le vie principali, ove in quell'orario pomeridiano camminavano molti belgradesi, per giungere alla chiesa di San Sava, che si trovava a pochi passi dalla nunziatura. La polizia comprese quello che sarebbe stato chiaro a tutti: si voleva organizzare una dimostrazione *«completamente anticattolica e antigovernativa»*. Pellegrinetti vi vedeva il progetto della gerarchia ortodossa allo scopo di

sovraeccitare il fanatismo popolare, procurare disordini e probabilmente ottenere a buon mercato dei martiri dell'ortodossia[354].

---

[348] Pellegrinetti a Pacelli, Belgrado, 20 luglio 1937, rapporto n. 19874, in S.RR.SS., AA.EE.SS., *Jugoslavia*, pos. 96, fasc. 66, f. 11r; I. Mužić, *Katolička crkva*, 148.

[349] Il suo discorso si veda in *Konkordat pred Narodnom skupštinom*, 25-37.

[350] *Ibidem*, 21-24.

[351] *Ibidem*, 38-49.

[352] I. Mužić, *Katolička crkva*, 148.

[353] Pellegrinetti a Pacelli, Belgrado, 20 luglio 1937, rapporto n. 19874, in S.RR.SS., AA.EE.SS., *Jugoslavia*, pos. 96, fasc. 66, f. 11r.

[354] *Ibidem*, f. 10r.

Il sospetto aumentò anche perché una simile processione non era stata mai convocata dalla Chiesa ortodossa dopo la guerra[355]. Per tale ragione l'amministratore della città di Belgrado proibì quella e qualsiasi altra manifestazione di strada fino al 1° agosto, cioè finché fosse durata in parlamento la discussione sul concordato. I vescovi ortodossi, con a capo l'episcopo Dositej, promisero di non tenere alcuna processione, limitandosi alla preghiera nella chiesa patriarcale. Non credendo ad una tale rassegnazione, la polizia preparò tutto per impedire la temuta processione. Dopo la preghiera per la salute del patriarca si formò, contro le garanzie date, una processione, alla quale presero parte molti ecclesiastici ortodossi, vescovi compresi, elementi politici dell'opposizione, attivisti comunisti e una numerosa folla di belgradesi.

Mužić spiega che la processione non sarebbe stata organizzata direttamente dal clero ortodosso, che avrebbe consigliato alla folla, dopo la funzione in chiesa, di sparpagliarsi, bensì dall'opposizione politica, che avrebbe preparato già prima tutto il necessario per avviare la processione, con grida ben premeditate per istigare in tal modo le emozioni del popolo serbo[356]. Il nunzio non fece tale distinzione e sottolineò piuttosto l'unione di intenti nell'organizzazione della dimostrazione tra clero ortodosso e caporioni politici[357]. Krošelj descrive in ogni dettaglio la drammaticità della processione, a capo della quale c'erano vescovi, sacerdoti e monaci, con croci, bandiere e sacre immagini in mano[358]. Questo sarebbe stato combinato nella convinzione che la polizia non avrebbe osato usare la forza contro di loro[359].

Nelle file della processione c'erano molti propagandisti e istigatori che invitavano il popolo a gridare contro il governo, contro il concordato, contro la polizia di Korošec. La polizia preparò tre cordoni ben armati e poiché i dimostranti non si fermarono, si arrivò allo scontro fisico, ad una rissa, anche tra poliziotti e vescovi. Non ci furono morti o feriti gravi, ma alcuni riportarono lievi lesioni[360]. Per

---

[355] I. Mužić, *Katolička crkva*, 148. L'autore descrive assai dettagliatamente la processione nelle pagine 148-153; in modo simile anche il presidente del consiglio: M. M. Stojadinović, *Ni rat ni pakt*, 533-535.

[356] I. Mužić, *Katolička crkva*, 149-150.

[357] Pellegrinetti a Pacelli, Belgrado, 20 luglio 1937, rapporto n. 19874, in S.RR.SS., AA.EE.SS., *Jugoslavia*, pos. 96, fasc. 66, f. 10v.

[358] J. Krošelj, «Borba za konkordat», 192.

[359] I. Mužić, *Katolička crkva*, 150, nota 115.

[360] J. Krošelj, «Borba za konkordat», 192.

aumentare ancora di più la tensione nell'aria, si sparse la voce che era stato ucciso il vescovo Simeone, che in realtà riportò solo alcune contusioni[361]. Fu ferito anche Janjić, secondo Stojadinović ideatore egli stesso della processione[362], che subito dopo precipitò nella camera dei deputati gridando che mentre i signori discutevano sul concordato, i gendarmi di Korošec percuotevano i vescovi ortodossi e calpestavano i simboli sacri della Chiesa ortodossa.

Il presidente della camera dovette impiegare non poche forze per calmare l'eccitazione nell'aula[363]. Sin dall'inizio della preghiera i popi non cessarono di suonare a stormo tutte le campane della città. In questo sfogo Pellegrinetti vide «*una esplosione di atavismo bizantino anticattolico*»[364] e, per allontanare ogni dubbio sull'accaduto, il governo emise un comunicato ufficiale[365], enumerando le sanzioni contro chi avesse sparso notizie false al riguardo. In tal modo fu espulso dalla capitale il giornalista inglese Harrison, da vari anni redattore della Reuter a Belgrado[366].

La «processione sanguinosa» non recò alcun spargimento di sangue, ma grazie soprattutto alla falsa propaganda ottenne questa famosa denominazione. Nonostante la censura governativa in quei giorni apparve una *brochure* anonima con il titolo *Krvava pravoslavna litija (La sanguinosa processione ortodossa)*, che evidenziava la crudeltà della polizia e del governo contro un'innocente processione. Il governo sequestrò la *brochure* e rispose con un'altra dallo stesso titolo, che presentava lo svolgimento delle cose in tutt'altro modo[367]. La processione aveva chiaramente dimostrato a che punto fosse giunto il «*furore*» dell'opposizione ecclesiastica e politica e come il governo si trovasse in una situazione molto pericolosa[368].

---

[361] I. Mužić, *Katolička crkva*, 150-152.

[362] M. M. Stojadinović, *Ni rat ni pakt*, 533-534.

[363] J. Krošelj, «Borba za konkordat», 192.

[364] Pellegrinetti a Pacelli, Belgrado, 20 luglio 1937, rapporto n. 19874, in S.RR.SS., AA.EE.SS., *Jugoslavia*, pos. 96, fasc. 66, f. 11r.

[365] Il comunicato, in trad. it., si veda *ibidem*, ff. 10v-11r.

[366] Bertoli a Pacelli, Belgrado, 22 luglio 1937, rapporto n. 19881, *ibidem*, f. 12v; J. Krošelj, «Borba za konkordat», 200.

[367] Per l'approfondimento si veda M. Mišović, *Srpska crkva*, 122-129.

[368] Pellegrinetti a Pacelli, Belgrado, 20 luglio 1937, rapporto n. 19874, in S.RR.SS., AA.EE.SS., *Jugoslavia*, pos. 96, fasc. 66, f. 11v; si veda anche G. Mithans, *Urejanje odnosov*, 302-303.

2.2 *Votazione parlamentare sul concordato: vittoria di Pirro per Stojadinović*

Con la processione sospesa i vescovi ortodossi avevano il "coltello dalla parte del manico" nella lotta contro il governo e se ne sarebbero serviti abilmente per impedire la ratifica del concordato. Il corteo, apparentemente fallito, divenne una vittoria importante. Lo stesso giorno, cioè il 19 luglio 1937, il vescovo Dositej, a nome del «Santo Sinodo Episcopale», mandò due telegrammi al principe Paolo, che si trovava in quel momento in Slovenia. Il sinodo protestò contro la forza usata dalla gendarmeria durante la processione e chiese delle garanzie per la libertà religiosa, minacciando, in caso contrario, di portare a termine la sua lotta, togliendo dalla Chiesa ogni responsabilità per possibili tristi conseguenze[369]. In questo «Memorandum» sarebbe stata inclusa anche la domanda di ritirare il concordato e di far cadere il governo di Stojadinović[370].

La voce più forte della gerarchia ortodossa fu il vescovo Nikolaj Velimirović. Il 20 luglio scongiurò il presidente Stojadinović di togliere «*la maledizione* [il concordato] *dall'ordine del giorno*», e di smettere con la violenza nei confronti della Chiesa ortodossa, se avesse voluto mantenere ancora il proprio posto. Il vescovo fece arrivare simili minacce anche ad altri ministri e rappresentanti dell'autorità civile[371]. Per i suoi metodi intransigenti nella lotta contro il governo, egli stesso s'imbatté più tardi in un duro conflitto con il resto dell'episcopato ortodosso[372].

Da questo momento entra in gioco il reggente principe Paolo, che finora era rimasto sempre nel retroscena. Contro di lui furono scritti dei volantini, ove si affermava che egli avrebbe voluto la ratifica del concordato sotto pressione del governo italiano, il quale altrimenti gli avrebbe negato certe facilitazioni per i beni e i pretesi tesori che possedeva a Firenze[373]; gli altri lo infamavano asseverando che

---

[369] I. Mužić, *Katolička crkva*, 152.

[370] M. M. Stojadinović, *Ni rat ni pakt*, 539; *Memoari patrijarha*, 113.

[371] I. Mužić, Katolička crkva, 152-153. Circa la corrispondenza di Velimirović con Stojadinović e altri si veda l'articolo di Milovan Balaban, *Konkordatska kriza* (http://pogled.50megs.com/Index/Nauka/Istorija/Konkordatska_Kriza_2.htm, accesso: 16 gennaio 2010). Molto interessante appare la sua lettera indirizzata al ministro Korošec: ASV, Arch. Nunz. Jugoslavia, busta 9, ff. 165-168.

[372] Circa il conflitto interno e la riconciliazione con l'episcopo Nikolaj si veda *Memoari patrijarha*, 133-143.

[373] Si veda, ad esempio, il depliant intitolato *Lettera anonima di uno Jugoslavo*. Il testo, in trad. it., si veda in S.RR.SS., AA.EE.SS., *Jugoslavia*, pos. 96, fasc. 66, f. 45. Si veda anche M. M. Stojadinović, *Ni rat ni pakt*, 538.

avesse ricevuto 300 milioni dal papa per il concordato[374]. Stojadinović affermerà più in là che il principe lo aveva lasciato libero nella risoluzione della questione concordataria, senza pressioni né in un senso né nell'altro[375].

Più avanti si esamineranno altre fonti che invece testimoniano della sua influenza decisiva nel finale dell'intera vicenda. Comunque sia, il principe Paolo sarebbe rimasto molto impressionato dalla «processione sanguinosa», soprattutto per la forza usata contro i vescovi e i sacerdoti ortodossi. Secondo Stojadinović forse egli avrebbe già in quel momento chiesto il ritiro del concordato, ma proprio l'ultimatum del sinodo, nella lettera del 19 luglio 1937, l'avrebbe convinto a portare avanti la procedura, soprattutto per mostrare che la Chiesa non poteva immischiarsi nelle prerogative del governo. Con tale sostegno Stojadinović avrebbe proseguito il suo intento di far ratificare il concordato[376].

Così giunse finalmente il giorno della votazione nella camera dei deputati, il 23 luglio 1937. Prima della votazione si pronunciarono alcuni discorsi, pieni di passione di partito, senza un'analisi reale a proposito del testo concordatario[377]. Si passò dunque alla prima votazione di principio del progetto di legge per la ratifica del concordato, che ottenne 166 voti favorevoli e 128 contrari. Poiché nessuno voleva discutere sui punti particolari del progetto, si passò alla seconda votazione definitiva, senza grandi cambiamenti: 167 voti favorevoli e 129 contrari[378].

Il progetto superò dunque la prima fase della ratifica, e il presidente della camera annunciò che la procedura sarebbe passata al senato. Qui è doveroso rilevare che i due deputati cattolici, tanto biasimati per la loro presunta codardia all'interno della commissione parlamentare per il concordato, Auer e Matica, votarono per la ratifica. Prima della votazione, l'ex ministro della giustizia aveva anche tenuto un discorso in favore dell'accordo bilaterale. Il nunzio si rallegrò di questo gesto inaspettato, giacché

---

[374] Pellegrineti a Pacelli, 11 novembre 1937, rapporto n. 20282, in S.RR.SS., AA.EE.SS., *Jugoslavia*, pos. 96, fasc. 66, f. 67v.

[375] M. M. STOJADINOVIĆ, *Ni rat ni pakt*, 538.

[376] *Ibidem*, 538-539; I. MUŽIĆ, *Katolička crkva*, 182.

[377] I. MUŽIĆ, *Katolička crkva*, 162; G. MITHANS, *Urejanje odnosov*, 311-313. I discorsi tra il 20 e il 23 luglio si vedano in *Konkordat pred Narodnom skupštinom*, 50-144. Le parole critiche contro il concordato furono pronunciate anche dal noto Janjić: *Protiv konkordata : govor g. dr. Vojislava Janića*; D. ŽIVOJINOVIĆ – D. LUČIĆ, *Varvarstvo* (1988[1]), 445-461.

[378] L'elenco nominativo dei deputati che votarono per e contro il progetto si veda in I. MUŽIĆ, *Katolička crkva*, 162-164.

i suoi colleghi del «partito nazionale jugoslavo» quasi unanimemente votarono contro, incluso il già presidente del consiglio Bogoljub Jevtić, "sponsor" del testo presentato. Stojadinović ebbe quindi una vittoria importante, uno dei più grandi successi del proprio governo[379], riuscendo a far valere la propria autorità nonostante le numerose pressioni da tutte le parti. I quindici deputati del suo gruppo che votarono contro il progetto di legge, furono espulsi dal suo club parlamentare[380].

Fu però una vittoria di Pirro perché nel frattempo giungeva la notizia che il patriarca era in agonia. La morte, prevista a breve, metteva in una situazione molto delicata il governo, accusato di aver procurato l'avvelenamento del patriarca o almeno di averne affrettato la fine con una condotta da molti dichiarata antiserba e antipatriarcale. Per tale ragione Stojadinović, appena terminata la votazione, convocò il suo club parlamentare, tenendovi un lungo discorso[381]. Essendosi rallegrato del risultato, contro l'ingiusta e pericolosa imposizione dei preti serbi, della coalizione dell'opposizione e della piazza, riconobbe tuttavia che essendo il concordato uno strumento di pacificazione, sarebbe dovuto essere perfezionato in un'atmosfera di calma. In vista di ciò, egli dichiarò che non avrebbe «*per ora*» presentato la legge per la ratifica al senato e avrebbe tentato di calmare «*gli animi fanatizzati*» della Chiesa serba. Aggiunse che per effetto della malattia del patriarca e ancor più per la possibile vacanza del patriarcato, il concilio dei vescovi serbi, per la sua propria costituzione, non sarebbe stato in condizioni di poter deliberare sulle proposte del governo ad esso presentate. Ottimisticamente concluse che differire di qualche mese non avrebbe potuto non giovare ad ottenere nel Paese tale disposizione di spirito, che permettesse la tranquilla finalizzazione della procedura[382].

L'ottimismo del presidente svanì alcune ore dopo. Mentre egli ancora parlava, il patriarca si avvicinava alla fine e pochi minuti dopo la mezzanotte si annunciò la sua morte con «*un clamoroso scampanio di tutte le chiese serbe della città*». La coincidenza della morte del patriarca proprio con la prima votazione per il concordato fu subito sfruttata a scopo politico e religioso dagli avversari del governo[383]. Presto

---

[379] M. M. STOJADINOVIĆ, *Ni rat ni pakt*, 537.

[380] Pellegrinetti a Pacelli, 24 luglio 1937, rapporto n. 19887, in S.RR.SS., AA.EE.SS., *Jugoslavia*, pos. 96, fasc. 66, f. 14r.

[381] Il discorso integrale si veda in *Govori i članci*, 10-13.

[382] Pellegrinetti a Pacelli, 24 luglio 1937, rapporto n. 19887, in S.RR.SS., AA.EE.SS., *Jugoslavia*, pos. 96, fasc. 66, f. 14rv.

[383] *Ibidem*, f. 15r.

si sparse la voce che il patriarca fosse morto dalla tristezza, avendo appreso che il progetto di legge era passato e che addirittura alcuni dei suoi sacerdoti avevano votato a favore.

Con la morte del patriarca il malcontento e la lotta contro Stojadinović si fecero ancora più forti[384]. La sua dichiarazione di poche ore prima circa l'atmosfera di calma per la ratifica lasciò poche speranze di successo. Tale sentimento fu confermato nel rapporto del giorno dopo anche da Pellegrinetti, che commentando la manovra del presidente del consiglio affermò:

> I Cattolici costateranno subito che dunque in Jugoslavia essi non possono vedere sistemati i loro rapporti religiosi verso lo Stato se non col benigno assentimento dei fanatici caporioni dell'ostilissima Chiesa Serbo-ortodossa[385].

La gerarchia ortodossa in questo gesto di debolezza vide la propria occasione di prendere in mano il timone della delicata situazione. I funerali del patriarca Varnava, tenuti il 29 luglio, sotto misure di sicurezza rigorosissime, dovevano essere pagati dallo Stato, ma i vertici della Chiesa ortodossa respinsero decisamente tale offerta. Di più, a tutte le cerimonie di lutto si volle dare uno spiccato colore antigovernativo. Le condoglianze del governo non ebbero risposta, il ministro della giustizia non fu lasciato entrare nella cattedrale dove per sei giorni rimase esposta la salma e la corona del governo per il corteo funebre fu ostensivamente messa in un immondezzaio. Si notò l'assenza di ogni membro della famiglia reale e di qualsiasi ministro del governo, come anche dell'episcopato cattolico[386].

Dopo i funerali, i vescovi, riuniti nel «Santo Concilio Episcopale», esigettero dal governo una riparazione per gli avvenimenti del 19 luglio[387]. Si attivarono anche le disposizioni di scomunica. Domenica, 8 agosto 1937, infatti, in tutte le chiese serbo-ortodosse del regno, doveva essere letta la scomunica nominativa di tutti i membri serbo-ortodossi del gabinetto Stojadinović, dei deputati serbo-ortodossi che avevano votato in favore del concordato e di certi giornalisti. In alcune epar-

---

[384] J. Krošelj, «Borba za konkordat», 192-193.

[385] Pellegrinetti a Pacelli, 24 luglio 1937, rapporto n. 19887, in S.RR.SS., AA.EE.SS., *Jugoslavia*, pos. 96, fasc. 66, f. 15r.

[386] Pellegrinetti a Pacelli, Belgrado, 30 luglio 1937, rapporto n. 19896, *ibidem*, f. 2rv; J. Krošelj, «Borba za konkordat», 193.

[387] I. Mužić, *Katolička crkva*, 168.

chie la scomunica non fu pubblicata nelle chiese, o perché i relativi vescovi erano contrari a simili misure, o perché non lo credettero opportuno[388].

Lo stesso Stojadinović ammise che per lui tale misura rimaneva senza conseguenze pratiche, giacché il sacerdote del suo paese non era d'accordo con la censura[389]. A Belgrado, invece, ci fu la pubblicazione e in tale occasione noti agitatori avrebbero parlato contro il concordato e il governo, e la lotta continuò con i soliti foglietti pieni di calunnie e grossolanità[390]. Krošelj addirittura afferma che i deputati scomunicati non avrebbero osato tornare nelle loro case per non mettere a repentaglio la propria vita[391]. Parallelamente alle dure misure ecclesiastiche si sarebbero covati in segreto, da parte di alcuni generali, insoddisfatti con il governo, progetti per organizzare un vero colpo di Stato[392].

Il primo ministro, in questo momento cruciale, non si lasciò intimidire. Un'arma potente in questa battaglia era la nomina del nuovo patriarca, per la quale il governo credeva di avere tutto in mano per forzare i dignitari della Chiesa serba ad una capitolazione. La convocazione dell'assemblea elettorale del nuovo patriarca, secondo la legge del 1930, infatti, andava fatta dal re su proposta del governo. Ciò significa che il governo avrebbe potuto differire l'elezione fin quando i vescovi non avessero sconfessato l'opposizione già fatta, ritirato il decreto di sospensione e dato garanzie per un dissenso in forma meno riottosa. In questo gioco politico rientrava anche il concordato, la cui ratifica al senato, dopo aver domato i vescovi ortodossi, non avrebbe dovuto presentare grosse difficoltà. Almeno così sperava il nunzio Pellegrinetti[393].

Nella prima metà di agosto il presidente mostrò la ferrea volontà di portare avanti il concordato – pur con differimenti – verso la sua ratifica. In più occasioni, nei discorsi e nelle lettere private, egli asservava di non voler permettere che una Chiesa diventasse strumento di intrighi politici e di voler trattare tutte le Chiese con ugua-

---

[388] Bertoli a Pacelli, Belgrado, 12 agosto 1937, rapporto n. 19953, in S.RR.SS., AA.EE.SS., *Jugoslavia*, pos. 96, fasc. 66, f. 16v.

[389] M. M. Stojadinović, *Ni rat ni pakt*, 538.

[390] Bertoli a Pacelli, Belgrado, 12 agosto 1937, rapporto n. 19953, in S.RR.SS., AA.EE.SS., *Jugoslavia*, pos. 96, fasc. 66, ff. 16v-17r.

[391] J. Krošelj, «Borba za konkordat», 193.

[392] Per approfondire si veda I. Mužić, *Katolička crkva*, 173-177.

[393] Pellegrinetti a Pacelli, Belgrado, 2 agosto 1937, rapporto n. 19912, in S.RR.SS., AA.EE.SS., *Jugoslavia*, pos. 96, fasc. 66, f. 19rv.

le benevolenza. A questo riguardo è molto significativa la sua lettera, mandata al ministro jugoslavo presso la Santa Sede Mirošević-Sorgo, il 19 agosto 1937, nella quale sintetizzava le ragioni del proprio operato circa il concordato, in tre questioni. L'accordo bilaterale sarebbe stato voluto personalmente dal re, il quale avrebbe poi seguito da vicino tutti i lavori, e sponsorizzato da Jevtić, che avrebbe preparato la firma. Nella questione del concordato, quindi, sarebbe stata implicata la reputazione del Paese e il valore della sua firma. In secondo luogo, dopo le fortissime proteste da parte dei vescovi ortodossi, si sarebbe posto il problema: chi governa questo Paese? I ministri competenti o i vescovi ortodossi? Da ciò sarebbe seguita la logica conseguenza: la Chiesa non può essere sopra lo Stato, ragione per cui non si sarebbe dovuto cedere alle pressioni ecclesiastiche. Infine, cedere di fronte al clero ortodosso avrebbe minato i principi stessi della Jugoslavia, anteponendo il primato serbo. Per onorare la firma, per arginare l'inframettenza della Chiesa negli affari statali e per la Jugoslavia unita il governo avrebbe dovuto continuare con il suo proposito di ratifica del concordato. Anche le circostanze sembravano favorevoli, poiché – secondo Stojadinović – gli spiriti si sarebbero nel frattempo già calmati[394]. Negli stessi termini egli scrisse il giorno dopo anche al bano di Zagabria Ružić[395].

Tuttavia, soltanto una settimana dopo, di tutta questa determinazione per procedere alla ratifica non rimase più traccia. Lo confermano alcuni incontri tra Mirošević-Sorgo e Pacelli tra fine agosto e inizio settembre, durante i quali il ministro jugoslavo dichiarò che il governo non avrebbe potuto ottenere la ratifica per il seguente mese di ottobre, come era stato annunziato[396]. Che cosa accadde in quei pochi giorni da far crollare, tutto d'un tratto, l'entusiasmo di Stojadinović? I motivi ufficiali, avanzati alla Segreteria di Stato sarebbero stati due: l'opposizione «*che non accenna a cessare*» e i croati cattolici che «*hanno un'attitudine indifferente*»[397].

Appoggiandosi su documenti privati, Mužić riporta, invece, un altro motivo per la svolta di Stojadinović, che potrebbe risultare abbastanza convincente. Il 20 agosto, all'indomani della decisa lettera del presidente del governo contro l'attività della gerarchia ortodossa, il principe reggente Paolo, tramite Korošec, avrebbe doman-

---

[394] Stojadinović a Mirošević-Sorgo, Belgrado, 19 agosto 1937, lettera n. 1820, in AJ, *Poslanstvo Kraljevine Jugoslavije pri Svetoj Stolici (372)*, fasc. 14, ff. n.n.

[395] La lettera si veda in I. MUŽIĆ, *Katolička crkva*, 224-225.

[396] Udienza privata del card. Pacelli con il ministro di Jugoslavia, 3 settembre 1937, in S.RR.SS., AA.EE.SS., *Stati Ecclesiastici*, pos. 430B, fasc. 364, f. 87r.

[397] Udienza privata del card. Pacelli con il ministro di Jugoslavia, 29 agosto 1937, *ibidem*, f. 85r.

dato a Stojadinović, di arrivare ad una pacificazione con la Chiesa ortodossa[398]. Nella risposta del 30 agosto, il capo del governo esprimeva di essere rimasto non poco deluso della posizione del principe, poiché l'accondiscendenza nei confronti dei vescovi «*troppo arditi*» sarebbe equivalsa a debolezza e alla sconfitta dell'autorità statale. Stojadinović mostrò più preoccupazione per una tale remissività che non per uno scontro aperto con l'episcopato serbo[399]. Da questi pochi indizi Mužić conclude che Stojadinović personalmente non avrebbe voluto ritirare il concordato e capitolare davanti alla Chiesa ortodossa, ma che dovette fare così su richiesta della reggenza reale[400].

A comprovare la sua tesi, Mužić cita la dichiarazione di Antić, allora ministro della corte, che tra le due richieste del sinodo per riconciliarsi con la casa reale, cioè il ritiro del concordato e la caduta del governo, il principe Paolo avrebbe accettato la prima[401]. Tale interpretazione dei fatti non concorda comunque con quanto afferma Stojadinović nelle sue memorie, che vi ribadisce la propria libertà nel decidere del destino del concordato[402]: la votazione positiva nella camera sarebbe stata importante solo per mostrare la propria autorità, ma il concordato come tale non gli sarebbe stato a cuore perché non era stato frutto del suo lavoro[403].

Il cambio di atteggiamento del governo si fece sentire, come già rilevato, anche in Vaticano. Il ministro jugoslavo fece allusione alla Francia, con la quale la Santa Sede aveva buone relazioni, pur senza concordato. Secondo Pacelli l'esempio non calzava per vari motivi: 1) perché la Francia aveva un regime democratico, ove la Chiesa godeva piena libertà, mentre nei regimi totalitari (Italia, Germania, Jugoslavia) la Chiesa aveva bisogno di avere, in un trattato, garanzie per i suoi diritti e le sue libertà; 2) perché quando furono riprese le relazioni diplomatiche con la Francia, questa usciva da un lungo periodo di rottura, che risaliva fin al 1904-1905, mentre con la Jugoslavia si era appena concluso un concordato, alla cui ratifica il governo si era solennemente obbligato; 3) perché, mentre tutte le altre confessioni religiose in Jugoslavia avevano regolato i loro rapporti con lo Stato, sarebbe stato ingiusto se la sola Chiesa cattolica fosse rimasta in uno stato precario.

---

[398] I. MUŽIĆ, *Katolička crkva*, 182.

[399] La lettera si veda *ibidem*, 183, nota 244.

[400] *Ibidem*, 183.

[401] *Ibidem*, 183-184.

[402] M. M. STOJADINOVIĆ, *Ni rat ni pakt*, 538.

[403] *Ibidem*, 537.

Miroševié-Sorgo, quindi, cominciò a proporre, viste le difficoltà, di «*applicare fin da ora praticamente*» il concordato e di rimandare la ratifica formale a tempi più opportuni[404]. Il papa respinse tale compromesso, volendo seguire la «*via retta e sicura*», quella fissata nel testo stesso (art. XXXVIII), che cioè il concordato entrasse in vigore dopo la ratifica[405]. Egli voleva «*cose chiare e nette*», tanto più perché l'applicazione soltanto pratica, «*sotterfugio non degno e non proficuo a nessuno*»[406], non avrebbe offerto nessuna garanzia in caso di cambiamento del governo[407].

2.3 *Ritiro definitivo del concordato*

Stojadinović si trovava in difficoltà e diventava sempre più complicata qualsiasi azione per riportare la normalità nelle file della Chiesa ortodossa, in modo da permettere al governo di condurre in porto il concordato[408]. La pressione del clero serbo non desisteva. Ancora nel mese di settembre 1937 si tenne a Belgrado il congresso dell'«Unione delle Associazioni del Clero» ortodosso, cui parteciparono più di 1500 popi[409]. La discussione non passò senza vivaci dibattiti, ma avrebbe tuttavia vinto il partito dell'intransigenza, diretto dal metropolita di Zagabria Dositej[410]. Ovviamente i partecipanti non poterono sorvolare la questione concordataria, alla quale dedicarono alcune risoluzioni: ripeterono quanto detto già in precedenza, con la richiesta di togliere dall'ordine del giorno il concordato, «*quale fatto del tutto dannoso e per il nostro Stato e per la Chiesa serba*», e di dare piena soddisfazione alla Chiesa per le violenze e le umiliazioni inflitte ai suoi rappresentanti[411].

---

[404] Udienza privata del card. Pacelli con il ministro di Jugoslavia, 29 agosto 1937, in S.RR.SS., AA.EE.SS., *Stati Ecclesiastici*, pos. 430B, fasc. 364, f. 85r.

[405] Udienza privata del card. Pacelli con il ministro di Jugoslavia, 3 settembre 1937, *ibidem*, f. 87r; Pacelli a Bertoli, Vaticano, 7 settembre 1937, cifrato n. 18 (3375/37), in S.RR.SS., AA.EE.SS., *Jugoslavia*, pos 96, fasc. 66, f. 30r.

[406] ASV, Archivio della Prefettura, *Diari del card. Pellegrinetti*, 9 settembre 1937, vol. 17, f. 11r.

[407] Udienza privata del card. Pacelli con il ministro di Jugoslavia, 29 agosto 1937, in S.RR.SS., AA.EE.SS., *Stati Ecclesiastici*, pos. 430B, fasc. 364, f. 85r.

[408] Bertoli a Pacelli, Belgrado, 28 settembre 1937, rapporto n. 20162, in S.RR.SS., AA.EE.SS., *Jugoslavia*, pos. 96, fasc. 66, f. 47rv.

[409] Bertoli a Pacelli, Belgrado, 23 settembre 1937, rapporto n. 20139, *ibidem*, f. 37r.

[410] Bertoli a Pacelli, Belgrado, 28 settembre 1937, rapporto n. 20162, *ibidem*, f. 47r.

[411] Le risoluzioni, in trad. it., si vedano *ibidem*, f. 48rv; in lingua orig. in ASV, *Arch. Nunz. Jugoslavia*, busta 9, ff. 182-184.

2.3.1 La Jugoslavia al servizio degli interessi serbo-ortodossi

Come risposta a molte delle dimostrazioni anticoncordatarie potrebbe servire un articolo molto acuto del quotidiano *Slovenec* del 6 agosto 1937, scagliatosi contro il «partito nazionale jugoslavo». Questo partito, in teoria, sosteneva il noto «jugoslavismo integrale», però, proprio la storia del concordato avrebbe smascherato che sotto il velo dell'unità nazionale e statale, si nascondeva il vero sogno di questi jugoslavi integrali, cioè la Grande Serbia:

> Come ogni bugia viene infine scoperta, così anche questa. Gli avvenimenti circa la discussione e votazione del Concordato sono la commemorazione della naturale liberazione della Jugoslavia dalla bugia dell'jugoslavismo integrale: è il loro perpetuo Requiem, per il quale non potremo mai essere abbastanza riconoscenti a Dio[412].

Cominciava a intravedersi un destino comune per il concordato e il Regno di Jugoslavia. In più puntate, tra l'ottobre 1937 e il febbraio 1938, si susseguirono delle dichiarazioni ufficiali che pian piano seppellirono il lavoro.

Il 9 ottobre 1937, dinanzi ai giornalisti, Stojadinović dichiarò che il suo governo aveva deciso di cancellare dall'ordine del giorno il progetto di legge sulla ratifica del concordato, affermando che non sarebbe stato presentato al senato per la discussione, dato che non erano state ancora raggiunte quella pace e quella tranquillità nel Paese che egli aveva auspicato nel suo discorso del 23 luglio, subito dopo la votazione alla camera[413]. Anche se in quel preciso momento non si poteva ancora giudicare la portata e le conseguenze della dichiarazione governativa, il primo commento dell'incaricato d'affari della nunziatura Bertoli non lasciò molto spazio alle speranze:

> E così, a tappe, il sudato Concordato, ha miseramente abortito […]. La Chiesa serbo-ortodossa esce da questa lotta vittoriosa avendo ottenuto il fine per il quale si è mossa: di impedire cioè che i Cattolici possano ottenere in questo paese l'uguaglianza dei diritti sul terreno religioso[414].

---

[412] *Slovenec*, 6 agosto 1937, Anno LXV – n. 177a, p. 1. L'articolo, in trad. it., si veda in S.RR.SS., AA.EE.SS., *Jugoslavia*, pos. 96, fasc. 66, ff. 26r-27r.

[413] Il testo della dichiarazione, in trad. it., si veda *ibidem*, f. 54r; in lingua orig. si veda in I. Mužić, *Katolička crkva*, 185.

[414] Bertoli a Pacelli, Belgrado, 12 ottobre 1937, rapporto n. 20209, in S.RR.SS., AA.EE.SS., *Jugoslavia*, pos. 96, fasc. 66, f. 52rv.

Il pessimismo del giovane diplomatico arrivò fino al punto di dichiarare che la Chiesa cattolica pareva destinata a non avere mai delle relazioni più o meno normali con il regno[415]. Il papa, commentando la dichiarazione, non avrebbe trovato *«né seria né dignitosa»* la politica di Belgrado verso la Santa Sede e non mostrò molto entusiasmo nel ricevere in udienza il presidente del consiglio, prevista per il dicembre seguente[416]. Pellegrinetti, rattristato, appuntò, invece, sul diario:

Il Concordato, lavoro di 15 anni, è moribondo, e niente posso fare per salvarlo[417].

La gerarchia ortodossa, d'altra parte, non si convinse della veracità della suddetta dichiarazione di Stojadinović. Il «Santo Sinodo Episcopale» chiese da lui un documento scritto, una dichiarazione ufficiale del ritiro definitivo del concordato[418]. Qui si avviò una corrispondenza molto frequente tra le due autorità, ove il capo del governo, in modo umiliante, cedette, passo dopo passo, a tutte le richieste della Chiesa ortodossa, fino alla capitolazione finale[419].

---

[415] *Ibidem*, f. 52v.

[416] ASV, Archivio della Prefettura, *Diari del card. Pellegrinetti*, 27 ottobre 1937, vol. 17, ff. 23v-24r.

[417] *Ibidem*, 2 novembre 1937, vol. 17, f. 27r.

[418] Simonović a Stojadinović, Belgrado, 23 ottobre 1937, lettera s.n., in AJ, *Zbirka Milana Stojadinovića (37)*, pos. 294, fasc. 44, ff. 158r-159r; I. Mužić, *Katolička crkva*, 185.

[419] Il 27 ottobre 1937, con la lettera del ministero degli esteri, n. 22430, Stojadinović informò Dositej, sostituto del presidente del «Santo Concilio Episcopale», circa il comunicato stampa del 9 ottobre e la decisione del senato del 19 ottobre di non mettere nel programma il progetto di legge sul concordato (il testo si veda in M. Mišović, *Srpska crkva*, 143-144). Alcuni vescovi ortodossi non erano ancora soddisfatti delle garanzie del governo, temendo che si trattasse soltanto di un ritiro "temporaneo" (lettera del «Santo Sinodo Episcopale» del 2 novembre 1937, n. 917/Zap. 1657; I. Mužić, *Katolička crkva*, 186). Il ministro degli interni Korošec, il 24 novembre 1937, con la circolare n. 59706, comunicò a tutte le banovine, che il concordato era tolto definitivamente dall'ordine del giorno e non sarebbe stato più presentato (il testo si veda in M. Mišović, *Srpska crkva*, 144; in trad. it.: S.RR.SS., AA.EE.SS., *Jugoslavia*, pos. 96, fasc. 67, f. 4r). Lo stesso ministro un mese più tardi, il 29 dicembre, nel discorso davanti al comitato finanziario parlamentare dichiarò la stessa cosa in termini ancora più chiari (il testo si veda in M. Mišović, *Srpska crkva*, 145; in trad. it.: S.RR.SS., AA.EE.SS., *Jugoslavia*, pos. 96, fasc. 67, f. 4rv). Ancora non convinti i vescovi ortodossi, riuniti, alla fine di gennaio 1938, nel loro «Santo Concilio Episcopale», chiesero al governo un comunicato *«preciso»* nel quale si sarebbe dovuto affermare che il concordato era proprio definitivamente tolto dall'ordine del giorno ed

Parallelamente allo schieramento contro il concordato, la Chiesa serbo-ortodossa insisteva sulla piena riparazione per gli "attacchi brutali" contro i manifestanti della «processione sanguinosa» del 19 luglio 1937, in cambio della rimozione delle scomuniche inflitte. Anche qui Stojadinović dovette piegarsi[420]. Solo in tal modo

---

estinto (M. MIŠOVIĆ, *Srpska crkva*, 145; in trad. it.: S.RR.SS., AA.EE.SS., *Jugoslavia*, pos. 96, fasc. 67, f. 4v). Stojadinović inviò un simile comunicato al detto concilio il 28 gennaio 1938, n. 2790, dicendo che *«questo e tale progetto di Legge è proprio definitivamente tolto dall'ordine del giorno»* (M. MIŠOVIĆ, *Srpska crkva*, 145; in trad. it.: S.RR.SS., AA.EE.SS., *Jugoslavia*, pos. 96, fasc. 67, f. 4v). Tutto ciò non bastò ancora ai vescovi (lettera n. 22 del 31 gennaio 1938; I. MUŽIĆ, *Katolička crkva*, 189), perciò il presidente del consiglio con un atto ufficiale del 1° febbraio 1938, n. 1861, completò la sua dichiarazione precedente garantendo «*1) che questo e tale Concordato col Vaticano non sarà più presentato dinanzi alla Rappresentanza Nazionale per la legalizzazione; e 2) che il Governo reale di fronte ad ogni futura composizione delle relazioni col Vaticano e di fronte ad ogni futura regolarizzazione della condizione della Chiesa Romano-cattolica nel Regno di Jugoslavia rispetterà ed applicherà in piena misura il principio garantito nella Costituzione Statale sull'eguaglianza di tutte le confessioni riconosciute dalla Legge nel nostro Stato*» (M. MIŠOVIĆ, *Srpska crkva*, 146; in trad. it.: S.RR.SS., AA.EE.SS., *Jugoslavia*, pos. 96, fasc. 67, f. 4v). Di questa risposta la gerarchia ortodossa finalmente rimase contenta. La censura non proibì la pubblicazione di tutte queste comunicazioni tra il governo e il patriarcato serbo, già una settimana dopo, il 9 febbraio 1938. Tutto ciò conferma la capitolazione del governo davanti alla Chiesa ortodossa e davanti all'opinione pubblica (I. MUŽIĆ, *Katolička crkva*, 190).

[420] Alla decisione del «Santo Concilio Episcopale» del 31 luglio 1937, il presidente del consiglio rispose il 6 novembre 1937 (n. 36), presentando il profondo rincrescimento per l'incidente del 19 luglio, promettendo che sarebbero stati puniti gli impiegati statali responsabili dell'incidente (M. MIŠOVIĆ, *Srpska crkva*, 146-147; in trad. it.: S.RR.SS., AA.EE.SS., *Jugoslavia*, pos. 96, fasc. 67, f. 15r). Poiché i vertici della Chiesa ortodossa non accettarono tale promessa, Stojadinović mandò al concilio, il 1° febbraio 1938, n. 4, un nuovo atto, informando che vari funzionari statali erano stati rimossi dai loro posti, al fine di ristabilire buone relazioni fra lo Stato e la Chiesa serbo-ortodossa (M. MIŠOVIĆ, *Srpska crkva*, 147; in trad. it.: S.RR.SS., AA.EE.SS., *Jugoslavia*, pos. 96, fasc. 67, f. 15r). Questo sembrava troppo poco ai capi della Chiesa ortodossa che, il 3 febbraio 1938, presentarono un lungo elenco di esigenze, che il governo avrebbe dovuto adempiere. Il concilio reclamò la punizione di tutte le persone responsabili per quello e per tutti gli altri incidenti senza riguardo al ruolo da loro ricoperto; che venissero sospese tutte le proscrizioni in relazione alla lotta contro il concordato; che venisse data un'indennità materiale a tutti quelli che erano stati innocentemente danneggiati; che venisse rispettata la libertà del servizio divino e venisse difeso dagli attacchi e delle intromissioni (M. MIŠOVIĆ, *Srpska crkva*, 147-148; in trad. it.: S.RR.SS., AA.EE.SS., *Jugoslavia*, pos. 96, fasc. 67, f. 15rv). Stojadinović, desideroso di ter-

fu possibile preparare l'elezione del nuovo patriarca, avvenuta poi il 21 febbraio 1938. Della determinazione del presidente del consiglio, ancora così evidente nell'estate precedente, non era rimasto più niente.

2.3.2 Sotterfugi governativi dinanzi alla Santa Sede

Nei colloqui con le autorità vaticane, invece, i rappresentanti governativi persuadevano gli interlocutori, almeno fino a dicembre 1937, che la ratifica del concordato fosse stata solo sospesa momentaneamente, ma che il governo intendesse realizzarla appena fossero domate certe forme di opposizione. Più ottimisti nelle loro dichiarazioni apparivano il reggente Perović[421] e il reggente principe Paolo[422], mentre Stojadinović parlava con più riserve[423].

Pellegrinetti, pur dando credito a qualche promessa, non perse l'occasione di ribadire in questi incontri la capitolazione vera e propria del governo davanti alla Chiesa serba, constatando che c'era «*una "impotenza" radicale d'ogni Governo a risolvere in modo degno le questioni religiose*», che di fatto i concordati erano «*alla mercé della Chiesa Serba ostile e dei suoi fautori o tirapiedi*», e che infine i cattolici

---

minare una buona volta la lotta con le autorità ortodosse, già tre giorni dopo informò il concilio accettando, con piccole modifiche, pressoché tutte le richieste, chiedendo in cambio che le sanzioni inflitte in occasione della votazione fossero tolte (M. Mišović, *Srpska crkva*, 148; in trad. it.: S.RR.SS., AA.EE.SS., *Jugoslavia*, pos. 96, fasc. 67, f. 15v). Il «Santo Concilio Episcopale», ottenendo più di quanto sperava, accolse con benevolenza la risposta governativa e con l'atto dell'8 febbraio, n. 49, tolse anche le menzionate scomuniche (M. Mišović, *Srpska crkva*, 148-149; in trad. it.: S.RR.SS., AA.EE.SS., *Jugoslavia*, pos. 96, fasc. 67, ff. 15v-16r; I. Mužić, *Katolička crkva*, 190-191). La questione dell'indennità materiale per i "danneggiati" durante la lotta concordataria fu stabilita nel gennaio 1941, ma non si potè venir incontro a tutte le richieste presentate (I. Mužić, *Katolička crkva*, 193, nota 284).

[421] Pellegrinetti a Pacelli, Belgrado, 11 novembre 1937, rapporto n. 20282, in S.RR.SS., AA.EE.SS., *Jugoslavia*, pos. 96, fasc. 66, ff. 66v-67r; ASV, Archivio della Prefettura, *Diari del card. Pellegrinetti*, 6 novembre 1937, vol. 17, ff. 28r-29r.

[422] Pellegrinetti a Pacelli, Belgrado, 11 novembre 1937, rapporto n. 20282, in S.RR.SS., AA.EE.SS., *Jugoslavia*, pos. 96, fasc. 66, f. 67rv; ASV, Archivio della Prefettura, *Diari del card. Pellegrinetti*, 9 novembre 1937, vol. 17, ff. 29v-30r.

[423] Pellegrinetti a Pacelli, Belgrado, 18 novembre 1937, rapporto n. 20298, in S.RR.SS., AA.EE.SS., *Jugoslavia*, pos. 96, fasc. 66, ff. 74r-76r; ASV, Archivio della Prefettura, *Diari del card. Pellegrinetti*, 13 novembre 1937, vol. 17, f. 31rv.

avrebbero dovuto, «*per colpa di essi, sentirsi a disagio in una Jugoslavia, dove neppure Governi di buona volontà*» avrebbero potuto toglierli da uno stato pregiudiziale[424].

Il nunzio riuscì alla fine a scoprire che il vero problema della politica religiosa del regno non risiedeva nella cattiva volontà del governo, ma nella stessa compagine jugoslava, nella «*malattia costituzionale dello Stato*»[425], in cui avrebbe regnato «*uno stato di cose anormale*»[426]. Di fronte alle giustificazioni circa le difficoltà legate alla ratifica del concordato, egli dichiarò più volte che la Santa Sede avrebbe potuto ammettere che il governo non avrebbe presentato la legge di ratifica se e finché avesse realmente avuto una maggioranza contraria nel senato; ma non avrebbe ammesso che il governo la lasciasse cadere per il fatto che i vescovi serbi erano scontenti. Accettare questa scusa, secondo lui, sarebbe equivalso a far dipendere la situazione legale dei cattolici dall'arbitrio di una confessione religiosa estranea e ostile, il che sarebbe stato assurdo[427].

Tale decisa dichiarazione fu concepita anche come risposta alle voci, provenienti da alcuni circoli vicini al ministero della giustizia, che sostenevano che la Santa Sede fosse stata informata che il concordato era stato ritirato e che essa ne avesse pacificamente preso atto[428].

Il pessimismo della Santa Sede si rinforzò con un altro fatto, di natura piuttosto giuridica. Il governo, conforme alla sua dichiarazione del 9 ottobre, non solo ritirò il progetto di legge prima della votazione al senato, ma annullò pure la votazione favorevole data dalla camera il 23 luglio. Nel novembre 1937 Pellegrinetti chiese, a proposito, a Stojadinović perché il governo non si fosse limitato a differire la discussione, invece di ritirare il progetto di legge di ratifica e così annullare tutto quanto si era ottenuto fin a quel momento. Il presidente del consiglio gli presentò la legislazione jugoslava, secondo la quale tutti i progetti dovevano, secondo la costituzione, venire decisi nel corso di una sessione, altrimenti decadevano, salvo

---

[424] Pellegrinetti a Pacelli, Belgrado, 11 novembre 1937, rapporto n. 20282, in S.RR.SS., AA.EE.SS., *Jugoslavia*, pos. 96, fasc. 66, f. 68r.

[425] ASV, Archivio della Prefettura, *Diari del card. Pellegrinetti*, 13 novembre 1937, vol. 17, f. 31v.

[426] Pellegrinetti a Pacelli, Belgrado, 18 novembre 1937, rapporto n. 20298, in S.RR.SS., AA.EE.SS., *Jugoslavia*, pos. 96, fasc. 66, f. 75r.

[427] Pellegrinetti a Pacelli, Belgrado, 11 novembre 1937, rapporto n. 20282, *ibidem*, f. 68rv; Pellegrinetti a Pacelli, Belgrado, 18 novembre 1937, rapporto n. 20298, *ibidem*, f. 75v.

[428] Pellegrinetti a Pacelli, Belgrado, 11 novembre 1937, rapporto n. 20282, *ibidem*, f. 66v.

che i corpi legislativi non decidessero di passarli alla sessione seguente. La sessione incominciava ogni anno il 20 ottobre. Ora, il capo del governo era sicuro che il senato, con un suo deliberato, avrebbe rifiutato di far passare alla sessione seguente il progetto per il concordato. Ciò sarebbe stato un atto positivo in contrario, che avrebbe, secondo lui, pregiudicato per sempre la questione e messo il governo in una situazione impossibile. Per questa ragione si preferì ritirare – temporaneamente – il progetto, motivando il gesto con la necessità che gli animi si calmassero per trattarne in seguito. Se il governo avesse deciso di ritentare, avrebbe però dovuto ripresentare il progetto alla camera e da lì tornare al senato[429].

2.3.3 Fine della missione del nunzio Pellegrinetti

Il nunzio sintetizzò tutte le considerazioni, riferite a voce alle autorità belgradesi, nella nota del 25 novembre 1937, indirizzata al ministero degli esteri. Questa fu la sua terza e ultima nota ufficiale a proposito del concordato, successiva alla firma del luglio 1935, dopo quelle del 25 luglio 1936 e del 20 dicembre 1936.

In questo suo "testamento", dimostrò di nuovo come tutti i governi, sin dall'inizio, avessero riconosciuto l'utilità di un concordato e come la Santa Sede avesse trattato con tutti i governi, al di là di ogni pregiudizio politico o *querelle* interna del Paese, mantenendo sempre, anche durante gli attacchi più assurdi, una condotta riservata e pacifica. Alla fine ripeté la constatazione sull'infelice struttura dell'organismo statale e sull'impossibilità di ammettere il ritiro della ratifica per l'opposizione di un'altra confessione religiosa, poiché qui si trattava dello Stato jugoslavo e non di uno Stato confessionale serbo-ortodosso[430].

Con detta nota il nunzio Pellegrinetti chiudeva la sua lunga missione in Jugoslavia, giacché nello stesso mese di novembre veniva creato cardinale. Il 5 dicembre 1937 lasciava Belgrado con animo poco lieto:

> E così ho passato il confine, dopo 15 anni e 5 mesi. Missione lunga, piena di peripezie e di beghe e di pene, con rare oasi di gioia, in un ambiente a Belgrado, dove il soffio di Bisanzio crea una barriera di diffidenza, quando non di odio cupo e inconciliabile [...]. Ma la Jugoslavia con quanto ho fatto e sofferto mi sarà sempre nell'anima. Sento che partendo una gran parte di me è sepolta là. FINE[431].

---

[429] Pellegrinetti a Pacelli, Belgrado, 18 novembre 1937, rapporto n. 20298, *ibidem*, ff. 74v-75r.

[430] Pellegrinetti a Stojadinović, Belgrado, 25 novembre 1937, nota n. 20330 (copia), *ibidem*, ff. 82-83; si veda anche G. MITHANS, *Urejanje odnosov*, 328-329.

[431] ASV, Archivio della Prefettura, *Diari del card. Pellegrinetti*, 6 dicembre 1937, vol. 17, f. 39v.

La sua permanenza nel Regno di Jugoslavia fu strettamente legata alla questione concordataria. Al suo arrivo, nell'estate 1922, era stata istituita la prima commissione governativa per preparare uno schema di concordato; alla sua partenza il governo tolse l'accordo bilaterale dall'ordine del giorno. Nonostante tutte le energie che impiegò in tale materia, considerò il suo lavoro un fallimento. In occasione del Natale del 1937 fece un'altra sintesi degli eventi di Belgrado:

> È stato un anno drammatico, uno de' più drammatici ch'io abbia vissuto. Cominciato con l'ansia del Concordato, la cui ratifica sembrava finalmente avvicinarsi, portava al crollo di quindici anni di fatiche, speranze ed illusioni con gli eventi del luglio, la morte del Patriarca, il furore della piazza, il differimento senza die del Concordato, proprio dopo il voto, immediatamente dopo il voto favorevole del Parlamento. Una specie di fallimento di un punto capitale dell'opera mia [...]. E il mio successore a Belgrado troverà pesantissima la mia eredità[432]!

L'elevazione alla dignità cardinalizia suscitò nell'opinione pubblica diverse interpretazioni, specie a causa del concordato fallito. Alcuni politici in Jugoslavia leggevano la sua "premiazione" in chiave *promoveatur ut removeatur*[433]. Secondo Mužić, con tale gesto la Santa Sede avrebbe mostrato il proprio interesse per il destino della Chiesa cattolica in Jugoslavia: non si sarebbe trattato, dunque, di un riconoscimento al nunzio, che non avrebbe avuto alcun merito nel lavoro per il concordato[434]. Partendo dallo stesso presupposto, Moscatello si meravigliò di come *L'Osservatore Romano*, al momento della sua elevazione a cardinale, avesse potuto mettere in rilievo il suo lavoro per il concordato: l'"agente segreto", infatti, affermava che la promozione di Pellegrinetti aveva soltanto accresciuto la confusione presso il pubblico circa la vera situazione della Chiesa cattolica in Jugoslavia[435]. Dalla documentazione vaticana si può però facilmente evincere che la sua ardua opera, del tutto segreta, per la realizzazione del concordato, fu molto apprezzata in Segreteria di Stato e dallo stesso pontefice, che non tralasciò di toccare, indirettamente, la questione concordataria anche nel Concistoro segreto del 13 dicembre 1937[436].

---

[432] *Ibidem*, 24 dicembre 1937, vol. 17, f. 48rv.

[433] J. Krošelj, «Borba za konkordat», 199.

[434] I. Mužić, *Katolička crkva*, 198.

[435] APHZSJ, ostavština Moscatello, busta 2: *Bilješke [Memorie]*, p. 110; *Nikola Moscatello*, F. Veraja – S. Kljaić, ed., 156.

[436] ASV, Archivio della Prefettura, *Diari del card. Pellegrinetti*, 15 dicembre 1937, vol. 17, f. 42r; I. Mužić, *Katolička crkva*, 198. L'allocuzione del papa si veda in AAS 29 (1937) 445-449;

2.3.4 Il ministro Korošec, sacerdote cattolico, rischia la scomunica

Stojadinović si trovò contemporaneamente con il nunzio a Roma nella prima metà di dicembre 1937, nella visita ufficiale presso il governo italiano. Chiese anche udienza al papa, il quale gli avrebbe riconosciuto il merito d'aver lottato per il concordato[437]. Il capo del governo, d'altra parte, avrebbe dato assicurazioni di risolvere favorevolmente la questione[438]. Il nunzio affermò che più tardi si sarebbe chiarito che tali promesse non erano state pronunciate con piena sincerità, poiché il presidente già in novembre aveva deciso e fatto sapere che il concordato era estinto[439]. Stojadinović, nella sua versione, invece, asserì che il papa avrebbe tranquillamente accettato il destino del concordato, non volendo più tornare su tale argomento[440]. Alcuni passi successivi della Santa Sede, però, non corrisposero pienamente con tale asserto. Un caso emblematico fu lo scontro tra la Segreteria di Stato e Korošec.

Il ministro degli interni, il 29 dicembre 1937, durante la sessione del comitato finanziario del parlamento nazionale, pronunciò le seguenti parole:

> Noi non pensiamo più a presentare il Concordato. È mia opinione personale che il vecchio Concordato non si può più portare e nessuno tra noi non pensa neppure a ciò. Il Concordato aveva creato una situazione torbida, e adesso è spento. Stojadinović, Korošec e Spaho non presenteranno né il vecchio Concordato, né il vecchio corretto, né un nuovo né un qualsiasi altro Concordato. Questo lo capirà ognuno che è appena uomo politico.
>
> Noi adesso non pensiamo al Concordato, perché abbiamo cose più urgenti, e tra le prime è che noi vogliamo una relazione corretta, normale, e ancor più, amichevole colla Chiesa pravoslava. Che non si sia arrivati a questo, non dipende da noi. Noi

---

L'Osservatore Romano, 13-14 dicembre 1937, Anno LXXVII – n. 290 (23.570), pp. 1-2. Il quotidiano vaticano, nello stesso numero, pubblicò dettagliatamente i dati biografici del nuovo porporato Pellegrinetti (*ibidem*, p. 3).

[437] ASV, Archivio della Prefettura, *Diari del card. Pellegrinetti*, 9 dicembre 1937, vol. 17, f. 40v.

[438] *Ibidem*, 5 marzo 1938, vol. 17, f. 68r.

[439] *Ibidem*, 5 marzo 1938, vol. 17, f. 68r; 30 maggio 1938, vol. 17, f. 89v.

[440] M. M. STOJADINOVIĆ, *Ni rat ni pakt*, 489.

tutti lavoriamo per questa conciliazione, perché ciò è nell'interesse non solo della Chiesa, ma anche di tutto lo Stato[441].

La dichiarazione, pubblicata solo il 20 gennaio 1938, lasciò perplessa la Santa Sede, che sperava ancora in un risultato positivo. Di per sé la comunicazione solo seguiva fedelmente il pensiero di Stojadinović che, qualche giorno prima, aveva dato le istruzioni al ministro Mirošević-Sorgo di non alimentare, nei colloqui con la Santa Sede, alcuna speranza per la ratifica, anche nel caso di una possibile futura maggioranza al senato[442].

Le prime reazioni della diplomazia vaticana alle parole di Korošec furono di aperto rammarico. Bertoli costatava dolorosamente che proprio un cattolico, e per di più un prete, avesse dato «*il colpo di grazia non solo al Concordato già firmato, ma al principio stesso dei diritti della Chiesa Cattolica*»[443]. Al segretario di Stato le espressioni parvero «*veramente incomprensibili sulla bocca di un sacerdote cattolico*»[444]. Pellegrinetti, osservando ormai le cose jugoslave da cardinale a Roma, vi trovò la piena capitolazione del governo di fronte «*all'ostile campagna irta di menzogne della Chiesa serba*», sentendosi fortunato di essere partito da Belgrado, nonostante la personale sofferenza[445].

Il papa, appena conosciuta la dichiarazione, si indignò, considerando Korošec «*esposto alle più gravi sanzioni*»[446]. Il tono si placò alcuni giorni dopo, in seguito al voto presentato dal canonista p. Hürth, incaricato di studiare le proposte di sanzione per il ministro sacerdote. Questi, nell'analizzare la dichiarazione di Korošec,

---

[441] S.RR.SS., AA.EE.SS., *Jugoslavia*, pos. 96, fasc. 66, f. 84rv, 86-88. Per il testo in lingua orig. si veda *Samouprava*, 20 gennaio 1938; *Glasnik SPP*, 8 febbraio 1938, Anno XIX – n. 3, p. 1.

[442] Stojadinović a Mirošević-Sorgo, Belgrado, 25 dicembre 1937, dispaccio n. 2871, in AJ, *Poslanstvo Kraljevine Jugoslavije pri Svetoj Stolici (372)*, fasc. 14, ff. n.n. Il capo del governo ripeté l'affermazione qualche mese più tardi: Stojadinović a Mirošević-Sorgo, Belgrado, 8 febbraio 1938, dispaccio n. 331, *ibidem*, ff. n.n.

[443] Bertoli a Pacelli, Belgrado, 20 gennaio 1938, rapporto n. 20467, in S.RR.SS., AA.EE.SS., *Jugoslavia*, pos. 96, fasc. 66, f. 84v.

[444] Pacelli a Bertoli, Vaticano, 29 gennaio 1938, dispaccio n. 376/38 (minuta), *ibidem*, f. 92r.

[445] ASV, Archivio della Prefettura, *Diari del card. Pellegrinetti*, 21 gennaio 1938, vol. 17, f. 55v.

[446] Udienza del card. Pacelli con il pontefice, 25 gennaio 1938, in S.RR.SS., AA.EE.SS., *Stati Ecclesiastici*, pos. 430A, fasc. 355, f. 8r; S.RR.SS., AA.EE.SS., *Jugoslavia*, pos. 96, fasc. 66, f. 91.

confrontandola con alcuni canoni (2209, 2316, 2331, § 1; 2333; 2334), arrivò alla conclusione, che sarebbero mancati alcuni elementi, necessari per applicare qualsiasi pena canonica *latae sententiae*. Egli biasimò fortemente, tuttavia, la frase circa la relazione «*amichevole colla Chiesa pravoslava*», che se detta in senso religioso, avrebbe potuto denotare *favorem haeresis*[447]. Nel senso civile-politico, la dichiarazione, di per sé non punibile, avrebbe potuto essere fraintesa, perciò il ministro non l'avrebbe dovuta mai pronunciare pubblicamente.

Invece di proporre una censura per Korošec, il canonista qualificò la sua dichiarazione come massimamente disdicevole[448]. Il papa, «*vivamente addolorato*», diede l'incarico a Bertoli di trasmettere, nel modo che egli avrebbe stimato più conveniente, la conclusione di p. Hürth, cioè che la dichiarazione alla commissione parlamentare fosse stata non solo inopportuna, ma anzi sommamente disdicevole per un sacerdote cattolico[449]. Quando il papa seppe che l'incaricato d'affari, nel trasmettere il biasimo, si limitò a scrivere al vescovo Tomažič[450], non ne rimase affatto soddisfatto, ritenendolo insufficiente ed esigette che fosse lui, quale rappresentante della Santa Sede, a eseguire «*di persona*» l'ammonizione in parola[451].

Nel frattempo giunse a Bertoli la risposta del vescovo Tomažič, giustificando piuttosto il suo "suddito" e il suo «*insufficiente e meschino racconto*»[452]. Il segretario di Stato si meravigliò che il vescovo si fosse così facilmente adattato al modo di vedere del ministro e facesse premure affinché la Santa Sede considerasse l'incidente del

---

[447] CIC 17, Can. 2317: «*Qui quoquo modo haeresis propagationem sponte et scienter iuvat, aut qui communicat in divinis cum haereticis contra praescriptum can. 1258, suspectus de haeresi est*»: AAS 9/II (1917) 439.

[448] Voto di p. Hürth, Vaticano, [gennaio 1938], n. 376/38 (Segreteria di Stato), in S.RR.SS., AA.EE.SS., *Jugoslavia*, pos. 96, fasc. 66, f. 89-90.

[449] Pacelli a Bertoli, Vaticano, 29 gennaio 1938, dispaccio n. 376/38 (minuta), *ibidem*, f. 92rv.

[450] Bertoli a Tomažič, Belgrado, 5 febbraio 1938, lettera n. 20535 (copia), *ibidem*, ff. 104-105; Bertoli a Pacelli, Belgrado, 5 febbraio 1938, rapporto n. 20538, *ibidem*, f. 102. Una parte della lettera, indirizzata al vescovo Tomažič, si trova in G. MITHANS, *Urejanje odnosov*, 334.

[451] Udienza del card. Pacelli con il pontefice, 11 febbraio 1938, in S.RR.SS., AA.EE.SS., *Stati Ecclesiastici*, pos. 430A, fasc. 355, f. 19r; S.RR.SS., AA.EE.SS., *Jugoslavia*, pos. 96, fasc. 66, f. 106; Pacelli a Bertoli, Vaticano, 17 febbraio 1938, dispaccio n. 618/38 (minuta), *ibidem*, f. 107.

[452] Tomažič a Bertoli, Maribor, 16 febbraio 1938, lettera n. 98/1, in S.RR.SS., AA.EE.SS., *Jugoslavia*, pos. 96, fasc. 67, ff. 28-30; Bertoli a Pacelli, Belgrado, 19 febbraio 1938, rapporto n. 20605, *ibidem*, f. 27rv. Si veda anche G. MITHANS, *Urejanje odnosov*, 334-336.

tutto chiuso[453]. Bertoli poi incontrò Korošec per trasmettere di persona la protesta per la dichiarazione del 29 dicembre. Il ministro cercava di giustificarsi col dire che egli non aveva realizzato la dichiarazione per la pubblicazione, che era venuto a conoscenza della cosa dalla stampa, ribadendo al contempo il suo pensiero che *rebus sic stantibus* la ratifica del concordato era impossibile e che politicamente non si poteva fare diversamente. Egli si sentiva in obbligo di andare in aiuto del suo collega Stojadinović, non potendo portare sino all'infinito le tensioni con il Santo sinodo. Allo stesso tempo gli dispiaceva molto d'aver dato occasione a malintesi e d'aver rattristato il papa, senza intendere affatto di menomare i diritti dei cattolici.

Bertoli descrisse dettagliatamente quest'incontro, concludendo che Korošec, «*almeno in parte*», avesse riconosciuto il male della propria dichiarazione[454]. Il pontefice, visibilmente turbato, non si accontentò ancora delle scuse presentate dal ministro, affermando di non essere solo contristato, ma umiliato dal modo come era stato trattato. Bertoli ricevette di nuovo il compito di recarsi da Korošec e di ricordargli che essendo vicino il giudizio di Dio, vi era una ragione di più per mettere in regola la propria coscienza[455]. Il duro atteggiamento della Santa Sede nei suoi confronti corrisponde ai molti rapporti del nunzio Pellegrinetti, ove spesso si lamentava della sua politica troppo pragmatica e poco religiosa[456].

Nei documenti archivistici consultati, non vi sono informazioni circa l'ulteriore sviluppo di quest'incidente. Un evento estremamente interessante viene però offerto da Hanželič, che in un articolo, in tono quasi drammatico, descrive l'incontro tra il papa e Korošec, avvenuto non molto tempo dopo la "guerra concordataria". Pio XI, infatti, indignato, avrebbe chiamato il ministro a Roma e quando questi si sarebbe presentato senza abito talare, il pontefice gli avrebbe rifiutato l'udienza. Per il giorno seguente Korošec si procurò, dai gesuiti, una veste e così poté accedere all'udienza. Il papa l'avrebbe rimproverato duramente e il ministro avrebbe ascoltato tutto serenamente, ritenendo impossibile e inutile qualsiasi dialogo. Dopo l'incontro il ministro si sarebbe recato dal gesuita p. Prešeren, allora assistente del pre-

---

[453] Pacelli a Bertoli, Vaticano, 25 febbraio 1938, dispaccio n. 740/38 (minuta), in S.RR.SS., AA.EE.SS., *Jugoslavia*, pos. 96, fasc. 67, ff. 28-31.

[454] Bertoli a Pacelli, Belgrado, 23 febbraio 1938, rapporto n. 29617, *ibidem*, ff. 32r-33v.

[455] Udienza del card. Pacelli con il pontefice, 26 febbraio 1938, in S.RR.SS., AA.EE.SS., *Stati Ecclesiastici*, pos. 430A, fasc. 355, f. 24r; S.RR.SS., AA.EE.SS., *Jugoslavia*, pos. 96, fasc. 67, f. 34; Pacelli a Bertoli, Vaticano, 2 marzo 1938, dispaccio n. 779/38 (minuta), *ibidem*, f. 35.

[456] Si veda, ad esempio: Pellegrinetti a Pacelli, Roma, 13 settembre 1930, rapporto n. 11245, in S.RR.SS., AA.EE.SS., *Jugoslavia*, pos. 4, fasc. 6, ff. 85r-86r.

posito generale per le province slave[457] e molto stimato dal papa, al quale avrebbe spiegato tutta la faccenda intorno al concordato e le ragioni per il suo ritiro, con la richiesta di riferire tutto ciò al pontefice. L'autore conclude che in tal modo si sarebbe risolta questa faccenda[458].

2.3.5 Protesta della Santa Sede contro il "funerale" del concordato

In seguito alle pubbliche dichiarazioni del governo, con le quali si seppelliva definitivamente il concordato, specie con la dichiarazione di Korošec del 29 dicembre 1937 e con quella di Stojadinović del 1° febbraio 1938, che mai furono comunicate ufficialmente alla Santa Sede, quest'ultima si sentì obbligata a sollevare una protesta formale per la movenza del governo, e, nel contempo, a far noto il proprio atteggiamento in materia in modo pubblico.

Si voleva soprattutto smentire la voce che la Santa Sede fosse indifferente e sorvolasse tranquillamente sopra la questione[459]. Prima di presentare la nota di protesta («Aide-Mémoire») al governo jugoslavo, Pacelli, «*indignatissimo*» per la triste odissea del concordato, si consultò con il cardinale Pellegrinetti circa gli ultimi sviluppi a Belgrado[460]. Dell'intento della Santa Sede di rispondere pubblicamente alle dichiarazioni del governo, il segretario di Stato avvisò anticipatamente il ministro jugoslavo Mirošević-Sorgo, lamentandosi di non aver mai immaginato, dopo il colloquio con il presidente del consiglio del dicembre precedente, una tale fine per il concordato[461].

Nella risposta di Stojadinović si possono scorgere ragioni pragmatiche, ma anche in qualche modo i gravi rischi, che lo spinsero a scongiurare la pubblicazione della nota di protesta, da cui sarebbe potuta nascere una pubblica discussione, sconveniente per ambedue le parti. La cosa più importante sarebbero stati i buoni rapporti; il concordato, invece, sembrava secondario[462]. Qualche giorno dopo il capo del

---

[457] Su p. Prešeren (1883-1965) si veda PAPEŠKI SLOVENSKI ZAVOD (ROMA), *Ob petdesetletnici*, 10-20, 163-174, 211-217.

[458] R. HANŽELIČ, «O Antonu Korošcu», 300.

[459] ASV, Archivio della Prefettura, *Diari del card. Pellegrinetti*, 11 febbraio 1938, vol. 17, f. 61v.

[460] *Ibidem*, 12 febbraio 1938, vol. 17, f. 62r.

[461] Mirošević-Sorgo a Stojadinović, Roma, 12 febbraio 1938, rapporto n. 39 (minuta), in AJ, *Poslanstvo Kraljevine Jugoslavije pri Svetoj Stolici (372)*, fasc. 14, ff. n.n.

[462] Stojadinović a Mirošević-Sorgo, Belgrado, 14 febbraio 1938, telegramma n. 378, *ibidem*, ff. n.n.; Mirošević-Sorgo alla Segreteria di Stato, nota n. 969/38 (Segreteria di Stato), in S.RR.SS., AA.EE.SS., *Jugoslavia*, pos. 96, fasc. 67, f. 49.

governo venne a conoscenza del contenuto della nota di protesta, nella quale si ascriveva la responsabilità principale per la caduta del concordato alla Chiesa ortodossa. Egli, convinto che i primi responsabili del ritiro del documento fossero stati gli stessi autori (Jevtić con l'opposizione) e i destinatari (i cattolici con Maček), ribadì che sarebbe stato inconsueto pubblicare una nota dal contenuto sbagliato, che avrebbe recato conseguenze negative nel caso fosse stata pubblicamente discussa[463].

La nota di protesta fu consegnata al ministro jugoslavo presso la Santa Sede il 15 febbraio 1938[464], quattro giorni dopo *L'Osservatore Romano* ne pubblicò, invece, un sunto[465]. L'articolo sembrò al diplomatico jugoslavo la cosa più "morbida" che si poteva ottenere[466].

Quali furono i punti salienti della nota? Dalle ultime dichiarazioni pubbliche e ufficiali del governo jugoslavo, la Santa Sede constatava che esso aveva rifiutato definitivamente la ratifica del concordato. Sarebbe stato, inoltre, evidente che l'abbandono di questa ratifica fosse stato il prezzo richiesto per la riconciliazione con un'altra confessione religiosa. La sorpresa della Santa Sede sarebbe stata ancora più fondata, dal momento che le suddette dichiarazioni erano in aperto contrasto con le affermazioni anteriori di tutti i governi. Il documento richiamava alla memoria il defunto re Aleksandar come colui che aveva manifestato ai rappresentanti della Chiesa la sua ferma volontà d'arrivare ad un pieno accordo con la Santa Sede. In più, anche i diversi responsabili del governo, che si erano avvicendati negli anni, avrebbero manifestato oralmente delle disposizioni favorevoli per la Chiesa cattolica, dal momento che era stato l'esecutivo stesso a intavolare spontaneamente, per tre volte, le trattative con la Santa Sede per un concordato. Per tale motivo alla Santa Sede appariva impossibile farsi una ragione di un simile e così brusco cambiamen-

---

[463] Stojadinović a Mirošević-Sorgo, Belgrado, 16 febbraio 1938, telegramma n. 388, in AJ, *Poslanstvo Kraljevine Jugoslavije pri Svetoj Stolici (372)*, fasc. 14, ff. n.n.; ASV, Archivio della Prefettura, *Diari del card. Pellegrinetti*, 16 febbraio 1938, vol. 17, ff. 62v-63r.

[464] Il testo dell'*Aide-Mémoire*, n. 582/38, si veda in ASV, *Arch. Nunz. Jugoslavia*, busta 9, ff. 222-225; S.RR.SS., AA.EE.SS., *Jugoslavia*, pos. 96, fasc. 67, ff. 46-47. Per la trad. croata si veda I. Mužić, *Katolička crkva*, 226-227.

[465] *L'Osservatore Romano*, 19 febbraio 1938, Anno LXXVIII – n. 41 (23.625), p. 1; S.RR.SS., AA.EE.SS., *Jugoslavia*, pos. 96, fasc. 67, ff. 25-26. Molti giornali stranieri commentarono questo articolo. Si veda *ibidem*, f. 50, 53.

[466] Mirošević-Sorgo a Stojadinović, Roma, 18 febbraio 1938, rapporto n. 49 (minuta), in AJ, *Poslanstvo Kraljevine Jugoslavije pri Svetoj Stolici (372)*, fasc. 14, ff. n.n.

to nella linea di condotta, perseguita fino a quel momento dal governo. Tale gravità sarebbe divenuta ancora più evidente per il fatto che nella discussione il governo avesse ceduto alla pressione di elementi «*nullement qualifiés*», accettando pubblicamente il controllo e l'ingerenza di una confessione non-cattolica nel regolamento della Chiesa cattolica di fronte allo Stato jugoslavo. La nota si concludeva con una formale protesta, ricordando al governo: 1) la firma solenne del 25 luglio 1935 e l'obbligo che ne proveniva; 2) il diritto imprescindibile dei cattolici di non vedersi messi in condizioni d'inferiorità e discriminazione nei confronti delle altre fedi[467].

L'articolo de *L'Osservatore Romano* fu riprodotto integralmente su vari settimanali cattolici, anche se su qualcuno di essi apparve censurato. Il vescovo di Sebenico Mileta diede ordine che venisse letto in tutte le chiese della diocesi, senza alcun commento da parte del sacerdote[468]. Senza nominarla espressamente, la nota non lasciava alcun dubbio nello scorgere – come causa principale della caduta del concordato – l'opposizione della Chiesa serbo-ortodossa. La stessa tesi fu sostenuta da Pellegrinetti che dovette, come è stato già detto, correggere un articolo de *L'Avvenire d'Italia*.

Nella nota i membri del governo riconobbero un altro elemento, cioè la critica indiretta circa l'incidente di procedura. Il ministero degli esteri, infatti, non si era tenuto in contatto con la Santa Sede nell'affare della liquidazione del concordato, come sarebbe stato suo dovere, trattandosi di un accordo bilaterale e internazionale. Il governo mostrò un postumo rammarico per aver mancato ad un principio elementare di educazione e di cortesia diplomatica, ma si giustificò affermando che non si era trattato di negligenza o disprezzo per l'autorità della Santa Sede. Il ministero degli esteri si sarebbe trovato davanti a una discussione e ad una dolorosa battaglia di politica interna, tra il governo e la Chiesa serbo-ortodossa; e ciò fece dimenticare di tenersi in contatto, come doveroso, con la Santa Sede. Circa la stessa nota, il governo promise alla nunziatura di rispondervi dopo maturo esame[469], ma tale risposta non arrivò mai. La Segreteria di Stato in questo silenzio percepiva l'imbarazzo del governo nel giustificare il ritiro di un accordo perseguito proprio da Belgrado[470].

---

[467] ASV, *Arch. Nunz. Jugoslavia*, busta 9, ff. 222-225; G. MITHANS, *Urejanje odnosov*, 341-342.

[468] Bertoli a Pacelli, Belgrado, 2 marzo 1938, rapporto n. 20630, in S.RR.SS., AA.EE.SS., *Jugoslavia*, pos. 96, fasc. 67, f. 37r.

[469] *Ibidem*, f. 36rv.

[470] Istruzioni per Felici, 17 giugno 1938 (minuta), *ibidem*, pos. 125, fasc. 83, ff. 29-30.

Contemporaneamente al dibattito circa la nota di protesta della Santa Sede, si preparava l'elezione del nuovo patriarca. Tutti gli ostacoli, in seguito al totale cedimento di Stojadinović, furono rimossi e così il concilio elettorale – 40 ecclesiastici e 20 laici – procedette alla nomina. Come segno visibile della riconciliazione tra il governo e i vertici della Chiesa serbo-ortodossa, fu scelto il metropolita del Montenegro e del Primorje Gavrilo Dožić, definito da Bertoli come colui che aveva giocato bene tra i vari partiti, gradito al governo e alla corte, sebbene non fosse stato il candidato preferito dal clero[471]. Tra i vescovi c'era anche Nikolaj Velimirović che, ritenuto «*il più accanito anticattolico*» dell'episcopato serbo, non approvò la riconciliazione con il governo e voleva proseguire la lotta contro Stojadinović[472].

Come contrappunto alla nota di protesta della Santa Sede si potrebbe citare la lettera del «Santo Concilio Episcopale» al clero e al popolo serbo del 22 febbraio 1938, pubblicata il 5 marzo seguente. In essa non solo si informava sull'elezione del nuovo patriarca, bensì veniva descritto, in modo apologetico, il percorso e il risultato della lotta della Chiesa ortodossa contro il concordato. Essa avrebbe così «*raggiunto il successo completo dei suoi sforzi*», perché fossero rispettati «*i suoi diritti*» – che le erano assicurati dalla costituzione nazionale – di non essere messa in secondo piano rispetto agli altri gruppi religiosi. «*Il Santo Concilio ha raggiunto pienamente ciò che ha desiderato*»[473]. Almeno su questa constatazione furono d'accordo tutti.

2.3.6 Requiem per il concordato: i vescovi cattolici rompono finalmente il silenzio

Qualche emissario di Belgrado avrebbe tentato di far capire all'arcivescovo Stepinac che il governo era pronto a venir a patti con l'episcopato e a conceder loro tutto ciò che il concordato prevedeva, ma questi ripeté che senza il papa non si poteva fare niente. Di più, i vescovi cattolici, indignati sia per la dichiarazione di Korošec come per l'atteggiamento del governo, si proposero, nel mese di marzo 1938, di tenere una conferenza episcopale straordinaria, per preparare collettivamente un testo di protesta al governo e una dichiarazione ai fedeli. Data la natura

---

[471] Bertoli a Pacelli, Belgrado, 23 febbraio 1938, rapporto n. 20616 (minuta), in ASV, *Arch. Nunz. Jugoslavia*, busta 9, f. 238r.

[472] Bertoli a Pacelli, Belgrado, 14 marzo 1938, rapporto n. 20666, in S.RR.SS., AA.EE.SS., *Jugoslavia*, pos. 96, fasc. 57, f. 41. Circa la riconciliazione con il vescovo Velimirović si veda *Memoari patrijarha*, 133-143.

[473] Il testo, in trad. it., si veda in S.RR.SS., AA.EE.SS., *Jugoslavia*, pos. 96, fasc. 67, ff. 42-45.

delicata dell'argomento, la nunziatura apostolica chiese loro di attenersi esclusivamente all'aspetto religioso, evitando, sia pure lontanamente, tutto ciò che potesse dare pretesto ad una interpretazione politica della questione[474].

Tutti i vescovi cattolici ordinari si riunirono nella loro conferenza episcopale dal 3 al 7 maggio 1938, sotto la presidenza, per la prima volta, del giovane arcivescovo di Zagabria Stepinac. L'argomento principale delle sessioni fu il destino del concordato, però non meno importante fu l'annosa discussione circa l'Azione Cattolica. Nonostante la gravità e delicatezza delle questioni, le sedute si sarebbero svolte con calma, trovandosi i vescovi in complesso d'accordo.

Circa la triste questione concordataria, i vescovi redassero tre lettere, una per i fedeli, un'altra per il clero e un'ultima per il capo del governo Stojadinović, insieme al comunicato stampa, di cui la censura governativa, però, non permise la pubblicazione, per una frase ritenuta troppo forte[475]:

> L'Episcopato cattolico ha ritenuto suo dovere di dirigere una energica protesta al Reale Governo a causa del calpestamento della santità dei patti, l'offesa al Santo Padre e la grave lesione dei diritti dei Cattolici del Regno di Jugoslavia[476].

La «Pastorale ai fedeli», spedita «*a mano a mano*» a tutto il clero, fu invece letta in tutte le chiese cattoliche nelle due domeniche di metà maggio. Per la prima volta l'episcopato pubblicamente presentava ai propri fedeli non solo il percorso e il risultato delle trattative concordatarie, ma anche la triste situazione in non pochi settori della vita della Chiesa cattolica nel giovane Stato. La lettera cominciava con la presentazione degli eventi degli ultimi mesi, che avrebbero costretto i vescovi a rompere il silenzio. I ventennali tentativi dell'episcopato nella questione concordataria sarebbero rimasti solo carta straccia. Dopo l'ingiusto ritiro del concordato e l'offesa al papa che ne derivava, la lettera enumerava vari *gravamina* che avrebbe

---

[474] Stepinac a Bertoli, Zagabria, 1° marzo 1938, lettera n. 20681 (Nunziatura), in ASV, *Arch. Nunz. Jugoslavia*, busta 9, f. 245; Bertoli a Pacelli, Belgrado, 11 marzo 1938, rapporto n. 20653, in S.RR.SS., AA.EE.SS., *Jugoslavia*, pos. 96, fasc. 67, f. 39rv.

[475] Bertoli a Pacelli, Belgrado, 20 maggio 1938, rapporto n. 20881, in S.RR.SS., AA.EE.SS., *Jugoslavia*, pos. 96, fasc. 67, f. 60r.

[476] Il testo del comunicato, del 7 maggio 1938, in trad. it., si veda in ASV, *Arch. Nunz. Jugoslavia*, busta 9, f. 304; S.RR.SS., AA.EE.SS., *Jugoslavia*, pos. 96, fasc. 67, f. 57 [pp. 7-8]; in lingua orig. in ASV, *Arch. Nunz. Jugoslavia*, busta 9, f. 313.

subito la Chiesa cattolica in Jugoslavia, specialmente nel campo scolastico (scuole confessionali, istruzione catechistica, nomina dei nuovi catechisti), nelle organizzazioni della gioventù cattolica (Azione Cattolica), in campo materiale (spogliazioni e insufficiente trattamento economico del clero), nelle tristi condizioni degli ospedali tenuti dai cattolici (mancanti dei doverosi aiuti dello Stato), nella legislazione unilaterale sulle questioni matrimoniali, nella censura della stampa, nell'educazione mista, nella tassazione ingiustamente imposta. A tutte queste incresciose situazioni avrebbe dovuto rimediare il concordato: ora, invece, i cattolici non sarebbero stati cittadini con gli stessi diritti degli altri. I vescovi protestavano contro l'intromissione illegale della Chiesa serbo-ortodossa e contro il comportamento del governo, che avrebbe calpestato la parola data. I presuli, infine, invitavano i fedeli a stringersi in spirito di disciplina e di preghiera con il papa e con la gerarchia[477]. Fra i tre documenti della conferenza, piacque al papa, in modo particolare, proprio la pastorale ai fedeli[478], di cui fu pubblicato un sunto anche su *L'Osservatore romano*, il 28 maggio seguente[479].

Nella «Dichiarazione al clero» i vescovi, all'inizio, spiegavano le ragioni della rottura del loro silenzio, mantenuto fino a quel momento. Dopodiché mettevano i sacerdoti al corrente della storia delle trattative del concordato e della sua misera fine, dovuta alla lotta della Chiesa serbo-ortodossa e all'inconseguenza del governo. Nella dichiarazione si diede addirittura più spazio a questa seconda causa che alla prima, rinfacciando all'esecutivo l'incoerenza di fronte alle promesse di buona volontà nel risolvere il *vacuum* giuridico in cui si trovava la Chiesa cattolica a livello civile, la sottomissione dimostrata alla Chiesa ortodossa nell'accondiscendere in tutto alle sue pretese, l'identificazione degli interessi statali con quelli della Chiesa serbo-ortodossa, l'offesa alla Santa Sede per il ritiro del concordato ma ancor più per il modo in cui tutto ciò era avvenuto, e cioè senza informare le competenti istanze della Chiesa cattolica. Fu richiamato in causa, in modo particolare, Korošec per le sue parole del 29 dicembre 1937, lamentando che «*un mini-*

---

[477] Il testo della «Pastorale», del 4 maggio 1938, in trad. it., si trova in ASV, *Arch. Nunz. Jugoslavia*, busta 9, ff. 259-270; S.RR.SS., AA.EE.SS., *Jugoslavia*, pos. 96, fasc. 67, ff. 61-72; in lingua orig. si veda I. MUŽIĆ, *Katolička crkva*, 233-238.

[478] Tardini a Bertoli, Vaticano, 30 maggio 1938, dispaccio n. 2064/38, in ASV, *Arch. Nunz. Jugoslavia*, busta 9, f. 328.

[479] L'articolo, intitolato «Dopo il ritiro del concordato jugoslavo con la Santa Sede», si veda in S.RR.SS., AA.EE.SS., *Jugoslavia*, pos. 96, fasc. 67, ff. 73-74.

stro, prete e cattolico, abbia dato la dichiarazione sopra ricordata». I vescovi protestarono contro la parzialità della censura governativa, che alla Chiesa cattolica, durante tutta la "bufera", non aveva permesso di informare i propri fedeli sullo stato delle cose, mentre agli oppositori avrebbe dato il *placet* per scatenare gli attacchi più brutali e le critiche più offensive. L'episcopato cattolico, infine, dichiarava inutile ogni tentativo del governo di voler unilateralmente e parzialmente risolvere la questione delle relazioni dello Stato con la Chiesa. Belgrado avrebbe dovuto intendersi su tutto per la via normale dei trattati con la Santa Sede, in forma diretta, in base al principio della uguaglianza religiosa, senza l'intromissione di altre confessioni[480].

In modo più sintetico i vescovi rivolsero una lettera al presidente del governo Stojadinović, ripetendo più o meno le affermazioni già succitate. L'episcopato tirò nella lettera la triste conclusione:

> Signor Presidente, la Chiesa serbo-pravoslava è riuscita ad umiliare la Chiesa Cattolica in Jugoslavia e a porre noi Cattolici su un gradino di cittadini inferiori, cosa che noi tutti profondamente sentiamo. Se sia in utilità o danno del Regno di Jugoslavia lo giudicherà la storia[481].

Tali amare constatazioni da parte della conferenza episcopale sorpresero tutti, specialmente se si considera l'atteggiamento molto – secondo alcuni troppo – cauto e prudente dei vescovi cattolici in precedenza. Il nunzio Pellegrinetti, come è stato menzionato, mostrò la sua piena approvazione per i «*chiari documenti, energici, dignitosi*» sulla questione del concordato, aggiungendo però che l'episcopato anche un anno prima, durante la lotta aperta, «*in ugual modo e risolutezza*» avrebbe dovuto parlare al governo e al popolo[482].

Nelle lettere sorprende non solo l'attacco frontale alla Chiesa ortodossa, ma anche al governo, soprattutto per la sua incoerenza e il cambiamento d'atteggiamento, tacciando così anche i vertici politici, benché ben disposti, di essere stati i

---

[480] Il testo della «Dichiarazione», del 4 maggio 1938, in trad. it., si trova in ASV, *Arch. Nunz. Jugoslavia*, busta 9, ff. 249-258; S.RR.SS., AA.EE.SS., *Jugoslavia*, pos. 96, fasc. 67, f. 57 [pp. 4-7]; in lingua orig. si veda I. MUŽIĆ, *Katolička crkva*, 228-232.

[481] Il testo della lettera, del 4 maggio 1938, in trad. it., si trova in ASV, *Arch. Nunz. Jugoslavia*, busta 9, ff. 300-303; in lingua orig. si veda *ibidem*, ff. 311-312.

[482] ASV, Archivio della Prefettura, *Diari del card. Pellegrinetti*, 20 maggio 1938, vol. 17, ff. 86v-87r.

carnefici del concordato. Si sentì ingiustamente colpito soprattutto Korošec, nominato direttamente dal deluso episcopato cattolico come uno dei principali autori della caduta. L'accusa nei suoi confronti l'avrebbe molto addolorato, ritenendola addirittura come il colpo politico più grande della sua vita. Quando, infatti, Radić, più di dieci anni prima, aveva respinto pubblicamente il concordato, i vescovi non avevano levato alcuna protesta. Krošelj ironicamente concluse che Korošec sarebbe stato condannato dai vescovi, solo per aver salvato la Jugoslavia, durante la crisi concordataria, per la seconda volta, dallo sfacelo[483].

2.3.7 Modus vivendi sino alla caduta del Regno di Jugoslavia

Dopo ciò che è accaduto sembra evidente che non si può per ora pensare alla ripresa dei contatti col Governo per la ratifica del Concordato. Un atto pubblico e solenne [...] qual è il Concordato, probabilmente non sarà possibile in Jugoslavia per vari anni, finché cioè il Governo non si sarà liberato dalla vera dominazione che su di esso esercita la Chiesa scismatica o non potrà poggiarsi sull'autorità di un sovrano che domini le pretese della predetta confessione religiosa, quale era per esempio il defunto re Alessandro, caldeggiatore del Concordato medesimo[484].

Così suonavano le previsioni della Segreteria di Stato circa il destino di un futuro concordato, nelle istruzioni impartite al nuovo nunzio apostolico Ettore Felici, nel giugno 1938. Allo stesso tempo alla Santa Sede non sembrava né prudente, né dignitoso dare qualsiasi credito all'invito che il governo aveva insinuato all'incaricato d'affari Bertoli, di considerare il concordato, benché non ratificato, vigente nella pratica. Al di là del fatto che il governo non avrebbe potuto garantire né la sua durata né la sua buona volontà, ci sarebbe stato da temere che con la detta insinuazione si volesse celare il desiderio del governo di godere di tutti i privilegi che il concordato gli concedeva senza assumerne gli obblighi[485].

Vista l'impossibilità di entrata in vigore del concordato, almeno in quella congiuntura storica, i vertici della diplomazia vaticana consigliarono al nuovo rappresentante pontificio a Belgrado di procedere *per gradus*, per assicurare ai cattolici

---

⁴⁸³ J. KROŠELJ, «Borba za konkordat», 199-201; B. KOLAR, «Korošec in osrednja», 201.

⁴⁸⁴ Istruzioni per Felici, 17 giugno 1938 (minuta), in S.RR.SS., AA.EE.SS., *Jugoslavia*, pos. 125, fasc. 83, f. 31.

⁴⁸⁵ *Ibidem*, ff. 31-32.

jugoslavi almeno le «*libertà essenziali*» per l'esercizio della loro fede, partendo da un dato inoppugnabile, cioè dal fatto che tutte le religioni, per mezzo di regolamenti, avevano sistemato la loro posizione giuridica di fronte allo Stato. Si sarebbe dovuto incominciare dai punti principali di controversia che rappresentavano una causa permanente di attrito tra cattolici e governo, e che i vescovi avevano chiamato nella lettera pastorale «*gravamina*»: la libertà d'insegnamento e di predicazione, l'educazione morale e religiosa della gioventù, le scuole confessionali, la difesa dell'istituto matrimoniale.

In che modo si sarebbe potuto ottenere qualche mitigazione alla situazione attuale dei cattolici? La risposta a tale questione fu rimessa al tatto e allo zelo sacerdotale del nuovo nunzio. Ritornata, con il tempo, la calma, egli avrebbe visto se fosse il caso di riprendere le trattative per la conclusione del concordato[486].

Il nunzio Felici mostrò ben presto il proprio ottimismo. Durante la sua prima udienza da Stojadinović, si lasciò convincere non solo della necessità del ritiro del concordato da parte del governo e della responsabilità principale dei croati, bensì accettò senza riserva anche l'assicurazione esagerata che la Chiesa cattolica avrebbe avuto dal governo più di quanto avrebbe ottenuto con la ratifica del concordato. Tutto entusiasta per tali promesse egli vedeva la necessità di separare la religione dalla politica di partito, così una volta eliminate le divergenze dovute al «*microbo della politica*»[487], il governo avrebbe dato ai cattolici lo statuto giuridico[488].

In Segreteria di Stato erano meno ottimisti circa le promesse governative e attendevano che questa buona volontà, tante volte espressa a parole, fosse finalmente confermata dai fatti. Ciò riguardava anche la mancata risposta di Belgrado al memorandum della Santa Sede del 15 febbraio 1938[489]. Il posteriore sviluppo della situazione venne a confermare il pessimismo della Santa Sede, che si vide costretta a protestare di nuovo nel gennaio 1939, ripetendo praticamente quanto i vescovi avevano fatto presente come *gravamina* nella loro lettera del precedente mese di maggio[490].

---

[486] *Ibidem*, ff. 32-34.

[487] Al bordo del rapporto, dopo la frase circa l'eliminazione delle divergenze, Tardini scrisse il suo commento: «*il che purtroppo non avverrà mai*»: Felici a Pacelli, Belgrado, 14 luglio 1938, protocollo n. 24 (rapporto n. 1), *ibidem*, pos. 96, fasc. 67, f. 78r.

[488] *Ibidem*, ff. 77r-78v.

[489] Pacelli a Felici, Vaticano, 24 luglio 1938, dispaccio n. 2683/38 (minuta), *ibidem*, f. 80.

[490] Pacelli alla legazione jugoslava presso la Santa Sede, Vaticano, 15 gennaio 1939, nota n. 158/39 (copia), *ibidem*, ff. 83-86.

I presuli nel frattempo e nell'attesa di tempi migliori tentarono di ottenere un *modus vivendi*, come si evince dalle conferenze episcopali tenutesi nell'autunno 1938, all'inizio del 1939, nell'autunno 1939 e nel 1940.

Per concludere è utile segnalare un tema che interessò i rapporti fra i vescovi cattolici e il governo in questo periodo finale, fra la caduta del concordato e la caduta del regno, e al quale si dedicò buona parte delle trattative concordatarie. Ci si riferisce alla più volte studiata questione riguardante il «fondo di religione». Ancora prima della conferenza episcopale del maggio 1938, l'arcivescovo Stepinac, nella lettera diretta al ministro della giustizia Simonović, constatava l'irreversibilità della posizione del concordato e per tale ragione esigeva il passaggio di tutti i beni del «fondo di religione» all'amministrazione delle singole diocesi[491]. Qualcuno potrebbe obiettare che una richiesta del genere significasse scavalcare la Santa Sede, sconfessando così le dichiarazioni anteriori e posteriori dell'episcopato sul ruolo indispensabile della diplomazia vaticana[492]. Lo stesso Moscatello si indispose non poco appena informato che i vescovi, invece di difendere con forza il concordato, si sarebbero umiliati a fare "pellegrinaggi" ai diversi ministeri chiedendo misere briciole[493]. L'arcivescovo di Zagabria, nella stessa lettera, spiegò però che la suddetta richiesta avrebbe semplicemente significato il *minimum* quanto al principio della giustizia e dell'eguaglianza, poiché alla Chiesa cattolica non si sarebbe dovuto negare lo stesso diritto che esercitava anche la Chiesa serbo-ortodossa[494]. Che i vescovi non escludessero dal gioco la Santa Sede nelle questioni pendenti con lo Stato si può vedere anche dalla dichiarazione del vescovo Šarić durante la conferenza episcopale del gennaio 1939, parlando della situazione materiale del clero. L'ordinario di Sarajevo sosteneva, infatti, che non si doveva affatto entrare in alcuna trattativa con lo Stato senza il popolo e la Santa Sede[495].

---

[491] Stepinac a Simonović, Zagabria, 5 marzo 1938, lettera n. 48 (copia), in NŠAL, ŠAL/SP V, fasc. 269: «Škofovska konferenca 1922-1942», [mappa 20 (1938)].

[492] Questa interpretazione viene offerta da G. MITHANS, *Urejanje odnosov*, 357.

[493] APHZSJ, ostavština Moscatello, busta 2: *Bilješke [Memorie]*, p. 83; *Nikola Moscatello*, F. Veraja – S. Kljaić, ed., 126.

[494] Stepinac a Simonović, Zagabria, 5 marzo 1938, lettera n. 48 (copia), in NŠAL, ŠAL/SP V, fasc. 269: «Škofovska konferenca 1922-1942», [mappa 20 (1938)].

[495] Il protocollo della conferenza (24-28 gennaio 1939) si trova *ibidem*, [mappa 21 (1939)], pp. 1-9.

La richiesta di Stepinac fu ascoltata dopo un anno. Il trasferimento dei «fondi di religione» all'amministrazione ecclesiastica si realizzò con una disposizione del consiglio dei ministri nel maggio 1939, successiva alle menzionate rassicurazioni offerte dal presidente del consiglio Stojadinović al nunzio Felici, a favore della Chiesa cattolica[496]. I passi ulteriori in questo senso furono però impediti dallo scontro mondiale nel quale il Regno di Jugoslavia, nel 1941, entrò ormai profondamente trasformato.

---

[496] Felici a Pacelli, Belgrado, 14 luglio 1938, protocollo n. 24 (rapporto n. 1), in S.RR.SS., AA.EE.SS., *Jugoslavia*, pos. 96, fasc. 67, f. 77r.

CONCLUSIONE

All'inizio del testo è stato indicato lo scopo della scelta del presente soggetto storico e il modo in cui si è svolta la ricerca. Tocca ora presentare i risultati del lavoro, per proporre alcune nuove chiavi interpretative della storia del concordato jugoslavo del 1935 e segnalare certe questioni ermeneutiche che rimangono ancora aperte.

1. Risultati ottenuti, capitolo per capitolo

1. Nel *primo capitolo*, in cui viene presentata la situazione della Chiesa cattolica nel territorio del futuro Stato jugoslavo, tra la seconda parte del XIX secolo e la prima metà del XX secolo, meritano un'attenzione particolare il concordato con l'Impero austriaco, vigente in Slovenia e Croazia, la convenzione tra la Santa Sede e l'Impero austro-ungarico per la Bosnia-Erzegovina e quella tra la Santa Sede e il Principato del Montenegro, nonché il concordato tra la Santa Sede e il Regno di Serbia. Prima dell'inizio delle trattative concordatarie:

a) vi erano questioni aperte fra la Santa Sede e il nuovo Stato balcanico, a causa della mancanza di uno statuto giuridico della Chiesa cattolica, in vista dell'unificazione delle diverse legislazioni bilaterali, ancora vigenti;

b) il carattere multiculturale e plurireligioso del giovane Stato, sovente segnato dalle tensioni tra autorità politiche e religiose, preannunciava un arduo cammino in vista dell'avvio dei colloqui bilaterali con la Segreteria di Stato.

2. Il *secondo capitolo* offre uno studio circostanziato della prima fase delle trattative, con l'analisi dei numerosi schemi di concordato elaborati dal governo di Belgrado (1922-1925). Viene evidenziata, in modo speciale, la pretesa del governo jugoslavo di pervenire alla firma del concordato senza conversazioni preliminari. Si è giunti così alle seguenti conclusioni:

a) l'eredità del concordato serbo (1914) e il suo valore storico fecero in modo che fosse considerato come documento base nella preparazione dei diversi schemi, sia da parte dei vari governi jugoslavi, sia presso l'episcopato cattolico;

b) dopo il 1923 le autorità belgradesi affrontarono la questione concordataria con crescente riservatezza e segretezza, fino all'esclusione dell'episcopato cattolico dai successivi negoziati;

c) il dilungarsi delle trattative in questa prima fase può essere spiegato per la scarsa convinzione dei diversi governi jugoslavi circa l'opportunità d'un accordo con la Santa Sede, confermata da alcuni atti pregiudiziali («Progetto di legge interconfessionale»), nonché per l'instabilità politica che, dal 1918 fino all'alba delle trattative romane, portò sul palcoscenico ben sedici esecutivi.

3. Il *capitolo terzo*, nella prima parte, esamina le trattative romane del maggio–giugno 1925. Nella seconda parte, invece, affronta il periodo 1925-1930, in cui i negoziati concordatari rimasero sospesi, e riprende lo studio tematico di alcune delle questioni che ne condizionarono l'andamento. È così emerso come:

a) il fallimento delle trattative romane sia da attribuire principalmente alla mancanza di un vero negoziato giacché, all'alba delle trattative ufficiali a Roma, tanto il governo jugoslavo quanto la diplomazia vaticana non avevano fatto conoscere alla controparte la propria posizione circa le questioni fondamentali. Le preannunciate conversazioni preliminari di Smodlaka con la Segreteria di Stato, poi rivelatesi inesistenti, esprimono con chiarezza tale situazione;

b) un'altra causa dell'impossibilità nel pervenire ad un patto bilaterale può essere individuata nelle contrapposte impostazioni ideologiche e giuridiche della diplomazia jugoslava e di quella vaticana: la prima si richiamava spesso al concordato serbo e austriaco, mentre la seconda voleva seguire un nuovo modello, sulla scia dell'accordo concluso con la Lettonia nel 1922;

c) Stjepan Radić, capo politico dei croati, ebbe la sua parte di responsabilità nella sospensione delle trattative concordatarie, perché scorgeva nell'accordo un'arma pericolosa per l'affermazione della Chiesa nella sfera pubblica e una minaccia per l'autonomia croata. Nonostante alcuni autori insistano sul suo ruolo fondamentale nell'affare, bisogna tuttavia, di fronte all'analisi dei negoziati, ridimensionare la sua responsabilità;

d) il motivo per una così lunga sospensione delle trattative (1925-1930) va individuato, inoltre, nell'*impasse* circa la questione del collegio di San Girolamo e le leggi scolastiche, che rivestivano un'importanza speciale per il governo jugoslavo;

e) la promulgazione delle leggi scolastiche (1929-1930) significò, per quanto riguarda i diritti della Chiesa cattolica, un passo indietro rispetto al progetto concordatario del governo del 1925. D'altra parte, proprio lo scontro circa l'istruzione diede avvio, per iniziativa del re Aleksandar, a una nuova fase nelle trattative concordatarie, che azzerò i risultati ottenuti nei colloqui precedenti.

4. Il *capitolo quarto* tratta della ripresa delle trattative: in un primo tempo "a distanza", a carattere epistolare (1931-1933), esse purtroppo non giunsero a buon fine; in seguito, vennero avviati negoziati verbali veri e propri, tramite l'"agente segreto" Moscatello (1933-1935), all'insaputa del ministro jugoslavo presso la Santa Sede Simić, che condussero finalmente alla firma del concordato. Le acquisizioni fondamentali a questo riguardo sono le seguenti:

a) nonostante l'opinione contraria espressa da molti storici, il tentativo del re Aleksandar di evitare la partecipazione del nunzio Pellegrinetti e dei vescovi cattolici alle trattative, attraverso l'incarico segreto conferito a Moscatello, non andò in porto, tanto che costoro poterono partecipare ugualmente in maniera decisiva alla stesura dell'accordo;

b) i veri protagonisti del concordato, come si può evincere dalla dinamica dei negoziati, furono dunque il nunzio Pellegrinetti e Moscatello, che in alcuni momenti decisivi funse anche da "agente segreto" per la Santa Sede;

c) l'inusuale procedura nelle trattative, segnata da una gran segretezza, condusse finalmente all'accordo, senza offrire però alcuna garanzia circa i preparativi per la ratifica.

5. Il *capitolo quinto* contiene la cronaca dettagliata della firma del concordato, avvenuta in Vaticano il 25 luglio 1935. Nel redigerla ci si è attenuti alle fonti giornalistiche contemporanee, sia italiane sia jugoslave, nonché al materiale reperito presso l'Archivio del collegio San Girolamo a Roma e a *L'Osservatore Romano*. In secondo luogo viene offerta un'analisi delle principali questioni affrontate nell'accordo. Due aspetti appaiono fondamentali ai fini della valutazione storica dell'evento:

a) i contraenti raggiunsero un compromesso che prevedeva rilevanti concessioni per entrambe le parti. Il successo del governo jugoslavo riguardava le nomine episcopali, la riforma agraria, la lingua nazionale e l'educazione patriottica nelle scuole private e nei seminari, la lingua liturgica e la depoliticizzazione del clero. La Santa Sede, dal canto suo, ottenne agevolazioni circa l'attività degli ordini religiosi e delle associazioni cattoliche, il «fondo di religione», le scuole confessionali e il riconoscimento del matrimonio religioso e dei tribunali ecclesiastici;

b) sono emersi i limiti degli approcci puramente comparativi e, in conseguenza di ciò, si è sottolineato il valore inestimabile della dinamica dei negoziati, che hanno reso il concordato jugoslavo un *unicum* nel suo genere.

6. Nel *sesto e ultimo capitolo* lo studio apporta nuova luce sulle singole fasi della vicenda, a partire dalla firma del concordato (1935) fino alla sua non-ratifica e abbandono nel 1938: nello specifico si tratta della fase ritenuta "silenziosa" (estate 1935–dicembre 1936) e di quella denominata "militante" (dicembre 1936–luglio 1937). Vengono sottolineati gli elementi principali che provocarono l'aperta politicizzazione dell'accordo bilaterale: in modo particolare le proteste della Chiesa serbo-ortodossa, dei partiti d'opposizione e dei circoli massonici, che raggiunsero il culmine nella «processione sanguinosa» («krvava litija»), e il contegno indifferente dei croati nei confronti della ratifica. Il capitolo si chiude riferendo della sconfitta del governo, che dovette ritirare la votazione di ratifica dall'ordine del giorno del senato. Si può concludere dicendo che:

a) dopo la scomparsa del principale sostenitore della causa concordataria, il re Aleksandar, le forze ostili alla Chiesa cattolica presero sempre più il sopravvento, riuscendo ad insabbiare la ratifica. Probabilmente tutto ciò non si sarebbe verificato durante la vita del re, perché la gerarchia serbo-ortodossa non avrebbe osato reagire in questo modo;

b) la causa della mancata ratifica può cercarsi, inoltre, presso i massimi responsabili governativi. Il presidente del consiglio Stojadinović, convinto della facilità della ratifica, anziché sbrigare la pratica nell'autunno 1935, la rinviò, nell'attesa di un momento più opportuno, che in realtà, a causa di queste proteste, non arrivò mai;

c) si potrebbe, allo stesso momento, supporre che lo stesso Stojadinović non avrebbe ceduto alle pressioni della gerarchia ortodossa, se non per ossequio ai *desiderata* del principe reggente Paolo, convinto che senza il ritiro definitivo del concordato non sarebbe stata possibile l'auspicata pacificazione fra la gerarchia serbo-ortodossa e il regio governo;

d) l'ipotesi secondo cui i croati sarebbero stati corresponsabili nella mancata ratifica del concordato potrebbe spiegarsi con la manovra del primo ministro, che cercava un alibi per la caduta del concordato, facendo leva sulla nota posizione di Maček. Il capo del governo, d'altra parte, cercò di rimediare alla "brutta figura" a livello internazionale, confidando alla Santa Sede che sarebbe stato disposto ad applicare l'accordo, benché esso non fosse entrato in vigore;

e) l'apporto dell'opposizione politica e dei circoli massonici nella mancata ratifica può considerarsi rilevante, benché l'analisi della loro attività, in primo luogo delle logge massoniche, relativizzi il loro ruolo effettivo nella caduta «*reale*» del concordato;

f) l'episcopato cattolico reagì tardi alle vicissitudini intorno alla mancata ratifica, dando adito in tal modo alle insinuazioni di una sua indifferenza, se non addirittura ostilità, al concordato. La conferenza episcopale, però, nel maggio 1938, dissipò i dubbi, prendendo posizione a favore dell'accordo bilaterale. Non va sottovalutata, tuttavia, la forte censura governativa che impediva una migliore difesa del concordato da parte dei presuli cattolici;

g) la caduta del concordato rese visibili le difficoltà e le tensioni più generali, legate alla stessa esistenza del regno, e preannunciò, in un certo qual modo, la fine della monarchia, dando così ai croati una forte ragione morale per abbandonare la compagine jugoslava. In tal senso risultano profetiche le affermazioni di Stepinac, rivolte nel novembre del 1937 a Stojadinović, pochi anni prima della caduta del regno: «*Per noi non c'è posto in questo Stato*»[1].

2. Nuove chiavi per l'ermeneutica del concordato jugoslavo

Nello studio si sono raccolte le diverse interpretazioni sinora espresse da parte della storiografia sia sulle trattative, sia sui contenuti del concordato.

Già nell'introduzione è stato avanzato un interrogativo circa l'effettivo ruolo del nunzio apostolico e dell'episcopato cattolico nei negoziati e nella determinazione del contenuto del concordato. Si vorrebbe ora sintetizzare quanto viene affermato nel presente studio circa questi due aspetti.

2.1 *Il ruolo fondamentale del nunzio Pellegrinetti nelle trattative*

Nelle istruzioni ricevute dalla Segreteria di Stato all'inizio della sua missione in Jugoslavia, il nunzio apostolico venne invitato a studiare la questione del concordato perché, ove fosse possibile concluderlo con le autorità jugoslave, se ne prendesse occasione per definire la cosa, o, se il concordato non avesse potuto concludersi, egli proponesse alla Santa Sede le sue considerazioni in merito[2]. La questione, d'altra parte, già «*si trovava sul tappeto*», per cui Pellegrinetti, appena arrivato a

---

[1] Stepinac a Stojadinović, Belgrado, 17 novembre 1937, nota n. 5000/37 (Segreteria di Stato), trad. it, in S.RR.SS., AA.EE.SS., *Jugoslavia*, pos. 96, fasc. 66, f. 79.

[2] Istruzioni per Pellegrinetti, giugno 1922, in ASV, *Arch. Nunz. Jugoslavia*, busta 2, f. 93r.

Belgrado nel 1922, nel suo primo incontro con il ministro degli affari esteri Ninčić, trattò la creazione della «commissione per lo studio del concordato»[3].

La diplomazia jugoslava riuscì a tenere all'oscuro il nunzio della proposta di concordato che presentò in Vaticano nel 1925, nella speranza di arrivare ad una firma quasi immediata. Tuttavia i vescovi della Jugoslavia, convenuti a Roma per l'anno santo, si riunirono intorno al nunzio per esaminare il testo e presentare le loro controproposte, evidenziate nel terzo capitolo del nostro studio.

Nel quarto capitolo si è notato come già nel settembre 1930, dopo che il governo aveva espresso il desiderio di iniziare le trattative *ex novo*, il cardinale Pacelli incaricò mons. Pellegrinetti di preparare un progetto, in base agli ultimi concordati e alle particolari condizioni della Jugoslavia.

Una volta ricevuto il progetto di concordato proposto dal governo, il segretario di Stato lo inviò a Pellegrinetti nel marzo 1931, chiedendo a sua volta di fargli conoscere le proprie osservazioni, ciò che il diplomatico fece nel successivo mese di maggio, dopo essersi consultato con alcuni vescovi, particolarmente Bauer e Rožman. Il nunzio partì per Roma, dove si sarebbe fermato circa tre mesi, per contribuire alla stesura della risposta ufficiale della Santa Sede al progetto governativo jugoslavo.

Si è verificato che, nelle adunanze della congregazione degli affari ecclesiastici straordinari nel giugno-luglio 1931, Pacelli ritenne opportuno, come primo passo, l'invio al governo di un promemoria, in cui venivano incluse le osservazioni di Pellegrinetti, che egli stesso corresse meticolosamente insieme all'autore.

La posizione ufficiale della Santa Sede fu così fissata da Pellegrinetti nell'«Aide-mémoire» del 3 agosto 1931. Quasi due anni dopo il governo jugoslavo rispose con la nota del 25 gennaio 1933. Questa, inviata da Pacelli a Pellegrinetti, fu commentata punto per punto dal nunzio con un rapporto datato 30 maggio 1933 e inviato alla Segreteria di Stato, che rispose al governo con un altro promemoria nell'agosto seguente. Nel frattempo, già nei mesi di febbraio e marzo, il re Aleksandar aveva deciso di «*cambiare tattica*» ingaggiando il suo "agente segreto" Moscatello.

Tale insolita procedura, come viene più volte ripetuto, diede i suoi frutti. Ciò che, invece, né il sovrano né il suo inviato Moscatello vennero mai a sapere è che dal 1933 al 1935 Pacelli continuò a tenere informato Pellegrinetti, in modo del

---

[3] Pellegrinetti a Gasparri, Belgrado, 12 luglio 1922, rapporto n. 19, in S.RR.SS., AA.EE.SS., *Jugoslavia*, pos. 9, fasc. 12, f. 37rv.

tutto confidenziale, su ogni nuovo sviluppo, attraverso la richiesta di osservazioni e proposte sugli articoli del concordato in elaborazione. È significativa, in questo senso, la lettera del nunzio del 2 giugno 1933, nella quale si esponeva la nuova procedura delle trattative.

Possiamo affermare che – a partire dallo studio delle fonti vaticane – emerge anzitutto un primo elemento nuovo per la retta ermeneutica delle trattative concordatarie: i veri negoziatori del concordato, infatti, furono proprio Moscatello da parte jugoslava e il nunzio Pellegrinetti da quella vaticana, sebbene quest'ultimo abbia operato «*dietro le quinte*», ma in costante contatto con i vertici della Segreteria di Stato, cioè con Pacelli e Pizzardo.

Dopo la firma del concordato, infine, fu proprio il nunzio a dover informare il papa e la Segreteria di Stato delle manovre dilatorie e della forte opposizione della gerarchia serbo-ortodossa, a elaborare possibili soluzioni e a manifestare al governo, quando si rese evidente l'inutilità di ogni sforzo, la perplessità della Santa Sede per l'accaduto.

2.2 *La partecipazione dei vescovi cattolici alla determinazione della tematica concordataria*

Nonostante la proposta di chiedere al governo la stipulazione di un concordato con la Santa Sede figurasse fra le risoluzioni della seconda conferenza plenaria dell'episcopato del luglio 1919, nella storiografia prevale il parere che i vescovi siano stati abbastanza indifferenti nei confronti del concordato e che alcuni di loro abbiano perfino dato la precedenza alla «questione croata», per mancanza di fiducia e di interesse nella compagine jugoslava. È comune l'idea, inoltre, che – dopo i primi schemi (1922-1925) – i presuli non abbiano più collaborato alla preparazione del concordato, alla stregua di quanto espresso dalla dichiarazione attribuita al politico croato Maček: *actum est de nobis sine nobis*.

L'analisi condotta, però, dimostra chiaramente che i vescovi erano al corrente delle trattative tra governo e Santa Sede. Ne danno prova le tante proposte di concordato di cui si fecero promotori proprio i presuli, che – sin dal 1931 – furono inviate al nunzio, il quale, dal canto suo, le rinviava alla Santa Sede corredate dei "suoi" commenti. Anche durante la fase "segretissima" (tra il 1933 e il 1935) i vescovi erano informati dei negoziati, dal momento che fu inviata a Roma, nell'agosto 1934, una delegazione di tre vescovi (Bauer, Carević e Rožman) per prendere in esame l'ultimo abbozzo e offrire i propri suggerimenti, prima che il testo fosse sottoposto per l'ultima volta al governo. Dopo l'improvvisa scomparsa del sovrano jugoslavo nell'ottobre 1934, fu proprio l'arcivescovo Bauer a chiedere al cardinale Pacelli, nel gennaio 1935, di non ritardare la firma del concordato.

L'accordo non fu dunque imposto ai vescovi; al contrario fu da loro favorevolmente accolto, come chiaramente sostenuto dalla stessa conferenza episcopale nel 1938. Certo, vi erano alcune voci fuori del coro che lo osteggiavano (per es. i vescovi Šarić, Garić), tuttavia ciò non era frutto di una presa di posizione ideologica, quanto di una profonda sfiducia nella credibilità politica della monarchia e dell'esecutivo jugoslavo, visto che i presuli in questione – qualora l'accordo fosse stato realmente concluso – sarebbero stati disposti ad applicarne fedelmente gli articoli.

I rimproveri rivolti ai vescovi per non avere sostenuto gli sforzi del governo durante la "bufera" sono comprensibili; anche Moscatello e Pellegrinetti erano del parere che i presuli, proprio in quel frangente, avrebbero dovuto esporsi di più, come di fatto fecero l'anno successivo (1938). I vescovi, da parte loro, non volevano provocare uno scontro aperto e non erano disposti, per difendere i propri diritti, a scendere in campo con modalità analoghe a quelle adottate dalla Chiesa ortodossa.

Bisogna anche tener conto, però, della censura governativa che più volte ostacolò la pubblicazione delle dichiarazioni dell'episcopato cattolico durante i difficili mesi dell'accoglienza del concordato. Anche le iniziative messe in atto dai vescovi per risolvere alcune questioni con il governo (ad es. il «fondo di religione» 1938-1939) non contraddicono tuttavia la loro profonda convinzione che spettasse solo alla Santa Sede regolare la situazione giuridica della Chiesa cattolica in Jugoslavia.

3. Questioni ermeneutiche ancora aperte

La ricerca archivistica non ha consentito di chiarire fino in fondo le ragioni dell'apparente capitolazione del capo del governo Stojadinović di fronte alla Chiesa serbo-ortodossa: per questo, la teoria che coinvolge anche il principe reggente Paolo conserva tuttora il suo valore.

È certo che i due protagonisti delle trattative concordatarie, Moscatello e Pellegrinetti, si incontrarono a più riprese nel periodo che va tra la firma e la caduta definitiva del concordato. Il primo, l'"agente segreto" del governo jugoslavo, a un certo punto divenne anche – in un certo senso – un "agente segreto" della Santa Sede: di fatto, funse da consigliere per il nunzio e per la Segreteria di Stato di fronte alle sempre nuove esigenze di Belgrado. L'anomalia riguardava, quindi, sia la procedura delle trattative, sia gli ulteriori sforzi per la ratifica del concordato. Si potrebbe essere d'accordo con la tesi di Mithans secondo cui la segretezza delle trattative portò – da una parte – alla firma e, dunque, a un risultato positivo, mentre – dall'altra – provocò una forte reazione negativa da parte dell'opinione pubblica al momento della progettata ratifica[4]. Tuttavia, senza tale segretezza, come mostrano chiaramente i falliti passi ufficiali, molto probabilmente non si sarebbe arrivati da nessuna parte, così come ebbe a dire lo stesso Moscatello[5].

Tra i diversi avversari della ratifica (la Chiesa ortodossa, l'opposizione politica, la massoneria, la politica croata) in questo studio si è dato un peso maggiore alla responsabilità della gerarchia serbo-ortodossa, senza la quale gli altri oppositori non si sarebbero mai esposti in maniera così accesa. È vero però anche l'inverso: senza la politicizzazione del problema, la Chiesa ortodossa non avrebbe ottenuto uno dei suoi maggiori successi nella storia del Regno della Jugoslavia. In modo particolare, questa vicenda "compensò", almeno parzialmente, l'umiliazione provocata dalla perdita dello *status* di religione di Stato; allo stesso tempo, però, segnò un importante passo in avanti verso la disfatta di quella stessa Jugoslavia che la Chiesa serbo-ortodossa avrebbe voluto guidare spiritualmente.

Fu il ritiro del concordato inevitabile? Non abbiamo sufficienti elementi per rispondere a tale quesito. Si può però affermare che un concordato, che avrebbe corrisposto sia alle esigenze statali sia a quelle ecclesiastiche, sarebbe stato molto difficile da realizzare. Forse a partire dal 1937 non sarebbe stata più possibile la ratifica, ma prima sì, dal momento che le voci contrarie non erano ancora molto forti. Il concordato avrebbe realmente cambiato la situazione della Chiesa cattolica nel Regno di Jugoslavia? È una questione ancora aperta; Mithans in ogni caso è di parere contrario, sebbene riconosca che perlomeno si sarebbe data soddisfazione ai cattolici[6]. È pur vero, però, che la maggioranza cattolica dei croati non era stata mai molto entusiasta del concordato, non solo perché era stato elaborato senza il loro contributo, ma perché esso appariva loro quale espressione di uno Stato centralizzato, che rischiava così di assumere sempre più i tratti della realizzazione dell'egemonia serba.

---

[4] G. Mithans, *Urejanje odnosov*, 364.

[5] APHZSJ, ostavština Moscatello, busta 2: *Bilješke [Memorie]*, p. 68; *Nikola Moscatello*, F. Veraja – S. Kljaić, ed., 107.

[6] G. Mithans, *Urejanje odnosov*, 366.

FONTI E BIBLIOGRAFIA

FONTI INEDITE

Arhiv Jugoslavije [Archivio di Jugoslavia] (AJ) – Belgrado:

Centralni presbiro predsedništva Ministarskog saveta Kraljevine Jugoslavije (38)
pos. 194, fasc. 70
pos. 796, fasc. 618
pos. 1028, fasc. 845

Dvor Kraljevine Jugoslavije 1918-1948 (74)
pos. 1, fasc. 1
pos. 106, fasc. 75

Ministarstvo inostranih poslova – političko odeljenje (334)
pos. 66, fasc. 27
pos. 135, fasc. 47

Ministarstvo pravde – versko odelenje (63)

Ministarstvo vera Kraljevine SHS 1919-1929 (69)
pos. 12, fasc. 7

Poslanstvo Kraljevine Jugoslavije pri Svetoj Stolici (372)
fascc. 1-14, 20

Zbirka Milana Stojadinovića (37)
pos. 5, fasc. 1
pos. 48, fasc. 9
pos. 195, fasc. 25
pos. 294, fasc. 44
pos. 299, fasc. 46
pos. 305, fasc. 47

Arhiv Papinskog hrvatskog zavoda sv. Jeronima [Archivio del Pontificio Istituto Croato di San Girolamo] (APHZSJ) – Roma

ostavština Moscatello, busta 2: *Bilješke [Memorie]: Neprijatelj Papin radi Kralja – Neprijatelj Kraljev radi Pape. Doprinos historije katolicizma u Jugoslaviji 1921-1946*, Rim 1959, 156pp.

ostavština rektora Mađerca, n. 37/1935

Archivio Segreto Vaticano (ASV) – Città del Vaticano:

Archivio della Nunziatura Apostolica in Italia (Arch. Nunz. Italia)
busta 119, fasc. 6

Archivio della Nunziatura Apostolica in Jugoslavia (Arch. Nunz. Jugoslavia)
buste 1-9, 12-16, 31

Archivio della Nunziatura Apostolica in Vienna (Arch. Nunz. Vienna)
busta 904

Archivio della Prefettura: Diari del card. Ermenegildo Pellegrinetti, voll. 9-17[1]

Segreteria di Stato (Segr. Stato)
1933, rubr. 171, fasc. 1
1935, rubr. 171 (cf. Busta separata, n. 235, in S.RR.SS.)

Besednjakov arhiv [Archivio di Besednjak] (BA) – Trieste/Nova Gorica:

Nadškofijski Arhiv Ljubljana [Archivio dell'Arcidiocesi di Lubiana] (NŠAL) – Lubiana:

ŠAL/SP V, fasc. 268: «Škofovska konferenca 1909-1921»
ŠAL/SP V, fasc. 269: «Škofovska konferenca 1922-1942»
ŠAL/ŠKOFJE, fasc. 2b, n. 1311-1316: *Jegličev dnevnik [Diario di Jeglič]*

Segreteria di Stato, Sezione per i Rapporti con gli Stati, Archivio Storico (S.RR.SS.) – Città del Vaticano:

Fondo Archivio della Congregazione degli Affari Ecclesiastici Straordinari (AA.EE.SS.):

---

[1] I primi otto volumi sono stati pubblicati da T. Natalini (si veda più sotto).

Austria-Ungheria
pos. 668 (cf. *Austria 668*)
pos. 690 (cf. *Austria 690*)
pos. 1056, fascc. 448-457
pos. 1118, fasc. 473
pos. 1263, fasc. 509
pos. 1271, 1276-1277, fasc. 511
pos. 1448, fascc. 581-585
pos. 1481, fasc. 608
pos. 1486, fasc. 613

Jugoslavia
pos. 4, fasc. 6
pos. 9, fascc. 12-16
pos. 90, fascc. 50-51
pos. 96, fascc. 53-67
pos. 125, fasc. 83
pos. 127-130, fasc. 84

Rapporti delle Sessioni

anno 1919, Sessione 1231, stampa 1070, «Archidiocesi di Scopia – preghiere per il Sovrano», 14 dicembre 1919

anno 1921, Sessione 1243, stampa 1085, «Stati succeduti all'Impero Austro-Ungarico – Circa il Concordato austriaco e il Regio Patronato ungherese», 8 novembre 1921

anno 1922, Sessione 1246, stampa 1088, «Jugoslavia – interessi religiosi», 23 marzo 1922

anno 1922, Sessione 1255, stampa 1097, «Nulla osta governativo nella nomina dei vescovi», 30 luglio 1922

anno 1924, Sessione 1277bis, stampa 1130bis, «Roma. Istituto di San Girolamo degli Schiavoni», 6 novembre 1924

anno 1925, Sessione 1280, stampa 1134, «Roma. Lingua liturgica in San Girolamo degli Schiavoni», 18 gennaio 1925

anno 1925, Sessione 1282, stampa 1138, «Gorizia. Situazione di Mons. Sedej», 19 febbraio 1925.

anno 1925, Sessione 1286, stampa 1144, «Istituto di San Girolamo degli Schiavoni a Roma», 6 novembre 1925

anno 1926, Sessione 1288, stampa 1150, «Jugoslavia – lingua liturgica», 28 gennaio 1926

anno 1927, Sessione 1305, stampa 1173, «Roma. Istituto di San Girolamo degli Schiavoni», 31 luglio 1927

anno 1931, Sessione 1338, stampa 1212, «Nuove trattative per il Concordato tra la Santa Sede e il Regno di Jugoslavia», 25 giugno 1931

anno 1931, Sessione 1340, stampa 1215, «Jugoslavia. Memorandum», 27 luglio 1931

anno 1933, Sessione 1352, stampa 1234, «Jugoslavia – Nuovo regolamento delle Conferenze episcopali», 23 marzo 1933

anno 1934, Sessione 1360, stampa 1247, «Jugoslavia. Nuovo progetto di Concordato», 24 giugno 1934

Stati Ecclesiastici

pos. 430A, fascc. 340-355

pos. 430B, fascc. 356-364

Znanstvena knjižnica Zadar [Biblioteca scientifica di Zara] (ZKZ) – Zara:

Jakov Čuka, *Spisi iz ostavščine* (163936 MS 1097), fasc. 2: *Spisi o konkordatu (n. 11)*

INVENTARI ARCHIVISTICI

JONČIĆ Dušan, MALOVIĆ Gojko, ILIĆ Saša, PETROVIĆ Nada, *Vodič kroz zbirke*, Arhiv Jugoslavije, Beograd 2007.

L'Archivio della Nunziatura Apostolica in Italia, vol. I: *(1929-1939). Cenni storici e Inventario,* CAV 82, G. Castaldo, G. Lo Bianco, ed., Città del Vaticano 2010.

MRKONJIĆ Tomislav, *Archivio della Nunziatura Apostolica in Vienna,* vol. I: *«Cancelleria e Segreteria» nn. 1904 - a.a. 1607-1939 (1940). Inventario,* CAV 64, Città del Vaticano 2008.

PIJEVAC Komnen, MILOŠEVIĆ Miladin, BORIČIĆ Vukman, *Vodič kroz fondove Kraljevine Jugoslavije,* Arhiv Jugoslavije, Beograd 2000.

VALENTE Massimiliano, *Archivio della Nunziatura Apostolica in Jugoslavia. Inventario e introduzione storica,* Indice 1209, Città del Vaticano 2005 (pro manuscripto).

Vodnik po matičnih knjigah za območje SR Slovenije, vol. I-III, E. Umek, J. Kos, ed., Ljubljana 1972-1974.

FONTI EDITE

Acta Apostolicae Sedis (AAS) 1- (1909-)

BENEDETTO XV, «Lettera del Santo Padre al suo Segretario di Stato», [Città del Vaticano, 8 novembre 1918], in *La Civiltà cattolica* 4 (1918) 343.

Britanci o Kraljevini Jugoslaviji: godišnji izveštaji Britanskog poslanstva u Beogradu 1921-1941, 3 voll., Ž. Avramovski, ed., Beograd 1986-1996.

Codex Iuris Canonici, Benedicti Papae XV auctoritate promulgatus, in AAS 9/II (1917) 1-594.

Concordatos vigentes: textos originales, traducciones e introducciones, 4 voll. (Documentación actual, 10), C. Corral Salvador e J. Giménez y Martínez de Carvajal, ed., G. Bravo Rey, trad., Madrid 1981-2004.

Corpus Iuris Hungarici 1836-1868, D. Márkus, ed., Budapest 1896.

Corpus Iuris Hungarici 1894-1895, D. Márkus, ed., Budapest 1897.

DE MARCHI Giuseppe, *Le nunziature apostoliche dal 1800 al 1956*, Città del Vaticano 2006² (Roma 1957¹).

Documenti per la storia dei rapporti fra l'Italia e la Jugoslavia, A. Giannini, ed., Roma 1934.

Enchiridion dei concordati. Due secoli di storia dei rapporti Chiesa-Stato, E. Lora, ed., Bologna 2003.

Engelbert Besednjak v parlamentu/Discorsi parlamentari dell'on. Engelbert Besednjak, E. Pelikan, ed., Trst/Trieste 1996.

Gesetz- und Verordnungsblatt für Bosnien und die Hercegovina, Sarajevo 1887-1914.

Govor Pretsednika ministarskog Saveta i ministra spoljnih poslova, g. dr. Milana M. Stojadinovića o Predlogu Zakona o konkordatu izmedju naše države i Svete Stolice : Održan pred Odborom za konkordat u Narodnoj skupštini, na dan 8. jula 1937 godine u Beogradu, Beograd 1937.

Govori i članci o Konkordatu : Govori na zborovima i konferencijama Jugoslovenske Radikalne Zajednice i članci "Samouprave", Beograd 1937.

Građa o stvaranju jugoslovenske države (1.I – 20.XII 1918), 2 voll., D. Janković – B. Krizman, ed., Beograd 1964.

Hierarchia Catholica Medii et Recentioris Aevi, vol IX: *1903-1922*, Z. Pięta, ed., Patavii 2002.

Hrvatski ustavni zakoni. Sbirka ustavnih zakonskih propisa valjanih za Kraljevinu Hrvatsku i Slavoniju, Zagreb 1917.

I diari del cardinale Ermenegildo Pellegrinetti 1916-1922, T. Natalini, ed., CAV 35, Città del Vaticano 1994.

I «Fogli di Udienza» del cardinale Eugenio Pacelli Segretario di Stato, vol. I: *1930*, S. Pagano, M. Chappin, G. Coco, ed., CAV 72, Città del Vaticano 2010.

I «Fogli di Udienza» del cardinale Eugenio Pacelli Segretario di Stato, vol. II: *1931*, G. Coco, A. M. Dieguez, ed., CAV 95, Città del Vaticano 2014.

Il cardinale Gasparri e la questione romana (con brani delle memorie inedite), G. Spadolini, ed., Firenze 1973² (1972¹).

I territori del confine orientale italiano nelle lettere dei vescovi alla Santa Sede, 1918-1922, A. Scottà, ed., Trieste 1994.

Izveštaji Ministarstva inostranih poslova Kraljevine Jugoslavije, 6 voll. (1930-1935), N. Petrović, S. Ilić, J. Bakić, J. Đurišić, ed., Beograd 2005-2011.

Jugoslavija 1918-1988. Tematska zbirka dokumenata, B. Petranović – M. Zečević, ed., Beograd 1988² (1985¹).

Konkordat pred narodnom skupštinom, izdanje "Samouprave", Beograd 1937.

«La conciliazione ufficiosa». Diario del barone Carlo Monti «incaricato d'affari» del governo italiano presso la Santa Sede (1914-1922), 2 voll., A. Scottà, ed., Città del Vaticano 1997.

La Costituzione jugoslava del 1931, E. Gatta, ed., Firenze 1947.

Le Vatican et la Yougoslavie. Le Vatican et les peuples yougoslaves jusqu'à la fin de la première guerre mondiale, vol. I, Beograd 1953.

MARTÍN DE AGAR José Tomás, *Raccolta di concordati*, vol I: *1950-1999*, vol. II: *2000-2009*, (Libreria Editrice Vaticana), Città del Vaticano 2000 e 2010.

—————, *I concordati del 2000*, Città del Vaticano 2001.

Nikola Moscatello savjetnik Jugoslavenskog Poslanstva pri Svetoj Stolici. "Uspomene" u svjetlu dokumenata. Doprinos povijesti katolicizma u Jugoslaviji (1922.–1946.), F. Veraja – S. Kljaić, ed., Collectanea croatico-hieronymiana de Urbe 13, Rim 2014.

Projekat jugoslovenskog konkordata i važeći konkordati, Prilog „Glasniku" Srpske Pravoslavne Crkve, br. 1-2 3A, 1937.

Projekti konkordata: uporedni pregled dosadašnjih projekata, Sremski Karlovci [1937].

Protiv konkordata : govor g. dr. Vojislava Janića, narodnog poslanika, pred plenumom Narodne Skupštine na dan 22 jula 1937 god., neposredno pre izglasanja konkordata od strane vladne večine, Sremski Karlovci 1937.

Quellensammlung zur österreichischen und deutschen Rechtsgeschichte, R. Hoke, I. Reiter, ed., Wien – Köln – Weimar 1993.

Raccolta di concordati su materie ecclesiastiche tra la Santa Sede e le autorità civili, vol. I: *1098-1914*, vol. II: *1915-1954*, A. Mercati, ed., Città del Vaticano 1954² (1919¹).

Reich-Gesetz-Blatt für das Kaiserthum Österreich, 1853-1869.

Reich-Gesetz-Blatt für die im Reichrathe vertretenen Königreiche und Länder, 1870-1918.

Tekstovi projekta zakona o konkordatu i odgovarajućih stavova iz zakonodavstva Srpske Pravoslavne Crkve, upoređeni i objašnjeni, Izdanje "Samouprave", za versku ravnopravnost, Beograd 1937.

Über das Eherecht, über die Religion der Kinder und über die staatlichen Matrikeln, Budapest 1895.

Viri za zgodovino Komunistične stranke na Slovenskem v letih 1919-1921, Ljubljana 1980.

Zapisnici sa sednica Ministarskog saveta Kraljevine Jugoslavije 1929-1931., L. Dimić, N. Žutić, B. Isailović, ed., Beograd 2002.

Zbirka crkvenih zakona, vol I: *Zakon o Srpsko pravoslavnoj Crkvi, Ustav Srpske pravoslavne Crkve sa sprovedbenom naredbom Sv. Arhijerejskog sinoda i tumaćenjima*, V. Janjić, M.M. Janošević, ed., Belgrado 1932.

PERIODICI

Corriere della Sera, Milano (1935)

Glasnik SPP, Sremski Karlovci (1937-1938)

Hrvatska Straža, Zagabria (1930)

Il Messaggero, Roma (1935)

Il Popolo d'Italia, Milano (1935)

Katolički List, Zagabria (1919, 1921, 1935)

Katolički tjednik, Sarajevo (1937)

L'Avvenire d'Italia, Bologna (1938)

L'Osservatore Romano, Città del Vaticano (1920, 1931, 1935, 1937-1938)

Narodna Svijest, Dubrovnik/Ragusa (1930)

Novosti, Zagabria (1930)

Obzor, Zagabria (1927, 1937)

Politika, Belgrado (1925, 1932, 1935)

Samouprava, Belgrado (1923, 1937-1938)

Slovenec, Lubiana (1919, 1927, 1928, 1932, 1935, 1937)

Službene novine , Belgrado (1929-1930, 1936)

Vreme, Belgrado (1922, 1925-1926, 1935)

STUDI

Benedetto XV, i cattolici e la prima guerra mondiale, Atti del convegno di studio tenuto a Spoleto nei giorni 7-8-9 settembre 1962, G. Rossini, ed., Roma 1963.

BENEDIK Metod, «Mahničevi pogledi na Jugoslavijo», in *Mahničev simpozij v Rimu*, 127-133.

BISTER Feliks J., *Anton Korošec, državnozborski poslanec na Dunaju : življenje in delo : 1872-1918*, Ljubljana 1992.

——————, «Hrvaško-slovensko sodelovanje v dunajskem parlamentu na predvečer prve svetovne vojne», in *Pilar* 4 (2009), n. VII (I)-VIII (II), 103-110.

BLASINA Paolo, «Santa Sede, clero e nazionalità al confine orientale 1918-1920. Note e documenti», in *Qualestoria* 21 (1993), n. I, 29-50.

——————, «Santa Sede e Regno dei serbi, croati e sloveni. Dalla missione di Dom Pierre Bastien al riconoscimento formale (1918-1919)», in *Studi storici* 35 (1994), n. III, 773-809.

BOBOVEC Damir, «Mons. dr. Juraj Mađerec: Prilog za životopis», in *Papinski hrvatski zavod svetog Jeronima (1901-2001)*, 445-486.

BOECKH Katrin, «Christian Churches and the State in the First Yugoslavia (1918-1939)», in *Santa Sede ed Europa centro-orientale tra le due guerre mondiali*, 145-167.

BONUTTI Karl, «"Neratificirani" konkordat med Kraljevino Jugoslavijo in Svetim sedežem leta 1935», in *Država in Cerkev*, 131-147.

BOTTERI Guido, *Luigi Fogàr*, Pordenone 1995.

CACCAMO Francesco, «La politica orientale della Santa Sede e il concordato con il Montenegro del 1886», in *"Ubi neque aerugo neque tinea demolitur"*, 55-83.

CASULA Carlo Felice, *Domenico Tardini (1888-1961). L'azione della Santa Sede nella crisi fra le due guerre*, Roma 1988.

CEMOVIĆ Marko P., *Konkordat između Svete stolice i Kraljevine Jugoslavije*, [Beograd 1937].

——————, *Opet o konkordatu: odgovor organu Kraljevske vlade "Samoupravi"*, s.l., 1937.

Cerkev na Slovenskem v 20. stoletju, M. Benedik, J. Juhant, B. Kolar, ed., Ljubljana 2002.

CHARLES-ROUX François, *Huit ans au Vatican 1932-1940*, Paris 1948.

COCO Giovanni, «Pio XI e l'Unità dei Cristiani: le Chiese d'Oriente», in *La sollecitudine ecclesiale di Pio XI*, 260-312.

——————, «L'"anno terribile" del cardinale Pacelli e il più segreto tra i concistori di Pio XI», in *Archivum Historiae Pontificiae (AHP)* 47 (2009) 143-276.

CORRAL SALVADOR Carlos, *Derecho internacional concordatario* (Biblioteca de Autores Cristianos, 684), Madrid 2009.

CRNICA Ante, «Kancelparagraf i konkordat», in *Katolički list* 27 (1921) 313-315.

—————, *Važnost Konkordata između Kraljevine Jugoslavije i Svete Stolice*, [Šibenik 1938].

CRNJAK Tadija, «Biskup Josip Juraj Strossmayer – čovjek vjere u svjetlu njegova sudjelovanja na Prvom vatikanskom saboru», in *Mnogolikost vjere: različiti pristupi istoj stvarnosti*, 233-256.

CSÁKY Moritz, *Der Kulturkampf in Ungarn. Die kirchenpolitische Gesetzgebung der Jahre 1894/95*, Studien zur Geschichte der österreichisch-ungarischen Monarchie, vol. VI, Graz – Wien – Köln 1967.

—————, «Die römisch-katholische Kirche in Ungarn», in A. WANDRUSZKA, P. URBANITSCH, *Die Habsburgermonarchie 1848-1918*, vol. VI, 248-331.

Časopis za zgodovino in narodopisje 77 (2006), n. II-III (številka, v celoti posvečena Antonu Korošcu).

ČULINOVIĆ Ferdo, *Državnopravna historija jugoslovenskih zemalja XIX. i XX. vijeka*, vol. II: *Hrvatska, Slavonija i Dalmacija, Istra, srpska Vojvodina, Slovenija, Bosna i Hercegovina te država SHS*. Zagreb 1953.

—————, *Jugoslavija između dva rata*, 2 voll., Zagreb 1961.

ĆUBELIĆ Ivan, *La Conferenza Episcopale della Jugoslavia 1918-1992: fisionomia dell'istituto ed evoluzione del diritto particolare*, dissertazione di dottorato, Roma 1998.

—————, «Biskupske konferencije Jugoslavije i hrvatski katolički pokret (1919.–1945.)», in *Hrvatski katolički pokret*, 513-544.

DALLA TORRE Giuseppe, *La città sul monte. Contributo ad una teoria canonistica sulle relazioni fra Chiesa e Comunità politica*, Roma 2007[3] (1995[1]).

DE MATTEI Roberto, «Significato e valore della presente ricerca su Pio XI», in *La sollecitudine ecclesiale di Pio XI*, 437-440.

—————, «L'Europa centro-orientale dopo la pace di Parigi», in *Santa Sede ed Europa centro-orientale tra le due guerre mondiali*, 13-30.

Die Stellung der römisch-katholischen Kirche und der politische Katholizismus in Österreich und in den Nachfolgestaaten 1918-1938, Graz 1995.

Dijalog povjesničara – istoričara (Pečuh/Pečuj, 19.-21. studenoga/novembra 1999), vol. II, H.-G. Fleck, I. Graovac, ed., Zagreb 2000.

Dijalog povjesničara – istoričara (Pečuh/Pečuj, 12.-14. svibnja/maja 2000), vol. III, H.-G. Fleck, I. Graovac, ed., Zagreb 2001.

Dijalog povjesničara – istoričara (Pečuh/Pečuj, 20.-22. listopada/oktobra 2000), vol. IV, H.-G. Fleck, I. Graovac, ed., Zagreb 2001.

DIMIĆ Ljubodrag, *Kulturna politika Kraljevine Jugoslavije 1918–1941*, 3 voll., Beograd 1996–1997.

DIMIĆ Ljubodrag – ŽUTIĆ Nikola, *Rimokatolički klerikalizam u Kraljevini Jugoslaviji 1918-1941*, Beograd 1992.

DJOKIĆ Dejan, *Nikola Pašić and Ante Trumbić : the Kingdom of Serbs, Croats and Slovenes*, London 2010.

DOLENC Ervin, *Med kulturo in politiko. Kulturnopolitična razhajanja v Sloveniji med svetovnima vojnama*, Ljubljana 2010.

DOLINAR France M., «Jeglič in cerkvenopolitična vprašanja po letu 1918», in *Jegličev simpozij v Rimu*, 303-331.

————, «Andrej Karlin v rimskih dokumentih», in *Karlinov simpozij v Rimu*, 71-83.

————, «Katoliška cerkev v Sloveniji v 20. stoletju», in *Slovensko-avstrijski odnosi v 20. stoletju*, 403-428.

————, «Ukmarjeve spomenice osrednjemu cerkvenemu vodstvu v Rim», in *Ukmarjev simpozij v Rimu*, 97-114.

Država in Cerkev. Izbrani zgodovinski in pravni vidiki, Mednarodni posvet 21. in 22. junija 2001, Ljubljana 2002.

DURAND Jean-Dominique, «Pio XI di fronte ai sistemi politici totalitari», in *Il Papato e l'Europa*, 393-403.

DURKOVIĆ-JAKŠIĆ Ljubomir, *Srbija i Vatikan 1804-1918*, Kraljevo – Kragujevac 1990.

DUROSELLE Jean Baptiste, *Storia diplomatica dal 1919 al 1970*, Milano 1998.

DŽAJA Srečko M., *Die politische Realität des Jugoslawiens (1918-1991): mit besonderer Berücksichtigung Bosnien-Herzegowinas*, München 2002.

Ehrlichov simpozij v Rimu, E. Škulj, ed., Celje 2002.

ENGEL-JÁNOSI Friedrich, *Österreich und der Vatikan, 1846-1918*, 2 voll., Graz 1958-1960.

Fede e diplomazia. Le relazioni internazionali della Santa Sede nell'età contemporanea, M. de Leonardis, ed., Milano 2014.

FILIPIČ France, «Dr. Anton Korošec in marksisti», in *Prispevki za novejšo zgodovino* 31 (1991), n. I, 83-108.

[GASPARRI Pietro], «San Girolamo degli Schiavoni. Studio storico-giuridico», in *Civiltà Cattolica* 18 (1901), n. IV, 513-540.

GAŠPARIČ Jure, *SLS pod kraljevo diktaturo. Diktatura kralja Aleksandra in politika Slovenske ljudske stranke v letih 1929-1935*, Ljubljana 2007.

Giannini Amedeo, «Un concordato mancato (Il concordato jugoslavo del 1935)», in *L'Europa Orientale* 22 (1942) 245-269.

Gli archivi della Santa Sede e il Regno d'Ungheria (secc. 15-20), G. Platania, M. Sanfilippo, P. Tusor, ed., Budapest – Roma 2008.

Golec Januš, «Spomini», in *Zbornik svobodne Slovenije* (1971/1972), 280-287.

Gottsmann Andreas, «Konkordat oder Kultusprotektorat? Die Donaumonarchie und die diplomatischen Aktivitäten des Hl. Stuhls in Südosteuropa 1878-1914», in *RHM* 48 (2006) 409-464.

——————, «Die Wiener Nuntiatur und Kaiser Karl», in *Karl I. (IV.), der Erste Weltkrieg und das Ende der Donaumonarchie*, 93-118.

——————, «Papst Leo XIII. und die ‚jugoslawische' Versuchung. Montenegro, San Girolamo und die südslawische Frage in der Diplomatie des Hl. Stuhls», in *RHM* 49 (2007) 457-510.

——————, «Austria-Ungheria e Santa Sede dall'"Ausgleich" fino alla prima guerra mondiale», in *Gli archivi della Santa Sede e il Regno d'Ungheria (secc. 15-20)*, 199-208.

——————, «Parteipolitik und katholische Kirche in der Donaumonarchie. Das politische Engagement des Anton B. Jeglič und die Diplomatie des Hl. Stuhls», in *RHM* 51 (2009) 317-336.

——————, *Rom und die nationalen Katholizismen in der Donaumonarchie. Römischer Universalismus, habsburgische Reichspolitik und nationale Identitäten 1878-1914*, Wien 2010.

Hanželič Rudolf, «O Antonu Korošcu», in *Zbornik Svobodne Slovenije* (1971/72) 295-302.

Hrvatski katolički pokret, zbornik radova s Međunarodnoga znanstvenog skupa održanog u Zagrebu i Krku od 29. do 31. ožujka 2001, Zagreb 2002.

Ilić Mihailo, *Pred konkordatom : povodom zakonskog predloga upućenog Narodnoj skupštini*, Beograd 1937.

Il Papato e l'Europa, G. de Rosa e G. Cracco, ed., Roma 2001.

Il Vaticano e la guerra : iniziative diplomatiche umanitarie di indole generale del S. Padre Benedetto XV, contributi storici del p. Giuseppe Quirico S.I., compilati col sussidio degli archivi della Segreteria di Stato di S.S. e largamente documentati, Roma 1921.

Intellettuali versus democrazia. I regimi autoritari nell'Europa sud-orientale (1933-1953), F. Guida, ed., Roma 2010.

Janković Dragoslav, *Jugoslovensko pitanje i Krfska deklaracija 1917. godine*, Beograd 1967.

Jedin Hubert, *Handbuch der Kirchengeschichte*, vol. VI/1-2, Freiburg i.B. – Basel – Wien 1985.

Jegličev simpozij v Rimu, E. Škulj, ed., Celje 1991.

[JOVANOVIĆ Milivoje (episkop Platon)], *Primedbe i prigovori na projekat Konkordata između naše države i Vatikana, parafiranog 25. VII. 1935 god.*, Sremski Karlovci 1936.

—————, *I opet o konkordatu: pravoslavno gledište na ovo pitanje*, Sremski Karlovci 1937.

KACIN-WOHINZ Milica, «Sedej v dokumentih italijanskih oblasti», in *Sedejev simpozij*, 242-264.

Karl I. (IV.), der Erste Weltkrieg und das Ende der Donaumonarchie, A. Gottsmann, ed., Wien 2007.

Karlinov simpozij v Rimu, E. Škulj, ed., Celje 1996.

KAZIMIROVIĆ Vasa, *Nikola Pašić i njegovo doba: 1845-1926*, 2 voll., Beograd 1990.

KERO Pavao, «Mons. Dr. Jakov Čuka (1868-1928)», in *Papinski hrvatski zavod svetog Jeronima (1901-2001)*, 429-443.

KLEMENČIČ Drago, «Kratek pregled Mahničevega življenja in dela», in *Mahničev simpozij v Rimu*, 7-18.

KOLAR Bogdan, «Dnevnik škofa Jegliča», in *Jegličev simpozij v Rimu*, 73-76.

—————, «Škof Rožman – član jugoslovanske škofovske konference», in *Rožmanov simpozij v Rimu*, 117-133.

—————, «Delna izvedba konkordata (1935) glede na verske sklade», in *Država in Cerkev*, 149-161, 481-494.

—————, «Korošec in osrednja cerkveno-politična vprašanja», in *Časopis za zgodovino in narodopisje* 77 (2006), n. II-III, 92-103.

—————, «Zgodovinar dr. Josip Srebrnič (1876-1966) – učitelj na Univerzi v Ljubljani», in *Arhivi* 34 (2011), n. II, 363-374.

KOLARIĆ Juraj, *Ekumenska trilogija: istočni kršćani: pravoslavni: protestanti*, Zagreb, 2005.

KOŠIR Borut, *Il concordato tra la Santa Sede e il Regno di Jugoslavia del 1935*, esercitazione per la Licenza in Utroque Iure, Pontificia Università Lateranense, Roma 1986.

—————, «Konkordat zwischen dem Königtum Jugoslawien und dem Apostolischen Stuhl aus dem Jahr 1935», in *Die Stellung der römisch-katholischen Kirche*, 39-77.

—————, *Zakonsko pravo Cerkve*, Priročniki Teološke fakultete 11, Ljubljana 1997.

—————, «Das jugoslawische Konkordat aus 1935», in *Österreichisches Archiv für Recht & Religion* 48 (2001), n. I, 53-77.

Košir Borut, «Cerkev in njen odnos do političnih ureditev», in *Cerkev na Slovenskem v 20. stoletju*, 255-270.

Kralj Franc, «Škof Anton Bonaventura Jeglič in primorski Slovenci», in *Jegličev simpozij v Rimu*, 387-398.

Krestić Vasilije, *Hrvatsko-ugarska nagodba 1868. godine*, Beograd 1969.

Krišto Jure, *Prešućena povijest : Katolička crkva u hrvatskoj politici : 1850.-1918.*, Zagreb 1994.

——————, «Hrvatski katolički pokret od šestosiječanjske diktature do početka drugoga svjetskog rata (1929.-1941.)», in *Hrvatski katolički pokret*, 759-787.

——————, *Hrvatski katolički pokret: (1903-1945.)*, Zagreb 2004.

——————, «Od slavenstva do jugoslavenstva: suradnja hrvatskih i slovenskih krugova u Katoličkom pokretu», in *Pilar* 4 (2009), n. VII (I)-VIII (II), 111-122.

——————, «The Catholic Church in Yugoslavia in the Period between the Two World Wars», in *Santa Sede ed Europa centro-orientale tra le due guerre mondiali*, 169-188.

Krošelj Joško, «Borba za konkordat in dr. Korošec», in *Zbornik svobodne Slovenije*, Buenos Aires 1966, 181-201.

Kušej Rado, *Verska anketa u Beogradu i njeni zaključci*, Ljubljana 1922.

——————, *Konkordat: ustava in verska ravnopravnost*, Ljubljana 1937.

Lacroix-Riz Annie, *Le Vatican, l'Europe et le Reich de la première Guerre Mondiale à la guerre froide*, Paris 1996.

Lanović Mihajlo, *Konkordat Jugoslavije s Vatikanom*, Beograd 1925.

La Santa Sede nell'assetto internazionale dopo la Grande guerra. La «Relazione sui vari Stati presentata al nuovo Pontefice Pio XI», G. B. Varnier, ed., Firenze 2004.

La sollecitudine ecclesiale di Pio XI. Alla luce delle nuove fonti archivistiche, Atti del Convegno Internazionale di Studio, Città del Vaticano, 26-28 febbraio 2009, C. Semeraro, ed., Città del Vaticano 2010.

Lederer Ivo John, *La Jugoslavia dalla conferenza della pace al trattato di Rapallo 1919-1920*, Milano 1966, trad. it. (orig.: *Yugoslavia at the Paris Peace Conference: a Study in Frontiermaking*, New Haven and London 1963).

Le gouvernement pontifical sous Pie XI: pratiques romaines et gestion de l'universel, Collection de l'École française de Rome, 467, L. Pettinaroli, ed., Rome 2013.

Le Saint-Siège dans les relations internationales, J.-B. D'Onorio, ed., Paris 1989.

Loiseau Charles, «Deux conversations avec le roi Alexandre sur le Concordat yougoslave», ne *L'Europe nouvelle* 913 (1935) 767-770.

Lukan Walter, «Ljubljanski knezoškof Anton Bonaventura Jeglič in dunajske oblasti (1898-1905)», in *Jegličev simpozij v Rimu*, 227-279.

Lukan Walter, «Die slowenische Politik und Kaiser Karl», in *Karl I. (IV.), der Erste Weltkrieg und das Ende der Donaumonarchie*, 159-186.

Lukinović Andrija, «Arhiv Papinskoga hrvatskog zavoda svetog Jeronima u Rimu», in *Papinski hrvatski zavod svetog Jeronima (1901-2001)*, 637-647.

Mahničev simpozij v Rimu, E. Škulj, ed., Celje 1990.

Malgeri Francesco, «Pio XI e l'Azione Cattolica», in *La sollecitudine ecclesiale di Pio XI*, 149-182.

Manojlović Pintar Olga, «Još jednom o konkordatskoj krizi», in *Tokovi istorije* (2006), n. I-II, 157-171.

Margiotta Broglio Francesco, *Italia e Santa Sede dalla Grande Guerra alla Conciliazione*, Aspetti politici e giuridici, Bari 1966.

Martina Giacomo, *Storia della Chiesa. Da Lutero ai nostri giorni*, vol. IV: *L'età contemporanea*, Brescia 2001.

Marušič Branko, «Zadnje tržaško leto škofa Andreja Karlina», in *Karlinov simpozij v Rimu*, 145-154.

Matić Franjo, «Borba oko konkordata», in *Hrvatska misao* 12 (1965) n. XXXIV, 1-16; 13 (1966) n. XXXV, 3-27.

Matijević Zlatko, «Pokušaj razrješenja pravnog položaja Katoličke crkve u Kraljevini SHS 1918-1921. godine», in *Časopis za suvremenu povijest* 17 (1985), n. II, 51-67.

————, *Slom politike katoličkog jugoslavenstva. Hrvatska pučka stranka u političkom životu Kraljevine SHS (1919.-1929.)*, Zagreb 1998.

————, «Politička orijentacija Hrvatskog katoličkog pokreta u posljednim godinama Austo-Ugarske monarhije i prvima danima stvaranja Kraljevstva SHS (1903.-1918.)», in *Društvena istraživanja* 10 (2001), n. I-II, 141-163.

————, «Ustavnopravni položaj Katoličke crkve u Kraljevini Srba, Hrvata i Slovenaca (Od prvoprosinačkog akta do Vidovdanskog ustava)», in *Hrvatski katolički pokret*, 499-511.

————, «Tajna diplomatska aktivnost o. Joze Miloševića. Riječka spomenica», in *Posljednjih stotinu godina (1907-2007)*, 363-379.

Matković Hrvoje, *Povijest Jugoslavije (1918-1991): hrvatski pogled*, Zagreb 1998.

————, «Stjepan Radić i konkordat», in *Hrvatska revija* 48 (1998), n. I-II, 290-298.

————, *Povijest Jugoslavije (1918-1991-2003)*, Zagreb 2003.

Međunarodni znanstveni skup Josip Juraj Strossmayer povodom 190. obljetnice rođenja i 100. obljetnice smrti, Zagreb, 19. svibnja 2005., Đakovo, 20. svibnja 2005., F. Šanjek, ed., Zagreb 2006.

Memoari patrijarha srpskog Gavrila, M. Mladenović, ed., Beograd 1990² (Paris 1974¹).

Minnerath Roland, *L'Eglise catholique et les états concordataires (1846-1981)*, Paris 1983.

——————, *L'Eglise catholique face aux États: deux siècles de pratique concordataire (1810-2010)*, Paris 2012.

Mišović Miloš, *Srpska crkva i konkordatska kriza*, Beograd 1983.

——————, *Zatamnjena istorija: Tajna testamenta kralja Aleksandra i smrt partijarha Varnave*, Beograd 1994.

Mithans Gašper, «Sklepanje jugoslovanskega konkordata in konkordatska kriza leta 1937», in *Zgodovinski časopis* 65 (2011), n. I-II (143), 120-151.

——————, «Ključni akterji jugoslovanskega konkordata in problematika virov», in *Pirjevčev zbornik*, 427-443.

——————, *Urejanje odnosov med Rimskokatoliško cerkvijo in državnimi oblastmi v Kraljevini Jugoslaviji (1918 - 1941) in jugoslovanski konkordat*, dissertazione di dottorato, Koper 2012.

——————, «Vloga tajnega pogajalca pri sklepanju jugoslovanskega konkordata», in Acta Histriae 21 (2013), n. IV, 809-824.

Mnogolikost vjere: različiti pristupi istoj stvarnosti. Zbornik radova hrvatskih rimskih studenata, Collectanea croatico-hieronymiana de Urbe 12, Rim 2012.

Montanar Ilaria, *Il vescovo lavantino Ivan Jožef Tomažič (1876-1949) tra il declino dell'Impero austro-ungarico e l'avvento del comunismo in Jugoslavia*, Roma 2007.

Morozzo della Rocca Roberto, «Le nunziature in Europa fra le due guerre», in *Il Papato e l'Europa*, 405-416.

[Moscatello Nikola], *Konkordat i kritika konkordata*, Beograd 1937.

Mrkonjić Tomislav, «Hrvatski katolički pokret i "Riječka spomenica" iz travnja 1915. (Latinski koncept)», in *Hrvatski katolički pokret*, 444-456.

Mužić Ivan, *Katolička crkva u Kraljevini Jugoslaviji. Politički i pravni aspekti konkordata između Svete Stolice i Kraljevine Jugoslavije*, Split 1978.

——————, *Stjepan Radić u Kraljevini Srba, Hrvata i Slovenaca*, Zagreb 1988³ (1980¹).

——————, *Masonstvo u Hrvatu*, Split 2005⁸ (1983¹).

Napotnikov simpozij v Rimu, E. Škulj, ed., Celje 1993.

Nećak Dušan – Repe Božo, *Kriza. Svet in Slovenci od prve svetovne vojne do sredine tridesetih let*, Ljubljana 2008.

Nikola Pašić – život i delo : zbornik radova sa naučnog skupa u Srpskoj akademiji nauka i umetnosti, V. Krestić, ed., Beograd 1997.

Novak Viktor, *Magnum Crimen. Pola vijeka klerikalizma u Hrvatskoj*, Zagreb 1948¹ (Beograd 1986²).

PANTIĆ Dragan, *Srpska pravoslavna crkva u Kraljevini Jugoslaviji 1929-1941 s obzirom na pravni položaj, političku ulogu i medjuvjerske odnose*, dissertazione di dottorato, Beograd 1987.

PAOLINI Gabriele, *Offensive di pace. La Santa Sede e la prima guerra mondiale*, Firenze 2008.

PAPEŠKI SLOVENSKI ZAVOD (ROMA), *Ob petdesetletnici Papeškega slovenskega zavoda v Rimu*, Ljubljana 2010.

Papinski hrvatski zavod svetog Jeronima (1901-2001) : zbornik u prigodi stoljetnice Papinskoga hrvatskog zavoda svetog Jeronima = Pontificium Collegium Croaticum Sancti Hieronymi (1901-2001) : miscellanea occasione centenarii Pontificii Collegii Croatici Sancti Hieronymi in Urbe, J. Bogdan, ed., Rim-Romae 2001.

PELIKAN Egon, *Tajno delovanje primorske duhovščine pod fašizmom. Primorski krščanski socialci med Vatikanom, fašistično Italijo in slovensko katoliško desnico – zgodovinsko ozadje romana Kaplan Martin Čedermac*, Ljubljana 2002.

—————, «Slovenci v Julijski krajini in cerkvena oblast v času med obema vojnama», in *Acta Histriae* 11 (2003), n. II, 41-56.

PERIĆ Ivo, *Stjepan Radić: 1871.-1928.*, Zagreb 2003.

PEROVŠEK Jurij, *Liberalizem in vprašanje slovenstva: nacionalna politika liberalnega tabora v letih 1918-1929*, Ljubljana 1996.

—————, «Ehrlich in Pariška mirovna konferenca 1919-1920», in *Ehrlichov simpozij v Rimu*, 59-85.

—————, «Slovenska politika in vprašanje državne ureditve med zasedanjem Ustavodajne skupščine Kraljevine SHS (1920-1921)», in *Studia Historica Slovenica* 2 (2002), n. II, 431-445.

—————, *"V zaželjeni deželi". Slovenska izkušnja s Kraljevino SHS/Jugoslavijo 1918-1941*, Ljubljana 2009.

PETRANOVIĆ Branko, *Istorija Jugoslavije, 1918-1988*, vol. I: *Kraljevina Jugoslavija, 1914-1941*, Beograd 1988.

PETROVIĆ Mirko, «Rimokatolički prelati, političari i naučnici o položaju rimokatoličke crkve u Kraljevini SHS», in *Balcanica* 27 (1996) 315-331.

—————, *Konkordatsko pitanje Kraljevine Srba, Hrvata i Slovenaca*, Beograd 1997.

—————, «Versko obrazovanje u konkordatskim pregovorima Kraljevine Jugoslavije i Svete Stolice», in *Arhiv za pravne i društvene nauke* 85 (1999), n. I-II (55), 95-112.

—————, «Redovi i kongregacije u konkordatskim pregovorima Kraljevine Jugoslavije i Svete Stolice», in *Arhiv za pravne i društvene nauke* 86 (2000), n. I-II (56), 125-136.

Petrović Mirko, «Projekat konkordata Kraljevine Srba, Hrvata i Slovenaca i Svete Stolice 1925. i uporedni konkordatski režimi», in *Dijalog povjesničara – istoričara (Pečuh/Pečuj, 19.-21. studenoga/novembra 1999)*, vol. II, 485-502.

——————, «Ustavno pitanje Kraljevine Srba, Hrvata i Slovenaca i Rimokatolička crkva», in *Dijalog povjesničara – istoričara (Pečuh/Pečuj, 12.-14. svibnja/maja 2000)*, vol. III, 423-439.

——————, «Konkordat kao osnov za regulisanje položaja Rimokatoličke crkve u Kraljevini Srba, Hrvata i Slovenaca», in *Dijalog povjesničara – istoričara (Pečuh/Pečuj, 20.-22. listopada/oktobra 2000)*, vol. IV, 433-448.

Pirjevčev zbornik : poti zgodovine med severnim Jadranom, srednjo in vzhodno Evropo : ob 70. obletnici akad. prof. dr. Jožeta Pirjevca, G. Bajc in B. Klabjan, ed., Koper 2011.

Pirjevec Jože, *Il giorno di San Vito. Jugoslavia 1918-1992. Storia di una tragedia*, Torino 1993.

——————, *Serbi, Croati, Sloveni: storia di tre nazioni*, Bologna 1995.

——————, «Vatikanski arhivi», in *Problemi demokracije na Slovenskem v letih 1918-1941*, 305-316.

Posljednjih stotinu godina (1907-2007), radovi znanstvenog skupa održanog u Zagrebu 29. i 30. rujna 2008, vol. II, Ljudevit Maračić, ed., Zagreb 2009.

Pravoslavlje i konkordat: kritički osvrt na poslednje događaje, Beograd 1937.

Prispevki za novejšo zgodovino 31 (1991), n. I: *Življenje in delo Antona Korošca. Razprave s simpozija v Mariboru 13. decembra 1990*.

Problemi demokracije na Slovenskem v letih 1918-1941, zbornik prispevkov na simpoziju 7. in 8. decembra 2006, J. Pirjevec, J. Pleterski, ed., SAZU: razred za zgodovinske in družbene vede (classis I), razprave 23, Ljubljana 2007.

Prunk Janko, «Jeglič in slovenska politika po letu 1918», in *Jegličev simpozij v Rimu*, 289-302.

Purger Simon, *Slovenska Istra in njeni čedermaci : Korte nad Izolo 1917-1945: med ohranjanjem slovenske istovetnosti in pritiski poitalijančevanja*, Koper 2009.

Radenković Đorđe, *Pašić i Jugoslavija*, Beograd 1999.

Radić Radmila, *Život u vremenima: Gavrilo Dožić, 1881-1950*, Beograd 2006.

Rahten Andrej, *Slovenska ljudska stranka v beograjski skupščini. Jugoslovanski klub v parlamentarnem življenju Kraljevine SHS 1919-1929*, Ljubljana 2002.

——————, «Korošec in hrvaška politika», in *Časopis za zgodovino in narodopisje* 77 (2006), n. II-III, 54-65.

RAMET P. Sabrina, *The three Yugoslavias: state-building and legitimation 1918-2005*, Washington 2006.

RANDI Oscar, *La Jugoslavia*, Roma 1925.

Razprava o nacionalnem vprašanju v KPJ leta 1923 : dokumenti o oblikovanju federativnega nacionalnega programa KPJ, J. Perovšek, J. Prunk, J. Pleterski, ed., Ljubljana 1990.

RAZUM Stjepan, «Zavod svetog Jeronima između 1915. i 1928.», in *Papinski hrvatski zavod svetog Jeronima (1901-2001)*, 123-334.

REGOLI Roberto, «Il ruolo della Sacra Congregazione degli Affari Ecclesiastici Straordinari durante il pontificato di Pio XI», in *La sollecitudine ecclesiale di Pio XI*, 183-229.

REPE Božo, *Naša doba. Oris zgodovine 20. stoletja*, učbenik za 4. razred gimnazije, Ljubljana 1997.

RIBAR Ivan, *Politički zapisi*, vol. III, Beograd 1951.

RIGONI Anna, «Il concordato serbo-vaticano del 1914», in *Archivio storico italiano* 133 (1975) n. I-IV, 159-178.

ROGOŠIĆ Roko, *Stanje Kat[oličke] Crkve u Jugoslaviji do sporazuma*, Šibenik 1940.

Rožmanov simpozij v Rimu, E. Škulj, ed., Celje 2001.

Santa Sede ed Europa centro-orientale tra le due guerre mondiali. La questione cattolica in Jugoslavia e i Cecoslovacchia, M. Valente, ed., Soveria Mannelli 2011.

SCOTTÀ Antonio, *Papa Benedetto XV: la Chiesa, la Grande Guerra, la pace (1914-1922)*, Roma, 2009.

SEDEJ Andrej, «Škof Jeglič in goriški nadškof Sedej», in *Jegličev simpozij v Rimu*, 84-91.

Sedejev simpozij v Rimu, E. Škulj, ed., Celje 1988.

SETON-WATSON Robert William, *The Southern Slav Question and the Habsburg Monarchy*, London 1911.

SIMIĆ Mihailo, *Rimokatolička crkva i Srbi*, Beograd 1991.

SIMIĆ Sima, *Jugoslavija i Vatikan*, Zagreb 1937.

—————, *Vatikan protiv Jugoslavije*, Titograd 1958[1] (Beograd 1990[2]).

SLAMIČ Anton, «Zavod sv. Hieronima v Rimu in Slovenci», in *Bogoslovni vestnik* 2 (1922) 20-35.

Slovensko – avstrijski odnosi v 20. stoletju, D. Nećak *et al.*, ed., (Historia, 8). Ljubljana 2004.

SQUICCIARINI Donato, *Die apostolischen Nuntien in Wien*, Vatikanstadt 2000[2] (1999[1]), trad. ted. (orig. it.: *Nunzi apostolici a Vienna*, Città del Vaticano 1998).

Stanković Đorđe, *Nikola Pašić : prilozi za biografiju*, Beograd 2006.

Stojadinović Milan M., *Ni rat ni pakt: Jugoslavija između dva rata*, Rijeka 1970 (trad. it.: *Jugoslavia fra le due guerre*, Bologna 1970).

Storia religiosa di Croazia e Slovenia, L. Vaccaro, ed., Milano 2008.

Storia religiosa di Serbia e Bulgaria, L. Vaccaro, ed., Milano 2008.

Tamborra Angelo, «Benedetto XV e i problemi nazionali e religiosi dell'Europa orientale», in *Benedetto XV, i cattolici e la prima guerra mondiale*, 855-884.

Tolomeo Rita, *La Santa Sede e il mondo danubiano-balcanico. Problemi nazionali e religiosi (1875-1921)*, Roma 1996.

————, «Le relazioni serbo-vaticane dal congresso di Berlino alla prima guerra mondiale», in *Il Papato e l'Europa*, 341-380.

————, «Questione nazionale e religiosa in Croazia (1918-1953)», in *Intellettuali versus democrazia*, 217-242.

Tornielli Andrea, *Pio XII. Eugenio Pacelli. Un uomo sul trono di Pietro*, Milano 2007.

[Troicki Sergije], *Neuspela zaštita konkordata*, Glasnik srpske pravoslavne patrijaršije, Sremski Karlovci 1937.

————, *Novi neuspeli pokušaj zaštite konkordata*, Glasnik srpske pravoslavne patrijaršije, Sremski Karlovci 1937.

Tuđman Franjo, *Hrvatska u monarhističkoj Jugoslaviji 1918.-1941.*, 2 voll., Zagreb 1993.

"Ubi neque aerugo neque tinea demolitur". Studi in onore di Luigi Pellegrini per i suoi settanta anni, M. G. Del Fuoco, ed., Napoli 2006.

Ukmarjev simpozij v Rimu, E. Škulj, ed., Celje 2006.

Valente Massimiliano, «Pio XI e le conseguenze pastorali dei trattati di pace nell'area balcanica: il caso del Regno dei serbi, croati e sloveni», in *La sollecitudine ecclesiale di Pio XI*, 396-413.

————, «Santa Sede e Jugoslavia nelle sessioni della Congregazione degli Affari Ecclesiastici Straordinari (1922-1934)», in *Santa Sede ed Europa centro-orientale tra le due guerre mondiali*, 189-240.

————, «I cattolici e la politica nei rapporti da Belgrado del nunzio Pellegrinetti: i partiti, le elezioni e il governo Korošec», in *RHM* 54 (2012) 475-500.

————, *Diplomazia pontificia e Regno dei Serbi, Croati e Sloveni (1918-1929)*, Split 2012.

————, «Pio XI, la diplomazia pontificia e gli "interventi politico-religiosi" dei vescovi jugoslavi», in *Le gouvernement pontifical sous Pie XI*, 709-726.

VARNIER Giovanni Battista, «La Santa Sede e le ipotesi di un ritorno del potere temporale durante la Grande Guerra», in *Fede e diplomazia*, 69-91.

VOJNOVIĆ Lujo, *Konkordat sa Sv. Stolicom i naše nacionalno pitanje*, Zagreb 1923.

VRANKIĆ Petar, *Religion und Politik in Bosnien und der Herzegowina (1878-1918)*, Paderborn 1998.

WAGNER Vjekoslav, «Povijest Katoličke crkve u Srbiji u 19. vijeku (od 1800 do konkordata 1914. godine)», in *Bogoslovna smotra* 21 (1933) 1-16, 140-153, 225-235, 297-307; 22 (1934) 20-46, 124-140.

WANDRUSZKA Adam, URBANITSCH Peter, *Die Habsburgermonarchie 1848-1918*, vol. IV: *Die Konfessionen*, Wien 1985.

ZOVATTO Pietro, *Il vescovo Luigi Fogàr pastore: Trieste (1924-1936)*, Gorizia 1982.

ŽIVOJINOVIĆ Dragoljub, *Vatikan, Srbija i stvaranje jugoslovenske države : 1914-1920*, Beograd 1980[1] (1995[2]).

ŽIVOJINOVIĆ Dragoljub – LUČIĆ Dejan, *Varvarstvo u ime Hristovo. Prilozi za Magnum Crimen*, Beograd 1988[1] (la seconda edizione fu realizzata in due volumi: vol I: *Vatikanska kandža*, Zrenjanin 2000; vol II: *Vatikan – giljotina za Srbe*, Zrenjanin 2001).

ŽUTIĆ Nikola, *Kraljevina Jugoslavija i Vatikan. Odnos jugoslovenske države i rimske crkve 1918-1935*, Beograd 1994.

—————, *Vatikan, Srbija i Jugoslavija : 1853-1935*, Beograd 2008.

PUBBLICAZIONI ON-LINE

http://www.kc.org.rs/nadbiskupija.php?recordID=1, accesso: 20 agosto 2010.

http://www.studiperlapace.it/view_news_html?news_id=20041031202458, accesso: 21 febbraio 2012.

BALABAN, Milovan, *Konkordatska kriza u Kraljevini Jugoslaviji 1937. godine i delatnost vladike Nikolaja u njeno vreme*, in:
http://pogled.50megs.com/Index/Nauka/Istorija/Konkordatska_Kriza_2.htm, accesso: 16 gennaio 2010.

F

FELICI, ETTORE, 9, 73, 85, 88, 116, 141, 202, 249, 526, 562, 567-568, 570
FILIPIČ, FRANCE, 77, 590
FLECK, HANS-GEORG, 589-590
FOGÀR, LUIGI, 102-104, 588, 600
FRANCESCO I (RE DI FRANCIA), 31
FRANCESCO FERDINANDO (ARCIDUCA), 49
FRANCESCO GIUSEPPE (IMPERATORE), 32, 51
FRANGEŠ, OTON, 265
FRANK, JOSIP, 76
FRÜWIRTH, ANDREAS FRANZ, 293-295

G

GALIMBERTI, LUIGI, 38, 40
GALLI, ENZO, 24
GARIĆ, JOSIP (JOZO), 100, 196, 200, 291, 473, 516, 578
GASPARRI, ENRICO, 293, 295
GASPARRI, PIETRO, 44, 46, 48, 51-52, 57-58, 64-75, 78-80, 86, 88, 90-94, 103, 108, 113, 115, 121-122, 125, 129-130, 133, 135, 140-146, 149-162, 164, 167-169, 171-172, 174-182, 185, 194, 196-197, 202-204, 206, 215, 224-227, 231-237, 239-240, 242-245, 247, 249, 251, 253-265, 279, 293, 295, 300, 308-310, 323, 359-360, 363, 414, 431, 436, 442, 469, 497, 509-510, 512, 576, 585-586, 590
GAŠPARIČ, JURE, 77-78, 82-83, 372, 590
GATTA, ENRICO, 586
GAVRILOVIĆ, MIHAJLO, 55, 57
GEYZA, KNOLL, 384
GIANNINI, AMEDEO, 8, 585, 591
GIMÉNEZ Y MARTÍNEZ DE CARVAJAL, JOSÉ, 585
GIORDANO, SILVANO, 23
GIRARDI, MARIA CRISTINA, 24
GIROLAMO (DALMATA), 47
GIUSEPPE II (IMPERATORE), 107, 298, 408
GJIVOJE, ANTUN, 51
GLAVINIĆ, MILAN, 511
GOLEC, JANUŠ, 54, 591

GOTTSMANN, ANDREAS, 31-33, 36-43, 47-48, 50-52, 56, 591-592
GRABIĆ, PETAR, 143
GRANITO PIGNATELLI DI BELMONTE, GENNARO, 293, 295, 359
GRAOVAC, IGOR, 589-590
GUIDA, FRANCESCO, 591
GUTH, FEDERICA, 24

H

HANŽELIČ, RUDOLF, 559-560, 591
HARRISON (GIORNALISTA), 540
HOHNJEC, JOSIP, 142-144, 160, 497
HOKE, RUDOLF, 109, 586
HRISTIĆ, ANA, 269, 309, 319
HÜRTH, FRANZ, 557-558

I

ICKX, JOHAN, 23
ILIĆ, MIHAILO, 462, 493, 591
ILIĆ, SAŠA, 4, 584, 586
ISAILOVIĆ, BLAGOJE, 587
IVANIŠEVIĆ, FRANE, 344

J

JACOBINI, LUDOVICO, 31
JANJIĆ, VOJISLAV, 2, 165-166, 168-175, 180-181, 189-193, 205-206, 208, 210, 212, 214, 216, 218, 220, 224, 226, 228, 230-232, 235-236, 241, 377, 477, 491, 499-503, 512, 535, 537, 540, 542, 586-587
JANKOVIĆ, DRAGOSLAV, 118, 585, 591
JANOŠEVIĆ, MILENKO M., 587
JEDIN, HUBERT, 33, 35-38, 50, 591
JEGLIČ, ANTON BONAVENTURA, 14, 47, 52, 59, 61-64, 66-68, 71, 87, 102, 119-120, 123-124, 128-130, 140-143, 148, 155, 165, 171, 176, 195-196, 200, 203, 205-206, 215, 224, 231, 243, 247, 256, 582, 590-593, 597-598
JEVTIĆ, BOGOLJUB, 84-85, 98-100, 103, 106, 263, 267, 309-310, 312, 315, 317-319,

Z

INDICE GENERALE

Finito di stampare nel mese di Aprile 2015
presso Mediagraf Spa - Noventa Padovana (PD)